2., vollständig überarbeitete Auflage

Nina Kramm
unter Mitarbeit von Taymas Matboo
und Philipp Schmatloch

GEORGIEN

STEFAN LOOSE
TRAVEL HANDBÜCHER

Inhalt

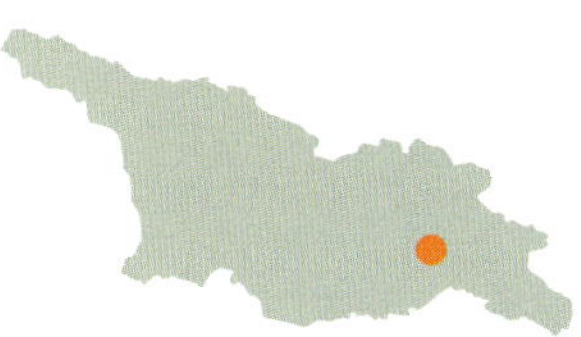

◂ Passstraße nach Ober-Swanetien

Der Nordwesten: Swanetien und Racha-Lechkhumi 342

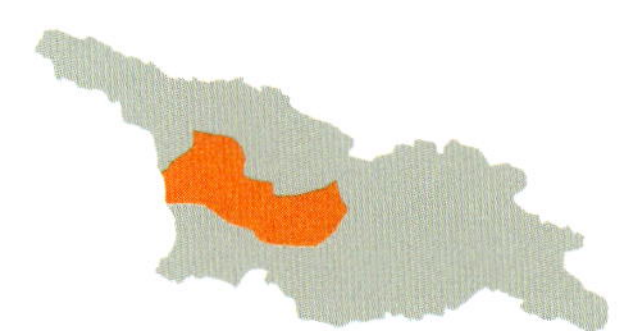

Der Westen: Imeretien und Megrelien 382

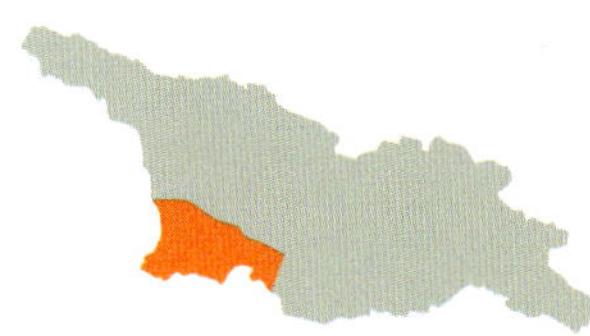

Schwarzmeerküste und Adscharien 416

Der Süden: Kleiner Kaukasus 458

Anhang 496

Reiseatlas 521

Themen

GEORGIEN
Die Highlights

Kleines Land mit großer Vielfalt: Ob traumhafte Wanderregionen im Hochgebirge, subtropische Wälder und Strände, bizarre Wüstenlandschaften, frühchristliche Kirchen, kulinarischen Hochgenuss oder auch das pulsierende Nachtleben der Hauptstadt – Georgien hat für jeden etwas zu bieten.

TBILISSI In der lebhaften Hauptstadt treffen Orient und Okzident zusammen. Hier wird die Geschichte des Landes sichtbar: In der Narikala-Festung aus arabischer Zeit, den traditionellen Holzhäusern mit ihren Balkonen, prächtigen Jugendstilbauten der Jahrhundertwende, Plattenbausiedlungen aus Sowjetzeit und jüngster futuristischer Architektur. Nirgendwo kann man besser schlemmen als in den Restaurants der Hauptstadt, nirgends besser abtanzen als in ihren Clubs, nirgends besser einkaufen als auf ihren Märkten und nirgends besser entspannen als in den heißen Bädern, die der Stadt ihren Namen gaben. S. 142

2 HÖHLENKLOSTER DAVIT GAREJA Einzigartige Höhlenklöster mit kunstvollen Fresken, die inmitten einer einmaligen Halbwüstenlandschaft liegen. S. 217

3 SIGNAGI Das mittelalterliche Städtchen mit seinem mediterranen Flair gilt als die Stadt der Liebe, geheiratet wird hier fast jeden Tag und im September außerdem das Weinfest gefeiert. S. 220

3

4

5

4 **VASHLOVANI-NATIONALPARK**
Trockene Steppen, ausgewaschene Karstschluchten und blubbernde Schlammvulkane – der äußerste Südosten des Landes überrascht mit seinen bizarren Landschaftsformen. S. 231

5 **KACHETISCHE WEINEBENE**
Mehr Klöster und Weingüter findet man selbst in Georgien nirgendwo sonst: Ausgezeichnete Weine aus der Tonamphore Kvevri und zahlreiche Kirchen erwarten den Besucher in der Weinebene am Fuße des Großen Kaukasus. S. 235

6 **GERGETI-DREIFALTIGKEITS-KIRCHE UND KAZBEK**
(Abb. Folgeseite) Die Kirche und der Berg sind das ungeschlagene Postkartenmotiv Nr. 1 der geologisch spannenden Kazbek-Region. S. 286

6

7 SHATILI Das abgelegene Festungsdorf erscheint wie ein Ort aus einer anderen Zeit und ist ein hervorragender Ausgangspunkt für mehrtägige Zelttrekking-Touren. S. 304

8 KIRCHEN VON MTSKHETA Eine geballte Ladung Geschichte, Kultur und Kirchen bietet die einstige Hauptstadt Georgiens, die mit der eindrucksvollen Svetitskhoveli-Kathedrale noch immer das religiöse Zentrum des Landes ist. S. 311

9 MESTIA-USHGULI-TREK Swanetien ist das Mekka der Trekker und der Mehrtagestrek von Mestia nach Ushguli eine der schönsten und beliebtesten Touren überhaupt. S. 363

9

9

10

10 USHGULI Das kleine swanetische Bergdorf ist mit seinen archaisch anmutenden Wehrtürmen eine Reise an das gefühlte Ende der Welt wert. S. 367

11 KLOSTER GELATI Wunderschöne Fresken schmücken das Innere der Kirchen des Klosters von Gelati, seine Akademie wurde einst als „zweites Jerusalem" gerühmt. S. 394

12 BERGBAUSTADT CHIATURA Nervenkitzel gratis gab es bei einer Fahrt mit den „schwebenden Metallsärgen" in Chiatura, die zurzeit nicht in Betrieb sind, aber auch so noch eine der Hauptattraktionen der ehemaligen Bergbaustadt darstellen. S. 398

11
12

13

13 **BOTANISCHER GARTEN VON BATUMI** In der wunderschönen Parkanlage am grünen Kap wachsen nicht nur Pflanzen aus aller Welt, man kann hier auch herrlich entspannen – mit Meerblick. S. 448

14 **WANDERN IM BORJOMI-KHARAGAULI-NATIONALPARK** Auf gut angelegten Wanderpfaden können Naturfreunde durch Europas größtes zusammenhängendes Waldstück wandern und Natur pur erleben. S. 470

15 **HÖHLENSTADT VARDZIA** (Abb. Folgeseite) Die verehrte Königin Tamar ließ die spektakuläre Höhlenstadt im 12. Jh. zu einer gewaltigen Festungsanlage ausbauen. S. 483

14

15

Reiseziele und Routen

Das Land am Südhang des Großen Kaukasus blickt in puncto Tourismus auf eine lange Geschichte zurück: Mit seinem milden Klima, der üppigen Natur, seinen lebens- und feierlustigen Einwohnern, den subtropischen Stränden und Kurorten war es schon zur Zarenzeit ein Sehnsuchtsziel der Russen, und im 20. Jh. avancierte Georgien zum Reiseziel Nr. 1 der Sowjetbürger.

Über 30 Jahre ist es nun her, dass das sowjetische Imperium kollabierte, der Tourismus abrupt endete und Georgien in eine tiefe wirtschaftliche und politische Krise schlitterte. Bis 2004 Michail Saakaschwili auf der politischen Bühne erschien. Der damalige Präsident krempelte das Land um, bekämpfte Kriminalität und Korruption in beispiellosen Aktionen. Seither kann das ganze Land sicher bereist werden. Dank dem Ausbau der Straßen in den letzten Jahren kommt man dabei mittlerweile vergleichsweise schnell voran – wobei einige der abgelegenen Bergregionen noch immer nur über abenteuerliche Schotterpisten zugänglich sind.

Eine Reise zu einem der entlegenen Bergdörfer mutet dabei wie eine Reise in die Vergangenheit an, doch auch dort gehört das Handy längst zum Alltag. Vielerorts prallen Traditionen und Moderne aufeinander – Georgien ist ein Land voller Gegensätze, das sich mitten im Umbruch befindet. Trotz technischer Errungenschaften muss die Mehrheit der Bevölkerung auf dem Land mangels alternativer Einkommensmöglichkeiten noch immer von Subsistenzwirtschaft leben und führt ein einfaches Leben, meist in enger Verbundenheit mit der Großfamilie, alten Traditionen und dem Christentum. Die Bedeutung der Religion ist allerorts sichtbar, selbst an den entlegensten Orten erinnern Kirchen und Klöster daran, dass es neben der einzigartigen georgischen Sprache der christliche Glaube war, der den Georgiern half, über mehrere Jahrhunderte Fremdherrschaft ihre kulturelle Identität zu bewahren.

Die **frühchristlichen Klöster und Kirchen**, die nicht nur mit ihrer Architektur, sondern oft auch mit kunstvollen Fresken im Inneren beeindrucken, ziehen kulturinteressierte Reisende an. Die **abwechslungsreiche Natur** dagegen bietet von Hochgebirge, tiefen Schluchten, Tropfsteinhöhlen, dschungelartigen Wäldern, rauschenden Bergflüssen bis hin zu Halbwüsten überaus abwechslungsreiche Möglichkeiten für Aktivurlauber. Das Schöne ist: Man kann von allem ein wenig haben, denn das Land ist von überschaubarer Größe und gut zu bereisen.

Reiseziele

Während vor allem bei armenischen und russischen Urlaubern die **Strände am Schwarzen Meer** beliebt sind, interessieren sich mitteleuropäische Besucher in erster Linie für die atemberaubenden Landschaften Georgiens, die von der rauen **Gebirgswelt des Großen Kaukasus** bis zu surrealen Erosionslandschaften in der **Halbwüste** reichen. Dabei kommt auch die Kultur nie zu kurz, denn in allen Landesteilen warten etliche **Festungen, Klöster und Kirchen** auf Besucher – Letztere sind nicht selten mit beeindruckenden Fresken im Inneren versehen. Dabei wird man, wo auch immer man hinfährt, die legendäre Gastfreundschaft der Georgier erleben, oft verbunden mit der ausgezeichneten georgischen Küche und einer Einladung, den selbst gebrannten Chacha (Tresterschnaps) zu probieren.

Naturlandschaften

In dem Land, das etwa so groß ist wie Bayern, gibt es fünf verschiedene Klimazonen – die von Gletschern über alpine Wiesen, subtropische

? Fragen und Antworten

Wilde Gebirgslandschaften, alte Kultur, gastfreundliche Menschen und leckeres Essen – schon bei ihrer ersten Reise nach Georgien hat sich **Nina Kramm** in die Kaukasusrepublik verliebt. Nach zahlreichen Wanderurlauben schrieb sie den ersten deutschsprachigen Wanderführer über Georgien und berichtet auf ihrem Blog 💻 https://reiselieber.de über ihre Reisen durchs Land, in dem es immer wieder Neues zu entdecken gibt.

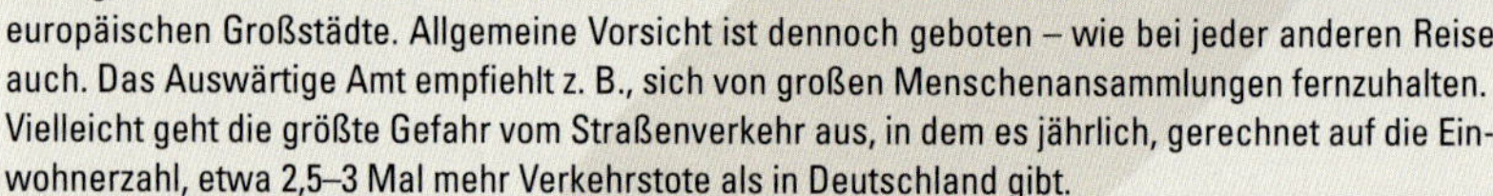

Ist Georgien ein sicheres Reiseland?

Ein klares Ja. Die Sicherheitslage in den von der georgischen Regierung kontrollierten Gebieten ist stabil. Die Kriminalitätsrate im Land ist sehr niedrig, und Tbilissi ist mittlerweile wahrscheinlich sicherer als die meisten europäischen Großstädte. Allgemeine Vorsicht ist dennoch geboten – wie bei jeder anderen Reise auch. Das Auswärtige Amt empfiehlt z. B., sich von großen Menschenansammlungen fernzuhalten. Vielleicht geht die größte Gefahr vom Straßenverkehr aus, in dem es jährlich, gerechnet auf die Einwohnerzahl, etwa 2,5–3 Mal mehr Verkehrstote als in Deutschland gibt.
Auswirkungen des russischen Angriffskriegs gegen die Ukraine auf die Sicherheitslage Georgiens gab es zum Zeitpunkt der letzten Recherche nicht. Man sollte sich dennoch vor der Reise auf der Seite des Auswärtigen Amtes über den aktuellen Stand informieren.

Wann ist die beste Reisezeit?

Es gibt ganzjährig interessante Reiseziele. Für einen Wanderurlaub im Hochgebirge eignen sich Hochsommer und Frühherbst, also die Zeit zwischen Anfang Juli und Anfang Oktober, am besten, für Wanderungen im Kleinen Kaukasus und niedrigeren Höhen ist von Anfang Mai bis Mitte Oktober Saison. In den Sommermonaten wird es allerdings sehr heiß, Kulturreisen unternimmt man daher am besten von März bis Mai oder im September und Oktober. Auch das winterliche Georgien, das man außerhalb der Skiorte nur mit wenigen anderen Touristen teilen muss, hat seinen Reiz.

Wie verständige ich mich?

In Georgien wird Georgisch gesprochen, eine kartwelische Sprache, die ein eigenes Alphabet besitzt. Das Georgische hat nicht einmal entfernt etwas mit dem Russischen gemein – sieht man einmal davon ab, dass die meisten Mitteleuropäer weder die georgischen noch die kyrillischen Buchstaben entziffern können. Die Verständigung ist jedoch selten ein Problem, da fast alle Georgier

Wälder und Sümpfe bis hin zur Halbwüste reichen. Abwechslung ist damit garantiert, und Naturfreunde kommen voll auf ihre Kosten. Es gibt zahlreiche Möglichkeiten zum **Wandern, Trekken, Reiten, Mountainbiken, Kajakfahren, Raften, Skifahren** oder auch zur **Vogelbeobachtung** (S. 70). Insgesamt stehen 11,5 % der Landesfläche Georgiens unter Naturschutz, darunter befinden sich 14 strenge Naturreservate (Strict Nature Reserve) und zwölf Nationalparks (National Park), mehr Infos zu den Nationalparks s. S. 92.

Die Bergwelt des Großen Kaukasus

Von den Ausmaßen her ist der Große Kaukasus mit den Alpen vergleichbar, nicht jedoch, was die Infrastruktur anbetrifft, die hier weitaus weniger entwickelt ist. Zudem gibt es noch einige entlegene Regionen, die die Ursprünglichkeit des „wilden" Kaukasus bewahrt haben. Eine Besonderheit sind vor allem die befestigten Bergdörfer mit ihren Wehrtürmen.

Von Bergdorf zu Bergdorf kann man in **Ober-Swanetien** (S. 344) wandern und dabei mehr Wehrtürme und Gletscher bewundern als mindestens zwei Sprachen sprechen: Bei den über 40-Jährigen ist Russisch geläufig, die jüngere Generation – insbesondere Kinder – sprechen meist etwas Englisch. Selbst Deutsch ist als Fremdsprache überraschend weit verbreitet. Und wenn nichts anderes geht, helfen Übersetzungs-Apps oder ein Anruf bei der Englisch sprechenden Freundin oder Tochter.

Ein Reiseland für die ganze Familie?

Bei entsprechender Reiseplanung ist Georgien ein schönes Land für Familienreisen – Kinder lieben die vielen Tiere, die sich auf den Straßen herumtreiben, und die Georgier sind sehr kinderlieb. Allerdings sind Reisen mit Kindern im Mietwagen wesentlich entspannter als mit den unkomfortablen öffentlichen Transportmitteln.

Mietwagen oder Marschrutka?

Wer Zeit und Lust mitbringt, so von A nach B zu gelangen, wie es die meisten Einheimischen tun, der ist mit der Marschrutka bestens bedient und spart darüber hinaus viel Geld. Die Marschrutka ist die billigste und authentischste Art zu reisen. Orte, die nicht mit den öffentlichen Verkehrsmitteln erreicht werden können, kann man problemlos im Rahmen von Tagesausflügen mit (günstigen) Taxis erkunden.

Wer jedoch gerne zeitlich unabhängig reist, sich vom chaotischen georgischen Fahrstil nicht abschrecken lässt und das Land und seine Nationalparks auf eigene Faust erkunden möchte, ist mit dem Mietauto besser bedient. Je nach Route ist ein Offroad-geeignetes Auto empfehlenswert, bei Fahrten in die Berge sollte man sich außerdem vorab über den aktuellen Straßenzustand erkundigen.

Ungeübte Offroader sollten Bergregionen wie Tuschetien oder Khevsuretien meiden.

Schwere Zeit für Vegetarier?

Es stimmt, dass die georgische Küche sehr fleischlastig ist, doch es gibt auch eine Vielzahl leckerer vegetarischer und veganer Gerichte. Denn die Georgier verzichten vor dem orthodoxen Ostern 40 Tage auf sämtliche tierischen Produkte – allerdings finden nur einige dieser Gerichte den Weg auf die Speisekarten der Restaurants. Eine gute Wahl sind immer Badrijani (Auberginen-Röllchen), Adjapsandali (geschmortes Gemüse), Pkhali (gehacktes Gemüse mit Kohl, Bohnen, Walnüssen etc.) und natürlich Khachapuri (ein überbackener Käsefladen) – und davon wird garantiert jeder satt.

irgendwo sonst. In der von Tbilissi wesentlich leichter zugänglichen Region **Kazbegi** (S. 276) an der Georgischen Heerstraße flößt die schroffe Bergwelt ihren Besuchern Ehrfurcht ein, während im entlegenen **Khevsuretien** (S. 298) das Festungsdorf Shatili beeindruckt. Sanfter muten die Berge bereits im schwer zugänglichen **Tuschetien** (S. 260) im östlichen Großen Kaukasus an. In **Racha** (S. 373) und **Nieder-Swanetien** (S. 370) dagegen bilden die hohen Gipfel des mächtigen Gebirges nun die Kulisse der subalpinen Weiden und Almen.

Höhlen und Schluchten

Eine tiefe Schlucht hat sich der Fluss Mtkvari durch den Kleinen Kaukasus gefressen, die bei der Höhlenstadt **Vardzia** (S. 483) besonders beeindruckend ist. Am Fuße des Großen Kaukasus dagegen hat das Wasser über Jahrmillionen nicht nur schmale Schluchten wie den **Martvili-Canyon** (S. 404) und den beeindruckenden **Okatse-Canyon** (S. 404) geformt, sondern auch zahlreiche Höhlen, von denen die im **Naturpark Sataplia** (S. 402) und die **Prometheus-Tropfsteinhöhle** (S. 403) die beeindruckendsten sind.

Auf der Hochebene von Javakhetien wurden die Wasserfälle in der **Tsalka-Schlucht** (S. 495) Teil des neuesten Touristenspektakels.

Smaragdgrüne Wälder und feuchte Sümpfe

Für seinen unberührten Wald ist das älteste Schutzgebiet des Landes, der **Lagodekhi-Nationalpark** (S. 242), berühmt, auch der dicht bewaldete **Borjomi-Kharagauli-Nationalpark** (S. 470) im Kleinen Kaukasus kann da mithalten und ist mit seiner Artenvielfalt ebenfalls einer der weltweiten Biodiversitäts-Hotspots. Dschungelartig geht es im subtropischen Westen zu, wo die Bäume im regenreichen „Heulsusen"-Nationalpark, dem **Mtirala-Nationalpark** (S. 427), sowie dem **Kintrishi-Schutzgebiet** (S. 426) von Moos umhüllt sind. Noch feuchter präsentiert sich der **Kolkheti-Nationalpark** (S. 422) bei Poti, ein geschütztes Überbleibsel des Sumpfes, der einst die gesamte Kolchische Tiefebene in Westgeorgien bedeckte.

Georgien offroad: wilde Passstraßen

Als wäre der Straßenverkehr in Georgien nicht schon halsbrecherisch genug, gibt es im „Wilden Kaukasus" noch einige nicht asphaltierte Straßen, auf denen eine Fahrt noch immer ein richtiges Abenteuer ist. Die Passstraßen sind nur im Sommer geöffnet und sollten nicht nach starken Regenfällen befahren werden, denn dann sind sie oft nur schwer passierbar oder wegen Erdrutschen komplett blockiert. Auf den Weg sollte man sich außerdem nur mit geländefähigem Auto oder Motorrad machen – dabei sind die Routen über den Abano-Pass, den Datvisjvari-Pass und den Zagar-Pass **ausschließlich für sehr erfahrene Offroad-Fahrer** geeignet, die Verträge fast aller Autovermieter verbieten das Befahren dieser Straßen sowieso. Wer's staubig mag und gute Kondition besitzt, kann es mit dem Mountainbike wagen.

Abano-Pass, 2926 m, nach Omalo in Tuschetien (S. 262)
Datvisjvari-Pass, 2676 m, nach Shatili in Khevsuretien (S. 301)
Zagar-Pass, 2623 m, von Ushguli in Ober-Swanetien nach Lentekhi (S. 372)
Goderdzi-Pass, 2025 m, von Akhaltsikhe nach Batumi (S. 455)
Es gibt viele weitere nicht ausgebaute Routen im Land, ein absolutes Offroad-Eldorado ist der **Vashlovani-Park** (S. 231).

Karge Hochebenen und Halbwüsten

Ganz anders sieht es auf dem unwirtlichen und baumlosen Hochplateau von **Javakhetien** (S. 486) im Kleinen Kaukasus aus, auf dem die markanten Kegel erloschener Vulkane eine mystische Kulisse für den größten See des Landes bilden. Kaum weniger surreal ist die menschenleere Halbwüste des **Vashlovani-Nationalparks** (S. 231), dessen außergewöhnliche Erosionslandschaft von Wasser geformt wurde, das heutzutage in diesem südöstlichen Landeszipfel an der Grenze zu Aserbaidschan äußerst rar ist.

Strände der Schwarzmeerküste

Russen und Armenier lieben die Schwarzmeerküste – doch ganz ehrlich: Glasklares, türkisschimmerndes Wasser und helle Sandstrände findet man am georgischen Küstenabschnitt selten. Wer nur einen Tag am Strand entspannen möchte, der kann das im megrelischen **Anaklia** (S. 412), am magnetischen Sandstrand von **Ureki** (S. 424), dem beliebten Ferienort **Kobuleti** (S. 425), in Batumis Vororten **Makhinjauri** (S. 425) und **Sarpi** (S. 450) oder direkt in **Batumi** (S. 431) tun. Wobei die Wasserqualität an den Stränden der Großstadt nicht die beste ist.

Klöster und Kirchen

Nicht nur in den Dörfern und Städten, auch in Höhlen, auf Berggipfeln und sogar Felsnadeln: Klöster und Kirchen gibt es in Georgien an fast jedem Ort. Wen wundert's – die Georgier begannen bereits im 5. Jh. damit, größere Kirchen zu errichten.

Die ältesten erhaltenen Kirchen mit größeren Ausmaßen sind die Basiliken **Bolnisi-Sioni** (5. Jh., S. 337) südlich von Bolnisi und die **Anchiskhati-Kirche** in Tbilissi (6. Jh., S. 152). In den Klosteranlagen von **Alt-Shuamta** (5./6. Jh.,

S. 256) und **Nekresi** (6./7. Jh., S. 247) in Kachetien ist die in Georgien einzigartige Bauweise der Dreikirchenbasilika zu finden, zu diesem Typus gehört auch die **Sioni-Sameba-Kirche von Dmanisi** (7. Jh., S. 340).

Frühe Beispiele des Zentralbaus mit beeindruckenden Baulösungen finden sich bei dem Tetrakonchosbau von **Ninotsminda** (6. Jh., S. 216) bei Sagarejo und dem Kreuzkuppelbau (und zugleich Tetrakonchosbau) der **Jvari-Kirche** (7. Jh., S. 317) bei Mtskheta, Letztere war Vorbild für zahlreiche weitere Bauten wie der **Ateni-Sioni-Kirche** (10. Jh., S. 330) bei Gori.

Auf die Gründung der Syrischen Väter (S. 102) gehen u. a. das beeindruckende Höhlenkloster von **Davit Gareja** (6. Jh., S. 217), die Klöster von **Nekresi** und **Ikalto** (6. Jh., S. 247 u. S. 257) in der Weinebene und das Kloster von **Shiomgvime** (8. Jh., S. 319) bei Mtskheta zurück. Sie alle spielten eine bedeutende Rolle bei der Festigung und Verbreitung des Christentums, die dem Kloster Ikalto angeschlossene Akademie entwickelte sich außerdem im 12. Jh. zu einer bedeutenden Lehranstalt.

Die Kirche von **Kvelatsminda** bei Gurjaani (8./9. Jh., S. 237) ist in ihrer Mischform als Kirchen- und Palastgebäude spannend, die von **Bodbe** (8./9. Jh., S. 224) dagegen ein viel besuchter Pilgerort, schließlich liegt dort die Nationalheilige Nino begraben. Auch zum **Martvili-Kloster** (10. Jh., S. 404), der Grabstätte der Dadiani-Fürsten, pilgern viele Einheimische.

Eine neue Dimension nahmen die Gotteshäuser zu Beginn des Goldenen Zeitalters an: Im 11. Jh. wurden die imposanten Nationaldome von **Svetitskhoveli** (S. 314) in Mtskheta, **Alaverdi** (S. 258) nahe Telavi, **Bagrati** (S. 387) in Kutaissi und die Kathedrale von **Samtavisi** (S. 321) errichtet.

Während dieser Zeit verwandelte König Davit der Erbauer das **Kloster von Gelati** (S. 394) in eine bedeutende Akademie, die als „neues Athen" gerühmt wurde.

Den Besuch der **Gergeti-Dreifaltigkeitskirche** (S. 286), die vor dem schneebedeckten Gipfel des Kazbek thront, sollte man sich nicht entgehen lassen. Einzigartig ist auch die Lage des **Katskhi-Klosters** (S. 399) bei Chiatura und die der **Lagurka-Wallfahrtskirche** (S. 362) in Swanetien. Insbesondere in Swanetien überraschen einige von außen unscheinbare Gotteshäuser mit wahrlich **kunstvollen Fresken** im Inneren (s. Kasten S. 132).

© NINA KRAMM

Frühlingserwachen in Kutaissi

Auf den Spuren der Geschichte

An vielen Orten zeigt sich die wechselvolle Geschichte des Landes, die mit den wahrscheinlich ersten Europäern schon vor 1,8 Mio. Jahren begann und mit der neuen Unabhängigkeit 1991 jetzt wieder richtig Fahrt aufnimmt.

Tbilissi: Man braucht die Hauptstadt nicht zu verlassen, um mehr über die Geschichte des Landes zu erfahren. Spuren fast aller Epochen sind dort zu finden, und das **Nationalmuseum** und **Kunstmuseum** laden zu Zeitreisen ein. S. 142.

Dmanisi: Eine Reise in die **Frühsteinzeit** zu den ersten Hominiden, die von Afrika nach Europa einwanderten und vor 1,8 Mio. Jahren lebten. S. 339.

Berglandschaft im entlegenen Tuschetien

Javakheti- und Tsalka-Plateau: Steinkreise, Megalithen und Felszeichnungen – Spuren der **Stein- und Bronzezeit** finden sich an vielen Orten im Kleinen Kaukasus. Dabei sind die Ruinen der Festungen von Shaori und Abuli besonders beeindruckend. S. 486 und S. 494.

Samshvilde: Über 5000 Jahre war der außergewöhnliche Ort bewohnt, der als Handelsstadt an der Seidenstraße im 3. Jh. seine größte Blüte erlebte. Zwischen den Ruinen finden sich Spuren aus **Bronzezeit bis Mittelalter**. S. 335.

Uplistsikhe: Die Höhlenstadt wurde bereits in der **Bronzezeit** in den Fels geschlagen und gelangte durch Handel zwischen dem 9. und 11. Jh. zu größtem Wohlstand. S. 328.

Vani und Nokalakevi: Die beiden antiken Stätten waren während des **sagenhaften Kolchischen Reichs** wichtige Handelsstädte und kulturelle Zentren. Insbesondere Vani hatte große Bedeutung und wurde im 4. Jh. v. Chr. zur Tempelstadt ausgebaut. S. 405 und S. 406.

Mtskheta: Die alte Königsstadt ist noch immer das religiöse Zentrum des Landes und war bereits zur **Bronzezeit** besiedelt, die ältesten Begräbnisstätten auf dem Gräberfeld von Samtavro stammen aus dem 4. Jt. v. Chr. Auf dem Festungsberg Armaztsikhe liegen die Ruinen des einstigen Palasts der iberischen Könige, die von dort im 4. und 3. Jh. v. Chr. regierten. S. 311.

Vardzia: Königin Tamar ließ die Höhlenstadt an der südlichen Landesgrenze im 12. Jh. in weiser Voraussicht zu einem Bollwerk ausbauen. Ein beeindruckender Ort in einer großartigen Landschaft. S. 483.

Gremi: Einen guten Eindruck des **mittelalterlichen Georgien** vermittelt die Festung von Gremi, das im 15. Jh. Hauptstadt des kachetischen Königreichs und 1615 zerstört wurde. S. 248.

Weitere interessante Festungen aus dem Mittelalter sind die von **Khertvisi** (10. Jh., S. 482), **Akhaltsikhe** (12. Jh., S. 476), **Goristsikhe** (wiedererrichtet im 16. Jh., S. 324) und **Ananuri** (16./17. Jh., S. 279).

Asureti und Bolnisi: Im Jahr 1818 wurden die Ortschaften als Elisabethtal und Katharinenfeld von schwäbischen Auswanderern gegründet, was an den typischen Fachwerkhäusern noch heute zu erkennen ist. S. 333 und S. 335.

An die **sowjetische Vergangenheit** erinnert der heruntergekommene **Kurort Tsqaltubo** (S. 400). Einzigartig und hochmodern war das öffentliche Transportsystem der utopischen Arbeiterstadt **Chiatura** (S. 398), das aus Seilbahnen bestand, von denen die meisten mittlerweile durch moderne Gondelbahnen ersetzt wurden. Auf den Spuren des grausamen Diktators wandelt man in dem grotesken **Stalin-Museum** (S. 323) in Gori, das bei vielen Touristen auf dem Programm steht.

Reiserouten

Es gibt so vieles zu entdecken in Georgien. Wer jedoch nur eine Woche Zeit hat, sollte sich entweder auf den Osten oder den Westen des Landes beschränken und entsprechend einen Flug nach Tbilissi (für den Osten) oder Kutaissi (für den Westen) buchen. Alternativ kann ein Gabelflug (z. B. mit Turkish Airlines) nach Tbilissi und zurück von Batumi gebucht werden.

Entscheidend bei der Reiseplanung ist außerdem, ob man das Land mit dem eigenen Auto oder mit öffentlichen Verkehrsmitteln bereist. Ist man auf Marschrutki und Taxis angewiesen, bietet es sich an, für mehrere Nächte an einem Standort zu bleiben und von dort die Umgebung im Rahmen von Tagesausflügen zu erkunden.

Bei der Planung sollte auch bedacht werden, dass die Zufahrtsstraßen in die Bergregionen nach Lawinen oder Erdrutschen gelegentlich gesperrt sind – man sollte nach dem Besuch abgelegener Gegenden auf jeden Fall ausreichend Puffer vor dem Rückflug einplanen.

Georgien kompakt

Das Herz des Landes

■ 7–14 Tage

Diese Tour durch das Zentrum und Herz des Landes führt nicht nur durch die wilden Landschaften des **Kleinen Kaukasus**, sondern bietet geballte kulturelle Highlights: Auf der Route liegen die drei beeindruckendsten **Höhlenstädte** und einige der interessanten **Kirchen und Klöstern** des Landes sowie die beiden ehemaligen Haupt- und **Königsstädte** Kutaissi und Mtskheta.

Los geht's in der aktuellen Hauptstadt. Für die lebhafte Metropole **Tbilissi** (S. 142) mit ihrem spannenden Architekturmix und Kulturleben sollte man zwei bis drei Tage einplanen. Ein Bummel über den **Dry Bridge Market**, ein Spaziergang durch die **Altstadt**, das einstige Nobelviertel **Sololaki** oder das idyllische **Betlemi-Viertel** – es gibt viel zu entdecken. Kunstinteressierte sollten die **Schatzkammer des Nationalmuseums** und das **Kunstmuseum** auf keinen Fall verpassen. Nach dem Sonnenuntergang, den man am besten von der **Narikala-Festung** aus genießt, kann man dann in den heißen Bädern in **Abanotubani** herrlich entspannen.

Von Tbilissi aus lässt sich die alte Königsstadt **Mtskheta** (S. 311) während eines Tagesausflugs gut erkunden, die Svetitskhoveli-Kirche und die traumhaft gelegene Jvari-Kirche sind dort die größten Highlights. Auch die einzigartigen Höhlenkloster von **Davit Gareja** (S. 217) lassen sich sehr gut von Tbilissi aus besuchen – kaum zu glauben, dass man in so kurzer Zeit von der leb-

haften Hauptstadt in diese surreale, karge Halbwüste an der Südgrenze des Landes gelangt.

Die Tour führt einen weiter nach **Gori** (S. 322), auf dem Weg dorthin lohnt ein Halt an der **Samtavisi-Kathedrale** (S. 321). In der Geburtsstadt des ehemaligen Sowjet-Diktators ist das schauerliche **Stalin-Museum** der größte Touristen-Magnet. In der Umgebung von Gori sind die bronzezeitliche Höhlenstadt **Uplistsikhe** (S. 328) und die kleine, aber feine **Ateni-Sioni-Kirche** (S. 330) im malerischen Tana-Tal einen Besuch wert.

Das nächste Ziel ist die einstige Hauptstadt Kutaissi. Doch noch bevor das Likhi-Gebirge überwunden wird und einen das wärmere Klima des Westens empfängt, lohnt ein Abstecher zum **Kintsvisi-Kloster** (S. 332) mit der St.-Nicholas-Kirche, die für ihre wunderschönen blauen Fresken berühmt ist.

Das entspannte **Kutaissi** (S. 385) ist ein hervorragender Ausgangspunkt für zahlreiche Ausflüge in die Umgebung: Naturfreunde sollten die **Prometheus-Höhle** (S. 403), den **Naturpark von Sataplia** (S. 402), den **Okatse-** (S. 403) und **Martvili-Canyon** (S. 404) nicht verpassen.

Sehr sehenswert ist das **Gelati-Kloster** (S. 394) mit seiner interessanten Geschichte und wunderschönen Fresken – es gehört nicht ohne Grund zum Unesco-Weltkulturerbe. Zwischen grünen Hängen versteckt liegt das **Kloster von Motsameta** (S. 396), dessen Geschichte jeder Georgier kennt. Wer etwas mehr Zeit mitbringt, kann außerdem einen Ausflug nach Racha unternehmen, wo nahe Ambrolauri die **Kathedrale von Nikortsminda** (S. 381) mit prächtigem Fassadenschmuck und interessanten Fresken aufwartet. Einen ganz anderen Reiz haben die rostigen Seilbahngondeln der Bergbaustadt **Chiatura** (S. 398). Auf dem Weg dorthin befindet sich das kuriose **Katskhi-Kloster** (S. 399), das auf einer freistehenden Felsnadel steht.

Nach den abwechslungsreichen Highlights um Kutaissi geht es zurück über das Likhi-Gebirge und weiter durch das Tal der Mtkvari bis nach **Borjomi** (S. 461). Der einst glänzende Kurort ist das Tor zum **Borjomi-Kharagauli-Nationalpark** (S. 470), in dem unberührte, üppig-grüne Wälder zum Wandern einladen.

Die Route folgt dem Tal der Mtvkari weiter nach **Akhaltsikhe** (S. 476), wo die goldene Kuppel der restaurierten Festung Besucher schon von Weitem anfunkelt. Größte Sehenswürdigkeit der Region ist jedoch die Höhlenstadt **Vardzia** (S. 483) kurz vor der Grenze zur Türkei. Schon die

Die Bagrati-Kathedrale war zu ihrer Bauzeit im 11. Jahrhundert die größte Kirche des Landes.

Anfahrt durch das dort immer enger werdende Flusstal ist atemberaubend – und die Hunderten in die steil abfallende Felswand geschlagenen Höhlen sind einfach spektakulär.

Von Vardzia führt die Route durch das wenig besuchte **Javakheti-Plateau** (S. 486), das von alten Vulkankegeln und Bergseen bestimmt wird und eine besondere Atmosphäre besitzt. Dort gibt es nicht nur zahlreiche Vögel zu beobachten, es warten auch etliche steinzeitliche Stätten, z. B. die Festungsruinen von Shaori und Abuli – beide auf dem Gipfel erloschener Vulkane.

Kurz vor der Rückkehr nach Tbilissi bieten die beiden Dörfer **Asureti** (S. 333) und **Bolnisi** (S. 335) Einblick in die gemeinsame deutsch-georgische Geschichte, beide Orte wurden vor über hundert Jahren von schwäbischen Siedlern gegründet.

Der Osten

■ 5–10 Tage

Im Osten des Landes lockt nicht nur die Kachetische Weinebene mit kulinarischen Genüssen, sondern auch der Große Kaukasus mit einmaligen Berglandschaften.

Nach zwei bis drei Tagen in der **Hauptstadt** (S. 29, „Das Herz des Landes") und einem Ausflug nach **Mtskheta** (S. 311) führt diese Route entlang der historischen Heerstraße durch die spektakuläre Bergwelt des Großen Kaukasus, vorbei an der Festung von **Ananuri** (S. 279), bis nach **Stepantsminda** (S. 284). Dort posiert das fotogene Duo – die **Gergeti-Dreifaltigkeitskirche** (S. 286) vor dem sagenumwobenen Eisriesen **Kazbek**. Schon bei einem Tagesausflug kann man Stepantsminda kennenlernen, doch lohnen das verwunschene **Truso-Tal** (S. 293), das **Bergdorf Juta** (S. 296) und die schroffe **Dariali-Schlucht** (S. 296) ebenfalls einen Besuch, sodass man getrost zwei bis drei Tage in der Kazbek-Region einplanen kann.

Die Route führt zurück über Tbilissi bis nach Signagi in Kachetien. Wer mit dem eigenen Auto unterwegs ist, kann auf dem Weg dorthin die Höhlenklöster von **Davit Gareja** (S. 217) in der surrealen Halbwüste besichtigen – wer kein eigenes Auto hat, sollte die Höhlenklöster im Rahmen eines Tagesausflugs von Tbilissi aus besuchen – aber auf keinen Fall verpassen!

Von dem herausgeputzten mittelalterlichen Städtchen **Signagi** (S. 220) genießt man traumhafte Ausblicke über die Kachetische Weinebene, die sich zu Füßen des Orts erstreckt. Für die Weinregion sollte man zwei bis vier Tage einplanen, denn dort wimmelt es förmlich von Sehenswürdigkeiten: das **Nekresi-Kloster** (S. 247), die Festungsanlage von **Gremi** (S. 248), die Kathedrale von **Alaverdi** (S. 258), das Landgut von **Tsinandali** (S. 254), die **Kvelatsminda-Kirche** (S. 237) sowie die Klöster von **Ikalto** (S. 257) und **Shuamta** (S. 256). Und bei den zahlreichen **Weinkellern** kommt auch der Genuss nicht zu kurz. Schöne Weingüter gibt es auch bei **Telavi** (S. 249), dem einstigen Sitz der kachetischen Könige. Wie Signagi ist die kleine Stadt ein geeigneter Ausgangspunkt für Ausflüge in die Weinebene. Ist die Weinregion ausgiebig erkundet, führt von Telavi die Route über den Gombori-Pass zurück in die Hauptstadt.

Natur- und Wanderfreunde sollten Zeit für den Besuch einer der Bergregionen einplanen, z. B. ist **Tuschetien** (S. 260) im Großen Kaukasus ein spannendes Ziel. Es empfiehlt sich, mindestens drei Tage für eine Reise dorthin einzuplanen. Leichter zugänglich ist dagegen der **Lagodekhi-Nationalpark** (S. 242), den man während eines Tagesausflugs besuchen kann.

Der Westen

■ 7–14 Tage

Auf den Spuren des Goldenen Vlieses führt diese abwechslungsreiche Route durch das alte Kolchische Reich in Westgeorgien zu antiken Stätten, in die archaische Bergwelt Swanetiens, ans Schwarze Meer und natürlich zu zahlreichen Klöstern und Kirchen.

Die einstige Hauptstadt und drittgrößte Stadt Georgiens, **Kutaissi** (S. 385), ist Ausgangspunkt dieser Tour. Da die nähere Umgebung mit landschaftlichen und kulturellen Sehenswürdigkeiten gespickt ist, kann man mühelos drei bis fünf Tage mit abwechslungsreichen Tagesausflügen verbringen (s. S. 29, Reiseroute „Das Herz des Landes"). Natürlich darf ein Besuch der antike Stätte **Vani** (S. 406) nicht fehlen – zur Zeit des Kolchischen Reichs war sie eine blühende Handels- und Tempelstadt.

Mit dem Flugzeug oder mit der Marschrutka über Zugdidi geht es weiter nach **Swanetien** (S. 342). Diese einst isolierte Bergregion ist für die beeindruckenden Bergdörfer mit archaischen Wehrtürmen und seine mächtigen Gletscher berühmt. Das auf 2200 m Höhe gelegene **Ushguli** (S. 367) gehört dank seiner über 200 Wehrtürme zum Unesco-Weltkulturerbe und ist die lange Anfahrt allemal wert, doch auch das spannende **Ethnografische Museum** in **Mestia** (S. 353) sollte man keinesfalls verpassen. Kunstvolle Goldschmiedearbeiten werden dort gezeigt, denn schon seit der Antike wurde in den Bergen von Swanetien Gold gewonnen – mithilfe von Schaffellen, was die griechische Mythologie beflügelt haben dürfte.

Mindestens drei Tage sollte man sich für Swanetien Zeit nehmen; wer gern wandert, kann dort locker bis zu zehn Tage verbringen.

Die Route führt zurück über **Zugdidi** (S. 408) in die Kolchische Tiefebene. Bleibt in Zugdidi Zeit, kann man einen Blick in den **Palast der Dadiani-Fürsten** werfen. Im **Kolkheti-Nationalpark** (S. 422) südlich von Poti bekommt man bei einer Bootsfahrt einen Eindruck davon, wie einst die gesamte Kolchische Tiefebene aussah: von Sümpfen und Seen bedeckt. Für Naturfreunde könnten außerdem Wanderungen im dschungelartigen **Mtirala-Nationalpark** (S. 427) oder dem **Kintrishi-Nationalpark** (S. 426) interessant sein, dafür sollte man ca. zwei bis drei zusätzliche Tage einplanen.

An der Schwarzmeerküste ist die moderne Boomtown **Batumi** (S. 431) das größte Touristenziel. Mit etlichen Hotels, Restaurants, Geschäften, Museen, Bars und Clubs ist für Unterhaltung gesorgt, an der langen Strandpromenade und dem Stadtstrand herrscht im Sommer Volksfeststimmung.

Wem es in Batumi nicht zu trubelig ist, der kann dort zwei bis drei Tage Quartier nehmen und Ausflüge in das **Adscharische Hinterland** unternehmen, zum Raften, Vogelbeobachten – oder auch zu dem wunderschönen **Botanischen Garten** nördlich der Stadt.

Wer mit öffentlichen Verkehrsmitteln unterwegs ist, reist am schnellsten über Ureki und Samtredia zurück nach Kutaissi. Selbstfahrer mit geländefähigen Wagen können jedoch die interessante Route auf der Schotterpiste über den **Goderdzi-Pass** (S. 455) bis **Akhaltsikhe** (S. 476) wählen und von dort den Borjomi-Kharagauli-Nationalpark über den **Zekari-Pass** (S. 407) durchqueren – ein Abenteuer, das landschaftliche Höhepunkte verspricht.

Georgien intensiv

Quer durchs Land

■ 2–4 Wochen

Diese Tour führt durch die landschaftliche Vielfalt und zu den kulturellen Schätzen des Landes. Um nicht von Sehenswürdigkeit zu Sehenswürdigkeit zu hetzen, sollte man mindestens zwei, besser drei oder mehr Wochen Zeit mitbringen.

In der quirligen Hauptstadt **Tbilissi** (S. 142) beginnt die Reise. Insbesondere Kulturfreunde sollten dort einige Tage einplanen (s. S. 29, Reiseroute „Das Herz des Landes") und einen Besuch der nördlich gelegenen alten Königsstadt **Mtskheta** (S. 311) nicht verpassen.

Eine Fahrt auf der spektakulären **Georgischen Heerstraße** (S. 277), vorbei an der **Festung Ananuri** (S. 279), führt bis nach **Stepantsminda** (S. 284), dessen größte Sehenswürdigkeit die **Gergeti-Dreifaltigkeitskirche** (S. 286) von dem vergletscherten Gipfel des 5054 m hohen **Kazbek** ist. Theoretisch ein Tagesausflug, doch gibt es in den Seitentälern der schroffen Bergregion noch viel mehr zu entdecken, sodass es sich lohnt, ein bis zwei zusätzliche Tage einzuplanen.

Nach dieser Einstimmung auf die Bergwelt geht es direkt mit dem Flugzeug oder mit dem Nachtzug und der Marschrutka über Zugdidi weiter nach **Swanetien** (S. 342). Dort warten Wehrtürme und Gletscher, die sich von dem Hauptort **Mestia** (S. 350) am besten auf z. T. mehrtägigen Wanderungen erkunden lassen. Einen Besuch des archaischen Bergdorfes **Ushguli** (S. 367) auf 2200 m sollte sich niemand entgehen lassen –

Nicht verpassen!

Polyphoner Gesang: Wenigstens einmal sollte man dem mehrstimmigen georgischen Gesang lauschen, der zum immateriellen Weltkulturerbe gehört.

Chacha-Time: Da braucht man sich eigentlich keine Sorgen zu machen – die Einladung zum georgischen Tresterschnaps kommt meist schnell, oft bekommt man ihn im Gästehaus schon zum Frühstück serviert.

Khachapuri: Warm, fettig und lecker – die georgische Brotspezialität, von der jede Region ihre eigene Variante hat, muss man probiert haben.

Heißes Bad in Abanotubani: Nach einem erlebnisreichen Tag in Tbilissi einfach mal abtauchen – herrlich.

Kaukasus-Afro: Mit der traditionellen Fellmütze Papakha bekommt man im Nu eine neue Frisur, die man mit nach Hause nehmen kann.

Seilbahn fahren: Einst ein alltägliches öffentliches Transportmittel, heute meist Touristenattraktion – zu Recht, mindestens einmal sollte man in einer Gondel über Häuser oder Schluchten schweben.

Mit der Marschrutka durch Georgien

€ Auch mit öffentlichen Verkehrsmitteln lässt sich das Land gut erkunden. Angesichts des gewöhnungsbedürftigen Straßenverkehrs kann das sogar die entspannendere Alternative sein. Es bietet sich an, mehrere Nächte an einem Ort zu bleiben und von dort Ausflüge in die Umgebung zu unternehmen. Dabei sind folgende Orte als Ausgangspunkte günstig:

Tbilissi, 2–5 Tage: Ausgangspunkt für den Besuch von Mtskheta, Stepantsminda, die Höhlenklöster von Davit Gareja, eventuell auch von Gori und Signagi.

Mestia, 2–3 Tage: Ausflüge nach Ushguli, Wanderungen zu Gletschern und Bergdörfern.

Kutaissi, 3–6 Tage: Guter Ausgangspunkt für Ausflüge zum Gelati-Kloster, Motsameta-Kloster, Martvili- und Okatse-Canyon, Sataplia-Naturpark und zur Prometheus-Höhle, nach Tsqaltubo, Chiatura und zum Katskhi-Kloster, zur Nikortsminda-Kathedrale sowie den antiken Stätten Vani und Nokalakevi.

Borjomi, 2–4 Tage: Tagesausflüge nach Akhaltsikhe, zur Höhlenstadt Vardzia und Bakuriani, Wanderungen im Borjomi-Kharagauli-Nationalpark.

Gori, 1–2 Tage: Ausflug ins Tana-Tal zur Ateni-Sioni-Kirche, der Kintsvisi-Kirche, der Samtavisi-Kathedrale und der Höhlenstadt Uplistsikhe.

Signagi oder **Telavi**, 2–4 Tage: Erkundung der Kachetischen Weinebene und Fahrt zu Sehenswürdigkeiten wie der Festungsanlage Gremi, der Klöster von Nekresi, Ikalto und Shuamta, dem Tsinandali-Landgut und zahlreichen Weinkellern.

dank seiner über 200 Wehrtürme gehört es zum Unesco-Weltkulturerbe. Mindestens drei Tage sollte man sich für die außergewöhnliche Gegend Zeit nehmen.

Es geht zurück ins Flachland: mit der Marschrutka über **Zugdidi** (S. 408) oder dem Flugzeug direkt nach Kutaissi. In Zugdidi selbst kann man den **Palast der Dadiani-Fürsten** (S. 408) besichtigen, auch im Umland gibt es interessante Ziele, z. B. die **Tsalenjikha-Kathedrale** (S. 413).

In **Kutaissi** (S. 385) geht es entspannt zu, auch dank der guten Auswahl an Restaurants lässt es sich in der ehemaligen Hauptstadt gut aushalten – sie ist ein ausgezeichneter Ausgangspunkt für Ausflüge in die Umgebung. Lohnende Ziele gibt es mehr als genug: das eindrucksvolle **Gelati-Kloster** (S. 394), das zum Unesco-Weltkulturerbe gehört, das sehenswerte **Motsameta-Kloster** (S. 396), das **Katskhi-Kloster** (S. 399) und **Chiatura** (S. 398) sowie **Okatse**- (S. 403) und **Martvili-Canyon** (S. 404) oder auch den **Sataplia-Naturpark** (S. 402) sowie die **Prometheus-Höhle** (S. 403). Etwas zeitaufwendiger, aber absolut lohnenswert für Kulturinteressierte ist der Besuch der **Nikortsminda-Kathedrale** (S. 381) mit ihrem aufwendigen Fassadenschmuck und interessanten Fresken. Geschichtsinteressierte dagegen sollten einen Besuch der antiken Stätte **Vani** (S. 406) nicht verpassen.

Die Route führt nun über das Likhi-Gebirge in den Kleinen Kaukasus, vorbei am traditionsreichen Kurort **Borjomi** (S. 461), der als Tor zum **Borjomi-Kharagauli-Nationalpark** (S. 470) Wanderer anzieht. Entlang dem Tal der Mtkvari macht **Akhaltsikhe** (S. 476) mit seiner Festung seine Aufwartung, das absolute Highlight wartet noch tiefer im Tal des Flusses, nahe der türkischen Grenze: die spektakuläre Höhlenstadt **Vardzia** (S. 483).

Auf derselben Route geht es zurück nach Borjomi und weiter bis Gori. Auf dem Weg dorthin ist die **Kintsvisi-Kirche** (S. 332) mit ihren himmelblauen Fresken ein lohnenswerter Abstecher. In **Gori** (S. 322) wartet das skurrile Stalin-Museum, in der Umgebung laden **Ateni-Sioni-Kirche** (S. 330) im Tana-Tal und die bronzezeitliche Höhlenstadt **Uplistsikhe** (S. 328) zu Ausflügen ein.

Der letzte Teil der Route führt, über Tbilissi, in die **Weinebene** (S. 235) von Kachetien im Osten des Landes. Dort lassen sich entweder von dem romantischen Städtchen **Signagi** (S. 220), das hoch über der Weinebene thront, oder der alten Königstadt **Telavi** (S. 249) die Sehenswürdigkeiten der Gegend bestens erkunden (s. S. 31, Reiseroute „Der Osten“).

Klima und Reisezeit

Georgien war „das Italien der Sowjetunion" – und als Urlaubsland heiß geliebt. Passend zu diesem Vergleich liegt Georgien tatsächlich zwischen dem 40. und 45. Breitengrad, genau wie Rom! Klimatisch gesehen hat die Kaukasusrepublik allerdings noch einiges mehr zu bieten als mediterranes Klima: Das vergleichsweise kleine Georgien weist mehr als fünf Klimazonen und unzählige Mikroklimazonen auf. Wer das möchte, kann z. B. im Winter tagsüber im Kaukasus Ski fahren und abends im Schwarzen Meer baden.

Klima

Georgien liegt am **Südhang des Großen Kaukasus**, der das Kontinentalklima aus Norden abhält. Weder die heißen Luftmassen im Sommer noch die eisigen Wintertemperaturen erreichen die südkaukasische Republik. Von den trocken-heißen Sommerwinden aus dem Iran wiederum schirmt der Kleine Kaukasus im Süden ab.

Das **gemäßigt-kontinentale Klima** des Landes wird stark vom **Schwarzen Meer** beeinflusst. Dieses bringt warme und feuchte Luftmassen aus Westen und beschert der Schwarzmeerküste und der kolchischen Niederung **subtropisches Klima** mit reichlich Niederschlag. Die Winter sind meist schnee- und frostfrei, die Sommermonate feucht und sehr warm. Je weiter man nach Osten fährt, desto trockener wird es. In den meisten Teilen des an die Schwarzmeerküste angrenzenden Imeretien und Megrelien herrscht bereits **mediterranes Klima**. Eine Klimascheide bildet das Surami-Gebirge, das den Kleinen und den Großen Kaukasus miteinander verbindet. Es teilt das Land in zwei ziemlich genau gleichgroße Teile: den **feuchten Westen** und den **trockenen Osten**. In Kartlien und Kachetien im Osten sind die Sommer sehr heiß und die Winter kalt, dort herrscht gemäßigt kontinentales Klima. In der Steppenlandschaft bei Davit Gareja und dem Vashlovani-Nationalpark breitet sich bereits **Halbwüste** aus, in der die Temperaturen im Sommer nicht selten auf bis zu 40° C steigen.

Klima und Temperaturen hängen zudem von der Höhenlage ab. Plant man in die Bergregionen zu reisen, sollte man auch im Sommer warme Kleidung einpacken. Denn nicht selten sind die Sommernächte in den Bergen eiskalt.

Reisezeit

Georgien ist **ganzjährig** ein reizvolles Reiseziel. Hauptreisezeit sind Juli, August und Anfang September, wenn die Georgier Ferien haben. Die meisten fahren in ihre Ferienhäuser auf dem Land oder in den Bergen oder zum Baden an die **Schwarzmeerküste**. Die ist auch bei Besuchern aus den Nachbarländern beliebt, sodass sich die Preise dann teils verdoppeln und in **Batumi** Volksfeststimmung herrscht.

Wer kann, entflieht der **Sommerhitze von Tbilissi**, denn im Hochsommer ist es im Talkessel der Mtkvari kaum auszuhalten. Die Hauptstadt zeigt sich im April und Mai in frühlingshafter Frische von ihrer schönsten Seite. Auch im September herrschen angenehme Temperaturen und meist Sonnenschein. Für **Kulturreisen** eignen sich diese Monate besonders gut. Doch Tbilissi lädt auch im Herbst ein: Neben dem Stadtfest Tbilisoba gibt es dann viele interessante **Musikfestivals**. Auch der Winter hat seine Reize, wenn man sich nach einem Spaziergang in den heißen Bädern aufwärmen kann und die Preise niedriger sind. Dann ist auch in den **Skigebieten** Saison.

Die beste **Zeit zum Wandern** ist von Juni bis Anfang Oktober. Dabei ist vor allem der Juni

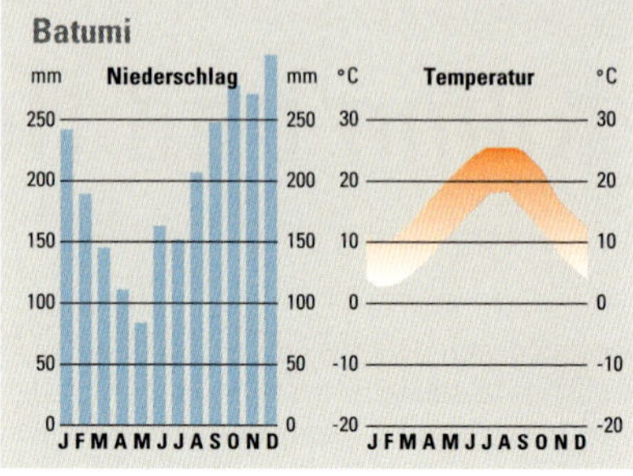

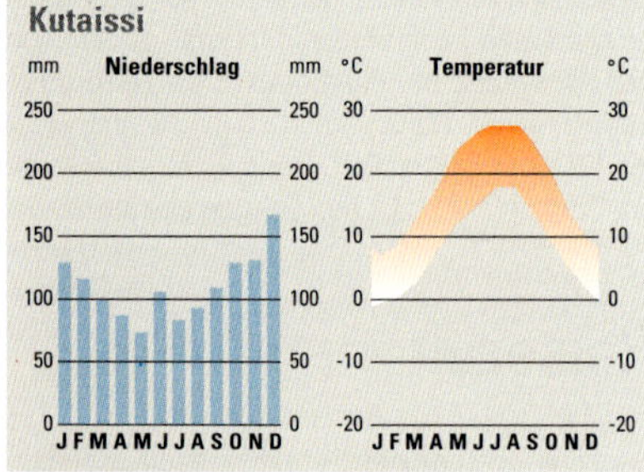

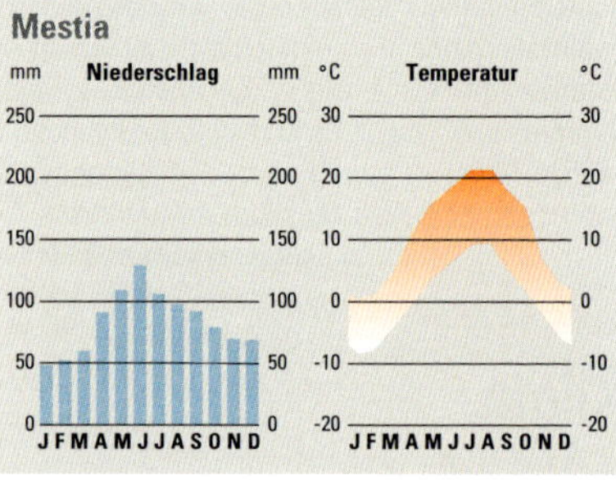

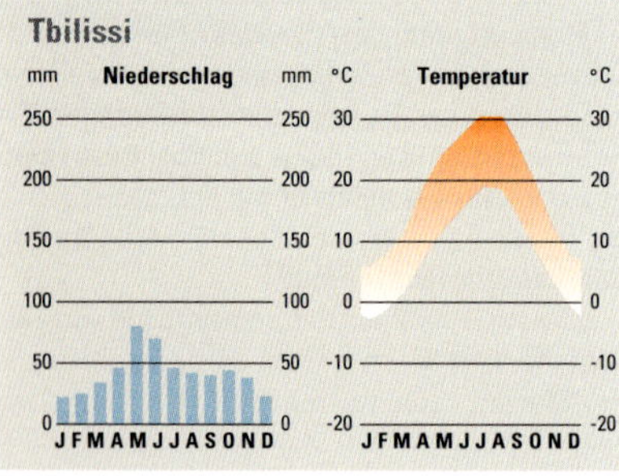

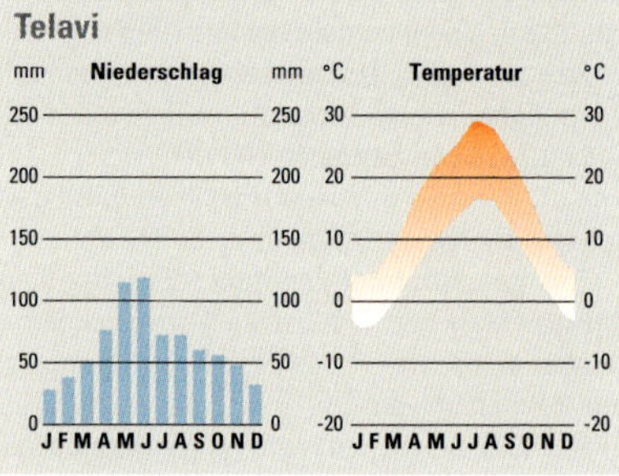

um einiges regenreicher als die Hochsommermonate Juli und August, in denen es aber gelegentlich Sommergewitter gibt. Der regenarme September eignet sich besonders gut für längere Touren. In den niedrigeren Höhen des **Kleinen Kaukasus** können im **Lagodekhi**- oder **Borjomi-Kharagauli-Nationalpark** Wanderungen oft bereits ab Ende April bis Ende Oktober unternommen werden. Außerdem gibt es dort einige markierte Winterwanderungen. Wanderungen in niedrigeren Lagen sind teils ganzjährig möglich.

Ornithologen kommen insbesondere im Frühjahr und Herbst auf ihre Kosten. An der Schwarzmeerküste bei Batumi und in einigen Nationalparks kann man dann Tausende von **rastenden Zugvögeln** beobachten.

Der Herbst ist außerdem eine ausgezeichnete Reisezeit für **Weinfreunde**: Dann ist Erntezeit, und überall in **Kachetien** fahren randvoll beladene Laster die Trauben zu den Keltereien. In Signagi, Kvareli und Telavi feiern die Einheimischen Weinfeste mit Tanz, Musik, Schaschlik – und natürlich Wein.

Reisekosten

Obwohl die Preise deutlich angezogen haben, ist Georgien noch immer ein günstiges Reiseland. Als **Untergrenze** für Übernachtung und Verpflegung kann man mit 20–30 € **Tagesbudget** auskommen, wenn man auch noch den letzten Lari umdreht, in einfachen Unterkünften oder Schlafsälen in Hostels übernachtet oder zeltet, selber kocht und sich bei Restaurantbesuchen an preiswerte Gerichte wie Khachapuri hält. Wer in Gästehäusern in Zimmern mit Gemeinschaftsbad übernachtet, dort Vollpension bucht oder in günstigen Restaurants essen geht, sollte ca. 30–50 € pro Tag (p.P im DZ) einplanen. Möchte man in komfortableren Hotels in Zimmern mit Privatbad übernachten, in besseren Restaurants essen gehen und dazu Wein trinken, muss man mit mindestens 50–70 € pro Tag (p. P. im DZ) rechnen – Eintritte und Transport nicht mitgerechnet.

Generell sind die **Unterkünfte** in den ländlichen Gegenden und Bergregionen günstiger als in den Städten. Zimmer mit Gemeinschaftsbad sind für 40–60 GEL zu bekommen, mit Vollpension für 80–100 GEL. Sucht man sich vor Ort ein Zimmer, werden die Preise in den kleinen Gästehäusern meist pro Person, nicht pro Zimmer berechnet – günstig für Einzelreisende. Bucht man die Unterkunft vorab im Internet, muss normalerweise das komplette Zimmer gezahlt werden. Ein einfaches Doppelzimmer mit Privatbad ist oft schon ab 80 GEL zu bekommen. In Mittelklassehotels liegen die Preise für ein Doppelzimmer bei 120–300 GEL pro Nacht, in gehobenen Hotels bei ca. 300 GEL. In Tbilissi, Batumi und anderen touristischen Hotspots gibt es mittlerweile zahlreiche Luxushotels, die um einiges teurer sind.

Hinzu kommen Kosten für den Transport. **Öffentliche Transportmittel** sind zwar unkomfortabel, aber dafür sehr kostengünstig. Eine Fahrt mit der Marschrutka kostete 2022 ca. 7–10 GEL pro 100 km, für die 370 km von Tbilissi nach Batumi z. B. zahlt man 30 GEL. Wobei die Preise stark von den Benzinpreisen abhängen und sich folglich oft ändern. Die Bahn ist ebenfalls vergleichsweise günstig: Ein Ticket für die gleiche Strecke ist ab 35 GEL erhältlich. Für eine Busfahrt zahlt man ab 40 GEL – allerdings gibt es nur für wenige Routen Verbindungen mit großen Reisebussen. Auch Fliegen ist günstig, 2022 kostete ein Flug von Tbilissi (Natakhtari) nach Batumi 125 GEL, nach Mestia 90 GEL. Tagesausflüge sind mit dem Taxi gut machbar, für eine Strecke von 100 km zahlt man je nach Verhandlungsgeschick ca. 100–150 GEL, auch hier hängen die Preise stark von den aktuellen Benzinpreisen ab. **Mietwagen** sind vergleichsweise teuer, ca. 30–70 € muss man pro Tag in der Hauptsaison bei einer Mietdauer von einer Woche berappen, für einen SUV oder Geländewagen 50–160 € pro Tag.

Eintrittspreise sind in den letzten Jahren etwas gestiegen, Tagesbesuche in den Nationalparks noch immer kostenlos. Die Eintritte für Naturdenkmäler liegen bei 17,50 GEL für Erwachsene, die für Museen meist bei 3–15 GEL.

Was kostet wie viel?

Flasche Mineralwasser	1–3 GEL
Softdrink	2–4 GEL
Lokales Bier	2–6 GEL
Glas Hauswein	5–8 GEL
Flasche georg. Wein	40–80 GEL
Khachapuri	8–20 GEL
Khinkali (5 Stck.)	5–10 GEL
Frühstück im Gästehaus	15–20 GEL
Bett im Schlafsaal	ab 20 GEL
DZ mit Privatbad	ab 80 GEL
1 Liter Benzin	3 GEL
Taxifahrt (pro km)	0,70–1 GEL

Die Preise von Gerichten und Getränken beziehen sich auf Restaurants.

Travelinfos von A bis Z

Auf eigene Faust durch Georgien? Kein Problem. Auf den folgenden Seiten werden die wichtigsten Fragen beantwortet: Wie reise ich im Land? Wo komme ich unter? Was gehört alles ins Gepäck? Welches sind die besten Wanderrouten? Wie isst man Khinkali? Und was hat es mit diesem Chacha auf sich?

KIOSK IN KAZBEGI; © PHILIPP SCHMATLOCH

Kurz und knapp

Flugdauer München–Tbilissi 4 Std.

Einreise Bei Direktflug ist für EU- und Schweizer Bürger der Personalausweis ausreichend, bei Einreise über Drittländer ist ein Reisepass nötig.

Geld Währung ist der georgische Lari. In größeren Orten gibt es Geldautomaten.

Smartphone Die Netzabdeckung ist bis auf einige Bergregionen sehr gut.

Zeitverschiebung MEZ plus 3 Stunden, während der Sommerzeit plus 2 Stunden.

Inhalt

Anreise

Am einfachsten gestaltet sich die Anreise nach Georgien mit dem Flugzeug, Zielflughäfen sind Tbilissi, Kutaissi oder Batumi. Es ist auch möglich, auf dem Landweg über die Nachbarländer Türkei und Armenien ins Land zu gelangen. Von Bulgarien kann man zudem auf dem Seeweg Poti oder Batumi erreichen.

Mit dem Flugzeug

Lufthansa fliegt ab München, Condor ab Frankfurt/M. nach **Tbilissi**, Georgian Airways bietet von Wien **Direktflüge** in die georgische Hauptstadt an. Die ungarische Billigairline WIZZ Air bringt Passagiere von Memmingen, Berlin-Brandenburg, Dortmund, Frankfurt/Hahn, Hamburg und Wien nach **Kutaissi**. Obwohl die **Flugzeit** mit ca. vier Stunden recht kurz ist und die Zeitumstellung während der Sommerzeit nur zwei Stunden beträgt, kommen Georgien-Reisende meist übermüdet an, denn viele der Direktflüge landen oder starten in den frühen Morgenstunden. Bucht man frühzeitig, das heißt mindestens sechs Monate im Voraus – und bei Flügen in der Hochsaison von Juli bis September sechs bis neun Monate im Voraus –, sind Direktflüge ab 360 € zu bekommen. Die Preise steigen bis drei Monate vor Abflug auf 500–800 €, kurz vor dem Flugdatum sind die Flüge meist noch teurer oder ausgebucht. Bei den Billig-Airlines sind die günstigen Flüge (nur mit Handgepäck) in der Nebensaison ab 250 € zu haben – vorausgesetzt, man bucht ebenfalls viele Monate im Voraus. In der Hauptsaison bekommt man selbst bei den Billigfliegern kein Ticket für einen Direktflug unter 360 €.

Flüge mit Umstieg waren lange eine günstigere Alternative zu Direktflügen, doch haben sich auch hier die Preise stark erhöht, sodass es selbst viele Monate im Voraus selten Tickets für unter 350 € gibt.

Anbieter von Direktflügen nach Georgien

Condor, 💻 www.condor.de, 1x wöchtl. Frankfurt/M. – Tbilissi.

Deutsche Lufthansa, 💻 www.lufthansa.com, tgl. München – Tbilissi.

Georgian Airways, 💻 www.georgian-airways.com, 2x wöchentl. Wien – Tbilissi.

WIZZ Air, 💻 www.wizzair.com, jeweils 2x wöchtl. von Berlin-Brandenburg, Dortmund, Frankfurt/Hahn, Hamburg, Memmingen und Wien nach Kutaissi.

Anbieter von weiteren Verbindungen

Air Baltic, 💻 www.airbaltic.com, mit Umstieg in Riga.

LOT (Polskie Linie Lotnicze), 💻 www.lot.com, mit Umstieg in Warschau.

Pegasus Airlines, 💻 www.flypgs.com, mit Umstieg in Istanbul-Sabiha Gökçen.

Turkish Airlines, 💻 https://turkish-airlines.com, mit Umstieg in Istanbul.

FlyOne, 💻 www.flyone.eu, ab Frankfurt/Hahn mit Umstieg in Chisinau.

Flüge aus den Nachbarländern, Osteuropa und Vorderasien

Die Hauptstadt **Tbilissi** (S. 142) wird regelmäßig von den Hauptstädten der Nachbarländer Türkei, Armenien und Aserbaidschan angeflogen. Es gibt zudem insbesondere innerhalb Vorderasiens zahlreiche Flugverbindungen.

Am Flughafen Kopitnari in **Kutaissi** (S. 394) landen regelmäßig Flüge aus europäischen Städten, der Flughafen **Batumi** (S. 448) wird insbesondere aus Istanbul, Tel Aviv und Dubai angeflogen.

Mit Auto und Fähre

Die Anreise von Deutschland nach Georgien auf dem **knapp 3500 km langen Landweg** ist ein Abenteuer für sich und dauert nicht nur um ein Vielfaches länger, sondern ist auch teurer als die mit dem Flugzeug. Es ist möglich, durch Österreich, Ungarn und Rumänien nach Bulgarien zu fahren. Ab dort kann man auf dem Landweg über die Türkei weiterreisen oder mit einer Autofähre nach Georgien übersetzen (nur 1–2 x wöchentl., ca. 48 Std. Fahrzeit, die Abfahrtszeiten und Fahrtdauer können dabei stark schwanken, für die Verbindung Varna–Poti s. S. 422, für Burgas–Batumi S. 448). Eine weitere Route führt

Weniger fliegen – länger bleiben! Reisen und Klimawandel

nachdenken • klimabewusst reisen
atmosfair

Der Klimawandel ist vielleicht das dringlichste Thema, mit dem wir uns in Zukunft befassen müssen. Wer reist, erzeugt auch CO_2: Der Flugverkehr trägt in erheblichem Maße zur globalen Erwärmung bei. Wir sehen das Reisen dennoch als Bereicherung: Es verbindet Menschen und Kulturen und kann einen wichtigen Beitrag zur wirtschaftlichen Entwicklung eines Landes leisten.
Reisen bringt aber auch eine Verantwortung mit sich. Dazu gehört, darüber nachzudenken, wie oft wir fliegen und was wir tun können, um die Umweltschäden auszugleichen, die wir mit unseren Reisen verursachen. Wir können insgesamt weniger reisen – oder weniger fliegen, länger bleiben und Nachtflüge meiden (da sie mehr Schaden verursachen). Und wir können einen Beitrag an ein Ausgleichsprogramm wie www.atmosfair.de leisten.
Dabei ermittelt ein Emissionsrechner, wie viel CO_2 der Flug produziert und was es kostet, eine vergleichbare Menge Klimagase einzusparen. Mit dem Betrag werden Projekte in Entwicklungsländern unterstützt, die den Ausstoß von Klimagasen verringern helfen. Weitere Infos zum Thema umweltbewusstes und sozial verträgliches Reisen auf S. 56.

über Österreich, Italien, Griechenland und die Türkei. Nach einem ersten Anreisetag kann von Italien aus, z. B. von Ancona, mit der Autofähre nach Igoumenitsa in Griechenland übergesetzt werden (ca. 15–18 Std. Fahrzeit, Fahrpläne u. a. bei www.goferry.de) und von dort weiter über die Türkei gefahren werden.

Kein Ausflug nach Abchasien!

Von einer Einreise nach Abchasien rät das Auswärtige Amt ab, auch wenn sie theoretisch über Russland möglich ist und die Gegend von zahlreichen russischen Urlaubern besucht wird. Doch das einstige sowjetische Urlaubsparadies, die selbst ernannte Republik Abchasien, ist international nicht anerkannt und gilt als besetztes georgisches Staatsgebiet. Da Abchasien völkerrechtlich zu Georgien gehört, jedoch nicht unter der Kontrolle der georgischen Regierung steht, kann EU-Bürgern kein konsularischer Schutz gewährt werden. Zudem verbietet das georgische „Gesetz über die besetzten Gebiete" den Reiseverkehr über Abchasien, daher ist eine Einreise über Russland nach Abchasien illegal und eine Weiterreise von dort nach Georgien nicht möglich.

Bei der Kostenkalkulation sollte bedacht werden, dass zusätzlich zu den Benzinkosten auch **Mautkosten** anfallen. Für die Benutzung der Autobahnen der Transitländer Österreich, Ungarn, Rumänien und Bulgarien müssen Vignetten vor der Auffahrt auf die Autobahn gekauft werden. In Italien, Griechenland und der Türkei werden Gebühren an Mautstationen verlangt.

Für die Einreise mit dem eigenen Auto ist eine georgische **Haftpflichtversicherung** für das Auto vorgeschrieben, der Aufenthalt ist auf 90 Tage beschränkt (s. Kasten S. 43).

Botschaften und Konsulate

Diplomatische Vertretungen Georgiens im Ausland

Deutschland

Botschaft Georgien
Rauchstr. 11, 10787 Berlin, +49 30 484 90 70, https://botschaftgeorgien.de

Österreich

Botschaft Georgien

Rudolfsplatz 2/8, 1010 Wien, ✆ +43 1 403 98 48 0, 💻 https://austria.mfa.gov.ge

Schweiz

Botschaft Georgien

Seftigenstr. 7, 3007 Bern, ✆ +41 31 351 58 55, 💻 https://switzerland.mfa.gov.ge

Diplomatische Vertretungen in Georgien

Deutsche, Österreicher und Schweizer können sich während längerer Georgien-Aufenthalte bei ihrer zuständigen Botschaft freiwillig in eine Krisenvorsorgeliste eintragen. So können die Auslandsvertretungen in Krisen- oder Ausnahmesituationen, falls nötig, Kontakt aufnehmen. Alle Vertretungen befinden sich in Tbilissi und haben eine Notfallhotline (S. 205).

Einkaufen

Zum Einkaufen werden wohl die wenigsten Mitteleuropäer nach Georgien reisen, obwohl man in den **großen Einkaufscentern** in Tbilissi und Batumi zu ähnlichen Preisen wie daheim sehr gut shoppen kann. Interessant für Modefans sind die zahlreichen **georgischen Modelabels**, die in den letzten Jahren in Tbilissi und teils auch Batumi Geschäfte eröffneten.

Kunsthandwerk und **Souvenirs** finden sich vielerorts, ein Ausflug auf einen der vielen Märkte ist ein Erlebnis für sich. Dort kann man sich auch gut mit essbaren Andenken eindecken.

Bücher

Wer alte Bücher liebt, sollte auf dem **Dry Bridge Market** und den Ständen an der **Rustaveli Avenue** in **Tbilissi** die Augen offenhalten: Dort werden viele alte Romane, Kunst- und Bildbände – oft auch auf Deutsch – angeboten.

Kulinarisches

Das schönste Einkaufserlebnis hat man sicherlich auf einem der typisch kaukasischen **Märkte**, wo man nicht nur frisches Obst und Gemüse, sondern wunderbare essbare Mitbringsel für Freunde und Verwandte bekommt: **georgische Soßen, Eingemachtes** und **Eingelegtes, Marmeladen, Gewürze** und **Gewürzmischungen** wie das beliebte swanische Salz, **Nüsse** oder auch den süßen Snack **Churchkhela** (S. 50). Man kann dabei handeln, doch oft sind die Preise angeschrieben und sowieso sehr niedrig. Solche Märkte findet man in nahezu allen größeren Orten.

In Tbilissi bieten einige Läden kulinarische Mitbringsel besonders hübsch verpackt, aber entsprechend teurer an. Das kann aber vor allem bei Käsespezialitäten interessant sein, denn auf dem Markt erhält man sie, für den Transport eher ungünstig, nur in dünnen Plastiktüten verpackt.

Auch georgischer **Wein** und der Tresterschnaps **Chacha** sind beliebte Mitbringsel, in spezialisierten Weinläden findet man die beste Auswahl. In den Duty-Free-Shops an den Flughäfen ist die Auswahl dagegen klein, die Preise indes sind hoch.

Kunsthandwerk und Souvenirs

Beliebte Souvenirs sind traditionelle **Trinkhörner** aus Ziegen- oder Widderhörnern, georgische **Messer** oder **Dolche**, kaukasische **Fellmützen** oder **Filzhüte**. Insbesondere in den Bergregionen werden **Filz-** und **Strickwaren** wie Socken,

Handeln

Während in Hotels, Geschäften, Lebensmittelläden und öffentlichen Verkehrsmitteln Festpreise gelten, kann man auf Märkten feilschen. Da die Georgier recht fair sind und selten Fantasiepreise verlangen, sollte man hier keine absurd niedrigen Preise vorschlagen. Oft sind die Preise sowieso schon so niedrig, dass sich Handeln kaum lohnt. Bei Taxifahrten sollte man allerdings Richtwerte für Preise im Kopf haben und überhöhte Angebote runterhandeln.

Grenzübergänge nach Georgien

Wegen Russlands Krieg gegen die Ukraine läuft der gesamte Transitverkehr zwischen Europa und Asien über Georgien, deshalb kommt es an allen Grenzübergängen oft zu kilometerlangen Warteschlangen von Lkw, teilweise kann sich auch der Personenverkehr verzögern.

Aus der Türkei

Die Einreise von der Türkei nach Georgien ist generell unkompliziert und über drei Grenzübergänge möglich:

Sarp–Sarpi

Hochfrequentierter und unkomplizierter Grenzübergang am Schwarzen Meer. Es gibt zahlreiche Verbindungen mit öffentlichen Verkehrsmitteln zwischen Trabzon oder Rize und Batumi. Die Grenze befindet sich direkt im Ort, auf georgischer Seite gibt es einen Geldautomaten, Geschäfte und Unterkünfte, ein Bus fährt für wenige Lari nach Batumi. Georgische Auto- und Motorradversicherungen sind an der Grenze erhältlich. 🕒 24 Std.

Posof–Vale

Die Grenze liegt zwischen zwei Orten, und öffentliche Verkehrsmittel fahren nur bis zu den Grenzorten Posof in der Türkei bzw. Vale in Georgien, das letzte Stück zur Grenze muss jeweils mit dem Taxi zurückgelegt werden. 🕒 2022 unregelmäßige Öffnungszeiten, zuletzt 8–19 Uhr.

Kenarbel–Kartsakhi

Der Grenzübergang liegt zwischen zwei Orten und wird vor allem vom Lkw-Transitverkehr genutzt. Es verkehren keine öffentlichen Verkehrsmittel, auf georgischer Seite befindet sich eine Bank. 🕒 24 Std.

Aus Armenien

Es gibt drei Grenzübergänge, die alle von EU-Bürgern unkompliziert passiert werden können:

Mützen, Handschuhe mit farbenfrohen regionalen Mustern von Einheimischen angeboten, oft auch kleine gestrickte Tierfiguren oder Puppen. Vor allem im Westen des Landes werden die typischen **Töpferwaren** feilgeboten.

In Kirchen und Klöstern werden gedruckte und teils handgemalte **Ikonen** und religiöse Andenken verkauft.

Das Handwerk der Emaille-Kunst blüht in den letzten Jahren wieder auf, **Emaille-Schmuck** kann in Tbilissi, Batumi und touristischen Orten gekauft werden. Wer einen **kaukasischen Teppich**, **Kunstgegenstände** oder **Antiquitäten** ergattern möchte, wird in Tbilissi fündig. Wertvolle Antiquitäten und Kunstgegenstände dürfen allerdings nicht ausgeführt werden, bzw. benötigen eine spezielle Ausfuhrgenehmigung durch das Kulturministerium, die vom Verkäufer angefordert werden sollte.

Einreise

Die Einreise nach Georgien gestaltet sich unkompliziert und unbürokratisch: Für EU- und Schweizer Bürger ist kein Visum nötig, bei der Einreise auf dem Luftweg ohne Umstieg ist sogar der **Personalausweis** ausreichend. Wer über Drittländer einreist oder einen Flug mit Umstieg gebucht hat, sollte allerdings den **Reisepass** mitführen. Da nicht alle Grenzkontrolleure wissen, dass der Personalausweis ausreichend ist, kann es gelegentlich zu Schwierigkeiten kommen. Alle Ausweisdokumente müssen mindestens bis zum Ausreisedatum gültig sein.

Kinder benötigen für die Einreise ein eigenes Ausweisdokument. Die georgische Botschaft rät insbesondere bei georgisch-deutschen Kindern dazu, eine Vollmacht des zweiten Elternteils mit-

Bavra–Ninotsminda
Kleiner Grenzübergang südlich von Akhalkalaki. Auf georgischer Seite gibt es eine Bank. ⌚ 24 Std.

Gogavan–Guguti
Von Personenverkehr weniger frequentierter Übergang. In Guguti auf der georgischen Seite gibt es eine Bank. ⌚ Eigentlich 24 Std., allerdings nicht immer für Pkw geöffnet.

Bagratashen–Sadakhlo
Der Grenzübertritt an der kürzesten und am stärksten befahrenen Hauptroute zwischen Yerevan und Tbilissi. Marschrutki, die zwischen Tbilissi und Yerevan verkehren, nehmen diese Route. Auf georgischer Seite gibt es in Sadakhlo eine Bank, an der Grenze einen Duty-Free-Shop. ⌚ 24 Std.

Aus Aserbaidschan

Die Einreise aus Aserbaidschan ist seit März 2020 nur auf dem Luftweg möglich, da das Land während der Corona-Pandemie alle Landgrenzen geschlossen hat.

Aus Russland

Die einzige Landgrenze zwischen Georgien und Russland liegt in der Dariali-Schlucht zwischen Wladikawkas und Stepantsminda. Allerdings rät das Auswärtige Amt zurzeit von Reisen in die Russische Föderation ab.

Verkhny Lars–Dariali
Oft verläuft der Grenzübertritt unkompliziert und schnell, es kann allerdings gelegentlich zu längeren Befragungen kommen. Von Wladikawkas und Moskau gibt es regelmäßige Busverbindungen nach Tbilissi, die diese Grenze passieren. Die Grenze darf nicht zu Fuß überschritten werden. Auf georgischer Seite gibt es eine Bank. ⌚ 24 Std.

zuführen, falls das Kind nur von einem Elternteil begleitet wird.

Bürger aus Mitgliedsstaaten der EU sowie der Schweiz dürfen sich bis zu einem Jahr ohne **Visum** in Georgien aufhalten. Für Aufenthalte aufgrund von Arbeit, Studium oder Familienzusammenführung ist eine Aufenthaltserlaubnis erforderlich, die nach der Einreise nach Georgien im Bürgerzentrum (Public Service Hall) in allen größeren Städten beantragt werden kann. Informationen zur Einreise nach Georgien gibt das georgische Außenministerium, 💻 https://new.geoconsul.gov.ge.

Wer seinen Hund oder die Katze mit in den Urlaub nehmen möchte, sollte beim zuständigen Tierarzt ein Gesundheitszeugnis für das **Haustier** beantragen. Wichtig ist dabei der Nachweis einer Tollwutimpfung, das Papier darf frühestens 15 Tage vor Reisebeginn ausgestellt werden.

Einreise mit dem eigenen Auto

Bei der Einreise mit dem eigenen Auto müssen an der Grenze Reisepass und Führerschein des Fahrers sowie die Zulassung des Autos vorgezeigt werden.
Ausländische Fahrzeuge dürfen maximal 90 Tage im Land fahren, danach müssen eine Ummeldung oder eine Fristverlängerung erfolgen.
Für jedes Fahrzeug muss eine georgische Haftpflichtversicherung abgeschlossen werden, sie kann in Banken oder den orangefarbenen Service-Stationen gekauft werden.
Mehr Infos zur Haftpflichtversicherung und wo sie erworben werden kann, auf 💻 www.tpl.ge/en.

Essen und Trinken

Leben wie Gott in Frankreich? La Dolce Vita in Italien? Darüber würde jeder Georgier nur müde lächeln: Genuss wird schließlich in Georgien großgeschrieben. Die Georgier essen für ihr Leben gern – und zwar gut und reichlich, nicht nur wenn anlässlich großer Familienfeiern eine **Supra** (S. 51) abgehalten wird. Nicht selten kommt viel mehr auf den Tisch, als gegessen werden kann, ob im Restaurant oder daheim.

Aber keine Sorge: Was nicht gegessen wird, landet keinesfalls auf dem Müll, sondern wird in vielen Gästehäusern am nächsten Tag zum **Frühstück** serviert. Frühaufsteher, die ihr Frühstück selbst zubereiten wollen, sollten besser vorsorgen: Vor 9 Uhr wird sich kein georgischer Bäcker aus dem Bett quälen, um frisches Brot zu backen.

Generell zeichnet sich die georgische Küche durch **eine große Vielfalt** aus: Raffinierte Fleischgerichte, deftige Eintöpfe und Suppen, exquisite Soßen, kreative Brotvariationen, lecker angemachte Salate, frisches Obst und interessante Kräuter und Gewürze garantieren Genuss pur. Was auf den Tisch kommt, unterscheidet sich dabei von Region zu Region. So gibt es alleine von Georgiens heimlichem Nationalgericht Khachapuri mehrere Variationen, die alle ihre Daseinsberechtigung haben.

In den abgelegen Bergdörfern ist das Angebot naturgemäß oft überschaubar. Schließlich muss alles, was dort nicht wächst, mühsam mit dem Auto über die engen Passstraßen nach oben transportiert werden. Hier werden einem in der Regel Suppen und Eintöpfe serviert, in Salzlake eingelegter Käse, frische Tomaten und Gurken, Brot und mit etwas Glück leckere Khinkali. In der Hauptstadt Tbilissi gibt es dafür nicht nur alles, was die georgische Küche zu bieten hat, sondern in den entsprechenden gehobenen Restaurants auch traditionelle Gerichte modern und raffiniert interpretiert.

Ein Unterschied zu den meisten anderen europäischen Ländern ist übrigens, dass auf der Karte meist **keine kompletten Gerichte mit Beilage** stehen. Wer Schaschlik bestellt, muss selbst entscheiden, ob und welche Beilage er dazu gerne hätte – und welche Soße seinen Geschmack trifft. Auch zwischen Vorspeise und Hauptgericht wird nicht unterschieden, wer bei der Bestellung nicht klar sagt, dass Suppe oder Salat zuerst serviert werden sollen, bekommt im Zweifel erst die Fleischspieße und dann den Salat. Das Motto scheint hier eher: Im Magen kommt früher oder später ohnehin alles zusammen. In den zahlreichen gehobenen Restaurants in Tbilissi wird die gewohnte Reihenfolge allerdings meist eingehalten.

Übrigens hat die vielfältige georgische Küche auch für **Vegetarier** und selbst **Veganer** viel zu bieten. Da viele der christlich-orthodoxen Georgier strenge Fastenzeiten einhalten, während derer auf den Genuss von tierischen Produkten verzichtet wird, gibt es eine große Auswahl an fleischlosen und veganen Gerichten.

Restaurants

Die meisten Restaurants bieten ausschließlich georgische Küche, die fast immer nicht nur günstig, sondern auch sehr lecker ist. Traditionelle Restaurants haben dabei abgetrennte **Separees**, in denen vor allem die Einheimischen gerne in großen Gruppen ungestört speisen. Ein ähnliches Prinzip wird bei den beliebten und oft idyllisch gelegenen **Ausflugslokalen** verfolgt, dort essen Gruppen gemeinsam an überdachten Tischen – ist man allein oder zu zweit, kann man sich schon mal vergleichsweise allein vorkommen. In vielen dieser Lokale herrscht Selbstbedienung, was sonst nicht üblich ist.

Auf der **Speisekarte** finden sich eigentlich immer die beliebten Klassiker wie z.B. Tomaten-Gurken-Salat, Badrijani, Pkhali, Khachapuri, Ojakhuri, Lobio und meist auch Schaschlik.

Doch obwohl die Auswahl an georgischen Gerichten groß ist, kann man bei längeren Auf-

Rauchverbot im Restaurant

Bis 2018 war ein Besuch im Restaurant oder Café meist eine sehr rauchige Angelegenheit: Zum Glück ist das Rauchen in Innenräumen nun nicht mehr erlaubt.

Das süße Churchkhela ist ein beliebtes Mitbringsel.

enthalten von kulinarischem Heimweh gepackt werden. Doch in den ländlichen Regionen, insbesondere den Bergen, muss man da durch, denn **internationale Restaurants** gibt es nur in den größeren Städten – übrigens haben auch die natürlich immer zusätzlich zu Sushi, Pasta oder Curry georgische Gerichte auf der Karte.

Mit einigen wenigen Ausnahmen wird man nur in den drei größten Städten **gehobene Restaurants** finden, die neben kreativen Varianten traditioneller georgischer Gerichte meist auch internationale Speisen servieren. Vor allem in Tbilissi hat sich seit Ende der 2010er viel getan, die Auswahl an erstklassigen Restaurants ist mittlerweile sehr groß. Die Preise sind entsprechend höher, doch für Mitteleuropäer nicht viel teurer als ein Restaurantbesuch daheim – und die gebotene Qualität meist hervorragend.

Die Küche ist bei allen Restaurants normalerweise durchgängig bis in die späten Abendstunden geöffnet. Da in Georgien normalerweise gleichzeitig gegessen, getrunken und gefeiert wird, haben viele Restaurants auch eine große Getränkekarte.

Fastfood und Snacks

Einheimisches **Fastfood** gibt es in Georgien nicht (obwohl das gehaltvolle Käsebrot Khachapuri allemal das Zeug dazu hätte), und auch internationales Fastfood wird nur in den großen Städten angeboten. In Tbilissi, Batumi und Kutaissi gibt es Schnellrestaurants, die Burger oder Schawarma, in Fladen gewickeltes Fleisch mit Salat, verkaufen.

Selbst auf den Bauernmärkten gibt es keine Essensstände, dort werden nur die Zutaten verkauft. Möchte man einen kleinen **Snack auf die Hand**, wird man aber meist bei **Bäckereien** fündig, die neben normalem Brot *(puri)* oft frittierte Teigtaschen, gefüllt mit Fleisch oder Bohnen, anbieten, oder auch die süße Variante mit heller Puddingcreme. Mit nur wenigen Lari ist man dabei, meist finden sich geschäftstüchtige Bäcker in der Nähe von Marschrutka- oder Metrostationen.

Cafés und Bars

Da Georgier, wenn sie zusammenkommen, meist nicht nur etwas trinken, sondern auch gemein-

Nachtleben

Tbilissi hat an den Wochenenden für Nachtschwärmer so einiges zu bieten, in Batumi und den beliebten Ferienorten am Schwarzen Meer steppt im Sommer der Bär. Doch unter der Woche geht es selbst in der Hauptstadt ruhig zu, und außer in Kutaissi gibt es in den kleineren Städten keine Ausgehmöglichkeiten.

sam essen, bieten selbst **Cafés** und **Bars** bis auf sehr wenige Ausnahmen ebenfalls herzhafte Speisen an – oft hat die Küche von morgens bis spät in den Abend geöffnet und steht der von „richtigen" Restaurants kaum nach. Doch findet man sowohl Cafés als auch Bars ausschließlich in den großen Städten oder touristischen Orten. Insbesondere Cafés sind meist auf internationale Touristen ausgerichtet und ein guter Ort für ein Omelette, Crêpe oder einen Obstsalat zum **Frühstück**. Oft stehen dort auch leckere Kuchen und Torten auf der Karte.

Typische Gerichte

Beilagen/Vorspeisen

Ajapsandali: Der aus Auberginen, Paprika, Kartoffeln, Tomaten und Zwiebeln zubereitete Eintopf wird jedem Vegetarier ein Lächeln ins Gesicht zaubern. Verfeinert wird das aus Swanetien stammende Gericht mit frischer Petersilie und Koriander, rotem und schwarzem Pfeffer sowie Knoblauch. Es gibt auch Varianten mit Lamm- oder Rindfleisch.

Badrijani: Die gefüllten Auberginen-Röllchen dürfen bei keiner Supra fehlen – und sind nicht nur optisch ein echter Leckerbissen. Die Auberginen werden in dünne Scheiben geschnitten, in Öl angebraten, anschließend mit einer Paste aus Walnüssen, Knoblauch, Zwiebeln, Koriander, Petersilie und Peperoni gefüllt und mit rot-leuchtenden Granatapfel-Kernen garniert. Es gibt aber auch viele weitere leckere Varianten mit Mayonnaise-, Frischkäse- oder Reisfüllung.

Jonjoli: Die Blütenknospen der Kolchischen Pimpernuss werden mit roten Zwiebeln, Koriander, Olivenöl und Essig als Salat angemacht und sind neben anderem eingemachtem Gemüse (Pickles) eine beliebte Vorspeise oder Beilage. Die Delikatesse aus Ostgeorgien verwöhnt nicht nur den Gaumen, sondern soll angeblich auch die Libido befeuern. Die Pimpernuss erinnert entfernt an Pistazien.

Pkhali: Hier kommen Vegetarier voll auf ihre Kosten. Statt Fleisch werden verschiedenste Gemüse und Kräuter durch den Wolf gedreht und zu einer leckeren Paste verarbeitet, die sowohl als Vorspeise als auch als Beilage immer eine gute Figur macht. Verarbeitet wird, was saisonal auf dem Markt angeboten wird oder der eigene Garten hergibt. Es gibt Pkhali aus grünen Bohnen, Porree, Blattspinat oder Roten Rüben. Für das unvergleichliche Aroma sorgen frischer Koriander, Dill, Petersilie und Knoblauch. Salz, Pfeffer, Safran, Granatäpfel, Zwiebeln, Essig und Öl setzen das i-Tüpfelchen. Im Herbst dürfen gehackte Walnüsse nicht fehlen. Artverwandt ist das italienische Pesto.

Soko ketsi: Ideal als Vorspeise oder Begleitung zu Fleischgerichten eignen sich die mit Sulguni-Käse und Butter gefüllten Champignons, die in der Tonschale im Ofen überbacken werden. Mit frischem Brot ein Gedicht.

Salate

Krautsalat: Auch Krautsalat wird gern als Beilage gereicht. Nicht so, wie ihn vielleicht der Bayer kennt, sondern mit Mayonnaise und Sauerrahm ordentlich angedickt. Neben Weißkraut kommen oft auch Karotten, frische Gurken und Radieschen dazu. Verfeinert wird mit Dill, Koriander, Petersilie, Salz und Pfeffer.

Rote-Rüben-Salat mit Kartoffeln: Eine Vorspeise, die Farbe auf den Tisch bringt. Die gekochten Rüben und Kartoffeln werden fein gewürfelt und mit Koriander, Dill, Zwiebeln, Eiern, Salz, Pfeffer, Mayonnaise und Olivenöl angemacht.

Tomaten-Gurken-Salat: Tomaten und Gurken gedeihen in nahezu ganz Georgien. Und der mit

Trinkgeld

Trinkgeld ist oft bereits im Preis inbegriffen, was dann auf der Speisekarte vermerkt ist. Ansonsten sind ca. 10 % Trinkgeld üblich.

frischem Koriander, Petersilie, Charlotten, Knoblauch, Essig und Öl angemachte Salat ist ein toller Begleiter für Fleisch- und Fischgerichte. Empfehlenswert ist die Variante mit Walnüssen.

Suppen

Chikhirtma: Die deftige Hühnersuppe ist in Georgien als Katerfrühstück beliebt, macht aber auch ansonsten eine exzellente Figur. Das gekochte Hühnerfleisch wird in einer Brühe serviert, der angedünstete Zwiebeln, Lorbeerblätter, Koriander, Fenchel, Salz, Pfeffer und ein Schuss Essig den Geschmack verleihen. Mehl und gequirltes Ei sorgen für die richtige Konsistenz.

Kharcho: Diese Suppe verleiht müden Wanderern wieder Beine: Rindfleisch, Reis, Pflaumen, Walnüsse, Koriander, Ringelblume – und doch viel mehr als die Summe der einzelnen Zutaten. Für Vegetarier gibt es auch eine Alternative mit Reis und Tomaten.

Khashi: Nichts für den schwachen Magen – aber die Georgier schwören drauf nach einer durchzechten Nacht, wenn es gilt, den Kater schlafen zu legen. Rinderhaxe und -Kutteln werden bis zu sechs Stunden auf kleiner Flamme in Wasser gekocht, mit Milch aufgegossen und mit frisch gepresstem Knoblauch verfeinert. Das Gericht soll schon so manchem Georgier nach einer langen Nacht zu neuer Lebenslust verholfen haben.

Eintöpfe

Chakapuli: Ein Geschmackserlebnis: Lammfleisch mit leicht säuerlichen grünen Pflaumen, gewürzt mit frischem Koriander, Petersilie, Knoblauch, Frühlingszwiebeln, Chilis – das Ganze aufgegossen mit Weißwein.

Chkmeruli: Wer Geflügel mag, wird Chkmeruli lieben. Das Huhn wird zunächst mit Salz gewürzt und am Stück im Ofen goldgelb knusprig gebraten, anschließend tranchiert und mit einer aus Butter, viel Knoblauch und Milch oder Sahne zubereiteten Soße übergossen. Als Beilage passt am besten frisches Brot, mit dem sich die leckere Soße auftunken lässt.

Die Nase weist den Weg: frisches georgisches Puri direkt aus dem Tone-Ofen

Frühstück in Georgien

Das Frühstück ist eine gehaltvolle Angelegenheit: In Gästehäusern werden Brot mit Butter und hausgemachter Marmelade serviert, der georgische Joghurt Matsoni, Käse, Tomaten-Gurken-Salat, Spiegel- oder Rührei, oft sogar Würstchen und meist auch das ein oder andere Überbleibsel vom Vortag. Nicht selten laden die Hausherren auch schon morgens zu einem Glas Chacha ein. Das wird einem im Hotel eher nicht passieren: Dort wird meist kontinentales oder russisches Frühstück angeboten.

Katmis Satsivi: Huhn und Walnuss – das passt wie die Faust aufs Auge. Kein Wunder, dass dieses Gericht nicht nur traditionell an Neujahr, sondern das ganze Jahr über beliebt ist. Die Hühnerteile werden goldgelb gebraten und in einer leckeren Soße serviert, der Walnüsse, Knoblauch, feurige Chilis, frischer Koriander und ein Schuss Limette das gewisse Etwas verleihen. Frisches Brot ist der ideale Begleiter.

Lobio: Rote Bohnen – angemacht mit Koriander, Petersilie, Zwiebeln, Stangensellerie, Peperoni und mit einem Schuss Essig verfeinert – werden im Tontopf auf Temperatur gebracht. Mit frischem Brot ein himmlischer Genuss, auch als Variante mit deftigem Speck zu haben!

Ostri: Rindfleisch, frische Tomaten, Koriander, Salz, Pfeffer, Knoblauch, ein Stück Butter, Zwiebelringe, Peperoni und zur Vollendung ein Lorbeer-Blatt – mehr braucht es nicht für den deftigen Fleischeintopf, der dem ungarischen Gulasch Feuer unter dem Hintern macht. Nach langen Wanderungen eine echte Wohltat, die von innen wärmt. Frisches Brot, ein Glas Wein dazu – und der Himmel ist nur einen Wimpernschlag entfernt.

Fleisch und Fisch

Barbecue/Schaschlik: „Frisch gegrillt" ist für den Georgier Ehrensache. Auf Holzkohle versteht sich, die gerne mit dem Flammenwerfer geschürt wird – nichts für den TÜV. Egal ob Lamm, Rind oder Schwein: Die Fleischstücke werden frisch gespießt, auf offener Flamme zubereitet und mit Zwiebelringen garniert serviert. Mit frischem Brot, Ajika- oder Tkemali-Soße ein Traum. Auch Hackspieße, zumeist aus Lamm, kommen auf den Rost – Bifteki und Kebab lassen grüßen. Wird gern auch in dünnen Fladen gereicht und mit frischem Koriander und Zwiebeln garniert. Ein Traum sind auch die **Neknebi** (Schweinerippchen).

Kupati: Vor allem in den Bergregionen ist die grobe Bratwurst sehr beliebt. Bestellen sollte sie aber nur, wer mit Innereien kein Problem hat. Je nach Region wird die Wurst nämlich nicht nur aus Rinder- oder Schweinefleisch hergestellt, sondern auch Herz, Leber oder Kutteln werden gern verwendet und sind meist noch gut erkennbar, weil die Zutaten nur grob durch den Fleischwolf gedreht werden. Serviert wird die Kupati mit Zwiebelringen und Granatapfel-Kernen. Als Beilage eignen sich Maisbrot (Mchadi) und Pflaumensoße (Tkemali).

Ojakhuri: Scharf mit Zwiebeln und Lorbeerblättern angebratene Schweinefleischstücke, die mit einem Schuss Weißwein aufgegossen werden, dazu in Öl frittierte Kartoffelecken, mit frischen Zwiebeln garniert. Wer es deftig mag, darf hier getrost zugreifen. Ein in Georgien beliebtes Familiengericht – schließlich lassen sich hier mit überschaubarem Aufwand viele hungrige Mäuler stopfen.

Tabaka: Geflügelfreunde sollten sich diese Spezialität nicht entgehen lassen. Das Huhn wird mit einer Paste aus Knoblauch, Koriander, Salz, Pfeffer, Paprikapulver und blauem Bockshornklee mariniert und anschließend über Nacht im Kühlschrank ruhen gelassen, damit die Marinade einziehen und ihr volles Aroma entfalten kann. Am nächsten Tag wird das Huhn in einer gusseisernen Pfanne frittiert. Als Beilage sind Kartoffeln und Tkemali-Soße perfekt.

Kalmakhi: Auch Forelle kommt in Georgien gerne auf den Tisch. Besonders zu empfehlen ist die im Ofen gegarte Folien-Forelle, die mit Koriander, blauem Bockshornklee, Ringelblume, Knoblauch und Saurer Sahne gefüllt wird und mit Zitronenscheiben und Granatapfelkernen garniert auf den Tisch kommt. Ebenso lecker ist die Variante, bei der die Forellen in Mehl gewälzt, anschließend in der Pfanne gebraten und schließlich mit einer Walnuss-Granatapfel-Soße

Der schmackhafte Eintopf Lobio wird im Tontopf serviert, oft mit eingelegtem Gemüse als Beilage.

übergossen werden. Es gibt auch einfachere Variationen – gefüllt mit Koriander, Petersilie und Walnusskernen – und dann gebraten. Auch Wels, Karpfen oder Lachs sind beliebt – in Tomatensoße oder mit Walnuss-Granatapfel-Begleitung.

Brot und Teiggerichte

Chvishtari: Die in Swanetien gängige Variante des aus Maismehl hergestellten und im Öl frittierten Maisbrots (Mchadi), mit Käse gefüllt. Wird gern zu Bohnen und Käse gereicht.

Khachapuri: Das Käsebrot ist eine der größten Spezialitäten Georgiens und so etwas wie das heimliche Nationalgericht. Khachapuri ist in ganz Georgien verbreitet und beliebt: als Snack für den kleinen Hunger zwischendurch in den Städten, als kraftgebendes Frühstück in den ländlichen Regionen. In jeder Region wird es etwas anders zubereitet, die Grundzutaten sind in der Regel aber nahezu identisch: Hefeteig und Käse. Die wohl bekannteste Variante ist das **Adjaruli Khachapuri** aus Adscharien. Der Teig wird zu einem ovalen Schiffchen geformt, im Ofen mit Sulguni-Käse gebacken, mit einem Spiegelei und einem Stück Butter serviert. Der Kenner reißt kleine Teigstücke vom Rand ab und tunkt damit das Käse-Ei-Gemisch heraus. Dem Volksmund nach soll die Form an die Schiffe im Schwarzen Meer erinnern und das Ei an die Sonne, nach deren Stand die Seefahrer einst navigierten. Wer nicht genug Käse bekommen kann, greift zum **Megruli Khachapuri**, das im Vergleich zum **Imeruli Khachapuri** nicht nur mit Käse gefüllt, sondern auch noch mit Käse überbacken ist. Lecker ist auch das **Osuri Khachapuri** aus Südossetien, das mit einer Kartoffelpüree-Käse-Mischung gefüllt ist. Hart gekochte Eier und Käse finden sich im Inneren des **Guruli Khachapuri**. Beim **Penovani Khachapuri** wird statt Hefeteig Blätterteig verwendet.

Khinkali: Die gefüllten Teigtaschen stammen ursprünglich aus dem georgischen Hochgebirge, sind aber im gesamten Land beliebt und frisch zubereitet eine echte Delikatesse. Günstig sind sie obendrein – und das, obwohl sie aufwendig per Hand zubereitet werden. Die Füllung besteht meist aus einer Mischung aus Rinder-, Schweine- und Lammhack, die mit Zwiebeln, frischem

Koriander, Salz und Pfeffer gewürzt wird. In den aus Wasser und Mehl hergestellten Teig wird das Ganze kunstvoll eingefaltet und im Wasser gekocht. Es gibt auch leckere vegetarische Variationen mit Pilz-, Käse- oder Kartoffelfüllung. Die Städte Duscheti, Pasanauri und Mtskheta rühmen sich, die besten Khinkali des Landes anzubieten. Gegessen werden die Teigtaschen ausschließlich mit der Hand, wobei zunächst ein kleines Stück abgebissen und anschließend der Sud getrunken wird, der sich beim Kochen im Innern gebildet hat. Vielerorts gibt es Restaurants, die sich auf die beliebten Teigtaschen spezialisiert haben und ausschließlich Khinkali anbieten.

Kubdari: Aus Swanetien im Westen Georgiens stammt das Kubdari – ein Brot, das mit Rinder-, Schweine- oder Ziegenfleischstücken, Zwiebeln und Knoblauch gefüllt ist und im Holzofen gebacken wird.

Lobiani: Eine vor allem in Racha beliebte Brotvariation ist das Lobiani, das im Gegensatz zum Khachapuri nicht mit Käse, sondern mit Bohnen und oft auch Speck gefüllt wird.

Mchadi: Das aus Maismehl hergestellte und im Öl frittierte Brot kommt vor allem im Westen Georgiens auf den Tisch und wird zu Bohnen und Käse gereicht. In Swanetien wird der Teig oftmals noch mit Käse gefüllt und kommt als Chvishtari auf den Tisch.

Puri: Das an den Wänden des traditionellen, mit Feuerholz befeuerten Tone-Ofens gebackene Fladenbrot gibt es in Georgien quasi an jeder Ecke und ist für wenige Tetri zu haben. Der Bäcker klatscht den rohen Teig mit Schwung gegen die heißen Innenwände des Ofens, wodurch es seine typische geschwungene Form erhält. Nach wenigen Minuten ist das Brot goldgelb und wird mit einem Haken herausgeholt, dadurch entsteht das für das Puri typische Loch in der Mitte. Tipp: Nach einem frisch aus dem Ofen geholten Brot fragen und warm genießen.

Soßen

Ajika: Wenn in Georgien Fleisch auf den Tisch kommt, darf die Ajika-Soße nicht fehlen. Traditionell wird die Chili-Paste aus roten Peperoni, Knoblauch, Koriander, getrocknetem Bohnenkraut, Safran und Salz hergestellt. Es gibt aber auch Varianten mit grünen Peperoni oder roter Paprika. Die Georgier sagen der Ajika nach, dass sie jedem Gericht Leben einhauchen kann. Die Soße wird auch zum Marinieren von Fleisch verwendet.

Bashe: Die Walnusssoße stammt aus Westgeorgien und wird vor allem zu Hühnchen-, Puten- und Fischgerichten gegessen. Zwiebeln, Koriander, Knoblauch, Rotweinessig, Cayennepfeffer und Safran verleihen der Soße ihr außergewöhnliches Aroma, das die Geschmacksnerven verzaubert.

Narshrab: Ein Geschmackserlebnis ist auch die Granatapfel-Soße, die herrlich mit Fisch-, Fleisch- und Geflügelgerichten harmoniert. Der Granatapfel-Saft wird mit frischem Dill und Koriander, Zwiebeln und Knoblauch vermischt und mit Salz und Peperoni abgeschmeckt. Es gibt auch eine Variante, bei der noch kleingehackte Walnüsse beigegeben werden.

Satsebeli: Die pikante Tomaten-Soße ist der ideale Begleiter für alle gegrillten und gebratenen Fleischgerichte. Neben frischen Tomaten werden für die Herstellung rote Paprika, Knoblauch Peperoni und Weinessig verwendet. Je nach Region wird auch frischer Koriander verarbeitet.

Tkemali: Die aus Kirschpflaumen, Peperoni, Knoblauch, Dill und Koriander hergestellte Soße wird zu fast allen Fleisch-, Fisch- und Kartoffelgerichten serviert. Da sich für die Herstellung sowohl die reifen als auch die unreifen Früchte eignen, variieren je nach Jahreszeit sowohl die Farbe (Grün, Gelb oder Rot) als auch der Geschmack (leicht säuerlich oder süß).

Süßes

Churchkhela: Dem bunten Snack begegnet man im ganzen Land, in Souvenir-Shops in den Städten, bei den Sehenswürdigkeiten und am Straßenrand. Für diesen perfekten Wanderproviant werden ganze Walnüsse auf eine Schnur aufgezogen und durch eingedickten Traubensaft gezogen, der die Nüsse umhüllt. In Westgeorgien werden auch Haselnüsse verwendet.

Matsoni: Der leckere georgische Joghurt kommt nicht nur zum Frühstück auf den Tisch, sondern wird oft mit Honig zum Nachtisch serviert.

Pelamushi: Für diese Nachspeise wird Traubensaft zusammen mit Maismehl aufgekocht – das Ergebnis erinnert an eine Art Fruchtpudding.

Tklapi: Bei dem Verwandten des Churchkhela wird aus eingedicktem Fruchtsaft eine Art Esspapier hergestellt. Auch in vielen anderen farbenfrohen Früchtevarianten zu bekommen.

Alkoholische Getränke

Auch wenn man fast überall im Land über große „Löwenbräu"-Werbeschilder stolpert, gibt es in fast allen Landesteilen **regionale Brauereien**, die anständige Biere herstellen – meist nach dem deutschen Reinheitsgebot. Nationalgetränk Nr. 1 aber ist der **Wein**, der längst auch seinen internationalen Siegeszug angetreten hat. Egal ob auf die traditionelle georgische Art in tönernen Kvevris hergestellt oder am europäischen Gaumen orientiert, ob traditionelle Rebsorten wie Rkatsiteli (weiß) und Saperavi (rot) oder internationale Standardrebsorten wie Chardonnay, Riesling, Merlot – die georgischen Winzer verstehen ihr Handwerk (s. Kasten S. 52).

Mit dem italienischen Grappa verwandt ist der hochprozentige **Chacha**, der aus Traubentrester gebrannt wird. Manchmal werden aber auch Obstbrände als Chacha bezeichnet, es ist die Standardbezeichnung für jeden Schnaps.

Nach französischem Verfahren wird seit Ende des 19. Jhs. georgischer **Weinbrand** hergestellt, der auch international hoch geschätzt wird.

Alkoholfreie Getränke

Wer es lieber anti-alkoholisch mag, wird sicherlich mit den süßen **Limonaden-Variationen** *(limonatis)* glücklich, die es neben Zitrone auch in den Geschmacksrichtungen Saperavi-Traube, Birne, Estragon oder Vanille-Creme gibt. Neben **Kaffee** *(qava)*, zumeist Türkischer Mokka, ansonsten Instant-Kaffee, wird gerne **Tee** *(chai)* getrunken. Im Westen des Landes gibt es einige Teeplantagen, die hochwertigen Tee anbauen und herstellen, der in den Teehäusern der Plantagen und einigen Cafés in der Hauptstadt angeboten wird.

Überall im Land kommt auch das im Ausland gefragte **Mineralwasser** *(mineraluri tsqali)* aus der **Borjomi-Quelle** auf den Tisch, dem Minerale seinen einzigartigen, etwas gewöhnungsbedürftigen Geschmack verleihen. Einen ebenso mineralischen Geschmack hat das Mineralwasser **Nabeghlavi** aus Gurien. Neutraler im Geschmack und erfrischend sprudelnd ist das Wasser aus **Likani**. Die Mineralwasser **Sno**, **Bakuriani** und **Bakhmaro** haben neutralen Geschmack und keine Kohlensäure.

Supra: die georgische Tafel

Die Georgier essen und trinken ausgesprochen gern – und das am liebsten in Gesellschaft. Legendär ist nicht nur die Gastfreundschaft der Kaukasier, die weltweit ihresgleichen sucht, sondern auch das georgische Festmahl, die Supra, die seit Jahrhunderten einen festen Platz in der kulturellen Tradition des Landes hat und feierlich zelebriert wird – in den eigenen vier Wänden oder auch im Restaurant.

Die Supra wird zu Geburtstagen, Verlobungen, Hochzeiten, hohen Feiertagen, der Geburt eines Kindes oder dem Tod eines nahen Angehörigen abgehalten. Doch es braucht nicht zwingend einen Anlass. „Wann immer die Seele danach verlangt", kann in geselliger Runde mit Freunden und Verwandten das Leben gefeiert werden. Zwingend sind allerdings einige Regeln, die eingehalten werden müssen.

Die Regeln

Anders als in anderen Bereichen des öffentlichen Lebens in Georgien, ist die Supra streng ritualisiert und folgt strikten Regeln, die nur wenig Spielraum für Variationen bieten. Die vier elementaren Grundzutaten einer Supra sind Wein, Essen, Trinksprüche und Gesänge. Neben kalten und warmen Vorspeisen (eingelegtes Gemüse, Bohnen, Salate, Khachapuri, deftige Fleisch- und Fischgerichte und gefüllte Teigtaschen), ist Wein der zentrale Bestandteil jeder Tafel, der niemals ausgehen darf und in rauen Mengen getrunken wird. Auch wenn es als ungeschriebenes Gesetz gilt, dass man sich niemals anmerken lassen darf, betrunken zu sein, sind bis zu 4 l pro Person keine Seltenheit, sondern eher die Regel.

In Ausnahmefällen wird ein Supra-Teilnehmer vom Weintrinken entbunden, z. B. Schwangere, Autofahrer oder wenn gesundheitliche Gründe den Konsum von Alkohol verbieten.

Die wichtigsten Rebsorten und Anbaugebiete

Trocken, lieblich oder halbtrocken? Welche Rebsorte steckt hinter dem Namen des Weins? Normalerweise wird der Name des Weinguts, gefolgt von dem des Anbaugebietes angegeben. Rebsorte und die Angabe, ob es sich um einen trockenen oder halbtrockenen Wein handelt, gibt es oft nicht. Denn die Georgier wissen natürlich, dass der „Kindzmarauli"-Wein stets halbtrocken ist und aus Trauben der Rebsorte Saperavi gewonnen wird, die im gleichnamigen Anbaugebiet wachsen. Ein kleiner Überblick verbreiteter Rebsorten und Anbaugebiete:

Rote Rebsorten

Aleksandreuli: Die pflegeintensive Sorte mit blauen bis schwärzlichen Trauben, die meist in Racha-Lechkhumi angebaut wird, ist eine der ältesten Rebsorten überhaupt. Die aus Aleksandreuli hergestellten Weine können von trocken bis halbtrocken variieren, besitzen wenig Tannine und ein fruchtiges Aroma von Himbeeren und dunklen Kirschen.

Ojaleshi: Die seltene, spät reifende Sorte wird in geringen Mengen in Megrelien angebaut, aus ihr werden hochwertige, halbtrockene bis liebliche Rotweine hergestellt.

Saperavi: Die spät reifende, ertragreiche Sorte ist die am meisten verbreitete Rebsorte in Georgien, die insbesondere in Kachetien angebaut wird. Der dunkle Wein ist gut zum Lagern geeignet und kann in Eichenfässern bis zu 50 Jahre reifen. Viele unterschiedliche Weine von trocken bis lieblich werden aus seinen Trauben hergestellt.

Shavkapito: Aus der in Kartlien verbreiteten Rebsorte werden trockene Rotweine mit fruchtigen Noten, aber auch Rosé- und Schaumweine gekeltert.

Usakhelauri: Die alte Rebsorte wächst nur im günstigen Mikroklima Lechkhumis. Jedes Jahr können nur 3 t des Weins, dessen Namen „besser als Worte es zu sagen vermögen" bedeutet, gewonnen werden – daher ist er recht teuer. Wegen seines fruchtigen Aromas ist der süße Wein als Dessertwein beliebt.

Auf 70 % der Anbaufläche werden rote Rebsorten angebaut. Weitere verbreitete rote Rebsorten sind Aladasturi, Shavi, Chkhaveri, Dzelshavi, Mujuretuli, Otskhanuri Sapere und Tavkveri.

Weiße Rebsorten

Kisi: Hochgeschätzte, alte Rebsorte, die in kleinen Mengen in Kachetien angebaut wird.

Mtsvane Goruli: Spät reifende Sorte, aus der trockene Weine mit zitronigem bis blumigem Aroma gekeltert werden, die oft mit weißen – aber auch roten – Sorten verschnitten werden.

Mtsvane Kakhuri: Alte, widerstandsfähige Rebsorte, die insbesondere in Kachetien angebaut wird. Wegen seines fruchtig-blumigen Aromas wird dieser trockene, leichte Wein oft mit Rkatsiteli verschnitten.

Rkatsiteli: Wird in Kachetien angebaut und ist die meistverbreitete weiße Rebsorte. Aus ihren Trauben werden halbtrockene bis liebliche Weine mit würzig-fruchtiger Note hergestellt.

Tsolikouri: Diese Sorte wird vor allem in Imeretien und Gurien angebaut, aus ihren Trauben wird körperreicher, goldfarbener Wein mit leichten Zitrusnoten und fruchtig-blumigem Aroma gewonnen – von trocken bis lieblich.

Georgische Weißweine werden auch oft als „amber" oder „golden" beschrieben, denn sie sind meist bernsteinfarben und gehen oft sogar in eine Art Rosé über.

Wichtige Anbaugebiete

Akhasheni: Aus dem Anbaugebiet bei Gurjaani stammt der liebliche Rotwein dunkler Farbe, mit samtigen Geschmack und einem Bouquet von Beeren und Lakritz, der aus Saperavi-Trauben gekeltert wird.

Khvanchkara: In Racha werden die Rebsorten Aleksandreuli und Mujuretuli angebaut, aus denen ein lieblicher, rubinroter Rotwein hergestellt wird. Er hat ein würziges Bouquet aus Himbeeren, Kirschen, Wacholder, ein ausgewogenes Verhältnis an Tanninen und ist als Dessertwein beliebt.

Kindzmarauli: In der Anbauregion östlich von Kvareli in Kachetien gedeiht die Saperavi-Rebe, aus der lieblicher Rotwein mit dunkelroter Farbe und beerigem Aroma gewonnen wird.

Manavi: Bei Sagarejo wird die Mtsvane-Rebe angebaut, aus deren Trauben ein leichter, trockener Weißwein gekeltert wird, der für seine grünliche Farbe bekannt ist und vor allem für Feierlichkeiten geschätzt wird.

Mukuzani: In der Anbauregion bei Gurjaani in Kachetien wird der trockene, kräftige Rotwein aus Saperavi-Trauben gekeltert, der mindestens drei Jahre in Eichenfässern ausreift.

Tsindandali: Das Anbaugebiet in der Umgebung des gleichnamigen Landguts in Kachetien ist für trockenen Weißwein-Cuvée aus den Rebsorten Rkatsiteli und Mtsvane Kakhuri berühmt.

Tvishi: Anbauregion in Racha-Lechkhumi, die spät reifende Tsolikouri-Rebe begünstigt die Herstellung von halbtrockenen bis lieblichen Weißweinen.

Weitere wichtige Anbaugebiete sind Alazani, Gurjaani, Kvareli, Napareuli, Sviri, Teliani und Vazisubani – abgesehen von „Alazani" sind alle genannten Anbaugebiete international geschützte geografische Bezeichnungen.

Georgischer Wein – komm schenk mir ein!

Der Südkaukasus bietet perfekte geologische und klimatische Bedingungen für den Weinbau. Bereits ca. 5800 v. Chr. kultivierten Menschen nachweislich im Gebiet des heutigen Georgiens Weinreben und stellten daraus Wein her, das zeigen Funde von Traubenkernen in Tongefäßen. Die Georgier blicken also diesbezüglich auf eine lange Tradition zurück und betrachten sich mit Stolz als die **Wiege des Weinbaus**.
Da überrascht es nicht, dass in Georgien nicht nur in kommerziellen Winzerbetrieben gekeltert wird, sondern viele Familien ihren eigenen Wein herstellen und z. B. bei der georgischen Tafel *(Supra)* mit Freunden und Verwandten trinken oder ihren Gästen einschenken.

Die Reben

In Georgien gibt es **über 500 einheimische Rebsorten**, insgesamt sind 38 davon offiziell für den Weinbau zugelassen. Neben traditionellen Sorten wie Rkatsiteli oder Saperavi werden auch internationale Standardrebsorten wie Chardonnay, Riesling, Merlot oder Pinot Noir angebaut.

Die Anbaugebiete

Traditionell tragen die Weine später die Namen der Orte oder Anbaugebiete, aus denen sie stammen. Zum Beispiel Kvareli, Mukuzani oder Tsinandali in der wichtigsten Weinregion Kachetien. Dort bietet das Tal des Alazani mit gemäßigtem Niederschlag und mineralhaltigen Kalk- und Schlammlehmböden ideale Bedingungen für den Weinbau. Neben Kachetien gehören Kartlien, Imeretien und Racha-Lechkhumi zu den vier Hauptweinanbaugebieten.

Die Herstellung von traditionellem Kvevri-Wein

Der traditionelle georgische Wein wird in großen, **handgefertigten Ton-Amphoren** *(Kvevri)* hergestellt. Dieses uralte **Verfahren** wurde 2013 zum **immateriellen Weltkulturerbe** erklärt. Dabei gibt es bei der Weinherstellung natürlich regionale Unterschiede.
Nach der Weinlese werden die Trauben in einer aus einem Baumstamm gefertigten oder in Stein geschlagenen Wanne mit den Füßen gestampft, in großen Betrieben werden dafür heutzutage Maschinen eingesetzt.
Traubensaft und ein Teil der Maische (Fruchtfleisch, Traubenkerne, Stiele, Schalen) werden für die **Gärung** in Gefäße aus Glas oder Porzellan abgefüllt, oft auch direkt in die Amphoren aus Ton, die Kvevri, die je nach Größe des Betriebs ein Fassungsvermögen von 10 bis hin zu 2000 Litern haben. Je nach Region und Rebsorte ist die Gärungszeit unterschiedlich lang, bei Weißweinen meist bis zu sechs Monaten, bei Rotweinen normalerweise zwischen vier und sechs Wochen. Sobald die Fermentation beendet ist, werden Saft und Maische (falls noch nicht geschehen) in die Amphoren gefüllt und

Der Tamada

Geleitet wird das Gastmahl vom sogenannten Tamada, der vom Gastgeber bestimmt wird und am Kopf der Tafel sitzt. Im patriarchalisch geprägten Georgien ist das zumeist ein Mann; eine Frau kann das Gastmahl nur dann leiten, wenn kein Mann anwesend ist. Der Tamada gibt nicht nur den Rhythmus der Runde vor, sondern auch die Regeln des Gastmahls. Grundsätzlich darf nur dann getrunken werden, wenn der Tamada sein Glas erhoben und einen Trinkspruch ausgebracht hat – wobei das Glas in der Regel in einem Zug komplett geleert wird. Wer nur an seinem Glas nippt, wird den Unmut der Runde auf sich ziehen, weil er „Wein stiehlt" und die anderen Teilnehmer täuscht, indem er weniger trinkt als sie. Neben einem gewissen Witz und Eloquenz zeichnet einen guten Tamada aus, dass er die Stimmung der Supra „fühlt", die Trinksprüche weder zu schnell noch zu langsam einstreut, dazwischen auch genügend Freiräume für persönliche Gespräche lässt und entweder

© NINA KRAMM

diese traditionell mit Holz oder Schieferstein versiegelt und mit feuchtem Ton, Asche und Birkenteer abgedichtet, um Schimmelbefall zu verhindern. Heutzutage werden aus praktischen und hygienischen Gründen die Kvevri meist mit einer Glasplatte abgedeckt, die mit Gummi abgedichtet wird.

Der Wein lagert in den in die Erde eingelassenen Kvevri bei konstanter Temperatur, bis er reif ist – was meist mehrere Monate, aber sogar bis zu 50 Jahre dauern kann. Bei traditionell hergestelltem Wein werden **keine Sulfite** zugegeben – es handelt sich also immer um **Bio-Wein**. Dabei hat im Kvevri gereifter Wein oft einen schweren, mineralischen Geschmack und enthält oft viele Tannine, er kann je nach Art und Reifezeit für den mitteleuropäischen Gaumen sehr ungewohnt schmecken.

Der Hochzeitswein

Es ist Brauch, dass bei der Geburt eines Sohnes junger Wein abgefüllt wird und die Kvevri erst zur Hochzeit wieder geöffnet und der Wein den Gästen serviert wird. Vom Brautvater wird erwartet, dass er zwischen 500 und 1000 Liter Wein für seine Gäste bereithält.

Der besondere Kachetische Wein

Auch wenn Kachetien das Herzland des Weinbaus in Georgien ist, wird überall im Land Wein auf die traditionelle georgische Art im Kvevri hergestellt. Aber nur in Kachetien kommen Stiele, Fruchtfleisch, Kerne und Schalen zusammen mit dem Saft in die Amphoren. In Imeretien werden dem Wein nur Traubenschalen zugesetzt. In Rest des Landes landet nur der Saft in den Tongefäßen.

selbst Gesänge beisteuert oder ein Mitglied der Runde bittet, ein Lied anzustimmen.

Eine Supra zu leiten, gilt in Georgien nach wie vor als Ehre – und nicht wenige bereiten sich wochenlang mit fettigen Speisen und reichlich Alkohol darauf vor, um am großen Tag die nötige Trinkfestigkeit an den Tag zu legen. Denn auch wenn der Gastgeber offiziell erst beim Gastmahl den Tamada bestimmt, ist in der Regel bereits vorher klar, auf wen seine Wahl fallen wird.

Von vielen, zumeist jungen Georgiern, wird die Tradition der Supra aber mittlerweile auch kritisch gesehen.

Die Trinksprüche

Je nach dem Anlass der Supra – Fest-Supra *(lkhinis)*, Trauer-Supra *(kelekhi)* oder lockere Supra im Verwandten- oder Freundeskreis – gibt es eine festgelegte Reihenfolge der Trinksprüche. Nichtsdestotrotz hat jeder Tamada seinen eigenen unverwechselbaren Stil, weil er die Sprüche mit Anekdoten würzen und ihnen mit seiner eigenen Wortwahl und seinem ihm eigenen Witz einen persönlichen Stempel aufdrücken kann. Zudem ist er frei, auch eigene, nicht vorgesehene Trinksprüche beizusteuern. Von einem guten Tamada wird die freie Improvisation sogar erwartet. Mit dem ersten Glas Wein stoßen die Supra-Teilnehmer immer auf den Tamada an, der das zweite Glas zum Wohl auf die Gastgeberfamilie erhebt, ehe auf den eigentlichen Anlass der Zusammenkunft getrunken wird: Hochzeit, Taufe, Geburtstag oder Verlobung. In der Folge gedenkt der Tamada den Verstorbenen und stellt dann das Wohl und die Gesundheit der Eltern in den Mittelpunkt. Nach einer Reihe von freien Toasts, bei denen der Fantasie und dem Einfallsreichtum keine Grenzen gesetzt sind – getrunken wird beispielsweise auf das Vaterland, die Liebe, die Freundschaft, gemeinsame Erinnerungen, herausragende Persönlichkeiten und die Zukunft –, würdigt der Tamada die Teilnehmer der Runde und lobt dabei überschwänglich die Vorzüge und Charaktereigenschaften jedes Einzelnen. Hierbei wird gern maßlos übertrieben und ausgeschmückt. Dabei darf niemand vergessen werden. Von einem guten Tamada wird erwartet, dass er sich im Vorfeld der Supra beim Gastgeber penibel über alle Personen informiert, die er nicht persönlich kennt. Dass sich negative Kommentare, Spitzen und Sarkasmus verbieten, versteht sich von selbst. Sobald der Tamada geschlossen hat, ist der Gelobte an der Reihe, der sich mit kurzen Worten, mindestens aber einem anerkennenden Nicken, für das Lob bedanken muss. Mit Ausnahme der Trauer-Suprema ist die Anzahl der Trinksprüche nach oben offen, der letzte allerdings gilt immer zwingend der Gottesmutter und darf nicht vergessen werden.

Auch wenn der Tamada Taktgeber und Leiter der Runde ist, ist er nicht der Einzige, der das Wort erheben darf. Einerseits kann er jederzeit einen anderen Teilnehmer bitten, seinen Trinkspruch mit eigenen Worten zu wiederholen oder gar auszuschmücken *(alaverdi)*, zum anderen hat jeder Teilnehmer das Recht, seinerseits einen Toast auszubringen. Tabu sind lediglich die in der Liturgie fest vorgegebenen Trinksprüche, die dem Tamada vorbehalten sind.

Fair reisen

Reisende sind im Gastland nicht nur unbeteiligte Zuschauer. Ihr Verhalten wirkt sich auf die Umwelt und die besuchten Menschen aus. Das reicht von der An- bzw. Abreise über die Nutzung lokaler Ressourcen bis zur Produktion von Abfällen. Touristen verbrauchen durchschnittlich mehr Wasser und Strom und produzieren mehr CO_2 und Müll als die Einheimischen.

Natürlich hat der Tourismus auch gute Seiten. Er hat vielen Menschen einen Weg aus der Armut gezeigt, ihnen ermöglicht, einen Beruf zu ergreifen, sich weiterzubilden. Er stimuliert lokale Investitionen, verbindet Kulturen und trägt zur Gleichberechtigung der Geschlechter bei. Außerdem hat er vielerorts Naturräume geschützt, die ohne Touristen dem Kommerz zum Opfer gefallen wären.

Anregungen gibt es in diesem Buch und bei folgenden Initiativen:

Fair unterwegs, 💻 www.fairunterwegs.org
Tourism Watch, 💻 www.tourism-watch.de
Studienkreis für Tourismus und Entwicklung, 💻 www.studienkreis.org
Forum anders reisen, 💻 https://forumanders reisen.de

Stichwort Umweltschutz

- Die **An- und Abreise** mit dem Flugzeug verursacht CO_2. Über Kompensationsprogramme lässt sich der Ausstoß neutralisieren (S. 40). Wer viel Zeit hat, kann darüber nachdenken, auf dem Landweg mit dem Zug und der Fähre anzureisen. Auch vor Ort sollte man lieber mit Marschrutka oder Zug fahren als zu fliegen.
- **Klimaanlagen** meiden oder in jedem Fall Licht und AC ausstellen, wenn man das Zimmer verlässt.
- Bei **Ausflügen** den Taxi- oder Busfahrer bitten, den Motor auszuschalten.
- Mit **Wasser** immer sparsam umgehen, besser duschen statt baden.
- Statt mit **Batterien** besser mit aufladbaren Akkus reisen, und wenn sich Batterien nicht

Fair und grün – gewusst wo

Einrichtungen, die sich durch besonders umweltfreundliches oder sozial verträgliches Verhalten auszeichnen, sind in diesem Buch mit einem Baumsymbol gekennzeichnet. Sie verwenden z. B. Solarenergie, bieten Bioprodukte an, nutzen Trockentoiletten, zahlen faire Löhne, investieren ihre Gewinne in soziale Projekte, propagieren einen nachhaltigen Tourismus oder stellen Besuchern Informationen für umweltverträgliches Verhalten bereit. Familiengästehäuser in den ländlichen Gegenden entsprechen vielen dieser Kriterien und sind immer eine gute Wahl: Da die Menschen auf dem Land meist Subsistenzwirtschaft betreiben, werden Gäste oft mit frischen Zutaten direkt aus dem Garten bewirtet. In Regionen mit wenigen alternativen Verdienstmöglichkeiten finden die Gästehausbetreiber durch den Tourismus so ein Einkommen.

vermeiden lassen, diese mit nach Hause nehmen – in Georgien werden sie garantiert nicht vernünftig entsorgt!

- Eine **Flasche** von zu Hause mitbringen und in Hotels/Restaurants etc. auffüllen lassen, auf Getränke aus Dosen verzichten.
- Von zu Hause biologisch abbaubare **Shampoos** und **Seifen** mitbringen.
- Für Einkäufe einen **Baumwollbeutel** mitbringen und die Ware nicht in Tüten packen lassen.

Mensch im Fokus

- **Respektvoll miteinander umgehen**, klar, aber nicht jedes Fettnäpfchen ist auf Anhieb zu erkennen. Tipps zur Etikette, den Besonderheiten beim Betreten von Klöstern oder bei der Einladung gibt es auf S. 81.
- Mit dem Portemonnaie lässt sich Einfluss nehmen: Bei fairen Reiseveranstaltern oder **lokal** buchen, **Touren** danach auswählen, ob alle Beteiligten profitieren. Kleinen lokalen Hotels, Restaurants, Reiseveranstaltern, Guides etc. gegenüber großen nationalen und internationalen Ketten den Vorzug geben. Souvenirs und Kunsthandwerk besser direkt vom Produzenten kaufen oder darauf achten, dass die Ware fair gehandelt wurde.
- Auch wenn es schwerfällt: **Bettelnden Kindern** kein Geld geben. Wirksamer ist es, einer lokalen Kinderhilfsorganisation Geld zu spenden (S. 82).
- Landwirtschaftliche **Produkte aus der Umgebung** statt importierte Waren kaufen.

Feste und Feiertage

Wer Glück hat, wird auf seiner Reise ein georgisches Fest erleben – in Georgien feiert man gern und oft. Neben christlichen Festen werden einige geschichtlich bedeutende Nationalfeiertage begangen, und natürlich hat jede Region und jede Stadt ihre eigenen Feste.

Staatliche Feiertage

Während die meisten religiösen Feste keine festen Daten haben, sind Staatsfeiertage auf bestimmte Tage festgelegt. An diesen Tagen bleiben Banken, Behörden, Schulen und oft auch viele Geschäfte geschlossen.

1. Januar: Neujahr

Neujahr ist das größte säkulare Fest. In der festlich hergerichteten Wohnung wird die Tafel reich gedeckt und es werden besondere Gerichte serviert, z. B. Pute oder Hähnchen in Walnusssoße mit Knoblauch *(indauris/katmis satsivi)*. Um Mitternacht gibt es ein Feuerwerk, es wird angestoßen und erst dann gemeinsam mit der ganzen Familie mit dem Essen begonnen. Dem ersten Gast, der im neuen Jahr die Schwelle des Hauses übertritt, dem sogenannten Mekvle, kommt symbolische Bedeutung zu. Einige Familien laden deshalb einen Menschen ein, den sie sich als Mekvle wünschen, dieser ist dann Glücksbringer für das neue Jahr. Am Neujahrstag besuchen sich Verwandte, Freunde und Nachbarn, um sich gegenseitig Süßigkeiten zu schenken, die mit den Worten „ase tkbilad daberdi" („so süß sollst du altern") überreicht werden. Manche Familien feiern Neujahr sogar ein zweites Mal – nach dem orthodoxen Kalender.

26. Mai: Unabhängigkeitstag

Am georgischen Nationalfeiertag wird die Unabhängigkeit Georgiens vom Russischen Reich und der UdSSR gefeiert. Obwohl die Unabhängigkeit von der UdSSR am 9. April 1991 erklärt wurde, wird am 26. Mai zelebriert: dem Tag der Unabhängigkeitserklärung der Ersten Republik 1918. Es finden im ganzen Land Gottesdienste statt, in Tbilissi marschiert eine große Militärparade auf, und vor dem Parlamentsgebäude werden Tanz- und Musikaufführungen dargeboten. Am Abend gibt es ein großes Feuerwerk.

9. April: Tag der Einheit

An diesem Tag wird die nationale Einheit des Landes gefeiert und den Opfern der blutig niedergeschlagenen Demonstrationen für die Unabhängigkeit 1989 gedacht (S. 114). Es finden Gedenkgottesdienste statt, vor dem Parlamentsgebäude werden Kerzen entzündet und Blumen niedergelegt.

Christliche Feste

Im ganzen Land werden zahlreiche **Heiligentage** begangen, besonders groß die **Mariamoba** (Mariä Himmelfahrt, 28.8.) zu Ehren der Hl. Maria (z. B. in der Gergeti-Sameba-Kirche, S. 287), der Gedenktag des **Nationalheiligen Georg** (23.11.) und der Tag des **Hl. Andreas** (12.5.), der als Gründer der Orthodoxen Kirche gilt. Auch Neujahr, Weihnachten und Ostern werden in ganz Georgien gefeiert, wobei Ostern das wichtigste kirchliche Fest ist. Der Hl. Nino zu Ehren gibt es gleich zwei Feiertage: den Tag ihrer Ankunft in Georgien (1.6.) und den Tag ihres Todes (27.1.).

Ostern

Ostern ist das bedeutendste christliche Fest in Georgien. Es wird nach dem Julianischen Kalender begangen und liegt daher meist zwei bis vier Wochen später als unser Ostern, fällt aber in manchen Jahren auf dasselbe Datum. Vor dem Osterfest wird die Fastenzeit streng eingehalten, dabei verzichten Fastende auf alle tierischen Produkte – weshalb die georgische Küche so viele vegetarische und vegane Gerichte kennt.

Am Vorabend zum **Gründonnerstag** werden Feuer zur Vertreibung böser Geister *(chiakokonoba)* auf den Feldern entzündet. Dieser Brauch erinnert an die in Deutschland teils verbreiteten Osterfeuer.

Karfreitag ist der heiligste Tag in der orthodoxen Kirche, Strenggläubige nehmen an diesem Tag nur Brot und Wasser zu sich. Vor dem Sonnenuntergang werden traditionell Eier gefärbt, ausschließlich rot – in Erinnerung an das Blut Jesu. Daher heißt der Karfreitag auf Georgisch „Roter Freitag". Zum Färben werden natürliche Farbstoffe verwendet: die Wurzel der Färberröte und Zwiebelschalen. Beliebt ist auch das Eierdätschen, bei dem jeder ein Ei in die Hand nimmt und man diese gegeneinander schlägt.

Am **Ostersamstag** findet um 23 Uhr ein Gottesdienst statt, bei dem fast bis ins Morgengrauen gemeinsam gesungen und gebetet wird. Höhepunkt bildet das Eintreffen des heiligen Feuers aus Jerusalem, an dem jede Kerze neu entzündet

Nationale Feiertage

Januar	Neujahrstag (1.1.)
	Weihnachten (7.1.)
	Dreikönige (19.1.)
März	Muttertag (3.3.)
	Internationaler Frauentag (8.3.)
März/April	Ostern (meist 1–4 Wochen nach dem katholischen und protestantischen Osterfest, in manchen Jahren fallen die beiden Feste auf den gleichen Tag)
April	Tag der Einheit (9.4.)
Mai	Tag des Heiligen Andreas (12.5.)
	Unabhängigkeitstag (26.5.)
August	Mariamoba, Mariä Himmelfahrt (28.8.)
November	Giorgoba, Tag des Heiligen Georg (23.11.)

wird. Um 24 Uhr ertönt der Ruf „Qriste aghdga“ („Christus ist auferstanden“). Dann verlassen die Gläubigen die Kirche und gehen dreimal gegen den Uhrzeigersinn um das Gotteshaus herum. Nur ein Teil der Gläubigen kehrt danach wieder in die Kirche zurück – denn zurück zuhause darf dann das Fasten gebrochen werden. Traditionell isst man dabei den Osterkuchen „Paska“, ein Hefegebäck aus Weizenmehl und Eiern mit Rosinen.

Am **Ostersonntag** gratulieren sich die Menschen gegenseitig und begrüßen sich mit „Qriste aghdga“, die richtige Antwort darauf ist „Tscheschmaritad!“ (Wahrlich, das ist er!). Dieser Tag ist das Fest der Auferstehung und der Lebendigen, an dem ausgiebig gemeinsam gefeiert und geschmaust wird.

Ostermontag dagegen ist der Tag der Toten. Die Familien gehen auf den Friedhof, besuchen ihre verstorbenen Angehörigen und pflegen die Gräber. Natürlich bringt man seinen Liebsten Essen, Wein und manchmal auch Schnaps mit. Am Grab wird gemeinsam gegessen und getrunken, aber nicht alles verputzt – man lässt den Verstorbenen etwas dort.

Weihnachten

Weihnachten wird nach dem Julianischen Kalender, der in der orthodoxen Kirche gilt, am 7. Januar gefeiert. Die Familien gehen gemeinsam zu feierlichen Gottesdiensten in die Kirche. Allerdings ist es nicht üblich, sich gegenseitig zu beschenken, und es gibt keine Bescherung.

Eine alte Tradition wird seit einigen Jahren wiederbelebt: Gläubige stellen in der Nacht zum 6. Januar eine brennende Kerze in jedes Fenster. Die Kerzen sind Symbol für die Geburt des Erlösers und seine Einkehr in Familie und Seele.

Regionale Feste, Festivals und Sportereignisse

Neben den landesweiten christlichen Feierlichkeiten hat jeder Ort auch sein eigenes **Stadtfest**, bei dem es Musik gibt, Folkloregruppen auftreten und Leckereien angeboten werden. Viele dieser Stadtfeste fallen auf den Spätsommer und Herbst und haben ihren Ursprung in **Erntedankfesten**. Insbesondere in den Bergregionen ist bei den lokalen Festen deutlich zu erkennen, dass ihre Wurzeln in vorchristlichen Kulten liegen. Die dabei ausgerichteten Pferderennen, Kampf- und Geschicklichkeitsspiele lassen außerdem erkennen, dass viele Bräuche früher dazu dienten, die Einwohner auf die damals häufigen Kämpfe und Kriege vorzubereiten. Die meisten dieser Feste haben keine festen Termine.

In den größeren Städten gibt es außerdem zahlreiche Musikfestivals – große Sportevents sind dagegen bisher wenig verbreitet.

Februar

Totenfeste in Swanetien: Im Februar finden mehrere Totenfeste statt, die ihren Ursprung in vorchristlicher Zeit haben und bei denen die Familien ihren Verstorbenen gedenken. So wird bei **Lipanali** jeweils am 4. Februar für die toten Familienmitglieder ein Festmahl zubereitet.

April

Tbilisi Jazz Festival, 💻 www.tbilisijazz.com. Ende April werden in der Hauptstadt an drei Abenden Jazzkonzerte in der Konzerthalle veranstaltet.
Tbilisi Fashion Week, 💻 www.tbilisifashionweek.com. Ende April sind alle Augen auf die georgischen Modedesigner und ihre Models gerichtet.

Mai

Kutaisoba: Am 2. Mai wird das Stadtfest von Kutaissi im Zentralpark mit Veranstaltungen, Tanz und Musik gefeiert.
CinéDOC-Tbilisi, 💻 www.cinedoc-tbilisi.com. Anfang Mai zeigt das internationale Dokumentarfilm-Festival Filme aus der Kaukasusregion und internationale Beiträge.
Garejoba: Am 2. Sonntag im Mai wird am Klosterkomplex von Davit Gareja das Fest zu Ehren von Davit Garejeli gefeiert.
Andrioba: Am 12. Mai, dem Ehrentag des Apostels Andreas, pilgern Hunderte von Gläubigen zum Eisenkreuz (Rkinis jvari) auf dem Berg Kharagauli, das der Legende nach von dem Apostel errichtet wurde.

Juni

Ninooba: In Poka wird am 1. Juni der Tag der Ankunft der Hl. Nino in Georgien gefeiert. Nach einem Gottesdienst am See kann man sich bei Bedarf im See taufen lassen, Gläubige pilgern dann bis zum 13. Juli auf den Spuren der Hl. Nino weiter nach Mtskheta.

He-Lichi-Reiterfest: Anfang Juni treten bei dem traditionellen Pferderennen in Mestia die einheimischen Familien gegeneinander an, anschließend wird ein Festmahl abgehalten.

Tbilisi Open Air, 💻 www.tbilisiopenair.ge. Mitte Juni am Lisi-See, mit unterschiedlicher Musik von Rock bis Elektronik, bekannte Gruppen wie Air und Placebo traten in den vergangenen Jahren auf.

International Blues Festival: Ein kleines, privat organisiertes Festival, bei dem in Lagodekhi zwischen Mitte Juni und Mitte August jedes Wochenende georgische und internationale Jazz- und Blues-Musiker auftreten.

Juli

Art-Gene Festival, 💻 www.artgeni.ge. Folklorefestival im Ethnografischen Museum in Tbilissi Mitte Juli, bei dem eine Woche lang Konzerte mit traditioneller Musik aus allen Regionen Georgiens stattfinden und Kunsthandwerk ausgestellt und verkauft wird.

Atnigenoba: Die traditionellen Feste mit Wettkämpfen, Musik, Speis und Trank werden in Tuschetien am ersten Samstag nach dem 20. Juli gefeiert (S. 267). Ähnliche Festivitäten finden unter dem Namen „Atengenoba" in Shatili zu selben Zeit statt.

Kvirikoba: Am 28. Juli wird in der Lagurka-Kirche von Kala ein großes Wallfahrtsfest gefeiert. Swanen aus der gesamten Region pilgern dorthin, um gemeinsam zu singen, zu tanzen, zu speisen, zu trinken und sich von Kraft- und Geschicklichkeitsspielen unterhalten zu lassen.

Lichanishi: Am 30. Juli wird in Adishi das Fruchtbarkeitsfest in der Marienkirche gefeiert, bei dem Schafe geopfert und dann verspeist werden.

International Black Sea Jazz Festival, 💻 http://tbilisijazz.com. Ende Juli treten in Batumi jedes Jahr Jazzgrößen auf.

International Blues Festival: siehe Juni.

August

Tuschetoba: Im August treffen sich alle tuschetischen Familien aus der Umgebung in Omalo. Die Männer treten gegeneinander in traditionellen Kraft-, Kampf- und Geschicklichkeitsspielen an, die Frauen messen sich bei Wettbewerben in der Wollbearbeitung. Es wird gemeinsam gesungen, getanzt, gegessen und getrunken.

International Blues Festival: siehe Juni.

Shatiloba: Bei dem Volksfest Ende August/Anfang September in Shatili werden Pferderennen ausgerichtet, es gibt Wettkämpfe im Wrestling, Dichten, Gesang und traditionellem Handwerk, und natürlich wird regionaltypisches Essen kredenzt.

Tsinandali Festival: Hochkarätiges Klassik-Festival auf dem Tsinandali Weingut, 💻 https://tsinandalifestival.ge.

September

Alaverdoba: Am 28. September ist der Höhepunkt des mehrtägigen Festes, das jedes Jahr an der Kathedrale von Alaverdi gefeiert wird und das in Erntedankfeierlichkeiten wurzelt. Zu dem religiösen Volksfest strömen Menschen aus dem Umland und von weit her, um gemeinsam zu feiern.

Tbilisi Photo Festival, 💻 www.tbilisiphotofestival.com/en. Mitte September finden in der Hauptstadt Open-Air-Screenings mit Livemusik, Lesungen und Ausstellungen von georgischen und internationalen Fotografen und Fotokünstlern statt.

International Music Festival „Autumn Tbilisi", 💻 www.kakhidzemusiccenter.com. Mitte September werden im beeindruckenden Kakhidze Music Center Klassik-, Folk- und Jazzkonzerte veranstaltet.

Batumi Music Fest, 💻 http://batumifest.ge. Mitte September findet das klassische Musikfestival in der Schwarzmeermetropole statt, bei dem insbesondere georgische Größen auf der Bühne stehen.

Batumi International Art-House Film Festival, 💻 http://www.biaff.org. Bei dem Filmfestival Ende September werden georgische und internationale Streifen gezeigt.

Baum oder Bart?

Der gurische Weihnachtsbaum „Chichilaki" ist in Westgeorgien verbreitet. Von Haselnuss- oder Walnussbaumzweigen werden mit dem Messer dünne Schichten abgeschält, aber nicht ganz abgetrennt. Sie erinnern an einen weißen Rauschebart – nach traditionellem Glauben den Bart des großen St. Basil, der georgischen Version des Santa Claus. Die Chichilakis werden mit Beeren und Früchten geschmückt, als Gabe an den Himmel und für eine gute Ernte im nächsten Jahr. Am 19. Januar werden die Chichilakis feierlich verbrannt, als Symbol für Probleme des vergangenen Jahres. Der Brauch war während der Sowjetzeit im Zuge der religiösen Unterdrückung verboten.

Vazhaoba: In Chargali wird jährlich im September ein Fest zu Ehren des Dichters Vazha Pshavela begangen.
Machakhloba: Im September wird dieses Volksfest im Machakhela-Tal mit Tanz, Gesang, regionalen Spezialitäten und natürlich Wein gefeiert.
Weinfest Signagi: Natürlich steht der Wein bei dem Erntedankfest der Weinstadt Signagi im Mittelpunkt, Folkloregruppen sorgen mit Tanz und Gesang für Unterhaltung.

Oktober

Tbilisi International Festival of Theatre, 🖳 www.tbilisiinternational.com/en. Anfang Oktober bringen die Theater der Hauptstadt georgische Stücke sowie ein internationales Programm auf die Bühne.
Tbilisi Marathon, 🖳 www.tbilisimarathon.ge. Im Oktober pesen nicht Autos, sondern Marathonläufer durch die Hauptstadt.
Tbilisoba: Das fröhliche Stadtfest mit Veranstaltungen und Konzerten findet Ende Oktober auf dem Maidan und im Rike-Park statt.
Mtskhetoba-Svetitskhovloba: Am 14. Oktober findet das große Stadtfest von Mtskheta mit Musik, Volkstänzen und Kunsthandwerksständen rund um die Kathedrale statt.

Dezember

Tbilisi International Film Festival, 🖳 www.tbilisifilmfestival.ge. Der Partner der Filmfestspiele in Berlin zeigt jedes Jahr im Dezember rund 50 Spiel-, Dokumentar- und Kurzfilme.

Frauen unterwegs

Georgien ist ein sicheres Reiseland, das Frauen auch allein problemlos bereisen können. Wie in jedem Land sollten die üblichen Dinge beachtet werden, z. B. nachts nicht allein durch abgelegene Ecken oder dunkle Gassen zu gehen.

Während an der Schwarzmeerküste und in Batumi luftige Sommeroutfits wie in Europa getragen werden können, ist es empfehlenswert, sich in den ländlichen Gegenden und den Bergregionen etwas konservativer zu kleiden, um keine ungewollte Aufmerksamkeit auf sich zu ziehen.

In den Bergregionen Khevsuretien und Tuschetien sollte frau außerdem darauf achten, sich nicht den heiligen Orten und Schreinen zu nähern, die von Frauen nicht betreten werden dürfen.

Fotografieren

Speicherkarten und Ersatzakkus bekommt man ohne Probleme in Tbilissi, Batumi und Kutaissi und einigen größeren Orten, z. B. in den Geschäften von Magti oder Geocell.

Wer Menschen fotografiert, sollte natürlich vorher um Erlaubnis fragen. Viele Menschen werden gern fotografiert und fragen sogar, ob man nicht ein Foto mit ihnen gemeinsam oder von ihnen machen möchte.

Eigentlich nicht erwähnt zu werden braucht, dass bei Beerdigungen und Gottesdiensten nicht fotografiert werden sollte. In einigen Kirchen herrscht Fotografierverbot, darauf weisen Schilder an der Tür hin.

Militärische Einrichtungen dürfen generell nicht abgelichtet werden.

Geld

Währung

Die georgische Währung heißt seit 1995 **Lari**, die mit GEL oder ლ abgekürzt wird. Ein Lari setzt sich aus 100 Tetri zusammen. Es gibt Scheine zu 1, 2, 5, 10, 20, 50, 100, 200 und 500 Lari, außerdem Münzen zu 1 und 2 Lari sowie zu 1, 2, 5, 10, 20 und 50 Tetri – allerdings wird man den Tetri-Münzen eher selten begegnen. *Tetri* war der Name der kolchischen Münzen und bedeutet „weiß", *Lari* bedeutet „Schatz" oder „Eigentum".

Bargeld und Geldwechsel

Abgesehen von teuren Hotels und Restaurants in den größeren Städten ist Bargeld das wichtigste Zahlungsmittel. In den meisten Unterkünften, Läden und kleineren Restaurants zahlt man üblicherweise mit Lari in bar. Daher sollte man, trotz des höheren Risikos von Diebstahl und Verlust, immer wenigstens einen kleinen Bargeldbetrag bei sich haben.

Neben dem Lari sind als Fremdwährungen Dollar und Euro verbreitet, mit denen nur in hochpreisigen Einrichtungen direkt bezahlt werden kann, die aber problemlos in Banken und Wechselstuben in Lari getauscht werden können. Dabei lohnt es sich, die Wechselkurse zu vergleichen. Aus Sicherheitsgründen sollte man beim Geldtausch Diskretion wahren. Dollar und Euro können auch an den meisten Geldautomaten in den größeren Städten abgehoben werden.

EC- und Kreditkarten

Kreditkarten wie Visa- und MasterCard werden in größeren Hotels, Restaurants und Geschäften akzeptiert. Mit der Kreditkarte ist es auch möglich, Bargeld am Geldautomaten abzuheben. Dabei setzt meist die eigene Bank einen Höchstbetrag, wie viel Geld pro Tag abgehoben werden kann (meist ca. 500–1000 €), zudem haben die georgischen Automaten eine Obergrenze für Abhebungssummen, die mit ca. 200 € um einiges niedriger liegt. So muss man daher manchmal mehrmals hintereinander Geld abheben, braucht man eine größere Summe. Die Gebühr beträgt dabei meist 3–5 % sowie ggf. 5–6 € Abhebegebühr pro Vorgang.

Auch EC-Karten funktionieren in den meisten Fällen problemlos. Allerdings kann es vereinzelt zu Problemen kommen, z. B. mit EC-Karten, die das V-Pay-Verfahren verwenden, das in Georgien noch nicht verbreitet ist. Es empfiehlt sich, vorher seine Bank zu kontaktieren und eine Reserve in bar mitzunehmen.

Wechselkurse

1 € = 2,72 GEL	1 GEL = 0,35 €
1 sFr = 2,76 GEL	1 GEL = 0,35 sFr

Aktuelle Wechselkurse auf 🖳 www.oanda.com

Überweisungen

Georgien verfügt über ein modernes und zuverlässiges Bankensystem, über das internationale Überweisungen einfach möglich sind.

Soll es ganz schnell gehen, sind für den Geldtransfer **Moneygram**, 🖳 www.moneygram.com, oder **Western Union**, 🖳 www.westernunion.com, geeignet – aber auch sehr teuer. Unmittelbar nachdem es an entsprechenden Zweigstellen eingezahlt wurde, kann der Geldbetrag an anderen Zweigstellen empfangen werden.

Bei Kartenverlust

Wer seine Karte verliert, sollte so schnell wie möglich Kontakt mit seiner Bank aufnehmen oder den zentralen Sperrnotruf wählen:

Zentraler Sperrnotruf ✆ +49 116 116.

Weitere Informationen und Sperrnotrufnummern im Internet unter 🖳 www.kartensicherheit.de.

Gepäck und Ausrüstung

Ob man mit Koffer oder Rucksack reist und was dort hinein gehört, hängt davon ab, wann und wohin man reist und mit welchem Transportmittel.

Wer vorwiegend mit öffentlichen Verkehrsmitteln unterwegs ist, sollte möglichst wenig Gepäck mitnehmen und am besten eine Reisetasche oder einen **Rucksack** packen. Denn die lassen sich besser in den kleinen Kofferräumen der Marschrutki verstauen. Ist der Kofferraum voll, wird weiteres Gepäck auf das Dach geschnürt – egal bei welchem Wetter. Daher ist vor allem während Reisen im Frühjahr und Herbst ein **Wasserschutz** für das Gepäck sinnvoll. Generell sollte immer so gepackt werden, dass man Wertsachen und empfindliche Dinge wie Kameras und elektronische Geräte bei sich trägt – weniger wegen Diebstahlgefahr, als vielmehr darum, weil mit Gepäckstücken generell nicht zimperlich umgegangen wird. Übernachtet man häufiger in günstigen Unterkünften, sind Rucksäcke besonders zu empfehlen, denn häufig führt der Zugang zu Zimmern über (teils schmale) Treppen, Aufzüge gibt es bei Budget-Unterkünften nie. Für diejenigen, die mit dem eigenen Auto unterwegs sind, ist ein Koffer am praktischsten.

Beim **Kofferpacken** sollte man berücksichtigen, dass die „Zwiebeltechnik" die beste Taktik ist, sich zu kleiden – denn die Temperaturen können je nach Tageszeit oder Region stark schwanken. Man sollte sowohl auf warme als auch auf kühle Temperaturen eingestellt sein. Wer gern in besseren Restaurants speist, sollte angemessene Kleidung mitnehmen – natürlich wird man auch in Wanderkleidung bedient, doch man wird sich vielleicht *underdressed* vorkommen.

Feste, bequeme Schuhe gehören immer ins Gepäck, auch wenn die Reise in die Stadt geht. Denn auch dort muss man mit unebenen Böden und Schlaglöchern rechnen. Da sind hochhackige Schuhe äußerst unpraktisch – auch wenn die Georgierinnen bei festlichen Anlässen nicht auf sie verzichten.

Badeschlappen sind angenehm beim Duschen in Hostels oder Unterkünften mit Gemeinschaftsbad, sowie in den heißen Bädern von Tbilissi. Wer dort baden möchte, kann Bikini oder Badehose einpacken, auch wenn man einen Strandtag am Schwarzen Meer plant, gehört Badekleidung ins Gepäck – denn Nacktbaden ist verboten!

Eine **Stirn- oder Taschenlampe** spart den Gang durch die Dunkelheit, denn meist befinden sich die Lichtschalter nicht in Reichweite des Bettes. **Ohrenstöpsel** helfen dagegen beim Schlafen, wenn die georgischen Nachbarn oder andere Gäste noch gesellig beisammen sind. Auch ein **Taschenmesser** ist praktisch, z. B. wenn man gerne Obst auf dem Markt kauft.

Zur Sicherheit

Bei Verlust der Reisedokumente ist es hilfreich, Zugriff auf Kopien zu haben. Tipp: Reisepass etc. fotografieren und zusammen mit Notrufnummern in der Cloud sichern oder zum Abruf an die eigene Mailadresse schicken.

Ausrüstung für Trekkingtouren

Wer mehrtägige Touren im Kaukasus unternehmen will, bringt am besten seine **Ausrüstung** wie Zelt, Isomatte, Schlafsack, Funktions- und Regenkleidung, Gaskocher, Kochgeschirr und ggf. GPS-Gerät von zu Hause mit. Bei Treks in das Hochgebirge sollte man einen warmen Schlafsack einpacken, denn die Nächte können dort auch im Sommer sehr kühl werden.

Wäsche waschen

In den meisten Gästehäusern und Familienhotels darf man für wenige Lari die Waschmaschine der Gastgeber benutzen, in gehobenen Hotels ist der Wäscheservice dagegen meist eine teure Angelegenheit. Waschsalons gibt es in Georgien so gut wir gar nicht.

Wer auf einer Trekkingtour unterwegs ist, sollte seine Wäsche nicht in Flussläufen waschen und keine normale Seife oder Spülmittel verwenden, sondern biologisch abbaubare Produkte.

In Tbilissi gibt es Geschäfte, die Outdoor-Kleidung und Wanderschuhe anbieten, doch ist das Angebot sehr überschaubar. In Tbilissi und Stepantsminda gibt es Läden, die Camping- und Bergsteigerausrüstung vermieten. Für kurze Touren ist das eine gute Option, wer länger unterwegs ist und z. B. mehrere Tage abseits der Dörfer wandern möchte, sollte sich jedoch besser auf seine eigene Ausrüstung verlassen. Reiseveranstalter stellen bei organisierten Treks normalerweise Zelt, Isomatten und Kochgeschirr.

Campinggas ist in Georgien nur an wenigen Orten erhältlich, daher sollte man in Tbilissi den Einkauf nicht vergessen. In Mestia und Stepantsminda sind Kartuschen nicht immer vorrätig.

Gesundheit

In den 1980ern standen die Georgier wegen ihrer Langlebigkeit im Fokus der Wissenschaft – über 1 % der Bevölkerung wurde über 100 Jahre alt. An einem besonders guten Gesundheitssystem lag das gewiss nicht, das ist bis heute leider eher mangelhaft.

Daher sollte man in ernsthaften Krankheitsfällen, wenn irgendwie möglich, ins Heimatland zurückkehren und sich dort behandeln lassen. In diesem Zusammenhang ist es auch empfehlenswert, eine **Auslandsreise-Krankenversicherung** (S. 83) abzuschließen, die den Rücktransport ins Herkunftsland beinhaltet, denn es gibt keine Kooperation mit deutschen, österreichischen und schweizerischen Krankenkassen (S. 83).

Bei weniger schwerwiegenden Problemen können ein **Arzt** oder eine Apotheke aufgesucht werden, selbst in kleinen Orten gibt es kleine Arztpraxen und gut sortierte **Apotheken** der Ketten Aversi und PSP, die oft rund um die Uhr geöffnet haben.

Impfungen

Für die Einreise nach Georgien sind **keine Impfungen vorgeschrieben**, es sollte jedoch überprüft werden, ob der Schutz der Standardimpfungen noch wirksam ist. Bei Kurzaufenthalten empfiehlt das Auswärtige Amt eine Impfung gegen Hepatitis A, bei längeren Aufenthalten auch gegen Hepatitis B. Manche Ärzte raten wegen der Gefahr von Hundebissen außerdem zu einer Impfung gegen Tollwut.

Medizinische Versorgung

Die medizinische Versorgung in Georgien entspricht, vor allem außerhalb der Hauptstadt, meist **nicht mitteleuropäischen Standards**. Insbesondere die Ausstattung und das Know-how in den staatlichen Kliniken wird deutschen Ansprüchen selten gerecht, dort ist außerdem die Verständigung meist nur auf Georgisch oder Russisch möglich. Man sollte daher möglichst eine der privaten Kliniken in Tbilissi, Kutaissi oder Batumi aufsuchen (s. Adressen im Regionalteil) oder bei der Botschaft die Adressen von angesehenen (Fach-) Ärzten erfragen. Einen guten Ruf hat die **Klinik in Kutaissi**. Das **Militärkrankenhaus in Gori** wurde mit U.S.-Unterstützung ausgestattet und kann bei Notfällen aufgesucht werden.

In georgischen Krankenhäusern gibt es **keine Verpflegung für Patienten**, Angehörige bringen den Kranken das Essen. Bei Ausländern können Restaurants beauftragt werden.

Noch immer fehlt ein funktionierendes **Rettungs-** und **Notfallmedizinsystem**, Patienten können in Ambulanzen meist nur minimal versorgt werden. Rettungswagen bieten minimale bis keine Versorgung der Patienten während des Transportes, zudem dauert die Anfahrt oft sehr lange.

Im Krankheitsfall muss der Patient die **Kosten vorstrecken**, sie werden später von der Reisekrankenversicherung erstattet. Dabei ist es wichtig, dass die **ausführliche Rechnung** Name und Geburtsdatum des Patienten, Behandlungsort und -datum, Diagnose, die detaillierte Aufstellung aller erbrachten ärztlichen Leistungen sowie die Unterschrift des behandelnden Arztes und einen Stempel enthält.

In entlegenen Regionen kann nicht mit guter und schneller medizinischer Hilfe gerechnet werden.

Hygiene

Öffentliche Toiletten sind rar, meist gibt es sie nur an Bus- oder Bahnhöfen oder an Raststätten. Die Benutzung kostet 0,50–1 GEL, dafür darf man das meist mäßig saubere Stehklo benutzen und bekommt normalerweise einige Blatt Klopapier in die Hand gedrückt. Doch darauf sollte man sich nicht verlassen, und es ist empfehlenswert, immer Taschentücher dabeizuhaben. Wer mit dem Auto unterwegs ist, kann an den Gulf-Tankstellen die Toiletten benutzen, die sauber und kostenlos sind.

Man sollte sich regelmäßig, insbesondere vor dem Essen, die **Hände waschen**, eine kleine Flasche Handdesinfektionsmittel ist unterwegs nützlich. Beim Duschen in Hostels und Gästehäusern sind **Bade-Sandaletten** angenehm.

Obst und Gemüse sollte gründlich mit sauberem Wasser gewaschen werden, wer einen empfindlichen Magen hat, sollte es schälen.

Informationen

Ein deutschsprachiges Fremdenverkehrsamt für Georgien gibt es nicht, die **Georgian National Tourism Administration**, ✆ 032 243 69 99, ✉ info@gnta.ge, unterhält die Seiten 💻 www.georgia.travel und 💻 https://places.georgia.travel. Dort sind alle offiziellen **Tourist Information Center (TIC)** sowie zahlreiche Unterkünfte, Restaurants, Museen und andere Kulturbetriebe aufgelistet.

Einige Regionen, wie z. B. Adscharien, haben zudem hervorragende Touristenbüros, die umfassende Informationen zu Aktivitäten, Unterkünften und Restaurants geben können. Sie sind in den jeweiligen Regionalkapiteln gelistet.

Trinkwasser

Leitungswasser ist in Georgien prinzipiell trinkbar, doch da man nie genau weiß, wie es um die teils alten Leitungen bestellt ist, sollte man besser auf abgefülltes Wasser zurückgreifen. Gleiches gilt für **Quellwasser**: Grundsätzlich hat es eine sehr gute Qualität, viele Einheimische kommen mit großen Kanistern, um Wasser an Quellen abzufüllen. Doch auch dort schwingt ein gewisses **Risiko** mit, und es wurde berichtet, dass insbesondere in den Sommermonaten nach geringen Niederschlägen Reisende Quellwasser nicht gut vertrugen. Die Mägen reagieren sehr unterschiedlich – wer empfindlich ist, sollte Quellwasser mit Wasserreiniger aufbereiten.

Internet

Das Internet ist eine unerschöpfliche Informationsquelle, die folgenden Seiten sind eine kleine Auswahl:

Allgemeines und Reiseplanung

💻 www.georgienseite.de
💻 www.georgia4you.ge

Politik, Wirtschaft und Gesellschaft

💻 www.auswaertiges-amt.de
💻 www.giz.de/de/weltweit/359.html
💻 www.kulturgeorgien.com

Natur und Umweltschutz

💻 www.caucasus-naturefund.org
💻 https://nationalparks.ge
💻 www.ecotourism.ge

Reiseblogs, Foren und soziale Netzwerke

💻 www.stefan-loose.de/globetrotter-forum
💻 www.reiselieber.de/category/georgien
💻 www.ostblog.org/category/georgien
💻 www.reinisfischer.com

Wandern

💻 https://www.reiselieber.org/8742-wandern-in-georgien
💻 https://www.wikiloc.com/wikiloc/user.do?id=3629695
💻 https://www.caucasus-trekking.com
💻 https://transcaucasiantrail.org/en/home

Nachrichten

S. S. 67, „Medien".

Landkarten und Stadtpläne

Als **Straßenkarte** ist die Karte von Reise-Know How im Maßstab 1:350 000 geeignet.

Detaillierte **Wanderkarten** gibt es für Georgien leider nicht. Den größten Maßstab haben mit 1:50 000 die Karten von Geoland. Sie sind im Internet oder in der Geoland-Filiale in Tbilissi erhältlich (S. 200), basieren allerdings auf den alten sowjetischen Militärkarten und wurden seit Langem nicht aktualisiert.

Einen guten Überblick über die Wanderregionen erhält man mit „Georgian Caucasus" von comfort!map im Maßstab 1:50 000 für die Kazbegi-Region, 1:75 000 für Swanetien und 1:110 000 für Tuschetien. Doch ist Vorsicht geboten, denn die Karte gaukelt eine Genauigkeit vor, die sie nicht bieten kann. Für Swanetien ist die Faltkarte „Tourist Guide Book of Svaneti" in Mestia erhältlich, auf ihr sind Sehenswürdigkeiten sowie die Wanderwege eingezeichnet, die im Rahmen eines Tourismusprogramms Anfang der 2000er-Jahre markiert wurden – auch diese Karte ist nicht besonders zuverlässig. Für den Borjomi-Kharagauli-Nationalpark ist eine Wanderkarte mit eingezeichneten Wanderwegen im Maßstab 1:50 000 im Besucherzentrum des Nationalparks bei Borjomi erhältlich.

Eine bessere Qualität haben **Online-Karten** von OSMAND, die auf 💻 www.openstreetmap.org aufgerufen oder zur Offline-Verwendung auf das Smartphone oder Navigationsgerät runtergeladen werden können. Gute Karten bietet auch die App „Locus Map" – allerdings braucht man eine Internetverbindung.

Stadt- und Ortspläne sind im jeweiligen Tourist Information Center (TIC) kostenlos erhältlich.

Jobben, Studieren und Praktika

Die Löhne in Georgien sind so niedrig, dass es sich für Mitteleuropäer aus finanzieller Sicht selten lohnt, dort zu arbeiten. Interessanter ist dagegen die Möglichkeit, in Georgien **Remote Office** zu machen, in Tbilissi, Batumi und Kutaissi gibt es Co-Working-Spaces (s. Regionalteil). Für junge Menschen sind Freiwilligendienst, Praktika und studentische Austauschprogramme möglich.

Der vom Auswärtigen Amt geförderte Jugendfreiwilligendienst **Kulturweit** vermittelt Freiwillige an Einrichtungen in Georgien:
💻 www.kulturweit.de

Auslandssemester über bestimmte Hochschulen sind über das Erasmus-Programm möglich:
💻 www.erasmusplus.org.ge/en/Home

Der **Deutsche Akademische Auslandsdienst** bietet Stipendien und Austauschprogramme für Studenten, Doktoranden und Professoren an:
💻 https://www.daad.de

Das **Goethe-Institut** in Tbilissi bietet Praktika und Stipendien für Deutschlehrer an: 💻 www.goethe.de/ins/ge/de

Kinder

Die Georgier sind ausgesprochen kinderfreundlich. Wer mit Kindern unterwegs ist, wird schnell in Kontakt mit den Einheimischen kommen.

Das **Reiseprogramm** sollte natürlich an die Bedürfnisse der Kleinen angepasst werden, zu viele Kirchenbesichtigungen kommen dabei weniger gut an, ein Ausflug zum Vergnügungspark, leichte Wanderungen oder auch ein Pferdeausritt dagegen besser. Für Begeisterung sorgen die vielen Tiere, z. B. Katzen in Tbilissi oder Gänse, Schafe und Kühe auf dem Land.

Reisen in die abgelegenen Bergregionen sollten wegen der langen Fahrten und der dort nicht existenten medizinischen Versorgung gut überlegt sein.

Für eine Reise durchs Land ist als Transportmittel ein **Mietwagen** angenehmer, jedenfalls sollten allzu lange Fahrten mit öffentlichen Verkehrsmitteln vermieden werden – denn stundenlang eingequetscht in unbequemen Marschrutki zu sitzen, macht Kindern noch weniger Spaß als Erwachsenen. Dabei kann man sich mit dem Zählen von Kühen auf der Straße vor allem in

Westgeorgien einen guten Zeitvertreib während Fahrten verschaffen.

Kinder werden in Georgien vermutlich am liebsten bei dem georgischen Käsebrot Khachapuri oder den Teigtaschen Khinkali zugreifen – womit die **Essensfrage** zu fast jeder Tageszeit und fast überall gelöst ist. Da die georgische Küche sehr vielfältig ist, werden sowohl kleine Fleischesser als auch Gemüsefreunde glücklich. Auch der süße Snack Churchkhela oder frisches Obst sind beliebt und fast überall erhältlich. Dagegen sind Babynahrung und Windeln nur in gut sortierten Supermärkten in den größeren Städten zu bekommen.

Die **Zimmersuche** zu dritt oder zu viert ist in Georgien kein Problem. Insbesondere in Gästehäusern gibt es oft 3- oder 4-Bett-Zimmer. In gehobenen Hotels ist ein Zustellbett selten ein Problem. Lediglich Baby- oder Kinderbetten gibt es in den meisten Unterkünften eher selten.

LGBTQ+

Unter Freunden geht man in Georgien oft vertrauter miteinander um, als man das aus Mitteleuropa gewohnt ist: Auch unter Männern gibt es Begrüßungsküsse, man drückt sich und nimmt sich öfter in den Arm als in Deutschland üblich. Liebesbeziehungen zwischen gleichgeschlechtlichen Partnern werden jedoch in der patriarchalisch und konservativ geprägten Gesellschaft nicht akzeptiert, obwohl sie seit dem Jahr 2000 legal sind. Das hat auch mit dem wachsenden Einfluss der georgisch-orthodoxen Kirche zu tun, die in gleichgeschlechtlichen Beziehungen einen Angriff auf Moral, Tradition und die Familie als Grundpfeiler der Gesellschaft sieht.

Mehrfach wurden bereits bei friedlichen Demonstrationen für Schwulen- und Lesbenrechte Demonstrierende attackiert – oft angestachelt durch orthodoxe Priester. 2021 wurde sogar die Pride-Demonstration CSD wegen Sicherheitsbedenken abgesagt, nachdem das Büro der Organisatoren von einem Mob prorussischer Nationalisten und radikaler orthodoxer Christen gestürmt worden war. Anstatt – wie von mehreren EU-Botschaften gefordert – die Teilnehmer der Veranstaltung zu schützen, forderte Premier Garibashvili die Absage des Events, was die Haltung der Regierung widerspiegelt. Denn im Rahmen der Annäherung an die EU wurden zwar Anti-Diskriminierungsgesetze verabschiedet, doch das Verbot der gleichgeschlechtlichen Ehe soll in der Konstitution verankert werden.

Generell gibt man sich in der Hauptstadt etwas offener als im Rest des Landes, in Tbilissi existiert eine kleine LGBT-Szene. In den Sommermonaten in Batumi und an der Schwarzmeerküste ist die Stimmung in den Urlaubsorten ebenfalls etwas offener.

Da Aggressionen gegenüber homosexuellen Paaren nicht ausgeschlossen werden können, sollte man sich zurückhaltend verhalten.

Maße und Elektrizität

In Georgien gilt das metrische System. Die Netzspannung beträgt wie in Deutschland 220 Volt mit 50 Hz Frequenz. Für georgische Steckdosen (Typ „Schuko") brauchen Deutsche und Österreicher keinen Adapter.

Medien

Georgien besitzt eine lebendige Medienlandschaft. Die größte Reichweite hat noch immer das Fernsehen. In der Regel genießen georgische Medienunternehmen **redaktionelle Autonomie**. Der Pressemarkt ist größtenteils privat-kommerziell organisiert, lediglich an einzelnen Printmedien ist der Staat beteiligt.

Fernsehen und Radio

Zu den bedeutendsten **Fernsehsendern** zählen die beiden Fernsehkanäle des öffentlichen Rundfunks Public Broadcaster Georgia (PBG) sowie die privaten Sender Rustavi 2, TV Imedi und Maestro, des Weiteren zahlreiche Lokalsender. Die Privatsender stehen teilweise einzelnen politischen Akteuren nahe. Über den Satelliten Hotbird 13° können ARD, ZDF und Deutsche Welle empfangen werden.

Es gibt zahlreiche **Radiosender**, die auf Georgisch senden. Radio France International (RFI) sendet auf Französisch, National Public Radio (NPR) auf Englisch.

Zeitungen und Internetnachrichten

Zu den wichtigsten Printmedien in georgischer Sprache gehören *Resonansi*, *Kviris Palitra*, *Sakartvelos Respublika*, *Alia* und *Liberali*, des Weiteren gibt es zahlreiche regionale Zeitungen.

Auf Englisch erscheinen die Tageszeitung *The Messenger*, 💻 www.messenger.com.ge, die Wochenzeitungen *The Georgian Times*, 💻 https://geotimes.com.ge, und *Georgia Today*, 💻 www.georgiatoday.ge. Weitere Nachrichtenseiten in englischer Sprache sind:
💻 https://civil.ge
💻 www.agenda.ge
💻 https://cbw.ge
💻 https://eurasianet.org/region/georgia

Deutschsprachige Nachrichten bietet die Monatszeitung *Kaukasische Post*, 💻 www.kaukasische-post.com. Die Zeitung wurde 1906 gegründet, 1922 eingestellt und erscheint seit 1994 wieder. Auch die Nachrichtenseite 💻 www.caucasuswatch.de bietet aktuelle Berichte auf Deutsch.

Öffnungszeiten

Der Arbeitstag in Georgien beginnt später, geht dafür aber länger als in Deutschland. Geschäfte, Restaurants und Bäckereien öffnen meist erst gegen 9–10 Uhr, haben dafür bis ca. 21–22 Uhr und auch sonntags geöffnet.

Größere **Geschäfte und Supermärkte** haben meist täglich von 10–22 Uhr geöffnet.

Restaurants bedienen ihre Gäste in der Regel täglich von 11–24 Uhr.

Museen haben normalerweise von 10–18 Uhr geöffnet, oft auch nur von 11–17 Uhr. Montags bleiben Museen geschlossen.

Banken öffnen normalerweise Mo–Fr 10–17.30 und Sa 10–14 Uhr.

Die **Postämter** haben in der Regel folgende Öffnungszeiten: Mo–Fr 9–17 und Sa 10–14 Uhr.

Die meisten **Tankstellen** haben täglich rund um die Uhr geöffnet.

Aktive **Klöster** sind tagsüber von ca. 9–18 Uhr geöffnet und kosten keinen Eintritt.

Post

In allen größeren Ortschaften gibt es Filialen der georgischen Post, 💻 www.gpost.ge. Die offiziellen blauen Briefkästen sind spärlich gesät, doch Museumsläden und Souvenirshops verkaufen oft nicht nur Postkarten und Briefmarken, sondern geben geschriebene Karten und Briefe auch an die Postfilialen weiter.

Briefe in die EU und in die Schweiz brauchen ca. zwei bis drei Wochen und kosten je nach Gewicht ab 7,60 GEL, Postkarten 5,40 GEL.

Reisende mit Behinderungen

Einheimische mit geistiger oder körperlicher Behinderung haben es nicht leicht in ihrem Land, für sie gibt es kaum Möglichkeiten, sich in die Gesellschaft zu integrieren.

Rollstuhlfahrer oder sehbehinderte Reisende haben in Georgien ebenfalls mit diversen Schwierigkeiten zu kämpfen: So gibt es keine barrierefreien öffentlichen Verkehrsmittel, auf den Gehwegen reihen sich die Schlaglöcher aneinander, und abgesenkte Bordkanten gibt es nicht – vom Straßenverkehr, der auf Fußgänger keine Rücksicht nimmt, ganz zu schweigen.

Zwar gibt es bei öffentlichen Neubauten Richtlinien für Barrierefreiheit, doch wurden diese in der Vergangenheit nicht immer optimal umgesetzt.

Mit vielen Einschränkungen, dem entsprechendem Reisebudget und guter Planung ist es aber möglich, etwas vom Land zu sehen. Dafür ist ein eigenes Transportmittel unverzichtbar, und für die Übernachtungen muss ein höheres Budget eingeplant werden, denn ausschließlich die teuren Hotels bieten barrierefreie Zimmer an.

Reiseveranstalter

Es gibt zahlreiche Agenturen, die fast jede gewünschte Reise in Georgien möglich machen. Dabei bieten die meisten Reiseveranstalter feste Programme sowie maßgeschneiderte Reisen, oft auch für Selbstfahrer an. Es folgt eine kleine Auswahl von zuverlässigen Unternehmen, die allesamt Kultur-, Wein-, Jeep- und Trekkingreisen organisieren können. Deshalb wird hier nur auf besondere Reisearten und Dienstleistungen hingewiesen – in alphabetischer Reihenfolge und ohne Anspruch auf Vollständigkeit.

Reiseveranstalter in Deutschland

Diamir Reisen, 🖳 www.diamir.de. Kleingruppenreisen mit Schwerpunkt auf Kultur und Trekking, auch Kazbek-Besteigungen und Kombi-Reisen nach Aserbaidschan und Armenien.

Hauser Exkursionen, 🖳 www.hauser-exkursionen.de. Organisiert Aktiv-, Wanderreisen und Kazbek-Besteigungen.

Via Verde, 🖳 www.via-verde-reisen.de. Der deutsche Veranstalter für Erlebnisreisen hat langjährige Erfahrung im Kaukasus und bietet unterschiedliche Wander- und Kulturreisen, maßgeschneiderte Individual- und Selbstfahrerreisen sowie saisonale Reisen an, z. B. eine Frühlingsreise.

Reiseveranstalter in Georgien

(Alle mit deutschsprachigen Mitarbeitern und Reiseleitern)

Erka Reisen, 🖳 www.erkareisen.com. Renommiertes Familienunternehmen, das seit den 1990ern Wander- und Studienreisen anbietet. Inhaber Rainer und Gabi Kauffmann sind echte Kaukasus-Spezialisten.

Georgia Insight, 🖳 www.georgia-insight.de. Reiseagentur, die von einem deutsch-georgischen Ehepaar geführt wird und ein großes Reiseangebot hat.

Kaukasus Reisen, A. Saitanova St. 17, Tbilissi, 🖳 www.kaukasus-reisen.de. Gegründet im Jahr 2000 von der Georgierin Teona und dem Deutschen Hans Heiner Buhr. Die Agentur ist Spezialist für Selbstfahrerreisen und hat ebenfalls ein breites Portfolio geführter Reisen wie Rad-, Reiter-, Wein-, Wander- und Botanische Reisen.

New Adventure, Tsotne Dadiani St. 7, Tbilissi, 🖳 www.newadventure.eu. Geführt von einem erfahrenen georgischen Team, im Programm stehen neben Studien- und Weinreisen verschiedene Aktivreisen wie Jeeptouren nach Tuschetien und Khevsuretien, Wander-, Trekking- und Radreisen sowie Schneeschuhwanderungen. Spannend ist die Kulturreise zu den Megalithen Georgiens, die viele Orte ansteuert, die man auf eigene Faust kaum finden würde.

Visit Georgia, 🖳 www.visitgeorgia.ge. Die erfahrene Agentur bietet Trekking-, Mountainbike-, Reit- und Radreisen an sowie spezielle Oster- und Silvesterreisen, kulinarische, botanische und Familienreisen.

Sicherheit

Zu Unrecht wird der Kaukasus in vielen deutschsprachigen Medien noch immer als gefährlich dargestellt, das stimmt heutzutage nicht mehr. Wenn man die weltweit geltenden Sicherheitsregeln beachtet, ist Georgien ein sehr **sicheres Reiseland**.

Der gesamte georgische Staat wurde Anfang der 2000er-Jahre reformiert, insbesondere die **Polizei** ist modern ausgebildet und ausgerüstet, zuverlässig und nicht mehr anfällig für Kleinkorruption auf der Straße. Die Polizeipräsenz auf den Straßen ist hoch, die „Patrouillen-Polizei" präsent und freundlich.

Insgesamt ist die **Kriminalitätsrate sehr niedrig** und in den letzten Jahren weiter gesunken. Trotzdem sollte man Gepäck und Wertsachen nicht unbeaufsichtigt lassen, Taschen verschließen und besonders auf Märkten und Basaren

Hilfe im Notfall

Notruf für Polizei, Feuerwehr und Krankenwagen ist immer die ✆ 112.

aufmerksam sein. Unübersichtliche Situationen mit großen **Menschenansammlungen** sollten vermieden werden.

Von Reisen in die Regionen **Südossetien und Abchasien** (s. Kasten S. 40) wird abgeraten. Es gibt dort zwar zurzeit keine offenen Konflikte, doch die Lage ist angespannt. Zudem stehen diese beiden völkerrechtswidrig besetzten Regionen nicht unter georgischer Staatshoheit, konsularischer Schutz kann daher von der deutschen, österreichischen und schweizerischen Botschaft nicht geboten werden.

Auch wenn der Besitz von geringen Mengen von **Marihuana** seit 2018 legal ist, sind es Handel und Konsum in der Öffentlichkeit nicht. Die Regierung geht gegen den Missbrauch von Drogen hart vor.

Georgien liegt in einer Region mit **seismischer Aktivität**, in den vergangenen Jahren kam es um Tiblissi zu leichteren Erdbeben mit einer Stärke von knapp über 5 auf der Richterskala.

In den Bergregionen ist insbesondere nach starken Niederschlägen Vorsicht geboten, hier kann es zu Steinschlag oder **Edrutschen** kommen, einzelne Bergregionen sind zuweilen von der Außenwelt abgeschnitten.

Ein Sicherheitsrisiko geht vom **Straßenverkehr** aus, mehr dazu unter „Aufgepasst im Straßenverkehr" (s. Kasten S. 77).

Sport und Aktivitäten

Georgien bietet vielfältige Möglichkeiten für einen Aktivurlaub, dabei sind die Sommermonate die beste Zeit, wenn Trekking in den Bergen und Kajaktouren oder Raften auf den Flüssen möglich sind.

Bergsteigen und Felsklettern

In Georgien gibt es viele interessante Gipfel, dabei ist der 5054 m hohe Gipfel des **Kazbek** (S. 292) das beliebteste Ziel für Bergsteiger: Der Eisriese ist einer der technisch am leichtesten zu besteigenden 5000er – natürlich soll-

Ab in die Berge – aber bitte nur mit der richtigen Ausrüstung und entsprechender Kondition

© PHILIPP SCHMATLOCH

te man trotzdem gut vorbereitet sein und eine ausgezeichnete Kondition mitbringen. Das nahe **Chaukhi-Massiv** (S. 276) dagegen ist nichts für Anfänger, nur erfahrene Kletterer und Bergsteiger erklimmen die schroffe Bergkette. Ein Ziel nur für absolute Profis sind die Gipfel des **Tetnuldi, Schchara** und insbesondere des **Ushba** in Swanetien. Jedes Jahr sterben dort Bergsteiger, die sich überschätzen.

Bei der **Georgian National Tourism Administration** (S. 65) ist eine Broschüre erhältlich, die Aufstiegsrouten zu einigen Gipfeln beschreibt. Allerdings sollte man diese anspruchsvollen Touren nur mit erfahrenen Guides unternehmen, die nicht zuletzt die aktuelle Wetterlage richtig einschätzen können. Saison für Bergtouren ist von Mitte Juli bis Ende September.

Fahrradfahren und Mountainbiken

Georgien ist kein prädestiniertes Ziel für Radfahrer, denn Fahrradwege gibt es nicht, und Autofahrer nehmen wenig Rücksicht auf Radler. Doch abseits der stark befahrenen Hauptstraßen gibt es einige schöne Routen zum Radeln. Allerdings ist auf den meisten Strecken in dem bergigen Land **gute Kondition** Voraussetzung – und auch hier **Vorsicht vor dem verrückten Verkehr** geboten!

Befahrene Hauptstraßen und Tunnel sollten bei der Routenplanung unbedingt vermieden werden, und auch der Stadtverkehr von Tbilissi kann Radfahrern gefährlich werden. Daher ist es empfehlenswert, das Rad zu verladen und erst außerhalb des Stadtgebiets mit dem Radeln zu beginnen.

Für Mountainbiker gibt es einige spannende Strecken, etwa die Schotterpisten und Passstraßen, die auch für Offroad-Fahrer interessant sind (s. Kasten S. 26).

Wer in Georgien Fahrrad fährt, sollte sein eigenes Werkzeug mitnehmen, Ersatzteile sind in Tbilissi, Kutaissi und Batumi erhältlich. Die beste Radelzeit ist im Tiefland von Ende April bis Mitte Oktober, in den Bergen von Mitte Mai bis Ende September.

Rafting- und Kajaktouren

Georgien ist ein ausgezeichnetes Ziel zum Raften oder Kajakfahren: Insgesamt gibt es **neun Flüsse** mit unterschiedlichsten Schwierigkeitsgraden, die befahren werden können.

Von Batumi (S. 445) aus können tolle Raftingtouren auf den Flüssen **Tchorokhi** und **Adjaristskhali** unternommen werden, von Borjomi aus auf der **Mtkvari**, in Racha auf dem **Rioni** und in Nieder-Swanetien bieten sich Touren auf dem **Tskhenistskhali** an.

Im Osten des Landes sind der obere Lauf des **Alazani** im Pankisi-Tal sowie der **Weiße Aragvi** in Kazbegi und **Pshavi Aragvi** in Khevsuretien spannend.

Die Broschüre *Kayaker's Guide book* von der **Georgian National Tourism Adminstration** (S. 65) informiert über Verlauf und Schwierigkeit der Routen und ist (falls vorrätig) in den Tourist Information Centers in Tbilissi erhältlich oder unter 💻 https://gnta.ge/publication/kayakers-guide-book/ herunterzuladen.

Reiten

Das Pferd war stets eines der wichtigsten Transportmittel der Georgier, noch heute gehört es zum ländlichen Leben dazu, und Reiterspiele sind von den Festlichkeiten in den Bergen nicht wegzudenken. Da ist es klar, dass man in den Bergen an vielen Orten Pferde leihen kann und viele Reiseveranstalter **Pferdetrekking** anbieten.

In Swanetien können in **Ushguli** (S. 367) und **Mestia** (S. 350) Pferde für Ausflüge geliehen werden, in Khevsuretien in **Shatili** (S. 304) und in Tuschetien in **Omalo** (S. 264). Im **Lagodekhi-Nationalpar**k (S. 242) und im **Borjomi-Kharagauli-Nationalpark** (S. 470) können einige der Routen auf dem Pferderücken zurückgelegt werden.

Beliebt für längeres Pferdetrekking ist die Strecke von Shatili nach Omalo, auch von Jokolo im Pankisi-Tal ist es möglich, nach Omalo zu reiten. Pferdetrekkings können vor Ort, über Reiseagenturen oder bei auf Reitreisen spezialisierten Unternehmen gebucht werden.

Routenvorschläge für Radfahrer

Kachetische Weinebene

- **Dauer/Länge**: 3–5 Tage, ca. 220 km
- **Schwierigkeit**: insgesamt wenig Steigung, jedoch anstrengende Passagen vor Telavi und insbesondere Signagi; gute Straßenverhältnisse

Die entspannte Runde führt durch die Kachetische Weinebene am Fuße des Großen Kaukasus. Unterwegs gibt es viele kulturelle Highlights zu besichtigen – und Weinkeller, die zur Einkehr einladen. Daher kann man getrost etwas mehr Zeit einplanen.
Start könnte die romantische Weinstadt **Signagi** sein, von dort geht es mit Schwung in die Ebene bis Lagodekhi. Der kleine Ort, oder das nächste Städtchen **Kvareli** (1. Etappe: 80 km), bieten viele Übernachtungsmöglichkeiten. Kurz vor **Telavi** (2. Etappe: 75 km) muss die erste Steigung überwunden werden. Von dort zurück nach Signagi führt die Straße in einem Auf und Ab entlang dem Gombori-Gebirgszug – insbesondere auf dem Endspurt muss man sich auf den Berg zum Ausgangsort hochkämpfen (3. Etappe: 60 km).

Durch den Kleinen Kaukasus

- **Dauer/Länge**: 6–9 Tage, ca. 450 km
- **Schwierigkeit**: anspruchsvollere Route mit teils starken Steigungen, streckenweise auf unbefestigten Straßen

Für diese Route sollte man gute Kondition und robuste Räder mitbringen. Dafür wird man für die Anstrengungen mit sagenhaften Landschaften abseits der vielbesuchten Gegenden Georgiens belohnt.
Von **Manglisi** südlich von Tbilissi muss ordentlich in die Pedale getreten werden, um nach **Tsalka** (1. Etappe: 85 km) auf dem Javakheti-Plateau zu gelangen. Vorbei an den malerischen Seen in der alten Vulkanlandschaft geht's mit Übernachtung in Ninotsminda (2. Etappe: 75 km) weiter durch das schroffe Tal der Mtkvari bis **Vardzia** (3. Etappe: 60 km). Bis zum nächsten Etappenstopp **Akhaltsikhe** (4. Etappe: 60 km) sind die Straßen bestens ausgebaut, durch das Adscharische Hinterland geht es ab dem Goderdz-Pass bis **Khulo** (5. Etappe: 80 km) weiter auf Schotterpisten. Von Khulo radelt man dann auf Asphalt stets bergab bis **Batumi** (6. Etappe: 85 km) – allerdings ist die Straße hier recht befahren.

Vogelbeobachtung

Die Vogelzüge im Herbst und Frühjahr bieten an der **Schwarzmeerküste** (S. 446) bei Batumi ein wahres Spektakel. Zu dieser Jahreszeit können auch im **Javakheti-Nationalpark** (S. 489) besonders gut Zug- und Wasservögel beobachtet werden.

Auch der **Vashlovani-Nationalpark** (S. 231), die Sümpfe im **Kolkheti-Nationalpark** (S. 422) und z. B. in **Kazbegi** (S. 276) im **Großen Kaukasus**, sind spannende Reviere für Vogelbeobachtung. Einige Veranstalter bieten spezielle Reisen an (S. 69).

Wandern und Trekking

Es hat sich mittlerweile herumgesprochen, dass Georgien ein Eldorado für Trekkingfreunde ist. Und es gibt viel zu erwandern und entdecken zwischen Großem und Kleinem Kaukasus.

Wer mehrtägige Wanderungen unternimmt, muss oftmals das eigene Zelt schultern, auch Proviant muss mitgebracht werden. Eine Alternative dazu bieten auf einigen Routen einfachste Blockhütten, auch hier ist man auf Selbstverpflegung angewiesen.

Das traumhafte **Swanetien** (S. 342) im **Großen Kaukasus** ist längst kein Geheimtipp mehr, dort

Der Kaukasische Hirtenhund

© NINA KRAMM

Für Wanderer sind die respekteinflößenden Kaukasischen Hirtenhunde oft ein großes Problem. Sie verteidigen ihr Territorium und ihre Herde. Kommt ein Fremder in ihr Revier, stellen sie sich wild bellend mit fletschenden Zähnen in den Weg. Am besten vermeidet man eine Begegnung und umgeht Schafherden möglichst weiträumig. Schafft man es, die Aufmerksamkeit der Hirten zu bekommen, pfeifen diese normalerweise ihre Hunde zurück.

Ist es zu spät und ein Hund nähert sich, sollte man auf keinen Fall wegrennen, sondern langsam dessen Territorium verlassen und ihm nicht in die Augen schauen. Trekkingstöcke sollte man nur dazu nutzen, den Hund auf Abstand zu halten, keinesfalls damit nach ihm schlagen – das macht Hunde meist noch aggressiver. Auch mit dem Werfen von Steinen sollte man vorsichtig sein, manche Hunde lassen sich davon vertreiben, andere werden noch aggressiver. Manche Wanderer verwenden akustische Hundeabschrecker.

Innerhalb des Lagodekhi- und Javakheti-Nationalparks muss man übrigens keine Begegnung mit den Hirtenhunden fürchten, da es dort keine Schafherden gibt. Im Borjomi-Nationalpark und in Swanetien gibt es nur wenige Herden und die Hirten nehmen meist Rücksicht auf Wanderer.

Wer unsicher ist, sollte sich einer Wandergruppe anschließen: Die einheimischen Wanderführer wissen, wie mit den haarigen Zeitgenossen umgegangen werden muss.

kann man auf dem beliebten viertägigen **Mestia-Ushguli-Trek** (S. 363) zwischen Gletschern und Wehrtürmen von Dorf zu Dorf wandern oder auf weniger begangenen Pfaden einsame Bergdörfer erkunden. Von Mestia aus lassen sich einige schöne Tagesausflüge unternehmen.

Ein einzigartiges Gletschererlebnis verspricht in **Kazbegi** (S. 276) die Wanderung von Stepantsminda aus zum Fuße des **Kazbek**. Der Ausgangsort liegt an der Georgischen Heerstraße, ist in zwei bis drei Stunden von Tbilissi aus zu erreichen und zieht daher zahlreiche Wanderer und Touristen an.Die Berge sind in dieser Gegend besonders schroff und imposant, wie z. B. das Chaukhi-Massiv, das Kulisse für einen **zweitägigen Zelttrek** in die einsame und entlegene Bergregion Khevsuretien ist.

Von **Khevsuretien** (S. 298) können abenteuerlustige Trekker weiter bis nach Tuschetien im Nordosten des Landes wandern. Von dem beeindruckenden Wehrdorf **Shatili** führt der **fünftägige Trek über den Atsunta-Pass** (S. 270) bis nach Omalo, auch hierbei müssen Zelt und Verpflegung in den Rucksack.

In **Tuschetien** (S. 260) sind die Berge sanfter geschwungen, zwischen Hochalmen und Schluchten können archaische Bergdörfer bei Tageswanderungen besucht werden oder bei **Mehrtagestouren von Dorf zu Dorf** gewandert werden. Einzig die An- und Abfahrt über den Abano-Pass ist eine überaus nervenaufreibende Angelegenheit.

Nach **Racha** (S. 373) ist die Anreise vergleichsweise einfach, hinter **Oni** lassen sich

Wanderungen in einsame Gegenden unternehmen, die abseits der üblichen Routen liegen.

Viel lieblicher als der wilde Große Kaukasus zeigt sich der **Kleine Kaukasus**. Der üppig grüne **Borjomi-Kharagauli-Nationalpark** (S. 472/473) erinnert ein wenig an deutsche Mittelgebirge, doch finden Wanderer in dem Nationalpark unberührte Natur und bestens markierte Wanderwege, die von Tagesausflügen bis zu **fünftägigen Treks** reichen, bei denen gezeltet oder in einfachen Schutzhütten übernachtet werden kann.

Auch im **Lagodekhi-Nationalpark** (S. 242) wandert man bei Ausflügen zu wunderschönen Wasserfällen durch dichte Wälder, nur bei der dreitägigen Tour zum Black Rock Lake wird die Baumgrenze überschritten, und die Blicke reichen bis weit in die Ferne.

Ein meist feuchtes Vergnügen sind Wanderungen im **Mtirala-** und **Kintrishi-Nationalpark** (S. 427 und S. 426). Wer es nicht scheut, nass zu werden, kann dort Tagesausflüge oder Zwei-Tages-Treks durch die dschungelartigen Wälder unternehmen.

Auch einige Wanderwege im so ganz anders anmutenden **Javakheti-Nationalpark** (S. 489) mit seiner kargen, einsamen Weite sind markiert. Für die Ausflüge zur Abuli- oder Shaori-Festung auf dem Javakheti-Plateau, außerhalb des Nationalparks, sollte man allerdings unbedingt ein GPS-Gerät dabeihaben.

Herrlich wandern lässt es sich mit ein wenig Orientierungssinn auch in den Seitentälern des **Adscharischen Hinterlandes** (S. 451), dabei wird man in den kleinen Dörfern sicherlich oft Gelegenheit haben, mit den freundlichen Einheimischen ins Gespräch zu bekommen.

Selbst nahe Tbilissi gibt es schöne Wandermöglichkeiten, z. B. in dem schattigen Karstlabyrinth von **Birtvisi** (S. 334), wohin man an heißen Sommertagen der Großstadthitze entfliehen kann.

Wo geht's lang?

Im gesamten **Großen Kaukasus** sind die meisten Wanderungen lückenhaft markiert, daher sind insbesondere bei Mehrtagestouren Wanderführer und -karte (S. 504), GPS-Gerät oder ein einheimischer Guide unerlässlich.

Innerhalb der Nationalparks im **Kleinen Kaukasus** sind die Wege ausgezeichnet markiert, oft gibt es in der Besucherinformation Wanderkarten, sodass dort ein Guide nicht nötig, ein GPS-Gerät aber trotzdem sinnvoll ist.

Wintersport

Georgien ist auch im Winter eine Reise wert, inzwischen gibt es vier **Skiresorts**: **Hatsvali** und **Tetnuldi** (S. 356) bei Mestia, **Goderdzi** (S. 455) in Adscharien, **Bakuriani** (S. 474) im Kleinen Kaukasus und **Gudauri** (S. 281) an der Georgischen Heerstraße. Die Liftanlagen sind zwar modern, doch von der Größe können die Skigebiete nicht mit Skiorten in den Alpen mithalten, insbesondere die Skigebiete von Mestia, Goderdzi und Bakuriani sind sehr überschaubar. Gudauri hat sich allerdings einen internationalen Ruf als Free-Ride-Paradies für **Heliskiing** erworben, das im Kaukasus – anders als in den Alpen – erlaubt ist. Ob man sich den teuren Spaß auch auf Kosten der Umwelt gönnen muss, sei dahingestellt.

Telefon und Internet

Festnetznummern beginnen mit einer „2", in Tbilissi sind sie 7-stellig, in allen anderen Orten 6-stellig. Nicht alle Gegenden besitzen einen Festnetzanschluss. **Handynummern** beginnen mit einer „5" oder „7" und sind 9-stellig.

Die **Roaming-Gebühren** sind sehr hoch. Wer auch nur ab und zu im Internet surfen oder innerhalb Georgiens telefonieren möchte, sollte sich eine georgische SIM-Karte kaufen.

Die größten **Mobilfunkanbieter** sind Magti, 💻 www.magticom.ge, Silknet, 💻 https://silknet.com, und Beeline, 💻 www.beeline.ge. Wobei Magti mit der besten Netzabdeckung die erste Wahl ist. Alle Unternehmen haben einen Schalter in der Ankunftshalle des Flughafens in Tbilissi sowie Filialen in allen größeren Städten. SIM-Karten zum Telefonieren und Surfen im Internet sind sehr günstig und bereits unter 15 GEL

Internationale Vorwahlen	
Deutschland	0049
Österreich	0043
Schweiz	0041
Georgien	00995

zu bekommen, für den Kauf ist ein Reisepass notwendig. Das Wiederaufladen ist problemlos in den Geschäftsstellen der Mobilfunkanbieter und den orangefarbenen Service-Stationen möglich. Die Mobilfunknetzabdeckung ist im ganzen Land bis auf die abgelegenen Bergregionen sehr gut.

Öffentliche Münzfernsprecher existieren nicht mehr.

Telefonate ins Ausland

Für Anrufe nach Georgien wird die internationale Vorwahl 00995 gewählt, von Georgien wählt man bei Telefonaten ins Ausland zuerst die Ländervorwahl, z. B. für Deutschland die 0049, für Österreich die 0041 und für die Schweiz die 0043. Anschließend wird die gewünschte Rufnummer gewählt – bei Festnetznummern entfällt die „0" vor der Ortsvorwahl.

Innerhalb Georgiens

Bei **Telefonaten auf Festnetznummern** muss die gewünschte Nummer mit Ortsvorwahl und „0" gewählt werden, ruft man von Festnetz zu Festnetz innerhalb eines Orts an, kann die Ortsvorwahl entfallen.

Ruft man vom Festnetz eine Handynummer an, muss der im Buch angegebenen Nummer eine „0" vorangestellt werden. Bei einem Anruf **zwischen georgischen Handys** wird die Handyrufnummer ohne „0" gewählt (wie im Buch dargestellt).

Internet

Internetcafés findet man in Georgien kaum noch, doch viele Restaurants und fast alle Unterkünfte bieten kostenloses WLAN. Wer mit dem eigenen Smartphone oder Laptop reist und unabhängig sein möchte, kann sich bei den großen Telefongesellschaften günstig USB-Modems oder Daten-SIM-Karten kaufen (S. 74).

Transport

Das wichtigste Transportmittel in Georgien ist das Auto bzw. die Marschrutka, mit der jedes kleine Dorf angefahren wird. Das Straßennetz wurde in den letzten Jahren weiter ausgebaut, z. B. wurde 2021 die Strecke Sachkhere–Oni eröffnet, der Ausbau der vierspurigen Schnellstraße zwischen Tbilissi und Batumi ist weiter in Arbeit, so wie auch die Straße zwischen Kuhlo über den Goderdzi-Pass nach Adigeni, die Umgehung von Bagdati nach Abastumani und der Straßenabschnitt von Kobi nach Stepantsminda.

Einige Straßen sind allerdings noch immer in schlechtem Zustand oder überhaupt nicht asphaltiert, dort kann sich die Fahrtzeit schnell verdoppeln.

Flugzeug

Trotz der übersichtlichen Größe des Landes lohnt es sich mitunter, insbesondere bei Reisen in die Bergregionen, zu fliegen. **Vanilla Sky** fliegt von Kutaissi und Tbilissi-Natakhtari nach Mestia sowie von Tbilissi-Natakhtari nach Ambrolauri und Kutaissi. Die Flugpreise sind überraschend günstig, jedoch werden alle Flüge mit Kleinflugzeugen durchgeführt und die Verbindungen nach Mestia oder Ambrolauri wegen schlechter Sicht und schwieriger Wetterverhältnisse häufig abgesagt. Das Geld wird zwar erstattet, doch sollte ein entsprechender Zeitpuffer vor Rück- oder Weiterreise eingeplant werden.

Eisenbahn

Am 10. Oktober 1872 kam die erste Dampflok mit Passagieren aus Poti am Hauptbahnhof von Tbilissi an, dieser Tag wird als Geburtsstunde der georgischen Eisenbahn betrachtet. Noch im 19. Jh. wurde das Streckennetz rasant ausgebaut, schließlich war Georgien ein wichtiges Verbindungsstück an der Seidenstraße. Leider wurden zuletzt zahlreiche Strecken stillgelegt und der Fahrplan weiter ausgedünnt.

Züge sind preiswert, aber langsamer als Marschrutki, deshalb wählen Reisende meist Letztere. Wer aber etwas Zeit mitbringt, kann mit dem Zug entschleunigt durchs Land reisen und bekommt dabei ein Stück georgischen Alltags mit. Moderne Doppeldecker-**Stadler-Züge** verkehren zwischen Tbilissi und Batumi, für die 230 km lange Strecke braucht der „Schnellzug" allerdings noch immer mehr als fünf Stunden. Noch gemütlicher geht es in den normalen **Passagierzügen** (Passenger Electro Trains) und **Pendlerzügen** (Commuter Electro Trains/Elektritschki) zu.

Zugtickets können am Schalter und online auf http://www.matarebeli.ge gekauft werden, in den Pendlerzügen ausschließlich beim Schaffner im Zug. Die Service Hotline von Georgian Railways, 1331, ist 24 Stunden erreichbar, der aktuelle Zugfahrplan hier einsehbar: https://www.railway.ge/en/traffic-general-schedule.

Marschrutka, Sammeltaxi und Bus

Minibusse, die sogenannten **Marschrutki**, sind das meistgenutzte Transportmittel in Georgien. Während der öffentliche Nahverkehr in Tbilissi (S. 207) 2022 komplett auf moderne Fahrzeuge umgestellt wurde, sind auf den Routen zwischen den Städten noch immer ältere Kleinbusse unterwegs. Beruhigend ist, dass nun auch in Georgien seit 2019 für alle Fahrzeuge der TÜV verpflichtend ist, doch bleibt das Marschrutka-Fahren wegen des rasanten Fahrstils der Fahrer und des teils schlechten Straßenzustands noch immer eine nervenaufreibende Angelegenheit.

In einer Marschrutka haben zwischen 16 und 20 Personen Platz – es hängt ganz davon ab, wie eng die Sitzreihen angeschraubt wurden. Für große Menschen ist es empfehlenswert, rechtzeitig vor Abfahrt da zu sein und sich einen Platz mit etwas mehr Beinfreiheit zu sichern.

Für Fahrten zwischen Städten werden die Tickets vorab am Kassenhäuschen des Busbahnhofs oder beim Fahrer gekauft, jeder Passagier bekommt einen Sitzplatz, das Mitfahren im Stehen ist nicht erlaubt.

Marschrukti haben feste Abfahrzeiten, sind jedoch alle Plätze belegt, fahren sie oft früher ab. Daher ist es ratsam, spätestens 30 Minuten vor Abfahrtszeit vor Ort zu sein. In ländlichen Regionen sollten Tickets, insbesondere falls man früh morgens fahren möchte, besser am Vortag gekauft oder über das Gästehaus reserviert werden. Mit **Gepäck** wird oft unsanft umgegangen, man sollte empfindliche Gegenstände im Handgepäck behalten, weitere Tipps bei Gepäck (S. 63).

Bei längeren Fahrten, wie z. B. bei der neunstündigen Fahrt von Tbilissi nach Mestia, wird mehrmals an Raststätten angehalten, oft mit Zeit zum Essen (was die Fahrt allerdings zusätzlich in die Länge zieht).

Sammeltaxis richten sich vor allem an Touristen und sind etwas teurer. Hier können die Stopps auf dem Weg vorher vereinbart werden. Sie fahren los, sobald der Wagen voll ist oder man den gesamten Fahrpreis übernimmt. Oft erzählen Sammeltaxifahrer potenziellen Passagieren, dass die reguläre Marschrutka nicht fährt, was meist gelogen ist – also einfach weiter durchfragen!

Moderne Reisebusse gibt es nur auf wenigen Strecken, z. B. zwischen Tbilissi und Batumi oder Kutaissi. Die Fahrzeiten und Preise entsprechen etwa denen der Marschrutki, doch sind die Reisebusse komfortabler.

Abfahrtzeiten und insbesondere **Preise** sind häufigen Änderungen unterworfen, daher sind die in den Reisekapiteln angegebenen Informationen als Richtwerte zu verstehen.

Taxi

Jeder, der einen Führerschein und ein Auto besitzt, kann in Georgien als Taxifahrer arbeiten. Seit Oktober 2019 sind in der Hauptstadt jedoch nur noch lizenzierte Taxis erlaubt – doch abgesehen davon, dass die lizenzierten Taxifahrer ein weißes Auto fahren und eine jährliche Gebühr entrichten müssen, bedarf es keiner weiteren Qualifikation.

Der **Preis** für eine Taxifahrt ist Verhandlungssache und sollte **auf jeden Fall vor der**

Taxi per App

Praktisch ist das Rufen von Taxis per App, da hier die Preise festgelegt sind. Landesweit verbreitete Anbieter sind
🖳 https://bolt.eu
🖳 https://taximaxim.ge/en
🖳 https://taxi.yandex.com.ge

Fahrt vereinbart werden, bei Sprachproblemen auch schriftlich, denn aus einer russischen „5" (Pjat) oder „15" (Pitnatzat) kann schnell mal eine „50" (Pidißjat) werden. Taxis der großen Unternehmen besitzen einen Taxameter. Faire Preise beginnen bei 3–5 GEL für bis zu 1 km, und 0,70–1 GEL für jeden weiteren Kilometer.

Auch auf dem Land wird man immer einen willigen Fahrer finden, lediglich früh am Morgen, nachts oder in einsameren Gegenden kann es bisweilen schwierig werden. Einen Flughafentransfer in den frühen Morgenstunden vereinbart man daher natürlich am Vortag. Treibt man sich in einsamen Gegenden herum, z. B. bei Wanderungen, sollte man sich die Nummer eines Fahrers aufschreiben oder ihn zu einer bestimmten Zeit an den Abholort bestellen.

Auto und Motorrad

Wer es sich zutraut, im **wilden georgischen Straßenverkehr** (s. Kasten) selbst zu fahren, kann das Land mit dem Auto oder Motorrad erkunden. Man kann dann selbst entscheiden, wann und wo man anhält und auch mal spontan die Pläne ändern. Je nachdem, ob man in ländliche Gegenden oder in die Bergregionen fahren möchte, sollte man ein geländefähiges Auto oder Motorrad wählen und sich die Anreiserouten in den jeweiligen Regionalteilen genau durchlesen.

Und natürlich muss man sich auch in Georgien im Straßenverkehr an einige Regeln halten (auch wenn das die georgischen Autofahrer nicht immer tun).

Aufgepasst im Straßenverkehr!

Wer in Georgien mit dem Auto fahren und selbst am Steuer sitzen möchte, sollte sich auf die folgenden Szenarien einstellen:
Auf den Nebenrouten abseits der gut ausgebauten Hauptstraßen gibt es **keine Mittelstreifen oder Leitplanken** und es muss teils mit **schlechtem Straßenbelag** gerechnet werden. In den Bergregionen gibt es selten Schutz vor Steinschlag und es besteht die Gefahr von Erdrutschen oder Lawinen. Besonders gewöhnungsbedürftig sind vor allem die georgischen **Verkehrsteilnehmer**, zu denen auch Schweine, Schafe und Kühe gehören. Sie stehen besonders gern mitten auf der Straße herum und machen oft keine Anstalten, aus dem Weg zu gehen – so sind sie wenigstens ein halbwegs einschätzbares Verkehrshindernis.
Schwieriger ist das mit den **georgischen Fahrern**, deren Autos nicht immer ganz verkehrssicher sind. Der Fahrstil der meisten Georgier ist – freundlich ausgedrückt – sehr dynamisch. Geschwindigkeitsgrenzen werden selten beachtet, überholt wird auch dann, wenn auf der Gegenspur schon ein entgegenkommendes Auto beängstigend nah ist. Dann quetscht man sich zurück auf seine Spur, auch wenn die Lücke zwischen den Fahrzeugen viel zu klein scheint – mit etwas Hupen machen die anderen schon Platz. Und das ist vielleicht das Geheimnis: So verrückt und rücksichtslos dem mitteleuropäischen Autofahrer die georgische Fahrweise erscheint, gibt es doch einige Regeln. Anders als bei uns hat Hupen nichts Aggressives, sondern dient einfach nur dazu, auf sich aufmerksam zu machen. Es wird zwar rasant, aber auch sehr aufmerksam gefahren – man ist eben auch auf die wilde Fahrweise der anderen eingestellt. Tatsächlich liegt Georgien mit 11,8 Verkehrstoten pro 100 000 Einwohner im oberen Mittelfeld der Statistik, ähnlich wie die USA (10,6), aber weit über Deutschland (4,3) (Quelle: *Road Safety Report 2015* der Weltgesundheitsorganisation Stand 2013).

Allgemeine Verkehrsregeln

Straßen- und Ortsschilder sind zweisprachig in georgischen und lateinischen Lettern angebracht, sodass die Orientierung leichtfällt.

Gefahren wird auf der rechten Straßenseite, innerhalb von Orten beträgt die **Geschwindigkeitsbegrenzung** 60 km/h, außerhalb von Ortschaften 80 km/h, auf Schnellstraßen 110 km/h – soweit nicht anders angegeben. **Handytelefonate** am Steuer sind auch in Georgien verboten. Die **Promillegrenze** beträgt 0 %, und es herrscht **Gurtpflicht**. Fahrten während der Dämmerung und in der Dunkelheit sollten wegen Unfallgefahr mit frei herumlaufenden Tieren und wegen Schlaglöchern vermieden werden.

In den Stadtgebieten von Tbilissi und Batumi muss ein **Parkticket** gekauft werden, mehr Informationen dazu finden sich in den jeweiligen Kapiteln.

Schnallt man sich nicht an, kann das 40 GEL kosten. Falschparken wird mit einem Bußgeld von ca. 50 GEL geahndet, das Übertreten der Geschwindigkeitsgrenzen mit bis zu 300 GEL. Für das Fahren, Anhalten oder Parken auf einer Busspur, einem Radweg oder einer Radspur wird ein Bußgeld von 100 GEL verhängt.

Tanken

Beim Tanken sollte man Tankstellen von Wissol, Rompetrol, Gulf Socar oder Lukoil wählen, bei kleineren Tankstellen kann die Qualität des Treibstoffs stark schwanken. Tankstellen sind meist rund um die Uhr geöffnet und auch in den ländlichen Gegenden zu finden – allerdings nicht in allen Bergregionen. Die Tankstellen der Kette Gulf Socar haben die besten (sogar kostenlosen) Toiletten und meist einen kleinen Laden mit Snacks und Kaffee angeschlossen.

Mietwagen

Da die Anreise mit dem eigenen Fahrzeug lang und anstrengend ist, ist der Mietwagen eine gute Option. Mietwagen sollten in der Hauptsaison mindestens zwei bis drei Wochen, in der Hauptsaison besser mehrere Monate, im Voraus reserviert werden. Autos können in Tbilissi, Kutaissi und Batumi gemietet werden, dort sind die großen internationalen Agenturen Avis, Budget, Hertz, und Europcar vertreten. Auch einige Reiseveranstalter (S. 69) bieten Mietwagen an. Natürlich kann man auch bei lokalen Anbietern ein Auto mieten, die manchmal günstigere Preise, aber auch schwankendere Qualität bieten.
Beim Mieten eines Wagens sollten einige Grundregeln beachtet werden:

- Es muss eine **Kaution** hinterlegt werden, meist wird dafür die Kreditkarte verwendet.
- Man sollte im Vertrag genau auf die **Selbstbeteiligung bei Unfallschäden** oder Pannen achten und ggf. verhandeln.
- Eine **unbegrenzte Kilometerzahl** ist sinnvoll und schützt vor unerwarteten Nachzahlungen.
- Die Kosten für Mietwagen beginnen bei kleinen Autos bei ca. 50 € pro Tag und reichen bis 130–160 € für einen Geländewagen.

Motorräder

Für erfahrene Motorradfahrer hat Georgien einiges zu bieten, z. B. die Routen aus dem Kasten „Georgien Offroad: wilde Passstraßen" (S. 26). Dabei sollte man keine schwere Maschine, sondern ein geländefähiges Modell wählen, dessen Motor auch weniger hochwertigen Sprit verträgt.

Trampen

In den ländlichen Gegenden werden Tramper oft mitgenommen, in touristischen Gegenden allerdings meist nur gegen einen kleinen Obolus. Generell sollte beim Trampen das Sicherheitsrisiko bedacht werden, allein reisende Frauen sollten besser darauf verzichten.

Übernachtung

In den letzten Jahren sind Gästehäuser und Hotels wie Pilze aus dem Boden geschossen. Das Angebot in Tbilissi und Batumi lässt dabei keine Wünsche offen – vom günstigen Hostelbett im Schlafsaal bis zur Suite im Luxushotel gibt es alles. In weniger touristischen Orten ist die Auswahl kleiner, in den Bergdörfern auf einfache Gästehäuser beschränkt.

© NINA KRAMM

Vom Verlagshaus zum Hotel: Das „Stamba" in Tbilissi ist das perfekte Hotel für Leseratten.

Ein Dach über dem Kopf findet man in der Regel immer, hat man aber bestimmte Ansprüche oder möchte eine ganz bestimmte Unterkunft buchen, sollte man in der Hauptreisezeit im Juli und August mindestens acht bis zwölf Wochen vorher das gewünschte Zimmer reservieren. Das gilt auch für die Bergregionen – in Omalo in Tuschetien z. B. kann im August schon mal der ganze Ort ausgebucht sein.

Hotels

In allen größeren Städten sowie touristischen Zentren gibt es Hotels, die **internationale Standards** erfüllen und entsprechende Preise haben. Immer mehr **Boutique- und Designhotels** gesellen sich zu ihnen, die mit ihrer besonderen Gestaltung auffallen.

In kleineren Ortschaften gibt es meist nur **einfache Hotels**, die oft teuer, aber selten besser sind als Gästehäuser. Allerdings verfügen Hotelzimmer im Gegensatz zu vielen Zimmern im Gästehaus normalerweise über Privatbäder.

In den meisten Hotels ist das **Frühstück** im Übernachtungspreis inklusive, Halb- oder Vollpension ist dennoch, außer z. B. in den Skiresorts Bakuriani und Gudauri, wenig verbreitet.

Die großen Hotels akzeptieren normalerweise **Kreditkarten**, bei kleineren Hotels sollte man vorher fragen. Die Qualität des Service in den Hotels schwankt stark. Während man in Hotels der gehobenen Klasse Englisch sprechendes

Preiskategorien der Unterkünfte

Die Preiskategorien beziehen sich auf das preiswerteste Doppelzimmer. Bei den Unterkünften der Kategorie 1 gilt: ohne Frühstück (das dort nicht mehr als 10–15 GEL extra kostet), bei Unterkünften ab Kategorie 2 normalerweise inklusive Frühstück, sofern es welches gibt.

❶ bis 75 GEL

❷ bis 120 GEL

❸ bis 180 GEL

❹ bis 300 GEL

❺ bis 420 GEL

❻ über 420 GEL

Personal erwarten kann, ist das in Mittelklassehotels nicht immer der Fall.

Preise für Doppelzimmer in Boutique- und Luxushotels liegen bei 100–150 € (❺–❻), Zimmer in Mittelklassehotels bei 40–100 € (❸–❹).

Gästehäuser und Hostels

Ein georgisches Sprichwort sagt „Die Ankunft eines Gastes ist wie die aufgehende Sonne. Der Abschied eines Gastes bedeutet für den Hausherren den Sonnenuntergang". In **Gästehäusern** (Family Hotel oder Guesthouse, im Text auch abgekürzt als Gh.) hat man die Möglichkeit, diese sprichwörtliche georgische Gastfreundschaft zu erleben und hausgemachte georgische Gerichte zu kosten. Gästehäuser werden fast ausnahmslos von Familien geführt, und während alle – jedenfalls für dieses Buch ausgewählten Unterkünfte – gemein haben, dass die Gastgeber überaus herzlich und hilfsbereit sind, fallen die Unterkünfte selbst sehr unterschiedlich aus: Manchmal werden nur einzelne Zimmer im Haus vermietet und die Hausmutter bekocht ihre Gäste, manchmal werden Touristen in neuen Anbauten oder separaten Häusern untergebracht und Angestellte sorgen für die Verpflegung. Mahlzeiten sind im Zimmerpreis normalerweise nicht enthalten, aber zu günstigen Preisen bekommt man normalerweise Frühstück, Abendessen oder auch ein Lunchpaket. Viele Gästehäuser haben zudem eine Gemeinschaftsküche. Oft gehören zu den Unterkünften schöne Gärten, Terrassen oder Balkone, nicht selten gibt es einen Aufenthaltsraum mit Kamin. Die Zimmer jedoch sind einfach und ohne unnötigen Luxus. Oft teilen sich mehrere Zimmer ein oder mehrere **Gemeinschaftsbäder**. Besonders praktisch bei Übernachtungen in Familiengästehäusern ist, dass die Betreiber meist gut vernetzt sind und beim Organisieren von Ausflügen und Vermitteln von Fahrern behilflich sein können. Bei Verständigungsproblemen (die ältere Generation beherrscht als Fremdsprache meist Russisch und nicht Englisch) helfen Sprach-Apps oder Anrufe bei den Englisch sprechenden Kindern, Enkeln oder Freunden.

Fast alle Gästehäuser sind **über Internetportale buchbar**, dort muss normalerweise das komplette Zimmer bezahlt werden. Vor Ort kann je nach Saison und Auslastung oft ein Rabatt ausgehandelt werden. Alleinreisende brauchen dann bisweilen nur ein Bett und nicht das ganze Zimmer zu zahlen. Einige Gästehäuser haben Schlafsäle für bis zu acht Personen und Hostel-Charakter. Bei Buchungen über Internetportale solle man immer rechtzeitig die Reservierungen stornieren, wenn sich Pläne ändern. Die Gästehäuser bleiben sonst auf der Vermitt-

Hostel in Sololaki

© NINA KRAMM

Buchungsportale

Zimmer lassen sich im Internet u. a. über folgende Seiten reservieren:
- www.booking.com
- www.agoda.com
- www.expedia.de

lungsgebühr sitzen, die sie trotzdem entrichten müssen, und können das leere Zimmer nicht vermieten.

Richtige **Backpackerhostels** gibt es nur in den großen Städten. Dort ist Frühstück selten inklusive und Abendessen meist nicht erhältlich, dafür gibt es fast immer eine Gemeinschaftsküche. Die Angestellten in Hostels sprechen normalerweise gut Englisch.

Preise für ein Doppelzimmer im Gästehaus liegen bei 12–40 € (❶–❷), Hostelbetten normalerweise bei 8–15 € (❶). Eine Bezahlung ist meist nur in bar in Lari möglich.

Camping

Zelt- oder Campingurlaub ist in Georgien zwar bekannt, doch abgesehen von Bergwanderern, Hirten und Jugendgruppen übernachtet eigentlich niemand freiwillig im Zelt, wo es doch im Haus viel gemütlicher ist. Entsprechend gibt es mit Ausnahme einiger privater Campingplätze nahe Tsageri und Kobuleti keine **offiziellen Campingplätze** mit sanitären Anlagen oder Kochmöglichkeiten.

Wildes Campen ist nicht verboten, auf dem Land oder in den Bergen kann man schöne Plätze finden, an denen man sein Campingmobil parken oder sein Zelt aufschlagen kann, was wie Wildzelten überall in der Welt ein gewisses Sicherheitsrisiko mit sich bringt. Übernachtet man in der Nähe eines Hauses, sollte man um Erlaubnis fragen und einige Lari oder ein kleines Geschenk an die Grundstücksbesitzer geben. Und selbstverständlich nimmt man seinen Abfall wieder mit.

Verhaltenstipps

Bei einer Reise nach Georgien sollte man sich auf die fremde Mentalität und Lebensweise einlassen. Respekt, Toleranz und Zurückhaltung sind die Tugenden des Reisenden. Und auch wenn Georgier generell **gastfreundliche und herzliche Menschen** sind, gilt es, mit Diskussionen über Politik und Religion zurückhaltend zu sein. **Höflichkeit** wird bei Georgiern untereinander sehr großgeschrieben. Man ist sehr bedacht darauf, den anderen respektvoll zu begegnen, denn falls es doch zu Streit kommt, kann es schon mal richtig laut werden – insbesondere die Swanen und Westgeorgier haben mitunter südländisches Temperament. Doch nicht immer, wenn für mitteleuropäische Verhältnisse förmlich geschrien wird, heißt das, dass gestritten wird – oft handelt es sich noch um ein normales Gespräch.

Auch wenn man verärgert ist, sollte man als Reisender niemanden anschreien, das hilft selten weiter. In gewissen Situationen kann es aber hilfreich sein, nicht zu lächeln, sondern ernst und entschlossen zu sagen, was man will. Gerade bei Taxi- und Marschrutkafahrern kann es schon mal nötig sein, seinen Standpunkt zu vertreten – besonders als Frau.

Baden

Nacktbaden ist nicht erlaubt. Wer im Meer, in Seen oder Flüssen schwimmt, sollte unbedingt Badekleidung tragen.

Besuch von Gotteshäusern

Religion spielt eine wichtige Rolle im Leben der meisten Georgier. Auf Fahrten mit der Marschrutka wird man beobachten können, dass sich die Einheimischen jedesmal bekreuzigen, wenn sie eine Kirche sehen. Auch wenn die orthodoxe Kirche selbst gegenüber Andersdenkenden wenig tolerant ist, sollte man als Reisender den Glauben der anderen akzeptieren und sich zurückhaltend verhalten.

In Kirchen müssen Frauen lange Röcke oder Kleider tragen und den Kopf bedecken. Oft liegen vor der Kirche Tücher aus, die geliehen werden können. Wer viele Kirchen besuchen möchte, sollte am besten selbst „ausgerüstet“ sein. Männer dagegen sollten Gotteshäuser nicht mit kurzen Hosen betreten und ihre Kopfbedeckung abnehmen. Aktive Klöster sind normalerweise tagsüber von ca. 9–18 Uhr geöffnet und kosten keinen Eintritt.

Reisende sollten sich in der Natur und im Miteinander respektvoll verhalten.

Betteln

Vor Kirchen sitzen meist **alte Frauen**, manchmal auch kranke oder behinderte Menschen, und bitten um Almosen. Die Renten und Sozialleistungen sind sehr niedrig und reichen nicht zum Überleben. Da alte, kranke und behinderte Menschen kaum eine andere Einkommensmöglichkeit haben, freuen sie sich immer über ein paar Lari.

Bettelnden Kindern sollte man dagegen kein Geld geben. Den Sommer über streifen Kinder oft durch Fußgängerpassagen oder fragen in Restaurants nach Geld. Die Strategien sind dabei gelegentlich penetrant, z. B. kam es schon vor, dass sich ein kleines Kind an das Bein eines Touristen hängte, der sich dann „freikaufen" musste. Hier sollte man hart bleiben und Kindern keinen Anreiz zum Betteln geben. Besser ist es, eine soziale Organisation zu unterstützen. Die Caritas, 💻 www.caritas-international.de, setzt sich z. B. mit der mobilen Kinderhilfe für Kinder und Jugendliche ein, die ihren Lebensmittelpunkt auf der Straße haben. Mit einer Spende kann man hier wirklich etwas Gutes tun. Auch der Arbeiter-Samariter-Bund Georgien engagiert sich mit unterstützenswerten sozialen Projekten, 💻 https://asb.ge/en.

Einladungen

Wer das Glück hat, zu einer georgischen Familie nach Hause eingeladen zu werden, sollte seinen Gastgebern ein kleines **Geschenk** oder **Blumen** mitbringen – nicht ohne Grund scheint es in Tbilissi vor Blumenläden nur so zu wimmeln. Freude bereiten auch Fotos oder Postkarten von daheim. Man kann sich darauf gefasst machen, herzlich empfangen und königlich bewirtet zu werden. Und nicht wundern – Geschenke werden immer erst geöffnet, wenn der Gast gegangen ist.

Zeitbegriff

Die Zeitverschiebung zwischen Georgien und Deutschland ist zwar nicht besonders groß, doch ticken in Georgien die Uhren anders. Zum einen beginnt der Tag erst spät am Morgen, vor 9 Uhr hat kein Geschäft geöffnet, dafür sind die

Straßen noch spät am Abend belebt, und man kann ohne Probleme bis 22 Uhr einkaufen gehen. Zum anderen ist die georgische Lebensweise entschleunigt, man hat Zeit für einen Plausch, Abfahrtszeiten sind nicht in Stein gemeißelt und Verspätungen bei Verabredungen von 20–30 Minuten nichts Ungewöhnliches.

Versicherungen

Das Angebot an Versicherungen und Versicherungspaketen für Reisen ist groß. Ob man eine Reiserücktritts-, Reisegepäck- oder Unfallversicherung abschließen möchte, muss jeder für sich abwägen. Unverzichtbar ist aber eine gute Auslandsreise-Krankenversicherung, die einen Rücktransport ins Heimatland abdeckt.

Die gesetzlichen Krankenkassen in Deutschland und Österreich bezahlen ärztliche Behandlungen in Georgien nicht. Daher ist es unbedingt ratsam, eine **Krankenversicherung für den Aufenthalt** abzuschließen, die Arzt-, Zahnarzt- und Krankenhauskosten ohne Obergrenze abdeckt, sowie Rettungskosten, Krankentransporte und Krankenrücktransporte. Einige Versicherungen übernehmen die Kosten für einen Rücktransport nur, wenn er medizinisch notwendig ist, bei anderen ist es ausreichend, wenn der behandelnde Arzt den Rücktransport ins Heimatland empfiehlt. Man sollte außerdem genau auf die Konditionen bei (Notfall-) Zahnbehandlungen oder Behandlung chronischer Krankheiten achten.

Versicherungen mit 30-Tage-Schutz im Jahr kosten rund 7–18 € jährlich, Vergleiche von Versicherungen findet man bei Stiftung Warentest, 💻 www.test.de.

Schweizer Staatsbürger sollten bei ihrer Versicherung nachfragen, ob Behandlungskosten im Ausland abgedeckt sind.

Zeit und Kalender

In Georgien gilt die mitteleuropäische Zeit plus drei Stunden, dabei wird die Uhr nicht auf Sommerzeit umgestellt. Im Sommer ist daher die georgische Zeit der deutschen zwei Stunden voraus, im Winter drei Stunden. Wenn es im Juli in Berlin 12 Uhr ist, ist es in Georgien 14 Uhr, zeigt im Dezember die Uhr in Berlin 12, steht der Zeiger in Tbilissi auf 15 Uhr.

Während im Alltag der auch in Deutschland gebräuchliche Gregorianische Kalender verwendet wird, begeht die Georgisch-orthodoxe Kirche ihre Feiertage nach dem Julianischen Kalender, der etwa zwei Wochen von dem Gregorianischen abweicht (S. 57).

Zoll

Einfuhr

Seit im Herbst 2014 das Assoziierungs- und Freihandelsabkommen zwischen Georgien und der EU in Kraft getreten ist, bestehen **keine Einfuhrbeschränkungen**. Ausgenommen sind dabei die **international üblichen Einfuhrverbote** bei Gefahr für Sicherheit und Gesundheit, artengeschützte Tiere und Pflanzen. Detaillierte Infos bietet 💻 www.zoll.de.

Vor der Mitnahme von **Medikamenten** sollte beim Revenue Service des georgischen Finanzministeriums, 💻 https://rs.ge/Home-en, abgeklärt werden, dass keine verbotenen Stoffe enthalten sind. Denn die Einfuhr narkotischer oder psychotroper Stoffe, ebenso wie die von Antibiotika, ist untersagt.

Ausfuhr

Bei **Tabakwaren** und **alkoholhaltigen Getränken** gelten die Einfuhrbeschränkungen der jeweiligen Länder, detaillierte Informationen und Mengenangaben geben die Seiten 💻 www.zoll.de für Deutschland, 💻 www.oesterreich.gv.at für Österreich und 💻 www.eda.admin.ch für die Schweiz.

Die Ausfuhr von **Bargeld** im Wert über 30 000 GEL muss deklariert werden.

Für **Kulturgüter** wie Antiquitäten, Kunstgegenstände und Teppiche ist eine Exporterlaubnis des Kulturministeriums erforderlich.

Land und Leute

„Der Balkon Europas" liegt am Drehkreuz zwischen Orient und Okzident. Griechen, Römer, Perser, Araber, Osmanen und Russen: Alle wollten sie nach Georgien – natürlich nicht wegen der abwechslungsreichen Landschaften oder der einmaligen Natur der Kaukasusrepublik. Doch trotz ständig wechselnder Fremdherrschaft, oder vielleicht gerade deswegen, entwickelte sich eine einzigartige Kultur, auf die die Georgier heute so stolz sind.

VIEHABTRIEB IN TUSCHETIEN; © PHILIPP SCHMATLOCH

Inhalt

Steckbrief Georgien

Staatsbezeichnung Republik Georgien

Staatsform Parlamentarische Republik

Staatsoberhaupt Salome Surabishvili

Regierungschef Irakli Garibashvili

Fläche 69 700 km² (57 215 km² ohne Südossetien und Abchasien)

Einwohnerzahl 3,7 Mio. (2021)

Einwohner pro km² 65 (ohne Südossetien und Abchasien)

Sprache Georgisch, im Nordwesten zudem Swanisch und im Westen Megrelisch, sowie Abchasisch im unter russischem Einfluss stehenden Abchasien.

Religionen Orthodoxes Christentum 84 %, Islam 9,9 %, Katholiken 0,8 %, Armenisch-Apostolische Kirche 3,9 %, andere 1,4 %

Internetzugang 72,5 % der Bevölkerung (2020)

UN-Glücksindex Platz 105 von 146 (2022)

Pro-Kopf-Einkommen 5014 US$ (2021)

Arbeitslosenquote offiziell 11,3 % (2022)

Internationale Touristen pro Jahr ca. 5,4 Mio. (2022)

Geografie

Größte Städte: Tbilissi (Tiflis) (1 080 400), Batumi (172 000), Kutaissi (135 000), Rustavi (130 100)

Längste Flüsse: Mtkvari (Kura) 1364 km (davon 351 km in Georgien), Alazani 351 km, Rioni 333 km, Enguri 213 km

Höchste Erhebungen: Schchara 5193 m, Kazbek 5054 m, Tetnuldi 4858 m

Landesfläche über 1000 m: 50 %

Größtes Binnengewässer: Paravani-See 37,5 km²

Landesgrenzen: Georgien grenzt an die Türkei, Armenien, Aserbaidschan und Russland

Asien oder Europa? Das ist hier die Frage. Geografisch gesehen liegt die südkaukasische Republik gemeinsam mit Aserbaidschan und Armenien auf dem transkaukasischen Landkorridor zwischen Schwarzem und Kaspischem Meer – also eindeutig in Vorderasien. Kulturell gesehen ist das christliche Land Europa aber deutlich näher. Gut, dass die Georgier für derartige Probleme immer eine Lösung finden: Ihr Heimatland, das ungefähr die Größe Bayerns hat, erklärten sie kurzerhand zum „Balkon Europas". Und überhaupt – Georgien ist halt einfach Georgien.

Die Topografie des Landes ist um einiges komplexer als die Fragestellung zur kontinentalen Zugehörigkeit. Im Norden ist das Land durch den **Großen Kaukasus** nicht nur vom russischen Nachbarn (732 km international anerkannte Grenze), sondern glücklicherweise auch von dessen ungemütlichem Klima abgeschirmt. Im Süden grenzen im **Kleinen Kaukasus** die Nachbarstaaten Türkei (252 km Grenzlinie), Armenien (164 km Grenzlinie) und Aserbaidschan (322 km Grenzlinie) an. Zwischen den Hochgebirgen fällt das Land im Osten in der **Transkaukasischen Senke** ab, zu der die für ihren Wein berühmte Kachetische Ebene und die Ebenen von Kartlien und des Alazani gehören. Im Westen bildet das **Schwarze Meer** die natürliche Grenze und sorgt für ein mildes, subtropisches Klima in der fruchtbaren Kolchischen Tiefebene. Das **Likhi-** oder **Surami-Gebirge** bildet eine Brücke zwischen dem Großen und dem Kleinen Kaukasus und ist dabei nicht nur Wasser-, sondern auch Klimascheide zwischen Ost- und Westgeorgien. Von Westen nach Osten erstreckt sich das Land über 430 km, das sind ca. 40 km mehr als von Frankfurt nach Hamburg. Von Norden nach Süden beträgt die Distanz 230 km, etwas weniger als von Hamburg nach Berlin.

Gebirge

Kleines Land mit großen Bergen: Über 87 % der Landesfläche sind bergig, davon befinden sich ganze 20 % auf über 2000 m Höhe.

Die höchsten Gipfel findet man dabei im **Großen Kaukasus**. Der erstreckt sich über 1100 km von Nordwesten nach Südosten zwischen dem Schwarzen und dem Kaspischen Meer. Mit einer Breite von bis zu 180 km hat er dabei ähnliche Ausmaße wie die Alpen. Genau wie diese entstand das mit Vulkankegeln durchsetzte Faltengebirge erst vor ca. 2 Mio. Jahren und wächst noch immer. Die Arabische Platte schiebt sich ca. 2,5 cm pro Jahr weiter auf die Eurasische Platte, sodass hier manchmal die Erde bebt.

Der Westen des Großen Kaukasus besteht hauptsächlich aus Granit und Schiefer und hat Mittelgebirgscharakter. Wegen seiner Nähe zum Schwarzen Meer fällt dort besonders viel Schnee. Im angrenzenden zentralen Hochgebirgskaukasus liegt, in unmittelbarer Nachbarschaft zu Swanetien, der höchste Berg des Gebirges: der 5642 m hohe, erloschene Vulkan **Elbrus** (auf russischem Staatsgebiet). Auch der berühmte 5054 m hohe **Kazbek** ist ein alter Vulkan, so finden sich dort neben Granit vermehrt Vulkangesteine wie Andesit und Diabas. Zwischen diesen beiden Bilderbuchgipfeln tummeln sich die meisten 5000er-Gipfel und Gletscher: Unter ihnen der **Schchara**, mit 5193 m der höchste Berg Georgiens, und der 4710 m hohe **Ushba** mit seiner markanten Doppelspitze. Die historische Georgische Heerstraße und der Fluss Tergi bilden die Grenze zwischen Zentral- und Ostkaukasus. Im **Ostkaukasus** flacht das Gebirge ab, neben Schiefer und Sandstein finden sich auch dort vulkanische Gesteine, teils mit ausgebildeten Kristallen. Die Gegend ist niederschlags- und daher vegetationsärmer, die

Schneegrenze liegt höher. Trotzdem sind die Hänge hoch oben im ostkaukasischen Tuschetien oft weiß gepunktet: Sie bieten hervorragende Sommerweiden für die tuschetischen Schafe.

Südlich des Großen, teils nur durch das Mtkvari-Flusstal getrennt, liegt der **Kleine Kaukasus**. Der ist ja nicht mal ein eigenes Gebirge – könnte man lästern. Tatsächlich ist der Kleine Kaukasus nur ein Teil der nordanatolischen und nordiranischen Kettengebirge. Doch er ist um einiges älter als sein großer Bruder im Norden: Das **Meskhetische Gebirge** in Adscharien im westlichen Kleinen Kaukasus ist 60–80 Mio. Jahre alt. Der Durchbruch des Flusses Mtkvari grenzt es vom **Trialetischen Gebirge** im zentralen Kleinen Kaukasus ab, das mit bis zu 160 Mio. Jahren nochmal deutlich älter ist. Dort findet sich Sedimentgestein, das von eingedrungenem Magma und Vulkankegeln durchsetzt ist. Die vulkanische Vergangenheit des südlich angrenzenden **Javakheti-Plateaus** verraten die über 3000 m hohen Gipfel des Didi Abuli und des Mt. Shavi mit ihrer Kegelform. Auf diese Höhen erhob sich der Kleine Kaukasus allerdings erst bei den tektonischen Verschiebungen, bei denen der Große Kaukasus entstand.

Quellen, Flüsse und Seen

Unzählige Bäche entspringen in den Gebirgen des Kleinen und Großen Kaukasus, gespeist vom ewigen Eis der Gletscher. Einige vereinigen sich und stürzen als rauschende Gebirgsbäche in die Täler, andere verschwinden im Gestein – und kommen in einer der zahlreichen **Mineralquellen** wieder ans Licht, deren Heilkraft schon seit Jahrhunderten geschätzt wird. Dank ihrer berühmten Heilquellen wurden **Tsqaltubo** und **Borjomi** zu den beliebtesten Kurorten im Zarenreich. Quellen sprudeln überall im Land mit den unterschiedlichsten mineralischen Zusammensetzungen hervor – Georgien hat gegen jedes Leiden das passende Wässerchen parat.

Der längste Fluss Georgiens ist die **Mtkvari** (russ. Kura), die 351 von 1364 km durch Georgien zurücklegt. Sie entspringt im Kleinen Kaukasus und fließt durch die Transkaukasische Senke ins Kaspische Meer. **Aragvi**, **Alazani** und **Iori** sind ihre wichtigsten Zuflüsse. **Rioni** und **Enguri** entspringen im Großen Kaukasus und fließen durch die größte und bedeutendste Flussniederung, die Kolchische Tiefebene, ins Schwarze Meer.

Größere natürliche Seen gibt es kaum. Größter See ist der auf 2000 m gelegene **Paravani-See**, der mit 37,5 km² etwa halb so groß wie der Chiemsee ist, gefolgt vom nahe gelegenen **Tabatskuri-See** und dem **Paliastomi-See** bei Poti. Die meisten größeren Seen, die man auf der Reise sehen wird, sind **Stauseen**. So der **Enguri-Stausee** auf dem Weg nach Swanetien, der **Tkibuli- und Shaori-Stausee** auf dem Weg nach Racha, oder der **Zhinvali-Stausee**, der auf dem Weg nach Kazbegi passiert wird.

Flora und Fauna

Waldfläche: 40,6 %, davon 4 % Urwald

Pflanzenarten: 6500, davon rund 1000 endemisch in Georgien und weitere 1000 endemisch im Kaukasus

Baum- und Straucharten: über 400, davon 61 endemisch

Nationalparks: 12 insgesamt; Algeti, Borjomi-Kharagauli, Javakheti, Kazbegi, Kintrishi, Kolkheti, Machakhela, Mtirala, Pshav-Khevsureti, Tbilissi, Tusheti und Vashlovani

Naturreservate: 14 insgesamt, u. a. die Reservate von Lagodekhi und Sataplia

Landesfläche unter Naturschutz: 11,5 %

Pflanzenwelt

Wegen seiner vielfältigen Pflanzenwelt zählt der Kaukasus zu einem der 36 **Biodiversität-Hotspots** weltweit. In keinem Land Europas gibt es auf so kleiner Fläche so vielfältige Lebensräume und daraus resultierende große Artenvielfalt wie in Georgien, darunter eine besonders große Zahl von **endemischen Pflanzen**. Das liegt einerseits daran, dass die Niederschläge von Ost nach West stark zunehmen, andererseits an den großen Temperaturunterschieden sowie den vielfältigen Böden und Gesteinen der Bergregionen. Isoliert durch die steilen Gebirgshänge des Großen Kaukasus, konnten sich einige Arten ungestört von Eindringlingen in abgeschotteten Bergtälern entwickeln. Diese Endemiker sind perfekt an ihre oft einzigartigen Biotope angepasst. Neben der hohen Zahl an endemischen Pflanzen gibt es auch auffallend viele **Reliktpflanzen**. Vor rund 2 Mio. Jahren herrschte auf der Erde und auch in der Kaukasusregion tropisches Klima. Über die Zeit veränderte es sich zu einem subtropischen und letztendlich zum heute herrschenden gemäßigten Klima. Während die meisten Vertreter des vergangenen Klimas ausstarben, konnten andere, sogenannte Reliktpflanzen, überleben. Ein Beispiel dafür ist die Orient-Buche, die noch immer in der Kolchischen Tiefebene wächst. Ein anderes Beispiel sind die Kiefern der berühmten Kiefernhaine von Pizunda, die sich an den Ufern des Schwarzen Meeres in Abchasien erstrecken.

Das Schwarze Meer ist ausschlaggebend für das gesamte Klima Westgeorgiens: Es sorgt für reichlich Niederschlag, hohe Luftfeuchtigkeit und milde Winter. In diesem angenehmen, **subtropischen Klima** fühlen sich nicht nur russische Urlauber, sondern auch viele Pflanzenarten sehr wohl. Früher trat der Rioni jedes Jahr im Frühjahr über die Ufer und überschwemmte die gesamte Ebene. Vögel und vor allem Malariamücken liebten das, die Menschen weniger. Im 20. Jh. wurde das Sumpfgebiet trockengelegt und in eine gigantische Obst- und Teeplantage verwandelt. Sumpfpflanzen findet man mittlerweile nur noch in den geschützten Biotopen im Kobuleti- und Kolkheti-Nationalpark. Unter anderem sorgen dort einzigartige Torfmoos- und Sonnentau-Arten für Entzücken bei Botanikern.

In der Kolchischen Tiefebene finden sich heute neben besagten Plantagen vor allem **subtropische Mischwälder** aus Imeretischer Eiche, Esskastanie, Linde, Orient-Buche und Kirschlorbeer, Letzterer ist eine weitere Reliktpflanze. Die hohe Luftfeuchtigkeit verwandelt sie in verwunschene Märchenwälder aus bizarren „Skulpturen", denn die Bäume kleiden sich in flauschig-grünen Moosanzügen.

Eine von über 20 Glockenblumenarten im Kaukasus

Der trockene Osten war vor langer Zeit ebenfalls von dichten Wäldern bedeckt, die, wie in vielen anderen Landesteilen, bereits in der Antike der aggressiven Kriegsführung feindlicher Feldherren zum Opfer fielen, denn sie boten den Feinden allzu gute Verstecke. Heute breiten sich dort **Steppe** und mancherorts **arider Wald** aus. Im Vashlovani-Nationalpark kommt der einzigartige Pistazienwald mit dem trockenen Klima bestens klar.

Einen großen Kontrast bietet die **Hochgebirgsvegetation** des Großen Kaukasus. Die niederen Gebiete sind vor allem mit dichtem **Laubwald** aus Eichen und Buchen bedeckt, die in höheren Lagen von **Nadelhölzern** wie Fichte und Tanne abgelöst werden. 40,6 % der Landesfläche Georgiens ist mit Wald bedeckt, davon wachsen ca. 75 % auf steilen Hängen und sind ein wichtiger Erosionsschutz. Dort befinden sich die letzten unberührten **Urwälder** des Kontinents.

Ebenfalls äußerst bemerkenswert: **Über 400 Baum- und Straucharten** sind in Georgien zu

Braunbären im Kaukasus

In Mitteleuropa ist der Braunbär schon lange nicht mehr anzutreffen. Im Kaukasus streifen die zotteligen Gesellen noch durch Berg und Tal. Noch – denn auch dort wird der Lebensraum immer knapper. Dabei ist der Braunbär nicht wählerisch: Ob Feucht- oder Trockengebiete, Bergwiesen oder -wälder – ihm ist alles recht, solange es genug zu futtern gibt. Und selbst da ist der Braunbär flexibel. Anders als viele denken, ist seine Kost zu drei Vierteln pflanzlich. Kastanien, Wildfrüchte, Kräuter wie z. B. der nach ihm benannte Bärlauch schmecken ihm genauso wie Insekten, Vögel und kleinere Säugetiere. Doch die unberührten Wälder, in denen der Allesfresser lebt, werden immer kleiner. Sie werden abgeholzt und in Weideland verwandelt. Was dazu führt, dass die neuen vierbeinigen Nachbarn – meist Schafe oder Ziegen – immer häufiger auf dem Speiseplan von Bären landen. Das macht ihn zum Feind der Tierhalter. Dabei ist Wilderei schon länger ein Problem. Die Galle von Braunbären ist in der chinesischen Medizin gefragt, und kleine Bärenjungen erzielen gute Preise auf dem Schwarzmarkt. So sank die Population der Braunbären im Kaukasus zeitweise auf unter 1000.
Der WWF setzt sich für den **Schutz der Braunbären** in Georgien und dem gesamten Kaukasus ein. Mehrere Schutzgebiete wurden bereits errichtet und sollen weiter vernetzt werden. Weitere Infos und Möglichkeiten, Projekte zu unterstützen, findet man unter www.wwf.de.

Hause. Davon sind 61 endemisch, 60 gelten als bedroht. Wen das nicht beeindruckt, der sollte einen vergleichenden Blick auf unsere heimische Flora werfen: Deutschland bringt es gerade mal auf 90 Baumarten.

An wenigen Nordhängen bei Kazbegi wachsen die letzten Vertreter der einst weitverbreiteten Litwinow-Birke. Diese **Krummholz-Birkenwälder** wurden als heilige Haine seit Jahrtausenden von den Einheimischen bewahrt. Oberhalb der Baumgrenze fühlen sich Kriech-Wacholder wohl. Rhododendren-Arten wie die Gelbe Alpenrose verwandeln ganze Hänge in leuchtende Farbteppiche. Noch weiter oben kommen Glockenblumen-Freunde auf ihre Kosten: Mehr als 20 endemische Arten zählt der Große Kaukasus. Sie wachsen auf den **üppigen subalpinen Wiesen** zusammen mit Lilien, Rittersporn, Stiefmütterchen, Primeln, Enzian und vielen weiteren Pflanzen und **Kräutern**, deren Heilkräfte viele Einheimischen kennen und schätzen.

Die Nordausläufer des **Kleinen Kaukasus** sind dicht bewaldet. Dabei präsentiert sich insbesondere das Borjomi-Tal als reinste **Schatzkiste der Pflanzenvielfalt**. Im Grenzgebiet zwischen trockenem Osten und feuchtem Westen senkt sich der Kleine Kaukasus ins Mtkvari-Tal ab. Die zahlreichen unterschiedlichen Lebensräume sorgen dafür, dass die Artenvielfalt förmlich explodiert. Pfingstrose, Osterglocke, Schneeglöckchen, Rhododendron sowie Orchideen und Lilien wachsen hier. Eine von ihnen ist die endemische, hellgelb blühende Georgische Lilie, die schon seit 1800 kultiviert wird. Auch der bei uns beliebteste **Weihnachtsbaum**, die Nordmanntanne (s. Kasten S. 376), ist in den dichten Wäldern des Kaukasus zuhause.

Auf dem **Javakheti-Hochplateau** sieht es ganz anders aus, dort dominieren **subalpine und alpine Wiesen**. Im Frühsommer überzieht ein saftiges Grün die **baumlose Hochsteppe**. Man findet Orchideen, Rittersporn, Ginster und die leuchtend rosa blühende Javakhetische Gladiole. Während des kühlen, trockenen Sommers dörrt die Steppe aus, im Winter fallen die Temperaturen teilweise auf -40 °C – eine Umgebung nur für gut angepasste Spezialisten.

Von dem Pflanzenreichtum werden etwa **2000 Arten wirtschaftlich genutzt**. Obstbäume werden kultiviert, aus Pflanzen Farbstoff und Öl hergestellt, es werden Heil- und Futterpflanzen gesammelt und Holz geschlagen. Leider gibt es auch großes Interesse an gefährdeten Arten: Alpenveilchen und Schneeglöckchen sind begehrt und werden über internationale Grenzen illegal gehandelt.

Große Bedeutung hat die **Kornelkirsche**, die bei uns auch vielerorts wächst, aber fast vergessen ist. Die säuerlichen Kirschen werden oft als leckere Marmelade zum Frühstück serviert und sind außerdem Zutat vieler typischer Soßen.

Auch die bei uns einst beliebte Pimpernuss wird häufig verwendet: Die in ihrer Hülle klappernden („pimpernden") Samen der heimischen **Kolchischen Pimpernuss** schmecken ähnlich wie Pistazien, aus dem Blütenstand wird ein schmackhafter Salat zubereitet. Angeblich soll die Pimpernuss aphrodisierende Wirkungen haben.

Tierwelt

Wen wird's überraschen, dass sich in dieser abwechslungsreichen Landschaft mit einer solch opulenten Pflanzenwelt auch zahlreiche Tierarten wohlfühlen? Mehr als **150 Säugetierarten**, über **400 Vogelarten**, über **80 Reptilien-** und **Amphibienarten**, zahlreichen **Insekten-** und mehr als **600 Spinnenarten** leben in Georgien, viele von ihnen sind endemisch. Sie bewohnen die unterschiedlichsten ökologischen Nischen von den alpinen Zonen des Großen Kaukasus bis hin zur Shirak-Halbwüste im trockenen Südosten. Tatsächlich bekommt man die meisten Wildtiere jedoch nur selten zu Gesicht.

Säugetiere

In den unberührten Bergregionen kann man mit etwas Glück Vertreter einst weitverbreiteter Paarhufer wie **Rotwild** oder **Gams** sichten. Den **Dagestanischen** oder den **Kaukasischen Steinbock** werden höchstens Bergsteiger zu Gesicht bekommen. Beide der im Kaukasus endemischen Arten sind äußerst selten, die Klettertalente leben weit oberhalb der Baumgrenze. Fast ausgestorben war die **Bezoarziege**, Vorfahre der Hausziege. Mittlerweile wird sie in Wildgehegen nachgezüchtet und ausgewildert, im Borjomi-Kharagauli-Nationalpark kann man sie im Wildziegen-Gehege bei Atskuri besuchen. Die Berge sind das Rückzugsgebiet der meisten Raubtierarten. Der **Braunbär** (s. Kasten S. 88) jedoch schaut viel zu oft mit traurigen Augen zwischen Gittern aus viel zu kleinen Käfigen heraus. In freier Natur kann man ihn manchmal brüllen hören, sehen wird man ihn hingegen selten, er ist sehr scheu und geht dem Menschen aus dem Weg.

Der Scheltopusik ist keine Schlange, sondern eine harmlose Panzerechse.

© NINA KRAMM

Verhaltensregeln in den Schutzgebieten

Es ist doch klar, dass Naturfreunde ihre Abfälle wieder mitnehmen und keine Party mit dem Ghetto-Blaster machen! An folgende Regeln sollte man sich bei einem Besuch der Schutzgebiete und generell in der Natur halten:

- keinen Lärm machen und Tiere nicht stören
- nur an den vorgesehenen Orten Feuer machen und wieder sorgfältig löschen
- in den Unterkünften im Park nicht rauchen
- nur an den vorgesehenen Plätzen zelten
- die Unterkünfte sauber zurücklassen und Abfälle wieder mitnehmen
- nur mit entsprechender Ausrüstung aufbrechen, dazu gehören warme Funktionskleidung (am besten nach dem Zwiebelprinzip) und Regenkleidung, ausreichend Trinkwasser und Proviant. Natürlich auch ein Erste-Hilfe-Set, Kartenmaterial oder GPS sowie Notrufnummern und ein Handy. Zelte, Isomatten und Schlafsäcke gehören bei mehrtägigen Touren ins Gepäck.

Die wichtigsten Nationalparks

Borjomi-Kharagauli-Nationalpark

In den grünen Wäldern des Kleinen Kaukasus kann man bis zu fünftägige Wanderungen unternehmen. Über der Waldgrenze bieten sich spektakuläre Ausblicke. Traditionelle Weidelandwirtschaft sind die einzigen Spuren der Zivilisation.

Lagodekhi-Nationalpark

Die dichten Urwälder an den Westausläufern des Großen Kaukasus, rauschende Bäche und Wasserfälle machen den besonderen Reiz der von Menschen unberührten Natur aus. Während eines Tagesausfluges kann man zu einem der Wasserfälle wandern oder bei einer dreitägigen Tour bis zum Black Rock Lake an der aserbaidschanischen Grenze aufsteigen.

Auch **Dachs**, **Wiesel** und **Wildschwein** sind menschenscheu, **Luchs** und **Wildkatze** dazu noch sehr selten. **Schakal** und **Wolf** sind im ganzen Land verbreitet. Aber keine Angst – viel wahrscheinlicher ist eine Begegnung mit dem niedlichen **Kaukasus-Eichhörnchen**, ein Vertreter der landesweit 30 vorkommenden Nagetier-Arten.

In der trockenen Shirak-Halbwüste lebt das **Indische Stachelschwein** und seit Kurzem wieder die **Kropfgazelle**. Ihre Population ist noch klein, erst vor wenigen Jahren wurden sie wieder angesiedelt. Seit 1954 galt auch der **Kaukasusleopard** als ausgestorben – bis im Vashlovani-Nationalpark Kameraaufnahmen von „Noah" gemacht wurden. Naturschützer waren außer sich vor Freude, was für eine Sensation! Doch leider handelte es sich wohl um eine kurze Stippvisite, denn er wurde danach nie wieder gesichtet.

Wasserbewohner

Einen ganz anderen Lebensraum bevorzugen **Fischotter**, die sich in den Feuchtgebieten bei Batumi tummeln, in denen für ausreichend Nahrung gesorgt ist. Im nahen Schwarzen Meer leben außer **Wolfsbarsch**, **Makrele**, **Sardine**, **Thunfisch**, **Flunder** und **Stör** auch **Delphine**. Doch sind Tierschützer besorgt um den Bestand, vor allem in den letzten Jahren wurden immer wieder tote Delphine an Land gespült, die meisten von ihnen verendeten in Fischernetzen. In den klaren Bergbächen dagegen wimmelt es von **Forellen**. Sie zu angeln ist im Sommer beinahe Nationalsport, natürlich werden sie genauso gern verspeist.

Reptilien und Echsen

Von den 80 Reptilienarten sind die **Levanteotter** und die **Kaukasische Otter** die unangenehms-

Mtirala-Nationalpark
An Europas feuchtestem Ort darf man sich nicht scheuen, nass zu werden. Dann kann man bei einer ein- oder zweitägigen Tour seltene Vögel, einzigartige Pflanzen und unberührten, dschungelartigen Primärwald entdecken.

Vashlovani-Nationalpark
Im Park erwarten den Besucher spektakuläre Erosionslandschaften, weite Steppen, seltene Pistazienwälder und blubbernde Schlammvulkane. Zum Wandern ist es im Halbwüstenklima zu heiß und sind vor allem die Distanzen zu groß – diesen Park erkundet man am besten mit dem Geländewagen.

Tusheti-Nationalpark
Lang und beschwerlich ist die Anfahrt bis zu den traditionellen Sommerweiden, auf denen die Schafe der Tuschen grasen. Die Natur ist hier nicht unberührt, sondern wird seit Jahrhunderten vom Menschen genutzt. Doch leben die Tuschen nur im Sommer in den kleinen, mit Wehrtürmen geschützten Dörfern. Dort findet man bei Mehrtagestouren authentische Unterkünfte.

Kazbegi-Nationalpark
Hier ist die Bergwelt des Großen Kaukasus am schroffsten und gewaltigsten und die Biodiversität ist besonders hoch. Allein schon für einen Blick auf den markanten Gipfel des Kazbek lohnt sich ein Ausflug.

Javakheti-Nationalpark
Die baumlose Steppenlandschaft auf dem Hochplateau von Javakheti ist ideal zur Vogelbeobachtung und bietet einige markierte Wanderrouten. Die mächtigen, alten Vulkankegel sind besonders unter der weißen Schneedecke im Winter beeindruckend. Der länderübergreifende Nationalpark wurde erst 2011 gegründet und ist noch ein Geheimtipp.

ten Gesellen: Sie sind zwei der sechs giftigen Schlangenarten, die in Georgiens trockenem Südosten vorkommen. Viel häufiger anzutreffen sind die harmlose **Ringelnatter**, der **Kaukasische Salamander** und die **mediterrane Schildkröte**. Sie alle mögen es trocken und warm, genauso wie die **Kaukasus-Agame**, eine Echsenart, die im Vashlovani-Nationalpark zuhause ist. Sogar bis in die Randgebiete von Tbilissi traut sich der bis zu 1,4 m lange **Scheltopusik**. Eine Begegnung mit der auch Panzerschleiche genannten Echse, die wie eine Schlange mit Eidechsenkopf aussieht, kann einem einen ganz schönen Schrecken einjagen. Doch keine Sorge, sie ist absolut harmlos. Die bis zu 40 cm große und strahlend grasgrüne **Smaragdeidechse** ist eigentlich ein Steppenbewohner, treibt sich aber ebenfalls in der Umgebung von Tbilissi herum, z. B. am Schildkröten- und dem Lisi-See.

Insekten

Grün ist auch die *Mantis religiosa*, die einzige Art von (tierischen) **Gottesanbeterinnen** in Europa. Ihre Vorderbeine sind lange, mit Dornen besetzte Fangbeine, mit denen sie ihre Beute festhalten kann.

Genauso räuberisch ist der **Kaukasus Karabus** unterwegs, ein endemischer **Waldlaufkäfer**. Der bis zu 5 cm lange, blauschwarz schillernde Käfer hat eine körnige Oberfläche und macht Jagd auf andere Insekten und Schnecken. Er fühlt sich im feuchten Borjomi-Kharagauli-Nationalpark und im Mtirala-Nationalpark besonders wohl.

Unter den flatternden Insekten sind bei den Schmetterlingen der 24–50 mm große **Bläuling**, das **Große Posthörnchen**, der **Schachbrettfalter** und der **Schwalbenschwanz** erwähnenswert. Der Schwalbenschwanz steht in Deutschland mittlerweile auf der Roten Liste, in Georgien ist er zwischen Mai und August häufig zu sehen. Das **Wiener Nachtpfauenauge** ist der größte Schmetterling in Georgien und ganz Europa und kann zwischen Mai und Juni im Lagodekhi-Nationalpark beobachtet werden.

Vögel

Bei einem Ausflug in die Berge stehen die Chancen ziemlich gut, einen **Greifvogel** zu sehen. **Zwergadler**, **Steinadler**, **Gänsegeier** und auch der unter Artenschutz stehende **Lämmergeier** leben im Kaukasus. Andere Greifvögel wie **Falkenbussard**, **Wanderfalke** und **Sperber** kann man ebenfalls beobachten. **Steppenadler**, **Mönchsgeier** und **Schmutzgeier** bevorzugen genauso wie der **Steinschmätzer** offenes, waldloses Gelände. Die Hochebenen schätzen **Trappen**, **Reiher** und **Störche**. **Uhus** und **Eulen** sind im ganzen Land verbreitet. Allesamt weitläufige Verwandte des Fasans sind **Kaukasus-Birkhuhn**, **Chukarhuhn**, **Königshuhn** und **Halsbandfrankolin**. Der **Fasan** war einst in der Kolchis-Tiefebene so weitverbreitet, dass er zum Namensgeber der von den Griechen gegründeten Küstenstadt „Phasis", dem heutigen Poti, wurde.

Leicht zu erkennen ist der **Wiedehopf**, wenn er seine schicke Federhaube zu einer Irokesen-Frisur aufstellt und seine markanten „Hup-hup-Huphuphup"-Laute von sich gibt. Durch ihre Farbenpracht fallen die **Bienenfresser** auf. Die bis ca. 28 cm großen Vögel fliegen im Mai und August in Scharen im trockenen Flachland umher. Auch der leuchtend rote **Berggimpel** und der rostrot-bäuchige **Riesenrotschwanz** fallen ins Auge. Hübsch singen kann dagegen der kleine und endemische **Kaukasus-Zilpzalp**.

Zwischen Frühling und Herbst machen zudem Millionen **Zugvögel**, unter ihnen **Rothalsgans** und **Löffler**, in den Sümpfen nahe dem Schwarzen Meer Rast. **Schwarzstorch**, **Silberreiher** und **Kranich** fühlen sich dort ganzjährig wohl. Im Herbst oder Frühjahr können bei Batumi beeindruckende Vogelzüge beobachtet werden, Anfang September ziehen an manchen Tagen Tausende von **Wespenbussarden** über die Köpfe begeisterter Ornithologen hinweg.

Nicht vergessen werden darf die **Wachtel**, die ganzjährig im Land lebt und nicht nur in allen Teilen des Landes vorkommt, sondern der man auch auf den meisten Speisekarten begegnen wird. Sie ist eine beliebte Delikatesse.

Naturschutzgebiete

Dass die grünen Schätze Georgiens bewahrt werden müssen, verstand man schon früh. Die hochverehrte Königin Tamar jagte gerne und wurde so zur ersten Naturschützerin des Landes: Sie verabschiedete bereits im 12. Jh. ein königliches Dekret zum Schutz ihrer Jagdreviere. Auch König Vakhtang Gorgasali ließ sein persönliches Wald- und Jagdrevier abschotten. Einen ähnlichen Effekt hatte die Verehrung der Natur bei den Bergvölkern. In der Umgebung von Schreinen blieben die heiligen Haine stets unberührt. Der erste Schritt zum Naturschutz, wie wir ihn heute kennen, erfolgte 1912 mit der Errichtung des **Lagodekhi-Nationalparks** (S. 242). Mittlerweile stehen **11,5 % der Landfläche** Georgiens unter Naturschutz, darunter befinden sich **14 Naturschutzgebiete** (Strict Nature Reserve), **12 Nationalparks** (National Park), **19 kontrollierte Naturreservate** (Managed Nature Reserve), **41 Naturmonumente** (Natural Monument) und **ein Landschaftsschutzgebiet**. Trotzdem stand es während der schwierigen 1990er-Jahre sehr schlecht um den Naturschutz. Die wirtschaftliche Not war groß und trieb die Menschen dazu, in eigentlich geschützten Gebieten Bäume zu fällen und zu wildern. Dass wirksamer Naturschutz nur in Zusammenarbeit mit der lokalen Bevölkerung funktionieren kann, das hat die **Agency of Protected Areas** (Agentur für geschützte Gebiete) verstanden, die die georgischen Naturparks verwaltet. Mit internationaler Hilfe, u. a. der des WWF (World Wide Fund for Nature) und des BMZ (Bundesministerium für wirtschaftliche Zusammenarbeit und Entwicklung) richtete die Organisation die Schutzgebiete entsprechend ein. Das **Strict Nature Reserve** steht dabei unter besonders strengem Schutz und darf nur teilweise betreten werden. Zugang hatten einige Zeit nur ein paar Wissenschaftler, mittlerweile werden die Reservate vermehrt für sanften **Ökotourismus** geöffnet. **Nationalparks** sind in verschiedene Zonen aufgeteilt, im Kern

Die unberührten Wälder des Borjomi-Kharagauli-Nationalparks

liegen Schutzgebiete, in die nicht eingegriffen werden darf. In angrenzenden Gebieten ist die sanfte wirtschaftliche Nutzung zugelassen. Dazu gehört das Sammeln von Pflanzen und Feuerholz für den Eigenbedarf oder, wie z. B. im Borjomi-Kharagauli-Nationalpark, das Weiden von Tieren auf Weideflächen, die seit Generationen von den Einheimischen genutzt werden. In den Naturparks sind Ökotouristen willkommen, es gibt informative **Besucherzentren**, in denen sich Touristen registrieren lassen müssen und dann auf gut ausgeschilderten Wanderwegen die Parks erkunden können. So finden Einheimische als Guide oder Ranger im Park oder als Vermieter von Fremdenzimmern in den angrenzenden Gebieten **neue Verdienstmöglichkeiten**.

Umwelt

Trotz aller staatlichen Schutzmaßnahmen zählt Georgiens Natur zu den **bedrohten Hotspot-Regionen**. Neben **Luftverschmutzung** in den Industrie- und Ballungszentren stellen die **Waldrodung** und ihre Folgen das größte Problem dar, denn das Ökosystem wird dadurch empfindlich gestört. Die undurchdringlichen Wälder der Kolchis, die der griechische Geograf Strabon in der Antike beschrieb, gibt es schon lange nicht mehr. In der Küstenregion existiert so gut wie keine ursprüngliche Vegetation mehr, abgesehen von wenigen Enklaven in den Flusstälern. Das Alazani-Tal war vor 250 Jahren mit dichtem Wald bewachsen, heute sind davon nur noch wenige Haine übrig. Auch in den Bergen wird der Wald weniger: In den letzten Jahren verschob sich die Baumgrenze deutlich um 300–450 m nach unten. **Holzeinschlag**, **Überweidung** und **Klimaveränderungen** sind die Ursachen. Die Lebensräume für Wildtiere und Pflanzen werden immer kleiner, je mehr sich der Mensch ausbreitet. Der beeinflusste die Natur vor allem in den Bürgerkriegsjahren der 1990er-Jahre sehr stark: Wurden 1990 knapp über 5000 m^3 Wald illegal abgeholzt, so waren es sechs Jahre später erschreckende 44 200 m^3. Holz ist ein wichtiger Wirtschaftsfaktor, es dient als Brennmaterial, wird aber auch gewinnbringend verkauft. Doch ohne Bewuchs sind die Böden schutzlos **Wind-** und **Wassererosion** ausgeliefert, mit schwerwiegenden Folgen.

Wenn die Wälder in den Bergen abgeholzt werden, trägt der Regen den Untergrund ab und es kommt zu Hangrutschungen und Schlammlawinen. So entstand beispielsweise das „Schwarze Loch" an der Straße kurz vor Mestia in Swanetien, eines der **über 5000 Erdrutschbecken** im Großen Kaukasus. Regelmäßig werden durch diese Erdrutsche Straßen in die Schluchten gerissen. Die kleine Stadt Kvareli wurde allein in den letzten 100 Jahren sage und schreibe 15 Mal durch Schlammfluten zerstört. Und deren Bewohner sind nicht allein mit ihrer Angst vor dem zerstörerischen Matsch: Über 2000 Siedlungen liegen in erdrutschgefährdeten Gebieten, die Regionen um die sedimentreichen Flüsse Enguri, Rioni, Alazani, Aragvi und Tergi sind besonders betroffen.

Auch die ebenen Flächen des trockenen Ostens sind durch **Erosion** gefährdet. Ein vegetationsloser Boden kann weniger Wasser aufnehmen, bei Regen wird Ackerland weggespült, mit der Zeit bilden sich tiefe Erosionsrinnen. Durch diese Grabenerosion entstehen sogenannte **Badlands**, die nicht mehr wirtschaftlich genutzt werden können. Insgesamt ist die Hälfte des Ackerlands durch Erosion geschädigt, jedes Jahr werden davon 5 % wirtschaftlich unnutzbar.

Zudem geht wegen falscher Bewirtschaftung jedes Jahr Land an die Wüste verloren. Im Osten Georgiens besteht das Bodensubstrat aus Meeressedimenten. Diese Lehm-, Sandstein- und Konglomeratböden sind besonders anfällig für **Desertifikation**. Durch die salz- und gipshaltige Zusammensetzung entstehen aggressive chemische Verbindungen, die den ohnehin schon spärlichen Pflanzenbewuchs weiter degenerieren. Zudem macht sich der **Klimawandel** bemerkbar, die Temperaturen steigen immer weiter an, Dürren trocknen das Land häufiger und länger aus.

Verstärkt wird diese Verwüstung durch schädliche **Brandrodung**, bei der die Bauern nach der Ernte die Pflanzenreste auf den Feldern abbrennen. Auf kurze Sicht wird der Boden durch die Asche gedüngt, dabei werden aber wichtige Mikroorganismen getötet und der Boden langfristig unfruchtbar.

Die **Desertifikation** ist nicht nur wirtschaftlich, sondern auch klimatisch ein Problem. Unbewaldete Flächen heizen sich besonders stark auf, dabei erwärmt sich insbesondere das lokale Klima in der Kaukasusregion und die **Gletscherschmelze** wird beschleunigt. Die Gletscherzunge des ca. 8,5 km langen Gergeti-Gletschers am Kazbek hat sich zwischen 2010 und 2016 um 123 m zurückgezogen, die Gletschermasse im Kaukasus ging in den letzten 150 Jahren um mehr als 10 % zurück. Zusätzlich kommt es immer häufiger zu schweren **Lawinenkatastrophen**, sodass bereits ganze Dörfer umgesiedelt werden mussten.

All diese Umweltprobleme sind vielleicht nicht auf den allerersten Blick zu sehen. Was leider immer wieder ins Auge fällt, ist, dass allerorts **Schrott am Wegrand** entsorgt wird und **Müll** die Landschaft verschandelt. So stolz die Georgier auf ihr wunderschönes Land sind – vielen fehlt leider noch das Umweltbewusstsein und generell ein funktionierendes Konzept für die Müllentsorgung. Doch selbst wenn der Müll – und das sind jährlich mehr als 1 Mio. t – nicht auf einer der über 1000 illegalen Halden, sondern auf einer der 33 Mülldeponien entsorgt würde, wäre das kein durchschlagender Erfolg: Denn auch die offiziellen Deponien stellen ein Umweltproblem dar, die meisten entsprechen bisher nicht den EU-Standards. Doch die Zentralregierung hat sich große Ziele gesetzt: Seit 2019 müssen alle Gemeinden Mülltrennungssysteme einrichten, bis 2025 sollen im Land 50 % der Kunststoffe recycelt werden, bis 2030 soll dieser Anteil auf 80 % steigen. Die erste Recycling-Anlage ging 2017 in Tbilissi in Betrieb.

Bevölkerung

Einwohner: 3,7 Mio. (2021)

Bevölkerungswachstum: -0,4 %

Lebenserwartung: Frauen 76,5 Jahre, Männer 66,8 Jahre (2022)

Säuglingssterblichkeitsrate: 0,9 %

Alphabetisierungsrate: 99,6 %

Stadtbevölkerung: 59,5 %

Obwohl Georgien ein bergiges Land ist, leben die meisten Einwohner im Flachland: Über 80 %

der Bevölkerung leben in den **Talebenen** unter 1000 m, die nur die Hälfte der gesamten Landesfläche ausmachen. Unter 10 % wohnen im georgischen Hochland, das ungefähr ein Drittel der Landesfläche einnimmt. Die Menschen **zieht es in die Stadt**, die meisten in die Hauptstadt Tbilissi (Tiflis), in der ein Viertel der Gesamtbevölkerung lebt.

Auf dem Land gibt es kaum Arbeit und für junge Menschen **wenig Zukunftsperspektiven**. Das ist auch der Grund, warum viele Menschen Georgien den Rücken kehren und **auswandern**. Gab es früher eine kaum nennenswerte Anzahl an im Ausland lebender Georgier, haben seit der Unabhängigkeit mehr als 1,5 Mio. Menschen das Land verlassen.

Viele Menschen flohen vor der wirtschaftlichen Not und dem Bürgerkrieg nach dem Zerfall der Sowjetunion und der Unabhängigkeit Georgiens 1991. Die meisten der Auswanderer gehörten zu den **ethnischen Minderheiten**, denn sie wurden im neuen Nationalstaat diskriminiert, in dem Nationalismus aufflammte. Ein Rahmenübereinkommen zur Gleichberechtigung nationaler Minderheiten soll helfen. Dabei leben in Georgien seit Jahrtausenden die verschiedensten Völker und Ethnien überraschend friedlich zusammen.

Auch die georgische Sowjetrepublik war eine multi-ethnische Republik. Doch säte Stalin mit Kalkül durch seine zerrüttende Minderheitenpolitik und Grenzziehung in Abchasien und Südossetien Zwist, der bis heute anhält.

Volksgruppen

Georgier

Die alteingesessene, autochthone Bevölkerung der Region sind die Georgier. Sie machen 86,8 % der Gesamtbevölkerung aus und unterteilen sich in drei Untergruppen. Die **Kartvelier** in Zentralgeorgien sind die Namensgeber der georgischen Eigenbezeichnung des Landes: Sakartvelo – das Land der Kartvelier. Die **Megrelier** im Westen und die **Swanen** im bergigen Nordwesten sind ebenfalls ethnische Georgier, doch sprechen sie eigene Sprachen, die wie das Georgische zu den südkaukasischen Sprachen gehören. Ein Kartvelier aus Tbilissi wird bei einem Besuch in Swanetien wahrscheinlich die im ganzen Land beliebten swanischen Schlaflieder wiedererkennen, sonst aber nicht viel verstehen. Da aber auch Megrelier und Swanen das georgische Alphabet verwenden und neben den Regionalsprachen ebenso Georgisch und meist auch Russisch sprechen, kommt es selten zu Kommunikationsproblemen.

Russen

Lange waren die Russen die größte nationale Minderheit in Georgien, die ersten kamen als Vertreter des Zaren und lebten zunächst in Militärstützpunkten und abgeschlossenen Kolonien. Mit der Roten Armee kamen und blieben russische Soldaten. Ein Großteil des sowjetischen Führungskaders und die Ingenieure für die neue Industrie stellten ebenfalls Russen. Mitte des 20. Jhs. lebten über 400 000 Russen in Georgien, die meisten wanderten nach der Unabhängigkeit ab und ihr Anteil sank auf 1,5 % der Gesamtbevölkerung, was u. a. zu einem großen Fachkräftemangel führte.

Nach dem Beginn des russischen Angriffskriegs gegen die Ukraine im Februar 2022 und erneut nach der Teilmobilmachung im September 2022 reisten zahlreiche russische Staatsbürger nach Georgien ein, wie EU-Bürger dürfen sie sich bis zu einem Jahr im Land aufhalten. Dabei kam es im September 2022 zu kilometerlangen Warteschlagen an der Grenze. Etwa 150 000 Russen sollen sich derzeit in Georgien aufhalten, die meisten hat es nach Tbilissi, Batumi und Kutaissi verschlagen. Zahlreiche der günstigeren Unterkünfte sind daher langfristig an Russen vermietet, auch auf dem Wohnungsmarkt spüren Einheimische die Auswirkung durch die Zugezogenen.

Armenier

Nicht wegzudenken aus dem Stadtbild Tbilissis sind die Armenier. Seit jeher betreiben sie Handel und Handwerk in der Hauptstadt. Nach dem russisch-osmanischen Krieg 1828–29 und dem Vertrag von Adrianopel siedelte die russische Regierung ca. 34 000 Armenier aus der Türkei zwangsweise nach Akhaltsikhe, Akhalkalaki und Kutassi um. Bei einer Fluchtwelle zwischen 1915

Von Umsiedlung und Zwangsdeportation

Am 15. November 1944 ließ Stalin die im Süden Georgiens lebenden türkischsprechenden **Turk-Mescheten** deportieren. Die im 16. Jh. aus Anatolien eingewanderten Mescheten wurden kollektiv wegen des Verdachts der Spionage für die Türkei bestraft. Innerhalb von zwei Stunden wurden 100 000 Mescheten aus ihren Dörfern gerissen und in Viehwaggons nach Zentralasien gekarrt. Tausende verhungerten oder erfroren, nur knapp ein Drittel überlebte den grausamen Transport. Die meisten der Verschleppten waren Frauen, Kinder und Alte – die Männer kämpften an der Front für die Rote Armee und fanden bei ihrer Rückkehr leere Häuser vor.
Tod oder Verlust der Heimat, unendliches Leid und anhaltendes Konfliktpotenzial verursachten die von Stalin angeordneten **Deportationen von insgesamt 7,1 Mio. Menschen** in der Sowjetunion. Unter ihnen Balkaren, Kalmücken, Karatschier, Krimtataren sowie die wegen Kooperation mit der Wehrmacht angeklagten Tschetschenen, Inguschen, Kaukasus- und Wolgadeutschen.

und 1917 retteten sich über 100 000 Armenier vor dem Genozid in der Türkei und siedelten sich in Javakhetien an, der Grenzregion zur Türkei und Armenien. Das Zusammenleben der christlichen Nachbarn war immer friedlich, doch nicht ohne Spannungen. Im 19. Jh. dominierten die Armenier für georgischen Geschmack Handel und Politik von Tbilissi zu stark, damals stellten sie sogar die Mehrheit der Stadtbevölkerung. Später sahen sich die Armenier nach der nationalistischen Staatenbildung 1991 zunehmend benachteiligt und in ihren Hauptsiedlungsgebieten im wirtschaftlich schwachen Südwesten des Landes politisch unterrepräsentiert. Dass nationalistische Siedler Grundstücke in traditionell armenischen und aserischen Siedlungsgebieten aufkauften, um den Anteil dort lebender ethnischer Georgier zu erhöhen, sorgte ebenfalls für Zwietracht. Heute leben knapp 209 000 Armenier in Georgien, das sind rund 5,7 % der Gesamtbevölkerung.

Aseris

Nachdem viele Armenier und Russen nach 1991 auswanderten, bilden heute mit 6,4 % der Gesamtbevölkerung die Aseris die größte ethnische Minderheit. Rund 240 000 muslimische Aseris leben in Nieder-Kartlien, zumeist von der Landwirtschaft. Ihre Vorfahren wanderten im 17. Jh. ein, als Schah Abbas sie aus ihrem ursprünglichen Siedlungsgebiet vertrieb. In der Regionalpolitik sind die schon seit so langer Zeit in Georgien lebenden Aseris noch immer unterrepräsentiert, was z. T. auch daran liegt, dass viele von ihnen nur Aserbaidschanisch und kein Georgisch sprechen.

Osseten

Der Konflikt zwischen Georgiern und Osseten schwelt noch immer, dabei lebten die beiden christlichen Völker lange Zeit in Eintracht zusammen. Zwar waren früher die ossetischen Krieger gefürchtet, die Bergdörfer und Postkutschen auf der Heerstraße überfielen. Andererseits ist die Vermählung zwischen Königin Tamar und dem Prinzen Davit Soslan nicht die einzige Ehe zwischen Georgiern und Osseten gewesen. Die Osseten sprechen eine indogermanische Sprache und sehen sich als Nachfahren der Alanen, die aus den Steppen nördlich des Großen Kaukasus einwanderten und zwischen dem 9. und 13. Jh. einen eigenen Staat im Nordkaukasus errichteten. Als im georgischen Südkaukasus ganze Landstriche von den einfallenden Persern und Osmanen entvölkert worden waren, besiedelten sie dieses Ödland. Die Siedlungsgebiete der Osseten wurden innerhalb der Sowjetunion in zwei Gebiete geteilt: in die autonome Republik Nordossetien innerhalb Russlands und die autonome Region Südossetien innerhalb Georgiens. Als Südossetien nach dem Zerfall der Sowjetunion genauso wie Georgien seine Selbstständigkeit verlangte, begann der anhaltende Südossetien-Konflikt in der Region. Lebten 1989 noch über 100 000 Osseten in Georgien und weitere 70 000 in der autonomen Region Südossetien, macht der Anteil der Osseten in den von der georgischen Regierung kontrollierten Gebieten mit knapp 15 000 heute nur noch 0,4 % aus.

Abchasen

Einst gehörte es nicht nur für reiche Russen, sondern auch für die Elite Georgiens zum guten Ton, den Sommerurlaub an der subtropischen Schwarzmeer-Küste Abchasiens zu verbringen – gerne im eigenen Sommerhaus. Seit sich das kleine Land im Zuge des Zerfalls der Sowjetunion 1992 von der Regierung in Tbilissi losgesagt und im Unabhängigkeitskrieg die Oberhand behalten hat, herrscht Funkstille. Auch wenn sich Abchasien unter der Bezeichnung „Republik Abchasien" als eigenständiger Staat ansieht, ist es aus völkerrechtlicher Sicht als Autonome Republik Abchasien noch immer Teil von Georgien. Bis auf Russland, Nicaragua, Venezuela und Nauru betrachten alle anderen Staaten der Welt Abchasien deshalb auch als okkupiertes georgisches Gebiet. Die Bevölkerungszahl der Autonomen Republik Abchasien wird auf 240 000 Menschen geschätzt (Zensus 2011), wobei die Abchasen davon nur rund 50 % ausmachen sollen. Die andere Hälfte sind Georgier, Russen, Armenier und Griechen. Amtssprache ist neben der nordwestkaukasischen Sprache Abchasisch Russisch, das vor allem in Wirtschaft, Bildung und in den Medien gesprochen wird und das der Großteil der Bevölkerung beherrscht.

Juden

Die ersten Juden wanderten vor 2500 Jahren in den Kaukasus ein, zu ihnen gesellten sich im 19. und 20. Jh. osteuropäische Juden, die einen Teil des bunten Völkergemischs Georgiens bildeten und nicht wie in den meisten anderen Ländern gezwungen wurden, in Ghettos zu leben. In Tbilissi, Kutaissi und Oni befanden sich die größten jüdischen Gemeinden, doch wanderten nach dem Zusammenbruch der Sowjetunion die meisten der damals 100 000 jüdischen Georgier nach Israel aus, schätzungsweise leben heute weniger als 10 000 Juden im Land.

Griechen

Bis 1989 lebten außerdem über 100 000 Griechen in Georgien. Die sogenannten Pontusgriechen siedelten z. T. schon seit der Antike in der Schwarzmeerregion. Die meisten von ihnen emigrierten nach Griechenland (obwohl zuvor wenige jemals einen griechischen Pass besessen hatten) oder Russland, sodass heute weniger als 15 000 Griechen im Land leben.

Weitere Minderheiten

Auf knapp 30 000 schätzt man die Nachfahren der **Kurden**, die Anfang des 20. Jhs. vor religiöser Verfolgung im Osmanischen und Russischen Reich fliehen mussten. Rund 100 Jahre früher, im 19. Jh., wanderten mit Erlaubnis Zar Alexanders I. **deutsche Siedler** (s. Kasten S. 336) in den Süden Georgiens ein, doch wurden sie während des Zweiten Weltkriegs deportiert.

Gesellschaft und Familie

Neben dem Christentum ist die **Familie der wichtigste Pfeiler** der georgischen Gesellschaft. Bis ins 19. Jh. lebten in der **Großfamilie** bis zu vier Generationen unter einem Dach zusammen. Noch heute ist es ganz normal, dass man mit den Eltern zusammenlebt, wobei meistens die Braut ins Elternhaus des Bräutigams einzieht. Das hängt nicht zuletzt damit zusammen, dass Geld oft knapp ist und es gar nicht möglich ist, einen eigenen Haushalt zu gründen.

In der patriarchalischen Gesellschaft werden die Ahnen verehrt, was sich auch in den **traditionellen Trinksprüchen** zeigt: Kein Festmahl wäre möglich, ohne einen Toast zu Ehren der Vorfahren. Dabei ist ein Trinkspruch auf Eltern und Großeltern ein Muss, selbst auf die Urgroßeltern wird noch oft angestoßen. Eltern würden alles für ihre Kinder geben, dabei ist es selbstverständlich, dass die Eltern geehrt und im Alter von ihren Kindern versorgt werden.

Die Familie ist nicht nur eine extrem starke Einheit, sondern wurde während der Sowjetzeit und der Unterdrückung der Kirche zur **Hüterin von Moral und Tradition**. Dass dabei die Privatsphäre des Einzelnen leidet, zeigt der Film *Meine glückliche Familie* von Nana Ekvtimishvili und Simon Groß anschaulich.

Geschichte

Stolz nennen sich die Georgier „Kartvelier", wörtlich bedeutet das „Nachfahren des Kartlos". Kartlos war ein Nachkomme Japhets, welcher wiederum ein Sohn Noahs war und der Legende nach zwischen Ararat und Kaukasus siedelte. Das ist echt ein Ding: Der georgische Volksstamm hätte demnach nicht nur ein biblisches Alter, sondern gar einen biblischen Stammesvater. Doch tatsächlich blickt Georgien auf eine viel längere Geschichte zurück.

Frühgeschichte

Vor 1,85 Mio. Jahren wanderten die ersten Vorfahren der Menschen nach Transkaukasien ein. Kleine, leichte Frühmenschen, die zur Art des „Homo" gezählt werden, lebten im Süden Georgiens. Der sensationelle Fund eines Unterkieferknochens, der bei georgisch-deutschen Grabungen in **Dmanisi** (S. 339) 1991 zum Vorschein kam, schrieb die Evolutionsgeschichte um. Weitere Funde sorgten für zwei Überraschungen: Unsere reiselustigen Ahnen verließen Afrika viel früher als angenommen, aber waren weniger clever als geglaubt. Die später gefundenen Schädel waren sehr klein und die Gehirne der Frühmenschen nur halb so groß wie das des modernen Menschen. Die Welt dieser Jäger und Sammler war noch im Umbruch: Fluten und Vulkanausbrüche formten eine Landschaft, die ihre heutige Form vor ca. 40 000 Jahren erhielt.

Die nächsten Spuren stammen aus dem 6. bis 4. Jahrtausend v. Chr. Es entwickelten sich Stammesverbände, die von einigen Forschern als Vorfahren der Georgier angesehen werden. Sie bauten nicht nur Obst und Getreide an, sondern waren wohl auch die ersten Winzer weltweit. Darauf weisen Funde von fast 6000 Jahre alten Traubenkernen und tönernen Weinkrügen (Kvevri) hin.

Als sich in der mittleren kaukasischen Bronzezeit ab 3500 v. Chr. die **Kura-Araxes-Kultur** (auch Mtkvari-Araxes-Kultur) in Transkaukasien entwickelte, war Kartlien eines ihrer Hauptzentren. Ähnlichkeiten zu zeitgleich existierenden Kulturen aus Ostanatolien und Palästina weisen auf erste Handelsverbindungen hin. Die Menschen lebten in unbefestigten Siedlungen aus Rundhäusern und hielten Schafe, Ziegen und Kühe als Nutztiere. Funde aus den bronzezeitlichen Siedlungen in Samshvilde, Tetristsqaro und die Grabfelder von Sachkhere zeugen von einer weit entwickelten Kultur. Nicht nur Werkzeuge aus Holz, Knochen und Steinen wurden gefertigt, sondern auch aus Metall. Schon seit dem 3. Jahrtausend v. Chr. war Transkaukasien dank seiner Erzvorkommen ein wichtiges Metallverarbeitungszentrum. Die Grabbeigaben von aus Bronze, Silber und Gold gefertigtem Schmuck, Werkzeugen und Waffen verraten großes handwerkliches Geschick.

Die Kura-Araxes-Kultur ging um 2000 v. Chr. in die **Trialeti-Kultur** über, die für ihre kunstfertigen Metallarbeiten bekannt ist. Auch die Keramikverarbeitung erreichte ein hohes Niveau, die Töpferscheibe war bereits bekannt. Schaf- und Rinderzucht waren bedeutend, aus Wolle wurde Kleidung gefertigt, Rinder wurden als Zugtiere eingespannt. Letzteres weiß man sicher, denn man fand als Grabbeigaben nicht nur Töpferwa-

ZEITLEISTE

1,85 Mio. v. Chr.
Funde von Dmanisi beweisen die Einwanderung von Frühmenschen aus Afrika.

6000 v. Chr.
Georgien ist die Wiege des Weinbaus. Traubenkerne gelten als Beweis für erste Weinherstellung.

ren, Schmuck und Waffen, sondern auch komplette Ochsenwagen in den Kurganen. Rund 200 dieser aufschlussreichen Grabhügel wurden nahe dem Ort Trialeti im Süden des Landes, nach dem die gesamte Kultur benannt wurde, entdeckt. Unklar bleibt allerdings, warum vor ca. 1500 Jahren die meisten der Siedlungen der Trialeti-Kultur verlassen wurden. Einige Wissenschaftler sehen als Grund die Einwanderung indogermanischer Viehnomaden, andere das Absinken des Grundwasserspiegels.

Kolchis und Iberien

Im 2. Jahrtausend v. Chr. bildeten sich die ersten größeren Stammesverbände im Südwesten Georgiens: in Ost- und Südgeorgien die Iberer (auch Karts genannt), in Westgeorgien die Kolcher und im bergigen Nordwesten die Swanen.

In Westgeorgien hatte sich seit 1500 v. Chr. eine bronzezeitliche Kultur entwickelt, die im 6. Jh. v. Chr. als **erstes Staatswesen** aufblühte: dem von Mythen umrankten **Kolchischen Reich**. Die Kolchis war schon in der antiken Welt für ihre märchenhaften Reichtümer und sagenhafte Schmiedekunst bekannt und lockte erst Abenteurer, später Siedler aus Griechenland an. Von Ersteren erzählt die **Argonautensage**: Derzufolge reisten Iason und 50 abenteuerlustige Helden bis an das Ende der Welt (damals die Kolchis), um das Goldene Vlies, ein goldenes Widderfell, zu rauben. Die Königstochter Medea (S. 438/439) soll Iason auch gleich mit eingepackt haben, was Stoff für weitere, tragische Mythen lieferte.

Zwischen Sukhumi (in Abchasien) im Norden und der Flussmündung des Rioni breitete sich am Schwarzen Meer das Kolchische Reich aus. Handwerk und Landwirtschaft blühten auf, und der **Handel mit den Griechen** brachte Wohlstand, sodass schon im 4. Jh. eigene Münzen, die „Kolchis Silberne", geprägt wurden. Die Griechen errichteten Handelsposten an der Schwarzmeer-Küste, u. a. **Phasis** (Poti) und **Dioskuria** (Sukhumi), nahmen aber keinen direkten Einfluss auf die Politik. Der **Hellenismus** brachte neue Impulse, griechische Sprache und Kultur verbreiteten sich. Befestigte Städte wie **Kutaissi**, **Vani** und **Nokalakevi** entstanden auch im Landesinneren entlang der Handelsstraße, die vom Schwarzen Meer bis nach Indien führte. Hippokrates beschreibt die Küstenregion der Kolchis äußerst detailliert als eine feuchte, sumpfige und dicht bewaldete Gegend, deren Bewohner in Pfahlbauten lebten. Auch Herodot wusste von der Kolchis zu berichten, u. a., dass die Kolcher alle fünf Jahre ein „Geschenk" von 100 Knaben und 100 Jungfrauen an das Persische Reich senden mussten. Neben Holz, Gold, Eisen, Pferden und Fasanen waren Sklaven ein wichtiges und in der Antike absolut übliches Exportgut.

Um 400 v. Chr. stieg auch im Osten Georgiens ein Reich auf: das **Königreich Kartli** mit der Hauptstadt Mtskheta, von den Griechen **Iberien** genannt. Der Handel mit den Nachbarn florierte, fortschrittliche Festungsstädte wie **Rustavi**, **Gori**, **Urbnisi** und die Höhlenstadt **Uplistsikhe** entstanden entlang der Seidenstraße im Tal der Mtkvari. Doch das Reich war ständig dem Druck Persiens ausgesetzt. Auch nachdem Alexander der Große 331 v. Chr. das Persische Reich zerschlagen hatte, besserte sich die Situation nicht. Denn aus den Trümmern erwuchs das

3500–1900 v. Chr.	2200–1500 v. Chr.	6. Jh. v. Chr.
Kartlien ist ein Zentrum der Mtkvari-Araxes-Kultur, Transkaukasien ist bereits ein wichtiges Zentrum für Metallverarbeitung.	Der kunstfertige Silberbecher von Trialeti zeugt vom großen Wissen der Trialeti-Kultur in der Metallbearbeitung.	Blütezeit des Königreichs Iberien im Osten und des Kolchischen Reichs im Westen

kriegerische **Pontische Reich**, dessen grausamer Feldherr Ason sowohl das Königreich Kartli als auch das Kolchische Reich unterwarf. Dieser wütete blutrünstig und versuchte, das alte Herrschergeschlecht auszurotten. Doch **Parnavas**, der einzige überlebende Fürstenspross, eroberte Jahre später sein Reich zurück. Er regierte 65 Jahre lang von der Armaztsikhe-Festung in der Hauptstadt Mtskheta aus. Die Stadt verwandelte sich in dieser Zeit in eine Weltstadt: Am Hof wurden Griechisch, Aramäisch und natürlich Georgisch gesprochen. Parnavas förderte die Kultur, er soll die georgische Schrift überarbeitet und vereinheitlicht haben.

Römische Herrschaft und Christianisierung

Unaufhaltsam stieg Rom ab dem 3. Jh. v. Chr. zur Weltmacht auf und verleibte sich seine Nachbarländer ein. Auch die Kolchis wurde 65 v. Chr. Teil des Römischen Reichs. Iberien konnte einen gewissen Grad an Unabhängigkeit bewahren und wurde zum östlichsten Vasallen. Bei der Eroberung durch **Pompeius'** Heer 65 v. Chr. fielen den Römern übrigens nicht nur Tausende Krieger zum Opfer, sondern auch große Teile georgischen Waldes, den sie rodeten, weil er den Iberern als Versteck diente. Das Holz von Kolchis lieferte bald wichtigen Nachschub für den Bau der römischen Kriegsflotte, auch kolchische Seemänner und das Fachwissen zum Schiffsbau wurde von den Römern geschätzt. Der neue **östliche Vorposten des Römischen Reichs** hatte wichtige strategische Bedeutung, und Rom war um seinen Schutz bedacht. Die alten griechischen Handelsposten bekamen nun vor allem militärische Bedeutung, und das Reich wurde nach Norden vor marodierenden Stämmen gesichert. Die Handelswege mussten geschützt werden, schließlich durfte die Versorgung mit Luxusgütern wie Seide, Weihrauch und Sklaven nicht ins Stocken geraten – denn die Nachfrage in Rom war riesig. Für diesen Schutz sorgten die straffe römische Verwaltung und militärische Herrschaft. Kulturell, religiös und sogar politisch war der Einfluss jedoch gering, solange die Hoheit Roms anerkannt wurde. So zerfiel ab dem 2. Jh. n. Chr. das Königreich Kolchis in kleinere Reiche, aus denen sich im 4. Jh. n. Chr. der Nachfolgestaat **Lasika** bildete.

Der römische Historiker Strabon beschreibt, dass auch **Kartli** ein wohlorganisierter, von Beamten verwalteter Staat war. Er beobachtete einen großen Unterschied zwischen Bergbewohnern und Flachländern. Die Flachländer waren durch den Austausch mit den Nachbarländern kulturell weit fortgeschritten. Jedoch herrschte dort eine **Klassengesellschaft** mit dem König an der Spitze und unfreien Bauern und Sklaven am unteren Ende. Bei den Bergbewohnern dagegen beobachtete Strabon eine harte und einfache, jedoch gleichberechtigte Lebensweise der Stammesmitglieder.

Als im 3. Jh. im Osten die aggressiven persischen **Sassaniden** an die Macht kamen, hatte Rom seinen Zenit bereits überschritten. Die herrschende Aristokratie Iberiens musste sich, wie so oft in der Geschichte, zwischen den Mächten entscheiden. Das Bündnis fiel zugunsten Roms nach Westen aus. Zeitgleich begann das **Christentum** sich im Land zu verbreiten, es

331 v. Chr.	65 v. Chr.	337
Alexander der Große zerschlägt das Persische Reich. Iberisches und Kolchisches Reich werden von dem nachfolgenden Pontischen Reich unterworfen.	Das Heer von Pompeius besetzt das heutige Georgien. Eingliederung des Königreichs Kolchis in das Römische Reich	König Mirian von Iberien nimmt das Christentum an, das Christentum wird Staatsreligion.

Die Heilige Nino

Nino kam aus Kappadokien in Zentralanatolien, von dort war sie vor der Sklaverei geflohen. Im Gepäck hatte sie nicht mehr als ihren christlichen Glauben und ein Weinrebenkreuz, das sie (wie die Legende besagt) mit ihrem eigenen Haar zusammengebunden hatte. Die besondere Form des Kreuzes mit herabhängenden Armen sollte zum Vorbild aller Kreuze im Land werden. Nino landete in der damaligen Hauptstadt Mtskheta und machte sich bald einen Ruf als kundige Heilerin. Nachdem sie die todkranke Königin Nana von ihren Leiden befreit hatte, wollte diese Nino mit Gold und Silber belohnen. Doch die bescheidene Nino lehnte ab – nicht sie, sondern ihr Gott habe die Krankheit der Königin besiegt. Die geheilte Königin war beeindruckt und nahm den christlichen Glauben an. Ihr Mann, König Mirian, brauchte etwas länger: Erst als dieser sich bei der Jagd verirrt hatte und sich im Nebel für immer verloren glaubte, rief er den Gott von Nino um Hilfe an. Der lichtete sofort den Dunst, und nun war auch der König überzeugt. Mirian nahm nicht nur selbst den christlichen Glauben an, sondern erklärte das Christentum sogleich zur Staatsreligion. Die Heilige Nino wird als die „Erleuchterin Georgiens" hochverehrt. Von ihren Verdiensten wurde zum ersten Mal 403 in Tyrannius Rufinos Kirchengeschichte erzählt, allerdings ohne ihren Namen und eine genaue Herkunft zu verraten. In den Manuskripten der *Bekehrung Kartlis* von 970 erscheint erstmals der Name Nino.

fand seinen Weg vom syrischen Antiochien über Kappadokien und Armenien. Besonders verehrt wird die heilkundige Nino aus Kappadokien (s. Kasten), die König Mirian und seine Frau für ihren Gott begeistern konnte. Nachdem Nino König Mirians Frau geheilt hatte, erklärte der König 337 das Christentum zur Staatsreligion, als zweiter Staat nach Armenien.

Zwischen Byzanz und Persien

Im 4. Jh. bahnte sich die Konfrontation der damals größten Mächte an: dem Byzantinischen **Reich** im Westen und **Persien** im Osten – und Georgien lag dazwischen.

Konstantin baute ab 325 Byzantion (Konstantinopel) aus und machte es zur neuen Hauptstadt des Oströmischen Reichs. Das Christentum wurde 380 unter Theodosius schließlich zur Staatsreligion ernannt. Doch nach dem endgültigen Zerfall in West- und Oströmisches Reich 395 hatte das neue (oströmische) Byzantinische Reich andere Sorgen als seine östlichsten Randgebiete, nur im Westen, in Kolchis-Laskia, behielt Byzanz Militärposten. Das weiter östlich gelegene Iberien im Osten musste schauen, wie es sich ohne Unterstützung gegen die **eindringenden Perser** wehren konnte. Zahlreiche Burgen, Wachtürme und Sperrmauern waren zur Verteidigung im ganzen Land gebaut worden. Über 200 Jahre lang zogen sich die erbitterten Kämpfe: bis **König Vakhtang I Gorgasali**, der nach dem „Wolfshaupt" auf seinem Helm benannt wurde, die Unabhängigkeit für Iberien erkämpfte. Gorgasali hatte ganz offensichtlich

446–502	523	7. Jh.
Vakhtang I Gorgasali gründet während seiner Regierungszeit Tbilissi und setzt die Eigenständigkeit (Autokephalie) der Kirche durch.	Die Perser unterwerfen Tbilissi und ganz Iberien.	Eroberung durch die Araber, georgische Herrscher müssen Tribut zahlen.

Die 13 Syrischen Väter

Im 6. Jh. kamen der Mönch Johannes Zedazeni und seine zwölf Gefährten aus dem Zweistromland nach Georgien. Im ganzen Land gründeten sie Klöster und Kirchen und vollendeten die Missionsarbeit im bereits christlichen Georgien. Sie festigten die junge Kirche und wurden mit ihren asketischen und strengen Sitten zu Vorbildern. Nebenbei revolutionierten sie das georgische Mönchstum: War seit dem 4. Jh. vor allem das Einsiedler- und Wandermönchtum im Trend gewesen, so lobten die Syrischen Väter nun das Leben in der Gemeinschaft und lebten die christliche Nächstenliebe. Das altgeorgische Heidentum und der persische Mazdaismus wurden weiter bekämpft. Abibos, einer der Syrischen Väter, der sich in Nekresi niedergelassen hatte, löschte kurzerhand das von zoroastrischen Priestern gehütete ewige Feuer. So wurde er zum Märtyrer, denn Ostgeorgien stand damals unter persischer Herrschaft, und der Statthalter ließ Abibos ohne Umschweife für diese Tat steinigen.

seinen eigenen Kopf: Er setzte die **Autokephalie** (Eigenständigkeit) der georgischen Kirche durch, die seitdem ihrem eigenen Patriarchen untersteht. Doch Byzanz wollte den Barbarenländern im Osten kein eigenes Kirchenoberhaupt, einen Katholikos, senden. Gorgasali ließ kurzerhand aus Antiochia einen Katholikos und zwölf Bischöfe kommen, denen er großzügig die alte Hauptstadt Mtskheta überließ. Eine Legende erzählt davon, wie Gorgasali bei der Jagd die heißen Quellen von Tbilissi entdeckte und daraufhin dort die neue Hauptstadt gründete. Doch schon kurz nach Gorgasalis Tod unterwarfen 523 die Perser Tbilissi und ganz Iberien. Sie verwüsteten das Land und verfolgten Andersgläubige. Vor allem gegen die Christen gingen sie wegen deren Bindung zum feindlichen Byzanz rigoros vor. Viele Georgier bezahlten für ihren Glauben mit dem Leben. Davon erzählt das grausame Martyrium der heiligen **Schuschanik** (Susanne), einer armenischen Prinzessin. Ihr fürstlicher georgischer Ehemann war zum persischen Feuerkult übergetreten, sie jedoch weigerte sich, es ihm gleichzutun. Der eigene Ehemann ließ sie martern und in den Kerker sperren, wo sie qualvoll verendete. Ende des 6. Jhs. tobte auch in Westgeorgien **Krieg gegen Byzanz**. Kultureller Niedergang, Verwüstung und Ausbeutung herrschten in beiden georgischen Staaten und machten die ausgeblutete Region zur leichten Beute für die nächste Großmacht: die anrückenden arabisch-islamischen Heere.

Araber, Seldschuken und die Bagratiden

Im 7. Jh. standen die Araber vor der Tür. Geeint durch den Islam und die Mission, ihre Religion zu verbreiten, hatten sich die zuvor zersplitterten **arabischen Stämme** zusammengeschlossen. Syrien, Palästina und Teile des geschwächten Perserreichs hatten sie bereits erobert, als sie sich Transkaukasien näherten. Die Araber eroberten Kartlien und errichteten das **Emirat von**

1008	11. Jh.	11.–13. Jh.
Unter der Dynastie der Bagratiden werden Abchasien, Kartlien und Kachetien zu einem Reich vereint, die Araber werden vertrieben.	In der „Didi Turkoba" überfallen und verwüsten die nomadischen Turkstämme der Seldschuken das Land.	Goldenes Zeitalter: größte territoriale Ausdehnung und kulturelle Blüte unter Königin Tamar

Tbilissi, über 400 Jahre sollte ihre Herrschaft andauern. Die regionalen Herrscher durften ihren Thron behalten, wenn sie die arabische Hoheit anerkannten und für ihre „Sicherheit" das arabische Heer mit georgischen Truppen unterstützten. Wer mit den neuen Machthabern kooperierte und zum Islam übertrat, konnte mit Privilegien rechnen. Christen mussten zwar eine Kopfsteuer zahlen, wurden aber geduldet. Doch der Ton änderte sich bald: 723 wurde **Murwan Ibn Mohammed** Statthalter im Emirat, er trug nicht ohne Grund den Beinamen „der Taube", denn bei Bittgesuchen stellte der erbarmungslose Herrscher auf Durchzug. Von einem bis dahin unbekannten religiösen Fanatismus getrieben, setzte er brutal die Islamisierung der Bevölkerung durch. Als der Widerstand erstarkte, liquidierte er fast die gesamte georgische Aristokratie und entvölkerte mit Strafsanktionen ganze Landstriche. Auch die Königssöhne Davit und Konstantin fielen ihm zum Opfer. Als die beiden westgeorgischen Fürsten Widerstand gegen den arabischen Eroberer leisteten, wurden sie zu Tode geprügelt und ihre Leichen im Fluss versenkt. Treue Untertanen bargen ihre sterblichen Überreste und bestatteten sie an einem Felsen hoch über dem Fluss bei Kutaissi. Die mutigen Brüder wurden später heiliggesprochen und an jener Stelle das Kloster Motsameta gebaut, heute ein wichtiger Pilgerort. In den Randgebieten des Emirats erstarkten Ende des 8. Jhs. georgische Fürstentümer: im Nordwesten **Egrissi-Abchasien** und im Südwesten **Tao-Klardschetien**. Fürst **Ashot Bagratoni** hatte Tao-Klardschetien gegründet, das sich bis weit in die heutige Türkei ausbreitete. Ashot war ein fähiger, pro-byzantinischer Politiker. Byzanz seinerseits war bemüht, Tao-Klardschetien zu stärken, um den arabischen Nachbarn im Zaum zu halten. Ihr Schützling Ashot bekam den höchsten Hoftitel „Kuropalat" verliehen und wurde Begründer der **Bagratiden-Dynastie**, die 1100 Jahre regieren sollte, bis zur russischen Machtübernahme. Eingekesselt von den neuen Nachbarn, schrumpfte das Emirat von Tbilissi immer weiter, während sich durch die arabische Unterdrückung die Verbundenheit von Christentum und Georgiertum gefestigt hatte und ein Zusammengehörigkeitsgefühl entstand. **Davit III**, Spross der Bagratiden und ebenfalls mit dem byzantinischen Ehrentitel des „Kuropalat" ausgestattet, schaffte es 1008, die widerborstigen Fürstentümer der Randgebiete mit Tao-Klardschetien zu einem **georgischen Königreich** zu vereinen. Als nächstes jagte er die Araber aus dem Land. Mit kriegerischem und diplomatischem Geschick errichteten er und seine Nachfahren **Bagrat III** und **Bagrat IV** eine starke Monarchie mit einheitlicher Sprache und Kirche. Gegen Ende des 10. Jhs. wurden zerstörte Städte, Festungen und Wege wieder aufgebaut, ein Netz von Wasserkanälen angelegt, der Handel blühte auf. Als Mitte des 11. Jhs. die Schutzmacht Byzanz ihre Hände nach Georgien ausstreckte, wehrte sich der erstarkte Staat. Auch die Invasionen eines neuen Feindes konnten anfangs abgewehrt werden: die der nomadischen Turkstämme der **Seldschuken**, die sich bereits in persisch-arabischen Gebieten ausbreiteten. Doch nach ihrem Sieg gegen Byzanz und Armenien fielen die Seldschuken raubend und marodierend in Georgien ein. Sie brannten große Städte wie Kutaissi und Samshvilde nieder, zerstörten Klöster und Festungen. Die Zeit ging als „Didi Turkoba", die

um 1200	1235	1366
Shota Rustaveli schreibt das Heldenepos *Der Recke im Tigerfell.*	Mongolenstürme: Mongolen bringen das Land unter ihre Herrschaft (mit Ausnahme von Imeretien).	Tausende sterben durch die Pest.

große Türkenzeit, in die Geschichte ein. Chronisten verglichen die Einfälle der Seldschuken mit riesigen Schwärmen von Heuschrecken, die über das Land herfielen. Jedes Jahr trieb das nomadische Turkvolk im Frühling seine Viehherden zum Weiden nach Georgien, plünderte und mordete unter der Bevölkerung und zog sich für den Winter wieder nach Süden zurück. Kirchen wurden in Pferdeställe verwandelt, Christen zu Sklaven. Wohlgefällige Könige wie die Bagratiden mussten auch in diesen Zeiten den Thron nicht räumen, doch innerpolitische Machtkämpfe schwächten das verwüstete Land zusätzlich.

Das Goldene Zeitalter

Davit Aghmashenebeli betrat mit zarten 18 Jahren als neuer Bagratiden-König die Bühne. Er räumte im verwüsteten Reich auf und warf 1121 bei der legendären **Schlacht von Didgori** die Seldschuken geradezu spektakulär aus dem Land: Mit nur 60 000 Mann besiegte er 300 000 seldschukische Soldaten mit kluger Kriegstaktik im bergigen Hinterland von Tbilissi. Nur unglaubliche drei Stunden soll die Blitzschlacht gedauert haben. Im Wiederaufbau des Landes legte der junge Herrscher ein genauso rasantes Tempo vor. Wie ein Phoenix aus der Asche erwuchs in den 26 Jahren seiner Herrschaft ein starker Staat mit blühender Kultur und läutete das **Goldene Zeitalter** der georgischen Geschichte ein. Davit machte Tbilissi wieder zur Hauptstadt, ließ Straßen pflastern, Brücken bauen, alte Städte wieder aufbauen, neue Städte und Klöster gründen. Die Klosterakademien von Ikalto und Gelati wurden zu Zentren der Kultur und Wissenschaft, Gelehrte kamen von weit her, um dort zu lernen und zu lehren. Besonders eng war Davit mit dem Kloster Gelati verbunden, das als „neues Jerusalem" von sich reden machte. Er soll im dort angegliederten Spital höchstpersönlich die Kranken besucht haben. Seine Gegner dagegen entmachtete er: Adeligen Verschwörern nahm er Titel und Länder ab und schränkte generell die Macht der Fürsten ein. Der König reformierte die Kirche; nicht wie bisher Herkunft, sondern Kompetenz wurden entscheidend, um in den hohen Klerus aufgenommen zu werden. Davit wurde zum Nationalhelden und bekam den Beinamen „der Erneuerer", der meist nicht ganz korrekt vom Russischen als „der Erbauer" übersetzt wird, was jedoch nicht weniger passend ist.

Zu dieser Zeit waren die **Kreuzzüge**, mit dem Ziel Jerusalem zurückzuerobern, in vollem Gange. Das Land am Kaukasus, in dem der Heilige Georg besonders stark verehrt wurde, gelangte in Europa unter dem Namen „Georgien" Bekanntheit und wurde als östliches Bollwerk des Christentums geschätzt. Die Kreuzritter verhalfen Georgien zu einer friedlichen Zeit, denn sie schwächten die arabischen Emirate und die Seldschuken. Jedenfalls musste es sich in den nächsten hundert Jahren nicht gegen äußere Feinde wehren.

Zu dieser Zeit wurde das Reich zur Großmacht, dessen Einfluss bis weit über den Kaukasus hinausging. Seine größte Blüte erreichte Georgien unter der Urenkelin von Davit Aghmashenebeli, **Königin Tamar** (Tamar Mepe), die 1184 mit 24 Jahren den Thron bestieg (s. Kasten).

Während Tamars Herrschaft lebte das georgische Volk in Wohlstand, in ganz Georgien soll es weder Bettler noch Räuber gegeben haben.

1395	1453	Mitte 15. Jh.
Zerstörung von Tbilissi durch Mongolenherrscher Timur Lenk, der von 1386 bis 1403 Georgien verwüstet	Konstantinopel wird von den Osmanen eingenommen, Georgien ist von der christlichen Welt abgeschnitten.	Zerfall des Georgischen Reichs in drei Königreiche (Imeretien, Kartlien, Kachetien)

Ihrer Zeit voraus: Königin Tamar

Tamar war jung, talentiert, energisch, eine ausgezeichnete Kriegerin und wie ihr Urgroßvater eine Reformatorin. Auch sie ließ Kirchen, Klöster, Karawansereien, Akademien, Festungen und Paläste bauen. Der Versuch, ein Parlament einzuführen, scheiterte zwar am Widerstand des Adels, doch sie reformierte Gesetze und schaffte die Todesstrafe und Verstümmelung als Strafe ab. Sie verschonte sogar ihren rebellischen Ex-Mann, den russischen Fürsten Juri Bogolyubsky. Die Verbindung des Paares endete nach zwei Jahren in einem Skandal: Die Ehe wurde offiziell wegen Kinderlosigkeit annulliert und Juri verbannt. Es kursierten unterschiedliche Gerüchte, ob der Grund seine Vorliebe für Wodka und Jünglinge oder doch eher Sodomie und Ehebruch gewesen sei. Obwohl Juri zwei Aufstände gegen sie anführte, ließ Tamar Milde walten. Ihre Großzügigkeit wird in Liedern besungen und fand Einzug in unzählige Legenden. Es heißt, dass **Shota Rustaveli** das Nationalepos *Der Recke im Tigerfell* ihr gewidmet habe.

Tamars Hof zog zahlreiche gebildete Menschen an, unter ihnen jenen Humanisten und Dichter Rustaveli, der unsterblich in sie verliebt gewesen sein soll. Natürlich hatte er keine Chance – nachdem Tamar wieder Single war, häuften sich Heiratsangebote. Den Antrag eines Sohnes von Barbarossa schlug sie ebenso aus wie den des Seldschukenfürsten Muzzafar ud-Din, der sich wirklich Mühe gegeben hatte und sogar zum Christentum übergetreten war. 1191 heiratete sie den **Ossetischen Prinzen David Soslan**, der ebenfalls aus der Bagratiden-Dynastie stammte.

Doch war ihre Regierungszeit auch eine Zeit ununterbrochener Kriege, nicht umsonst trug sie als Symbol ihrer Macht immer ihr Schwert bei sich. Die milde Königin konnte eben auch anders: Als 12 000 Christen im armenischen Ani niedergemetzelt wurden, ließ Tamar ihre Reiterei zu einem Rachefeldzug ausrücken und 12 000 Muslime massakrieren. Die islamischen Vasallen wurden auch sonst öfter mal ausgeplündert, ein passender Anlass fand sich schnell, so z. B. zur Feier der Geburt von Tamars Sohn Lasha.

Im Jahre 1213 starb die sagenumwobene Königin mit 41 Jahren. Selbst um ihren Tod ranken sich Legenden. So soll es ihr letzter Wunsch gewesen sein, dass das gesamte Land ihr Grabmal würde und ihr eigentliches Grab unbekannt bliebe. Der Sage nach wurden vier Särge aus der Kirche, in der sie aufgebahrt war, hinausgetragen – jeder in eine andere Himmelsrichtung. Die Träger sollen sich nach Erfüllung des Auftrags umgebracht haben, um den Begräbnisort niemals preisgeben zu können.

Die Mongolenstürme

Tamars Nachfolger **König Giorgi-Lasha V** und **Königin Rusudan** lebten in Saus und Braus am georgischen Hof, als sich das Unheil 1230 ankündigte: Der **Sultan von Choresm** verwüstete mit seinem Heer Kartlien und nahm nach dreimonatiger Belagerung Tbilissi ein. Wer sich

1555	1615	18. Jh.
Frieden von Amasia, Perser und Türken teilen Georgien unter sich auf.	Schah Abbas I schlägt Aufstand in Tbilissi nieder, über 60 000 Menschen werden getötet, 100 000 versklavt.	Unter Vakhtang VI nationale Wiederbesinnung. Im Kodex des Vakhtang legte er erste Straf- und Zivilgesetze fest.

nicht zum Islam bekehren ließ, wurde erschlagen. Die Mtkvari soll rot vom Blut der Niedergemetzelten gewesen sein. Der Sultan war ein Vorbote der Mongolen, die ihm sein eigenes Sultanat abgenommen hatten. Noch mehrere Jahre zog er marodierend durch das Land, doch konnte er sich weder gegen die Georgier durchsetzen, noch die Mongolen fernhalten.

Dem Sultan von Choresm folgten ab 1235 die ebenso grausamen Invasionen der Mongolen, die sogenannten **Mongolenstürme**. Das georgische Heer erlitt schwere Niederlagen, und Königin Rusudan war nicht in der Lage, das Land zu schützen. Die Fürsten verschanzten sich in ihren Festungen, während die Mongolen die Landbevölkerung ausplünderten und die Städte dem Erdboden gleichmachten. Die arme Landbevölkerung wurde mit horrenden Tributforderungen belegt, die rücksichtslos eingefordert wurden. Die hohen Steuern belasteten die Bauern so sehr, dass viele ihre Felder verließen und in die Berge flohen. Vor allem Kartli wurde bei den ständigen mongolischen Überfällen entvölkert, Hunger und Seuchen taten ihr Übriges. 1240 fiel schließlich ganz Georgien in die Hände von **Khan Batu**, einem Enkel von Dschingis Khan. Die georgischen Könige wurden nicht abgesetzt, mussten aber bei jeder Entscheidung eine Bestätigung der mongolischen Machthaber einholen und ihnen ein Heer stellen. So kam es, dass es georgische Soldaten waren, die 1299 im Dienst der Mongolen Jerusalem einnahmen.

Unter dem durchsetzungsstarken König **Giorgi V** nutzten die Georgier wenig später die geschwächte Lage der Mongolen aus. Nach mehreren Niederlagen waren die mongolischen Klane zerstritten. Bei einem großen Fest, zu dem Giorgi V alle Fürsten Georgiens eingeladen hatte, ließ er kurzerhand die loyalen Unterstützer der fremden Herrscher köpfen und verkündete das Ende der Mongolenherrschaft. Er schaffte es, das zerfallene Reich zu einen, stabilisierte Wirtschaft und Handel und bekam den Beinamen „der Prächtige“. Doch dem neuen Staat war keine lange Ruhephase gegönnt. Im Jahre 1366 breitete sich ein neues Übel aus, gegen das sich weder Könige und Krieger wehren konnten: Die **Pest** raffte Tausende dahin.

Kaum weniger schlimm als die Pest, folgte 1386 **Timur Lenk**, ein ferner Verwandter von Dschingis Khan. Mit großer Grausamkeit hatte „der Lahme“ ein gewaltiges Reich mit der Hauptstadt Samarkand erobert. Über Georgien fiel er in acht Feldzügen her und machte – man kann es nicht anders sagen – zwischen 1386 und 1403 das Land platt. Er wütete noch schlimmer als die Mongolen in der ersten Phase der Mongolenstürme. Als Teil seiner wirtschaftlichen Kriegsführung ließ er Obst- und Weingärten abholzen, Äcker und Gemüsegärten zerstören, außerdem Kirchen und Festungen niederbrennen. Die Wirtschaft lag am Boden, manche Historiker sagen, Georgien hätte sich nie komplett von Timurs Feldzügen erholt. Giorgi VII konnte erst 1403 Timur Lenk einen Friedensvertrag abringen und sorgte so für eine kurze Verschnaufpause.

Zwischen Persern und Osmanen

Der nächste schwere Schlag ließ nicht lange auf sich warten. Türkenstämme formierten sich

1763	1783	1801–78
Erekle II vereinigt Kachetien und Kartlien.	Traktat von Georgijewsk, Schutzvertrag mit Russland, das keine Hilfe schickt, als Tbilissi von Schah Aga Khan Mohammed überfallen wird	Eingliederung der einzelnen Provinzen in das Russische Reich

zum **Osmanischen Reich** und **nahmen 1453 Konstantinopel ein**, kurz darauf brach das Byzantinische Reich zusammen. Georgien war isoliert und von seinen Handelspartnern und dem Welthandel abgeschnitten. **König Alexander I** hatte zwar in der kurzen Phase des Friedens zerstörte Städte und Kirchen wieder aufgebaut, doch ab Mitte des 15. Jhs. fand sich Georgien mal wieder zwischen zwei Großmächten: dem **Persischen Reich** im Osten und dem **Osmanischen Reich** im Westen. Georgien wurde zum Schlachtfeld des Machtkampfs und zwischen den beiden Mächten zermalmt. Das Reich zerfiel in über 25 rivalisierende Fürstentümer, u. a. konnten sich die Dadianis in Megrelien etablieren. Je nach Lage paktierte der Adel mit der einen oder anderen Seite, eine gemeinsame Armee gab es nicht mehr. Oft blieb der Bevölkerung nichts anderes übrig, als bei den zahlreichen Invasionen in die Berge zu flüchten. Nur war es auch dort nicht sicher. Wo Handel und Wirtschaft daniederlagen, blühte allein der Sklavenhandel. Die Nachfrage nach georgischen Frauen und Kindern war groß in den orientalischen Harems. Sklaven mussten als Tribut an die Herrscher geliefert werden und wurden bei Raubzügen, oft bei den Bergvölkern, eingefangen. Kaltschnäuzige georgische Fürsten mischten bei dem gut bezahlten Geschäft eifrig mit. Nicht einmal die Todesstrafe, die auf Drängen der Kirche auf Sklavenhandel verhängt wurde, schreckte die adeligen Menschenhändler ab.

Nach bitteren Kämpfen einigten sich Perser und Osmanen 1555 im **Frieden von Amasia** über die **Aufteilung Georgiens**: Ostgeorgien fiel an Persien, Westgeorgien an die Osmanen. Dabei ließen die Osmanen ihren Untergebenen etwas mehr Freiheiten. Im persisch dominierten Ostgeorgien wurden alle Herrscher vom Schah eingesetzt und mussten muslimisch sein. **Schah Abbas I** ging dabei besonders skrupellos gegenüber den Christen vor, obwohl in der kosmopolitischen Hauptstadt seines Riesenreichs, in Isfahan, alle Weltreligionen friedlich zusammenlebten. Ebenso bändelte der ehrgeizige Herrscher mit den Westmächten Europas an, um den gemeinsamen Feind, das Osmanische Reich, zu bändigen.

Bei einem **Aufstand 1615 in Tbilissi** ließ er mehr als 60 000 Menschen brutal niedermetzeln und weitere 100 000 Georgier versklaven und in langen Todesmärschen in weit entfernte persische Provinzen umsiedeln. Ihre Nachfahren leben noch heute nahe der iranischen Stadt Fereidan. Bis zu seinem Tod 1629 fiel der Schah noch mehrmals über Ostgeorgien her.

Im Russischen Zarenreich

„Es sind die Zeiten, die herrschen, nicht die Könige" lautet ein georgisches Sprichwort. Wie viel Wahrheit in diesem Sprichwort steckt, musste der kluge und gebildete **König Vakhtang VI** von Kartli erleben. Georgien war politisch zersplittert und wurde von Persern und Osmanen in die Zange genommen. Als **Zar Peter der Große von Russland** als Schutzpatron der kaukasischen Christen 1720 ein Bündnis gegen die gemeinsamen Feinde vorschlug, glaubte Vakhtang VI, einen Freund gefunden zu haben. Er sandte ein 40 000 Mann starkes Heer, um den Russen im Kampf gegen die rebellischen Lesgier beizustehen. Die kamen aus dem Zentralkaukasus, in den das russische Zarenreich

1879	26. Mai 1918	25. Februar 1921
Josef Dschugaschwili wird in Gori geboren und als Stalin in die Geschichte eingehen.	Georgische Demokratische Republik	Die Rote Armee besetzt Georgien, Eingliederung in die Sowjetunion

Die georgische Kolonie in Moskau

Im 17. und 18. Jh., als die Beziehungen zwischen Russland und Georgien enger wurden, zog es immer mehr Georgier – mehr oder weniger freiwillig – in die Nähe Moskaus. Den Anfang machte Prinz Erekle Bagratoni, der in den russischen Adel einheiratete, und König Archil, der mit seiner gesamten Familie emigrierte. Die georgischen Immigranten mischten bald mit im kulturellen und politischen Leben Moskaus. Die nächste Welle georgischer Exilanten erreichte Russland 1724. Katharina die Große gewährte König Vakhtang VI großzügig Exil und sogar eine Pension, nachdem Russland ihn zuvor gegen die Türken im Stich gelassen hatte, die ihn wenig später vertrieben hatten. Mit seiner Familie und einem Gefolge von 1200 Mann ließ sich der ehemalige Herrscher nahe Moskau nieder. Nach der Annexion der letzten georgischen Fürstentümer durch Russland 1815 musste auch die gesamte georgische Königsfamilie ihre Heimat verlassen – ihnen folgten viele Adelsfamilien ins russische Exil.

seit Anfang des 18. Jhs. vordrang, und breiteten sich auch in Georgien aus. Doch Zar Peter ließ Vakhtang VI nicht nur alleine gegen die Lesgier kämpfen, sondern schloss zu allem Übel auch noch einen Friedensvertrag mit den Türken, der diesen Anspruch auf georgisches Terrain zugestand. Vakhtang VI blieb nichts anderes übrig, als ausgerechnet ins russische Exil (s. Kasten) zu fliehen. Auch **König Erekle II** (Irakli II) sollte es nicht anders ergehen. Unter seiner klugen Führung vereinte er während seiner Regierungszeit von 1762 bis 1798 Kachetien und Kartli. Er läutete eine Zeit relativer Ruhe und Bautätigkeit ein. Zum ersten Mal seit langer Zeit konnte der Verbindungsweg über den Großen Kaukasus wieder benutzt werden, der Handel belebte sich langsam. Erekle II war Herrscher eines multinationalen Königreichs, das er nach europäischer Art umgestaltete: Er lud europäische Gelehrte ein, führte das deutsche Polizeigesetzbuch ein, baute ein stehendes Heer auf und stabilisierte die Währung. Auch er baute auf die Hilfe des christlichen Russland, als er mit den Übergriffen der Perser überfordert war. Mit dem **Traktat von Georgijewsk 1783** sicherte das Zarenreich Georgien seinen Schutz zu. Tatsächlich zog Russland seine Truppen kurz darauf ab, um Aufstände der Tschetschenen im Nordkaukasus zu unterdrücken. Mit einem Handstreich konnte deshalb **Schah Aga Khan Mohammed** das ungeschützte Tbilissi einnehmen, die Stadt ausplündern und Tausende in die Sklaverei verkaufen. Das Russische Reich hatte die Georgier gleichgültig im Stich gelassen. Das hinderte den neu gekrönten Herrscher **Zar Alexander I** nicht daran, gleich nach seinem Amtsantritt Kartli-Kachetien **1801 zu einem russischen Protektorat** zu erklären. Bis 1864 annektierte das Russische Reich alle georgischen Königreiche, die fortan Provinzen des russischen Zarenreichs waren. Der politisch entmachtete georgische Adel wurde Teil des russischen Adels.

Zwar war das 19. Jh. eine friedvolle Zeit, und die georgischen Staaten waren unter russischer Hoheit vereint, doch das Zarenreich unterdrückte die georgische Kultur: Die georgische Kirche wurde dem russischen Patriarchat

27. August 1924	1936/37	5.–9. März 1956
Aufstand gegen Sowjetisierung wird blutig niedergeschlagen, zahlreiche Deportationen	Brutale Repressionen gegen Intellektuelle und Staatsfunktionäre	Niederschlagung von Unruhen in Tbilissi

unterstellt und verlor somit ihre Autokephalie, die Liturgiesprache wurde durch Kirchenslawisch ersetzt, alle bedeutenden Ämter von Russen besetzt und Russisch zur Amtssprache erklärt. Das georgische Kulturleben verfiel. Die Antwort auf Widerstand war u. a., dass alte Fresken in Kirchen mit russischer Malerei überdeckt und sogar ganze Kirchen abgerissen wurden. Andererseits führte die russische Herrschaft zu einem wirtschaftlichen Aufschwung: Die Russen setzten Agrarreformen um, schafften die Leibeigenschaft ab, bekämpften den Sklavenhandel und bauten Fabriken, die Eisenbahnlinie von Poti nach Baku über Tbilissi wurde 1833 fertiggestellt. Doch davon bekam das Gros der Bevölkerung nichts mit, und seit 1804 kam es immer wieder zu Aufständen.

Vielleicht war es auch nicht ganz so clever von den russischen Zaren, unliebsame Intellektuelle und Adelige in den Südkaukasus zu verbannen. Deren Ideen und revolutionäres Gedankengut fielen dort auf fruchtbaren Boden: Seit Mitte des 19. Jhs. entwickelte sich eine **national-liberale georgische Bewegung**, die sich einen unabhängigen Georgischen Staat wünschte. Getragen wurde diese vor allem von in Moskau und Westeuropa ausgebildeten Georgiern, der neuen georgischen Intelligenz.

Erste georgische Republik

Die **Februarrevolution** in Russland 1917 hatte sich durch zahlreiche Aufstände angekündigt. Zuletzt waren Tausende unbewaffnete Demonstranten in Sankt Petersburg wegen der herrschenden Zustände und der hohen Arbeitslosigkeit auf die Straße gegangen. Dieser Tag sollte als **Blutsonntag** in die Geschichte Russlands eingehen. Denn anstatt über eine Lösung der Probleme nachzudenken, ließ Zar Nikolaus II die Demonstranten niederschießen. Auch in Georgien kam es zu Bauernaufständen. Anders als im Russischen Reich gab es dort jedoch keine Arbeiterschaft und somit keine Grundlage für die Entstehung einer starken kommunistischen Partei.

Nachdem der Zar 1917 gestürzt war, riefen Aserbaidschan, Armenien und Georgien die **Transkaukasische Föderation** aus, eine politische Eintagsfliege, die weniger als einen Monat existierte. Bereits am 26. Mai 1918 erklärte sich Georgien für unabhängig und rief die **Demokratische Republik Georgien** aus. Auch sie sollte nur drei Jahre bestehen. Die frisch gebackene Demokratie gab sich eine Verfassung nach Schweizer Vorbild, in den ersten freien Wahlen setzte sich die Sozialistische Partei gegen die Kommunistische Partei durch. Deutschland war die erste Großmacht, die den neuen Staat im **Vertrag von Poti** (s. Kasten S. 110) anerkannte und militärische Unterstützung zusicherte. Der Bund mit dem Deutschen Reich währte nicht lange, und auch die englischen Truppen, die sich in Mesopotamien befunden hatten, zogen schnell ab. Sie wollten den russischen Bären nicht provozieren, in dessen Machtbereich Georgien lag.

In Russland hatten sich die kommunistischen Bolschewiken durchgesetzt und riefen bei der Oktoberrevolution **1917** die **Weltrevolution** aus. Als bolschewikische Militäreinheiten Ende November 1917 auch in Georgien rebelliert hatten, waren sie von der demokratischen georgischen

8./9. April 1989	1990	9. April 1991
Friedliche Demonstrationen in Tbilissi werden brutal niedergeschlagen.	Abchasien und Südossetien rufen sich als eigenständige Sowjetrepubliken aus.	Georgien erklärt die Unabhängigkeit.

Der Vertrag von Poti

Als die Welt sich in der Endphase des Ersten Weltkriegs befand, landeten im Juni 1918 deutsche Truppen in Georgien. Doch die Deutschen kamen nicht als Besatzer, sondern um dem jungen georgischen Staat und – nicht ganz uneigennützig – das Öl des Kaukasus zu schützen. Seit sich das geschwächte Russland zurückzog, setzten die Osmanen die transkaukasischen Länder unter Druck. Nur zwei Tage nach der Unabhängigkeitserklärung Georgiens unterschrieben am 18. Mai 1918 deutsche Gesandte den Vertrag von Poti. Die internationale Anerkennung war für die junge Kaukasusrepublik überlebenswichtig. Zu ihrem Schutz sah der Vertrag die Stationierung deutscher Truppen im Land vor. Außerdem sollte das Deutsche Reich unbeschränkt georgische Bahnverbindungen und Häfen nutzen, eine Bergwerkkooperation gründen und die Reichsmark einführen dürfen. Ob diese deutsch-georgische Freundschaft für beide Seiten gewinnbringend gewesen wäre, sollte sich nie zeigen. Schon Ende 1918 wurden die deutschen Expeditionskorps abgezogen, denn nach der Novemberrevolution musste Kaiser Wilhelm abdanken. Das Abkommen war nicht mehr gültig, und die Truppen wurden zuhause dringender gebraucht. Gut zwei Jahre später wurde Georgien von der Sowjetunion geschluckt.

Regierung niedergeschlagen worden, die sich daraufhin von Russland abgewendet hatte.

Im Chaos des russischen Bürgerkriegs siegte die **Kommunistische Partei** endgültig. Die Sowjetunion vergrößerte sich schnell und verleibte sich bereits 1920 Aserbaidschan und Armenien ein. Zwar hatten die Sowjets die Unabhängigkeit der Demokratischen Republik Georgien anerkannt, doch ließ sich schnell ein Vorwand zur Invasion finden, denn wenn sich zwei streiten, freut sich bekanntlich der Dritte: Georgier und Osseten verstrickten sich in einen kriegerischen Grenzkonflikt. Natürlich musste Sowjetrussland im Namen des Rechtes der Völker auf Selbstbestimmung einschreiten und dem Blutvergießen ein Ende bereiten. Im Februar 1921 marschierte die Rote Armee ein und Georgien wurde **Teil der Transkaukasischen Sowjetrepublik**.

Georgische Sowjetrepublik

Georgien wurde, gemeinsam mit Armenien und Aserbaidschan, 1921 **Teil der Transkaukasischen Sowjetrepublik**. Alle Entscheidungen mussten in zähen Verhandlungen mit den Partnerrepubliken abgestimmt werden. Doch das Sagen hatte sowieso Moskau. Die Legislative und Exekutive existierten nur auf dem Papier und waren der Kommunistischen Partei unterstellt. Die eliminierte als Erstes jegliche Opposition. Denn als Vertreter der einzigen Wahrheit – der idealen, klassenlosen Gesellschaft – duldete sie keine anderen Meinungen. Ein Aufstand 1924 gegen die neue Sowjetregierung wurde blutig niedergeschlagen, die **Geheimpolizei** nahm sich aller Andersdenkenden an. Der Georgier **Lavrenti Beria** (s. Kasten S. 112/113), der für seine Skrupellosigkeit berüchtigt war, führte Ende der

26. Dezember 1991	31. Juli 1992	18. August 1992
Offizielle Auflösung der Sowjetunion	Aufnahme in die UN	Georgische Nationalgarde besetzt Sukhumi in Abchasien.

1930er-Jahre die brutalen **Repressionen** gegen unliebsame Staatsfunktionäre und Intellektuelle knallhart fort. Niemand war sicher, wer in Ungnade fiel, wurde aus dem Weg geräumt. Allein in dieser Zeit wurden Tausende Georgier getötet oder verschwanden spurlos.

Das war ganz und gar im Sinne von **Josef Stalin** (s. Kasten S. 326/327), der seit 1922 Generalsekretär der Kommunistischen Partei war. An der Seite Lenins hatte der Georgier für die Revolution gekämpft und sich nach dessen Tod die Macht gesichert. Innerhalb der Partei verfuhr er mit der gleichen Taktik: Er schaltete sämtliche Konkurrenz aus. Über die Jahre zog er einen getreuen Kader heran und sicherte sich die absolute Macht. Bevor Stalin zum Parteichef wurde, war er für die nationalen Minderheiten zuständig gewesen. Abchasien, Adscharien und Südossetien wurden zu autonome Regionen innerhalb der **Georgischen SSR**, in der Georgien nach der Aufteilung der Transkaukasischen Republik seit 1937 verwaltet wurde. Dabei waren die Ethnien dieser Minderheiten in denen für sie geschaffenen autonomen Regionen oft nicht in der Mehrheit, wie z. B. in Südossetien. Manche Historiker vermuten, dass die Südosseten für ihre Unterstützung Sowjetrusslands, als sie dem Einmarsch der Roten Armee mit den Grenzkonflikten eine Legitimation gaben, mit ihrer eigenen autonomen Region belohnt wurden.

Mit der Sowjetregierung setzte nicht nur eine politische, sondern auch eine **religiöse Unterdrückung** ein. Nachdem der Katholikos Ambrosius bei der Internationalen Konferenz in Genua 1922 um Hilfe gegen die Unterdrückung gebeten hatte, machten ihm die Sowjets einen Schauprozess – er starb im Gefängnis nach drei Jahren Haft. Kirchentreue Gläubige wurden verfolgt, Geistliche in Straflager verbannt, Klöster geschlossen oder abgerissen, Kirchen in Turnhallen umfunktioniert.

Wirtschaftlich gesehen hatten die Georgier jedoch den **höchsten Lebensstandard** in der Sowjetunion. Wie in der ganzen Sowjetunion war aller Boden enteignet und die Industrie **verstaatlicht** worden. Die Landwirtschaft wurde durch staatliche Kolchosen organisiert, die Industrie vom Zentralstaat gesteuert und war komplett auf dessen Bedürfnisse ausgerichtet. Geräte- und Schiffbaubetriebe wurden angesiedelt, die reichen Bodenschätze ausgebeutet und in Rustavi ein gigantisches Eisenhüttenkombinat gegründet. In Batumi blühte die ölverarbeitende Industrie auf, die erste Ölleitung verband Batumi bereits seit 1907 mit Baku.

Dank der günstigen klimatischen Bedingungen Georgiens wurde es außerdem zum größten Lieferant für Tee und Zitrusfrüchte. Die Sowjets legten die Sümpfe in der Kolchis-Niederung trocken, auf der fruchtbaren Ebene mit dem milden subtropischen Klima entstanden Weingärten und riesige Obst- und Teeplantagen, bis zu drei Ernten konnten pro Jahr eingefahren werden. Nirgendwo sonst in der Sowjetunion herrschte ein so angenehmes Klima wie in der südkaukasischen Republik, Georgien wurde schnell zum beliebtesten Urlaubsland. Der Tourismus florierte, Urlaubs- und Kurorte entstanden.

Wie für die ganze UdSSR war der **Zweite Weltkrieg** auch für Georgien eine harte Zeit. Zwar lag es weitab der Hauptschauplätze, doch mussten über 700 000 Georgier an sowjetischen Fronten kämpfen, mehr als 300 000 fielen. Manch Georgier erhoffte sich die Befreiung von der so-

11. Oktober 1992	7. November 1992	27. September 1993
Eduard Schewardnadse wird in Volkswahl zum Staatschef gewählt, er ist der einzige Kandidat.	Niederschlagung des Aufstands der Anhänger von Gamsakhurdia mit russischer Hilfe	Abchasische Separatisten kontrollieren Abchasien. Über 10 000 Tote im Abchasien-Konflikt

„Jeder, den wir verhaften, ist grundsätzlich schuldig" (Lavrenti Beria)

Er wurde „Stalins Henker", „Meister des Terrors" oder einfach nur ein „Scheusal" genannt. Stalin selbst bezeichnete ihn, wahrscheinlich nicht ohne Anerkennung, als „Unseren Himmler". Laut Chruschtschow soll Lavrenti Beria über sich selbst gesagt haben, er könne jeden dazu zwingen, ein Geständnis zu unterschreiben, er stünde in direktem Kontakt zum englischen König oder zur Königin. So wurde der gleichsam intelligente wie eiskalte Landsmann des „Woschd" zum gefürchtetsten Politiker seiner Zeit, sein Name zum Synonym des sowjetischen Terrors.

Beria stammte aus einer armen megrelischen Bauernfamilie im Westen Georgiens und studierte in Baku Architektur. Dort schloss er sich 1919 den Bolschewiken an, für die er als Informant und Spion arbeitete. Mit viel Fleiß und einem ausgezeichneten Netzwerk legte er eine steile Karriere in der kommunistischen Partei hin: 1931 stieg er zum Parteivorsitzenden der georgischen KP auf, 1938 wurde er ebenfalls Chef der Geheimpolizei. Damit waren ihm die inneren Streitkräfte, Gefängnisse und die Gulags untergeordnet.

Zwar war mit Berias Aufstieg zum Geheimpolizeichef die schlimmste Phase der stalinistischen Säuberungen vorbei, doch unter ihm ging der Terror weiter: Arbeiter und Bauern wurden zu Tausenden inhaftiert, ganze Volksgruppen deportiert, potenzielle Gegner aus Intelligenz und der eigenen Partei ausgeschaltet. In einem Brief an Stalin forderte er, die Terrormaßnahmen auszuweiten. Folterungen und Schauprozesse beaufsichtigte Beria gerne höchstpersönlich, dafür hatte er in jedem Gefängnis ein eigenes Büro. Er soll so sadistisch gewesen sein, dass er sogar in seinem Privathaus Menschen

wjetischen Unterdrückung durch die Deutschen, die auf dem Weg zu den Ölfeldern von Baku Teile von Georgien besetzt hielten und sogar 1942 auf dem Elbrus die deutsche Flagge gehisst hatten. Doch mit Staatsverrätern wurde kurzer Prozess gemacht, auch ihre Angehörigen mussten mit Verfolgung rechnen. Nach dem Ende des sieg- und verlustreichen Kriegs 1945 räumte Stalin mit „verräterischen Völkerschaften" auf (s. Kasten S. 96). Nicht nur die im Nordkaukasus lebenden Tschetschenen, von denen einige mit Nazideutschland kooperiert hatten, ließ er nach Sibirien deportieren, auch die Einwohner der deutschen Kolonien südlich von Tbilissi wurden verbannt.

Die Sowjetunion war durch den verlustreichen Krieg ausgeblutet, und die Wirtschaft konnte sich im darauf folgenden **Kalten Krieg** kaum erholen. Der Staat schaffte es nicht einmal, die wichtigsten Konsumgüter für das Alltagsleben herzustellen und musste Freiräume für die Privatwirtschaft, sogenannte **Produktionsgenossenschaften**, erlauben. Doch die konnten die Lücken in der Mangelwirtschaft nicht füllen, das übernahm schnell die **florierende Schattenwirtschaft**. Mit ihr gemeinsam wucherte die **Korruption**. Mehr noch als in anderen Sowjetstaaten traf das sowjetische Sprichwort, dass 100 Freunde wichtiger als 100 Rubel sind, in Georgien zu. Die Regierung versuchte das Sys-

25. September 1995	22. November 2003	4. Januar 2004
Die Landeswährung Lari wird eingeführt.	Rosenrevolution: Oppositionelle stürmen unter Führung von Michail Saakaschwili das Parlament in Tbilissi kurz nach den Parlamentswahlen.	Michail Saakaschwili wird zum Staatspräsidenten gewählt.

folterte. Stalins Befehle setzte er stets gründlichst um und genoss bei dem Tyrannen wegen seines Arbeitseifers einen ausgezeichneten Ruf. Während des Zweiten Weltkriegs ließ er den Befehl des Politbüros zur Erschießung von 25 000 kriegsgefangenen polnischen Soldaten und Offizieren bei Katyn umsetzen. Als die Wehrmacht kurz vor Moskau stand, ließ er Tausende von Häftlingen in den Gefängnissen der Stadt erschießen.
1946 musste er die Position als Geheimdienstchef abgeben, doch war er bereits seit 1941 Mitglied des fünfköpfigen staatlichen Verteidigungskomitees und wurde mit dem Bau der ersten Atombombe betraut. Unter seiner Leitung wurde 1949 die erste Plutoniumbombe gezündet.
Er war einer der wichtigsten und mächtigsten Männer im Politbüro und ein potenzieller Nachfolger Stalins. Nach dessen Tod im März 1953 folgte eine Überraschung: Aus erst kürzlich aus den Archiven aufgetauchten Dokumenten geht hervor, dass Beria unmittelbar nach Stalins Tod den Untersuchungsbehörden das Foltern von Gefangenen verbot und der Parteiführung mehrere Vorschläge unterbreitete, mit denen das Terrorsystem demontiert werden sollte. Aus seinem Ministerium kamen Impulse zur Beendigung des Koreakriegs, in der deutschen Frage setzte er sich für ein friedliches Gesamtdeutschland und gegen den forcierten Aufbau des Sozialismus in Ostdeutschland ein. War aus dem Monster über Nacht ein guter Mensch geworden? Wahrscheinlicher ist, dass er all dies aus Kalkül plante, um an der Macht zu bleiben. Doch es half nichts. Bei einem Coup durch Chruschtschow im Juni 1956 wurde er verhaftet und wenig später wegen Verrats erschossen.

LAND UND LEUTE

tem der „offenen Hände" zu bekämpfen. Zahlreiche korrupte Funktionäre wurden entlassen, besonders schamlose Fälle der Bereicherung in Schauprozessen sogar mit der Todesstrafe geahndet. Mit der Bekämpfung der Korruption ging der Kampf gegen andere antikommunistische Gefahren einher: Abweichungen in Kunst und Kultur sowie den wachsenden religiösen Einfluss.

Nach Stalins Tod 1953 war es immer wieder zu Aufständen gekommen, besonders nachdem Chruschtschow **1956 die Verbrechen Stalins offengelegt** hatte. Die Georgier befürchteten Schuldzuweisungen, denn schließlich war Stalin „ihr Georgier" gewesen. Zehntausende versammelten sich, um gegen die antigeorgische Stimmung zu demonstrieren. Als die Demonstranten am dritten Tag des Aufstands die Hauptpost stürmten, ließ die Regierung in die Menge schießen. Im Anschluss wurde, ganz nach Stalin-Manier, gesäubert – und Aufständische verschwanden.

Den nächsten großen Aufschrei gab es Ende der 1970er-Jahre, als Russisch als Amtssprache in der Verfassung verankert werden sollte. Zehntausende gingen auf die Straßen, Studenten traten in den Hungerstreik.

Nationalistische Ideen fanden immer mehr Zuspruch. Bald scharten sich um **Zviad Gamsakhurdia**, Schriftsteller, Übersetzer und Sohn des

6. Mai 2004	10. Mai 2005	7. August 2008
Adschariens Präsident Aslan Abashidze tritt zurück, Adscharien wird wieder von georgischen Behörden kontrolliert.	Fertigstellung der Baku-Tbilissi-Ceyhan-Pipeline	Der Südossetien-Konflikt eskaliert zum sogenannten 5-Tage-Krieg.

Der Russenkrieg auf Texel

Obwohl der Zweite Weltkrieg eigentlich vorbei war, kämpften auf der niederländischen Insel Texel Georgier und Deutsche bis aufs Letzte gegeneinander. Wie kam es dazu?
Am 6. Februar 1945 wurde das 822. Georgische Infanteriebataillon „Königin Tamar" auf der seit 1940 von mehreren Bataillonen der Wehrmacht besetzten Nordseeinsel Texel stationiert. Es war Teil der deutschen Ostlegion, die zu Sicherungsmaßnahmen herangezogen wurde und sich aus Kriegsgefangenen und Freiwilligen von nicht-russischen Ethnien besetzter Gebiete rekrutierte, die so der harten Kriegsgefangenschaft entgehen wollten. Andere kämpften an der Seite der Wehrmacht in der Hoffnung, das verhasste Sowjetregime endlich loszuwerden. Insgesamt kämpften 30 000 georgische Soldaten für die Deutschen. Dem 822. Bataillon gehörten nicht nur 800 georgische, sondern auch 400 deutsche Soldaten an. Man verstand sich gut – feierte, sang und trank sogar gemeinsam. Doch als sich die Niederlage Nazideutschlands abzeichnete, bangten die Georgier um ihr Leben, oder davor, den Rest davon im Gulag zu verbringen. Überläufer galten sowieso als Landesverräter, schon von in Kriegsgefangenschaft geratenen Soldaten hielt Stalin gar nichts: Ein guter Soldat hatte im Kampf für seine Heimat sein Leben zu geben. Familien von Kriegsgefangenen bekamen keine staatliche Unterstützung, im Gegenteil: Ihnen drohte Zwangsarbeit. Und nun hatte Stalin an

berühmten Schriftstellers Konstantine Gamsakhurdia, Oppositionelle und Nationalisten. Gemeinsam mit Merab Kostava gründet Gamsakhurdia die erste Menschenrechtsgruppe.

In die Unabhängigkeit unter Gamsakhurdia

Ende der 1980er-Jahre wurde der sowjetische Koloss schwächer und der Wunsch nach Unabhängigkeit und die nationalistische Gruppe um Zviad Gamsakhurdia stärker. Am 1. April 1989 erklärte Georgien kurzerhand die Unabhängigkeit, doch das interessierte weder die Nachbarn noch die Welt. Niemand erkannte das Land an, keiner nahm diplomatische Beziehungen auf. Im russischen Fernsehen wurde Georgien totgeschwiegen, eine Woche später wurden Demonstranten totgeschlagen: Am 9. April 1989 demonstrierten Tausende vor dem Parlamentsgebäude für die Unabhängigkeit. Sowjetische Sondertruppen antworteten mit scharf geschliffenen **Armeespaten und Giftgas**. Offiziell wurden 20 Menschen getötet, inoffiziell liegt die Zahl um einiges höher. Es war der Beginn der Massenemigration, mafiöse Strukturen wuchsen im Chaos heran.

Die Nationalisten erfuhren immer mehr Zulauf, im gleichen Jahr gründete Gamsakhurdia seine Partei **Runder Tisch/Freies Georgien**. Doch der ehemalige Kämpfer für Menschenrechte, der sogar vom US-Kongress für den Friedensnobelpreis vorgeschlagen worden war, wollte nichts mehr vom friedlichen Miteinander

12. August 2008	26. August 2008	1. März 2010
Waffenstillstandsabkommen mit Russland	Russland erkennt Südossetien und Abchasien als unabhängig an.	Wiedereröffnung des georgisch-russischen Grenzübergangs in der Dariali-Schlucht

der Konferenz von Jalta auch noch mit den Alliierten verabredet, alle kriegsgefangenen Rotarmisten an ihn zu übergeben.
Als der Befehl eintraf, das georgische Bataillon solle am 6. April abziehen und im Osten der Niederlande gegen die Alliierten kämpfen, sahen die georgischen Soldaten ihre einzige Hoffnung zur Rehabilitation im Aufstand. In der „Georgischen Nacht" vom 5. auf den 6. April richteten die Georgier ein Blutbad an: Sie töteten 450 Wehrmachtssoldaten im Schlaf mit den Messern, die sie sonst zur Rasur benutzten, denn als Hilfstrupp waren sie unbewaffnet. Doch konnten sie die stark befestigte Insel nicht komplett einnehmen, und die Wehrmacht schickte Verstärkung, um den Aufstand niederzuschlagen. Insgesamt zog sich der Kampf über fünf Wochen, Gefangene wurden nicht gemacht. Und obwohl die Wehrmacht in den Niederlanden am 5. Mai offiziell kapituliert hatte, wurde auf Texel weiter gekämpft: Die Deutschen wollten sich für den Verrat rächen, die Georgier hofften auf die Ankunft der Alliierten. Am 20. Mai 1945 trafen kanadische Truppen ein und beendeten den Kampf auf „Europas letztem Schlachtfeld". Insgesamt starben ca. 2000 Georgier, Deutsche und Texeler. Auf der Nordseeinsel erinnern ein georgischer Friedhof und eine Ausstellung im Luftfahrt- und Weltkriegsmuseum an den „Russenoorlog" (Russenkrieg), wie der Aufstand von den Texelern genannt wurde.

der Völker wissen: Mit seiner Kampfparole **„Georgien den Georgiern"** heizte er die Stimmung auf. Im November 1989 organisierte er einen Protestmarsch, bei dem 10 000 Georgier ins südossetische Tskhinvali marschierten, um gegen die südossetische Autonomie zu demonstrieren. Denn nicht nur Georgien forderte seine Unabhängigkeit, sondern auch Südossetien, Adscharien und Abchasien. Innerhalb der Sowjetunion waren die Grenzen dieser autonomen Regionen bedeutungslos gewesen. Nach dem Zerfall der Union wurden sie zu Sprengstoff, der die Völker spaltete.

Alle neuen georgischen Parteien schrien nach Freiheit und Unabhängigkeit. Gamsakhurdia setzte sich durch, denn er wollte noch mehr: Sein Ziel war die Zerstörung der kommunistischen Strukturen. Noch vor dem Zerfall der Sowjetunion rief Georgien am **9. April 1991 erneut die Unabhängigkeit** aus. Gamsakhurdia wurde nur eineinhalb Monate später mit der überwältigenden Mehrheit von 87 % der Stimmen zum Präsidenten gewählt. Doch Gamsakhurdias Partei hatte keine Regierungserfahrung, und qualifizierter Nachwuchs fehlte. Wo sollten z. B. fähige Juristen herkommen? Waren sie doch jahrzehntelang nach dem ganz eigenen sowjetischen Rechtsverständnis ausgebildet worden. Auch gestaltete sich der Kampf gegen den kommunistischen Klüngel aussichtslos. Zwar war die KP über Nacht verschwunden, doch die alten Machtstrukturen blieben. Die Eliten nahmen Geld, Macht und Beziehungen mit. Macht war in Georgien, vielleicht mehr als andernorts, an Personen und nicht an Posten gebunden. Gegen die korrupte Klanwirt-

25. Oktober 2012	20. November 2013	2. August 2013
Neue Regierung unter Premierminister Ivanishvili (Georgischer Traum)	Neue Regierung unter Premierminister Irakli Garibashvili (Georgischer Traum)	Haftbefehl gegen Saakaschwili wegen Amtsmissbrauchs

schaft mit demokratischen Mitteln anzukämpfen, schien unmöglich.

Also begann „Papa" Gamsakhurdia, dessen Verehrung als Vaterfigur fast schon religiöse Züge annahm, seine Autorität auszuweiten. Nur er durfte Premierminister und Minister, Rektoren von Bildungsinstituten und den Vorsitzenden des Ersten Gerichtshofs ernennen. Das kam im Westen nicht gut an – und mit den Russen hatte er es sich ja schon verscherzt.

Die Regierung konnte sich nicht durchsetzen, bald war Gamsakhurdias Kabinett korrupter als seine Gegner. Die Wirtschaft befand sich im freien Fall, die Demokratie am Boden, und die Staatskasse war gähnend leer. Anarchie und Hunger breiteten sich aus.

Hatten sich zuvor junge Männer scharenweise der neu gegründeten georgischen Armee angeschlossen, liefen nun zahlreiche Georgier zu anderen **paramilitärischen Einheiten** über, insbesondere zu den beiden bedeutendsten: **Jaba Ioselianis** „Mkhedrioni" und **Tengiz Kitovanis** „Nationalgarde". Die machten mit ihrer Selbstjustiz das Land unsicher und zogen räubernd, erpressend und sogar mordend umher.

Ironischerweise waren es diese zwei kriminellen Warlords, die den ersten demokratisch gewählten, aber allzu autokratisch regierenden **Präsidenten aus dem Amt putschten**. Bei Krawallen im September 1991 ging das Parlamentsgebäude am Rustaveli Prospekt in Flammen auf. Gamsakhurdia ließ auf die Demonstranten schießen und hatte spätestens jetzt jegliche moralische Integrität verloren. Die beiden Bandenchefs Ioseliani und Kitovani schlossen sich zusammen und warfen Gamsakhurdia aus dem Parlament. Kitovani war ein erfolgloser Bildhauer und Ioseliani ein studierter Theaterwissenschaftler, beide hatten wegen ihrer kriminellen Vergangenheit bereits eingesessen. Trocken kommentierte Ioseliani, die Macht hätten ein bekannter Dieb und ein unbekannter Bildhauer übernommen.

Der Abchasien-Krieg und Schewardnadse

Trotz Bürgerkrieg und Anarchie wollte man ungern zwei Kriminelle an der Spitze des Staates sehen – die Suche nach einem repräsentativen Staatsoberhaupt begann. Konservative Kräfte wünschten die Wiedereinführung der konstitutionellen Monarchie, es ließ sich sogar ein Nachfahre der Bagratoni-Dynastie ausfindig machen. Doch der in Spanien lebende Giorgi (nun „Juan" genannt) fuhr lieber weiter Autorennen, als das im Chaos versinkende Land zu regieren.

Kaum zu glauben, dass nach dem Ende des Kommunismus ausgerechnet der langjährige Chef der georgischen KP und ehemalige Außenminister der Sowjetunion Ordnung und Disziplin in seine nun demokratische Heimat bringen sollte. Im März 1992 wurde **Eduard Schewardnadse** neuer Staatschef. Denn er hatte alles, was zählte: gute Beziehungen und soziales Prestige. Ruckzuck war der neue Staat international anerkannt, der deutsche Außenminister Hans-Dietrich Genscher besuchte seinen alten Buddy schon kurz nach dessen Amtsantritt.

Aber die Lage spitzte sich zu: Nach der steigenden Inflation konnte der teure Strom nicht

26. November 2016	28. März 2017	29. November 2018
Wiederwahl der Regierung unter Premierminister Giorgi Kvirikashvili (Georgischer Traum)	Georgische Bürger dürfen ohne Visum in die EU einreisen.	Salome Surabishvili wird als erste Frau zur Präsidentin gewählt.

mehr importiert werden, es kam zur **Energiekrise**: Elektrizität gab es nur stundenweise, Gas überhaupt nicht. Marodierende Banden zogen durch das Land, Mordanschläge und Bombenexplosionen in der Hauptstadt gehörten zur Tagesordnung. Auch Schewardnadse wurde Ziel mehrerer **Anschläge**. Als er im Palast der Jugend das neue Grundgesetz verlesen wollte, verletzte ihn eine Autobombenexplosion. Doch „Gott und Volk" waren auf der Seite des 1992 getauften Ex-Kommunisten. Er nutzte das Attentat, um die Privatarmeen von Ioseliani und Kitovani zu entmachten und russische Hilfe zu rufen.

Doch die Russen unterstützten auch den Wunsch nach **Unabhängigkeit in Südossetien und Abchasien**. Die Abchasen nutzten die Gunst der Stunde: Nach dem Putsch gegen Gamsakhurdia fehlten seine Vertreter im abchasischen Parlament. Die abchasische Minderheit erklärte kurzerhand ihre Unabhängigkeit – die von Russland natürlich sofort anerkannt wurde. Nicht so von Georgien, das seine Armee schickte. Während des **Bürgerkriegs** von August 1992 bis September 1993 kam es zu zahlreichen Gräueltaten beiderseits. In der Bürgerkriegshölle vertrieben die Abchasen erst die georgische Armee, dann bei **ethnischen Säuberungen** 250 000 Georgier aus ihrer einst paradiesischen Heimat. Ohne die tatkräftige Unterstützung Russlands und internationaler Freischärler wäre das kaum möglich gewesen.

Zeitgleich stand in Megrelien Gamsakhurdia wieder auf der Matte. Bis Ende 1992 schaffte er es, große Teile Westgeorgiens einzunehmen, dann wurde sein **Aufstand niedergeschlagen** und er kam unter mysteriösen Umständen ums Leben.

Die Rosenrevolution und die Ära Saakaschwili

2003 war Zeit für den Abschied von Schewardnadse, unter dessen Regierung Klanwirtschaft und Korruption weiter gediehen waren und dessen offensichtliche Wahlfälschungen für Protest sorgten. Nach tagelangen Demonstrationen auf dem Rustaveli Prospekt zog **Michail Saakaschwili**, ehemaliger Justizminister Schewardnadses, mit roten Rosen und seinen Anhängern ins Parlament ein und beförderte Schewardnadse aus dem Plenarsaal.

Der junge Saakaschwili räumte auf und begann ein beispielloses **Re-Branding**. Sein Ziel waren wirtschaftliche Liberalisierung, der Abbau der ausufernden Bürokratie und die Entmachtung der alten Eliten. Dabei musste nicht nur die alte Flagge weg, sondern er entließ im Kampf gegen die allgegenwärtige Korruption auch 15 000 Verkehrspolizisten. Überall im Land ließ er nicht nur Polizeistationen und Bürgerzentren bauen, sondern trieb auch Prestigeprojekte voran. Allesamt in moderner Architektur (s. Kasten S. 131), die die Offenheit und Transparenz der neuen Regierung symbolisieren sollte. Tatsächlich war es beispiellos, wie er die Infrastruktur ausbaute, es schaffte, die wuchernde Korruption einzudämmen und die Wirtschaft in Schwung zu bringen. Dabei halfen gut ausgebildete, im Ausland lebende Georgier, die ins Land geholt und mit Ministerposten versehen wurden, um den neuen Staat aufzubauen. Und das stets mit dem Blick zu den westlichen Freunden.

Auf der Überholspur wollte der in den USA ausgebildete Präsident nicht nur die alten Kader

20. Juni 2019	26. November 2019	ab Februar 2020
Tagelange Massenproteste in Tbilissi, nachdem ein russischer Abgeordneter im georgischen Parlament vom Platz des Premierministers eine Rede auf Russisch gehalten hatte.	Zehntausende demonstrieren für die Reform des Wahlsystems.	Die Corona-Pandemie bringt den Tourismus zum Erliegen.

LAND UND LEUTE

entmachten, sondern auch territoriale Integrität wiederherstellen. Nicht zuletzt um die Chancen für einen EU- und Nato-Beitritt zu verbessern. Den lokalen Autokraten Aslan Abashidze in Abchasien wurde er schnell los, doch Südossetien sollte ihm das Genick brechen. Russland war er schon lange ein Dorn im Auge, und 2008 kam es zum **5-Tage-Krieg** mit dem großen Nachbarn. Um die abtrünnige Provinz Südossetien endlich wieder einzugliedern, griffen georgische Truppen nach mehrfachen Provokationen die südossetische Hauptstadt Tskhinvali an. Den westlichen Freunden erzählte man, die anderen hätten angefangen.

Doch die Gegenwehr der Osseten war, dank tatkräftiger russischer Unterstützung, überraschend vehement. Dazu gingen die Russen direkt zum Angriff über und bombardierten u. a. das grenznahe Gori und versuchten wohl bei dieser Gelegenheit auch, eine wichtige Ölpipeline unter Beschuss zu nehmen.

Zwar konnte der militärische Konflikt schnell beendet werden, doch es folgten Wirtschaftssanktionen und die Anerkennung der abtrünnigen Regionen Abchasien und Südossetien durch Russland. Abchasen und Osseten wurden sogleich großzügig mit russischen Pässen ausgestattet. Als herauskam, dass sich die Georgier nicht gegen einen Angriff gewehrt, sondern das Feuer zuerst eröffnet hatten, verlor Saakaschwili vor dem Westen sein Gesicht. Neben dem politischen Debakel war der Konflikt mal wieder in erster Linie eine menschliche Tragödie: Es gab etwa 850 Todesopfer, und 190 000 ethnische Georgier mussten fliehen, viele von ihnen konnten nicht mehr in die Heimat zurückkehren.

War Saakaschwili 2007 noch mit einer Zweidrittelmehrheit wiedergewählt worden, so stieg nun der Missmut. Gleich nach dem Regierungsantritt hatte er sich mit weiteren Vollmachten ausgestattet und die Opposition aus dem Parlament gedrängt. So landeten die Proteste direkt auf den Straßen der Hauptstadt. Die häuften sich, denn der wirtschaftliche Aufschwung stand u. a. wegen der weltweiten Finanzkrise 2008 still, dafür tauchten aus georgischen Gefängnissen grausame Foltervideos auf. Und dort saßen schließlich nicht nur Kriminelle: Saakaschwilis **Zero-Tolerance-Politik** war ein hervorragendes Instrument nicht nur gegen die Korruption, sondern auch gegen unliebsame Weggefährten jeglicher Art – im Jahr 2010 wurden von 10 000 Angeklagten nur drei freigesprochen.

Der Georgische Traum

Es hatte so gut angefangen, doch Mischa, wie Saakaschwilis Anhänger ihn noch immer liebevoll nennen, machte noch mehr Mist. Andere Meinungen waren nicht erwünscht, dem Präsidenten wurde vorgeworfen, die Medien zu manipulieren.

Doch seinen mittlerweile stärksten Gegner, den milliardenschweren Oligarchen **Bidzina Ivanishvili**, konnte das nicht aufhalten. Dessen Vermögen wird auf 6,4 Mrd. US$ geschätzt, einiges mehr als der gesamte georgische Staatshaushalt. Den unterstützte er bis zu Saakaschwilis ersten Ausschweifungen kräftig. Er half mit großzügigen Finanzspritzen nicht nur bei der Finanzierung von Prestigebauten, son-

9. November 2020	18. Februar 2021	1. Oktober 2021
Zehntausende Demonstrierende erkennen die Wahlergebnisse und den Sieg des Georgischen Traums nicht an.	Regierungskrise und Rücktritt des Premierministers Giorgi Gakharia (Georgischer Traum)	Ex-Präsident Saakaschwili kehrt nach Georgien zurück und wird festgenommen. Seitdem sitzt er in Haft.

Der Georgische Traum rechnet ab

Seit 2014 rechnet die neue Regierung mit der alten ab: Zahlreiche führende Politiker der Nationalen Bewegung wurden zu Haftstrafen verurteilt, die auch international als politisch motiviert kritisiert wurden.

Ex-Präsident Saakaschwili wurde in Abwesenheit wegen Amtsmissbrauchs zu einer insgesamt neunjährigen Gefängnisstrafe verurteilt. Der ehemalige Präsident lebte jahrelang im Exil, u. a. in der Ukraine, in der er zwischenzeitlich als Regierungsberater und Gouverneur von Odessa arbeitete, wofür er seine georgische Staatbürgerschaft abgab. Zu den Kommunalwahlen kehrte er überraschend im Oktober 2021 illegal nach Georgien zurück und rief dazu auf, seine oder eine der anderen Oppositionsparteien zu wählen – und wurde direkt festgenommen. Seitdem sitzt er in Haft, in der sich nach mehreren Hungerstreiks sein Gesundheitszustand zunehmend verschlechtert. Seine Anhänger erheben den Vorwurf, er würde vergiftet, und u. a. der ukrainische Präsident Selenskyj forderte, Saakaschwili eine Behandlung in Europa oder den USA zu ermöglichen. Auch innerhalb der Bevölkerung polarisiert die Frage, ob die Haftbedingungen die Menschenrechtsstandards verletzen.

dern auch dabei, die Gehälter der Staatsdiener aufzubessern. Doch nun ließ Saakaschwili seinen neuen Konkurrenten in den georgischen Medien nicht zu Wort kommen. Ivanishvilis Frau gründete kurzerhand einen eigenen Fernsehsender. Nachdem dieser keine Sendefrequenz zugewiesen bekam, wurde das Programm einfach per Satellit übertragen. Einfach? Um alle zu erreichen, fuhren Ivanishvilis Helfer durch das ganze Land und verteilten kostenlose Satellitenschüsseln. So kam es 2012 zum ersten demokratischen und friedlichen Machtwechsel.

Das Parteienbündnis **Georgischer Traum** unter der Führung Ivanishvilis gewann mit 55 % der Stimmen die Wahlen, Ivanishvili wurde zum Premierminister ernannt, der parteilose Giorgi Margvelashvili zum Präsidenten gewählt. Ivanishvili zog sich nach einem Jahr offiziell aus der Politik zurück, hat aber im Hintergrund bis heute die Fäden in der Hand. Sein Vertrauter **Irakli Garibashvili** wurde sein Nachfolger.

Bei den Wahlen 2016 sowie 2020 konnte der Georgische Traum erneut die Mehrheit der Wähler gewinnen. **Innenpolitisch** ist die Lage zwar weitgehend stabil, allerdings sehr konfliktreich. Nach tagelangen Demonstrationen und Massenprotesten im Juni und November 2019 gegen die Regierung und ausbleibende Änderungen im Wahlsystem sowie Protesten im November 2020 für Neuwahlen kam es im Februar 2021 zur **Regierungskrise**: Anhänger der zweitstärksten Partei, der Vereinten Nationalen Bewegung, erkannten die Ergebnisse der Wahl von 2020 nicht an, und einige der Oppositionspolitiker weigerten sich, die ihnen zustehenden Sitze im Parlament zu besetzten und am Parlamentsbetrieb teilzunehmen. Es kam zu Demonstrationen in der Hauptstadt und am 18. Febru-

24. Februar 2022	März 2022	3. März 2022
Russland überfällt die Ukraine.	Regierung von Garibashvili schließt sich den Wirtschaftssanktionen gegen Russland nicht an.	Georgien stellt Antrag auf den EU-Kandidaten-Status.

LAND UND LEUTE

In Zeiten der Corona-Pandemie

Die Pandemie traf Georgien hart, da mit dem Tourismus einer der wichtigsten Wirtschaftszweige des Landes komplett zum Erliegen kam. Die Regierung verhängte sehr schnell strikte Regeln und Lockdowns zur Eindämmung der Pandemie, so konnten die Infektionszahlen weitgehend niedrig gehalten werden. Trotzdem gelangte das Gesundheitssystem an seine Grenzen, und Hilfszahlungen der Regierung reichten nicht aus, um Verdienstausfälle auszugleichen. Doch die krisengeübten Georgier überstanden auch diese schwere Zeit. Seit 2023 gibt es weder pandemiebedingte Einreisebeschränkungen, noch sind Impfnachweise erforderlich.

ar 2021 zum Rücktritt des Ministerpräsidenten **Giorgi Gakharia**. Dies war nicht der erste Rücktritt eines Ministerpräsidenten. Schon seine Vorgänger **Giorgi Kvirikashvili und Mamuka Bakhtadze** waren abgetreten.

Außenpolitisch hat sich der Georgische Traum als Ziel gesetzt, enger mit der EU zusammenzuarbeiten, ohne dabei Russland auf die Füße zu treten. Doch ist die Annäherung an die EU ins Stocken geraten. Zwar wurde 2014 ein Assoziierungsabkommen mit der EU geschlossen und 2017 die visafreie Einreise für Georgier in den Schengenraum ermöglicht. Doch anders als im Falle Moldaus und der Ukraine wurde Georgien nach dem Einreichen seines **EU-Beitrittsgesuchs** im März 2022 kein EU-Kandidatenstatus gewährt. Es werden eine „Entoligarchisierung", eine Justizreform sowie die Unabhängigkeit der Antikorruptionsbehörde gefordert.

Die **Handelsbeziehungen mit Russland** haben sich, seitdem der Georgische Traum an der Regierung ist, stetig vertieft: Schon 2013 wurden die russischen Einfuhrblockaden, die seit 2006 auf georgischen Wein und Mineralwasser galten, aufgehoben. **Russlands Krieg gegen die Ukraine** verurteilte die georgische Regierung zwar, will aber offiziell Neutralität wahren. Der Regierungschef Garibashvili verhängte keine Sanktionen mit der Begründung, dass die eigene Wirtschaft geschützt werden müsse.

Die georgische Bevölkerung dagegen stellt sich ganz klar an die Seite des ukrainischen Volkes, was blau-gelbe Fahnen überall im Land signalisieren. Dass die **georgisch-russischen Beziehungen** nicht einfach und die Angst vor dem mächtigen Nachbarn noch immer groß ist, zeigte sich bereits im Sommer 2019: Ein russischer Duma-Abgeordneter hielt im georgischen Parlament vom Sitz des Parlamentspräsidenten eine Rede auf Russisch. Dieser Affront führte zu Massenprotesten in der Hauptstadt, bei denen die zu russlandfreundliche Politik der Regierungspartei kritisiert wurde. Nachdem gegen die Demonstrationen hart durchgegriffen wurde, eskalierte die Lage in Massenprotesten. Putin nahm die „russenfeindliche" Stimmung im Land zum Anlass, die Flugverbindungen zwischen den beiden Ländern einzustellen.

Dass seit Russlands Überfall auf die Ukraine ein Großteil des Transitverkehrs, der zuvor über die Ukraine verlief, nun durch Georgien verläuft und es zu einer massenhaften Einwanderung russischer Staatsbürger kam, ist Herausforderung und Chance zugleich.

24. Juni 2022	25. Juni 2022	6.–10. März 2023
Georgien wird die Beitrittsperspektive, nicht aber der EU-Kandidaten-Status gewährt.	Zehntausende demonstrieren gegen die Regierung Garibashvili, der sie vorwerfen, sich nicht ausreichend für den EU-Beitritt einzusetzen.	Das geplante „Agenten-Gesetz" wird nach massiven Protesten von der Regierung zurückgenommen.

Regierung und Politik

Staatsform: Parlamentarische Republik
Regionen: 9 Regionen sowie die Hauptstadtregion und 2 autonome Republiken
Hauptstadt: Tbilissi
Staatspräsident: Salome Surabishvili
Premierminister: Irakli Garibashvili

Georgien ist eine **Parlamentarische Republik** mit starker präsidentieller Ausrichtung und zentralisierter Verwaltung.

Die **Verfassung** vom 24. Oktober 1995 bekennt sich zu den Grund- und Menschenrechten. Nach dieser Verfassung wurde die aktuelle **Präsidentin** in geheimer Wahl für fünf Jahre gewählt, das Amt darf maximal zwei Amtszeiten bekleidet werden. Nach der letzten Verfassungsreform werden zukünftige Staatspräsidenten ab 2024 durch ein 300-köpfiges Gremium von Parlamentsabgeordneten und Vertretern der lokalen Verwaltung gewählt. Auch die Befugnisse des Präsidenten werden stark beschnitten, so wird das Amt in Zukunft vor allem repräsentative Aufgaben haben. Mit dieser Änderung wird das georgische Regierungssystem zur **rein parlamentarischen Demokratie**.

Der **Premierminister** ist Regierungschef und Vorsitzender des **Parlaments**, von dem er alle vier Jahre gewählt wird. Dabei wird er seit 2013 von der stärksten Partei im Parlament vorgeschlagen und nicht, wie vorher üblich, vom Präsidenten.

Das georgische Parlament **Sakartvelos Parlamenti** besteht aus 150 Sitzen, die durch Wahlen von Direktmandaten sowie Parteilisten besetzt werden. Die Legislaturperiode beträgt vier Jahre.

Eine Verfassungsänderung von 2017 soll mehr Gerechtigkeit in die Verteilung der Parlamentssitze bringen: Ist nach aktuellem Wahlrecht die stärkste Partei bevorzugt, da sie auch mit einer geringen Mehrheit einen verhältnismäßig größeren Anteil der Sitze erhält, so soll das Parlament ab 2024 in eine proportionale Vertretung übergehen, die dem Modell der Wahlen zum Europäischen Parlament folgt.

Nachdem 1990 das Monopol der Kommunistischen Partei fiel, wurde die Parteienlandschaft bunt: Innerhalb kürzester Zeit wurden über 100 Parteien gegründet, 2008 waren sogar 190 politische Bündnisse registriert. Seit 2022 dominieren allerdings die Regierungspartei **Georgischer Traum** (Qartuli Otsneba/QU) und die größte Oppositionspartei **Vereinigte Nationale Bewegung** (Ertiani Natsionaluri Modzraoba/ENM) das politische Geschehen. Der Georgische Traum ist das vom Milliardär Bidzina Ivanishvili gegründete Parteienbündnis aus mittlerweile nur noch fünf liberalen Parteien. Entstanden als Oppositionsbündnis gegen die Dominanz von Saakaschwilis ENM, konnte sich der Georgische Traum bei den letzten drei Wahlen 2012, 2016 und 2020 durchsetzen.

Das Land besteht aus **neun Regionen** mit jeweils einem vom Premierminister ernannten Staatskommissar und in der Hauptstadt Tbilissi dem Bürgermeister an der Spitze. Diese Regionen sind Gurien, Imeretien, Kachetien, Inneres Kartlien, Megrelien mit Ober-Swanetien, Mtskheta-Mtianeti, Racha-Lechkhumi mit Nieder-Swanetien, Samtskhe-Javakhetien und Nieder-Kartlien.

Adscharien und **Abchasien** haben den Status von **autonomen Regionen**. Abchasien befindet sich allerdings, genauso wie **Südossetien**, nicht unter georgischer Kontrolle. Die beiden Gebiete haben ihre Unabhängigkeit erklärt, die international nicht anerkannt wird, und stehen unter russischem Einfluss.

Erklärte **außenpolitische Ziele** der Regierung sind der schnellstmögliche Nato-Beitritt und ein engeres Verhältnis zur EU. Gleichzeitig sollen auch die Beziehungen zu Russland verbessert werden, was ein Balance-Akt bleibt.

Wirtschaft

BIP: 19 Mrd. US$
Wachstum: 10,4 %
Inflation: 9,6 %
Agrarsektor: 8,97 %
Industrie: 24,9 %
Dienstleistungen: 66,1 %
Straßennetz: 21 500 km

Als die Sowjetunion zerbrach, kam es in Georgien zur **Wirtschaftskatastrophe**. Der in sich geschlossene und nicht auf Konkurrenz ausgelegte Markt kollabierte, Rohstoffe für die verarbeitende Industrie wurden unerschwinglich und Absatzmärkte unzugänglich. In Megrelien blieben die Bauern auf ihren Zitrusfrüchten sitzen, mit denen sie früher die gesamte Sowjetunion versorgt hatten. Das Stahlwerk in Rustavi konnte nicht weiter produzieren, weil die benötigten Rohstoffe importiert werden mussten und nun zu teuer waren. Die Wirtschaft wurde lahmgelegt, alte Handelskontakte gekappt, neue fehlten. Bis Mitte der 1990er-Jahre machte das Land eine beispiellose **Deindustrialisierung** durch, das BIP stürzte auf ein Viertel von Sowjetzeiten. Die **Hyperinflation** lag 1992 bei 1339 %, Preise erhöhten sich um das 7000-Fache. Auch die 1993 eingeführte Couponwährung fiel in zwei Jahren von 1000 Kuponi auf 2 Mio. Kuponi für einen US-Dollar. Dazu kam die **Energiekrise**: Öl und Gas mussten aus dem Ausland importiert werden und konnten nicht mehr bezahlt werden. Die Strom- und Wasserversorgung brach zusammen, Hochhäuser mussten mit Holz beheizt werden. Mit dem Lari (GEL) kam 1995 mehr Stabilität, doch litt der junge Staat unter einem riesigen **Defizit des Staatsbudgets**, denn es gelang der Regierung nicht, Steuern einzutreiben. **Korruption**, **Schatten-** und **Vetternwirtschaft** ließen die Gelder versickern. Georgiens Auslandsschulden betrugen 2003 1,7 Mrd. US-Dollar. Saakaschwilis radikale Steuerreformen brachten ab 2004 einen kurzen Aufschwung, der 2008 von der weltweiten Wirtschafts- und Finanzkrise und dem 5-Tage-Krieg mit Russland ausgebremst wurde. Dazu kam seit 2006 das russische **Handelsembargo**, das den Weg zum traditionellen Absatzmarkt für Wein und Mineralwasser blockierte. Georgien streckte seine Fühler nach neuen Märkten aus – seitdem lassen sich Amerikaner, Europäer und Chinesen georgischen Wein schmecken. Die **Lebensmittelindustrie** ist traditionell der größte Wirtschaftszweig Georgiens und wächst, neben **Bauwirtschaft** und **Tourismus**, am schnellsten. Die neue Regierung des Georgischen Traums will neben der Lebensmittelwirtschaft auch die Landwirtschaft in Zukunft weiter fördern. Denn auch wenn sich die Wirtschaft langsam erholt, leben noch viel zu viele Menschen an der Armutsgrenze. Zwar liegt die **Arbeitslosenquote** offiziell nur bei 12,2 % (2022), da es aber kein Arbeitslosengeld gibt, lassen sich nur wenige Menschen registrieren. Auch fällt ein Großteil der Landbevölkerung, die sich von **Subsistenzwirtschaft** ernährt, aus der Statistik. Viel verspricht man sich auch von dem **Assoziierungsabkommen mit der EU**, und auch die alten **Handelswege** sollen wieder belebt werden, die Zukunft sieht man in der Seidenstraße 2.0. Bis die Wirtschaftsleistung bedingt durch die Corona-Pandemie 2020 einknickte, klappte das sehr gut: Zwischen 2017 und 2019 wuchs die Wirtschaft kräftig mit jährlich 5 %. Und die Erfolgsgeschichte wird nun weiter erzählt, bereits seit 2022 erlebt die Wirtschaft wieder ein kräftiges Plus, mit Aussichten von 4–5 % Wachstum für 2023. Die Wiederbelebung des Tourismus, positive Entwicklungen im Dienstleistungssektor sowie ein wachsendes Exportgeschäft sorgten 2022 für Hochkonjunktur.

Denn Russlands Krieg gegen die Ukraine und die neue geopolitische Lage Georgiens haben bislang positive Auswirkungen auf die georgische Wirtschaft: Der georgisch-russische Außenhandel wuchs als Folge der eingeschränkten Handelsbeziehungen des Westens mit Russland, und der Zustrom vor allem russischer, aber auch belarussischer und ukrainischer Migranten kurbelt den Konsum im Land an. Allerdings leiden auch die Georgier seit 2021 unter steigender Inflation und Lebensmittelverteuerung.

Landwirtschaft

Was man auf Georgiens fruchtbaren Böden sät, das gedeiht. Da ist es keine Überraschung, dass die Wirtschaft traditionell auf Landwirtschaft ausgerichtet ist. Dennoch müssen 80 % des Getreidebedarfs importiert werden, und der Agrarsektor ist Hauptempfänger von internationalen Fördergeldern. Gründe dafür sind einerseits die veraltete **Technik**, andererseits die fragmentierten Anbauflächen, die nach der Privatisierung der Kolchosen entstanden. Viele Familien be-

Es wären dringend Investitionen in die Modernisierung der Landwirtschaft nötig.

ackern ihr eigenes, kleines Stück Land und leben von **Subsistenzwirtschaft**. Großflächiges Ackerland gibt es kaum. Die **Unproduktivität** wird deutlich, wenn man betrachtet, dass 55 % der arbeitenden Bevölkerung in der Landwirtschaft beschäftig sind, die nur 20 % der Wirtschaftsleistung erzielt. Um neue Impulse zu geben, wurden Landkauf und **Investitionen von Ausländern** erleichtert. Der Plan schien aufzugehen: Ferrero z. B. besitzt nun eigene Haselnussfelder und verarbeitet die Nüsse z. T. vor Ort. Der Babynahrungshersteller Hipp baut Bio-Äpfel für Fruchtkonzentrat und Aromen in Kartlien an und beschäftigt über 1000 Arbeiter. Doch neben den Großkonzernen, die für neue Arbeitsplätze sorgen, kauften auch indische und südafrikanische Farmer Land. Das kam nicht so gut an bei den Nachbarn, und die Regelung wurde schnell wieder ausgesetzt.

Tropen- und Zitrusfrüchte, **Weintrauben**, **Wein**, **Tee**, **Obst**, **Haselnüsse** und **Blumen** wurden zu Sowjetzeiten erfolgreich angebaut. Geschäftige Georgier schafften es sogar, ihre frischen Rosen mit dem Flugzeug nach Moskau zu bringen, um sie dort zu verkaufen. Seit dem Zusammenbruch der Sowjetunion rentiert sich der Zitrusfrucht- und Teeanbau nicht mehr, neue Ideen mussten her. Man setzt auf traditionelle Erzeugnisse wie **Käse**, die Pflaumensoße **Tkemali** (S. 50), **Haselnüsse**, **Obst**, den in traditionellen Tonkrügen hergestellten **Kvevri-Wein** (S. 51), den hochprozentigen **Chacha** und **Seide**, sowie neue Nischenprodukte wie **Kiwi** oder **handgepflückten Tee**. Für die Grundversorgung werden vor allem Kartoffeln, Bohnen, Sonnenblumen und Gemüse angebaut, außerdem Zuckerrüben, Sojabohnen und Tabak. Doch wird noch immer nur ein Drittel der wirtschaftlichen Produktion aus Sowjetzeiten erreicht.

Als Reisender kann man gut beobachten, welche Tiere sich die Georgier für den **Eigenbedarf** halten. Schweine, Ziegen, Schafe, Gänse, Enten und vor allem Kühe stehen wie auf dem Präsentierteller mitten auf der Straße herum und kehren abends ganz von allein in ihren Heimatstall zurück. **Viehzucht** im größeren Stil wird vor allem in den Bergen betrieben. Im Bergland von Tuschetien weiden traditionell Schafe, im Westen des Landes sind Ziegen verbreiteter. Die Hälfte aller Nutztiere sind **Kühe**, in Kachetien und Megrelien hat **Schweinezucht** eine lange Tradition. Doch das Gras der Weideflächen ist nicht ausreichend und Zufutter nötig. Und da die heimische Viehzucht noch nie die georgische Vorliebe für Fleisch decken konnte, wird schon seit langer Zeit Vieh importiert.

Bergbau und Bodenschätze

Bei Kazreti wird seit über 5000 Jahren **Gold** und **Kupfer** abgebaut, seine antike Goldmine schaffte es sogar auf die Liste des Unesco-Weltkulturerbes. Doch wichtiger als der Schutz der Mine war, sie weiter auszubeuten, und so wurde sie schnell wieder von der Liste genommen. Georgien ist reich an Bodenschätzen, im Großen Kaukasus lagern **Kohle- und Manganvorkommen**, große **Erdöl- und Erdgasvorkommen** werden vermutet. In Chiatura wurde 1879 mit dem Abbau von **Manganerzen** begonnen, die größten damals bekannten weltweit, auf die auch deutsche Firmen ein Auge geworfen hatten. **Basalt**, **Marmor** und **Kalkstein** werden in Steinbrüchen gewonnen.

Industrie

Die Industrie traf der Zusammenbuch der Sowjetunion besonders hart. Erwirtschaftete sie in Sowjetzeiten noch 50 % des BIP, sank der Anteil nach der Unabhängigkeit auf unter 25 %. Viele der **metallverarbeitenden** und **Maschinenbaubetriebe** mussten schließen. Das Elektrolokomotivenwerk in Tbilissi und das Automobilwerk in Kutaissi, die beiden größten Industriebetriebe, konnten die Bauteile aus ehemaligen Sowjetstaaten mit der neuen konvertiblen Währung nicht bezahlen und gingen pleite. Die einst produktive Papierindustrie schaffte es zwar, die Krise zu überstehen, doch ist sie mittlerweile nicht mehr rentabel. Einige Unternehmen aus der Leichtindustrie konnten sich halten, litten aber stark unter der unzuverlässigen Stromversorgung während der Energiekrise. Trotzdem konnten sich rund 100 Unternehmen in der **Seidenproduktion** halten, ebenso die **Chemieindustrie** in Kutaissi. Und 2020 gab es neuen Zuwachs: eine **Fabrik für Flugzeugteile**, die Airbus und Boeing beliefert.

Energiewirtschaft

In dem bergigen Kaukasusland gibt es ein enormes Potenzial an **Wasserkraft**, die mittlerweile 90 % des Strombedarfs deckt. Noch muss im Kraftwerk bei Gardabani mit importiertem Öl und Gas die Lücke geschlossen werden. Heutzutage könnte sich die Energiekrise aus den 90ern nicht wiederholen: Damals wurde ein Großteil des Stroms mit importiertem Öl und Gas produziert, Wasserkraft spielte eine Nebenrolle.

Wichtigstes Wasserkraftwerk ist das **Enguri-Wasserkraftwerk**, das 1988 nach 20-jähriger Bauzeit in Betrieb genommen wurde. Nachdem es lange Jahre wegen schlechter Wartung in den politisch unstabilen 1990ern nur einen Bruchteil der Kapazität ausschöpfte, läuft es nach einer Sanierung 2021 wieder auf voller Auslastung und produziert 100–120 Mio. kWh pro Jahr.

Im Jahre 2020 befanden sich annähernd 160 Projekte für nachhaltige Stromerzeugung in unterschiedlichen Planungsstadien, davon 120 im Bereich Wasserkraft, ebenso in Wind- und Wärmekraft sowie Fotovoltaik. Insbesondere gegen den Bau großer Wasserkraftwerke gibt es allerdings Widerstand in der Bevölkerung und von Umweltschützern.

Branchenkenner schätzen das Wasserkraftpotenzial Georgiens, das wirtschaftlich nutzbar ist, auf 32 Mrd. kWh. Sicher wird hier in der Zukunft noch viel passieren. Der Strommarkt wird weiter liberalisiert, 2019 wurde die erste Strombörse Georgiens gegründet.

Handelswege

Nicht Kamele und Karawansereien, sondern Pipelines, Straßen, Schienen und Häfen – das ist die **neue Seidenstraße**. Die alten Handelswege werden neu belebt, die Regierung ist dabei, die Verkehrswege von Ost nach West auszubauen. Die neue **Zugverbindung** Baku–Tbilissi–Kars wurde 2017 eröffnet, **Autobahnen** werden gebaut, ein neuer **Tiefseehafen** soll bei Anaklia entstehen. Noch sind die beiden größten Häfen Batumi und Poti, wo u. a. das Öl verschifft wird, das durch die Pipeline aus Baku fließt. Eine neuere und durchaus umstrittene Ölpipeline, die **Baku-Tbilissi-Ceyhan-Pipeline**, bringt das schwarze Gold von Baku ans Mittelmeer. Die USA und der Westen erhalten so, ganz ohne Russland und Iran, das dringend benötigte Öl. Georgien erhofft sich dabei, den Handel mit dem Westen zu beleben und dank seiner günstigen Lage als Transportkorridor an alte Zeiten anzuknüpfen, in denen der Handel für Wohlstand sorgte.

Tourismus

Für Westeuropäer ist Georgien ein eher unbekanntes Reiseziel, das lange hinter dem Eisernen Vorhang verborgen war. Die Russen hatten Georgien dagegen schon lange auf dem Schirm. Während des Zarenreichs brachten Züge aus dem ganzen Reich Erholungsbedürftige zu den Heilquellen der **Kurorte Borjomi** und **Tsqaltubo**, in der Sowjetunion kam Badeurlaub in Mode, und man sonnte sich in **Gagra** oder **Kobuleti** am Schwarzen Meer. Mit dem Ende der Sowjetunion blieben die Kurgäste aus, stattdessen zogen aus Abchasien vertriebene Heimatlose in die leer stehenden Hotels ein. Lange Zeit war die touristische Infrastruktur lahmgelegt.

Mit Saakaschwilis drastischer Polizeireform wurde das Land wieder sicher und bei ausländischen Touristen beliebt. Die meisten Besucher kamen aus den Nachbarländern Armenien, Aserbaidschan und Russland. Sie entspannten sich mit Vorliebe am **Schwarzen Meer**. Westliche Besucher, Israelis und sportliche Russen zog es vor allem zum **Wandern und Trekken** in die Berge.

Bis zur Corona-Pandemie boomte der Tourismus: 2010 bis 2014 verdoppelte sich die Anzahl internationaler Touristen und stieg 2017 weiter auf über 7 Mio. Mit der Pandemie kam der Tourismus fast komplett zum Erliegen, der davor bereits 20 % der Wirtschaftsleistung ausmachte.

Es ist davon auszugehen, dass sich die Erfolgsgeschichte nun weiter fortsetzen wird: Das Ministerium für Wirtschaft und nachhaltige Entwicklung Georgiens schätzt, dass 2023 die Deviseneinnahmen aus dem Tourismus die Rekordmarke aus dem Jahr 2019 von 3,3 Mrd. US$ sogar übersteigen könnte. In vielen Gegenden, z. B. im Kurort Abastumani, gibt es hohe Investitionen, insbesondere im Bereich der Luxushotels.

Noch mehr Schwung sollte die ITB 2023 bringen: Dort konnte sich Georgien erstmals als offizielles Gastland präsentieren.

Religion

Das **Christentum** ist einer der Grundpfeiler georgischer Kultur. Das wird deutlich, wenn man durch das Land reist: Klöster und Kirchen stehen an den schönsten Orten, selbst im letzten Winkel des Landes. Über 80 % der Georgier bekennen sich zum orthodoxen Christentum. Knapp 11 %, vor allem Adscharier im Südwesten und Aserbaidschaner im Süden, sind Moslems. Außerdem leben rund 80 000 **Katholiken** und ca. 100 000 **armenisch-apostolische Christen** im Land.

Bevor sich das Christentum im 4. Jh. ausbreitete, glaubten die Georgier an **heidnische Naturgottheiten**. Bäume, Berge und Steine wurden verehrt, in Swanetien war besonders die Jagdgöttin Dali bedeutend. Noch immer werden dort die alten Gottheiten angebetet – oft unter dem Deckmantel von christlichen Heiligen.

Die **Apostel Simon und Andreas** sollen es dann gewesen sein, die als Erste das georgische Volk missionierten. Doch vor allem die später heiliggesprochene **Nino** (s. Kasten S. 101) wird im ganzen Land verehrt. Schließlich soll sie das Königspaar bekehrt haben, woraufhin König Mirian im Jahr 337 das Christentum zur **Staatsreligion** erklärte.

Es folgte eine Zeit lebhafter Missionierung. Georgische **Wandermönche** gründeten in allen Teilen des Oströmischen Reichs Klöster: auf dem Sinai, in Palästina, in Syrien, auf Zypern, auf dem Balkan und in Konstantinopel. Auch das berühmte Kloster auf dem Berg Athos in Griechenland geht auf georgische Gründung zurück.

Diese **Auslandsklöster** waren von kaum zu unterschätzender Bedeutung für die Entwicklung und vor allem die Bewahrung der georgischen Kultur und des Glaubens. Dort wurden das georgische Alphabet entwickelt und bedeutende griechische Werke übersetzt. In ei-

ner Zeit, in der das Land ständig von Fremdherrschaft gegeißelt wurde, waren insbesondere die Auslandsklöster Oasen des Wissens. Erst nach den Mongoleneinfällen verloren sie an Bedeutung.

Wesentlich für die Festigung des Christentums im Georgien des 6. Jhs. war auch das Wirken der **13 Syrischen Väter** (s. Kasten S. 102). Sie kämpften gegen das Heidentum und den Feuerkult, der von den Persern eingeführt worden war.

Nach Armenien war Georgien das zweite Land, welches das Christentum zur Staatsreligion ernannte. Doch die Beschlüsse des Konzils von Chalkedon im Jahr 451 bereiteten den Bruch mit dem christlichen Nachbarn vor: Der georgische Patriarch erkannte 591 die in Chalkedon bestätigte Doppelnatur Jesu an, also sowohl die menschliche als auch die göttliche. Die monophyletische armenische Kirche blieb bei der bestehenden Auffassung, dass Jesus als Sohn Gottes nur die göttliche und keine menschliche Natur besitzen kann. Dieser vermeintlich kleine theologische Unterschied führte zu riesigen Gegensätzen in der Auslegung des Glaubens und spaltete die beiden Kirchen.

Die georgische orientierte sich nun an der Kirche von Byzanz: auch noch nach der Glaubensspaltung, dem **Schisma von 1054**, das den katholischen Westen und den orthodoxen Osten der christlichen Welt teilte. Anders als die Katholiken, erkennen die Orthodoxen keinen Vertreter Christi – also den Papst – auf Erden an.

Was keinem islamischen Herrscher gelungen war, schafften im 19. und 20. Jh. die christlichen Russen: die **Entfremdung zwischen Kirche und Volk**. Sie ersetzten Georgisch als Liturgiesprache durch Kirchenslawisch. Auch die Autokephalie (Eigenständigkeit der Kirche) wurde abgeschafft. Diese hatte König Vakhtang Gorgasali I bereits im 5. Jh. eingerichtet. Erst mit der ersten Republik wurde die Autokephalie 1917 wieder hergestellt. Doch auch in der Sowjetunion hatte die Kirche einen schweren Stand. So sollte es bis zur Unabhängigkeit 1991 dauern, bis Georgisch als Liturgiesprache erneut eingeführt wurde. Nach anfänglichen Schwierigkeiten – es fehlten ausgebildete Priester – wird die Messe heute wieder in der Landessprache gehalten.

Die Kirche erlebt seit der Unabhängigkeit einen **großen Aufschwung**, denn sie gibt den Georgiern das, was sie in unsicheren Zeiten brauchen: Hoffnung, Trost und vor allem Führung. Neue Klöster werden überall im Land gebaut, Priesterseminare eröffnet. Familienväter lassen sogar ihr neues Auto und Jugendliche ihr Smartphone segnen. Der religionskritische Buchautor Zaza Burchuladze kommentiert den großen Zulauf zur Kirche nach dem Ende des kommunistischen Regimes damit, dass ein Totem durch einen anderen ersetzt werde. Er witzelte, dass Genosse Lenin so schnell durch den Heiligen Georg ersetzt wurde, dass es den meisten Georgiern kaum gelang, die beiden überhaupt zu unterscheiden.

Wo die Kirche ihre Werte angegriffen sieht, gibt sie sich denn auch **wenig tolerant**. So wurde 2013 eine kleine Versammlung von Aktivisten am Tag gegen Homophobie von einem wütenden Mob aufgemischt – angeführt von Priestern. Der seit 1977 amtierende Patriarch Ilja II hatte zuvor ein Verbot der Demonstration gefordert. Einen Angriff auf die nationalen Interessen sah der Patriarch in der Entscheidung des georgischen Parlaments 2011, das den privilegierten Status der orthodoxen Kirche aufhob. Nun sind vor dem Gesetz alle Religionen gleichberechtigt.

Architektur

Es sind vor allem die **Klöster**, für die Georgien bekannt ist. Selbst im letzten Winkel des Landes erinnern alte und mittlerweile auch immer mehr neue Klöster und Kirchen den Besucher daran, dass das Christentum seit dem 4. Jh. ein fester Bestandteil der Kultur war und noch immer ist.

Die zahlreichen **mittelalterlichen Wehrbauten** und Befestigungsanlagen, auf die man im ganzen Land trifft, sind Zeugen der kriegerischen Vergangenheit. Bedeutende Straßen und Handelswege wurden von einem System aus Festungen und Signaltürmen gesichert, Städte und Dörfer mit Wehrmauern umgeben, die vor den endlosen Angriffen schützen sollten.

Dass sich die Georgier ständig gegen eindringende Feinde verteidigen mussten, spiegelt

◀ Shoppen im Kloster: Die Auswahl an Devotionalien ist groß.

sich in den Wohnbauten wider. Die steinernen **Wehrtürme** der Bergregionen Swanetien, Khevsuretien und Tuschetien schützten dabei praktischerweise nicht nur bei Angriffen äußerer Feinde, sondern auch vor Blutrache oder bei Streit mit dem Nachbarn.

Die **kachetischen Stein- oder Ziegelhäuser** in Ostgeorgien sind ebenfall robust und kompakt gebaut, schließlich wollte man nicht jedes Mal alles wieder neu aufbauen müssen, wenn schon wieder zündelnde und plündernde Invasoren durchs Land gezogen waren.

In Südgeorgien setzte man dagegen auf Tarnung: Der nur aus einem Raum bestehende Bautyp des **Darbazi** befindet sich meist halb unter der Erde, deshalb besitzt er keine Fenster. Der einzige Lichteinfall ist der Rauchabzug in der charakteristischen Holzkuppel, die pyramidenartig aus versetzt gestapelten Balken konstruiert wird.

Nahe dem Schwarzen Meer mussten sich die Menschen öfter gegen Hochwasser als gegen feindliche Armeen schützen. Die **traditionellen Holzhäuser Westgeorgiens**, die meist mit kunstvollen Schnitzereien verziert waren und auch heute noch große Veranden besitzen, standen früher auf Holzpfählen. Alle diese traditionellen Hausbautypen Georgiens kann man bei einem Besuch des Ethnografischen Museums (S. 187) in Tbilissi betrachten.

Friedvollere Zeiten kamen mit der Herrschaft der russischen Zaren. Aus dieser Periode gibt es, insbesondere in Tbilissi, einige Beispiele aus dem Klassizismus und Historismus. **Neogotik**, **Neorenaissance**, **Neorokoko** und etwas später der **Jugendstil** waren beliebt für repräsentative Bauten, ganz nach europäischem Geschmack. Dem nahen Orient zollten auch in dieser Zeit einige Prachtbauten im **pseudo-maurischen Stil** Tribut.

Die Sowjetunion drückte Georgien seinen grauen Stempel auf. Nach einigen vom russischen Konstruktivismus und der Avantgarde angehauchten Bauwerken legte Stalin den Rückwärtsgang ein. Der **Stalin-Empire-Stil** des proletarischen Klassizismus wurde zur einzigen Wahrheit. Triumph aus Stein und Stuck, neoklassizistische Formen, die mit opulenten Dekorationen der Prunksucht des Diktators gerecht wurden.

Unter Chruschtschow begann die Eliminierung der Extravaganzen im Bausektor. Produktivität und Funktionalität lautete die Devise, Nüchternheit statt Pomp. So wurden ab den 1970ern **Plattenbausiedlungen** nicht nur in den Vororten der Hauptstadt, sondern überall im Land errichtet (s. Kasten S. 188). Doch neben den funktionalen Sowjetbauten entstanden auch einige außergewöhnliche und kreative Bauwerke.

Extravagant, das war vor allem die letzte große Bauphase in Georgien. Der ehemalige Präsident Saakaschwili modernisierte während seiner Regierungszeit das Land mit wichtigen Infrastruktur- und manchmal weniger wichtigen Prestigeprojekten. Zu Hilfe rief er zahlreiche internationale Architekten, deren futuristische Werke Modernität und Transparenz der neuen Regierung symbolisieren sollten, aber z. T. bei der Bevölkerung ganz andere Assoziationen auslösen (s. Kasten S. 131).

Christliche Architektur

In Georgien sind **viele Kirchenbautypen** verbreitet: **Saalkirchen**, **Basiliken**, **Dreikirchenbasiliken**, **Zentralbauten** oder auch **Kreuzkuppelkirchen**. Aber was genau ist ein Zentralbau? Woran erkennt man eine Basilika? Und was zum Teufel ist eine Dreikirchenbasilika? Um in diesem Kirchenchaos den Durchblick zu behalten, folgt hier eine kleine Einführung.

Saalkirche

Im 4. Jh. wurden die ersten georgischen Kirchen auch als **Saalkirchen** gebaut, die im Grunde aus einem Innenraum bestehen. Sie können eine Apsis oder Emporen aufweisen, gewölbt sein, sogar einen kreuzförmigen Grundriss besitzen. Grundlegend ist aber, dass ihr Innenraum nicht durch Stützen, wie Pfeiler oder Säulen, unterteilt ist. Bei den meisten Kirchen Swanetiens handelt es sich um Saalbauten, wie z. B. die **Lagurka Wallfahrtskirche bei Kala** (11. Jh.). In Mtskheta steht die kleine **Antiochia-Kirche**, eine Saalkirche des 7. Jhs.

Basilika

Auch Basiliken sind seit Beginn der Christianisierung in Georgien zu finden. Die Kirchen Roms des 4. Jhs. wurden von Konstantin dem Großen,

Die Lagurka-Kirche ist das bedeutendste Wallfahrtsziel in Swanetien. ▸

dem ersten christlichen römischen Kaiser, als mehrschiffige Basiliken in Auftrag gegeben. Dieser Bautyp wurde zur weitverbreitetsten frühchristlichen Bauart, da er unkompliziert realisiert werden konnte und vor allem den liturgischen Bedürfnissen der jungen Religion entsprach. Der Kirchenraum der Basilika besitzt eine Gliederung in sogenannte Schiffe. Durch Stützenreihen, in Georgien sind es stets Pfeiler, wird das Innere in gangartige Abschnitte unterteilt: zum einen in ein großes mittiges **Hauptschiff**, den zentralen breiteren Gang, der zur Apsis führt; zum anderen in schmalere, niedrigere Seitenschiffe. In Georgien tauchen eher dreischiffige Basiliken auf, die fast immer tonnengewölbt sind. Für gewöhnlich wird das zentrale Mittelschiff durch eine höhere Decke und Obergadenfenster heller erleuchtet, wie in der **Basilika von Urbnisi** (6. Jh.) oder der **Anchiskhati-Basilika in Tbilissi** (6. Jh.). Allerdings kann in Georgien auch die ungewöhnliche Variante einer einheitlichen Deckenhöhe der Schiffe gefunden werden, wie in der **Bischofskirche Sioni in Bolnisi** (5. Jh.).

Dreikirchenbasilika

Aus der Basilika entwickelte sich in Georgien der nur dort anzutreffende Bautypus der Dreikirchenbasilika. Hierbei handelt es sich um die Eigenheit, dass dreischiffige Basiliken in ihrem Inneren nicht von durchgehenden Stützenreihen unterteilt werden, sondern durch Wände mit Durchgangstüren voneinander getrennt sind. Zudem besitzt die Dreikirchenbasilika häufig einen Umgang im westlichen Teil der Kirche, der über die Seitenschiffe zu den Nebenapsiden führt. Das Mittelschiff mit der Hauptapsis steht bei dieser eigenwilligen Aufteilung isoliert. Solch eine interessante Raumlösung ist im **Alten Shuamta-Kloster in Kachetien** (7. Jh.), in der **Sioni-Kirche in Dmanisi** (6./7. Jh.) und in der **Dreikirchenbasilika von Nekresi** (6./7. Jh.) zu finden. Es wird angenommen, dass bei den Dreikirchenbasiliken ein Zusammenhang mit der Liturgie georgischer Mönche besteht, da diese Bauform vorwiegend bei Klosterkirchen vorkommt. Eine Hypothese lautet, dass getrennte Andachten zur selben Zeit gesonderte Raumaufteilungen erforderten. Der Umgang wiederum könnte auf einen Prozessionsgottesdienst hindeuten, möglicherweise mit „Andachtsstopps", bei denen vielleicht auch eine Reliquienverehrung vollzogen wurde.

Zentralbau

Mögliche Grundrisse eines **Zentralbaus** sind die kreisförmige Rotunde, das Quadrat, das gleichmäßige griechische Kreuz oder auch das polygonale Oktogon. Auch eine Kreuz- bzw. Kuppelkirche oder eine Vierapsidenkirche kann zugleich ein Zentralbau sein. Wie das Wort zentral schon andeutet, findet eine Konzentration auf die Kirchenmitte statt. Dennoch sind auch Hauptapsiden üblich oder eine Betonung der Längsachse möglich.

Ist der Hauptraum durch einen Apsidenkranz umschlossen, kann es sich je nach Anzahl beispielsweise um ein **Tetrakonchos** (auch Vier-

Was war noch mal die Apsis?

Die Apsis ist für gewöhnlich das Allerheiligste der Kirche. Sie ist ein architektonisches Bauglied, eine überwölbte Ausbuchtung, die meist eine exponierte Stellung besitzt. Die gesamte Architektur konzentriert sich oft auf dieses Element und leitet häufig regelrecht dorthin. Die Apsis ist in der Regel geostet. Sie zeigt in Richtung des Sonnenaufgangs – ein Hinweis auf die Auferstehung Christi und das Himmelreich Gottes.

Was passiert nun alles in und vor der Apsis? Der Hauptaltar ist dort aufgestellt. Die Priesterbank – das Synthronon – befindet sich in ihrem Rund. Der Gottesdienst wird im Apsis-Chorbereich abgehalten, und das Abendmahl wird davor empfangen. Auf der Apsiswand prangt für gewöhnlich das programmatisch wichtigste Bild. Auch brennt das ewige Licht, das auf die immerwährende Gegenwart Gottes hinweist, in der Apsis. Apsis und Chor sind Dreh- und Angelpunkt eines christlichen Sakralbaus und in der Regel auch die ältesten Bauteile einer Kirche.

Taymas Matboo

Georgiens neues Gesicht: moderne Architektur

Die Sowjetunion, so beschrieb es der ehemalige Präsident Michail Saakaschwili einmal, sei voller grauer Straßen gewesen, bevölkert von grauen Menschen, die graue Anzüge trugen und in grauen Häusern lebten. Er war bemüht, Abwechslung ins Stadtbild zu bringen und Georgien in eine moderne Zukunft zu führen. Dafür griff er auf die Hilfe internationaler Architekten zurück, die dem neuen Georgien ein modernes Gesicht geben sollten. Bei einigen der Prestigebauten bröckelt allerdings wegen der schlechten Bausubstanz bereits die Fassade. Mehr Schein als Sein – vielleicht sagen die Neubauten mehr über Saakaschwilis Politik aus, als er vorhatte. Jedenfalls bringen sie frischen Wind ins Land, begeistern Architekturfans und regen die Fantasie an.

In Tbilissi erinnert der **Präsidentenpalast** (Giga Batiashvili und Michele de Lucchi, 2009) stark an den deutschen Reichstag, von dem italienischen Architekten Lucchi stammt auch die als „Always Ultra" bekannte **Friedensbrücke** (2010). Die **Konzert- und Ausstellungshalle** (Studio Fuksas, seit 2011 im Bau) dagegen ruft bei vielen Assoziationen an Abflussrohre hervor. Da ist die Gruppe von weißen Pilzen, die man leicht im **Bürgerzentrum** (Studio Fuksas, 2012) auf der gegenüberliegenden Flussseite zu erkennen glaubt, schmeichelhafter.

Etwas abstrakter fällt der **Kopitnari Airport in Kutaissi** (UNStudio aus Holland, 2012, s. Foto) aus. Der **Queen Tamar Airport** sowie das **Gerichts-** und **Polizeigebäude** in Mestia sowie der **Grenzübergang von Sarpi** zur Türkei (alle von J. Mayer H., 2010–12) fallen durch ihre organischen Formen auf.

apsidenkirche genannt) handeln. Die noch in Teilen gut erhaltene Kirchenruine des **Klosters in Ninotsminda** (um 575) folgt, trotz der zusätzlichen vier Zwischenapsiden, dem Grundriss einer Vierapsidenkirche. Zudem kann hier eine Hervorhebung der geosteten Hauptapsis wahrgenommen werden. Sie ist als einzige nicht rund ausgeformt, sondern von außen polygonal gebrochen und weist Fensteröffnungen auf. Ein weiteres Beispiel für einen Tetrakonchos ist die **Sioni-Kirche in Ateni** bei Gori (7. Jh.).

In der Architekturgeschichte ist der Zentralbau für die Entwicklung der **Kuppel-** bzw. **Kreuzkuppelkirche** der entscheidende Ausgangspunkt: Über dem zentralen Hauptraum richtet sich die Kuppel auf. Der Name Kreuzkuppelkirche ist aufgrund der vier freistehenden Stützen, die die Kuppel über einem quadratischen Grundriss tragen, entstanden. Denn hierdurch lässt sich im Grundriss eine imaginäre Kreuzform erkennen, die eben durch diese vier Pfeiler im Quadrat entsteht – in der christlichen Sakralarchitektur ist die Symbolik, neben der Liturgie, ein überaus wichtiger Ausgangspunkt, um Raumkonzepte zu entwickeln. Bei **Mtskheta** befindet sich die vielen weiteren georgischen Kirchenbauten als Vorbild dienende **Jvari-Kirche** (um 600), die älteste komplett erhaltene Kreuzkuppelkirche Georgiens und zugleich auch eine Vierapsidenkirche.

Lange war es aus statischen Gründen nicht möglich gewesen, eine über dem quadratischen Raum, nur auf Stützen sitzende Steinkuppel zu bauen. Um die bahnbrechende „Erfindung" der Kuppelkirche wird daher noch immer gestritten. Entstanden die Vorläufer im kachetischen Georgien oder doch in der heutigen südlichen Türkei, in Kilikien? Bei der Frage: Wer hat's erfunden? Kann man nur eines mit Sicherheit sagen: die Schweizer jedenfalls nicht!

Die schönsten Fresken

Höhlenklöster von Davit Gareja (9.–13. Jh., Meisterwerke der Freskenmalerei, S. 217); **Kloster von Gelati** (1125, gut erhaltene Fresken und Mosaike, S. 394); **Kirchen von Lagurka** und **Iprari** (11. und 12. Jh., swanische Freskenmalerei des Meisters Tevdore, S. 362 und S. 366); **Kirchen von Kintsvisi**, **Timotesubani** und **Höhlenkloster Vardzia** (12. Jh., Fresken der Hauptstadtschule, Stifterporträt der Königin Tamar, S. 332, S. 472 und S. 483);**Tsalenjikha-Kathedrale** (14. Jh., dynamischer paläologischer Stil, S. 413).

Kunst und Kultur

Christliche Wandmalerei

Das bunte Innenleben einiger Kirchen versetzt noch heute Besucher in Staunen. Dabei sind die erhaltenen Fresken, die zahlreiche georgische Kirchen schmücken, lediglich ein Bruchteil der jahrhundertealten Kunst der Wandmalerei. Ein Großteil ging im Laufe der von Invasionen und Zerstörung geprägten Geschichte verloren.

Die überaus reiche Bilderwelt erzählt von Jesus, Maria, Johannes und vielen weiteren Heiligen, sowie den georgischen Nationalhelden und ihren Wundertaten. Schließlich mussten den Gläubigen biblische Geschichten und kirchliche Dogmen vermittelt werden. Eine gewisse **Frontalität der Figuren**, eine **ausgeprägte Linearität** und **reiche Farbgebung** sind dabei charakteristisch.

Fassadenmalerei dagegen war nie weitverbreitet. Der unverputzte, rohe Stein dominiert das äußere Erscheinungsbild der Kirchen. Eine Ausnahme bildet Swanetien. Nur dort finden sich Beispiele für georgische Fresken an Außenfassaden, wie bei den Kirchen von **Ipari** und **Adishi**.

Mit der Verbreitung des Christentums entstanden in Georgien ab dem 4. Jh. überall im Land **frühchristliche Kirchen**, deren Chöre und Apsiden wohl z. T. bereits mit Mosaiken und Fresken geschmückt waren.

Überraschenderweise erlebte die Freskenmalerei unter der Herrschaft der Araber im 8. und 9. Jh. ihre erste Blüte. Das Nationalbewusstsein der Georgier erstarkte, zeitgleich entstanden erstmals **Viten**. Diese zeigen in Bilderzyklen Leben und Wundertaten der georgischen Nationalheiligen. Berühmt sind die Fresken der **Udabno-Kirche** des Klosters **Davit Gareja**, die das Leben des Klostergründers Davit nacherzählen.

Dass sich die georgische Freskenmalerei nicht ausschließlich an dem byzantinischen Bildprogramm orientierte, ist an der **Deesis** (s. Kasten S. 133) zu erkennen. Während in weiten Teilen von Byzanz meist Jesus Christus als Weltenherrscher oder die Gottesmutter Maria mit Jesuskind die Kirchengänger von der Apsis aus begrüßten, sind im georgischen Raum der thronende Christus, flankiert von Maria und Johannes dem Täufer, die absoluten Lieblinge. Beliebt war ebenfalls die erweiterte Version – die sogenannte große Deesis – mit Erzengeln, Heiligen oder Seraphim.

Ab dem 11. Jh. gingen die Künstler im Auftrag der Kleriker im wahrsten Sinne des Wortes aufs Ganze: War vorher meist nur der Altarbereich, also Apsis und Chor, bemalt, wurden nun sämtliche Kirchenwände und das Gewölbe reich mit Fresken geschmückt. Drei bedeutende Malschulen führten die Freskenkunst zu neuen Höhepunkten. Kunstvolle Wandmalereien der **Hauptstadtschule** von Tbilissi schmücken das Innere der Kirchen von **Ateni Sioni**, **Kintvisi** und **Timotesubani**. Die Schule des Hofmalers **Tevdore** brachte es in Swanetien zu großem Ruhm, die bedeutendsten erhaltenen Werke befinden sich in den Bergkirchen von **Iprari** und **Lagurka**. Herausragend waren noch immer die von der Malschule in **Davit Gareja** geschaffenen Wandmalereien des Höhlenklosters. Ungefähr zur selben Zeit, um 1125, entstand im **Kloster von Gelati** eines der eindrucksvollsten Mosaike Georgiens: die monumentale Mariendarstellung auf goldenem Grund.

Zahlreiche **Stifterporträts** geben den einflussreichen Auftraggebern ein Gesicht. Um die frommen Wohltäter ins rechte Licht zu setzen, sind diese meist an der Nordwand des Kircheninneren angebracht, so werden sie optimal ausgeleuchtet, denn das Hauptportal befindet sich meist im Süden. Der edle Spender (oder die edle Spenderin, Königin Tamar war sehr baufreudig) hält stets eine Miniatur des Bauwerks in der Hand.

Im 13. und 14. Jh. kam Bewegung ins Spiel bzw. ins Bild. Die Figuren verloren ihre frontale Starrheit. Die Impulse gab der **Paläologische Stil** aus Byzanz. In der **Tsalenjikha-Kathedrale** kann man Fresken dieser Art bewundern.

Doch ab dem 16. und 17. Jh. nahm die Kunstfertigkeit ab. Die Figuren wurden deutlich kleiner und die beeindruckende Monumentalität ging gänzlich verloren. Die zuvor gewonnene Bewegtheit der Figuren und die Dynamik der Darstellungen sind kaum noch zu erkennen: Frontal und flächig zeigen sich die Protagonisten der kirchlichen Abenteuer. Die Errungenschaften einer perspektivischeren Darstellung gerieten in Vergessenheit.

Die Malerei ging stets einher mit den Entwicklungen in der Architektur und war eng mit der **Ikonen-** und **Buchmalerei** verbunden, die ebenfalls beeindruckende Werke hervorbrachten. Die ältesten erhaltenen Handschriften stammen aus dem 9. Jh.: Das handgeschriebene **Evangeliar von Adishi** z. B. kann im Ethnografischen Museum von Mestia bestaunt werden.

Schmiedekunst und Emaillearbeiten

Es war das Gold der Kolchis, das die Fantasie im antiken Griechenland beflügelte und Stoff für zahlreiche Mythen lieferte. Golden soll die Luft im kolchischen Vani vor Goldstaub geflimmert haben. Mit kolchischen Schwertern wurde in Troja gekämpft, die kolchische Schmiedekunst war schon damals hochgeschätzt, und die Goldschmiedekunst gilt als eine der wichtigsten Gattungen georgischer Kunst.

Doch die ältesten erhaltenen Werke georgischer Schmiedekunst sind mit sage und schreibe 6000 Jahren sogar noch älter. Sie stammen aus Hügelgräbern der bronzezeitlichen **Trialeti-Kultur**, die bereits die kompliziertesten Techniken zur Metallverarbeitung kannte. Neben kleinen tier-, vogel- und menschenähnlichen Figuren wurden u. a. filigrane Werke mit feinster Ornamentik geschmiedet. Ein absolutes Meis-

Die Deesis, eine göttliche Bestechung

Der altgriechische Begriff Deesis bedeutet „Bitte", „Flehen", „Gebet". Bei diesem beliebten und über 1000 Jahre alten Bildprogramm geht es um eine Art göttliche Bestechung: Gottesmutter Maria und Johannes der Täufer stehen oder knien neben dem thronenden Jesus Christus, dem Weltenherrscher und Richter. Sie bitten, beten und flehen für die, die nun vor Christus Rechenschaft ablegen müssen. Hier geht's ans Eingemachte – um die grundlegende Frage, welche letzte Ausfahrt die Seele nehmen wird: Geht es in den Himmel oder doch in die ewige Hölle? Wer besticht hier jetzt aber wen? Mit einer Deesis-Stiftung wollte der (in der Regel wohlhabende) Stifter seine Frömmigkeit unter Beweis stellen und die Entscheidung zugunsten des Himmels beeinflussen. Der Stifter bereitet im Diesseits vorsorglich seine Fürbitte für das Jenseits vor. Getreu dem Motto: Sicher ist sicher.

Taymas Matboo

Kunstvolle Schmiedearbeit mit Gottesmutter aus dem 17. Jahrhundert

terwerk ist der mit Steinen besetzte **Goldkelch von Trialeti**.

Im kolchischen Reich perfektionierten die Westgeorgier die Goldschmiedekunst. Sie stellten technische und künstlerische Meisterwerke her, kunstvolle Gefäße und filigraner Schmuck tauchten in den Gräbern der antiken Stadt **Vani** auf. Insbesondere der **feine Goldschmuck** ist höchst beeindruckend: Armreife mit zierlichen Widder- oder Raubtierköpfen, rautenförmige Diademe und feingliedrige Halsketten lassen erkennen, dass die Goldschmiede sowohl mit der griechisch-archaischen als auch der achämenidischen Kunst vertraut waren. Einige Werke jedoch, wie die zahlreichen goldenen Schläfen- und Ohrringe, zeigen eine ganz eigene, lokalspezifische Formensprache.

Eine dritte Blütezeit gab es im 1. Jh. v. Chr., in Mtskheta entstanden prächtige **Emaillearbeiten**. Aus der Folgezeit gingen im Laufe der turbulenten Geschichte leider die meisten Werke verloren, so auch das Wissen über die Emailletechnik. Das bedeutendste erhaltene Meisterwerk, eines der größten Emaillewerke überhaupt, ist die **Gottesmutter im Triptychon von Kakhuli**, das zwischen dem 8. und 10. Jh. entstand.

Ab dem 9. Jh. sind einige Altar- und Prozessionskreuze, Kelche, Weihrauchgefäße, Buchdeckel für Evangeliare, meist aus vergoldetem Silber, erhalten. Doch nach dem 13. Jh. erreichte die Schmiedekunst nie wieder die einstige Perfektion.

Einige der kunstvollen Arbeiten sind in Tbilissi im Kunstmuseum und in der Schatzkammer des Nationalmuseums ausgestellt (S. 173).

Malerei und Bildhauerei

Die säkuläre Malerei entwickelte sich in Georgien zu Beginn des 19. Jhs. Der Einfluss der christlichen Kunst, insbesondere der Ikonenmalerei, war augenscheinlich. Ab Mitte des 19. Jhs. orientierten sich die Künstler zunehmend an der westeuropäischen und russischen Malerei.

Werke europäischer Künstler kannte wahrscheinlich auch Nikos Pirosmanishvili (1862–1918), der als **Pirosmani** berühmt wurde. Er besuchte nie eine Kunstschule, malte jedoch seit frühester Kindheit in jeder freien Minute ehrlich und einfach anmutende Bilder. Genauso wie der

Malerei muss er dem Wein zugetan gewesen sein. Da Pirosmani zeitlebens arm blieb, bezahlte er die Rechnungen in den Wirtshäusern mit Bildern. Oft waren die auf Tischdecken gemalt, denn eine Leinwand konnte er sich nicht immer leisten. Bei einigen seiner Bilder, die neben Porträts von Bauern, Händlern, Arbeitern und auch Adeligen besonders oft das georgische Festmahl zeigen, fehlte der Hintergrund. Es heißt, der Maler sei so arm gewesen, dass die Farbe dafür manchmal nicht mehr ausgereicht habe. Freunde halfen ihm, einen Molkereiladen zu eröffnen, den er mit Kühen ausmalte. Diesen verkaufte der romantische Pirosmani, angeblich um seiner Angebeteten, einer französischen Sängerin und Tänzerin, Tausende von Rosen zu schicken. Erst nach seinem Tod wurde er als Vertreter der Naiven Malerei gerühmt, seine in den Tavernen verstreuten Bilder zusammengesammelt und 1930 in Tbilissi ausgestellt. Im dortigen Kunstmuseum hängen die meisten seiner Werke, weitere befinden sich in dem ihm gewidmeten Museum in seinem verschlafenen Heimatort Mirzaani in Kachetien.

Der erste georgische Maler, dem eine Einzelausstellung in Tbilissi gewidmet wurde, ist jedoch **Gigo Gabashvili** (1862–1936), einer der ersten Vertreter des Realismus und späterer Mitgründer der Kunstakademie von Tbilissi. Er studierte drei Jahre an der Akademie der Bildenden Künste in München, seine Reise durch den Kaukasus nach Westeuropa und weitere Reisen nach Zentralasien dienten ihm als Inspiration: Er malte orientalische und kaukasische Alltagsszenen von Bauern und Stadtbewohnern, wurde aber insbesondere mit seinen Schlachtenbildern des Türkisch-Russischen Kriegs bekannt. Sein wertvollstes Gemälde wurde *Der Basar in Samarkand*, das 2006 beim Auktionshaus Christie's für 1,3 Mio. US$ verkauft wurde.

Eine der ersten Studentinnen der von Gabashvili mitbegründeten Kunstakademie in Tbilissi war **Elena Akhvlediani** (1898–1975). Mit ihren Arbeiten, die Moderne und Traditionen Georgiens vereinen, wurde sie in den 1920ern bis nach Westeuropa bekannt. Neben ihren farbenfrohen Architekturlandschaften fanden vor allem ihre Buchillustrationen für die Werke von Chavchavadze und Vasha Pshavela sowie ihre Bühnenbilder für das Marjanishvili Theater große Beachtung.

Der Avantgarde-Künstler **Davit Kakabadze** (1889–1952) und das Multitalent **Lado Gudiashvili** (1896–1980) gelangten ebenfalls zu großer Bekanntheit, ihre Werke werden im Kunstmuseum und ihren Hausmuseen in Tbilissi ausgestellt.

Während der Sowjetzeit war die künstlerische Freiheit stark eingeschränkt, sozialistischer Realismus war seit 1920 gefragt. Die konstruktivistischen Arbeiten von **Petre Otskheli** (1907–37) als Kostüm- und Bühnenbildgestalter für das Marjanishvili Theater waren nicht mehr politisch konform. Mit nur 30 Jahren fiel er den „Säuberungen" Stalins zum Opfer.

Zurab Tsereteli (*1934), der berühmteste georgische Bildhauer, kam dagegen bestens mit dem neuen Regime klar. Seine Monumentalskulpturen machten ihn international berühmt, und er gab der Sowjetunion im Ausland ein Gesicht: Er gestaltete die diplomatischen Vertretungen in Brasilien, Portugal, Syrien, Japan und den USA. Nach der Unabhängigkeit ist Tsereteli in Russland noch immer geschätzt, in Georgien dagegen ist das Verhältnis zu ihm wegen seiner einstigen Nähe zum Sowjetregime eher schwierig. So bleibt sein protziges Monument *Chronicles of Georgia* außerhalb von Tbilissi seit Jahren unvollendet. Auch einige andere Nationen wollten einen echten Tsereteli nicht mal geschenkt haben: So verzichtete die Ukraine entrüstet auf eine Bronzeskulptur, die an die Konferenz von Jalta erinnern sollte. Weder die Dominikanische Republik noch Venezuela oder Brasilien nahmen ein Denkmal zum 500. Jahrestag der Entdeckung Amerikas für Kolumbus an – es wurde am Ende zu Ehren von Peter dem Großen in Moskau aufgestellt.

Zu den bekanntesten zeitgenössischen georgischen Künstlern zählen Zura Apkhazi, Eka Abuladze, Kote Jincharadze, Levan Mindiashvili, Ushangi Khumarashvili und Maka Batiashvili. Die düsteren Bilder des jungen Malers Levan Songulashvili (*1991) schafften es bereits in die Kunstmuseen seiner Wahlheimat New York. Der in Berlin lebende Vajiko Chachkhiani (*1985) war 2017 bei der Biennale in Venedig mit einer Installation im georgischen Pavillon vertreten.

Literatur

Dass ein so kleines Land über so reiche Literatur verfügt, ist überraschend. Mehr noch, dass sie von seinen Bewohnern so hoch geschätzt wird und zum Leben dazugehört. Selbst in den abgelegenen Bergregionen sind die Bücherregale der Bauern prall gefüllt mit Werken der Weltliteratur, wie Clemens Eich bei seiner Reise in den 1990ern durch Georgien bewundernd feststellte.

Eines der Werke, das in keinem Bücherregal fehlt und aus dem jeder Georgier wenigstens ein paar Zeilen rezitieren kann, ist das Nationalepos *Der Recke im Tigerfell* von Shota Rustaveli.

Erste Schriftstücke altgeorgischer Literatur sind bereits aus dem 5. und 6. Jh. bekannt. Neben Übersetzungen von biblischen und liturgischen Texten gilt das *Martyrium der heiligen Schuschaschnik* aus dem Jahre 480 von **Iakob Tsurtaveli** als älteste georgische Schöpfung. Christliche Märtyrer sind das Thema der Zeit, die frühen Schriftstücke handeln allesamt vom Konflikt des neu eingeführten Christentums mit Heidentum, Islam oder Zoroastrismus.

Bis zum Mittelalter waren es ausschließlich Mönche, die neben ihren religiösen und wissenschaftlichen Arbeiten auch Lyrik schrieben. Das änderte sich ab dem 11. Jh. im Goldenen Zeitalter, als auch der Adel zu schreiben begann und zusätzlich weltliche Themen aufgriff. **Mose Khonelis** *Amiran-Daredshaniani* aus dem 11. Jh. ist ein frühes Werk aus dem Genre der Abenteuerliteratur.

Nach den Mongolenstürmen kam es im Silbernen Zeitalter ab dem 16. Jh. zur Wiederbelebung der Literatur. König Teimuras beschrieb in *Ketewaninani*, wie seine Mutter vom persischen Schah zu Tode gefoltert wurde, da sie dem Christentum nicht abschwören wollte. Er lieferte damit die Vorlage für das spätere Barockdrama von Andreas Gryphius *Catherina von Georgien* (1657). Erste Werke georgischer Dokumentarprosa und das erste Wörterbuch der georgischen Sprache verfasste der hochgebildete **Sulkhan-Saba Orbeliani**. Sein Hauptwerk *Die Weisheit der Lüge* ist eine Verknüpfung von Märchen, Geschichten und Fabeln und ein Spiegel seiner Zeit. Orbelianis Zögling war **König Vakhtang VI**, der zwar politisch handlungsunfähig war, aber in der Literatur viel bewegte: Er gründete die erste Druckerei in Tbilissi, verlegte die erste Ausgabe von *Der Recke im Tigerfell*, stellte mit *Das Leben Kartlis* die erste umfassende Chronologie Georgiens zusammen und verfasste zahlreiche Gedichte über die Schönheit des Landes. Die vermisste er sehr, denn wegen seiner Versuche, die Beziehungen zu Russland zu verbessern, trieben ihn Perser und Türken ins russische Exil.

Die größten Dichter der Vorromantik waren **Besarion Gabashvili** und **Davit Guramishvili**. Während Ersterer mit seiner orientalisch inspirierten Liebeslyrik erfolgreich wurde, wandte sich Guramishvili von den persischen Vorbildern ab. Sein bewegtes Leben verschlug ihn ins ukrainische Exil, wo er in seinen Werken neben georgischer auch ukrainische Folklore zum Vorbild nahm.

Nach der Annexion durch Russland im 19. Jh. kam es zum Austausch mit russischem und europäischem Gedankengut, aber auch zu Proteststimmungen, die in der Romantik verarbeitet wurden.

Das Nationalepos: Der Recke im Tigerfell

Apropos Abenteuerliteratur: Auch **Shota Rustavelis** Held Tariel muss in *Der Recke im Tigerfell* viele Abenteuer bestehen. Auf der Suche nach seiner entführten Angebeteten Nestan Daredshan schließt er Freundschaften fürs Leben und kämpft für die Liebe. Das Epos ist in der persischen „Schairi"-Versform in höchster Kunstfertigkeit geschrieben, die leider bei der Übersetzung verloren geht. Schon der Titel ist nicht eindeutig übersetzbar, es bleibt unklar, ob es sich um einen Mann oder Ritter in einem Panther- oder Tigerfell handelt. Sicherer dagegen ist jedoch, dass das Werk Königin Tamar gewidmet ist. An ihrem Hof lebte Rustaveli als Hofschreiber und soll unsterblich in sie verliebt gewesen sein.

Der Sommersitz von **Fürst Alexander Chavchavadze** in Tsinandali bei Telavi wurde zum Treffpunkt von georgischem Adel und Intelligenz. Auch verbannte russische Intellektuelle, wie der Dichter Michail Lermontov, waren zu Gast in Tsinandali. Der glühende Patriot Chavchavadze musste sein Anliegen der Unabhängigkeit in seinen Schriften verschleiern, um nicht zensiert zu werden. Auch **Grigol Orbeliani** und **Nikolos Baratashvili** setzten sich für den Erhalt des Georgischen ein.

Doch nach einer gescheiterten Verschwörung schwanden die patriotischen Hoffnungen. Man wendete sich gegen die veraltete Gesellschaftsordnung und begann die lange idealisierte Vergangenheit zu kritisieren. Das war der Anfang des Realismus, dessen bedeutendste Vertreter **Ilia Chavchavadze** und **Akaki Tsereteli** waren. Sie gehörten zu den **„Tergdaleuli"** (die aus dem Tergi getrunken haben): denen, die den Tergi überquert und in Russland studiert hatten und dort mit europäischen Ideen in Kontakt gekommen waren. Ilia Chavchavadze gründete zahlreiche bis heute bestehende georgische Kulturinstitute, arbeitete als Schriftsteller, Redakteur und Politiker, wobei er sich für soziale Gerechtigkeit einsetzte. Akaki Tsereteli ist noch heute einer der bekanntesten Lyriker überhaupt, er schrieb den Text für das weltberühmte Lied *Suliko*. Neben der Lyrik interessierte er sich vor allem für soziale Fragen und die Unabhängigkeit Georgiens und hatte daher mit seinen gegründeten Zeitungen weniger Erfolg als Chavchavadze – sie wurden sofort zensiert und verboten. Weitere wichtige Vertreter des Realismus waren Giorgi Tsereteli, Niko Nikoladze, Anton Purzeladze und Ekaterine Gabashvili, die sich für die Gleichberechtigung der Frau einsetzte.

Vazha Pshavela und **Alexander Kazbegi** waren richtige Naturburschen. Auf Materielles legten beide wenig wert, mehr auf geistige und sittliche Werte. So veräußerte der aus gutem Hause stammende Alexander Kazbegi kurzerhand sein Erbe, um sich eine Schafherde zu kaufen. Sieben Jahre lang zog er als Hirte durch die Berge Khevis in der Region Kazbegi und lernte das harte Leben der Bergbewohner kennen. „Wie ein Verdurstender auf eine Quelle" stürzten sich die Leute laut Akaki Tsereteli auf Kazbegis Werke *Der Stammesführer Gocha*, *Elberdi* und *Die Vatermörderin*. Aus den Bergen stammte auch Vasha Pshavela. Er soll die Sprache der Tiere und Pflanzen gesprochen haben und wusste mit seiner Lyrik auch die Gefühle der Menschen auszudrücken und zu treffen. Vor dem Hintergrund seiner schwer zugänglichen und ursprünglichen Heimat spielten sich Geschichten über Liebe oder Vaterland in seinen Epen *Gast und Gastgeber* und *Schlangenesser* ab.

Suliko

In der ganzen Sowjetunion war das traurige Lied *Suliko* bekannt. Es ist jedoch kein traditionelles, georgisches Volkslied, wie oft angenommen wird. Akaki Tsereteli schrieb 1895 ein Liebesgedicht, zu dem seine Cousine Barbara Tsereteli die Melodie komponierte. Der Durchbruch erfolgte 1937, bei einer Woche der georgischen Kultur in Moskau. Stalin wurde sofort zum größten Fan der sanften Töne und ließ Tonträger pressen und verbreiten. In der ehemaligen DDR wurde es mit der deutschen Version von Ernst Busch bekannt. Das Gedicht Tseretelis hat zwölf Strophen, von denen vier ins Deutsche übersetzt wurden:

Sucht' ich ach das Grab meiner Liebsten
überall o widrig Geschick.
(Refrain) Weinend klagt ich oft mein Herzeleid:
„Wo bist du entschwundenes Glück?"

Blühte in den Büschen ein Röslein
morgensonnenschön, wonniglich.
(Refrain) Fragt ich sehnsuchtsvoll das
Blümelein: „Sag bist du mein Liebchen
o sprich!"

Sang die Nachtigall in den Zweigen,
fragt ich bang das Glücksvögelein:
(Refrain) „Bitte sag mir doch, du Sängerin,
bist gar du die Herzliebste mein?"

Neigt die Nachtigall drauf ihr Köpfchen,
aus der Rosenglut klingt's zurück –
(Refrain) lieb und innig leis wie Streicheln zart:
„Ja, ich bin's, ich bin es dein Glück!"

Die avantgardistische Lyrikergruppe **Blaue Trinkhörner** entstand 1921 und verarbeitete Weltschmerz und Melancholie. Weil sie auch von nationaler Freiheit träumte, wurde sie von den Kommunisten unterdrückt. Mitgründer Grigol Robakizdes floh deshalb 1931 ins deutsche Exil, wo er mit seinen *Kaukasischen Novellen* und *Schlangenhemd* bekannt wurde.

Neben den Blauen Trinkhörnern hatte sich die **Akademische Gruppe** um **Konstantine Gamsakhurdia** gebildet. Unter anderem mit Werken wie *Die Rechte Hand des großen Meisters* über die Erbauung der Svetitskhoveli-Kathedrale in Mtskheta und dem historischen Roman *Davit der Erbauer* wurde Gamsakhurdia zu einem der bedeutendsten georgischen Schriftsteller des 20. Jhs. Auch sein Sohn Zviad war Schriftsteller und wurde 1991 erster demokratisch gewählter Präsident Georgiens.

Während der Sowjetzeit machte sich der aus Gurien stammende **Nodar Dumbadze** mit seinen Werken voller Satire und Humor einen Namen. Von dort kam auch **Ana Kalandadze**, die bedeutendste weibliche Vertreterin der modernen Dichtkunst.

Mit seinen Krimis wurde der in Moskau lebende **Boris Akunin** bekannt. Seine Bücher haben weltweiten Erfolg und sollen verfilmt werden. Spannend ist auch *Das achte Leben (Für Brilka)* von der in Deutschland lebenden **Nino Haratischwili**, das Familienepos lässt die letzten 100 Jahre der georgischen Geschichte lebendig werden.

Die vielfältige Verlags- und Literaturszene bekam auf der Frankfurter Buchmesse 2018 Aufmerksamkeit, auf der Georgien Ehrengast war. Leseratten finden im Anhang Lesetipps zum Land.

Theater

Das Theater hat eine lange Tradition in Georgien: Als die alten Griechen die Handelsstädte an der Schwarzmeer-Küste gründeten, brachten sie das **antike Theater** mit. Maskentheater erheiterten die Herrscher im Mittelalter, Maskeraden die einfachen Leute bei Volksfesten.

Das moderne Schauspiel begründeten 1920 die Regisseure **Sandro Akhmeteli** und **Kote Marjanishvili** (sein Haus kann in Kvareli besichtigt werden, S. 246), nach dem das erste Schauspielhaus in Tbilissi benannt wurde. Die erfolgreichsten Regisseure der 1970er- bis 1990er-Jahre waren **Michail Tumanishvili** und **Robert Sturua**. Die Shakespeare-Inszenierungen von Sturua mit dem Ensemble des Rustaveli Theaters sorgten nicht nur in Georgien für Furore, sondern füllten die Theater auch in Europa.

Allein in Tbilissi gibt es fünf große Theaterhäuser (S. 199), auch in Kutaissi und Batumi finden sich mehrere Vorstellungshäuser, in Batumi ist besonders das Sommertheater unter freiem Himmel sehr beliebt. Selbst in georgischen Kleinstädten schaute man sich durchaus gerne Theaterstücke in teilweise überraschend großen Schauspielhäusern an – in dem Provinznest Senaki z. B. befindet sich eine (immer noch große) verkleinerte Kopie des Mariinski Theaters in Sankt Petersburg. Allerdings fehlt es an Geld für kulturelle Zwecke, und Vorstellungen finden dort selten statt.

Film

Die Geschichte des Kinos begann ebenfalls vergleichsweise früh. Das erste Kino Georgiens wurde 1896 in Tbilissi gegründet, nur ein Jahr nach der ersten Kinoaufführung in Berlin. Der schon zu Lebzeiten hochverehrte Dichter Akaki Tsereteli war im ersten Dokumentarfilm 1912 auf der Leinwand zu sehen. Ab den 1920ern entwickelte sich eine gut organisierte staatliche Filmindustrie. Pro Jahr wurden sieben bis acht Spielfilme, außerdem einige Trick- und Dokumentarfilme produziert. In der Ära der Stummfilme wurde **Nato Vachnadze** zum Filmstar, sie wurde als Sarah Bernhardt des georgischen Films bejubelt (ihr Haus kann in Gurjaani besichtigt werden, S. 237). Aufsehen erregte der auf einem Roman Alexander Kazbegis basierende Film *Eliso* 1928. Er handelt von der Deportation der Tschetschenen im zaristischen Russland 1864 und erzählt die tragische Liebesgeschichte zwischen der christlichen Eliso und dem muslimischen Wadschia. In der Satire *Meine Großmutter* nahm Regisseur **Konstantin Mikaberidze** die sowjetische Bürokratie und das damals verbreitete Spießbürgertum auf die Schippe. Die Rechnung folgte prompt: Der Film wurde verboten und durfte erst 1967 wieder gezeigt werden. Dieses Problem hatte der Kameramann Michail Kalatozishvili mit seinem Regiedebüt *Das Salz Swanetiens* nicht. Der Film über das harte Leben in den Bergen Swanetiens wurde zum Klassiker des sowjetisch-georgischen Films.

Stalin liebte großes Kino. Seine Genossen quälte er mit Filmabenden bis spät in die Nacht hinein. Sein „Hofregisseur" **Michail Chiaureli** schuf für ihn Monumentalfilme mit Helden ganz im Sinne der sowjetischen Ideologie. Die Filme Chiaurelis, wie z. B. *Der Fall von Berlin* waren ein wichtiger Teil des Personenkults um Stalin.

Erst nach Stalins Tod wurden kritischere Werke in den Studios von Grusia-Film (Kartuli Filmi) gedreht: **Michail Kalatozovs** Antikriegsfilm *Wenn die Kraniche ziehen* und **Tengis Abuladzes** sozialkritischer Film *Magdanas Esel* wurden zu Erfolgen, Letzterer 1956 in Cannes mit der Goldenen Palme ausgezeichnet. Die sowjetische Zensur umging man mit Satire und Parabeln meisterhaft und schlug den sowjetischen Machthabern so ein Schnippchen. Der 1984 mit der Sowjetunion abrechnende Film *Die Reue* von *Abuladze* kam jedoch nicht durch die Zensur und durfte erst 1987 gezeigt werden – trotz der Taustimmung von „Glasnost".

Viele Filme, auch die von **Otar Ioseliani**, landeten auf dem Index. Ioseliani emigrierte daraufhin und ist mittlerweile einer der international anerkanntesten georgischen Regisseure. 2002 wurde sein Film *Lundi Matin* auf der Berlinale mit dem Silbernen Bären ausgezeichnet.

Zwar war nach 1991 die Zensur aufgehoben, doch brach nach der Unabhängigkeit in der Wirtschaftskrise auch die Filmindustrie zusammen. Viele Regisseure gingen ins Ausland. Frankreich und Deutschland etablierten sich als Standorte des georgischen Films. In Deutschland lebt mittlerweile auch **Dito Tsinadze**, der mit *Der Mann von der Botschaft* 2006 in Locarno einen Preis gewann. Das Regisseur-Paar Nana Ekvtimishvili und Simon Groß machten 2014 mit *Die langen hellen Tage* und 2017 mit *Meine glückliche Familie* von sich reden. Für das Familiendrama, in dem sie das Bild einer georgischen Familie zeichnen, erhielten sie mehrere Preise.

Eine Bühne für neue Filme bietet das **Tbilissi International Film Festival** seit 2000 jedes Jahr im Oktober. In Deutschland werden auf dem **goEast Filmfest in Wiesbaden** jedes Jahr im April osteuropäische und georgische Filme gezeigt, auf dem **Filmfest Cottbus** im November.

Musik

Berühmt ist Georgien für seine polyphonen Gesänge (s. Kasten). Wurden diese lange vor allem in den Klöstern gepflegt, entwickelte sich aus ihnen Ende des 18. Jhs. in den Städten eine neue **Volksmusik**, bei der die mehrstimmigen Gesänge von lyrischen Texten begleitet werden. Stalins Lieblingslied **Suliko** (s. Kasten S. 137) entstand in dieser Zeit, moderner **georgischer Pop** basiert auf dieser Volksmusik. Oft werden die Gesänge von der Tschonguri oder Panduri,

Siebenstimmig – der polyphone Gesang

„Sie sind genial oder verrückt" soll Igor Strawinsky gesagt haben, als er eine georgische Familie siebenstimmig singen hörte. Wer Glück hat, wird bei seinem Georgien-Besuch den polyphonen Gesang zu hören bekommen – ein unvergessliches Erlebnis, von dem schon der Grieche Xenophon im 4. Jh. v. Chr. begeistert berichtet. Die Chancen stehen nicht schlecht – der meist von Männern gesungene, harmonische Gesang fehlt bei keiner Feierlichkeit: Mindestens drei-, teilweise bis zu siebenstimmig wird gesungen. Neben zwei melodieführenden Hauptstimmen, zwei Bässen, einer „Oktave" und einem „Schreienden", gibt es dabei eine „gebrochene" Stimme, die an das Jodeln der Alpenbewohner erinnert. Dabei singt jede Stimme ihre eigene Melodie. Seit 2001 gehört der polyphone Gesang, zu dem Volkslieder genauso wie Kirchenchoräle gehören, zum Unesco-Weltkulturerbe für immaterielles Erbe der Menschheit.

1990 – ein Orchester emigriert

Keine Proberäume, keine Auftritte, keine Gehälter: Die Existenzen von Künstlern und Musikern versanken in den Wirren des Bürgerkriegs. Es fehlte Geld selbst für das Nötigste, wer konnte da schon an die schönen Künste denken? Dabei feierten noch kurz zuvor georgische Orchester und Musiker nicht nur sowjet-, sondern weltweit größte Erfolge. Auch das 1964 in Tbilissi gegründete Georgische Staatskammerorchester spielte unter der Leitung der hochbegabten Geigerin **Liana Isakadze** in den 1980ern in 27 Tagen 23 Konzerte auf der ganzen Welt. Doch nach der Unabhängigkeit fühlte sich niemand für die Künstler zuständig. Als die Lage in der Heimat hoffnungslos blieb, begab sich Isakadze auf die Suche nach einem neuen Zuhause und einer besseren Zukunft. Die weltbekannte Musikerin gewann die Unterstützung der Stadt Ingolstadt und von Audi. So kam es, dass das komplette **Staatskammerorchester** 1990 nach Ingolstadt zog, wo es noch heute fester Bestandteil des Kulturlebens ist (💻 www.gko-in.de).

einfachen Gitarren mit vier bzw. drei Saiten, begleitet. Auch der Gudastviri, eine Art Dudelsack mit zwei Pfeifen, die klarinettenähnliche Duduki und die tiefe Flöte Surna begleiten viele Stücke. Vor allem bei den traditionellen Tänzen dürfen die Handtrommel Doli und die zwei halbrunden Trommeln Diplipito nicht fehlen.

Im 19. Jh. wurde Georgien in das russische Zarenreich eingegliedert. Die Russen brachten die bis dahin unbekannte **klassische Musik** mit. Die Georgier waren begeistert, besonders die Oper war beliebt. 1851 wurde das erste Opernhaus in Tbilissi eröffnet. Russische, italienische und deutsche Opern wurden gespielt. Die erste **georgische Oper**, *Die listige Tamar* von **Meliton Balantshivadze**, basiert auf dem Epos Akaki Tseretelis. Sie wurde erst beim zweiten Anlauf ein Erfolg und später auch in Deutschland aufgeführt. 1917 wurde das erste Konservatorium in Tbilissi eröffnet, 1922 die „Gesellschaft junger georgischer Musiker“ gegründet. Aus ihr gingen wenig später das ständige Symphonieorchester und das staatliche Streichorchester hervor. Viele seiner Mitglieder waren wegweisend für die Weiterentwicklung der klassischen Musik in Georgien.

Weinfest mit traditionellem Tanz in Signagi

Einen Namen machte sich auch Meliton Balantshivadzes Sohn Giorgi – allerdings als **George Balanchine**. Nach seiner Ballettausbildung in Sankt Petersburg floh er 1924 in den Westen. Als Choreograf wurde er weltberühmt und war Mitbegründer des New York City Ballet.

Vielleicht hatte George Balanchine es geahnt: Unter der Sowjetregierung brach keine gute Zeit an für die klassische Musik in Georgien. **Folkloristische Musik** und Tanz waren dagegen gefragt. Georgische Folkloregruppen tourten in farbenfrohen Kostümen durch die ganze Sowjetunion und führten vor begeistertem Publikum ihre kraftvollen Tänze auf. Das **Tanzensemble von Rustavi** brachte es dabei zu Weltruhm.

Erst in den 1970ern erwachte mit dem neuen Selbstbewusstsein Georgiens auch das der georgischen Komponisten wieder, die musikalische Traditionen und neue Strömungen vereinten.

Nodar Gabunia setzte die Fabeln Sulkhan-Saba Orbelianis als Klavierstück um, **Otar Taktakishvili** nahm sich für seine neue Oper Vasha Pshavelas *Mindia* zum Vorbild. Auch **Sulkhan Nasidze** und **Sulkhan Tsinzadze** ließen georgische Einflüsse in klassische Stücke einfließen, und eine eigenständige Musikkultur entstand. **Gia Kancheli** ist der berühmteste unter den georgischen Komponisten und Dirigenten, seine Symphonien sind weltweit bekannt.

Nach der Unabhängigkeit Georgiens begannen allerdings für georgische Komponisten und Musiker schwere Zeiten. Es gab weder Geld noch Proberäume, viele Künstler wanderten aus. So auch die weltberühmte Geigerin **Liana Isakadze**, die mit ihrem gesamten Orchester nach Ingolstadt umsiedelte (s. Kasten S. 140).

In den letzten beiden Jahrzehnten bekamen georgische Talente immer wieder internationale Aufmerksamkeit: Ob die junge Sopranistin **Nino Machaidze** auf den Salzburger Festspielen 2008, die khevsurischen YouTube-Stars des Trios **Mandili-Aparek** oder auch der **Frauenchor von Gori**. Der nahm 2016 gemeinsam mit der georgisch-britischen Künstlerin **Katie Melua** eine Platte auf, sie touren im Winter 2018 gemeinsam durch Europa. Zuletzt war es aber **Natia Todua**, die mit ihrer jazzigen Stimme das Publikum begeisterte und 2017 Gewinnerin der Castingshow „The Voice of Germany" wurde. Übrigens in gewagten Outfits georgischer Modedesignerinnen, die in letzter Zeit immer mehr internationale Beachtung finden.

Aus georgischen Radios schallt neben traditioneller Musik vor allem russischer und georgischer **Pop**. Bei jungen Georgiern dagegen ist **Elektro-Musik** der letzte Schrei: Die britische Tageszeitung *The Guardian* verglich die Clubbing-Szene von Tbilissi mit dem Nachtleben von Berlin der 1990er-Jahre. Die minimalistische Elektromusik ist auf dem Vormarsch und zieht auch ausländische Besucher in die Clubs.

Dabei kann das Tanzen schon mal politisch werden: Nach einer Großrazzia im beliebten Club Bassiani in Tbilissi ravten am nächsten Tag Hunderte Demonstranten vor dem Parlament. Unter dem Motto „We dance together – we fight together" tanzen und kämpfen junge Georgier für eine freiere Zukunft.

BETLEMI-VIERTEL IN TBILISSI; © ISTOCK.COM / GREGORY LEE

1 Tbilissi (Tiflis)

Tbilissi ist das politische und kulturelle Herz des Landes. Der besondere Reiz der pulsierenden georgischen Hauptstadt liegt im Kontrast zwischen Vergangenheit und Gegenwart. Historische Karawansereien, alte Kirchen, klassizistische Prunkbauten und sowjetische Wohnblocks prägen das Gesicht der Metropole – die man am besten von der Narikala-Festung aus überblickt.

Stefan Loose Traveltipps

Betlemi-Viertel Die traditionellen Häuser mit den bunten Holzbalkonen stapeln sich am Hang, zwischen den schmalen Gassen und steilen Treppen versteckten sich verwunschene Orte. S. 155

Narikala-Festung Auch wenn man nicht allein ist – einer der romantischsten Plätze für den Sonnenuntergang. S. 158

Abanotubani Die beste Entspannung nach einem langen Sightseeing-Tag: Schon der Dichter Puschkin war von den Schwefelbädern begeistert. S. 160

Nationalmuseum und Kunstmuseum Das Gold der Kolchis lockte schon Iason und kann im Kunstmuseum und im Nationalmuseum bewundert werden. S. 166 und S. 173

Schlemmen in Tbilissi Die absolute Krönung der köstlichen georgischen Küche findet man in den Restaurants der Hauptstadt. S. 193

Tanzen zu elektronischen Beats Hier wird gefeiert, ob im leeren Schwimmbecken oder unter der Brücke: Die Elektro-Szene boomt. S. 198

OBERE KALA, CHURCHKHELA-LADEN; © NINA KRAMM

EREKLE II STREET; © NINA KRAMM

Wann fahren? Anfang April bis Mitte Juni und September bis Mitte Oktober. Von November bis März herrscht oft kaltes oder trübes Wetter, im Juli und August lastet auf der Stadt drückende Hitze.

Wie lange? 2–5 Tage, die Hauptstadt eignet sich gut als Basis für Ausflüge.

Bekannt für abwechslungsreiches Kulturleben und entspannende Bäder

Beste Feste Das Stadtfest Tbilisioba Mitte Oktober und das orthodoxe Osterfest

Schöner Tagesausflug Ein Spaziergang im Freilichtmuseum und zum Schildkrötensee

Mit ihrem einzigartigen Charme, einer besonderen **Symbiose aus Moderne und Verfall**, schlägt die Millionenstadt zwischen Orient und Okzident ihre Besucher in den Bann. Obwohl die georgische Hauptstadt zahlreiche Zerstörungen erlebt hat, ächzt sie förmlich unter ihrem reichen Kulturerbe: Durch die verwinkelten Gassen der Altstadt weht zwischen Karawansereien und den heißen Bädern von Abanotubani noch immer ein **Hauch von Orient**. Kirchen, Moscheen und Synagogen stehen dicht beieinander und lassen erkennen, dass Tbilissi seit jeher eine **multikulturelle Stadt** war. Die Prachtallee Rustaveli Avenue verdeutlicht den Einfluss des russischen

Zarenreichs im 19. Jh.: Prachtvolle Opernhäuser und klassizistische Paläste reihen sich neben sowjetische Prunkbauten. Die Vororte dagegen tragen unverkennbar den Stempel der Sowjetzeit, dort bestimmen endlose Plattenbau-Hochhaussiedlungen das Bild.

Ihren heutigen offiziellen Namen verdankt die Stadt den **heißen Quellen**, denn „tbili" bedeutet warm und bezieht sich auf die heißen Schwefelquellen, die am Fuße des Berges Tabori entspringen. Laut einer Legende sind sie der Grund, warum Tbilissi überhaupt gegründet wurde (s. Kasten S. 146). Historische Funde allerdings belegen, dass die Gegend schon seit dem 3. Jahrtausend v. Chr. besiedelt war und König Vakhtang I Gorgasali die Stadt wahrscheinlich aus Platzmangel von Mtskheta nach Tbilissi verlegte. Wahr ist sicherlich, dass es die heißen Quellen waren, die die Stadt im Mittelalter vor den schlimmsten Pest-Epidemien bewahrten: Reisende besuchten bei ihrer Ankunft die Bäder, bevor sie die Stadt betraten. Die entspannenden Schwefelbäder sollten auch heute noch zum Pflichtprogramm jedes Besuchers gehören.

Seit sich das Land von den Bürgerkriegsjahren in den 1990er-Jahren erholt hat, strömen zahlreiche Besucher nach Tbilissi. Eine bunt gemischte Touristenschar, die sich vor allem aus Russen und Westeuropäern, Israelis und Arabern, Persern und Indern zusammensetzt, flaniert durch die grüne Innenstadt und genießt im Frühsommer das mediterrane Flair.

Dabei ist es kein Wunder, dass Georgien in der Sowjetunion als Urlaubsland genauso beliebt war wie Italien bei den Deutschen: Tbilissi liegt auf demselben Breitengrad wie Rom und Istanbul, es herrscht ein warmes, **südländisches Klima** vor. Dank der südlichen Lage dauern die Sommer etwas länger als in Mitteleuropa, bis in den Oktober kann es warm sein und schon ab April sehr heiß werden. Dabei kommt es insbesondere im Mai und Juni häufig zu Gewittern und Wolkenbrüchen – kleine Gassen können sich dann kurzzeitig in reißende Bäche verwandeln. Bei solch einem Unwetter wurde auch der Zoo überschwemmt (s. Kasten S. 186).

Im Juli und August staut sich die teils sengende Hitze im Tal, die meisten Stadtbewohner flüchten dann im Sommerurlaub ans Schwarze Meer oder in die Berge. Während des relativ kurzen Winters kommt es gelegentlich auch zu Frost und Schneefall – der Schnee bleibt allerdings selten länger liegen. Wählt man eine komfortable Unterkunft, ist das im Winter weniger besuchte Tbilissi mit seinen heißen Quellen und interessanten Museen auch in dieser Jahreszeit ein lohnenswertes Reiseziel. Die angenehmste Reisezeit ist jedoch der Frühling, die Zeit zwischen Anfang April und Mitte Juni, wenn alles in Blüte steht, sowie der Herbst von September bis Mitte Oktober. In dieser Zeit fällt übrigens meist weniger Niederschlag als im Frühjahr.

Tiflis oder Tbilissi?

Die Stadt hat viele Gesichter und ist – zumindest in Deutschland – unter zwei Namen bekannt. Heißt sie nun Tiflis oder Tbilissi? In Westdeutschland war der Name Tiflis verbreitet, der seit dem 13. Jh. nicht nur von Kartografen, sondern auch von dem weitgereisten Marco Polo verwendet wurde und bis 1936 der offizielle russische Name der Stadt war. Wahrscheinlich stammt der Name Tiflis aus dem Türkischen oder Persischen, in diesen Sprachen wird die Stadt noch immer so genannt. 1936 passte die sowjetische Führung die amtliche russische Bezeichnung an die örtliche Sprache an. Die Stadt erhielt ihren ursprünglichen Namen Tbilissi (auch die Schreibweise Tbilisi ist üblich und wird in diesem Band bei vielen Eigennamen verwendet) zurück, der sich international durchsetzte und u. a. in der ehemaligen DDR benutzt wurde. Dass die Namensänderung für die Georgier ein überaus bedeutendes Ereignis war, lässt sich daran erkennen, dass noch 2006 das georgische Parlament eine Feierstunde zum 70. Jahrestag der Umbenennung abhielt.

Geschichte

In Tbilissi entschied sich über die Jahrhunderte immer wieder die Geschichte des Landes, in einem fortwährenden **Kampf um Unabhängigkeit und Freiheit** wurde die Stadt allein zwischen dem 7. und 19. Jh. mehr als 40 Mal angegriffen und mehrmals komplett zerstört. Immer wieder

Die Legende der Stadtgründung

König Vakhtang I Gorgasali soll einst in der Gegend des heutigen Tbilissi auf der Jagd gewesen sein. Damals muss es in den dichten Wäldern im Flusstal vor Wild nur so gewimmelt haben. Bei dem Jagdausflug ließ der König seinen abgerichteten Falken nach einem Fasan steigen, doch beide verschwanden in einer Schlucht, und keines der Tiere kam wieder zum Vorschein. Also stieg der König mit seinem Gefolge in die Schlucht hinab und erblickte dort eine heiße sprudelnde Quelle, in der er die beiden „gar gekochten" Vögel auffand.
In einer anderen Version der Legende kommt der Fasan besser weg: Angeschossen soll er in die heiße Quelle gestürzt und noch bevor der König das Tier einfangen konnte wie durch ein Wunder in der Heilquelle von seiner Verwundung genesen und munter davongeflogen sein. In beiden Fällen war König Gorgasali der Legende nach von der heißen Quelle begeistert und soll deshalb befohlen haben, die Hauptstadt von Mtskheta nach Tbilissi zu verlegen.

musste in harten Zeiten die Hauptstadt ins westgeorgische Kutaissi verlegt werden.

Handelsmetropole an der Seidenstraße

Noch bevor **König Vakhtang I Gorgasali** Tbilissi überhaupt als Ort für seine neue Hauptstadt auserkoren hatte, hielten sich in der Gegend die Perser auf. Sie hatten dort die Narikala-Festung gebaut, die erstmals im 4. Jh. erwähnt wurde.

Vakhtang I vertrieb die Perser und ließ Tbilissi ab **448 zur Hauptstadt des ostgeorgischen Königreichs** ausbauen. Knapp 150 Jahre später wurde Tbilissi nach Ende des Römisch-Persischen-Kriegs oströmische Provinzhauptstadt. Die multi-ethnische Stadt lag günstig am Schnittpunkt zweier Handelsrouten der Seidenstraße und wuchs schnell von einem wehrhaften Bollwerk zu einer **florierenden Handelsmetropole** – und wurde ebenso schnell zum Objekt der Begierde.

Erste Blütezeit

Byzantiner, Araber, Perser und Seldschuken belagerten und beherrschten im Wechsel die Stadt, bis **König Davit IV der Erbauer** (Aghmashenebeli) 1121 das **Goldene Zeitalter** begründete, von dem noch heute jeder Georgier zu berichten weiß – und ihm (obwohl knapp 900 Jahre vergangen sind) wehmütig nachzutrauern scheint. Davit IV vereinte die georgischen Königreiche und führte das Land zur Blüte. Unter seiner Enkelin **Königin Tamar** und ihrem Sohn Lasha entwickelte sich Tbilissi zu **einer der wohlhabendsten Städte der Welt**.

Der Reichtum lockte erneut Feinde an: Im 13. Jh. wurde die Stadt von den Choresmiern verwüstet, wenig später erfolgten die verheerenden Überfälle der **Mongolen**. König Giorgi V der Glänzende befreite Tbilissi (und Georgien) im 14. Jh. von den Mongolen und führte es zu einer kurzen Zwischenblüte, bis 1394 die **Truppen Timur Lenks** plündernd und brandschatzend einmarschierten. Dabei wurde die komplette Infrastruktur des Umlands zerstört, Tbilissi verlor jegliche politische Bedeutung und litt noch lange unter den **Zerstörungen**. Mit dem Untergang von Byzanz wurden Tbilissi und ganz Georgien vom Handel mit dem Westen abgeschnitten und versanken in Bedeutungslosigkeit. Auf Timur Lenks Herrschaft folgten **wechselnde Besatzungen** durch das Osmanische Reich und Persien – bis ins 18. Jh. war die Stadt ständiger Zerstörung ausgesetzt, die älteste Bausubstanz stammt folglich aus dem 18. Jh.

Zerstörung der Stadt durch die Perser

Wegen der anhaltenden **Bedrohung durch die islamischen Feinde**, zwischen denen Georgien eingekesselt war, wendete sich **König Erekle II** an Russland, mit dem er 1783 einen Schutzvertrag schloss.

Wenig später folgte der **Tiefpunkt** der Geschichte von Tbilissi: 1795 überfiel **Schah Aga Khan** die Stadt, brannte sie nieder und massakrierte die Einwohner. 55 000 Menschen starben, über 15 000 wurden als Sklaven nach Persien verschleppt. Nur Festungsruinen und einige Kirchen blieben erhalten, die Königsresidenzen,

Paläste und Wohnhäuser wurden dem Erdboden gleichgemacht. Dabei soll es nicht der Freundschaftsvertrag mit den Russen gewesen sein, den König Erekle II geschlossen hatte, der den Schah derart in Rage brachte, sondern die heißen Bäder von Abanotubani (S. 160).

Annexion durch das Russische Zarenreich

Waren die russischen Freunde in der Not nicht zu Hilfe gekommen, so standen sie 1799 auf der Matte und annektierten die Stadt. Bis 1864 hatte sich das **Russische Zarenreich** alle Regionen Georgiens einverleibt. Der russisch-georgische Freundschaftsvertrag hatte zwar deutliche koloniale Züge, doch brachte er Tbilissi einige Vorteile: Die Stadt wurde **Verwaltungszentrum der gesamten Kaukasusregion**. Die russischen Truppen wurden hier stationiert und 1845 der **Statthaltersitz des russischen Vizekönigs** in die Stadt verlegt.

Sie profitierte zudem von **Steuerbefreiungen** und vor allem von der neuen politischen Bedeutung sowie der damit einhergehenden **regen Bautätigkeit**: Nach der Zerstörung durch die Perser gab es viel Platz, um der Stadt ein europäisches Antlitz zu verleihen. Städtebauer konzipierten das neue Tbilissi am Reißbrett, die Straßen wurden parallel oder im rechten Winkel zum Fluss Mtkvari angelegt. Nur im Bereich der Altstadt um die Sioni-Kathedrale wurde der alte Grundriss beibehalten, dort wurden die typisch georgischen Häuser mit ihren traditionellen, mit Schnitzereien verzierten Balkonen und Veranden wieder aufgebaut – das war ganz und gar nicht selbstverständlich in jener Zeit. Die historischen Stadtmauern wurden abgetragen und die „Hauptschlagadern" der Stadt angelegt: die mit Platanen und Prachtbauten gesäumte Rustaveli Avenue (damals Golovin Boulevard), die Merab Kostava Street (damals Olqi Street) und die Davit Aghmashenebeli Avenue (damals Michail Avenue) östlich des Mtkvari-Flusses. Aristokraten, Beamte und Großindustrielle wohnten mit Vorliebe in den neu angelegten Stadtteilen, Kleinhändler und Handwerker dagegen lebten in der Altstadt oder siedelten in der Stadtperipherie. In den Vororten Vake und Vere nördlich der Rustaveli Avenue hausten die armen Leute.

Wirtschaftlicher Aufschwung

In den 20er-Jahren des 19. Jhs. hatte sich Tbilissi bereits von dem persischen Überfall erholt und bot das pittoreske Bild einer aufstrebenden Kolonialstadt. Neben armenischen Händlern siedelte sich ein **buntes Völkergemisch** aus europäischen und orientalischen Ländern an. Die Entwicklung ging weiter rasant vonstatten: Ein Dampflok-Depot mit über 3000 Mitarbeitern, Fabriken aus Maschinenbau, Möbelherstellung, Lederwarenverarbeitung sowie Baumwoll- und Seidenfabriken zog es in die Stadt. Tbilissi wurde zu einem der größten Seidenproduzenten und **Zentrum der kaukasischen Seidenkultur**.

1883 rollte die erste **Pferdestraßenbahn** über die Rustaveli Avenue, im gleichen Jahr wurde die Stadt an die **Bahnlinie von Baku nach Batumi** angebunden, 1887 wurde sie durch eine weitere Bahnlinie mit Poti verbunden, kurz vorher war die Stadt bereits an das **internationale Telegrafennetz** angeschlossen worden.

1886 hatte Tbilissi bereits über 100 000 Einwohner, die sich aus Armeniern, Russen, Georgiern sowie Deutschen, Tataren, Persern, Polen und vielen weiteren Völkern zusammensetzten. Bei der Volkszählung 1897 waren mit knapp 30 % die Armenier die größte Bevölkerungsgruppe, gefolgt von Russen – Georgier stellten damals nur ein Viertel der Stadtbevölkerung.

Einmarsch der Roten Armee

Nach dem Ende des russischen Zarenreichs wurde Tbilissi **1919 Hauptstadt der unabhängigen Demokratischen Georgischen Republik**. Doch schon nach zwei Jahren beendete der Einmarsch der Roten Armee am 25. Februar 1921 den Traum von der Unabhängigkeit. Ab 1921 setzte die **Sowjetisierung** ein: Industrie, Eisenbahn, Banken und aller Grund und Boden wurden verstaatlicht. Tbilissi wuchs zu **einem der bedeutendsten Industriezentren der Sowjetunion**: Chemie-, Pharma- und Leichtindustrie siedelten sich an, Nahrungsmittel und Lokomotiven wurden hergestellt.

Die **Stadtplanung** wurde nun nach **Fünf-Jahres-Plänen** durchgeführt, mit denen für die wachsende Bevölkerung neue Wohnviertel angelegt wurden. Nach dem Zweiten Weltkrieg entstand die Bebauung um den Marjanishvili

Square, in den 1950ern die Plattenbau-Wohnquartiere von Subartlo, zehn Jahre später der Stadtteil Dighomi und in den 1970ern das Plattenbau-Viertel Gldani. Während dieser Zeit fiel das Flussufer der Mtkvari der Modernisierung zum Opfer: In den 1960ern wurde das Flussbett einbetoniert, links und rechts des Ufers wurden Hauptverkehrsstraßen angelegt. Die erste U-Bahnlinie wurde 1966 eingeweiht, eine zweite Linie 1979.

Während der **Sowjetzeit** gab es zwar viel Fortschritt, aber ebenso viel Missmut und Unterdrückung: Während der 1930er fielen dem **„großen Terror"** viele Einwohner, vor allem aus der intellektuellen Elite, zum Opfer. Bei dem „Massaker von Tbilissi" wurden 1956 über 80 Schüler und Studenten getötet, die gegen die sowjetische Regierung demonstriert hatten. 1989 kam es erneut zu **Aufständen gegen die Kommunistische Partei**, die blutig niedergeschlagen wurden.

Wechselhafte Zeiten für die Hauptstadt

Nach dem Ende der Sowjetunion wurde Tbilissi erneut **Hauptstadt von Georgien**. Dabei kam es zwischen Dezember 1991 und Januar 1992 zum **„Tbilissier Krieg"**, einem Militärputsch gegen den Präsidenten Zviad Gamsakhurdia, bei dem viele Gebäude in der Rustaveli Avenue und deren Umgebung durch Panzer und Raketen stark beschädigt oder zerstört wurden.

Es folgten die dunklen **Jahre der politischen Instabilität**, des Mangels, der Korruption und der Energiekrise. Stets war die Badewanne mit Wasser gefüllt, denn aus den Leitungen kam selten welches. Strom floss ebenso sporadisch durch die Leitungen, sodass im Winter die Großstädter bei eisiger Kälte und Kerzenschein in ihren Wohnungen saßen.

„Licht in die Stadt" war daher passenderweise ein Motto des ehemaligen Präsidenten Michail Saakaschwili, der mit der Rosenrevolution 2003 an die Macht kam. Unter dem neuen Präsidenten kam es zu einer **großen Bauphase**: Den neuen Präsidentenpalast, die Friedensbrücke, das Bürgerzentrum, die Konzert- und Ausstellungshallen im Rike-Park und vieles mehr bescherte „Mischa" seinen Bürgern. Allesamt in modernster Architektur.

Der Milliardär **Bidzina Ivanishvili** hatte diese Bauphase bereits größtenteils finanziert, bevor er in die Politik ging und 2013 Saakaschwili als Präsident ablöste. Mittlerweile hat sich Ivanishvili offiziell aus der Politik zurückgezogen, scheint aber an weiteren Großprojekten in Tbilissi zu arbeiten: Sein neuester Coup ist das **„Tbilissi Panorama"**, ein gigantischer, in Terrassen angelegter Gebäudekomplex. Er wird auf dem Gelände nahe Ivanishvilis futuristischem Privatpalast gebaut und soll mit einer Gondelbahn mit der Altstadt verbunden werden. Die Bauarbeiten sollten 2019 abgeschlossen sein, dauern aber an. Viele Einwohner und vor allem die Unesco (auf deren Anwärterliste zum Weltkulturerbe die Altstadt von Tbilissi steht) sind von dem Projekt allerdings wenig begeistert.

Orientierung

Heute erstreckt sich das Stadtgebiet, in dem über **1,4 Mio. Menschen** leben, über eine Gebirgsniederung mit Höhenunterschieden von 400 m innerhalb des Stadtgebiets **auf beiden Seiten des Mtkvari-Flusses**. Die Stadt ist von drei Seiten von Bergen umgeben. An der westlichen Seite der Mtkvari liegen das **Bäderviertel Abanotubani** und die **Altstadt** mit ihren verwinkelten Gassen, die sich in die Obere und die Untere Kala gliedert. Die Wohnhäuser im **Betlemi-Viertel** reihen sich, an ein Amphitheater erinnernd, an den Hängen des Tabori-Berges. Westlich schließt sich **Sololaki** mit vielen alten herrschaftlichen Häusern an.

Weiter nördlich liegt der **Liberty Square** (Platz der Freiheit), den die 1,5 km lange Prachtallee Rustaveli Avenue durch Garetubani, das repräsentative Zentrum nach europäischem Maßstab, mit dem Rustaveli Square im Norden verbindet. Dort beginnt das beliebte **Universitäts- und Wohnviertel Vere**, westlich davon liegt das fast ebenso begehrte Wohngebiet **Vake**. Nördlich von Vake erstreckt sich das Viertel **Saburtalo**, in dem sich die Technische und die Medizinische Fakultät der Universität befinden.

An der östlichen Seite der Mtkvari, gegenüber der Altstadt Kala, breitet sich das Viertel **Avlabari** aus, an das sich südlich der Bezirk **Chughureti** anschließt, der von der Aghmashenebeli Avenue und dem Marjanishvili Square beherrscht wird. Nordöstlich davon befindet sich der **Hauptbahnhof** mit dem **Station Square**, dem wichtigsten Umsteigeplatz der Metro. Von dort sind es zwei Stationen bis in den Stadtteil **Didube**. Einst wohnten dort deutsche Siedler, heute ist seine größte Bedeutung der Busbahnhof. Nördlich von Didube breiten sich die Plattenbau-Wohnquartiere von **Dighomi**, **Mukhiani** und **Gldani** beinahe bis zur 30 km entfernten ehemaligen Hauptstadt Mtskheta aus.

Altstadt: Obere Kala

Die verwinkelten Gässchen der Altstadt scheinen keinem System zu folgen und heben sich deutlich von den neuen Stadtvierteln ab. Wohnhäuser mit hölzernen Erkern und Balkonen prägen das Straßenbild, von denen einige in den letzten Jahren renoviert und zu Hotels umgebaut wurden.

Die Kote Abkhazi Street (ehemals Leselidze) verbindet den Liberty Square (Platz der Freiheit) mit dem Maidan (Vakhtang Gorgasali Square) und teilt die Altstadt in Obere und Untere Kala.

Maidan und Alter Basar

Das Zentrum des alten Tbilissi war der **Maidan**, heute Vakhtang I Gorgasali Square genannt, der zentrale Handelsplatz, an dem die Straßen von allen sieben Stadttoren zusammentrafen. Nördlich des Maidan liegen die beiden schmalen Gassen **Chardin Street**, **Bambis Rigi** und **Rkinis Rigi**, in denen sich ehemals das Händlerviertel befand. Der Norweger Knut Hamsun beobachtete bei seiner Reise Anfang des 19. Jhs. die verschiedensten Völkerschaften des Kaukasus, die sich im bunten Durcheinander des Basars tummelten: Georgier, Bergbewohner und Tataren, Perser, Kurden, Armenier und Juden, Menschen aus Arabien, Turkestan, aus Gegenden von Palästina bis Tibet. Weiße und bunte Turbane krönten langbärtige Häupter. In den Buden, die sich dicht an dicht reihten, wurden diverse Dinge feilgeboten: Seide, kunstvoll bestickte Stoffe, Waffen, Schmuck und kostbare Teppiche. Ihren Namen erhielt die Bambis Rigi (Baumwoll-Gasse) von den dort ansässigen Stoffhändlern, in der Rkinis Rigi (Metall-Gasse) verkauften Schmiede und Metallwarenhändler ihre Waren. In jeder der Basargassen befanden sich stets ausschließlich Handwerker und Verkäufer derselben Zunft. Die Chardin Street wurde nach dem französischen Reisenden Jean Chardin benannt, dessen Reisebericht über Tbilissi aus der zweiten Hälfte des 17. Jhs. eine der wenigen Quellen ist, die Auskunft über das Stadtbild vor der Zerstörung durch die Perser 1795 gibt.

Die Gassen wurden in den 1980er-Jahren umfassend restauriert, heute reihen sich hier hohe Gebäude, teils im Art-déco-Stil, aneinander, in denen sich Restaurants, Bars und Clubs, Galerien, Souvenir-Shops und Läden für Kunsthandwerk befinden. Deren Publikum sind vor allem Touristen – denn man kann hier wunderbar draußen sitzen, und abends herrscht reger Trubel. Souvenirs, Wein und allerlei Kunstgegenstände werden auch in der Unterführung unter dem Maidan feilgeboten. Der Platz selbst wird von Autos beherrscht.

Sioni Street

Bambis Rigi und Chardin Street münden in die Sioni Street, an dieser Stelle sitzt eine Skulptur aus Metall mit einem Trinkhorn. Sie stellt einen **Tamada** dar, den georgischen „Toastmaster", der unverzichtbar für jedes Festmahl ist (S. 51). Die Plastik ist die vergrößerte Kopie einer über 2500 Jahre alten Miniaturfigur aus dem Kolchischen Reich, die bei Ausgrabungen in Westgeorgien gefunden wurde. Unweit des Tamadas steht ein **restaurierter Konka**, ein in Handarbeit gefertigter Pferdebahnwagen aus Holz. Von 1883 an zogen ihn Pferde auf der Rustaveli Avenue auf und ab, bis er von der elektrischen Straßenbahn abgelöst wurde. Fast unmittelbar hinter diesem alten Holzwaggon befindet sich die **Karawanserei**, wenig nördlich erhebt sich die bedeutende **Sioni-Kathedrale**.

Karawanserei und Stadtmuseum

Die heute erhaltene **Karawanserei** wurde im 19. Jh. erbaut und steht auf den Fundamenten einer älteren aus dem 17. Jh., 1985 wurde sie renoviert. Die Karawanserei zeugt von den historischen Handelsrouten der Seidenstraße, auf der auch Marco Polo durch Tbilissi reiste – wer weiß, vielleicht durfte auch sein Kamel sich da-

TBILISSI (TIFLIS)

N
0
200 m
ÜBERNACHTUNG
1 Vinotel Boutique Hotel
2 Green House Hostel
3 Bloom Boutique Hotel
4 Pantomime Museum Hotel
5 Pushkin 10 Hostel
6 The House Hotel Old Tbilisi
7 Villa Mtbiebi Hotel
8 Tekla Palace
9 Hotel Frida
10 No12 Boutique Hotel
11 Nona's Guesthouse
12 Kopala Hotel
13 Sota Metekhi Hotel
14 Goari Guesthouse
15 Betlemi Old Town Hotel
16 Amante Narikala Hotel
17 Check Point Hotel
18 Envoy Hostel
19 Hotel Abanotubani
20 Rampa Guesthouse
21 Kisi Hotel
ESSEN
1 Gabriadze Café
2 OTSY
3 Café Leila
4 Sakhachapure No.1
5 Khinkali House
6 Nikolozi
7 Moulin Électrique
8 Racha Dukhan
9 Unity Kava
10 Machakhela
11 Maspindzelo
12 144 Stairs Cafe
13 Culinarium Khasheria
TRANSPORT
1 Haltestelle Bus 337 zur Ortachala Bus Station
2 Avis
3 Europcar
4 Sixt
SONSTIGES
1 Carrefour
2 Warszawa
3 Tsangala's Wine Shop & Bar
4 Luggage Storage Puskhin Street
5 Smart Case
6 Karalashvili's Wine Cellar
7 1984
8 Khurjini
9 Vinoground
10 Origin Carpets
11 Kaukasus Reisen
12 Bitadze Tea Shop
13 Vino Underground
14 Bäckerei
15 Jazz Café Singer
16 41° Art of Drinks
17 Gallery 27
18 Drunk Owl Bar
Bäder:
1 Bath No. 5
2 Royal Bath
3 King Erekle Sulphur Bath
4 Gulo's Thermal Spa
5 Bohema Sulfur Bath
6 Queen's Bath
7 Chreli Abano (Orbeliani-Bad)
Metro
Akhmeteli-Varketeli Line
Suburtalo Line
Busstationen
Akhmeli Theatre
Sarajishvili
Guramishvili
Grmagele
Didube
Gotsiridze
Nadzaladevi
Vazha Pshavela
Medical University
Tsereteli
State University
Delisi
Technical University
Station Square
Hauptbahnhof
Marjanishvili
Rustaveli
Liberty Square
Avlabari
Aragveli
Isani
Ertoba, Samgori
Varketili
Samgori
Ortachala
Tsminda-Sameba-Kathedrale
Armenischer Friedhof
Präsidentenpalast
Apostelkirche Ejmiatsin
Avlabari
Avlabari Square
Armenisches Drama-Theater
Darejan-Palast
Europe Square
Ruinen Shamkoretsots-Surb-Astvatsatsin-Kirche
Metekhi Rise
Metekhi-Kirche
Mtkvari
Abanotubani
Spartaki St.
Elene Akhvlediani St.
Elene Akhvlediani Turn
Kalatozi St.
Keda Turn
Samreklo St.
Erevan St.
Abdushelishvili St.
Konstantine Tsutskiridze Turn
Niko Lomauri St.
Lado Meskhishvili St.
Khivi Turn
Giorgi Tsereteli St.
Konstantine Tsutskiridze St.
Vakhtang VI St.
Bachana St.
Avlabari St.
Khidistavi St.
Vladimer Meskhishvili St.
Hamlet Gonashvili St.
Iori St.
Khidistavi Turn
Tsiskari St.
Gelati St.
Dusheti St.
Armazi St.
Irakli Faghava St.
Araratri St.
D. Megreli St.
Wine Rise
Urbnisi St.
K. Dedofali Ave.
Feristsvaleba St.
Isani St.
Metekhi St.
Anton Chekhovi St.
Mefe Solomon Brdzeni St.
Viktor Jorbenadze St.
Vakhtang Gorgasali St.
Mirza Fatali Akhudovi
Firdousi St.
Ioseb Grishashvili St.
Mirza Shafi St.
TBILISSI (TIFLIS)

mals hier von den Strapazen der Reise erholen. In den Karawansereien konnten die Händler einkehren, ihre Tieren verschnaufen lassen und Waren sicher lagern. Es gab Ställe, Wagenhallen, Lager und Gästezimmer, dabei sorgte der Besitzer der Karawanserei für die Versorgung der Tiere und die Sicherheit der Waren, damit die Händler in aller Ruhe ihren Geschäften nachgehen konnten.

Heute sind in der Karawanserei einige Geschäfte, eine Weinbar, ein Restaurant und zwei Museen untergebracht. Das **Museum für Stadtgeschichte** (Ioseb Grishashvili Tbilisi History Museum), Sioni St. 8, 💻 http://museum.ge, befindet sich im Erdgeschoss. Über 50 000 Ausstellungstücke dokumentieren die Geschichte der Stadt, darunter zahlreiche Gemälde, alte Fotografien, Kleidungsstücke und eine Kutsche aus dem 19. Jh. Wechselnde Ausstellungen finden in der Contemporary Art Gallery im 1. Stock statt. 🕒 Di–So 10–18 Uhr, Eintritt 15 GEL. Ein **Weinmuseum**, 🕒 Di–So 12–20 Uhr, Eintritt 15 GEL, befindet sich im Kellergewölbe.

Fast direkt gegenüber gibt es alles für den kleinen Hunger: Betörender Duft weist den Weg zur **Bäckerei** (Sioni St. 13/49) im Kellergewölbe, in der frisches Brot im traditionellen Tonofen gebacken wird und es manch andere Leckerei gibt.

Sioni-Kathedrale

Vor der Kathedrale verengt sich die Sioni Street, und zwei Treppen führen auf den Kirchplatz, der einige Meter unter dem Bodenniveau der Umgebung liegt. Von den Trümmern der immer wiederkehrenden Zerstörungen, von denen auch die Kathedrale nicht verschont blieb, hob sich das Bodenniveau rund um das Gebäude – sodass man heute über Treppen hinabsteigen muss.

Die der Jungfrau Maria geweihte **Kreuzkuppelkirche** ist die bedeutendste Kirche Georgiens, denn dort wird die heiligste Reliquie des Landes aufbewahrt: Das **Weinrebenkreuz der Hl. Nino** hat einen Ehrenplatz neben der Ikonostase. Die Kirchengründung geht auf das 6./7. Jh. zurück, ihre heutige Gestalt erhielt sie jedoch nach mehrmaliger Zerstörung erst im 18. Jh. Bei dem großen Überfall von Schah Aga Khan 1795 wurde die Sioni-Kathedrale – benannt nach dem Zionsberg in Jerusalem – kaum beschädigt, nur ein Kirchturm aus dem 15. Jh., der nördlich der Kirche stand, fiel ihm zum Opfer. Der zerstörte **dreigeschossige Glockenturm** wurde 1939 wieder aufgebaut, schon vorher war 1812 ein ebenfalls dreigeschossiger **Glockenturm im Stil des russischen Klassizismus** auf der anderen Seite der Erekle II Street, gegenüber der Kathedrale, errichtet worden, der heute noch zu bewundern ist.

1802 wurde es im Gotteshaus politisch: Der russische General Carl von Knorring zwang nach der Annexion Georgiens dort die georgische Aristokratie und die Geistlichkeit zum Eid auf die russische Zarenkrone. Wer widersprach, wurde sofort inhaftiert. Ähnlich rabiat wurde auch mit den Fresken im Inneren umgegangen: Mitte des 19. Jhs. gestaltete der russische Maler Grigory Gagarin nicht nur die Ikonostase, sondern übermalte auch ältere Fresken. Die Sioni-Kathedrale war bis 2004 die Hauptkirche der Georgischen Orthodoxen Kirche, bis sie von der neu erbauten Sameba-Kathedrale in Avlabari abgelöst wurde.

Nördlich der Kathedrale beginnt die beliebte Fußgängerzone **Erekle II Street** mit Restaurants, Weinstuben und Kunsthandwerksläden. Teilweise romantisch von Weinreben überdacht, sitzt man in der wuseligen Gasse wunderschön – ganz ohne Verkehr und Lärm –, was seinen Preis hat.

Anchiskhati-Kirche

Zwischen Erekle II Square und Baratashvili Street liegt wohl das älteste erhaltene Bauwerk von Tbilissi. **König Dachi von Iberien**, der älteste Sohn von König Vakhtang I Gorgasali, errichtete die **dreischiffige Basilika** im 6. Jh. und ließ sie der Jungfrau Maria weihen. Ihren heutigen Namen erhielt sie im 17. Jh.: 1675 brachte man die aus dem 6. Jh. stammende und überaus wertvolle Ikone (georg. *Chati*) des Christus als Weltenherrscher vor der osmanischen Invasion aus dem Anchi-Kloster in Klardschetien (heute Türkei) in der Basilika in Sicherheit.

Die dreiflügelige Ikone, aus vergoldetem Silber und mit aufwendigen Treibarbeiten gestaltet, wurde die letzten Jahrhunderte in der

Anchiskhati-Kirche aufbewahrt, heute ist sie im Kunstmuseum in Tbilissi (Museum Fine of Art) zu sehen. Als die Ikone in die Kirche überführt wurde, ergänzte der Katholikos Domenti den freistehenden **Glockenturm** aus Backstein, durch dessen Kielbogendurchgang man die Kirche betritt. Zur Feier des 1500-jährigen Jubiläums der Hauptstadt wurde die Kirche 1958 komplett restauriert, war aber zur damaligen Zeit unter der Sowjetregierung entweiht und wurde als Museum genutzt. Der Kirchenchor ist berühmt für seinen polyphonen Gesang, man kann ihm bei der Messe samstags um 9 und sonntags um 17 Uhr lauschen. Beim Besuch sollten selbstverständlich die Kleiderregeln beachtet werden.

Gabriadze-Theater

In dem verspielten Gebäude mit dem schiefen Uhrenturm ist das berühmte **Puppentheater** von Rezo Gabriadze zuhause, Shavteli St. 13, 💻 https://gabriadze.com. Das Ensemble des Marionettentheaters führt Stücke für Erwachsene auf und ist überaus beliebt. Aus dem verspielten Uhrenturm des Theatergebäudes schaut jeden Mittag um 12 Uhr eine kleine Engelsfigur aus einem Fensterchen heraus. Begleitet wird sie von einer alten georgischen Melodie. Ein kleiner Trost für alle, die keine Karten mehr bekommen haben, denn die sind sehr begehrt und oft Wochen im Voraus ausverkauft! Zum Theater gehört ein kleines **Café**. 🕒 11–24 Uhr.

Alte Stadtmauer und Baratashvili Street

An der Baratashvili Street endet die Altstadt, dort verlief früher die Stadtmauer, von der noch Teile erhalten sind. Die auf den Resten des Gemäuers errichteten Gebäude mit den traditionellen, farbenfrohen Holzbalkonen und Galerien wurden in den 1980ern aufwendig restauriert und mit großen Feierlichkeiten eingeweiht. Denn Denkmalschutz war schon während Sowjetzeiten ein Thema – die Renovierung der Schauseite an der Baratashvili Street bildete den Auftakt vieler weiterer Sanierungsprojekte. Bis 2016 wurde der weitere Verlauf der alten Stadtmauer weiter südwestlich freigelegt, der unter der Alexander Pushkin Street verborgen lag.

© NINA KRAMM

Das Gabriadze-Theater hat Kult-Status.

Altstadt: Untere Kala

Die Untere Kala schließt südlich des Maidan und der Kote Abkhazi Street an die Obere Kala an, im Süden grenzt sie an das berühmte Bäderviertel Abanotubani und den Sololaki-Hügel. Auf kleinstem Raum stehen hier neben georgisch-orthodoxen Gotteshäusern sowohl armenische als auch eine katholische Kirche, jüdische Synagogen und im angrenzenden Abanotubani eine Moschee, in der Sunniten und Schiiten gemeinsam beten. Darauf sind die Einwohner der Stadt besonders stolz, denn Tbilissi war seit jeher eine bunte Stadt, in der Menschen verschiedenster Völker und Religionen friedlich zusammenlebten.

Sollte man sich während der Erkundung des Betlemi-Viertels auf dessen steilen Treppen schwitzend fragen, was zum Teufel an diesem Altstadtteil „unten“ sein soll: Ihren Namen erhielt die Untere Kala irritierenderweise von der Fließrichtung des Mtkvari-Flusses. Denn sie liegt zwar höher als die Obere Kala, jedoch weiter unten entlang dem Flusslauf.

Kote Abkhazi Street (ehemals Leselidze Street)

In der Straße im alten Handelsbezirk dominierten früher Handwerksbetriebe, Karawansereien und Tavernen das Bild, heute wird das Geschäft mit Touristen gemacht: Restaurants, Weinläden, Geldwechselstuben und Souvenir-Shops reihen sich in der kopfsteingepflasterten Straße, die den Liberty Square mit dem Maidan verbindet, aneinander. Dort wo die Kote Abkhazi Street in den Liberty Square mündet, befand sich früher eines der alten Stadttore.

Vom Liberty Square zum Maidan durch die Untere Kala

Katholische Kathedrale

Bei einem Spaziergang durch die Untere Kala ist die religiöse Vielfalt der Stadt nicht zu übersehen: Den Anfang macht die katholische Kathedrale, die sich nur 200 m vom Liberty Square entfernt in der Gia Abesadze Street erhebt. Katholische Missionare bauten 1671 ein erstes Kirchengebäude an dieser Stelle, das 1805–08 durch die Himmelfahrtskirche ersetzt wurde. Seit 1999 werden hier wieder Gottesdienste gehalten.

Jüdisches Museum

Unweit davon liegt das Jüdische Museum (David Baazov Museum of History of Jews in Georgia), Katalikosi St. 3, 💻 bei Facebook, das Einblick in das Leben und die Geschichte der georgischen Juden gibt. Alte Manuskripte, Torarollen und traditionelle Kleidung sind in dem Innenraum der alten Synagoge ausgestellt. 🕒 Di–So 11–17 Uhr, Eintritt 5 GEL.

Lado Gudiashvili Square

Nur 150 m südlich des Jüdischen Museums stößt man auf den Lado Gudiashvili Square, der im Rahmen des städtischen Programms „Neues Leben des alten Tbilissi" saniert wurde, in den Nebenstraßen halten die Bauarbeiten noch an. Benannt wurde der Platz nach dem bedeutenden Maler Lado Gudiashvili (1896–1980) aus Tbilissi, der 1920 mit seinen Werken in Paris für großes Aufsehen sorgte, später an der Kunsthochschule in Tbilissi unterrichtete und nach seinem Tod auf dem Pantheon am Fuße des Mtatsminda beigesetzt wurde.

Südlich des Platzes sollte man es nicht verpassen, in der **Akhospireli Street Nr. 3/7** auf der linken Straßenseite einen Blick in die verwunschene Eingangshalle zu werfen.

Jvaris-Mama-Kirche und Norasheni-Kirche

Geht man weiter nach Süden, vorbei an der **verfallenen armenischen Kirche** linker Hand und biegt links auf die Lado Asatiani Street ein, gelangt man in fünf Minuten zur Jvaris-Mama-Kirche an der Kreuzung von Jerusalem und Kote Abkhazi Street.

Die **Jvaris-Mama-Kirche**, die Kreuzkirche des Vaters (nicht der Muttergottes – „Mama" bedeutet auf Georgisch „Vater") ist aus Backstein gebaut. Schon im 6. Jh. soll hier eine Kirche existiert haben, der Bau aus dem 16. Jh. wurde jedoch 1920 zerstört und erst 1999–2000 wiedererrichtet.

Direkt neben der Jvaris-Mama-Kirche steht die **Norasheni-Kirche**. Die heutige Kreuzkuppelkirche aus Backstein wurde 1830 fertiggestellt und ist der Jungfrau Maria geweiht, die an der Südfassade dargestellt ist. Das Innere der Kirche wurde im 19. Jh. von dem armenischen Künstler Mkrtum Ovnatanian mit Malereien geschmückt. Tatsächlich ist die ursprünglich armenische Kirche ein Zankapfel zwischen der georgischen und armenischen Kirche. Nachdem sie bis 2005 nicht genutzt wurde, beansprucht nun die georgisch-orthodoxe Kirche das Gebäude für sich.

Große Synagoge

Nur einen Katzensprung entfernt steht die Große Synagoge in der Katalikosi Street 3. Die Größe des 1913–15 errichteten Gotteshauses und sein repräsentativer Charakter zeigen, wie bedeutend die jüdische Gemeinde Anfang des 20. Jhs. in Tbilissi gewesen ist. Der Historisch-Maurische Baustil, der sich insbesondere im Inneren eindrucksvoll entfaltet, orientierte sich ganz an dem damaligen zeitgenössischen Geschmack. Vor den Stufen zum Eingang steht eine moderne große Menora aus hellem Stein:

der siebenarmige jüdische Leuchter. In der Umgebung gibt es zahlreiche koschere Restaurants. ⌚ So–Fr 11–17 Uhr.

St.-Georg-Kirche

Südlich des Maidan erhebt sich am Fuße der Narikala-Festung die armenische St.-Georg-Kirche (Surb Georg), eine Lage, die ihr den Namen Große Festungskirche einbrachte. Sie ist eine der beiden armenischen Kirchen in Tbilissi, in denen heute noch Gottesdienste abgehalten werden. Dabei ist die Backsteinkirche die bedeutendste armenische Kirche im Land, denn sie wurde 1930 Sitz der Diözese der armenisch-apostolischen Kirche. Die Sowjetregierung hatte zuvor die damals größte armenische Kirche, die Vank-Kathedrale, zerstört. Das Innere der St.-Georg-Kirche ist mit Malereien aus dem beginnenden 20. Jh. geschmückt.

Folkmusik-Museum

Gegenüber der Kirche befindet sich das Museum of Folk Songs and Instruments, Samghebro St. 6, 💻 bei Facebook, in dem man bei Führungen u. a. Hörproben alter georgischer Instrumente lauschen kann. Es handelt sich um eine schöne Sammlung von traditionell georgischen und europäischen Instrumenten – von Duduki-Flöte über Dudelsack bis Drehorgel. ⌚ Di–So 11–18 Uhr, Eintritt 3 GEL.

Betlemi-Viertel

Das verwunschene Betlemi-Viertel erhielt seinen Namen von den jüdischen Handwerkern, die bis zu Beginn des 19. Jhs. dort vorwiegend lebten und es nach der Stadt Bethlehem benannten. Die traditionellen Holzhäuser mit ihren bunten Balkonen stapeln sich am Nordhang des Sololaki-Hügels. Es ist herrlich, die steilen, verwinkelten Gassen zu erkunden. Neben Häusern des traditionellen „Tbilissier Stils" gibt es noch einige weitere interessante Gebäude zu entdecken. Viele wurden während der 2000er-Jahre liebevoll durch die Initiative der Organisation „Icomos" in Zusammenarbeit mit der Unesco-Abteilung für Kulturerbe und der norwegischen Regierung restauriert, und das frisch herausgeputzte Stadtviertel wurde schnell zu einem der beliebtesten Touristenquartiere der Stadt.

Wohnhaus Betlemi Street 3

Ein absolutes Schmuckstück und beliebtes Instagram-Motiv ist das **Wohnhaus in der Betlemi Street 3**. Sein großer, mit Schnitzereien verzierter Balkon ist typisch für den Tbilissier Stil. Einzigartig in der Hauptstadt ist dagegen das Treppenhaus: Zwischen filigranen Holzsprossen bilden verschiedenfarbige Gläser orientalische Muster. Fenster dieser Art waren in der islamischen Architektur als Sichtschutz weitverbreitet. Über das farbenfrohe Treppenhaus erreicht man die kleine **Gallery 27**, die handgemachtes Kunsthandwerk und Souvenirs verkauft. Da das fotogene Treppenhaus renovierungsbedürftig ist, war der Zutritt zum Zeitpunkt der Recherche nur Besuchern der Gallery 27 erlaubt und aus Sicherheitsgründen das Fotografieren auf Treppe und den Balkonen verboten.

Untere und Obere Betlemi-Kirche

Von der Lado Asatiani Street weisen Schilder den Weg über den **Betlemi Rise** zur Kartlis Deda (Mutter von Georgien) auf dem Sololaki-Hügel im Süden. Die 1850 angelegten Treppen des Bethlemi Rise führen vorbei an der **Unteren Betlemi-Kirche** (Kvemo Betlemi Church), die früher Teil eines Nonnenklosters war, das 1920 aufgegeben wurde. Ohne Schweiß kein Preis: Nach dem kleinen Anstieg wartet vor der **Oberen Betlemi-Kirche** (Zemo Betlemi Church) ein romantischer Platz – von rankenden Rosen überdacht, kann man von den Bänken die ganze Stadt überblicken. Im 18. Jh. neu errichtet, besitzt sie wie die Untere Betlemi-Kirche einen kreuzförmigen Grundriss und steht an einem Ort, an dem sich bereits bei der Stadtgründung eine Kirche befand. Ursprünglich gehörte das Gebäude der armenischen Kirche, heute wird es von der georgisch-orthodoxen Kirche genutzt. Ein zweigeschossiger **Glockenturm** aus dem 17. Jh. steht in unmittelbarer Nähe an dem idyllischen Vorplatz. Dem kubischen Backsteinsockel sitzt ein offener, mit sechs Rundbogen versehener Glockenturm auf.

Parsischer Feuertempel

Folgt man der Gasse weiter nach Osten, erreicht man über eine weitere Treppe die Ruinen des alten **Parsischen Feuertempels**, des Atashgah.

Spaziergang zum Mtatsminda

- **Länge**: 5 km
- **Dauer**: ca. 1,5 Std.
- **Start- und Zielpunkt**: Liberty Square/ Mtatsminda Funicular Talstation
- **Höhenmeter**: 350 m Aufstieg, 280 m Abstieg
- **Saison**: ganzjährig
- **Wegbeschaffenheit**: gut
- **Ausschilderung**: Keine durchgängige Markierung. Zwischen Narikala-Festung und Mtatsminda weisen Schilder mit der Aufschrift „Mtatsminda-Narikala Tourist Path" den Weg.

Dieser Spaziergang führt zu den beiden schönsten Aussichtspunkten über der Stadt: Durch die verwunschenen Gässchen des Betlemi-Viertels geht es hinauf zur Statue der Kartli Deda bei der Narikala-Festung. Entlang dem Sololaki-Hügel führt der Panoramaweg dann in einem großen Bogen bis zum Mtatsminda-Park. Besonders schön ist der Spaziergang in der Abendstimmung.

Der Wegverlauf

Los geht's am **Liberty Square**, von dem die **Dadiani Street** nach Süden führt und nach 500 m auf die **Lado Asatiani Street** trifft, dort nach links einbiegen. An der zweiten Straße weist ein Schild den Weg nach rechts zur **Kartlis Deda**. Die Statue der „Mutter von Georgien" steht hoch über der Stadt und ist von weither zu sehen. Jetzt kommt der anstrengendste Teil: Über die schmalen Treppen geht es stets bergauf, vorbei an der Unteren zur **Oberen Betlemi-Kirche** (S. 155). Dort,

Hinter der Narikala-Festung liegt in der Feigenbaum-Schlucht der Botanische Garten.

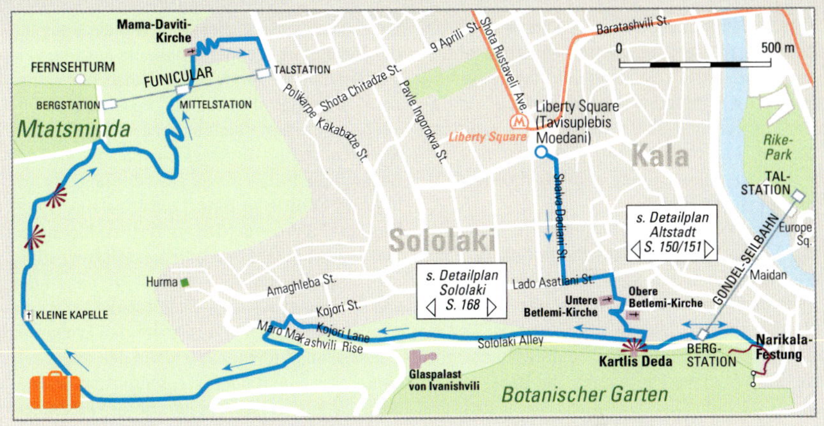

vor der Kirche, lädt ein romantischer Platz mit Traumaussicht zum Verschnaufen und Verweilen ein. An der Westseite der Kirche beginnt der letzte Treppenabschnitt des Aufstiegs zur Kartlis Deda. Die Treppe endet nach ca. 150 m, unterhalb der Statue, an einem gepflasterten Weg. Geht man links, erreicht man das Monument der Mutter von Georgien auf der Sololaki Alley und kann einen Abstecher zur **Narikala-Festung** machen (dort gibt es an der Bergstation der Gondel ein hübsches Café) – nach rechts setzt man den Spaziergang auf dem gepflasterten Weg nach Westen fort, wo in den Abendstunden verliebte Pärchen mehr oder weniger ungestört turteln. Der gepflasterte Weg endet nach ca. 15 Min. an der **Kojori Lane**, die rechts zur Kojori Street nach Sololaki hinunterführt. Dort an der **Kojori Street** linkshalten, über eine kurze Treppe geht es hoch zum viel befahrenen **Maro Makashvili Rise**. Ein Holzsteg führt einige Meter entlang der Straße nach rechts, die an dessen Ende gequert werden kann. Dort beginnt erneut ein gepflasterter Weg, der leicht bergauf über einige kleine Holzbrücken führt, zwischen dichtem Grün rankt u. a. wilder Hopfen an den Bäumen. In einem großen Rechtsbogen führt der Weg über Stufen, stets leicht bergauf bis zum Mtatsminda-Park, unterwegs gibt es einen Trimm-Dich-Platz, eine **kleine Kapelle** und einige herrliche **Aussichtspunkte**. Wirft man einen Blick zurück, ist der **futuristische Glaspalast** von Bidzina Ivanishvili nicht zu übersehen. Der erfolgreiche Geschäftsmann und ehemalige Präsident Georgiens ließ sich sein Luxusheim für 50 Mio. US$ nach Entwürfen des japanischen Architekten Shin Takamatsu bauen, das einen eigenen Hubschrauberlandeplatz und seinen privaten Zugang zum Botanischen Garten besitzt. Angekommen am Parkplatz am **Mtatsminda-Park** südlich des Funicular-Komplexes, zeigt die Beschilderung den Fußweg hinunter in die Stadt. Treppen und ein gepflasterter Weg führen über die Mama-Daviti-Kirche in ca. 20 Min. zur Talstation der Standseilbahn.

Praktische Tipps

Auf- und Abstieg können jeweils mit der Seilbahn abgekürzt werden, die Wanderung ist dann von der Narikala-Festung bis zur Bergstation der Mtatsminda-Bahn 3 km lang. Mit der Seilbahn vom Rike-Park zur Narikala-Festung können 60 m (ca. 15–20 Gehminuten) abgekürzt werden. Von der Festung gelangt man über die Sololaki Alley zur Kartlis Deda, vor der Statue führt der Weg rechts zum Panoramaspaziergang.

Am Mtatsminda können weitere 220 m Abstieg gespart werden, die Wanderung verkürzt sich bei Abfahrt mit der Standseilbahn um 20 Min., von dem zweiten Parkplatz, 200 m westlich, fahren die Busse der Linien 90 und 124 für 1 GEL in die Innenstadt.

Die leichteste Variante des Spaziergangs beginnt an der Bergstation des Mtatsminda und endet an der Narikala-Festung, dabei müssen 290 m abgestiegen und 60 m aufgestiegen werden.

Dieser Name bedeutet nichts anderes als „Ort des Feuers". Der zoroastrische Feuertempel war eines der ältesten Gebäude der Stadt, er wurde im 5. Jh. errichtet und war bis ins 18. Jh. in Betrieb. In den 20er-Jahren des 18. Jhs. wurde er zu einer Moschee umfunktioniert und mit einer Kuppel versehen. Heute schützt ein Glasdach die Ruinen vor Regen.

Von der Gomi Street führt eine Treppe bergauf zu dem Restaurant **144 Stairs Café** (S. 195). Hier liegt einem die Stadt zu Füßen: Vom Wolkenkratzer des Biltmore-Hotels, dem modernen Bürgerzentrum, dem Rike-Park und der Sameba-Kathedrale bis zu den Hochhaussiedlungen der Vororte in der Ferne reicht der Blick.

Narikala-Festung

Die schönste Aussicht über Tbilissi hat man von der Narikala-Festung aus, zu der drei Wege hinaufführen. Die gemütlichste und zugleich spektakulärste Option ist, mit der 2012 eröffneten **Gondel-Seilbahn** vom Rike-Park über die Dächer der Altstadt hinaufzuschweben, ⌚ 10–22 Uhr, 2,50 GEL, die Fahrt ist mit der Metrokarte zahlbar.

Vom Maidan führt ein weiterer, etwas anstrengenderer Weg nach oben: Neben der armenischen St.-Georg-Kirche beginnt die steile Orbiri Street, die vorbei an der **St.-Nicholas-Kirche** nach oben führt. Die St.-Nicholas-Kirche am Eingang der Festung wurde 1996 auf den Fundamenten einer alten Kirche aus dem 12./13. Jh. errichtet und ist bei Hochzeitspaaren sehr beliebt.

Über einen weiteren Weg durch das Betlemi-Viertel gelangt man ebenfalls zur Festung: An der Westseite der Oberen Betlemi-Kirche beginnt eine weitere Treppe, die an der Kartlis-Deda-Statue auf der Sololaki Alley endet. Auf der Alley kann man zur Bergstation der Seilbahn flanieren, von dort erreicht man die Festung über einen gepflasterten Fußweg, ebenfalls vorbei an der St.-Nicholas-Kirche.

Die Perser waren die Ersten, die im 4. Jh. auf dem Sololaki-Gebirgskamm, einem strategisch günstigen Ort, eine Festung errichteten. Nach Norden hin fällt die Felswand des Sololaki-Gebirgskammes beinahe senkrecht in ein Nebental der Mtkvari ab – daher erhielt die Festung vermutlich den Namen Narikala: „die Unbezwingbare". Dass das eher eine Hoffnung als eine Tatsache war, zeigte sich schnell: Im 5. Jh. rang König Vakhtang I Gorgasali den Persern die Festung ab. Sie bildete damals mit der nördlich gelegenen Stadt eine Befestigungsanlage, deren Besitzer häufig wechselten: Araber, Mongolen und Türken belagerten und zerstörten Festung und Stadt. Da die Narikala-Festung neben der von Gori die strategisch wichtigste im Land war, wurde sie jedoch von den jeweiligen Eroberern immer wieder aufgebaut und auf den technisch aktuellsten Stand gebracht. Dabei sind unterirdische Gänge zur Mtkvari und deren Nebenflüsse angelegt worden, um die Festung mit Hilfe aufwendiger Pumpanlagen mit Wasser zu versorgen. Teile der Burganlage sollen laut schriftlicher Quellen im 14. Jh. als Observatorium genutzt worden sein. Vor Zerstörung verschont wurde die Narikala-Festung nur von dem letzten Eroberer der Stadt, Schah Aga Khan. Der wütende Schah brannte 1795 beinahe die komplette Stadt nieder, ließ dabei aber die Narikala links liegen – zu dieser Zeit war sie wegen der Erfindung des Schießpulvers militärisch nicht mehr wichtig.

Doch das Schießpulver, das die russischen Besatzer später in der bedeutungslosen Burgfestung lagerten, sollte ihren Untergang besiegeln: 1827 explodierte ein Pulvermagazin, das halbe Bauwerk flog in die Luft. Die Festung wurde nicht mehr aufgebaut, ihre Ruinen jedoch 1988 restauriert.

Die heute noch erhaltene Ruine stammt vor allem aus der Zeit der arabischen Herrschaft während des 8.–12. Jhs., als Tbilissi Hauptstadt des Emirats von Tbilissi war. Der am besten erhaltene Festungsturm ist der aus dem 16. Jh. stammende „Istanbuler Turm", der die Unterburg im Westen befestigte. Zur Zeit der türkischen Besatzung war dort ein berüchtigtes Gefängnis untergebracht.

Die Festungsruine kann jederzeit besichtigt werden, Eintritt frei. Ein Besuch der Anlage lässt sich bestens mit einem Spaziergang im Botanischen Garten und auf der aussichtsreichen Solokali Alley kombinieren.

Kartlis Deda (Mother of Georgia)

Auf der Sololaki Alley flanieren insbesondere in den Abendstunden Einheimische wie Touristen, alte Frauen verkaufen Sonnenblumenkerne und Blumenkränze, an kleinen Buden werden Snacks und frisch gepresster Granatapfelsaft angeboten. Im Süden überblicken die Flaneure die grüne Oase des Botanischen Gartens, im Norden breitet sich die Stadt zu Füßen der **Mutter von Georgien** (Kartlis Deda) aus. Die monumentale Skulptur wacht über Tbilissi und repräsentiert zugleich das Wesen der Georgier: In der linken Hand hält sie einen Kelch Wein, mit dem Gäste herzlich empfangen werden, in der rechten das Schwert für Feinde bereit. Die mit Aluminium beschichtete Statue wurde 1958 zum 1500-jährigen Stadtjubiläum errichtet und ist ein Erbe der sowjetischen Zeit – Tbilissi war nicht die einzige Hauptstadt der Sowjetrepubliken, die mit einer kolossalen „Heimat"-Statue beglückt wurde. Nach der Unabhängigkeit Georgiens gestaltete der Bildhauer Elguja Amashukeli, der sie einst erschaffen hatte, die Figur zeitgemäß um: Das Haupt der Mutter Georgiens schaut nun nicht mehr demütig gesenkt nach unten, sondern stolz erhoben über die Stadt und wurde mit Lorbeeren bekrönt. Auch der Busen der Statue wurde offensichtlich dem Zeitgeschmack angepasst.

Sololaki Alley und Kartlis Deda können mit der Seilbahn vom Rike-Park erreicht werden oder zu Fuß vom Betlemi-Viertel (s. Narikala-Festung). Ein angenehmer Spaziergang (S. 156/157) führt von hier über einen Panoramaweg bis zum Mtatsminda.

Die „Mutter Georgiens" wacht über Tbilissi.

Botanischer Garten

Die grüne Oase breitet sich in der Legvtakhevi-Schlucht (Feigenbaum-Schlucht) südlich des Sololaki-Bergrückens und der Narikala-Festung aus. In dem knapp 130 ha großen Botanischen Garten, 💻 http://nbgg.ge, kann man an heißen Sommertagen durchatmen und problemlos mehrere Stunden verbringen. Wer die breiten Wege verlässt, entdeckt auf den schmalen Pfaden die verborgenen Ecken des Gartens. Romantische **Picknickplätze** finden sich überall, und selbst für Kühlung ist gesorgt: Am Fuße des idyllischen **Wasserfalls** können Spaziergänger ihre müden Füße erfrischen. Teil der Anlage, die zu den größten Botanischen Gärten des Kaukasus gehört, sind u. a. ein **Japanischer Garten**, eine **Rosarium**, Sammlungen von **Nadelbäumen**, gefährdeten einheimischen und Heilpflanzen sowie ein Kinderspielplatz. Leider gibt es im Garten nur eine dürftige Beschilderung, sodass botanisch Interessierte auf jeden Fall an einer Führung teilnehmen sollten.

Seit dem späten Mittelalter befand sich an diesem Ort der „Seidabadi-Garten" genannte königliche Palastgarten, in dem Gemüse und Obst für die Herrscher angebaut wurden. Bereits Anfang des 19. Jhs. wurden steinbefestigte Terrassen mit Beeten von Heilpflanzen angelegt. Offiziell gegründet wurde der Botanische Garten

1845, Vizekönig Vorontsov hatte den deutschen Botaniker und Landschaftsarchitekten Heinrich Scharrer mit der Planung betraut. Dieser ließ in den 1870ern die ersten Gewächshäuser errichten, baute 1886 das **Botanische Museum** und führte erstmals tropische und subtropische Pflanzen ein. Schon wenige Jahre nach seiner Gründung wurde der Garten für die schönsten Orchideen des Russischen Reichs gerühmt. Zuletzt wurde der Park zwischen 1896 und 1904 um weitere Gebiete im Westen der Schlucht erweitert. Dazu gehörte auch ein alter **muslimischer Friedhof**, einige Gräber sind noch erhalten, u. a. das des berühmten aserbaidschanischen Schriftstellers Mirza Fatali Akhundov (1812–78). Während der Sowjetzeit verwahrloste der Botanische Garten anfangs wegen Geldmangels und wurde erst nach 1945 wieder systematisch aufgebaut. Seit 1943 untersteht der Park der Akademie der Wissenschaften. Zur Anlage, die insgesamt rund 3500 verschieden Pflanzenarten beherbergt, gehören heute ein **Forschungsinstitut** und eine **Fachbibliothek**.

🕒 9–18 Uhr, im Sommer bis 20 Uhr, Eintritt 4 GEL. Es gibt **drei Zugänge zum Park**: Den Haupteingang erreicht man über die **Botanikuri Street** aus dem Bäderviertel, ein Nebeneingang befindet sich an der **Shafi Street**. Der dritte Zugang liegt **unweit der Bergstation der Seilbahn** südlich der Sololaki Alley. Wer etwas Nervenkitzel möchte: Von dort kann man mit der Zip-Line, 🕒 11–18.30 Uhr, 50 GEL inkl. Parkeintritt, in den Botanischen Garten brausen.

Bäderviertel Abanotubani

Die Stadt erhielt ihren Namen von den **über 30 Thermalquellen**, aus denen bis zu 47 °C heißes Heilwasser sprudelt. Die heilende und desinfizierende Wirkung des kohlensäure-, eisen- und schwefelhaltigen Wassers war schnell erkannt, und an den Nordosthängen des Tabori-Berges entstanden zahlreiche **Badehäuser** (*abano* bedeutet Bad, *ubani* Gebiet). Bereits zu Zeiten der Seidenstraße befanden sich hier Bäder, und arabische Schreiber rühmten im 10. Jh. deren wundersamen Heilkräfte. So soll der persische Schah Aga Khan dort in der Hoffnung gebadet haben, von seinen Leiden befreit zu werden: Er war impotent (bzw. laut anderer Quellen Eunuch). Doch ein solches Wunder konnte auch das heilende Wasser von Tbilissi nicht vollbringen. Der am Boden zerstörte Schah ließ deshalb Bäder und Stadt dem Erdboden gleichmachen. Alexandre Dumas, Leo Tolstoi und Alexander Puschkin dagegen schwärmten von den Bädern, am Chreli Abano (ehemals Orbelian-Bad) wurde stolz ein Schild mit Puschkins Ausspruch angebracht: „Nicht in Russland, nicht bei den Türken, fand ich, seit ich lebe, Köstlicheres als Tiflis' Bäder".

Das 1893 erbaute **Chreli Abano** (ehemals Orbeliani-Bad) ist eines der wenigen oberirdischen Badeanlagen und das Auffälligste aller Bäder – die mit orientalischen Mosaiken in verschiedensten Blau- und Türkis-Tönen verzierte Fassade erinnert an eine persische Madrese. Das Badehaus wird wegen seiner Fassade auch Buntes Bad (Chreli Abano) oder Blaues Bad genannt. Die älteren Bäder dagegen befinden sich unter der Erdoberfläche, da dort der Wasserdruck konstant ist. Die runden Kuppeln der einzelnen Badesäle erinnern dabei von außen an Bienenkörbe aus Stein.

Mehr zum Besuch der Badehäuser S. 162.

Dzveli-Wasserfall

Quasi mitten in der Stadt führt vom Bäderviertel eine Schlucht zum „alten" Wasserfall. Während der Sowjetzeit war der Bachlauf, der die Verlängerung der Abano Street bildet, zubetoniert. Erst 2013 wurden Bach und Schlucht wieder freigelegt. Der Weg zum Wasserfall beginnt links des Chreli-Abano-Badehauses.

Jumah-Moschee

An der parallel zur Abano Street verlaufenden **Botanikuri Street** befindet sich die **Jumah-Moschee**, deren Minarett die orientalische Silhouette des Bäderviertels vervollkommnet. Sie ist vor allem deshalb bemerkenswert, weil hier Sunniten und Schiiten, die sich an anderen Orten der Welt bekriegen, gemeinsam beten. Während der arabischen und türkischen Herrschaft gab es viele Moscheen in der Stadt, 1951 waren nur noch zwei von ihnen erhalten: eine sunnitische und eine schiitische. Als die kommu-

Die Bäder – eine gesellschaftliche Institution

Zu Puschkins Zeiten waren alle Bäder von innen mit Marmor, Mosaiken und verschwenderischer Pracht verkleidet. Sie waren nicht nur ein Ort, an dem man sich entspannte und reinigte, sondern hatten große gesellschaftliche Bedeutung: Hier spielte sich das Leben ab – Geschäfte wurden abgewickelt, manchmal wurde sogar mit Feinden verhandelt, es wurden Feste gefeiert und Brautschau gehalten. Herren und Damen badeten damals ausschließlich getrennt: Ein- bis zweimal in der Woche war Badetag für die Damen, selbstverständlich nur für die der gehobenen Gesellschaftsschicht. Zur Körperpflege gehörte es, die Haare mit parfümierter Salbe zu schwärzen, und alle Mittel der Kunst wurden angewendet, um vorzügliche Schönheit zu erlangen. Dabei war das Ideal der zusammenlaufenden Augenbrauen leicht zu erreichen. Größere Mängel konnten jedoch im Bad nicht vertuscht werden, weshalb Kupplerinnen im Auftrag der Bräutigame dort auf Brautschau gingen.

nistische Regierung die Blaue Moschee der Schiiten zerstören ließ, öffnete die sunnitische Jumah-Moschee ihre Türen für die Schiiten.

Ein Weg zur Narikala-Festung zweigt kurz hinter der Moschee nach rechts ab, folgt man der Botanikuri Street weiter, gelangt man zum Eingang des Botanischen Gartens.

Avlabari

Gegenüber der Altstadt Kala fallen auf der anderen Flussseite schon von Weitem die Wahrzeichen des Stadtviertels Avlabari ins Auge: König Vakhtang I Gorgasali grüßt mit erhobener Hand von seinem Pferd, hinter ihm erhebt sich die über 700 Jahre alte **Metekhi-Kirche**. Charakteristisch für den Stadtteil an der östlichen Uferseite der Mtkvari sind die Steilufer, die fast senkrecht in den Fluss abfallen. An ihnen kleben pittoresk die **traditionellen Tbilissier Wohnhäuser** mit ihren bunten Balkonen und geben ein schönes Fotomotiv ab. Erst in den 2010er-Jahren wurden weitere Teile des Viertels renoviert, nachdem in den 1970er- und -80ern damit begonnen worden war.

Heute erinnert nicht mehr viel daran, dass Avlabari ehemals das Palastviertel der georgischen Herrscher war. König Davit verlegte die Königsresidenz im 12. Jh. von der Narikala-Festung in das von den Arabern im 8./9. Jh. angelegte Stadtviertel. Seine Nachfolger ließen das Areal Stück für Stück zum königlichen Residenzbereich ausbauen. Während Königin Tamars Regierungszeit nahm die königliche Festung die gesamte Länge der Mtkvari zum abfallenden Plateau ein. Daher könnte der im Mittelalter für den Stadtteil gebräuchliche Name „Isani" stammen, der übersetzt „Zitadelle" bedeutet.

Unzählige Male wurde die königliche Residenz im Lauf der Geschichte zerstört und wieder aufgebaut, bis sie durch die Perser 1795 endgültig in Schutt und Asche gelegt wurde. Denn die nachfolgenden Herrscher des russischen Zarenreichs hatten kein Interesse daran, die alten Machtsymbole wieder zu errichten. Auf dem Areal wurde das berüchtigte Metekhi-Gefängnis gebaut, in dem u. a. kommunistische Revolutionäre eingekerkert wurden, Maxim Gorki und Josef Stalin saßen dort ein. Die Sowjetregierung ließ dann in den 1930ern das Gefängnis und die letzten Reste des Palasts abreißen. Einzig die ehemalige Palastkirche, die Metekhi-Kirche und Teile des Darejan-Palasts blieben erhalten.

Von der Altstadt ist Avlabari über die gleichnamige Station an die Metro angeschlossen und zu Fuß in wenigen Minuten über die Metehki-Brücke erreichbar.

Metekhi-Kirche

Die 1278–89 erbaute **Kreuzkuppelkirche** ersetzte den Vorgängerbau, in dem König Davit der Erbauer und seine Enkelin Königin Tamar gebetet und den die Mongolen 1235 zerstört hatten. Die Kirche sollte für lange Zeit das letzte errichtete Monumentalbauwerk der Stadt sein, denn es begann eine Zeit der Fremdbestimmung. Ihr Auftraggeber König Demetrios II wurde noch vor der Fertigstellung von den mongolischen Herrschern hingerichtet.

Baden in den Schwefelbädern

Die Auswahl an Badehäusern ist groß – da ist es schwer, den Überblick zu behalten. In den meisten Bädern kann man private Badesäle in unterschiedlich luxuriösen Ausführungen mieten, die von einem einfachen heißen Wasserpool bis hin zu mehreren mosaikverzierten Räumen mit verschiedenen Becken und Sauna reichen.

Und so läuft's ab:

Alle Badesäle haben ein **Umkleidezimmer** („Resting Room") mit Sitzgelegenheit, in dem Getränke serviert werden und geraucht werden darf – denn normalerweise geht man gemeinsam mit Freunden ins Bad und plaudert und feiert dort zwischen heißen Bädern und Massage. Eine gesellige Stimmung herrscht auch in dem öffentlichen Bad für Männer – dort wird sogar im Badesaal geraucht und Tee serviert.

In jedem Badehaus werden zu unterschiedlichen Preisen **Massage** und **Peeling** angeboten. Die traditionelle Massage ist etwas gröber, darauf sollte man sich einstellen. Auch beim traditionellen Peeling wird mit einem groben Massagehandschuh die alte Haut gründlich abgeschrubbt – nichts für Dünnhäutige! Die können sich eine **Seifen-Massage** oder eine **Anwendung mit Honig und Öl** gönnen. Meist kann man in den Badehäusern Badeschlappen, Massageschwamm und Handtücher kaufen oder ausleihen. Es lohnt sich, einen größeren Badesaal zu mieten, denn in den günstigeren Sälen sind oft die Stehtoiletten im gleichen Raum – was weniger entspannend ist. Sinnvoll ist es daher auch, sich den Badesaal vorher zeigen zu lassen.

Tipp: Die Kamera sollte man daheim lassen, bei der hohen Luftfeuchtigkeit beschlagen die Linsen sofort. Auch Silberschmuck sollte nicht mit ins Bad genommen werden, der läuft wegen des schwefelhaltigen Wassers an.

Die Badehäuser im Einzelnen:

Bei allen Badehäusern sind Reservierungen zu empfehlen, die angegebenen Preise sind Richtwerte und verstehen sich pro Stunde. Öffentliche Bäder bieten das Bath No. 5 und das Queen's Bath an, in für Frauen und Männer getrennten Bereichen.

Sulphur Bath No. 5, V. Gorgasali St. 3, ✆ 032 272 20 90. Das Badehaus hat zwei Eingänge, der vordere Eingang (mit roter Display-Schrift, die abwechselnd in Georgisch, Kyrillisch und Englisch „Bath No. 3" anzeigt) direkt an der Straße führt zum VIP-Raum Nr. 3 des Bath No. 5 mit Sauna, Heiß- und Kaltwasserbecken und einer großen quadratischen Massagebank unter der mit Mosaiken verzierten Kuppel. Der Haupteingang (rote Display-Schrift „Bath No. 5") ist einige Meter von der Straße versetzt und führt zu weiteren Badesälen. Im **öffentlichen Bereich** können Männer für 3 GEL Duschen, Heißwasserbecken sowie Sauna nutzen. Im Damenbereich gibt es für den gleichen Preis leider nur eine heiße Dusche. ⏲ 24 Std. geöffnet, Badesäle 70–150 GEL/Std.

Royal Bath (Samefo Abano), I. Grishasvili St. 1, ✆ 032 272 10 66, 💻 bei Facebook. Das „königliche" Bad mit seinem metallenen Eingangsbereich ist nicht zu übersehen. Es ist auch bei Einheimischen beliebt, in der großen Empfangshalle mit schwarzen Ledercouches wird oft geraucht. Verschiedene Badesäle von 90–170 GEL. ⏲ 8–24 Uhr.

Obwohl die **Lage auf dem Felsen** als besonders sicher galt, ist das Kirchengebäude bei Angriffen und Kriegen oft in Mitleidenschaft gezogen worden und musste daher mehrmals wieder aufgebaut werden, zuletzt wurden im 17./18. Jh. größere Umbauarbeiten durchgeführt. Während der Sowjetzeit war die Kirche nicht öffentlich zugänglich, das staatliche Jugendtheater war darin untergebracht. 1988 ist das Gebäude an die orthodoxe Kirche zurückgegeben worden – dafür war der Dissident und spätere Präsident Zviad Gamsakhurdia sogar in den Hun-

King Erekle Sulphur Bath, Abano St. 2, ✆ 032 275 21 75. Das älteste Bad der Stadt liegt etwas versteckt in einer der Seitengassen, der Name des Bades steht nicht direkt am Eingang, sondern weiter vorne am Gebäude in goldenen Lettern. ⌚ Das Bad wurde zum Zeitpunkt der Recherche renoviert und soll 2023 wiedereröffnen.

Chreli Abano, Abano St. 2, ✆ 032 293 00 93, 💻 https://chreli-abano.ge. Auch bekannt als **Orbeliani-Bad**. Das schönste der Bäder! Von einem einfachen Badesaal mit Heißwasserbecken (bis zu 2 Pers., 70 GEL) bis hin zum absoluten Luxus-Spa bleibt kein Wunsch offen: Die Krönung ist das Royal Apartment mit großen Kalt- und Heißwasserbecken, Bar, Sauna, Dampfbad und separatem Massageraum (400 GEL). Auch Alexandre Dumas' Lieblings-Schwefelbad (Bad No. 4) und Alexander Puschkins Favorit (Bad No. 5) können gemietet werden. Reservierungen werden nur für denselben Tag entgegengenommen. ⌚ 9–23 Uhr.

Gulo's Thermal Spa, I. Grishashvili St. 5, ✆ 059 958 81 22, 💻 bei Facebook. Liegt etwas versteckt in der Seitengasse hinter dem Royal Bath, ein unauffälliges Schild zeigt den Weg, am Eingang selbst steht kein Name. Gulo's Badehaus ist nicht für perfekte Sauberkeit bekannt, es bietet 7 verschiedene Räume von 90–250 GEL an. ⌚ 7–1 Uhr.

© NINA KRAMM

Die Schwefelbäder gaben der Stadt ihren Namen.

Queen's Bath, I. Grishashvili 19. Einfaches öffentliches Bad, für 5 GEL gibt's eine heiße Dusche für die Damen, die Herren können für 15 GEL auch im Warmwasserbecken entspannen. ⌚ 7–20 Uhr.

Bohema Sulfur Bath, I. Grishashvili St. 11, ✆ 032 214 15 00, 💻 bei Facebook. Etwas versteckt am Ende der Abano II Dead End, die vor dem Queen's Bad abzweigt. Oberirdisches, teilweise renoviertes Bad mit schönem Eingang. Insgesamt 6 verschieden große Badesäle. Ab 60 GEL/Std. im Saal für 1–5 Pers., bis zu 180 GEL/Std. für max. 12 Pers. ⌚ 9–23.30 Uhr.

Kiev Sulfur Bath, Kiev St. 4, ✆ 032 295 68 27, 💻 https://sulfurbath.com. Einziges Bad in Chughureti, in den dunklen 1990er-Jahren war dies eine einfache Badeeinrichtung, in der sich die Einheimischen wuschen, als es kein fließendes Wasser gab. 2022 wurde es renoviert, heute gibt es nur noch private Badesäle (30–90 GEL/Std.), Reservierung empfohlen. ⌚ 8–24 Uhr.

gerstreik getreten. Ein besonderes Heiligtum ist das **Grab der Märtyrerin der heiligen Schuschanik** (S. 102), das sich in der Kirche befindet.

Auf dem Platz vor dem Gebäude erinnert die **Statue von König Vakhtang I Gorgasali** auf seinem Pferd an den Stadtgründer. Sie wurde von dem georgischen Bildhauer Elguja Amashukeli erschaffen, der auch die Statue der Mutter von Georgien (Kartlis Deda) entwarf. Das Reiterstandbild des Stadtgründers wurde 1958 zum 1500. Jubiläum der Stadtgründung in Auftrag gegeben.

Das alte armenische Viertel

Das Stadtviertel Avlabari, insbesondere das Gebiet um die **Metekhi-Gasse**, war lange Zeit das Zentrum armenischen Lebens in Tbilissi – im 20. Jh. machte der Anteil der Armenier ganze 30 % der Stadtbevölkerung aus. Viele Familien lebten seit Generationen in Tbilissi und benutzten oft ihre Muttersprache Armenisch nicht mehr im Alltag, blieben aber normalerweise der armenisch-apostolischen Kirche treu. Daran erinnern u. a. der armenische Friedhof und armenische Kirchen im Viertel.

An der Westseite des Avlabari Square an der Metrostation steht die armenische **Apostelkirche Ejmiatsin** aus dem 18. Jh. Sie ist Sitz des Katholikos der armenisch-apostolischen Kirche und hat große Bedeutung für die armenische Kirche.

Unweit der Kirche befindet sich östlich des Platzes das 1858 gegründete **Armenische Drama Theater**, noch immer das kulturelle Zentrum der armenischen Gemeinde. Es ist nach Pedros Adamjan benannt, einem berühmten armenischen Dichter, Schriftsteller und Schauspieler, dessen Interpretationen von Hamlet und Othello das Publikum begeisterten.

Auf dem einst großflächigen **Armenischen Friedhof** im Norden Avlabaris wurden bis Anfang des 20. Jhs. bedeutende armenische Schriftsteller, Künstler und Personen des öffentlichen Lebens beerdigt. Die Kirche, die einst zum Friedhof gehörte, wurde 1937, vermutlich auf Befehl von Lavrenti Beria (S. 112/113), zerstört. Die meisten der Grabsteine der damals über 90 000 Gräber wurden zu Baumaterial umfunktioniert. Die Sowjetregierung legte auf dem Areal einen Park an. Hier wurde dann 1995–2004 die **Sameba-Kathedrale** errichtet, deren Bau die letzten noch vorhandenen Gräber zum Opfer fielen. Nur ein sehr kleiner Teil des Friedhofs besteht noch heute nordöstlich hinter der Kathedrale.

Ebenfalls kein gutes Ende wurde der **Shamkoretsots-Sourb-Astvatsatsin-Kirche** zuteil. Der damals größte armenische Kirchenbau der Stadt aus dem 18. Jh. stürzte im April 1989 aus ungeklärten Gründen zusammen. Armenische Quellen sprechen von einer Explosion, andere sehen ein Erdbeben, das die Stadt am Vortag erschüttert hatte, als Grund. Die Reste der Ruinen liegen an der Metekhi-Gasse, auf dem Grundstück befindet sich heute ein Parkplatz.

Darejan-Palast

Unweit der Kirche fallen oberhalb der Ostseite des Europa-Platzes trutzige, mit Zinnen bekrönte Mauern sowie ein runder, von einem Holzbalkon umlaufender Turm auf. Sie sind Teile des ehemaligen Sommerpalasts der **Königin Darejan**. Ihr Gemahl, König Erekle II, ließ den Palast 1776 für sie errichten, zu dem eine Hofkirche und Wirtschaftsgebäude gehörten.

Der Sommerpalast ist auch unter dem Namen „Sachino-Palast" bekannt, was soviel bedeutet wie „erhabener Ort". Denn der auf erhöhten Felsen gelegene Turm war von weither zu sehen. Die Königin hatte von ihrem mit kunstvollen Schnitzereien verzierten Holzbalkon eine grandiose Aussicht auf die Altstadt und die Narikala-Festung auf der anderen Uferseite. Nach der Annexion durch das Russische Zarenreich mussten Königin Darejan und ihr Mann Erekle II Anfang des 19. Jhs. nach St. Petersburg umsiedeln, der Sommerpalast wurde in ein **Kloster** umgewandelt. Sonntags gegen 10 Uhr kann man dem polyphonen Gesang der Nonnen lauschen, der über Lautsprecher im Hof übertragen wird. ◷ 10–18 Uhr.

Rike-Park und Präsidentenpalast

Im Sommer blühen in der Parkanlage am Rike-Ufer die Rosen üppig, ein Springbrunnen zeigt seine Wasserspiele, und Kinder kurven begeistert auf kleinen Plastikautos, die vor der Friedensbrücke geliehen werden können, umher. In dem Park liegen schon seit ein paar Jahren zwei riesige Röhren herum: für eine moderne **Konzert-** und **Ausstellungshalle**, geplant vom italienischen Architekturbüro Fuksas. Allerdings ist zweifelhaft, ob das Gebäude jemals fertiggestellt werden wird.

Vom Rike-Park fährt die **Gondelbahn** Passagiere in wenigen Minuten hinauf zur Narikala-Festung, ⌚ 10–22 Uhr, Ticket 2,50 GEL, mit der Metrokarte zahlbar.

Die moderne Metall- und Glaskonstruktion der **Friedensbrücke**, im Volksmund wegen ihrer Form auch „Always Ultra" genannt, verbindet seit 2010 das Rike-Ufer mit der Altstadt. Ihr Architekt, der Italiener Michele De Lucchi, beendete auch die Umplanung des **Präsidentenpalasts**, der über dem Rike-Park thront. Er wurde 2009 fertiggestellt und war eines der ersten Bauprojekte von Michail Saakaschwili, für das ganze Häuserblocks in Avlabari abgerissen werden mussten. Saakaschwili ließ sich die ehemaligen Polizeikasernen aus der Zarenzeit zu einem riesigen Palast umbauen, dessen Glaskuppel an die des deutschen Reichstags erinnert.

Sameba-Kathedrale (Dreifaltigkeits-Kathedrale)

Aus allen Teilen der Stadt ist die Kathedrale auf dem Elias-Hügel am östlichen Ufer der Mtkvari zu sehen. Doch erst wenn man direkt vor ihr steht, kann man wirklich begreifen, wie riesig das **größte Kirchengebäude der Kaukasusregion** tatsächlich ist: Die Höhe vom Erdboden bis zur Spitze des Kreuzes beträgt ganze 84 m, 15 000 Menschen finden im Inneren Platz. Von 1996 bis 2004 wurde die Kathedrale nach Plänen von Artshil Mindiashvili erbaut und zum Großteil von Bidzina Ivanishvili finanziert, Multimilliardär und ehemaliger georgischer Präsident. Der Bau aus Naturstein ist eine Mischung verschiedener georgischer Kirchenbaustile. Gemeinsam mit der Svetitskhoveli-Kathedrale ist sie **Sitz des Patriarchen**, auf dem Gelände befinden sich die Residenz des Katholikos, ein Kloster, ein Priesterseminar und eine theologische Hochschule. Der Bau der gigantischen Kirche soll der 1500-jährigen Autokephalie (Selbstständigkeit) der georgisch-orthodoxen Kirche und dem 2000. Geburtstag Jesu gedenken. Weniger feinfühlig wurde dabei anscheinend mit dem Gedenken armenischer Verstorbener umgegangen (s. Kasten S.164).

Rund um den Liberty Square (Tavisuplebis Moedani)

Der Liberty Square (Platz der Freiheit) liegt zwischen der Altstadt Kala und den europäisch geprägten Neustadtbezirken Sololaki im Süden und Garetubani nördlich des Platzes. Der Mitte des 19. Jhs. angelegte Platz bildete zusammen mit der Rustaveli Avenue zur Zeit des Zarenreichs das Zentrum von Tbilissi. Um den quadratischen Platz entstanden damals die ersten kulturellen und politischen Großbauten im Stil des Spätklassizismus.

Denkmal des Hl. Georg

In dem chaotischen Kreisverkehr des Liberty Square rasen hupende Autos um ein goldenes Denkmal des Hl. Georg, der auf seinem prächtigen Pferd reitend mit einer Lanze einen doch recht kleinen Drachen erlegt. Die von dem bekannten Bildhauer Zurab Tsereteli entworfene Skulptur ersetzte nach der Unabhängigkeit eine monumentale Lenin-Statue. Natürlich wurde nach der Unabhängigkeit auch der Name von „Lenins Moedani" in „Tavisuplebis Moedani" geändert. Diese sind nur zwei von vielen Namen, die der symbolträchtige Platz besaß: Während der Zarenzeit hieß er „Paskevich-Erivankaya Ploschdad" zu Ehren des russischen Generals Ivan Paskevich, der für die Einnahme der Festung von Tbilissi zum Grafen von Yerevan ernannt worden war – deshalb war der Platz auch einfach als „Erevanski Moedani" bekannt. Zur Sowjetzeit nannte man ihn erst „Platz der Transkaukasischen Sowjetrepublik", später nach dem Chef der Geheimpolizei „Beria-Platz" und zuletzt „Lenin-Platz".

Ehemaliges Rathaus

Das ehemalige Rathaus an der Südseite des Platzes wurde ab 1870 von dem deutschen Architekten Peter Stern umgebaut. Mit einem Entwurf im damals modischen pseudomaurischen Stil gewann er den Wettbewerb zum Umbau des 1840 errichteten Polizeihauptquartiers. Der Uhrenturm wurde erst Anfang des 20. Jhs. ergänzt.

Der Raubüberfall am Jerewan-Platz

„Bombenregen: Revolutionäre schleudern den Tod in große Menschenmenge“ *(Daily Mirror)*, „Bomben-Gewalttat in Tiflis“ *(The Times)*, „Katastrophe“ *(Le Temps)*: Mit einem spektakulären Raubüberfall sorgte Josef Dschugaschwili – später besser bekannt unter dem Namen **Stalin** – am 13. Juni 1907 erstmals weltweit für Schlagzeilen und sicherte sich die Gunst Lenins, für den das Geld bestimmt war.

Über Monate hatte der damals 29-jährige Stalin den **Überfall auf die Postkutsche** am Jerewan-Platz in Tiflis minutiös geplant, Insider in die Bank von Tiflis eingeschleust und eine Schar skrupelloser Banditen angeheuert, die seinen Plan schließlich mit ungeheurer Grausamkeit in die Tat umsetzten: Als die Kutsche auf den Jerewan-Platz einbog, schleuderten die dort postierten Gangster Granaten und Bomben auf den bewachten Konvoi, die die Wachen und Pferde in Stücke rissen. Diejenigen, die den teuflischen Explosionen entkamen, wurden von Stalins Schergen kurzerhand erschossen. Insgesamt erbeutete Stalin an diesem Tag 250 000 Rubel – rund 2,5 Mio. €. Auch wenn Stalin selbst seine Beteiligung an dem Raubüberfall abstritt, lastete man ihm das Verbrechen an, schloss ihn aus der Partei aus und erklärte ihn in Georgien zur Persona non grata – schließlich hatte die sozialdemokratische Partei Raubüberfälle kurz zuvor offiziell verboten. Zwei Tage nach der Tat kehrte Stalin Georgien den Rücken und ließ sich mit seiner Frau Ketevan Svanidze und seinem Sohn in Baku nieder.

Philipp Schmatloch

Vom Liberty Square zum Kunstmuseum

An der Ostseite des Platzes führt die Kote Abkhazi Street (ehemals Leselidze) in die Altstadt, nach Nordosten verläuft die **Alexander Pushkin Street** abschüssig über die Überreste der alten Stadtmauer hinweg bis zum Blumenmarkt am Orbeliani Square und geht in die Baratashvili Street über.

An der Nordseite liegen der winzige, ebenfalls nach dem russischen Dichter Puschkin benannte **Puschkin-Park** und ein **Denkmal** ihm zu Ehren, die an seinen Aufenthalt in Tbilissi im Jahr 1829 erinnern. Auf dem Platz befindet sich die **Touristeninformation** von Tbilissi, in der die freundlichen Mitarbeiter(innen) Informationsbroschüren und viele Antworten bereithalten. Nördlich des Puschkin-Parks entsteht ein weiteres modernes Einkaufszentrum, hinter dem sich nordöstlich in der Lado Guidashvili Street das Kunstmuseum befindet.

Kunstmuseum

In dem Gebäude, das heute das Kunstmuseum (Shalva Amiranashvili Museum of Fine Arts), Lado Gudiashvili St. 1, 💻 http://museum.ge, beherbergt, befand sich ehemals das Theologische Priesterseminar, damals die bedeutendste höhere Bildungsanstalt Georgiens, dessen bekanntester Schüler Stalin war. Der Fundus des Museums reicht vom 3. Jahrtausend v. Chr. bis ins 20. Jh. Gezeigt werden kostbare Gold- und Silberarbeiten, kunstvolle Metalltreib- und Emaille-Arbeiten, wertvolle Ikonen, Prozessionskreuze, Altäre und Metallskulpturen von Kirchen und Klöstern aus dem ganzen Land. Unter anderem sind in der Dauerausstellung der berühmte goldene Kelch von Bedia und der kostbare Triptychon von Khakuli zu bewundern. Ebenfalls wechselnde Sonderausstellungen. 🕒 Di–So 11–17 Uhr, Eintritt 3 GEL, Studenten 1 GEL, Schüler 0,50 GEL, Kinder unter 6 Jahren frei.

Galleria Tbilisi

Die Westseite des Puschkin-Parks grenzt an die **Shota Rustaveli Avenue**, die nach Nordwesten abzweigt. Rund 100 m nördlich des Liberty Square steht anstelle des sowjetischen Univermag-Kaufhauses das moderne Einkaufszentrum **Galleria Tbilisi**, 💻 https://galleria.ge, hinter ihm befindet sich das **Griboyedov Theater**. Wie an so vielen Orten in Tbilissi, waren auch hier die Finger (und vor allem das Geld) von Bidzina Ivanishvili im Spiel. Das kam bei den Einheimischen anscheinend gut an: Bei der Eröffnung des Shoppingcenters 2018 war der Andrang so groß, dass die Polizei den Einlass regulieren musste.

Sololaki

Bevor Sololaki im Rahmen der Stadterweiterung im 19. Jh. angelegt wurde, herrschte hier Vorstadtidylle mit Gärten, die durch ein Kanalsystem bewässert wurden. Vermutlich stammt der Name Sololaki vom arabischen „Sululach" ab, das soviel wie Aquädukt oder Kanal bedeutet.

Smirnov-Haus

Parallel zur Dadiani Street verläuft die **Galaktion Tabidze Street**, die über die halbe Länge eine belebte Fußgängerzone mit vielen Bars und Restaurants ist. Am südlichen Ende befindet sich in der Nr. 20 das **Smirnov-Haus**, 💻 http://caucasianhouse.ge. Der wohlhabende armenische Geschäftsmann Yagor Tamamshev ließ das Gebäude 1850 nach Plänen des Architekten Otto Simonson bauen und schenkte es seiner Tochter Elisabeth als Mitgift zu ihrer Hochzeit mit Michail Smirnov. Das Haus wurde als „Smirnov-Haus" bekannt, als Michails Mutter Alexandra Osipovna Smirnova begann, dort zu ihrem literarischen Salon einzuladen. Die wunderschöne und hochgebildete Alexandra war Hofdame der Zarin in St. Petersburg und u. a. gut befreundet mit Michail Lermontov und Alexander Puschkin. Die illustren Gäste besuchten den literarischen Salon und brachten zahlreiche kostbare Präsente mit. Als die Kommunisten an die Macht kamen, wurde das Haus in Mietwohnungen aufgeteilt. Doch die Familie schaffte es, über Generationen hinweg, ihre einzigartige Sammlung durch die turbulente Zeit zu retten und schenkte sie 1985 dem georgischen Staat. Heute ist im Smirnov-Haus die interkulturelle Begegnungsstätte **Kaukasisches Haus** untergebracht.

Haus der Schriftsteller (Writers' House)

Eine Parallelstraße weiter westlich verläuft die Ivane Machabeli Street, in der sich in der Hausnummer 13 das Haus der Schriftsteller, 💻 www.writershouse.ge, befindet. Das Jugendstilgebäude wurde von 1903–05 als Wohnhaus für den wohlhabenden Gründer der größten georgischen Kognakfabrik, **Davit Sarajishvili**, gebaut. Sarajishvili hatte in St. Petersburg Chemie studiert, in Heidelberg promoviert und während Studienreisen nach Frankreich die Herstellung und Veredelung von Weinen erlernt. In seiner 1888 gegründeten Weinbrandfabrik stellte er hochwertigen Kognak aus einheimischen Trauben her und wurde damit einer der reichsten Männer seiner Zeit. Sarajishvili engagierte sich in vielen sozialen und kulturellen Projekten als Sponsor, und das Heim des erfolgreichen Geschäftsmannes und Philanthropen wurde bald zum Treffpunkt der intellektuellen Elite: Dichter **Akaki Tsereteli**, Verleger und Publizist **Ilia Chavchavadze**, der Verleger der deutschen Zeitung *Kaukasische Post* **Artur Leist**, der britische Diplomat Oliver Wardrop und viele andere bedeutende Persönlichkeiten gingen hier ein und aus. Nach dem Tod Sarajishvilis kaufte der georgische Geschäftsmann Akaki Khoshtaria das Gebäude 1918, nach der Sowjetisierung 1921 wurde es offiziell zum Haus der Schriftsteller ernannt. Es beherbergte viele berühmte Gäste: **Boris Pasternak**, **Robert Capa**, **Heinrich Böll**, **Jean-Paul Sartre**, **Bob Dylan** und **Allen Ginsberg** – um nur einige der prominenten Schrei-

Nicht in den Himmel, sondern nach Georgien

Auch der amerikanische Schriftsteller John Steinbeck (1902–68) übernachtete im Writer's House. Er reiste gemeinsam mit dem Fotografen Robert Capa 1947 durch die Sowjetunion und veröffentlichte nach der Reise *A Russian Journal*. Unterwegs trafen die beiden immer wieder Russen, die begeistert von Georgien erzählten. Das Land am Kaukasus wurde Steinbeck und Capa wie ein zweiter Himmel beschrieben, was Steinbeck zu dem Kommentar veranlasste, er und sein Reisegefährte seien allmählich zu der Überzeugung gelangt, dass die meisten Russen hofften, nicht in den Himmel, sondern nach Georgien zu kommen – wenn sie ein gutes und tugendhaftes Leben führten.

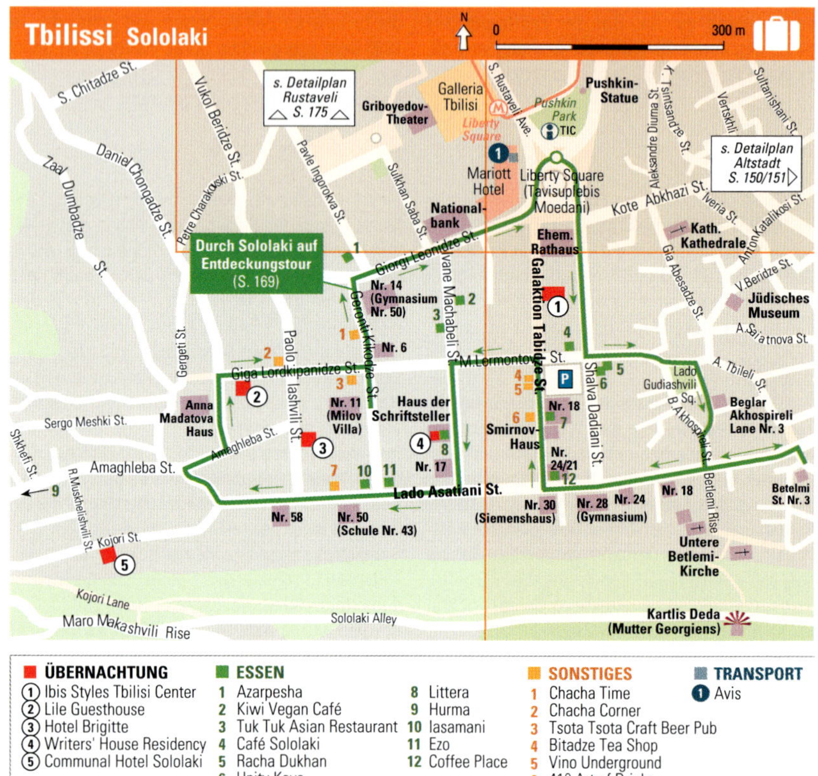

ber und Künstler zu nennen. Nach der Renovierung und Umgestaltung empfängt die Residenz seit Juni 2017 wieder Gäste, einer der ersten Ehrengäste war die Literaturnobelpreisträgerin **Svetlana Alexievich**. Die fünf Gästezimmer sind nach unterschiedlichen Schriftstellern benannt und dementsprechend gestaltet. Ein Raum wurde zu Ehren des französischen Bestseller-Autors **Alexandre Dumas** benannt, der über Tbilissi sagte: „Nirgends habe ich so produktiv gearbeitet". Ein anderer Raum wurde orientalisch eingerichtet, zu Ehren des aserisch-persischen Dichters **Nizami Ganjavi** (1140–1209), der mit seinen Gedichten die georgische Literatur stark beeinflusste. Im hübschen, grünen Hinterhof (Zutritt durch die Türe rechts des Haupteingangs) sitzt man im Sommer wunderschön im zum Haus der Schriftsteller gehörenden **Restaurant Littera**. Die Zimmer werden über Programme und Stipendien an Schriftsteller vermietet, doch wenn sie nicht ausgebucht sind, kann man auch als normaler Tourist dort residieren („Writer's House Residence" über booking.com buchbar).

Lado Asatiani Street

Unweit der Lado Asatiani Street reihen sich geschichtsträchtige Gebäude aneinander. An der Kreuzung zur Shalva Dadiani Street zieht die **Haus-Nr. 28**, ein neogotischer Klinkerbau, die Aufmerksamkeit auf sich. Das Schulgebäude wurde 1905 von dem erfolgreichen Winzer und Weinhändler **Maxim Ananov** (Ovnanyan) finan-

Durch Sololaki auf Entdeckungstour

- **Länge**: knapp 3 km
- **Dauer**: ca. 1–2 Std.
- **Start- und Zielpunkt**: Liberty Square
- **Saison**: ganzjährig
- **Wegbeschaffenheit**: Obwohl ein Stadtspaziergang, ist festes Schuhwerk wegen der vielen Schlaglöcher auf den maroden Gehsteigen empfehlenswert.

Seinen Spitznamen „Paris von Asien" erhielt Tbilissi wegen der prächtigen Jugendstilvillen, der klassizistischen Prachtbauten und des verspielten Fassadenschmucks, von denen man schönste Beispiele im Stadtteil Sololaki findet. Bei einem Spaziergang durch das Viertel, das im 19. Jh. vor allem bei hohen Beamten, Aristokraten und vermögenden Unternehmern beliebt war, gibt es viel zu entdecken, das auf den ersten Blick verborgen bleibt. Die wohlhabenden Stadtbürger wetteiferten nicht nur um die schönste Hausfassade – für die es einen offiziellen Preis zu gewinnen gab –, auch Balkone, Eingangstüren und vor allem die Empfangshallen einiger Gebäude wurden überaus prächtig ausgestaltet, mit edlen Marmorböden, kunstvollen Wand- und Deckenmalereien. Einige sind mittlerweile renoviert worden, viele verfallen weiter vor sich hin.
Bei diesem Spaziergang gilt: Wenn die Türe nicht verschlossen ist, nicht schüchtern sein und immer hereinspaziert!

Die Route

Vom Liberty Square gelangt man über die Shalva Dadiani und Michail Lermontov Street zum Lado Gudiashvili Square, an dessen südöstlicher Ecke die schmale **Beglar Akhospireli Lane** nach Süden abzweigt. Hinter dem unscheinbaren Jugendstileingang der **Hausnumner 3** verbirgt sich eine Eingangshalle, an deren himmelblauer Decke ein nackter Engel und eine in weiße Gewänder

Häuser in der Lado Asatiani Street

gekleidete, mit Blumen geschmückte Schönheit schweben.

Betlemi Rise

Die Beglar Akhospireli Lane führt weiter, vorbei an den Ruinen einer armenischen Kirche, zur Lado Asatiani Street. Einen kleinen Abstecher 100 m nach links die Lado Asatiani Street hinunter sollte man nicht verpassen: Dort zweigt nach rechts die Betlemi Street ab, das Haus **Nr. 3** besitzt einen wunderschönen, verglasten Treppenaufgang, der einzigartig in der Stadt ist (S. 169).

Lado Asatiani Street

Weiter geht es zurück auf der Lado Asatiani Street, die gespickt ist mit interessanten Gebäuden, Richtung Westen. Auf der linken Straßenseite zieht nach wenigen Metern die **Nr. 18** die Aufmerksamkeit auf sich: Das Gebäude mit der orientalistischen Fassade wurde 1897 errichtet, und es überrascht kaum zu hören, dass der Architekt und Besitzer Korneli Tatishchev einer der federführenden Architekten des Rustaveli Theaters im neo-maurischen Stil war. Ein Haus weiter auf der selben Straßenseite befand sich in der **Nr. 24** das Heim der Prinzessin von Bebutov, die sich ihr Wohnhaus 1870 in einem Stilmix aus Rokoko und Renaissance bauen ließ, in der Empfangshalle schaut ein Engel von der Decke. Ihre Familie war im 17. Jh. von Armenien nach Tbilissi gezogen, verdiente durch Handel ein Vermögen und diente als „Mishkarbash", als oberste Jagdmeister, am georgischen Hof. 1783 bekam die Familie von König Erekle II den Adelstitel verliehen, somit stiegen die Bebutashvilis, wie sie auf Georgisch hießen, nach dem Traktat von Georgijewsk auch in den russischen Adel auf. Leider ist das Gebäude einsturzgefährdet und darf nicht betreten werden.

Galaktion Tabidze Street

Gegenüber, knapp 100 m weiter, führt die Galaktion Tabidze Street nach Norden. Es lohnt sich, einen Blick in die beiden Eingangshallen der **Nr. 24/21** zu werfen: Die rechte Eingangstür zum St. George Hostel an der Ecke öffnet den Blick in die alte Empfangshalle, leider ist von dem Deckengemälde nur die Hälfte erhalten, nachdem ein Durchbruch für eine Treppe gemacht wurde. Der linke Eingang gehört zu einem 1869 gebauten Wohnhaus, auf dessen Türschwelle in goldenen, kyrillischen Lettern der Name „Angelo Androletti" eingelassen ist. Androletti war der Inhaber der damals gefragtesten Marmorwerkstatt in Tbilissi. Die Eingangshalle ist in einer Mischung aus Rokoko und Barock gestaltet, an der Decke wacht ein römischer Krieger, umgeben von floralen Ornamenten.

Eingangshalle der Beglar Akhospireli Lane Nr. 3

Ein paar Meter nördlich auf der rechten Seite der Galaktion Tabidze Street steht das 3-stöckige Wohnhaus **Nr. 18**. Dass die ehemaligen Besitzer, die Seilanov-Brüder, sehr wohlhabend und einflussreich gewesen sein müssen, lässt sich leicht an der beeindruckenden, üppig dekorierten Eingangshalle erkennen: Alle Wände sind mit Ölgemälden geschmückt, romantische Landschaften und allegorische Motive der Kontinente schmücken die Wände. Der Name der Gebrüder Seilanov ist in kyrillischen Lettern auf dem Marmorboden zu sehen – der ebenfalls von Androlettis Werkstatt gefertigt wurde. Das Gebäude war 2023 zuletzt nicht zugänglich und die Eingangshalle nur durch die Tür einsehbar.

Über die Lermontov zur Lado Asatiani Street

Ein paar Meter weiter trifft die Galaktion Tabidze auf die Mikhail Lermontov Street, man biegt links in sie ein und erneut die nächste links in die Ivane Machabeli Street. Dort befindet sich auf der rechten Seite in der Nr. 13 das geschichtsträchtige **Writer's House** (S. 167) mit einem schönen Hinterhof. Auch die **Nr. 17**, direkt dahinter, ist einen zweiten Blick wert. Hinter der neo-maurischen Fassade des Gebäudes von 1908 verbirgt sich eine prächtige, orientalisch gestaltete Empfangshalle, die Ende der 2010er-Jahre restauriert wurde.

Die Ivane Machabeli Street trifft nun wieder auf die **Lado Asatiani Street**. Geht man rechts, steht ca. 100 m weiter in der **Nr. 50** auf der linken Straßenseite die **Schule Nr. 43**. Der armenische Ölmagnat und Philanthrop Alexander Mantashev finanzierte 1910 den repräsentativen Bau der ehemaligen Handelsschule der 1. Gilde. Nach der Machtübernahme der Kommunisten wurde sie 1922 in eine öffentliche Schule umgewandelt. Das Eingangsportal mutet mit den beiden dorischen Säulen eher klassizistisch an, die Fassadengestaltung der oberen Stockwerke lässt klare Einflüsse von Jugendstil erkennen.

Wenige Meter weiter steht in der Lado Asatiani Street **Nr. 58**, ebenfalls auf der linken Straßenseite, ein 3-stöckiges Wohnhaus von 1890, auch hier sollte man nicht schüchtern sein und einen Blick in die schöne Eingangshalle werfen, deren beste Tage lange vorbei sind. Nach 50 m gabelt sich die Straße, dort und die nächste geht man rechts und zweigt danach die erste links in die Daniel Chonqadze Street ab.

Von der Chonqadze zur Geronti Kikodze Street

Der **Madatova Palast** in der **Daniel Chonqadze St. Nr. 4** ist das nächste verborgene Highlight, von dem man leider tatsächlich nur sehr wenig sieht. Die riesige Villa steht auf einer Terrasse und ist mit einer Treppe durch einen Tunnel mit der Chonqadze Street verbunden, dessen Eingang im Jugendstil gestaltet ist. Die Besitzer ließen die große Villa 1903 von Michail Ohanjanov mit einem Turm planen – es heißt, dass sie dort hinaufstiegen, um auf das Grab ihrer Tochter blicken zu können, die zu jung gestorben war.

Die Chonqadze Street trifft an der nächsten Ecke rechts auf die Giga Lordkipanidze Street. Geht man sie rechts hinunter, gelangt man zur **Geronti Kikodze Street**, ein Abstecher nach rechts führt zur **Milov Villa** in der **Nr. 11**. Sie wurde 1905 gebaut und gehörte den Brüdern Arkady und Arshak Mailov. Sie waren Ölmagnaten, erfolgreiche Kaufmänner und sollen u. a. als erste Kaviar in Russland verkauft haben. Ihr Monogramm „AM" ist an der Fassade zu sehen. Ihr Haus wurde „Italian Villa" genannt und war während der Sowjetzeit als „Haus der Partei-Elite" bekannt. Denn von 1932–37 lebte der Musiker und Dirigent Evgeniy Mikeladze mit seiner Frau Ketevan Orakhelashvili hier, deren Eltern Mamia und Mariam Orakhelashvili bolschewistische Revolutionäre und Parteileiter waren. Mikeladze gründete 1933 das erste staatliche Symphonieorchester und wurde kurz darauf Leiter der Oper. Bei den stalinistischen Säuberungen 1937 wurden seine Schwiegereltern hingerichtet, auch Mikeladze wurde nach langen Verhören, u. a. durch Lavrenti Beria, erschossen. Seine Frau Ketevan verbrachte 15 Jahre im Arbeitslager, sie war Vorbild für den Hauptcharakter von Tengiz Abuladzes Film *Repentance (Die Reue)*.

Zurück Richtung Norden gehend, fällt an der Ecke zur Giorgi Leonidze Street der stattliche Bau in der **Geronti Kikodze St. 4** auf. Er war ursprünglich eine Privatvilla und wurde während der Sowjetzeit in ein Jungengymnasium umgewandelt, heute befindet sich das **Gymnasium Nr. 50** darin. In der großen Empfangshalle mit der Kassettendecke stehen links und rechts zwei gekachelte Kamine. Heute wird die Schule natürlich elektrisch geheizt, aber auch früher mussten die Kinder aus wohlhabendem Hause während des Unterrichts nicht frieren, denn auch die Klassensäle besitzen je einen Kamin (die der Pförtner gerne zeigt, wenn man freundlich fragt).

Nach rechts gelangt man nun über die Leonidze Street, vorbei an dem kuriosen Jugendstilbau der **Nationalbank**, zurück zum Liberty Square.

ziert und war deshalb lange als „Ananov-Schule" bekannt, in dem ein deutsches Mädcheninternat untergebracht war. Ananov war mit seinen Weinen im ganzen Kaukasus bekannt, schon damals setzte er sowohl auf georgische als auch auf europäische Rebsorten und baute u. a. Pinot- und Cabaret-Reben an. Zu Sowjetzeiten befand sich die Schule Nr. 66 im Gebäude, heute ist hier eine Autorenschule untergebracht.

Das Gebäude weiter westlich in der Nr. 30 war von 1860–68 das **Wohnhaus von Walter Siemens**, woran eine kleine Gedenktafel erinnert. Siemens war Konsul des Norddeutschen Bundes in Georgien und Vertreter der Firma Siemens & Halske. Tbilissi wurde damals an das Telegrafennetz angeschlossen und rückte näher an Europa, die Kabel verlegte die deutsche Firma. Die erste Telegrafenleitung wurde 1858 von Tbilissi zum nahe gelegenen Kojori gelegt. Nachdem die georgische Hauptstadt mit Moskau und Yerevan verbunden worden war, wurde 1868 das Netzwerk in Transkaukasien mit der Baku-Tbilissi-Linie fertiggestellt. Das Riesenprojekt der über 10 000 km langen „Indian Line" von London nach Kalkutta, die durch Tbilissi führte, wurde 1870 abgeschlossen. Während dieser Zeit verunglückte Walter Siemens mit 38 Jahren tödlich bei einem Pferderennen. Nach Walters Tod übernahm sein Bruder Otto Siemens die Geschäfte in Transkaukasien. Auch er starb in Tbilissi 1871. Beide Brüder wurden in Tbilissi begraben, doch ihre Begräbnisstätten sind nicht erhalten.

Weitere interessante Gebäude und ihre Geschichten sind im Spaziergang durch Sololaki (S. 169–171) beschrieben.

Geht man über die Ivane Machabeli Street nach Norden, trifft man auf die **Giorgi Leonidze Street**. Der Blick fällt dort auf das repräsentative Jugendstilgebäude der **Nationalbank**, eines der wenigen öffentlichen Gebäude im Wohnviertel Sololaki. An der Fassade krümmen sich die Relieffiguren zweier Atlanten unter der Last des Gesimses, zwischen ihnen blickt ein surrealer Schädel mit weit aufgerissenem Maul und gewundenen Hörnern starr nach vorne. Das 1913 als Sitz für die Kreditgesellschaft von Tbilissi errichtete Gebäude wurde zur Sowjetzeit Sitz der Staatsbank und 1959/60 mit einem dritten Stockwerk aufgestockt.

Die Rustaveli Avenue

Die 1,5 km lange, von Platanen gesäumte Allee ist das Herzstück der Neustadt und **verbindet den Liberty Square mit dem Rustaveli Square**. Sie entstand Mitte des 19. Jhs., als Tbilissi Zentrum des Generalgouvernements Transkaukasien war. Der russische Vizekönig, Michail Vorontsov, berief den italienischen Architekten Giovanni Scuderi und ließ die Stadt nach europäischem Vorbild erweitern, neue Hauptachsen anlegen und öffentliche Gebäude errichten. An dem neu angelegten Prachtboulevard reihten sich repräsentative, teils prunkvolle Bauten im russisch-klassizistischen Stil, zu denen sich historistische, eklektizistische und Gebäude im Jugendstil gesellten.

Tolstoi kommentierte die Entwicklungen in der Stadt zu dieser Zeit leicht hochnäsig in einem Brief: „Tiflis ist eine recht zivilisierte Stadt, recht bemüht um die Nachahmung Petersburgs, was ihm auch gut gelingt. Die Stadt besitzt ein russisches Theater und eine italienische Oper ..."

Auch der französische Konsul **Jaques François Gamba** nahm Anfang des 19. Jhs. die Veränderungen und vor allem die Unterschiede zwischen Alt- und Neustadt wahr: „Eigentlich besteht Tiflis aus zwei ganz unterschiedlichen Städten, der oberen, europäischen, und der unteren, asiatischen Stadt, die beide durch scharfe Grenzen voneinander geschieden sind. Das europäische Tiflis nennt sich mit Stolz ‚das asiatische Paris'. In der Tat sieht es ganz europäisch aus und wird auch überwiegend von Russen und Westeuropäern bewohnt, in diesem Teile liegen die kaiserliche Residenz, das Theater und sämtliche Regierungsgebäude. Die angrenzende Stadt ist dagegen nach Ansehen und Bevölkerung wirklich rein asiatisch."

Die am Boulevard liegenden „Anliegerstraßen" wurden zu dieser Zeit beliebtes Domizil von georgischen Aristokraten und wohlhabenden Beamten. Der damals Golovin Street genannte Boulevard war eine beliebte Flaniermeile, auf der auch der Autor Kurban Said die Protagonisten seines Liebesromans *Ali und Nino* entlangspazieren ließ.

Der technische Fortschritt zeigte sich zu jeder Zeit schnell auf der Prachtallee: Der erste Pferdebahnwagen wurde 1883 über die Allee gezogen und wenig später durch elektrische Straßenbahnen ersetzt. Seit der autofreundlichen Umgestaltung während Sowjetzeiten macht heute das Flanieren nicht mehr ganz so viel Spaß wie damals: Auf der lärmenden, vierspurigen Straße herrscht ständig so viel Verkehr, dass man die Seite nur an den spärlich vorhandenen Fußgängerunterführungen wechseln kann.

Nationalmuseum (Simon Janashia Museum of Georgia)

Das Nationalmuseum, Rustaveli Ave. 3, 💻 http://museum.ge, trägt den Namen von Simon Janashia (1900–47), einem Historiker und Mitbegründer der Akademie der Wissenschaften. Als kaukasische Abteilung der Russischen Geographischen Gesellschaft wurde 1852 ein kleines Museum gegründet, das Dokumente über Bräuche und Traditionen in Georgien sammelte. Daraus ging später das Kaukasische Museum hervor, das 1941 der Akademie der Wissenschaften angegliedert wurde. Die umfangreiche Sammlung wurde in den Bereichen Geologie, Botanik, Zoologie, Archäologie, Ethnografie und Geschichte Georgiens erweitert und ist in einem 1923 errichteten Gebäude untergebracht.

Es handelt sich um ein hochinteressantes und ansprechend gestaltetes Museum mit Ausstellungsstücken, die vom 3. Jahrtausend v. Chr. bis ins 20. Jh. reichen. Das absolute Highlight ist die **Schatzkammer** im Kellergeschoss mit beeindruckenden Schmiedearbeiten, von denen die ältesten aus der Bronzezeit stammen. Unglaublich kunstfertig für die damalige Zeit sind die Grabbeigaben aus Trialeti aus dem 2. Jahrtausend v. Chr., bestehend aus kunstvollem, fein ziseliertem Goldschmuck, der mit Einlegearbeiten aus Edelsteinen versehen ist. Auch der „Schatz von Akhalgori" aus dem 6.–4. Jh. v. Chr. ist ausgestellt, der in Stil und Qualität an zeitgleiche Funde aus Griechenland erinnert. Sehenswert sind ebenfalls die umfassende Münzsammlung, eine Sammlung orientalischer Kunst, der Trakt mit naturgeschichtlichen Exponaten sowie mittelalterliche Schätze und eine Waffensammlung. Eine **Dauerausstellung über die sowjetische Besatzung** befindet sich im 4. Stock.

🕒 Di–So 10–18 Uhr, Eintritt 10 GEL.

Vorontsov-Palast

Gegenüber dem Nationalmuseum befindet sich der Vorontsov-Statthalterpalast mit seiner Parkanlage, die heute öffentlich zugänglich ist. **Michail Vorontsov** war von 1844–55 **Vizekönig des Kaukasus** und ließ ein altes Verwaltungsgebäude an gleicher Stelle 1865–68 durch seinen neuen Palast ersetzen. Mit der Planung beauftragte Vorontsov den schwedischstämmigen Architekten Otto Simonson, der für ihn den repräsentativen Palast im Stil der italienischen Renaissance entwarf. Vorontsov war der Sohn eines Diplomaten und hatte seine Jugend in England und Italien verbracht. Er war nicht nur in Geistes- und Naturwissenschaften gebildet, sondern legte auch eine einzigartige militärische Karriere hin: Er diente in der russischen Armee im Kaukasus, kämpfte in Pommern gegen die Schweden, an der Donau gegen die Türken und wurde u. a. in der Schlacht bei Craonne gegen Napoleon ausgezeichnet. Die Politik des westgewandten Vizekönigs war ein Segen für die Wirtschaft von Tbilissi. Vorontsovs Ziel war es, die von ihm verwalteten Gebiete näher an Europa heranzuführen. Er senkte die Steuern auf Handelsgüter, setzte sich für aufgeklärte Bildung ein, ließ Parks anlegen, gründete Theater und Kulturinstitute. Während der Sowjetzeit wurde das Gebäude in eine Musik- und Schachschule für Kinder und Jugendliche umfunktioniert und wird weiterhin als Jugendpalast für Veranstaltungen für die junge Generation genutzt.

Georgisches Museum für bildende Kunst (Fine Arts Museum)

In dem 2018 eröffneten Museum in der Rustaveli Ave. 7, 💻 www.finearts.ge, können Besucher über 3500 Kunstwerke georgischer Künstler aus sowjetischer und post-sowjetischer Zeit bewundern. Ein Schatz, der größtenteils zum ersten Mal der Öffentlichkeit zugänglich ist. Kunstfreunde können hier ohne Probleme einen ganzen Tag verbringen. 🕒 Di–So 10–19 Uhr, Eintritt 15 GEL.

Parlament

Direkt neben dem Vorontsov-Statthalterpalast erblickt man ein wenig weiter auf der gleichen

Straßenseite das Parlamentsgebäude. Bis in die 1930er-Jahre stand an dieser Stelle die Tifliser Militärische Kathedrale, die abgerissen wurde, um stattdessen 1938 das Regierungsgebäude zu errichten. 1953 wurde es von dem zum Boulevard ausgerichteten Hauptgebäude ergänzt. Seit der Unabhängigkeit wird das alte Regierungsgebäude als Parlament genutzt, mit einer Pause von 2012–18, als es auf Initiative des damaligen Präsidenten Saakaschwili nach Kutaissi umgezogen war. Vor dem Parlament spielten sich im Laufe der Geschichte mehrmals Tragödien ab: Am 9. April 1989 wurden etwa 20 Menschen getötet, als russische Soldaten friedliche Demonstranten mit Giftgas und scharf geschliffenen Spaten angriffen. Der Trauertag wurde zum Feiertag ausgerufen und der schräg gegenüberliegende Park an sein Gedenken umbenannt. Nach der Unabhängigkeit Georgiens 1991 wurden während des „Tbilissier Kriegs" von Dezember 1991 bis Januar 1992 bei Straßenkämpfen in der Innenstadt viele Gebäude stark beschädigt, darunter auch das Parlamentsgebäude. Dabei wurde es zum **Schauplatz des Militärputsches** gegen den demokratisch gewählten Präsidenten Zviad Gamsakhurdia. Der hatte sich im Gebäude verschanzt und konnte seinen Belagerern nur knapp entkommen, indem er durch den Hinterausgang floh.

Gymnasium Nr. 1

Nördlich des ehemaligen Parlaments befindet sich **eines der ältesten Gymnasien der Stadt**, in dem bis Anfang des 20. Jhs. die Kinder georgischer und russischer Adeliger lernten. Die Schule spielt für die Eliten noch heute eine wichtige Rolle. Das Schulgebäude wurde während des Bürgerkriegs 1991/1992 zerstört und mit Hilfe russischer Gelder wieder errichtet. Vor dem Gymnasium steht ein **Denkmal** zu Ehren des Dichters **Akaki Tsereteli** und des Publizisten **Ilia Chavchavadze**. Die beiden bedeutenden Schriftsteller waren befreundet und standen an der Spitze der „Tergdaleuli" (die aus dem Terek getrunken haben, S. 137) und kämpften gegen Leibeigenschaft und Zaren-Despotie in Georgien. Chavchavadze legte am 1. Klassischen Gymnasium 1857 sein Abitur ab. Tsereteli dagegen besuchte die Schule in Kutaissi.

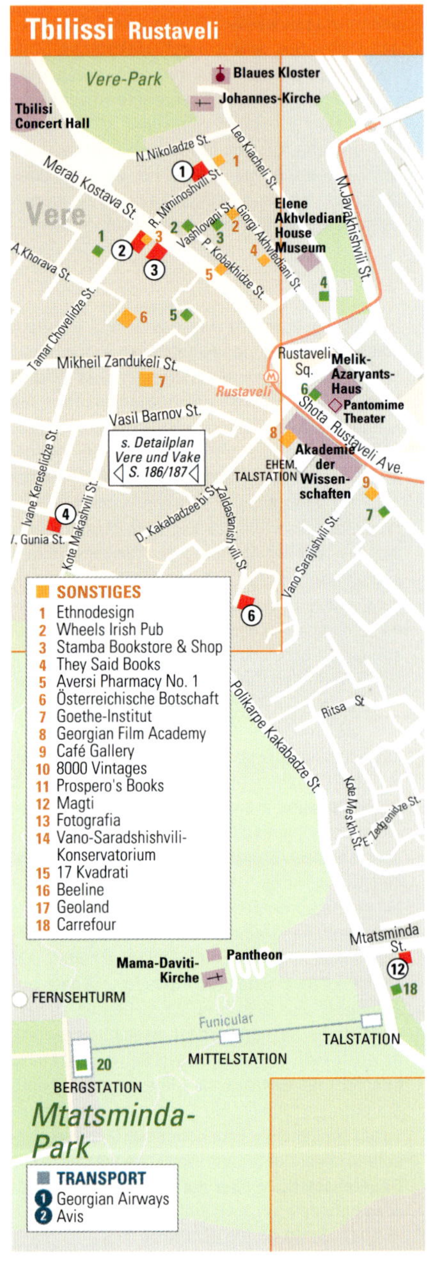

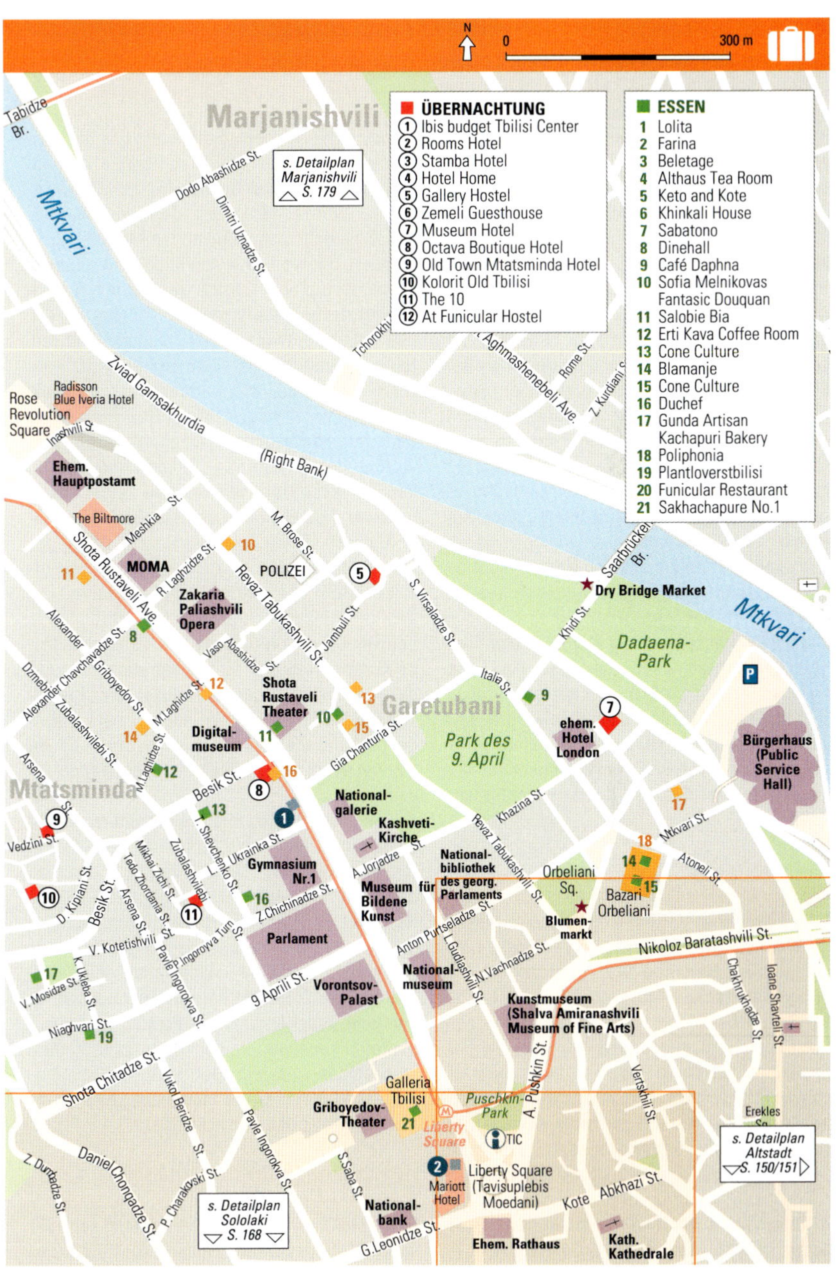

0
300 m
ÜBERNACHTUNG
(1) Ibis budget Tbilisi Center
(2) Rooms Hotel
(3) Stamba Hotel
(4) Hotel Home
(5) Gallery Hostel
(6) Zemeli Guesthouse
(7) Museum Hotel
(8) Octava Boutique Hotel
(9) Old Town Mtatsminda Hotel
(10) Kolorit Old Tbilisi
(11) The 10
(12) At Funicular Hostel
ESSEN
1 Lolita
2 Farina
3 Beletage
4 Althaus Tea Room
5 Keto and Kote
6 Khinkali House
7 Sabatono
8 Dinehall
9 Café Daphna
10 Sofia Melnikovas Fantasic Douquan
11 Salobie Bia
12 Erti Kava Coffee Room
13 Cone Culture
14 Blamanje
15 Cone Culture
16 Duchef
17 Gunda Artisan Kachapuri Bakery
18 Poliphonia
19 Plantloverstbilisi
20 Funicular Restaurant
21 Sakhachapure No.1
Marjanishvili
s. Detailplan Marjanishvili S. 179
Mtkvari
Tabidze Br.
Dodo Abashidze St.
Dimitri Uznadze St.
Tchorokhi
Aghmashenebeli Ave.
Rome St.
Z. Kurdiani St.
Radisson Blue Iveria Hotel
Rose Revolution Square
Inashvili St.
Zviad Gamsakhurdia
(Right Bank)
Ehem. Hauptpostamt
The Biltmore
Meshkia St.
M. Brose St.
Saarbrücken Br.
MOMA
R. Laghidze St.
POLIZEI
Dry Bridge Market
Shota Rustaveli Ave.
Zakaria Paliashvili Opera
Revaz Tabukashvili St.
Jambuli St.
S. Virsaladze St.
Khidi St.
Dadaena-Park
Alexander
Alexander Chavchavadze St.
Griboyedov St.
Vaso Abashidze St.
Shota Rustaveli Theater
Italia St.
Garetubani
Dzmebi
Zubalashvilebi St.
M.Laghidze St.
Digital-museum
Gia Chanturia St.
Park des 9. April
ehem. Hotel London
Bürgerhaus (Public Service Hall)
Arsena St.
Mtatsminda
Besik St.
Nationalgalerie
Kashveti-Kirche
Khazina St.
Vedzini St.
T. Shevchenko St.
L. Ukrainka St.
Gymnasium Nr.1
A.Jorjadze St.
Revaz Tabukashvili St.
Mtkvari St.
Atoneli St.
D. Kipiani St.
Besik St.
Mikhai Zichi St.
Tedo Zhordania St.
Zubalashvilebi
Z.Chichinadze St.
Museum für Bildene Kunst
Nationalbibliothek des georg. Parlaments
Orbeliani Sq.
Bazari Orbeliani
Blumenmarkt
Arsena St.
Anton Purtseladze St.
V. Kotetishvili
P.Ingoroyva Turn St.
Parlament
L.Gudiashvili St.
N.Vachnadze St.
Nikoloz Baratashvili St.
K. Uklebe St.
V. Mosidze St.
Pavle Ingorokva St.
9 Aprili St.
Vorontsov-Palast
Nationalmuseum
Chakhrukhadze St.
Iane Shavteli St.
Niaghvari St.
Kunstmuseum (Shalva Amiranashvili Museum of Fine Arts)
Shota Chitadze St.
Vukol Beridze St.
Galleria Tbilisi
A. Puschkin St.
Puschkin-Park
Vertskhili St.
Griboyedov-Theater
Liberty Square
TIC
Erekles Sq.
Pavle Ingorokva St.
Daniel Chonqadze St.
s. Detailplan Altstadt S. 150/151
Z. Dumbadze St.
S.Saba St.
Mariott Hotel
Liberty Square (Tavisuplebis Moedani)
Kote Abkhazi St.
P. Charkovski St.
s. Detailplan Sololaki S. 168
Nationalbank
G.Leonidze St.
Ehem. Rathaus
Kath. Kathedrale
TBILISSI (TIFLIS)

Kashveti-Kirche

Gegenüber dem Gymnasium Nr. 1 steht die 1910 erbaute Kashveti-Kirche. Sie wurde von dem deutschen Architekten Leopold Bielefeld nach Vorbild der Samtavisi-Kathedrale in Mtskheta entworfen. Die orthodoxe Kirche besitzt zwei Geschosse, so kann gleichzeitig **Gottesdienst in Georgisch** (oben) **und Russisch** (unten) stattfinden.

Der Name der Kirche bedeutet „Steingeburt" und rührt von einer Legende her: Einer der 13 Syrischen Väter, der hochverehrte Hl. Davit, lebte in einer Höhle am Mtatsminda. Eines Tages soll eine schwangere Frau behauptet haben, er sei der Vater ihres ungeborenen Kindes. Sie wollte den Namen des wahrhaftigen Vaters nicht preisgeben (in anderen Versionen heißt es, sie sei von zoroastrischen Priestern angestachelt worden). Der Hl. Davit wurde daraufhin angeklagt und sollte gesteinigt werden. Zu seiner Verteidigung fragte er das Kind im Mutterleib nach dem Namen des wirklichen Vaters. Das ungeborene Kind soll den Namen nicht nur gekannt, sondern sogar preisgegeben haben – der Legende nach hatte so der unschuldige und hochverehrte Davit die Frau der Lüge überführt. Er prophezeite außerdem, dass die Lügnerin einen Stein gebären würde, auch das soll geschehen sein. Aus den Steinen, die bereits für die Steinigung des Hl. Davit zusammengetragen worden waren, soll das Fundament des Vorgängerbaus der Kashveti-Kirche errichtet worden sein.

Nationalgalerie (Dimitri Shevardnadze National Art Gallery)

Neben der Kashveti-Kirche befindet sich die Nationalgalerie, Rustaveli Ave. 11, 💻 http://museum.ge. Das Gebäude war ursprünglich als Kriegshistorisches Museum („Ruhmeshalle") von Albert Salzmann 1885–88 geplant worden. Der deutsche Architekt selbst erlebte die Fertigstellung der Nationalgalerie nicht mehr: Er stürzte 1897 vom Baugerüst. Das Kunstmuseum trägt heute den Namen des Malers und Kunstsammlers Dimitri Schewardnadse (1885–1937). Die Dauerausstellung im 2. Stockwerk zeigt Gemälde bedeutender georgischer Künstler des 20. Jhs., Werke von Niko Pirosmani, Davit Kakabadze, Lado Gudiashvili und Iakob Nikoladze. Im 1. Stock finden wechselnde Ausstellungen statt. 🕒 Di–So 10–18 Uhr, Eintritt 7 GEL.

Rustaveli Theater

Nördlich der Nationalgalerie steht das berühmte, nach dem Nationaldichter Georgiens Shota Rustaveli benannte Theater (S. 199). Das Gebäude wurde 1901 von dem wohlhabenden Geschäftsmann Alexander Mantashev finanziert und von den Architekten Alexander Szymkiewicz und Korneli Tatishchev für die **Künstlerische Gesellschaft** im Stil des Barock und Rokoko entworfen. Der Hauptsaal mit drei Rängen bietet Platz für 800 Zuschauer, der Konzertsaal für knapp 300. In dem Saal für experimentelle Aufführungen (Black Box Theater) ist Platz für 180 Besucher. Verschiedene Künstler wurden damit beauftragt, Wände und Decken des Erdgeschosses mit Fresken zu versehen, darunter die bekannten georgischen Maler Lado Gudiashvili und Davit Kakabadze. Allerdings wurden die meisten ihrer Fresken in der Sowjetzeit geweißt und sind nicht mehr erhalten. Zur Zeit der Künstlerischen Gesellschaft fanden in dem im Keller untergebrachten Café ausufernde Künstlertreffs und Trinkgelage statt, dort wurde die Vereinigung der Symbolisten, die **„Blauen Trinkhörner"** (S. 138), gegründet. Es wird außerdem erzählt, dass unter dem Theatergebäude ein Netzwerk **unterirdischer Geheimgänge** zusammenläuft. Seit 1921 beherbergt das Gebäude das Ensemble des Rustaveli Theaters, das für seine ausgezeichneten Aufführungen bis nach Europa bekannt war. Den Bürgerkrieg überstand das Theater beinahe unbeschadet, 2002–05 wurde es mit finanzieller Unterstützung des Geschäftsmannes Bidzina Ivanishvili grundsaniert.

Gegenüber befindet sich in der Rustaveli Avenue das 2019 eröffnete **Digitalmuseum** für moderne Kunst im digitalen Format, 💻 https://digitalmuseum.ge. In der Haupthalle finden wechselnde Ausstellungen statt, der Spiegelraum wird durch KI mit Tausenden LEDs inszeniert. 🕒 11–22 Uhr, Eintritt 40 GEL.

Opernhaus (Sakaria Paliashvili National Opera and Ballet Theatre)

Das erste Opernhaus von Tbilissi stand seit 1851 in der Mitte des Liberty Square, Alexandre Dumas besuchte eine der Vorstellungen und war begeistert. Doch wenig später brannte es 1874 komplett ab. Der imposante Nachfolgebau entstand von 1880–96 an neuer Stelle – in der Shota Rustaveli Avenue 25 (S. 172) nach Plänen von Viktor Schröter und Peter Stern im pseudo-maurischen Stil. Angeblich wurde der Grundriss von Richard Wagners Bayreuther Theater inspiriert. Das Opernhaus bietet in seinen opulent ausgeschmückten Innenräumen 1200 Zuschauern Platz. 2010 wurde das Gebäude restauriert und die Bühnentechnik modernisiert. Namensgeber des Theaters war der Komponist, Dirigent und Pädagoge Sakaria Paliashvili.

MOMA (Zurab Tsereteli Museum of Modern Art)

Einen Häuserblock weiter befindet sich das Museum für moderne Kunst, Rustaveli Ave. 27, 💻 https://www.tbilisimoma.ge. Es zeigt wechselnde Ausstellungen zeitgenössischer Kunst georgischer und internationaler Künstler, zur Dauerausstellung gehören Arbeiten des Bildhauers und Museumsgründers Tsereteli. 🕒 Mi–Mo 11–18 Uhr, Eintritt 15 GEL.

Rund um den Rose Revolution Square (Platz der Rosenrevolution)

Auf der östlichen Seite der Rustaveli Avenue erhebt sich hinter dem **Museum für Moderne Kunst** der Wolkenkratzer des 6-Sterne-Hotels **The Biltmore**. Gäste betreten das Luxushotel durch den wuchtigen, stalinistisch-klassizistischen Bau des ehemaligen Marx-Engels-Lenin-Instituts, in dem zeitweise der KGB seinen Sitz hatte.

Nördlich des Hotels befindet sich am Rose Revolution Square das Gebäude des **ehemaligen Hauptpostamts**, ebenfalls im stalinistisch-klassizistischen Stil. Es steht dem ehemaligen Marx-Engels-Lenin-Institut in Wuchtigkeit nicht nach und soll bis 2023 mit Investitionen von über 60 Mio. € in ein 5-Sterne-Hotel umgewandelt werden.

An der Ostseite des Platzes erhebt sich das 20-stöckige **Radisson Blu Iveria Hotel**, lange Zeit das höchste Gebäude der Stadt. Das 1966 gebaute, mit blau-grünem Stein verkleidete Intourist-Hotel war damals eine Sensation, hier stiegen prominente westliche Persönlichkeiten und Staatsgäste ab. Von 1989 bis 2004 diente es als Notunterkunft für obdachlose Georgier, die während des Abchasien-Konflikts ihre Heimat verlassen mussten. 2009 wurde das Hotel grundsaniert, umgebaut und erneut als 5-Sterne-Hotel eröffnet. Zum Hotel gehören ein Kasino und ein Café mit schöner Aussicht über die Stadt. Der Name des Hotels sorgte allerdings vor der Einweihung für Diskussionen: Es sollte in Erinnerung an das alte ostgeorgische Königreich „Iberia" getauft werden. Doch man befürchtete, bei einem Ausfall des Buchstaben „I" könnte der Name des ehemaligen Geheimdienstchefs Lavrenti Beria nachts am Hotel leuchten. Deshalb einigte man sich auf „Iveria".

Ehemals Zemel Square genannt, bekam der Rose Revolution Square nach Saakaschwilis Machtübernahme seinen heutigen Namen. Saakaschwili war es auch, der 2005 den Abriss der **Ohren von Andropow** mit dem ersten Hammerschlag einleitete. Das gigantische Podium mit den riesigen Bögen, die an Ohren erinnerten, war 1983 zum Empfang des Vorsitzenden Sowjet errichtet worden.

Rund um den Rustaveli Square

Folgt man vor dem Rose Revolution Square weiter der Rustaveli Avenue nach links, gelangt man an den Rustaveli Square, der von interessanten Gebäuden umgeben ist.

Melik-Azaryants-Haus

Südöstlich am Platz steht das Melik-Azaryants-Haus aus der 1. Hälfte des 20. Jhs., eines der reinsten Beispiele des Jugendstils. Sein Bauherr war der wohlhabende Armenier **Alexander Melik-Azaryants**, der mit einer Kupferschmelzanlage in seinem Heimatland zu großem Vermögen gekommen war. Melik-Azaryants beauftragte den polnischen Architekten Nikolaj Obolonski mit der Planung des L-förmigen Gebäudes, das als Wohn- und Geschäftshaus mit 39 Wohnungen errichtet wurde und für die damalige Zeit unglaublichen Luxus bot: Das **Prestigebauwerk** besaß ein eigenes Heizsystem, hatte Strom- und Telefonanschluss und war mit dem Wasser- und Kanalisationssystem verbunden. Ein hauseigenes **Filmtheater**, ein **Kindergarten**, ein **Fotostudio** und ein kleiner **Park** gehörten zum Komplex. Das Jugendstilgebäude wird durch zwei Kuppeln bekrönt, in der Fassadengestaltung fällt der starke Kontrast zwischen der dunklen Rustizierung des Erdgeschosses und der glatten Wandflächen der Obergeschosse auf. Die Trauergirlanden an den Fenstern der Obergeschosse sollen an den Tod der Tochter von Melik-Azaryants erinnern. Sie starb mit nur 25 Jahren. Er selbst starb, von der Sowjetregierung enteignet, vollkommen verarmt.

Akademie der Wissenschaften

Gegenüber dem Melik-Azaryants-Haus steht an der Südseite des Rustaveli Square die Akademie der Wissenschaften. An der Ecke des monolithischen Natursteinbaus erhebt sich ein **55 m hoher Turm**, der bis vor Kurzem von einem roten Stern bekrönt war. Das kommunistische Symbol verschwand, doch der sozialistische Charakter des Gebäudes bleibt unverkennbar. Es wurde 1953 im eklektischen architektonischen Stil des „Stalin-Empire" nach Plänen von Michail Chkhikvadze und Konstantin Cheidze entworfen – das Rathaus von Stockholm soll als Inspiration gedient haben. Die Fassade wird von großen Bogenfenstern, von denen einige Balkone besitzen, gegliedert. Das repräsentative Gebäude war eigentlich als Sitz der gesamtgeorgischen Verwaltung vorgesehen, doch zog das Kohlebergbauunternehmen „Gruzugol" dort ein, was dem Gebäude ebendiesen Spitznamen einbrachte. Auf den breiten Treppen vor der Akademie bieten Händler ihre Waren an: Trinkhörner, Gemälde, Bücher, Schmuck und weitere Souvenirs. Überschreitet man die Treppen, gelangt man in den Innenhof des Akademiegebäudes, in dem die architektonisch interessante **ehemalige Talstation der Schwebebahn** zum Mtatsminda steht, 1958–60 nach Plänen von Konstantin Cheidze gebaut. Seit dem Unglück im Jahr 1990, bei dem 20 Menschen starben, ist sie außer Betrieb, doch es gibt Pläne, eine neue Seilbahn von Doppelmayr bauen zu lassen.

Elene Akhvlediani House Museum

In ihrem ehemaligen Wohnhaus, L. Kiacheli St. 12, veranstaltete die Künstlerin zu Lebzeiten regelmäßig Ausstellungen und Künstlertreffen. Zahlreiche Arbeiten der bekannten Malerin sind heute dort ausgestellt. 🕒 Zum Zeitpunkt der Recherche geschl.

Johannes-Kirche und Blaues Kloster

Nördlich des Ausgehviertels stehen am Ende der Leo Kiacheli Street zwei interessante Kirchen. Die südlicher liegende, weiße Kirche mit typisch russischen Zwiebeltürmen ist die **Johannes-Kirche** (St. John the Theologian Church). Der Kirchenbau ersetzte 1901 einen Vorgängerbau aus dem 7. Jh., der bereits im 16. Jh. von den Persern zerstört worden war. Das Innere ist mit reichlich Gold ausgeschmückt. Das weithin bekannte **Blaue Kloster** (engl. Blue Monastery, georg. Lurshi Monasteri) stammt aus dem 12. Jh. und steht direkt neben der Johannes-Kirche. Ein erstes Gebäude wurde zur Regierungszeit von Königin Tamar an dieser Stelle erbaut, damals lag es noch weit außerhalb der Stadtmauern. Das Kloster wurde im 16./17. Jh. stark umgebaut und zuletzt im 19. Jh. umgestaltet. Dabei wurde eine runde Kuppel, die ganz und gar nicht der georgischen Formensprache entspricht, aufgesetzt und Teile des Inneren mit Fresken ausgemalt. Die Kuppel wurde 1995 durch eine konische Kuppel georgischen Typs ersetzt. Den Namen verdankt das Kloster seinem ehemals blau gekachelten Dach. Während der Sowjetzeit waren in dem Gotteshaus eine Fabrik, später ein Lager und zuletzt das Museum für Medizingeschichte untergebracht.

Mtatsminda

Der heilige Berg, was „Mtatsminda" wörtlich bedeutet, ist mit 750 m der höchste Berg im Stadtgebiet und erhebt sich 400 m über dem Fluss Mtkvari und der Altstadt. Er ist zusammen mit dem 1972 gebauten, 275 m hohen **Fernsehturm** eines der Wahrzeichen der Stadt. Geografisch gehört der Berg zum Trialetischen Gebirge, einem Ausläufer des Kleinen Kaukasus. Von oben genießt man Blicke bis weit über die Stadt hinaus.

Der Mtatsminda ist auch unter dem Namen „Davitsberg" bekannt, denn im 6. Jh. ließ sich

dort der **Hl. Davit** nieder, einer der 13 Syrischen Väter, die in Georgien das Christentum verbreiteten (S. 102). Er lebte in einer Höhle auf halber Höhe des Berges und stieg regelmäßig in die Stadt hinab, um von Christus zu predigen. Er fand bald so viele Anhänger, dass sich die Priester der damals verbreiteten zoroastrischen Religion bedrängt fühlten. Laut Legende stachelten diese eine Frau an, Davit zu beschuldigen, der Vater ihres ungeborenen Kindes zu sein (S. 176). Obwohl Davit seine Unschuld beweisen konnte, verließ er nach der Verleumdung die Stadt und gründete das Höhlenkloster Davit Gareja in der Halbwüste, 60 km südöstlich von Tbilissi. Bei den Stadtbewohnern setzte sich der Glaube durch, dass die an Davit begangene Ungerechtigkeit nur vergeben werden könne, wenn man einen Stein zu seiner Höhle bringe. Aus diesen Steinen entstand eine Kirche, die wie der Berg Davits Namen erhielt.

Der Hang des Mtatsminda war früher von dichtem Wald bewachsen, zur **Mama-Daviti-Kirche** führte nur ein schmaler Pfad, der in der ersten Hälfte des 19. Jhs. zu einer Straße ausgebaut und in den 1930er-Jahren asphaltiert wurde. Zu dieser Zeit entstand auch der Park auf dem Gipfel des Berges, der später zu einem **Freizeitpark** ausgebaut wurde. Der Vergnügungspark ist von der Innenstadt bequem mit der **Standseilbahn** zu erreichen, auch die Busse Nr. 90 und 124 verbinden über den Maro Makashivili Rise den Mtatsminda mit der Innenstadt (30 Min. Fahrzeit, Haltestelle in der Innenstadt z. B. S. Dadiani St. 2 am Liberty Sq., 1 GEL).

Besonders schön ist ein Spaziergang zum Gipfel des Mtatsminda. Nicht nur über den recht steilen Weg über die Mama-Daviti-Kirche und das Pantheon kann man den Berg erklimmen, ein schöner Panoramaweg führt von der Narikala-Festung zum Heiligen Berg (S. 156/157).

Funicular (Standseilbahn)

Als die Standseilbahn 1905 unter Leitung eines belgischen Ingenieurs gebaut wurde, war das für die damalige Zeit eine große technische Leistung: Mit 55 Grad Steigungswinkel überwindet die Bahn die knapp über 500 m zwischen Tal- und Bergstation.

Beide wurden von dem stadtbekannten Architekten Alexander Szymkiewicz geplant, wobei beide mehrfach dem Zeitgeschmack angepasst wurden: Während der Stalinzeit musste die Talstation einer kolossalen, aber filigranen Empfangshalle aus Stahlbeton weichen, die 2012 wieder durch einen Nachbau des ersten Gebäudes ersetzt wurde. Die alten Betonvordächer links der Talstation erinnern an den alten Sowjetbau. Auch die Bergstation wurde mehrfach umgebaut, heute befindet sich dort unter den großzügigen Arkadenbogen das bei Einheimischen wie Touristen beliebte **Restaurant Funicular** (S. 194). Die Standseilbahn war nach einem Bremsversagen im Jahr 2000 über zehn Jahre außer Betrieb und fährt seit der Rundumerneuerung 2013 wieder Besucher auf den Berg.

Zur **Talstation** am Vilnius Square in der Daniel Chonqadze Street gelangt man, wenn man von der Rustaveli Avenue gegenüber dem Rustaveli Theater der Besik Street nach Westen bergauf folgt. Die Standseilbahn macht auf halbem Weg an der Mama-Daviti-Kirche und dem Pantheon Halt. ⌚ 9.30–2 Uhr, je Fahrt 10 GEL, zahlbar mit einer wiederaufladbaren Chipkarte, die auch für den Freizeitpark gilt (2 GEL).

Mama-Daviti-Kirche und Pantheon

Auf halber Höhe hält die Standseilbahn an der **Mittelstation** an der Mama-Daviti-Kirche und dem Pantheon. Der Andachtsort steht im Kontrast zu dem bunten Treiben und der Zerstreuung im Freizeitpark auf dem Gipfel.

Am Fuße der **Mama-Daviti-Kirche**, die 1871 einen Vorgängerbau ersetzte, liegt die **Grabstätte** des Dramatikers, Wissenschaftlers und Diplomaten **Alexander Griboyedov**. Sein Grab liegt hinter einer der Metallgittertüren, deren Streben ein strahlendes Kreuz bilden. Dahinter steht die Skulptur einer knienden jungen Frau in Trauerkleidung vor Jesus, auf dem Sockel steht geschrieben: „Deine Taten sind unvergesslich, aber warum überlebte dich die Liebe deiner Nino?" Griboyedovs Frau, die zu seinem Todeszeitpunkt erst 16 Jahre alte Nino, sorgte dafür, dass ihr geliebter Ehemann an seinem Lieblingsplatz, dem Davitsberg, beerdigt wurde. Griboyedov war 1818 nach Tbilissi gekommen und hatte als hoher Beamter für den Gouverneur von Georgien gearbeitet und sich u. a. dafür eingesetzt, dass bei der Neuplanung der Stadt im 19. Jh. die Struktur der Altstadt erhalten blieb und die heimische Bauweise berücksichtigt wurde. Griboyedov war ein künstlerisch begabter Mensch, er spielte nicht nur mehrere Musikinstrumente, sondern schrieb auch Theaterstücke und Komödien. Seine beißende Satire auf die russische Aristokratie *Verstand schafft Leiden (Gore ot uma)* ist heute eines der am meisten aufgeführten Theaterstücke in Russland. Damals fiel es zwar der Zensur zum Opfer, doch kursierte die Komödie in intellektuellen Kreisen. Dort fasste Griboyedov in Tbilissi Fuß, mit dem politisch wie kulturell einflussreichen Fürsten Alexander Chavchavadze war er gut befreundet. Dessen Tochter Nino heiratete er 1828, kurz bevor er als

Abgesandter des russischen Zaren in den Iran geschickt wurde. Dort herrschte angespannte Stimmung seit des Russisch-Persischen-Kriegs, der für Persien mit einem erniedrigenden Friedensvertrag geendet hatte. Von Fundamentalisten angefeuert, stürmte 1829 ein wütender Mob die russische Botschaft in Teheran – 45 Menschen wurden dabei umgebracht, unter ihnen der erst 34 Jahre junge Griboyedov. Sein Grab wurde zur Pilgerstätte für Dichter und Schriftsteller, seine Frau Nino wurde später neben ihm begraben. Ein tiefer Tbilissier Aberglaube besagt übrigens, dass eine junge Frau, die einen kleinen Stein an die feuchte Grabplatte des Grabes von Gribojedow drückt und dieser einen Moment an ihm kleben bleibt, noch im selben Jahr heiraten wird.

Kirche und Friedhof wurden anlässlich des 100. Todestages von Griboyedov 1929 in einen **Pantheon** umgestaltet. Dort reihen sich die mit Büsten und Denkmälern versehenen Gräber georgischer Berühmtheiten: Der bedeutende Dichter und Politiker Ilia Chavchavadze (1837–1907), der Dichter Akaki Tsereteli (1840–1915), der Naturphilosoph Vazha Pshavela (1861–1915), der Dichter Galaktion Tabidze (1892–1959), der Maler Lado Gudiashvili (1896–1980), seit 2007 auch der erste Präsident Zviad Gamsakhurdia (1939–93) und viele weitere. Nicht ganz in die Riege dieser erfolgreichen Berühmtheiten passt das Grab von Ketevan Geladze (1858–1937), die dort 1937 mit viel Pomp beigesetzt wurde. Die Mutter des totalitären Diktators hatte die Karriere ihres Sohnes kurz zuvor kommentiert, sie wünsche sich, er wäre doch Priester geworden. Der viel beschäftigte Sohn schaffte es mitten während des großen Terrors denn auch nicht, zur Beerdigung zu kommen.

Vergnügungspark Mtatsminda

Auf dem Gipfel des Mtatsminda, 💻 http://park.ge, warten nicht nur ein **herrlicher Panoramablick**, sondern auch allerlei Fahrgeschäfte. Die Krönung der fantastischen Aussichten erlebt man vom **Riesenrad**. Am schönsten ist es, den Park an einem belebten Sommerabend oder am Wochenende zu besuchen, wenn ausgelassene Stimmung herrscht. Unter der Woche ist nicht viel los, der Park wirkt dann so vereinsamt in seiner eigenwilligen Gestaltung ziemlich skurril. Das Gelände des Freizeitparks ist immer begehbar, auf den Fahrgeschäften kann man sich im Sommer abends und am Wochenende vergnügen. 🕒 12–23 Uhr, am Kassenhäuschen werden die Besucherkarten (2 GEL) verkauft, die mit dem gewünschten Betrag aufgeladen werden können.

Etwas skurril mutet auch der hyperfuturistische **Glaspalast von Bidzina Ivanishvili** an (S. 157). Er liegt südöstlich des Mtatsminda auf dem Sololaki-Hügel und ist von der Aussichtsplattform an der Bergstation der Funicular gut zu sehen.

Dry Bridge Bazar

Nördlich der Altstadt lag im Mtkvari-Fluss früher eine Insel, die über eine Brücke mit dem Ufer verbunden war. Der Kanal, der sie vom Ufer trennte, wurde im 19. Jh. bei der Stadterweiterung trockengelegt, daher bekam dieser Uferteil den Namen „Trockenbrücke". Seit Jahren findet dort an der Saarbrücken-Brücke der **Markt an der Trockenbrücke**, statt: Gemälde und Kunsthandwerk, alte Schallplatten, Geschirr, alte Waffen, Spielzeug, traditionelle Fellmützen, sowjetische Orden oder Stalin- und Lenin-Souvenirs – hier gibt es einfach alles. Der Flohmarkt zieht sich bis in den angrenzenden **Dadaena-Park**. 🕒 Im Sommer ca. 9–19, im Winter ca. 9–17 Uhr.

Südlich des Dadaena-Parks steht das 2012 fertiggestellte **Bürgerhaus** (Public Service Hall), dessen moderner Bau an eine Gruppe überdimensionaler weißer Pilze erinnert. Der ehemalige Präsident Saakaschwili hatte das italienische Architekturbüro Fuksas mit einem Bau beauftragt, der – passend zu der damaligen neuen Regierung – Offenheit und Transparenz symbolisieren soll. Dem Gebäude gelang das besser als Saakaschwilis Regierung: Es setzt sich aus sieben viergeschossigen Glaskuben zusammen, die sich über einen zentralen Platz, den Empfangsbereich, gruppieren. Die Büros in den Glaskuben sind mit Fußgängerbrücken miteinander verbunden, das Dach wird von elf „Blütenblättern" (oder eben Champignons) gebildet und ist in seiner statischen Konstruktion unabhängig von den Glaskuben. Es beherbergt die Nationalbank Georgiens, das Energieministerium und das zivile und nationale Melderegister. Eines gelang der Regierung Saakaschwili auf jeden Fall: die Bürokratie effizient umzugestalten. Eine Gewerbeanmeldung im Bürgerhaus braucht z. B. kaum mehr als zehn Minuten.

Nur über die Fußgängerbrücke ist es möglich, die mehrspurige und viel befahrene Straße Zviad Gamsakhurdia Right Bank zu überqueren. Von dort führt die Mtkvari Street zum **Orbeliani Square** mit dem **Blumenmarkt**. Von 2017 bis 2021 wurde der Platz aufwendig und größtenteils originalgetreu restauriert. Es gibt dort einige Cafés und Restaurants, und auch der ebenfalls neu gestaltete **Bazari Orbeliani** (S. 202) mit dem größten Supermarkt (Carrefour, Vekua St. 3, ⏲ 9–22 Uhr) der Innenstadt befindet sich dort.

Auch das nahe gelegene, einst legendäre **Hotel London** (Atoneli St. 31), in dem berühmte ausländische Gäste einkehrten und seinerzeit der norwegische Schriftsteller Knut Hamsun residierte, erhielt im Rahmen der Sanierung seinen alten Glanz zurück. Heute wird das ehemalige Hotel als Wohnhaus genutzt und man kann einen Blick in die pompöse Eingangshalle mit Marmorboden, Gusseisen-Treppengeländer und den illusionistischen Wandmalereien werfen.

Chughureti

Mitte des 19. Jhs. siedelten sich nordöstlich der Altstadt auf dem östlichen Ufer des Flusses Mtkvari **deutsche Auswanderer** an und gründeten die **Kolonie Neu-Tiflis**. Die Siedler legten die heutige Davit Aghmashenebeli Avenue an und tauften sie damals Michailstraße – zu Ehren des Kaukasischen Gouverneurs Michail Romanov (Amtszeit 1862–82). Die deutsche Siedlung wuchs bald mit der Stadt zusammen und entwickelte sich zu einem **beliebten Wohnviertel**, nicht nur bei deutschen Auswanderern, sondern ebenso bei russischen Beamten und wohlhabenden Georgiern. Auch die österreichische Friedensnobelpreisträgerin **Bertha von Suttner** lebte einige Jahre dort, an ihrem ehemaligen Wohnhaus in der Uznadze Street 54 erinnert eine Gedenktafel daran.

Das Viertel entwickelte sich zu einem der kulturellen Zentren der Stadt mit **Theatern, Museen** und **Galerien**. Herzstück des Bezirks, heute Chughureti genannt, bilden der Marjanishvili Square und die Davit Aghmashenebeli Avenue. Beide standen schon mehrmals im Fokus der Stadtplaner. Pläne zur Modernisierung nach europäischem Vorbild mit Wohn-, Kultur- und Einkaufskomplexen wurden in den 1980ern nicht umgesetzt.

Während des Bürgerkriegs litt die Bausubstanz stark, und an den herrschaftlichen Gebäuden in den Nebenstraßen der Davit Aghmashenebeli Avenue blättert der Putz von den Fassaden. Durch das Gemäuer vieler alter Jugendstilhäuser ziehen sich so große Risse, dass es verwundert, dass sie überhaupt noch stehen. Schlendert man allerdings die Davit Aghmashenebeli Avenue entlang, wird man ausschließlich zwischen strahlenden, frisch renovierten Gebäude flanieren: Die ansehnliche Straße wurde unter der Regierung Saakaschwili von 2009–11 grundsaniert. Die gesamte Straße verwandelte sich in eine gigantische Baustelle; Strom- und Wasserleitungen wurden erneuert, Fundamente gestärkt und die Fassaden – zwar nicht immer originalgetreu – renoviert. Seitdem ist das Viertel bei Einheimischen wie Touristen beliebt, insbesondere für die Betuchteren gibt es eine große Auswahl an **Luxusgeschäften**.

Rund um den Marjanishvili Square

Es mag täuschen, doch die Gebäude um den Marjanishvili Square sind keine hundert Jahre alt: 1946 wurden die stattlichen Wohnbauten unter Stalins Regierung 1947–49 nach Plänen von Misha Melia gebaut. An dieser Stelle befand sich vorher eine evangelisch-lutherische Kirche, die 1946 auf Stalins Befehl hin abgerissen worden war.

Unweit des Marjanishvili Square liegt eine Parallelstraße südlich das berühmte **Marjanishvili Theater** (S. 199). Das Theatergebäude ist eines der reinsten Beispiele des Jungendstils aus dem 20. Jh. Das Theater-Ensemble wurde 1928 von Kote Marjanishvili in Kutaissi gegründet und zog 1930 in das Gebäude, das die Geschäftsbrüder Zubalashvili ursprünglich als „Volkshaus" hatten bauen lassen. Das Theater

Die deutsche Kirche im Marjanishvili-Viertel

Wo sich heute der Marjanishvili Square befindet, stand früher eine evangelisch-lutherische Kirche, die das Zentrum des deutschen Viertels bildete. Sie war 1894 mit Hilfe von Spendengeldern der deutschen Gemeinde gebaut worden, der damals ca. 2000 Deutsche angehörten. Die meisten von ihnen waren Vertreter aus Industrie und Handel, doch auch in Kunst und Kultur gab es enge Kontakte zwischen Deutschland und Georgien. Während des Zweiten Weltkriegs mussten alle Deutschen das Land verlassen, und Stalin ließ die Kirche 1946 – höhnischerweise von deutschen Kriegsgefangenen – abreißen.

Nach der Unabhängigkeit begann die Neuorganisation der Lutherischen Kirche Georgiens. Treibende Kraft war dabei der Theologe Gert Hummel, der in Saarbrücken Professor für Systematische Theologie war. Über die Städtepartnerschaft zwischen Saarbrücken und Tbilissi kam Hummel mit der lutherischen Gemeinde in Georgien in Kontakt. Es gelang ihm, Teile des Geländes des ehemaligen deutschen Friedhofs zu erwerben und dort mit Spendengeldern 1997 die evangelisch-lutherische Versöhnungskirche nach Plänen von Givi Metreveli zu errichten. Die Versöhnungskirche steht in der Terenti Graneli St. 15, zu erreichen mit Buslinie 52 vom Marjanishvili Square, Haltestelle Mamardashvili Street 17, ✆ 032 294 3129, 💻 https://elkg.info. Gottesdienst an Sonn- und kirchlichen Feiertagen um 11 Uhr.

mit 630 Zuschauerplätzen ist eines der bedeutendsten und nach dem Rustaveli Theater das zweitälteste der Stadt.

Gegenüber dem Marjanishvili Theater befindet sich der 1912 erbaute **Hauptsitz der TBC Bank**, dessen Fassadenreliefs aus der Werkstatt des italienischen Bildhauers Angelo Androletti stammen, der eine sehr gefragte Steinmetzwerkstatt in Tbilissi betrieb. Ehemals war dort die Wirtschaftsvereinigung Kaukasischer Offiziere untergebracht, zu Sowjetzeiten das Warenhaus Unimag.

Auf dem Weg zum Marjanishvili Theater passiert man in der Kote Marjanishvili St. 19 das **Museum of Selfies**, 💻 https://mos.ge. Wahrscheinlich das Museum mit dem geringsten Bildungs-, aber doch sehr hohem Unterhaltungswert. Selfie-Fans können sich vor den verrücktesten Hintergründen knipsen – u. a. in einer Badewanne voll Goldmünzen oder auch vor einer georgischen Chokha (Tracht). 🕒 12–20 Uhr, Eintritt 20 GEL, erm. 15 GEL.

Flaniert man die Davit Aghmashenebeli Avenue nach Süden entlang, führt links ein Weg zum **Rosengarten** (Roses Park) ab, einer kleinen Oase. Dort locken einige Cafés, und im Sommer finden Konzerte unter freiem Himmel statt. Das letzte Stück der Avenue vor dem Saarbrücken Square ist seit der Restaurierung eine schicke **Fußgängerzone** mit Restaurants, Bars und Geschäften.

Entspannung vom Trubel der Aghmashenebeli Avenue findet man in einer Seitenstraße: In der Kiev Str. 4 befindet sich hinter der sowjetischen Fassade das einzige Schwefelbad auf der östlichen Uferseite der Stadt, das kürzlich renovierte **Kiev Sulfur Bath** (S. 163).

In der östlich verlaufenden Parallelstraße der Avenue, der Michail Tsinamdzgvrishvili Street, laden zahlreiche **Galerien und Antiquitätenläden** zum Stöbern ein.

An der westlichen Parallelstraße der Avenue verläuft die Dimitri Uznadze Street, an deren Südteil ein interessanter Wohnkomplex steht. Die 1958 erbaute Häuserzeile zwischen Saarbrücken Square und **Alexander-Griboyedov-Denkmal** spricht eine spätstalinistische Architektursprache. Sie war im aufwendigen Zuckerbäckerstil der Stalin-Ära geplant, wurde jedoch nach Stalins Tod in reduzierter Ausführung gebaut. Von außen lässt die Fassade heute nicht sofort erkennen, dass die komfortablen Wohnungen mit Dielenböden und damals modernen Aufzügen sehr begehrt waren. Im Erdgeschoss an der Seite des Griboyedov-Denkmals ist eine der bekanntesten Hochzeitshallen der Stadt untergebracht.

Spaziert man die Davit Aghmashenebeli Avenue vom Marjanishvili Square nach Norden, gelangt man zum **Kakhidze Music Center**, Davit Aghmashenebeli Ave. 125-127, 💻 http://kakhid

zemusiccenter.com, seit 25 Jahren das musikalische Herz der Stadt. Es hat eine bemerkenswerte Akustik, im großen Saal befindet sich eine Konzertorgel der deutschen Werkstatt Kienle. In den 1980er-Jahren wurde dem Symphonieorchester das Grundstück zugewiesen.

Weiter nördlich steht an der Ecke zur Ia Kargareteli Street das prächtige Jugendstilgebäude des **Apollo Kinos** (Apollo Theatre). Das 1908 gebaute Kino war eines der ersten in Georgien und hatte eine große Bedeutung für das kulturelle Leben: Hier wurden die ersten Filme gezeigt, kaum später als in Paris oder London. Das Gebäude wurde in der Sowjetzeit vernachlässigt, denn der Jugendstil war wegen seiner vielen Dekorationen verdammt. Während des Bürgerkriegs wurde es beschädigt und 2015 restauriert.

Ein wenig weiter befindet sich in der Ia Kargareteli Street das **Film- und Theatermuseum**, Kargareteli St. 6, 💻 https://artpalace.ge/ge/main. Drucke und Zeichnungen von Bühnenbildern und Kostümen für Film und Theater (u. a. Entwürfe von Petr Otskheli) sind in einem Bauwerk untergebracht, das allein schon sehenswert ist. Ursprünglich war der etwas bizarre neugotische Palast 1895 von dem bekannten deutschen Architekten Paul Stern für einen österreichischen Adeligen geplant worden, der das herrschaftliche Haus seiner Tochter schenkte. Später kaufte der Herzog von Oldenburg den Palast für seine Geliebte: Er war der wunderschönen Agrippina Japharidze verfallen – die leider schon verheiratet war. Doch zu seinem Glück trennte sie sich von ihrem ersten Mann und heiratete den Herzog, sie lebten dort gemeinsam bis zu ihrem Lebensende. Der Palast wurde 2010–14 restauriert und beherbergt seitdem das Museum. Leider blieb nach der Sowjetzeit außer einem Kamin nichts von der originalen Inneneinrichtung erhalten. 🕒 Di–So 10.30–17.30 Uhr, Eintritt 5 GEL.

Um den Hauptbahnhof

1872 wurde Tbilissi an die Bahnlinie der Transkaukasischen Eisenbahn angeschlossen und der erste **Hauptbahnhof** etwas außerhalb des Stadtzentrums auf der Ostseite der Mtkvari gebaut. Den bedeutenden Ort, der früher die Stadt mit der ganzen Welt verband, gestalteten die Machthaber stets nach ihrem Geschmack: Der erste, klassizistische Bau wurde 1940 abgerissen und von einem stalinistischen Gebäude ersetzt, das wiederum 1982 dem aktuellen Gebäude weichen musste. Von dessen brutalistischem Charakter blieb nach der Renovierung kaum etwas erhalten. Heute ist die Bedeutung des Bahnhofs als Shopping-Center größer denn als Verkehrsknotenpunkt, es gibt zwar noch Züge in einige georgische Städte sowie eine internationale Verbindung nach Armenien, doch ziehen die meisten Reisenden die wesentlich schnellere Fahrt mit der Marschrutka vor.

Die Metrostation **Station Square** am Hauptbahnhof ist Umstieg zwischen den beiden Metrolinien Akhmetelis-Teatri-Varketili-Linie und Saburtalo-Linie. Am Bahnhof fahren Marschrutki in verschiedene georgische Städte, nach Aserbaidschan und Armenien (S. 208) ab.

In der Niko Pirosmani Street, die vom Hauptbahnhof nach Süden führt, zeigt das winzige **Niko Pirosmanashvili House Museum**, N. Pirosmani St. 29, wie ärmlich der heute berühmte georgische Maler zu Lebzeiten hauste. Das bescheidene Heim des großen Malers war ein winziges Zimmer unter einer Treppe. Im Raum nebenan werden wechselnde Ausstellungen mit Kopien seiner Arbeiten gezeigt. 🕒 Di–So 10–18 Uhr, Eintritt 2 GEL.

Nur zwei Häuserblocks weiter südlich kann der Besucher im **Ilia Chavchavadze Memorial Museum**, G. Chubinashvili St. 22, sehen, wie der georgische Adel zu gleicher Zeit lebte. Die Wohnung des schreibenden Multitalents und Verlegers ist mit den Originalmöbeln eingerichtet, im Arbeitszimmer dominiert ein grüner Kamin, über Chavchavadzes Schreibtisch hängen Bilder von Shota Rustaveli, König Erekle II und Guiseppe Garibaldi. 🕒 Di–So 10–18 Uhr, Eintritt 2 GEL.

Westlich des Hauptbahnhofes und der Tevdore Mghvedeli Street beginnt ein weitläufiges **Marktviertel** (Deserter Market). Alte Frauen verkaufen Gewürze, frische Kräuter, saftiges Obst und knackiges Gemüse. Von Kabelbindern über Schuhe made in China bis zum Kochtopf für die achtköpfige Familie gibt es hier alles, was die Einheimischen im Alltag brauchen können.

Einen Häuserblock weiter ist an Spieltagen die Hölle los: Dort liegt das **Boris-Paichadze-**

Fußballstadion des Vereins Dinamo Tbilissi, A. Tsereteli Ave. 2, 🖳 https://fcdinamo.ge/en/home. 1960 plante Archil Kurdiani Junior das damals drittgrößte Stadion der Sowjetunion mit 70 000 Plätzen. Die Dinamo Arena wurde 2006 grundsaniert und verfügt seitdem über 55 000 Einzelsitze. Vor dem Stadion steht eine Skulptur des geschätzten georgischen Mittelfeldspielers Boris Paichadze (1915–90), nach dem das Stadion benannt wurde und neben dem sich die fußballverrückten Georgier gerne ablichten lassen. Im Kellergeschoss des Stadions befand sich früher ein Schwimmbad, heute feiern in dem leeren Becken Techno-Fans im **Bassiani Club** (S. 198).

Dass Georgien früher ein Zentrum der Seidenproduktion war und eine lange Tradition in der Seidenraupenzucht hatte, daran erinnert das **Seidenmuseum**, G. Tsabadze St. 6, 🖳 http://silkmuseum.ge, direkt neben dem Fußballstadion. Hier erfährt man alles über Seidengewinnung und -produktion – es sind u. a. Hunderte verschiedener Seidenkokons, Färbemittel und Beispiele verschiedener Seidenstoffe ausgestellt. Das Gebäude zählt zum Kulturerbe des Landes und wurde 1887 von dem polnischen Architekten Alexander Szymkiewicz entworfen, der auch Bibliothek und Inneneinrichtung des Museums gestaltete. ⌚ Wegen Umbau- und Renovierungsarbeiten bis mind. Ende 2023 geschl.

Zwischen dem Seidenmuseum und dem Flussufer befindet sich der **Mushtaidi-Park**, auf dessen Gelände 1887 die erste Seidenraupenzucht von Tbilissi gegründet wurde – das Hauptgebäude war das heutige Seidenmuseum. Schon 1858 wurden Teile des Parks für die Öffentlichkeit zugänglich gemacht. Heute gibt es dort einige Fahrgeschäfte für Kinder und seit Anfang der 2020er-Jahre einen neuen Hotspot der Ausgehszene: Ein altes **Gewächshaus** (georg. **Satburi**) wurde renoviert und mit einigen Restaurants (z. B. dem SALT, s. S. 195) und Bars belebt.

Die Stadtteile Vake und Vere

An der westlichen Uferseite der Mtkvari liegt nördlich des Rustaveli Square der Stadtteil Vere, an den nordwestlich Vake grenzt. Vor der Stadterweiterung im 19. Jh. war diese Nachbarschaft von Armut geprägt und von zweifelhaftem Ruf. Seit dem 19. Jh. mauserte sie sich zur beliebtesten Wohngegend der Tbilissier. Wer in Sowjetzeiten eine der komfortablen Wohnungen in Vake ergattern wollte, musste im Apparat Karriere machen oder über sehr gute Kontakte verfügen. Noch immer ist die Gegend begehrt – Show-Rooms aufstrebender Modedesigner, Ateliers, Bars und Restaurants sprießen aus dem Boden. Für Freizeitqualität sorgen die beiden großzügigen Parkanlagen **Vere-Park** nahe der Mtkvari und **Vake-Park** nahe dem **Schildkrötensee**. Nördlich von Vere schließt das Universitäts-Viertel **Saburtalo** um die Metrostationen Technical University und Medical University an, das bereits von Plattenbauten und Hochhäusern geprägt ist, die auch die Vororte weiter außerhalb charakterisieren.

Laguna Vere

Nördlich des Parks befindet sich das alte Wassersport- und Wettkampfzentrum Laguna Vere, eines der schönsten Beispiele für späten sowjetischen Modernismus. 1978 nach den Plänen der Architekten **Shota Kavlashvili, Ramaz Kiknadze** und **Guram Abuladze** fertiggestellt, war es der erste Wassersportkomplex in der Kaukasusregion, der internationale Standards erfüllte und dessen Zuschauertribünen über 5000 Menschen fassten. Die 5-, 7- und 10-Meter-Sprungtürme wurden aus Beton gegossen und in der Mode der Zeit, des Brutalismus (von „brut" = „roh"), unverputzt belassen. Die Eingangsfassade ist mit bunten Glasmosaiken des Künstlers Koka Ignatov versehen. Seit 2000 befindet sich der Komplex in Privatbesitz, wurde 2014 geschlossen und ist zurzeit nicht zugänglich. Bei der Flut 2015, die den Zoo überschwemmte, wurde auch das Schwimmbad von Schlamm und Müll überflutet.

Zoo

Nördlich von Vake befindet sich im Tal des Flusses Vere nahe dem Heroes Square (Helden-Platz) der Zoo, 🖳 http://www.zoo.ge. Über 200 Arten werden in dem Tierpark (s. Kasten S. 186) gehalten, darunter rund 50 Säugetierarten und ca. 40 Vogelarten aus dem Kaukasus und der ganzen Welt. Da die finanziellen Mit-

Sintflut im Zoo

Diese Bilder gingen um die Welt: Ein Bär späht über das Fenstersims eines Apartments in der ersten Etage. Ein Krokodil schwimmt durch eine Pfütze neben einigen parkenden Autos, und ein Nilpferd macht einen Stadtbummel. Im Juni 2015 irrten Wildtiere aus dem Zoo von Tbilissi durch die Hauptstadt. Nach tagelangen Regenfällen hatte eine apokalyptische Schlammlawine einige der Käfige des Zoos zerstört und ihre Insassen befreit, die meisten jedoch wurden unter den Schlammmassen begraben. Über 280 Tiere und 19 Menschen starben bei der Katastrophe. 20 Mio. € Sachschaden entstanden. Der georgisch-orthodoxe Patriarch Ilia II wusste sofort, wessen Schuld das war: Die Kommunisten hatten die Rache Gottes heraufbeschworen, denn sie hatten Kirchenglocken eingeschmolzen und den Bau des Zoos damit finanziert. Der ist tatsächlich eine Fehlplanung und wurde nicht zum ersten Mal überschwemmt.

tel noch immer knapp sind, sind viele Gehege zu klein, nicht alle Tiere werden artgerecht gehalten. ⌚ Okt–März 10–19, April–Sep 10–21 Uhr, Eintritt 4 GEL. Vom Liberty Square mit Bus 150 (Ausstieg Heroes Sq.) erreichbar.

Vake-Park und Schildkrötensee

Im Westen von Vake liegt der rund 200 ha große **Vake-Park** (erreichbar vom Liberty Sq. mit den Bussen 88, 140 oder 61), der 1946 im Renaissance-Stil geplant wurde. Der Park ist symmetrisch angelegt, in seiner Mitte befindet sich ein großer Springbrunnen. Die breite, von Nord nach Süd verlaufende Promenade endet an einer Treppen- und Terrassenanlage, die zu dem Denkmal der Opfer des Zweiten Weltkriegs führt.

Wer fit ist, kann von dort dem ausgewaschenen Pfad weiter bergauf folgen, der zum kleinen **Schildkrötensee** (engl. Turtle Lake, georg. Kus Tba) führt. Der Schildkrötensee wirkt wie eine andere Welt, die grüne Idylle mit zwitschernden Vögeln steht im Kontrast zum Betonmeer der Hochhäuser von Tbilissi, das man von dort über-

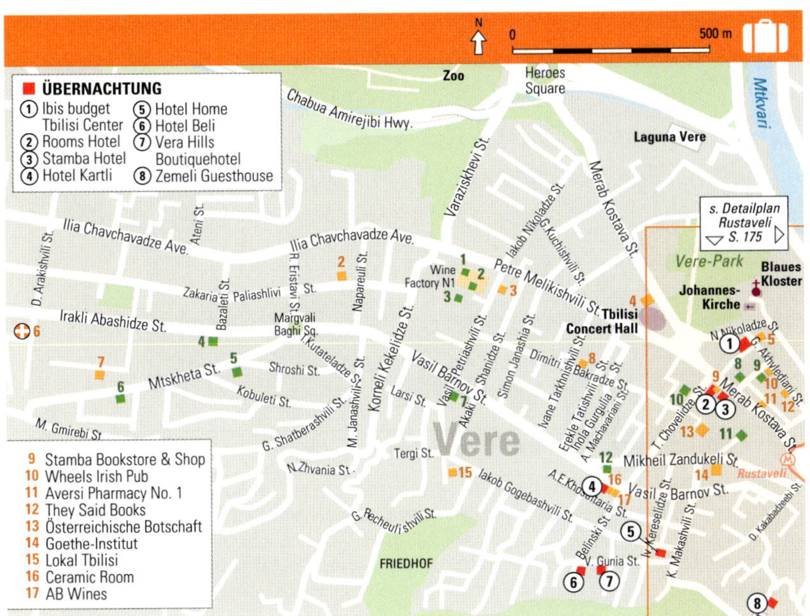

blicken kann. Kein Wunder, dass der kleine See ein beliebtes Naherholungsziel der Tbilissier ist und auch für Hochzeitsfeiern ganz hoch im Kurs steht. Am Seeufer laden Cafés und Restaurants zum Entspannen ein, und Besucher schippern mit Tretbooten über den See – zum Baden ist das Gewässer allerdings nicht unbedingt geeignet. Weniger anstrengend als der Aufstieg zu Fuß ist die Fahrt nach oben mit dem Taxi über die Kus Tba Street vom Nugzar Endeladze Square aus. Die alte Seilbahn wurde 2017 wieder in Betrieb genommen, ⌚ 8–20 Uhr, 1 GEL, zahlbar mit der Metrokarte.

Ethnografisches Museum

An der Kus Tba Street liegt auf halben Weg das interessante Ethnografische Museum (Giorgi Chitaia Open Air Museum of Ethnography), M. Berdzenishvili St. 25 (Kus Tba Rd./Turtle Lake Ascent), 💻 http://museum.ge. Über 70 traditionelle Häuser aus allen Teilen Georgiens wurden originalgetreu auf dem 52 ha großen Areal am Vake-Park errichtet. In den Häusern gibt es interessante Alltagsgegenstände von alten Weinpressen über Kinder-Laufkarussells bis zu Kvevri-Schrubbern aus Birkenholz zu entdecken. ⌚ Di–So 10–18 Uhr, Eintritt 5 GEL.

Im Ausflugsrestaurant **Rachis Ubani** (S. 195) direkt am Museum sitzt man herrlich und speist köstlich. Blickt man in die Ferne, auf den gegenüberliegenden Berg nördlich von Saburtalo, kann man allerdings ins Staunen kommen: Ist dort etwa ein Ufo gelandet? Tatsächlich handelt es sich um die **Sicherheitskontroll- und Leitstelle des Innenministeriums**, die riesige Antenne neben dem Gebäude in Form einer fliegenden Untertasse nimmt alle Anrufe der „112" entgegen.

Bank of Georgia

Ziemlich ab vom Schuss – jedenfalls für den gewöhnlichen Touristen, liegt der Hauptsitz der Bank of Georgia in der Iuri Gagarini St. 29a. Der Abstecher in den Norden der Stadt lohnt sich aber für Architekturinteressierte. Das ehemalige Verwaltungsgebäude des Ministeriums für Autobahn- und Brückenbau wurde 1957 nach Plänen

Ein „Hoch" auf das Hochhaus

© NINA KRAMM

Ultramoderne, funktionale Wohnkomplexe mit optimal geschnittenen Wohneinheiten, die ein Maximum an Komfort boten – so sah man die Plattenbausiedlungen in den 1970ern. Die glücklichen Bewohner wussten außerdem die frische Luft zu schätzen, denn meist befanden sich die Neubausiedlungen am Stadtrand und quasi mitten in der Natur. Und so gesehen sind Hochhäuser nicht nur äußerst ökonomisch, sondern auch umweltfreundlich: Schließlich sind sie sehr platzsparend und verschandeln nur eine minimale Fläche (wenn auch maximal, wie manch einer sagen wird). In Bergbaustädten wie Tkibuli, Kazreti oder Chiatura konnte so auf kleinstem Raum mit geringfügigen Kosten großer Wohnraum geschaffen werden. Problematisch wurde es während der Energiekrise: Wasser, Gas und Strom fehlten. In Chiatura mussten auch die Einwohner der Plattenbauten mit Holz heizen. Wie überall mangelte es an Geld für Reparaturen und Renovierungen. Das sowjetische Traumhaus mutierte zum trist-grauen, verwahrlosten Betonklotz. Trotzdem leben viele Menschen noch immer gern in ihrem Plattenbau. Unter anderem, weil mit der Privatisierung in den 1990ern viele Mieter zu stolzen Besitzern wurden. Abgesehen davon: Wer drin ist, guckt nicht dauernd drauf. Denn die Schönheit der Platte bleibt umstritten.

von George Chakhava und Zurab Jalaghania gebaut. Interessant vor allem, wenn man weiß, dass es damals noch keine einzige Autobahn in Georgien gab. Die Visionen waren groß – und so konnte auch das bizarr-fantastische Gebäude umgesetzt werden, das augenscheinlich von den schönsten Utopien gespeist wurde. Wahrscheinlich wurde der Entwurf von den Skizzen der „Luftstädte" von Lazar Chidekel aus den 1920er-Jahren inspiriert.

Tbilissi Skybridge

Auch an der „Himmelsbrücke" von Tbilissi wird man nicht zufällig vorbei laufen. Am nördlichen Rand von Saburalo (Ermile Bedia St.) spannt sich zwischen drei Hochhäusern eine Metallbrücke, die noch immer von den Bewohnern und Pendlern genutzt wird. Ein einzigartiges Bauwerk und Schmankerl für alle Fans von skurriler sowjetischer Architektur.

ÜBERNACHTUNG

In allen Stadtteilen finden sich Unterkünfte jeder Preiskategorie, wobei um die Rustaveli Ave. und in der Altstadt, besonders im Betlemi-Viertel, die Preise etwas höher liegen. Es lohnt sich, rechtzeitig zu reservieren, gute Unterkünfte sind selbst in der Nebensaison ausgebucht. Bis auf wenige Ausnahmen befinden sich alle genannten Unterkünfte max. 15 Min. Fußweg von der nächsten Metrostation entfernt. In vielen der günstigen Unterkünfte haben sich seit Herbst 2022 Russen dauerhaft eingemietet, die wegen der Teilmobilmachung ihr Heimatland verlassen hatten.

Altstadt und Sololaki

Karten S. 150/151 und S. 168

Untere Preisklasse

Envoy Hostel, Betlemi St. 45, 032 292 01 11, https://www.envoyhostel.com. Im hübschen Betlemi-Viertel gelegen, Schlafsäle mit Schließfächern für 8, 6 und 4 Pers. auf vier Etagen. Sowie 3 Privatzimmer, davon 1 Drei- und 2 DZ, alle mit Gemeinschaftsbad. Gemeinschaftsraum und -küche im Kellergeschoss. Von der Dachterrasse mit Bar hat man einen genialen Blick über die Stadt. Zum Hostel gehört eine Reiseagentur. ❶–❷

€ **Lile Guesthouse**, G. Lordkipanidze St. 16/3, 555 271 724. Die freundliche Lali vermietet saubere Zimmer mit bequemen Betten im Dachgeschoss, die sich ein Bad teilen. Es gibt ein großes Wohnzimmer und eine Küche zur Gemeinschaftsnutzung. ❶

Nona's Guesthouse, G. Khandzteli St. 1, 599 747 173. Mitten in der Altstadt sitzt man in Nonas mit allerhand Nippes gestaltetem Innenhof sehr nett. 2 DZ und 1 Vier-Bett-Zimmer, alle mit Wasserkocher und Privatbad. Kühlschrank und Kochgelegenheit vorhanden. ❶

Pushkin 10 Hostel, Pushkin St. 10, 3. Stock, 577 651 156, https://pushkin10.ge. Ein Urgestein unter den Hostels und dank guter Lage, gepflegten Zimmern, sauberen Gemeinschaftsräumen und -küche sehr begehrt. Das DZ, der 8er- und die beiden 4er-Schlafsäle (davon einer für Frauen, alle teilen sich 3 Bäder) sind immer lange im Voraus ausgebucht. ❶–❷

Rampa Guesthouse, I. Grishashvili St. 14, 591 018 266. Einfache Unterkunft mit geräumigen, sauberen Zimmern direkt bei den Bädern in Abanotubani. 2 EZ, 3 DZ und 1 Drei-Bett-Zimmer, Gemeinschaftsküche vorhanden. Der Name des Gästehauses steht nur klein auf der Klingel. ❶–❷

Mittlere Preisklasse

Amante Narikala Hotel, Gomi St. 1, 577 010 909, https://amante.ge. Stilvolles Boutiquehotel am Fuße der Festung mit fantastischer, aussichtsreicher Dachterrasse. ❹–❺

Betlemi Old Town Hotel, Betlemi St. 21, 592 005 527, bei Facebook. Das traditionelle Haus mit dem türkisfarbenen Balkon liegt mitten in Betlemi und besitzt eine aussichtsreiche Terrasse mit Bar. 4 der 6 komfortablen DZ haben einen eigenen Balkon. ❸–❹

Check Point Hotel, Gomi St. 9, 596 575 050, bei Facebook. Netter Mix aus Hostel und Hotel, mitten im Betlemi-Viertel in einem historischen Gebäude mit idyllischem Innenhof. 2 günstige DZ teilen sich ein Gemeinschaftsbad, DZ mit Privatbad, sowie 1 EZ, 1 Drei-, 1 Vier-Bett-Zimmer und 3 geräumige Apartments für bis zu 7 Pers. mit eigener Küche. Das Sahnehäubchen ist die Terrasse mit Stadtblick. ❸

Goari Guesthouse, Betlemi St. 17-19, 599 611 441. Helle Zimmer in zentraler, aber dennoch ruhiger Lage in einem traditionellen Haus mit Holzbalkon. Alle Zimmer mit Privatbad, einige mit Balkon. Auch Drei- und Vier-Bett-Zimmer, darunter ein 4er-Apartment mit kleiner Küche. ❸–❹

Hotel Abanotubani, I. Grishashvili St. 5, 032 231 99 99, https://hotelabanotubani.com. Komfortables Hotel mit hellen, geschmackvoll eingerichteten Zimmern. In der belebten Gegend an den alten Bädern kann es am Wochenende allerdings etwas lauter werden. Einige Zimmer mit Terrasse. ❸–❺

Hotel Brigitte, P. Iashvili St. 18, 032 230 54 74, bei Facebook. 2017 eröffnetes Schwesterhotel des gleichnamigen Hotels in Signagi, zentral und ruhig in Sololaki gelegen. Insgesamt 11 stilvoll gestaltete Zimmer, davon 3 Drei-Bett-Zimmer. Die Zimmer im Erdgeschoss und der Frühstücksraum im Souterrain sind leider recht dunkel. ❸–❹

Hotel Frida, Erekle II Dead End 7, 595 220 505. Kleines, angenehmes Familienhotel mit 5 großen Zimmern. Die Sauberkeit wird immer wieder von Gästen gelobt. Obwohl an einer großen Straße gelegen, trotzdem recht ruhig.

Der Balkon des Superior-Zimmers hat Blick auf die Friedensbrücke. ❹

Villa Mtiebi Hotel, Chakhrukhadze St. 10, ✆ 032 292 03 40, 💻 http://hotelmtiebi.ge. Klassisch-elegantes Hotel in ruhiger Lage in der Altstadt. In dem grünen, überdachten Innenhof wird das üppige Frühstücksbuffet serviert. 8 Standard-DZ, davon eines ohne Fenster und eines mit eigenem Balkon, sowie 1 Drei-Bett- und 1 Familienzimmer für 4 Pers. ❹

Obere Preisklasse

Communal Hotel Sololaki, Kojori St. 6, ✆ 599 649 966, 💻 https://www.communalhotels.com. Das kleine, stilvolle Hotel in einem renovierten Klinkerbau von 1890 bietet 13 Zimmer in unterschiedlicher Ausstattung und Größe, von klein und gemütlich bis geräumig mit eigener Badewanne, sowie ein Apartment mit eigener Küche. ❺–❻

Ibis Styles Tbilisi Center, G. Tabidze St. 4, ✆ 032 200 24 24, 💻 https://all.accor.com. Designhotel mit peppig gestalteten Zimmern, die bequemen Betten werden von den Gästen gelobt. Auf der Dachterrasse gibt es nicht nur ein Restaurant, sondern auch einen VW-Bus. ❺

Kisi Hotel, Botanikuri St. 17-19, ✆ 595 774 466, 💻 https://kisihotel.com.ge. 15 kleine, stilvoll eingerichtete Zimmer, die der Deluxe-Kategorie mit wunderschöner Dachterrasse. Untergebracht im ehemaligen Wohnhaus der Hotelbesitzerin, einer bekannten georgischen Schauspielerin, mit Restaurant und Bar. Zentral, aber ruhig gelegen, direkt neben der Jumah-Moschee. Haustiere willkommen. ❹–❺

No12 Boutique Hotel, V. Beridze St. 12, ✆ 032 255 22 12, 💻 https://www.no12hotel.com. In dem sanierten Altbau mit hübschem Patio gibt es 14 traditionell-elegant eingerichtete Zimmer unterschiedlicher Kategorien, vom schlichten EZ bis zur Suite mit Badewanne, Privatterrasse und Altstadtblick. Frühstückssaal im Kellergeschoss. ❺–❻

The House Hotel Old Tbilisi, I. Shavteli St. 14, ✆ 032 298 00 98, 💻 https://househotels.com. Das alte Stadthaus wurde nachhaltig renoviert, die Zimmer sind liebevoll in einem Mix aus traditionellem und modernem Design eingerichtet, die Wände wurden von einer lokalen Künstlerin gestaltet. Zum Hotel gehören ein Restaurant und eine Bar im idyllischen Innenhof – ein perfekter Ort auch zum Frühstücken. Sehr guter Service. ❺

Tekla Palace, Erekle II Sq. 10, ✆ 511 161 692, 💻 bei Facebook. Freundliches Hotel in historischem Gebäude mit 14 Zimmern unterschiedlicher Kategorien auf 3 Etagen. Alle Zimmer im 1. Stock haben einen Balkon, einige Zimmer des 3. Stockwerks sind günstiger und haben Dachschräge. Einladender Frühstückssaal, bei gutem Wetter kann man draußen direkt am Erekle Sq. sitzen. ❹–❻

Writer's House Residency, I. Machabeli St. 13, ✆ 032 297 41 01, 💻 https://writershouse.ge. Jedes Zimmer ist im Stil eines anderen Schriftstellers gestaltet. Es werden Schriftsteller in Residenz eingeladen, die anderen Zimmer können gemietet werden. ❺

Avlabari

Karte S. 150/151

Untere und mittlere Preisklasse

€ **Green House Hostel**, Akhvlediani Khevi 13, ✆ 599 265 432. Mitten in der Stadt, aber doch im Grünen: Die zuvorkommende Maia vermietet ihn ihrem Gästehaus 3 DZ und ein 6er-Schlafsaal, die sich 2 Bäder teilen. Im Sommer sitzt man auf der großen Terrasse oder dem grünen Innenhof zusammen, im Winter ist es im Wohnzimmer mit Kamin und Klavier gemütlich. Küchennutzung möglich. ❶–❷

Pantomime Museum Hotel, E. Akhvlediani St. 9, ✆ 032 296 14 17, 💻 bei Facebook. Stilvolles Hotel mit Geschichte, Modernes und Antikes wurden hier gekonnt kombiniert, viele der Möbelstücke sind handgefertigt. Inhaber ist der künstlerische Leiter des Pantomime-Theaters, Sohn von Amiran Shalikashvili, der Ehrenbürger von Tbilissi und Gründer der Pantomime-Schule war und an diesem Ort lebte. ❸–❹

Obere Preisklasse

Bloom Boutique Hotel, E. Akhvlediani Rise 14, ✆ 599 197 719, 💻 https://bloom.ge. Kleines, familiengeführtes Hotel in historischem Gebäude, das liebevoll bis ins Detail gestaltet ist. Einige der 6 individuell eingerichteten Zimmer besitzen einen Kamin, vor dem man im Schaukelstuhl den Tag ausklingen lassen kann. Die Zimmer zum verwunschenen Wintergarten zwischen Haus und Felswand sind ruhiger als die zur Straße hin. ❺

Kopala Hotel, Chekhov St. 8/10, ✆ 032 277 55 20, 💻 https://kopala.ge. Großes Hotel mit klassischer Einrichtung, vom Frühstücksraum und der Terrasse sind die Ausblicke über die Stadt phänomenal. ❹–❻

Sota Metekhi Hotel, V. Jorbenadze Str. 32, ✆ 599 946 898, 💻 bei Facebook. Gutes Hotel in ruhiger Lage, mit Bar, nettem Innenhof und klasse Dachterrasse mit Pool. ❹–❺

Vinotel Boutique Hotel, E. Akhvlediani Rise 4, ✆ 032 255 58 88, 💻 https://vinotel.ge. Das elegante Boutiquehotel befindet sich in einem historischen Gebäude von 1878, die Eingangshalle hat orientalisches Flair, die Zimmer im 1. Stock sind mit Antiquitäten im Vintage-Stil eingerichtet, die des 2. Stockwerks modern. Zum Hotel gehören eine kleine Terrasse, ein Restaurant und ein Weinkeller. ❺–❻

Um die Rustaveli Avenue

Karte S. 174/175

Untere und mittlere Preisklasse

At Funicular Hostel, Mtatsminda St. 6/1, ✆ 577 769 444, 💻 bei Facebook. Antik eingerichtetes Hostel mit gemütlichem Aufenthaltsraum mit großen Fenstern und Gemeinschaftsküche. 3 DZ und der 8er-Schlafsaal teilen sich ein Bad. ❶–❷

€ **Gallery Hostel**, Brose St. 11, ✆ 593 316 552, 💻 bei Facebook. Gepflegtes Hostel mit freundlichem Gemeinschaftsraum und kleiner Gemeinschaftsküche mit Sitzgelegenheiten. 3 DZ und ein 8er-Schlafsaal, jeweils mit eigenem Bad. ❶–❷

Kolorit Old Tbilisi, K. Meskhi St. 7, ✆ 579 263 646, 💻 bei Facebook. Hier fühlt man sich wie zu Gast bei einer einheimischen Familie, Besitzer Davit ist sehr hilfsbereit, das Wohnzimmer mit kunstvollen Filzarbeiten seiner Mutter dekoriert. 5 helle DZ, teilweise mit Balkon und Aussicht, alle mit Privatbad. 7 weitere DZ werden ab Sommer 2023 im Nebenhaus vermietet. Familienfreundlich. ❸

Old Town Mtatsminda Hotel, Vedzini St. 8/5, ✆ 032 293 33 20, 💻 bei Facebook. Gemütliches kleines Hotel in ruhiger Lage mit 8 sauberen DZ, gutem Frühstück und freundlichen Gastgebern. Zum Hotel gehören 2 Vierer-Apartments mit Küche und hübschem Innenhof im Haus gegenüber. Günstiger Wäscheservice. ❷–❸

Zemeli Guesthouse, S. Zaldastanishvili St. 24, ✆ 555 065 757. Sympathisches Familiengästehaus am Hang des Mtatsminda gelegen, von der Terrasse hat man einen tollen Stadtblick. 3 DZ, ein Familienapartment mit 2 Schlafzimmern und 2 EZ, eines davon mit Balkon, einige Zimmer mit Privatbad. ❶–❷

Obere Preisklasse

Museum Hotel, Orbelinani St. 8/10, ✆ 032 224 49 99, 💻 www.museumhotel.ge. Modernes Designhotel nahe dem neu gestalteten Orbeliani Sq. Mit schöner Dachterrasse, stylisher Lobby und Bar. Große Zimmer, teilweise mit Balkon zum Fluss und zur Straße. Service und Frühstück werden gelobt. ❺–❻

Octava Boutique Hotel, S. Rustaveli Ave. 14, ✆ 511 100 405, 💻 bei Facebook. Wer hier residiert, fühlt sich wie im Paris des Ostens: Besonders schön ist der Frühstücksraum mit antikem Kamin, einige der stilvoll klassisch eingerichteten Zimmer haben gusseiserne Balkone zur Straße hin. Kein Aufzug. ❹–❺

The 10, D. Zubalashvilebi St. 10, ✆ 577 480 460, 💻 bei Facebook. In einem unscheinbaren Klinkerbau verstecktes Boutiquehotel mit individuell gestalteten Zimmern. Zum Hotel gehören eine Bar und ein hoch gelobtes Restaurant. ❺–❻

Vake und Vere

Karte S. 186/187

Untere und mittlere Preisklasse

Hotel Beli, V. Gunia St. 22, ✆ 571 587 799, 💻 bei Facebook. Hotel mit gutem Standard in ruhiger Lage. Aussichtsreiche Dachterrasse, auf der das leckere Frühstück serviert wird. Man sollte eines der helleren Zimmer in den oberen Etagen wählen, Aufzug vorhanden. Gutes Preis-Leistungs-Verhältnis. ❷–❸

Hotel Home, I. Gogebashvili St. 6b, ✆ 591 070 107, ✉ hotelhome@mail.com. Klassisch eingerichtetes, gemütliches Hotel mit 5 geräumigen DZ, 3 davon mit eigenem Balkon. Schöne Dachterrasse, reichhaltiges georgisches Frühstück und eine Kostprobe der berühmten georgischen Gastfreundschaft inklusive. ❷

Hotel Kartli, V. Barnov St. 32, ✆ 598 801 999, 💻 bei Facebook. Kleines Hotel, das vom Deutschen Rainer Kaufmann geführt wird. Anständige Zimmer, netter Biergarten und beim Frühstück gibt's Nutella. ❸

Ibis budget Tbilisi Center, G. Akhvediani St. 22, ✆ 032 215 88 88, 💻 https://all.accor.com. Sauberes, modernes Hotel mit farbenfrohem Gute-Laune-Design im belebten Kneipenviertel. ❸

Obere Preisklasse

Rooms Hotel, M. Kostava St. 14, ✆ 032 202 00 99, 💻 https://www.roomshotels.com. Stilvolles Hotel in einem alten Verlagshaus, das im Retro-Chick mit Industriecharme und georgischer Note gestaltet wurde. Auch in der Lobby und im Restaurant sitzt man sehr angenehm. ❺–❻

Stamba Hotel, M. Kostava St. 14, ✆ 032 202 11 99, 💻 https://stambahotel.com. Noch stylisher als sein Schwesterhotel Rooms nebenan. Zum Hotel im ehemaligen Verlagshaus gehören ein Café, Bar, Photo Museum, Bücherei und eine Space Farm: wassersparende, vertikale Gärten, in denen essbare Blüten, Gemüse und Kräuter angebaut werden und im hoteleigenen Restaurant auf den Tisch kommen. ❻

Vera Hills Boutiquehotel, V. Gunia St. 26/9, ✆ 032 200 28 28, 💻 bei Facebook. Einige Zimmer haben Panoramafenster und bieten atemberaubende Blicke über die Stadt, am schönsten sind die oberen mit Balkon. Frühstücksraum mit großen Fenstern, Aufzug vorhanden. ❹–❺

Chughureti

Karte S. 179

Untere Preisklasse

Bude Hostel, I. Iavakhishvili St. 77, ✆ 597 999 100, 💻 bei Facebook. Kleines Hostel mit einem 7er-Schlafsaal. Der große Innenhof ist wie ein Wohnzimmer und Treffpunkt im Sommer. ❶

Fabrika Hostel und Hotel, E. Ninoshvili St. 8, ✆ 032 202 0399, 💻 https://hostelfabrika.com. Stylishes Hotel in einer alten Textilfabrik, im Innenhof gibt es Restaurants und Läden, abends ist dort einiges los, deshalb sind die Zimmer zum Hof etwas lauter. 3er-, 4er-, 6er-, 10er- und 12er-Schlafsaal und ein 6er-Frauenschlafsaal mit sehr großem Gemeinschaftsbad, das an ein Schullandheim erinnert, sowie Vier-Bett- und DZ mit Privatbad. Es gibt einen Aufzug und ein barrierefreies Zimmer. ❶

Vagabond B&B, Tsinamdzgvrishvili St. 88, ✆ 599 441 563. Gepflegtes Hostel mit Travel-Vibes. Gut ausgestattete Gemeinschaftsküche, aber anders als der Name verspricht, gibt es kein Frühstück. Schöne Terrasse und Gemeinschaftsraum, hier kann man mit anderen Reisenden ins Gespräch kommen. Keine Kinder unter 7 Jahren erlaubt. ❷–❸

Mittlere und obere Preisklasse

G. Vino City Wine Hotel, D. Uznadze St. 82, ✆ 032 222 29 09, 💻 https://www.gvinotbilisi.com. Historisch und modern, elegant und farbenfroh vereinen sich im stilvollen Design des Hotels. Im lauschigen Patio mit Weinbar kann man georgische Weine kosten – die Auswahl auch von kleinen Weingütern ist groß. Gute Wahl für Weinliebhaber. Einige Zimmer mit Balkon. ❹–❻

Tiflis Hotel, Marjanishvili Ave. 29B, ✆ 032 295 25 55, 💻 http://hotel-tiflis.com. Im alten Backsteinbau befand sich früher das deutsche Gymnasium, 2017 wurde das Hotel erweitert und bietet jetzt 31 komfortable Zimmer, auch Drei-Bett- und EZ. Schöner Innenhof mit Restaurant, eine Oase der Ruhe. ❹

Unfound Door, D. Aghmashenebeli Avenue Building 111, ✆ 595 111 282, 💻 https://www.unfounddoor.ge. Designhotel in einem

Apartments in Tbilissi

Über booking.com und airbnb.com werden in der ganzen Stadt oft schöne Apartments angeboten, die optimal für kleine Gruppen sind.

historischen Stadthaus, das mit Rücksicht auf die Geschichte modern umgestaltet wurde. Frühstück wird im hoteleigenen Restaurant serviert. ❺–❻

ESSEN

Die Auswahl an Restaurants in Tbilissi ist riesig, nirgendwo kann man die köstliche georgische Küche in so kreativen Variationen erleben wie hier. Auch europäische, asiatische und orientalische Küche hat sich mittlerweile etabliert. Bei vielen der gehobenen Restaurants mit georgischer Küche findet man auf der Speisekarte auch internationale Gerichte, nach denen man aber bei den ganz günstigen, traditionell georgischen Restaurants vergeblich sucht.

Altstadt und Sololaki

Karten S. 150/151 und 168

Azarpesha, P. Ingorokva St. 2, ✆ 599 548 229, 💻 bei Facebook. Gemütlicher Speisesaal im Souterrain mit historischem Interieur. Übersichtliche georgische Karte mit einigen schönen Überraschungen. Mit etwas Glück kann man dem polyphonen Gesang der Restaurantinhaber lauschen. Nicht ganz günstig. 🕒 11–23 Uhr.

Café Leila, I. Shavteli St. 18, ✆ 555 949 420, 💻 bei Facebook. Hübsches georgisch-vegetarisches Restaurant gegenüber dem Gabriadze-Puppentheater. Der Speisesaal erinnert an einen orientalischen Palast, schöne Tische draußen in der Fußgängerzone. Die Preise entsprechend der guten Lage. 🕒 12–23 Uhr.

Culinarium Khasheria, Abano St. 23, ✆ 032 271 156, 💻 bei Facebook. Benannt nach einem georgischen Anti-Kater-Gericht, auf der Karte stehen modern interpretierte Versionen traditioneller georgischer Speisen. 🕒 12–24 Uhr.

Ezo, 16 Geronti Kikodze St. 16, ✆ 032 299 98 76, 💻 https://www.ezo.ge. Hippe Location mit schönem Innenhof, bei Einheimischen wie Touristen beliebt. 🕒 Di–Do 15–24, Fr–So 13–1 Uhr.

Iasamani, L. Asatiani St. 33, ✆ 551 634 242, 💻 bei Facebook. Klassisch-stilvoll eingerichtetes Restaurant mit außergewöhnlicher georgischer Fusion-Küche, die ihren Preis hat. 🕒 So–Do 10–24, Fr–Sa 10–1 Uhr.

Kiwi Vegan Café, I. Machabeli St. 6, ✆ 514 000 175, 💻 http://kiwivegancafe.com. Alternatives Café-Restaurant mit kleiner Auswahl an veganen Gerichten von Falafel bis Pasta zu guten Preisen. 🕒 12–23 Uhr.

Littera, I. Machabeli St. 13, ✆ 595 751 313, 💻 bei Facebook. Erstklassige georgische Küche, mit ausgefallenen Variationen zu gehobenen Preisen. Im Sommer wunderschöne Sitzplätze im grünen Hinterhof des Hauses der Schriftsteller. 🕒 Mai–Sep 13–23.30, Okt–April 17–24 Uhr.

Machakhela, O. Tumaniani St. 23, ✆ 577 710 788, 💻 bei Facebook. Restaurantkette mit preiswerter georgischer Küche, die bei Einheimischen wie Touristen beliebt ist. Große Auswahl – insbesondere an Khinkali-Füllungen. 🕒 24 Std.

Maspindzelo, V. Gorgasali St. 7, ✆ 032 230 30 30, 💻 www.mgroup.ge/en/maspindzelo. Georgische Gerichte zu günstigen Preisen, große Auswahl an Weinen. 🕒 9–24 Uhr.

Moulin Électrique, K. Abkhazi St. 28, ✆ 551 722 323, 💻 bei Facebook. Versteckt in einem Hinterhof, abends spielt oft Livemusik. Große Getränkeauswahl und abwechslungsreiche Karte mit vielen Salaten und Suppen. 🕒 11–1 Uhr.

Nikolozi, A. Katalikosi St. 32-34, ✆ 558 752 760. Trotz der touristischen Lage authentisches, uriges Kellerrestaurant mit georgischer Küche, dekoriert mit historischen Bildern und antiken Möbeln. 🕒 Mo–Sa 14–21 Uhr.

OTSY, I. Shavteli St. 20, ✆ 500 502 202. Jedes Gericht ist ein Meisterwerk. Reservierung erwünscht. 🕒 13–22.30 Uhr.

€ **Racha Dukhan**, M. Lermontov St. 4, ✆ 599 347 548. Preiswert und lecker – daher immer voll. 🕒 10.30–23 Uhr.

Tuk Tuk Asian Restaurant, I. Machabeli St. 7, ✆ 595 510 140, 💻 bei Facebook. Kleines, günstiges Thai-Restaurant mit großer Auswahl an Suppen, Nudel- und Reisgerichten. 🕒 11–22 Uhr.

Um die Rustaveli Avenue

Karte S. 174/175

Café Daphna, Atoneli St. 29, ✆ 595 690 011, 💻 bei Facebook. Die Khinkali sollen die besten der Stadt sein und sind heiß begehrt, abends ist eine Reservierung empfehlenswert. Etwas höhere Preise. ⌚ So–Do 11–2, Fr, Sa 11–6 Uhr.

Dinehall, Rustaveli Ave. 28/2, ✆ 032 200 16 16, 💻 bei Facebook. Klassisch-stylisch eingerichtetes Restaurant mit vergleichsweise hohen Preisen. Die Meinungen über die Hauptgerichte gehen auseinander, aber eine gute Adresse, um beim Frühstück oder einem Stück Kuchen am Fensterplatz das Treiben auf der Rustaveli Ave. zu beobachten. Ein Plus für Familien: ein Spielbereich für die Kleinen. ⌚ 8.30–24 Uhr.

Funicular, Mtatsminda Plateau, ✆ 032 298 00 00, 💻 http://funicular.ge. Das schicke Restaurant diente schon vielen Filmen als Kulisse und ist bei den Einheimischen für ein Abendessen bei Sonnenuntergang beliebt. Internationale und georgische Küche zu gehobenen Preisen. ⌚ 18–24 Uhr.

€ **Khinkali House**, Rustaveli Ave. 37, ✆ 557 424 259, 💻 bei Facebook. Günstiges Restaurant auf 3 Etagen, dessen Spezialität die namensgebenden Khinkali sind. Im Erdgeschoss gibt es oft Livemusik, die oberen Etagen sind ruhiger. ⌚ 10–2 Uhr.

Poliphonia, D. Chonkadze St. 29, ✆ 577 786 268, 💻 https://www.poliphoniatbilisi.com. Beliebtes Kellerrestaurant mit angenehmer Atmosphäre, köstlicher traditioneller sowie moderner georgischer Küche und schöner Weinauswahl. Saisonal wechselnde Karte, angemessene Preise. ⌚ Mi–So 12–24 Uhr.

Sabatono, A. Griboyedov St. 30, ✆ 032 293 52 76, 💻 bei Facebook. Preiswerte georgische Küche in schönem Ambiente, bei Einheimischen wie Touristen sehr beliebt. ⌚ 10–24 Uhr.

€ **Sakhachapure N1**, Rustaveli Ave. 2, ✆ 032 200 22 83, 💻 bei Facebook. Der Name sagt es schon: Hier dreht sich alles um das gebackene Käsebrot Khachapuri. Große Auswahl an Khachapuri-Varianten aus allen Regionen des Landes sowie Salaten und Desserts zu guten Preisen. ⌚ 10–23 Uhr.

Salobie Bia, Rustaveli Ave. 17, ✆ 551 927 722, 💻 bei Facebook. Zu Recht eines der beliebtesten Restaurants für georgische Küche, es gibt eine Auswahl der Klassiker, oft mit internationalen Einflüssen – wie z. B. die Nachspeise Estragon-Pannacotta. Schönes Ambiente und niedrige Preise, abends Reservierung empfohlen. ⌚ 12–23 Uhr.

Sofia Melnikovas Fantasic Douquan, Zugang über Stamba Dead End, ✆ 592 681 166. Romantische Sitzplätze unter einem Dach von Weinreben im versteckten Hinterhof des Rustaveli Theaters. Bei Touristen wie Einheimischen bis spät in den Abend beliebt, legendär sind nicht nur die hausgemachten Limonaden, sondern auch der entspannte (und langsame) Service. ⌚ 12–24 Uhr.

Vake, Vere und Saburtalo

Karte S. 186/187

BINA N37, S. Mgaloblishvili St. 5a, ✆ 599 280 000, 💻 bei Facebook. Einmaliger Ort im 8. Stockwerk eines Wohnhauses, „Bina“ ist georgisch für „Wohnung“. Ein Schild gibt es nicht, man klingelt an der Wohnungstür, fühlt sich zu Gast wie bei georgischen Freunden und wird königlich bekocht. ⌚ Nach Voranmeldung, 19–23 Uhr.

Beletage, Vashlovani St. 6, ✆ 598 935 464, 💻 bei Facebook. Eine Zeitreise ins 19. Jh.: Das kleine Restaurant in einer Altbauwohnung ist klassisch-elegant eingerichtet. Mit schöner Terrasse und köstlicher georgischer Küche zu moderaten Preisen. ⌚ 13–24 Uhr.

Farina, Vashlovani St. 1, ✆ 599 007 556, 💻 bei Facebook. Erstklassige Pizza und den Elsässer Flammkuchen aus dem Steinofen gibt es hier und in der Filiale im Fabrika-Komplex. ⌚ 12–24 Uhr.

Holy, V. Petriashvili St. 1, ✆ 593 000 164, 💻 bei Facebook. Geschmackvoll minimalistisch eingerichtet, mit viel Liebe zum Detail. Auf der übersichtlichen Karte stehen georgisch-experimentelle Gerichte. Einige vegane Optionen, gute Cocktail-Karte. ⌚ Mo–Do 15–1, Fr, Sa 13–1 Uhr.

Keto and Kote, M. Zandukeli Dead End 3, ✆ 555 530 126, 💻 bei Facebook. Versteckt in einem historischen Wohnhaus mit wunderschönen Holzbalkonen. Man sollte Zeit zum Entspannen auf der Terrasse mit Stadtblick mitbringen, auch weil der Service etwas langsam ist. Zugang am Ende der Zandukeli-Sackgasse rechts durch die Unterführung, es gibt auch einen Weg von der Rustaveli Ave.

Höhere Preise und kleinere Portionen. 🕒 14–24 Uhr.

Lolita, T. Chovelidze St. 7, ✆ 032 202 02 99, 💻 http://roomshotels.com/lolita. Stylishes Restaurant mit entspannter Atmosphäre in einem Innenhof gegenüber dem Rooms Hotel, zu dem es gehört. In der offenen Küche werden ausgewählte georgische und internationale Gerichte zubereitet. Eher teuer. 🕒 9–2 Uhr.

Plov Café, Abashidze St. 35, ✆ 598 380 007, 💻 bei Insta. Usbekische Küche, natürlich darf das Nationalgericht Plov nicht fehlen. 🕒 11–22 Uhr.

Rachis Ubani, Kus Tba Rd., ✆ 557 530 953. Ausflugsrestaurant in einem traditionellen Holzhaus aus Racha nahe dem Ethnografischen Freiluftmuseum. Im urigen Innenraum oder auf der aussichtsreichen Terrasse wird köstliches Essen zu guten Preisen serviert. 🕒 10–1 Uhr.

Shemomechama, Mtskheta St. 8, ✆ 558 557 100, 💻 bei Facebook. Kleines originelles Restaurant im kargen Look der Sowjetzeit mit ausgezeichneten Khinkali, bei deren Zubereitung zugeschaut werden kann. Da muss man aufpassen, nicht über den Hunger zu essen, was „Shemomechama" übersetzt bedeutet. 🕒 11–23.20 Uhr.

Shushabandi, V. Petriashvili St. 1, ✆ 558 231 050, 💻 bei Facebook. Stilvolles Ambiente, in einem der renovierten Gebäude der Wine Factory N1 mit großen Glasfenstern und Terrasse. Die Köche verwöhnen ihre Gäste mit feiner georgischer Küche mit internationalem Touch, auch die Cocktails sind beliebt. Höhere Preise, für Qualität und Location angemessen. 🕒 12–1 Uhr.

Veriko, V. Petriashvili St. 1, ✆ 591 332 277, 💻 bei Facebook. Gemütliche und günstigere Alternative zum nebenan gelegenen Shushabandi in der Wine Factory N1, ebenfalls mit schöner Terrasse. 🕒 12–1 Uhr.

Um die Marjanishvili Avenue

Karte S. 179

Barbarestan, D. Aghmashenebeli Ave. 132, ✆ 551 121 176, 💻 bei Facebook. Gemütliches, traditionell eingerichtetes Kellerrestaurant mit außergewöhnlichen Variationen georgischer Gerichte. Die Namensgeberin Barbara sammelte Rezepte aus allen Teilen Georgiens und schrieb 1914 eine wahre Kochbibel, aus deren Fundus die Küche des Barbarestan schöpft. Alle 3 Monate wechselnde Speisekarte. Etwas höhere Preise, Reservierung empfohlen. 🕒 14–23 Uhr.

Honoré, Constitution St. 4, ✆ 514 100 069, 💻 bei Facebook. Modernes Restaurant in einem restaurierten, historischen Gebäude mit großen Glasfenstern und einladendem Innenhof. Schmackhafte georgische und internationale Gerichte. 🕒 12–1 Uhr.

€ **Mapshalia**, D. Aghmashenebeli Ave. 137, ✆ 555 634 411. Georgische Küche zu günstigen Preisen. 🕒 9–22 Uhr.

Ninia's Garden, D. Uznadze St. 97, ✆ 032 219 66 69, 💻 bei Facebook. Modern interpretierte georgische Küche wird in einem zauberhaften Garten serviert. Moderate Preise. 🕒 13–2 Uhr.

SALT, N. Baratashvili Named Left Bank 182, ✆ 598 377 575, 💻 bei Facebook. Stylish und grün: Im lichtdurchfluteten Gewächshaus der ehemaligen Orangerie kann man georgische Küche und Cocktails genießen. 🕒 14–24 Uhr.

Shavi Lomi, Z. Kvlividze St. 30, ✆ 032 296 09 56, 💻 bei Facebook. Köstliche traditionelle Küche, große Auswahl an georgischen Weinen und hübscher Innenhof. 🕒 12–24 Uhr.

Cafés

Auch Cafés bieten meist viele herzhafte Gerichte an, doch servieren sie im Unterschied zu Restaurants meist auch Kuchen und haben eine größere Auswahl an Tee und Kaffee. Wie bei den Restaurants ist der Übergang von Café zu Bar meist fließend.

144 Stairs Café, Salami St. 14, ✆ 596 444 144, 💻 http://144stairs.ge. Ob es genau 144 Stufen sind, muss jeder selbst nachzählen – belohnt wird der Aufstieg mit dem tollen Ambiente der Panoramaterrasse. Herrlicher Platz für ein Getränk. 🕒 12–24 Uhr.

Althaus Tea Room, L. Kiacheli St. 4/1, ✆ 591 801 177. In dem gemütlichen Café im 1. Stock werden frische Waffeln, Crêpes, Kuchen und eine große Auswahl von Tees aus aller Welt serviert. 🕒 12–24 Uhr.

Blamanje, Vekua St. 3a, ✆ 596 434 000, 💻 bei Facebook. Gute Adresse für Frühstück, Kaffee oder Kuchen im Bazari Orbeliani. 🕒 9–21 Uhr.

Café Sololaki, M. Lermontov St. 9, ✆ 577 472 227, 💻 bei Facebook. Kleines Café mit einigen Sitzplätzen drinnen wie draußen, leckeres günstiges Baguette, gute Sandwiches und Crêpes. 🕒 So–Do 10–20, Fr, Sa 10–22 Uhr.

Chaduna, G. Tabidze St. 18, ✆ 557 629 229, 💻 bei Facebook. Hier gibt's Frühstück von früh bis spät, außerdem Bruschetta und hervorragenden Kaffee. 🕒 Mo 9–15, Di–So 9–23 Uhr.

Coffee Place, G. Tabizde St. 24, ✆ 514 003 664. Gemütliches Café mit authentischer Vintage-Einrichtung in Sololaki. Das Café gehört zum Restaurant Vegan Place, die Kaffeespezialitäten werden mit Soja-, Mandel-, Kokos- oder Hafermilch zubereitet. 🕒 9–21 Uhr.

Cone Culture, T. Shevchenko St. 5, ✆ 568 105 142, 💻 bei Facebook. Verkauft laut Slogan „Glück und handgemachte Eiscreme". Genauso ist es – und davon eine große Auswahl saisonal wechselnder und ausgefallener Sorten, z. B. Whisky, Kirsch-Kardamom oder Granatapfel. Auch Kaffee, Milchshakes und Säfte. 🕒 11–21 Uhr. Eine weitere Filiale befindet sich im Bazari Orbeliani. 🕒 10–22 Uhr.

Duchef, Taras Shevchenko St. 1, ✆ 574 533 533, 💻 bei Facebook. Ein Traum für Naschkatzen: feines Gebäck und süße Kreationen auf höchstem Niveau in elegantem Ambiente. Es wird auch (süßes und herzhaftes) Frühstück serviert. 🕒 8–22 Uhr.

Erti Kava Coffee Room, Laghidze St. 8, ✆ 551 194 433, 💻 bei Facebook. Guten Kaffee und leckeres Frühstück (auch vegan) bekommt man in diesem liebevoll und kreativ gestalteten Café – wer mag, kann statt auf einem Stuhl auf einer Schaukel Platz nehmen. Super Service. Im Café gibt es einen kleinen Souvenirshop und eine Spielecke für Kinder. 🕒 8–21 Uhr.

Gabriadze Café, Shavteli St. 13, ✆ 577 556 594. Uriges Café mit künstlerischem Touch und romantischer, rosenumrankter Terrasse, das zum Marionettentheater gehört. Etwas teurer. 🕒 11–23 Uhr.

Gunda Artisan Kachapuri Bakery, Besiki Sq. 5, ✆ 551 500 040, 💻 https://gunda.ge. Ein Muss für alle Fans von Khachapuri: Hier wird dem herzhaften georgischen Käsegebäck gehuldigt, auf der Karte stehen einige fast vergessene Rezepte aus unterschiedlichen Regionen. Am Anfang von Gunda stand eine Studie über die Khachapuri-Tradition in Georgien (die ganze 47 Varianten erfasste), die Gründer brachten das vielseitige Gebäck auf die immaterielle Kulturliste Georgiens und streben nun die Aufnahme ins Unesco-Kulturerbe an – auf der o. g. Webseite kann man die Petition unterstützen. 🕒 12–21 Uhr.

Hello Breakfast, M. Zandukeli St. 49, ✆ 598 772 670, 💻 bei Insta. Hier kann man lecker, gesund – und wer mag – auch vegan in den Tag starten: mit Smoothie, Superfood Bowl, glutenfreiem Bagel oder einfach Pancake oder Toast. 🕒 8–20 Uhr.

Hurma, Bolo Rise 15, ✆ 591 100 097, 💻 bei Facebook. In entspannter Atmosphäre kann man hier den ganzen Tag frühstücken. Waffeln, Wraps, frische Säfte und Smoothies. 🕒 10–21.30 Uhr.

Kikliko, Mtskheta St. 28, ✆ 551 137 112, 💻 bei Facebook. Eines der besten Frühstückscafés der Stadt, neben der gleichnamigen georgischen Frühstücksspezialität gibt es auch Müsli, Pancakes, verschiedene Ei-Variationen. Nette kleine Terrasse. 🕒 Mo–Fr 8–15, Sa, So 9–16 Uhr.

Plantloverstbilisi, Niaghvari St. 4a, 💻 bei Facebook. In einem kleinen Dschungel aus Zimmerpflanzen kann man frühstücken und Kaffee trinken – wer sich verliebt, kann die Pflanze seiner Wahl sogar kaufen. 🕒 10–20 Uhr.

Sol, V. Petriashvili St. 28, ✆ 597 700 900, 💻 bei Facebook. Freundliches Café mit hellen Innenräumen und kleiner Terrasse. Große Frühstückskarte, außerdem Suppen, Salate, Süßes und Cocktails. 🕒 So–Do 8–20, Fr, Sa 8–22 Uhr.

Unity Kava, S. Dadiani St. 20, ✆ 591 754 008, 💻 bei Insta. Besitzer und Barista Max verkauft in seinem kleinen, aber feinen Coffee Shop super Kaffee. 🕒 9–21 Uhr.

Weinstuben und -bars

8000 Vintages, S. Tsintsadze St. 26, Saburtalo, 💻 https://8000vintages.ge. Moderne Weinstube

Blick über die Altstadt von Tbilissi: Die Hauptstadt ist ein Mekka für Feinschmecker.

mit großer Auswahl an Weinen aus ganz Georgien, zum Kosten und Kaufen. Dazu gibt es Snacks zu nicht ganz günstigen Preisen. ◷ 11–1 Uhr.

AB Wines, V. Barnov St. 30/43, ✆ 595 309 889 💻 https://abwines.de. Vinothek der Familie Bedenashvili, die mit Hilfe des deutschen Weinbauers Hilarius Pütz in Kachetien natürlichen und nachhaltigen Weinbau betreibt. Weinproben in der Weinbar und auf dem Weingut in Kardenakhi möglich. ◷ Sa, So 17–20 Uhr oder nach Voranmeldung.

Craft Wine Bar, E. Ninoshvili St. 54, 💻 bei Facebook. Auf der gemütlichen Terrasse kann man bestens speisen und dabei georgische Weine auch von kleinen Weingütern kennenlernen. ◷ So–Do 9–24, Fr, Sa 9–1 Uhr.

Karalashvili's Wine Cellar, Vertskhli St. 19, 💻 https://www.karalashvili.ge. In einem der ältesten Weinkeller der Stadt kann bei gemütlicher Atmosphäre der hauseigene Wein aus traditioneller Kvevri- und europäischer Herstellungsweise des Karalashi-Weinguts aus Kachetien probiert und gekauft werden. ◷ 10–24 Uhr.

Tsangala's Wine Shop & Bar, I. Shavteli St. 12, 💻 bei Facebook. Kleine, feine Weinbar mit über 500 verschiedenen Weinen von Winzern aus dem ganzen Land, auch Portwein, Kognak, Sekt und Hochprozentiges. Sehr nette Mitarbeiter, die sich in puncto Wein bestens auskennen. ◷ 13–23 Uhr.

Vinoground, Erekle II St. 8, 💻 bei Facebook. Mitarbeiter Artur spricht gut Deutsch und kann, kehrt man nicht gerade zur Stoßzeit am Abend ein, viele Geschichten rund um den Wein erzählen. Es gibt ein paar Tische draußen. Preise wegen der touristischen Lage etwas höher. ◷ 11–24 Uhr.

Vino Underground, G. Tabidze St. 15, 💻 bei Facebook. Netter Weinkeller mit kleiner Auswahl an Gerichten und guter Auswahl einheimischer Weine. Weinprobe und Verkauf. ◷ 14–23 Uhr.

Weinkeller des Vinotel, s. Übernachtung. Weinprobe in gehobenem Ambiente zu entsprechenden Preisen möglich, Reservierung erforderlich.

Wine Not?, V. Petriashvili St. 6, 💻 bei Facebook. Kleine, gemütliche Weinbar mit großer Auswahl. Abends oft Klaviermusik live. ◷ So–Do 15–1, Sa, So 15–3 Uhr.

UNTERHALTUNG UND KULTUR

In der **Altstadt** wimmelt es von Restaurants und Kneipen, in denen abends Livemusik, vor allem Klassik und Jazz, gespielt wird. Einiges spielt sich auch an der **Davit Aghmashenebeli Ave.** und im **Kneipenviertel nahe der Metrostation Rustaveli** ab, wo es zahlreiche Pubs gibt. Dabei sind Musikkneipen und selbst Bars meist gleichzeitig Restaurants, die überraschend gutes Essen servieren. In einigen Bars wird es auch unter der Woche recht voll, gegen 2 Uhr ist aber überall Schluss – richtig durchgefeiert wird in Tbilissi nur am Wochenende.
Eine Übersicht über **Veranstaltungen und Konzerte** bieten die beiden Seiten 💻 https://allevents.in/tbilisi und https://tkt.ge, auf Letzterer können Tickets online bestellt werden.

Bars und Kneipen

41° Art of Drinks, G. Tabidze St. 19, 💻 bei Facebook. Kleine kreative Bar; in der handgeschriebenen und häufig wechselnden Cocktailkarte finden sich spannende Kreationen, dazu passend gibt es ausgefallene Snacks. Der Barkeeper weiß, welcher Drink zu welchem Gast passt – betreutes Trinken auf höchstem Niveau. 🕒 19–2 Uhr.

Black Dog, L. Asatiani St. 33, 💻 bei Facebook. Die tierfreundlichste Bar der ganzen Stadt: Ein Teil des Gewinns wird für den Tierschutz gespendet, bei Jazz, Rock & Reggae gehen Craft Beer, Wein und Cocktails über den Tresen. Nichtraucher-Bar. 🕒 Mo–Mi 14–1, Do–So 14–2 Uhr.

Chacha Time, G. Kikodze St. 5, 💻 bei Facebook. Riesige Auswahl an Chacha-Varianten und Cocktails auf Basis des georgischen Tresterschnapses. 🕒 14–2 Uhr.

Chveni, Tchorokhi Str. 48/10, 💻 bei Facebook. Verträumter Ort mit netten Accessoires und gemütlicher Terrasse. Asiatische und georgische Fusion-Küche und eine gute Auswahl Brandys und Cognacs. 🕒 12–1 Uhr.

Drunk Owl Bar, Samghebro St. 21, 💻 bei Facebook. Gemütliche Bar in der Altstadt, die besonders bei Touris und Expats beliebt ist. Regelmäßig Livemusik. Rauchen erlaubt, günstige Preise. 🕒 Sa–Mi 19–2, Do und Fr 19–4 Uhr.

Tsota Tsota Craft Beer Pub, G. Kikodze St. 7/20, 💻 https://tsotatsotapub.com. Schankraum der innovativen georgischen Brauerei Megobrebi. Frisch gezapft kommen das Stout „Tiflis Night", das Hefeweizen „Tuscheti Soul" und weitere spannende Sorten ins Glas. Beliebt ist auch das Dosenbier „Khinkalien", das einen Nachgeschmack von Khinkali hat. 🕒 16–1 Uhr.

Warszawa, A. Pushkin St. 19, ✆ 574 805 564, 💻 bei Facebook. Beliebt bei Studis und Touris, günstiges Bier und Shots in entspannter Atmosphäre, Rock- und 90er-Mukke. 🕒 13–4 Uhr.

Wheels Irish Pub, G. Akhvlediani St. 16, ✆ 032 298 87 33. Wie es sich für einen Irish Pub gehört: urige Einrichtung, Guinness zu irischen Preisen und Livemusik an den Wochenenden. 🕒 So–Do 16–2, Fr, Sa 16–3 Uhr.

Clubs

Die Techno-Szene wird immer größer, dabei wechseln die Locations oft, haben meist Industriecharme und sind ziemlich verraucht. Locations und aktuelle Events findet man auf 💻 https://residentadvisor.net/guide/ge/tbilisi, ein paar Dauerbrenner folgen hier:

Bassiani Club, A. Tsereteli Ave. 2, 💻 https://bassiani.com. Im angesagten Underground-Club im alten Schwimmbecken unter dem Dinamo-Fußballstadion tanzen Techno- und Elektro-Fans zu den Beats internationaler DJs. Regelmäßig LGBTQ-Events. Eine Online-Registrierung vorab über die Website erleichtert den Einlass. 🕒 Fr 23 Uhr–So 9 Uhr.

Café Gallery, A. Griboyedov St. 34, 💻 bei Facebook. Beliebter Elektro-Club, in dem es manchmal fast zu eng zum Tanzen werden kann. LGBTQ-freundlich. 🕒 Di 23.30–4.30, Fr, Sa 23.30–6 Uhr.

Khidi, President Heydar Aliyev Embankment, 💻 https://khidi.ge. Großer Techno-Club unter der Bagrationi-Bücke am Ostufer der Mtkvari, der manch einen an das Berliner Berghain erinnert. 🕒 Fr, Sa 23–10 Uhr.

Mtkvarze, N. Baratashvili Named Left Bank, 💻 bei Facebook. Am Flussufer der Mtkvari legen an Wochenenden georgische und internationale DJs House und Techno in zwei Räumen auf. ⌚ Fr, Sa 23–11 Uhr.

Kino

Amirani Cinema, M. Kostava St. 36/1, und **Cavea Cinema**, Galleria Tbilisi, zeigen Filme in Englisch, Programm unter 💻 https://biletebi.ge/kinos-biletebi.

Georgian Film Academy, D. Kakabadzeebi St. 2, 💻 http://geofa.org.ge/en/cinema-hall. Programmkino im Gebäude der Akademie der Wissenschaften. Filme meist auf Georgisch.

Livemusik

In vielen Bars und Restaurants gibt es abends Livemusik, oft kommt man unverhofft in den Genuss von polyphonem Gesang.

1984, A. Katalikosi St. 26, 💻 bei Facebook. Jeden Tag Jazz-Konzerte in gemütlicher Atmosphäre. Tisch vorab reservieren und pünktlich kommen, die Konzerte beginnen um 21 Uhr. ⌚ 18–2 Uhr.

Jazz Café Singer, Sioni St. 8, 💻 bei Facebook. An der belebten Fußgängerzone spielt im Sommer jeden Abend die Musik, der Name ist dabei Programm, die Preise liegen etwas höher. ⌚ 12–1 Uhr.

Tbilisi Concert Hall, P. Melikishvili St. 1, 💻 http://tbilisiconcerthall.com. Großkonzerte und Events finden hier vor bis zu 2500 Zuschauern statt.

Vano-Saradshishvili-Konservatorium, A. Griboedov St. 8/10, 💻 http://conservatoire.edu.ge. In den Konzertsälen der 1917 gegründeten Musikhochschule kann man Konzerten der Studenten und von Gastmusikern lauschen.

Theater und Oper

Tbilissi verfügt über eine vielfältige Theaterszene mit etlichen Bühnen. Eine Übersicht befindet sich auf 💻 http://tbilisiguide.ge. Es folgt eine kleine Auswahl:

Gabriadze Theater, Shavteli St. 13, 💻 https://gabriadze.com. Kreatives Marionettentheater für Erwachsene, rechtzeitig reservieren!

Griboyedov Theater, S. Rustaveli Ave. 2/4 (hinter der Galleria Tbilisi am Liberty Sq.), 💻 http://griboedovtheatre.ge. Das über 160 Jahre alte Schauspielhaus bringt u. a. russische Theaterstücke auf die Bühne.

Beeindruckende Feierlichkeiten

Wer zu hohen Feiertagen in Tbilissi weilt, sollte es nicht versäumen, den Prozessionen und Veranstaltungen beizuwohnen, etwa der Prozession zur Tsminda-Sameba-Kathedrale am 7. Januar zum orthodoxen Weihnachtsfest. Gegen 11 Uhr zieht ein Festzug von Geistlichen und kostümierten Jugendlichen vom Platz der Rosenrevolution zur Kathedrale in Avlabari. Auch der Tag der Unabhängigkeit am 26. Mai wird mit Paraden und Konzerten in der ganzen Stadt begangen.

Marjanishvili Theater, K. Marjanisvhili St. 8, 💻 http://marjanishvili.com. Nach dem Rustaveli Theater das bedeutendste Theater des Landes.

Movement Theater, D. Aghmashenebeli St. 182, 💻 bei Facebook. Zeitgenössische Theaterstücke, Pantomime, Movement Theater, Ballett, Kampf- und Zirkuskünste. Regelmäßig Dienstag und Donnerstag Jazzkonzerte.

Pantomime Theater, S. Rustaveli Ave. 37, 💻 http://pantomime.ge. Ganz ohne Worte werden Klassiker und Modernes in dem traditionsreichen Theaterhaus gespielt.

Shota Rustaveli Theater, S. Rustaveli Ave. 17, 💻 http://rustavelitheatre.ge. Stücke georgischer und internationaler Theaterregisseure werden auf der Bühne im opulenten Rokoko-Innenraum inszeniert.

Zakaria Paliashvili Opera, S. Rustaveli Ave. 25, 💻 http://opera.ge. Zu sehen bzw. hören sind italienische und georgische Opern sowie internationale Klassiker. Zum Repertoire des Ballett-Ensembles gehören zahlreiche Stücke von George Balanchine.

Traditionelle Tänze

Erstklassige Aufführungen stehen gelegentlich in der **Tbilissi Concert Hall** (s. Livemusik) auf dem Programm und werden bei Stadtfesten wie der **Tbilisoba** aufgeführt. In einigen Restaurants finden regelmäßig Folklore-Tanzshows statt (das TIC kann eine Liste der Lokale geben), z. B. im **Shukhishvili Georgisches Nationalballett (Shukhishvili Academy)**, D. Aghmashenebeli Ave. 123B, 💻 http://sukhishvili.tv und https://

www.facebook.com/Sukhishvilebi. Wenn das berühmte Ensemble nicht durch die Welt tourt, gibt es Proben und Vorstellungen in Tbilissi.
Tabla Saloon, I. Chavchavadze Ave. 3, ✆ 032 595 858 846, 💻 bei Facebook. In dem gehobenen georgischen Restaurant finden in gemütlichem Ambiente von Donnerstag bis Samstag zwischen 21 und 22.30 Uhr Vorstellungen mit traditionellem Tanz statt. 🕒 12–24 Uhr.

FESTE

An welchen Orten die folgenden Festivals stattfinden, entnimmt man der jeweiligen Website.

Film-, Theater- und Fotofestivals

CinéDOC-Tbilisi, 💻 http://cinedoc-tbilisi.com. Anfang Mai zeigt das internationale Dokumentarfilm-Festival Filme mit Fokus auf die Kaukasusregion sowie internationale Beiträge.
Kolga Tbilisi Photo, 💻 https://kolga.ge. Fotografie-Festival im Mai mit Ausstellungen, Workshops und Vorlesungen mit weltbekannten Künstlern.
Tbilisi International Festival of Theatre, 💻 http://tbilisiinternational.com. Ende September bringen die Theater der Hauptstadt georgische Stücken sowie ein internationales Programm auf die Bühne.
Tbilisi International Film Festival, 💻 http://tbilisifilmfestival.ge. Der Partner der Filmfestspiele in Berlin zeigt jedes Jahr im Dezember rund 50 Spiel-, Dokumentar- und Kurzfilme.
Tbilisi Photo Festival, 💻 https://www.tbilisiphotofestival.com/en. Mitte September finden Open Air Screenings mit Livemusik, Lesungen und Ausstellungen von georgischen und internationalen Fotografen und Fotokünstlern statt.

Musikfestivals

Art-Gene Festival, 💻 http://artgeni.ge. Folklorefestival im Ethnografischen Museum Mitte Juli, bei dem eine Woche lang Konzerte mit traditioneller Musik aus allen Regionen Georgiens stattfinden und Kunsthandwerk ausgestellt und verkauft wird.
International Music Festival „Autumn Tbilisi". Mitte September finden im beeindruckenden Kakhidze Music Center, 💻 http://kakhidzemusiccenter.com, Klassik-, Folk- und Jazzkonzerte statt.
Tbilisi Jazz Festival, 💻 http://tbilisijazz.com. Ende April werden an drei Abenden Jazzkonzerte in der Konzerthalle veranstaltet.
Tbilisi Open Air, 💻 http://tbilisiopenair.ge. Mitte Juni am Lisi-See, mit unterschiedlicher Musik von Rock bis Elektronik, bekannte Gruppen wie Air und Placebo traten hier schon auf.

Städtische Events

Mercedes-Benz Fashion Week Tbilisi, 💻 https://www.mbfashionweektbilisi.com. Ende April sind alle Augen auf die georgischen Modedesigner und ihre Models gerichtet.
New Wine Festival, im Mai werden im Mtatsminda-Park die jungen Weine der letzten Ernte zur Kostprobe angeboten.
Tbilisi Marathon, jedes Jahr im Oktober. Der Erlös des Stadtmarathons wird von Sponsor HeidelbergCement verdoppelt und gespendet. Anmeldung auf 💻 https://tbilisimarathon.ge.
Tbilisoba, das fröhliche Stadtfest mit Veranstaltungen und Konzerten findet jedes Jahr am letzten Wochenende im Oktober vor allem um den Maidan und den Rike-Park statt.

EINKAUFEN

Bücher

Prospero's Books, Rustaveli Ave. 34, 💻 https://prosperosbookshop.com. Georgisch- und englischsprachige Bücher, darunter auch Bildbände über Georgien. Das dazugehörige Café lädt zu einer Pause ein. 🕒 9.30–20 Uhr.
Stamba Bookstore & Shop, M. Kostava St.14, 💻 bei Facebook. Schöne Auswahl an englischen Büchern, Bildbänden und Karten, untergebracht im alten Verlagshaus. Höhere Preise. 🕒 12–20 Uhr.
They Said Books, G. Akhvlediani St. 10, 💻 https://theysaidbooks.com. Concept Store mit ausgewählten Büchern mit Fokus auf Lifestyle, Kunst und Design. Lokale Künstler werden unterstützt. 🕒 12–21 Uhr.

Campingausrüstung und Landkarten

Geoland, Telegraph Dead End 3, 💻 bei Facebook. Verkauf von GPS-Geräten, Land- und

Café und Buchladen in einem: Das Prospero's Books ist der perfekte Ort für ein Päuschen.

Trekkingkarten, Gaskochern und -kartuschen. ⌚ Mo–Fr 10–19 Uhr.

Mogzauri, V. Pshavela Ave. 25, 💻 https://mplus.ge. Verkauf und Verleih von Ski-, Trekking- und Campingausrüstung, Gaskartuschen und Trekkingkarten. Auch Mountainbikes und entsprechende Ausrüstung können geliehen werden. Zum Laden gehört ein Reisebüro, das Aktivreisen organisiert. ⌚ 10–19 Uhr.

The NorthFace, V. Pshavela St. 10, 💻 bei Facebook. Verkauf von Outdoor- und Sportbekleidung sowie Gaskartuschen. ⌚ Mo–Fr 10–18 Uhr. Eine weitere Dependance befindet sich in der Galleria Tbilisi.

Einkaufszentren

Galleria Tbilisi, S. Rustaveli Ave. 2/4, 💻 https://galleria.ge. Shopping-Center direkt am Liberty Sq. ⌚ 10–22 Uhr.

Lilo Mall, Kakheti Highway 112, 💻 https://www.lilomall.ge. Ein Paradies für Marktliebhaber: riesiger, halb offener Markt, in dem es einfach alles zu kaufen gibt. Anfahrt ab Metro-Station Isani mit Bus 341. ⌚ 10–17 Uhr.

Tbilisi Mall, 16th km D. Aghmashenebeli Ave., 💻 https://www.tbilisimall.com. Das größte Einkaufszentrum der Stadt liegt 15 km nördlich des Zentrums an der Straße nach Mtskheta. ⌚ 10–22 Uhr.

Fotobedarf

In den Geschäften der großen Mobilfunkanbieter **Magti** und **Beeline** gibt es außer Handys und SIM-Karten auch USB-Sticks und SD-Karten für Digitalkameras zu kaufen (S. 207). Filme für Analogkameras sind bei **Fotografia** (S. 203) erhältlich.

Lebensmittel und Weine

Auf den Märkten am Bahnhof oder der Metrostation Didube gibt es günstige Soßen, Gewürze und Konfitüren. Die Läden in der Innenstadt verkaufen essbare Souvenirs zu höheren Preisen, dafür hübsch verpackt. Wein kauft man am besten in den Weinstuben direkt, wo man ihn auch probieren kann. In der Altstadt gibt es zahlreiche Wein- und Spirituosengeschäfte, Weine können auch in vielen der Weinbars gekauft werden (S. 196).

Bitadze Tea Shop, G. Tabidze St. 15, 💻 https://teageorgia.com. Der kleine Teeladen mit Museum ist der perfekte Ort, um vom „Tea Master" mehr über die Geschichte des Teeanbaus in Georgien zu erfahren und hochwertigen georgischen Tee zu trinken und zu kaufen. Der Laden gehört zur Georgian Tea Association, die vom Ladeninhaber Shota Bitadze gegründet wurde und die den Teeanbau im Land wiederbelebt und Exkursionen in die Teeanbaugebiete anbietet. ⌚ Mo–Sa 11–20 Uhr.

Chacha Corner, G. Lordkipanidze St. 11, 💻 bei Facebook. Kleiner Laden in Sololaki, dessen Schwerpunkt auf Kognak, Wodka und natürlich hochwertigem Chacha liegt. ⌚ 10–23 Uhr.

Cheese House, Z. Paliashvili St. 7, 💻 bei Facebook. Viele verschiedene Käsesorten – und auch sonst alles, was man sich als essbares Souvenir wünschen könnte. Etwas günstiger als in der Innenstadt. ⌚ 10–22.30 Uhr.

Khurjini, A. Katalikosi St. 15, 💻 bei Facebook. Jeder Zentimeter des kleinen bunten Ladens wird als Verkaufsfläche für die einheimischen Spezialitäten genutzt: Gewürze, Wein, Chacha, Churchkhela, Marmeladen, Honig, Kompott, eingemachte Früchte, Käse, Tee etc. ⌚ 11–22 Uhr.

Märkte und Flohmärkte

Der größte Markt ist der **Deserter Market**, der sich nahe dem **Hauptbahnhof** über einen gesamten Straßenblock erstreckt. Angeblich erhielt er seinen Namen von Deserteuren der russischen Armee, die dort 1917/18 ihre Waffen und Uniformen verkauften. Heute liegt der Schwerpunkt auf Obst und Gemüse, aber auch sonst ist fast alles zu bekommen.

Der **Dashlilebi Market** nördlich der Metrostation Tsereteli ist eigentlich ein Schrottplatz. Für die einen ist er ein Ort, um günstige Ersatzteile fürs Auto zu kaufen, für andere eine Attraktion.

Märkte gibt es ebenfalls an den Metrostationen **Didube** und **Samgori**. Die Händler trudeln jeden Tag gegen 9 Uhr ein, am Abend ist gegen 21 Uhr Schluss.

Dry Bridge Market, Flohmarkt an der Saarbrücken Bridge, S. 181.

Der moderne **Bazari Orbeliani**, 💻 bei Facebook, wurde im Rahmen der Neugestaltung des Orbeliani Sq. in der alten Markthalle eröffnet. Hier gibt es hübsch dekorierte Marktstände und man kann allerlei georgische Spezialitäten und (essbare) Souvenirs kaufen. Der Food Court hat eine gute Auswahl an Restaurants und Cafés für jeden Geschmack. ⌚ 10–23 Uhr.

Souvenirs, Kunsthandwerk und Fotografien

Klassische Souvenirs wie Trinkhörner, Fellmützen, Emaille-Schmuck und Tongefäße kann man u. a. auf den Treppenstufen vor der Akademie der Wissenschaften am Rustaveli Sq., auf dem Flohmarkt an der Trockenbrücke und am Vakhtang Gorgasali Sq. (Maidan) erstehen.

17 Kvadrati, G. Chanturia St. 8, 💻 bei Facebook. Im Hinterhof des Rustaveli Theaters werden handgefertigte Taschen, Rucksäcke, Gürteltaschen, Gürtel, Holzfiguren und Keramikarbeiten verkauft. ⌚ 12–22 Uhr.

Ceramic Room Shop, V. Barnovi St. 30/43, 💻 bei Facebook. Traditionelle handbemalte Kacheln sowie zeitgenössische Keramik. Die Inhaberin hat die Treppe, die von der Rustaveli Ave. zur Kunstakademie führt, gestaltet. ⌚ 12–19 Uhr.

Erti Kava Coffee Room (S. 196). Nach einem („erti") Kaffee kann man in dem netten Café auch Souvenirs erstehen, z. B. Kaffeetassen, traditionelle Tischdecken, Keramikkacheln, T-Shirts und mehr.

Ethnodesign, G. Akhvlediani St. 23, 💻 https://ethnodesign.b2c.ge. Eine gute Adresse, um wunderschönen Emaille-Schmuck zu kaufen, der vom Ikorta Studio (S. 321) hergestellt wird, das aus Südossetien vertriebene Frauen beschäftigt. Es gibt außerdem Keramikobjekte, Filzarbeiten, Strick-Hausschuhe, Taschen, Holzarbeiten und weitere hochwertige Andenken aus allen Landesteilen. Der Laden ist der Flagship-Store des Georgischen Handwerkerverbands. ⌚ 11–20 Uhr.

Fabrika Courtyard, E. Ninoshvili St. 8, 💻 https://fabrikatbilisi.com. Im Innenhof des Fabrika-Kreativ-Komplexes kann man prima shoppen: Schallplatten bei **Vodkast Records**, Töpferwaren im **Ceramic Studio 1300**, kreativ konzipierte Kleidung bei **Flying Painter** und alles, was das Skater-Herz begehrt, im **Cru Graffiti** Shop und **Margo Skate Shop**. ⌚ unterschiedlich, ca. 13–21 Uhr.

Schon seit dem 13. Jh. wird in Tbilissi mit Teppichen gehandelt.

Fotografia, R. Tabukashvili St. 21, 💻 bei Facebook. Das erste Atelier seiner Art in Tbilissi: Limitierte Abzüge von Fotografien bekannter georgischer und internationaler Künstler sind ausgestellt und können erworben werden. Außerdem gibt es Ilford-Filme für Analogkameras und Fotografiebildbände zu kaufen. 🕒 Mi–Sa 12–20 Uhr.

Gallery 27, Betlemi St. 3, 💻 https://gallery-27.com. Der kleine Laden in dem alten Haus mit dem wunderschönen, bunt verglasten Treppenaufgang verkauft Tischdecken, Seidentücher, Filzarbeiten, Keramik und Emaille-Schmuck. Vieles mit traditionellen Motiven, alles aus liebevoller Handarbeit. 🕒 11.15–20 Uhr.

Supermärkte

Carrefour, Vekua St. 3, im Untergeschoss des Bazari Orbeliani. 🕒 9–22.30 Uhr.

Teppiche

Midimodi, Z. Kurdiani St. 17, 💻 https://midimodi.com/store. Handgefertigte georgische und iranische Teppiche. 🕒 10–18 Uhr.

Origin Carpets, Erekle II St. 8/10, 💻 bei Facebook. Unter anderem persische Seidenteppiche, seltene Sumakh-Teppiche und Satteltaschen. 🕒 10–20 Uhr.

AKTIVITÄTEN

Co-Working-Spaces

ANO, Sokhumi St. 4, 💻 https://ano.ge. Kleiner Co-Working Space mit schnellem Internet nahe Metro Tsereteli, es gibt eine Küche und freitags gemeinsames Biertrinken, die Hauskatze sorgt für entspannte Atmosphäre. Finanziert durch japanisches Crowdsourcing und bei der japanischen Community beliebt. 🕒 24 Std.

Lokal Tbilisi, V. Petriashvili St. 42, 💻 https://lokaltbilisi.com. Co-Working-Space in einem alten Wohnhaus und mit schnellem Internet. Freundliche Arbeitsräume, kleiner Garten, kostenloser Tee und Kaffee, regelmäßige kostenlose Events und Brettspielabende. Gesellige Atmosphäre und Raum zum Austausch – darum ist es in den Büros nicht immer ganz so leise. 🕒 Mo–Fr 9–22 Uhr, 24-Std.-Zugang möglich. Bietet auch Zimmer (Co-Living) ab 7 Übernachtungen an.

Terminal, 💻 https://terminal.center. Kette mit 6 Standorten in Tbilissi: „Mozaika“ und „Roses

Garden" in Chughureti, „Korava" in Vere und weiteren 3 in Vake und Saburtalo. Arbeitsplätze können für einzelne Tage gemietet werden. Moderne saubere Büro- und Konferenzräume, die meisten der Standorte haben eine Küche, Cafeteria und Lounge. Regelmäßige Networking-Events. 🕒 24 Std.

Space Z, A. Politkovskaia St. 3, Block 6, 💻 bei Facebook. Kleiner, ruhiger Co-Working-Space in Saburtalo mit günstigen Preisen. 🕒 24 Std.

Tagesausflüge von Tbilissi

Georgien ist ein kleines Land, viele interessante Orte kann man von Tbilissi aus problemlos im Rahmen eines Tagesausflugs besuchen, so etwa:

Bergwelt von Stepantsminda, ab in den Großen Kaukasus mit Zwischenstopp am türkis-schillernden Ananuri-Stausee und der Festung, S. 284.

Birtvisi-Schlucht, Wandern im Karstlabyrinth, S. 334.

Deutsche Kolonien Asureti und Bolnisi, Spuren der deutschen Vergangenheit, S. 333 und S. 335.

Gori und Höhlenstadt Uplistsikhe, zum Stalin-Museum und einer verlassenen Höhlenstadt aus der Bronzezeit. S. 322 und S. 328

Höhlenkloster Davit Gareja, einzigartige Kunstschätze in der Halbwüste, S. 217.

Königsstadt Mtskheta, beeindruckende Kirchen und Kathedralen am Zusammenfluss von Aragvi und Mtkvari, S. 311.

Tsalka-Plateau, bronzezeitliche und steinzeitliche Monumente vor der Kulisse glitzernder Bergseen und markanter Vulkane, S. 494.

Weinregion Kachetien, Besuch von Weinkellern im idyllischen Signagi oder der alten Königstadt Telavi, S. 235.

Oder mal was ganz anderes:

Alltag im Pendlerzug, auf der morgendlichen Fahrt im Pendlerzug nach Gardabani gemeinsam mit den Marktfrauen, die ihre Waren in die Stadt bringen, ist man ganz nah dran am echten Leben.

Heiße Bäder / Hamam

S. 162/163

Kochkurse

Georgian Flavors, 💻 https://www.georgianflavors.com. Kochen liegt Irma „Mia" Laghaze im Blut, die lange Zeit kulinarische Reisen durch Georgien führte und die Corona-Pandemie nutzte, um eine professionelle Ausbildung als Köchin zu machen. Gekocht wird bei ihr daheim in Vere.

Stadtrundfahrten und Stadtführungen

City Sightseeing Tbilisi, 💻 https://cstbilisi.com. Die roten Doppeldeckerbusse fahren von 10–19 Uhr stündlich und halten an 9 Stationen zwischen der Metekhi-Stadtmauer im Osten und der Aghmashenebeli Ave. im Westen. Tickets sind 24 Std. gültig, Audio-Infos in Englisch und Russisch.

Tbilisi Free Walking Tour, 💻 https://tbilisifreewalkingtours.com. Die Tour „Old Tbilisi" startet tgl. um 12 Uhr am Puschkin-Park am TIC. Termine für weitere (z. T. kostenpflichtige) Touren findet man auf der Website. Minimum 2 Pers.

SONSTIGES

Autovermietungen

Avis, Liberty Sq. 4, 📞 032 292 35 94, 💻 http://avis.ge. Sehr zuverlässiger Service mit einer rund um die Uhr geöffneten Filiale am **Flughafen** und einer weiteren in der Innenstadt. 🕒 9–19 Uhr.

Europcar, K. Abkhazi St. 42, 📞 591 176 793, 💻 https://www.europcar.de. Hat ebenfalls einen 24 Std. geöffneten Schalter am Flughafen. 🕒 Mo–Fr 9.30–18.30, Sa 9.30–18 Uhr.

Localrent, 💻 https://localrent.com. Über diesen Anbieter können Autos von lokalen Vermietern gebucht werden. Die Preise sind etwas günstiger, die Modelle meist etwas älter. Sobald man ein Auto gebucht hat, bekommt man die Adresse des Büros des lokalen Anbieters.

Sixt, K. Abkhazi St. 44, 📞 032 243 99 11, 💻 https://www.sixt.com. 🕒 Mo–Fr 10–18, Sa 11–14 Uhr, sowie ein durchgängig geöffneter Schalter am Flughafen.

Der Reiseveranstalter **Kaukasus Reisen** (S. 69) hat deutschsprachige Mitarbeiter und bietet

Mietwagen und Selbstfahrerreisen an, 💻 https://kaukasus-reisen.de/mietwagen.

Bibliotheken

Bibliothek des Goethe-Instituts Tbilissi, M. Zandukeli St. 16, ✆ 032 293 89 45, 💻 https://www.goethe.de. ⌚ Mo–Fr 12–17.30 Uhr. Auch Online-Ausleihe.

Nationalbibliothek des georgischen Parlaments, L. Gudiashvili St. 7, 💻 https://www.nplg.gov.ge. Zu der größten wissenschaftlichen Bibliothek des Landes gehört u. a. ein deutscher Lesesaal, Online-Ausleihe ist möglich. ⌚ 9.30–20 Uhr.

Diplomatische Vertretungen

Deutschland, Österreich und die Schweiz unterhalten **Botschaften in Tbilissi**. Für Weiterreisen und Visumsfragen können die Botschaften der Nachbarländer Armenien und Aserbaidschan interessant sein. Adressen s. u.

Deutsche Botschaft
N. Chkheidze St. 38, ✆ 032 244 73 00, Notfallnummer innerhalb Georgiens (auch per SMS) ✆ 599 586 191, von Deutschland aus ✆ 00995 599 586 191, 💻 www.tiflis.diplo.de. ⌚ Mo–Do 8.30–17.30, Fr 8.30–14.30 Uhr.

Österreichische Botschaft
T. Chovelidze St. 4, Belinski Building, ✆ 032 243 44 02, Notfallnummer ✆ +43 1 90115 4411, 💻 https://www.bmeia.gv.at. ⌚ Mo–Fr 10–13 Uhr.

Schweizerische Botschaft
S. Radiani St. 12, ✆ 032 275 30 01 oder 032 275 30 02, 💻 www.eda.admin.ch/tbilisi. ⌚ Mo–Fr 9–12.30 und Mo–Do 14–16.30 Uhr.

Weitere Botschaften

Armenische Botschaft
G. Tetelashvili St. 4, ✆ 032 295 17 23, 💻 www.georgia.mfa.am. ⌚ Mo–Fr 9–18 Uhr.

Botschaft von Aserbaidschan
V. Gorgasali St. 4, ✆ 032 224 22 20, 💻 www.tbilisi.mfa.gov.az. ⌚ Mo–Fr 10–12.30 und 16–17.30 Uhr

Geld

Im Zentrum von Tbilissi gibt es alle paar Meter **Bankautomaten** (ATM), entweder direkt an der jeweiligen Filiale, in Geschäften oder an der Straße. Ausgezahlt werden Lari und US-Dollar, das Limit beträgt meist 1500 GEL pro Tag. In der Kote Abkhazi St. findet man zahlreiche **Wechselstuben** – es lohnt sich, den Kurs zu vergleichen!

Gepäckaufbewahrung

An den großen Busstationen **Didube** und **Ortachala** gibt es einfache Gepäckaufbewahrungen ohne einzelne Schließfächer, bei denen man seine Gepäckstücke in einem bewachten Raum abstellen kann. Sie kosten nur wenige Lari und sind eine gute Lösung, wenn man z. B. nur kurz einen Kaffee trinken möchte. Für längere Einlagerung sind folgende Orte zu empfehlen:

Depot Storage, ✆ 599 409 803, 💻 https://depotstorage.ge. Eigentlich für Lagerung von Möbeln bei Umzügen gedacht, aber auch Koffer, Räder und Skier können eingelagert werden. Buchung online, Abholung des Gepäcks in der Unterkunft, ab 20 GEL.

Luggage Storage Pushkin Street, Pushkin St. 11, ✆ 593 614 803. Gepäckaufbewahrung für 7 GEL/24 Std. Auch Räder und Skier können eingelagert werden. Gepäckstücke werden mit einem Zettel versehen und in einem großen Raum gelagert. ⌚ 24 Std., evtl. muss der Besitzer angerufen werden.

Luggage Storage Railway Station, bei Gleis 1, Schließfächer für 10 GEL/24 Std. Beim Abgeben des Gepäcks muss der Pass vorgelegt werden und man erhält eine Quittung. Außerhalb der Geschäftszeiten kann die Nummer an der Tür angerufen werden. ⌚ 7.30–20 Uhr.

Smart Case, Liberty Sq. 4, 💻 https://smartcase.ge. Schließfächer der Größe 49 x 18 x 70 cm in einer etwas düsteren Passage. Ab 10 GEL/8 Std., Lagerung bis max. 45 Tage (200 GEL). Bezahlung passend in bar bei Abholung mit 20-, 10- oder 5-GEL-Scheinen oder 1-GEL-Münzen. ⌚ 24 Std.

Informationen

Tourist Information Center (TIC), Puschkin-Park am Liberty Sq., ✆ 032 215 86 97, ✉ tictbilisi@gmail.com. ⌚ 9–21 Uhr.

Wer genau hinschaut erkennt sie: die riesigen „Abflussrohre", eine moderne Ausstellungshalle.

Tourist Information Center (TIC), Flughafen, ✆ 032 231 00 07, ✉ ticairport@gmail.com. ⌚ 24 Std.

Medizinische Hilfe

Noch gibt es **kein funktionierendes Notfallmedizinsystem**, in den Krankenwagen können Patienten während des Transportes nur minimal versorgt werden. Der Standard der meisten öffentlichen Krankenhäuser in Tbilissi liegt unter dem europäischen. Es empfiehlt sich daher, im Krankheitsfall private Ärztezentren und Kliniken aufzusuchen (s. folgende Adressen). Zu beachten ist auch, dass es in georgischen Krankenhäusern keine Verpflegung gibt.

Die Deutsche Botschaft Tbilissi bietet eine Liste mit Ärzten und Kliniken zum Download unter 💻 https://tiflis.diplo.de/ge-de/service/-/1675894.

American Medical Center, D. Arakishvili St. 11, ✆ 032 250 00 20, 💻 https://tbilisi.amcenters.com. Privatklinik, nach Terminvereinbarung Behandlung bei deutschsprachigem Arzt möglich. ⌚ 24 Std.

Caucasus Medical Centre, P. Kavtaradze St. 23, ✆ 032 255 05 05, 💻 https://evex.ge/en. ⌚ Mo–Fr 9–20, Sa 9–14 Uhr.

MediClub, Tashkenti St. 22, ✆ 032 225 19 91, 💻 http://mcg.ge. Das Standardkrankenhaus für Ausländer. ⌚ 24 Std.

Denta Plus Clinic, V. Pshavela Ave. 38, ✆ 032 239 54 06, 💻 bei Facebook. Auch Englisch sprechende Zahnärzte. ⌚ Mo–Fr 9.30–17, Sa 10–15.30 Uhr.

Parken

Wer ein Auto mietet, wählt am besten eine **Unterkunft mit Parkplatz** und benutzt das Auto optimalerweise nur, um die Stadt zu verlassen – denn es ist eine nervenaufreibende Angelegenheit, in Tbilissi Auto zu fahren. Auf **Parkplätzen** in der Innenstadt weisen oft **Parkwächter** die Autos ein, dafür wird ein kleines Trinkgeld von 1–2 GEL erwartet. Unter der **Galleria Tbilisi** am Liberty Sq. gibt es ein großes Parkhaus. In Sololaki in der **Shalva Dadiani St. 15** sowie nördlich des **Bürgerhauses** gibt es jeweils einen kostenpflichtigen **bewachten Parkplatz**.

Um mit dem eigenen Auto im Stadtbereich von Tbilissi parken zu dürfen, muss eine **Parkgebühr** von 4 GEL für eine Woche oder 25 GEL für 6 Monate gezahlt werden. In der Innenstadt gibt es viele Stundenparkplätze, die an Schildern mit der Parkplatznummer erkennbar sind, sie kosten zusätzlich ca. 1 GEL/Std. Gezahlt werden kann an den orangefarbenen Maschinen, online bei 💻 https://parking.tbilisi.gov.ge oder mit der App „Parking Tbilisi".

Sicherheit

Tbilissi ist insgesamt eine sichere Stadt. Verglichen mit vielen anderen europäischen Großstädten gibt es weniger Straßenkriminalität, unbelebte Gegenden sollte man trotzdem nachts meiden. In der Touristensaison im Sommer treiben sich jedoch gelegentlich **Trickbetrüger**, **Taschendiebe** und aufdringliche Kinder herum, die nicht nur betteln, sondern auch stehlen. Insbesondere in den touristischen Gegenden und in der Nähe der großen Busstationen und des Bahnhofs sollte man daher wachsam sein. In den teureren Hotels stehen Safes zur Verfügung, in denen man seine Wertsachen sicher deponieren kann. Ansonsten gelten die üblichen Vorsichtsmaßnahmen (Bauchgurt tragen, Handtasche gut festhalten ...). **Bettelnden Kindern** sollte man kein Geld geben, sondern besser lokale Hilfsorganisationen unterstützen.

Bei dem **chaotischen Straßenverkehr** ist zu beachten, dass Autofahrer Zebrastreifen normalerweise ignorieren – und auch sonst auf Fußgänger kaum Rücksicht genommen wird. Über Fahrradfahren in der Stadt sollte man gar nicht erst nachdenken.

Auf den Gehsteigen und Straßen von Tbilissi sollte man stets genau darauf achten, wohin man tritt: Abseits der Vorzeigestraßen sind **Schlaglöcher**, fehlende Gullydeckel und unverhoffte Straßengräben selbst mitten in der Stadt keine Seltenheit.

Telefon

Die **Ortsvorwahl von Tbilissi** ist **032**, innerhalb der Stadt kann die Ortsvorwahl entfallen (s. dazu auch S. 74 im Kapitel „Travelinfos von A bis Z").

Direkt bei der Ankunft ist es möglich, im Flughafen SIM-Karten der großen Anbieter zu kaufen (alle 24 Std. geöffnet). In den Filialen in der Innenstadt werden außerdem Handys und SD-Karten verkauft. Besonders gute Netzabdeckung hat Magti.

Magti, Shota Rustaveli Ave. 22, 📞 032 217 00 00, 💻 https://www.magticom.ge. 🕒 Mo–Fr 9–21, Sa, So 9–18 Uhr.

Wäschereien

Die meisten **Hostels** und **Gästehäuser** haben eine Waschmaschine, die man für ca. 5–10 GEL benutzen kann. Vorher den Preis zu erfragen ist immer eine gute Idee, denn manche Hotels rechnen pro gewaschenem Kleidungsstück ab – was schnell teuer werden kann. Der Wäscheservice im Untergeschoss in der **Galleria Tbilisi** und in den gehobeneren Hotels wird stückweise abgerechnet und ist verhältnismäßig teuer. Günstigere Wäschereien gibt es nur weit außerhalb des Stadtzentrums.

NAHVERKEHR

Der öffentliche Personenverkehr in Tbilissi wird von Metro, Seilbahnen und nagelneuen Bussen und Marschrutki bestritten, die teils in bar, aber alle mit der wiederaufladbaren Metrokarte (2 GEL) gezahlt werden können, die an Metrostationen erhältlich ist. Fahrpläne, Routenplaner und Ticketpreise der U-Bahnen und Busse der **Tbilisi Transport Company** findet man auf 💻 https://ttc.com.ge/en. Ein 90 Min. gültiges Ticket kostet 1 GEL, eine Tageskarte 3 GEL und eine Wochenkarte 20 GEL.

Metro

Das Metronetz von Tbilissi war eines der ersten der Sowjetunion – es wurde 1960 in Betrieb genommen. Die U-Bahnen der beiden Metrolinien verkehren tgl. von 6–24 Uhr, zu Stoßzeiten im 3-Minuten-Takt. Die knapp 20 km lange **Akhmeteli-Varketeli-Linie** verbindet 16 Stationen von Norden nach Süden, die 7 km lange **Saburtalo-Linie** 7 Stationen zwischen Saburtalo und Hauptbahnhof. Dort befindet sich an der Metrostation Station Square der Umstieg zwischen den beiden Linien.

Busse und Kleinbusse

Die gelben Busse und Minibusse der staatlichen Verkehrsgesellschaft wurden 2022 komplett durch neue blaue und grüne Busse und Minibusse ersetzt. In den Bussen der staatlichen Verkehrsgesellschaft kostet eine Fahrt 1 Lari, passend als Münze oder mit der aufladbaren Metrokarte zahlbar. Wichtige Umsteigeplätze sind Station Square und Baratashvili Street. Die meisten Linien verkehren von 6–24 Uhr, einige, wie z. B. die Linie 37 zum Flughafen, auch in der Nacht (s. Kasten S. 210).

Marschrutki

Seit den 1990er-Jahren bilden **private Kleinbusse**, die Marschrutki, einen wichtigen Teil des Transportsystems. Sie verkehren zwischen ca. 6 und 23 Uhr auf festgelegten Routen, der Fahrpreis beträgt je nach Strecke 80–100 Tetri, die in bar beim Ausstieg gezahlt werden. Die privaten Marschrutki werden zunehmend von den offiziellen **Minibussen** der staatlichen Verkehrsgesellschaft abgelöst, in denen bar oder mit der Metrokarte gezahlt werden kann.

Taxis

Das Angebot an Taxis ist sehr groß, doch es gibt nur wenige feste Taxiplätze, z. B. am Vakhtang Gorgasali Sq., am Liberty Sq. und am Station Sq. Doch meist dauert es nicht lange, bis ein Taxi vorbeifährt, das man heranwinken kann. Dabei sollte der **Fahrpreis** auf jeden Fall **vorher vereinbart** werden, bei Sprachproblemen (die meisten Taxifahrer sprechen ausschließlich Georgisch und Russisch) am besten schriftlich. Eine Fahrt im Stadtzentrum sollte nicht teurer als 5–10 GEL sein, Fahrten in die Vororte max. 10–20 GEL. Zum Flughafen muss man ca. 30–50 GEL rechnen.
Bequem ist das Bestellen von Taxis über die verbreiteten Taxi-Apps (s. Kasten S. 77).

Gondelbahn und Standseilbahn

Schwebeseilbahnen waren im hügeligen Stadtgebiet früher ein wichtiges öffentliches Transportmittel. Wegen fehlender Mittel für die Instandhaltung wurde die letzte von knapp 12 Bahnen aus Sowjetzeiten jedoch 2009 geschlossen.
Insgesamt 3 **Gondelbahnen** befördern Passagiere vom Rike-Park zur Narikala-Festung (2,50 GEL/Fahrt), vom Vake-Park zum Schildkrötensee (1 GEL/Fahrt) und in Saburtalo über den Vere-Fluss (1 GEL/Fahrt). Eine **Standseilbahn** bringt Besucher zum Mtatsminda-Park. Die Gondelbahnen sind mit der Metrokarte zahlbar, für die Standseilbahn wird eine eigene Wertkarte benötigt, die auch für den Freizeitpark gültig ist.

TRANSPORT

Marschrutki und Sammeltaxis

Marschrutki und Sammeltaxis zu **Zielen im Süden und Osten des Landes** wie Signagi, Telavi, Dmanisi oder Bolnisi fahren von den Haltestellen an den Metrostationen **Samgori** und **Isani** oder der **Busstation Ortachala** im Süden der Stadt ab. **Ziele im Norden oder Westen** des Landes wie Stepantsminda, Kutaissi oder Batumi werden von den Busstationen nahe den Metrostationen **Didube** und **Station Square** bedient. Zu den touristischen Orten fahren meist auch Sammeltaxis ab. Zu beachten ist, dass **sich Abfahrtszeiten und Preise sehr oft ändern.**

Ortachala Busstation, Dimitri Gulua St. 1, ✆ 032 275 3433.
AKHMETA, um 7.30, 9, 13, 13.40, 14.20, 16 und 17 Uhr in 2 1/2 Std. für ca. 12 GEL.
BATUMI, um 9 und 10 Uhr in 6–7 Std. für ca. 40 GEL.
JOKOLO, um 12, 15 und 16 Uhr in 3 Std. für ca. 15 GEL.
KVARELI, um 8–18 Uhr stdl. in 3 1/2 Std. für 15 GEL.
TELAVI, von 8–18 Uhr stdl. in 2 Std. für ca.12 GEL.

Samgori Busstation, Moscow Ave., an der Metrostation Samgori, ✆ 274 63 23.
ASURETI, von 8–18.30 Uhr alle 30 Min. für 4 GEL.
DMANISI, von 8.30–18 Uhr alle 40 Min. in 2 Std. für ca. 10 GEL.
SAGAREJO, von 9–19 Uhr alle 20 Min. in 1 Std. für ca. 5 GEL.
TSALKA, um 8, 11, 14 und von 15–18 Uhr stdl. für ca. 15 GEL.
UDABNO, Mo, Mi, Fr und So um 16 Uhr in 2 Std. für ca. 10 GEL.

Besser Finger weg vom Steuer: In Tbilissi fährt man sicherer mit der Metro oder der Marschrutka.

Ertoba Busstation, Moscow Ave. 2, an der Metrostation Samgori.
ASURETI, von 8–18.30 Uhr alle 30 Min. in 45 Min. für ca. 2,50 GEL.
MESTIA, um 8 Uhr in 9 Std. für ca. 30 GEL.

Isani Busstation, Tsamebuli St. 69, südlich der Metrostation Isani.
GURJAANI, von 8.40–19 Uhr alle 40 Min. in 2 Std. für ca. 10 GEL.
JOKOLO, um 7.40 und 14.30 Uhr in ca. 3 Std. für ca. 15 GEL.
LAGODEKHI, von 8.30–18 Uhr ca. alle 60–80 Min. in 2 1/2 Std. für ca. 15 GEL.
DEDOPLISTSQARO, um 8.30, von 10–18 Uhr alle 50–60 Min. in 3 Std. für ca.10 GEL.

Busstation Didube/Nige, Karaleti St., an der Westseite der Metrostation Didube, ✆ 234 49 24 oder 555 768 565.
ABASTUMANI, 9.45 Uhr in 4 Std. für ca. 15 GEL.
AKHALTSIKHE, von 7.40–19 Uhr stdl. in 3 Std. für ca. 15 GEL.
BARISHAKO, Di, Fr und So, nach Winterfahrplan um 15.15, im Sommer um 16.15 Uhr in 3 Std. für ca. 10 GEL.
BORJOMI, von 7–19 Uhr stdl. in 2 Std. für ca. 12 GEL.
CHIATURA, von 7–19 Uhr in 2 1/2–3 Std. für ca. 15 GEL.
GORI, von 8–18 Uhr alle 40 Min. in 1 Std. für 5 GEL.
GUDAURI, um 8, 9, 9.30, 11, 13.30, 17 und 18 Uhr in 2 1/2 Std. für ca. 10 GEL.
KASHURI, von 7–20 Uhr stdl. in ca. 2 Std. für ca. 7 GEL.
KUTAISSI, von 6–19 Uhr stdl. in 3 1/2 Std. für ca. 20 GEL.
MTSKHETA, von 8–20 Uhr alle 20 Min. in 1/2 Std. für ca. 2 GEL.
SHATILI, Mi–Sa um 9 Uhr in 6–7 Std. für ca. 30 GEL.
STEPANTSMINDA, von 9–18 Uhr stdl. in 3 Std. für ca. 15 GEL.
VARDZIA, um 10.10 Uhr in 4 1/2 Std. für ca. 22 GEL.

Busstation Didube/Okriba, Karaleti St. 4, an der Westseite der Metrostation Didube, ✆ 234 2692.
AMBROLAURI, um 9 Uhr in ca. 4 Std. für ca. 30 GEL.

Taxi vom/zum Flughafen

Für eine Fahrt mit dem **offiziellen Flughafentaxi** des Anbieters „Fly Taxi" zahlt man nach Avlabari, Isani und Ortachala 40 GEL, bis zum Liberty Sq., Rustaveli, Vake, Saburtalo und Marjanishvili 60 GEL. Der Fahrpreis sollte vor Abfahrt nochmals vom Fahrer bestätigt werden. Doch weil man trotz der eigentlich festen Fahrpreise immer wieder von überhöhten Preisen und Touristen, die am falschen Ort abgeliefert wurden, hört, sind andere Möglichkeiten empfehlenswerter.

Praktisch ist es, einen **Transfer über die Unterkunft** zu buchen. Das ist besonders bei preiswerten Unterkünften sehr empfehlenswert, da die Eingänge nicht immer deutlich beschriftet sind und die Taxifahrer nicht jede Adresse kennen.

Preiswerter ist auch die Buchung einer Fahrt über eine Taxi-App, die Kosten liegen dann bei ca. 25–30 GEL. Adressen s. Kasten S. 77.

Günstigste Option ist der Linienenbus, der von 6.45–23 Uhr verkehrt: Der **Bus der Linie 337** fährt alle 20 Min. in ca. 50 Min. für 1 GEL ins Zentrum. Die Fahrt wird mit der wiederaufladbaren Metrokarte bezahlt, die man vor Fahrtantritt kaufen muss. Sie ist am Schalter der Bank of Georgia in der Ankunftshalle erhältlich. Es ist auch möglich, die Fahrt mit der Kreditkarte zu zahlen – dafür die Karte einfach an die Ticketmaschine halten (Preis ist dann 1,50 GEL). Verlässt man die Ankunftshalle, geht man rechts bis ans Ende des nächsten Gebäudes, dort befindet sich die Busstation.

BAKURIANI, um 9.30, 13, 15, 16 und 18 Uhr in 3 Std. für ca. 15 GEL.
BATUMI, von 7.30–19.30 Uhr stdl. in 5–6 Std. für ca. 30 GEL.
CHIATURA, von 8–20 Uhr alle 1 1/2 Std. in 2 1/2–3 Std. für ca. 15 GEL.
KOBULETI, von 8.30–19.30 Uhr stdl. in 5–6 Std. für ca. 30 GEL.
MARTVILI, um 9, 15 und 16.30 Uhr in 4 1/2 Std. für ca. 25 GEL.
ONI, um 9 Uhr in ca. 4 Std. für ca. 35 GEL.
SHOVI, über UTSERA und ONI, um 9, 10.30, 11.30 und 14 Uhr in ca. 5–6 Std. für ca. 35 GEL.
TKIBULI, um 9, 11, 14 und 16 Uhr in 4 Std. für ca. 15 GEL.
ZUGDIDI, von 8.20–20 Uhr stdl. in 5 Std. für 25 GEL.

Busstation Station Square/EXPRESS, Pirosmani St. 91, südlich der Metrostation Station Square, ✆ 579 001 153.
KAZRETI, über BOLNISI, von 8–18 Uhr alle 30–60 Min. in ca. 1 1/2 Std. für ca. 5 GEL.

Busse

Alle Reisebusse fahren ab der **Busstation Ortachala**, D. Gulua St. 1, ✆ 032 275 34 33, im Süden der Stadt ab. Buslinie 337 fährt ab dem Hauptbahnhof mit mehreren Haltestellen, inkl. Baratashvili Street, alle 10 Min. für 1 GEL dorthin.

Nationale Verbindungen

Geo Metro Georgia, 💻 http://metrogeorgia.ge.
BATUMI, über KOBULETI und KUTAISSI AIRPORT, um 12, 18 und 23.59 Uhr in 6 1/2 Std. für 40/35 GEL.
Georgian Bus, 💻 https://georgianbus.com.
KUTAISSI AIRPORT, in 4 Std. für 25 GEL, Fahrplan entsprechend der Abflüge.
Omnibusexpress, 💻 https://omnibusexpress.ge, ab Ortachala Verbindungen nach BATUMI und ZUGDIDI, ab Haltestelle Mikheil Javakhishvili St. 7 nach GORI und KUTAISI AIRPORT.

Internationale Verbindungen

Nach Armenien:
YEREVAN, um 9, 11, 13, 15 und 17 Uhr in 5–6 Std. für ca. 60 GEL.
GYUMRI, um 10 Uhr in 4 Std. für ca. 60 GEL.
Beide mit **Hayreniq Tour**, 💻 https://hayreniqtour.ru.

Nach Griechenland:
ATHEN, mehrmals wöchtl. in 48 Std. für ca. 100 €.
THESSALONIKI, mehrmals wöchtl. in 26–28 Std. ca. 100 €.

In die Türkei:
ISTANBUL, um 9 Uhr in 32 Std. für 170 GEL, über TRABZON (13 Std. für 100 GEL), mit **Geo Metro Georgia**, (s. o.), die weitere Städte in der Türkei anfahren.

Eisenbahn

Der **Hauptbahnhof** Zentraluri Sadguri liegt nordwestlich des Stadtzentrums. Im Bahnhof gibt es einen Schalter mit Englisch sprechendem Personal. Für die Buchung von Nachtzügen und internationalen Verbindungen ist die Vorlage des Personalausweises oder Passes nötig, Fahrkarten für internationale Verbindungen können ausschließlich am Schalter, ⏲ 7–23 Uhr, gekauft werden.
Der Fahrplan wurde in den letzten Jahren leider sehr ausgedünnt, u. a. sind die Nachtzüge nach Baku und Zugdidi entfallen sowie zahlreiche der Nahverkehrszüge. Wenigstens verkehren auf der Route Tbilissi–Batumi neue Stadler-Doppeldeckerzüge. Online-Tickets können auf 💻 http://www.matarebeli.ge/en/home gekauft werden.
BATUMI, über GORI, tgl. um 8, 10.25 und 17.05 Uhr in ca. 5 Std.
BORJOMI, tgl. um 18.20 Uhr in ca. 4 Std.
KUTAISSI, über GORI, tgl. um 8.50 und 15.50 Uhr in 5 1/2 Std.
POTI, tgl. um 17.30 Uhr in ca. 5 Std.
YEREVAN, an ungeraden Daten um 20.20 Uhr in 10 1/2 Std.
ZUGDIDI, tgl. um 8.25 Uhr in 5 1/2 Std. Der Nachtzug verkehrte 2022 nicht.
Es gibt weitere Verbindungen, u. a. nach Ozugeti, Nikozi, Kobuleti, Sakhlo und Gardaban.

Flüge

Inlandflüge
Vanilla Sky, Abkhazi St. 44, 💻 https://ticket.vanillasky.ge, bietet vom Flughafen Natakhtari 30 km nördlich von Tbilissi Flüge an, inkl. Transit von der Metrostation Rustaveli. Max. 15 kg Gepäck und 7 kg Handgepäck. Unterschiedliche Flügpläne je nach Saison, aktuelle Flugzeiten auf der Website. Rechtzeitig reservieren!
AMBORLAURI, 2–3x wöchtl.
BATUMI, 6 x wöchtl.
MESTIA, 6 x wöchtl.

Internationale Verbindungen

ALMATY, mit Air Astana 3x wöchtl. in 3 3/4 Std.
BAKU, mit Azerbaijan Airlines 3–4x tgl. in 1 1/4 Std.
FRANKFURT, mit Condor 1x wöchtl. in 4 1/2 Std.
MÜNCHEN, mit Lufthansa, 1x tgl. in 4 1/4 Std.
ISTANBUL, mit Turkish Airlines 4–5x tgl. in 2 1/2 Std.
WIEN, mit Georgian Airways 2x wöchtl. in 1/2 Std.
YEREVAN, mit Georgian Airways 2–3x wöchtl. in 1/2 Std.

Die wichtigsten Airlines

Georgian Airways, Rustaveli Ave. 12, 💻 https://www.georgian-airways.com. ⏲ Mo–Fr 10–18 Uhr. Der Schalter am Flughafen Tbilissi ist tgl. durchgehend geöffnet.
Lufthansa, 💻 https://www.lufthansa.com. ⏲ Der Schalter am Flughafen hat tgl. von 24–8 Uhr geöffnet, die Servicehotline, ✆ 032 247 39 90, ist Mo–Fr 9–18 Uhr besetzt.
Turkish Airlines, David Agmashenebeli Ave. 147, 💻 https://www.turkishairlines.com. ⏲ Mo–Fr 9.30–17.20 Uhr. Der Schalter am Flughafen Tbilissi ist zu Flugzeiten der Airline geöffnet.

OMALO; © NINA KRAMM

Der Osten: Kachetien

Kachetien ist für seinen Wein berühmt. In der Weinebene dreht sich alles um das Lebenselixier der Georgier. Doch es gibt in der vergleichsweise kleinen Region noch so viel mehr zu entdecken: alpine Berglandschaften in Tuschetien, dschungelartige Wälder bei Lagodekhi, eine karge Wüstenlandschaft an der Grenze nach Aserbaidschan ... Nicht zu vergessen das idyllische Signagi sowie unzählige Kirchen, Klöster und Burgen, die das Bild Kachetiens prägen.

Stefan Loose Traveltipps

2 **Davit Gareja** In einer surreal anmutenden Landschaft liegen diese alten Höhlenklöster mit beeindruckenden Fresken. S. 217

3 **Signagi** Die romantische Kleinstadt bezaubert mit beinahe mediterranem Flair. S. 220

4 **Vashlovani-Nationalpark** „Abgefahrene" Erosionslandschaften, die ein Paradies für Offroad-Fans sind. S. 231

5 **Die Weinebene** Wo könnte man sich besser durch Weinkeller trinken als in der „Wiege des Weins"? S. 235

Lagodekhi-Nationalpark Durch dichten Urwald geht es zu idyllischen Wasserfällen und Badestellen. S. 242

Gremi Die mittelalterliche Königsstadt begeistert nicht nur Archäologen. S. 248

Alaverdi-Kathedrale Einer der drei Nationaldome Georgiens, der mit seiner Architektur beeindruckt und überrascht. S. 258

Zu Fuß von Tuschetien nach Khevsuretien Abenteuerliche Wanderung über jahrhundertealte Hirtenpfade. S. 270

WEINEBENE, SKULPTUR; © NINA KRAMM

TELAVI, MARKT; © PHILIPP SCHMATLOCH

Wann fahren? Ganzjährig, am besten im Frühjahr oder Herbst. Tuschetien kann nur von Ende Mai bis maximal Mitte Oktober besucht werden, wenn der Abano-Pass befahrbar ist.

Wie lange? 2–4 Tage, Wanderer 7–10 Tage

Bekannt für gute Weine, gute Laune, unberührte Naturlandschaften, steile Passstraßen und unzählige Schafe

Beste Feste Weinfest in Signagi und Alaverdoba im September

Outdoor-Tipp Der anspruchsvolle mehrtägige Trek von Tuschetien nach Khevsuretien

Das sonnige Kachetien ist die meistbesuchte Region Georgiens. Von Tbilissi über den Kacheti Highway S5 nach Signagi oder auf der S38 über den 1991 m hohen Gombori-Pass nach Telavi ist Kachetien bestens angebunden und deshalb ein beliebtes Ziel für Tagesausflüge von der Hauptstadt aus. Ob zum Wandern, zur Klöster- und Burgenbesichtigung, zum Schlemmen oder zur Weinverkostung: Kachetien eignet sich perfekt für Aktiv-, Kultur- und Kulinarik-Reisen.

An der Südostseite des Großen Kaukasus gelegen, wird Kachetien vom Gombori-Kamm unterteilt: Südlich dieses Gebirgskamms befindet sich auf der kargen Hochebene, durch die der Iori fließt, die Region des Äußeren Kachetien (Gare Kachetien). Dort sind in der Einsamkeit der Halbwüste die **Höhlenklöster von Davit Gareja** in den bunten Sandstein geschlagen, tief beeindruckende Kulturschätze des Landes. Hinter Dedoplistsqaro breitet sich die Wüstenlandschaft des **Vashlovani-Nationalparks** aus. Dort blubbern Schlammvulkane vor sich hin, während anderswo Gazellen elegant durch die Steppe springen, und hinter der **Karstlandschaft von Alesilebi** verbirgt sich das grüne Flusstal des Iori. Wie Dedoplistsqaro und der Vashlovani-Nationalpark, gehört auch das romantische Signagi zur Region Kiziqi, die sich zwischen den Flüssen Iori und Alazani erstreckt. Das herausgeputzte, mittelalterliche Städtchen **Signagi** thront an der Nordostseite des Gombori-Kamms, zu seinen Füßen breitet sich die Ebene des Alazani aus.

Die **fruchtbare Alazani-Ebene** gehört zum Inneren Kachetien (Shida Kartli) und ist für ihren

Wein berühmt. Von dort sollen die besten Weine kommen, die u. a. dafür bekannt sind, ein besonders frohes Gemüt zu verschaffen – das behaupten zumindest die Einwohner von Tbilissi, die dem kachetischen Wein ausgesprochen zugetan sind. Im Inneren Kachetien dreht sich alles um den gegorenen Traubensaft: Fast jeder Ort ist gleichzeitig auch der Name eines Weins, und jeder Bauer ist zugleich Winzer, der sein eigenes Tröpfchen im hauseigenen Weinkeller, dem Marani, keltert. Die alte **Königsstadt Telavi** ist dabei ein guter Ausgangspunkt für Ausflüge in die Umgebung, in der es etliche lohnende Ziele für Kulturinteressierte gibt: Die Alaverdi-Kathedrale, das Ikalto-Kloster und die beiden Shuamta-Klöster sind nur einen Steinwurf entfernt.

Und während im **Nationalpark von Lagodekhi** vor allem urwaldähnliche Flora die Wanderungen bestimmt, ist die baumlose **Bergregion Tuschetien** hoch oben im Großen Kaukasus durch Kargheit und Wehrtürme charakterisiert. Nicht selten wehrten die kampferprobten Tuschen feindliche Stämme von Norden ab und schützten so das georgische Königreich. Doch mittlerweile geht es dort friedlich zu, und die Gegend lädt zu herrlichen mehrtägigen Wanderungen ein.

Das unzugängliche Hochgebirge war der Ort, in dem der historische Staat Kachetien im 8. Jh. seinen Ausgang nahm. Khevi und die umliegenden Gebirgsregionen entzogen sich den Tributzahlungen an die damaligen arabischen Herrscher. Die rebellische Region dehnte sich bis ins 9. Jh. weiter ins Flachland aus, und wenig später wurde Telavi zur Hauptstadt ernannt.

Die Ausdehnung des Reichs änderte sich im Laufe der Geschichte oft, zu unterschiedlichen Zeiten wurden unterschiedliche Gebiete als Kachetien bezeichnet. Der ursprünglich weiter westlich gelegene Staat verschob sich mit der Zeit weiter nach Osten, u. a. wurde das einst eigenständige Königreich „Heretien" bei Lagodekhi am linken Alazani-Ufer erobert.

Obwohl das Kachetische Reich ständig Überfällen aus Dagestan ausgesetzt war und persische Angriffe stets als Erstes abpuffern musste, war **es jahrhundertelang ein mächtiges Königreich**. Es lag strategisch günstig an einer Handelsroute der Seidenstraße. Von dem einstigen Reichtum zeugen noch heute zahlreiche Kulturdenkmäler wie Kirchen, Klöster, Burgen und Ruinen, auf die man bei der Reise allerorts trifft.

Immer wieder von Feinden verwüstet und zuletzt durch die wirtschaftliche Krise seit der Unabhängigkeit gebeutelt, ist Kachetien heute eine der strukturschwächsten Regionen Georgiens. Die Zeiten, als Kachetien führend in der Seidenproduktion war, sind längst vorbei, und auch sonst gibt es keinen nennenswerten Industrie- oder Dienstleistungssektor. Die gesamte Gegend ist auf Landwirtschaft und Tourismus ausgelegt – und so können sich Besucher darüber freuen, wenn auf den Straßen noch immer von Eseln gezogene Heuwagen gemächlich entlangschaukeln. Für die junge Generation gibt es in dieser scheinbar romantischen Bauernidylle jedoch kaum Jobs, weshalb es viele in die Hauptstadt Tbilissi zieht.

Dort landet übrigens auch das meiste Obst und Gemüse, das in üppiger Fülle im Alazani-Tal gedeiht. Das Klima ist für den Anbau perfekt: wenig Frost im Winter und sonnenreiche Sommer mit regelmäßigen Regenschauern. Im Juni und Juli hält die Hitze allerdings durchaus mit spanischen oder süditalienischen Sommertemperaturen mit: also Sonnenhut auf, Sonnencreme drauf!

Äußeres Kachetien und Kiziqi

Einst galt die Region als Kornkammer Georgiens. Durch das zunehmend trockenere Klima kommt es jedoch mittlerweile zu Problemen beim Getreideanbau. In der Halbwüste verbergen sich zwei große Schätze: die Höhlenklöster von **Davit Gareja** südlich von Sagarejo und die beeindruckenden Steppen- und Erosionslandschaften des **Vashlovani-Nationalparks**. Einen krassen Kontrast zu dieser Kargheit bildet das romantische **Signagi**, das an ein italienisches Dorf erinnert und an den Ausläufern des Gombori-Bergkamms liegt.

Ninotsminda

Knapp 60 km östlich von Tbilissi macht der Kacheti Highway kurz vor Sagarejo eine Rechtskurve: Dort zeigt ein Schild geradeaus den Weg zu der Ruine der **Kathedrale von Ninotsminda**: ein in Georgien hoch verehrter Ort.

Denn die **Kuppelkirche aus dem 6. Jh.** ist der georgischen Nationalheiligen, der wundertätigen Nino, geweiht und eines der ersten monumentalen Zentralbauten auf georgischem Boden. Ihre Bauweise war wegweisend für die mittelalterliche Architektur, ohne sie wäre der Kreuzkuppelbau der Jvari-Kirche bei Mtskheta nicht denkbar gewesen. Bei dem Tetrakonchosbau wurde zwischen den vier breiten Apsiden jeweils ein Zwischenraum eingeschoben. Diese Räume erweiterten den zentralen Kuppelraum und trugen einst zu einer verbesserten Statik des Gebäudes bei, indem sie den Druck der Kuppel abfingen. Ganze 1400 Jahre hielt diese Konstruktion – bei Erdbeben im 19. Jh. stürzte die Kuppel ein und wurde nicht wieder aufgebaut. An der östlichen Apsis sind Fresken aus dem 16. Jh. erhalten, denen jedoch im 18./19. Jh. stark zugesetzt worden war: Dagestanische Banditen vandalierten hier, einige Einschusslöcher sind an den alten Gemäuern bis heute zu erkennen. Der Kirchenbau ist von einer hohen **Wehrmauer** und imposanten **Torflankentürmen** eingeschlossen, hinter diesen Mauern fand die lokale Bevölkerung bei Überfällen vor den Persern Zuflucht. Auf dem Areal steht zudem ein **dreigeschossiger Wohnturm** (nicht zugänglich) aus dem 16. Jh., der noch heute von Nonnen bewohnt wird.

Sagarejo und Umgebung

Das unscheinbare **Sagarejo** ist der Hauptort des Äußeren Kachetiens, es liegt 60 km östlich von Tbilissi am Kacheti Highway (S5) unweit des Flusses Iori. Wie in einer Oase breiten sich südlich des Ortes Maisfelder und Weingärten aus. Sie werden mit dem Wasser des Iori bewässert, der sich wie eine Lebensader durch die sonst karge Region schlängelt. Auch die berühmten Weinberge von Khasmi und Manavi werden mit seinem Wasser versorgt. Der Name des Ortes Sagarejo entwickelte sich aus „Twal-Sagaredscho", was soviel wie „das Tal, das Davit Gareja besitzt" bedeutet, denn ab dem 15. Jh. gehörte das Dorf zu den 80 km südlich gelegenen Klosteranlagen.

Nördlich von Sagarejo liegt die dicht bewaldete **Gombori-Bergkette**, die sich durch das Äußere Kachetien und Kiziqi zieht. Obwohl zu 90 % von Wald bedeckt, gibt es kaum Quellen oder Bäche. An seinen Hängen fühlt sich vor allem die Kaukasische Kiefer wohl; die seltene Art ist eine sogenannte Reliktpflanze und kommt mit dem trockenen Klima gut aus. Zum Schutz dieser besonderen Kiefernwälder wurde das **Mariamjvari-Naturreservat** ausgewiesen.

Den viel befahrenen **Kacheti Highway** (S5) Richtung Osten säumen nicht nur Obst-, Gemüse- oder Fleischstände, an denen sich im September vor allem Melonen und Kürbisse türmen, auch die ersten Weingüter sind bereits hier zu finden. Die meisten erinnern aber eher an Autobahnraststätten als an gemütliche Weinkeller – daher sollte man mit seinem Besuch noch ein wenig warten: In der kachetischen Weinebene gibt es viele wesentlich einladendere Weinkeller.

Unweit von Sagarejo liegt östlich das kleine Weindorf **Manavi**, das für seinen jungen Wein, den hellgrünen Manavis Mtsvane, in ganz Georgien berühmt ist. Eine Kostprobe dieses Weines kann man im **Weingut Giuaani** bekommen (S. 238), zu dem ein komfortables Hotel gehört.

2 HIGHLIGHT

Davit Gareja

Kurz hinter Sagarejo (Richtung Osten) zweigt rechts eine asphaltierte Straße nach Süden ab, die durch die Halbwüste auf dem Iori-Plateau zu den 50 km entfernten Höhlenklöstern von Davit Gareja führt. Im Frühjahr leuchtet das Steppenland kurze Zeit in saftigem Grün, bevor es von der Sommerhitze ausgedörrt und im Herbst von hellen Pastell- und Ockertönen abgelöst wird. Im Winter ziehen Hirten mit ihren Schafherden umher, die unfruchtbare Gegend wird als Winterweide genutzt, da es nur selten schneit. Dabei werden die kargen Wiesen stark überweidet, sodass an manchen Stellen bereits die Desertifikation einsetzt.

Auf halber Strecke führt die Straße an zwei Salzseen vorbei – auch sie stehen im Wandel der Jahreszeiten: Im Frühjahr zeigen sie sich als idyllische blaue Seen, in Herbst und Winter als stinkende Wasserlöcher. Hinter den Seen liegt die Siedlung **Udabno**, deren Name passenderweise „Wüste" bedeutet. Überraschenderweise ist Udabno ein Swanendorf – hierher wurden nach verschiedenen Lawinenkatastrophen Bergbewohner aus Swanetien im Großen Kaukasus umgesiedelt. Man kann sich vorstellen, welch Heimweh sie in der so fremden Umgebung plagen muss.

Die Höhlenklöster selbst liegen in einer malerischen, **surreal anmutenden Landschaft**: Schräg aufgeschobene Sedimentschichten offenbaren 1,8 bis 23 Mio. Jahre der Erdgeschichte. Die verschiedenen Gesteinsschichten erscheinen, je nach Licht, als Farbenspiel aus Weiß-, Ocker-, Rot- und Grüntönen.

Geschichte

Davit Garejeli war einer der 13 Syrischen Väter, die der Legende nach im 6. Jh. die **Christianisierung Georgiens** vollendeten. Er hatte zuvor in Tbilissi gepredigt, aber nachdem ihn dort skandalöserweise eine junge Frau beschuldigt hatte, Vater ihres ungeborenen Kindes zu sein, hatte er, natürlich nachdem er seine Unschuld bewiesen hatte (S. 176), die Stadt verlassen und die Einsamkeit gesucht. Dort, wo heute das Lavra-Kloster steht, gründete er die erste Klostergemeinschaft und soll auch sogleich das erste Wunder vollbracht haben: Er ließ in der Wüste Wasser fließen.

Die Wasserbeschaffung blieb trotz der Wundertat dennoch eine der größten Herausforderungen in der trockenen Gegend, darum wurde ein **komplexes Bewässerungssystem** konzipiert, das noch immer genutzt wird. An der Felsschräge am Kloster, dem fast 880 m hohen Udabno-Bergzug, wird jedes noch so kleine Tröpfchen Regen und Tau aufgefangen. Das ausgeklügelte System von in den Fels geschlagenen Wasserrinnen und Zisternen sammelt das kostbare Nass, die Rinnen sind an der Felsschräge deutlich zu erkennen.

Das Eremitenleben des Davit Garejeli in asketischer Einsamkeit währte nicht lange, denn seine beiden Jünger **Dodo** und **Lukiane** gründeten schon wenige Zeit später **weitere Klostergemeinschaften** in der unmittelbaren Umgebung. Es kamen immer mehr Jünger in die nun nicht mehr ganz so gottverlassene Gegend und legten weitere Klöster an. So liegen gleich mehrere Klöster und archäologische Stätten dieser Art in der Nähe verstreut, die alle unter dem Namen „Davit Gareja" bekannt sind, bei dem aber meist an das Lavra-Kloster und die oberhalb von ihm gelegenen Höhlen des Udabno-Klosters gedacht wird.

Das Klosterleben war damals vorwiegend auf das asketische **Einsiedlermönchtum** ausgelegt, bis der Mönch **Ilarion von Kartveli** im 9. Jh. Veränderungen in die Klostergemeinschaften brachte: Er vergrößerte das Kloster von Udabno, ließ neue Zellen, Gebetsräume und Speisesäle anlegen und ebnete so einem neuen, **gemeinschaftlichen Klosterleben** den Weg. Zur gleichen Zeit geschah auch in der Kunst ein Wandel: Bei der Erweiterung des Klosters von Udabno wurden die neu angelegten Höhlen mit Fresken ausgestaltet. Diese Fresken übten durch ihr typisches Farbschema und neue Motive einen prägenden Einfluss auf die georgische Malerei aus. Die **Schule von Gareja** wurde landesweit bekannt, und die Fresken des Höhlenklosters werden als **die bedeutendsten Werke der mittelalterlichen Malerei in Georgien** angesehen.

Die Klosteranlagen wurden stets von den georgischen Königen und adligen Familien besucht und gefördert. Der georgische **König Demetre I**, Sohn von Davit dem Erbauer, lebte sogar einige Zeit als Mönch Damian in Davit Gareja. Ein Fresko in den Höhlen des Udabno-Klosters zeigt seine Krönung.

Zur Blütezeit im 13. Jh. waren die Klosteranlagen von Davit Gareja ein **Zentrum der Religion und Kultur**, den Klöstern gehörten weite Ländereien. Dem wurde mit der **Invasion der Mongolen** 1265 ein jähes Ende gesetzt, wenig später folgte die Zerstörung durch **Timur Lenks Heer** im Jahre 1394. Die Klöster wurden wieder aufgebaut und eine Schule für Literatur eröffnet. Doch wütete nun 1616 der **persische Schah Abbas I**. Am heiligsten aller orthodoxen Feiertage, dem Osterfest, fielen seine Soldaten ein – sie zerstörten alle Kirchen und metzelten über 6000 Mönche nieder, einige der Klostergemeinschaften erloschen damit für immer. Bis 1675 fanden keine Gottesdienste mehr statt, und obwohl mehrere georgische Könige versuchten, das Klosterleben wiederzubeleben, erreichte keine der Klostergemeinschaften je wieder ihre einstige Bedeutung.

In der Sowjetzeit nutzte die **Rote Armee** das Kloster als Unterkunft, und das Areal diente als **Truppenübungsplatz**. Die Einheiten wurden dort unter kampfnahen Bedingungen u. a. auf Einsätze in Afghanistan vorbereitet. Viele der Höhlen wurden durch die Erschütterungen beschädigt, teilweise gar bei Schießübungen anvisiert. Das führte in den 1980er-Jahren zu großen Protesten, die in der Studentenbewegung ihren Anfang hatten und letztendlich der Beginn der nationalen Unabhängigkeitsbewegung Georgiens in den 1980ern waren.

Die Höhlen des **Udabno-Klosters** (8.–10. Jh.), deren kunstvolle Fresken auf der Anwärterliste des Unesco-Weltkulturerbes stehen, sind wegen Grenzstreitigkeiten seit 2019 leider **nicht zugänglich**. Weiterhin besuchen kann man das unterhalb gelegene Lavra-Kloster sowie die ebenfalls sehenswerten, aber nur über schlechte Straßen erreichbaren Klöster von Dodo-Rka und Natlismtsemeli.

Lavra-Kloster (Davit Gareja)

Das heute wieder von Mönchen bewohnte Lavra-Kloster liegt an der Bergflanke des von West nach Ost schräg verlaufenden Höhenzugs Udabno. In die aufgeschobenen Gesteinsschichten sind etagenartig Einsiedlerhöhlen eingeschlagen, einige von ihnen stammen noch aus der Gründungszeit des Klosters. Diese Höhlen, die **Christi-Verklärungs-Kirche**, die weiter oben gelegene kleinere **Nikolai-Kirche** mit dem zierlichen Kirchturm, die Residenz des Patriarchen, verschiedene Wirtschaftsgebäude und der Garten sind von einer hohen **Steinmauer mit Wehrtürmen** geschützt. Das **Eingangsportal** des eher karg ausgestatteten Lavra-Klosters ist aufgrund seiner Verzierungen und seiner alt-georgischen Inschrift im Besonderen zu erwähnen: Das gesamte Tympanonfeld des Tores ist durch eine kunstvoll in den Stein gemeißelte Inschrift ausgefüllt. Auf den Reliefplatten, die den Torbogen umgeben, sind Tiermotive zu finden, die Legenden zur Klostergründung erzählen. Unter anderem sind zwei Rehe mit ihren Kitzen zu sehen, die mit ihrer Milch einst Davit vor dem Verdursten gerettet haben sollen, als er durch die Wüste wanderte. Betritt man durch das Tor den Innenhof, befindet sich zur Rechten die Christi-Verklärungs-Kirche mit dem **Grab Davit Garejelis**, das seit seinem Tod ein Wallfahrtsort ist. Am hinteren Tor der Klosteranlage befindet sich **die heilige Quelle von „Davits Tränen"**, wo Davit nach der Klostergründung durch tagelanges Beten das Wunder des Wassers hervorrief.

Die gesamte Klosteranlage wurde in den 1990er-Jahren restauriert, der Innenhof und die Kirche dürfen mit entsprechender Kleidung betreten werden. Der Weg bis zum Lavra-Kloster ist asphaltiert und ausgeschildert, Parkplätze sind vorhanden.

Dodo-Rka-Kloster

Das Kloster Dodo-Rka wurde in der ersten Hälfte des 6. Jhs. von Dodo, einem Schüler von David Garejeli, gegründet. Es besteht aus mehreren Höhlenräumen, die zwischen dem 6. und 18. Jh. in den Fels geschlagen wurden – erst 2015 wurde eine weitere Hallenkapelle mit Malereien aus dem 12./13. Jh. entdeckt.

Die Anfahrt erfolgt über eine schlechte Schotterpiste, die nur mit geländefähigem Wagen und nicht nach Regen befahren werden sollte. Sie ist ausgeschildert und zweigt von der Hauptstraße zum Lavra-Kloster 3,5 km hinter Udabno links ab. Wer keinen Geländewagen hat, sollte die letzten 2,5 km ab der Hauptstraße jedoch besser zu Fuß zurücklegen. Je nach Jahreszeit ist dabei Vorsicht vor den Hirtenhunden geboten.

Natlismtsemeli-Kloster

Wie das bekanntere Lavra-Kloster, besteht auch das von Davit Garejelis Schüler Lukiane gegründete Natlismtsemeli-Kloster aus zahlreichen in den Sandstein geschlagenen Höhlenräumen. Auf dem Bergkamm wacht ein runder Turm, durch einen weiteren Turm mit eckigem Grundriss betritt man das Klostergelände. Die zentrale Hauptkirche hat einen bemerkenswert hohen Innenraum, die Malereien stammen größtenteils aus dem 18. Jh. Sehr sehenswert ist das Innere der kleineren Kirche auf dem Klosterareal: Hier kann man Fresken aus dem 12. Jh. bewundern, die ähnlich kunstvoll wie die im nicht zugänglichen Udabno-Kloster sind.

Achtung Giftschlangen

Neben Raubvögeln kommen hier bei Davit Gareja – und im Vashlovani-Park – giftige Schlangen vor: Die streng geschützte Levanteotter lebt im trockenen Steppengras der Halbwüste, ihr Lebensraum ist wegen der starken Überweidung bedroht. Ihr Biss kann in sehr seltenen Fällen tödlich sein, doch ist er äußerst unwahrscheinlich, da die Schlange sehr scheu ist. Man sollte trotzdem lange Hosen und festes, hochgeschlossenes Schuhwerk tragen und genau schauen, wohin man tritt oder greift. In Falle eines Bisses diesen nicht aussaugen, aufschneiden oder abbinden, sondern schnellstmöglich einen Arzt aufsuchen!
Festes Schuhwerk ist übrigens nicht nur wegen der Schlangen, sondern auch wegen der schlechten Wegbeschaffenheit unverzichtbar!

Das Kloster liegt ca. 10 km nordwestlich des Lavra-Klosters. An der Gabelung 6 km vor Lavra führt der rechte Abzweig in 5 km zum Natlismtsemeli-Kloster. Diese Straße ist allerdings in schlechtem Zustand und kann nur bei trockenem Wetter mit SUVs befahren werden.

ÜBERNACHTUNG UND ESSEN

In Udabno besteht die letzte Möglichkeit, sich zu verpflegen – an den Höhlenklöstern gibt es weder Restaurant noch Snacks.

Oasis Club, Udabno, ✆ 574 805 563, 💻 https://oasisclubudabno.com. Mitten in der Wüste wird an der Straße nach Davit Gareja im gemütlichen **Restaurant** georgisch-swanisch-polnische Fusion-Küche aufgetischt, auch Kochkurse werden angeboten. Zum Restaurant gehören ein **gepflegtes Hostel** mit 4er- und 10er-Schlafsälen ❶ sowie 7 Holzbungalows für 2–4 Pers. mit Privatbad, Terrasse und Steppenblick, mit Frühstück ❹. Ein Gesangsabend mit dem swanischen Chor Casletila (Finalist bei Georgiens Version des Supertalents) kann organisiert werden (150–200 GEL), mit Glück findet aber ohnehin gerade ein Konzert statt. Inhaber ist eine polnische Familie, die ganzjährig hier lebt, viele Veranstaltungen im Ort organisiert und in der Gemeinde sehr engagiert ist – (Winter)Kleidung, Schulbedarf, alte Smartphones oder Notebooks sind als Spende willkommen.

SONSTIGES

Aktivitäten

Der Oasis Club bietet Ausritte in die Steppe (2 Std./40 GEL p. P.) und zu den Höhlenklöstern (125 GEL) an, jeweils mit Guide (zzgl. 60 GEL). Die Gegend um die Höhlenklöster ist ein ausgezeichneter Ort für **Vogelbeobachtungen**.

Feste

Am 2. Sonntag im Mai wird am Klosterkomplex die **Garejoba** gefeiert, ein Fest zu Ehren Davit Garejelis.

TRANSPORT

Nach Davit Gareja fahren **keine öffentlichen Verkehrsmittel**.
Es ist möglich, von Tbilissi mit der Marschrutka nach Sagarejo zu fahren und von dort ein Taxi zu nehmen (ca. 70–80 GEL). Ein Taxi von Signagi ist für ca. 100–120 GEL, von Tbilissi für ca. 150–200 GEL zu haben, dabei sollten vorab die Aufenthaltsdauer am Höhlenkloster und eventuelle Zwischenstopps besprochen werden.
Allerdings kann nur das Lavra-Kloster mit einem normalen Pkw angefahren werden.

3 HIGHLIGHT

Signagi und Umgebung

Das mittelalterliche Städtchen wurde für seine Besucher ordentlich herausgeputzt: Bunt leuchten die geschnitzten Holzbalkone der beschaulichen Häuser aus dem 19. Jh., die kopfsteingepflasterten Gassen laden zu Streifzügen ein, und auf den von Platanen gesäumten Dorfplätzen kommt mediterrane Stimmung auf.

Keine 1500 Einwohner zählt der kleine Ort, der in traumhafter Lage an der Nordostflanke des Gombori-Kamms auf 790 m Höhe liegt. Unter ihm breitet sich das weite, fruchtbare Alazani-Tal aus, in der Ferne erheben sich die oft schneebedeckten Gipfel des Großen Kaukasus und sorgen für eine traumhafte Kulisse. Und wenn die Sommerhitze im Tal drückt, weht in Signagi noch immer ein erfrischender Wind.

Seit Signagi zwischen 2005 und 2006 mit Geldern internationaler Organisationen auf Vordermann gebracht wurde, ist es eines der beliebtesten Ausflugsziele in Georgien. Internationale wie einheimische Besucher zieht die romantische Stadt in der Weinregion vor allem an Wochenenden und im Sommer in Scharen an. Dabei kommen viele Tagesbesucher aus dem nur 100 km entfernten Tbilissi nicht nur des Weines, sondern der Liebe wegen: Vor der mittelalterlichen Kulisse können sich Verliebte in der „Stadt der Liebe" das Ja-Wort geben.

Die kurvenreiche Anfahrt allein ist ein Erlebnis: Die beiden Zufahrtsstraßen von Norden, die SH175 von Tsnori und die SH40 von Vakri im Alazani-Tal, winden sich in Serpentinen zum 450 m höher gelegenen Signagi. Die Anreise von Tbilissi, also von Westen, ist nicht ganz so turbulent; nachdem man den Kacheti Highway verlassen hat, führen die letzten 25 km auf der Landstraße SH40 vorbei am Kloster Bodbe nach Signagi.

Geschichte

Die Gegend um Signagi ist seit Langem besiedelt, im nahe gelegenen Tsnori in der Alazani-Ebene wurden in bronzezeitlichen Kurganen (Hügelgräbern) bis zu 4500 Jahre alte Grabbeigaben entdeckt.

Die Stadt selbst ist dagegen vergleichsweise jung: **König Erekle II** gründete sie 1762 an diesem strategisch günstigen Ort, an dem sich die Handelswege kreuzten. Er konzipierte Signagi als **Fliehburg** und ließ mit 28 Wehrtürmen die **längste Stadtmauer in ganz Georgien** bauen, die nicht nur die Stadt selbst, sondern auch ein Areal von 40 ha schützte. Die Bewohner der umliegenden Dörfer nebst Vieh waren in dem weitläufig umfriedeten Stadtgebiet vor den Angriffen dagestanischer Stämme sicher, die sich ständig in der Gegend herumtrieben und plünderten. Jedes Dorf gab dabei seinen Namen dem Stadttor, durch das seine Einwohner Signagi bei Gefahr betraten.

Gut geschützt entwickelte sich der „schwer erreichbare Ort", was der Name Signagi bedeutet, zu einer blühenden Handels- und Handwerkerstadt und wurde das **Zentrum der Region Kiziqi**. Beim ersten Zensus 1770 lebten 100 Familien in der Siedlung, beim Zensus 1802 wurden bereits 189 Handelsunternehmen gezählt, Mitte des 19. Jhs. 250 einheimische und 20 ausländische Händler. Es wurde mit Getreide, Wein, Brandy, Textilien, Keramik, Holzarbeiten, Juwelen, Waffen, und was sonst noch auf das Kamel drauf passte, gehandelt. Die Händler und Handwerker waren professionell organisiert. Jede Zunft schloss sich zu einer Gilde zusammen, deren Oberhaupt demokratisch gewählt wurde und die ein eigenes Siegel besaß. Herkunft und Religion der Zunftmitglieder spielten dabei keine Rolle.

Wegen der unmittelbaren Nähe zu den rebellischen Dagestanern wurde Signagi auch während der Zarenzeit gefördert und befestigt. Während der Sowjetunion entwickelte sich die Stadt zu einem **landwirtschaftlichen Zentrum**, und eine Großschneiderei sorgte für Arbeitsplätze. Schon zu UdSSR-Zeiten erkannte man die Einzigartigkeit von Architektur und Lage des Ortes, deshalb wurde Signagi zu einem „Denkmalort" erklärt und zu einem beliebten Touristenziel. In den 1980er-Jahren verband eine Seilbahn die Stadt mit dem 450 m tiefer gelegenen Tsnori, und es gab ein Intourist Hotel mit 500 Betten.

Mit der Unabhängigkeit und dem Zusammenbruch der Wirtschaft stürzte auch Signagi in eine tiefe Krise, wegen der hohen Arbeitslosigkeit verließen viele Einwohner die Stadt. Noch 2004 gab es nur das verkommene Intourist Hotel und kein einziges annehmbares Restaurant – heute kaum mehr vorstellbar.

Bei der Großrestaurierung von 2005–06 wurde die Innenstadt aufgehübscht. Die Straßen wurden neu gepflastert und die Häuser an den Hauptstraßen restauriert – wenn auch nicht ganz originalgetreu. Auch über die Qualität der Renovierungsarbeiten lässt sich streiten, auffällig ist jedenfalls, dass nur zehn Jahre später der Putz an vielen Stellen schon wieder bröckelte. Oft wurden sowieso nur die Schauseiten restauriert, ein Blick hinter die Fassaden oder auch nur eine Parallelstraße weiter offenbart oft nicht nur die Baufälligkeit der Gebäude, sondern auch die Armut der Einwohner, die nicht am Tourismus beteiligt sind. Verlässt man aber die touristischen Trampelpfade nicht, kann man sich ganz dem Traum der Mittelalteridylle hingeben.

Neben dem Tourismus sind die Herstellung von traditionellen Teppichen und der Weinanbau wichtige Wirtschaftszweige – vor allem Letzteres sehr zur Freude der Besucher, die einige gemütliche Weinkeller in Signagi finden können.

Von Tbilissi kommend erreicht man die Stadt von Süden über die Baratashvili Street, die bergab ins Zentrum führt. Hotels, Restaurants und Weinbars sind in den Häusern mit den pittoresken Holzbalkonen untergebracht, die den Finger am Kameraauslöser zucken lassen.

Erekle II Square

Die Baratashvili Street führt über eine Talbrücke zum Erekle II Square, an dem im Sommer die Hölle los ist: Stinkende und lärmende Motorsquads können dort ausgeliehen werden, wovon leider viele Touristen begeistert sind. Westlich des Erekle II Square befindet sich nahe der Talbrücke die **Marschrutka-Haltestelle**.

Signagi National Museum

Vom Erekle II Square führen zwei Straßen nach Norden: die Lolashvili Street links und die Kostava Street rechts weiter östlich. Letztere führt zum **Rathaus** am **Davit Agmashenebeli Square**, hinter dem rechts eine Treppe hinauf zum **Signagi National Museum** mit sehenswerter moderner Dauerausstellung führt. Die archäologische Ausstellung im Erdgeschoss zeigt Funde aus Stein- und Bronzezeit von der Mtkvari-Araxes-Kultur und den auf diese folgenden Martkopi- und Bedeni-Kulturen. In deren Grabhügeln, Kurgane mit bis zu 20 m Höhe und bis zu 250 m Durchmesser, wurden reiche Grabbeigaben gefunden, von denen einige im Museum zu sehen sind. Ein alter Bekannter ist dabei der kleine goldene Löwe, der nicht nur die 5-Tetri-Münze und den 5-Lari-Schein ziert, sondern auch Vorbild für das Logo der Bank of Georgia war. Neben Keramikarbeiten, Bronzeäxten, Schmuck und Waffen, von denen ebenfalls einige im Museum ausgestellt sind, wurden ganze Holzkarren zusammen mit den Toten in den Kurganen begraben – einer dieser Karren ist im Nationalmuseum in Tbilissi zu sehen. Die ethnografische Ausstellung veranschaulicht mit historischer Kleidung, Möbeln, Instrumenten und Waffen die Stadtgeschichte und das Leben in Signagi im 19./ 20. Jh. In der Gemäldeausstellung im 1. Stock können Bilder von Niko Pirosmani und einigen seiner Malerkollegen bewundert werden. 🕒 Di–So 10–18 Uhr, Eintritt 20 GEL, Führungen 70 GEL.

Solomon Dodashvili Square

Der Davit Agmashenebeli Square ist mit dem ca. 50 m weiter nördlich gelegenen Solomon Dodashvili Square durch eine breite Fußgängerzone verbunden, in der Verkäuferinnen im Schatten der Bäume Souvenirs und Handarbeiten verkaufen. Der Solomon Dodashvili Square ist nach einem in Georgien berühmten Kind der Stadt benannt. Dodashvili (1805–36) war Philosoph und Lehrer, er beeinflusste mit seinen nationalistischen Ideen zahlreiche georgische Intellektuelle und Schriftsteller und spielte eine wichtige Rolle bei der Unabhängigkeitsbewegung im 19. Jh. An der Ostseite des Platzes steht das **Hotel Kabadoni**, gegenüber führt an der Westseite die Chavchavadze Street bergauf zur **St.-Stephan-Kirche**.

Gorgasali Street

Die gepflasterte Gorgasali Street führt vom Solomon Dodashvili Square nach Nordosten bergab durch das **Stadttor**, Einheimische verkaufen in der Gasse direkt hinter dem Tor in Ständen traditionelle Hüte, Fellmützen sowie hübsche Strick- und Filzwaren. Nur 50 m weiter liegt rechts die **St.-Giorgi-Kirche**, die die Stadtansicht von Signagi unverwechselbar macht und vor den verschneiten Bergen des Großen Kaukasus ein perfektes Fotomotiv darstellt.

Ein wenig weiter nördlich verzweigt sich die Straße, Schilder zeigen den Einstig zum **„Tourist Track“**. Über eine wackelige Holztreppe gelangt man auf den restaurierten Teil der **Stadtmauer** und kann ein paar Hundert Meter auf ihr entlangspazieren. Der Spaziergang endet am nächsten Stadttor, bei dem sich ein Ausflugsrestaurant befindet.

Stadttor im mittelalterlichen Signagi

Signagi
N
0
200 m
ÜBERNACHTUNG
1 Guesthouse Maria
2 Zandarashvili Guesthouse
3 Kabadoni Hotel
4 Nato & Lado Guesthouse
5 Guesthouse Lali
6 Nana's Guesthouse
7 Eka & Gio Guesthouse
8 Hotel Traveler
9 Lost Ridge Inn
ESSEN
1 Okro's Wines
2 Pancho Villa
3 Lali Restaurant
4 Nikala
5 Pheasant's Tears
6 The Terrace Signagi
SONSTIGES
1 Apotheke
2 Cradle of Wine Marani
3 Wine House Khalani
TRANSPORT
1 Marschrutka-Haltestelle
Vakri, Anaga
40
Stadtmauer
Ketevan Tsamebuli St.
Giorgi St.
Chavachavadze St.
St. Stephan-Kirche
Gorgasali St.
St.-Giorgi-Kirche
Tsnori
175
Tamar Mepe St.
Pirosmani St.
Saragishvili St.
Solomon Dodashvili Sq.
Signagi National Museum
MARKT-HALLE
Rathaus
Davit Agmashenebeli Sq.
TIC
Lolashvili St.
Kostava St.
ATM
Erekle II Sq.
STANDESAMT
9 April St.
POLIZEI
Erekle Meore St.
Baratashvili St.
Dodashvili St.
Bidzina Kvernadze St.
Mirzaani, Sagarejo, Tbilissi
Kloster Bodbe
500 m
Signagi
Museum
Rathaus
Erekle II Sq.
Ausschnitt
St.-Nino-Quelle
Bodbe-Kathedrale
Tbilissi

Kloster Bodbe

Von einer Mauer umringt und von hochgewachsenen, dunkelgrünen Zypressen umgeben, liegt 2,5 km südlich von Signagi das Nonnenkloster Bodbe. Die Anlage, deren Gründung erst ins 18. Jh. zurückreicht, wurde in den 1990ern umfassend restauriert. Jedoch liegt innerhalb der Klostermauer ein weitaus älterer bedeutsamer Ort: das **Grab der Hl. Nino**, eines der wichtigsten Pilgerziele religiöser Georgier. Nachdem die junge Missionarin aus Kappadokien Anfang des 4. Jhs. Königin Nana und ihren Mann Mirian in der damaligen Hauptstadt Mtskheta zum Christentum bekehrt hatte, soll sie sich an ihrem Lebensabend nach Bodbe zurückgezogen haben, wo sie schließlich starb und begraben wurde. Nach Ninos Tod wollte König Mirian sie ehren und ihre Gebeine nach Mtskheta überführen – in die bedeutende Svetitskhoveli-Kathedrale, in der die iberischen Könige begraben wurden. Doch die Legende besagt, dass sich ihr Sarg nicht vom Fleck rührte, keine 200 Männer sollen in der Lage gewesen sein, ihn auch nur einen Zentimeter zu bewegen. Der König verstand natürlich die göttliche Botschaft, ließ in Bodbe eine Kirche um das Grab Ninos bauen und befahl seiner Frau, nach seinem Tod die Hälfte des königlichen Schatzes dem Grab zu stiften und es weiterhin zu ehren. Das Grab der Hl. Nino erlangte bald weit über die Grenzen Georgiens große Berühmtheit, doch die Kirche blieb vor Zerstörungen nicht verschont. Sie wurde im Laufe der Geschichte mit all den Kriegen und Invasionen zahlreiche Male stark beschädigt. Nach dem ersten Sakralbau aus dem 4. Jh., ließ im 5. Jh. Vakhtang I Gorgasali die Kirche erweitern, im 8./9. Jh. wurde sie zu einer dreischiffigen Basilika umgebaut. Im Mittelalter diente die Kirche zeitweise als **Krönungskirche der kachetischen Könige**. Es ist überliefert, dass Schah Abbas I dort bei der Krönung seines Vasallen Teimuraz I im 17. Jh. anwesend war – trotzdem ließ auch der Schah die Himmelfahrtskirche später bei einem seiner Feldzüge zerstören. König Teimuraz persönlich soll dann aber beim Wiederaufbau geholfen haben.

Bodbe entwickelte sich im 17. Jh. zu einem **kulturellen Zentrum**, in der theologischen Schule mit einer großen Bibliothek wurden auch weltliche Wissenschaften gelehrt, im 18. Jh. entstand um die Kirche ein Kloster. Noch Anfang des 19. Jhs. blühte das Klosterleben, aus dieser Zeit stammt der dreigeschossige **Glockenturm**, der sich vor der Westseite der Basilika, der Him-

Im Kloster Bodbe ruhen die Gebeine der Nationalheiligen Georgiens, der Hl. Nino.

melfahrtskirche, befindet. Nach der Annexion durch Russland verlor jedoch Georgien seine Autokephalie, die Eigenständigkeit der Kirche. Damit einhergehend wurden viele Diözesen aufgelöst, unter ihnen 1837 die von Bodbe, und das Kloster zwischenzeitlich geschlossen.

Ende des 19. Jhs. wurde das Konvent unter Zar Alexander II erneut eröffnet. Unter der Führung von „Mutter Tamar", der Schwester des berühmten Theaterregisseurs Kote Marjanishvili, wurde die Klostergemeinschaft durch Zar Nikolai II 1906 als **„erstklassiges Kloster"** ausgezeichnet. Die knapp 300 Nonnen unterrichteten nicht nur die Mädchen der umliegenden Dörfer in der Klosterschule, sondern webten Teppiche, fertigten Stickereien, kirchliche Gewänder und Ikonen an.

Während der Sowjetzeit wurde der Konvent wieder geschlossen und erst nach der Unabhängigkeit 1991 wieder eröffnet. Vor ein paar Jahren fanden einige Ikonen den Weg zurück in die Basilika, die von Privatpersonen vor dem religionsfeindlichen Sowjetregime in Sicherheit gebracht worden waren. Ein Bildnis der Hl. Maria war dem Vandalismus nicht entkommen und mit Messerschnitten zerschlitzt worden – im Kloster erzählt man, dass der Übeltäter damals umgehend von Gott bestraft und – obwohl vorher kerngesund – von einem plötzlichen Tod ereilt wurde. Heutzutage wird im Kloster altgeorgische Literatur studiert, zudem werden Kerzen, Ikonen und Stickereien hergestellt. Mit dem Obst und Gemüse aus dem Klostergarten und den Backwaren der Bäckerei werden nicht nur die Ordensfrauen, sondern auch das Pilgerrestaurant „Pilgrim" versorgt.

Das Klostergelände

Die Georgier pilgern zahlreich zu der Grabstätte der Nationalheiligen. Vor den Klostermauern herrscht an Wochenenden und Feiertagen viel Trubel, Souvenirs werden verkauft, und Kinder können für wenige Lari einen Pony-Ritt machen.

Hinter dem Eingang liegt linker Hand der dreigeschossige **Glockenturm**, hinter dem die der Hl. Nino geweihte **Himmelfahrtskirche** steht. Der im 19. Jh. stark restaurierte Bau aus rotem Ziegelstein ist von außen recht unscheinbar, im Kircheninnern sind einige Fresken, vor allem aus dem 19. Jh., erhalten. Adam und Eva sind zu sehen sowie Szenen des Jüngsten Gerichts. Im Mittelschiff befindet sich der dem Hl. Georg geweihte **Hauptaltar**, die Ikonostase stammt aus der Werkstatt von Davit Gareja. Das **Grab der Hl. Nino** befindet sich in der kleinen Kapelle zur Rechten, über der Eingangstüre hängt eine Ikone.

Östlich der Grabkirche steht die 2019 fertiggestellte **Bodbe-Kathedrale**, die mit Travertin und Sandstein verkleidet ist, die Mosaike und Malereien im Inneren an der Altarseite sind noch in Arbeit.

Auf dem nördlich angrenzenden Kiesplatz zücken auch Pilger den Selfie-Stick – kein Wunder bei dem Ausblick: Hinter den Terrassen der Klostergärten erstreckt sich die Alazani-Ebene – und bei klarer Witterung reicht die Sicht bis zum Großen Kaukasus.

St.-Nino-Quelle

An dem Kiesplatz beginnt ein 600 m langer Weg zur heiligen Quelle, zu der einige Höhenmeter abgestiegen werden müssen. Der Weg ist recht gut ausgebaut, aber bei Nässe sollte man vorsichtig gehen. Einheimische treten den Abstieg meist mit leeren Plastikflaschen an, die sie an der Quelle füllen – denn das Wasser soll Wunder vollbringen. Nino hatte durch ihre Gebete das Wasser ursprünglich im Hof des Klosters sprudeln lassen. Während der „gottlosen" Sowjetzeit versiegte die Quelle, um später weiter unten am Hang, an der heutigen Stelle, wieder zu erscheinen. In den 1990er-Jahren wurde dort zu Ehren der Eltern der Hl. Nino eine **Kirche** gebaut, im **Badehaus** nebenan stehen an Feiertagen die Gläubigen Schlange für ein rituelles Bad. Ein dreimaliges Abtauchen im heiligen Wasser soll Wunder bewirken – das darf jeder ausprobieren, für wenige Lari können bei der diensthabenden Nonne Handtücher geliehen werden.

🕒 Kloster und Badehaus sind im Sommer von 10–17 Uhr geöffnet, der Eintritt ist frei. In der Nebensaison besser vorher anrufen.

Anfahrt: Bodbe liegt 2,5 km südlich von Signagi an der Straße nach Tbilissi. Zum Kloster direkt fahren keine öffentlichen Verkehrsmittel. Falls die Marschrutka nach Tbilissi nicht voll ist, kann man sich ein Stück mitnehmen lassen. Zu

Fuß ist man ca. 30 Min. unterwegs, allerdings ist es nicht unbedingt ein entspannter Spaziergang, da man auf der Straße laufen muss und der Straßenrand oft matschig ist. Ein Taxi von Signagi ist je nach Verhandlungsgeschick mit Wartezeit für ca. 20–30 GEL für Hin- und Rückfahrt zu haben. Vor dem Kloster gibt es zahlreiche Parkplätze sowie ein Schild mit der Nummer von Taxifahrern (wer eines für die Rückfahrt benötigt, am besten bei der Ankunft bereits anrufen).

Pirosmani Museum in Mirzaani

Knapp 15 km südöstlich von Signagi befindet sich am Rande des verschlafenen Dorfes Mirzaani das Pirosmani Museum. Das 1960 eingeweihte Museum zeigt die Werke des umtriebigen Künstlers, der erst posthum zu großem Ruhm gelangte und heute als Nationalmaler Georgiens gilt.

Zwar hatten seine Bilder bereits zu seinen Lebzeiten bei einer Ausstellung naiver Malerei in Moskau erste positive Resonanz gefunden, auch war Pirosmani zur Gesellschaft der Bildenden Künste in Tiflis eingeladen worden, der große Durchbruch folgte aber erst nach seinem Tod. Seine in den Tavernen der Hauptstadt verstreuten Bilder wurden zusammengesucht, die meisten sind heute in der Nationalgalerie in Tbilissi zu sehen, einige in den Museen in Signagi und Mirzaani, weitere in St. Petersburg und Moskau. Kunstkritiker sehen ihn neben Henri Rousseau als wichtigsten Vertreter der naiven Malerei, die Unesco ernannte das Jahr 1996 zum Pirosmani-Jahr, und sein Gesicht ziert den 1-Lari-Schein.

Am Kassenhäuschen müssen die Eintrittskarten gelöst werden, auf halbem Weg zu dem monumentalen, sowjetischen Ausstellungsbau steht sein renoviertes Geburtshaus. Die Einrichtung ist nicht original, eine Staffelei und Ölfarben stehen im Wohnzimmer im Erdgeschoss, tatsächlich malte Pirosmani dort nie.

Im Ausstellungsbau hängen 13 seiner Werke sowie einige Arbeiten georgischer Künstler, ein 1972 von Pablo Picasso gezeichnetes Porträt Pirosmanis und einige handgeknüpfte Teppiche.

🕒 Voraussichtlich bis Ende 2023 geschl.

Anfahrt: Zum Museum fahren keine öffentlichen Verkehrsmittel, Anfahrt mit dem Taxi oder dem eigenen Auto über die Straße SH40 von Signagi nach Tbilissi. Ab Qedeli führt eine schlechte Straße über Kvemo Machkhaani nach Mirzaani, braune Schilder weisen den Weg.

ÜBERNACHTUNG

In Signagi gibt es ein großes Angebot an Gästezimmern, die jedoch im Sommer und an den Wochenenden lange im Voraus ausgebucht sind. Eine rechtzeitige Reservierung mind. 2–3 Monate im Voraus ist ratsam.

Pirosmani – großer Künstler und tragische Figur

Nikolos Pirosmanashvili, der sich später umbenannte, wurde 1862 in Mirzaani als jüngstes von drei Kindern einer kachetischen Bauernfamilie geboren, die einen kleinen Weinberg und einige Stück Vieh besaß. Nach dem Tod der Eltern wurde Nikolos nach Tbilissi gebracht, wo er mit nur zehn Jahren als Dienstbote für wohlhabende Familien arbeitete, Georgisch und Russisch lesen und schreiben lernte und sich selbst das Malen beibrachte, das er zeitlebens nicht aufgab. In seinen Zwanzigern arbeitete Pirosmani wenige Jahre als Schaffner bei der Transkaukasischen Eisenbahn und eröffnete später einen Milchladen in Tbilissi. Es heißt, er hätte seinen Laden verkauft, um mit dem Geld alle Blumen der Stadt aufzukaufen und seiner Angebeteten, einer Chanson-Sängerin namens Margarita, zu schenken. Eines seiner berühmtesten Bilder ist das Porträt der angehimmelten Französin, die ihn trotz seiner Bemühungen nicht erhörte. Das Liebesglück stellte sich nicht ein, und die Existenz war ruiniert. Völlig mittel- und obdachlos, trieb er sich ab 1901 im Bahnhofsviertel von Tbilissi herum, malte Bilder von georgischen Landschaften, Alltagsszenen und Porträts von Prostituierten, genauso wie von historischen Berühmtheiten. In zwielichtigen Kaschemmen tauschte er sie ein, im Gegenzug für einen warmen Schlafplatz, Essen oder Trinken – vor allem Wein, dem er sehr zugetan gewesen sein soll. Am 9. April 1918 starb Pirosmani an Leberversagen und Unterernährung.

Untere Preisklasse

Eka & Gio Guesthouse, Baratashvili St. 3, ✆ 555 230 254, 💻 bei Facebook. Gästehaus mit gemütlichem Wohnzimmer, schöner schattiger Terrasse und altem Weinkeller, in dem u. a. der hauseigene Wein gekostet werden kann. 1 Vier-Bett- und 2 DZ, alle mit Privatbad. Frühstück wird im zugehörigen Café serviert. Der freundliche Gastgeber Giorgi spricht Englisch und bietet Ausflüge in die Umgebung an. ❶

Guesthouse Lali, N. Pirosmani St. 5, ✆ 599 320 368, 💻 https://www.facebook.com/guesthouselalisighnaghi. Gemütlicher Aufenthaltsraum, Esszimmer mit Kamin, Innenhof mit buntem Blumengarten und die Dachterrasse mit Aussicht: Eine rundum klasse Unterkunft. Dazu ist Frau Lali eine hervorragende Köchin, zum Gästehaus gehört auch ein Restaurant (s. u.). 1 Vier-Bett- und 6 DZ, Zustellbetten teilweise möglich, alle sehr ordentlich und mit Privatbad. ❷–❸

Guesthouse Maria, V. Gorgasali St. 26. Die rüstige Maria empfängt ihre Gäste herzlich. Vom Balkon hat man eine sehr schöne Aussicht, Gleiches gilt auch für die beiden DZ zur Ostseite, eines davon mit Balkon. Die anderen beiden (Drei- und Vier-Bett-) Zimmer blicken auf die sehr nahe Stadtmauer. Zum Gästehaus gehört ein Restaurant mit herrlicher Panoramaterrasse direkt an der Stadtmauer. ❶

Hotel Traveler, Baratashvili St. 26, ✆ 598 480 915, 💻 bei Facebook. Familienhotel mit Blumengarten, in dem auch Essen serviert wird. Zum Haus gehört ein Weinkeller, in dem bei einer Weinprobe auch der selbst gekelterte Wein probiert werden kann. Besonders im Sommer nicht zu verachten: der große Pool. 3 Drei-Bett- und 6 DZ, alle mit Privatbad. Top Preis-Leistungs-Verhältnis. ❷–❸

Nana's Guesthouse, Saragishvili St. 2, ✆ 599 795 093. Die nette Gastgeberin Nana spricht sehr gut Englisch und macht köstliches Frühstück. Sie vermietet 1 Einzel-, 1 Drei-Bett-, 1 Vier-Bett- und 2 DZ, davon einige mit hübschem Balkon, einige mit Privatbad. Gemütlicher Aufenthaltsraum, in dem englische Bücher im Regal stehen. ❶–❷

Nato & Lado Guesthouse, N. Pirosmani St. 5, ✆ 599 212 988, 💻 bei Facebook. Herzliches Familiengästehaus mit grandioser Dachterrasse. Mehrere DZ, davon einige mit Balkon und Privatbad, sowie Betten im 4er-Schlafsaal. Gemeinschaftsküche vorhanden. ❶–❷

€ **Zandarashvili Guesthouse**, Tsminda Giorgi St. 11, ✆ 599 750 510, 💻 http://zandarashvili-guesthouse.com. In mittlerweile 3 Häusern vermietet das Familiengästehaus Zimmer der unterschiedlichsten Kategorien mit Privat- oder Gemeinschaftsbad. Das gemeinsame Abendessen geht oft direkt in eine Party über, sodass Alleinreisende schnell Anschluss finden. Gastgeber Davit hilft beim Organisieren von Ausflügen in die Umgebung, für die sich in dem lebhaften Gästehaus schnell genug Teilnehmer finden. ❶–❷

Mittlere und obere Preisklasse

Kabadoni Hotel, Tamar Mepe St. 1, ✆ 032 224 0400, 💻 www.kabadoni.ge. Elegantes Luxushotel in bester Lage, mit aussichtsreicher Terrasse, Fitnessraum, Pool, Spa-Bereich und eigenem Restaurant. ❻

Lost Ridge Inn, Brewery & Ranch, Noneshvili St. 8, Qedeli, ✆ 599 795 529, 💻 http://www.lostridgeinn.com. Ein großartiger Ort zum Entspannen mit ganz besonderer Atmosphäre. Gemütliche, stilvoll eingerichtete Zimmer mit Aussicht, einige mit Terrasse oder Balkon. Schöner Garten mit Hängematten und Schaukeln, freundlichen Hunden und Katzen. Im zugehörigen Restaurant wird schmackhaftes Essen sowie Bier und Wein aus eigener Herstellung serviert. Kochworkshops, Wein- und Bierverkostungen sind möglich, ebenso Ausritte. Es können außerdem gastronomische Reisen sowie Reiterreisen in georgischen Nationalparks organisiert werden. Nahe dem Kloster Bobde gelegen, das letzte Stück der Zufahrtsstraße ist unbefestigt. ❹–❺

ESSEN UND UNTERHALTUNG

Viele Restaurants haben nur in der Saison zwischen Anfang April und Ende September geöffnet. Eine Reservierung ist dann empfehlenswert.

Lali Restaurant, N. Pirosmani St. 5, ✆ 599 320 368. Die freundliche Gastgeberin Lali serviert im rustikalen Speisesaal oder im grünen Innenhof schmackhafte georgische Speisen. Angenehme Atmosphäre und gute Preise. ⌚ 9–22 Uhr.

€ **Nikala**, Lolashvili St. 9, ✆ 555 424 765. Zentral gelegen und bei Einheimischen wegen seiner großen Speisekarte geschätzt. Gute Preise, Tische nur drinnen. ⌚ 9.30–24 Uhr.

Okro's Wines, Chavchavadze St. 7a, ✆ 599 542 014. Gemütliche Weinstube mit schöner Terrasse, ausgezeichneten georgischen Speisen, großer Weinkarte und langsamem Service. ⌚ 11–22 Uhr.

Pancho Villa, Tamar Mepe St. 9, ✆ 599 192 356, 💻 bei Facebook. Zur Abwechslung gibt's hier leckeres mexikanisches Essen in peppigem, farbenfrohem Interieur. ⌚ 12–22 Uhr.

Pheasant's Tears, Baratashvili St. 18, ✆ 598 722 848, 💻 https://www.pheasantstears.com. Kleine Auswahl an georgischen Gerichten in hoher Qualität, dazu eine große Auswahl an hauseigenen Weinen des landesweit bekannten Weinguts. Die Preise sind gehoben, der Service ist dafür leider oft nicht angemessen. ⌚ 12–23 Uhr.

The Terrace Signagi, Baratashvili St. 10, ✆ 511 212 220, 💻 bei Facebook. Fantastische Lage mit Aussicht, köstliches Essen und gutes Preis-Leistungs-Verhältnis. ⌚ 12–22 Uhr.

AKTIVITÄTEN

Heiraten

Unkompliziert trauen lassen kann man sich im **Standesamt** am Erekle II Sq., ✆ 595 247 777. Benötigte (übersetzte) Papiere müssen in Tbilissi besorgt werden. ⌚ Mi–So 11–18 Uhr.

Reiten

Lost Ridge Ranch (S. 227), nahe dem Bodbe-Kloster, bietet Ausritte in der Umgebung (ab 50 GEL) sowie Reiterreisen in ganz Georgien an.

Weinproben

Cradle of Wine Marani, Baratashvili St. 41, ✆ 595 641 755, 💻 bei Facebook. Auf dem großen Balkon des schönen Weinguts kann man bei toller Aussicht verschiedene Weine kosten, teilweise aus eigener Produktion. Der freundliche, humorvolle Gastgeber Paul Rodzianko ist Amerikaner und stellt verschiedene Arten von Wein im Kvevri her. Voranmeldung erwünscht, Verkostung von 3 Weinsorten und Chacha 40 GEL.

Avtandil Bedenashvili Winery in Kardenachi, knapp 15 km nordwestlich von Signagi, ebenfalls eine gute Adresse für Weinproben (S. 238).

SONSTIGES

Im Ort gibt es einige **Geldautomaten**, u. a. am Erekle II und am Solomon Dodashvili Sq. Eine **Apotheke** befindet sich am Erekle II Sq./Kostava St. 8.

Einkaufen

In Signagi gibt es vielerorts **Souvenirstände**, die typisch georgische Lebensmittel, Filz- und Strickwaren verkaufen. Im Ortszentrum sind in einigen kleinen **Läden** Lebensmittel und Getränke erhältlich. In der dunklen **Markthalle** in der Lolashvili St. bieten Händler frisches Obst und Gemüse an.

Eine gute Adresse für Wein ist das **Wine House Khalani**, Baratashvili St. 19, 💻 bei Facebook, ⌚ Mo 9–20, Di–So 9–22 Uhr.

Informationen

Tourist Information Center (TIC), im Rathaus in der Aghmashenebeli St. 2, ✆ 0355 232 414, ✉ ticsignagi@gmail.com. ⌚ 10–18 Uhr.

TRANSPORT

Marschrutki fahren am Platz westlich unterhalb des Erekle II Sq. ab. Dort können an dem Kiosk Fahrkarten gekauft werden, was in der Sommersaison einen Tag vor Abfahrt empfehlenswert ist. Von Signagi gibt es nur wenige Verbindungen, bei einigen Zielen muss im nahen Tsnori umgestiegen werden.

Abfahrtszeiten von Signagi:

TBILISSI, um 7, 9, 11, 13, 16 und 18 Uhr in 1 1/2 Std. für 10 GEL.

TELAVI, Mo–Sa um 9.30 Uhr in 1 1/2 Std. für 8 GEL.

TSNORI, Mo–Fr 10.15–17.15 Uhr alle 30 Min. in 20 Min. für 3 GEL, am Wochenende Sammeltaxis für 2–3 GEL.

Abfahrtszeiten von Tsnori:
DEDOPLISTQARO, Mo–Sa von 8–17 Uhr stdl. in ca. 1 1/2 Std. für 5 GEL.
LAGODEKHI, um 11 Uhr in 45 Min. für 5 GEL. Alle 30–40 Min. fahren Marschrutki von Tbilissi durch, die am Straßenrand angehalten werden können.
SIGNAGI, um 9 und von 10.15–17.15 Uhr alle 30 Min. in 25 Min. für 3 GEL.
TELAVI, um 7.45, 8.45 und 15 Uhr in ca. 1 1/2 Std. für 8 GEL.

Dedoplistsqaro und Umgebung

Die knapp 6000 Einwohner zählende Stadt im Shiraki-Tal ist Verwaltungssitz der gleichnamigen Provinz. Früher wurde diese Gegend die Kornkammer Georgiens genannt, doch das Klima wird immer trockener, sodass Getreideanbau kaum noch möglich ist.

Erwähnt wurde die Siedlung erstmals im 11. Jh. als **Militärstützpunkt**. Zu Ehren der Königin Tamar erhielt sie den Namen Dedoplistsqaro, was wörtlich „die Quelle der Königin" bedeutet. Die nördlich gelegene Khornabuji-Festung war von großer militärischer Bedeutung, denn dort kamen die Perser bei ihren Feldzügen als Erstes an. Die einheimischen Kiziqi wurden denn auch als hervorragende Krieger gerühmt, sie unterstanden keiner Leibeigenschaft, und aus ihren Reihen wurde die Leibgarde des Königs gewählt.

Die **militärische Bedeutung** blieb erhalten, als der Ort nach dem Anschluss ans Zarenreich 1801 in „Zarenbrunnen" (russ. Zarskije Kolodzy) umbenannt wurde. 1803 wurde eine weitere Festung gebaut, um die Attacken der feindlichen Dagestaner abzuwehren. Während der Zarenzeit gab es ein kurzes deutsches Intermezzo: Carl Heinrich und Ernst Werner von Siemens bauten eine Ölraffinerie in der Nähe, die jedoch nur kurze Zeit in Betrieb war.

Anfang des 20. Jhs. wurden die kämpferischen Kiziqi ihrem Ruf gerecht: An kaum einem Ort erlebte die Rote Armee stärkeren Widerstand als in „Zarenbrunnen", als sie 1921 in den Ort einmarschierte. Viel Blut wurde vergossen, und wie im übrigen Land siegten die Kommunisten auch hier und benannten die kleine Stadt in „Rote Quelle" (georg. Tsiteltsqaro) um.

Seit der Unabhängigkeit 1991 trägt der Ort wieder seinen ursprünglichen Namen. Ansonsten brachte sie nicht viel Gutes für Dedoplistsqaro. Die Eisenbahnstrecke ist seit 1992 stillgelegt, die Einwohnerzahl hat sich nach 1989 von 10 000 auf unter 6000 beinahe halbiert, und die Arbeitslosigkeit ist hoch.

In der Umgebung gibt es einen Steinbruch, in der Stadt einige Betriebe für Lebensmittel- und Leichtindustrie, im Umland wird Ackerbau und Viehzucht betrieben. Dabei ging in der Vergangenheit viel Wissen über Handwerk und Landwirtschaft verloren. So weiden hier große Herden von tuschetischen Schafen, deren Fleisch verkauft, deren Wolle jedoch verbrannt wird – denn die Kenntnisse zur Verarbeitung fehlen. Zudem sinken die landwirtschaftlichen Erträge wegen des zunehmend trockenen Klimas. Getreide und Sonnenblumen wachsen nur noch schlecht, und die Praxis, die abgeernteten Felder abzubrennen, hilft zwar kurzfristig, schadet aber den Böden langfristig umso mehr. Im Rahmen eines EU-Hilfsprojekts wird versucht, den einheimischen Bauern schonendere Methoden beizubringen, doch der Weg ist lang.

Die Wüste breitet sich am Südzipfel Georgiens weiter aus, in ihrer menschenfeindlichen Landschaft können nur einige besonders angepasste Pflanzen- und Tierarten überleben. Zu ihrem Schutz wurden bereits 1935 die ersten Schutzgebiete ausgewiesen und 2003 der **Vashlovani-Nationalpark** eingerichtet. Vielleicht eine neue Chance für Dedoplistsqaro, vom sanften Öko-Tourismus, der von der Nationalparkverwaltung verfolgt wird, ein wenig zu profitieren. Denn der Ort ist ein hervorragender Ausgangspunkt für Ausflüge in den Nationalpark, in die **Artsivi-Schlucht**, zu den Ruinen der **Khornabuji-Festung** und zum **St.-Elias-Kloster**.

Die Anfahrt nach Dedoplistsqaro erfolgt von Tsnori über die S39, von Tbilissi aus über den Kacheti Highway, die kurz vor Chalaubani nach rechts abzweigende SH40 und die unmittelbar danach erneut rechts abzweigende S41, die 10 km vor Dedoplistsqaro auf die SH39 mündet.

Artsivi Kheoba (Adler-Schlucht)

Nördlich der Stadt hat sich die Adler-Schlucht in den Kalkstein gegraben. Es ist hier überraschend grün für die trockene Gegend, in der Karstschlucht und ihrer Umgebung kommen einige seltene Pflanzenarten vor. Die Artsivi-Schlucht ist als Schutzgebiet Teil des Vashlovani-Nationalparks und darf nicht betreten werden, entlang ihrer Westkante führt jedoch ein schmaler Pfad zu verschiedenen Aussichtspunkten. Von dort kann man nicht nur Adler und andere Raubvögel, sondern auch Geier beobachten, die in der Schlucht nisten.

Die Artsivi Kheoba liegt ca. 5 km nördlich von Dedoplistsqaro, der Weg ist sporadisch ausgeschildert, aber auf der Webseite 💻 https://apa.gov.ge eingezeichnet. Besser ist es, mit dem (geländegängigen) Wagen anzufahren, denn der Weg durch Dedoplistsqaro zieht sich in die Länge.

Khornabuji-Festung

Ein schmaler Waldweg, der im Sommer an einen grünen Tunnel erinnert, verbindet Dedoplistsqaro mit dem Dorf Khornabuji. Auf halber Strecke liegen die Ruinen der Khornabuji-Festung, ca. 5 km nordöstlich von Dedoplistsqaro. Die Überreste der Festung aus dem 5. Jh. erheben sich auf einem steilen Felsen – die Ruine wird im Volksmund auch „Thron der Tamar" genannt. Mutige können den Aufstieg über einen schmalen Pfad wagen und die Aussicht über die Alazani-Ebene genießen. Auf der Fläche vor der Ruine ist Platz zum Parken – und zum Picknicken.

St.-Elias-Kloster

Rund 4 km südlich von Dedoplistsqaro klebt das St.-Elias-Kloster förmlich am Kalksteinfelsen. Die erste Kirche, die dort vermutlich bereits im 6. Jh. gebaut worden war, wurde Anfang des 20. Jhs. zerstört. Die Rekonstruktion des Klosters wurde 2008 beendet. Von dem auf 45 m über dem Meeresspiegel liegenden Kloster fällt der Blick im Osten auf den Kochebi-See und das Tal von Shiraki, im Süden auf das Taribana-Tal und die Kotsakhura-Bergkette. Anfahrt über die Nikortsikhe Street, die letzten Meter zum Kloster müssen zu Fuß zurückgelegt werden.

ÜBERNACHTUNG UND ESSEN

Das Nationalpark-Besucherzentrum vermietet im **Visitor Village** 5 einfache DZ ❶. Die freundlichen Mitarbeiter vermitteln ebenfalls günstige Unterkünfte in der Ortschaft.

Savanna Guesthouse, Mosulishvili St. 51, ✆ 555 540 474, 💻 bei Facebook. Eine kleine Oase zum Wohlfühlen in der etwas tristen Ortschaft: Das hübsche Gästehaus hat eine große überdachte Terrasse, im grünen Garten gibt es Sitzmöglichkeiten und einen Sandkasten. Zuletzt wurde renoviert und ein Holz-Cottage mit 2 Zimmern im Hof gebaut. Die Hausherrin kocht ausgezeichnet, doch es gibt auch eine Gemeinschaftsküche. Insgesamt 8 große Zimmer, im Haupthaus alle mit Privatbad. ❷

Teo's Cottages, Cholokashvili St. 7a, ✆ 599 258 839, 💻 bei Facebook. Perfekte Lage für Natur- und Vogelliebhaber an der Adlerschlucht mit riesigem Garten. Der freundliche Gastgeber spricht Englisch und organisiert Touren in den Nationalpark. 3 Holz-Cottages für je 2 Pers. mit Privatbad, gerüstet für jede Jahreszeit. Zelten erlaubt. ❸

AKTIVITÄTEN

Vogelbeobachtung: Anders als der Name verspricht, ist die Artsivi Kheoba (Adler-Schlucht) vor allem ein ausgezeichneter Ort, um Gänsegeier zu beobachten. Aber auch Fasane und Störche treiben sich hier rum.

SONSTIGES

Einkaufen und Versorgung

An dem Kreisverkehr in der Ortsmitte, an dem sich die Stalin St. und die Hauptstraße SH39 (Rustaveli St.) treffen, gibt es eine **Apotheke**, eine **Bank**, einen **Geldautomaten** und einen **Markt**. Ein **Supermarkt** befindet sich weiter westlich an der Hauptstraße.

Das **Postamt** liegt nahe dem Stadion in der Rustaveli St. 53.

Es gibt mehrere **Tankstellen** an den Ortseinfahrten im Osten und Westen.

Informationen

Visitor Center des Vashlovani-Nationalparks, Baratashvili St. 5, ✆ 577 101 849, ✉ nseturidze13@gmail.com. Die kompetenten Mitarbeiter geben Informationen über Ausflugsmöglichkeiten rund um Dedoplistsqaro und zum Nationalpark. Touren können über einen Reiseanbieter gebucht werden, dessen Kontakt das Besucherzentrum vermittelt. Für die meisten Touren muss ein Border-Permit bei der Grenzpolizei eingeholt werden, optimalerweise meldet man seinen Besuch daher 4–5 Tage vorher im Visitor Center an und sendet vorab die benötigten Unterlagen für die Beantragung des Permits zu. 🕒 9–18 Uhr.

Polizei

Grenzpolizei, Lermontov St./Ecke Vashlovani St., liegt auf der Anfahrt zur Artsivi Kheoba. Ein Ausweisdokument ist zur Abholung des (vorab über das Visitor Center beantragten) Permits mitzubringen. 🕒 Außer an Feiertagen 9–18 Uhr.

TRANSPORT

Marschrutki

TBILISSI, von 6.30–15.30 Uhr stdl. in 1 1/2 Std. für 10–15 GEL.

Taxis

Ein Taxi nach **Signagi** kostet ca. 35–40 GEL, es gibt keine direkte Verbindung mit öffentlichen Verkehrsmitteln.

Ein Taxi zum **Pirosmani Museum** in Mirzaani kostet ca. 25–30 GEL.

Taxis zur Artsivi Kheoba/nach Khornabuji/zum St.-Elias-Kloster kosten ca. 10/20/20 GEL.

Vashlovani-Nationalpark

Das Schutzgebiet am südöstlichsten Zipfel des Landes liegt in der historischen Region Kiziqi, gehört heute zum Dedoplistsqaro-Distrikt und breitet sich **zwischen den beiden Flüssen Iori und Alazani** aus. Der mäandernde Alazani bildet dabei im Osten die Grenze zum Nachbarland Aserbaidschan.

Zwei georgische Wissenschaftler und Umweltschützer gründeten hier 1935 das erste Naturreservat von 10 000 ha Größe, zu dem das Pantishara- und das Vashlovani-Massiv auf 300–600 m Höhe über dem Meeresspiegel gehörten. Der Nationalpark in seiner heutigen Form besteht seit 2003. Die Erosionslandschaften des ursprünglichen Naturreservats wurden zum Strict Nature Reserve erklärt und um die Überschwemmungsebene Alazani Chala, die Schlucht Artsivi Kheoba und die Schlammvulkane von Takhti Tepa ergänzt, die den Status Naturmonument (Nature Monument) erhielten. Zu dem heute über 20 000 ha großen Nationalpark gehören zudem Randgebiete, die landwirtschaftlich genutzt werden dürfen. Dort werden Sonnenblumen und Getreide angebaut, Schafe und kachetische Schweine gezüchtet.

Insgesamt **62 Säugetier-, 30 Reptilien-, vier Amphibien-, 135 Vogel- und 20 Fischarten** leben im Nationalpark. Davon stehen 34 auf der Roten Liste der gefährdeten Arten. Hierzu gehören – ein Glück für die Angler! – keine der Fischarten. Beim Sportfischen in Mijniskure können Männer zeigen, dass sie ganze Kerle sind und am Alazani u. a. Karpfen, Wels, Zander und Barbe aus dem Wasser ziehen. Im Dickicht des Ufers leben

Artenreichtum im „Apfelgarten"

Obwohl die Landschaft karg erscheint, bietet sie **Lebensraum für zahlreiche Pflanzenarten**. Über 600 wurden bisher registriert, darunter 13 bedrohte Baumarten, 28 im Kaukasus endemische Spezies und einige Reliktpflanzen. Eine Besonderheit im Nationalpark sind die lichten Pistazienwälder. Letztere gaben dem Nationalpark seinen Namen „Apfelgarten", denn sie haben einen ähnlichen Wuchs wie Apfelbäume. Tatsächlich findet man im Nationalpark auch Wildapfelbäume, außerdem Wildpflaumen- und Wildbirnen-, Granatapfel- und Wildkirschbäume. Zu den in den lichten Hainen gedeihenden gefährdeten Baumarten gehören Euphrat-Pappel, Felsen-Ahorn, Stinkender und Persischer Wacholder, Iberische Eiche und die erwähnte wilde Pistazie. Die wilden Vorfahren bedeutender Weinreben, wie z. B. des Saperavi, ganze sieben Orchideenarten und die georgische Iris sind hier ebenfalls zu finden.

Die schönsten Routen durch den Vashlovani-Nationalpark

Durch den Park führen **8 offizielle Tourist Trails**, Ausgangspunkt ist **Dedoplistsqaro** (die entsprechenden Karten erhält man im Visitor Center). Absolutes Highlight ist der Usakhelo-Aussichtspunkt, der auf dem Weg ins Flusstal bei Mijniskure liegt. Hier ein kurzer Überblick über die spannendsten Routen:

Die Bärenschlucht: Datviskhevi

- **Dauer und Länge**: 1 Tag/120 km
- **Highlights**: Erosionslandschaft von Alesilebi, Fossilien, Schwalbenstadt

Die Exkursion führt über den **Aussichtspunkt von Pantishara**, von dem die von Erosion, Pistazienhainen und Wacholderwäldern geprägte Bärenschlucht überblickt wird. Vor Millionen von Jahren lagen die Gesteinsschichten der Schlucht am Grund des Meeres, bei genauem Hinsehen können in den Sedimentschichten die Fossilien von Meerestierchen entdeckt werden. Interessant sind ebenfalls die versteinerten Elefantenknochen, die in der Schlucht gefunden wurden und aus späterer Zeit stammen. In der Bärenschlucht gibt es Parkplätze, Toiletten und einen Picknickplatz.

Schlammvulkane von Takhti-Tepa

- **Dauer und Länge**: 1 Tag/120 km
- **Highlights**: Schlammvulkane

Gemütlich blubbern die Schlammvulkane in der Einsamkeit der Halbwüste vor sich hin, konstant entweichen Gas und Schlamm aus den kleinen Kratern. Zum Teil sind es nur blubbernde Löcher, andere sind bis zu 1 m hoch – bei ihrem Anblick kann man glatt Lust auf Schokofondue bekommen. Dem warmen Schlamm wird Heilwirkung zugesprochen, vielleicht trampeln auch deshalb viele ignorante Touristen durch die Schlammlöcher und zerstören sie somit. Denn man kann sich hier frei bewegen, die Vulkane sind (noch) nicht eingezäunt. Die lange Anfahrt durch die karge, aber wunderschöne,

von Erosion geprägte Landschaft führt am **Dali Reservoir** (Dali-Stausee) vorbei. Er scheint wie eine unwirkliche Oase mitten in der vegetationsarmen Halbwüste. An sein Ostufer grenzt das Schutzgebiet **Chachuna Managed Reserve**.

Das Flussufer des Alazani: Mijniskure

- **Dauer und Länge**: 1–2 Tage/160 km
- **Highlights**: Schluchten von Alesilebi, Flussufer Mijniskure

Die Route führt hinter dem Parkeingang mit Rangerhütte und den ca. 5 km südlich gelegenen Hauptbungalows vorbei zum spektakulären **Aussichtspunkt Usakhelo**. Dort breitet sich die skurrile Erosionslandschaft von Alesilebi vor dem Besucher aus – eine traumhafte Szenerie. Von Usakhelo windet sich die Piste durch eine Schlucht zwischen den „Sharp Walls" (scharfe Mauern) steil hinab zum **Ufer des Alazani**. Die Vegetation ist karg, Aasfresser, Adler und Bussarde gleiten über die trockenen, von Wasser geformten Hänge, und vielleicht wird man die knackenden Warnrufe des Churkarhuhns hören. Am Alazani angekommen, erwartet einen in **Mijniskure** eine komplett andere Welt: Am idyllischen Flussufer kann geangelt werden, es gibt Picknickplätze und Toiletten. Nach Anmeldung kann im Zelt (mitbringen) oder Bungalow übernachtet werden.

Info: Die 10 km lange, schmale Piste vom Aussichtspunkt Usakhelo zum Flussufer windet sich in engen Kurven durch die Schlucht und überwindet dabei mehr als 200 Höhenmeter – wer hier selbst fährt, sollte Erfahrung im Offroad-Fahren haben, denn insbesondere bei Gegenverkehr kann es knifflig werden. Für diese Route müssen ein Border-Permit beantragt und ein Ausweis mitgeführt werden.

Mijniskure und Shavi Mountain (Schwarzer Berg)

- **Dauer und Länge**: 2 Tage/220 km
- **Highlights**: Schluchten von Alesilebi, Flussufer Mijniskure

Der erste Tag führt wie in der vorherigen Tour beschrieben ans **Flussufer des Alazani** nach **Mijniskure**. Am zweiten Tag geht es auf demselben Weg zurück bis zum Parkeingang. Dort führt die Route nach Nordosten auf den **Shavi Mountain** (Schwarzer Berg), an dem sich eine weitere Rangerhütte befindet. Schwarz ist der Berg ganz und gar nicht, sondern von langem Gras bedeckt, das im Spätsommer in hellem Gelb leuchtet. In einem großen Bogen führt die Piste um das tiefer gelegene **Shiraki-Tal**, mit schönen Ausblicken auf die ferne Schluchtenlandschaft von Alesilebi und die sich nördlich ausbreitende Alazani-Ebene.

Die letzte Strecke führt zwar durch einige Dörfer, doch sollte auch dafür viel Zeit eingeplant werden, da die Straße in sehr schlechtem Zustand ist. Insgesamt ist die Fahrt über den Schwarzen Berg weniger spektakulär als der Weg nach Mijniskure – für Offroad-Fans indes ist er eine gute Route. Für diese Tour müssen ein Border-Permit beantragt und ein Ausweis mitgeführt werden.

Die Route des versteckten Wassers

- **Dauer und Länge**: 2 Tage/190 km
- **Highlights**: Schluchten von Alesilebi, Flussufer Mijniskure

Diese Tour führt zu den größten Highlights des Nationalparks: Wie in der Tour nach Mijniskure beschrieben, geht es am ersten Tag zum **Ufer des Alazani**. Am zweiten Tag zweigt die Route auf dem Rückweg, hinter dem **Usakhelo-Aussichtspunkt**, nach links Richtung Südwesten ab. Sie führt durch die weite Steppe der **Eldari-Tiefebene**, in der die **Kropfgazellen** heimisch sind – ein Fernglas zum Beobachten nicht vergessen! Der Rückweg führt durch die **Bärenschlucht** (Datviskhevi), dort können (wie in der ersten Tour) Pistazien- und Wacholderwald sowie Fossilien bewundert werden. Für diese Tour müssen ein Border-Permit beantragt und ein Ausweis mitgeführt werden.

Schlammvulkane im Vashlovani-Nationalpark

auch die Rohrkatze und der Waschbär, Letzterer wurde in den 1960er-Jahren ausgesetzt.

In den Weiten der Eldari-Tiefebene können mit etwas Glück die „Juwelen der Steppe" gesichtet werden: Die **Kropfgazelle** ist wie der Waschbär erst seit 1960 im Park heimisch und wanderte damals aus Aserbaidschan ein. Dem Bestand der eleganten Tiere wurde allerdings durch Wilderei so stark zugesetzt, dass sie in Georgien wieder ausstarben und erst vor wenigen Jahren von einer Hilfsorganisation erneut angesiedelt wurden.

Einen spektakulären Besuch stattete „Noah" dem Park 2003 ab – der in Georgien als ausgestorben geltende **Kaukasische Leopard** wurde mit einer Kamerafalle abgelichtet. Die Freude war groß und der Ehrengast sofort getauft. Doch leider blieb es bei einer Stippvisite – denn Noah ließ sich nie wieder blicken. **Bär, Luchs, Schakal, Hyäne, Wolf, Wildschwein** und **Stachelschwein** leben zwar ständig im Nationalpark, doch auch sie wird man kaum zu Gesicht bekommen. Schon eher könnte man auf die **Kaukasische Landschildkröte** treffen, die sehr gemächlich unterwegs ist.

Der Vashlovani-Nationalpark ist ein hervorragender Ort zur **Vogelbeobachtung**: Unter anderem fliegen verschiedene Geier-, Adler-, Falken-, Finken- und Steinschmätzerarten sowie Spatzen durch die Lüfte. In der Bärenschlucht (Datviskhevi) befindet sich die sogenannte Schwalbenstadt, in der Schwalben ihre Nester an die Lehmfelsen gebaut haben.

Praktisches

Der Besuch des Vashlovani-Nationalparks ist ein wunderbares Abenteuer, dabei können die teilweise sehr schlechten Pisten ausschließlich mit dem **Geländewagen** befahren werden. Dabei muss an **ausreichend Benzin**, **Verpflegung** und **Wasser** für die Dauer der Exkursion gedacht werden. Zwar gibt es an einigen Stellen im Park Quellen, viele führen aber nicht ganzjährig Wasser.

Zum Outfit sollten feste Schuhe mit hohem Schaft gehören, denn im Park gibt es **giftige Schlangen**. Lange Hosen sind deshalb und auch wegen der kratzigen, hohen Gräser zu empfehlen.

Die Routen sind zwar markiert, doch an einigen entscheidenden Stellen ist die Beschilderung nicht eindeutig. Daher sollten Alleinreisende auf keinen Fall ohne **Karte** und **GPS-Gerät** aufbrechen.

Landkarten mit den eingezeichneten Routen sind im Visitor Center (S. 230) erhältlich, wo sich jeder Parkbesucher registrieren muss. Das Border-Permit, das für einige Touren nötig ist, wird dort mind. 4–5 Tage im Voraus beantragt und muss dann bei der Grenzpolizei abgeholt werden (s. o.).

Für die Strecken im Park sollte die Fahrzeit großzügig berechnet werden. Auf den holprigen Pisten kann man selten schneller als 40 km/h fahren, meist geht es jedoch deutlich langsamer voran, das Durchschnittstempo liegt bei ca. 20 km/h.

Der Nationalpark sollte nach Regen oder Schneefall nicht besucht werden.

ÜBERNACHTUNG UND ESSEN

In Mijniskure gibt es 6 **Bungalows** für bis zu 3 Pers. ❶, die im Visitor Center (S. 230) reserviert werden können.
Im Park hat man keine Möglichkeiten, Lebensmittel oder Wasser zu kaufen. Sämtliche **Verpflegung muss mitgebracht werden**.

Die Weinebene

Die Weingegend im Alazani-Tal ist die **Wiege des Weinbaus**. Wein ist das Lebenselixier und vielleicht sogar der Lebenssinn der Kachetier (Kasten S. 54/55), die dafür bekannt sind, leidenschaftlich gerne und ausgiebig zu feiern. Vielleicht finden hier die ausgelassensten Festmahle statt, mit einzigartigem Frohsinn wird dabei auf ein langes Leben, Frieden und natürlich die Ernte angestoßen. Falls überhaupt möglich, sind in Kachetien die Gastfreundschaft und Großzügigkeit noch wichtiger als in anderen Regionen des Landes – obwohl die von der Straße aus abweisend und ungastlich wirkenden kachetischen Steinhäuser das gar nicht vermuten lassen. Doch die Wohnhäuser sind ganz zum Weingarten hin ausgerichtet, der, wie auch ein Weinkeller, zu jedem Haus gehört und die ganze Aufmerksamkeit seiner Besitzer und hingebungsvolle Pflege fordert. Eduard Schewardnadse beschrieb die Beziehung des Georgiers zu seinen Weinreben sogar als so innig wie zu seinen Kindern – für den Kachetier mag das noch mehr als für alle anderen zutreffen. Dementsprechend wurden die Weingärten auch von den andersgläubigen Feinden behandelt: Mongolen und Perser verwüsteten sie bei ihren Überfällen auf das Land und fielen über die Reben her, als wären sie Lebewesen. Der Wein selbst war in den **aus Ton gefertigten Kvevris** unter der Erde nicht nur gekühlt und länger haltbar, sondern vor allem gut versteckt, denn Kachetien war bis ins 19. Jh. ständig von feindlichen Überfällen bedroht. Die Struktur der kachetischen Dörfer hat sich seither nicht geändert: Außerhalb der kompakten Orte aus robusten Steinhäusern, die nicht ganz so leicht anzuzünden waren, liegen die Felder, auf die die Bauern zur Feldarbeit stets gemeinsam und bewaffnet zogen. Mit der Angliederung an das Russische Zarenreich begannen ruhigere Zeiten, doch die Beziehung zum großen Nachbarn war nicht immer leicht und für den Weinbau folgenschwer: Während des Kommunismus wurden die Weingüter verstaatlicht, es zählte nur noch Quantität, nicht Qualität. Ab den 1990er-Jahren mussten die Weingüter umdenken und sich neu aufstellen. Die nächste Krise kam 2008, als Russland nach dem Kaukasischen 5-Tage-Krieg ein Einfuhrverbot für georgische Weine erließ. Für die kachetische Wirtschaft war es ein harter Schlag, als der wichtigste Abnehmer wegbrach. Seitdem haben sich die georgischen Winzer neue Märkte erschlossen: Weinfreunde in der Ukraine, Polen, China, den USA und Westeuropa, darunter auch Deutschland, haben die georgischen Tropfen zu schätzen gelernt. Seit 2012 dürfen auch die Russen ihren Lieblingswein wieder im eigenen Land kaufen.

Die beste Zeit, um die Weinregion Kachetiens zu erleben, ist der frühe Herbst, dann herrscht reges Treiben, und alles, was beladen werden kann, wird mit Obst und Gemüse bepackt: Eselskarren voller Khakis, alte Ladas, deren Kofferräume und Rückbänke bis zur Decke mit Paprika gefüllt sind, und Sowjet-Trucks, auf denen sich die Weintrauben türmen. Überall wird frisches Obst und Gemüse am Straßenrand verkauft, und auf den Märkten stapeln sich Melonen meterhoch.

Gefeiert wird in der Erntezeit noch mehr als sonst: Wein- und Erntedankfeste mit Tanz, Gesang und reichlich Speis und Trank finden in jedem Dorf statt.

Gurjaani

An der Schnellstraße S42 nach Telavi liegt 25 km nordwestlich von Signagi und 35 km südöstlich von Telavi das kleine Städtchen Gurjaani. Auf den ersten Blick scheint es ein Straßendorf wie

Die Weinebene
N
0
20 km
ÜBERNACHTUNG
1 Nazy's Guesthouse
2 Pine Cottage
3 Chateau Kvareli, Guesthouse Villa
4 Esquisse Telavi
5 Radisson Tsinandali Estate
6 Kvareli Lake Resort
7 Chateau Bruale
ESSEN
1 Restaurant Vine Yard, Giglo's Wine House
2 Marleta's Farm
Weinkeller
Tbilissi
RUSSLAND
Kaukasus
LAGODEKHI-NATIONALPARK
ASERBAIDSCHAN
Gombori Range
s. Plan Tuschetien S. 262/263
s. Stadtplan Telavi S. 250
s. Detailplan Lagodekhi NP S. 245
s. Ortsplan Lagodekhi S. 241
Omalo, Tusheti NP
Twins Old Cellar
Temi Community
Chubini Winery
JSC Kindzmarauli Corporation
Winery Khareba
Shumi Winery
Tsinandali Weingut
Schuchmann Wines Chateau
Alaverdi Monastery Marani
Akido
Numisi Winecellar
Winehouse Gurjaani
Vachnadze Hausmuseum
Avtandil Bedenashvili Winery
Giuaani Winery
Mariamjvari-Naturreservat
Nikikas Tsikhe
Birkiani
Jokolo
Omalo
Duisi
Khevistchala
Pankisi-Tal
Lechuri
Stori
Matani
Pshaveli
Kvemo Alvani
Lopota
Lapankuri
Akhmeta
Alaverdi
Napareuli
Alazani
Gremi
Festung
Eniseli
Shilda
Nekresi
Ilia Lake
Akhshani
Ozhio
Ikalto
Vardisubani
Telavi
Shuamta
Kisiskhevi
Tsinandali
Landsitz Chavchavadze
Akura
Kvareli
Chala Res.
Tivi
Akhalsopeli
Kubali
Gombori
Gombori-Pass
Kobadze
Kalauri
Alazani-Kanal
Gavazi
Tkhilistskaro
Vazisubani
Velistsikhe
Mukuzani
Akhasheni
Ninigori
Lagodekhi
Ujarma
Festung
Khashmi
Ninotsminda
Sagarejo
Chumlaki
Gurjaani
Chandari
Kvelatsminda
Manavi
Vardisubani
Bakurtsikhe
Anaga
Badlauri
Iori
Vakri
Signagi
Tsnori
Bodbe
Davit Gareja
Balaken

viele andere zu sein, doch gibt es in dem kleinen Ort auf 415 m Höhe am Fuße der Gombori-Bergkette zwei Kuriositäten: heilenden Schlamm und ein berühmtes Kriegsdenkmal. Bekannt ist der Ort zudem als Herkunftsname guter Weine – an den Weinbergen der Umgebung gedeihen Saperavi, Napareuli und Mukuzani ausgezeichnet.

Macharashvili-Denkmal

Hoch über der Parkanlage und dem Kriegsmuseum westlich der Hauptstraße wurde dem bekanntesten Sohn Gurjaanis ein Denkmal gesetzt: Die Statue **Vater des Kriegers** wurde zu Ehren von Giorgi Macharashvili aufgestellt. Sie erinnert an eine traurige, aber zugleich hoffnungsvolle Geschichte: Macharashvili musste seine beiden Söhne in den Zweiten Weltkrieg ziehen lassen. Als er die Nachricht erhielt, dass eines seiner Kinder verletzt in einem Lazarett liege, begann er nach ihm zu suchen. Tatsächlich konnte er in der riesigen Sowjetunion das richtige Lazarett ausfindig machen – doch sein Sohn war längst zurück an der Front. Macharashvili ließ nicht locker und reiste ihm nach. Trotz aller Mühen sah er seine Söhne nicht wieder, denn beide fielen im Krieg. Doch die überlebenden Soldaten liebten ihn wie ihren Vater und er sie wie seine Kinder. Die Geschichte von Macharashvili wurde 1964 verfilmt und der Hauptdarsteller Sergo Sakariadse mit dem Film so berühmt, dass er für das Denkmal Modell stand.

Schlammseen

Gegenüber dem Denkmal, im Zentrum des Örtchens, erstreckt sich nördlich des Hauptplatzes eine weitläufige Parkanlage. Dort befinden sich mehrere **graue Schlammseen**, von denen der englische Diplomat Wardrop Anfang des 20. Jhs. zu berichten wusste, dass dort sowohl Mensch als auch Tier gebadet wurden, seit 1924 die Heilkraft des mineralischen Schlamms entdeckt worden war. In dem kleinen **Sanatorium Akhtala** im Park lassen seit 1932 die Einheimischen ihre Gelenkbeschwerden behandeln.

Kvelatsminda-Kirche

Für Architekturinteressierte ist ein Besuch der einzigartigen Kvelatsminda-Kirche südlich von Gurjaani obligatorisch. Die massiv wirkende Allerheiligenkirche ist **eines der interessantesten** und eigenwilligsten **Bauwerke Georgiens**.

Der zweigeschossige Bau mit seinen zwei Kuppeln wurde in der Übergangszeit vom 8. ins 9. Jh. als Kirchen- und Palastgebäude in einem geplant. Diese spezielle Kirche besteht jedoch nicht nur aus einer **Kombination aus Sakral- und Profanbau**. Das Gotteshaus ist auch eine Kombination aus einer dreischiffigen Basilika mit Einflüssen einer Dreikirchenbasilika. Bei diesem Bau spielte die Anwesenheit des Herrschers eine wesentliche Rolle, der Unterschied vom privilegierten Adel zum nicht privilegierten Volk ist daher anhand der Architektur deutlich zu spüren. Das Kircheninnere wurde vom einfachen Besucher über das Südportal, den Haupteingang, betreten. Der Adel hingegen nutzte einen separaten Eingang. Auch der Bereich des regionalen Herrschers war von dem des gemeinen Volkes abgetrennt, sodass der Fürst von exponierter Stelle an der heiligen Messe teilnehmen oder auch ungestört in den eigenen Kapellen beten konnte.

Diese Nutzung brachte für die georgische Architektur ungewöhnliche Baulösungen hervor: Über dem Narthex, der Vorhalle des Haupteingangs, befindet sich eine auffallend hohe, zweigeschossige, tonnengewölbte Empore. Sie öffnet sich durch insgesamt vier imposante Bogenöffnungen über ihre zwei Geschosse zum Mittelschiff hin. Dieser Bereich ist nur von außen zugänglich und wird durch tonnengewölbte Gänge, die oberhalb der Seitenschiffe verlaufen und vom Kirchenschiff aus nicht einsehbar sind, verbunden. Diese beiden Gänge enden im Osten in Kapellen, oberhalb der unteren Nebenapsisräume. Wer genau hinschaut, kann unten vom Mittel-

Nato-Vachnadze-Wohnhaus

Ein netter Abstecher lässt sich auch ins ehemalige Wohnhaus der Schauspielerin und bekanntesten Tochter der Stadt unternehmen: In Nato Vachnadzes Wohnhaus wird die Geschichte des georgischen Stummfilms lebendig (Hinweisschilder zeigen den Weg von der Hauptstraße dorthin). ⌚ Di–So 10–18 Uhr, Eintritt 1,50 GEL.

Weinkeller in Kachetien

Für den Besuch eines Weinguts und eine Weinprobe eignet sich keine Region Georgiens besser als Kachetien. Überall weisen die braunen Schilder der **„Wine Route"** den Weg zu den unterschiedlichsten Weinkellern, deren Charakter so verschieden ist wie der ihrer Winzer. Alle servieren bei Weinverkostungen normalerweise regionale Snacks, zu vielen gehören Restaurant oder Hotel. Weitere Weingüter unter 💻 https://winesgeorgia.com.

Akido, Ikalto, ☏ 592 300 077, 💻 bei Facebook. Kleines Weingut in einem liebevoll renovierten, typisch kachetischen Haus. Weintasting (1/2/3 Sorten für 20/20/40 GEL) und Speisen mit Reservierung mind. 2 Tage im Voraus. Auch Khinkhali-, Puri- und Churchkhela-Kurse sind möglich für Gruppen ab 6 Pers. 🕒 Sa, So 11–17.30 Uhr.

Alaverdi Monastery Marani, Alaverdi, ☏ 577 500 257. Zur eindrucksvollen Kathedrale gehört ein Weinkeller, in dem erstmals im 11. Jh. in Kvevris Wein gekeltert wurde. Besichtigung und Verkostungen ab 4 Pers. 130–150 GEL p. P., Anmeldung eine Woche im Voraus notwendig.

Avtandil Bedenashvili Winery (AB Wines), Kardenachi, ☏ 595 309 889, 💻 https://www.abwines.de. Auf der Terrasse mit Kaukasus-Blick können Weine aus natürlichem, nachhaltigem Anbau verkostet und das Familienweingut besichtigt werden. Vom deutschen Kellermeister kann man viel Wissenswertes über den Weinbau erfahren (falls er nicht gerade in der Vinothek in Tbilissi ist). Verkostung (4–6 Weinsorten und Chacha 50 GEL) und regionale Speisen auf Vorbestellung.

Chubini Winery, Shilda, ☏ 591 030 294, 💻 bei Facebook. Der sympathische Familienbetrieb ist auf den Export hochwertiger Weine spezialisiert. Gäste können Wein selbst abfüllen, Weinverkostungen (3 Sorten/30 GEL) sowie Speisen nach Voranmeldung. Zum Weingut gehören zwei Holz-Cottages (S. 248). 🕒 9–21 Uhr.

Giuaani Winery, Manavi, ☏ 0322 040 020, 💻 https://giuaani.ge. Modernes Weingut, dessen Weine zahlreiche Preise gewonnen haben. Unbedingt probieren sollte man die hiesige Spezialität, den grünen Wein Manavi Mtsvane. Führung über das Gut mit Weinprobe (4/6 Weinsorten und Chacha für 35/55 GEL). Brotback-, Barbecue- und Chacha-Destillier-Kurse möglich. Das Restaurant (🕒 11–21 Uhr) wird sehr gelobt, das zugehörige Hotel ❺ mit Pool ist ein guter Ort zum Entspannen. 🕒 Führungen nach Voranmeldung, 9–18 Uhr.

€ **JSC Kindzmarauli Corporation**, Chavchavnadze St. 55, Kvareli, ☏ 511 144 400, 💻 https://www.duruji-valley.com. Das Weingut ist eines der ältesten und größten des Landes. König Levan ließ den heute noch genutzten Weinkeller als Teil der Festung von Kvareli anlegen, seit dem 16. Jh. wird dort Wein in Kvevris gekeltert. Das Gut hat den Sprung in die Zukunft geschafft: Neben Kvevri-Wein wird vor allem Wein nach europäischer Art in Stahltanks hergestellt, Brandy wird zum Reifen in Fässern aus kaukasischer Eiche gelagert, das hauseigene Labor testet die Qualität. Spannend zu sehen sind die mit Schaumstoff isolierten, riesigen Tanks aus der Sowjetzeit, als Masse statt Klasse gefragt war. Führung mit Verkostung (4 Sorten/8 GEL, 2 GEL für jede weitere Sorte) auf Anfrage. Im Laden werden die über 45 hauseigenen Weine, Chacha und Brandy verkauft. 🕒 9–18 Uhr.

Kvareli Wine Cave (Winery Khareba), Kvareli, ☏ 591 918 941, 💻 https://winery-khareba.com. In dem sehenswerten Weintunnel lagern bei konstanter Temperatur von 12–14 °C Tausende von Weinflaschen. Er steht auf dem Programm jeder Kachetien-Tour, entsprechend groß ist das Touristenspektakel. 🕒 10–20 Uhr, Eintritt 7 GEL, Weinproben für 13–70 GEL.

Numisi Winecellar, Gogebashvili St. 3, Velistsikhe, ☏ 599 561 031. Weinkeller aus dem 16. Jh. mit Museum, in dem historische Werkzeuge, Gefäße, Möbel, Teppiche u. v. m. ausgestellt sind. Der schöne Weinkeller und das Restaurant sind allerdings auch Tourveranstaltern bekannt. Führungen und Weinprobe (2 Weinsorten, Chacha und Kognak/20 GEL) möglich. 🕒 12–22 Uhr.

Schuchmann Wines Chateau, Kisiskhevi, ☏ 790 557 045, 💻 www.schuchmann-wines.com. Die Weine des 2008 vom deutschen Burkhardt Schuchmann gegründeten Weinguts zählen zu den bes-

TWINS OLD CELLAR IN NAPAREULI; © NINA KRAMM

ten Georgiens. Führungen mit Weinprobe (4 Sorten für 35 GEL) jede volle Stunde von 12–20 Uhr. Zum Weingut gehören ein gutes Spa-Hotel ❺–❻ und ein Restaurant.

Shumi Winery, Tsinandali, ✆ 551 080 401, 💻 bei Facebook. Seit 2001 wird hier erfolgreich Wein gekeltert, seitdem haben die feinen Tropfen zahlreiche Auszeichnungen erhalten, und das Weingut ist eines der größten der Region geworden. Auf Besucher ist man gut eingestellt: Neben Weingarten, Museum, Enothek, Skulpturengarten und Marani gibt es ein Restaurant und Café. Verkostungen (2/3/4 Sorten ab 18/20/26 GEL), Führungen (5 GEL) und Kochkurse möglich. 🕒 10–18, im Sommer bis 20 Uhr.

Temi Community, Gremi, 2 km nördlich der Museumsstadt Gremi, ✆ 591 633 633, 💻 www.temi-community.org. Einzigartig ist das gemeinschaftlich geführte Weingut, das 7 ha Weinfelder der Sorten Saperavi und Rkatsiteli bewirtschaftet. Seit 2008 werden hier Bio-Weine ausschließlich im Kvevri produziert, die seit 2013 bio-zertifiziert sind. Spannend ist die kostenlose Führung, bei der Besucher mehr über die soziale Lebens- und Arbeitsgemeinschaft erfahren, in der Menschen von 7–70 Jahren mit unterschiedlichem Unterstützungsbedarf in einem sicheren, familiären Umfeld leben und arbeiten. Unterstützt werden sie u. a. von jungen Freiwilligen (FSJ-lern) – oft aus Deutschland, daher ist die Chance auf eine deutsche Führung groß. Weindegustationen sind möglich (3 Weinsorten/15 GEL), im Lädchen werden die eigenen Weine sowie Marmeladen, Honig, Filzarbeiten und weitere Produkte aus eigener Herstellung verkauft. Speisen werden mit Vorbestellung aus selbst angebauten Zutaten (saisonal) zubereitet (ab 2 Pers.). Kochkurse (ab 6 Pers.) auf Voranmeldung möglich, es gibt einen Fahrradverleih. 🕒 10–20 Uhr.

Twins Old Cellar, Napareuli, ✆ 557 148 282, 💻 www.cellar.ge. Weingut mit anschaulichem Museum (Eintritt 30 GEL), neben dem geschlossenen gibt es hier auch einen offenen Marani zu sehen. Zum Gut gehören ein Weinladen, ein Souvenirshop und ein Hotel ❹–❺. Nach Voranmeldung Bewirtung auf der Veranda. 🕒 9–22 Uhr.

Winehouse Gurjaani, Rustaveli St. 28, Gurjaani, ✆ 599 512 244, 💻 www.winehousegurjaani.ge. Die sympathische Weinstube erreicht man, wenn man vom Hauptplatz in Gurjaani der Straße stadteinwärts nach Nordosten folgt und nach 300 m links in die Rustaveli Street einbiegt. Zur Weinstube gehören ein traditioneller Marani und ein hübscher grüner Innenhof. Besucher können Wein und Chacha selbst abfüllen und etikettieren, Weinproben sind möglich (3 Weinsorten u. Chacha/25 GEL), Speisen auf Voranmeldung. 🕒 11–20 Uhr.

schiff aus Lüftungs- und Belichtungsfensterchen entdecken. Die Durchgänge hatten wohl nichts mit der kirchlichen Liturgie zu tun. Man vermutet, dass sie für die private Andacht des Feudalherren und seiner Familie dienten. Auch die Empore über dem Haupteingang war wahrscheinlich nicht nur ein exquisiter Sitzplatz des Herrschers. Es wird angenommen, dass das Sendgericht von hier oben gehalten wurde – wahrscheinlich zeigte sich der Fürst seinen Untertanen, gut sichtbar für alle, genau von dieser Empore.

Auch der Bau von zwei Gewölben ist für den georgischen basilikalen Kirchenbau ungewöhnlich. Eines erhebt sich im Westen vor der Herrscherempore, das andere im Osten vor der Apsis. Einmal, um im Westen den Ort der göttlichen irdischen Macht (die des Fürsten) und dann im Osten die göttliche himmlische Macht hervorzuheben. Das Mittelschiff wird von jeweils drei Rundbogen, auf niedrigen, massiven Pfeilern sitzend, zu den beiden Seitenschiffen abgetrennt.

Die häufige Verwendung der hufeisenförmigen Bogen geht wahrscheinlich auf den arabischen Einfluss der damaligen Zeit zurück. Auch die Hauptapsis und die der Nebenapsisräume sind hufeisenförmig ausgebildet. Als Baumaterial für den profan-sakralen Bau wurden grob behauene Feldsteine verwendet, die – typisch kachetisch – unverputzt blieben. An der Ostfassade sind Blendnischen und Kreuze als dezente Bauschmuckelemente zu finden. Teile der Kirche wurden aber auch aus Ziegelstein errichtet, was in Georgien für Sakralbauten ungewöhnlich war und auf Einflüsse aus dem Palastbau hinweist. Auch die unglaubliche Mauerstärke ist auffallend, die sicherlich wegen der beiden Kuppeln (um deren Druck aushalten zu können), aber auch wegen der Wehrhaftigkeit notwendig waren.

Anfahrt: Die Kirche liegt ca. 3 km südlich von Gurjaani an den bewaldeten Hängen der Gombori-Bergkette. Eine Straße zweigt von Signagi kommend 2 km vor Gurjaani von der Hauptstraße S42 nach links ab, ein braunes Schild weist den Weg.

SONSTIGES

Eine **Bank** und ein **Supermarkt** befinden sich am Hauptplatz, eine Post südlich des Platzes. Im Central Park gibt es einen großen neuen **Kinderspielplatz**.

TRANSPORT

Am Hauptplatz mit dem Rondell fahren gegenüber dem modernen Bürgerzentrum **Marschrutki** mehrmals tgl. nach TBILISSI, TELAVI, TSNORI (Umstieg nach SIGNAGI) und VELISTSIKHE. Durchfahrende Marschrutki von Tsnori nach Telavi können angehalten werden. Auch **Taxis** warten dort auf Kundschaft.

Lagodekhi

Das verschlafene Nest Lagodekhi liegt am Fuß des dicht bewaldeten Großen Kaukasus. Im nebeligen Winterwetter erinnern die immergrünen Palmen an den Straßen daran, dass es in Lagodekhi im Sommer tropisch-heiß wird.

Das Klima ist günstig für die Landwirtschaft. Rund um die **Verwaltungshauptstadt** der gleichnamigen Munizipalität wachsen auf den Feldern Gemüse und Obst in üppiger Fülle. Zu Sowjetzeiten wurde auch Tabak in bester Qualität angebaut, der auf dem fruchtbaren Boden hervorragend gedieh. Nach der Unabhängigkeit brach der Tabakhandel ein, auch mit der Herstellung von Fruchtkonserven, ätherischen Ölen und Werkzeugen war Schluss. Um die Wirtschaft ist es seitdem nicht gut bestellt. Die Arbeitslosigkeit ist groß, viele Einwohner haben den Ort verlassen – statt der 1989 über 9500 Menschen leben heute nur noch knapp 6000 in Lagodekhi. Die einzige Chance sehen viele im Tourismus, denn der Ort ist das **Tor zum gleichnamigen Nationalpark** und ein **guter Ausgangspunkt für Wanderungen** und Ausflüge. Immer mehr Naturliebhaber zieht es in das Naturschutzgebiet, sodass in den letzten Jahren viele neue Gästehäuser eröffnet haben.

Der Ort blickt auf eine lange Geschichte zurück, bereits im 8. Jh. wurde die Siedlung erstmals erwähnt, damals gehörte sie noch zum Reich Heretien, das im 11. Jh. von Kachetien erobert wurde. Seit 1962 besitzt Lagodekhi die Stadtrechte.

Lagodekhi liegt an der Fernstraße S5, die von Tbilissi über Sagarejo und Tsnori nach Aserbaidschan führt. Die Grenze zum Nachbarland liegt nur 5 km entfernt hinter der winzigen Siedlung Matsimi. Ein Taxi dorthin kostet ca. 5 GEL. Der Grenzübergang wurde 2008 mit US-amerikanischer Hilfe errichtet und kann nur mit gültigem Visum für Aserbaidschan übertreten werden. Der nächste Ort in Aserbaidschan ist das 15 km von der Grenze entfernt gelegene Balaken.

ÜBERNACHTUNG

Zahlreiche ansprechende Gästehäuser bieten leckere Hausmannskost, schöne Gärten oder Terrassen und Weinlauben.

Duende Hotel, Khiza, ✆ 595 20 28 65, 💻 https://duendehotels.com. Glamping im Urwald: Jedes der stilvoll eingerichteten 4 Holzhäuschen (für 2–4 Pers.) hat Heizung, Klimaanlage, Terrasse, Bad und ein eigenes Jacuzzi im Steinbecken, das mit Holzfeuer beheizt wird. Die ausländischen Inhaber arbeiten eng mit der benachbarten Dorfgemeinschaft zusammen. April–Okt, mit Halbpension, Anfahrt über Schotterstraße. ❻

Eco Village, Gurgeniani, ✆ 595 555 760, 💻 bei Facebook. Hier kommen Vogelfreunde auf ihre Kosten: Im Urwald des Nationalparks befinden sich am Eingang zur Ninoskhevi-Wasserfall-Wanderung 7 komfortable Cottages für 2–3 Pers. Mit Bad, Heizung, Klimaanlage und Betten im 1. Stock. Schöner Speisesaal mit Waldblick, Anfahrt über Schotterstraße. ❹

Gardenia Guesthouse & Wine Cellar, Vashlovani St. 127, ✆ 551 150 200, 💻 bei Facebook. 2 gepflegte Drei-Bett- und 2 DZ teilen sich ein WC und ein Bad. Mit Heizung und Ventilator. Schöner Garten mit Hängematte, dekoriert mit Kvevris, große Veranda mit Sitzecke, Hollywood-Schaukel und eigenem Weinkeller. ❶

Green House Guesthouse, Janelidze St. 4, ✆ 551 202 480. Schöne Terrasse zum Frühstücken mit Blick in den Garten, im gemütlichen Wohnzimmer gibt es einige interessante Bücher zum Park. Die hilfsbereite Gastgeberin Nana kann recht gut Deutsch, ihr Mann Vasha arbeitet seit über 30 Jahren im Nationalpark und kennt fast jeden Baum persönlich. 2 Doppel-, 1 Zwei-Bett- und 1 EZ teilen sich ein WC und ein Bad. April–Okt. ❶

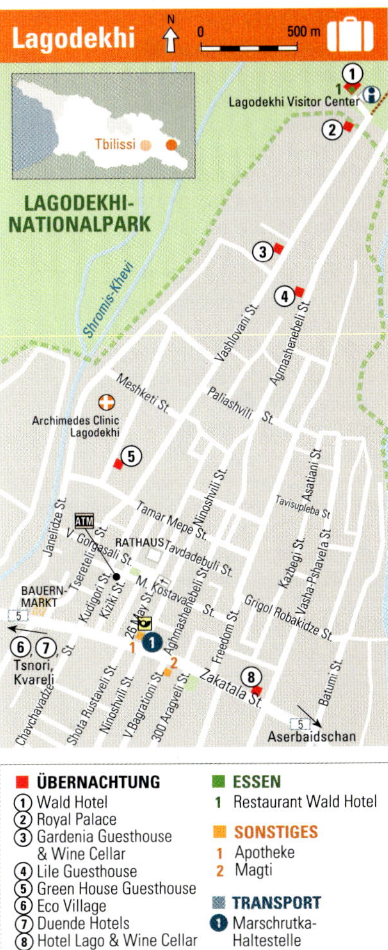

Hotel Lago & Wine Cellar, Zakatala St. 63, ✆ 599 349 932, 💻 bei Facebook. Sehr gepflegtes Gästehaus, im Sommer wie im Winter eine gute Wahl: Es gibt sowohl Heizung als auch Klimaanlage und Pool. Große Veranda und überdachte Sitzecke im gepflegten Garten, dort kann gefrühstückt und gegrillt oder in der Hängematte entspannt werden. Eigener Weinkeller, die Familie lagert ihren Wein u. a. in der Tonamphore. Zelten im Garten möglich.

2 Vier-Bett-, 2 Drei-Bett-, 3 Doppel- und 1 EZ, einige davon mit Privatbad. ❷

Lile Guesthouse, D. Agmashenebeli St. 93, ✆ 577 620 121, 💻 bei Facebook. Insgesamt 10 Gästezimmer, davon 2 Zwei-Bett- und 2 DZ mit Privatbad. Geräumiger Speisesaal, Gemeinschaftsküche, Waschmaschine, Billardtisch, schöner Garten mit Pool und herzliche Gastgeber. Die Tochter des Hauses spricht recht gut Deutsch. ❶

Royal Palace, Vashlovani St. 191, ✆ 591 337 333, 💻 bei Facebook. Gehobenes Hotel und Ferienpark mit 20 Holz-Cottages für 2–6 Pers., nahe dem Parkeingang. Große, gepflegte Gartenanlage mit Pool. Zum Hotel gehört ein Restaurant. ❺–❻

Wald Hotel, Vashlovani St. 197, ✆ 593 839 983, 💻 bei Facebook. Komfortables Hotel neben dem Visitor Center am Parkeingang. Im Sommer mit Außenbereich, in den kälteren Jahreszeiten sitzt man im Speisesaal des Restaurants mit großen Panoramafenstern und Waldblick auch sehr schön. Billardtisch im Aufenthaltsraum, Garten mit Pool. 3 Zwei-, 2 Vier- und 3 Drei-Bett-Zimmer mit Privatbad, davon eines barrierefrei. ❸–❹

ESSEN

Die Auswahl an Restaurants ist klein, am besten wählt man in einem der Gästehäuser Halbpension. Schön sitzt man im **Restaurant des Wald Hotels**, 🕒 10–22 Uhr.

SONSTIGES

Aktivitäten

Im Nationalpark sind ein- bis mehrtägige **Wanderungen** (S. 243), **Ausritte** und **Pferdetrekking** möglich. S. Lagodekhi-Nationalpark.

Einkaufen und Versorgung

Der **Bauernmarkt** liegt an der Hauptstraße am Ortsausgang im Westen.

Zwischen Marschrutka-Haltestelle und Markt gibt es einige **kleine Läden**, **Supermärkte** und **Geldautomaten**. Nahe der Haltestelle befinden sich die **Post**, eine **Apotheke** sowie eine Geschäftsstelle von **Magti**. Eine **Bank** mit Geldautomaten findet man in der Kiziqi St. nördlich der Hauptstraße.

Feste

Beim **International Blues Festival**, 💻 http://www.bluesfest.ge, treten im August jedes Wochenende georgische und internationale Jazz- und Blues-Musiker auf. Im Herbst finden die **Heretoba** und verschiedene **Weinfeste** statt.

Informationen

Lagodekhi Visitor Center, Vashlovani St. 197, ✆ 577 101 834, ✉ zazats2002@yahoo.com. Hier erhält man Informationen zur Geschichte, Flora und Fauna des Nationalparks, Unterstützung bei der Wander- oder Reittourenplanung sowie Kartenmaterial. Schlafsack/Isomatte (5/3 GEL/Tag) können geliehen werden. Alle Übernachtungen im Nationalpark müssen angemeldet werden (bald auch per App 💻 https://parks.ge möglich), Pferde können gemietet und Wanderführer engagiert werden. 🕒 Mo–Fr 9–18 Uhr.

TRANSPORT

Die **Marschrutka-Haltestelle** liegt an der Hauptstraße neben dem modernen Bürgerzentrum. Dort warten tagsüber Taxis auf Kundschaft.

KVARELI, Mo–Sa um 9 Uhr in ca. 45 Min. für 6 GEL.

TELAVI, über GURJAANI, um 8 und 9 Uhr in ca. 1 1/2 Std. für 12 GEL.

TBILISSI, um 6.45, 7.55, 8.45, 9.30, 10.10, 11, 12, 13, 13.50, 14.50, 16 und 16.45 Uhr für 15 GEL.

Lagodekhi-Nationalpark

Uralte, knorrige Bäume, zusammengebrochene, moosbewachsene Baumriesen und undurchdringlicher Unterwuchs – das ist der **Urwald** von Lagodekhi. Der weitgehend unberührte, sommergrüne Primärwald breitet sich am Südhang des großen Kaukasus aus. Es handelt sich um eine der 25 artenreichsten Regionen weltweit, die zu einem **Hotspot für Biodiversität** erklärt wurde.

An den dicht bewaldeten Hängen gibt es etliche Quellen, Bachläufe und Wasserfälle, es herrscht feuchtes, beinahe subtropisches Klima, und die Gegend ist eine der wasserreichsten Georgiens – verrückt, wenn man bedenkt, dass die **trockene Halbwüste** des Vashlovani-Nationalparks keine 100 km entfernt liegt.

Der Lagodekhi-Nationalpark erstreckt sich auf Höhen von 490–3428 m auf einer Fläche von über 24 ha. 20 ha gehören zum strengen Naturschutzgebiet (Strict Nature Reserve) und 4,5 ha zu den angrenzenden Übergangsgebieten (Managed Reserve). Der Große Kaukasus ist in dieser Gegend 15–20 km breit und besteht aus Jura- und Kalkgestein, die Täler der Südseite sind von Erosion zerklüftet. Allein in der Ortschaft Lagodekhi fallen jährlich 1000 mm Niederschläge, im Nationalpark selbst sind es noch weitaus mehr. Da ein Großteil der Niederschläge im Winter als Schnee fällt, kommt es Frühjahr häufig zu starken Abtragungen in den Bachtälern und zu Überschwemmungen.

Auf 450 m beginnt die **niedrige Waldzone**, die vorwiegend aus Buchen und Hainbuchen besteht. Die Bäume dort sind überraschend oft gleichaltrig, Grund dafür sind die häufigen Erdrutsche, die ganze Hänge samt Bäumen wegreißen. An den Berghängen finden sich außerdem Haseln, Orient-Buchen, Erlen, Weiden und Pappeln – Bäume, die einem aus der Heimat be-

Wanderungen im Nationalpark

Drei markierte Tageswanderungen und eine Dreitageswanderung laden dazu ein, den Park zu entdecken:

Black Grouse Waterfall, 9,5 km, ca. 3–5 Std.
Diese Tageswanderung beginnt am Visitor Center und führt entlang dem Flussbett und durch Urwald zum „Birkhuhn-Wasserfall". Festes Schuhwerk ist nötig, um über den schmalen und teilweise steilen Pfad den kleinen Wasserfall zu erreichen, an dem gebadet werden kann.
Ninoskhevi-Wasserfall, 14 km, ca. 4–5 Std.
Die lange Tageswanderung beginnt nördlich von Gurgeniani, ca. 12 km nordwestlich von Lagodekhi, S. 245.
Machi-Festung, 10 km, 3–4 Std.
Größtenteils leichte Wanderung, lediglich kurz vor der Festung ist etwas Kletterei notwendig, durch märchenhaften Urwald bis zu den spärlichen Überresten der Festung an der georgisch-aserbaidschanischen Grenze (Ausweisdokument einpacken). Start im Dorf Matsimi, 4 km südöstlich von Lagodekhi.
Black Rock Lake, 48 km, 3 Tage
Den umfassendsten Eindruck von der Natur des Parks und den unterschiedlichen Höhenzonen bekommt man bei dieser Dreitageswanderung, die bis zu dem Bergsee über die Baumgrenze führt und bei der in zwei nicht bewirtschafteten Hütten übernachtet wird. Da das gesamte Gepäck und die Verpflegung getragen werden müssen, kann man in Betracht ziehen, für diese Tour Pferd und Führer im Visitor Center zu engagieren.

Praktisches

Besucher müssen sich vor jeder Wanderung im Nationalpark registrieren lassen, was jeweils am Ausgangsort der Wanderungen an den dortigen Rangerstationen möglich ist, ein Ausweis ist dafür nötig. Tagesausflüge in den Nationalparks sind kostenlos, bei mehrtägigen Touren müssen im Visitor Center die Übernachtungen reserviert und im Voraus bezahlt werden. Bald soll das über die App 💻 https://nationalparks.ge möglich sein.

Zwei der Wanderungen sind im Rother Wanderführer beschrieben.

kannt sind –, daher sollte man sich Zeit nehmen und einen zweiten Blick in das Dickicht werfen oder sich einem Guide anvertrauen, der einem die Besonderheiten erklärt.

Im Frühjahr kann man auf weitere alte Bekannte treffen: Das Wohlriechende Veilchen, die Nickende Sternhyazinthe, die Pfingstrose und das Schneeglöckchen sind im Kaukasus heimisch und haben in Europa Karriere als Zierpflanzen gemacht.

In der mittleren **Baumzone** zwischen 850 und 1700 m ist Birkenwald verbreitet, vereinzelt wachsen noch Hainbuche, Eiche, Esche und Linde. Oberhalb der Baumgrenze beginnt die **subalpine Zone**, die sich bis auf Höhen von 2200 m ausbreitet. Dort herrschen Krummhölzer und immergrüner Rhododendron vor.

In Lagen über 2200 m beginnt die **alpine Stufe**. Bis in eine Höhe von 3000 m bietet sich hier eine unerwartete und für den Laien nicht auszumachende Pflanzenvielfalt: Auf den alpinen Wiesen sind über 400 bekannte Arten heimisch.

Unter den 121 im Kaukasus **endemischen Pflanzen** befinden sich im Nationalpark einige Tertiärrelikte: Arten, die bereits vor den Eiszeiten in dem damals herrschenden, völlig anderen Klima wuchsen. Zu ihnen zählt die Efeu-Art *Hedera pastuchovi*, die Kaukasische Flügelnuss *Pterocarya fraxinofolia* und der Kreuzblütler *Pachyphragma macrophylla*. Ein Endemiker, der nur im Nordosten Georgiens und Aserbaidschan vorkommt, ist das krautige Berberitzen-Gewächs *Gymnospermium smirnowii*. Es ist im Englischen als „Lion's Leaf" bekannt, hat auffällige, goldgelbe Blüten, und seine fußförmig gestellten Blätter erinnern mit etwas Fantasie an Löwentatzen.

Die vielfältige Flora bietet ausgezeichneten Lebensraum für **126 Tierarten**. Wildschein, Rotwild, Gämse, Wolf, Braunbär, Fuchs, Lux, Wildkatze und Marder leben in den dichten Wäldern und tiefen Schluchten. Während der 1990er-Jahre wurde dem Wildtierbestand durch unkontrollierte Jagd stark zugesetzt, die Population der einst 3500 Ostkaukasischen Steinböcke etwa schrumpfte auf 300 Tiere. Daher wurde zum Schutz des ausgezeichneten Kletterers, der oberhalb der Baumgrenze lebt, ein länderübergreifendes Schutzgebiet eingerichtet. Auf russischer Seite schließt in Dagestan das Tlyarata-Schutzgebiet an, in Aserbaidschan das Zakatala-Naturreservat, beide bilden zusammen mit dem Lagodekhi-Nationalpark einen zusammenhängenden Lebensraum für die bedrohte Art.

Oberhalb der Baumgrenze trifft man auch auf das im Kaukasus endemische Europäische Schneehuhn und das Kaukasische Birkhuhn. Die Vogelwelt ist im Park insgesamt reich vertreten: Zahlreiche Raub- und Greifvögel wie Lämmergeier, Bartgeier, Gänsegeier, Falke, Steinadler, Bergadler, Steppenadler und Östlicher Adler kommen hier vor. Auch Eule, Rebhuhn, Kaukasus-Zilpzalp, Rotkopfamadine und die Ringdrossel leben hier.

Der Lagodekhi-Nationalpark ist **das älteste Schutzgebiet Georgiens**, er wurde bereits 1912 auf Initiative des russischen Botanikers Nikolai Kusnezow gegründet. Unter anderem hat der polnische Hobby-Naturforscher Ludwik Młokosiewicz auf die große Artenvielfalt aufmerksam gemacht, Tiere und Pflanzen wissenschaftlich bestimmen lassen und dabei zwei neue Arten entdeckt: Das Kaukasische Birkhuhn *(Tetrao mlokosiewiczi)* und die Mlokosewitsch-Pfingstrose *(Paeonia mlokosewitschii)* wurden nach im benannt. Zu Sowjetzeiten war die Region ein sogar für Wissenschaftler und Forscher unzugängliches Reservat.

ÜBERNACHTUNG

Eine Übernachtung in den nicht bewirtschafteten Hütten des Nationalparks (erreichbar über die Tour zum Black Rock Lake) kostet
20 GEL p. P., Zelten ist dort ebenfalls gestattet und kostet 5 GEL p. P.
An der Rangerstation in Gurgeniani am Ausgangsort der Wanderung zum Ninoskhevi-Wasserfall und am Visitor Center ist Zelten erlaubt, es gibt allerdings keine sanitären Anlagen.

AKTIVITÄTEN

Einige der **Touren**, z. B. zum Black Rock Lake, können auch **per Pferd** unternommen werden.

Wanderung zum Ninoskhevi-Wasserfall

- **Länge**: 14 km
- **Dauer**: 4–5 Std.
- **Höhenmeter**: 460 m
- **Start- und Zielpunkt**: Rangerstation bei Gurgeniani (von Lagodekhi in ca. 20 Min. mit dem Taxi zu erreichen)
- **Wegbeschaffenheit**: schmaler, teilweise steiniger und rutschiger Wanderpfad
- **Anforderungen**: An einigen Stellen ist Trittsicherheit notwendig.
- **Ausschilderung**: durchgängig weiß-rot markiert und ausgeschildert

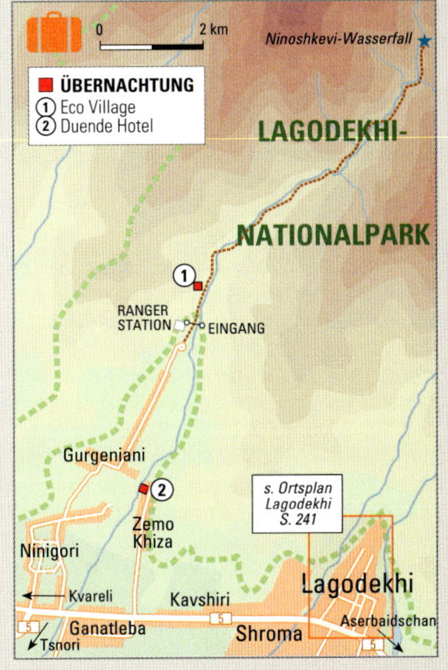

Durch den dschungelartigen Bewuchs des Lagodekhi-Nationalparks führt ein Wanderweg zu dem 40 m hohen Wasserfall von Ninoskhevi. Nicht selten werden Wanderer von gut gelaunten einheimischen Hunden begleitet, die zeigen, wo es lang geht – doch der Weg ist auch ohne Hund gut zu finden.

Route

Am Ende der Schotterstraße von **Ninigori** nach Gurgeniani befindet sich nahe einer Hotelanlage (Resort Lagodekhi Reserve) der Parkeingang mit einer **Rangerstation** und einer Infotafel über den Nationalpark und die bevorstehende Wanderung. Der Weg verläuft auf der gesamten Strecke bis zum Wasserfall in einer Schlucht **entlang dem Fluss**, dessen Rauschen und Gurgeln stets zu hören ist.

Schon nach weniger als 2 km wechselt der Pfad die Uferseite – die Behelfsbrücken aus einem Baumstamm mit angenageltem Geländer müssen jedes Jahr erneuert werden, denn meist spült das Schmelzwasser sie im Frühjahr davon. Umgeben von dichtem, grünem Wald und Vogelgezwitscher quert der Pfad den Fluss noch zwei weitere Male, jeweils etwa im Abstand von 2 km.

Spätestens beim letzten Abschnitt gibt's nasse Füße: Dann führt der markierte Weg **durch ein steiniges Flussbett**. Leichte Kletterei und Handeinsatz sind außerdem nötig, um zum Wasserfall zu gelangen. Vorsicht – die Felsen können hier sehr rutschig sein. Dann ist das Ziel erreicht: Der **Ninoskhevi-Fall** stürzt sich von über 40 m hinunter in ein kleines Wasserbecken – prima für ein erfrischendes Bad in traumhafter Umgebung.

Praktische Tipps

Wer früh startet, hat Chancen, das märchenhafte Fleckchen am Fuße des Wasserfalls für sich allein zu haben. Ein kleiner Snack und ausreichend Trinkwasser gehören in den Rucksack und Schuhe mit griffigen Sohlen an die Füße! Im Sommer sind Trekkingsandalen gut geeignet, da der letzte Teil des Weges durch ein Bachbett führt. Badesachen nicht vergessen!

Kvareli

Die kaum 8000 Einwohner zählende Stadt ist ein **Zentrum des Weinbaus**. Im September reihen sich lange Schlangen von Lastwagen, übervoll mit Trauben beladen, vor den Weingütern, um die Ernte abzuliefern.

Im Ort wird aufmerksamen Besuchern der Evakuierungsplan auffallen: Kvareli ist im Frühjahr regelmäßig von oft verheerenden Überschwemmungen betroffen. Wenn nach schneereichen Wintern Tauwetter einsetzt, schwillt der sonst unscheinbare Fluss oft zu einem reißenden Schlammstrom an und sorgte schon mehrmals für große Zerstörungen.

Festungsruine

Am Hauptplatz im Zentrum, dem 26 May Square, befinden sich ein modernes Bürgerzentrum aus der Ära Saakashvilis, die Polizeistation und das Hotel Chateau Kvareli. Direkt neben dem Hotel erblickt man die Überreste der Festung von Kvareli. Heute spielen Jugendliche Fußball auf dem Sportplatz innerhalb der Festungsmauern, die früher den Einheimischen Schutz boten. Vom 16. bis 19. Jh. wurde Kvareli während der „Lekioba" genannten Zeit oft von sogenannten Lekis, plündernden dagestanischen Stämmen, überfallen. Nur im Winter waren die Einwohner sicher, wenn die Bergpfade zugeschneit waren und die Dagestaner den Kaukasus nicht überqueren konnten.

Ilia Chavchavadze Kvareli State Museum

Es wird von einem dagestanischen Überfall auf Kvareli im Jahre 1837 berichtet, bei dem der Festungsturm der regionalen Fürsten von Chavchavadze angegriffen wurde – in welchem just im gleichen Jahr Ilia Chavchavadze geboren wurde, der später als Publizist und Schriftsteller in Georgien Berühmtheit erlangen sollte. Chavchavadze kämpfte sein ganzes Leben lang für die Unabhängigkeit Georgiens und war einer der Ideengeber und Leitfiguren der georgischen Nationalbewegung. Im Ort erinnert an ihn das Ilia Chavchavadze Kvareli State Museum mit Kopien alter Fotografien und ausschließlich russischen und georgischen Erklärungen in einem eigenwilligen Sowjetbau, Shota Rustaveli St. 2, 💻 www.georgianmuseums.ge. Das Museum befindet sich an der Nordseite eines weitläufigen, gepflasterten Platzes mit Springbrunnen, an dessen Ostseite eine orthodoxe Kirche steht. Man erreicht ihn, wenn man den 26 May Square an der Rustavli Street über die Chavchavadze Street nach Norden geht. 🕒 10–17 Uhr, Eintritt 2 GEL.

Kote Marjanishvili House Museum

An der Südseite des Platzes befindet sich vis-à-vis des Chavchavadze Museums die **Touristeninformation** und daneben das interessante **Kote Marjanishvili House Museum**, Kote Marjanishvili St. 24, 💻 www.georgianmuseums.ge. Das typisch kachetische Wohnhaus und der Weinkeller des erfolgreichen Theaterregisseurs können besichtigt werden, ausgestellt sind Originalmobiliar und persönliche Gegenstände von Marjanishvili, kunstvolle Aquarelle von Theaterkostümen, gemalt von Petre Otskheli, und Gemälde von Lado Gudiashvili und Elene Akhvlediani. 🕒 10–17 Uhr, Eintritt 3 GEL.

Ilias Lake

In der Umgebung von Kvareli befindet sich das Naherholungsziel Ilias Lake – mit Bootsverleih, Sportanlagen, Spielplätzen und Ausflugsrestaurants ein beliebtes Ziel für Touristen und Einheimische am Wochenende.

ÜBERNACHTUNG

Chateau Bruale, Tkhilistskaro, 📞 557 104 030, 💻 bei Facebook. Zwischen Weinfeldern gelegenes (anders als es erscheint recht neues) Weingut mit großem Garten, Sonnenliegen und Pool. Rustikaler Speisesaal und überdachter Essbereich im Garten. 4 Zwei-Bett- und 4 DZ, die etwas kleiner ausfallen. Die Suite ist dafür sehr geräumig mit Kamin im separaten Zimmer. Weinverkostung möglich. ❸

Chateau Kvareli, Kudigora St.1a, 📞 599 466 595, 💻 www.chateaukvareli.ge. Hotel der Kindzmarauli Corporation mit 26 Zimmern, einige mit Balkon. Familienzimmer und ein Pool waren in Planung. Zum Hotel gehört ein gutes Restaurant. ❸–❹

Guesthouse Villa, D. Agmashenebeli St. 27, Kvareli, ✆ 514 150 404, 🖳 bei Facebook. Familiengästehaus mit Balkon, wunderschönem Garten mit Hollywoodschaukeln, Hängematten und Feuerstelle. 1 Vier-, 2 Drei-Bett- und 1 DZ, alle sehr sauber und Privatbad. Gute und günstige Verpflegung kann gebucht werden. ❶

Kvareli Lake Resort, Kvareli-See, ✆ 577 110 715, 🖳 https://kvarelilakeresort.ge. Luxushotel in schöner Lage mit Pool, Fitnesscenter, Restaurant. ❺–❻

ESSEN

Giglo's Wine House, S. Rustaveli Rd. 1, ✆ 595 00 58 98, 🖳 bei Facebook. Rustikales Kellerrestaurant mit guter georgischer Küche. ⏲ 10–23 Uhr.

Restaurant Vine Yard, Kudigura St. 1a, ✆ 599 458 955. Zwischen der alten Festung und dem Hotel Kvareli, mit schönen Sitzplätzen im Innenhof. ⏲ 10–22 Uhr.

SONSTIGES

Einkaufen und Versorgung

An der Landstraße S43 findet ca. 10 km südöstlich von Kvareli bei Tivi und Akhalsopeli Samstagvormittags ein **großer Markt** statt.

In Kvareli gibt es im Ortszentrum mehrere **Supermärkte**, **Apotheken**, **Banken** und **Geldautomaten**. Eine **Tankstelle** befindet sich im Ort, zwei weitere am Ortseingang.

Informationen

Tourist Information Center, Rustaveli St. 8, gegenüber dem Ilia Chavchavadze Museum, ✆ 555 632 763, 🖂 tickvareli@gmail.com. ⏲ 10–17 Uhr.

TRANSPORT

Marschrutki fahren ab der **Marschrukta-Haltestelle** in der Gogebashvili St. 2 ab.

TBILISSI, von ca. 7–17 Uhr stdl. in ca. 2 1/2 Std. für 15 GEL.

TELAVI von ca. 9–18 Uhr jede Stunde in 45 Min. für 6 GEL.

Verbindungen gibt es auch nach LAGODEKHI und TSNORI, Abfahrtszeiten vor Ort erfragen.

Kloster Nekresi

An den südwestlichen Ausläufern des Großen Kaukasus liegen 250 m über der Alazani-Ebene das Kloster und der **ehemalige Bischofssitz von Nekresi**. Schon von Weitem sind der Wohnturm und der alte Palast zu sehen, die zwischen den Bäumen hervorlugen. An dieser erhabenen Stelle hatte König Mirdat bereits im 4. Jh. eine Kirche errichten lassen, zu großer Bekanntheit brachte es Nekresi im 6. Jh., als **Abibos Nekreseli**, einer der 13 Syrischen Väter, dort missionierte – nach ihm wurde nicht nur der Konvent, sondern das gesamte Bistum benannt.

Nekresi wurde im 6. Jh. zu einem Zentrum der religiösen Ausbildung und spielte eine tragende Rolle bei der Verbreitung und vor allem der Festigung des Christentums in Ostgeorgien. Der persische Feuerkult war noch weitverbreitet, und die Vertreter der konkurrierenden Religionen gingen nicht gerade zimperlich miteinander um: Abibos soll z. B. einfach das heilige Feuer in einem nahe gelegenen Feuertempel gelöscht haben – und wurde daraufhin, in dieser von Persien dominierten Zeit, natürlich hingerichtet. Dadurch wurde er zum Vorbild und Märtyrer.

Der Klosterkomplex besteht aus mehreren Kirchen und Klostergebäuden. Nähert man sich dem Areal, erreicht man zuerst eine **Kuppelkirche** aus der Übergangszeit des 8. zum 9. Jh., die westlich außerhalb des Komplexes steht. Sie ist wie die Kirche Kvelatsminda bei Gurjaani ein einzigartiges Bauwerk aus dieser experimentierfreudigen Zeit. Man verband das Grundkonzept einer Dreikirchenbasilika mit dem Zentralbaugedanken, doch diese ungewöhnliche Lösung wurde außerhalb von Nekresi nicht fortgeführt.

Die Aussicht über das Tal ist traumhaft, eine kleine Bank lädt zum Verweilen ein.

Vorbei an einem weiteren Steinbau, führt eine Treppe zum **zweigeschossigen Bischofspalast**, der aus derselben Zeit wie die Kuppelkirche stammt. Auch er hat Ähnlichkeiten mit der Kvelatsminda-Kirche bei Gurjaani: Er besitzt ebenfalls hufeisenförmige Fenster, die wohl dem Repräsentationsbedürfnis der Zeit entsprachen. Die restaurierte Ruine des Klostergebäudes schließt im Osten an. An der Nordseite steht ein **massiver Wehrturm** aus dem 16./17. Jh., in dem sich die Mönche während der häufigen Überfälle der Perser verbarrikadieren konnten.

Gegenüber dem Bischofspalast befindet sich das älteste Bauwerk der Anlage und auch eine der ältesten Kirchen Georgiens: ein kleines **Kirchlein aus Bruchstein aus dem 4. Jh.** Der Bau wurde wahrscheinlich von der damals zeitgenössischen Architektur der Feuertempel beeinflusst; jedenfalls lässt er sich keinem in Georgien vertretenen Bautypus zuordnen.

Östlich dieser kleinen Kirche befindet sich die **Hauptkirche des Klosters**, eine Dreikirchenbasilika aus dem 7. Jh. Im Inneren des Langhauses sind Reste eines umfangreichen Freskenprogramms erhalten, dessen Entstehungszeit unbekannt ist. Weite Teile wurden (wahrscheinlich bei einem Umbau 1589) übermalt, in der Apsis ist die thronende Theotokos, die Gottesmutter Maria mit dem Jesuskind auf dem Schoß, begleitet von den Erzengeln Michael und Gabriel, gut zu erkennen.

Anfahrt: Früher war die Besichtigung des Klosters mit einigen Anstrengungen verbunden. Von der Landstraße S43 zwischen Kvareli und Eniseli zeigt ein Schild den Weg zu dem Parkplatz und den Picknickplätzen am Fuße des Berghanges. Dort beginnt hinter einer Schranke der steile Weg nach oben, auf dem man sich früher mit einigem Schweiß die Aussicht vom Kloster verdienen musste. Heute ist die Straße asphaltiert, im Sommer pendelt für 3 GEL pro Fahrt eine Marschrutka (10–17.30 Uhr) zwischen Parkplatz und Kloster. Sie hat 10 Plätze und fährt ab, wenn alle Plätze belegt oder bezahlt sind. Ist man in der Nebensaison, wenn keine Marschrutka verkehrt, mit einem georgischen Fahrer unterwegs oder kann sich verständigen, darf man vielleicht sogar mit dem eigenen Wagen hochfahren.

ÜBERNACHTUNG

Pine Cottage, Shilda, ✆ 591 030 294, 💻 bei Facebook. Zwei moderne Holz-Cottages für je 2 Pers., die zum sympathischen **Familienweingut Chubini** (S. 238) gehören. Beide mit tollem Kaukasus-Blick, Bad und Klimaanlage. Schöner Garten mit freundlichen Hunden und Katzen. Zustellbetten vorhanden. ❹

Gremi

An der S43 erhebt sich über dem Tal auf halber Strecke zwischen Kvareli und Telavi die **Festungsanlage von Gremi** westlich des gleichnamigen Dorfes. Die Burg mit ihren strahlend türkisfarbenen Dächern liegt malerisch vor den Ausläufern des Großen Kaukasus – und auch der Blick über die Alazani-Ebene vom alten Glockenturm der Feste ist atemberaubend.

Königspalast

Auf der kürzlich restaurierten Burganlage steht dicht gedrängt ein Ensemble von drei Ziegelbauten, die aus dem 16. Jh. stammen: der mehrstöckige Königspalast mit dem ehemaligen Glockenturm, die große Erzengelkirche und die kleinere Marienkirche, etwas abseits liegt der **alte Weinkeller**. Der **Glockenturm** ist Teil des Museums (s. unten) und kann für 3 GEL bestiegen werden. Wo einst die Glocken hingen, genießen heute Touristen die **Aussicht über das Tal des Alazani**.

Im Untergeschoss des Palasts ist ein Modell der gesamte Anlage ausgestellt, im Obergeschoss bekommt man einen Eindruck davon, welch zugiges Geschäft die Könige beim Toilettengang erledigten: In luftiger Höhe können die mittelalterlichen „Throne“ der etwas anderen Art besichtigt werden.

Erzengelkirche

Die kleine **Marienkirche** steht zwischen Palast und der großen **Erzengelkirche**. Letztere wurde zur Zeit Levans von Kachetien (Regierungszeit 1520–74) erbaut und hat viele Gemeinsamkeiten mit der Kirche Akhali Shuamta (S. 256). Auch sie ist eine Kuppelkirche, deren vertikale Bauglieder explizit betont sind. So ragt die Kuppel auf dem Tambour der Erzengelkirche deutlich über das Dach des benachbarten Glockenturms des Palasts.

Das Innere der Kirche ist mit einem umfangreichen Freskenprogramm von 1577 geschmückt, dort ist auch der Stifter verewigt, den man daran erkennt, dass er eine Miniatur der Kirche in der Hand trägt. Dass diese Fresken erhalten sind, ist einer Legende nach den tapferen Einwohnern der benachbarten Region Kiziqi zu

Glanz und Untergang der Königsstadt

Gremi war seit der frühen Geschichte ein befestigtes Dorf, doch seine große Glanzzeit begann, als Giorgi II zum König von Kachetien gekrönt wurde, denn er verlegte die **Hauptstadt 1466** von Telavi hierher. Schon Ende des 15. Jhs. hatte sich das einst verschlafene Nest in eine **lebhafte mittelalterliche Metropole** und ein **Handelszentrum** verwandelt. Am Fuße der Festungsanlage, in der sich u. a. der Königspalast befand, drängten sich Karawansereien, Kontore, Kirchen, Bildungseinrichtungen, Bäder und Wohnhäuser innerhalb der Stadtmauern. Es heißt, dass Reisende die Stadt erst betreten durften, nachdem sie das Badehaus besucht hatten. Ein entspannender Brauch, der Gremi vor ansteckenden Krankheiten und Epidemien schützen sollte. Die Blütezeit der kachetischen Königsstadt war trotzdem nur von kurzer Dauer: Der Untergang kam 1615, als die Truppen des persischen **Schahs Abbas I** ganz Kachetien verwüsteten und Gremi belagerten. 100 000 kachetische Krieger starben bei der Invasion, Tausende weitere wurden nach Persien verschleppt und als Sklaven verkauft. Die Stadt wurde bei der Belagerung **komplett zerstört**. Die Gemäuer der Burgfestung hielten den Rammspornen und Pfeilen der Feinde zwar stand, die Festung wurde aber eingenommen. Das war Gremis Ende als Königssitz, die Stadt wurde nach der Verwüstung nie wieder aufgebaut. Sie ist daher ein sehr gutes Beispiel für eine mittelalterliche georgische Stadt und wird bereits seit 1939 von Archäologen erforscht, 2007 wurde sie für das Unesco-Weltkulturerbe vorgeschlagen.

verdanken: Nachdem die Kirche Georgiens ihre Selbstständigkeit (Autokephalie) verloren hatte, zogen russische Soldaten und Funktionäre durchs Land, um Malereien in georgischen Kirchen weiß zu übertünchen. Vor der Kirche von Gremi hatte sich eine Bauernfamilie aus Kiziqi versammelt, die nach ihrem Pilgerbesuch dort ein Festmahl hielt. Als ihnen klar wurde, was die russische Gesandtschaft im Schilde führte, prügelten die kampflustigen Kiziqi die Russen grün und blau und verscheuchten sie – und keiner der Russen wagte es, wiederzukommen.

Auf der Wiese im Innenhof posieren Brautpaare gern für ihre Hochzeitsbilder. Überquert man das Rasenstück, kann man einen Blick auf den alten **Marani** werfen. Zu dem Weinkeller, von dem nur noch Ruinen stehen, sollen angeblich mehrere Geheimgänge geführt haben.

Museum

Etwas abseits befindet sich südwestlich der Festung das Gebiet der einstigen Stadt. Die **Ruinen der Badehäuser und Karawansereien** lassen nicht mehr viel erkennen, doch im **Museum** südlich der Festung kann man sich ein Bild der mittelalterlichen Metropole machen. Hier findet man Gegenstände aus der Bronzezeit und dem Mittelalter, Texte auf Georgisch, Russisch und Englisch beschreiben das Leben in Gremi vor dem Untergang. Zum Museum gehört ebenfalls der ehemalige Glockenturm der Festung.

Parkplätze: An der Anlage von Gremi gibt es zwei Parkplätze und zwei Zugänge. Am Fuße der Burgfestung liegt einer der Parkplätze, an dem Souvenirhändler ihre Waren verkaufen und alte Frauen Früchte und Nüsse anbieten. Nahe dem Museum befindet sich der zweite Parkplatz, der auf der anderen Seite der Landstraße liegt und durch eine Unterführung erreicht wird.

Festung und Museum, ✆ 577 278 028, 🕒 Di–So 10–18 Uhr, Eintritt 10 GEL.

AKTIVITÄTEN

In der einzigartigen **Temi Community** (S. 239) sind Weinproben, Kochkurse für Khinkali und Churchkhela sowie Brotbackkurse nach Voranmeldung für Gruppen ab 2 Pers. möglich. Dort werden auch Fahrräder verliehen. Ab der 2 km entfernten Festungsstadt ist der Weg dorthin ausgeschildert.

Telavi

Auf dem sanft abfallenden Nordosthang der bewaldeten Gombori-Kette breitet sich auf 500 bis 800 m Höhe das **Verwaltungszentrum von Ka-**

chetien aus. Die knapp 20 000 Einwohner zählende Stadt ist die größte in Kachetien, wirkt aber durch die beinahe einheitliche Bebauung aus zweistöckigen Einfamilienhäusern mit Blechdächern und den von Eichen, Walnussbäumen und Platanen gesäumten Straßen wie ein großes Dorf.

Die Stadt blickt auf eine lange Geschichte zurück. Funde belegen, dass der Ort bereits in der Bronzezeit besiedelt war, und schon dem griechischen Geografen Ptolemäus war die Siedlung bekannt. Im 8. Jh. gewann die Stadt Bedeutung: Sie wurde zur **Hauptstadt des Königreichs Kachetien** und später von Kachetien-Heretien, auch während des Goldenen Zeitalters war Telavi ein politisches und wirtschaftliches Zentrum. Nachdem Telavi vom 15. bis zum 17. Jh. im Dornröschenschlaf gelegen hatte, denn die Hauptstadt des Königreichs war nach Gremi verlegt worden, begann ein zweiter Aufschwung im 18. Jh. König Artshil II wählte nach der Zerstörung Gremis durch Shah Abbas I erneut Telavi als Hauptstadt und ließ die Königsfestung Batonistsikhe errichten. Eine kulturelle Blütezeit begann unter der Herrschaft von **König Erekle II**, der seine Heimatstadt zum **strategischen und kulturellen Zentrum** machte. Er setzte in ganz Georgien Reformen in Verwaltung, Bildung und Wirtschaft um und gründete in Telavi ein theologisches Seminar und ein Theater. König Erekle war beim Volk sehr beliebt, er wird in zahlreichen Gedichten, Liedern und Legenden gerühmt und erhielt von seinen Untertanen den liebevollen Spitznamen „Patara Kachi" (kleiner Kachetier).

Mit der russischen Annexion verlor Telavi 1801 seinen Hauptstadtstatus und seine Bedeutung. Die wirtschaftliche Lage gestaltet sich im 21. Jh. noch immer schwierig, wenigstens zeichnet sich seit einigen Jahren im Tourismus ein Aufschwung ab. Denn Telavi ist ein guter Ausgangspunkt, um die vielen Sehenswürdigkeiten in der Umgebung zu besuchen. Das Kloster Ikalto, die Shuamta-Kirchen, die Kathedrale von Alaverdi, Gremi und der Landsitz von Alexander Chavchavadze in Tsinandali sind von der alten Königsstadt aus gut zu erreichen.

Batonistsikhe

Die größte Sehenswürdigkeit der Stadt ist die königliche Palastfestung, die im 16. Jh. mit deutlichen persischen Einflüssen erbaut wurde und den kachetischen Herrschern im 17. und 18. Jh. als Residenz diente. In der Festung befindet sich das 1927 gegründete **Ethnografische Museum**, in dem archäologische Funde, textile Artefakte, alte Münzen und ehemalige Besitztümer von König Erekle ausgestellt sind, sowie die **Gemäldesammlung Ketevan Iashvili** mit Werken europäischer Maler aus dem 17.–19. Jh. Vor der Festung erinnert ein **Reiterstandbild** an König Erekle II – er sitzt auf einem Pferd, das nach sowjetischer Manier übermäßig muskulös gebaut ist, und blickt in die Weite des Alazani-Tals, das sich unterhalb von Telavi erstreckt. Ein beeindruckender Anblick, besonders wenn das Tal von den weißen Gipfeln des Großen Kaukasus umrahmt wird.

🕒 Di–So 10–18 Uhr, Eintritt 5 GEL.

Stadtspaziergang

Bei einem Stadtspaziergang sollte man nicht verpassen, durch die **Cholokashvili** und die **Erekle II Street** mit ihren restaurierten Häusern und deren bunten Holzbalkonen zu schlendern. Auch die **Markthalle** ist einen Besuch wert, der **Nadikvari-Park** lädt danach zur Entspannung ein. Erreicht man die letzte große Sehenswürdigkeit, eine fast **900 Jahre alte Platane**, deren Stamm einen Umfang von 11 m hat, wurden wirklich alle touristischen Attraktionen „abgeklappert". Der alte Baum hat in den letzten Jahren stark gekränkelt, sodass die oberschwäbische Partnerstadt Biberach 2016 Hilfe schickte: Ein deutscher Baumpfleger beschnitt und stabilisierte die mächtige Platane, sodass sie nun wieder sorglos umarmt werden kann – was allerdings nur zu zehnt gelingt.

Anfahrt: Nach Telavi führen von Tbilissi kommend zwei Wege: Die 95 km lange Anfahrt auf der S38 führt über dem Gombori-Pass, die meisten Marschrutki befahren diese landschaftlich reizvolle Route. Wer mit dem eigenen Auto unterwegs ist, kann an den Ruinen der **Ujarma-Festung** Halt machen. König Vakhtang I ließ diese Burg im 5. Jh. errichten, sie diente ihm zeitweise als Residenz, Eintritt 10 GEL. Die Fahrt über den Kacheti Highway S5 und die S42 durch die Straßendörfer der kachetischen Weinebene ist mit 150 km um einiges länger, aber im Winter die bessere Wahl, wenn die Straße über den Pass verschneit und glatt ist.

ÜBERNACHTUNG

In Telavi gibt es eine große Auswahl an schönen Gästehäusern, in der großzügig angelegten Stadt findet man mit dem eigenen Auto fast überall leicht einen Parkplatz.

Untere Preisklasse

Dzveli Galavani, K. Cholokashvili St. 52, ✆ 577 335 277, 💻 bei Facebook. Ein Kleinod in einem der renovierten Stadthäuser mit wunderschönen Holzbalkonen. 2 Drei-Bett-Zimmer mit Kamin sowie 1 DZ, alle überaus gemütlich und stilvoll eingerichtet, mit Bad, Heizung und Klimaanlage. Es gibt eine Gemeinschaftsküche sowie Parkplatz und Sitzgelegenheiten im hübschen Innenhof, der an die alte Stadtmauer (Dveli Galavani) grenzt. ❷

Hestia – Hotel, Wine & View, Kvirike Didi St. 109, ✆ 595 072 507, 💻 bei Facebook. Der Name sagt alles: gutes Hotel, bei tollen Aussichten kann man auf der Dachterrasse den Hauswein genießen. Großer Aufenthaltsraum mit Panoramafenster und Kamin, 2 DZ, 2 Drei-Bett- und 2 Vier-Bett-Zimmer, Letztere mit Kochnische und Gartenzugang. ❷

Hotel Neli Telavi, Chonkadze St. 11, ✆ 599 581 820, 💻 bei Facebook. Neli vermietet in ihrem Haus im Süden der Stadt 4 Vier-Bett-, 2 DZ und 1 EZ, die Zimmer im Obergeschoss besitzen einen Balkon und herrliche Ausblicke, 5 der 6 Zimmer mit Privatbad. Schöne Sitzecke im grünen Vorgarten. Die Familie hat um die Ecke das ebenfalls empfehlenswerte **Guesthouse Neli & Makho** (mit Gemeinschaftsküche und Aussicht vom Zimmer) eröffnet. ❷

Neli & Zaal Guesthouse, Z. Paliashvili St. 59, ✆ 595 956 120. Gästehaus in wunderschöner grüner Lage am Stadtrand. Mit großem Garten, Terrasse, Kamin und Weinkeller. Gutes Frühstück und Abendessen kann zugebucht werden. 1 DZ mit externem Bad und 3 geräumige Apartments für je 3, 4 und 5 Pers., davon eines mit großem Balkon. ❸

Tamari Guesthouse, 9. April St. 14, ✆ 568 457 730. Gemütliches, zentral gelegenes Gästehaus mit 3 Zwei-Bett- und 2 DZ, davon eines mit Balkon. Tamari ist äußerst hilfsbereit, ihre Tochter spricht sehr gut Englisch. ❶

Tinikos Guesthouse, 26 Maisi St., Dead St. 1, ✆ 577 479 970. Gepflegtes, geräumiges Gästehaus mit schöner Veranda und Garten. Tinikos' Tochter Diana arbeitet im TIC und spricht gut Deutsch, Familienvater Tariel bietet Ausflüge in die Umgebung an – oft werden die Englisch sprechenden Enkel dann als Dolmetscher eingepackt. 1 Vier-Bett- 1 Drei-Bett- und 1 DZ, alle mit Privatbad. Dazu bequeme Betten und leckeres Frühstück. ❷

Top Floor Guesthouse, Lagidze St. 9, ✆ 593 938 005, 💻 bei Facebook. Herrschaftliche, etwas düstere Villa aus der Sowjetzeit mit Garten und Kaminzimmer. Im Obergeschoss Billardraum mit Balkon, von dem aus man eine herrliche Aussicht genießt. ❷

Mittlere und obere Preisklasse

Boutique Hotel Kviria, Gogebashvili St. 51, ✆ 599 44 266, 💻 https://www.kviria.ge. Modernes, stilvoll eingerichtetes Hotel mit Restaurant, Weinkeller, Garten, Außenpool und sehr gutem Service. Die Deluxe-Suite bietet Badewanne und herrlichen Bergblick. Barrierefreie Zimmer vorhanden. ❹–❺

Esquisse Design Hotel, Kurdghelauri St. 19, ✆ 544 440 388, 💻 www.esquisse-hotel.com. Gutes Designhotel mit Marani, Weinbar, Gartenanlage, Terrasse, Außen- und Innenpool sowie große Frühstücksauswahl. ❺

Holiday Inn, Rustaveli St. 2, ✆ 032 261 11 11, 💻 www.ihg.com. In zentraler Lage, mit Innenpool, Fitnessraum, Lounge und Restaurant. Die Zimmer in den oberen Etagen haben einen Top-Ausblick. ❸–❺

Seventeen Rooms, Giorgi Leonidze St. 3, ✆ 514 171 711, 💻 bei Facebook. Stilvolle Unterkunft mit einem guten Mix aus modernen, klassischen und traditionellen Elementen am südlichen Ortsrand. Saisonaler Außenpool, Bar und Lounge. ❹

ESSEN

Bravo, Telavi Nadikvari St. 11, ✆ 593 152 713, 💻 bei Facebook. Internationale und georgische Gerichte stehen auf der umfangreichen Karte. Drinnen wie draußen sitzt man sehr schön, dazu angemessene Preise. 🕘 9–23.30 Uhr.

Café Gisheri, Nadikvari St. 2, ✆ 599 011 118, 💻 bei Facebook. Modernes Selbstbedienungs-Café im Stadtzentrum mit schöner Einrichtung, gutem Kaffee und großer Auswahl an frisch zubereiteten Backwaren. Auch Salate, Pasta, Pizza und Sandwiches. 🕘 10–22 Uhr.

Kapiloni Restaurant, Barnovi St. 10, ✆ 596 278 787, 💻 bei Facebook. Leckere georgische Speisen aus allen Teilen des Landes. Sehr stilvolle Innenräume mit Klinkerwänden und ausgebautem Dachstuhl sowie Sitzplätze im schönen Innenhof. 🕘 9–24 Uhr.

Mala's Garden, Rustaveli St. 4, ✆ 599 104 105, 💻 bei Facebook. Im wunderschönen Garten werden schmackhafte georgische Gerichte zu anständigen Preisen serviert. Es gibt eine gute Weinkarte und leckere Cocktails, bei denen man in Partystimmung kommen kann – was gut

Holzbalkone in der Cholokashvili Straße

ist, denn die Musik ist meist etwas lauter. ⌚ 10–23.30 Uhr.

Marleta's Farm, ca. 3 km südöstlich vom Ortszentrum, ☎ 577 722 771, 💻 bei Facebook. Die ehemalige Ziegenkäse-Fabrik wurde von einem Architekten und einem Künstler zu einem Ort mit ganz besonderem Flair umgestaltet. Käse wird hier noch immer hergestellt, Käseproben und Abendessen (120–250 GEL) nach Voranmeldung. ⌚ März–Okt.

Nadikvari Terrace, ☎ 591 196 789. Besonders schön sitzt man auf der Panoramaterrasse des Restaurants Nadikvari Terrace im gleichnamigen Park. ⌚ 11–24 Uhr.

Su Telavia, Kostava St. 6, ☎ 568 439 595, 💻 bei Facebook. Auf der schönen Terrasse kommen internationale Gerichte auf den Teller: Burger, Pizza und Chicken-Barbecue. ⌚ 11–24 Uhr.

SONSTIGES

Am Saakazde Sq. westlich der Festung befindet sich eine **Bank** mit **Geldautomaten**, weitere Automaten und eine **Apotheke** findet man in der Erekle II St. östlich der Festung. Es gibt zwei **Supermärkte** nahe der Markthalle in der Chavchavadze St.

Einkaufen

Einen großen **Markt** gibt es in der Markthalle an der Ecke der Chavchavadze St. und der Alazani Ave. ⌚ 9–20 Uhr.

Ceramic Studio Kera, Cholokashvili St. 18, ☎ 551 310 850, ✉ kakhuriceramica@yahoo.com. Verkauf von getöpferten Vasen und Geschirr. Töpferkurse auf Anfrage für 100 GEL/Std. möglich. ⌚ 9–21 Uhr.

Informationen

Tourist Information Center (TIC), Erekle II. St. 9, ☎ 0350 275 317, ✉ tictelavi1@gmail.com. ⌚ Tgl. 10–18 Uhr.

TRANSPORT

Marschrutki fahren an der Alazani Ave. nahe der Markthalle von zwei nahe beieinander liegenden Haltestellen ab:

Old Bus Station, Alazani Ave., ☎ 0350 271 619.

Weingüter in Telavi

Family Winecellar Rostomaant Marani, Rcheulishvili St. 9, ☏ 599 929 505, 🖳 www.rostomaantmarani.ge. Der seit sechs Generationen familiengeführte Weinkeller bietet Weindegustationspakete (25/40/60 GEL) an. Mittag- und Abendessen auf Vorbestellung möglich. ⊕ Di–So 9–21 Uhr.

Kvevri-Werkstatt Zaza Kbilashvili, Vardisubani, ☏ 555 106 090. Seit vier Generationen stellt Zazas Familie Kvevris her: Im Keller seines Hauses befindet sich die Werkstatt, in der parallel über 15 der großen Tonamphoren in einem zwei bis drei Monate langen Arbeitsprozess von Hand gefertigt werden. Bei einer Führung kann man alles über die Herstellung erfahren, Werkstatt und Brennofen besichtigen und bei einer Verkostung die hochwertigen hausgemachten Weine probieren, die natürlich alle im Kvevri gereift sind. Führungen und Verkostungen (1–2 Weinsorten und Chacha 30 GEL) und ebenfalls Mahlzeiten nach Voranmeldung. Die Werkstatt befindet sich 5 km nordwestlich von Telavi, im Dorf Vardisubani, nach der Socar-Tankstelle biegt man rechts ab, ca. 280 m weiter weist das Schild „Meqvevre Kbilashvilis Marani" den Weg.

Zurab Kviriashvili Vineyards, 26 May St. 39, ☏ 0322 317 932, 🖳 http://zkvineyards.com. Zurab stellt Weine der Sorten Rkatsiteli, Saperavi, Kisi und Mtsvane her, die bereits mehrere internationale Auszeichnungen erhalten haben. Weinproben (5 Weinsorten und Chacha/40 GEL) sind im schön eingerichteten Weinkeller nach Voranmeldung möglich. ⊕ Mo–Fr 9–18.30, Sa, So 11.30–19.30 Uhr.

AKHMETA, Mo–Sa von 8.40–17.30 Uhr alle 15–20 Min. in ca. 30 Min. für 3 GEL.
ALAVERDI-ALVANI, Mo–Sa von 9–17.30 Uhr alle 15–20 Min. in 30 Min. für 3 GEL.
DEDOPLISTSQARO, um 14.30 Uhr in ca. 2 Std. für 14 GEL.
GURJAANI, von 8.30–18 Uhr alle 30 Min. in 45 Min. für 4 GEL.
KVARELI, 9.30, 10.30, 11.40, 13, 14, 15.15 und 16 Uhr in 40 Min. für 6 GEL.
LAGODEKHI, um 15 Uhr in 1 1/4 Std. für 12 GEL.
SIGNAGI, Mo–Sa um 15.15 Uhr in 1 1/4 Std. für 8 GEL.
TBILISSI, um 6, 6.30, 7.15, 8, 8.25, 8.55, 9.40, 11, 12, 12.40, 13.20, 14, 14.45, 15.30, 16.15, 17 und 18 Uhr in 2 Std. für 12 GEL.
TSINANDALI, von 9–17.30 Uhr alle 30 Min. in 1 1/4 Std. für 2 GEL.
TSNORI, um 11 und 13.30 Uhr in 1 1/4 Std. für 8 GEL, So nur um 11 Uhr.

New Bus Station, Alazani Ave., ☏ 0350 272 083.
LAGODEKHI, um 8.30 und 13.30 Uhr in 1 1/4 Std. für 10 GEL.
TBILISSI, über GURJAANI, um 8.30 und 10 Uhr in ca. 2 3/4 Std. für 12 GEL.
TBILISSI, über Gombori-Pass, um 11.45 und 13 Uhr in ca. 2 Std. für 12 GEL.

Landgut Tsinandali

In dem kleinen Ort Tsinandali war das Fürstengeschlecht der Chavchavadzes ansässig, das **Landgut des Fürsten Alexander Chavchavadze** (1786–1846), 🖳 https://georgianmuseums.ge, war im 19. Jh. ein Zentrum des kulturellen Lebens (s. Kasten S. 255).

Chavchavadze gehörte dem georgischen Hochadel an, sein Vater Fürst Garsevan Chavchavadze war bevollmächtigter Botschafter von König Erekle II am Hofe des Zaren – er war derjenige, der das folgenschwere Traktat von Georgijewsk (S. 108) unterschreiben musste. Alexander Chavchavadze genoss in St. Petersburg eine erstklassige Ausbildung und machte als Offizier in der russischen Armee Karriere. Obwohl er schon in seiner Jugend rebelliert hatte, diente er der russischen Armee und kämpfte für das Zarenreich gegen Napoleon und die Türken.

Mit Anfang 40 ließ er sich als Verwalter der Militärbehörde nach Kachetien versetzen und auf den Ländereien seiner Familie ein Landgut errichten. Dieses Sommerhaus wurde zum Treffpunkt der georgischen und russischen Elite, zu denen Chavchavadze enge Kontakte unterhielt. Als Gastgeber literarischer und politischer Salons wurde er zu einer zentralen Figur in der georgischen Gesellschaft und verbreitete westliche Ideale wie kritisches Denken und Rationalismus sowie liberale Werte wie Freiheit, Toleranz, Gleichheit und Gerechtigkeit. Er war der erste Adelige, der keine Leibeigenen hatte, sondern freie Arbeiter beschäftigte, und er legte mit seinen weltoffenen Ideen, kulturellen und sozialen Projekten den Grundstein zur modernen Gesellschaft in Georgien.

Einige der 22 Zimmer des Landguts können besichtigt werden. Sie sind mit den Originalmöbeln aus der erste Hälfte des 19. Jhs. eingerichtet, Gemälde und Fotografien zeigen Alexander Chavchavadze und seine Familie, Alltagsgegenstände veranschaulichen das Leben des Hochadels zu dieser Zeit – wobei die Zimmer vergleichsweise bescheiden ausgestattet sind. Im Erdgeschoss des Landsitzes gibt es einen Souvenirladen, und im Marani können Besucher verschiedene Weine probieren.

Der große **Garten** lädt zum Spazierengehen ein, Chavchavadze ließ ihn von europäischen Landschaftsarchitekten anlegen, inspiriert wurde er vom Richmond Park und den Kew Gardens in London. Die vielen exotischen Pflanzen im Park wurden mit einem unterirdischen Bewässerungssystem gegossen.

Das **alte Weinlager** (Enothek) in einem gemauerten Kellergewölbe kann ebenfalls besichtigt werden, es befindet sich ca. fünf Minuten fußläufig südwestlich des Hausmuseums im neuen Radisson-Hotelkomplex. Hier lagern über 16 500 Flaschen Wein aus 70 verschiedenen Sorten. Ein kleiner Schatz ist die im Jahre 1841 abgefüllte Flasche Wein – die älteste ganz Georgiens.

🕒 10–18 Uhr, Eintritt zu Park, Museum und Enothek 10 GEL, Weinprobe mit einem Wein 12 GEL, mit 4 Weinen und Chacha 35 GEL.

ÜBERNACHTUNG

Radisson Tsindandali Estate, Tsinandali, ✆ 0350 277 700, 💻 https://tsinandaliestate.ge. Erstklassiges Luxushotel mit stilvollen Räumlichkeiten und allen Annehmlichkeiten, die man sich nur wünschen kann – hier kann man mit Kaukasus-Blick im Infinity-Pool auf der Dachterrasse schwimmen. ❻

Schuchmann Wines Chateau, Kisiskhevi (S. 238), zum Weingut gehört ein Hotel gehobenen Standards mit Pool und hochgelobtem Restaurant. ❹–❺

Treffpunkt der Dichter und Revolutionäre

Der russische Schriftsteller **Michail Lermontow**, Dichter **Alexander Puschkin** und der französische Schriftsteller **Alexandre Dumas** – alle waren sie in Tsinandali zu Gast. Musiziert wurde auf dem ersten aus Europa eingeschifften Flügel, gespielt auf dem ebenfalls extra importierten Billardtisch, serviert wurde dazu der ausgezeichnete Wein aus dem hauseigenen Marani – der erste Wein in Georgien, der nach europäischer Art hergestellt wurde. Aber nicht nur Dichter und Schriftsteller fanden sich ein, Tsinandali wurde auch zu einem Treffpunkt der in den Kaukasus verbannten Anführer der Verschwörung gegen die Zarenherrschaft, die 1825 gescheitert war. **Alexander Chavchavadze** gehörte zu ihren Sympathisanten, in eine weitere Verschwörung 1832 war er ebenfalls selbst verwickelt – und das, obwohl Zarin Katharina II seine Taufpatin war. Für die Werke des damals schon bekannten Schriftstellers war das ein Verhängnis: Nach dem gescheiterten Coup verbrannte Chavchavadze viele seiner Gedichte, die er zwischen 1820 und 1832 geschrieben hatte – die egalitären und romantisch inspirierten Werke hätten als Beweismittel gegen ihn verwendet werden können. Einige der Besucher von Chavchavadze Veranstaltungen kamen nicht nur wegen des weltoffenen Gastgebers – denn er hatte außerdem gebildete und hübsche Töchter, die heiß begehrt wurden: Seine Tochter Ekaterine inspirierte den Lyriker **Nikolos Baratashvili** zu vielen seiner später berühmten Liebesgedichte. Doch seine Liebe blieb unerhört – kein Wunder, bei der Konkurrenz: Ekaterine heiratete den Thronfolger des megrelischen Königs. Chavchavadzes jüngste Tochter Nino dagegen verliebte sich in ihren Tutor, den Schriftsteller und Diplomaten **Alexander Griboyedov**. Die beiden heirateten, doch die junge Nino wurde schon mit 16 Witwe (S. 180) und zog sich auf den Landsitz ihres Vaters zurück.

FESTE

Tsinandali Festival, Klassik-Festival Ende August im beeindruckenden historischen Umfeld des Tsinandali-Weinguts, https://tsinandalifestival.ge.

Die Shuamta-Klöster

Von der S38 zum Gombori-Pass zweigt ca. 7 km westlich von Telavi der Weg zu den beiden Shuamta-Klöstern ab. Der Name „Shuamta" bedeutet „zwischen den Bergen gelegen" und beschreibt die malerische Lage in einem Seitental am Nordhang der Gombori-Bergkette. Das neue Shuamta-Kloster **Akhali Shuamta** liegt unmittelbar hinter dem Abzweig von der Hauptstraße, das alte Shuamta-Kloster **Dzveli Shuamta** 2 km weiter östlich, abgeschieden im grünen Laubwald aus Buchen und Eichen.

Wer mit öffentlichen Verkehrsmitteln anreist, kann sich von der Marschrutka von Telavi Richtung Tbilissi am Wegweiser an der Gabelung absetzen lassen (dem Fahrer vorher Bescheid geben), einfacher ist die An- und vor allem die Rückfahrt mit dem Taxi, das von Telavi ca. 20–30 GEL kostet. Der Ausflug lässt sich gut mit dem Besuch des Ikalto-Klosters kombinieren.

Dzveli Shuamta (Alt-Shuamta)

Versteckt im Laubwald liegt auf einer sanft abfallenden Lichtung das „Alte Shuamta", eine der ältesten Klosteranlagen des Landes. Sie wurde im 5./6. Jh. gegründet. Das genaue Gründungsdatum ist nicht bekannt. Im Mittelalter pilgerten Gläubige zu dem beliebten Wallfahrtsort, bei feindlichen Angriffen brachten sich die Frauen aus der Umgebung dort in Sicherheit. Doch trotz der verborgenen Lage wurde der Konvent mehrmals geplündert und niedergebrannt. Chroniken berichten davon, dass sich bei Überfällen verzweifelte Frauen von den Klostermauern in den Tod stürzten, um Misshandlungen zu entgehen. Doch das Ende von Alt-Shuamta brachte die Gründung des neuen Shuamta-Klosters durch Königin Tinatin im 16. Jh. Der alte Konvent wurde aufgegeben und geriet in Vergessenheit, bis man sich seiner Geschichte besann und ihn 1939 renovierte.

Drei Kirchen aus unterschiedlichen Zeiten sind erhalten, die auf engstem Raum die Entwicklung des georgischen Kirchenbaus veranschaulichen. Die Datierungsvorschläge zu diesen Bauten liegen in der Fachliteratur weit auseinander. Die **älteste Kirche** geht auf die Gründungszeit des Klosters zurück und stammt wahrscheinlich aus dem 5. Jh. Sie gehört zum Bautyp Dreikirchenbasilika, der in dieser Ausprägung nur in der georgischen Sakralarchitektur vorkommt und vorwiegend im 6./7. Jh. bis höchstens ins 11. Jh. verbreitet war. Das Hauptschiff ist mit den beiden Seitenschiffen nur durch kleine Durchbrüche verbunden. Die steinerne Altarschranke im Mittelschiff ist eine der frühesten dieser Art in Georgien.

Direkt neben der Dreikirchenbasilika aus dem 6. Jh. steht eine **Kuppelkirche** des Typs Tetrakonchos, die wahrscheinlich aus dem 7. Jh. stammt. Sie wurde nach dem Vorbild der Jvari-Kirche in Mtskheta gebaut, ist allerdings wesentlich kleiner und einfacher. In ihrem Inneren sind Fragmente von Fresken aus dem 11. und 12. Jh. erhalten.

Die dritte Kirche stammt wohl auch aus dem 7. Jh. und ist ein **kleiner, tetrakonchaler Zentralbau**. Der kreuzförmige Grundriss ist am Außenbau klar zu erkennen – passenderweise diente die Kirche als Grabkapelle, unterhalb des Chores und der Apsis befindet sich eine Krypta.

Das Klosterareal ist von einer typisch kachetischen Wehrmauer aus unverputzten, behauenen Feldsteinen umgeben.

Akhali Shuamta (Neu-Shuamta)

Das neue Shuamta-Kloster liegt nahe dem Abzweig von der Hauptstraße und wurde von Königin Tinatin und ihrem Gatten König Levan I im 16. Jh. gestiftet. Tinatin selbst verbrachte ihren Lebensabend als Nonne im Kloster. Noch immer leben Ordensfrauen in dem Konvent. Sollte das Eingangstor verschlossen sein, öffnen sie normalerweise die Pforten, wenn man klingelt. Tritt man in den Innenhof, steht man direkt vor der Hauptkirche des Konvents, einer großen Kreuzkuppelkirche. Die erhaltenen Fresken im Inneren zeigen an der Westwand die König Tinatin, ihren Mann Levan I und ihren Sohn Alexander. Die Stifterin Tinatin ist in der Kirche begraben, das Grab der Fürstenfamilie Chavchavadze befindet sich daneben.

In dem Klosterkomplex erblickt man links des Eingangs einen mehrgeschossigen Wohnturm, dort wurden besondere Gäste der Könige ehrenvoll untergebracht. Rechter Hand liegt der rosenumrankte Zugang zu den Wohnräumen der Ordensfrauen. Beim Besuch des Klosters ist auf angemessene Kleidung zu achten, Tücher sind am Eingang erhältlich.

Kloster Ikalto

Von hochgewachsenen Pappeln umgeben, liegen an den Nordausläufern der Gombori-Bergkette etwa 9 km nordwestlich von Telavi das **Kloster** und die **ehemalige Akademie von Ikalto**. Der berühmteste Schüler der Akademie soll der Nationaldichter Shota Rustaveli gewesen sein.

Ikalto wurde im 6. Jh. von Senon, einem der 13 Syrischen Väter, gegründet. Nachdem Senon heiliggesprochen worden war, wurde der Konvent als Senon-Kloster bekannt. Berühmt wurde es durch seine Neuerungen im Weinbau, die Mönche beschäftigten sich nicht nur mit theologischen Fragen, sondern betrieben auf den weitläufigen Ländereien des Klosters auch Viehzucht, Landwirtschaft und Weinbau. Die Mönche experimentierten mit verschiedenen Anbaumethoden, kreuzten Rebsorten und versetzten ihre Weine mit Kräutertinkturen. Auf die Bedeutung des Weinbaus weisen die zahlreichen Kvevris auf dem Klostergelände hin, das größte der Tongefäße fasste über 1000 Liter. Die Mönche sollen es auch gewesen sein, die lange vor den Ölkonzernen die erste „Pipeline" in Georgien verlegten: Es heißt, dass durch Keramikröhren der Traubensaft von den weiter entfernten Weinbergen direkt zum Kloster geleitet wurde. Genauso praktisch soll es beim Vertrieb zugegangen sein – eine weitere Keramikleitung soll den Klosterwein direkt nach Telavi befördert haben, wo er verkauft wurde.

Überregionale Bedeutung erlangte das Kloster, als Davit der Erbauer im 12. Jh. eine Akademie anschloss. Sie wurde zum **geistigen Zentrum Ostgeorgiens**, die der berühmten Akademie von Gelati in Westgeorgien in nichts nachstand. Davit der Erbauer berief den Wissenschaftler Arsen von Ikaltoeli, die Leitung der Akademie zu übernehmen, die später seinen Namen erhielt. Neben Theologie wurden Philosophie, Astronomie, Jura und Mathematik gelehrt sowie traditioneller Weinbau und Schmiedehandwerk betrieben. Arsen von Ikaltoeli hatte an der Akademie von Managana in Konstantinopel studiert und zunächst gemeinsam mit Ioane Petritsi in der früher gegründeten Akademie von Gelati gelehrt. Doch anders als Petritsi vertrat Ikaltoeli eine weltabgewandte Lehrmeinung und wurde zum konservativen Gegenspieler Petritsis, der an der Akademie von Gelati fortschrittlicheres Gedankengut verbreitete. Während Gelati noch lange eine wichtige Rolle als wissenschaftliches und kulturelles Zentrum behielt, verlor die Akademie von Ikalto ihre Bedeutung und war bald nicht mehr als ein gewöhnliches Priesterseminar.

Einst Ort wissenschaftlicher Dispute: Kloster Ikalto

Die Hauptkirche des Konvents, die **Verklärungskirche**, wurde wahrscheinlich im 8./9. Jh. erbaut. Es heißt, dass unter ihr der später heiliggesprochene Klostergründer Senon begraben liegt. Auf den Grundmauern der ersten Kirche wurde zur Zeit der Akademiegründung im ersten Viertel des 12. Jhs. der heutige Kreuzkuppelbau aus Feldstein und Travertin errichtet, der später einheitlich verputzt wurde. Die Kuppel und der Glockenturm am Westportal wurden im 18. und 19. Jh. hinzugefügt. Auf dem Gelände befinden sich zwei weitere, kleinere Kirchen: die **Sameba-Kirche** (Dreifaltigkeitskirche) und die kleine **Allerheiligenkapelle**, beide aus dem 12./13. Jh. Südlich der Hauptkirche erblickt man die Ruinen des Akademiegebäudes und des Refektoriums, die durch die Truppen Schah Abbas I bei dem Überfall 1616 zerstört wurden, der das Ende der Akademie besiegelte.

Anfahrt: Von Telavi kann man sich von der Marschrutka Richtung Akhmeta auf der Höhe des Klosters absetzten lassen. Am **Weingut Akido** (S. 238) zweigt die Straße zum Ikalto-Kloster nach links ab, die letzten 2,5 km muss man zu Fuß gehen. Einfacher ist die Anfahrt mit dem Taxi für ca. 20–30 GEL, ein Besuch von Ikalto lässt sich dann gut mit dem der Shuamta-Klöster und der Kathedrale von Alaverdi kombinieren.

Alaverdi

Zwischen Feldern und Weingärten liegt innerhalb einer Klosteranlage das **kunsthistorisch bedeutendste Bauwerk von Kachetien**, die dem Hl. Georg geweihte **Kathedrale von Alaverdi**. Wie eine Fata Morgana erhebt sich ihre silbrig-weiß schimmernde Silhouette auf der weiten Alazani-Ebene vor den blauen Bergen des Großen Kaukasus, 18 km nordwestlich von Telavi.

Schon im 4. Jh. hatte an dieser Stelle Ioseb Alaverdi, einer der 13 Syrischen Väter, über einer alten heidnischen Kultstätte ein Kloster gegründet. Anstelle der kleinen Kirche des 4. Jhs. kann man hier nun einen der imposantesten Kirchenbauten Georgiens erblicken. Das monumentale Bauwerk gehört neben der Svetitskhoveli-Kathedrale in Mtskheta und der Bagrati-Kathedrale in Kutaissi zu den drei Nationaldomen Georgiens. Diese drei repräsentativen Sakralbauten wurden als Symbole der Macht im 11. Jh. errichtet, in einer Zeit, in der das geeinigte georgische Königreich deutlich erstarkte.

Die Kathedrale in Alaverdi folgt dem Typus eines Kreuzkuppelbaus mit Trikonchos und besitzt außen wie innen auffällig steile Proportionen, die sich auch in ihren Maßen widerspiegeln. Bis zum Bau der Sameba-Kirche in Tbilissi 1994–2004 war sie mit einer Kuppel von 51 m Höhe der größte Sakralbau Georgiens. Am eher kargen Außenbau aus Feldstein und Travertin ist wenig Bauschmuck zu finden. Neben einfachen Kreuzen lässt sich rosetten- oder kreisartige Bauplastik entdecken. In der Kathedrale jedoch wartet eine Überraschung auf den Besucher: Zeigt sie sich von außen ganz klar als Kirchenbau georgischen Typus, so fühlt man sich im Inneren in eine mittelalterliche Kirche unserer Breitengrade versetzt. Durch einen eher lichtdurchfluteten Innenraum mit zahlreichen schlanken Fenstern, hohen schlichten Säulen und der imposanten Kuppel über dem Chorbereich, erinnert sie durchaus an monumentale spätromanische Kirchen nördlich der Alpen.

Der Kreuzkuppelbau wurde nach der Zerstörung durch die Mongolen in der zweiten Hälfte des 15. Jhs. wieder aufgebaut und ein zweites Mal nach einem starken Erdbeben im Jahre 1742. Das ursprünglich aus Feldsteinen errichtete Gemäuer war im Inneren mit Sandsteinplatten verkleidet. Nachdem bei den verschiedenen Aufbauarbeiten jedoch unterschiedliche Steine verwendet worden waren, ist der Eindruck der baulichen Geschlossenheit verloren gegangen, deshalb wurden die Innenräume im 18. Jh. weiß getüncht. Ursprünglich war das Innere der Kirche mit Fresken im monumentalen Stil, vergleichbar mit denen von Kintsvisi (S. 332), geschmückt. Davon sind nur eine monumentale Mariendarstellung in der Ostapsis und Motive aus dem orthodoxen Kalender, u. a. Christi Himmelfahrt und Pfingsten, in der Südkonche erhalten.

Das Klosterareal ist seit jeher von einer **Wehrmauer** umgeben, die die Perser allerdings von einem Eindringen nicht abhalten konnte. Der Statthalter von Schah Abbas I errichtete auf dem

© NINA KRAMM

Die Alaverdi-Kathedrale ist einer der drei Nationaldome Georgiens.

Areal seine Residenz, einen **zweigeschossigen Palastbau**. Auf dem umfriedeten Gebiet befinden sich außerdem die **Wohnstätte der georgischen Bischöfe** sowie ein **Glockenturm** aus dem 17. Jh. Das Mönchs-Kloster von Alaverdi erlangte herausragende Bedeutung in ganz Georgien, u. a. ist es auch für seine **Weine** bekannt. Zum Kloster gehören Weinkeller, die bis ins 8. Jh. datiert werden. Seit 2006 wird hier wieder Wein in der traditionellen Tonamphore, dem Kvevri, gelagert, eine **Weinprobe im klösterlichen Weinkeller** ist mit rechtzeitiger Anmeldung mindestens eine Woche vorher möglich (S. 238).

Anfahrt: Von Telavi fahren regelmäßig Marschrutki, der Besuch von Alaverdi lässt sich gut mit dem von Ikalto und Gremi kombinieren, wenn man mit einem eigenen Fahrzeug unterwegs ist.

Jedes Jahr im September findet die **Alaverdoba** statt, ein mehrtägiges Volksfest, das in Erntedankfeierlichkeiten wurzelt. Zu dem religiösen Volksfest strömen Menschen aus dem Umland und von weit her, um gemeinsam zu feiern. Höhepunkt des Festes ist der 28. September, an dem ein Festmahl zu Ehren von Ioseb Alaverdeli, dem Gründer der ersten Kirche, gegeben wird.

Pankisi-Tal

Unweit der georgisch-tschetschenischen Grenze liegt südlich von Tuschetien das Pankisi-Tal, eine nur wenig besuchte und schöne Gegend für Ausritte und Wanderungen. Durch das 10 km lange und 3 km breite Tal fließt der Alazani, und in den dichten Wäldern der Hänge wachsen einige Reliktpflanzen aus dem Tertiär. Berühmt ist der Eibenwald im angrenzenden **Batsara-Naturreservat**, in dem bis zu 1000 Jahre alte Bäume wachsen.

Im Pankisi-Tal leben rund 10 000 Kisten, ethnische Inguschen und Tschetschenen, die zwischen 1830 und 1870 aus dem Nordkaukasus eingewandert sind. Zu dieser Zeit expandierte das Russische Reich und eroberte die Kaukasus-Region. Die Kisten litten unter ständigen kriegerischen Konflikten und wirtschaftlicher Not, weshalb sie ihre Heimat verließen und die Erlaubnis erhielten, im Pankisi-Tal zu siedeln. Seit fünf Generationen leben die sunnitischen Muslime in dem kleinen Tal, sprechen sowohl Tschetschenisch als auch Georgisch und meist auch Russisch – sie besitzen die georgische Staatsbürgerschaft.

Doch es gibt kaum Arbeit, die wirtschaftliche Lage ist schlecht, und die Menschen leben von Subsistenzwirtschaft. Reguläre Beschäftigung in größerem Umfang gab es zuletzt 2004, als im Dorf Khadori ein Wasserkraftwerk gebaut wurde. Die einzigen neuen Gebäude, die in den Dörfern stehen, sind Moscheen: gebaut mit saudi-arabischen Geldern, mit denen auch Arabischunterricht finanziert wird.

Im ländlichen Tourismus liegt vor allem für die junge Generation eine große wirtschaftliche Hoffnung. Dabei ist nicht nur die Natur in der Umgebung ein Erlebnis, sondern auch die Kultur im Tal: Neben der Religion haben sich hier Trachten, Volkstänze und traditionelles Handwerk erhalten.

Für Trekker gibt es die interessante Möglichkeit, vom Pankisi-Tal in zwei bis drei Tagen bis nach Tuschetien zu wandern. Auf diese Weise spart man sich die nervenaufreibende Jeep-Fahrt nach Omalo.

ÜBERNACHTUNG

Nazy's Guesthouse, House 26, Jokolo, ✆ 599 145 209, 💻 www.nazysguesthouse.com. Gh. mit gepflegtem Garten, leider teilen sich das DZ, der 3er- und die beiden 4er-Schlafsäle nur ein einziges Bad mit WC. Nazy kennt die Gegend ausgezeichnet und vermittelt Guides für Wanderungen, Ausritte und Tagesausflüge, die Einblick in das Leben der Kisten geben. Mountainbikes können ausgeliehen werden, und Nazy kann bei der Weiterfahrt nach Omalo in Tuschetien helfen. Im Garten darf gezeltet werden, Verpflegung ist möglich. ❶

SONSTIGES

Geld

In **Jokolo** gibt es an der Hauptstraße eine **Apotheke**, ein **Geldautomat** befindet sich an der Hauptstraße in Duisi, neben der Polizeistation.

Informationen

Viele Informationen über das Tal gibt **Nazy's** Website, s. o.

TRANSPORT

Autos

Von Akhmeta führt die S183, die in gutem Zustand ist, ins Pankisi-Tal. Eine **Tankstelle** befindet sich an der Hauptstraße in Duisi, neben der Polizeistation.

Marschrutki

TBILISSI, ab Jokolo um 6.10 Uhr in ca. 4 Std. für 15 GEL.

Es ist sinnvoll, die Gastwirte zu bitten, eine Reservierung vorzunehmen.

Tuschetien

Der nördliche Teil Kachetiens ist eine der entlegensten Regionen Georgiens. Die **schwer zugängliche Bergregion** grenzt im Norden und Osten an die russischen Republiken Tschetschenien und Dagestan und im Westen an die georgische Region Khevsuretien.

Die Anreise ist lang, nervenaufreibend – und lohnenswert. Denn Tuschetien ist ein **Paradies für Naturliebhaber und Trekker** und eignet sich bestens für Wanderungen und Ausritte. Die alpine Berglandschaft ist für diese Höhen überraschend sanft geschwungen und wird von tiefen, dicht bewaldeten Tälern zerschnitten. Zahlreiche Wanderungen verbinden die kleinen Bergdörfer, deren alte Wehrtürme an die kriegerische Vergangenheit erinnern. Die beliebteste Tour ist der Mehrtagestrek von Omalo bis nach Shatili in der Nachbarregion Khevsuretien (S. 270).

Seit 2003 stehen weite Teile Tuschetiens unter Naturschutz, die Tusheti Protected Areas umfassen mehr als 120 000 ha. Zu diesem **Tusheti-Nationalpark** gehören auch besiedelte Gebiete, in denen die Ressourcennutzung durch die Einheimischen in geringem Maße erlaubt ist, sowie ein Landschaftsschutzgebiet und das seit 1981 bestehende strenge Naturreservat, für das strenge Regeln gelten.

Denn die artenreichen Wälder und Wiesen sind **Lebensraum für viele seltene und bedrohte Tierarten** wie der Bezoar-Bergziege, des Ostkaukasischen Steinbocks und des Anatolischen Leoparden. Wanderer bekommen sie nur mit sehr viel Glück zu Gesicht, doch von den baumlosen Bergalmen lassen sich Raubvögel wie Bartgeier, Steinadler und Falken, die über den Tälern kreisen, sehr gut beobachten.

Die ersten Spuren menschlicher Besiedlung stammen aus der Bronzezeit. Die Tuschen wanderten wahrscheinlich im 4. Jh. vom benachbarten Khevsuretien ein, als sie vor Christianisierungsversuchen des georgischen Königs Mirian III flohen. Bis ins 17. Jh. lebte der Großteil der Tuschen dauerhaft in Tuschetien und bewohnte rund 50 Dörfer in den vier Tälern Chagma, Pirikita, Gometsari und Tsovata. Dabei wechselten die Tuschen ihren Wohnort jeweils im Frühjahr und Herbst, wenn sie vom Winterdorf in das Sommerdorf zogen. Da im Sommer Angriffe durch feindliche Nachbarstämme zu befürchten waren, war das Sommerdorf höher gelegen und meist festungsartig angelegt. Im Winter, wenn Feinden der Zugang zur Region über die Pässe nicht möglich war, zog man in ein offener angelegtes, im Tagesverlauf gut besonntes Winterdorf mit Stallungen – das ist heute noch gut zu erkennen in dem Dorf Shenako. Während die Männer mit ihren Schafen zwischen den Sommer- und Winterweiden pendelten, kümmerten sich die Frauen um Familie, Ackerbau und Viehzucht in den Dörfern. Als traditionelle Wintertätigkeit gilt die kunstvolle Wollverarbeitung der Frauen.

Das Leben änderte sich, als die Tuschen im Jahr 1659 vom kachetischen König als Dank für ihren kriegerischen Einsatz gegen die Perser Weideland in der Alazani-Ebene erhielten, auf der sie ihre Schafe im Winter weiden durften. Die Tuschen trieben von nun an jeden Herbst ihre Herden zum Überwintern ins Tal – auch heute ist der Viehabtrieb ein spektakuläres Ereignis, das im Oktober zu „Stau" auf der Passstraße führt.

Erst im 19. Jh. entstanden die dauerhaften Tuschen-Siedlungen Zemo Alvani und Kvemo Alvani im Tal, nachdem 1801 Georgien Teil des Russischen Reichs geworden war. Durch die Zerstörung einiger Dörfer durch Erdrutsche und Epidemien waren viele Tuschen gezwungen, die Orte ihrer Vorfahren in den Bergen zu verlassen. Nach und nach zogen auch Bewohner aus noch intakten Dörfern in die Ebene, und Zemo Alvani und Kvemo Alvani übernahmen die Funktion des Winterdorfs. Die sowjetische Regierung hatte ein Interesse daran, dass die Bevölkerung ganzjährig im Tal sesshaft wurde. So konnte sie den aufwendigen Ausbau von Infrastruktur in der Bergregion umgehen, hatte die schwer zu kontrollierende Gegend besser im Griff und konnte möglichen aufständischen Tendenzen besser vorgreifen.

Zu Beginn des 20. Jhs. wurden die Schafbestände massiv erhöht. Die **Schafherden**, die mit ihren Hirten im Frühjahr und Herbst auf die Sommer- bzw. Winterweiden zogen, nutzen die Jahrhunderte alten Saumpfade, und so wurde über Jahrzehnte keine befestigte Straße in die Berge angelegt. Der Ausbau der heutigen Schotterstraße fand erst in den 1970er-Jahren statt, und eine Fahrt ist noch immer ein großes Abenteuer – zahlreiche Kreuze am Wegrand erinnern daran, dass auf dem gefährlichen Weg schon viele Reisende ihr Leben gelassen haben. Die abenteuerliche Straße ist denn auch nur von Anfang Juni bis Mitte Oktober befahrbar. Den Rest des Jahres ist Tuschetien von der Außenwelt abgeschnitten und kann nur mit dem Helikopter erreicht werden.

Anfahrt

Die holprige, knapp 80 km lange Reise nach Tuschetien beginnt normalerweise in **Kvemo Alvani**, dort fahren am Morgen Geländewagen nach Omalo ab. Kvemo Alvani liegt am nördlichen Ende der Alazani-Ebene, knapp 25 km nordwestlich von Telavi und rund 15 km östlich von Akhmeta. Es ist mit Marschrutki von Tbilissi aus zu erreichen, die am Busbahnhof von Ortachala abfahren. Da nachmittags nur noch wenige Fahrzeuge nach Omalo in Tuschetien aufbrechen, kann es günstig sein, in Telavi, Akhmeta oder im Pankisi-Tal in der näheren Umgebung zu übernachten.

Zwischen fünf und sieben Stunden dauert die anstrengende Reise von Kvemo Alvani nach Omalo – je nachdem wie die Straßenverhältnisse sind und wie eilig es der Fahrer hat. Eine Fahrt ab Kvemo Alvani kostet ca. 400–500 GEL, ab Tbilissi ca. 700–800 GEL pro Wagen, in dem normalerweise Platz für drei bis vier Passagiere ist.

Die ersten 20 km führt die noch asphaltierte Straße durch das bewaldete Flusstal des Stori nach Norden leicht bergauf. Nachdem die Tuschen-Taufe vollbracht ist – der Wagen muss unter einem kleinen Wasserfall hindurchfahren –, überquert die Straße den Fluss über eine Brücke, und der steile Anstieg beginnt. Mit Asphalt ist es nun schon längst vorbei, die Schotterstraße windet sich in halsbrecherischen Haarnadelkurven den Hang hinauf. Auf dem Weg zum Pass befinden sich das **Bad von Torgva**, warme Heilquellen, um die ein sehr einfaches Badehaus errichtet wurde. Wer dort anhalten möchte, sollte das vorher mit seinem Fahrer verhandeln, man sollte allerdings nicht allzu viel erwarten.

Verrostete, von Schneemassen förmlich zusammengefaltete Strommasten aus Sowjetzeiten fallen immer wieder ins Auge: 1970 wurde Tuschetien an das Stromnetz angeschlossen. Der Segen währte nur kurz – 1985 brach die Leitung zusammen. Die Zeit ratternder Dieselgeneratoren ist aber zum Glück vorbei: Der Strom wird heutzutage überwiegend mit Solarzellen und Wasserkraft gewonnen.

Am Wegrand fallen außerdem in regelmäßigen Abständen Bagger und Straßenbaumaschinen auf: Jedes Frühjahr muss die Straße neu instand gesetzt werden. Oft reißen Erdrutsche bei der Schneeschmelze Teile des Weges in die Tiefe. Vor allem bei Reisen im Frühjahr zu Anfang der Saison sollte man Verzögerungen einplanen. Ein Erdrutsch kann die Verbindung nach Tuschetien für Stunden, manchmal sogar für Tage, unterbrechen.

Höhepunkt der Fahrt ist der **Abano-Pass** auf 2926 m Höhe mit – wenn die Wolken nicht zu tief hängen – herrlichen Aussichten. Der perfekte Ort für eine Kaffee- oder Teepause: Frau Dadschi und ihr Hund bieten beim umgebauten Auto hinter der Kapelle heiße Getränke und mit Glück auch Omas leckeren Kuchen an.

Vom Pass aus windet sich die Straße in Serpentinen wieder hinunter und verläuft bald entlang dem Fluss Khisos Alazani, vorbei an den Dörfern Shtrolta und Khiso bis nach Omalo.

Die Straße ist je nach Witterung **nur zwischen etwa Anfang Juni und Mitte Oktober befahrbar**. Wird die Straße allerdings im Früh-

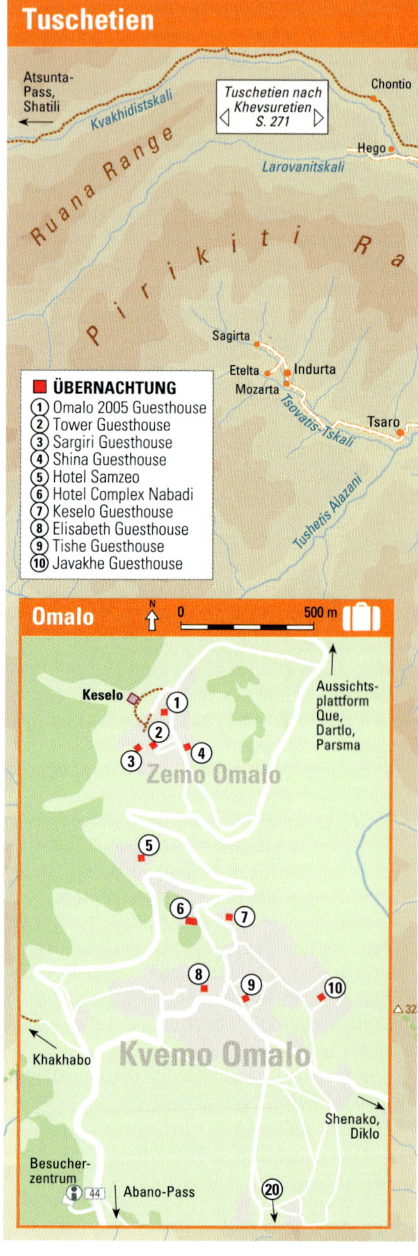

N
0
5 km
Tbilissi
Tusheti Range
Pirikiti Range
Gometsari-Tal
Pirikiti-Tal
Omalo - Verkhovani - Chesho - Omalo (Rundwanderung)
Ghele - Parsma
7-Tage-Trek
Omalo - Gogrulta
s. Detailplan Omalo links
Girevi
Parsma
Chesho
Dano
Kvavlo Festung
Dartlo
Chigho
Tutareki-Pass
Diklo
Festung
Shenako
Omalo
Zemo Omalo
Que
Samekhe
Chagma
Ghele
Mirgvela
Bochorna
Dochu
Iliurta
Beghela
Tsovata
Verkhovani
Dadikurta
Alisgori
Jvarboseli
Koklata
Vakisdziri
Bukhurta
Vestmo
Vestomta
Gogrulta
Sachigolo
Kitemta
Kekhi-Pass
Kekhi
Khakhabo
Chiglaurta
Zhvelurta
Shtrolta
Khiso
Tsokalta
Kumelaurta
Oreti-See
Nakaicho-Pass
Makratela
Pitslanta
Sakkhevi
Tebostskali
Shavikvisha
Vestmokave
Pitsristsveri
Sadzrokhe
Shavikide
Encho
Bedo
Abano-Pass
Bulanchostsveri
Torgva-Quelle
Lechuri
Chabalakhi
Khiso Alazani
Ortskali
Pirikita-Alazani
Gometsari-Alazani
Andi Koisu
GRENZE
44
ÜBERNACHTUNG
(11) Girevi Guesthouse, Guesthouse Nakudurta, Shio's Stonehouse in Tusheti
(12) Guesthouse Baso
(13) Komito Guesthouse, Jiqi Guesthouse
(14) Hotel Dartlo, Samtsikhe Guesthouse, Guesthouse Shuni
(15) Chigho Guesthouse
(16) Posholi Guesthouse
(17) Guesthouse Kruiskari
(18) Diklo Guesthouse, Shamil Kortoshidze und Teona Mishidze
(19) Sheni Sakhli Guesthouse (Your Home), Shenako Guesthouse, Tamazi Juridze, Eldar Bukvaidze
(20) Hotel Tsetse

Praktische Tipps für eine Reise nach Tuschetien

Wer eine Reise nach Tuschetien plant, sollte alles mitnehmen, was er unterwegs benötigt: Es gibt **keine Einkaufsmöglichkeiten**.
Auch gilt es, ausreichend Geld in kleinen Scheinen abzuheben, denn es gibt **keinen Geldautomaten**, und Wechselgeld ist rar – schon bei 50-Lari-Scheinen können Probleme auftreten.
Ins Gepäck gehören nicht nur warme Kleidung für die kühlen Bergnächte, sondern auch Taschen- oder Kopflampe. Denn in den einfachen Unterkünften in den kleinen Dörfern gibt es nicht durchgängig Strom, und bei manchen Gästehäusern befindet sich das Klohäuschen im Hof. **Steckdosen** in Tuschetien sollten nur zum Aufladen von Handy- oder Kamerabatterien verwendet werden. Auf andere stromfressende Geräte (z. B. Föhn) bitte verzichten! Sonst bricht die Photovoltaikanlage zusammen.
Die **Netzabdeckung für Mobiltelefone** ist in Tuschetien außerhalb des Hauptortes Omalo lückenhaft, einige Unterkünfte verfügen aber über Satelliten-Internet. Die beste Netzabdeckung hat mit Abstand Magti.

Einsamkeit auf dem Mehrtagestrek von Omalo nach Shatili

jahr durch Schmelzwasser und Erdrutsche sehr stark beschädigt, so kann es sein, dass die Fahrt nach Tuschetien erst Mitte oder sogar erst Ende Juni möglich ist. Genauso sollte am Ende der Saison damit gerechnet werden, dass Schneefall die Rückfahrt verzögern kann.

Omalo und Umgebung

Das auf 2050 m Höhe gelegene Omalo ist der Hauptort und das Verwaltungszentrum von Tuschetien und besteht aus einem Unter- und einem Oberdorf. Bei der Anreise zeigt kurz vor dem Unterdorf ein Schild den Weg nach links zum **Visitor Center des Nationalparks**: Dort helfen die freundlichen Mitarbeiter mit Infos zu Wanderungen und Pferdetrekking, und es ist möglich, Campingausrüstung, Mountainbikes und Ferngläser zu leihen. Dort beginnt ein kurzer, markierter Spaziergang durch den angrenzenden Nadelwald zu einem Aussichtspunkt über das westlich gelegene Tal: ein Vorgeschmack auf das, was einen erwartet.

Das **Unterdorf von Omalo** (Kvemo Omalo) bilden ein paar Dutzend Häuser, die auf dem flachen Plateau verstreut liegen. Es gibt eine Krankenstation, ein Internat, einen Mini-Shop, einen Hubschrauberplatz und mittlerweile ziemlich viele Gästehäuser. Und selbst wenn Tuschetien eine der weniger besuchten Bergregionen Georgiens ist – im Sommer kann es durchaus zu Engpässen bei den Gästebetten kommen.

Sehr fotogen ist das **Oberdorf von Omalo** (Zemo Omalo), auch „Alt-Omalo" genannt, mit der **Festungsanlage Keselo**. Mehr als einmal wurde die Festung angegriffen, aber nie eingenommen. An Bau und Instandhaltung mussten sich alle Familien des Dorfes beteiligen – deshalb verfielen nicht nur die Wehrtürme von Keselo, als die Einwohner abwanderten. Die Wehrtürme wurden Anfang der 2010er-Jahre mit Hilfe holländischer Gelder restauriert.

Wanderziele und Ausreitmöglichkeiten rund um Omalo

Omalo ist ein hervorragender **Ausgangsort für Wanderungen** in die benachbarten, allesamt malerischen Täler, denn alle Wege treffen sich hier. Auch **Ausritte** sind sehr beliebt. Pferde können über Gästehäuser oder das Visitor Center vermittelt werden. Wer mit Wanderführer unterwegs sein möchte, sollte im Vorfeld eine Reiseagentur ansprechen.

Eine kurze, entspannende Wanderung führt zu der **Aussichtsplattform von Que** nördlich von Zemo Omalo, von dort kann man in die tiefe Schlucht des Pirikita-Alazani blicken und vielleicht sogar eine der bedrohten Bezoar-Ziegen sichten. Der leichte, 5 km lange Spaziergang ist gelb-weiß markiert.

Zum **Oreti-See** dagegen führt eine lange, anstrengende Wanderung, die man nicht gleich am ersten Tag unternehmen sollte. Über neun Stunden dauert die gesamte Tour zu dem kleinen Bergsee, der bis zum Spätsommer oft beinahe austrocknet. Am schönsten ist es dort im Frühsommer – und mit Pferd und Übernachtung im Zelt ist die Tour gleich viel entspannter. Der Wanderpfad beginnt im Dorf Kumelaurta, ca. 8 km südlich von Omalo.

Eine **beliebte mehrtägige Wanderung** führt von Omalo über Verkhovani im Gometsari-Tal über den Nakaicho-Pass bis ins Pirikita-Tal und zurück über Parsma und Dartlo. Diese Tour kann zu einem ca. **siebentägigen Trek** ausgedehnt werden: Man wandert dann in die Gegenrichtung über Shenako, Diklo und Chigho ins Pirikita-Tal und dort weiter über Dartlo und Chesho bis Parsma. Über den Nakaicho-Pass geht es über Verkhovani ins Gometsari-Tal und dort über Iliurta, Vestomta, Gogrulta und Khakhabo zurück nach Omalo.

In Omalo beginnt der anspruchsvolle Mehrtagestrek über den Atsunta-Pass nach Shatili in Khevsuretien (S. 270).

ÜBERNACHTUNG UND ESSEN

Mit Ausnahme von Omalo, wo es mittlerweile auch Hotels mit hohem Standard gibt, sind die Unterkünfte in Tuschetien sehr einfach. Ein Bett ist normalerweise für 40–60 GEL zu haben, Frühstück/Lunchpaket/Abendessen kosten ca. 20/20/35 GEL. Zelten ist in den Gärten vieler Gästehäuser möglich.

Kvemo Omalo (Unterdorf)

Elisabeth Guesthouse, ✆ 555 020 171, ✉ ichirauli@mail.ru. Elisabeth Ichirauli vermietet 6 Drei-Bett-Zimmer, die sich 2 Bäder teilen. Im Gemeinschaftsraum sind selbst gefertigte Handarbeiten aus Wolle ausgestellt, die natürlich auch gekauft werden können. Zelten ist im Garten möglich. ❶

Hotel Complex Nabadi, ✆ 593 744 090, 💻 bei Facebook. Neues komfortables Hotel in aussichtsreicher Lage am Waldrand. Großer Außenbereich mit Hängematten unter den Bäumen zum Entspannen, gut ausgestattete Zimmer, das Preis-Leistungs-Verhältnis stimmt. Zum Hotel gehört ein gutes Restaurant. ❹

Hotel Samzeo, ✆ 577 732 843. Großes modernes Design-Hotel zwischen Unter- und Oberdorf gelegen. Sehr stilvolle Inneneinrichtung und großzügiger Lounge-Bereich mit Kamin. Im Restaurant werden feine europäische Gerichte serviert. ❺–❻

Hotel Tsetse, ✆ 599 615 588, ✉ hoteltsetse@gmail.com. Großes Familiengästehaus am südlichen Dorfrand mit großartigen Panorama-Blicken und hübschem Blumengarten. Lili Ididze vermietet 2 Drei- und 10 Zwei-Bett-Zimmer mit Privatbad sowie 4 Zwei-Bett-Zimmer mit Gemeinschaftsbad. Die netten Gastgeber kochen gut und helfen gern beim Organisieren von Ausritten, Wanderungen und Auto-Transfers. ❶

Javakhe Guesthouse, ✆ 558 797 222, 💻 bei Facebook. Das Gästehaus von Paata Arshaulidze besitzt sogar eine Sauna. Wer nach dem Wandern lieber eine Runde Tischtennis spielen möchte, kann auch das tun. Von den 9 Zimmern haben 3 DZ Privatbäder, die weiteren 6 Zimmer teilen sich 2 Bäder. ❶

Keselo Guesthouse, ✆ 599 293 756, ✉ arshaulidze@gmail.com. Nino Arshaulidze vermietet 7 Zimmer, davon 5 mit Privatbad. Das einfache Gästehaus hat einen schönen Garten und liegt oberhalb des Unterdorfs. ❶

Tuschetische Kultur und Bräuche

Tuschetien ist nicht nur bekannt für seine ursprüngliche Bergwelt, sondern auch für seine bewegte **Siedlungsgeschichte** und **Schäferkultur**. Damit einher geht bis heute eine Vielzahl von Traditionen und Bräuchen. Zwar gerieten viele von ihnen unter russischer Vorherrschaft im 20. Jh. in Vergessenheit und wurden teilweise von der sowjetischen Regierung unterbunden. Jedoch sind seit dem Zerfall der Sowjetunion eine Rückbesinnung der Tuschen auf ihre Kultur und ein Wiederaufleben vieler Bräuche zu beobachten, die auch Besucher Tuschetiens miterleben können.

Das Christentum in Tuschetien

Heute sind die Tuschen orthodoxe Christen. Auffällig ist jedoch, dass es in den Dörfern Tuschetiens nur **sehr wenige Kirchen** gibt, und diese meist nicht älter als 200 Jahre sind. Aufgrund der schweren Zugänglichkeit der Bergregion und auch anfänglicher Ablehnung des Christentums durch die Bergvölker (Ähnliches gilt für die Khevsuren und Pshaven) wurde der christliche Glaube erst spät, ab dem 8./9. Jh., durch die georgischen Könige in Tuschetien verbreitet.

Mit dem Christentum hielt das Kreuz-Symbol Einzug in die Region. Damit ging allerdings nicht die vollständige Übernahme des Christentums einher. Weiterhin wurde den eigenen Göttern geopfert, und heute sind der Glaube an Naturgottheiten und das Christentum zusammengewachsen. So werden z. B. dem Hl. Georg Eigenschaften zugeschrieben, die ursprünglich den Naturgöttern entstammen.

Heiligtümer und Kultstätten

Vorchristliche Bräuche leben in Tuschetien bis heute fort. Jedes Dorf hat seine eigenen **Heiligtümer**, die oft am Rande des Dorfes altarähnlich aus Schiefergestein aufgeschichtet und mit Tierknochen und Hörnern von Steinböcken oder Widdern geschmückt sind. Manche Heiligtümer, wie heilige Wälder oder Versammlungsplätze der Ältesten, sind jedoch nicht als solche erkennbar. Frauen haben zu den heiligen Stätten traditionell keinen Zutritt, da sie nach dem tuschetischen Weltbild das kosmische Gleichgewicht aus dem Einklang bringen würden. Aus Respekt vor den lokalen Traditionen ist es ratsam, dass Besucherinnen diese Orte meiden – Einheimische werden darauf hinweisen, wenn ein Ort nicht betreten werden darf.

Die heiligen Plätze drücken die Bindung der Tuschen zu ihrer Heimatregion aus. Auch die Tuschen, die ganzjährig in der Alazani-Ebene leben, fühlen eine stete Verbundenheit mit ihrer Heimat in den Bergen, deshalb versuchen alle tuschetischen Familien, im Sommer zurück an den Ort ihrer Vorfahren zu kommen.

€ **Tishe Guesthouse**, ✆ 599 905 337, ✉ Mountain.life@mail.ru. Eteri Markhvaidze vermietet 1 Zwei-, 2 Drei- und 1 Vier-Bett-Zimmer, die sich drei Bäder teilen. Günstiger geht es kaum in Omalo, die Besitzer können auch Fahrer und Wanderführer organisieren, ein kleiner Souvenirshop gehört zum Gästehaus. ❶

Zemo Omalo (Oberdorf)

Omalo 2005 Guesthouse, ✆ 599 293 756. Einfaches Gästehaus mit Flair in schöner Lage oberhalb des Dorfplatzes nahe der Festung Keselo. Besitzer Giorgi Ichuaidze spricht gut Englisch und vermietet 6 einfache Zimmer, 4 mit Privat- und 2 mit Gemeinschaftsbad. ❶

Sargiri Guesthouse, ✆ 555 30 02 21 oder 599 77 55 43, ✉ hotelsargiri@yahoo.com. Authentisches Gästehaus mit sehr freundlichen Besitzern, Vasha Kardkidzes Familie vermietet 6 DZ, 5 davon mit Privatbad sowie 3 Drei-Bett-Zimmer mit Gemeinschaftsbad. ❶

Shina Guesthouse, ✆ 597 170 707, 🖳 https://www.shina.ge. Komfortables und professionell betriebenes Gästehaus von Natia Bakuridze mit hohem Standard am Hauptplatz des Oberdorfes, 14 Zimmer mit Privatbad. Gemütlicher Gemeinschaftsraum mit Kamin, schöner Garten mit Blick auf Keselo. Mit Halbpension ❹–❺

Die heimatliche Bergwelt ist eine Art sakraler Raum. Das zeigt sich auch daran, dass man Schweine in den Bergen vergebens suchen wird, denn die Tiere gelten als schmutzig. Schweinefleisch und jegliche **Schweineprodukte sind in den Bergen tabu** (daran sollten sich auch Besucher halten). Im Tal in Kachetien aber werden die Tiere durchaus gehalten und auch verzehrt.

Traditionelle Feste und Bräuche: Atnigenoba

Hundert Tage nach dem orthodoxen Osterfest endet für die Tuschen der Sommerzyklus. Als sie noch ganzjährig in den Bergen lebten, begannen in dieser Zeit die auf den Winter vorbereitenden Herbstarbeiten. Bevor diese geschäftige und zehrende Zeit anbrach, wurden große Feste gefeiert und es wurde für gute Ernten gebetet.

Die Feste (Atnigenoba) finden, oft zeitlich etwas versetzt, über einen Zeitraum von zwei Wochen in den bewohnten Dörfern statt. Jedes Jahr wird eine andere Familie von der Dorfgemeinschaft als Gastgeber (Shulta) gewählt, wobei die Männer u. a. Bier brauen (Aludi) und die Frauen Speisen vorbereiten. Das tuschetische Khachapuri (Kotori) oder die mit Fleisch und Brühe gefüllten Teigtaschen (Khinkali) dürfen nicht fehlen.

Am **Festtag** selbst ziehen die Männer des Ortes mit dem zuvor gebrauten Aludi, Schnaps (Chacha) und einem Lamm, das von der gastgebenden Familie gegeben wird, zur heiligen Stätte des Ortes und schlachten das Tier dort. Die **Zeremonie** wird begleitet von feierlichen Trinksprüchen auf die Vorfahren und die Schutzgötter des heiligen Ortes.

In einigen Dörfern gibt es **Pferderennen**, bei denen meist junge Männer Können und Schnelligkeit beweisen. Andere traditionelle Spiele sind z. B. Bogenschießen, Weitsprung, Ringen oder auch Geschicklichkeitsspiele mit Messern. An vielen Spielen der Männer ist auffällig, dass sie Kampfhandlungen und Verteidigung vorbereiten. In ganz Georgien gelten die Tuschen als tapfere Krieger, als „Hüter des Kreuzes".

Seinen Abschluss findet ein jedes Fest in einer großen Tafel *(Supra)*, bei der Männer und Frauen getrennt sitzen und Gäste stets willkommen heißen. Je später am Tag, desto ausgelassener sind Stimmung, Musik und Gesang.

Margarete Hartmannsberger, Diplom-Geografin und Reiseleiterin aus Bonn. Sie leitet seit etlichen Jahren Kultur- und Wanderreisen in Tuschetien für den deutschen Reiseveranstalter Via Verde – Entdecken & Reisen.

Tower Guesthouse, ✆ 593 769 135 oder 599 110 879. Besitzer Nugzar hat liebevoll einen alten tuschetischen Turm restauriert, dort befinden sich auf 3 Stockwerken 4 der 11 Zimmer, einige mit Privatbad. Im Gemeinschaftszimmer gibt es einige spannende Bücher über Tuschetien, Nugzar ist selbst Autor. ❷

SONSTIGES

Einkaufen

Im Unterdorf von Omalo gibt es einen sehr kleinen **Laden**, den einzigen in Tuschetien. Ansonsten existieren keinerlei Einkaufsmöglichkeiten, alles was benötigt wird, muss mitgebracht werden.

Feste

Zur **Tuschetoba** im August reisen alle Familien aus der Umgebung an, es finden traditionelle Spiele und Wettbewerbe in der Wollbearbeitung statt, und es wird gemeinsam gesungen, getanzt und gefeiert.

Die Feste der **Atnigenoba** werden am ersten Samstag nach dem 20. Juli gefeiert (S. 60).

Informationen

Das **Visitor Center des Nationalparks** befindet sich vor der Ortseinfahrt von Omalo links,

Kontaktperson ist Gio Bakuridze, ✆ 577 101 891 und 577 101 892. Dort gibt es einen informativen Ausstellungsraum mit Karten und Infotafeln über die Region, Pferde und Guides für Ausritte und Wanderungen können vermittelt werden. Außerdem Verleih von Zelten, Schlafsäcken, Isomatten, Mountainbikes und Ferngläsern. Infos zur Region und zum Nationalpark gibt es auch auf folgenden Internetseiten: www.tushetipl.ge und https://apa.gov.ge.

TRANSPORT

Es gibt weder nach noch innerhalb Tuschetiens öffentliche Verkehrsmittel.
Im Visitor Center oder in Gästehäusern kann man sich **Geländewagen mit Fahrern** vermitteln lassen. Die Preise sind allerdings – mangels Konkurrenz – nicht gerade günstig. Aber am schönsten ist es sowieso zu Fuß oder auf dem Pferderücken.

Shenako und Diklo

Östlich von Omalo liegen die Dörfer Shenako und Diklo, die wie Omalo zur **Talschaft Chagma** gehören. Von Omalo führt eine Schotterstraße zum Grund des tief eingeschnittenen Tals des Pirikita-Alazani-Flusses, der dort über eine Holzbrücke überquert wird. Zu Fuß ist der Weg ziemlich anstrengend: Auf einer Strecke von 6 km werden über 400 Höhenmeter überwunden – erst nach unten, dann wieder nach oben. Unter der Sowjetregierung war eine Seilbahn geplant, die Omalo und Shenako miteinander verbinden sollte, doch daraus wurde nichts. Nur die Ruinen der nicht fertiggestellten Bergstation in Omalo erinnern am Ortsausgang noch daran. Mit dem Geländewagen sind aber sowohl Diklo als auch Dartlo über eine Schotterstraße erreichbar.

Shenako

Obwohl es keine Wehrtürme besitzt, ist das kleine Örtchen eines der schönsten Tuschetiens. Es liegt idyllisch auf dem sanft geschwungenen Bergrücken, schon von weit her ist seine kleine Kirche zu sehen. Die **St.-Georgs-Kirche** ist die einzige in Tuschetien, in der noch regelmäßig Gottesdienste gehalten werden. Der Hügel, auf dem die Kirche steht, gilt als heilig – und vielleicht gibt es deshalb keinen besseren Platz, als von dort den einmaligen Sternenhimmel über Tuschetien zu bewundern.

In Shenako lebt nur eine Familie, die das Dorf im Winter nicht verlässt: Denn nur die Schafe werden ins Tal getrieben, die Kühe überwintern in den Ställen im Unterdorf und müssen natürlich gefüttert werden. Da bleibt viel Zeit zum Stricken und für Filzarbeiten ...

Diklo

Nur eine gemütliche Stunde Fußmarsch nördlich liegt Diklo, das gefühlte Ende der Welt. Es ist das letzte Dorf vor der russischen Grenze, zu Sowjetzeiten konnten sich die Nachbarn der nahe gelegenen Dörfer in Dagestan noch gegenseitig besuchen. Seit dem Zerfall der Sowjetunion ist Funkstille, und die Grenzposten beäugen sich misstrauisch mit dem Fernglas. Einer der georgischen Grenzposten befindet sich am nördlichen Ortsausgang oberhalb des Wanderweges zu den Ruinen der Wehranlage.

Die **Festungsruinen** von Diklo wachen in spektakulärer Lage auf den Felsen über die Grenzschlucht. Sie erinnern daran, dass die Beziehung zwischen den Nachbarn auch früher eher angespannt war und man sich gegen die dagestanischen Stämme verteidigen musste. Am nördlichen Ortsausgang von Diklo beginnt der Wanderpfad und führt in 2,5 km in einem großen Bogen zu den Ruinen. Vorsicht, auf dem Weg dorthin hat ein Schäfer seine Ställe und macht sich selten die Mühe, seine blutrünstigen Wachhunde zurückzupfeifen (am besten in Diklo fragen, ob der Weg frei ist).

Von Diklo aus gibt es einen Hirtenweg nach **Chigho** in der benachbarten Pirikita-Talschaft. Erfahrene Wanderer können den halbwegs gut markierten Weg alleine beschreiten, für weniger erfahrene ist ein Wanderführer empfehlenswert. Nahe dem Tutareki-Pass gibt es eine Hirtenhütte – Vorsicht vor den Hunden ist geboten. Nach dem Pass geht der Weg steil bergab bis zum Fluss und steigt dann bis Chigho erneut an.

Das idyllisch gelegene Dorf Shenako ist Ziel von Wanderungen und Ausritten.

ÜBERNACHTUNG UND ESSEN

Shenako

Shenako Guesthouse, ✆ 558 639 722, ✉ ibuq vaidze@gmail.com. Elene Gagoidze bringt ihre Gäste in einem traditionellen Haus in 5 Zimmern mit 2 Gemeinschaftsbädern unter. ❶

Sheni Sakhli Guesthouse (Your Home), ✆ 599 941 320 oder 598 801 434, 💻 bei Facebook. Nettes Gästehaus direkt neben der Kirche, der Ehemann der herzlichen Gastgeberin Nino ist der Priester des Ortes. Ein zweites Haus im Dorf gehört zum Gästehaus, die Zimmer sollte man sich vorher zeigen lassen, alle haben Gemeinschaftsbad, einige aber keine Fenster. Der grüne Chacha von Nino verbreitet fast genauso gute Laune wie sie selbst, auch der Hauswein aus Alvani ist hervorragend. ❷

Auch **Tamazi Juridze**, ✆ 593 173 708, und **Eldar Bukvaidze**, ✆ 558 272 006, vermieten einfache Gästezimmer. ❶

Diklo

Diklo Guesthouse, ✆ 551 133 593 oder 599 775 372. Einfaches Gästehaus mit 10 Betten in 6 Räumen, die sich ein Bad teilen. Die Inhaber Nino und Giorgi („Jorge") sprechen wenig Englisch, dafür aber nicht nur Russisch, sondern auch sehr gut Spanisch, da sie 9 Jahre auf Teneriffa gelebt haben. Das Heimweh zog das Ehepaar zurück nach Diklo, wo sie im Elternhaus von Jorge das Gästehaus eröffneten. Strom wird mit Solarzellen erzeugt, das Geschenk einer tschechischen Hilfsorganisation. ❶

Shamil Kortoshidze und Teona Mishidze, ✆ 595 303 051, vermieten in dem neuen Gästehaus nebenan 7 Zimmer für insgesamt 15 Gäste, die sich 2 Bäder teilen. ❶

Tal des Pirikita-Alazani

Nordwestlich von Omalo liegt das Pirikiti-Tal, das mit den befestigten Ortschaften Dartlo und Parsma eine der spannendsten Gegenden Tuschetiens ist und für viele Wanderer der Beginn des mehrtägigen Treks nach Khevsuretien. Von Omalo führt bis Girevi eine Schotterstraße, die mit Geländewagen befahrbar ist. Die markier-

Zu Fuß von Tuschetien bis Khevsuretien

- **Route**: Omalo – Dartlo – Girevi – Atsunta-Pass – Ardoti – Mutso – Shatili
- **Länge**: 75 km
- **Dauer**: 5 Tage
- **Schwierigkeitsgrad**: hoch
- **Ausschilderung**: In Tuschetien gibt es keine durchgängigen Wegmarkierungen, sondern nur gelegentliche Wegweiser, in Khevsuretien sind die Pfade rot-weiß markiert.

Die beiden Bergregionen Khevsuretien und Tuschetien sind durch jahrhundertealte Hirten- und Wanderpfade miteinander verbunden, die mittlerweile eine beliebte mehrtägige Trekkingroute für Wanderer darstellen. Dabei ist diese Tour noch ein richtiges Abenteuer, denn 3 der 5 Tage führt der Weg durch unbewohntes Bergland und über den 3431 m hohen Atsunta-Pass. Zwei Nächte übernachtet man dabei in freier Natur im Zelt.

Die Etappen

Omalo – Dartlo, ca. 10 km, S. 264 und S. 272
Von Zemo Omalo (2070 m) führt ein rot-weiß markierter Weg, teils auf dem Fahrweg, teils auf einem schmalen Wanderpfad, bergauf bis nach Ghele (auf 2300 m). Von dort erreicht man über eine Schotterpiste in angenehmem Bergab Dartlo (auf ca.1820 m).

DARTO: © NINA KRAMM

Dartlo – Girevi, ca. 15 km, S. 272
Der Aufstieg auf schmalen Wanderpfaden zu den alten Festungstürmen von Kvavlo hoch über Dartlo lohnt sich. Von dort gelangt man über das Dorf Dano zurück zur Schotterstraße im Tal. Es ist ebenfalls möglich, von Dartlo auf der Straße im Tal weiter zu laufen. Die alten Bergdörfer Chesho und Parsma liegen an der Straße, die bei Girevi (2000 m) endet. Hier befindet sich ein Grenzposten. Erkennbar an der georgischen Fahne, der man am besten direkt bei der Ankunft einen Besuch abstattet und eine **Genehmigung** (engl. *border permit*, russ. *Propusk*) für die weitere Wanderung einholt. Vorsicht vor dem Wachhund!

Girevi – Biwakplatz vor dem Atsunta-Pass, ca. 20 km
Von dem letzten bewohnten Dorf, von Girevi, führt der Wanderweg vorbei an dem verlassenen Ort Chontio, dem letzten Tuschendorf vor dem Pass. Der Weg verläuft entlang dem Fluss. 14 km hinter Girevi öffnet sich nach Süden ein Tal, dort befindet sich auf der südlichen Flussseite ein Grenzposten (auf ca. 2500 m), hier werden die Genehmigungen kontrolliert. Man kann hier sein Zelt für die Übernachtung aufschlagen. Meist gibt es eine Holzbrücke über den Fluss, doch häufig wird sie weggeschwemmt und man muss ihn durchwaten. Der weitere Weg verläuft erneut nördlich des Flusses, kleine Schilder mit der Aufschrift „Atsunta-Pass" weisen den Weg. An einem Zusammenfluss muss ein weiterer Fluss durchwatet werden – hier befindet sich ebenfalls ein möglicher Biwakplatz, wenn auch nicht der schönste. Kurz vor dem letzten Anstieg stößt man auf eine Quelle und einen schöneren Biwakplatz (auf ca. 3000 m).

Biwakplatz vor dem Atsunta-Pass – Ardoti, ca. 14 km

Nach 400 m Aufstieg ist der Atsunta-Pass (3431 m) erreicht. Hinter dem steilsten Abstieg gibt es eine schöne Biwakstelle mit Quelle, ein geeigneter Zeltplatz, wenn man die Tour in die andere Richtung läuft. Ab jetzt geht es nur noch bergab – an einer Gabelung führt der Pfad nach links (schwarze Markierung) zu dem verlassenen Festungsort Ardoti (2000 m). Wer abkürzen möchte, geht an der Gabelung rechts (rote Markierung) direkt nach Mutso und kann sich dort abholen lassen.

Ardoti – Shatili, ca. 15 km

Die letzte Etappe führt in leichtem Bergab vorbei an der Bergfestung von Mutso (1880 m) entlang der Schotterpiste bis Shatili (1420 m).

Praktische Hinweise

Neben **Kondition** sind auch gute, **eingelaufene Wanderschuhe** nötig. **Zelt** und **Schlafsack** sowie der **Proviant** für die Etappen zwischen Girevi und Shatili müssen mitgenommen werden. Da kommt einiges an Gewicht zusammen, und es bietet sich an, Packpferde und Führer zu mieten oder sich einer geführten Tour anzuschließen. Nur erfahrene Bergwanderer sollten diesen Mehrtagestrek alleine wagen. Für die Wanderung ist ein **Permit** erforderlich. Schließt man sich keiner organisierten Tour an, die den Papierkram übernimmt, schickt man das hier erhältliche Formular 💻 https://bpg.gov.ge/en/page/public-relations/information-for-tourists mit Passkopie und Einreisestempel an folgende Adresse: ✉ bpol@mia.gov.ge.

Die meisten Trekker wandern **von Omalo Richtung Shatili**, dabei läuft man die ersten 3 Tage stets leicht bergauf und muss hinter dem Atsunta-Pass sehr steil absteigen. Wer es andersherum bevorzugt und erst den steilen Aufstieg hinter sich bringen will, sollte **von Shatili nach Omalo** wandern.

ten Wanderwege verlaufen größtenteils auf diesen Wegen.

Dartlo

Das Bild von Dartlo mit seinen dunklen Wehrtürmen lässt niemanden unbeeindruckt. Das Festungsdorf liegt auf 1850 m Höhe am Südhang der Tuscheti-Kette und war früher der Treffpunkt für die Ältesten der Tuschen, die hier zusammenkamen, um wichtige Belange zu besprechen oder Streit zu schlichten. Die Steinbänke, auf denen sie bei ihren Treffen saßen, gelten als heilig. Die christliche heilige Stätte dagegen liegt in Ruinen – Dartlo ist zwar eines der wenigen Dörfer Tuschetiens, das eine Kirche besitzt, doch dem orthodoxen Bau fehlt schon länger nicht nur das Dach. Zwei der alten Wehrtürme von Dartlo erheben sich dagegen wieder in voller Pracht mit ihren typisch tuschetischen, pyramidenförmigen Dächern über dem Dorf. Denn 2012 wurde begonnen, die alten Schiefertürme mit staatlicher Hilfe zu restaurieren.

So schön Dartlo auch ist – wer den etwas anstrengenden Aufstieg zu den Ruinen der **Festung Kvavlo** über dem Dorf nicht auf sich nimmt, verpasst einiges: herrliche Aussichten und erstklassige Fotomotive. Von der Festung Kvavlo führt ein Wanderweg weiter nach **Dano**, von dort kann man nach Dartlo zurückkehren oder ins 10 km von Dartlo entfernte **Chesho** weiterwandern.

Die Dörfer nordwestlich von Dartlo

Mit nur geringer Steigung führt die Schotterpiste von Dartlo in 10 km nach **Chesho**, weitere 5 km entfernt liegt an der Straße **Parsma**. In dem kleinen Dorf gibt es einige erhaltene Wehrtürme und zahlreiche alte Kultstätten. Außerdem befindet sich nahe dem Ort eine Brücke über den reißenden Pirikita-Alazani, der überquert werden muss, wenn man über den **Nakaicho-Pass** in das benachbarte Gometsari-Tal im Süden wandern möchte.

Von Parsma sind es nur noch 3 km bis nach **Girevi**, dem letzten bewohnten Ort vor dem Atsunta-Pass. Geschäfte gibt es nicht, wer sein Proviant vor der Passüberquerung aufstocken möchte, muss die Einheimischen um Hilfe bitte.

ÜBERNACHTUNG UND ESSEN

Chigho

Guesthouse Chigho, ✆ 551 142 443, ✉ sosobakuridze@gmail.com. Einziges Gästehaus im Ort mit Platz für 8 Gäste, Besitzer Soso kann Pferde für Ausritte vermitteln. ❶

Dartlo

Guesthouse Shuni, ✆ 599 859 254 oder 598 340 067, 💻 bei Facebook. Die Schwestern Salome und Tamara vermieten 1 Zwei-, 1 Drei- und 1 Vier-Bett-Zimmer, die sich zwei Bäder hinter dem Haus teilen. Mit etwas Glück kann man den Schwestern lauschen, wenn sie auf traditionellen Instrumenten musizieren und tuschetische Lieder singen. Auf der Terrasse werden verschiedene Strickarbeiten verkauft – falls man in der kalten Bergwelt noch ein paar dicke Socken mehr brauchen sollte. Der farbenfrohe Blumengarten sorgt für gute Laune, auch die Katzen lieben ihn. ❶

Hotel Dartlo, ✆ 591 937 069 oder 598 174 966, 💻 bei Facebook. Oberhalb des Dorfes neben einem alten Wehrturm gelegen, mit schöner Aussicht. Rapho und Marika vermieten 6 Zimmer, die sich ein Bad teilen. Sie können Wanderführer, Fahrer und Pferde vermitteln. ❶

Samtsikhe Guesthouse, ✆ 599 118 993, ✉ elanidze@posta.ge. Gästehaus mit Zimmern in 5 unterschiedlichen Häusern, direkt am Ortseingang nahe dem Bach gelegen, mit schönen überdachten Sitzmöglichkeiten auf der Veranda und kleinem Café. Die 13 Zimmer teilen sich 6 Bäder. ❶

Chesho

Komito Guesthouse, ✆ 591 257 402, ✉ ekaterineabaloidze@yahoo.com. Holzhaus mit 4 Gästezimmern für insgesamt 15 Pers., die sich ein Bad teilen. Gastgeber Keto Abaloidze kann Pferde für Ausritte in der Umgebung organisieren. ❶

Jiqi Guesthouse, ✆ 599 585 839, ✉ ejangulashvili@yahoo.com. Traditionelles Steinhaus mit Holzbalkonen am oberen Ortsrand mit 1 Fünf-, 1 Vier-, 1 Zwei-Bett- und 1 EZ. ❶

Parsma

Guesthouse Baso, ✆ 599 541 941. Kleines Gästehaus mit schöner Terrasse, 2 Zwei- und 2 Drei-Bett-Zimmer und zwei Gemeinschaftsbädern. ❶

Girevi

Girevi Guesthouse, ✆ 591 703 832. Das einfache Gästehaus von Adam Modazidze kann in 5 Zimmern, die sich 4 Bäder teilen, insgesamt 20 Besucher beherbergen. Der Hausherr organisiert auf Wunsch Transport und Ausritte. ❶ Auch **Guesthouse Nakudurta**, ✆ 551 151 822, und **Shio's Stonehouse in Tusheti**, ✆ 598 227 749, vermieten Gästezimmer.

Tal des Gometsari

Nach Nordwesten führt von Omalo ein Weg in das wunderschöne Tal des Gometsari-Alazani. Das erste Dorf, das nach 7 km oberhalb der Schotterpiste liegt, gilt als das höchste bewohnte Dorf Europas und macht Ushguli seinen Platz als Rekordhalter streitig. Tatsächlich wurde in dem Dorf **Bochorna** auf 2345 m Höhe bei dem Zensus 2014 nur ein einziger Einwohner gezählt: ein alter Mann, der sich aber noch immer bester Gesundheit erfreuen soll. Weitere 5 km sind es, bis der Blick auf die Dächer von **Dochu** fällt, das unterhalb der Schotterstraße liegt. Von Dochu ist es möglich, eine Rundwanderung zu den Dörfern weiter südlich zu beginnen: Über **Gogrulta** und **Khakabo** kann man in ein bis zwei Tagen zurück nach Omalo wandern. Hinter Dochu führt die Schotterpiste entlang dem Südhang der Pirikita-Alazani-Kette in 10 km und vielen Kurven bis in die Dörfer **Alisgori** und **Verkhovani**. Dieser Weg ist zwar sehr aussichtsreich, kann sich aber ganz schön ziehen.

Bei Verkhovani beginnt der Wanderweg über den 2093 m hohen **Nakaicho-Pass**, der bis nach Parsma und Chesho im nördlichen Pirikita-Tal führt. Vom Pass aus ist es möglich, auf der Bergkette, die die beiden Täler trennt, zurück bis Dochu oder Omalo zu wandern. Ein Zelt und besser auch einen Wanderführer sollte man dafür dabeihaben.

Westlich von Verkhovani schließt sich die **Talschaft Tsovata** mit den kleinen Dörfern **Tsaro** und **Indurta** an.

ÜBERNACHTUNG UND ESSEN

Jvarboseli

Posholi Guesthouse, ✆ 599 208 427. Schönes Gästehaus mit mehreren Zimmern sowie ein Cottage mit 3 DZ, alle mit Privatbad. Die Zimmer im obersten Geschoss haben einen Balkon und tolle Aussicht, die man auch von der Terrasse genießen kann. Es wird sehr gut gekocht. ❶

Dochu

Guesthouse Kruiskari, ✆ 599 285 647, ✉ hotelkruiskari@yahoo.com. Das einzige Gästehaus im Ort kann 21 Gäste in 8 Zimmern beherbergen. ❶

HEERSTRASSE, GEORGISCH-RUSSISCHES FREUNDSCHAFTSDENKMAL; © PHILIPP SCHMATLOCH

Der Nordosten: Kazbegi und Pshav-Khevsuretien

Die Dreifaltigkeitskirche von Gergeti vor dem eisigen Gipfel des Kazbek ist das beliebteste Fotomotiv des Landes. Ein Besuch der Kirche gehört zu jeder Georgien-Reise dazu. In nur wenigen Stunden gelangt man dabei über die legendäre Heerstraße ins Herz des Großen Kaukasus. Beschwerlicher ist eine Fahrt ins abgelegene Khevsuretien – etwa zum imposanten Festungsdorf Shatili.

Stefan Loose Traveltipps

Festung Ananuri Malerisch liegt die alte Festung über dem türkis schimmernden Zhinvali-Stausee; um ihre Burgherren ranken sich düstere Legenden. S. 279

6 Dreifaltigkeitskirche von Gergeti Auch wenn der Blick auf die Kirche vom Tal aus schlichtweg großartig ist: Eine Wanderung zu Georgiens bekanntester Wallfahrtskirche sollte sich niemand entgehen lassen. S. 286

Truso-Tal Das idyllische Tal ist der reinste Geologie-Erlebnispark: Schwefelquellen, ein blubbernder Mineralsee, weiße Travertinterrassen – und das alles vor traumhafter Bergkulisse. S. 293

7 Shatili Die Steinhäuser stapeln sich förmlich in diesem ungewöhnlichen Festungsdorf nahe der Grenze zu Tschetschenien. S. 304

FESTUNG ANANURI; © NINA KRAMM

CHAUKHI-MASSIV; © NINA KRAMM

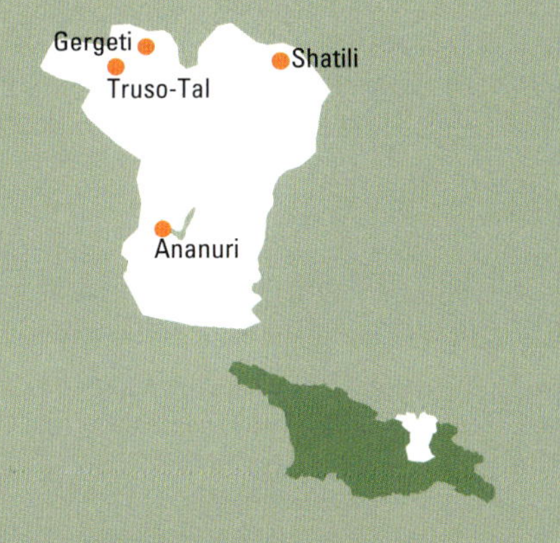

Wann fahren? Nach Stepantsminda ganzjährig: Juni bis Oktober zum Wandern, Dezember bis März zum Skifahren; nach Khevsuretien Juni–September

Wie lange? 3–8 Tage

Bekannt für die Georgische Heerstraße und archaische Festungsdörfer

Beste Feste Mariamoba am 28. August an der Gergeti-Kirche

Outdoor-Tipps Besteigung des Kazbek, Wandern in Khevsuretien

Unbedingt probieren Es gibt sie überall – aber hier kommen sie her: die Khinkali

Die schroffe, überaus beeindruckende **Hochgebirgslandschaft des Zentralkaukasus** ist nur einen Katzensprung von Tbilissi entfernt. Dank der bestens ausgebauten **Georgischen Heerstraße** können Besucher mittlerweile sogar während eines Tagesausflugs das beliebteste Fotomotiv Georgiens ablichten: die Dreifaltigkeitskirche vor dem Gipfel des **Kazbek**.

Wie ein kleines Abenteuer mutet dagegen eine Reise nach Khevsuretien an. Die schwer erreichbare Gegend ist gemeinsam mit Kazbegi Teil der Verwaltungsregion Mtskheta-Mtianeti. Nördlich der Verwaltungshauptstadt Mtskheta (s. Kartlien, S. 311) gabelt sich am Zhinvali-Stausee die Straße. Nach Westen führt die asphaltierte Georgische Heerstraße nach **Stepantsminda**, Bezirkshauptstadt Kazbegis, nach Nordosten eine schlechte Buckelpiste über Barishako, die Bezirkshauptstadt von Khevsuretien, bis ins abgelegene **Shatili**, das nur mit dem Geländewagen erreichbar ist.

Kazbegi

Diesen Anblick darf man sich nicht entgehen lassen: die Kirche vor dem Berg! Der nach neuesten Messungen ganze 5054 m (und nicht nur 5047 m) hohe **Kazbek** ist zwar nur der zweithöchste Berg Georgiens (zählt man den auf der Grenze zu Russland liegenden Janga mit, sogar nur der dritthöchste), doch mit Abstand der markanteste. Und die **Dreifaltigkeitskirche von Gergeti** zählt zu den bekanntesten Wallfahrtskirchen des Landes, beherbergte sie doch lange Zeit das Weinrebenkreuz der Hl. Nino. Das außergewöhnliche Duo im Kazbegi-Nationalpark ist zudem überaus fotogen, wie es da so über der Kleinstadt **Stepantsminda** thront – und lässt diese dadurch noch durchschnittlicher erscheinen.

Auch wenn viele Besucher nur für einen Tag nach Stepantsminda kommen, es lohnt sich, etwas länger zu bleiben: Wanderer sind begeistert vom **Truso-Tal**, Trekker können spannende mehrtägige Touren bis Khevsuretien und sogar Tuschetien unternehmen, und Bergsteiger erklimmen neben dem Kazbek auch das schroffe **Chaukhi-Massiv**. Vogelbeobachter und insbesondere Pflanzenliebhaber sind begeistert von der unglaublichen Artenvielfalt: In der Gegend blühen u. a. mehr als 20 endemische Glockenblumenarten.

Ein Highlight ist die sagenumwobene **Dariali-Schlucht**, durch die „zwischen hoch aufgetürmten Kalksteinmauern, wild zerrissenen Schieferfelsen, über schauerliche Abgründe hinweg ..." die **Georgische Heerstraße** führt, wie es der deutsche Schriftsteller Friedrich von Bodenstedt im 19. Jh. in seinem Reisebericht beschrieb. Die wilde Schlucht liegt nördlich von Stepantsminda, aus dieser Richtung reisten so einige bekannte Persönlichkeiten an, unter ihnen die russischen Dichter Michail Lermontow und Alexander Puschkin, die sich von der Schönheit der Berge inspirieren ließen. Allerdings stellte schon Puschkin fest, dass die Fülle der Eindrücke leicht zur Abstumpfung führen kann, ebenso berichtete der ehemalige WDR-Intendant Fritz Pleitgen auf seiner Reise durch den wilden Kaukasus von emotionaler Ermüdung. Das können die Nebenwirkungen einer Reise auf der Georgischen Heerstraße sein, die sich über weite Strecken spektakulär durch den Großen Kaukasus windet und mit Attraktionen gespickt ist. Kommt man von Süden, wie die meisten Reisenden heutzutage, erhebt sich nur 60 km nördlich von Tbilissi die alte **Festung Ananuri** idyllisch über den **Zhinvali-Stausee.** In Pasanauri fließen der Weiße und der Schwarze Aragvi – so kontrastreich wie ihre Namen vermuten lassen – zusammen. Doch der Höhepunkt der Fahrt sind der **Kreuzpass** und ein Blick vom georgisch-russischen Freundschaftsdenkmal in die Teufelsschlucht.

Die Georgische Heerstraße

Der einst schmale, gefährliche Gebirgspfad war **jahrtausendelang die einzige Nord-Süd-Verbindung durch den Großen Kaukasus**, die den Orient mit dem Norden verband. Schon im 1. Jh. erwähnte der griechische Geograf Strabon die alte Handelsroute durch die Dariali-Schlucht. Ihren Namen erhielt die Georgische Heerstraße erst im 19. Jh., heutzutage ist sie auf den Karten als Fernstraße „S3" eingezeichnet.

Anfang des 19. Jhs. wurde Georgien ins Russische Zarenreich eingegliedert. Der alte Handelsweg erhielt dadurch strategische Bedeutung und wurde als offizielle Verbindung zwischen Wladikawkas („Herrscher des Kaukasus") in Russland und Tbilissi in Georgien erkoren. Die Straße wurde befestigt und verbreitert, es wurden militärische Stützpunkte angelegt, und russische Kosaken übernahmen den Schutz vor Räubern und kriegerischen Bergstämmen.

Trotz des fortwährenden Ausbaus war der Zustand der Heerstraße damals kaum mit einer modernen Hauptverbindungsstraße zu vergleichen, sondern erinnerte eher an einen ausgetretenen Gebirgspfad. Als 1828 russische Truppen während des Russisch-Persischen Kriegs die 213 km durch den Kaukasus zurücklegten, benötigten sie dafür mehr als vier Wochen. Erst 1863 war die Straße durchgängig gepflastert. Mehrere Postkutschenstationen auf dem Weg sorgten für Unterkunft und Verpflegung der Reisenden und ihrer Pferde. Eine Reise in einer vierspännigen Kutsche war ein echtes Abenteuer und dauerte – wenn es gut lief – mindestens drei Tage.

Schon 20 Jahre später verlor die Heerstraße ihre wirtschaftliche und militärische Bedeu-

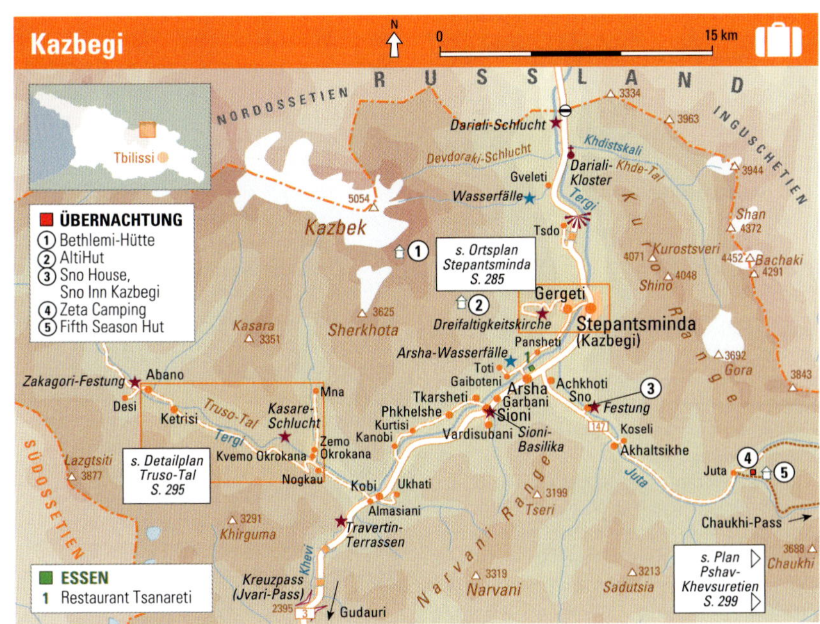

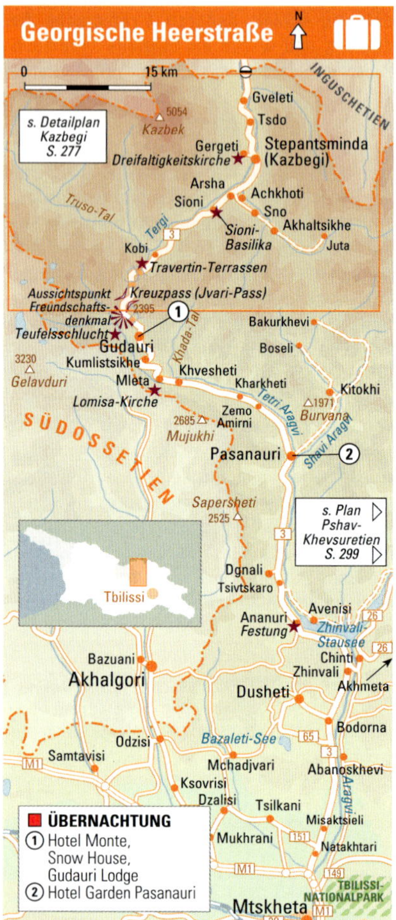

tung bereits wieder: Wladikawkas und Tbilissi wurden durch die Bahnstrecke über Baku verbunden. Außerdem hatte der Zar seine Vorherrschaft südlich des Großen Kaukasus so weit gesichert, dass er die Heerstraße nicht mehr als Nachschubweg benötigte.

Und so waren es vor allem Dichter, Künstler und Studenten, die ab Mitte des 19. Jhs. auf der Heerstraße reisten. Immer mehr georgische Studenten aus wohlhabendem Hause nahmen die Möglichkeit wahr, an russischen Universitäten zu studieren. Russische Dichter und Schriftsteller ließen sich auf der Reise von der Natur beeindrucken und inspirieren. Dabei soll Alexander Puschkin mit seinen Gedichten über den Kaukasus einen regelrechten Boom ausgelöst haben. Leo Tolstoi, Maxim Gorki und Michail Lermontow schlossen sich ihm in seiner Begeisterung an.

Auch europäische Reisende waren im Kaukasus unterwegs. Der Norweger Knut Hamsun beschreibt in seinem Buch *Im Märchenland* sehr anschaulich seine Reise mit der Postkutsche, auch Ernst Haeckel und allen voran der französische Bestsellerautor Alexandre Dumas waren beeindruckt. Dumas kam bei seiner Reise allerdings nicht allzu weit: Er ließ sich nicht davon abbringen, im Winter den Kaukasus durchqueren zu wollen und blieb prompt in Gudauri stecken. Seine Rückkehr nach Tbilissi soll für Verwunderung gesorgt haben – man hatte nicht damit gerechnet, dass er vor dem Frühling wieder gesichtet würde.

Seit den 1990ern, nach dem Ende der Sowjetunion, hat die alte Handelsstraße wieder an

Eine Herausforderung für Reisende

Steinschlag, Erdrutsche, Lawinen, Nebel und weitere Wettereskapaden – darauf mussten sich Reisende gefasst machen. Auch waren sie nie vor Überfällen sicher: Obwohl die Heerstraße mit Militärstationen gesichert war, nisteten sich in den engen, unzugänglichen Bergtälern Räuberbanden ein. Oft waren es auch die Bergvölker, die Wegzölle verlangten, eine Praxis, die die Polizei in den 1990ern wiederbelebte. Bis zum Ende des 20. Jhs. blieb eine Fahrt auf der Heerstraße ein gefährliches Unternehmen. Das ist zwar heute nicht mehr so, doch im Winter und Frühjahr kommt es häufig zum Abgang von Lawinen – bis die Straße wieder passierbar ist, können dann mehrere Stunden oder sogar Tage vergehen. Das soll sich bis 2024 ändern: 2021 begannen die Bauarbeiten im Rahmen des Kvesheti-Kobi-Projekts, das mit fünf neuen Brücken und fünf neuen Tunneln die Fahrzeit signifikant verkürzen und die Straße sicherer und durchgängig befahrbar machen soll.

Bedeutung gewonnen. Durch die neuen De-facto-Grenzen ist der Landweg über Abchasien unterbrochen, genauso wie die Zufahrt zum Roki-Tunnel, der Südossetien mit Russland verbindet. Der lange Umweg über Baku führt durch den Nachbarstaat Aserbaidschan – daher ist die Heerstraße erneut der kürzeste und einzige direkte Landweg nach Russland. Doch wegen der Konflikte zwischen den Nachbarstaaten war die Grenze in der Vergangenheit immer wieder gesperrt, zuletzt von 2007 bis 2010. Ende September 2022 stauten sich nach der Teilmobilmachung Russlands Tausende Fahrzeuge an der Grenzstation. Auch zu Fuß und mit dem Fahrrad verließen täglich bis zu 10 000 überwiegend männliche Russen im wehrpflichtigen Alter ihr Heimatland. Häufig bilden sich an beiden Seiten der Grenze lange Lastwagenschlangen, da seit Russlands Angriffskrieg gegen die Ukraine Transit-Strecken über die Ukraine nicht mehr befahrbar sind. Die Lkw-Staus beeinflussen jedoch nicht den Personenverkehr.

Ihren Anfang nimmt die Georgische Heerstraße in Tbilissi und führt nach Norden über das 30 km nördlich gelegene **Mtskheta** (S. 311). Die ehemalige Königsstadt ist noch immer das bedeutendste religiöse Zentrum des Landes und einen eigenen Besuch wert. Bei Mtskheta mündet der von Norden kommende Bergstrom Aragvi in den von Westen nach Süden fließenden Fluss Mtkvari. Etwas nördlich von Mtskheta gabeln sich die Straßen: Die Autobahn M1 führt nach Westen, nach Norden folgt die Schnellstraße S3 der Route der historischen Georgischen Heerstraße dem Lauf des Aragvi bis zum Kreuzpass. Etwas über 200 km lang ist die Straße, die von der georgischen Hauptstadt durch den Großen Kaukasus bis nach Wladikawkas in Nordossetien im Süden Russlands führt, bis nach Stepantsminda sind es von Tbilissi 145 km.

Dusheti

Anfangs ist das Tal des Aragvi noch breit, doch schon wenig nördlich von Mtskheta verengt es sich, und die Straße führt durch eine sanfte, bewaldete Hügellandschaft. Etwas abseits, westlich der Heerstraße, liegt das kleine Dorf Dusheti. Die örtlichen Feudalherren, die Eristawen von Aragvi, besaßen dort eine Residenz. Unerfreulicherweise zerstörten königliche Truppen im 17. Jh. die Burg, denn die rebellischen Eristawen weigerten sich, die georgische Krone anzuerkennen. An der Abzweigung nach Dusheti steht in **Bodorna** die Muttergotteskirche aus dem 15. Jh., die den Eristawen als Familienkirche diente. Auf dem angrenzenden Friedhof wurden die Markgrafen begraben – kein Einziger der Eristawen starb eines natürlichen Todes. Unweit davon ragt ein nationales Naturdenkmal empor: die **Bodorna-Steinsäule**, ein weißer, natürlicher Monolith aus Konglomerat-Gestein. Während der mongolischen Invasion von Timur Lenks Armee im 14. Jh. fand hier ein schreckliches Massaker statt: Die Einheimischen hatten sich in die einfachen Schutzhöhlen im Fels geflüchtet. Eine mittelalterliche Chronik berichtet, Timurs Soldaten seien von der Säule hinabgeklettert und hätten die Schutzsuchenden in den Höhlen mit brennenden Pfeilen beschossen – niemand soll dieses Massaker überlebt haben.

Ananuri-Festung

Hinter dem Dorf Zhinvali teilt sich die Straße, links geht es an der Westseite des **Zhinvali-Stausees** entlang, dessen Wasser im Hydroelektrizitätswerk von Zhinvali 130 Megawatt Strom erzeugt. Der Stausee liefert das Trinkwasser für

Nach Stepantsminda – mit Marschrutka oder Sammeltaxi?

An der Heerstraße liegen einige Sehenswürdigkeiten, die einen Stopp lohnen. Sammeltaxis halten in der Regel an der Ananuri-Festung, am Panorama of Georgia und an den Mineraltravertinen hinter dem Kreuzpass. Nach Absprache sind weitere Stopps möglich. Wer hingegen schnell ans Ziel kommen möchte, kann eine normale Marschrutka nehmen, die nur eine kurze Pause macht. Beide fahren mehrmals täglich in Tbilissi an der Bushaltestelle Didube neben der Metro-Station ab. Eine Fahrt mit dem Sammeltaxi ist für ca. 25 GEL zu haben, für die Marschrutka-Fahrt zahlt man 15 GEL.

Stoff für Historienfilme

Das Leben der Eristawen von Aragvi bietet Stoff für abenteuerliche bis blutrünstige Historienfilme: Die Markgrafen waren ständig in kriegerische Konflikte verwickelt, nicht nur mit der georgischen Krone, die sie nicht anerkannten, sondern auch mit benachbarten Stämmen. Kein Einziger der Eristawen soll eines natürlichen Todes gestorben sein – was als Adelszeichen eines kaukasischen Kämpfers galt.
Ende des 16. Jhs. soll eine Horde des südkaukasischen Bergstamms die Festung Ananuri überfallen und alle Anwesenden niedergemetzelt haben. Der persische Statthalter vertrieb die Lesgier wieder und setzte den letzten verbliebenen Aragvi-Erben Bardzim ein. Der ließ als Erinnerung an das Schicksal seiner Verwandten die Mariä-Himmelfahrt-Kirche ausmalen, die Fresken zeigen seine Familie mit durchbohrten Augen. Der Letzte der Markgrafen soll allerdings keinen heldenhaften Tod im Kampf gefunden haben: Man sagt, er sei 1743 von aufgebrachten Bauern erschlagen worden. Vielleicht, weil die Eristawen von ihren üppigen Zolleinnahmen, die sie von den Händlern und Reisenden kassierten, nichts abgeben wollten.

Tbilissi, mit dem Wasser werden außerdem die Felder im Umland bewässert. Als der See 1985 entstand, versanken das Dorf Ananuri und der untere Teil der Festung in ihm.

Der obere Teil der **Ananuri-Burganlage** ist noch gut erhalten und schon von Weitem zu sehen. Die Festung ist einer der größten Baukomplexe des 16./17. Jhs. und zeigt, dass die ortsansässigen Markgrafen, die Eristawen von Aragvi, sehr mächtig waren.

Auf einem kleinen, fast rechteckigen Areal findet sich ein interessantes Sammelsurium von Gebäuden: eine große und eine kleine **Kuppelkirche**, zwischen ihnen ein **Wehrturm**, zwei längliche, mit der Wehrmauer verbundene Profanbauten und ein angrenzendes **Badehaus**. Die 5–7 m hohe, zinnenbekrönte Festungsmauer ist an den Ecken mit runden Türmen befestigt, die mit Pechnasen und Schießscharten bestückt sind. Im Westen erhebt sich zwischen den Rundtürmen ein mächtiger Wachturm. Auf der Ostseite der Wehrmauer ist ein auf einem massigen rechteckigen Unterbau aufgesetzter, oktogonaler Glockenturm zu finden.

Besucher nähern sich der Anlage von Süden und können schon aus der Ferne das mehrere Meter hohe Ornamentkreuz erkennen, das in der Schaufassade der **Mariä-Himmelfahrt-Kirche** (1689) eingelassen ist, der größeren der beiden Kuppelkirchen. Konsequenterweise beginnt die Fassadengestaltung erst oberhalb der Höhe der Wehrmauer, dort wo sie auch außerhalb der Festung sichtbar ist.

Bei einem genaueren Blick auf die südliche Frontfassade erkennt man links und rechts des Kreuzes je einen Engel. Oberhalb dieser geflügelten Figuren entspringt in Form eines Weinstocks der Lebensbaum, ein Symbol für die immerwährenden reichen Früchte des christlichen Glaubens. Die zwei Löwen, die an dieser Fassade zu sehen sind, stehen für den Triumph des Christentums.

Das kielbogenförmige Hauptportal der Kirche und seine mit Rankenornamenten versehenen Verzierungen zeigen den zur Bauzeit herrschenden persisch-safawidischen Einfluss. Die meisten der im Inneren befindlichen Fresken wurden bei einem Feuer im 18. Jh. zerstört.

Die kleinere **Erlöserkirche** westlich der Himmelfahrtskirche (erste Hälfte des 17. Jhs.) und der Wehrturm (14. Jh.) sind Ziegelsteinbauten. Die Fresken im Inneren zeigen eine Mariä-Verkündigung und die Taufe Jesu im Jordan.

Pasanauri

Die Straße steigt entlang dem weißen Aragvi leicht, aber stetig an, bis 30 km weiter nördlich Pasanauri erreicht ist. Dank seiner günstigen Lage, nur 90 km von Tbilissi entfernt, war Pasanauri zu Sowjetzeiten ein beliebter Luftkurort. Schlendert man heute durch die Gassen des etwas verwahrlosten Dörfchens, kann man sich kaum vorstellen, dass sich in den 1970ern an Winter- wie Sommertagen hier Scharen von Touristen tummelten. Besucher schätzten vor allem die **Mineralquellen** und die idyllische Umgebung mit **schönen Wandermöglichkeiten** in die umliegenden Täler, in denen sich zahlreiche alte **pagane Kult- und Gebetsstätten** befinden.

Der Ort wurde als Postkutschenstation gegründet, als die Heerstraße befestigt wurde. Der Name bedeutet soviel wie „überteuerter Ort“, denn Reisende mussten hier für Lebensmittel tief in die Tasche greifen.

Südlich des Ortes fließen der aus dem Osten kommende klare **schwarze Aragvi** und der aus dem Westen kommende, wegen seiner Sedimente milchig-weiß erscheinende **weiße Aragvi** zusammen.

Gudauri

Entlang dem weißen Aragvi führt die Straße zunächst bis **Mleta** sanft bergauf, um sich dann von dort in Haarnadelkurven steil den Berg bis nach Gudauri hochzuwinden – es dauerte in der zweiten Hälfte des 19. Jhs. über sechs Jahre, die Trasse von Mleta zum Kreuzpass anzulegen. Gudauri, die ehemals letzte Postkutschenstation vor dem Kreuzpass, ist heute eine Ansammlung von Häusern und Hotels, die verstreut am Hang liegen – ein Ortszentrum gibt es nicht.

Den Grundstein für das heute größte **Skigebiet Georgiens** legte die georgische Kinderskischule, die 1970 die erste Seilbahn errichtete. Der Ort wurde in den 1980er-Jahren zum **Skiresort** (2000–3280 m) gestaltet, es gab sogar Pläne, Gudauri zum Olympia-Stützpunkt auszubauen, doch so weit kam es nicht. Immerhin gibt es 80 km vorwiegend leichte und mittelschwere Pisten und einen Funpark. 14 Doppelmayr-Liftanlagen befördern jede Saison Wintersportler insbesondere aus Russland und anderen ehemaligen Sowjetrepubliken, aber auch aus Israel und arabischen Ländern. Seit Ende 2019 sind auch Stepantsminda und die Dörfer im Tal des Tergi in den Skitourismus eingebunden: Drei neue Gondellifte bringen Touristen von Kobi nördlich des Kreuzpasses nach Gudauri.

Blick auf den Kazbek in Stepantsminda

Doch Gudauri ist vor allem für Freeriding und Heliskiing bekannt, an den umliegenden Hängen gibt es weder Lawinengefahr noch Felsen unter der durchschnittlich 1,5 m dicken Schneedecke. Da Heliskiing in den Alpen aus Naturschutzgründen nicht erlaubt ist, zieht es auch europäische Freerider hierher. Wintersaison ist von Dezember bis April, bei ergiebigem Schneefall kann man sogar bis Mai Ski fahren.

Seit 2015 gibt es zudem mehrere Mountainbike-Trails in Gudauri, die Gegend wird bei Mountainbikern immer beliebter, für Wanderer

Anreise von Kachetien nach Kazbegi

Wer von Kachetien ohne den Umweg über Tbilissi direkt nach Kazbegi fahren möchte, kann die **Abkürzung von Akhmeta nach Zhinvali** über Tianeti nehmen. Die 25 km lange Strecke zwischen Akhmeta und Tianeti führt durch eine abwechslungsvolle Landschaft und ist mittlerweile größtenteils asphaltiert. Für die kurvenreiche Straße sollte man dennoch ausreichend Zeit einplanen und nicht verpassen, den **Festungsruinen von Kvetera** einen Besuch abzustatten. Die Anlage mit Kirche aus dem 8. Jh. war eines der Zentren des Königreichs Kachetien.

Wanderung zur Lomisa-Kirche

Eine insgesamt 4- bis 5-stündige Wanderung führt von Mleta zur kleinen Lomisa-Kirche aus dem 9. Jh. Der Aufstieg anstrengend, die Aussicht von oben über das Tal von Gudauri einmalig. Die Wanderung beginnt im Süden von Zemo Mleta, in der Nähe der Polizeistation.

Ein besonderes Erlebnis ist die **Lomisoba**. Am Mittwoch sieben Wochen nach Pfingsten pilgern unzählige Menschen aus Anlass dieser Festlichkeit hinauf zur Kirche. Dabei kann ein interessanter Brauch beobachtet werden: Gläubige legen sich eine schwere Eisenkette um den Hals, die an einer Säule in der Kirche befestigt ist. So umrunden sie die Säule dreimal – dann soll ihnen ein Wunsch in Erfüllung gehen. Es wird erzählt, die eiserne Kette sei ein Stück der Kette, mit der **Amirani** (s. Kasten S. 291) an den Kazbek gefesselt gewesen sein soll.

Da über den Bergkamm die Grenze zu dem von Russland okkupierten Südossetien verläuft, sollten sich Wanderer nicht zu weit von der Kirche entfernen.

bietet das nahe gelegene Seitental von **Khada** schöne Ausflugsmöglichkeiten.

Georgisch-russisches Freundschaftsdenkmal

Kurz vor dem Kreuzpass bietet das **„Panorama of Georgia"** herrliche Ausblicke. Die Aussichtsplattform mit der halbrunden, farbenfrohen Mosaikwand wurde 1983 zum Gedenken der 200-jährigen georgisch-russischen Freundschaft errichtet – zum Jubiläum des Traktats von Georgijewsk (S. 108). Ob die Mehrheit der Georgier in diesem Jubiläum des doch etwas einseitigen, für Russland vorteilhaften Vertrags einen Grund zum Feiern sah, sei dahingestellt. Schließlich begann mit dem Traktat die Eingliederung in das Russische Zarenreich und die Zeit der russischen Vorherrschaft.

Sicher aber ist, dass der Blick in die **Teufels-Schlucht** und auf die überraschend bunten Berge, die sie umgeben, einfach atemberaubend ist. Tief unten windet sich der Aragvi schäumend wie ein weißes Band zwischen den steilen Felswänden, Fridtjof Nansen erinnerte der Anblick an ein Volk wild kämpfender Titanen in ewiger Versteinerung. Vor dem Denkmal werden an Souvenirständen Hausgemachtes, Selbstgestricktes und traditionelle Mützen verkauft.

Kreuzpass (Jvari-Pass)

Ein **Obelisk** mit der Aufschrift „Krestwokyj Perewal 2395" (zu dt.: „Kreuzpass 2395") markiert den Pass. Früher befand sich an dieser Stelle ein Holzkreuz, das dem Pass seinen Namen verlieh und von dem man erzählte, der russische Zar Peter I habe es aufgestellt – allerdings kam dieser bei seiner Reise in den Kaukasus nicht weiter als bis Dagestan. Unweit des Obelisken steht ein Steinkreuz mit der Inschrift „Hier ruhen Kriegsgefangene, die Opfer des Zweiten Weltkriegs". Seit den 1990ern erinnert das **Denkmal für die deutschen Kriegsgefangenen** an sie. Während des Zweiten Weltkriegs hatten die Soldaten der Wehrmacht auf dem Weg zum begehrten Öl von Baku den Kaukasus erreicht. Auf dem Elbrus hissten sie symbolträchtig die Reichsflagge – über die Heerstraße marschierten sie dagegen nie. Diese wurde erst nach Ende des Kriegs von deutschen Soldaten betreten: Als Zwangsarbeiter mussten sie die ständig ausbesserungsbedürftige Bergstraße ausbauen – eine harte Knochenarbeit, bei der viele ums Leben kamen.

Geografisch gesehen ist der Pass gleichzeitig Hochgebirgs-Flachsattel zwischen den Gipfeln des Bidara (3174 m) im Osten und dem Deda Ena (3488 m) im Westen sowie Wasserscheide für die Einzugsgebiete der Flüsse Aragvi und Tergi (russ.: Terek). Nachdem sich die Heerstraße in scharfen Kurven in das Khevi-Tal gestürzt hat, folgt sie dem Flusslauf des Tergi nach Norden. Das **Khevi-Tal** ist wegen der großen Lawinen- und Steinschlaggefahr berüchtigt, daher sind viele Teile der Strecken durch Lawinentunnel geschützt. Nach starken Schneefällen muss dieser Teil der Straße im Winter trotzdem regelmäßig gesperrt werden, was sich bis 2024 durch das Kvesheti-Kobi-Straßenbauprojekt ändern soll.

Im Khevi-Tal ist der vulkanische Ursprung des Gesteins überall zu erkennen: Vor Hunderttausenden von Jahren formten Lavamassen die Bergflanken und verliehen ihnen skurrile Formen. An einigen Stellen weiter nördlich im Tal sind Basaltstrukturen gut zu erkennen. Interessant sind die Mineralquellen und -ablagerungen in der Gegend: Die auffälligsten und am besten zugänglichen sind die **Travertin-Terrassen**, die sich kurz vor **Kobi** direkt an der Straße befinden. Der kleine Ort ist seit Ende 2019 durch einen Gondellift ans Skigebiet von Gudauri angeschlossen. Bei der Schließung des Passes können Reisende im Winter den Pass mit den Skiliften umfahren.

ÜBERNACHTUNG UND ESSEN

Nördlich von Mtskheta sowie entlang dem Zhinvali-Stausee gibt es zahlreiche Ausflugslokale, in den Dörfern entlang der Straße bis Stepantsminda kleine Lebensmittelläden, einfache Restaurants und Unterkünfte.

Pasanauri

Hotel Garden Pasanauri, Rustaveli St. 20, ✆ 599 070 712, 💻 bei Facebook. Einfaches Hotel mit sauberen Zimmern. 1 DZ, 1 Drei-Bett- und 1 Vier-Bett-Zimmer, jeweils mit Privatbad. Von Tbilissi kommend, befindet sich der Eingang hinter dem Metalltor zwischen den Supermärkten „Spar“ und „Libre“. ❷

Gudauri

Der Skiort scheint ausschließlich aus Hotels zu bestehen. Dabei gibt es besonders viele Hotels der gehobenen Klasse, die meist nicht viel mehr als sterilen Komfort bieten – und trotzdem in der Skisaison lange im Voraus ausgebucht sind. Im Sommer sind Zimmer oft für die Hälfte des Preises zu bekommen, jedoch haben dann nur einige Hotels geöffnet. In den Übergangszeiten April und November haben fast alle Hotels geschlossen. Vergleichsweise günstige Apartments werden oft privat über booking.com vermietet.

Gudauri Lodge, nahe der Talstation des „Pirveli“-Lifts, ✆ 032 220 06 00, 💻 https://gudaurilodge.ge. Das stilvolle Luxushotel bietet Annehmlichkeiten von Innenpool, Jacuzzi im Freien, Sauna bis Fitnessraum. Vom Frühstücksraum und den meisten der 121 Zimmer genießen Besucher Bergblick, zum Hotel gehören eine Bar und ein Restaurant. ❻

Hotel Monte, an der S3 knapp 3 km nördlich der Marschrutka-Haltestelle in Gehweite des Shino-Lifts, ✆ 574 080 202, 💻 www.montegudauri.com. Insgesamt 17 Zimmer, darunter auch Drei-Bett-, Vier-Bett- und Familienzimmer für bis zu 5 Pers. Großzügiger Gemeinschaftsraum mit Tischtennis, Kicker und Billard, Sauna und herrliche Terrasse mit Panoramablick. Das Hotel achtet auf Nachhaltigkeit und ist familienfreundlich. Ganzjährig geöffnet. ❹–❻

Snow House, an der S3 knapp 3 km nördlich der Marschrutka-Haltestelle in Gehweite des Shino-Lifts, ✆ 599 781 877, 💻 bei Facebook. Der Vater des Hausbesitzers war gut mit dem berühmten Alpinisten Mikhail Khergiani bekannt, woran viele Bilder und Gegenstände im museumsartigen Dachgeschoss erinnern. Privatzimmer und Schlafsäle auf drei Etagen mit Gemeinschaftsbädern in jeder Etage. Großer Aufenthaltsraum mit Kamin, Kicker und Veranda mit Aussicht. Familienfreundlich. Übernachtung mit Halbpension ❸

AKTIVITÄTEN

Abfahrtsski

Die Lifte von Gudauri sind ab Dezember von 10–16 Uhr in Betrieb, wenn die Tage im Frühjahr länger werden und am Wochenende von 10–17 Uhr. Anfang der Saison bis Mitte März Einzelfahrt 14 GEL, Tagesticket Erwachsene 70 GEL, Kinder 35 GEL. Es gibt zudem Kombitickets, die auch in den Skigebieten von Bakuriani, Goderzi und Swanetien gültig sind. Ab Mitte März bis Ende der Saison sind die Preise günstiger. Preise und Infos auf 💻 www.gudauri.com und www.georgiantravelguide.com/en/gudauri-ski-resort. In der Saison finden sich an jeder Ecke Skiverleihe in behelfsmäßigen Containern.

Skitouren und Heliskiing

Gudauri Freeride Tours, ✆ 568 600 090, 💻 www.freeride.ge, bietet zahlreiche Skitouren in der Umgebung (u. a. zum Lomisa-Kloster und ins Khada-Tal) mit erfahrenen Führern sowie Heliskiing-Touren an.

Heliksir Ltd., ☏ 595 350 900, 💻 https://heliski.travel, bietet seit 2009 Heliskiing-Pakete mit Übernachtung im Marco Polo Hotel in Gudauri und Helikopter-Rundflüge mit europäischem Standard in Gudauri an.

Trekking und Mountainbiking

In der Umgebung von Gudauri gibt es schöne **Wandermöglichkeiten** im Khada-Tal und zum Lomisa-Kloster.
2014 wurden **Mountainbike-Trails** angelegt, die von Juli bis Oktober geöffnet sind.
Die Lifte Shino, Kobi, Firni und Truso sind ab Ende Juni von 10–17 Uhr in Betrieb. Mountainbike-Verleih ist allerdings nur in Tbilissi möglich.

SONSTIGES

Einkaufen

Es gibt mehre Supermärkte sowie einige kleine Läden in Gudauri. Ein großer **Supermarkt**, der während der Skisaison rund um die Uhr geöffnet hat, befindet sich an der Wissol-Tankstelle.

Feste

Lomisoba, s. Kasten „Wanderung zur Lomisa-Kirche".

Geld

In Pasanauri gibt es einen, in Gudauri mehrere **Geldautomaten** (u. a. im Marco Polo Hotel) sowie eine Filiale der **TBC Bank** nahe der Wissol-Tankstelle.

Medizinische Hilfe, Notruf und Polizei

Pasanauri verfügt über ein kleines **Krankenhaus**. In Gudauri gibt es eine **Bergrettungsstation**, eine **ärztliche Ambulanz** und mehrere **Apotheken**. Selbst in den kleinen Ortschaften existieren Polizeistationen, eine größere hat in Gudauri Bereitschaft.

TRANSPORT

Autos

Tankstellen findet man in Zhinvali, Gudauri und Stepantsminda.
Von Tbilissi bis Gudauri beträgt die Fahrzeit ca. 2 1/2 Std., von Gudauri bis Stepantsminda ca. 45 Min. Die Straße ist in gutem Zustand, der Kreuzpass allerdings im Winter nach starkem Schneefall manchmal gesperrt und auch im Frühjahr nach Lawinenabgang oft für einige Stunden unpassierbar. Das soll sich 2023/2024 nach der Fertigstellung des Kvesheti-Kobi-Straßenbauprojekts ändern.

Taxis

Ein Taxi von Gudauri nach TBILISSI kostet 100–120 GEL, bis nach STEPANTSMINDA ca. 40 GEL.

Marschrutki

Um nach STEPANTSMINDA zu gelangen, steigt man an der Hauptstraße in die Marschrutki von Tbilissi zu (S. 208), 45 Min. für ca. 6 GEL. Nach TBILISSI kann man umgekehrt in die Marschrukti von Stepantsminda zusteigen (S. 292), es fahren in der Wintersaison von Gudauri nach TBILISSI zusätzliche Marschrutki am Nachmittag nach Betriebsschluss der Lifte in 2 1/2 Std. für 10 GEL. Zeiten vor Ort erfragen und am besten in der Unterkunft darum bitten, einen Platz in der Marschrutka zu reservieren.

Stepantsminda

Einmalig ist die Aussicht auf das fotogene Duo aus Gergeti-Dreifaltigkeitskirche und dem kalten Kazbek, der im Mittelpunkt des gleichnamigen Nationalparks liegt. Auf der Sonnenterrasse eines der zahlreichen Cafés im Ort könnte man ganze Nachmittage verstreichen lassen, während man das beeindruckende Panorama genießt. Aber das wäre natürlich sehr schade, denn in der Umgebung der gesichtslosen Kleinstadt gibt es einige lohnende Ausflugsziele und Wandermöglichkeiten.

Stepantsminda liegt auf 1700 m am Ostufer des Tergi. Das Leben spielt sich rund um den **Hauptplatz**, den Kazbegi Square, an der Durchfahrtsstraße ab, an dem alle Marschrutki und Taxis abfahren. Nach Osten ziehen sich die Straßen im Schachbrettmuster den Hang hinauf. Der Ort wurde so angelegt, als er im Rahmen des Ausbaus der Heerstraße im 19. Jh. zu einer

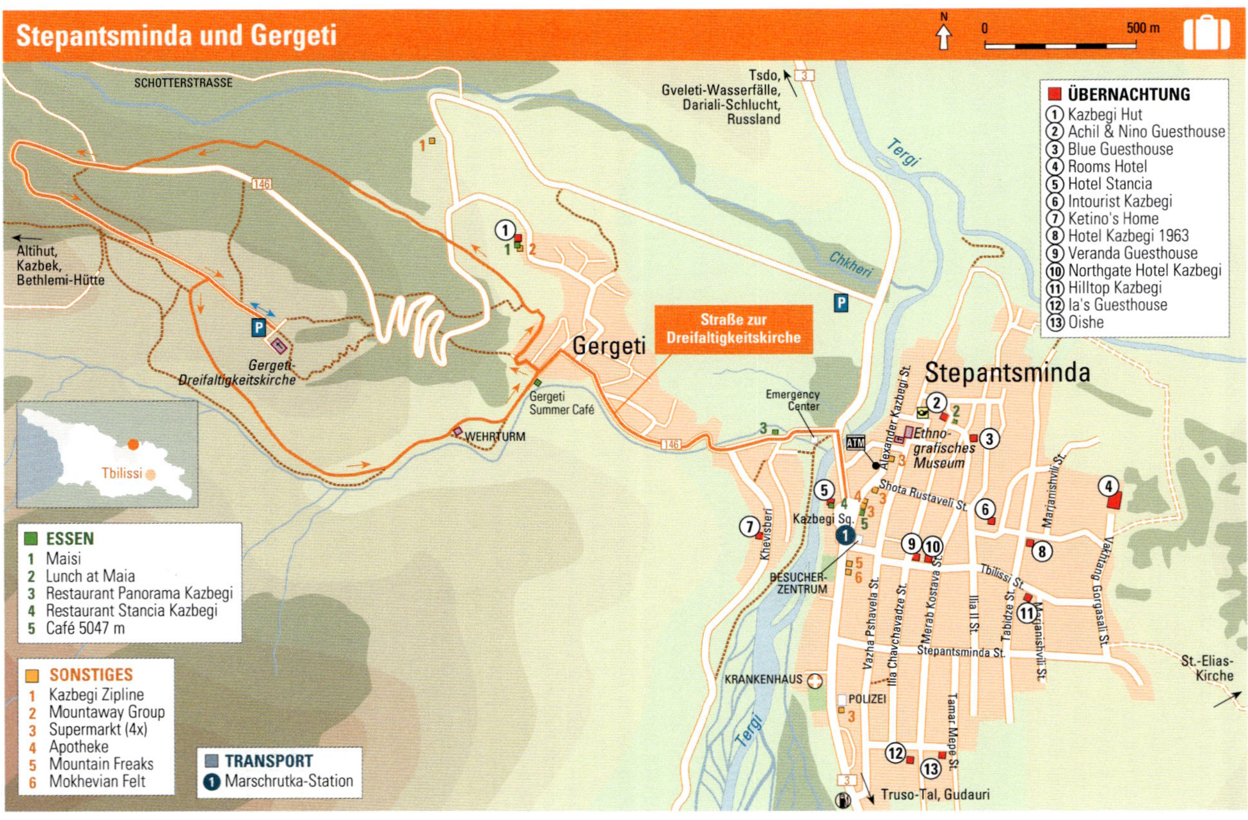

Stepantsminda und Gergeti
0
500 m
N
SCHOTTERSTRASSE
Tsdo, Gveleti-Wasserfälle, Dariali-Schlucht, Russland
Altihut, Kazbek, Bethlemi-Hütte
Tergi
Chkheri
Straße zur Dreifaltigkeitskirche
Gergeti
Gergeti-Dreifaltigkeitskirche
Gergeti Summer Café
WEHRTURM
Emergency Center
Stepantsminda
Ethnografisches Museum
Alexander Kazbegi St.
Shota Rustaveli St.
Kazbegi Sq.
BESUCHER-ZENTRUM
Khevisberi
KRANKENHAUS
POLIZEI
Vazha Pshavela St.
Ilia Chavchavadze St.
Merab Kostava St.
Ilia II St.
Tabidze St.
Marjanishvili St.
Tbilissi St.
Stepantsminda St.
Tamar Mepe St.
Vakhtang Gorgasali St.
St.-Elias-Kirche
Truso-Tal, Gudauri
Tbilissi
ATM
146
3
P
ÜBERNACHTUNG
1 Kazbegi Hut
2 Achil & Nino Guesthouse
3 Blue Guesthouse
4 Rooms Hotel
5 Hotel Stancia
6 Intourist Kazbegi
7 Ketino's Home
8 Hotel Kazbegi 1963
9 Veranda Guesthouse
10 Northgate Hotel Kazbegi
11 Hilltop Kazbegi
12 Ia's Guesthouse
13 Oishe
ESSEN
1 Maisi
2 Lunch at Maia
3 Restaurant Panorama Kazbegi
4 Restaurant Stancia Kazbegi
5 Café 5047 m
SONSTIGES
1 Kazbegi Zipline
2 Mountaway Group
3 Supermarkt (4x)
4 Apotheke
5 Mountain Freaks
6 Mokhevian Felt
TRANSPORT
1 Marschrutka-Station

wichtigen Poststation wurde. Im Osten erhebt sich die neu erbaute **St.-Elias-Kirche**, von der man eine schöne Aussicht ins Tal genießt (ausgeschildert). Im Westen führt eine Straße über den Tergi durch das Dorf **Gergeti** zur berühmten Kirche über dem Fluss.

Der große Aufschwung kam für Stepantsminda mit dem oben erwähnten Ausbau der Georgischen Heerstraße. Doch der Ort war schon lange vorher bewohnt, wie der Fund des Schatzes von Kazbegi im Jahr 1877 beweist: Über 200 Objekte aus dem 4./5. Jh. wurden in einer mit Ketten umwickelten silbernen Schale und weiteren Bronzegefäßen entdeckt. Unter ihnen befanden sich sogar Importstücke, die deutlich machen, dass offenbar schon damals reger Handel mit weit entfernten Völkern getrieben wurde. Der größte Teil des Schatzes ist im Staatlichen Historischen Museum in Moskau ausgestellt, einige Stücke aus der zweiten Grabung 1878 sind im Nationalmuseum von Tbilissi (S. 173) zu sehen.

Ethnografisches Museum

Am Hauptplatz wacht der bekannteste Sohn der Stadt über die An- und Abfahrt aller Besucher: eine **Statue des Schriftstellers Alexander Kazbegi** (S. 137). Sein Elternhaus ist nicht weit entfernt, es liegt an der nach ihm benannten Straße, die den Hauptplatz nach Nordosten verlässt. Dort ist das **Ethnografische Museum** untergebracht. Aufgrund der Größe des Hauses lässt sich erahnen, dass sich Kazbegis Familie bestens mit den russischen Herrschern verstand. Sein Vorfahre Kasibeg Chopikashvili verdiente sich beim Bau einer Brücke über die Dariali-Schlucht einen Adelstitel und Ländereien. Dessen Sohn wandelte den Vornamen seines Vaters zu „Kazbeg" und machte ihn zu seinem neuen Familiennamen. Zu Ehren des Schriftstellers wurden nach der kommunistischen Revolution sowohl der Ort als auch die ganze Region in „Kazbegi" umbenannt. Stalin hatte in seiner Jugend die Werke Alexander Kazbegis gelesen – den Namen von dessen Romanhelden Koba verwendete der kommunistische Führer zu Beginn seiner Karriere als Deckname. Dabei müssen Stalin und der sowjetischen Regierung wohl entgangen sein, dass der Dichter und Schriftsteller in seinen Schriften nicht nur das Leben des einfachen georgischen Volkes thematisierte, sondern auch Verfechter der Souveränität Georgiens war. Trotzdem wurde nach der Unabhängigkeit 1989 der Ort Kazbegi wieder in seinen ursprünglichen, georgischen Namen „Ort des heiligen Stephan" umbenannt. Der Name der Region wurde mit Kazbegi beibehalten.

Dass die Familie von Alexander Kazbegi ebenso gut mit dem Klerus auskam, verrät die 1814 fertiggestellte **Kirche**: Sie steht direkt neben Alexanders Geburtshaus. In dem kleinen Turm vor ihr befindet sich das Grabmonument der Eltern des Dichters. 🕒 Wegen Renovierungsarbeiten zurzeit geschl.

6 HIGHLIGHT

Gergeti-Dreifaltigkeitskirche (Gergeti Tsminda Sameba)

In 2170 m Höhe thront eindrucksvoll eine imposante Kuppelkirche samt nebenstehendem Glockenturm auf dem Kvemi Mta, einem dem Kazbek vorgelagerten Berg. Nicht nur optisch, sondern auch historisch ist die Kirche etwas Besonderes: Jahrhundertelang beherbergte sie den georgischen Kronschatz und eine hochverehrte Reliquie, das Weinrebenkreuz der georgischen Nationalheiligen Nino. Deshalb wurde sie zu **einer der bedeutendsten Wallfahrtskirchen Georgiens**. Erbaut wurde die Kirche aus behauenem Stein zur Zeit Giorgi V (1318–46) mit missionarischen Absichten. Die während der Mongolenkriege vernachlässigten Untertanen sollten wieder auf den rechten Weg geführt werden, denn der Glaube der Bergbewohner war noch nicht besonders gefestigt, und sie neigten dazu, wieder zu ihren heidnischen Bräuchen zurückzukehren.

Die Fassade der Kirche ist mit Ornamentalreliefs verziert, im Inneren sind Fresken aus dem 14. Jh. erhalten. Eine Besonderheit dieser Kirche hängt mit ihrer **Ikonostase** zusammen, einer mit Ikonen geschmückten Bilderwand, die in der orthodoxen Kirche den Kirchenraum von dem nur für den Klerus bestimmten Altarraum abgrenzt: Normalerweise darf die Ikonostase nicht berührt werden, in der Dreifaltigkeitskir-

Alle wollen hoch zur Gergeti-Kirche – nicht alle zu Fuß ...

che von Gergeti gibt es eine Ausnahme: Normalsterbliche dürfen diese für den Gläubigen heilige Wand einmal in ihrem Leben anfassen: am Tag ihrer Hochzeit.

Ein großes Fest findet am **28. August** zur **Mariamoba**, Mariä Himmelfahrt, statt. Im Hof der Kirche werden Opfertiere dargebracht und ausschließlich gekocht zubereitet – Braten ist für geweihtes Fleisch nicht erlaubt. In Begleitung von Musik, Tanz, dem hochprozentigen Schnaps Chacha und großen Mengen von Wein findet ein ausgelassenes Festmahl statt.

Die Kirche erreicht man über den Fußweg ab Stepantsminda (S. 288, ca. 1 1/2 Std. pro Strecke) oder mit dem Jeep (70 GEL, inkl. 30 Min. Wartezeit). Eine Seilbahn, die unter der Sowjetregierung 1988 in Betrieb ging, wurde von den aufgebrachten Bewohnern lahmgelegt – sie galt als Frevel für den Wallfahrtsort (und für die Portemonnaies der Taxifahrer). Die Bergstation wurde schnell zurückgebaut, die Ruinen der Talstation stehen noch im Ort.

Kazbek und Bethlemi-Kloster

„Aug in Aug mit einer Gottheit" sah sich der Reisende Knut Hamsun im 19. Jh. beim Anblick des 5054 m hohen **Kazbek**, des zweithöchsten Berges Georgiens. Und es gibt tatsächlich einige göttliche Assoziationen: Die Griechen sahen in dem Berg den Ort, an dem der Halbgott Prometheus angekettet war, georgische Mythen lassen ihr einheimisches Pendant Amirani dort oben leiden (S. 291). Bei der Rangfolge der höchsten Gipfel funkt übrigens der 5085 m hohe Janga manchmal dazwischen: Er liegt auf der Grenze zwischen Russland und Georgien und ist höher als der Kazbek. Erkennt man den Janga als georgischen Berg an, landet der Kazbek nur noch auf dem 3. Platz.

Der von den Russen vergebene Name Kazbek hat keine Bedeutung, doch die Völker des Kaukasus nennen ihn „den Berg Christi". Auf seinem Gipfel soll sich im Zelt Abrahams die Wiege Jesu befinden, eines der größten Heiligtümer überhaupt. Doch es heißt, nur ehrlichen, rechtgläubigen Christen würde sich der Schatz zeigen. Der Priester Ioseb Mokheve soll einer Legende nach in der zweiten Hälfte des 18. Jhs. der Erste gewesen sein, der den Berg bestieg und das Zelt erblickte. Es muss kaum erwähnt werden, dass die vier europäischen Erstbesteiger um Douglas Freshfield 1868 weder Zelt noch Wiege sahen.

Zur Gergeti-Dreifaltigkeitskirche

- **Länge**: 7,5 km
- **Dauer**: 3 Std.
- **Start- und Zielpunkt**: Kazbegi Square, Hauptplatz in Stepantsminda
- **Wegbeschaffenheit**: Aufstieg gut, Abstieg teils steiler und geröllig
- **Schwierigkeitsgrad**: kurze Wanderung mit einigen steilen Anstiegen
- **Ausschilderung**: Schild am Einstieg der Wanderung, sporadische Markierungen
- **Karte** S. 285, „Stepantsminda und Gergeti"

Einheimische wie Touristen quälen sich über den kürzesten Weg zur Gergeti-Dreifaltigkeitskirche: einen steilen und staubigen Pfad, der immer wieder die viel befahrene Schotterpiste kreuzt. Das muss nicht sein – es gibt eine etwas längere, aber viel angenehmere Alternative.

Aufstieg

Startpunkt ist der **Kazbegi Square**, den man nach Norden verlässt. Dann geht es auf der Heerstraße über die Brücke. Hinter der Brücke dem Wegweiser „Gergeti Sameba" nach links folgen, vorbei am **Emergency Center** bis nach **Gergeti** 1 km bergauf gehen. Im Ort gabelt sich die Straße, dort links abbiegen und nicht versäumen, einen genaueren Blick auf das alte Haus an der Gabelung zu werfen: Eines der Fenster ist mit einer Schlange versehen – dem Volksglaube zufolge lebte im Keller jedes Hauses eine Schlange, die das Haus beschützte und daher verehrt wurde. Wenig später, hinter dem kleinen Brunnen und kurz vor dem **Gergeti Summer Café**, wendet man sich nach rechts. Die Straße windet sich den Berg hoch, an der ersten Gabelung links, kurz darauf rechtshalten. Nach 100 m führt hinter einer Ruine links ein Pfad zwischen Geröll bergauf. Nach 400 m kreuzt der Fahrweg den ausgetretenen Pfad, von dort stets weiter Richtung Nordwest auf dem Pfad den Hang hinauflaufen, bis man nach knapp 1 km erneut auf den Fahrweg trifft. Die letzten 1,5 km wandert man anfangs Richtung Westen entlang dem Fahrweg, der in einer großen Kurve vorbei an einem Schrein (schönes Fotomotiv) zur Kirche führt. Auf dem Parkplatz vor der Kirche tummeln sich Geländewagen und Taxis. Auch im Kloster selbst herrscht meist reges Treiben von Touristen und gläubigen Einheimischen.

Abstieg

Von der Kirche geht es 200 m auf dem Zufahrtsweg zurück Richtung Nordwesten, dort zweigt nahe einiger größerer Steine hinter einer **Bachrinne** (im Sommer ausgetrocknet) ein schmaler Wanderpfad nach links ab. Er führt oberhalb einer Schlucht mit einem Bach in einem großen Linksbogen entlang dem Hang bergab. Der Pfad nähert sich dem Fluss immer mehr, nach ca. 20 Min. passiert man einen einzeln stehenden **Wehrturm** (der Pfad, der rechts am Turm vorbeiführt, ist weniger steil). Etwa 10 Min. später ist **Gergeti** wieder erreicht, hinter dem **Gergeti Summer Café** führt die bekannte Straße zurück nach Stepantsminda.

Praktische Tipps

Beste Zeit

Ab dem Vormittag pilgern zahlreiche Touristen und Einheimische zu Fuß oder mit dem Auto zur Kirche, am ruhigsten ist es früh am Morgen, besonders viel ist an Wochenenden und Feiertagen los.

Kleiderordnung

In der Kirche muss die Kleiderordnung eingehalten werden: Frauen sollten Kopftuch und Rock bzw. ein Tuch zum Umwickeln einpacken, Männer keine kurzen Hosen tragen.

Nicht nur eine Legende, aber gleichwohl legendär ist das **Bethlemi-Kloster**. Mönche sollen die Höhle in das Eis des Gergeti-Gletschers geschlagen haben. Über eine 300 m lange Kette mussten sie sich den Fels hinaufziehen, den Eingang verschloss eine mächtige Eisentür. Während der Mongolenstürme wurde angeblich der Staatsschatz hier versteckt. Junge Krieger, so heißt es, sollen ihn erst dort in Sicherheit gebracht und sich danach umgebracht haben, damit das Geheimnis geschützt bliebe. Die schwer erreichbaren Höhlen wurden in den 1940er-Jahren erforscht und sind nicht öffentlich zugänglich. Fundstücke aus dem Kloster sind im Ethnografischen Museum von Stepantsminda zu sehen (zurzeit geschl.).

ÜBERNACHTUNG

In Stepantsminda gibt es unzählige einfache familiäre Gästehäuser, zudem zahlreiche Mittelklasse- und gehobenere Hotels. Obdach findet man immer, doch wer etwas Bestimmtes im Auge hat, sollte rechtzeitig reservieren. Einen Ausblick auf die Kirche vor dem Kazbek gibt es auf der östlichen Uferseite des Tergi nördlich der Stepantsminda Street.

Untere Preisklasse

€ **Achil & Nino Guesthouse**, Chavchavadze St. 1, ✆ 568 267 755. Das gemütliche Familiengästehaus wird von einem hilfsbereiten Ehepaar geführt, das seine Gäste herzlich und mit Chacha willkommen heißt. 2 Drei-Bett-Zimmer mit eigenem Bad und 4 DZ, davon eines mit Privatbad. Das Dachgeschoss wurde 2022 ausgebaut für weitere Gästezimmer. ❶

Blue Guesthouse, Kostava St. 14, ✆ 574 736 838. Geräumige Zimmer und echte Gastfreundschaft zum Wohlfühlen, die herzliche Nino spricht jedoch kaum Englisch. Je 1 Drei-Bett-, Vier-Bett- und DZ, die sich ein Bad teilen. Schöne Terrasse mit Kazbek-Blick. ❶

Hotel Kazbegi 1963, Pitskhelauris St. 7, ✆ 597 079 773, 💻 bei Facebook. Gastgeberin Ketino ist eine sehr nette, energische Frau und sorgt dafür, dass sich ihre Gäste wohlfühlen. Sie gibt Kochkurse und bereitet auf Anfrage Mahlzeiten zu. Den Gemeinschaftsraum wärmt ein Kamin, von der großen Terrasse genießt man Kazbek-Blick. 2 Drei-Bett-, 2 Zwei-Bett- und 4 DZ, sauber und geräumig mit Privatbad. ❷

Ia's Guesthouse, Kostava St. 53, ✆ 551 153 653. Ruhig gelegen am südlichen Ortsrand. Große, saubere Zimmer – alle mit eigenem Bad, einige mit Balkon und Bergblick. Die freundlichen Besitzer helfen gerne bei der Organisation von Ausflügen. Hübscher Garten mit Sitzmöglichkeiten. Haustiere erlaubt. ❶

Ketino's Home, Khevisberi St. 29, Gergeti, ✆ 597 079 773. Gepflegtes Gästehaus mit großen, sauberen Zimmern, das von der Hausherrin des Hotel Kazbegi 1963 geführt wird. Auch hier wird leckeres georgisches Essen serviert. ❷

Veranda Guesthouse, Chavchavadze St. 36, ✆ 558 137 530. Seiner schönen Terrasse verdankt das zentral gelegene Gh. seinen Namen. Durch die Panoramafenster im Gemeinschaftsraum (mit Kamin) muss man auf diesen Ausblick auch drinnen nicht verzichten. Alle Zimmer mit Privatbad. ❶

Mittlere Preisklasse

Hilltop Kazbegi, Tbilisi St. 7, ✆ 592 100 401, 💻 bei Facebook. 12 DZ und 3 Drei-Bett-Zimmer, einige mit Balkon, alle modern, sauber und mit Kazbek-Blick. Gemütlicher Frühstücksraum und schöne Terrasse. Ruhige Lage etwas oberhalb am Berg. ❸

Hotel Stancia, Kazbegi Sq. 23a, ✆ 551 948 800, 💻 bei Facebook. Modernes Hotel mit geschmackvollem Interieur und 17 Zimmern. Einladender Lounge-Bereich und schöne Terrasse. Zentral gelegen mit guten Parkmöglichkeiten, leider hört man die Straßengeräusche z. T. auch in den Zimmern. Zum Hotel gehört das gleichnamige Restaurant mit georgischer Küche. ❹

Kazbegi Hut & Kazbegi Cabins, Betlemi St. 18, ✆ 598 339 313, 💻 www.mountaway.com. Die Kazbegi Hut bietet Berghüttenatmosphäre, Platz für 11 Pers., ein gemütliches Wohnzimmer mit Kamin und eine Küche. Die beiden kleinen Cottages für 2–4 Pers. sind geschmackvoll eingerichtet, mit Wasserkocher, Kochplatte und Arbeitstisch ausgestattet. Sie sind z. T. aus über 100 Jahre altem recyceltem Eichenholz gebaut. Oberhalb von Gergeti gelegen, perfekt für Wanderer. Zu den Unterkünften gehört das hervorragende Restaurant Maisi. ❹

Northgate Hotel, Tbilisi St. 8, ☎ 558 791 572, 💻 bei Facebook. Stilvoll eingerichtetes Hotel mit familiärer Atmosphäre, das von zwei Brüdern geführt wird. Bruder Kachi ist Künstler und zertifizierter Bergführer. Wenn er nicht gerade am Berg ist, gibt er Wanderern gerne Tipps. Gemütliche Lounge mit Kamin und Panoramafenstern, bei gutem Wetter kann man auf der Dachterrasse entspannen. Reichhaltiges Frühstücksbuffet. 4 Zwei-Bett-, 2 Vier-Bett- und 6 DZ, alle sehr sauber und einige mit Aussicht auf Kazbek und Kirche. ❹

Oishe Kazgebi, Saakadze St. 5, ☎ 591 626 222, 💻 bei Facebook. „Oish!" ist ein begeisterter Ausruf im lokalen Dialekt – Begeisterung versprechen die freundlichen Inhaberinnen des kleinen Hotels ihren Gästen. Mit sauberen Zimmern, üppigem Frühstück und guten Parkmöglichkeiten gelingt das. Bei gutem Wetter kann man im Garten frühstücken oder in den Hängematten entspannen. ❷–❸

Obere Preisklasse

Intourist Kazbegi, Meore St. 18, ☎ 032 202 22 20, 💻 bei Facebook. Das Hotel aus Sowjetzeiten wurde 2021 renoviert, dabei wurde bei der stilvollen Einrichtung der sowjetischen Vergangenheit Tribut gezollt. Große Sonnenterrasse mit herrlicher Aussicht und gute Parkmöglichkeiten. Im Signature-Zimmer kann man mit Bergblick baden. ❺–❻

Rooms Hotel, Gorgasali St. 1, ☎ 032 271 00 99, 💻 https://roomshotels.com/kazbegi. Das Hotel wurde von dem angesagten Tbilissier Design Studio „Rooms" modern-georgisch umgestaltet und gehört zur renommierten Adjara-Group. Mit Pool, Sauna, riesiger Sonnenterrasse und opulentem Frühstücksbuffet mit Sekt (früh kommen lohnt sich). Die Zimmer mit Kazbek-Blick sind den Aufpreis absolut wert. Das Restaurant ist für die gebotene Qualität etwas überteuert. ❻

ESSEN UND UNTERHALTUNG

In Stepantsminda sprießen jedes Jahr neue Restaurants wie Pilze aus dem Boden, um dann fast genauso schnell wieder zu verschwinden. In der Hauptsaison sind Cafés und Restaurants, dem Bedarf entsprechend, oft länger geöffnet, in der Nebensaison dafür meist früher geschlossen.

Café 5047 m, am Kazbegi Sq., ☎ 599 969 114, 💻 bei Facebook. Die Panoramaterrasse ist der beste Platz für ein Getränk in der Sonne, die Speisen sind gut, aber etwas überteuert, die Auswahl ist klein. 🕒 9–23 Uhr.

Lunch at Maia, Chavchavadze St. 5, ☎ 599 947 584. Die hervorragende Köchin Maia bewirtet ihre Gäste in ihrem Wohnzimmer und Garten, es gibt hausgemachte georgische Köstlichkeiten. Eine Speisekarte gibt es nicht – dafür jeden Tag ein wechselndes, frisch zubereitetes Tagesmenü. Hier fühlt man sich wie zu Gast bei einer einheimischen Familie, nur dass das Essen nicht umsonst (aber sehr günstig) ist. 🕒 13–22.30 Uhr.

Maisi, Betlemi St. 18, Gergeti, ☎ 593 060 220, 💻 bei Facebook. Hier hat man die Wahl: von der Terrasse das Bergpanorama bewundern oder dem Chefkoch dabei zusehen, wie er die feinen schmackhaften georgischen Gerichte mit modernem Touch zubereitet. Verwendet werden lokale Zutaten – vom Feld frisch auf den Tisch. Perfekte Lage für eine Einkehr nach einem Wandertag. Überschaubare Karte, etwas höhere Preise. 🕒 Mai–Sep 9–21 Uhr.

Restaurant Panorama, Gergeti St. 7, ☎ 599 022 732, 💻 https://restaurant-panorama-kazbegi.business.site. Der Name ist Programm: Durch die Panoramafenster des modernen Schieferrundbaus können die Gäste großartige Ausblicke genießen. Georgische Speisen zu moderaten Preisen. 🕒 11–23 Uhr.

Stancia Restaurant, Kazbegi Sq. 23a, ☎ 551 948 800, 💻 bei Facebook. Restaurant des gleichnamigen Hotels mit schöner Aussicht und angenehmen Ambiente. 🕒 11–23 Uhr.

AKTIVITÄTEN

Kazbegi Zipline, ☎ 592 122 160, 💻 bei Facebook. Nervenkitzel mit Bergblick: 1050 m braust man ins Tal hinab. Start ist oberhalb von

Gefangen am Kazbek: die Sagen von Prometheus und Amirani

Am Kazbek ist die Hölle los – und das nicht erst, seit sich Touristenkarawanen am Fuß des zweithöchsten Bergs Georgiens nach oben schieben, um die Dreifaltigkeitskirche oder den Gletscher zu bestaunen. Gleich zwei (Halb-)Göttern soll der gigantische Berg einst als Gefängnis gedient haben.

Die Leiden des griechischen Prometheus

Der wohl bekanntere ist der der griechischen Mythologie entstammende Prometheus aus dem Göttergeschlecht der Titanen. Er gab einst das Feuer der Götter an die Menschen – und gilt deshalb als Urheber der menschlichen Zivilisation. Allerdings hatte er dafür nicht die Erlaubnis der Götter eingeholt, die damit ganz und gar nicht einverstanden waren. Als Strafe für den Verrat ließ ihn Göttervater Zeus in dicken Ketten an den Kazbek schmieden, wo Prometheus unendliche Qualen zu erleiden hatte. Jeden Tag labte sich ein Adler an seiner Leber, die aber stetig wieder nachwuchs.

Der angekettete georgische Amirani

Ganz ähnlich liest sich die Geschichte seines georgischen Pendants: Amirani, der aus einer Liebelei zwischen der Jagdgöttin Dali mit einem sterblichen Jäger hervorgegangen war. Er kämpfte unentwegt gegen das Böse und gilt ebenfalls als ausgewachsener Menschenfreund, denn er brachte ihnen die Schmiedekunst bei. Sehr zum Missfallen des Gottes Ghmerti, der ihn als Strafe in einer Höhle auf dem Gipfel des Kazbek anketten ließ. Je nachdem welche Fassung der Sage man zugrunde legt, erging es Amirani in seiner Gefangenschaft aber etwas besser: Denn neben der Version mit dem Adler und der Leber erzählen sich die gastfreundlichen Georgier auch jene, in der der Gefangene von einem freundlichen Raben besucht wird, der ihm Wein und Brot bringt.

Das Ende der beiden Halbgötter

Insgesamt besser lief es letztlich aber doch für Prometheus, der von Zeus schließlich begnadigt wurde, nachdem Herakles den Adler erlegt und den Titanen so von seinem Martyrium erlöst hatte. Amirani hingegen wartete vergeblich auf Rettung. Zwar leckte sein treuer Hund Kursha Jahr ein, Jahr aus an den Ketten, die so auch immer dünner wurden. Doch immer wenn er fast am Ziel war, wurden die eisernen Fesseln neu geschmiedet. In ganz Georgien schwangen die Schmiede traditionell am Gründonnerstag ihre Hämmer, um die Ketten zu erneuern – sie hatten wohl vergessen, wer ihnen diese Kunst einst verraten hatte.

Philipp Schmatloch

Gergeti nahe der Kazbegi Hut. 130 GEL p. P. ⌚ Bei guter Witterung 10–19, im Winter 11–17 Uhr.

Mountaway Group, Betlemi St. 18, Gergeti, ✆ 598 339 312, 💻 www.mountaway.com. Kazbegi Hut und Cabins gehören zu dem Familienunternehmen, das ebenfalls Wander-, Radtouren und Ausritte, geführte Kazbek-Besteigungen und Kochkurse anbietet.

Mokhevian Felt, Kazbegi St. 17, ✆ 555 595 879, ✉ mokheuriteqa@gmail.com. In ihrem ca. einstündigen Filz-Workshop (30–60 GEL) erklärt Tamara die Kunst des Filzens. Möchte man sich nicht nur mit Händen und Füßen verständigen (und ist des Georgischen oder Russischen nicht mächtig), sollte man einen Übersetzer mitbringen. Im Laden kann man Filzsouvenirs, Kräutertees und Marmeladen kaufen. ⌚ März–Mitte Nov 10–19 Uhr.

Mountain Freaks, Kazbegi St. 44, ✆ 593 583 596, 💻 www.mountainfreaks.ge/en. Das georgisch-polnische Unternehmen bietet verschiedene Exkursionen an: geführte Kazbek-Besteigungen, (Eis-)Klettertouren, Gleitschirmflüge in Gudauri, Wanderungen und Tagesausflüge in der Umgebung sowie Pferde- und Mountainbike-Verleih. Autovermietung mit oder ohne Fahrer möglich. Bergausrüstung wie Steigeisen, Helme, Zelt und

Isomatte können geliehen werden, Wanderkarten und Gaskartuschen werden verkauft.
🕒 9–19 Uhr.

SONSTIGES

Einkaufen

An der Kazbegi St. nördlich des Kazbegi Sq. gibt es einige kleine **Lebensmittelläden** und **Supermärkte**.
Gaskartuschen und Landkarten verkaufen die **Mountain Freaks** (s. Aktivitäten).

Feste

Mariamoba am 28. Aug (s. Gergeti-Dreifaltigkeitskirche).

Geld

Mehrere **Wechselstuben** am Hauptplatz bei der Busstation.
Filiale der **Liberty Bank** in der Alexander Kazbegi St. 4, mit Geldautomat. Ein weiterer **Geldautomat** befindet sich im Rooms Hotel.

Informationen

Kazbegi Nationalpark Administration, Kazbegi St. 2, 📞 591 963 335, 💻 https://apa.gov.ge/en. Mit deutscher Unterstützung wurde das neue Besucherzentrum 2018 eröffnet, dort sind Informationen zur Region und Karten erhältlich. Die Mitarbeiter helfen bei der Vermittlung von Guides für Wandertouren und Ausritte sowie Fahrern. Toiletten dürfen genutzt werden.
🕒 Mo–Fr 9–18, Sa, So 10–17 Uhr.

TRANSPORT

Autos

Die 150 km lange Anfahrt von Tbilissi über die Heerstraße dauert ca. 3 Std. Im Winter kann der **Kreuzpass** nach starkem Schneefall geschlossen sein. An der Ortseinfahrt im Süden befindet sich eine **Tankstelle**.

Taxis und Marschrutki

Alle Minibusse und Taxis fahren am Hauptplatz ab. Ein Taxi nach TBILISSI kostet 100–150 GEL, je nach Saison und Verhandlungsgeschick.
Marschrutki nach TBILISSI von 7 bis 12 Uhr stdl., weitere Fahrten um 13.30, 14, 15.30, 17 und 18 Uhr, in 3 Std. für 15 GEL.

Die Umgebung von Stepantsminda

In den Bergen von Kazbegi gibt es viele interessante Ausflugsziele für Naturfreunde. Die folgende Auflistung erfolgt von Süd nach Nord entlang der Heerstraße.

Aufstieg zum Kazbek

Wer den 5054 m hohen erloschenen Stratovulkan erklimmen möchte, braucht zuerst einmal: gutes Wetter. Oft hüllt sich der Kazbek in Wolken, dann ist ein Aufstieg unmöglich. Bergsteiger warten oft tagelang in der Bethlemi-Hütte auf den passenden Moment – viele vergeblich. Sehr wichtig ist außerdem **gute Kondition**. Der achthöchste Gipfel des Großen Kaukasus ist technisch kein schwieriger Berg, doch der Weg ist lang, und es gibt Gletscherspalten. Der Aufstieg sollte daher mit Bergführer in der Seilschaft unternommen werden, eine gute Ausrüstung, zu der GPS-Gerät, Eispickel, Steigeisen, Gamaschen und warme Funktionskleidung gehören, ist unverzichtbar.
Für den Aufstieg sollten mindestens 3–4 Tage eingeplant werden, Übernachtungsmöglichkeiten gibt es in der spartanischen **Bethlemi-Hütte**, 📞 032 292 25 53, 💻 bei Facebook, ❶, der ehemaligen Wetterstation auf 3653 m. Weitaus komfortabler ist die auf 3014 m gelegene **Altihut**, 📞 595 578 282, 💻 www.altihut.ge, mit Halbpension ❹. Bei beiden kann gezeltet werden, Reservierungen sind empfehlenswert. Je nach Gruppengröße kann es günstiger sein, Verpflegung mit einem Packesel mitzunehmen.
Die Altihut ist ebenfalls ein schönes Ziel für eine zweitägige Wanderung.

Hirte im Truso-Tal

Truso-Tal

20 km südwestlich von Stepantsminda, kurz hinter Kobi, biegt eine Straße nach Westen zum Truso-Tal ab. Ein Ausflug dorthin führt in ein geologisches Wunderland: samt kohlensäurehaltigem, sprudelndem **Mineralsee**, strahlend weißen Travertinterrassen und **Schwefelquellen**, deren beißender Geruch einem schon von Weitem in die Nase steigt. Der Weg ins weite, im Frühsommer sattgrüne und blumenübersäte Tal führt durch die enge **Kasare-Schlucht**. Dort hat sich der Tergi seinen Weg tief ins Gestein genagt, die steil abfallenden Basaltwände und bizarren Schiefersteilhänge offenbaren Spuren der vulkanischen Entstehung des Kaukasus.

Das Tal liegt direkt an der Grenze zu Südossetien, früher siedelten hier vor allem Osseten, die nach den Konflikten (S. 115) ihre Dörfer verlassen mussten. Heute leben im Tal nur noch wenige Schäfer, die alten Siedlungen verfallen. Hinter den Ruinen von **Ketrisi** erheben sich die Wehrtürme der **Zakagori-Festung**, einer typischen Dorffestung aus dem 13. Jh., die einst die Zugänge ins Tal kontrollierte.

Es ist möglich, mit dem Geländewagen ins Truso-Tal zu fahren: Dafür direkt hinter **Nogkau** noch vor **Kvemo Okrokana** links die Schotterstraße nehmen, die südlich des Flusslaufs des Tergi über den Berg führt. Diese Straße ist jedoch nicht immer befahrbar, hier kommt es häufiger zu Steinschlag. Am schönsten ist es sowieso, die Gegend zu Fuß zu erkunden (s. Tour).

Sioni-Kirche

Die in der Region hochverehrte **dreischiffige Basilika** von Sioni (9./10. Jh.) steht umrahmt von wunderschöner Berglandschaft auf einem Plateau 10 km südlich von Stepantsminda und ist schon von Weitem zu sehen. Nur 50 m von ihr entfernt wacht ein eindrucksvoller Wehrturm über das Tal – wie Turm und Kirche waren sich in dieser politisch unruhigen Grenzregion auch Krieg und Frieden immer besonders nahe. Daran erinnern auch Höhlen in der Umgebung, in denen sich die Einheimischen in kriegerischen Zeiten bei Gefahr versteckten.

Wasserfälle von Arsha

Arsha war bekannt für seine alte Festung, von der nur noch Ruinen stehen. Nordwestlich des Dorfs gibt es **zwei Wasserfälle**. Von Norden kommend, 6 km südlich von Stepantsminda, kurz

Wandern im Truso-Tal

- **Länge**: 16 km
- **Dauer**: 4 Std. Gehzeit
- **Start- und Zielpunkt**: Kvemo Okrokana, 4 km westlich von Kobi an der Heerstraße
- **Steigung**: sehr gering
- **Wegbeschaffenheit**: gut
- **Schwierigkeitsgrad**: einfach
- **Ausschilderung**: am Einstieg der Wanderung, keine Wegmarkierungen

Eine Wanderung im Truso-Tal ist entspannend, aber nicht langweilig: Es geht immer entlang dem Tergi, so kann man sich praktisch nicht verlaufen. Dabei führt der Weg an einigen interessanten geologischen Highlights vorbei.

Durch die Kasare-Schlucht

Hinter der Brücke nach **Kvemo Okrokana** weist ein Schild mit der Aufschrift „Truso Gorge" den Weg nach Nordwesten, an einigen **alten Steintürmen** vorbei. Kurz hinter dem halb verfallenen Ort kommen die Felswände immer näher und verengen sich zur **Kasare-Schlucht**. Die Schotterpiste führt hoch über dem rauschenden Tergi stets leicht bergauf, nach ca. 30 Min. erhebt sich auf der gegenüberliegenden Seite eine beeindruckende **Basaltwand**, an deren Fuß zahlreiche kleine Wasserfälle entspringen. Der Geruch nach faulen Eiern macht auf die unweit davon blubbernden Schwefelquellen aufmerksam, die mit ihrer leuchtend orangefarbenen Färbung nicht zu übersehen sind. Auch die Felsen scheinen an manchen Stellen wie mit Farben bemalt und schimmern im Sonnenlicht in rötlichen bis bläulichen Tönen.

ASERISCHER HIRTE IM TRUSO-TAL; © PHILIPP SCHMATLOCH

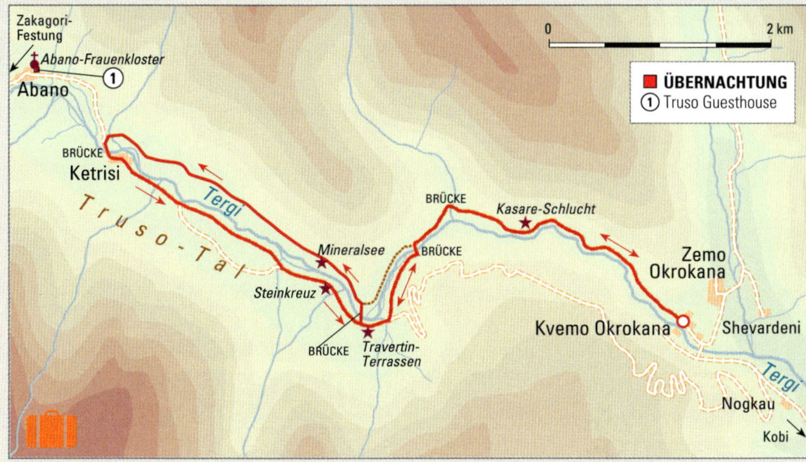

Am Wegrand stehen ein kleiner Schrein des Hl. Georg und ein Wunschbaum, an dessen Zweige Einheimische ein Stück Stoff binden – laut Volksglauben geht dann ihr Wunsch in Erfüllung. Nach insgesamt einer Stunde senkt sich der Weg zum Fluss ins Tal hinunter, eine **Brücke** führt erst über einen Zustrom des Tergi, eine weitere dann über ihn selbst. Wenig später macht der Fluss einen Rechtsknick, und das Tal von Truso öffnet sich und zeigt sich in seiner beeindruckenden Weite.

Im Truso-Tal bis nach Ketrisi

Sofort fallen die strahlend weißen Mineralablagerungen der **Travertinterrassen** ins Auge. Gegenüber diesen Kalkablagerungen führt eine kleine **Brücke** über den Fluss, nördlich des Flusses verläuft ein schmaler Pfad bis zum kohlensäurehaltigen **Mineralsee**. Ein Bad im einladend sprudelnden (aber sehr kalten) See soll heilende Wirkung haben. Der Pfad verläuft ca. 3 km entlang dem Hang bis zum verfallenen Dorf **Ketrisi**. Dort führt eine Brücke über den Fluss, an dessen Südseite der breite Schotterweg, vorbei an einem **Steinkreuz**, zurück zu den Travertinen verläuft. Von den Mineralablagerungen aus geht es auf demselben Weg durch die Schlucht zurück zum Ausgangspunkt. Vor allem im Frühjahr und im Herbst ist diese Wanderung ein Erlebnis: Im Frühjahr ist das sattgrüne Tal blumenübersät, im Herbst kleidet es sich in Gelb- und Rottönen, die vor dem vom Sommer ausgedörrten Gras des Truso-Tals und den kargen Felsen der Kasare-Schlucht leuchten.

Praktische Tipps

Bester Zeitpunkt – und Verlängerung der Wanderung

Für diese Wanderung lohnt sich frühes Aufstehen. Lichtstimmung und Einsamkeit der Morgenstunden sind etwas ganz Besonderes.

Wer schnell genug unterwegs ist, kann einen Abstecher zur **Zakagori-Festung** und dem kürzlich renovierten Abano-Frauenkloster machen. Zum Kloster gehört das **Truso Guesthouse**, ✆ 598 452 132, mit 6 Zimmern und einem Café.

Sicherheitshinweise

Hinter der Zakagori-Festung befindet sich die Grenze zu Südossetien, die man nicht übertreten darf, ein Ausweisdokument sollte man bei sich haben. Vorsicht ist außerdem vor Hirtenhunden, die ihre Kuh- und Schafherden beschützen, geboten.

Verpflegung

Proviant nicht vergessen! Es gibt auf dem Weg Quellen und in Ketrisi ein kleines Café, welches aber keine regelmäßigen Öffnungszeiten hat. Wer weiter bis zur Festung läuft, kann in der Hauptsaison im Café des Truso Guesthouse beim Abano-Kloster einkehren. Verlassen sollte man sich darauf aber nicht.

An der Fifth Season Hut bei Juta kann man sich mit Bergpanorama stärken und entspannen.

vor Arsha, rechts abbiegen (Richtung Pansheti), am Friedhof beginnt eine kurze Wanderung (insgesamt ca. 30 Min.) zu den beiden Wasserfällen – die sind zwar kein absolutes Highlight, aber ein schönes Ziel, wenn man sich die Füße ein wenig vertreten möchte.

Juta und das Tal von Sno

Bei Achkhoti, 5 km südlich von Stepantsminda, zweigt eine Straße nach Südosten ab. Sie ist nur auf den ersten Kilometern bis **Akhaltsikhe** asphaltiert. Kurz vor dem Ort **Sno**, der dem Tal seinen Namen gab, begegnen Besucher den großen Köpfen der georgischen Kulturgeschichte: Der Künstler Merab Phiranishvili (1957–2006) schuf einen mystischen **Skulpturenpark** mit sieben gigantischen Steinköpfen. Im Ort selbst findet man die Ruinen einer **Festung** aus dem späten 16. Jh., deren Wehrturm restauriert wurde und besichtigt werden kann (🕒 unregelmäßig geöffnet). In der Kirche gegenüber bringen einem die freundlichen Nonnen gerne bei, wie man sich richtig bekreuzigt.

Von Sno führt eine 12 km lange Schotterpiste bis nach **Juta** am Ende des Tals, die man mit dem Geländewagen, Mountainbike oder zu Fuß bezwingen kann. Öffentliche Transportmittel fahren nicht dorthin. Juta ist eines der höchstgelegenen Dörfer Europas – es liegt auf 2270 m und ist bei Trekkern und Bergsteigern äußerst beliebt. Erstere machen hier auf dem Mehrtagestrek von Kazbegi bis Khevsuretien halt, Letztere erklimmen die Gipfel des Chaukhi-Massivs. Kurioses Detail: Es gibt einen Tanz über die Pferdediebe aus Juta – anscheinend hatten die Bewohner des kleinen Örtchens früher keinen guten Ruf.

Die schönste Route von Juta nach **Roshka in Khevsuretien** für Trekkingfreunde führt über den **Chaukhi-Pass**. Da diese Strecke knapp 23 km lang ist, bietet es sich an, an den traumhaften **Abudelauri-Bergseen** zu zelten, die sich kurz hinter dem Pass befinden. Die anstrengende Tour ist nur für konditionsstarke und erfahrene Wanderer mit entsprechender Ausrüstung geeignet. Von Roshka kann weiter bis nach Shatili in Khevsuretien gewandert werden.

Dariali-Schlucht

Die Georgische Heerstraße führt nach Norden 12 km weiter zur georgisch-russischen Grenze. Auf dieser Strecke reihen sich seit Beginn des russischen Angriffskriegs gegen die Ukraine oft kilometerlang Lastwagen vor dem Grenzübergang, was zwar nicht schön aussieht, aber den Personenverkehr nicht beeinträchtigt.

Bei einer Fahrt nach Norden sollte man einen Abstecher in das winzige Dorf **Tsdo** einplanen, das westlich der Heerstraße liegt, die Abfahrt befindet sich 5 km nördlich von Stepantsminda, kurz vor dem Tunnel. In dem halb verlassenen Dorf wacht hoch über dem Tal auf einem Fels ein **paganer Schrein**, von dort blickt eine mit Widderhörnern bekrönte Steinfigur in die Ferne. An vielen Orten von Kazbegi und Khevsuretien finden sich solche Gebetstempelchen, die zeigen, dass einige animistische Traditionen neben dem Christentum überlebt haben. Apropos Christentum: Direkt neben dem Schrein befindet sich ein steinerner Altar mit einem Kreuz. Die Hüter der heiligen Kultstätten genossen bei den Einwohnern ebenso großes Ansehen und Vertrauen wie Vertreter der Kirche.

600 m hinter dem Tunnel wartet der nächste traumhafte **Aussichtspunkt**: Blickt man Richtung Süden, erkennt man dort ein steinernes Kreuz vor dem breiten Kiesbett, in dem der Tergi mäandert. Nach Norden werden die Hänge steiler, und das Tal verengt sich zur **Dariali-Schlucht**.

Auf Altpersisch bedeutet „Darial" Tor. Denn die schroffe, viel besungene Schlucht war das Tor zu einer anderen Welt: Durch sie führte der einzige Weg durch den Großen Kaukasus. Und der war stets gut geschützt: Seit hellenistischer Zeit steht in der Schlucht ein **Fort**, im 10. Jh. war die Festung bereits berühmt für ihre Uneinnehmbarkeit. Schon der Römer Plinius stellte fest, dass an dieser Stelle wenige Soldaten ein ganzes Heer aufhalten konnten. Eine weitere Festung wurde im 11. Jh. südlich der ersten gebaut: die **Davits-Tsikhe**. Ihre Ruine ist kaum noch zwischen den zerklüfteten Felsen zu erkennen.

Die alte Burg in der Mitte der Schlucht war früher als **Dariali-Festung** bekannt, wurde jedoch bald im Volksmund nur noch **Tamar-Festung** genannt, obwohl die verehrte Königin Tamar mit dieser Festung rein gar nichts zu tun hatte. Schuld daran war der russische Dichter Michail Lermontow: Er schrieb ein Gedicht über die legendäre Burg, in dem er die Sage der räubernden Königin Daria, die dort gehaust haben soll, recht respektlos mit dem Namen der gro-

Entzückter Puschkin

Der russische Dichter Alexander Puschkin war bei seiner Reise durch die Dariali-Schlucht zutiefst von der Landschaft beeindruckt: „Der Kaukasus nahm uns in sein Heiligtum auf. Wir hörten ein dumpfes Rauschen und sahen den Terek. Je tiefer wir in die Berge eindrangen, desto enger wurde die Schlucht. Der bedrängte Terek wirft brüllend seine trüben Wellen gegen die steilen Felsen, die ihm den Weg verwehren. Ich ging zu Fuß und blieb, tief beeindruckt vom finsteren Reiz der Natur, alle Augenblicke stehen. Ich konnte das Bild, das sich mir bot, mit nichts anderem vergleichen."

Wandern nördlich von Stepantsminda

Nach Gveleti

Eine Abzweigung führt 8 km nördlich von Stepantsminda nach Gveleti. Von dort ist ein Spaziergang zu den **Wasserfällen** von Gveleti ausgeschildert (4 km, ca. 1 1/2 Std. Gehzeit zu beiden Wasserfällen). Gveleti ist nicht nur bei Wanderern beliebt: Botanikkennern offenbart sich eine riesige Pflanzenvielfalt, über 20 im Kaukasus endemische Glockenblumenarten gedeihen in dieser Gegend. Ornithologen dagegen locken die Adler, die oft über der Schlucht kreisen.
Im Ort gibt es einen einfachen Zeltplatz, es existieren Pläne, ihn zu einem Alpin Camp auszubauen.

Nach Juta

Am Dariali-Kloster beginnt eine mehrtägige Tour durch das Khde-Tal bis nach Juta. Für diesen Trek ist ein Guide empfehlenswert und eine Sondergenehmigung (Border Permit) erforderlich.

ßen Königin Tamar verband. Ob sich wohl der russische Dichter für seinen Landsmann, den verstoßenen russischen Prinzgemahl der Königin (S. 104), rächen wollte?

An der Westseite der Schlucht steht gegenüber der Tamar-Festung das erst 2011 fertiggestellte **Dariali-Mönchskloster** (Mtavarangelozi Monastery), dessen Kirche den Erzengeln Michael und Gabriel geweiht ist. Die Mönche verkaufen selbst hergestellte Handwerksarbeiten und religiöse Souvenirs.

Die **Grenze nach Russland** kann nur mit einem gültigen russischen Visum überschritten werden, das vorher in Deutschland beantragt werden muss. Seit dem Krieg Russlands gegen die Ukraine rät das Auswärtige Amt vor Reisen nach Russland ab.

ÜBERNACHTUNG UND ESSEN

In Sioni, Arsha, Achkhoti, Sno und Pansheti gibt es einfache Unterkünfte.

Fifth Season Hut, Juta, ✆ 555 011 515, 💻 bei Facebook. Ein absolutes Kleinod, in traumhafter Lage oberhalb von Juta am Wanderweg zum Chaukhi-Pass gelegen. 4 DZ mit Privatbad und Bergblick. 1 Zwei-, 1 Drei-, 1 Vier- und 1 Sechs-Bett-Zimmer teilen sich 2 weitere Bäder. Zelte können gemietet werden. Zu der stilvoll gestalteten Unterkunft gehört ein Restaurant, vor der Berghütte laden Hängematten zum Entspannen ein, Kletter- und Wandertouren können organisiert werden (vorher anmelden). ❸–❹

Sno House, Sno, ca. 150 m nördlich des Wehrturms, ✆ 599 522 127, 💻 bei Facebook. Geschmackvoll traditionell eingerichtetes Steinhaus mit 1 DZ, 1 Drei-Bett- und 1 Fünf-Bett-Zimmer. Mit Terrasse und Gemeinschaftsküche. ❸

Sno Inn Kazbegi, Vakthang Gorgasali St., ✆ 551 127 300. Kleines sympathisches Familienhotel am nördlichen Ortsrand von Sno. Das Hotel wurde von den Besitzern liebevoll eingerichtet, es hat je 2 Drei-Bett-, Zwei-Bett- und DZ, alle mit Balkon und Heizung. Gemeinschaftsraum mit Kamin und Kochzeile. ❹

Zeta Camping, Juta, ✆ 555 701 057, 💻 www.zeta.ge. Schöne Lage kurz vor dem Fifth Season Hut am Wanderweg. Zwei 6er- und ein 8er-Schlafsaal, 1 Vier-Bett- und 1 Drei-Bett-Zimmer sowie Glamping in bislang 4 komfortablen 2-Pers.-Kuppelzelten. Übernachtungen sind ebenfalls im gemieteten oder mitgebrachten Zelt möglich. Geführte Kletter- sowie Wandertouren und Ausritte mit Voranmeldung. ❷–❸

Restaurant Tsanareti, von Stepantsminda kommend kurz vor Arsha an der Heerstraße, ✆ 551 606 112. Nettes Ausflugsrestaurant mit guten und günstigen georgischen Gerichten. 🕒 9–24 Uhr.

EINKAUFEN

Zwischen Kobi und Stepantsminda findet man in den kleinen Ortschaften **Lebensmittelläden**. Nördlich von Stepantsminda gibt es keine Einkaufsmöglichkeiten mehr.

TRANSPORT

Die Ziele in der Umgebung von Stepantsminda werden nicht von öffentlichen Transportmitteln bedient. Fahrer lassen sich über die Unterkunft arrangieren, oder man sucht sich einen Taxifahrer am Kazbegi Sq. Wer allein oder zu zweit reist, für den sind organisierte Tagesausflüge meist günstiger.

Pshav-Khevsuretien

Die abgelegene und schwer erreichbare Bergregion im Zentralkaukasus ist für ihre abwechslungsreiche **Berglandschaft** und ihre **archaischen Festungsdörfer** bekannt.

Pshav-Khevsuretien (es setzt sich aus Pshavi und Khevsuretien zusammen) liegt an beiden Hangseiten des Hauptkamms des Großen Kaukasus. Pshavi erstreckt sich von Zhinvali bis Barisakho und ins Seitental des Pshavi Aragvi, es ist die Heimat des bekannten Dichters, der sich nach ihr „Bursche aus Pshavela“, also „Vazha Pshavela“, nannte. Nördlich von Barisakho be-

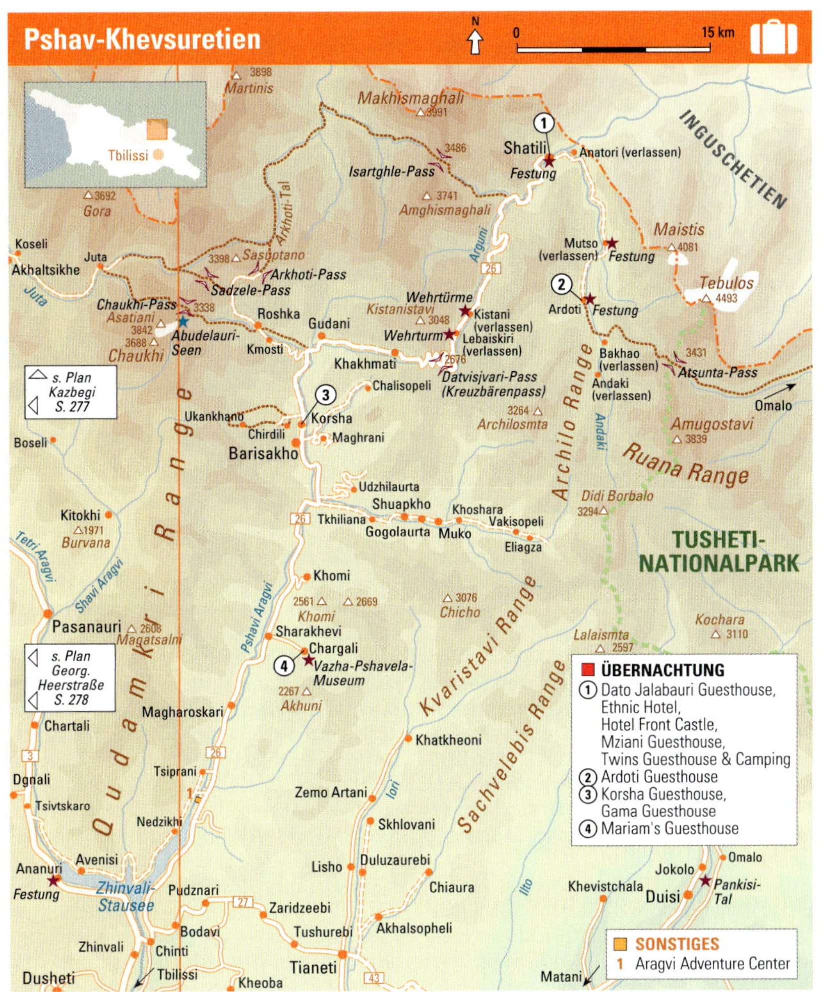

ginnt Khevsuretien, das durch den Datvisjvari-Pass, den 2696 m hohen **Kreuzbärenpass**, klimatisch zweigeteilt wird: Nördlich des Passes herrschen lange, kalte Winter und kurze Sommer mit Höchsttemperaturen von 10–14°C. Südlich des Passes, der gleichzeitig Wasserscheide ist, sind die Temperaturen milder und das Wetter sonniger. Da der Kreuzbärenpass in der kalten Jahreszeit unpassierbar ist, sind Shatili und der nördliche Teil Khevsuretiens im Winter abgeschnitten, nur von Ende Mai bis Mitte Oktober kann der Pass mit dem Geländewagen überquert werden.

Subalpine Wälder, grüne Weiden und steile Schluchten wechseln sich ab und bieten einzigartige Lebensräume für Pflanzen und Tiere. Fast jedes Tal hat hier sein eigenes Mikroklima, mehr als ein Drittel der in Khevsuretien vorkommen-

Traditionen und Kultstätten

Woher die Khevsuren kamen, bleibt unklar. Es gibt Theorien, dass sie ein Volk von Flüchtlingen sind – ein im 19. Jh. nach Khevsuretien Reisender erkannte auf den regionalen Trachten das Malteserkreuz und vermutete aus Palästina vertriebene, verwilderte Ritter zu sehen. Tatsächlich ist die **schwarze Tracht der Khevsuren** kunstvoll mit bunten, geometrischen Mustern – u. a. Kreuzen – bestickt. Auch erinnert die traditionelle Kampfausrüstung der Bergbewohner an die von Kreuzrittern: Noch Mitte des 20. Jhs. waren khevsurische Männer häufig in Kettenhemd und Metallhelm zu sehen. Wahrscheinlicher ist aber, dass die Kreuzstickereien auf den Trachten die Sonne darstellen, die in der ursprünglichen, lokalen Religion verehrt wird.

Noch immer sind die vorchristlichen Traditionen sehr präsent: Überall in der Region stehen **Schreine**, jedes Dorf hat seine eigene Kultstätte, dazu gibt es überregional verehrte heilige Orte. Diese „Khati" sind meist rechteckige Bauwerke aus flachen Steinen und einem oft pyramidenförmigen Glockenturm, dem „Sazare". Um den Schrein befindet sich stets ein heiliger Hain. Seine Bäume werden verehrt und sind unantastbar – eine frühe Form des Naturschutzes, die noch immer funktioniert. Zu jedem der Gebetstempelchen gehören außerdem ein Platz zum Bierbrauen und ein weiteres Gebäude, in dem die Besucher bei Festen übernachten. Das sind ausschließlich Männer – Frauen dürfen sich den heiligen Orten nicht nähern, darauf sollten auch Besucherinnen immer Rücksicht nehmen.

den Pflanzenarten sind im Kaukasus endemisch, und auch das seltene Kaukasuskönigshuhn und der Ostkaukasische Steinbock fühlen sich auf den steilen Hängen äußerst wohl.

Nicht nur Pflanzen und Tiere, auch die Menschen müssen in dieser unwegsamen Gegend, in der nur wenig Getreide angepflanzt werden kann und Gemüse schlecht gedeiht, echte Überlebensspezialisten sein. Aus alten Chroniken geht hervor, dass Khevsuretien bereits im 4. Jh. besiedelt war und sich die dort lebenden Menschen vehement gegen das Christentum wehrten.

Das Christentum wurde zwar mit der Zeit angenommen, jedoch den eigenen Bedürfnissen entsprechend adaptiert, wobei auch der ursprüngliche Glaube stets beibehalten wurde. So berichtet Essad Bey in seinem Buch *Die 12 Geheimnisse des Kaukasus*, dass bei den Khevsuren nicht nur der Sonntag ein Feiertag war, sondern sie sich wegen der guten Nachbarschaft mit ihren jüdischen und muslimischen Nachbarn zudem den Samstag und Freitag freinahmen. Den Montag sollen sie sich ebenfalls freigenommen haben – schließlich waren sie unabhängig und niemandem zur Rechenschaft verpflichtet und konnten es so entscheiden.

Ob das stimmt, ist zweifelhaft. Doch zeigt diese Geschichte, dass die Khevsuren ihr „eigenes Ding" machten. So wie alle anderen kämpferischen Bergvölker, genossen sie mehr Freiheit und Unabhängigkeit als die Menschen im Flachland. In den Bergen gab es keine Leibeigenschaft, die Einwohner waren hier direkt dem König unterstellt. Die regionalen Gemeinschaften regierte ein Rat der Ältesten, der „Khevisberis". Wenn sich der Ältestenrat zu stark durch den König eingeschränkt fühlte, war er bereit für den Abfall vom Königreich und die Rebellion. Einen derartigen Aufstand der Khevsuren gab es z. B. gegen Ende der Herrschaft von Königin Tamar im 12. Jh. – erst nach einem dreijährigen Kampf und nachdem alle Meinungsverschiedenheiten aus dem Weg geräumt waren, schworen sie der Königin wieder Loyalität. Meist unterstützten die Hochländer jedoch die georgischen Herrscher und schützten die Grenze nach Norden vor feindlichen Stämmen. Im 19. Jh. waren sie unverzichtbare Verbündete bei der Abwehr der muslimischen Truppen Shamils und der Inguschen. Dementsprechend sind die meisten Gebäude von militärischer Bedeutung, insbesondere Shatili, Mutso, Ardoti und Kistani waren stark befestigt. Es ist da kaum erwähnenswert, dass die kaukasischen Hochländer als exzellente Kämpfer bekannt waren. Ihre Rüstungen wurden über Generationen vererbt, und ihre Schilder waren immer schwarz – damit sie im Mondlicht nicht schimmerten. Denn die Khevsuren waren allzeit kampfbereit.

In *Die 12 Geheimnisse des Kaukasus* beschreibt Essad Bey die abgelegene Bergregion als so mystisch, dass man annehmen könnte, die Gegend würde überhaupt nicht existieren und wäre der Fantasie des Autors entsprungen. Laut Beys Beschreibung soll eine riesige Felsmauer Khevsuretien umgeben und von der übrigen Welt trennen. Hat man die Felswand erklommen, blickt man in einen tiefen Abgrund und kann weit unten im Tal die freien Khevsuren-Dörfer erspähen. Elf Monate im Jahr soll Khevsuretien nur über ein Seil erreichbar sein, das von der Felsmauer herabhängt und über das man sich wagemutig abseilen muss. Nur an einem Monat im Jahr soll es möglich sein, über einen lebensgefährlichen Pass dorthin zu wandern. Wir wissen, dass die traumhafte Gegend Khevsuretien real ist – die Felsmauer ist als Symbol für die steilen Berge zu sehen, die die schwer zugängliche Region umgeben. Mit dem Pass ist der Kreuzbärenpass gemeint, der nur wenige Monate im Jahr passierbar ist. Das Seil gibt und gab es in dieser Form nicht – auch nicht schlimm, kommt man doch heute sowieso vergleichsweise leicht und ohne derartige Mutproben nach Khevsuretien: Mehrmals in der Woche fahren Marschrutki, und auch mit dem Geländewagen, Motorrad oder Mountainbike kommt man ans Ziel – bis nach Shatili allerdings nur von Juni bis Ende September.

Von Mtskheta nach Shatili

Bis Zhinvali führt die Anfahrt nach Shatili über dieselbe Straße wie nach Kazbegi entlang dem Fluss Aragvi. Kurz vor dem **Zhinvali-Stausee** teilt sich die Straße, nach Pshav-Khevsuretien geht es rechts in Richtung der Ortschaft **Chinti**. Erst führt die nur teilweise asphaltierte Straße entlang der Ostseite des Stausees, an dessen Ufer das **Aragvi Adventure Center** (s. Unterkünfte) liegt, dann entlang dem Fluss Pshav-Aragvi. Nach 16 km wird der Ort **Sharakhevi** erreicht. Von dort führt ein Abzweig in das 3 km entfernte Seitental, in dem das kleine **Chargali** liegt, der Geburtsort des Dichters Vazha Pshavela. Von Sharakhevi über **Barisakho** und **Korsha** sind es knapp 25 km auf der Schotterstraße bis zum 2676 m hohen **Kreuzbärenpass** (Datvisjvari-Pass), die letzten Kilometer windet sich die Straße in 15 Haarnadelkurven zum Pass hinauf. Auf dem Weg dorthin liegen weitere beinahe und gänzlich verlassene Dörfer. Nach dem Kreuzbärenpass folgt die Straße dem Fluss Arguni durch das abgelegene Tal nach Norden bis Shatili. Wir befinden uns nun nördlich des Hauptkammes des Großen Kaukasus, was sich auch am Klima zeigt, das hier etwas rauer ist. 17 km südlich von Shatili liegt an der Straße das unbewohnte Dorf **Lebaiskiri** mit einem alten Wehrturm. Auch über die verlassene Dorffestung **Kistani** 2 km nördlich von Lebaiskiri wachen zwei halb verfallene Wehrtürme. Die Fahrzeit von Tbilissi bis Barisakho beträgt ungefähr drei Stunden, bis nach Shatili ca. fünf Stunden. Von den 150 km Strecke zwischen Tbilissi und Shatili sind 70 km nicht asphaltiert, die Reise sollte deshalb nur mit einem geländetauglichen Auto unternommen werden.

Chargali

Es wäre ein Bergdorf in einem malerischen Tal, wie es viele gibt in Khevsuretien, wäre dort nicht 1861 Luka Razikashvili geboren worden. Er nannte sich später Vazha Pshavela (Bursche aus Pshavi), war Naturphilosoph und einer der bedeutendsten Dichter und Schriftsteller Georgiens.

An ihn erinnert am Ortsrand ein **Museum** in einem modernen Bau, vor dem eine überdimensionale Büste das Konterfei des Dichters zeigt. Teil des Museums ist Pshavelas Geburtshaus, es bietet sich an, dort den Museumsrundgang zu beginnen. Unter anderem steht dort der Schreibtisch des Dichters, und einige seiner persönlichen Gegenstände sind zu sehen. Im neuen Hauptgebäude warten Fotos von Pshavelas Familie und aus seinem Leben sowie einige Gemälde. Hinter dem Museum befindet sich ein kleines Amphitheater, dort finden zum großen Fest Vashaoba und bei weiteren Gelegenheiten Aufführungen statt. ⌚ Di–So 10–18 Uhr, Eintritt 2 GEL.

Vazha Pshavela: im Zwiegespräch mit der Natur

Im Mittelpunkt von Vazha Pshavelas Epen, Gedichten und Erzählungen stehen der Mensch und die Natur. Nachdem er in Telavi die geistliche Lehranstalt und in Gori das Pädagogische Seminar besucht hatte, studierte Pshavela wenige Semester Jura in Sankt Petersburg, doch er musste wegen Geldmangels das Studium abbrechen. 1881 kehrte er in sein Heimatdorf zurück und arbeitete dort als Bauer. Bei seinen Werken inspirierten ihn seine Heimat, das traditionelle Brauchtum, die alten Gesellschaftsstrukturen und vor allem die Natur. Der Autor Zurab Karumdize erweckt den Dichter in seinem Roman *Dagny oder das Fest der Liebe* zum Leben und erzählt, dass Pshavela in seinem Heimatdorf im Hochland neben Jagen, Boxen und dem Unterricht an der örtlichen Grundschule viel Zeit mit „schöpferischem Gekritzel" verbrachte. Er soll außerdem die Sprache der Tiere, Pflanzen und sogar der Steine beherrscht haben – mit denen er anscheinend äußerst anregende Gespräche führte. Pshavelas Werke wurden jedenfalls sehr erfolgreich und in über 20 Sprachen übersetzt. Nach seinem Tod wurde der Dichter auf dem heiligen Berg Mtatsminda beigesetzt.

Es überrascht eigentlich nicht, dass der verehrte Dichter ausgerechnet aus Pshavi kommt: Man sagt, die Khevsuren seien stolz auf ihre scharfe Klinge, die Pshaven auf ihre scharfen Zungen. Die gesamte Region ist berühmt für ihre Volksdichtkunst, nach altem Brauch bekommt jeder Pshave zur Geburt einen Vers, mit dem nach seinem Tod an ihn erinnert wird. Frühe Formen des „Poetry-Slams" sind hier schon seit Jahrhunderten verbreitet, bei Festen, Reisen oder beim Tierehüten wurden die „Kapa" genannten Dichter-Wettstreite ausgeführt. Oft werden die Gedichte von der dreisaitigen Panduri begleitet, einem Instrument, das in keinem Haushalt fehlt.

Barisakho und Korsha

Das administrative Zentrum von Pshav-Khevsuretien liegt 18 km nördlich von Sharakhevi in **Barisakho**. Dort gibt es eine Schule, eine Polizeistation, einen Arzt und kleine Läden.

Das Straßendorf **Korsha** beginnt nur wenig nördlich von Barisakho, ein Schild weist den Weg zum khevsuretischen **Ethnografischen Museum**, ✆ 595 503 134, ⏲ tgl. 11–16 Uhr, Eintritt 3 GEL. Der Einheimische Shota Arabuli hat gemeinsam mit einem Freund das Museumsgebäude selbst gebaut. Es zeigt unterschiedliche Trachten, Stickvorlagen für deren geometrische Muster, aus regionaler Schafwolle gestrickte Socken, traditionelle Instrumente und Werkzeuge sowie zahlreiche Fotografien und Gemälde.

Von Barisakho und Korsha aus lässt sich die Gegend sehr gut bei Wanderungen und Ausritten erkunden. Nördlich von Korsha startet eine schöne Rundwanderung über die idyllische **Chirdili-Alm** und **Ukankhano** (15 km, ca. 5–6 Std. Gehzeit). Auch ein Ausflug über Roshka zu den kleinen **Abudelauri-Seen** lässt sich hier gut organisieren.

Roshka

Roshka ist eine der ältesten Siedlungen Khevsuretiens, doch seit dem 19. Jh. wandern die Einwohner ab. Sehenswert sind die drei glasklaren türkis bis tiefblau schimmernden **Abudelauri-Bergseen** etwa 6 km nordwestlich des Ortes, die sich auf der Wanderroute nach Juta in Kazbegi befinden. Auf dem Weg zu den Seen passiert man die **Steine von Roshka**, die verstreut im Tal oberhalb der Siedlung liegen – die spektakuläre Landschaft ist ein Naturdenkmal (National Monument). Der Gletscher transportierte die großen Gesteinsbrocken während der letzten Eiszeit ins Tal und legte sie dort ab, als die Gletscherzunge schmolz.

ÜBERNACHTUNG

Chargali

Es gibt mehrere einfache Unterkünfte, die sich preislich kaum voneinander unterscheiden, eines davon ist das: **Mariam's Guesthouse**, ✆ 595 319 964. Nettes Gästehaus mit Balkon und hübschem Garten, direkt neben dem Museum. ❶

Korsha

Gama Guesthouse, ✆ 599 205 788 oder 599 118 042, 💻 bei Facebook. Sehr saubere und gemütliche Familienpension auf der linken Straßenseite in erhöhter Lage mit aussichtsreicher Terrasse und Balkon. Insgesamt 4 Zimmer, alle mit eigenem Bad. ❷

Korsha Guesthouse, ✆ 599 472 205 oder 577 348 435, 💻 bei Facebook. Der herzliche Besitzer Shota Arabuli ist Maler und Mitgründer des Ethnografischen Museums in Korsha. Der Aufenthaltsraum des Gästehauses erinnert mit all den Kuriositäten und Bildern des Künstlers ebenfalls ein wenig an ein Museum. Shota kann Pferde für Ausritte in die Umgebung organisieren. Schöne Terrasse. 2 Vier-Bett- und 8 DZ teilen sich ein Bad. ❷

SONSTIGES

Aktivitäten

Aragvi Adventure Center, ✆ 597 298 297, 💻 www.adventure-center.ge. Familienfreundliches Unternehmen, das Raften, Kajakfahren, Mountainbiken mit oder ohne Führer sowie Jeep- und geführte Wandertouren in die Umgebung anbietet. Übernachtungsmöglichkeiten in einfachen Hütten oder auf dem Zeltplatz. Der nette Inhaber Soso Mekvevrishvili spricht sehr gut Deutsch. 🕒 Anfang Mai–Mitte Okt.

Spannende Wandermöglichkeiten für erfahrene Wanderer um Korsha und Barishako, leider sind nur wenige der Wege markiert. Für längere Treks s. Kasten „Trekking in Khevsuretien“.

Einkaufen

Nördlich von Zhinvali existieren nur noch in Barishako und Korsha kleine **Lebensmittelläden**. Es gibt weder Apotheken, Post noch Geldautomaten.

Feste

In Chargali wird jährlich im September die **Vazhaoba** zu Ehren des Dichters Vazha Pshavela mit Tanz, Musik, Gesang, Handwerksmarkt und Poetry-Slams gefeiert.

TRANSPORT

Autos

Nördlich von Zhinvali finden sich keine Tankstellen mehr. Die Straße nach Shatili ist nur von Juni bis Ende September mit Geländewagen befahrbar, bis nach Barisakho und Korsha ganzjährig.

Marschrutki

Von Barisakho nach TBILISSI Di, Fr und So um 9 Uhr in ca. 3 Std. für 10 GEL. Von Tbilissi nach BARISAKHO Di, Fr und So, im Sommer um 16.15, ab Herbst um 15.15 Uhr in ca. 3 Std. für 10 GEL.

Trekking in Khevsuretien

Da kommt ein Hauch von Abenteuer auf: Khevsuretien ist die abgelegenste und einsamste Wandergegend Georgiens und hat die schlechteste Infrastruktur. Wer hier trekken möchte, muss gut vorbereitet sein: Für die meisten Touren braucht man ein Zelt, ausreichend Proviant und ein GPS-Gerät. Wer in puncto Mehrtageswanderung abseits der Zivilisation unerfahren ist, sollte besser vorab oder vor Ort einen Guide engagieren oder sich einer geführten Wanderreise anschließen.

Lang, aber nicht anspruchsvoll ist die Wanderung von **Shatili** über **Mutso** in das 17 km entfernte **Ardoti** und zurück. Eine gute Option ist es, in Ardoti zu übernachten.

Von Mutso ist es möglich, über den **Atsunta-Pass** nach **Tuschetien** zu trekken, hierfür ist ein Permit erforderlich (5 Tage, S. 270, „Zu Fuß von Tuschetien bis Khevsuretien“).

Eine sehr einsame und abenteuerliche Route über den **Isartghle-Pass** führt in 5 Tagen von **Shatili** nach **Juta** in Kazbegi. Eine leichtere Route nach Juta führt in 1–2 Tagen von **Roshka** vorbei an den Abdulauri-Seen über den **Chaukhi-Pass** oder über den **Sadzele-Pass**. Ein zweitägiger Trek von Roshka nach Juta führt durch das einsame **Arkhoti-Tal**, welches man über den Arkhoti-Pass erreicht.

7 HIGHLIGHT

Shatili

Das **Festungsdorf** an der Grenze zu Tschetschenien bietet einen einzigartigen Anblick: Wie aufeinandergestapelte Kisten türmen sich die steinernen Wehrhäuser aus dem 6. bis 13. Jh. an- und übereinander. Die insgesamt 68 Gebäude gehören seit 2007 zum Unesco-Weltkulturerbe und bilden zusammen eine Festung. Alle besitzen flache Holzdächer, einige außerdem hölzerne Balkone. Das zuvor fast verlassene und verfallene Dorf wurde seit den 1970ern u. a. mithilfe der Weltbank restauriert. Unter anderem auch, um den Menschen in der entlegenen Gegend mit dem Tourismus eine neue Verdienstmöglichkeit zu verschaffen und die Abwanderung zu stoppen. Eine wahre Entvölkerung hatte in den 1950er-Jahren mit der „geplanten Umsiedlung" eingesetzt, die von der Sowjetregierung initiiert worden war. Und noch immer verlassen viele Khevsuren ihre Heimat, denn es gibt kaum berufliche Perspektiven.

Im Winter sieht die Festung besonders düster aus und ist so gut wie verlassen, denn auf 1400 m Höhe wird es empfindlich kalt. Weniger als 20 Menschen überwintern hier. Verständlicherweise ziehen es die meisten der Einwohner vor, in den komfortableren Häusern im neuen Oberdorf zu leben, das in den 1970er-Jahren gebaut wurde. Der Weg dorthin zweigt an der Ortseinfahrt nach links ab. Vom Oberdorf gib es einen Pfad, der direkt in das alte Festungsdorf führt.

ÜBERNACHTUNG UND ESSEN

In Shatili gibt es zahlreiche einfache Familienpensionen, aber keine Restaurants, Halb- oder Vollpension zu wählen, ist daher sinnvoll.

Dato Jalabauri Guesthouse, altes Shatili, ✆ 599 533 379, 💻 bei Facebook. Gästehaus im 4-stöckigen Wehrturm aus dem 12. Jh. Dato vermietet Pferde und bietet geführte Ausritte an. In der letzten Saison mussten die Gäste für die Mahlzeiten ins neue Oberdorf laufen, was recht unpraktisch ist. ❶

Ethnic Hotel, im alten Shatili auf der östlichen Seite des Shatilistskali-Flusses, ✆ 595 503 622, 💻 bei Facebook. Schönes Gästehaus im Wehrturm mit Dachterrasse und Blick auf das alte Shatili. 1 Drei-Bett-, 1 Zwei-Bett- und 1 DZ, alle sehr geschmackvoll eingerichtet, teilen sich ein Bad. ❶

Hotel Front Castle, altes Shatili, unterhalb vom alten Shatili an der Straße nach Mutso gelegen, ✆ 598 370 317, 💻 bei Facebook. In dem alten Wehrturm gibt es insgesamt 9 DZ, die sich 3 Bäder im Erdgeschoss teilen. Balkon mit Flussblick im 3. Stockwerk, Gemeinschaftsküche. ❶

Mziani Guesthouse, neues Oberdorf, ✆ 599 807 380, 💻 bei Facebook. Das vorletzte Haus im Oberdorf. Auf der kleinen Terrasse hinter dem blauen Gartenzaun wird das leckere Essen serviert. 8 freundliche, teils holzverkleidete DZ und 1 Drei-Bett-Zimmer. Natia, die Tochter des Hauses, spricht Deutsch. Gute Parkmöglichkeiten. ❶

Twins Guesthouse & Camping, kurz hinter der Gabelung zum Oberdorf an der Straße nach Mutso, ✆ 555 252 580, 💻 bei Facebook. 6 saubere DZ und 2 Vier-Bett-Zimmer in 2 identischen Gästehäusern, schöne Aussicht vom Balkon. Zelten möglich. ❷

Ardoti

Ardoti Guesthouse, 2 km westlich oberhalb des Dorfes, ✆ 591 937 506 oder 032 212 31 81, 💻 bei Facebook. Modernes Gh. mit fantastischer Aussicht – dank der großen Panoramafenster auch von drinnen. 2 DZ mit Privatbad und Balkon, weitere 5 DZ mit Balkon und 2 Drei-Bett-Zimmer teilen sich 3 Bäder. Leckeres Essen und große Portionen, perfekt für Wanderer. Anfahrt über die Schotterstraße möglich. ❷–❹

SONSTIGES

Einkaufen und Versorgung

In Shatili gibt es nur **sehr kleine Lebensmittelläden**. Alles Wichtige sollte mitgebracht werden.

Feste

Das Folkfest **Shatiloba** mit Pferderennen, Ringkämpfen, traditionellem Handwerk und

© GIORGI GULDEDANI

Das Leben im Festungsdorf Shatili, das seit 2007 zum Unesco-Weltkulturerbe gehört, ist hart und entbehrungsreich.

regionaltypischen Essen findet Anfang Juli statt. Dazu gehören natürlich auch Dichtwettkämpfe und Gesang. Genauen Termin in den Gästehäusern vor Ort erfragen.

Informationen

Pshav-Khevsureti Nationalpark Visitor Center, kurz hinter der Gabelung zum Oberdorf an der Straße nach Mutso neben dem Twins Guesthouse. Im Besucherzentrum gibt es Landkarten. Chatuna Tschintscharauli, ✆ 551 333 512, ✉ xatochincharauli@gmail.com, und Tina Ziklauri, ✆ 591 088 178, ✉ tina.tsiklauri91@gmail.com, helfen bei Fragen weiter und geben Informationen zur Region. 🕒 Juni–Okt tgl. 9–18 Uhr.

Reiten

Dato Jalabauri (s. Unterkunft). Der Inhaber des gleichnamigen Guesthouse in Shatili bietet geführte Ausritte und in Zusammenarbeit mit der deutschen Eva Hartmann von **Wanderreiten um die Welt**, ✆ 0049 151 255 062 68, 💻 www.leocasi.wixsite.com/wanderreiten, mehrtägige Pferdetreks an. Für 2023 haben die beiden zwar keine gemeinsame Tour geplant, aber Eva kann bei der Vermittlung helfen.

Wandern

Siehe Kasten „Trekking in Khevsuretien".

TRANSPORT

Autos

Die 150 km lange Anfahrt von Tbilissi ist nur von Ende Mai–Mitte Okt mit dem **Geländewagen** möglich. Ausreichend Zeit für eventuelle Probleme wie von Steinschlag blockierte Straßen einkalkulieren! Hinter Zhinvali gibt es keine **Tankstelle** mehr, im Notfall kann in einigen der kleinen Shops in Barishako und Shatili Benzin in Kanistern gekauft werden.

Marschrutki

Von Shatili nach TBILISSI, Do und So um 9 Uhr für 30 GEL. Von Tbilissi Didube nach SHATILI, Mi und Sa um 9 Uhr für 30 GEL. Verkehren je nach Witterung von Mitte Juni–Mitte Okt, Fahrzeit 4–5 Std. Weitere private Marschrutki im Sommer, in den Gästehäusern nachfragen.

Anatori

Dieser Ort ist einer der mystischsten im legendenumwobenen Khevsuretien. Im 18. Jh. wütete die Pest auch in den Bergen. Täglich starben Menschen, deshalb bauten sich die Einheimischen schon vorher abseits des Dorfes ihre **Gruften**. Die Kranken gingen dorthin, um die anderen Dorfbewohner nicht anzustecken, und starben dort allein. Leider half dieses traurige Selbstbegräbnis nicht: Alle Einwohner von Anatori kamen bei der Pestepidemie um. Die Gruften kann man anschauen, die Gebeine der Toten sind noch gut sichtbar. Anatori liegt 3 km nordöstlich von Shatili an der Straße nach Mutso am Zusammenfluss von Arguni und Andaki.

Nördlich von Anatori befindet sich die georgisch-russische Grenze, an der Stelle, an der die Straße nach rechts abbiegt, wacht links hoch oben der **georgische Grenzposten**. Selbstverständlich darf die Grenze nicht überschritten werden. In den 1990ern kam es dort zu Konflikten: Viele Flüchtlinge waren während des Tschetschenien-Kriegs über Shatili nach Georgien geflohen, in die andere Richtung soll Nachschub an Waffen und Munition für tschetschenische Rebellen nach Russland geschmuggelt worden sein. Moskau behauptete, Georgien unterstütze tschetschenische Rebellen, und russische Flugzeuge bombardierten daraufhin die Grenzstation von Shatili und machten somit deutlich, dass die Grenze geschlossen bleiben soll – was sie bis heute ist.

Fieser Riesen-Bärenklau

© SHUTTERSTOCK, FIREBIRD007

Vorsicht bei Wanderungen: Bei Berührung mit der bis zu 3,5 m hoch wachsenden, krautigen Pflanze kann es zu **schmerzhaften Blasen** kommen. Denn der weißblühende Doldenblütler, der in seinem Aussehen an eine gigantische Fenchelpflanze erinnert, hat phototoxische Inhaltsstoffe. Nach Hautkontakt und in Kombination mit Sonnenlicht führen die zu fiesen Quaddeln, die Verbrennungen ähneln. Also Abstand halten! Die Khevsuren machten aber das Beste aus dem garstigen Gewächs, das 2008 sogar zur Giftpflanze des Jahres gewählt wurde: Aus ihm wird traditionell Medizin gegen Magen-Darm-Beschwerden hergestellt.

Bergliebe in Khevsuretien

Innerhalb einer Gemeinschaft konnten junge Khevsuren und Pshaven schon vor der Ehe so einige Erfahrungen in der Liebe sammeln. Bis ins 20. Jh. war ein interessanter Brauch verbreitet, bei den Pshaven Tsatsloba genannt, bei den Khevsuren als Szorproba bekannt. Junge, unverheiratete Frauen und Männer durften schon **vor der Ehe eine romantische Beziehung** eingehen. Waren beide interessiert, beschenkten sie sich gegenseitig: Sie strickte für ihn, er brachte ihr Silber und Schmuck dar. Es war den Verliebten sogar erlaubt, sich zu zweit treffen, aber sie durften keinesfalls miteinander schlafen. Als Symbol für diese Grenze, die nie überschritten werden durfte, legten sie während des Stelldicheins einen Dolch zwischen sich – so forderte es der Brauch.
Kam die Frau unter die Haube, war Schluss mit der Liebelei, verheiratete Frauen durften ihren alten Partner nicht mehr treffen. Verheiratete Männer konnten sich aber weiter mit der Freundin treffen, solange diese unverheiratet war.

Mutso

Im Mittelalter war Mutso ein bedeutender Ort, das erkennt man noch heute an den beeindruckenden Ruinen: Rund **30 mittelalterliche Wohnfestungen** und **vier Wehrtürme** kleben in schwindelerregender Höhe an dem Felsen über der **Mutso-Ardoti-Schlucht**. Die Wehrfestung wurde vor über 100 Jahren aufgegeben. Die 12 km von Shatili nach Mutso können zu Fuß oder mit dem Geländewagen zurückgelegt werden. Ein schöner Abstecher führt 5 km weiter südlich zur kleinen, ebenfalls verfallenen Festung von **Ardoti**, hinter der die Straße endet. Von Mutso führt ein Wanderweg bis nach Tuschetien (S. 270, „Zu Fuß von Tuschetien nach Khevsuretien“).

HÖHLENSTADT UPLISTSIKHE; © ISTOCK.COM / PRESCOTT09

Das Kernland: Kartlien

Ob in der ehemaligen Königsstadt Mtskheta, in Stalins Geburtsort Gori oder am frühsteinzeitlichen Fundort von Dmanisi: Im Herzen Georgiens wurde die Geschichte des Landes mehr als nur einmal in neue Bahnen gelenkt. Zwischen zahlreichen interessanten historischen Bauten finden sich überraschend vertraute Fachwerkhäuser – Spuren der deutschen Siedlungsgeschichte im Kaukasus.

Stefan Loose Traveltipps

8 **Mtskheta** Geballte Architekturgeschichte in der einstigen Hauptstadt und dem religiösen Zentrum des Landes. S. 311

Uplistsikhe In den Stein geschlagene Festungsstadt, dort wo einst die Nordroute der Seidenstraße verlief. S. 328

Kintsvisi Monumentale Fresken vor leuchtendem Blau in einer Kirche mitten im Grünen. S. 332

Bolnisi Auf den Spuren schwäbischer Siedler im Kaukasus. S. 335

Dmanisi Fundort der fünf Schädel, die die europäische Frühgeschichte auf den Kopf stellten. S. 339

DMANISI; © PHILIPP SCHMATLOCH

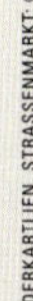

NIEDERKARTLIEN, STRASSENMARKT; © NINA KRAMM

Wann fahren? Ganzjährig, am reizvollsten ist es zur Obstblüte im Frühjahr.

Wie lange? 2–5 Tage

Bekannt für den Geburtsort des stählernen sowjetischen Diktators, spektakuläre steinzeitliche Funde und bedeutende Kirchen

Beste Feste Svetitskhovloba im Oktober in Mtskheta

Schöner Tagesausflug An heißen Sommertagen in das erfrischend kühle Karstlabyrinth von Birtvisi

Unbedingt probieren Obst und Wein aus Kartlien

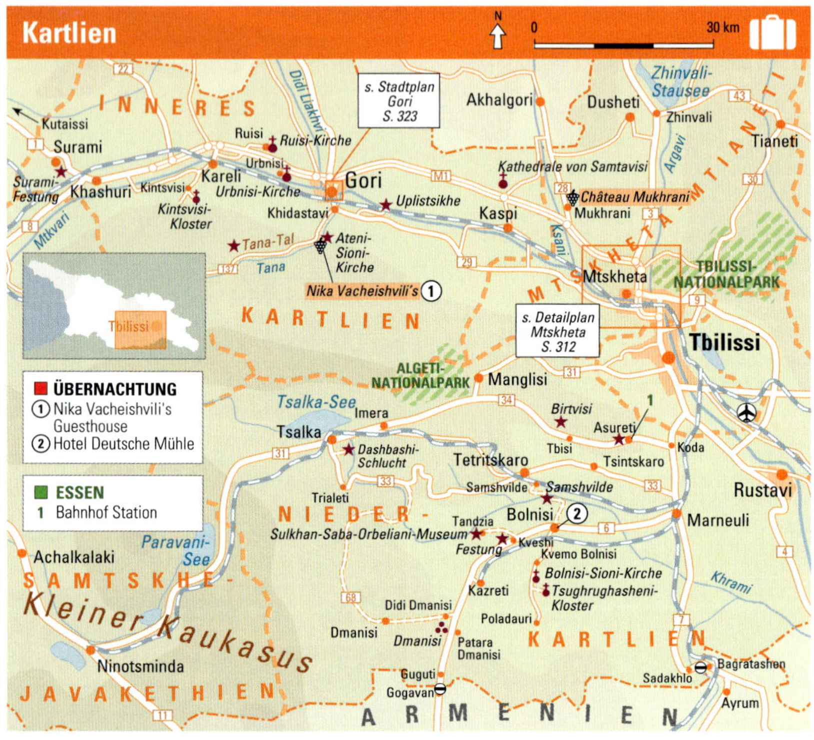

Kartlien ist das **geografische und historische Herz Georgiens**, der Name leitet sich von „Kartlos“ ab, dem mythischen Volksvater der Georgier, der ein Nachkomme Noahs gewesen sein soll. Die Region verlieh nicht nur den Georgiern ihre Nationalbezeichnung „Kartveli“, was genau genommen „Einwohner von Kartli“ bedeutet, ihr Dialekt diente auch als Grundlage für die landesweit benutzte georgische Sprache.

Kartli besteht aus zwei geschichtsträchtigen Regionen: **Kvemo Kartli** (Nieder-Kartlien) breitet sich von der fruchtbaren Niederung südlich der Hauptstadt bis zur Trialetischen Kette im Kleinen Kaukasus aus und ist die reinste **Fundgrube für Archäologen und Paläontologen**. Hier siedelten bereits während der Steinzeit Menschen, wie die **Funde von Dmanisi** belegen. Nicht ganz so weit zurück reicht die Geschichte von **Shida Kartli** (Inneres Kartlien), das in einem Hochtal zwischen Großem und Kleinem Kaukasus liegt, durch das sich die Mtkvari (Kura) schlängelt. An diesem Fluss, der größte im Kaukasus, verlief eine **Nordroute der Seidenstraße**, die nicht nur Ost- und Westgeorgien, sondern auch Orient und Okzident miteinander verband.

An der Gabelung zweier Routen der einstigen Seidenstraße liegt **Mtskheta**, das im modernen Georgien Verwaltungssitz der Region Mtskheta-Mtianeti ist, aber seit dem frühen Mittelalter eng mit der Geschichte Kartliens verbunden war: Von dort wurde das ostgeorgische Königreich Kartlien, auch Iberisches Reich genannt, regiert. Ganz Kartlien und einige weitere Regionen gehörten zu diesem Königreich, das im 7. Jh. v. Chr. entstand und sich zu seiner Blütezeit bis weit über die heutigen Grenzen des Landes ausdehnte (S. 102). Seit dem Südossetien-Konflikt mit Russland 2008 verläuft die Grenzverschiebung in andere Richtung: Zwischen der südossetischen Hauptstadt Tskhinvali und Gori in Shida Kartli zieht sich eine neue, **international nicht anerkannte Grenze**, die oft über Nacht von den russischen Soldaten erneut verschoben wird und so immer tiefer ins georgische Herzland einschneidet.

Unweit dieser Grenze liegt die Kleinstadt Gori, die als **Geburtsort von Stalin** zu zweifelhaftem Ruhm gelangte – ein skurriles Museum erinnert dort an den einstigen Diktator, der u. a. mit seiner Politik zu Sowjetzeiten den Grundstein des Südossetien-Konflikts legte.

Inneres Kartlien (Shida Kartli)

Zwischen Kleinem und Großem Kaukasus liegt das Innere Kartlien, das sich auf einer von Tälern durchzogenen **Hochebene** 600 m über dem Meeresniveau erstreckt. Im Süden wird es von der Trialetischen Kette des Kleinen Kaukasus begrenzt und reichte ursprünglich im Norden bis weit in den Großen Kaukasus hinein. Es umschloss bis 2008 die Autonome Republik Südossetien, über die international nicht anerkannte Grenze wird weiterhin gestritten. Sie wird bezeichnenderweise von russischen Soldaten bewacht, zieht sich mittlerweile bis in das fruchtbare Hochtal und trennt nicht selten Bauern von ihren Feldern.

Dieses Hochtal ist die am dichtesten besiedelte Region Georgiens, die meisten der Bewohner finden ihr Einkommen in der **Landwirtschaft**. Zwischen den kompakt angelegten Dörfern mit den ein- bis zweistöckigen Häusern – bei denen ein Wein- und Lagerkeller für Obst niemals fehlen – breiten sich weite Felder aus. Mais, Gemüse, Kirschen, Quitten, Aprikosen und Walnüsse werden geerntet, Exportschlager waren und sind noch immer die **Äpfel** Ober-Kartliens. Nirgends sollen sie so gut schmecken wie hier – das befand schon der Forschungsreisende Jean Chardin im 17. Jh. In der Sowjetunion war das knackige Obst aus der Region so beliebt, dass es die Bauern mit Lastern über Tausende von Kilometern nach Russland karrten – je weiter nördlich, desto höher die Preise. Rekordverdächtig war ein kartlischer Bauer, der seine Ware im über 10 000 km entfernten Ostsibirien an Mann und Frau gebracht haben soll. Äpfel sind noch immer das wichtigste Exportprodukt, allerdings verlassen sie heutzutage das Land in anderer Form: Die deutsche Firma Hipp betreibt bei Khashuri eine Fruchtsaftkonzentratfabrik.

Hauptsehenswürdigkeiten der Region sind die alte **Königsstadt Mtskheta** unweit von Tbilissi und die **Höhlenstadt Uplistsikhe** nahe Gori. In Gori selbst ist das absurde **Stalin-Museum** die größte Attraktion, südlich der Stadt erstreckt sich das **Tana-Tal**, eine bisher vor allem bei Einheimischen beliebte Ausflugs- und **Wandergegend**. Architektonisch interessant ist die kleine Didi-Ateni-Kirche, die in diesem malerischen Tal steht, auch die **Kintsvisi-Kirche** mit ihren einmaligen Fresken lohnt einen Abstecher. Alle lagen früher nahe der Handelsroute der alten Seidenstraße – und heute unweit der Autobahn.

HIGHLIGHT

Mtskheta

Die ehemalige Hauptstadt des Iberischen Reichs liegt nur 30 km nördlich von Tbilissi am Zusammenfluss der beiden wichtigsten Flüsse Ostgeorgiens, dem Aragvi und der Mtkvari – ein Besuch ist ein Muss für alle, die sich für Geschichte und sakrale Architektur interessieren. Schon bei der Anfahrt lässt sich erahnen, dass das heute dörfliche Mtskheta einst eine bedeutende Stadt gewesen sein muss: Die gewaltige Svetitskhoveli-Kathedrale erhebt sich über den Dächern der zweistöckigen Häuser und scheint vollkommen überdimensioniert für eine Kleinstadt, die kaum 8000 Einwohner zählt.

Mehr als 1000 Jahre war Mtskheta die **Hauptstadt des mächtigen Iberischen Reichs**. Dank der unglaublichen Fülle der Ausgrabungsfunde wird den Archäologen die Arbeit hier so schnell nicht ausgehen – denn Mtskheta war durchgängig besiedelt und bereits zur Bronzezeit ein

bedeutendes Handelszentrum. Hier trafen sich zwei Routen der Seidenstraße: die nördliche über den Großen Kaukasus und eine westliche zum Schwarzen Meer.

Ein **wichtiges Machtzentrum** wurde Mtskheta zur Zeit **Alexanders des Großen**, der zwar nie einen Fuß auf georgischen Grund setzte, aber das Iberische Reich in sein Imperium eingliederte und Mtskheta als Sitz des Statthalters auswählte. Die Stadt war durch mehrere miteinander verbundene Festungen geschützt, die mächtigste von ihnen war die Armaztsikhe südlich des Stadtgebiets auf dem Bergzug Bagineti. Trotzdem eroberten und zerstörten 65 v. Chr. die Römer Mtskheta und machten das Iberische Reich zu ihrem Vasallen. Die iberischen Könige behielten ihren Wohnsitz dort bei, die Stadt erholte sich und expandierte sogar bald erneut: Westlich der Festung entstand nicht nur eine **neue Königsresidenz** mit Palast und Badeanlagen, sondern hier wurde auch die **Nekropole Armaziskhevi** angelegt, die dem iberischen Adel als Familiengrabstätte diente. Das Verhältnis zu den Römern verbesserte sich – in Rom ließ Kaiser Antonius Pius sogar ein Reiterstandbild für den iberischen König Parsman II auf dem Campo Marzo aufstellen. Denn Parsman II hatte dem römischen Kaiser einen Besuch abgestattet und ihn mit seiner Reitkunst schwer beeindruckt.

Mtskheta ist zugleich immer **religiöses Zentrum** gewesen: Heidnische Kultanlagen und Feuertempel befanden sich an der nördlichen Stadtseite, auch die Namen der Festung Armaztsikhe und der Nekropole Armazkhevi lassen sich beide auf den Namen „Armazi" zurückführen, den Gott der kaukasischen Iberer. Die meisten der heidnischen Kultorte wurden durch christliche Sakralbauten ersetzt, nachdem die **Hl. Nino** (s. Kasten S. 101) Königin Nana und König Mirian im Jahre 337 zum Christentum bekehrt hatte. Die Hl. Nino selbst wurde dafür gerühmt, heidnische Kultstätten zerstört zu haben. So wurde die berühmte Jvari-Kirche, die hoch über Mtskheta thront, an der Stelle errichtet, an der Nino ein heidnisches Heiligtum durch das christliche Kreuz ersetzt hatte.

Mtskheta blieb auch geistiges Zentrum, als König Vakhtang I im 5. Jh. die Hauptstadt nach Tbilissi verlegte. Der Patriarch behielt seinen Sitz in der Stadt bei, auch die Krönungen der iberischen Könige fanden weiter in der Hauptkirche des Landes, der Svetitskhoveli-Kathedrale, in Mtskheta statt. Politisch und wirtschaftlich versank Mtskheta jedoch in der Bedeutungslosigkeit.

1972 wurde der Ort an die Bahnstrecke von Baku nach Poti angebunden, im Norden gibt es einige lebensmittelverarbeitende Industriebetriebe, u. a. die Brauereien Zedazeni und Natakhtari. Die Stadt ist zudem Verwaltungssitz des Bezirks Mtskheta-Mtianeti, doch erwacht sie nur im Sommer und an Wochenenden zum Leben, wenn Tagesbesucher aus Tbilissi und internationale Besucher durch die 2009 (leider aus Sicht von Denkmalschützern nicht authentisch) restaurierte Innenstadt streifen. Mit den Touristen kommen Bettler und Verkäufer, die schon immer das Umfeld von bedeutenden Kirchen suchten: Alte Frauen, die von ihrer kleinen Rente nicht leben können, haben ihren Stammplatz vor der Kathedrale, und in den beschaulichen, kopfsteingepflasterten Gassen zwischen den Holzhäusern werden Kunsthandwerk und Kitsch verkauft. Sobald die Tagestouristen verschwunden sind, wirkt Mtskheta wie ausgestorben, denn ein Alltagsleben existiert hier kaum.

Die Svetitskhoveli-Kathedrale und das Samtavro-Kloster in der Innenstadt sowie die Jvari-Kirche und das Shiomgvime-Kloster in der Umgebung können problemlos im Rahmen eines Ta-

Alexandre Dumas' Abenteuer in Mtskheta

Abenteuerliche Erlebnisse mit räuberischen Bergvölkern und erotische Zerstreuung mit kaukasischen Schönheiten in sündigen Harems: Georgien als Tor zum Orient beflügelte die Fantasie zahlreicher Europäer. Auf der Suche nach dieser wilden Exotik soll auch der berühmte französische Schriftsteller Alexandre Dumas (1802–70) einst nach Tiflis aufgebrochen sein – und brachte seine georgischen Schriftstellerkollegen mit seinen Erwartungen in Verlegenheit: Denn in Tiflis gab es beides nicht, und ein Besuch in den entlegenen Bergdörfern war tatsächlich viel zu gefährlich. Doch wie bekannt, sind die Georgier hervorragende Gastgeber und brachten ihren Ehrengast ins nahe gelegene Mtskheta. Dort hatten sie ein Bordell mit edlen Teppichen, Gemälden und feinen Stoffen aufgehübscht, die Freudenmädchen in seidene Gewänder gehüllt, mit falschen Edelsteinen ausgestattet und angewiesen, den Gast mit Bauchtanz zu erfreuen (den es in Georgien eigentlich nie gab). Dumas bemerkte den Schwindel nicht und war begeistert. Auch sein zweiter Wunsch sollte auf dem Heimweg zum Quartier in Erfüllung gehen: Urplötzlich sahen er und seine Begleiter sich von einem Dutzend bewaffneter Banditen umringt, die nach ihren Habseligkeiten verlangten, sie aber unter der Bedingung verschonten, dass sie zeit ihres Lebens nie wieder einen Fuß in diese Gegend setzen würden. Glücklich darüber, sein Abenteuer doch noch gefunden zu haben (und darüber, dass die Räuber seinen Geldbeutel nicht entdeckt hatten), trat Dumas die Rückreise nach Europa an – und kehrte nie wieder zurück nach Mtskheta. Und so erfuhr er auch nie, dass die kaukasischen Banditen eigentlich brave Dorfpolizisten waren, die den Auftrag bekommen hatten, den prominenten Besucher nach Wunsch zu behandeln. So weiß jedenfalls der Geschichtenerzähler Essad Bey von Alexandre Dumas' Besuch in Mtskheta zu berichten.

gesausflugs von Tbilissi aus besichtigt werden. Wer aber in Mtskheta übernachtet, kann sich die großen Sehenswürdigkeiten früh morgens oder abends ohne Rummel ansehen.

Svetitskhoveli-Kathedrale

Die größte Sehenswürdigkeit Mtskhetas ist ohne Zweifel die Svetitskhoveli-Kathedrale. Der **Kreuzkuppelbau** aus dem 11. Jh. ist ein **Meisterwerk altgeorgischer Architektur**. Die Kathedrale liegt im Zentrum Mtskhetas, inmitten des ehemaligen Residenzbezirks des Patriarchen, der von einer 5 m hohen, zinnenbewehrten Festungsmauer umgeben ist. Durch eine monumentale Toranlage betritt man das Areal – ihr repräsentativer Charakter lässt vermuten, dass sich dort die frisch gekrönten Könige zum ersten Mal dem Volk zeigten. Denn die Svetitskhoveli-Kathedrale war nicht nur Sitz des Patriarchen, des obersten geistlichen Würdenträgers der georgischen orthodoxen Kirche, sondern auch zugleich Krönungskirche und Begräbnisstätte der iberischen Könige – bis die Hauptstadt von Mtskheta nach Tbilissi verlegt wurde, war sie die offizielle Hofkirche des Königshauses. Eine Bauinschrift an der Toranlage weist den Katholikos Melkisedek als Auftraggeber der Kathedrale aus. Die Svetitskhoveli-Kathedrale ist neben der Bagrati-Kathedrale in Kutaissi und der Alaverdi-Kathedrale einer der drei Nationaldome Georgiens.

Der Vorgängerbau war eine Holzkirche aus dem 4. Jh., die einen heidnischen Tempel an dieser Stelle ersetzte. Im 5. Jh. ließ dann König Vakhtang I Gorgasali diese erste Kirche durch eine **Pfeilerbasilika aus Stein** ersetzen. Die heutige Kuppelbasilika wurde zwischen 1010 und 1029 auf Betreiben des georgischen Katholikos Melkisedek während der Herrschaft König Giorgis II errichtet. Finanziert wurde sie kurioserweise zum großen Teil mit **Spenden aus Byzanz** – obwohl sich die georgischen Könige zwischenzeitlich mit Byzanz im Krieg befanden. Doch das Byzantinische Reich hatte großes Interesse daran, das Christentum in Georgien zu festigen. Die Kathedrale wurde im Laufe der Jahrhunderte **mehrmals zerstört und umgebaut**. Besonders nach einem Erdbeben im 13. Jh. und dem Einfall Timur Lenks im 14. Jh., bei dem der gesamte Westteil und die Kuppel eingestürzt waren, gab es größere Veränderungen. Während der Herrschaft der Mongolen im 13. Jh. und der Araber ab dem 16. Jh. wurde die Kirche schließlich als **Stall für Kamele und Schafe** genutzt. Im 19. Jh. wurden an der Svetitskhoveli-Kathedrale zahlreiche hinzugefügte Bauelemente der letzten Jahrhunderte entfernt, stark verfallene Galerien und Kapellenanbauten an den Seiten des Gebäudes wurden abgerissen. Bei Restaurierungsarbeiten in den 1970er-Jahren sind die Fundamente der ersten Holzkirche entdeckt worden, auch konnte der Grundriss der steinernen Basilika aus dem 5. Jh. anhand von freigelegten Mauer- und Pfeilerresten rekonstruiert werden.

Der Besucher betritt die Kirche über das Hauptportal durch eine Vorhalle und gelangt in einen tonnengewölbten dreischiffigen Bereich, der vom Mittelschiff aus über die Vierung mit der Kuppel zur Apsis leitet. Bei dem Bau der Kirche bezog Arsukidze, der berühmte georgische Baumeister des 11. Jhs., Teile der frühen Basilika aus dem 5. Jh. mit ein, sodass diese Kuppelbasilika in der Längsrichtung des Kirchenraums eine außergewöhnliche Streckung aufweist. Generell aber findet bei der Svetitskhoveli-Kathedrale vor allem eine starke Betonung der vertikalen Proportionen statt: Der außergewöhnlich hohe Tambour wird von vier mächtigen Pfeilern gestützt – besondere Lichteffekte entstehen durch Sonnenstrahlen, die durch die schmalen Fenster unterhalb der Kuppel fallen. **Im Inneren** der Kathedrale beeindrucken die Dimension und ebenso die Schlichtheit des Baus, die der Architektur eine gewisse Erhabenheit verleiht.

Zur Einrichtung der Kathedrale gehören zwei Besonderheiten: Vom Eingang rechts befindet sich an der westlichen Seite des Südschiffs eine Miniatur der **Ädikula aus der Grabeskirche in Jerusalem**, in der sich Jesus' Grabstelle befunden haben soll. Dieser Nachbau sollte einerseits demonstrieren, dass die Svetitskhoveli-Kathedrale nach der Grabeskirche in Jerusalem der heiligste Ort ist. Zum anderen sollte damit mittellosen Georgiern, die sich eine Pilgerreise ins Heilige Land und einen Besuch der hochverehrten Originalkirche nicht leisten konnten, wenigstens der Besuch dieser Kopie ermög-

Sidonia und das Grabtuch Jesu

Die Svetitskhoveli-Kathedrale blickt auf eine äußerst bewegte Geschichte zurück, und um ihre Entstehungsgeschichte ranken sich viele Legenden. Eine hängt mit der Kreuzigung Jesu zusammen. Als Jesus in Jerusalem vor Gericht gestellt wurde, sollen die Richter Gelehrte aus allen Provinzen eingeladen haben, um über sein Schicksal zu entscheiden. Auch der georgische Jude Elias wurde nach Jerusalem berufen. Seine Schwester Sidonia bat ihn inständig, für Jesus' Freispruch zu plädieren – doch die Reise ins Heilige Land dauerte zu lange, Elias kam zu spät. Er soll aber noch auf den Berg Golgatha gestiegen sein, auf dem Jesus gekreuzigt wurde, und die römischen Legionäre bestochen haben, ihm den **blutgetränkten Lendenschurz Jesu** zu verkaufen. Als er, zurück in Mskheta, seiner Schwester das Tuch übergab, soll diese tot umgefallen sein. Es wird erzählt, dass das Stückchen Stoff nicht mehr aus der Umarmung Sidonias zu lösen war und deshalb zusammen mit der Toten begraben werden musste. Aus ihrem Grab aber erwuchs wundersamerweise eine libanesische Zeder.

Als dann über 300 Jahre später der frisch zum Christentum bekehrte König Mirian II an dieser Stelle eine Kirche bauen wollte, ließ er dafür sieben große Bäume fällen – bzw. sechs, denn der siebte sollte die Zeder auf dem Grab Sidonias sein, die jedoch standhaft blieb. So sehr man sich auch bemühte, die Zeder war nicht zu Fall zu bringen. Doch als die Hl. Nino zu Gott betete, soll ein Engel vom Himmel hinabgestiegen sein und den Baum erst fachmännisch geschnitten und dann an die richtige Position gestellt haben. Der fromme Plan des Königs konnte – dank dem Wunder – doch noch realisiert werden. Ein weiteres Wunder war der **heilsame Harz des Baumes**: Er konnte Krankheiten kurieren. Daher erhielt schon die erste **Holzkirche** den Namen „Svetitskhoveli", was „lebensspendender Baum" bedeutet.

licht werden. Des Weiteren befindet sich zwischen Pfeilern zum Südschiff ein mit Fresken geschmücktes **Ziborium aus Stein** aus dem 17. Jh. An dieser Stelle sollen sich das **Grab der Sidonia** und demzufolge auch der Schurz Christi befinden (s. Kasten). Die Reste des lebensspendenden Baumes, der auf dem Grab wuchs, sollen im Sockel der Säule eingemauert sein. Die Fresken zeigen Szenen aus dem Leben von König Mirian und Königin Nana – und den ersten christlichen Kaiser, Konstantin den Großen. Direkt vor der Apsis befindet sich ein **steinerner Thron**, der ehemalige Thron des Patriarchen, der ebenfalls freskengeschmückt ist. Dieser wird jedoch nicht mehr genutzt. Ein mit Schnitzereien verzierter Holzthron mittig im Hauptschiff ist der aktuelle Sitzplatz des Kirchenoberhaupts während der Liturgie. Auf dem Boden sind die **Grabplatten der Könige** zu sehen, die in der Kathedrale ihre letzte Ruhestätte fanden. Oft sind sie zweisprachig gestaltet. Die Grabplatte von König Erekle II, rechts vor dem Chor, zieren arabische Schriftzeichen und ein orientalischer Säbel, denn zu seiner Regierungszeit stand Georgien unter persischer Kontrolle. Der letzte König wurde 1801 in der Kirche beigesetzt, es handelt sich um König Giorgi XII aus der Bagratiden-Dynastie.

Von den Original-**Fresken** ist wenig erhalten, die Malereien wurden im 19. Jh. übertüncht bzw. dem Zeitgeschmack angepasst. An der Ostseite des Südschiffs sind jedoch einige Wandmalereien mit interessanten Motiven zu sehen: Im unteren Bereich sind Musiker mit typischen georgischen Instrumenten abgebildet, einer von ihnen musiziert auf der dreisaitigen Panduri.

An der **Außenfassade** der Kathedrale wurden Bauplastiken der alten Kirche an West- und Ostseite wieder verbaut. Die Reliefteile machen, aus ihrem ursprünglichen Zusammenhang gerissen und willkürlich vermauert, jedoch einen verlorenen Eindruck. Aber dennoch ist **das Äußere** der Kirche einen genaueren Blick wert: Baumeister Arsukidze hat sich mit zwei Inschriften an Ost- und Nordfassade verewigt, von diesen Inschriften ist insbesondere die an der Nordfassade interessant. Auf einem Relief ist eine **Hand** zu sehen, **die ein Winkelmaß hält**, daneben be-

Ein Meisterwerk altgeorgischer Architektur: die Svetitskhoveli-Kathedrale

findet sich die Inschrift „Die Hand des Knechtes Arsukidze. Möge ihm Gott vergeben". Eine Legende erzählt, der Lehrmeister des Arsukidze habe aus Neid seinem Zögling die Hand abschlagen lassen, weil er seinen Meister mit diesem Prachtbau übertroffen hatte. Eine andere Legende besagt, der König selbst habe die Hand des Arsukidze abgeschlagen, damit er nie wieder solch einen Sakralbau erschaffen könne. Er wollte damit sichergehen, dass dieses Meisterwerk einzigartig bleibt – belegt ist allerdings keine dieser Geschichten.

In moderner Zeit bekam der große Baumeister Arsukidze ein weiteres Denkmal gesetzt: 1939 schrieb Konstantine Gamsakhurdia den historischen Roman *Die rechte Hand des großen Meisters* über den Bau der Svetitskhoveli-Kathedrale. Das Buch wurde ein Bestseller, in mehrere Sprachen übersetzt und sogar verfilmt.

Die Kirche gehört zum Unesco-Weltkulturerbe und ist tagsüber geöffnet, der Zutritt ist kostenlos. Wer am Wochenende in Mtskheta weilt, sollte die Kathedrale vormittags besuchen, denn dann singt meist der (hervorragende) **Kirchenchor**.

Archäologisches Museum Mtskheta

Ein neues Archäologisches Museum soll Ende 2023 im alten Kino von Mtskheta eröffnet werden. Eine Win-Win-Situation: Denn es ist allerhöchste Zeit, dass die geschichtsträchtige Stadt ein Museum bekommt. Genauso wie es wünschenswert ist, dass das Kinogebäude mit seiner interessanten Fassade aus der Sowjetzeit vor dem Verfall gerettet wird. Es sollen dort Funde aus der Region aus dem 4. Jh. v. Chr. bis 12. Jh. n. Chr. ausgestellt werden.

Antioqia-Kirche

Die kleine Antioqia-Kirche liegt etwas abseits im südöstlichsten Winkel der Altstadt, direkt am Zusammenfluss von Mtkvari und Aragvi. Die Basilika aus dem 4. Jh. gehört zu den ältesten Sakralbauten des Landes, sie wurde im Jahre 2000 renoviert und gehört heute zu einem Nonnenkloster.

Samtavro-Kloster

Nördlich des Zentrums, nur zehn Gehminuten von der Svetitskhoveli-Kathedrale entfernt, steht das Samtavro-Kloster, das eng mit der Geschichte der Hl. Nino verbunden und daher hoch verehrt ist.

Auf dem umfriedeten Klosterareal befinden sich die repräsentative Erlöserkirche, ein Glockenturm, ein alter Wehrturm, an den die neuen Wirtschaftsgebäude des Nonnenklosters angeschlossen sind, sowie eine **winzige Kirche**. Die alte Nekropole von Samtavro schließt nördlich an das Klostergelände an, dort soll sich der Palast von König Mirian befunden haben. Er und seine Frau Nana hatten Nino eingeladen, mit ihnen dort zu leben. Es wird erzählt, sie hätte sich jeden Tag in dem weitläufigen Palastgarten zum Beten zurückgezogen. Nach ihrem Tod ließ König Mirian im 4. Jh. genau an jener Stelle, an der Nino zu beten pflegte, die winzige Kirche bauen, deren Aussehen sich bis heute kaum verändert hat. Die Seitenlänge der kleinen Kirchen misst kaum 2 m.

Die **Erlöserkirche**, eine Kuppelkirche, wurde später, im 11. Jh., als Hauptkirche des Nonnenklosters errichtet. Im 13. Jh. war sie nahezu komplett eingestürzt, sie wurde aber schon wenig später wieder neu aufgebaut. Die Kuppel allerdings ist erst im 17. Jh. erneuert worden. Das Innere ist mit Fresken aus dem 14./15. Jh. geschmückt, und eine Grabplatte besagt, dass in der Südwestecke der Kirche König Mirian mit seiner Frau Nana begraben liegen sollen – ob das stimmt, ist allerdings fraglich, denn die Grabplatte wurde erst im 20. Jh. dort angebracht. Die Außenfassade der Kirche ist reichlich mit kunstvollen Ornamentfriesen und Bauplastik verziert, dieser überfrachtete Stil wird als „Georgischer Barock" bezeichnet.

Im Gegensatz zu dem Grab der Könige ist es dagegen sicher, dass der verehrte **Mönch Gabriel Urgebadze** (1929–95) seit 2014 in der Krypta begraben liegt. Nach der Kanonisierung des Mönches hat sich sein Grab zu einem neuen Pilgerziel entwickelt. Urgebadze wurde 1929 als Sohn eines kommunistischen Funktionärs geboren und ging nach seinem Armeedienst 1995 als „Gabriel" ins Kloster. Berühmtheit erlangte der exzentrische Mönch, der „Narr in Christo", als er bei einer Parade am Internationalen Tag der Arbeiter in Tbilissi 1965 ein Banner mit der Aufschrift „Vladimir Lenin" verbrannte. Er wurde daraufhin festgenommen und in die Psychiatrie gesteckt. Seine Anhänger glauben nicht nur, dass Gabriel Wunder vollbringen und Menschen heilen konnte, sondern auch, dass sein Körper nicht verwest.

Gräberfeld von Samtavro

Nur ca. 500 m nördlich des Samtavro-Klosters befindet sich auf der westlichen Seite der Hauptstraße das Gräberfeld von Samtavro. Dabei handelt es sich wahrscheinlich um den ältesten Friedhof Georgiens. Auf dem 18 ha großen Areal wurden bisher über 4000 Gräber aus der Zeit vom 3. Jahrtausend v. Chr. bis zum 10. Jh. n. Chr. entdeckt. Besonders aus der späten Bronzezeit im 2. Jahrtausend v. Chr. gibt es zahlreiche Funde, darunter Keramik, Bronze- und Eisenwerkzeuge, Schmuck und Knochen. ⌚ Di–So 10–17 Uhr.

Ruinen von Armaztsikhe

Südlich des Orts befindet sich auf dem Bagineti-Bergzug die Ruine der Festung Armaztsikhe, von der aus die iberischen Könige einst regierten. Hoch über Stadt und Fluss befand sich in strategisch günstiger Position die Hauptfestung des antiken Mtskheta. Die Überreste der 4 m dicken Wehrmauer, die Grundmauern des Palastes, eines Badehauses und eines Weinkellers wurden aufbereitet und sind mit englischen Erklärungen versehen. Die Könige lebten hier mehr als komfortabel – sogar die Wände des Badehauses waren beheizbar. Bei den seit 1943 durchgeführten Ausgrabungen wurden außerdem ein vorchristlicher Tempel, Wasserleitungen und ein Kanalsystem entdeckt, sowie Gegenstände mit aramäischen und griechischen Aufschriften; zudem Goldfunde, die ins Museum nach Tbilissi gebracht wurden. ⌚ Das Gelände ist durchgängig begehbar, Eintritt frei. Anfahrt über die Tbilisi Bypass Rd. (SH29), südlich des Bagineti-Bergzugs zweigt eine Zufahrtsstraße nach Westen ab, die Ausgrabungen sind ausgeschildert, aber die kleinen Wegweiser kann man leicht übersehen. Von Norden führt ein Fußweg zur Festung.

Jvari-Kirche

Weithin sichtbar liegt die Jvari-Kirche auf dem Sagurani-Höhenzug östlich von Mtskheta. Ebenso prominent wie ihre Lage ist die Kirche selbst, da sie als **Vorbild vieler Kirchenbauten** diente.

Die Hl. Nino ließ im 4. Jh. zum Zeichen des Sieges des Christentums auf dem zum Aragvi steil abfallenden Berg ein monumentales Holzkreuz errichten. Weichen musste ein heidnisches Heiligtum: Das Kultbild des Gottes Ormudz wurde gestürzt. Noch immer ist jedoch umstritten, wann genau das Holzkreuz Ninos durch eine **Wallfahrtskirche** ersetzt bzw. in den neuen Kirchenbau integriert wurde. Ruinen einer ersten Kirche, die sich nördlich des heutigen Baus befinden, stammen wahrscheinlich aus dem 6. Jh. Schon diese erste Kirche war höchstwahrscheinlich ein Zentralbau, stand aber hinter dem Kreuz. Erst der zweite Kirchenbau fasste das Holzkreuz architektonisch mit ein, der oktogone Steinsockel des Kreuzes steht noch immer im Zentrum des heutigen Baus. Der Umbau zum **Tetrakonchos**, mit seiner für diese Zeit großen Kuppel, dürfte nicht vor Ende des 9. Jhs. erfolgt sein, denn in Transkaukasien war man vorher nicht in der Lage, Kuppeln mit einem Radius von mehr als 5 m zu bauen. Auf jeden Fall war dieses Meisterwerk Muster für viele Kreuzkuppelkirchen auf georgischem Boden. Der **Kreuzkult** wird nicht nur architektonisch durch die Kreuzform des tetrakonchalen Zentralbaus aufgenommen, sondern spiegelt sich ebenfalls im Namen wider: „Jvari" bedeutet „Kreuz". Die Wallfahrtskirche wurde 2005–07 restauriert und gehört zusammen mit der Svetitskhoveli-Kathedrale und dem Samtavro-Kloster zum Unesco-Weltkulturerbe.

Wer sich nicht allzu sehr für Architektur interessiert, kann von der Kirche die **Aussicht über Mtskheta** und den Zusammenfluss des türkisfarbenen Aragvi und der braunen Mtkvari genießen. Der Ausblick ist am Abend besonders stimmungsvoll, ein einsames, romantisches Fleckchen für den Sonnenuntergang sucht man aber besser woanders. Taxifahrer veranschlagen für Hin- und Rückfahrt mit ca. 40 Min. Wartezeit großzügig 20–30 GEL.

ÜBERNACHTUNG

Gino Wellness Hotel, D. Aghmashenebeli St. 37, ✆ 032 222 51 15, https://ginohotel.com. Standard und Preise sind für Mtskheta vergleichsweise hoch, es gibt ein Dampfbad, einen Außenpool und eine Terrasse mit herrlichem Ausblick. Einige der Zimmer haben einen Balkon. ❸–❹

Hotel Magdalena, Arsukidze St. 39, ✆ 555 000 768, http://magdalenas-house.business.site. Gemütliches, gepflegtes Gästehaus direkt um die Ecke der Kathedrale. 4 Zimmer mit Privatbad und Klimaanlage, hübsche Veranda. ❸

River Front Mtskheta, K. Gamsakhurdia St. 13, ✆ 558 010 701, bei Facebook. Frisch renoviertes historisches Stadthaus am Flussufer. Alle der 9 DZ (Zustellbetten möglich) haben Privatbad, Klimaanlage und Heizung, einige Balkon und Flussblick. Es gibt einen Außenpool mit Liegen. ❸

The Zodiac Garden Hotel, Arsukidze St. 40, bei Insta. Ein verborgener Garten inmitten der Altstadt: Dass Besitzer Sergi professioneller Gartendesigner und Fotograf ist, überrascht angesichts des grünen Kleinods im Innenhof des Gästehauses nicht. ❹

Queen Hotel, Kostava St. 35, ✆ 579 330 700. Zentral gelegenes, gemütliches Gästehaus mit 3 geräumigen DZ mit Privatbad und Klimaanlage, vom Balkon hat man einen schönen Blick auf die Kathedrale. Es gibt eine Gemeinschaftsküche. ❷

ESSEN

Adacafe, Sanapiro St. 5, ✆ 568 952 402, www.adacafemtskheta.com. Leckere georgische und türkische Gerichte kommen auf der schönen Terrasse mit Sitzplätzen direkt am Fluss auf den Tisch. Das Restaurant wird von drei Frauen geführt, von denen zwei türkischstämmig sind (und eine gut Deutsch spricht). ⌚ Mai–Okt tgl. 10–23 Uhr.

Armazis Tskaro, ✆ 599 696 992, bei Facebook. Uriges Ausflugsrestaurant mit Holzhäusern direkt am Südufer der Mtkvari, 4 km westlich der Stadt an der Straße nach Gori. ⌚ 11–23 Uhr.

Café Tatin, Mamulashvili St. 20, ✆ 571 453 553, bei Facebook. Romantisch-verspielt eingerichtetes Café – man könnte meinen, im Wohnzimmer einer eleganten alten Dame zu speisen –, das auch einen großen Balkon hat. ⌚ 10–22 Uhr.

Check-In Garden, Gamsakhurdia St. 17, ☎ 558 907 709, 💻 bei Facebook. Ein zweiter Blick lohnt: Von der Straße scheint das kleine Restaurant unscheinbar, versteckt liegt zur Rückseite am Fluss ein schöner Garten mit Terrasse, herrlich erfrischend an heißen Sommertagen. Auch im Innenraum im Untergeschoss sitzt man nett. Georgische und internationale Gerichte. ⌚ 11–23 Uhr.

Kera Restaurant, Sanapiro St. 3, ☎ 557 371 970, 💻 bei Facebook. „Slow cooked urban home food" wird in angenehmem Ambiente serviert: Der Speisesaal im historischen Gebäude ist stilvoll eingerichtet, im idyllischen Innenhof und auf der Holzterrasse am Fluss sitzt man sehr schön. Etwas höhere Preise. ⌚ 13–23 Uhr.

Ornament Express, Erekle II St. 14, ☎ 599 294 422, 💻 bei Facebook. Von der oberen der beiden Terrassen hat man einen schönen Kathedralen-Blick. Georgische und internationale Gerichte zu guten Preisen. ⌚ 10–23 Uhr.

€ **Salobie**, Tbilisi Bypass Rd. (SH29). Das Ausflugsrestaurant ca. 4 km südlich von Mtskheta an der Zufahrtsstraße ist bei Einheimischen sehr beliebt und feierte kürzlich sein 55-jähriges Bestehen. In rustikalem Ambiente in einem holzverkleideten Innenraum oder draußen auf der großen Terrasse gibt es zu günstigen Preisen alles, was die georgische Küche hergibt. Bestellt wird an der Theke, das Essen wird dann gebracht. ⌚ 10.30–23 Uhr.

SONSTIGES

Einkaufen und Versorgung

An der Hauptstraße, der D. Aghmashenebeli St., findet man einen **Supermarkt**, **kleine Läden** und **Bäckereien**. In der parallel verlaufenden Kostava St. gibt es eine **Apotheke** sowie mehrere **Geldautomaten**.

Öffentliche **Toiletten** findet man neben dem TIC sowie am großen Parkplatz.

Feste

Das Stadtfest **Mtskhetoba-Svetitskhovloba** findet Jahr für Jahr am 14. Oktober mit Musik, Volkstänzen und Kunsthandwerk rund um die Kathedrale statt.

Informationen

Tourist Information Center (TIC), Arsukidze St. 3, ☎ 032 251 21 28, ✉ ticmtskheta@gmail.com. ⌚ 10–18 Uhr.

TRANSPORT

Autos

Autos dürfen nicht in die historische Altstadt fahren, von Tbilissi kommend gibt es an der Ortseinfahrt einen bewachten **Parkplatz**, der wenige Lari kostet, östlich der Altstadt befindet sich ein weiterer Parkplatz.

Marschrutki

Die Marschrutka-Haltestelle liegt 4 km nördlich des Zentrums in einem Neubaugebiet, durchfahrende Marschrutki können an der D. Aghmashenebeli St. angehalten werden. Marschrutki von Gori oder Kutaissi halten nicht in Mtskheta, es muss in Tbilissi umgestiegen werden.

TBILISSI, von 8–18 Uhr alle 15 Min. in 30 Min. für 2 GEL.

Eisenbahn

Der **Bahnhof** liegt außerhalb der Stadt, am südlichen Ufer der Mtkvari nahe der Brücke. Einige der Züge zwischen Tbilissi und dem Westen des Landes halten in Mtskheta, schneller und einfacher ist jedoch die Anreise mit dem Minibus.

Umgebung von Mtskheta

In der näheren Umgebung von Mtskheta gibt es einige weitere Ausflugsmöglichkeiten für Kultur- und Geschichtsinteressierte, die ausschließlich mit dem Taxi oder eigenen Auto erreichbar sind.

Shiomgvime-Kloster

Eine schmale Asphaltstraße windet sich 12 km entlang der Bergkette westlich von Mtskheta bis zum Kloster von Shiomgvime, das umgeben von steilen Felsabhängen in einem versteckten Bergeinschnitt liegt.

Die zwischen dem 8. und 18. Jh. entstandene Klosteranlage ist ein bedeutendes Denkmal frühmittelalterlicher georgischer Baukunst und war im Mittelalter das **Zentrum der Christianisierung**. Später entwickelte sich Shiomgvime, genau wie die Klöster von Ikalto und Gelati, zu einem der wegweisenden Kulturzentren des Landes, an dem viele bedeutende georgische Künstler und Wissenschaftler wirkten. Zwischenzeitlich lebten dort um die 2000 Mönche, viele von ihnen in den **Höhlen** in den umliegenden Felswänden.

Schon als der syrische Mönch Shio Mgvhvimeli nach Mtskheta kam, um die Georgier zu missionieren – er war einer der 13 Syrischen Väter, die im 6. Jh. in Georgien das Christentum festigten –, befanden sich in den Felswänden natürliche Höhlen, in denen sich die Einheimischen bei Gefahr versteckten. Wahrscheinlich ließ sich Shio wegen dieser geschützten Wohnhöhlen dort nieder. Er soll in einer der Höhlen gelebt und in den umliegenden Dörfern gepredigt haben, der Name „Shiomghvime" bedeutet nichts anderes als „die Höhle des Shio". Nach Shios Tod wurden ein Kirche und später ein Kloster errichtet, das sich dank der großzügigen Unterstützung der Könige Giorgi II und Davit des Erbauers stetig vergrößerte. Im Laufe der Zeit wurden ebenso die Höhlen erweitert, die den Mönchen weiterhin als Wohn- und Meditationsstätten dienten.

Betritt man das Klostergelände, gabelt sich der gepflasterte Fußweg vor einem neuen Wirtschaftsgebäude. Links führt der Weg, vorbei an einigen alten, halb ausgegrabenen, zerbrochenen Kvevris (Tongefäßen) zu der **Johannes-Kirche**, die Johannes dem Täufer geweiht ist. In der ersten Hälfte des 6. Jhs. wurde zuerst eine unterirdische Grotte in den Fels geschlagen, die später zur heutigen Johannes-Kirche erweitert wurde. Man betritt sie durch einen kleinen Glockenturm, der im 17. Jh. ergänzt wurde. In der Grotte hatte sich laut Legende der Hl. Shio lebendig einmauern lassen – jedenfalls befinden sich offiziell seine sterblichen Überreste dort. Als das Konvent 1617 von den Persern überfallen, ausgeplündert und zerstört wurde, raubten die Eroberer die Gebeine Shios aus der Grotte. Doch es heißt, dass die heilige Raubbeute schnell wieder zurückgebracht wurde, denn den Persern soll angst und bange geworden sein, als aus den irdischen Resten Shios ein Heiligenschein emporstieg. Nach Süden schließen sich zwei Kirchenschiffe an, die mit farbenfrohen Fresken geschmückt sind. Die Grotte ist ein viel besuchter **Wallfahrtsort**, 100 m weiter bergauf liegt die **Mariä-Himmelfahrt-Kirche**, die mit ihrer Größe und leuchtenden Fresken beeindruckt. Während der Sowjetzeit wurde das Kloster unter Chruschtschow geschlossen und wird erst seit der Unabhängigkeit wieder von Mönchen bewohnt.

Eine Taxifahrt ab Mtskheta kostet (mit 40 Min. Wartezeit) ca. 20–30 GEL.

Ilia Chavchavadze Saguramo State Museum

Nordöstlich von Mtskheta liegt keine 15 km entfernt das Dorf **Saguramo**, das Ende des 19. Jhs. ein beliebter Ort der Sommerfrische und ein bevorzugter Rückzugsort für reiche Städter aus Tbilissi war. Auch der prominente und progressive Publizist Ilia Chavchavadze besaß dort ein Ferienhaus mit großem Garten. Als er mit seiner Frau Olga im August 1907 auf dem Weg zu seinem Landgut war, wurde ihre Kutsche von Banditen überfallen und das Ehepaar getötet. Die genauen Umstände der Ermordung wurden nie geklärt, es gibt jedoch Vermutungen, dass die zaristische Geheimpolizei Ochrana oder die Bolschewiken Auftraggeber des als Überfall getarnten Attentats waren. Denn Chavchavadze gehörte zu den geistigen Vätern des neuen georgischen Nationalbewusstseins, was bei der zaristischen Regierung nicht gut ankam – ebenso unbeliebt war er allerdings bei den Bolschewiken, die er offen kritisierte. Das Volk liebte ihn aber schon immer heiß und innig, und der Andrang zu seinem Begräbnis war riesig. Die **Villa** und der schöne **Garten** geben einen Einblick in das Leben der intellektuellen Elite Georgiens Ende des 19. Jhs., zu sehen sind Privatgegenstände aus Chavchavadzes Leben, die auf Georgisch und Englisch beschriftet sind. 🕒 Di–So 10–18, im Winter 10–17 Uhr, Eintritt 5 GEL.

Die Zufahrt nach Saguramo von der Autobahn S1 liegt nur 4 km nördlich der Ausfahrt nach Mtskheta. An der Ortseinfahrt befindet sich die Zedazeni-Bierbrauerei, die nach dem nahe gelegenen Kloster benannt wurde. Der Weg zum Museum ist ausgeschildert.

AKTIVITÄTEN

Ikorta Studio, Tserovani IDP Settlement, Row 12, Cottage 1963, ✆ 599 410 250, 💻 www.ikorta.com. Die Emaille-Werkstatt 10 km nördlich von Mtskheta wurde 2012 von einer NGO gegründet: Frauen, die während des Russisch-Georgischen Kriegs 2008 aus ihrer Heimat in Südosseten vertrieben worden waren, haben hier eine Ausbildung und sichere Arbeitsstelle bekommen. Sie stellen Schmuckstücke in der alten Cloisonné-Emaille-Technik her, die in Georgien seit dem 8. Jh. angewendet wurde. Workshops (2 Std./90 GEL p. P.) sind nach Voranmeldung möglich.

WEINGÜTER

Château Mukhrani, Mukhrani, ✆ 595 991 314, 💻 bei Facebook. Das schöne Ambiente des Weinguts im historischen Schloss ist bei Einheimischen beliebt für Feiern und Hochzeiten, mit Voranmeldung sind Führungen und Weinproben möglich. 🕒 Mo–Do 10–18, Fr–So 10–22 Uhr.

Iago's Winery, Chardakhi, ✆ 599 551 045, 💻 www.iago.ge. Iagos bernsteinfarbener „Amber"-Wein wird mit traditionellen Methoden aus der Chinuri-Traube hergestellt und war 2005 der erste Wein, der das Bio-Zertifikat erhielt. Führungen und Weinproben sind nach Voranmeldung möglich.

Kathedrale von Samtavisi

Die äußerst aktiven Syrischen Väter bauten zahlreiche Klöster im Land – Wiederholungen lassen sich da nicht vermeiden: Die Gründung der Samtavisi-Kathedrale, rund 50 km nordwestlich von Mtskheta, geht ebenfalls auf einen der Syrischen Väter zurück – der Hl. Isidore Samtavreli liegt dort begraben.

Von Norden aus betritt man das umfriedete Areal der Kathedrale durch ein Wehrtor, das mit einem Glockenturmaufsatz versehen ist. Links, auf der östlichen Seite des Grundstücks, befinden sich Überreste älterer Bauten. Als der Vorgängerbau der Kathedrale errichtet wurde, standen auf dem Areal bereits zwei Kirchen, die König Vakhtang I Gorgasali im 5. Jh. hatte erbauen lassen, sie wurden jedoch bei den Überfällen der Perser und Timur Lenks zerstört. Timurs Feldzüge im 14. Jh. und starke Erdbeben setzten auch der heutigen Kathedrale von Samtavisi zu – die Kuppel musste u. a. im 16. Jh. erneuert werden. Man sprach damals von dem „zweiten Bau der Kathedrale von Samtavisi".

Die mittelalterliche Kathedrale aus dem 11. Jh. gehört zum Typus der **Kreuzkuppelkirchen**. Über vier mächtigen Vierungspfeilern sitzt die Kuppel, die exakt in der Mitte der Längsachse emporragt. Die Samtavisi-Kathedrale kann mehr oder weniger sicher datiert werden: Eine Inschrift weist den Bischof Illarion Samtavneli als Auftraggeber und das Jahr 1030 als Baudatum aus. Etwa zur gleichen Zeit entstanden die Kathedralen von Bagrati in Kutaissi und die von Alaverdi in Kachetien.

Für Verwirrung sorgt allerdings eine zweite Inschrift, der zufolge der Bau erst 1168 vollendet worden sein soll – es würde jedoch nicht überraschen, wenn die Samtavisi-Kathedrale eine Art mittelalterliche Elbphilharmonie gewesen wäre, denn solche Großbauprojekte haben schon damals oft die Zeit- und Budgetplanung gesprengt.

Bekannt ist die Kathedrale aber vor allem für die künstlerische und vergleichsweise reiche bauplastische Gestaltung der **Außenfassade**. Sie wird von umlaufenden Blendbogen gegliedert, und das monumentale Lebensbaum-Kreuz an der Ostfassade ist eine der kunstvollsten und ausgereiftesten Darstellungen dieses in Georgien überaus beliebten Motivs. Die erhaltenen Wandmalereien im Inneren der Kathedrale stammen aus dem 19. Jh. Die Kirche mit ihren ausgewogenen Proportionen wurde zum **Prototyp georgisch-orthodoxer Kirchen**.

Anfahrt: Von der S1 zwischen Mtskheta und Gori die ausgeschilderte Ausfahrt nehmen, die Kathedrale liegt nur 2 km nördlich der Autobahn.

Gori

85 km nordwestlich von Tbilissi liegt am Zusammenfluss des Didi Liakhvi und der Mtkvari die Regionalhauptstadt Gori. Die etwas über 45 000 Einwohner zählende Kleinstadt ist administratives und industrielles Zentrum von Ober-Kartlien und vor allem für eines bekannt: Sie ist der **Geburtsort von Stalin**.

Dabei reicht die Geschichte der Stadt bis in römische Zeiten zurück. Einst befand sich hier ein Handelszentrum am Karawanenweg zwischen Byzanz und Mittelasien. Geschützt wurde es durch die **Festung von Gori (Goristsikhe)**, die für die Herrschaft über die gesamte Region eine Schlüsselrolle spielte. Mit dem Fortschritt der Kriegstechnik und dem Bau der Transkaukasischen Eisenbahn verloren Festung und Ort ihre strategische Bedeutung für Militär und Handel, Gori verkam zu einem Provinznest.

Ende des 19., Anfang des 20. Jhs. war Gori ein Ort, in dem Gewalttaten, Saufgelage und Schlägereien zur Tagesordnung gehörten. Und es war einer der letzten Orte, in denen der wilde Brauch brutaler Massenschlägereien nach besonderen Regeln praktiziert wurde. Die Prügeleien, bei denen schon Dreijährige gegeneinander angetreten sein sollen, hatten im mittelalterlichen Georgien als Kampfvorbereitung gedient. Die Stadt war ein Sumpf von Gewalt und Verbrechen und wurde von Straßenbanden beherrscht. Nur ein typischer Goreli konnte dort überleben: ein „matarbasi", wie die prahlerischen, wilden Nichtsnutze aus Gori im ganzen Land genannt wurden. Stalin war einer von ihnen. Es ist gut möglich, dass die Straßenkampfkultur Goris den jungen Stalin genauso stark prägte wie die Gewalttätigkeit seines Vaters, mit der die Kaltherzigkeit des totalitären Diktators oft erklärt wird.

Ende des 20. Jhs. ging es in Gori wesentlich friedlicher zu, bis die Stadt während des **Kaukasischen 5-Tage-Kriegs 2008** von russischen Flugzeugen bombardiert wurde. Bei den Angriffen starben über 500 Menschen, viele davon Zivilisten. Während des Konflikts wurden etliche Menschen aus nahe gelegenen Gebieten, die jetzt hinter dem südossetischen Grenzzaun liegen, vertrieben. Diese Internally Displaced Persons (Binnenflüchtlinge) wurden von der Regierung in gleichförmigen „IDP-Settlements" untergebracht, eine von ihnen liegt an der Autobahnausfahrt von Gori. Während der fünf Kriegstage wurden einige Gebiete nahe Gori vermint – die Minen konnten mittlerweile fast komplett entfernt werden, dank der internationalen Organisation HALO, 🖳 www.halotrust.org/where-we-work/europe-and-caucasus/georgia.

Die meisten Touristen besuchen nur das **Stalin-Museum** (s. u.), vis-à-vis der Touristeninformation. Südlich des Museums liegt das etwas verstaubte **Museum des Zweiten Weltkriegs** (Great Patriotic War Museum), Stalin Ave. 19, das den Zweiten Weltkrieg thematisiert, mit Beschriftungen auf Georgisch, Russisch und Englisch. 🕒 Di–So 10–18, im Winter 10–17 Uhr, Eintritt 3 GEL.

An der Kreuzung zur Chavchavadze Avenue erblickt man den großzügig angelegten, aber verwaisten **Hauptplatz**, auch er trägt noch immer den Namen des berühmten Gorelis. Bis vor wenigen Jahren stand dort vor dem Rathaus das überdimensionale Denkmal des nur 1,65 m großen „Woschd". Die Regierung ließ es im Sommer 2010 klammheimlich mitten in der Nacht demontieren – sie befürchtete den Widerstand der Einwohner, denn Stalin wird in seiner Heimatstadt noch immer verehrt.

Nordwestlich des Stalinplatzes erstreckt sich die sanierte **Altstadt** mit schmalen, verwinkelten Gassen am Fuße der Festung. Die meisten Gebäude sind allerdings nicht älter als 100 Jahre, da 1920 ein verheerendes **Erdbeben** fast die gesamte Stadt zerstörte. Am Flussufer des Didi Liakhvi steht an dem Platz, von dem die Marschrutki abfahren, das **moderne Bürgerzentrum** mit der unverkennbar extravaganten Architektur der Ära Saakaschwili. Hinter dem Bürgerzentrum wird der **Wochenmarkt** abgehalten, in den angrenzenden Gassen gibt es viele kleine Geschäfte und Lebensmittelläden. Gegenüber dem Bürgerzentrum liegt das **Stadion**, an das sich weiter südlich der **Akhalbagi-Park** anschließt, eine Grünanlage mit Fahrgeschäften, die 2023 wegen Renovierung geschlossen war.

Zuletzt schaffte es die Stadt 2019 mit erfreulichen Nachrichten in die Presse: Der er-

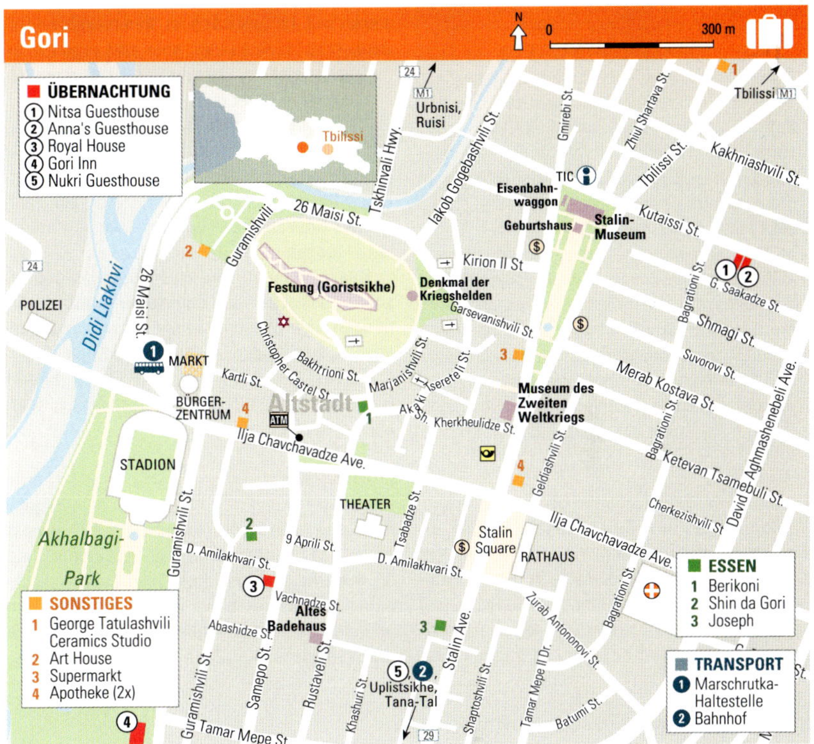

folgreiche **Frauenchor von Gori** nahm gemeinsam mit der georgischstämmigen Popsängerin Katie Melua ein Album auf und wurde international gefeiert.

Stalin-Museum

In dem Museum zum Gedenken an Josef Stalin, eigentlich Josef Wissarionowitsch Dschugaschwili, Stalin Ave. 19, ✆ 0370 225 398, 💻 www.stalinmuseum.ge, ist die Zeit stehen geblieben: Seit 1957 hat sich hier nicht viel verändert. Vier Jahre nach dem Tod des „Woschd" wurde das **palastartige Museumsgebäude** in stalinistischer Gotik errichtet, sein angebliches **Geburtshaus** wurde in den Park vor dem Museum verfrachtet und von einer tempelartigen Konstruktion überdacht, sodass es wie eine heilige Stätte erscheint. Davor steht noch immer eine **Statue des Diktators** in lässiger Pose.

Auch drinnen geht es skurril weiter: Fotografien und Bilder dokumentieren das Leben des Diktators von seiner Jugend bis ins Alter, persönliche Gegenstände und eine kurios-kitschige Sammlung von Geschenken anderer Staatsoberhäupter werden gezeigt. In einem feierlich abgedunkelten Raum wird die **Totenmaske** des Diktators präsentiert. Neben dem Museum steht der schlicht eingerichtete, **gepanzerte Eisenbahnwaggon**, mit dem Stalin 1943 zur Konferenz nach Jalta gefahren sein soll.

Das Museum zeigt den **Kult der totalitären Sowjetunion** um ihren eisernen Führer unverändert und unkritisch, was einen angesichts des heutigen Wissens über den Diktator erschaudern lässt. Tatsächlich genießt Stalin in seiner Heimat bei knapp 45 % der Bevölkerung noch immer hohes Ansehen – die Menschen verschließen ihre Augen vor dem Terror ihres

Stalin privat

Zeitlebens ist Stalin ein pflichtvergessener Sohn und miserabler Vater gewesen. Seinen Sohn Jakow aus seiner Ehe mit Ketevan Svanidze vernachlässigte er vollständig. Aus seiner zweiten Ehe mit Nadezhda Alliluyeva hatte er zwei Kinder: Sein Sohn Wassili starb mit 41 Jahren als Alkoholiker, zu seiner Tochter Swetlana hatte er anfangs ein inniges Verhältnis, doch das änderte sich, nachdem Swetlana mitbekam, wie ihr Vater telefonisch einen Mord beauftragte. Sie floh 1967 in die USA. Seine 20 Jahre jüngere Frau Nadezhda brachte sich 1932 nach einem Streit mit Stalin um. Der Diktator war außerdem Vater zweier unehelicher Kinder, um die er sich nie kümmerte.

Landmannes, dem durch die Große Säuberung, Verbannungen und Gulags bis zu 20 Mio. (!) Menschen, darunter zahlreiche Georgier, zum Opfer fielen. Den Opfern wurde in den Ausstellungen kein Platz eingeräumt, und die Regierung ist noch immer nicht sicher, was mit dem meistbesuchten Museum des ganzen Landes passieren soll. Im Gespräch ist, den makabren Gedenkort so zu bewahren, aber eine ergänzende Parallelausstellung über die Grausamkeiten Stalins und seine Opfer einzurichten.

Noch ist von Aufarbeitung auch in der näheren Umgebung nicht viel zu spüren: Stalin blickt von übergroßen Plakaten, Aschenbechern, Tellern oder auch als kleine Goldstatue aus zahlreichen Souvenirläden entschlossen den Touristen entgegen.

Beschriftungen sind im Museum in georgischer, russischer und englischer Sprache vorhanden, im Erdgeschoss befindet sich eine Ausstellung zum Kaukasischen 5-Tage-Krieg 2008.

🕒 10–18, von Nov–April 10–17 Uhr, Eintritt zum Museum 10 GEL, zum Waggon 5 GEL, Kombiticket mit Führung 15 GEL.

Goristsikhe

Die Goris-Festung (dt. „Festung auf dem Hügel") ist so alt wie die Stadt selbst und war ihr Namensgeber. Teile der Festungsmauer sollen noch auf die erste Anlage aus vorchristlicher Zeit zurückgehen, die wechselvolle Geschichte lässt sich anhand der unterschiedlichen Mauerteile, die aus verschiedensten Zeiten stammen, erahnen.

Im Jahr 2010 landete Stalins Denkmal auf dem Schrott.

© NINA KRAMM

Die Festung kontrollierte den Korridor und die Handelsroute zwischen West- und Ostgeorgien. Sie nahm, neben der Narikala-Festung in Tbilissi und der von Surami, eine Schlüsselrolle für die Herrschaft über das ganze Land ein. Der römische Feldherr Pompeius belagerte Goristsikhe 65 v. Chr. vergeblich, im 16. Jh. hatten die Osmanen mehr Erfolg und zerstörten die Anlage. Die Besitzer wechselten in den Folgejahren häufiger. Spektakulär war die Rückeroberung durch die Georgier im Jahre 1599: Die Bevölkerung von Kartli erhob sich gegen die osmanische Herrschaft, nach ganzen zehn Monaten Belagerung konnte die stationierte Garnison nicht weiter standhalten, und die Kartlier erstürmten die Wehranlage. Nachdem das russische Zarenreich Georgien annektiert hatte, war eine russische Garnison in der Festung stationiert. Wegen des technischen Fortschritts verlor sie jedoch an Bedeutung und wurde nach einem zerstörerischen Erdbeben 1920 nicht wieder aufgebaut.

Ein Fußweg führt von der Altstadt auf der Südseite zu den Ruinen, von denen man weit über die Stadt und das Umland blicken kann. Beim Auf- oder Abstieg kann man einen Abstecher zum **Denkmal der Kriegshelden** machen, das sich am Fuße der Festung auf der östlichen Seite befindet. Die charakteristische Formgebung lässt erkennen, dass die acht Metallskulpturen, die dort im Kreis sitzen, in der Sowjetzeit geschaffen wurden.

Art House

Seit Kurzem hat Gori einen Ort für zeitgenössische Kunst und Ausstellungen: Die Mitglieder des Gori Fotografie Clubs renovierten das ehemalige Gebäude des Festungsmuseums. Seither können dort junge Künstler und Fotografen ihre Arbeiten zeigen. Guramishvili St. 5, am Fuße der Festung, ✆ 596 115 822, 💻 www.photo-graphy.ge und auf Facebook, 🕒 12–19 Uhr, Eintritt frei, Spenden willkommen.

ÜBERNACHTUNG

Anna's Guesthouse, Kutaisi St. 60, ✆ 577 091 463, 💻 bei Facebook. Gemütliches Gästehaus mit Mobiliar aus den 60ern, ein 4er-Apartment mit Bad sowie 1 Vier-Bett- und 1 DZ mit Gemeinschaftsbad. Gastgeberin Anna arbeitet als russisch-sprachige Führerin im Stalin-Museum, kennt sich bestens aus und kann Ausflüge in die Umgebung organisieren. Es gibt eine Gemeinschaftsküche, nach Vorbestellung kocht Anna auch gern. Schöner Garten mit Hängematten. ❷

Gori Inn, D. Guramishvili St. 1, ✆ 568 599 090. Großes, komfortables Hotel am Stadtrand mit Pool, Spa, Sauna, Fitnessraum, Weinkeller, Bar, Restaurant und Dachterrasse. ❹

Nitsa Guesthouse, Kutaisi St. 58, ✆ 599 142 488, 💻 bei Facebook. Die herzliche Lia spricht gut Englisch und vermietet in ihrem gemütlichen Heim 1 Vier-, 2 Drei-Bett- und 1 DZ, die sich 2 Bäder teilen. Es gibt einen kleinen Garten, musikalische Gäste dürfen außerdem das Klavier und die Gitarre benutzen. ❶

Nukri Guesthouse, Marabdeli St. 24, ✆ 598 656 584. Am südlichen Stadtrand nahe dem Bahnhof gelegen, insgesamt 6 farbenfrohe Zwei-, Drei- und Vier-Bett-Zimmer, einige mit Privatbad, eines barrierefrei. Mit Gemeinschaftsküche, Terrasse und Garten mit Weinreben und Sitzgelegenheiten. Die Besitzer stellen selbst Wein und Schnaps her, der verkostet werden kann. Sie können Ausflüge in die Umgebung mit ihrem sowjetischen Oldtimer organisieren. ❷

Royal House, Samepo St. 45, ✆ 599 909 129, 💻 bei Facebook. Hotel mit gutem Standard nahe der Altstadt mit Pool im Hinterhof und Zimmern unterschiedlicher Kategorien. Parkmöglichkeiten vorhanden. ❷

ESSEN

Berikoni, Akaki Tseretli St. 1, ✆ 598 804 848, 💻 bei Facebook. Von Einheimischen gut besuchtes, authentisches Restaurant. Leckere und günstige georgische Gerichte werden drinnen in Separees oder auf der Dachterrasse serviert. 🕒 9.30–23.30 Uhr.

Joseph, Stalini Ave. 11, ✆ 598 008 811, 💻 bei Facebook. Leckere georgische Küche, es finden häufig georgische Folklore- und Tanzvorstellungen statt. 🕒 9–23.30 Uhr.

Shin da Gori, R. Kurdadze St. 1, ✆ 370 277 006, 💻 bei Facebook. In einer Seitenstraße versteckt gelegenes Restaurant mit großer

Der Georgier Josef Dschugaschwili alias Stalin

Am 6. Dezember 1878 kam Josef Wissarionowitsch Dschugaschwili als Sohn des Schuhmachers Wissarion Dschugaschwili und der Haushälterin Ketevan Geladze in Gori auf die Welt. Obwohl die Mutter ihren Josef, genannt Sosso, heiß und innig liebte, verprügelte sie ihn ebenso wie sein trunksüchtiger Vater. Doch sie schaffte es auch, ihn auf die **Kirchenschule von Gori** zu bugsieren. Dort glänzte Sosso mit den besten Noten, sang im Chor und spielte in der Theatergruppe. Doch gleichzeitig war er auch ein eigensinniger Rebell und herrischer Bandenanführer. Das Straßenleben in Gori bot die perfekten Voraussetzungen für seine Karriere, doch den letzten Schliff gab ihm das **Priesterseminar von Tiflis**, zu dem Sosso wegen seiner ausgezeichneten Noten Zugang erhielt – damals das beste Bildungsinstitut im Kaukasus. Dort herrschte ständige Beaufsichtigung, Schikanierung und Bespitzelung durch die Mönche, von denen Stalin fürs Leben lernte. Ein ehemaliger Schüler kommentierte: „Keine weltliche Anstalt brachte so viele Atheisten hervor wie das Seminar von Tiflis". In Tiflis traf der junge Josef 1897 auf die erste sozialistische Partei Georgiens, die „Messame Dassi" (Die dritte Gruppe), trat 1898 der Sozialdemokratischen Arbeiterpartei Russlands (SDAPR) bei und lernte die Schriften Lenins kennen.

Der junge Mann mit „den brennenden Augen" wurde 1899 vom Priesterseminar exmatrikuliert, tauchte 1901 in den Untergrund ab und begann mit seiner **revolutionären Arbeit**: Er verbreitete verbotene marxistische Schriften und war ein hervorragender Organisator von Versammlungen und Streiks. Mit seiner rücksichtslosen, gebieterischen Art arbeitete er sich erst zum Anführer einer Gangstergruppe hoch und wurde später eine Art kaukasischer Obermafioso: Schutzgelderpressungen, Piraterie, Banküberfälle und blutige Attentate gehörten zu seinem Repertoire. Sein größter Coup war die Planung des **Banküberfalls in Tiflis** 1907 (S. 166), der international für Schlagzeilen sorgte und der bolschewistischen Parteikasse 250 000 Rubel (ca. 2,5 Mio. €) einbrachte. Denn Koba, wie sein neuer Deckname war, wurde zu einem der wichtigsten **Geldbeschaffer der Partei** und dafür von Lenin bald geschätzt und bereits 1905 zum Repräsentanten der bolschewistischen Partei des Kaukasus gewählt.

Zu diesem Zeitpunkt war die SDAPR bereits zersplittert, die meisten der Führer befanden sich im Exil. Bereits bei dem Parteitag 1903 in London hatte sich die **sozialdemokratische Partei gespalten**: in die Bolschewiken (Mehrheitler) und die Menschewiken (Minderheitler). Koba schlug sich unter Lenins Führung auf die Seite der Bolschewiken, die allerdings in Georgien wenig Unterstützung fanden und durch die Ochrana, die zaristische Geheimpolizei, untergraben wurden.

Zehn Jahre nach seiner ersten Verbannung wurde Koba im Jahr 1913 wieder einmal von der Ochrana geschnappt und für vier Jahre in die **Verbannung** in das isolierte sibirische Turunchansk geschickt – die härteste seiner Strafen. Bis dato war er insgesamt neun Mal verhaftet, vier Mal inhaftiert worden und aus acht Verbannungen geflohen. Diesmal musste er die Strafe absitzen, da ihm kein Geld für die Flucht geschickt wurde. Erst 1917 kehrte er zurück – rechtzeitig zur Februarrevolution.

Kampf um die Macht

In Russland brodelte es, als sich Koba nach Sankt Petersburg begab und die Leitung der Parteizeitung *Prawda (Wahrheit)* übernahm. Er wurde zum rechten Arm Lenins, der ihn nach der Oktoberrevolution 1918 und der Machtübernahme der Bolschewiken zum Kommissar (Minister) für Nationalitäten der provisorischen Sowjetregierung machte, bereits seit 1912 war er **Mitglied des Zentralkomitees** (ZK). Während des Bürgerkriegs von 1918–22 schaffte es Stalin – wie er sich jetzt nannte –, als militärischer Befehlshaber mit seinen Truppen in Zarizyn (später Stalingrad, heute Wolgograd) das wichtige Getreideanbaugebiet zu verteidigen. Auch ging er brutal gegen die Unabhängigkeitsbewegungen der Minderheitsnationalitäten vor – besonders die rücksichtslose Eingliederung seines Heimatlandes brachte ihm Kritik von Lenin ein.

Als Lenin 1924 starb, begann der **Machtkampf**, aus dem Stalin als Sieger hervorgehen sollte. Von seinem härtesten Konkurrenten, dem eloquenten Trotzki, als ungebildeter Bauerntölpel belächelt und von seinen Gegnern als „grauer Fleck" abgetan, unterschätzen sie alle seine perfektionierten konspirativen Fähigkeiten. Lenin hatte kurz vor seinem Tod erstmals die von ihm zuvor geschätzte, grobe Art Stalins kritisiert und in seinem Testament gefordert, Stalin durch jemanden zu ersetzen, der „toleranter, loyaler, höflicher und den Genossen gegenüber weniger launenhaft ..." sei, zugleich warnte er eindringlich vor Stalins angehäufter Macht. Denn Stalin war mittlerweile Generalsekretär des Zentralkomitees und besetzte drei weitere Schlüsselpositionen. Es gelang Stalin, die Veröffentlichung des Testaments zu verhindern und gemeinsam mit seinen Verbündeten Kamenew und Sinowjew die Führung im regierenden Triumvirat beizubehalten.

Stalin-Kult und Terror

Mit Intrigen entledigte sich Stalin seiner Konkurrenten und oft auch seiner Verbündeten und war ab 1927 **uneingeschränkter Alleinherrscher**. Da er praktisch die Aufsicht über das gesamte Staatspersonal hatte, konnte er sich seine eigenen Funktionäre heranziehen, die ihm treu ergeben waren.

Ab 1928 setzte er die **Zwangskollektivierung** um, bei der ursprünglich die „Kulaken", reiche Großbauern, enteignet werden sollten – tatsächlich wurden alle Bauern ihres Bodens beraubt und in unproduktive Kooperativen gezwungen. Es folgten verheerende **Hungersnöte**, während derer schätzungsweise 10–20 Mio. Menschen starben. Stalin schob den schwarzen Peter den Kulaken zu und begann den **Kult um seine Person** als Übervater und unfehlbarer Führer, dem „Woschd", auszubauen.

Der Mord an dem Parteisekretär Sergei Kirow, einem Gegenspieler Stalins, gab 1934 den Anlass zu willkürlichen Hinrichtungen und den Schauprozessen von Moskau, bei denen ein Großteil der höheren Parteiminister exekutiert wurde. Es war der Beginn der Tschistka, des **großen Terrors**, bei dem zwischen 1936 und 1938 rund 750 000 Menschen hingerichtet wurden, darunter seine einstigen Verbündeten Sinowjew und Kamenew. Niemand war vor Anschuldigungen sicher, es herrschte ein Klima der Angst und Verfolgung. Stalin baute einen **Repressionsapparat** auf, der durch die paranoide Psychologie einer ständigen Verschwörung unterhalten wurde.

Der **Zweite Weltkrieg** versetzte den Diktator in einen Schock: Obwohl er mit Hitler am 23.8.1939 einen Nichtangriffspakt geschlossen hatte, überfiel Nazideutschland 1941 die Sowjetunion. Dummerweise hatte Stalin nach der „Militärverschwörung" kurz zuvor seine eigene Armee stark dezimiert und über 40 000 Generäle und Offiziere hinrichten lassen. Mehr durch patriotische Motivation und harte Strafen als durch die Fähigkeiten des „Generalissimo" Stalin konnte der „Große Vaterländische Krieg" gewonnen werden. Wer in Kriegsgefangenschaft geriet, galt als Verräter, dessen Angehörige mit Bestrafung rechnen mussten. Auch Stalins Sohn Jakow aus erster Ehe bekam das zu spüren: Stalin lehnte einen Tauschhandel ab – Jakow beging im Gefangenenlager Selbstmord. Über 13 Mio. sowjetische Soldaten starben während des Zweiten Weltkriegs, weitere 14 Mio. Zivilisten kamen ums Leben. Zudem richtete sich innerhalb der Sowjetunion der Terror gegen einzelne Volksgruppen wie Krimtataren und Tschetschenen, die als „Volksfeinde" deportiert wurden – was für Hunderttausende den Tod bedeutete.

Nach dem Krieg begann Stalin nicht nur, eine kolossale Bürokratie zur Verwaltung seines Riesenreichs aufzubauen, er schuf eine neue Welt, in der die Lüge zur Wirklichkeit wurde: Archive wurden bereinigt, Formulierungen angepasst, Fotos retuschiert und Schulbücher umgeschrieben.

Das Ende

Stalin konnte nun zwar jeden zwingen, die Unwahrheit zu sagen, erfuhr aber nicht mehr, was die Menschen wirklich dachten und was tatsächlich in seinem Land vor sich ging. Kurz vor seinem Tod deckte Stalin die „Ärzteverschwörung" auf, zahlreiche Ärzte wurden wegen angeblicher Attentatspläne hingerichtet. Sein Ende überrascht daher nicht: Nach einem **Schlaganfall** lag er mehrere Tage allein in seiner Wohnung und starb am 5. März 1953 – niemand hatte sich getraut, ihm zu Hilfe zu kommen.

Terrasse. Auch drinnen sitzt man schön: in dem Raum mit den großen Fenstern oder in dem mit der typisch meskhetischen Decke. ⌚ 11–23 Uhr.

AKTIVITÄTEN

Stadtführungen

Gori Free Walking Tour, ✆ 598 166 230, 💻 bei Facebook. Zhana zeigt Reisenden, dass Gori so einiges mehr zu bieten hat als das Stalin-Museum. Sie lässt Gorelis ihre Geschichte erzählen und kennt die verborgenen Schätze der Stadt. Anmeldung mind. 1 Tag im Voraus.

Töpferkurs

George Tatulashvili (s. u.) gibt nach Voranmeldung Workshops (Vorführung 50 GEL, selbst Töpfern 100 GEL) in seiner Keramikwerkstatt.

SONSTIGES

Einkaufen und Versorgung

Der **Markt** und einige **Geschäfte** befinden sich bei dem Bürgerzentrum und der Marschrutka-Haltestelle, Ecke Ilia Chavchavadze Ave./Davit Guramishvili St., ein **Supermarkt**, die **Post**, mehrere **Geldautomaten** und **Apotheken** an der Stalin Ave. nahe dem Rathaus.

George Tatulashvili Ceramics Studio, E. Ninoshvili St. 10, ✆ 599 158 958, 💻 bei Facebook. George führt den Betrieb seines Großvaters weiter, dessen Werke in ganz Georgien bekannt und beliebt waren und im über 200 Jahre alten Ofen gebrannt wurden, der heute als kulturelles Erbe ausgestellt ist. Georges Töpferwaren sind hauptsächlich gelb, violett und blau glasiert – so wie traditionell üblich in der Region. Auch Führungen (15 GEL) auf Englisch durch Werkstatt und Ausstellungsraum sowie Workshops sind möglich, s. o. ⌚ Nach Voranmeldung.

Informationen

Tourist Information Center (TIC), Kutaissi St. 23a, ✆ 0370 270 776, ✉ ticgori@gmail.com. ⌚ April–Sep tgl. 9–18, Okt–März 10–18 Uhr.

TRANSPORT

Taxis

Taxis zu den nahe gelegenen Sehenswürdigkeiten vermitteln Gästehäuser und das TIC, z. B. zur Ateni-Sioni-Kirche (30–40 GEL), Samtavisi-Kathedrale (50–60 GEL) oder Kintsvisi-Kirche (70–90 GEL), jeweils mit Wartezeit vor Ort.

Marschrutki

AKHALTSIKHE, um 8.30 Uhr in ca. 2 Std. für 10 GEL.
ATENI, von 8–18 Uhr alle 30–60 Min. in 30 Min. für 1,50 GEL.
BORJOMI, um 12.40 Uhr in 1 Std. für 7 GEL.
KVAKHVRELI (für Uplistsikhe), um 6.30, 8, von 8.30–15.30 Uhr stdl., 17 und 18 Uhr in 20 Min. für 1,50 GEL.
TBILISSI, zwischen 7 und 19 Uhr alle 15 Min. in 1 1/2 Std. für 5 GEL.
Minibusse von und nach KUTAISSI fahren nicht in die Stadt hinein, man muss sich an der Autobahnausfahrt absetzen lassen und dort in vorbeifahrende Marschrutki zusteigen. Eine Fahrt von der Autobahnausfahrt ins Zentrum sollte nicht mehr als 7–10 GEL kosten.
Es gibt außerdem mehrmals tgl. Verbindungen nach KASPI, RUISI und URBNISI.

Eisenbahn

Vom **Bahnhof** (ca. 2 km südlich der Marschrutki-Station im Stadtzentrum) fahren regelmäßig Züge nach:
KUTAISSI, um 10.07 Uhr in 4 Std. für 15 GEL.
TBILISSI, um 11.42, 16.22 und 22.14 Uhr in ca. 1 1/4 Std. für 8–39 GEL.

Umgebung von Gori

Zwar ist Gori selbst nicht gerade idyllisch, doch die Landschaft in der Umgebung des Städtchens ist sehr reizvoll und hält mit Uplistsikhe und Didi-Ateni zwei Schmankerl für Geschichts- und Kulturfreunde bereit.

Uplistsikhe

Heute gehört die 12 km östlich von Gori gelegene **verlassene Höhlenstadt** zu den Hauptsehenswürdigkeiten Georgiens. Vielleicht erscheinen die Höhlenanlagen von Uplistsikhe auf den ersten Blick weniger spektakulär als die von Davit Gareja oder Vardzia, dafür sind sie um einiges älter: Schon in der Bronzezeit, im 6. Jh. v. Chr., wurde die „Festung Gottes" gegründet, die meisten der Höhlen wurden zwischen dem 6. und 4. Jh. v. Chr. in den Stein geschlagen.

Die stark befestigte **Handelsmetropole** war ein sicherer Umschlagplatz für die begehrten Waren jener Zeit, die zwischen Byzanz und China von Kamelkarawanen über Tausende von Kilometern transportiert wurden. Eigentlich klar, dass die Einwohner überwiegend vom Handel lebten, und das wohl recht gut – zwischenzeitlich sollen über 5000 Menschen hier gewohnt haben, bei Gefahr sollen hier 20 000 Menschen Schutz gefunden haben. Uplistsikhe wurde zum politischen, kulturellen und religiösen Zentrum, ihre Blütezeit erlebte die Stadt zwischen dem 9. und 11. Jh. Selbst auf fließend Wasser mussten die Einwohner schon damals nicht verzichten: Ein **Bewässerungssystem** von mehreren Kilometer langen Tonröhren versorgte die Stadt mit frischem Wasser von den Nachbarhügeln. Natürlich gab es auch eine Kanalisation mit Abflussrinnen und Wasserkanälen, die noch immer deutlich zu erkennen sind.

Um sich ein Bild der einstigen Stadt zu machen, braucht es dennoch etwas Fantasie: Nur die in den Stein geschlagenen Teile der Bauten sind erhalten, die normalerweise **durch Holzanbauten erweitert** waren, welche schon lange verschwunden sind. Denn im 18. Jh. verließen die letzten Einwohner ihre Felsendomizile. Die Höhlenfestung hatte zwar über die Jahrhunderte vielen Überfällen standgehalten – doch ein erster Niedergang folgte bereits nach dem Überfall der Mongolen im 13. Jh., die Uplistsikhe eroberten und zerstörten. Der Zusammenbruch des Byzantinischen Reichs, der die Handelsrouten nach Europa kappte, sowie einige Erdbeben taten ihr Übriges.

Rundgang

Ursprünglich gab es drei Zugänge zu der stark befestigten Höhlenstadt, die von massiven, 10 m hohen Festungsmauern umgeben war. Heute betreten Besucher das Areal über eine Holztreppe von Osten, vorbei an den von Metalldächern geschützten Resten eines **alten Wachturms** aus dem 4./3. vorchristlichen Jahrhundert.

Das ehemalige Stadtgebiet erstreckt sich über 8 ha auf einer sich von Nordwesten nach Südosten absenkenden Fläche, die zum Fluss im Süden steil abfällt und so zu dieser Seite ebenfalls gut geschützt war. Die **Handelszone** befand sich in der Unterstadt, im südöstlichen Stadtgebiet, von dort führte ein steiler Aufstieg in das zentrale **Wohnviertel**, weiter oben erstreckten sich der **Palastbezirk** und die Tempel bzw. später die Kirchen.

Schon von Weitem fällt eine Höhle mit **spitzem Dachgiebel** auf. Das Tonnengewölbe dieses ehemaligen Tempels ist mit einer Kassettendecke aus achteckigen und quadratischen Feldern gegliedert. Diese Halle liegt links des breiten Hauptweges, der bergauf zur Uplistsuli-Kirche führt. Blickt man nach rechts bergab, sind die Reste der **Makvliani-Halle** zu erkennen, wahrscheinlich ebenfalls ein alter Tempel, der einer der größten Komplexe der Höhlenstadt war.

Weiter bergauf befindet sich links des Hauptweges der **Saal der Tamar**, eine Felsenhalle mit zwei Säulen, die eine steinerne Nachbildung eines georgischen Hauses darstellt. In die Decke sind Imitationen von Holzbalken in den Stein geschlagen. Der Saal der Tamar war die Luxusversion des Standardhauses. Der durchschnittliche Einwohner musste sich mit einem einfachen Standardheim zufriedengeben: einem zentralen Raum mit Feuerstelle, der als Wohnküche genutzt wurde, einem rückwärtigen Schlafraum und einigen Wandnischen für die Vorräte.

Südlich des Saals der Tamar liegt die sogenannte **Apotheke**, die ihren Namen von den kleinen, in die Wand geschlagenen Fächern erhielt, denn man vermutet, dass dort Heilkräuter und Medizin gelagert wurden. Westlich der Apotheke schließt eine **alte Weinpresse** an: ein großer rechteckiger Trog, in dem die Trauben gestampft wurden, der mit einem Sammelbecken verbunden ist. Überall auf dem Gelände sind kleinere Weinpressen zu finden, auch ehemalige **Tone-Öfen** gehörten zu der Ausstattung der meisten Häuser, sie befanden sich in runden Löchern und wurden mit Dung befeuert, denn Holz war knapp.

Ein Stück bergauf, nördlich des Saales der Tamar, wurde im 9./10. Jh. eine **dreischiffige Basilika** in den Stein gehauen. Sie liegt gegenüber der **Uplistsuli-Kirche** aus der 2. Hälfte des 10. Jhs., dem einzigen intakten Gebäude der Anlage.

Blickt man vom westlichen Teil der Anlage ins Tal Richtung Gori, fallen am Ufer der Mtkvari Ruinen eines verlassenen Dorfes auf: Die Einwohner von Uplistsikhe wurden umgesiedelt, nachdem unter der Ortschaft die lange gesuchte **Nekropole** der antiken Höhlenstadt gefunden worden war. Seit den 1980er-Jahren finden dort Ausgrabungen statt.

Die alte Höhlenstadt verlässt man so, wie es früher die Uplistsikher bei Belagerungen machten: durch den **Geheimtunnel**, der hinab zum Flussufer führt, Schilder weisen den Weg.

Höhlenstadt und Museum, ✆ 595 520 778, ⏲ Di–So 10–19, im Winter 10–18 Uhr, Eintritt 15 GEL, Führung 45 GEL, Audioguide 15 GEL.

Anfahrt: Ein Taxi von Gori nach Uplistsikhe mit 2 Std. Aufenthalt kostet ca. 30–40 GEL, es ist auch möglich, mit dem Bus für 20 Tetri Richtung Kvakhvreli zu fahren und dem Fahrer zu sagen, dass man nach Uplistsikhe möchte, er setzt einen dann kurz vor der Brücke ab. Von dort müssen die letzten 1,5 km gelaufen werden.

Tana-Tal

Südlich von Gori schneidet die Tana, ein Zufluss der Mtkvari, ein tiefes Tal in das Trialetische Gebirge. Eine überraschend schroffe Landschaft mit steilen Gesteinsaufwerfungen charakterisiert das 50 km lange Tal, das schon seit der Bronzezeit besiedelt ist. Die kargen Felsen strahlen nur im Frühjahr kurz in intensivem Grün auf, schon seit altersher wird hier Weinbau betrieben.

Das landschaftlich reizvolle Tal ist bei Einheimischen ein beliebtes Ziel für Wochenendausflüge und Picknicks und eine sehr **schöne Wandergegend**. Im TIC von Gori (S. 328) ist eine Broschüre mit Wanderkarte und Routenbeschreibungen erhältlich.

Ateni-Sioni-Kirche

Im Tana-Tal gibt es zahlreiche historische Kulturdenkmäler, das bekannteste ist die kleine, massive Zionskirche in der Siedlung Didi Ateni. 15 km südlich von Gori erhebt sich die **Kreuzkuppelkirche** auf einem gemauerten Sockel über dem Dorf und der hier tiefen Schlucht der Tana. Die Ateni-Sioni-Kirche ist eindeutig ein Nachbau der Jvari-Kirche in Mtskheta, doch was das Alter der Kirche anbetrifft, herrscht Uneinigkeit: Sie wird oft auf das 7. Jh. datiert, wobei Bauinschriften das 10. Jh. nennen. Im 16. Jh. wurde der Bau bei einer Instandhaltung verändert, leider wurden dabei die meisten der **Bauplastiken** an den Fassaden aus ihrem thematischen Zusammenhang gerissen. Betritt man das Kirchengelände durch das weinumrankte Tor, nähert man sich der Schauseite im Westen. Dort sind einige Reliefs erhalten. Links an der Nordecke ist ein Motiv aus dem Alten Testament zu sehen: Samsons Kampf mit dem Löwen, den er mit bloßen Händen erlegte.

Im Inneren sind die kunstvollen **Wandmalereien** aus dem 7., 9. und 12. Jh. nur noch teilweise erhalten. In der Westkonche kann man die *Deesis* (s. Kasten S. 133) und das *Jüngste Gericht* erkennen, zwischen Propheten und Märtyrern wird auch die Hl. Nino gezeigt. In der Apsis erhielt Maria mit dem Jesuskind im Arm einen Ehrenplatz. Die Kirche ist Zion geweiht, das als Grabstätte der Gottesmutter gilt.

⏲ 9–18 Uhr, Eintritt frei. Marschrutki fahren regelmäßig von der Haltestelle am modernen Bürgerzentrum ab, ein Taxi zur Ateni-Sioni-Kirche sollte nicht mehr als 30–40 GEL kosten.

ÜBERNACHTUNG

Nika Vacheishvili's Guesthouse, Didi Ateni, ✆ 772 70 032, 💻 www.atenuri.ge. Das traumhaft gelegene Weingut und Gästehaus von Nika und Diana hat eine ganz besondere Atmosphäre. Auf den Tisch kommt nur Frisches direkt aus dem Garten. Insgesamt 1 Drei-, 3 Zwei-Bett- und 2 DZ, zwei davon mit Privatbad und eigenem Balkon. Weinverkostungen sind für 30–40 GEL möglich. Mit Halbpension ❹

Zwischen Gori und Kutaissi

Wer zwischen Gori und Kutaissi mit dem eigenen Auto unterwegs ist und von Kirchen nicht genug bekommen kann, auf den warten nahe

Der Engel von Kintsvisi ist das berühmteste Fresko der Kirche. ▸

der Autobahn einige bau- und kunsthistorische Leckerbissen.

Urbnisi-Kirche

Dass Römer und Griechen einst die damals bedeutende kaukasische Stadt **Urbnisi** kannten, kann man sich heute kaum noch vorstellen. Nur die gewaltige dreischiffige Basilika Urbnisi-Sioni aus dem 6. Jh. erinnert daran, dass das heute verschlafene Dorf während der Antike und dem Mittelalter eine überaus bedeutende Stadt war – bei Ausgrabungen wurden Ruinen einer Festung, einer Badeanstalt, paganer Heiligtümer und eines jüdischen Tempels gefunden. Die Autobahnausfahrt nach Urbnisi befindet sich 10 km westlich von Gori, die Kirche liegt 2 km südlich der Autobahn. Der Weg ist ausgeschildert.

Ruisi-Kirche

Quasi gegenüber, nördlich der Autobahn, steht ebenfalls als Relikt vergangener, besserer Zeiten die **Verklärungskirche von Ruisi**. Die Kreuzkuppelkirche wird auf das 8./9. Jh. datiert. Spuren von Restaurierungsarbeiten fallen an vielen Stellen auf, an denen statt der hellen rechteckigen Steinquader dunklere Steine und Ziegelsteine verwendet wurden.

Kintsvisi-Kloster

An einem bewaldeten Berghang 35 km westlich von Gori befindet sich in idyllischer Lage der Klosterkomplex von Kintsvisi, zu dem drei Kirchengebäude aus unterschiedlichen Zeiten gehören.

Die Hauptkirche des Konvents, die **St.-Nicholas-Kirche**, ist für ihre **mittelalterlichen Fresken** berühmt. Die Kreuzkuppelkirche wurde im 13. Jh. in der zu dieser Zeit üblichen Ziegelbauweise errichtet und von außen fast schmucklos belassen, einzig die Giebel sind mit (an georgischen Kirchen öfter zu sehenden) **Miniaturkirchen** geschmückt. Das Innere dagegen überrascht mit gut erhaltenen Wandmalereien. Die Andeutung von Bewegungen der dargestellten Personen und der weich modellierte Faltenwurf der Kleidung vor dem intensiv blauen Hintergrund sind in der georgischen Kirchenmalerei einmalig.

In der Kuppel findet sich die Darstellung eines Triumphkreuzes, den Tambour zieren zwischen den zwölf Fenstern Darstellungen von Propheten und Heiligen, sowie in den Eckzwickeln die vier Evangelisten. Östlich unterhalb der Kuppel ist eine **Deesis** (s. Kasten S. 133) mit thronendem Christus, Gottesmutter und Johannes dem Täufer dargestellt. In der **Ostapsis thront Maria**, die nördlichen und südlichen Kreuzarme zeigen den Zyklus der zwölf Kirchenfeste. Dort fällt der **Engel von Kintsvisi** an der Nordseite ins Auge, der zwischen zwei Fenstern schwebt und isoliert erscheint, aber tatsächlich den Mittelteil der Darstellung *Drei heilige Frauen am Grabe Christi* bildet. Darunter befindet sich die **Galerie der Herrscher**, die für die Datierung der Fresken entscheidend ist: König Giorgi III, **Königin Tamar** und ihr Sohn Lasha, die vor Christus stehen. Insbesondere Tamars Abbildung ist eine Besonderheit, denn es ist eine von nur zwei Bildnissen der verehrten Königin, die existieren. Für einen Skandal sorgte der grüne Marmorboden, der 2019 in der Hauptkathedrale verlegt wurde – ohne Genehmigung der Denkmalschutzbehörde.

An der gegenüberliegenden Südwand ist in der **Stifterdarstellung** Antonius, der erste Minister von Königin Tamar, zu sehen, der dem Patron der Kirche, dem Hl. Nikolaus, das Kirchenmodell darbringt. Seine Darstellung zeigt, dass die kunstvollen Malereien als Auftragsarbeit des Königshauses auf dem Höhepunkt des Goldenen Zeitalters entstanden. Aufnahmen mit Blitzlicht sind in der Kirche nicht erlaubt.

Ab dem kleinen Ort Kareli, 3 km südlich der Autobahn, ist der Weg zum Konvent ausgeschildert, eine Straße führt nach Südwesten, vorbei an dem Dorf Kekhijvari. 2 km hinter der nächsten Ortschaft Kobesaantubani zweigt nach links eine 4 km lange, asphaltierte Straße nach Kintsvisi ab.

Khashuri

Die westlichste Stadt des Inneren Kartlien liegt 45 km von Gori entfernt. Sie ist interessant als Umsteigeplatz für Reisende zwischen Kutaissi und Borjomi, denn hier teilt sich die Straße von Tbilissi: Nach Norden führt die S1, vorbei an der einst überaus bedeutenden **Surami-Festung** und durch den Rikoti-Tunnel, nach **Kutaissi** (S. 385) in Imeretien. Die südlichere S8 folgt dem Tal der Mtkvari bis zum Kurort Borjomi in Samtskhe-Javakhetien.

Nieder-Kartlien (Kvemo Kartli)

Die Region im zentralen Süden, die im Norden Tbilissi umschließt und im Süden an Armenien und Aserbaidschan grenzt, wird von den meisten Touristen stiefmütterlich behandelt. Wer sich aber für Archäologie und Geschichte interessiert, sollte die wenig besuchte Gegend durchaus ansteuern. Nieder-Kartlien ist reich an archäologischen Funden aus der Stein- und Bronzezeit – hier wurden z. B. über 8000 Jahre alte Traubenkerne in einem Tongefäß gefunden, die belegen, dass Georgien die Wiege des Weines ist. Und die **steinzeitlichen Funde von Dmanisi** stellten die Frühgeschichte auf den Kopf (S. 339). Neben den vielleicht ersten Europäern hinterließen auch **deutsche Siedler** hier ihre Spuren.

Die trockene Region ist geografisch vielfältig: Im Osten Nieder-Kartliens breitet sich eine **weite Ebene** mit Weiden, Feldern und einigen kleinen, geschützten Wäldern aus. Im Westen erheben sich die dicht bewaldeten **Ausläufer des Kleinen Kaukasus**, die in das baumlose Plateau von Tsalka (für Tsalka s. Kapitel „Kleiner Kaukasus") übergehen. Die fruchtbare, aber trockene Talebene kann dank ausgedehnter Bewässerungsanlagen landwirtschaftlich genutzt werden und liefert ausreichende Erträge für ein bescheidenes Leben. Auch Viehzucht ist ein wichtiger Wirtschaftszweig, der **Viehmarkt von Marneuli** ist der zweitgrößte des Landes und bietet jeden Sonntag am frühen Morgen tierisches Spektakel.

Viehzüchter und Hirten sind hier im Süden traditionell **Aseris**, die in Nieder-Kartlien seit Jahrhunderten leben und insgesamt 7 % der georgischen Bevölkerung ausmachen. Nicht selten stammen ihre Nachbarn aus dem Großen Kaukasus – viele **Swanen** wurden nach Lawinen- und Erdrutschkatastrophen hierher umgesiedelt. Bis Mitte des 20. Jhs. gab es außerdem einige florierende deutsche Dörfer, wie das heutige Asureti und Bolnisi, die in der Gegend für wirtschaftlichen Aufschwung sorgten. Doch die **schwäbischen Siedler** fielen, wie so viele ethnische Minderheiten, in der Sowjetunion den grausamen Deportationen Stalins zum Opfer und wurden während des Zweiten Weltkriegs nach Sibirien „umgesiedelt".

Nach dem Ende des Kriegs spielten wenig später erneut Deutsche als Kriegsgefangene bei dem Bau der **Satellitenstadt Rustavi** südlich von Tbilissi eine Rolle: Mit Hilfe deutscher Ingenieure und Zwangsarbeiter wurde nur 20 km südlich der Hauptstadt die fortschrittliche Industriemetropole in der Steppe aus dem Boden gestanzt. Riesige Hochhausblocks wurden das Zuhause der Menschen, die in den Stahl- und Chemiewerken arbeiteten. Zu Sowjetzeiten wurde die Industriestadt in Propagandafilmen als moderne Stadt der Arbeiter gefeiert, doch seit dem Zusammenbruch der Wirtschaft in den 1990er-Jahren wird Rustavi von Armut, Arbeitslosigkeit und Tristesse bestimmt.

2012 eröffnete der **Rustavi Motorpark**, 💻 www.rim.ge, die erste professionelle Rennbahn im Kaukasus, auf der internationale Rennen gefahren werden. Auf dem Komplex findet außerdem einer der weltweit größten Märkte für Gebrauchtwagen statt.

Für Naturfans ist das **Karstlabyrinth von Birtvisi** ein Geheimtipp, die Ausgrabungsstelle von Dmanisi dagegen ist seit der Funde von 2005 jedem Archäologen bekannt und ein interessantes Ziel für alle, die sich für Frühgeschichte begeistern.

Asureti

Die **alten Fachwerkhäuser** in Asureti erinnern an das deutsche Erbe des Dorfes, das 1818 als Elisabethtal von 70 schwäbischen Zuwandererfamilien gegründet wurde. Obwohl 1857 mehr als die Hälfte der Familien das Dorf wegen Uneinigkeiten in Religionsfragen verließen und nahe Tsalka eine neue Siedlung (Alexanderhilf, das heutige Trialeti) gründeten, tat das dem wirtschaftlichen Erfolg von Elisabethtal keinen Abbruch. Vielleicht half das schwäbische Motto „Schaffe, schaffe – Häusle baue" den arbeitsamen Zugezogenen, ihre kleine Siedlung innerhalb kurzer Zeit in ein wohlhabendes Dorf zu verwandeln: Es gab eine Schule, einen Kinder-

Das Karst-Labyrinth von Birtvisi

BIRTVISI-CANYON © NINA KRAMM

In die **verwitterten Kalksteinformationen** haben sich tiefe Schluchten gefressen, die einen kühlen, bewaldeten Irrgarten bilden. Wer den Weg nicht kennt, hat sich schnell im Wirrwarr der Pfade verirrt – ein perfekter Ort für eine uneinnehmbare Festung. Die Überreste der **Birtvisi-Festung** und des Sheupovari-Wachturms aus dem 9. Jh. wachen noch immer hoch über dem Karst-Labyrinth. Nur durch eine List konnten die Truppen Timurs die Festung im 14. Jh. einnehmen: Sie hatten nach langer Belagerung einen Abzug vorgetäuscht, doch dann die Georgier bei ihrer Siegesfeier überrumpelt.
Die abenteuerlichen Schluchten von Birtvisi sind ein kühles Ziel an heißen Sommertagen und eignen sich sehr gut zum **Wandern** und **Canyoning**. Da man sich sehr leicht verlaufen kann, sollte man besser mit Guide (z. B. mit einer Tagestour von Georgia Insight) oder einer genauen Wegbeschreibung (z. B. *Rother Wanderführer Georgien* oder *Walking in Georgia* von Peter Nasmyth) gehen. Der Wanderweg beginnt im kleinen Ort Tbisi, ein braunes Schild zeigt den Weg zum Parkplatz. Bei schlechtem Wetter und nach Regenfällen sollte man die Schlucht nicht besuchen.

garten, einen öffentlichen Park, ein Badehaus sowie ein gemeinschaftliches Kartoffellager. Die fleißigen Siedler waren sehr erfolgreich im Weinbau, daran erinnert das beeindruckend große Weingut, das ca. 2 km außerhalb der Stadt an den ehemaligen Weinfeldern im Norden liegt und leider still vor sich hin verfällt. Im Rahmen des 100-jährigen Jubiläums von Elisabethtal wurde mit Hilfe deutscher Gelder wenigstens der Straßenzug im Dorf an der alten Kirche renoviert. Die meisten Häuser sind jedoch in schlechtem Zustand und stille Zeugen des wirtschaftlichen Niedergangs des Dorfes, der 1932, kurz nach der Umbenennung von Elisabethtal in Asureti, mit der Zwangskollektivierung begann. Nach dem Überfall von Hitlerdeutschland auf die Sowjetunion wurden 1941 die meisten der deutschen Einwohner deportiert, fast alle der übrigen deutschstämmigen Siedler verließen das Dorf nach dem Zusammenbruch der Sowjetunion, mittlerweile gibt es aber sogar wieder neuen Zuzug.

Bei einem Besuch von Asureti fällt noch heute der überaus **stattliche Kirchenbau ohne Glockenturm** auf. Die Siedler ersetzten 1879 die erste kleinere Kirche durch diesen mächtigen Dom mit einem großen Glockenturm mit achteckiger Kuppel, den die Sowjetregierung in den 1950er-Jahren abreißen ließ und das Gebäude zweckentfremdete.

Wer einen Abstecher zum alten deutschen **Friedhof** im Nordwesten der Siedlung macht, der wird vielleicht den Namen „Aichholz" auf einem der Grabsteine entdecken – es ist der Familienname der deutschen Vorfahren von Stalins zweiter Frau Nadezhda Alliluyeva, deren Großmutter aus Elisabethtal stammte.

Asureti liegt an der gut ausgebauten Verbindungsstraße SH34 über Tsalka bis nach Ninotsminda, die 15 km südlich von Tbilissi von der S6 bei Koda nach Westen abzweigt.

Von Asureti aus ist es ein Katzensprung bis Tbisi, wo der Wanderpfad in die **Karstlandschaft von Birtvisi** beginnt.

ESSEN

Bahnhof Station, Asureti-Marabda St., ✆ 555 101 807, 💻 bei Facebook. Sehr einladender Biergarten mit ebenso schönen Innenräumen, in dem Heimwehgeplagte schwäbische Gerichte und Brezeln bestellen können. 🕒 Di–So 12–23 Uhr.

TRANSPORT

TBILISSI, von 8–18.30 Uhr alle ca. 30–40 Min. in 1 Std. für 4–6 GEL.
Zustieg an der Durchfahrtsstraße möglich, genaue Abfahrtszeiten vor Ort erfragen.

Samshvilde

Die Flüsse Chivachavi und Khrami haben zwei tiefe Schluchten in den uralten Lavagrund gefräst, an deren Zusammenfluss sich von den steilen Abhängen die natürlich geschützte Festungsstadt Samshvilde auf einem Basaltvorsprung erhebt und die malerische Umgebung überblickt.

Die Region war schon während der **frühbronzezeitlichen Mtkvari-Araxes-Kultur** (Kura-Araxes-Kultur) im 4. bis 3. Jahrtausend v. Chr. besiedelt. Die Gründung der strategisch günstig gelegenen Festungsstadt reicht ins 3. Jh. zurück, sie entwickelte sich zu einer der **führenden Handelsstädte im frühen Mittelalter**. Während des anhaltenden Gezänks im Mittelalter wechselten die Herrscher von Samshvilde regelmäßig. Der Niedergang wurde von dem mongolischen Überfall im 13. Jh. und den Plünderungen und Massakern durch persische Truppen im 15. Jh. eingeleitet, von denen sich die Stadt nicht mehr erholen sollte.

Seit dem 18. Jh. ist der über Jahrtausende bewohnte Ort verlassen, Festungen, Tempel und Kirchen sind verfallen.

Ein Besuch von Samshvilde ist ein kleines Abenteuer, bei dem man sich ein bisschen wie Indiana Jones fühlen kann. Noch liegt die **Ruinenstadt** abseits aller touristischen Routen und ist nur mit dem Geländewagen über steile, holprige Pisten erreichbar. An der kleinen Kirche vor der Festung gibt es einen Parkplatz und Picknicktische, in der Kirche treffen Steinzeit und Mittelalter aufeinander: Ein alter **Menhir** wurde in dem kleinen Kirchengebäude eingefasst.

Das gesamte Gelände lädt zu Erkundungen ein. Spaziert man weiter nach Osten, betritt man hinter der Festung den alten Palastbezirk auf dem fast dreieckigen Areal hoch über den zusammentreffenden Schluchten. Dort befinden sich drei weitere Kirchen(ruinen), von denen die **Samshvilde-Sioni-Kirche** aus dem 7. Jh. die bemerkenswerteste ist – obwohl nur noch wenige Steine aufeinanderstehen, lassen sich die alte Pracht erahnen und sogar noch Fragmente alter Wandmalereien erkennen, einige Schilder liefern Erklärungen auf Englisch.

Der Bau der umstrittenen **Baku-Ceyhan-Pipeline**, die direkt an dem bewohnten Dorf Samshvilde vorbeiführt, sorgte für finanzielle Mittel für archäologische Forschungen, sodass seit 2014 im antiken Samshvilde wieder Grabungen stattfinden.

Die **Anfahrt** ist ausschließlich mit dem Geländewagen möglich: Von dem Dorf Samshvilde 2 km südlich von Tetritsqaro führt eine Schotterpiste nach Süden durch die Schlucht des Chivchavi zur Ruinenstadt. Kleine Schilder zeigen den Weg. Geführte Tagestouren mit ausführlichen Erklärungen bieten verschiedene Reiseagenturen an (S. 69) an.

Bolnisi und Umgebung

Die heute 9000 Einwohner zählende Ortschaft Bolnisi wurde im Jahr 1818 von 50 württembergischen Familien als Katharinenfeld gegründet.

Deutsche Kolonien im Kaukasus

© NINA KRAMM

Im Sommer 1817 schipperten ca. 500 Großfamilien auf den „Ulmer Schachteln" die Donau flussabwärts. Dieser Einweg-Bootstyp war eigentlich für Warentransporte ausgelegt, die Reise anstrengend und gefährlich – viele der Flüchtlinge starben auf der Fahrt.

An Bord waren **religiöse Pietisten aus Württemberg**, die wegen Missernten und wirtschaftlicher Not, aber vor allem aufgrund der politischen und religiösen Gängelung ihre Heimat verließen. Zu Konflikten hatte u. a. ihre Kriegsdienstverweigerung gesorgt, sodass sie sich hoffnungsvoll auf den Weg in den Kaukasus machten, nachdem Zar Alexander I ihnen die Erlaubnis gab, dort zu siedeln und ihnen einige Privilegien zugestand – u. a. die Befreiung vom Wehrdienst.

Die Einwanderer gründeten Kolonien in Sukhumi (Abchasien), im heutigen Aserbaidschan und Georgien, die wirtschaftlich aufblühten und schnell wuchsen, sodass bis in die 1940er-Jahre weitere Tochtersiedlungen entstanden und es Mitte des 19. Jhs. insgesamt **22 „Schwabendörfer"** gab. Zu den bedeutendsten Siedlungen wuchsen Neu-Tiflis (das heutige Marjanishvili-Viertel), Elisabethtal (Asureti) und Katharinenfeld (Bolnisi) heran. Noch heute ist die deutsche Geschichte dort erkennbar. Die großen Wohnhäuser aus Holz besaßen einen hohen Dachboden schwäbischer Art und eine typische Giebelform, die eine Art Markenzeichen der deutschen Häuser in Georgien wurde. Erst bei den späteren Bauten tauchten häufig Fachwerkfassaden auf, doch es wurden auch lokale Traditionen der Baukunst aufgenommen, wie die Veranda des typischen Tbilissier Wohnhauses. Natürlich besaß jede Wohnanlage einen Lager- und Weinkeller – denn die Schwaben hatten ihr Wissen um den **Weinbau** mitgebracht und arbeiteten im Kaukasus erfolgreich als Winzer.

Mit dem Krimkrieg im 19. Jh. begann sich im Russischen Reich, zu dem Nieder-Kartlien damals gehörte, der Panslawismus durchzusetzen. Ethnische Minderheiten wurden skeptisch beäugt, und der **wirtschaftliche Erfolg** der deutschen Siedler sorgte für Neid und Missgunst. Ab 1874 mussten dann auch die jungen Männer aus den Schwabendörfern ihren Wehrdienst ableisten, und die **Selbstverwaltung der Kolonien** wurde aufgehoben. Als die Rote Armee 1921 die Macht übernahm, deutete sich das Ende an: Erst wurden die Dörfer umbenannt, dann folgten die Enteignung und **Zwangskollektivierung** – den Kolchosen durften ethnische Minderheiten allerdings nicht beitreten, was in den Jahren 1932 und 1933 zu einer **Hungersnot** unter den deutschen Siedlern führte, der die willkürlichen Verhaftungen des **Terrors von 1934** folgten. Als 1941 Nazideutschland die Sowjetunion überfiel, entledigte sich Stalin dann komplett der „Volksfeinde": Alle Kaukasiendeutschen, die nicht mit Georgiern verheiratet waren, wurden ins kalte Sibirien oder nach Kasachstan deportiert.

Schnell mauserte sich die Siedlung zu der größten aller Schwabendörfer (s. Kasten S. 336) mit einem regen Gemeindeleben: Die Siedler gründeten eine Grundschule, eine deutsche Zeitung, eine lutherische Kirche mit Chor, einen Jagdverein, eine Theatergruppe, einen Fahrradclub und ganze fünf Fußballmannschaften. Die beiden Wein- und Spirituosenunternehmer des Orts waren sehr erfolgreich, und jedermann konnte in der öffentlichen Weinwirtschaft einkehren. Abends flanierte man durch den öffentlichen Park, den „Lustgarten", zu dem eine Tanzfläche und sogar ein Kino gehörten. Die neue Sowjetregierung ließ 1921 Katharinenfeld in Gedenken an Rosa Luxemburg in „Luxemburg" umbenennen. Das deutsche Gemeindeleben endete, als 1941 fast 6000 Menschen deportiert wurden. 1943 erhielt der Ort den Namen Bolnisi, 1967 den Stadtstatus. Aus dem Dornröschenschlaf hat es aber erst der Bau des neuen und sehr ansprechend gestalteten Museums geweckt.

Bei genauem Hinschauen wird man überall im Ort alte Gebäude der deutschen Siedlung erkennen, in der Stepania Street und Parnavaz Mepe Street im südöstlichen Stadtviertel stehen die schönsten Ensembles der erhaltenen **schwäbischen Wohnhäuser**. Dort befindet sich auch die ehemalige lutherische Kirche, deren Turm während der Sowjetzeit abgerissen wurde und die seitdem als Sporthalle dient.

Heute leben vor allem Aseris in den Häusern, die damals verlassen werden mussten. Viele leben in ärmlichen Verhältnissen und können es sich nicht leisten, die Häuser instand zu halten. Doch das hindert die freundlichen Bolnisier nicht daran, interessierte Besucher in ihr Heim einzuladen – vorausgesetzt man bringt etwas Interesse und ein Lächeln mit!

Bolnisi Museum

Mit dem 2020 eröffneten Regionalmuseum, 💻 https://museum.ge, hat Georgien ein weiteres modernes und sehr sehenswertes Museum erhalten. Die ansprechend gestaltete Dauerausstellung bringt Besuchern den Naturraum und die spannende Geschichte der Region näher, es werden Exponate von der frühen Menschheitsgeschichte bis zur Einwanderung deutscher Siedler im 19. Jh. gezeigt, wobei Letzteren ein eigener Raum gewidmet ist.

Das Museum arbeitet eng mit zahlreichen deutschen Museen zusammen, eine multimediale Bibliothek des Goethe-Instituts mit Leseraum und deutschen Büchern ist angeschlossen. Es finden zudem wechselnde Ausstellungen statt.

🕒 Di–So 10–17 Uhr, Eintritt 20 GEL, Führungen ab 70 GEL.

Bolnisi-Sioni-Kirche

Rund 8 km südlich von Bolnisi steht kurz hinter dem Dorf Kvemo Bolnisi und an der Ortseinfahrt (zu einem zweiten) Bolnisi links der Straße die Sioni-Kirche von Bolnisi. Sie ist **einer der ältesten Sakralbauten des Landes** (5. Jh.) und bauhistorisch das wichtigste Beispiel einer frühen dreischiffigen Basilika.

Bekannt ist die Kirche auch wegen der **ältesten Zeugnisse der Assomtavruli-Schrift** auf georgischem Boden, die vom 5. bis ins 9. Jh. verbreitet war. Wer einen genaueren Blick auf das Mauerwerk aus akkurat geschnittenen grünlichen und rötlichen Sandsteinquadern wirft, kann dort einige heidnische Elemente und Tiermotive entdecken.

Fährt man ein Stück weiter nach Süden, zweigt im Ort die erste Straße links, eine schlechte Schotterstraße, nach Osten ab. Sie führt zum knapp 1 km entfernten **Tsughrughasheni-Kloster**. Die Kirche des Kloster stammt aus dem 13. Jh. und besitzt eine beachtenswerte, mit kunstvollen **Steinmetzarbeiten** dekorierte Tambourkuppel. Auch die Ausblicke über das Tal sind nicht zu verachten. Allerdings sollte man den Abstecher nur mit dem Geländewagen oder zu Fuß wagen, denn die Straße ist – anders als die zur Bolnisi-Sioni-Kirche – in sehr schlechtem Zustand.

Sulkhan-Saba-Orbeliani-Museum

Im heute abgelegenen und ärmlichen Dorf **Tandzia** wurde 1658 eine der interessantesten Persönlichkeiten des 18. Jhs. geboren: der georgische **Fürst Sulkhan-Saba Orbeliani**. Sein Onkel war der König von Kartlien, König Vakhtang V, und der junge Sulkhan-Saba erhielt die damals bestmögliche Ausbildung. Nachdem er zweimal verwitwet war, zog sich Orbeliani 1689 mit nur 31 Jahren ins Kloster Davit Gareja zurück. Dort verfasste er Schriften zur Erneuerung des christlichen Glaubens und legte mit seiner Bibelübersetzung die Grundlagen für die neugeorgische Literatursprache. Er ist damit gewissermaßen das georgische Äquivalent zu Martin Luther. Neben der *Enzyklopädie der georgischen Sprache* verfasste er außerdem das literarische Meisterwerk *Die Weisheit der Lüge*, eine Verknüpfung von Märchen und Geschichten seiner Zeit, die an *Tausendundeine Nacht* erinnert.

Orbeliani war ein fortschrittlicher Geist, Neuem und dem Westen zugewandt: Er konvertierte zum Katholizismus, gründete mit Unterstützung von franziskanischen Mönchen die erste Druckerei Georgiens und ließ die erste georgische Bibel überhaupt drucken. Später arbeitete er als Diplomat und reiste nach Frankreich, um dort für Unterstützung bei der Befreiung von den persischen Besatzern zu werben – erfolglos. Politisch war auch seinem Zögling König Vakhtang VI, dessen Hauslehrer Orbeliani gewesen war, kein großer Erfolg beschieden. Doch glänzte Vakhtang VI, wie sein Lehrer, in Dichtkunst und Literatur.

An Orbeliani erinnert in seinem Geburtsort ein **Museum**, ✆ 599 589 648, das die Lebensgeschichte Orbelianis und persönliche Gegenstände von ihm zeigt. Im dazugehörigen Park steht die Familienkirche der Orbelianis. Sollten die Türen des Museum verschlossen sein, einfach bei der Museumsangestellten im Haus nebenan klopfen. 🕒 Di–So 10–18 Uhr, Eintritt 3 GEL, Kinder ab 6 Jahren 1,50 GEL.

Anfahrt über die schlechte Schotterpiste SH155, die 8 km westlich von Bolnisi kurz vor Kveshi rechts abzweigt. Dort zeigt ein Schild den Weg zum weitere 7 km entfernten Museum.

ÜBERNACHTUNG

Hotel Deutsche Mühle, Sioni St. 4, ✆ 032 261 4750, 💻 www.muehle-bolnisi.com. Auf den Grundmauern einer ehemaligen Mühle wurde mit viel Liebe zum Detail das alte Haus rekonstruiert, mit sehr schönem Garten und Restaurant. Das hilfsbereite Personal spricht sehr gut Deutsch und kann Informationen zu Bolnisi und Tipps für Ausflüge geben. ❹

SONSTIGES

Einkaufen und Versorgung

An der Hauptstraße befinden sich nahe dem TIC **Banken**, **Geldautomaten**, **Apotheken**, mehrere kleine Läden und ein **Supermarkt**.

Informationen

Tourist Information Center (TIC), Sulkhan-Saba St. 115, ✆ 0358 222 319, ✉ ticbolnisi@gmail.com. 🕒 Tgl. 10–18 Uhr.

Weingüter

In Bolnisi gibt es einige Weinkeller, die oft in den alten schwäbischen Häusern untergebracht sind. Eine Liste der Weinkeller ist im TIC erhältlich.

TRANSPORT

Die **Marschrutka-Haltetelle** befindet sich 1 km westlich des Zentrums an der Hauptstraße Sulkhan-Saba Orbeliani St. 25a, nahe dem Restaurant „Marani" und der „Bolnisi Mall".

DMANISI, von 7–18 Uhr stdl. in 45 Min. für 4 GEL. Zustieg in die Marschrutka von Tbilissi nach Dmanisi.

TBILISSI, von 7–18 Uhr stdl. in ca. 1 Std. für 6 GEL. Zustieg in die Dmanisi-Tbilissi Marschrutka möglich.

Zwischen Bolnisi und Dmanisi

Dmanisi liegt an der Landstraße S6, die hinter Guguti zum Grenzübergang nach Armenien führt. Auf dem Weg dorthin passiert man nach 9 km die spätmittelalterliche **Festung von Kveshi**, die erhaben auf einem Berg westlich der Straße thront. Ein kleiner Pfad führt hinauf zur Festung, von der man einen herrlichen Rundumblick über die weite Landschaft genießen kann.

Nur 7 km südlich der Festung fallen auf der linken Seite die Hochhauswohnblöcke der **Bergbaustadt Kazreti** ins Auge. Sie war zu Sowjetzeit eine multikulturelle Arbeitermetropole. Auch wenn die glanzvollen Zeiten vorbei sind, wird dort im Tagebau weiterhin Gold abgebaut. Die Schwermetalle Cadmium, Kupfer und Zink, die dort für das Goldschürfen verwendet werden, gelangen durch Haldenerosion und Abwassereinleitung in den Fluss Mashvera und sorgen für Umweltprobleme. Denn mit dem belasteten Wasser des Flusses werden die vielen Felder der Region bewässert. Tatsächlich soll in der antiken Goldmine von Kazreti schon vor ca. 5000 Jahren Gold abgebaut worden sein – sie gilt als die **älteste Goldmine weltweit**. 2006 wurde sie daher als Kulturerbe unter staatlichen Schutz gestellt. Da aber dadurch kein Goldabbau mehr möglich war, wurde der Status 2013 wieder aufgehoben, seitdem wird weiter geschürft, wodurch wahrscheinlich die Reste der antiken Mine zerstört werden.Nur 9 km weiter südlich zeigt ein großes Schild den Weg zur Ausgrabungsstätte von Dmanisi.

Dmanisi

Etwa 30 km südwestlich von Bolnisi liegt das kleine Örtchen Dmanisi, das wegen seiner spektakulären **frühsteinzeitlichen Funde** zu Weltruhm gelangt ist. Vor Ort merkt man davon wenig, irgendwie scheint die Zeit stehen geblieben zu sein, wenn man Einheimische auf einem Esel vorbeireiten sieht. Ein Schild weist Besuchern den Weg zur Ausgrabungsstelle, die Autos müssen am Parkplatz vor dem eisernen Eingangstor abgestellt werden. Hinter dem Tor links führt der Weg zur Sioni-Kirche und der mittelalterlichen Stadt, ursprünglich der Grund für die Ausgrabungsarbeiten. Rechts befinden sich die steinzeitliche Ausgrabungsstätte und das Museum.

Steinzeitliche Ausgrabungsstätte

Dmanisi ist schon seit Längerem eine bekannte Grabungsstätte. Neben der mittelalterlichen Stadt wurden Grabungen in einer bronzezeitlichen Siedlung durchgeführt. Schon 1991 waren dabei Tierfossilien zum Vorschein gekommen, deren Alter man auf 1,3 bis 2,5 Mio. Jahre bestimmte. Sie dienten als Leitfossilien für ihre gesamte Ursprungszeit, da sich das Alter der Funde anhand unterschiedlicher Ascheschichten besonders genau bestimmen ließ. Diese exakte Datierung war auch für die späteren Funde der frühsteinzeitlichen Schädel überaus bedeutend.

Bei gemeinsamen Grabungen des Römisch-Germanischen Museums Mainz und des Nationalmuseums von Tbilissi wurde zehn Jahre später der erste verblüffende Fund gemacht: Ein **1,8 Mio. Jahre alter Unterkiefer** kam zu Vorschein. Die Sensation war komplett, als 2005 ganze **fünf weitere, gut erhaltene Schädel** zutage kamen (s. Kasten S. 341). Insgesamt breitet sich das Ausgrabungsgelände über 13 000 m² aus und hält sicherlich noch viele interessante Funde für die Zukunft bereit.

Hinter den alten Ausgrabungsgruben zeigt ein kleines **Museum** einen informativen Film. Die Replikate der Schädel und weitere Funde sind in Vitrinen ausgestellt und mit englischen Erklärungen beschriftet. Die Originale befinden sich im Nationalmuseum von Tbilissi – wenn sie nicht gerade durch die Welt reisen.

Dmanisi ist eine der bedeutendsten frühsteinzeitlichen Ausgrabungsstellen und steht auf der Anwärterliste des Unesco-Weltkulturerbes. Viele weitere Informationen über die Ausgrabungen bietet die Webseite 💻 www.dmanisi.ge.

🕒 Ab Mitte 2023 wieder geöffnet, genaue Öffnungszeiten vor Ort erfragen.

Ruinen der mittelalterlichen Stadt

Die Ruinen der mittelalterlichen Stadt breiten sich südwestlich des **Sioni-Sameba-Klosters** aus. Herzstück des Klosters ist die Dreikonchenbasilika aus dem 7. Jh., das auffällige Westportikus ließ König Giorgi Lasha IV Anfang des 13. Jhs. ergänzen. In ihrem Inneren erlauben Glasscheiben links vor dem Altar einen Blick in die darunterliegenden Ausgrabungen.

Die mittelalterliche Stadt entstand im 9./10. Jh. und wurde später um eine königliche Festung erweitert, die an dem strategisch wichtigen Ort die Grenze nach Süden sicherte. Dmanisi war bis ins 14. Jh. eine florierende, multiethnische Handelsstadt, die an einer Route der Seidenstraße lag. Es gab Töpfereibetriebe, es wurde Glas hergestellt und ab 1245 sogar eigene Kupfermünzen geprägt. Timur Lenks Heer zerstörte die Stadt im 14. Jh., aber die Festung wurde erst im 18. Jh. verlassen.

🕒 Öffnungszeiten wie das Museum, der Eintritt ist frei.

Die ersten Europäer: die Frühmenschen von Dmanisi

In Dmanisi stellten die fünf Schädel aus der Frühsteinzeit die Geschichte auf den Kopf und machten gleich zwei verbreiteten Theorien einen Strich durch die Rechnung. Wer waren die fünf Frühmenschen von Dmanisi, und was bedeutet ihr Fund?

Die Datierung der Funde

Die fünf frühsteinzeitlichen Schädel ließen die Herzen der Paläoanthropologen höherschlagen! Die Schädel waren nicht nur besonders gut erhalten, sondern auch noch fein säuberlich in Ascheschichten eingebettet, deren Alter man recht **exakt datieren** konnte. So ließen sich die Funde zeitlich gut in eine besonders relevante Phase der menschlichen Entwicklung einordnen: dem Wandel vom Affen zum Menschen, bzw. als aus dem Vormenschen Australopithecus der Urmensch homo hervorging, der von Afrika nach Europa aufbrach.

Fit, fürsorglich und – dumm?

Die Fünf von Dmanisi müssen **körperlich ziemlich fit** gewesen sein, denn vor ihnen war es keiner anderen Hominiden-Art gelungen, den afrikanischen Kontinent zu verlassen.

Interessant ist, dass sogar bereits **soziale Strukturen** erkannt werden konnten. Einer der Schädel hatte ein abgenutztes Gebiss und gehörte einem Greis, der höchstwahrscheinlich krank war und nicht allein überlebt hätte – wahrscheinlich versorgte ihn seine Sippe fürsorglich. Damit wären die Dmanisier die ersten Hominiden, die ihre Angehörigen pflegten und nicht, wie bisher geglaubt, die Neandertaler.

Eine Überraschung war auch, dass die in Dmanisi **gefundenen Schädel klein waren** und dementsprechend die Gehirne der Frühmenschen nicht besonders groß sein konnten. Bis dato waren die Wissenschaftler davon ausgegangen, dass nur eine weiter entwickelte Spezies mit relativ hoher Intelligenz die anspruchsvolle Reise vom afrikanischen zum europäischen Kontinent hätte meistern können. Tatsächlich waren also die ersten Europäer nicht so schlau wie ursprünglich angenommen.

Unsere vielfältigen Vorfahren

Ein weiterer Aspekt, der die Dmanisi-Funde einmalig macht, ist die **Vielzahl an Schädeln**, die gefunden wurden – ganze fünf Stück. Für Wissenschaftler, die ansonsten anhand von einem einzigen Unterkiefer neue Arten (z. B. homo erectus, homo sapiens …) bestimmen, ist das ein Glücksfall. Erstmals konnten so die Unterschiede innerhalb einer Gruppe untersucht werden – und siehe da: Es stellt sich heraus, dass innerhalb dieser Fünfergruppe so **viele verschiedene Merkmale** (der robuste Mann, die grazile Frau, der zahnlose Greis …) gefunden wurden wie innerhalb aller vorher bestimm-

In Dmanisi kamen sensationelle frühsteinzeitliche Funde zu Tage.

ten *homo*-Arten. Hätte man diese Knochen nicht alle an einem Ort gefunden, wären sie vermutlich fünf verschiedenen Arten zugeordnet worden. Das wirft nun ziemlich viele Fragen in Sachen Artenvielfalt auf. Viele afrikanische Funde wurden als Entdeckungen neuer Arten gefeiert, und jetzt fand man heraus, dass die Unterschiede innerhalb der Dmanisi-Gruppe genauso groß sind wie die Unterschiede aller *homo*-Arten zusammen. Dies entspricht ungefähr der Vielfalt der heutigen Menschen- oder auch Schimpansen-Population. Forscher nahmen bisher an, dass die Variabilität in den Populationen unserer Vorfahren deutlich geringer war.

Von Annette Hahn, Dipl.-Geografin und Geologin

TSVIRMI; © PHILIPP SCHMATLOCH

Der Nordwesten: Swanetien und Racha-Lechkhumi

Für seine Wehrtürme, einsamen Bergdörfer und grandiosen Bergkulissen ist das sagenumwobene Ober-Swanetien berühmt. Einst eine der abgelegensten Bergregionen im Großen Kaukasus, hat sich die Hauptstadt Mestia zum reinsten Trekker-Mekka entwickelt. Nieder-Swanetien und Racha-Lechkhumi liegen noch im touristischen Dornröschenschlaf – ein Geheimtipp für Outdoor-Fans.

Stefan Loose Traveltipps

Mestia Die Hauptstadt Ober-Swanetiens verzaubert mit Wehrtürmen vor Gletschern und Bergpanoramen sowie einzigartigen Kunstschätzen. S. 350

Chalaati-Gletscher So einfach und nah kommt man der kalten Zunge eines Eisriesen selten. S. 354

9 **Mestia-Ushguli-Trek** Zu Fuß durchs Land der tausend Türme – ein Traum. S. 363

10 **Ushguli** Dunkle Wehrtürme, schroffe Gipfel und weiße Gletscher an einem Ort am Ende der Welt – oder nicht von dieser Welt. S. 367

Oni Noch eine Überraschung: die fast vergessene Synagoge von Oni. S. 377

Nikortsminda-Kathedrale Außen außergewöhnliche Fassadenreliefs, innen einzigartige und farbenfrohe Fresken. S. 381

ADISHI, IPARI-FLUSS; © NINA KRAMM

WEHRTÜRME ALS SOUVENIR; © PHILIPP SCHMATLOCH

Wann fahren? Von Mai bis Oktober zum Wandern, von Dezember bis März zum Skifahren oder für Winterzauber

Wie lange? 3–7 Tage, Wanderer viel länger

Outdoor-Tipp Am Kreuz von Mestia zelten und den Sonnenaufgang bestaunen

Bekannt für kämpferische Einwohner und wilde Bergkräuter

Beste Feste He-Lichi-Reiterfest in Mestia Anfang Juni

Unbedingt probieren Käse mit Minze (Kaarz) und mit Hackfleisch gefülltes Brot (Kubdari)

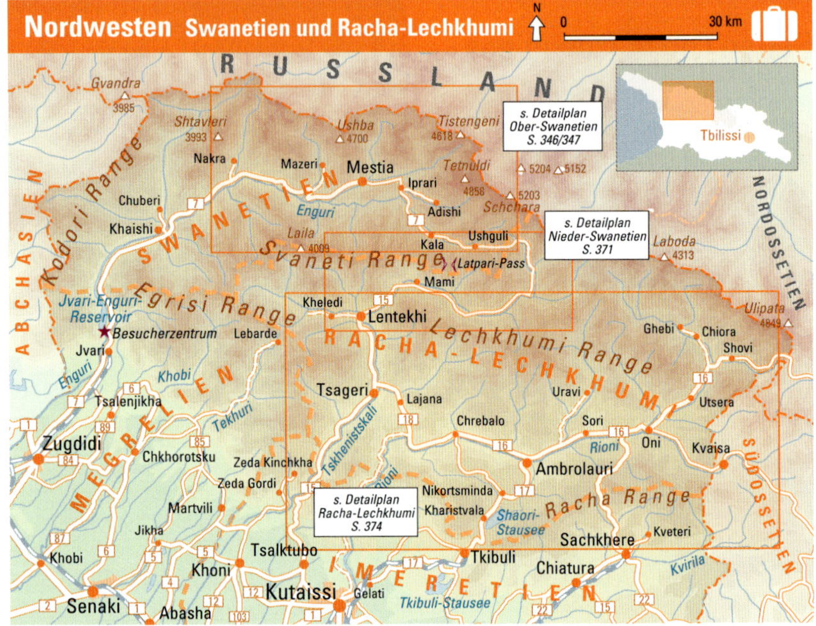

In Nordwesten Georgiens erstrecken sich an der Südseite des Großen Kaukasus die Regionen Swanetien und Racha-Lechkhumi. Während die Berge des dicht bewaldeten Racha-Lechkhumi Mittelgebirgscharakter haben, erheben sich über dem nördlich angrenzenden Nieder-Swanetien die weißen Gipfel der Svaneti Range bereits über 3000 m.

Die Svaneti Range trennt Nieder- von Ober-Swanetien. Da bisher keine der Verbindungswege ganzjährig befahrbar ist, wird Nieder-Swanetien gemeinsam mit Racha-Lechkhumi von dessen Hauptstadt **Ambrolauri** aus verwaltet.

Ober-Swanetien dagegen bildet mit Megrelien eine Verwaltungseinheit, die beiden Regionen verbindet nicht nur eine lange Geschichte, sondern vor allem eine gute Straße. Das „Freie Swanetien" jedoch, mit seiner Hauptstadt **Mestia**, war bis zur Ankunft der Russen niemals von Fremden beherrscht worden. Bereits den Griechen waren die kämpferischen Swanen bekannt, deren Methode zur Goldgewinnung übrigens den Stoff für den Mythos des Goldenen Vlieses lieferte (s. Kasten S. 372). Die **Wehrtürme** erinnern an die kriegerische Vergangenheit und sind Teil einer einzigartigen, surreal anmutenden Traumlandschaft. Düster erheben sie sich vor den schneebedeckten Gipfeln der höchsten Berge des Landes, von denen waghalsige Alpinisten träumen.

Ober-Swanetien

Das **Land der tausend Türme** war nicht immer so leicht zu bereisen wie heutzutage, lange Zeit war die Region von der Außenwelt isoliert. So schrieb der georgische König Saurmag 253 v. Chr. bei einem Besuch über Swanetien: „Land der Stille, Land der Ruhe". Das trifft mittlerweile nicht mehr überall zu, denn Ober-Swanetien (Zemo Svaneti) hat sich zu einer der beliebtesten Urlaubsregionen Georgiens entwickelt, mit allen Vor- und Nachteilen.

Wie generell in Georgien, ist auch die Gastfreundschaft der Swanen sehr groß. Das könnte daran liegen, dass man sich hier seit jeher ganz besonders über freundlichen Besuch freute, der sich nur sehr selten in die Berge verirrte. Deutlich öfter kamen feindliche Bergstämme aus dem Nordkaukasus vorbei, gegen die sich die Swanen erfolgreich zur Wehr setzten. Dass das Leben oft von Krieg bestimmt war, daran erinnern die unzähligen Wehrtürme, die Swanetiens Landschaft einzigartig machen. Mit den Georgiern kamen die Swanen dagegen meist gut aus, denn auch wenn die Georgier die swanische Sprache nicht verstehen, verbindet beide die ethnische Zusammengehörigkeit. Die Swanen wurden von ihnen zudem als Verbündete hoch geschätzt, denn sie schützten das Land vor den plündernden Bergstämmen aus dem Norden – und im Flachland hatte man meist schon genug mit anderen übergriffigen Nachbarn zu tun. Außerdem waren die schwer zugänglichen Berge der „Tresor Georgiens": Nahten Feinde, brachte man dort Gold und Heiligtümer in Sicherheit.

So genossen Teile Swanetiens bis ins 19. Jh. ihre Freiheit, auch wenn die Region seit dem 11. Jh. formal den georgischen Königreichen angehörte. Der Osten Ober-Swanetiens zwischen Latali und Ushguli blieb bis zur Annexion durch Russland frei, und im „Freien Swanetien" mit der Hauptstadt Mestia herrschte nicht der Staat, sondern die Gentilordnung. Die Familiensippen regelten das gemeinsame Leben, wobei es in der vielleicht manchmal rückständig erscheinenden Bergwelt in manchen Dingen ziemlich fortschrittlich zuging: Über wichtige Entscheidungen wurde im Dorfverband abgestimmt, auch Frauen hatten ein Stimmrecht. Da es keinen Staat gab, der den Schutz der Bevölkerung übernahm, lebten die Familienverbände in festungsartigen Häusern, und jede Sippe besaß ihren eigenen Wehrturm, in dem man sich bei Gefahr über Monate verbarrikadieren konnte. Die Türme boten ebenfalls Schutz, wenn man sich wegen des weniger fortschrittlichen Brauchs der **Blutrache** (s. Kasten S. 367) vor der Nachbarsippe verschanzen musste. Die Blutrache schwächte Swanetien manchmal mehr als Kriege gegen äußere Feinde. Allein zwischen 1917 und 1925 wurden über 600 Männer wegen dieses archaischen Brauchs getötet – bei einer Einwohnerzahl von 18 000 Menschen im Jahr 1920.

Heute wird die Blutrache nicht mehr angewandt, doch die Einwohnerzahlen sinken weiter. Schon 1931 lebten nur noch 12 000 Menschen in der Region, denn das Leben in den Bergen war hart und entbehrungsreich. Das veranschaulicht der erste georgische Dokumentar-Stummfilm *Das Salz Swanetiens* von 1930. Schwer war die Lage auch in den 1990er-Jahren. Nach der Unabhängigkeit **herrschten ökonomische Engpässe und Hunger**, zudem machten Umweltkatastrophen wie **Fluten und Erdrutsche** den Menschen das Leben schwer, sodass 2014 nur noch 9000 Einwohner gezählt wurden. Anfang der 2000er ging es dann wirtschaftlich bergauf, Swanetien wurde für Wanderer zum beliebten Ziel, und der touristische Aufschwung schuf Arbeitsplätze. Die Corona-Krise traf die Region hart, wichtige Einnahmen aus dem Tourismus fehlten, und es wurde deutlich, wie rudimentär die medizinische Versorgung in der Bergregion ist: Da es im größten Krankenhaus in Mestia keine Beatmungsgeräte gibt, mussten Patienten in weit entfernte größere Kliniken verlegt werden. Seit 2021 nimmt der Tourismus nun wieder volle Fahrt auf, und auch der Plan, Mestia zu einem Wintersportzentrum auszubauen, kommt langsam in Schwung.

Anreise: Nach Ober-Swanetien führen drei Straßen. Die abenteuerliche Schotterpiste zwischen Chvelpi und Davberi über den Latpari-Pass sowie die Schotterstraße von Lentekhi nach Ushguli (S. 371) sind nur im Sommer befahrbar. Über die gut ausgebaute Straße von Zugdidi in Megrelien erreicht man Mestia das ganze Jahr über.

Von Zugdidi nach Mestia

Meist führt eine Reise nach Ober-Swanetien über **Zugdidi** (S. 408), die Hauptstadt der Region Megrelien und Ober-Swanetien. Denn dort beginnt die mittlerweile gut ausgebaute Straße S7 nach Mestia.

Bis ins 20. Jh. hinein war Ober-Swanetien im Sommer nur über schmale Fußwege erreichbar

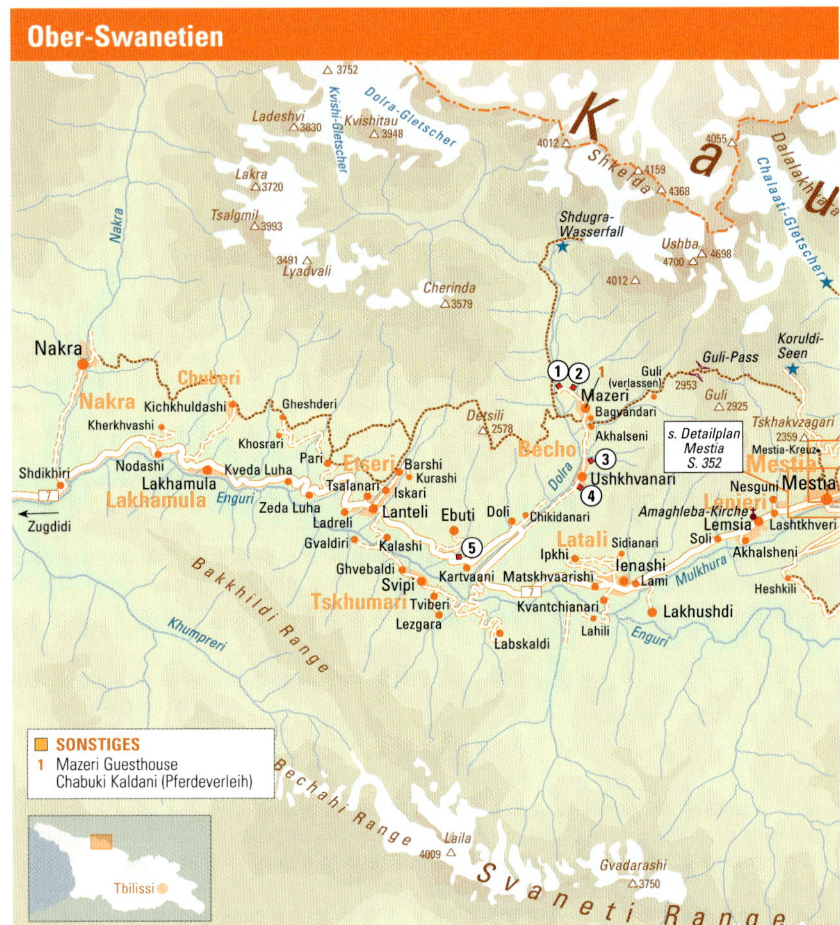

und im Winter vollkommen von der Außenwelt abgeschnitten. Erst 1935 wurde der Pfad entlang dem Enguri zu einer Straße ausgebaut. Bei der älteren Bevölkerung sorgten die ersten Autos für Empörung: Anstatt das den Lasttieren zu Ehren auf der Straße ausgelegte Heu genussvoll zu kauen, fuhren die neuartigen Transportmittel achtlos darüber hinweg.

Dank dem ehemaligen Präsidenten Saakaschwili hat sich eine Fahrt von Zugdidi nach Mestia mittlerweile auf 3 1/2 Std. verkürzt. Er ließ die 135 km lange Strecke während seiner Regierungszeit Anfang der 2000er-Jahre ausbauen. Steinschläge, Regen und Schnee haben bereits für neue Schlaglöcher gesorgt, die die flotten Marschrutka-Fahrer in- und auswendig kennen und dementsprechend schnell fahren – was für mehr Nervenkitzel als eine Runde Achterbahn sorgen kann. Wer auf dem Beifahrersitz Platz nimmt, sollte also starke Nerven haben. Die Marschrutka-Fahrer legen auf der Fahrt normalerweise ein bis zwei Pausen ein. Wer mit

dem Mietwagen unterwegs ist, kann sich für die Tour etwas mehr Zeit nehmen.

Ein erster Stopp lohnt sich am größten Stausee Georgiens. Das 1,1 Mrd. m³ fassende **Jvari-Enguri-Reservoir** wird von einer bis zu 728 m breiten und 271,5 m hohen Bogenstaumauer gehalten, der größten weltweit. Kurios ist, dass der 1977 fertiggestellte Staudamm auf der georgischen, das Elektrizitätswerk aber auf der abchasischen Seite liegt und Abchasien mit einem Teil des Stromes versorgt wird. Seit 2015 gehört der Staudamm zum georgischen Kulturerbe, das **Besucherzentrum mit Aussichtsplattform**, 💻 https://www.enguridam.ge, wurde 2021 eröffnet, im selben Jahr wurde auch die Anlage für 45 Mio. € instand gesetzt. Bei einer Führung kann man die beeindruckende Größe bewundern und die Bogenstaumauer überqueren. 🕒 9–19, im Winter 10–15 Uhr, Eintritt zur Aussichtsplattform 2 GEL, Führungen 1/2 Std. 10/20 GEL.

Stets dem Flusslauf des Enguri folgend, passiert die Straße einige Häuser sowie die kleine

Der Doppelgipfel von Ushba „Dem Schrecklichen"

Ortschaft **Khaishi**. Dort ist eine weitere Staumauer geplant, wovon die Bevölkerung wenig begeistert ist. Man hat Angst vor Überschwemmungen und Erdrutschen, die in den letzten Jahrzehnten immer häufiger vorgekommen sind.

Kurz hinter Khaishi zweigt eine Straße nach links in die **Chuberi-Talschaft** ab. Für Wanderer bietet sich dort der Startpunkt für eine mehrtägige Wanderung bis Mestia an (s. Kasten S. 350).

Die Straße windet sich weiter in die Höhe, wenig später führt ein Abzweig links in die **Nakra-Talschaft**, die wegen der großen Lawinengefahr lange unbewohnt war. Erst 1910 wurde das Tal besiedelt, in der Sowjetzeit zogen die Einwohner aus höher gelegenen Dörfern in die sowjetische Kolchose. Auch in Nakra ist mit dem Nenskra-Nakra-Projekt ein Wasserkraftwerk geplant, auch dort gibt es berechtigte Bedenken und Widerstand.

Bald weitet sich das Tal und die ersten Wehrtürme kommen ins Blickfeld, nicht zu übersehen ist auch das „Schwarze Loch von Etseri". Bei der gleichnamigen Talschaft ca. 20 km vor Mestia breitet sich ein über 1 km breites Erdrutschbecken aus, das früher für teils tagelangen Verkehrsstillstand sorgte und im Frühjahr noch immer regelmäßig die Straße in die Schlucht reißt.

Talschaft Becho

Nur eine **Ruine** ist von der Burg des Fürsten Dadeshkeliani in **Mazeri** geblieben, dem Herrscher des Großherzogtums Swanetien, dessen Reich kurz vor Mestia endete. Über den grausam regierenden Fürsten erzählt man sich die Geschichte, dass er zu oft von seinem Recht der ersten Nacht Gebrauch machte. Deshalb wurde er vom russischen Generalgouverneur Gagarin nach Kutaissi bestellt. Da der Gouverneur höchst unhöflich gegenüber dem stolzen swanischen Fürsten auftrat, spaltete Dadeshkeliani ihn kurzerhand mit einem einzigen Schlag seines Säbels entzwei. Ob die Geschichte so stimmt, ist nicht gesichert – fest steht jedoch, dass der Fürst wegen Totschlags an Gagarin hingerichtet wurde. Und auch bei der Bevölkerung war er wohl wenig beliebt: Aufgebrachte Swanen sollen 1918 seine Burg niedergebrannt haben.

Die markante Doppelspitze des Ushba erhebt sich hoch über dem Tal, seine Südspitze (4737 m) galt lange Zeit als schwierigster Gipfel der Welt. Eine Gruppe von Engländern erklomm 1888 erstmals den Nordgipfel (4698 m). Sie gründeten in London daraufhin den **Ushba-Club**, exklusiv für die Bezwinger des Felsriesen, an dem noch immer jedes Jahr glücklose Bergsteiger ihr Leben lassen. Der Südgipfel wurde erst 1903 von deutschen Alpinisten erobert. Zu dem Team gehörte auch die österreichische Bergsteigerin Cenzi von Ficker. Sie schaffte es nicht auf den Gipfel, weil sie einen verletzten Kollegen ins Hochlager brachte. Zum Trost machte der für Cenzi schwärmende Fürst Dadeshkeliani der Tirolerin den Gipfel zum Geschenk. In ihrer Heimat wurde sie später als das **Ushba-Mädl** bekannt.

Auch ohne Führer ist der Weg zum **Shdugra-Wasserfall** im Norden (ca. 6 Std. Gehzeit) oder in das verlassene **Bergdorf Guli** (ca. 3 Std. Gehzeit) östlich von Mazeri leicht zu finden. Der

Weg nach Guli ist der erste Teil der traumhaften und anstrengenden Tour nach Mestia (S. 354/355).

Talschaft Lenjeri

Fast mit dem Städtchen Mestia verschmolzen sind die Dörfer der Talschaft Lenjeri. Sie besitzt stolze zwölf Gotteshäuser und sogar eine eigene Schule (wenn auch nur mit 42 Schülern). Das wertvollste Erbe der Vorfahren ist die **Amaghleba-Kirche** in Lemisa aus dem 9. Jh. So wie alle alten swanischen Kirchen ist sie von außen unscheinbar: Aus regionalem Tuff gebaut, besteht sie nur aus einem eingeschossigen Raum und ist mit der Apsis nach Osten ausgerichtet. Doch innen ist sie mit eindrucksvollen, denkmalgeschützten Fresken ausgemalt.

Jedes Jahr im Februar wird neben der Amaghleba-Kirche ein 8 m hoher Schneeturm errichtet. Über eine Woche dauert der Bau, der in einem großen Dorffest gipfelt, bei dem riesige Mengen Brotschnaps im Spiel sind. Wer denkt, das Herumtollen im Schnee sei reiner Spaß, der täuscht sich: Es ist ein seit dem 11. Jh. bewährtes Heilmittel. Damals erbat man die Hilfe des Erzengels Michael gegen ein grassierendes Fieber. Der befahl, ihm zu Ehren einen Schneeturm zu bauen (ob er auch befahl, Brotschnaps zu trinken, ist nicht überliefert). So geschah es, und der Erzengel heilte prompt die Erkrankten. Deshalb wird das spaßige Fiebermittel weiterhin jedes Jahr angewendet.

ÜBERNACHTUNG

In fast allen Dörfern und Talschaften entlang der Straße nach Mestia gibt es einfache Gästehäuser und einige Restaurants. In der Talschaft Becho allerdings existiert kein Restaurant, daher empfiehlt es sich, in der Unterkunft Halb- oder Vollpension zu buchen. Bei den meisten Unterkünften ist Zelten im Hof möglich.

€ **Carpediem Guesthouse**, Ushkhvanari, Becho, ✆ 591 810 259. Herzliche swanische Gastfreundschaft und ausgezeichnete Kochkunst kann man bei Nonas Familie erleben. 4 saubere Zwei-Bett- und 1 EZ mit Gemeinschaftsbad, Terrasse und Garten. ❶

Cottages Shikhra, Shikra Rd., Mazeri, Becho, ✆ 598 889 764. Insgesamt 5 nette Holzhütten, alle mit Bad, eine mit Küche. ❸

Grand Hotel Ushba, Mazeri, Becho, ✆ 599 903 201, 💻 http://grandhotelushba.com. 15 Zwei-Bett- und DZ mit Heizung und kuscheligem Bettzeug. Der norwegische Mitinhaber Richard spricht Deutsch und kann Tipps für Ausflüge geben. DZ mit Gemeinschaftsbad oder Suite mit Privatbad. Im liebevoll eingerichteten Speisesaal wird leckeres Essen serviert. ❹–❺

Von Liebe und Verrat

Der Legende nach lebt die Jagdgöttin Dali auf dem Gipfel des Ushba. Eines Tages, als der kühne Swane Betkil an den Hängen des Berges jagte, traf er dort die göttlich schöne Dali. Natürlich verliebte er sich sofort in sie und folgte ihr auf den Berg, wo sie gemeinsam lebten und ihr Glück genossen. Doch bald bekam Betkil Heimweh, er vermisste seine Familie und Freunde so sehr, dass er die Göttin einfach sitzen ließ. Zurück in seinem Heimatort, wartete bereits die schönste Frau des Dorfes auf ihn, die er – was konnte er da schon anderes tun – sogleich heiratete. Als zu seiner Hochzeit ein außergewöhnlich großer Steinbock erschien, jagte ihm der vitale Bräutigam hinterher. Plötzlich riss hinter ihm die Erde auf und Betkil stürzte in den tiefen Abgrund hinunter. Man kann es ahnen – der Steinbock war niemand anderes als die gehörnte Göttin Dali, die den untreuen Geliebten in die Falle gelockt hatte. Seitdem soll sie sich nie wieder den Menschen gezeigt haben. Betkils Blut jedoch färbte die Felsen des Ushba rot, und seine weißen Gebeine sind noch immer zu sehen (Fantasielose behaupten, das seien die Schneefelder). Der Besuch der alten Ruine ist nicht allzu spannend, doch ein Abstecher in die Talschaft Becho lohnt sich. In traumhaft ruhiger Lage gibt es ausgezeichnete Wandermöglichkeiten am Fuße des Ushba (übersetzt: „Der Schreckliche"). Denn der Berg galt den Swanen als Heimstätte böser Geister, und lange traute sich kein Einheimischer, ihn zu besteigen.

Guli Guesthouse, Ushkhvanari, Becho, ✆ 599 139 072. Freundliches Familiengästehaus mit sauberen DZ mit Privatbad und herrlichem Ushba-Blick vom Balkon. Köstliches Essen. ❶

Lankhvri Guesthouse, Lankhvari, Becho, ✆ 593 199 891, 💻 bei Facebook. Herzliches Familiengästehaus abseits des Trubels mit großem Balkon und Panoramablick nahe der Hauptstraße nach Mestia kurz vor Becho. 5 Zwei- und 1 Vier-Bett-Zimmer, die sich 2 Bäder teilen. Mit Frühstück ❷

AKTIVITÄTEN

Das **Grand Hotel Ushba** (s. o.) bietet **geführte Wanderungen** und Ausflüge in die Umgebung an.

Mazeri Guesthouse Chabuki Kaldani, ✆ 551 882 788 oder 571 233 816, 💻 bei Facebook, die Inhaber organisieren und führen Ausritte.

TRANSPORT

An der Hauptstraße gibt es in allen Ortschaften Haltestellen, an denen mehrmals täglich **Marschrutki** für wenige Lari in beide Richtungen fahren.

Taxis verlangen oft überhöhte Preise, für die 25 km von Mazeri oder Etseri bis Mestia werden z. B. ca. 70–80 GEL veranschlagt (wer zäh verhandelt, kann hier sparen).

Fernwanderweg durch den Kaukasus

Die Initiatoren des Transcaucasian Trails möchten einen Fernwanderweg durch den Großen und den Kleinen Kaukasus in Georgien und Armenien ausschildern. Die Wege, meist alte Fuß- und Viehwege, gibt es bereits: In 4–5 Tagen kann man von der Talschaft Chuberi über Nakra, Etseri, Becho und den Guli-Pass bis nach Mestia wandern. Diese Teilstrecke ist weit weniger begangen als der beliebte Trek von Mestia nach Ushguli (S. 363–365). Man kann auch hier in einfachen Gästehäusern in den Dörfern übernachten, lediglich für die 27 km lange erste Etappe von Chuberi bis Nakra, bei der über 2200 Höhenmeter überwunden werden müssen, sollte man entweder ziemlich fit und flott unterwegs sein oder ein Zelt im Gepäck haben. Karten und GPS sollten bei der Tour nicht fehlen, da die Orientierung gelegentlich schwerfallen kann. Wegbeschreibungen und Infos: 💻 https://transcaucasiantrail.org.

Mestia und Umgebung

Eine **mittelalterliche Skyline aus 42 Wehrtürmen**, umrahmt von den höchsten Gipfeln Georgiens: Das ist die Kulisse für Mestia, **Hauptstadt Ober-Swanetiens** und einer der größten Touristenmagneten Georgiens. Wie kein anderer Ort hat die 2500 Einwohner zählende Kleinstadt in den letzten beiden Jahrzehnten ihr Gesicht verändert. Der Reiseschriftsteller Georges Hausemer kommentiert die Veränderung in seinem Buch *Lesereise Georgien: Zum Tschatscha in den zweiten Himmel* so, dass Michail Saakaschwili auf die Idee gekommen sei, das selbst für die Mongolen unbezwingbare Bergland in einen touristischen Hotspot zu verwandeln.

Doch bevor das passieren konnte, musste der Anarchie in den kaukasischen Bergen Einhalt geboten werden. Während der turbulenten 1990er-Jahre war Swanetien zu einem Hort Krimineller geworden, allmächtige Klans und Gesetzlosigkeit herrschten dort vor. Kein Fremder traute sich in die Gegend; Fritz Pleitgen, der ehemalige WDR-Intendant, erwähnte bei seiner Reise durch den Kaukasus Ende der 1990er-Jahre Swanetien nur in einem Nebensatz als eine gefährliche Gegend. Die erfolgreiche Anti-Kriminalitäts-Kampagne von Saakaschwili gipfelte in einer Razzia im März 2004, bei der eine georgische Sondereinheit mit Helikoptern einen Wehrturm beschoss, in dem sich einer der Klans der kriminellen Hauptdrahtzieher verschanzt hatte.

Dass die einzelnen Ortsteile früher eigenständige Dörfer mit eigenen Kirchen waren, die mit der Zeit zusammenwuchsen, kann man noch heute gut erkennen. Von 2009 bis 2012 wurde der Ort dann generalüberholt: Die vorher oft schlammigen Straßen wurden gepflastert, ein Rathaus, eine Polizeistation und ein Gerichtsgebäude an den zentralen Seti Square gebaut. Endlich gab es auch eine Tankstelle – Mestia

Statussymbol und Zufluchtsort: Jede Familie hatte einen „Koschki"

war im 21. Jh. angekommen. Für das Modernisierungsprojekt wurden viele alte Häuser abgerissen und moderne Hotels rund um den Seti Square gebaut – besonders unpassend, wenn man weiß, dass „Seti" nicht nur der alte Name von Mestia war, sondern auch „Heimat" und „Volk" bedeutet. Die Modernisierung ging nicht nur auf Kosten der Authentizität, sondern z. T. auch auf die der Anwohner. Es kam sogar zu Enteignungen, da die meisten Swanen ihren Besitz nicht im Grundbuch eingetragen hatten, schließlich wusste ja jeder, wem was gehört.

Seti Square

Der zentrale Seti Square mit einem kleinen Park liegt im Herzen Mestias. An seiner Westseite erblickt man das moderne **Rathaus** und die **Polizeistation**, die beide von dem deutschen Architekten J. Meyer H. geplant wurden. An der Südseite des Seti Square sitzen meist Backpacker und Wanderer auf der Terrasse des **Café Laila** und tauschen Tipps für Wanderungen in der Umgebung aus. Der Ostteil des Platzes ist gepflastert, hier warten **Taxis** auf Kundschaft. Daneben schließt der neue Hotel- und Geschäftskomplex an, der jedoch lange nur als Kuhstall diente. Mittlerweile befindet sich in einem Teil des Gebäudes das Hotel Posta, der andere war wegen Umbauarbeiten 2022 noch umzäunt. Auf dem gepflasterten Teil des Platzes steht auch ein äußerst umstrittenes **Denkmal von Königin Tamar** auf ihrem Pferd. Stein des Anstoßes waren nicht etwa der muslimische Halbmond, das christliche Kreuz oder der jüdischer Leuchter, die auf dem Sockel als Zeichen der Freundschaft zu sehen sind, sondern die eigenwilligen Proportionen. Der Bildhauer Vasha Melikishvili stellt die Königin dünn und jungenhaft dar, ihr Pferd rund und kugelig. Für viele Swanen ist das eine Beleidigung, ver-

Mestia vor über 100 Jahren

Als der italienische Bergsteiger und Fotograf **Vittorio Sela** Ende des 19. Jhs. Swanetien besuchte, machte er beeindruckende Fotografien von Mestia und Swanetien. Man findet sie unter 💻 https://georgiaabout.com/2014/03/18/photographs-of-19th-century-svaneti.

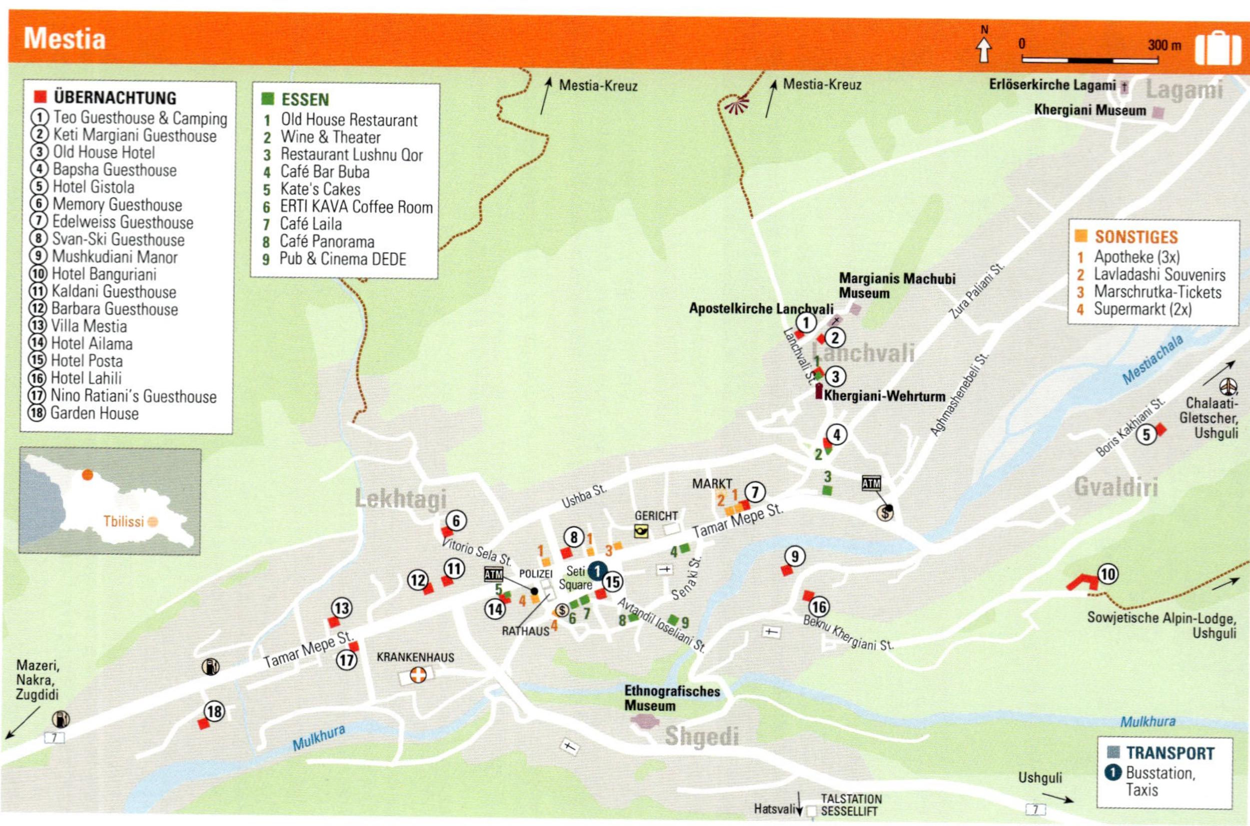
Mestia
ÜBERNACHTUNG
1 Teo Guesthouse & Camping
2 Keti Margiani Guesthouse
3 Old House Hotel
4 Bapsha Guesthouse
5 Hotel Gistola
6 Memory Guesthouse
7 Edelweiss Guesthouse
8 Svan-Ski Guesthouse
9 Mushkudiani Manor
10 Hotel Banguriani
11 Kaldani Guesthouse
12 Barbara Guesthouse
13 Villa Mestia
14 Hotel Ailama
15 Hotel Posta
16 Hotel Lahili
17 Nino Ratiani's Guesthouse
18 Garden House
ESSEN
1 Old House Restaurant
2 Wine & Theater
3 Restaurant Lushnu Qor
4 Café Bar Buba
5 Kate's Cakes
6 ERTI KAVA Coffee Room
7 Café Laila
8 Café Panorama
9 Pub & Cinema DEDE
SONSTIGES
1 Apotheke (3x)
2 Lavladashi Souvenirs
3 Marschrutka-Tickets
4 Supermarkt (2x)
TRANSPORT
1 Busstation, Taxis
Tbilissi
N
0
300 m
Mestia-Kreuz
Mestia-Kreuz
Erlöserkirche Lagami
Lagami
Khergiani Museum
Margianis Machubi Museum
Apostelkirche Lanchvali
Lanchvali St.
Lanchvali
Khergiani-Wehrturm
Zura Paliani St.
Aghmashenebeli St.
Mestiachala
Boris Kakhiani St.
Chalaati-Gletscher, Ushguli
Gvaldiri
Sowjetische Alpin-Lodge, Ushguli
Lekhtagi
Ushba St.
MARKT
GERICHT
Tamar Mepe St.
Vitorio Sela St.
POLIZEI
Seti Square
RATHAUS
Senaki St.
Avtandil Ioseliani St.
Beknu Khergiani St.
Tamar Mepe St.
KRANKENHAUS
Mazeri, Nakra, Zugdidi
Ethnografisches Museum
Shgedi
Mulkhura
Mulkhura
Ushguli
Hatsvali
TALSTATION SESSELLIFT

ehren sie die Königin doch wie eine Heilige und sind nur ihre ikonische Darstellung gewohnt. Die Nordseite des Platzes wird von der Hauptstraße, der **Tamar Mepe Street**, die sich von Ost nach West durchs Dorf zieht, abgegrenzt. An ihr reihen sich Hotels, Restaurants, Lebensmittel- und Souvenirläden aneinander. Auch die **Busstation** befindet sich an der Tamar Mepe Street, am nordöstlichen Ende des Seti Square. Östlich der Busstation führt kurz vor dem Gasthaus Edelweiss ein Abzweig in einen Hinterhof, in dem sich in einer kleinen Halle der **Markt** befindet.

Ethnografisches Museum

Die größte Sehenswürdigkeit Mestias ist das Ethnografische Museum südlich des Mestiachala-Flusses, Ioseliani St. 7, 💻 http://museum.ge. In dem modernen Betonbau werden einzigartige Kunstgegenstände aufbewahrt: vergoldete Ikonen, kunstvoll verzierte, aus örtlichen Goldvorkommen gefertigte Altar- und Prozessionskreuze sowie wertvolle alte Schriften. Das dort ausgestellte Evangelium von Adishi ist eine der ältesten erhaltenen georgischen Handschriften. Von der traditionellen Kleidung, den Werkzeugen und Waffen, die das Museum zeigt, war vieles bis vor Kurzem noch ein Teil des swanischen Alltags.

Es war nicht leicht, alle diese wertvollen und interessanten Gegenstände für das Museum zusammenzutragen, denn Ikonen und Altarkreuze sind in den Bergdörfern nicht nur wertvolle Kunstgegenstände, sondern vor allem fester Bestandteil der religiösen Zeremonien. Doch weil insbesondere den Ikonen und Handschriften die modrige Feuchte in den alten Kirchen zusetzte, konnten viele der Besitzer überzeugt werden, dass die sensiblen Objekte im Museum von Mestia am besten aufgehoben sind. Zu seiner Gründung 1936 befand sich das Museum selbst in einer Kirche: In der St. Georgskirche im Stadtkern östlich des Seti Square waren deren Kirchenschätze ausgestellt. Der heutige Bau wurde erst 2013 eingeweiht. Das Museum zählt zu einem der schönsten Georgiens, und vom Dach hat man eine tolle Aussicht über Mestia. Vorsicht: Es gibt kein Geländer!

🕒 Di–So 10–18 Uhr, Eintritt 7 GEL, Führung 10 GEL.

Khergiani-Wehrturm

„Koschki" heißen die mittelalterlichen Wehrtürme, die die Silhouette Mestias prägen. Die meisten von ihnen stammen aus dem 10./11. Jh., die Fundamente einiger Türme sind sogar bis zu 2000 Jahre alt. Italien-Fans werden die Türme vielleicht an die Geschlechtertürme von Bologna oder die von Mestias Partnerstadt San Gimignano in der Toskana erinnern. Und es ist nicht auszuschließen, dass sich die Orte gegenseitig beeinflusst haben, denn schon den Römern war Swanetien bekannt. Sicher ist jedenfalls, dass auch die swanischen Steintürme Geschlechtertürme waren: Jede Familiensippe besaß mindestens einen Wehrturm als Statussymbol und Zufluchtsort.

Die Wehrtürme verjüngen sich nach oben hin und haben normalerweise drei Stockwerke: Im unteren Geschoss lagerten die Vorräte, im mittleren Stock befand sich der Wohnbereich, im obersten Stockwerk der Ausguck mit Schießscharten zur Verteidigung. So konnten die Sippen Angriffe feindlicher Bergvölker und Nachbars Blutrache überstehen.

In den Dörfern waren die Türme immer mit den Wohnhäusern verbunden und verfügten über Geheimgänge. Als Wachtürme wurden sie manchmal auch außerhalb der Ortschaften gebaut. Ins nächste Stockwerk gelangt man jeweils über wackelige Holzleitern – wer einen Turm besteigen möchte, sollte keine Höhenangst haben.

Im **Ortsteil Lanchvali** befindet sich der Khergiani-Wehrturm, der besichtigt werden kann, 📞 599 779 217 oder 599 616 711, 🕒 10–18 Uhr, Eintritt 3 GEL.

Margianis Machubi Museum

Oberhalb des Ortsteils **Lanchvali**, neben der Apostelkirche (Taringesel), befindet sich das Margianis Machubi Museum. Die traditionellen Wohnhäuser der Swanen (Machubi) sind kleine Trutzburgen. Sie wurden komplett aus Stein gebaut, damit sie bei Belagerungen nicht in Brand gesetzt werden konnten. Die fensterlosen Hausfestungen waren mit einem Wehrturm verbunden und hatten einen Geheimausgang. Das Herz des Machubi waren die Feuerstätte und die Feuerkette, an der der Kochkessel be-

Die schönsten Tageswanderungen rund um Mestia

Der beste Weg, Swanetien kennenzulernen, ist eine mehrtägige Wandertour. Wenig Zeit? Kein Problem, von Mestia gibt es einige sehr schöne Tageswanderungen für jeden Geschmack:

Mestia Cross

Der Aufstieg zum Kreuz von Mestia (Mestia Cross) ist ein Muss für jeden wanderfreudigen Besucher, wobei man jedoch ziemlich ins Schwitzen kommt (s. „Wanderung zum Mestia Cross", S. 358). Vom Kreuz aus können schnelle Wanderer weiter bis zu den Koruldi-Seen nordwestlich laufen.
8,5 km langer Rundweg mit Startpunkt am Seti Square in Mestia. Gehzeit ca. 4 Std.

Chalaati-Gletscher

Keinen kalt lässt der Chalaati-Gletscher, dem man bei einer 2-stündigen Wanderung sehr nahekommen kann. Die Wanderung beginnt an der Brücke am Mestiachala, 9 km nördlich von Mestia. Der Weg ist markiert und leicht zu finden, 240 Höhenmeter müssen überwunden werden. Wer kein Taxi (60–70 GEL, inkl. Wartezeit) bis zur Brücke nehmen möchte, sollte für die dann insgesamt 25 km 7–8 Std. Gehzeit einplanen. Fußgänger müssen Mestia nach Osten über die Boris Khakiani Street verlassen. Sie führt am Flughafen vorbei, entlang dem rauschenden Mestiachala bis zur Brücke. Dort befindet sich ein Militärposten, Pass einpacken! Insgesamt 4,2 km lange Streckenwanderung mit Startpunkt an der Hängebrücke, 9 km nördlich von Mestia. Gehzeit ca. 2 Std.

Ruine der sowjetischen Alpin-Lodge

Nur wenige Höhenmeter mehr (nämlich 290 m) muss überwinden, wer zu der Ruine der sowjetischen Alpin-Lodge wandern möchte. Die einst noble Touristenunterkunft verfällt fast ungestört – fast, denn sie liegt auf der ersten Etappe des beliebten Mestia-Ushguli-Treks. Man folge vom Seti Square den Schildern nach „Vil. Zhaabesh", vorbei am ehemaligen Hotel Tetnuldi. Nach 5 Min. an der Gabelung rechts gehen, am Hotel Banguriani vorbei. 10 Min. später an der Gabelung linkshalten, von dort sind es 40 Min. bis zum verfallenen Hotel. Achtung: Die Wegweiser nach Zabeshi leiten die Trekker kurz vor der alten Lodge nach rechts. Insgesamt 7,5 km lange Streckenwanderung mit Startpunkt am Seti Square in Mestia. Gehzeit ca. 2 Std.

Zuruldi Range

Die Zuruldi Range ist ein perfektes Ausflugsziel für Kinder und alle, die für wenig Anstrengung grandiose Bergpanoramen genießen wollen: Seit 2018 verbindet ein neuer 6er-Sesselift von Doppelmayr das Zentrum von Mestia mit der Talstation des Hatsvali-Liftes, der die Besucher auf die Zurudli

festigt war. Die Feuerkette war ein heiliges Symbol des Familienzusammenhalts, wer sie raubte, den traf die Blutrache (s. Kasten S. 367). Um die Feuerstätte in der Mitte des Raumes saßen alle Familienmitglieder in fester Ordnung: Das Familienoberhaupt nahm auf dem Chefsessel Platz – dem Sakartskhuli, einem kunstvoll verzierten Holzthron. Auf der anderen Seite des Feuers befand sich die Bank der Kinder, links und rechts saßen sich Männer und Frauen gegenüber. Allerdings war es ziemlich dunkel in den mittelalterlichen Bunkern, weswegen die Swanen heutzutage verständlicherweise lieber in modernen Häusern leben. Die meisten der alten Machuben werden heute ausschließlich als Viehställe benutzt – die Tiere lebten schon immer dort, früher gemeinsam mit dem Menschen. Schließlich musste auch das Vieh vor Feinden geschützt werden. Außerdem glaubten die Swanen, dass sich die Kräfte der Tiere auf den Menschen übertrugen. Wie aus Theaterlogen lugten von drei Seiten des Raumes Schafe, Ziegen und Kühe durch die mit kunstvollen Schnitzereien verzierten Arkaden. Über den Tieren war

Range bringt. Dort kann man mit herrlichen Ausblicken bis zu den Sendemasten spazieren. An der Bergstation nach links auf dem Wirtschaftsweg Richtung Nordosten gehen. Hin und zurück 2 Std., die meisten der 210 Höhenmeter müssen kurz vor dem Ziel überwunden werden. Insgesamt 6 km lange Streckenwanderung mit Startpunkt an der Bergstation des Hatsvali-Sessellifts.

Von der Zuruldi-Range führt ein schöner (aber nicht markierter) Karrenweg weiter zum idyllischen Dörfchen **Tsvirmi**. Dort kann man übernachten und dann in Richtung Adishi weiterwandern oder den Rücktransport nach Mestia organisieren. Ein markierter Wanderweg führt von **Heshkili** über Ieli ebenfalls nach Tsvirmi.

Von Mazeri nach Mestia

Eine traumhafte, aber sehr anstrengende Wanderung führt von Mazeri nach Mestia Wer diese 22 km lange Streckenwanderung machen möchte, fährt am besten am Vorabend mit der Marschrutka oder dem Taxi nach Mestia, um am Wandertag früh aufbrechen zu können. Gehzeit 9 Std.

Unterwegs nach Zabeshi

Von Mestia nach Zabeshi

Die erste Etappe des Mestia-Ushguli-Treks nach Zabeshi ist eine 16 km lange, gut ausgeschilderte Streckenwanderung. Von oder nach Zabeshi muss ein Taxi genommen werden, oder man wandert gleich weiter bis Ushguli (S. 363–365). Gehzeit 6 Std.

Karten und Tourenbeschreibungen

Die Karten der Touristeninformation sind eher rudimentär und nur zur groben Orientierung nützlich. Detaillierte Tourenbeschreibungen in *Rother Wanderführer Georgien* und im Internet auf 💻 https://www.caucasus-trekking.com.

ein Zwischenstockwerk eingezogen, dort waren die Schlafplätze der Menschen, wohlig gewärmt von unten. Schweine wurden übrigens im Herbst wegen des strengen Geruchs geschlachtet. So schlecht wie man vermuten könnte, soll es im Machubi aber angeblich gar nicht gerochen haben – trotz fehlender Fenster und des nicht vorhandenen Rauchabzugs. In den Ecken befanden sich Kerzen aus Tierfett, denen wohlriechende Kräuter beigemischt waren, der rustikale Vorgänger des Raumerfrischers. In den Ecken standen außerdem große Holztruhen, in denen Kleidung, Geschirr und sonstige Alltagsgegenstände gelagert wurden, außerdem Lebensmittel wie Mehl und Getreide. Mehr Lagerraum bot der Keller, der aber auch manchmal mit Gefangenen besetzt war und in dem bestenfalls der Schimmel von der Decke hing – explosiver Schimmel! Es passt ganz gut, dass in den feuchten Kellern der kämpferischen Swanen Schimmel mit explosiver Zusammensetzung wächst, der früher auch in Deutschland nicht selten in den Kuhställen vorkam und bis ins 19. Jh. eine wichtige Salpeterquelle war. Denn er enthält Salpeter und Schwefel, getrocknet wird er zu einer Art Schwarzpulver. Heu wurde im Winter im ersten Stock gelagert. Dort spielte sich im Sommer das Leben ab, man brachte Möbel aus dem düsteren Machubi nach oben. Es kann ebenfalls der zugehörige Wehrturm besichtigt werden. 🕒 Di–So 10–17.30 Uhr, auf Nachfrage geöffnet. Entweder beim Gästehaus Lanchvali klopfen oder die angegebenen Nummern anrufen. Besuch nur mit Führung (auf Russisch oder Georgisch). Eintritt 10 GEL.

Khergiani Museum

In der Sowjetunion war er eine Berühmtheit, in Mestia ein Held und in Europa als „Tiger der Felsen" bekannt. Mikhail Khergiani wurde 1935 in Mestia geboren, schon sein Vater Bessarion Khergiani war erfolgreicher Alpinist. Mikhail schloss 1951 die Bergschule ab und feierte während seiner Bergsteigerkarriere viele Erfolge, er wurde insgesamt sieben Mal sowjetischer Meister im Klettern und erklomm u. a. den Ushba und den 7495 m hohen Pik Ismoil Somoni (ehemals Pik Stalin). Er nahm zudem an zahlreichen Rettungsexpeditionen teil, 1969 verunglückte er in den Dolomiten tödlich.

Das Hausmuseum liegt etwas abseits im Osten, im Ortsteil **Lagami**, unweit der Erlöserkirche (Mazchwar) in der Khergianis Street 35. Das erste Zimmer im Erdgeschoss zeigt Gegenstände aus Khergianis Leben, das zweite im Erdgeschoss informiert (leider nur auf Russisch) über die Entwicklung des Bergsteigens in der Sowjetunion, schon in den 1930ern feierten sowjetische Alpinisten große Erfolge – Bergsteigen war äußerst populär, und prestigeträchtige Expeditionen wurden staatlich gefördert. In der Ausstellung wird auch über die Einholung der deutschen Reichskriegsflagge auf dem Elbrus berichtet, die deutsche Gebirgsjäger dort 1942 gehisst hatten. Diese symbolische Besitznahme des höchsten Gipfels des Kaukasus konnte Stalin nicht tolerieren – im kalten Februar 1943 schickte er sowjetische Bergsteiger auf den Gipfel, um die deutsche Flagge gegen die sowjetische auszutauschen. Im ersten Stock zeigt ein Zimmer verschiedene Medaillen und Urkunden von Khergiani, auch sein Schlafzimmer ist dort zu besichtigen. Im Hausmuseum kann man mehr über Mikhail Khergianis Leben erfahren und seinen Urenkel kennenlernen, der ebenfalls Mikhail Khergiani heißt und der Direktor des Museums ist. Am besten vorher anrufen, 📞 591 051 163, 🕒 Di–So 10–18 Uhr, Eintritt 10 GEL.

Zuruldi Range und Hatsvali-Skigebiet

Das Skigebiet Hatsvali liegt 8 km südlich von Mestia auf der Zuruldi Range und ist seit 2018 mit dem Mestia-Hatsvali-Lift von Mestia aus zu erreichen. Es bietet vier Lifte sowie insgesamt 5,6 km leichte und mittelschwere Pisten. Skisaison ist von Ende Dezember bis Mitte März, ein Tagesticket kostete 2023 für Erwachsene 50 GEL. Im Sommer sind zwei der Sessellifte bei schönem Wetter in Betrieb, von der Bergstation ist die Aussicht über die umliegenden Täler sehr schön, und es gibt gute Wandermöglichkeiten (S. 354/355). 🕒 Im Winter tgl. 10–16 Uhr, Hin- und Rückfahrt 20 GEL.

Tetnuldi-Skigebiet

Drei Skilifte und knapp 14 km größtenteils mittelschwere Pisten warten im 2016 eröffneten Tetnuldi-Skigebiet rund 20 km östlich von Mestia, auf Wintersportler. Der ehemalige Präsident Saakaschwili versprach den Swanen mit diesem Prestigeprojekt 1 Mio. Touristen.

Die Nachfolgeregierung des Georgischen Traums hatte 2012 nur wenig Lust, das kostspielige Projekt fortzuführen. Nur lagerten die bereits bezahlten Drahtseile und Sessel schon im Tal von Mulakhi, und als 2015 noch immer nicht mit dem Bau begonnen war, drohte die französische Lieferfirma mit dem Entzug der Garantie – die Anlage hätte dann nur noch Schrottwert gehabt. Natürlich kommen nicht eine Million Skifahrer in das abgelegene Wintersportzentrum, für das es keine vernünftige Verkehrsanbindung gibt. Was tun? Man könnte ja eine Autobahn von Kutaissi nach Tetnuldi bauen, in vier Stunden wären schneebegeisterte Sportler mitten in den Bergen Swanetiens. Die Kosten dafür wären immens, und ob die Autobahn im Winter überhaupt befahrbar wäre, ist unklar. Trotzdem hat der ehemalige Regierungschef Giorgi Kvirikashvili eine kroatische Firma mit der Planung der Teilstrecke von Lentekhi nach Mestia beauftragt. Kostenpunkt: 4,7 Mio. Lari.

Auch die neue Regierung scheint große Visionen zu haben.

🕒 Ende Dez–Mitte März 10–16 Uhr, Tagesticket Erwachsene 50 GEL, Multiticket für alle georgischen Skigebiete für 7 Tage 370 GEL.

ÜBERNACHTUNG

In Mestia gibt es eine große Auswahl an einfachen und günstigen Unterkünften, bei einigen darf man im Garten für wenige Lari sein Zelt aufschlagen. In den letzten Jahren haben außerdem zahlreiche gehobenere Unterkünfte eröffnet.

Untere Preisklasse

Barbara Guesthouse, Betlemi St. 17, ✆ 599 327 523. Die herzliche Gastgeberin Oma Dodo vermietet 3 einfache Zimmer, die sich 2 Bäder teilen. Gäste werden mit frischen Zutaten aus dem Garten bekocht, der freundliche Hund Bobo wohnt auch dort. ❶

Garden House, Japaridze St. 10, ✆ 598 515 188, 💻 bei Facebook. Familiengeführtes Gästehaus in ruhiger Lage am westlichen Ortsrand mit großen Balkonen und Garten mit Hängematten. Alle Zimmer mit Privatbad. ❶

Kaldani Guesthouse, Betlemi St. 13, ✆ 558 900 094, 💻 bei Facebook. Gegi, der Sohn des Hauses, spricht sehr gut Deutsch und hilft bei der Organisation von Ausflügen, z. B. zur Lagurka-Kirche in Kala oder Ushguli. 7 Zimmer, davon 4 Drei-Bett-Zimmer. Ruhig, aber zentral gelegen. ❶

Keti Margiani Guesthouse, Lanchvali St. 7, ✆ 592 115 780. Schöne Bergblicke von Balkon und Terrasse, 11 saubere, geschmackvolle DZ mit Heizung, teils mit Privatbad. Sehr zuvorkommende Gastgeber. ❶–❷

Memory Guesthouse, Vittorio Sella 19, ✆ 591 401 817. Familienpension mit geräumigen Zimmern mit Zentralheizung, schönem Bergblick vom Balkon und Garten, nahe dem Zentrum. ❶

Mushkudiani Manor, Avtandil Khergiani St. 10, ✆ 591 419 936, 💻 bei Facebook. Ruhige Lage östlich des Zentrums am Fluss mit Spitzenaussicht auf die Skyline von Mestia und schönem Garten (Zelten möglich). Die gastfreundliche Familie vermietet 2 Zwei- ,1 Vier-Bett- und 1 DZ, die sich 2 Bäder teilen. Alle sauber und stilvoll eingerichtet. Besonders schön ist das Deluxe-Drei-Bettzimmer ❷ mit Holzofen und Privatbad. ❶

Nino Ratiani's Guesthouse, Khaptani St. 1, ✆ 599 183 555, 💻 bei Facebook. Gästehaus der ersten Stunde und gute Adresse, um andere Reisende zu treffen und günstig Ausflüge in die Umgebung zu machen. ❶–❷

Svan-Ski Guesthouse, Seti Sq. 8, ✆ 577 282 814, 💻 bei Facebook. Gemütliches, zentral gelegenes Gästehaus mit herzlichen, hilfsbereiten Gastgebern. Gutes Preis-Leistungs-Verhältnis. DZ mit Gemeinschafts- oder Privatbad. ❶

Teo Guesthouse & Camping, Lanchvali St. 2, ✆ 593 629 698, 💻 bei Facebook. Authentische Familienpension oberhalb des Zentrums, vom Balkon genießt man Panoramablicke. Auf dem Grundstück befindet sich ein Wehrturm, der besichtigt werden kann. 6 DZ mit Zentralheizung und Bad. Zelten möglich, netter Hofhund. Vermittlung Englisch sprechender Fahrer möglich. ❶

Mittlere Preisklasse

Bapsha Guesthouse, Beknu Khergiani St. 5, ✆ 555 455 886, 💻 bei Facebook. Helle Zimmer mit Holz- und Steinmöbeln, dazu das offen gelegte alte Gebälk und die rauen Steinwände, die für Boutiquehotel-Ambiente sorgen. Mit umweltfreundlichen Produkten ausgestattet. Einige der hilfsbereiten Angestellten sprechen Deutsch. Alle Zimmer mit Bad und Heizung, einige mit Balkon. ❸–❹

Edelweiss Guesthouse, Tamar Mepe St. 20, ✆ 599 224 264, 💻 bei Facebook. Saubere, komfortable Zimmer mit Heizung. Im Garten kann man in der Hängematte entspannen, deutsche Bücher laden zum Schmökern im Aufenthaltsraum ein. Alle Zimmer mit Privatbad. ❸

Hotel Ailama, Betlemi St. 47, ✆ 599 228 116, 💻 bei Facebook. Komfortables, modernes Hotel im Ortszentrum mit 12 sauberen DZ mit Heizung und gemütlichem Empfangsraum. ❸

Villa Mestia, Erkle Parjiani St. 7, ✆ 551 001 133, 💻 bei Facebook. Gemütliches Familienhotel mit sauberen Zimmern und einem Garten

Wanderung zum Mestia Cross

- **Länge**: 8,5 km
- **Dauer**: 4 Std. reine Gehzeit
- **Steigungen**: einige steile Passagen beim Aufstieg; insgesamt 900 Höhenmeter
- **Wegbeschaffenheit**: Aufstieg über schmale Wanderpfade, Abstieg teils über Wirtschaftswege; insgesamt gut, nach Regen matschig
- **Schwierigkeitsgrad**: mittel
- **Ausschilderung**: gut, Wegweiser und rot-weiße Markierungen
- **Ausrüstung**: festes Schuhwerk, Wasser und Proviant

Die herrliche Halbtagestour zum metallenen Kreuz über Mestia ist perfekt, um sich einen Überblick über das Tal von Mestia zu verschaffen. Ist der anstrengende Aufstieg vollbracht, genießt man schöne Weitblicke über das gesamte Tal.

Der Aufstieg

Vom **Seti Square** auf der Tamar Mepe Street nach Westen gehen und hinter dem Polizeigebäude in die **Vitorio Sela Street** rechts einbiegen. Dann sogleich in die erste Straße rechts abbiegen und an der nächsten Gabelung links gehen. Nach ca. 5 Min. in die zweite Gasse links einbiegen, der Weg führt zwischen Gärten und Apfelbäumen aus dem Dorf hinaus. Auf einer Weide liegt ein **Stein mit einem gelben Pfeil**, der den Weg nach rechts zeigt, er verläuft bergauf entlang einem Bach. Nur 5 Min. später macht der Pfad eine scharfe Rechtskurve und verlässt den Bachlauf, ein Wegweiser und rot-weiße Markierungen zeigen den weiteren Weg durch den Wald, der ab hier nicht zu verfehlen ist. Teils durch steile, ausgewaschene Rinnen führt der Wanderpfad in 45 Min. zum **Kreuz von Mestia** und einem genialen Panorama.

Der Abstieg

Bis zu den Koruldi-Seen führt von Mestia eine mit Geländewagen befahrbare Piste, über die der erste Teil des Abstiegs ins Tal führt. Von Schutzhütte und Kreuz steigt man nach Osten zwischen Bäumen über eine Wiese ab, nach 5 Min. trifft man auf diesen Fahrweg. Nach 2 km Abstieg auf dem Fahrweg folgt man dem Wegweiser nach rechts. Ab dort geht es auf einem idyllischen, schmalen Wanderpfad weitere 2 km mit wunderschönen Ausblicken auf Mestia und seine Wehrtürme in die Stadt zurück.

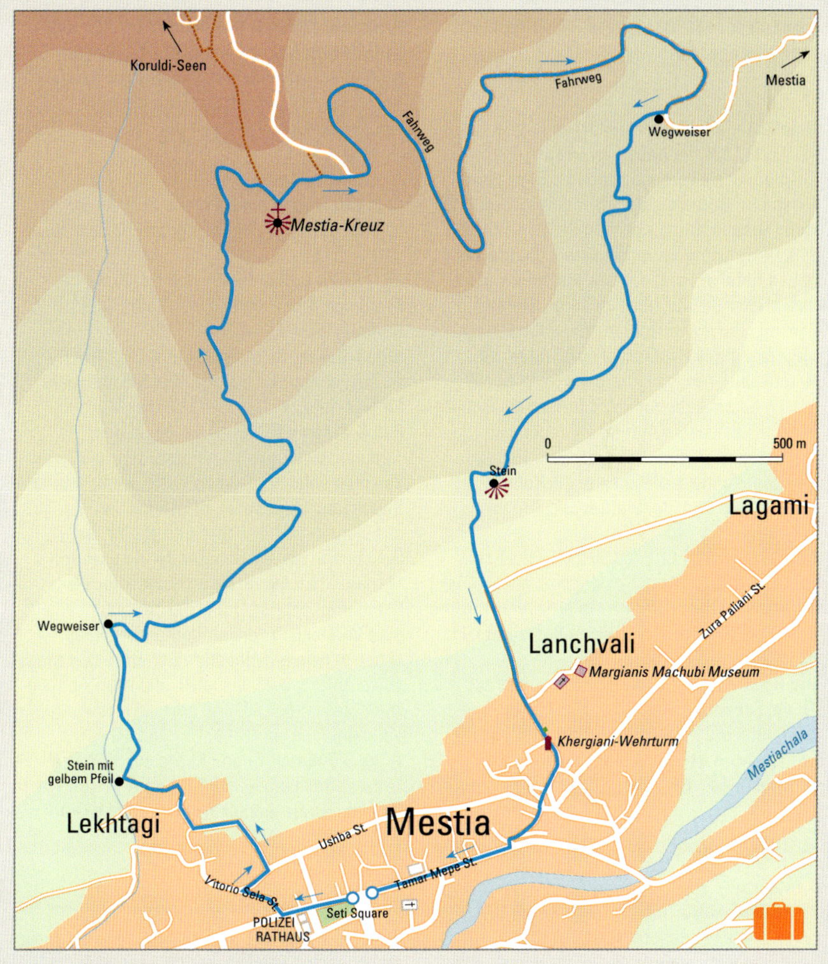

Abstecher zu den Koruldi-Seen

Wer früh startet, sehr fit und schnell unterwegs ist, kann vom Mestia Cross aus weiter zu den Koruldi-Seen wandern (+ 2 Std. Gehzeit pro Strecke). Dafür folgt man der Piste nach Norden, vorbei an den Hirtenhütten. Nach 1 1/2 Std. rechtshalten, nach links führt der Wanderweg nach Mazeri. Im Frühsommer sind die Seen meist noch von Schneefeldern bedeckt, im Spätsommer oft fast ausgetrocknet, die Ausblicke bei guter Sicht zu jeder Jahreszeit spektakulär.

Praktische Tipps

Am Kreuz befindet sich ein herrlicher **Picknickplatz** und bei gutem Wetter einer der schönsten **Plätze zum Zelten** und um den Sonnenaufgang zu erleben. Neben dem Kreuz steht eine **Wetterschutzhütte** – ein guter Unterstand bei Regen, allerdings ohne Seitenwände und daher kein Schutz vor kühlem Wind. Für eine **gemütliche Kombination** dieser Wanderung mit den Abstechern zu den Koruldi-Seen lässt man sich mit dem Geländewagen-Taxi zum Mestia Cross hinauffahren.

zum Entspannen, dazu gutes Frühstück und zentrale Lage. ❸

Obere Preisklasse

Hotel Banguriani, Revaz Margiani St. 10, ☏ 596 112 626, 💻 https://www.banguriani.com. Zimmer mit Balkon und schönem Blick über Mestia. Außerhalb gelegen, mit Restaurant. ❹
Hotel Gistola, Boris Kakhiani St. 39, ☏ 599 999 948, 💻 https://www.hotel-gistola.ge. Großes neues Hotel mit gutem Standard, etwas außerhalb an der Straße zum Flughafen. Geräumige Zimmer, alle mit Balkon. Aufzüge, Kinderspielplatz und gutes Restaurant vorhanden. ❺
Hotel Lahili, Avtandil Khergiani St. 3, ☏ 599 121 17, 💻 bei Facebook. Modernes, stylisches Hotel mit stilvollem Aufenthaltsraum und Terrasse mit Skyline-Blick, etwas außerhalb gelegen. Komfortable Zimmer mit Zentralheizung und Bad. Restaurant und Sauna vorhanden. ❹–❺
Hotel Posta, Seti Sq., ☏ 595 337 345, 💻 bei Facebook. Luxuriöses Designhotel mit schöner Terrasse, Pool und Sauna. Beim Service hakt es etwas, auch beim zugehörigen Restaurant, in dem es oft Livemusik gibt. ❻
Old House Hotel, Lanchvali St. 1, ☏ 593 000 546, 💻 bei Facebook. Helle, neu renovierte Zimmer. Zum Hotel gehört ein gutes Restaurant im Erdgeschoss. DZ mit Gemeinschafts- oder Privatbad. ❹–❺

ESSEN UND UNTERHALTUNG

Restaurants

Café Laila, Seti Sq.7, ☏ 577 577 677, 💻 bei Facebook. Restaurant und Traveller-Treff, abends gibt es oft Veranstaltungen mit traditionellem Tanz und Musik, dann platzt es aus allen Nähten. Besitzerin Tamuna Japaridze lebte einige Jahre in Deutschland und spricht Deutsch. 🕒 10–23 Uhr.
Café Panorama, Japaridze St. 12a, ☏ 555 506 005. Auf der großen schönen Sonnenterrasse werden reichliche Portionen typischer swanischer und georgischer Gerichte serviert. Für größere Gruppen gut geeignet. 🕒 11–24 Uhr.
Old House Restaurant, s. Übernachtung. 🕒 9–23 Uhr.
Restaurant Lushnu Qor, Tamar Mepe St. 44, 💻 bei Facebook. Im Innenhof sitzt man an großen Schiefertischen. Bester Platz fürs Barbecue, bei dessen Zubereitung man zuschauen kann. 🕒 11–24 Uhr.

Cafés und Bars

Café Bar Buba, Tamara Mepe St. 3. In der kleinen Café-Bar gibt es regelmäßig Livemusik. 🕒 11–23 Uhr.
ERTI KAVA Coffee Room, Seti Sq. 25, 💻 bei Facebook. Liebevoll eingerichtetes Café mit Kaffeespezialitäten. 🕒 8–20 Uhr.
Kate's Cakes, Betlemi St. 47, ☏ 595 776 417, 💻 bei Facebook. Leckerer Kuchen und mehr für Naschkatzen. 🕒 10–22 Uhr.
Pub & Cinema DEDE, 💻 bei Facebook. Tamuna zeigt täglich mehrmals den Film *Dede*, den man unbedingt sehen sollte, wenn man in Swanetien ist. Er spielt im Ushguli der turbulenten 1990er-Jahre und erzählt die Geschichte der Großmutter der Regisseurin Mariam Khatchvani, deren Schwester die Kinobetreiberin ist. Dabei bekommt man eine gute Vorstellung vom entbehrungsreichen Leben in dem abgelegenen Bergdorf. Das Kino sollte Anfang 2023 umziehen, die neue Adresse kann über ☏ 595 089 508 erfragt werden. Vorstellungen von 13–21 Uhr alle 2 Std.
Wine & Theater, Beqnu Khergiani St. 3, Folk Theater Building, 💻 bei Facebook. Netter Ort für einen Drink auf der Terrasse, oft Livemusik. 🕒 11–24 Uhr.

FESTE

He-Lichi-Reiterfest. Traditionelles Pferderennen zwischen den Familien in der Innenstadt mit anschließendem Festmahl. Anfang Juni.
Svaneti International Film Festival, 💻 http://svanetifilmfestival.com. Ende Juli.
Im Winter finden im Februar mehrere **Totenfeste** statt, die ihren Ursprung noch in vorchristlicher Zeit haben. So wird bei **Lipanali** jeweils am 4. Februar für die toten Familienmitglieder ein Festmahl zubereitet, denn die Seelen der Verstorbenen – so der Glaube – kehren zurück in ihre Häuser. Erst am Tag nach dem Festmahl für die Toten wird das Essen für die Lebenden

aufgewärmt und von ihnen verzehrt. Die Ahnenverehrung entspringt der Überzeugung der Swanen, dass diese das Schicksal der Lebenden genauso beeinflussen können wie Gott. Vielleicht wird der Besucher sehen, wie eine weiße Spur – aus swanischem Käse – aus den Swanenhäusern nach draußen verläuft: Der lang gezogene weiße Käse weist den Seelen am Ende von Lipanali den Weg aus dem Haus hinaus.

EINKAUFEN

Lebensmittel

Entlang der **Tamar Mepe St.** bieten zahlreiche kleine Lebensmittelläden (🕒 10–20 Uhr) und Bäckereien ihre Waren an, am **Seti Sq.** gibt es zwei Supermärkte. 🕒 24 Std.

Wanderbedarf

In der Tamar Mepe St. verkaufen zwei Läden neben Souvenirs auch **Wanderkarten, Campinggas** und **Ladekabel** für Handys, 🕒 10–20 Uhr. Bei **Lavladashi Souvenirs**, Tamar Mepe St. 22, kann man Wanderstöcke, Fleecejacken und Handschuhe kaufen. Wanderausrüstung und -kleidung bringt man besser mit. 🕒 10–20 Uhr.

SONSTIGES

Aktivitäten

Fast alle Gästehäuser helfen bei der Organisation von Transfers, **Wandertouren** und **Ausritten**. Letztere können auch direkt über die Pferdebesitzer Achiko, ✆ 568 036 633, und Luka Guledani, ✆ 568 650 545, organisiert werden. Für Tourenvorschläge zum Wandern s. S. 354/355. **Skifahren** ist von Dez–März im Hatsvali- und Tetnuldi-Skigebiet möglich. **Skitouren** können über verschiedene Reiseanbieter gebucht werden (S. 69).

Geld

Eine **Bank** befindet sich am Seti Sq., im Ortszentrum gibt es zahlreiche **Geldautomaten**. Wer weiter in die kleinen Bergdörfer wandert, sollte ausreichend **Geld in kleinen Scheinen** mitnehmen.

Internet und Telefonieren

Fast alle Gästehäuser, Restaurants und Cafés bieten **kostenloses WLAN** an. Da es bisher nach Mestia kein Glasfaserkabel gibt, ist die Verbindung langsam, und es kommt immer wieder zu Störungen.
Magti hat in den Bergen von Swanetien mit Abstand die beste Netzabdeckung.
In der Post sind **SIM-Karten von Magti** erhältlich.

Medizinische Hilfe

Mehrere **Apotheken** befinden sich am Seti Sq.
Das **Krankenhaus** liegt südöstlich des Seti Sq. und sichert lediglich die Grundversorgung.

NAHVERKEHR UND TRANSPORT

Taxis und Marschrutki

Alle Marschrutki fahren an der Haltestelle, ✆ 599 467 186, am Seti Sq. ab. Tickets am besten am Vorabend in einem der Kioske am Platz kaufen, so erfährt man die genaue Abfahrtszeit. Marschrutki fahren morgens ab, bei großer Nachfrage im Sommer zusätzlich nachmittags.
BATUMI, um 8 Uhr in 6 Std. für 50 GEL.
KUTAISSI, um 8 Uhr in 5 Std. für 40 GEL.
TBILISSI, um 6 Uhr in 9 Std. für 50 GEL.
USHGULI, 10 Uhr in 2 1/2 Std. für 40 GEL, für Hin- und Rückfahrt um 15 Uhr am selben Tag 50 GEL.
ZUGDIDI, um 8, 12, 14, 16 und 18 Uhr in 3 Std. für 35 GEL.

Für ein **Privattaxi** zahlt man von/nach KUTAISSI ca. 500 GEL, TBILISSI ca. 800 GEL, USHGULI ca. 250 GEL, ZUGDIDI ca. 300 GEL. Fahrten in die nähere Umgebung sind meist überteuert, Verhandeln ist angesagt!

Flüge

Der **Flughafen Tamar Mepe** liegt östlich der Stadt. Nach TBILISSI Natakhtari 6x wöchentl., nach KUTAISSI 1x wöchtl. Auskunft, Flugzeiten und -buchung unter 💻 https://ticket.vanillasky.ge.

Von Mestia nach Ushguli

Ein swanisches Sprichwort sagt: „Schlecht ist ein Weg, wenn der Wanderer abstürzt und seine Leiche wird nicht gefunden. Gut ist ein Weg, wenn der Wanderer abstürzt, aber seine Leiche gefunden wird und beerdigt werden kann. Ausgezeichnet ist ein Weg, von dem der Wanderer nicht abstürzt". Demzufolge war der Pfad nach Ushguli früher schlecht. Mittlerweile ist er mehr als ausgezeichnet, denn er ist bis 5 km vor Ushguli asphaltiert, sodass die Fahrzeit nur noch ca. 2 1/2 Stunden beträgt. Trotzdem sollte die Route nur mit dem Geländewagen befahren werden, da der letzte, nicht asphaltierte Abschnitt in der engen Schlucht besonders schwierig ist, dort kommt es außerdem häufig zu Steinschlag.

Talschaft von Mulakhi

Verlässt man Mestia nach Osten, gelangt man entlang dem Fluss Mulkhura in die malerische Talschaft von Mulakhi, in der einige der am besten erhaltenen Wehrturm-Ensembles stehen. Für Wanderer ist die insgesamt rund 15 km lange **Tagestour zum Tviberi-Gletscher** von Zabeshi aus interessant. Die Tour (ca. 4 Std. Gehzeit) beginnt nördlich der Fußgängerbrücke über den Fluss Mulkhura bei Zabeshi. Schilder weisen dort den Weg nach Norden ins Tal des Tviberi.

Adishi

Idyllisch liegt das kleine Bergdorf Adishi am Fuße des Tetnuldi. Auf einigen der halb zusammengestürzten Türme wachsen Bäume. Bei einem Lawinenunglück 1987 wurden fast alle Häuser und viele der Türme zerstört, doch wie durch ein Wunder blieben alle sieben Dorfkirchen unversehrt. Trotzdem zogen die meisten Bewohner weg oder wurden umgesiedelt, und das Dorf verfiel. Doch seit der Trek von Mestia nach Ushguli immer beliebter wird, kehrt im Sommer wieder Leben ein. Adishi ist bekannt für seine über tausend Jahre alten Handschriften, die **Evangelien von Adishi**, die lange in der **Christuskirche** von Adishi aufbewahrt wurden. Mittlerweile sind sie im Ethnografischen Museum von Mestia (S. 353) gut aufgehoben, einige Ikonen und Prozessionskreuze befinden sich aber noch immer in der Kirche oberhalb des Dorfes. Die kleine **Erzengelkirche** südlich des Ortes ist meist verschlossen, doch auch von außen mit interessanten Fresken bemalt.

Eine Stunde Fußmarsch flussaufwärts im Tal des Adishchala steht die **Marienkirche**, an der jedes Jahr am 30. Juli das Fruchtbarkeitsfest **Lichanishi** gefeiert wird, bei dem heidnische Bräuche mit christlichen Traditionen verschmelzen: Mehrere Widder werden geweiht und ihr Fell mit einer Kerze angesengt, bevor sie geopfert werden. Sicher ist es kein Zufall, dass die Kirche an einer Stelle im Tal steht, von der man alle drei heiligen Gipfel Swanetiens sehen kann: Ushba, Tetnuldi und Schchara.

Der Turm der Liebe

Nur wenig später nach dem Abzweig nach Adishi passiert man Richtung Ushguli den „Love Tower", um den sich traurige Geschichten ranken. Eine von ihnen besagt, dass die Tochter eines ehrwürdigen Swanen sich mit ihrem Auserwählten verlobte, doch der Geliebte in den Kampf ziehen musste. Sie versprach, auf ihn zu warten und nie einen anderen zu heiraten. Ihr Vater ließ diesen Turm für sie erbauen, in dem sie bis an ihr Lebensende auf die Rückkehr ihres Verlobten wartete – vergebens, denn er war im Kampf gefallen. Vor dem Turm werden Andenken verkauft. Kleine Holztürme, Bergkristalle und allerlei Nippes. ⏲ 24 Std., Eintritt 1 GEL.

Wallfahrtskirche Lagurka

An einem Metallkreuz kurz vor Kala halten die Einheimischen, bekreuzigen sich und trinken einen Schnaps: Es ist die Stelle, an der man die **St. Kvirike und Ivlita-Kirche**, auch **Lagurka-Wallfahrtskirche** genannt, zum ersten Mal sieht.

Die Kirche ist die bedeutendste in ganz Swanetien, es soll zudem die einzige sein, die auch als Kloster diente. Von der Straße weist ein Schild den Weg zur Kirche, der steile Aufstieg dauert ca. 20 Minuten und führt durch einen heiligen Wald. Nichts abbrechen – sonst ist einem der Zorn der Götter sicher! Durch ein erstes Tor gelangt man mit dem passenden Schlüssel auf den Kirchhof. Einige Steine liegen dort verlassen herum. Am größten Wallfahrtstag, der Kvirikoba, die auch Lagurka genannt wird, werden diese Steine am 28. Juli Teil eines Spek-

9 HIGHLIGHT

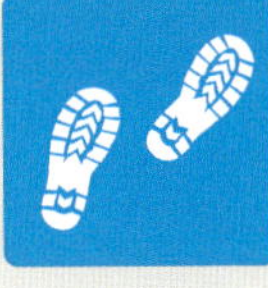

Trekking von Mestia nach Ushguli

- **Route**: Mestia – Zabeshi – Adishi – Iprari – Ushguli
- **Länge**: 57 km
- **Dauer**: 4 Tage, mit Möglichkeiten für Abstecher
- **Wegbeschaffenheit**: meist Naturpfade, teilweise Fahrwege
- **Schwierigkeitsgrad**: wechselnd, aber für erfahrene Bergwanderer mit guter Grundkondition ohne Probleme zu meistern. Die Durchquerung eines Gletscherflusses fordert etwas Geschick und Trekkingsandalen.
- **Ausschilderung**: Beschilderung und rot-weiße Markierungen sind lückenhaft.
- **Karten**: Karten und GPS empfehlenswert, S. 504
- **Bergführer**: Wer sorgenfrei wandern und tiefer in die Kultur eintauchen will, kann z. B. bei 💻 https://www.georgiano.de einen Bergführer finden.

Am Adishi-Gletscher

Vier Tage dauert der Klassiker unter den mehrtägigen Treks in Georgien. Dabei wird dem Wanderer auf den insgesamt knapp 60 km einiges geboten: eine traumhafte Bergwelt, spektakuläre Gletscherblicke und abgelegene Bergdörfer mit alten Wehrtürmen. In der Hochsaison sind auf der Hauptroute die Unterkünfte normalerweise ausgebucht, man sollte 2–3 Monate im Voraus reservieren. Weniger los ist in der Nebensaison von September bis Mitte Oktober.

Nebenroute

Wer auf eine weniger begangene Strecke ausweichen möchte, kann von **Heshkili** über Ieli laufen und in dem verschlafenen Dorf **Tsvirmi** übernachten. Weiter führt eine Schotterstraße über den Ughviri-Pass bis zum Tetnuldi-Skigebiet, dort trifft der Weg auf die Hauptroute.

1. Tag (17 km)

Mestia – Zabeshi: 870 m Aufstieg, 630 m Abstieg

Wie auf der Wanderung (s. Kasten S. 354/355) beschrieben, geht es zu den Ruinen der sowjetischen **Alpin Lodge**. Dort weisen Schilder den Weg, weiter nach Nordosten zwischen Weiden und Waldstücken entlang. An der Lichtung rechtshalten, ein steiler Pfad führt auf den Rücken der Kakhri Range, von der man herrliche Blicke zurück auf Mestia genießt. Hinter einem versumpften See befindet sich ein erstklassiger Pausenplatz, und erste Blicke ins Tal von Mulakhi eröffnen sich. Ab jetzt geht es fast nur noch bergab: entweder auf dem Weg hoch über den Dörfern (linkshalten) oder durch die Ortschaften der **Mulakhi-Talschaft** hindurch. Man sollte sich vorher erkundigen, ob die Fußgängerbrücken talaufwärts intakt sind, da sie häufiger bei Unwettern zerstört werden. Auf jeden Fall ans Ziel kommt man, wenn man bei Cholashi den Fluss nach Süden über die einzige Autobrücke überquert. Gute Übernachtungsmöglichkeiten findet man in den Ortsteilen Chvabiani oder in Tsaldashi (S. 366). Lohnenswert ist der Ausflug zum **Tviberi-Gletscher** von Zabeshi, für den ein zusätzlicher Tag eingeplant werden muss. Zum Gletscher führt auch ein markierter 2-tägiger Rundwanderweg (22 km, mit Übernachtung im Zelt, Guide empfehlenswert).

2. Tag (11 km)

Zabeshi – Adishi: 980 m Aufstieg, 500 m Abstieg

Den Wegweisern „Tsvirmi/Hadiish" nach Süden folgend, müssen zuerst 750 der 980 m Aufstieg bewältigt werden. Man sollte sich hin und wieder umdrehen: Der Ushba erhebt sich schroff über dem Tal. Ist der Aufstieg geschafft, steht man inmitten des neuen **Tetnuldi-Skigebiets**. Unter den Liftanlagen muss man ein kleines Stück bergauf gehen. Dann führt der Weg nach Südosten in sanftem Auf und Ab am Hang entlang in ca. 2 Std. nach Adishi.

3. Tag (17 km)

Adishi – Iprari: 1140 m Aufstieg, 1300 m Abstieg

Früh aufstehen ist angesagt! Auf der Königsetappe geht es zunächst gemächlich 5 km das Tal des Adishchala nach Südosten entlang. Dann muss der Fluss, möglichst früh am Morgen, durchquert werden – es gibt keine Brücke. Oft steht ein Pferd bereit, auf dessen Rücken man den Fluss für einige Lari bequem überqueren kann. Ist man in der Nebensaison unterwegs, und ein Pferd ist nicht vorhanden, muss der Fluss zu Fuß überquert werden. Dabei sollte man nach einer geeigneten, breiten Stelle suchen, an der das Wasser weniger tief ist. Wegen der eisigen Temperaturen und des unebenen Untergrunds sollte man nie barfuß gehen (s. Praktische Tipps). Auch Teleskopstöcke sind hilfreich. Eine frühe Durchquerung ist sehr empfehlenswert, da der eisige Fluss im Laufe des Tages anschwillt (das ist auch der Grund, warum die Wanderung besser in diese Richtung gelaufen werden sollte).

Es folgt der schweißtreibende Aufstieg, doch die Mühen werden belohnt. Vom **Chkhutnieri-Pass** (2735 m) führt ein Abstecher nach Nordosten zu einem kolossalen Aussichtspunkt: dem **Zwei-Gletscher-Blick** auf den Adishi-Gletscher links und den Zaresho-Khalde-Gletscher rechts. Vom Pass geht es stets abwärts, man steigt ins Tal des Khaldechala nach Süden ab und folgt dem Fluss nach Südwesten vorbei an **Khalde** bis **Iprari**.

4. Tag (12 km)

Iprari – Ushguli: 530 m Aufstieg, 400 m Abstieg

Die meisten Wanderer lassen diese Etappe einfach aus und fahren die letzten Kilometer mit dem

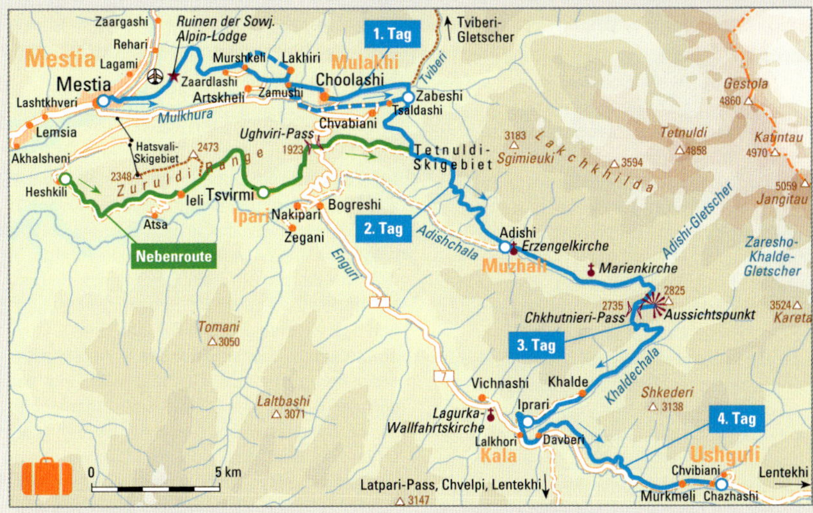

Taxi. Das ist schade – denn hoch über der staubigen Straße führt ein idyllischer Wanderpfad entlang. Nach dem Abstieg von Iprari ins Enguri-Tal folgt man dem Fluss nur bis zur Brücke. Dort nicht den Wegweisern nach Ushguli folgen, sondern hinter der Brücke links auf den Pfad zwischen die Häuser einbiegen, ein kleiner Zaun muss über eine Leiter überstiegen werden. Nach einer Rechtskurve ca. 500 m später muss erneut ein Zaun über eine Leiter überstiegen werden. Man erreicht den Ortsteil Davberi, hier vor den ersten Häusern links bergauf gehen. Dort folgt ein kurzer steiler Anstieg über eine ausgewaschene Rinne, über die man den Bergrücken erreicht. Erst über eine Wiese, dann entlang eines Grats führt der Wanderpfad nach Südosten zwischen Haselsträuchern und Wiesen ca. 4 km entlang. Die letzten 3 km müssen auf der Schotterstraße gewandert werden, bis sich die ersten Wehrtürme von Ushguli zeigen. Weil die Markierungen dieses Abschnitts lange nicht erneuert wurden und teilweise irreführend sind, sollte man nur mit GPS gehen.

Mögliche Verlängerungen

Im Rahmen des Projekts „Transcaucasian Trail" ist ein Fernwanderweg, der durch Swanetien führt, geplant (s. Kasten S. 350). Der Trek kann so auf insgesamt 10 Tage von **Chuberi bis Ushguli** verlängert werden.

Praktische Tipps

Infos

Im Frühsommer und Herbst sollte man sich vorab erkundigen, ob der **Chkhutnieri-Pass schneefrei** und begehbar ist.

Einen **Reisebericht mit Bildern** findet man unter 💻 https://www.reiselieber.org/6358-trekking-in-swanetien.

Übernachtungsmöglichkeiten

Unterwegs gibt es viele geeignete Plätze in der freien Natur, um sein **Zelt** aufzuschlagen (Infos zum Zelten S. 81). Am Ende aller Etappen gibt es **einfache Gästehäusern**, die Halb- oder Vollpension anbieten und den Wanderern Lunchpakete packen. Da es auf dem Weg keine Einkehrmöglichkeiten gibt, sollte man sich für Vollpension entscheiden oder ausreichend Proviant mitnehmen.

Ausrüstung

Für die Flussdurchquerung am 3. Tag sollten **Trekkingsandalen** oder alte Turnschuhe im Gepäck sein – ohne Schuhe sollte man den Fluss nicht durchwaten.

Die Legende der Schaliani-Ikone

Der tüchtige Swane Schaliani konnte ein riesiges Feld des Königs an nur einem einzigen Tag pflügen und wurde von diesem dafür mit einer goldverzierten Ikone belohnt. Auf seiner Rückreise nach Swanetien (denn dort gab es ja keine Könige, also musste er wohl im Tal geackert haben) bekam er Obdach bei einem megrelischen Fürsten. Der schickte Schaliani seine hübsche Frau ins Gemach – denn er hatte von der wertvollen Ikone gehört. Die nahm der Fürst Schaliani als Strafe wegen des begangenen Betrugs ab, denn Schaliani hatte sich offenbar von der Fürstengemahlin keine swanischen Schlaflieder vorsingen lassen. Schaliani kehrte mit Verstärkung zurück und raubte die Ikone rechtmäßig zurück. Der megrelische Fürst jedoch verfolgte die Swanen bis in die Heimat und hätte die Ikone beinahe wiederum zurückgeraubt. Doch in letzter Minute wurde die mit Gold und Emaillearbeiten verzierte Christusdarstellung unter einer gebärenden Frau versteckt. Seitdem wird die begehrte Ikone in der Kirche sicher aufbewahrt, vor ihr wurden früher Familienstreitigkeiten geschlichtet.

takels: Von nah und fern pilgern Swanen zur Kirche, bei Geschicklichkeits- und Kampfwettbewerben dürfen das Steineheben und -werfen nicht fehlen. Genauso wenig wie der Gottesdienst, der aber neben Tänzen, Spielen, Liedern und dem Festessen mit Trinkgelage fast etwas in den Hintergrund rückt. Den großen Kupferkessel, in dem das Opfertier zubereitet wird, kann man in der überdachten Ecke im Kirchhof sehen. Doch warum pilgern all die Menschen zu genau dieser Kirche? Sie beherbergt neben einem kunstvoll ziselierten Prozessionskreuz auch das größte Heiligtum der Swanen, die **Schaliani-Ikone** (s. Kasten), der Wunderkräfte zugeschrieben werden. Das Innere der Kirche ist mit wundervollen Fresken von 1111 des Meisters Tevdore ausgemalt. An der Westwand ist der Heilige Quiricus (Kvirike) abgebildet, der nur dreijährig mit seiner Mutter unter dem römischen Kaiser Diokletian den Märtyrertod starb und denen die Kirche geweiht ist.

🕒 Auf Anfrage geöffnet. Ein Besuch lässt sich über das Kaldani Guesthouse (S. 357) in Mestia organisieren.

Talschaft Kala und Khalde

Kurz hinter dem Pfad zur Kirche führt im Dorfteil Lalkhori eine Schotterstraße nach **Iprari**. Das Innere der **Friedhofskirche Mtavarangelozi** schmücken kunstvolle Fresken. Die Straße führt weiter ins Khaldechala-Tal zum Dorf **Khalde**, in dem die Russen 1876 ein Exempel statuierten. Sie hatten kurz zuvor ihr Regiment verschärft und den widerspenstigen Swanen Sondersteuern auferlegt – doch die zahlten nicht. Stattdessen kam es zu einem Aufstand in Khalde, der von der russischen Armee niedergeschlagen wurde. Die meisten der Einwohner wurden getötet und die Häuser zerstört. Das Dorf war lange Zeit fast verlassen, doch dank der Einkommensmöglichkeiten durch Wandertouristen sind einige Familien zurückgekehrt.

Am Ende der Talschaft Kala, bei der Brücke in den Ortsteil Davberi, führen nach Süden eine **Schotterpiste** und ein **Wanderweg** bis nach Chvelpi bzw. Mami in Nieder-Swanetien (2 Tage, mit Zelt).

ÜBERNACHTUNG UND ESSEN

In allen Ortschaften gibt es schöne, **einfache Gästehäuser**, die Halb- oder Vollpension (Lunchpakete) anbieten. Reservierungen sind in der Hauptsaison erforderlich und sollten am besten einen Tag vorher telefonisch bestätigt werden. Bei Planänderungen sollte man **Reservierungen immer rechtzeitig absagen**, da die Gästehausinhaber sonst trotzdem Gebühren an die Buchungsportale zahlen müssen und die leeren Zimmer nicht vermieten können.
Außer kleinen Kiosken gibt es **keine Einkehrmöglichkeiten**.

Mulakhi-Talschaft

Givi Kakhiani's Guesthouse, Zhabeshi, ✆ 591 952 487. Sauberes Familienhotel mit 1 Vier-Bett- und 2 DZ mit 2 Gemeinschaftsbädern im gepflegten Hof. ❶
Guesthouse Beqa Zhabeshi, Zhabeshi, ✆ 599 088 932. 1 Vier-Bett- und 5 DZ, davon

eines mit Privatbad sowie 2 Gemeinschaftsbäder. Gastgeber Beqa und sein Bruder sind erfahrene Bergführer und können zudem Ausritte organisieren. ❶

Guesthouse of Irina, Chvabiani, ✆ 568 825 006. Nettes Gästehaus mit 2 Drei-Bett- und 2 DZ, die sich die Bäder teilen. ❶

Maia's Guesthouse, Chvabiani, ✆ 598 450 043, 💻 bei Facebook. Familiengästehaus mit Wehrturm, Blumengarten mit (Zelt-)Wiese, Schaukel und süßem Hund. 1 Drei-Bett- und 5 DZ, alle mit Privatbad und Heizung. Top-Lage für Wanderer. ❷

Adishi und Iprari

Caucasioni Guesthouse, Adishi, ✆ 591 450 855. Neues Gh. mit gut ausgestatteten sauberen Zimmern, einige mit Privatbad. Große Balkone und schöne Aussicht. ❶

Guesthouse Ucha, Iprari, ✆ 595 557 470. Super gepflegt mit zahlreichen Zimmern und ausreichend Gemeinschaftsbädern. Rustikaler Speisesaal, Terrasse mit Aussicht, schöner Garten. Zelten möglich. ❶–❷

Gunter's Guesthouse, Adishi, ✆ 598 477 180. Altes Gh. mit Charme und schönem Garten mit Ausblick. ❶

Nino & Tarzan Guesthouse, Adishi, ✆ 599 800 794. An der Kirche am Ortseingang gelegen, 1 Vier-Bett- und 3 DZ, eines mit Privatbad, 3 weitere Bäder. Neu und sauber. Pferdeservice möglich. ❶

FESTE

Das **Wallfahrtsfest Kvirikoba** wird am 28. Juli in der Lagurka-Kirche von Kala gefeiert. Nur zwei Tage später, am 30. Juli, findet das **Lichanishi**-Fruchtbarkeitsfest in der Marienkirche bei Adishi statt.

TRANSPORT

Außer zwischen Mestia und Usghuli verkehren keine Marschrukti, diese fahren normalerweise nur voll besetzt, weshalb ein Zustieg normalerweise nicht möglich ist. In den Ortschaften hängen meist Schilder mit Telefonnummern für **private Fahrdienste** aus.

10 HIGHLIGHT

Ushguli

Wie in eine andere Welt, in ein anderes Jahrhundert versetzt, fühlte sich der russische Bergsteiger Alexander Kusnezow bei seinem Besuch in Ushguli in den 1970er-Jahren. Der „schweigende Wald von schwarzen Türmen inmitten ebenso alter und ebenso schwarzer Hausfestungen" ließen ihn glauben, sich in einem Wachtraum zu befinden. Damals gab es hier noch keinerlei Neubauten, es war, als befinde man sich inmitten lebendiger Geschichte.

Die beeindruckende Silhouette bilden die 46 erhaltenen Wehrtürme aus dem 8.–12. Jh., die seit 1996 zum Unesco-Weltkulturerbe zählen.

Ehrensache: die Blutrache

Die Swanen mussten sich oft gegen äußere Feinde wehren und waren stets in Übung, denn sie machten sich auch gegenseitig das Leben schwer. Die Blutrache mit der Nachbarsippe konnte mehr Opfer fordern als ein Krieg mit Fremden. Schon Nachbars Hund einen Tritt zu versetzen, konnte der Grund für eine Kugel sein, genauso wie beleidigende Worte (deshalb sind Swanen sehr höflich, Dummkopf ist das schlimmste swanische Schimpfwort). Und dann ging's los: Nach solch einer Beleidigung musste die Ehre durch den Tod des Übeltäters wiederhergestellt werden. Der wiederum natürlich auch gerächt werden musste, und so weiter. Die Blutrache war dabei keine persönliche Angelegenheit: Solange sie nicht ausgeführt war, spotteten die Jungen, zürnten die Alten, und die Ehefrauen verweigerten sich. Doch man konnte sich durch die Zahlung des „Zor" von seiner Schuld freikaufen. Der Zor bestand aus Land, Tieren oder Waffen und wurde von einem Gericht festgelegt, das aus zwölf Verwandten des Totschlägers und 13 Angehörigen des Getöteten bestand. Dabei soll es nicht selten bei Gericht zu weiteren Toten gekommen sein.

Wanderungen um Ushguli

© NINA KRAMM

- Der kleine Spaziergang zu einem **Aussichtspunkt auf dem Bergrücken** östlich von Ushguli lässt sich auch zu einer ganzen Tagestour ausdehnen. Dazu verlässt man auf der Schotterpiste Richtung Lentekhi den Ort und biegt vor dem letzten, einzeln stehenden Wehrturm links ab. Bergauf geht es vorbei am Sendemast bis zu dem Aussichtspunkt am großen Findling oberhalb des Mastes. Von dort kann man nach Belieben entlang dem Bergrücken weiter nach Nordwesten wandern. Bei dem Weg handelt es sich um einen unmarkierten Trampelpfad – doch eigentlich ist es nicht möglich, sich zu verlaufen, wenn man auf dem Bergrücken ist. Wenn man genug schöne Aussichten genossen hat – einfach umdrehen und auf demselben Weg zurück ins Dorf gehen.
- Wunderschön ist ein **Ausflug zum Schchara-Gletscher**. Die insgesamt 18 km lange Tour ist gut ausgeschildert, 14 km kann man bequem auf dem Pferd zurücklegen bis zur Holzhütte mit dem Lokal (in der Hauptsaison) bei dem Alpinisten-Camp. Die letzten Kilometer durch das Flussbett bis zur Gletscherzunge müssen zu Fuß zurückgelegt werden. Pferde können an der Brücke in Ushguli vermittelt werden. Dort beginnt die Wanderung.

Der unverputzte schwarze Schiefer aus dem Enguri-Tal, aus dem sie gebaut sind, verleiht ihnen ihr düsteres Aussehen.

Doch mittlerweile ist der Tourismus auch in Ushguli angekommen. Wellblechdächer und blaue Plastikplanen haben das Dorf erobert, das sich weder dem Fürsten Dadeshkeliani, der bis kurz vor Mestia herrschte, noch den Fürsten aus Racha gebeugt hatte. Ushguli bedeutet „Herz, das keine Angst hat" – das beschreibt treffend das Wesen der freiheitsliebenden Ushgulen, die all denen Asyl gaben, die sich genauso wenig wie sie selbst dem Feind beugten. 1669 wurde nicht nur König Bagrat IV vor der Verfolgung der Türken hier in Sicherheit gebracht, sondern auch alle heiligen Ikonen, Kreuze und Reliquien.

Ushguli liegt auf 2200 m Höhe und galt lange als das höchste dauerhaft bewohnte Dorf Europas. Den Titel musste es abgeben – nicht, weil die Streitfrage, ob Georgien denn nun in Europa oder Asien liegt, geklärt wäre –, sondern weil Messungen ergaben, dass das Dörfchen Bochorna in Tuschetien höher liegt (das dauerhaft von einem einzigen Menschen bewohnt wird). Bis zu sechs Monate im Jahr liegt in Ushguli Schnee, die Verbindungsstraße ist mittlerweile aber fast den ganzen Winter über befahrbar und der Ort bei Skitourenläufern immer beliebter geworden. Im Sommer wird das Dorf

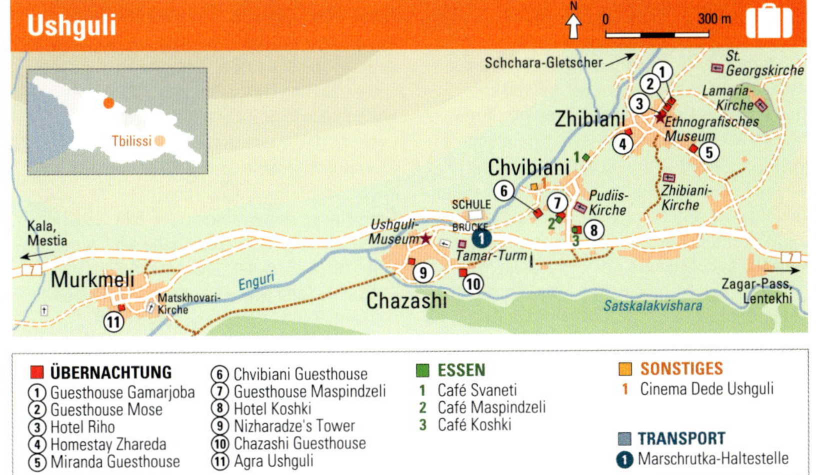

von zahlreichen Trekkern und Tagestouristen belebt. Wer den Ort in Ruhe erleben will, sollte mindestens eine Nacht bleiben.

Ushguli besteht aus vier mehr oder weniger miteinander verwachsenen Ortsteilen: Chazashi, Chvibiani, Zhibiani und Murkmeli. **Murkmeli** liegt etwas abseits, westlich der anderen Dorfteile. Lawinen zerstörten dort 1987 viele Häuser und Wehrtürme. Die Familien wurden daraufhin umgesiedelt: ausgerechnet ins staubig-trockene Nieder-Kartlien. Heimisch wurden die Swanen dort nicht, deshalb sind mittlerweile viele zurückgekehrt und einige der Häuser wieder bewohnt.

Dreh- und Angelpunkt im Hauptort ist die **Brücke** über den Enguri, an der sich die Schule befindet. Hier fahren Taxis und Marschrutki ab. Im Ort gibt es weder Geldautomat noch Tankstelle. Aber dank des prominent stehenden Sendemastes guten Handyempfang.

Im **Ortsteil Chazashi** befinden sich die am besten erhaltenen Wehrtürme sowie der **Tamar-Turm**, der einzeln auf einem Hügel steht. Anders als der Name vermuten lässt, befand sich an dem Ort des Tamar-Turms keine Festung von Königin Tamar, sondern der „Supar", der Versammlungsplatz. Alle Dorfbewohner, die über 20 Jahre alt waren (auch die Frauen), wählten hier einen Dorfvorsteher, den Makhvshi. Der verteilte das gemeinschaftlich verwaltete Weideland und Wald – Ackerland war Privatbesitz – unter den Familien und schlichtete Streit. Steigt man von dem Hügel nach Westen ab, vorbei an der kleinen Kirche, gelangt man zum **Ushguli-Museum** in einem großen Steingebäude. Dort werden wertvolle Ikonen und Reliquien aufbewahrt. ⌚ Di–So 10–18 Uhr, Eintritt 5 GEL.

Weiter nördlich liegt der **Ortsteil Chvibiani** mit netten Einkehrmöglichkeiten, der Pudiis-Kiche und dem **Cinema Dede Ushguli**, in dem im Sommer jeden Tag mehrmals der Film *Dede*, der in Ushguli spielt, gezeigt wird.

Spaziert man weiter nach Nordosten, findet man sich im **Ortsteil Zhibiani** wieder, in dem die **St. Georgskirche** steht. Sehr sehenswert ist das **Ethnografische Museum**, ✆ 599 385 398, das in einem alten Machubi untergebracht ist und in dem man allerlei historische Alltagsgegenstände bewundern kann. ⌚ Di–So 10–18 Uhr, Eintritt 5 GEL. Auch dem kleinen **Familienmuseum** im Homestay Zhareda und der **Kunstgalerie** im Guesthouse Mose kann man einen Besuch abstatten (s. Unterkünfte).

Hoch über allen Ortsteilen wacht vor der Kulisse der weißen Felswand des Schchara die **Lamaria-Kirche**, die fotogenste der sieben Kirchen von Ushguli und Teil eines aktiven Klosters. ⌚ Falls nicht geöffnet, kann die an der Tür angeschlagene Nummer angerufen werden.

ÜBERNACHTUNG UND ESSEN

Fast jede Familie in Ushguli vermietet Fremdenzimmer, eine gute Gelegenheit, swanische Küche und Gastfreundschaft kennenzulernen. Im Sommer ist eine Reservierung empfehlenswert, bei Planänderungen sollten Reservierungen unbedingt rechtzeitig abgesagt werden. Die folgende Auflistung der Unterkünfte geht von West nach Ost:

Agra Ushguli, Murkmeli, ✆ 599 322 947, 💻 bei Facebook. Frisch renoviertes, geschmackvoll eingerichtetes Gästehaus mit charmantem Café auf der Terrasse. 2 saubere Vier-Bett-Zimmer mit Gemeinschaftsbad. Die freundlichen Besitzer organisieren Autotransfers. Nur im Sommer. ❶

Chazashi Guesthouse, Chazashi, ✆ 593 438 341. Schönes Steinhaus mit renoviertem Turm, 2 Vier- und 8 Zwei-Bett-Zimmer teilen sich das mit dunklem Schiefer verkleidete Bad mit riesiger Villeroy&Boch-Badewanne, ein weiteres Bad und WC. Nur im Sommer. ❶–❷

Nizharadze's Tower, Chazashi, ✆ 598 239 052. Im urigen Steinhaus mit großem Balkon, mit Hängematten und Aussicht. Besitzer Nizaharadze ist von Beruf Holzschnitzer, er lebt im Winter vor Ort, das Gästehaus ist dann aber geschl. ❶

Chvibiani Guesthouse, Chvibiani, ✆ 599 808 910. Familiäres Gästehaus mit 7 einfachen DZ (alle mit Gemeinschaftsbad). Zelten im Garten für 20 GEL möglich. Ganzjährig. ❶

Guesthouse Maspindzeli, Chvibiani, ✆ 599 974 873. Sehr komfortables Gästehaus mit 4 Drei- und 8 Zwei-Bett-Zimmern, alle mit Bad und Heizung. Auch im Winter schön warm, Ausritte und Autotransfer können organisiert werden. Das Café Maspindzeli gehört zur Unterkunft. ❶

Hotel Koshki, Chvibiani, ✆ 551 160 166. Neubau mit 10 komfortablen Zimmern mit Privatbad und Zentralheizung. Frühstücksraum mit Panoramablick lenkt ab. Auch im Winter gemütlich. ❷

Homestay Zhareda, ✆ 595 75 74 51. Authentisches Gästehaus mit 9 einfachen DZ, die sich 3 Bäder teilen. Highlight ist das Familienmuseum mit Musikinstrumenten, alten Werkzeugen und vielem mehr, Eintritt ca. 5 GEL. Ganzjährig. ❶

Hotel Riho, Zhibiani, ✆ 598 961 860, 💻 https://www.hotelriho.com. Komfortable, geräumige Zimmer und ein großer Gemeinschaftsraum. Die herzlichen Gastgeber besitzen Pferde und helfen beim Organisieren von Ausflügen. Leckere Hausmannskost. 2 Drei-Bett- und 4 Zwei-Bett-Zimmer, alle sehr sauber, manche mit Gletscherblick. ❷

Guesthouse Mose, Zhibiani, ✆ 599 193 277. Kleines gemütliches Gästehaus mit 2 Vier-Bett- und 3 DZ, Balkon mit Hängematten und Aussicht. Sohn Mose ist aus dem Film *Dede* bekannt. Auch im Winter geöffnet. ❶

Guesthouse Gamarjoba, Zhibiani, ✆ 599 209 719, 💻 http://gamarjoba-ushguli.com. Gh. mit einfachen, sauberen Zimmern und einer Gemäldegalerie des berühmten georgischen Künstlers Fridon Nizharadze (Eintritt 5 GEL). Nur im Sommer. ❶

Miranda Guesthouse, Zhibiani, ✆ 591 810 477. Einfach, authentisch und sauber. Gutes Essen, weiche Betten oder Zeltplatz im Garten. 7 DZ mit Gemeinschaftsbad. April–Okt. ❶

Einkehren kann man sehr schön in Chvibiani im **Café Maspindzeli**, ✆ 599 974 873, und direkt gegenüber im **Café Koshki**, ✆ 596 119 861, mit Sonnenterrasse und Minishop. Das **Café Svaneti** etwas nördlich ist authentisch und gemütlich, gebacken wird im typisch swanischen Holzofen.

TRANSPORT

Alle Marschrutki und Taxis warten an der **Brücke**. **Marschrutki** nach MESTIA fahren um 15 Uhr ab, 40 GEL. Ein **Taxi** nach MESTIA kostet 250–300 GEL. Die Preise sind hier oft noch überzogener als in Mestia. Nach LENTEKHI gibt es keine öffentlichen Verkehrsmittel, die Straße ist nur für Geländewagen befahrbar.

Nieder-Swanetien

Nieder-Swanetien (Kvemo Svaneti) wurde nach der bis 1859 herrschenden Fürstenfamilie auch als Dadiani-Swanetien bezeichnet. Der 8000 Einwohner zählende südliche Teil Swanetiens

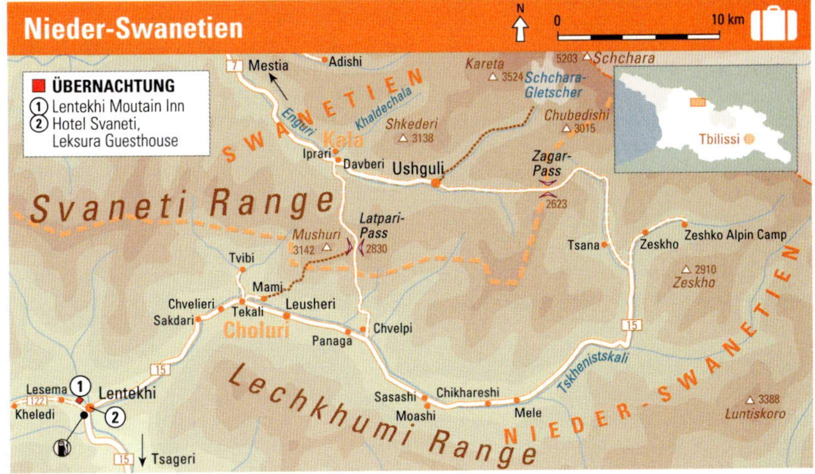

scheint gegenüber Ober-Swanetien stark benachteiligt: weniger spektakuläre Berge, weniger Wehrtürme und darum weniger Touristen. Das mag stimmen, doch dafür gibt es in den dicht bewaldeten Bergen und auf den idyllischen Almen mehr Ursprünglichkeit, mehr Einsamkeit und mehr Mineralquellen. Bestens geeignet, um ungestört Ausflüge zu Fuß oder per Pferd zu unternehmen, Heilwasser direkt aus der Quelle zu trinken oder in einem der klaren Bergbäche Forellen zu fischen. Früher sollen in den Bächen nicht nur Forellen geschimmert haben, sondern auch Goldstaub. Iason soll sich in der Gegend herumgetrieben haben, auf der Suche nach dem Goldenen Vlies (s. Kasten S. 372).

Heutzutage schimmern die größeren Flüsse weder golden, noch sind sie klar: Von Sedimenten braun gefärbt, rauschen sie ins Tal. Denn neben der Landwirtschaft und dem zaghaft wachsenden Tourismus gehört Holzwirtschaft zum einzigen Wirtschaftszweig in der strukturschwachen Region. Viel zu stark und unkontrolliert werden die Hänge gerodet und dann von starkem Regen abgespült. 2005 kam es nach tagelangen Regenfällen zu verheerenden Schlammlawinen, viele Dörfer waren für Wochen von der Außenwelt abgeschnitten. Eine langfristige Lösung für das Problem ist leider noch nicht gefunden.

Von der Welt abgeschnitten zu sein ist für viele Dorfbewohner sowieso nichts Besonderes. Nach starken Schneefällen sind im Winter viele Dörfer regelmäßig unzugänglich. Im Sommer herrscht dagegen mildes Klima, in den Tälern kann es sogar richtig heiß werden, doch kühlt es nachts immer ab. Ab Ende Mai ist der Weg zu den Almen frei, die Saison für Bergsteiger beginnt Ende Juni und dauert bis Ende September.

Von Ushguli über den Zagar-Pass nach Lentekhi

Am angenehmsten ist die Anfahrt nach Lentekhi über die gut ausgebaute Straße von Tsageri im Süden. Doch Offroad-Fans und Abenteurer werden die 75 km lange **Schotterpiste von Ushguli** in Ober-Swanetien interessanter finden. Sie führt über den 2623 m hohen Zagar-Pass und ist nur von Mitte Juni bis Ende September befahrbar. Zwar wird die Strecke seit 2016 ausgebaut und der Abschnitt von Lentekhi bis zum Abzweig nach Zeshko ist mittlerweile sogar asphaltiert, doch noch muss man mit mindestens vier Stunden rechnen. Motorisierte Fahrer brauchen Geländeerfahrung (und falls sie in umgekehrter Richtung, also nach Ushguli fahren, ausrei-

Mit dem Rad über den Zagar-Pass

Radler sollten die Strecke auf jeden Fall bergab – also von Ushguli Richtung Lentekhi – fahren. Zwar geht es von Ushguli bis zum Pass auch einige Höhenmeter hinauf, doch zwischen dem Zagar-Pass und Lentekhi liegen über 1500 Höhenmeter. Es ist kein Spaß, diese beachtliche Höhendistanz bei der teils schlechten Schotterpiste bergauf zu überwinden. Ein Zelt sowie ausreichend Proviant gehören dabei selbstverständlich ins Gepäck.

chend Treibstoff, denn es gibt keine Tankstelle in Ushguli). Da keine öffentlichen Transportmittel die Strecke befahren und es teilweise kein Mobilfunknetz gibt, sollte man in der Lage sein, sich bei einer Panne selbst zu behelfen.

Von dem auf 2200 m gelegenen Ushguli ist der **Zagar-Pass** in gut einer halben Stunde erreicht, danach windet sich die Straße in Serpentinen bergab zum Fluss Koruldashi. Dort lädt eine eisenhaltige Mineralquelle zur Erfrischung ein. Die Swanen trugen übrigens ihren Trinkbecher immer bei sich – nämlich auf dem Kopf: An jeder Quelle konnten sie so aus ihrem traditionellen Filzhut trinken, der so dicht gewalkt ist, dass er weder Regen reinlässt noch Quellwasser hinaus.

Wenig später passiert man das fast verlassene Bergdorf **Tsana** auf 1800 m, kurz darauf zweigt nach links ein Weg zum in Sowjetzeiten bekannten **Zeshko Alpin Camp** ab, ab hier ist die Straße bis Lentekhi asphaltiert. Von Zeshko kann man über einen alten Verbindungsweg in vier bis fünf Tagen bis nach Ghebi in Racha wandern. Dieser Weg wird schon lange nicht mehr genutzt und ist z. T. zugewuchert, ein echtes Abenteuer mit Übernachtung im Zelt – nur für gut ausgerüstete Wanderer vom Typus Bear Grylls geeignet (💻 https://www.caucasus-trekking.com/treks/svanetiracha).

Bald weitet sich das Tal, und die Straße folgt nun stets dem Fluss Tskhenistskali, was soviel wie „Pferdewasser" bedeutet. **Mele** ist die erste Ortschaft im Tal, hier gibt es ein einfaches Gästehaus. 7 km weiter führt die Straße durch **Sasashi**. Dass dort in Sowjetzeiten Unterkünfte des Touristendorfes Moashi stets ausgebucht waren, will man kaum glauben, sind doch jetzt grasende Kühe die einzigen Besucher der verfallenen Häuser. Kurz hinter dem nächsten Dorf **Chvelpi**, das nur aus einigen Häusern besteht, zweigt rechts die noch abenteuerlichere Schotterpiste nach Davberi in Ober-Swanetien über den Latpari-Pass ab. Im nächsten Dorf **Mami** endet der 23 km lange Wanderweg von Ushguli, der ebenfalls über den Latpari-Pass führt.

Lentekhi

Am Zusammenfluss dreier Bergflüsse breitet sich auf 950 m Höhe das knapp 1000 Einwohner zählende Lentekhi von Bergen umgeben in einem Tal aus. Alles Leben spielt sich an der Hauptstraße ab – die selbstverständlich nach Tamar Mepe benannt ist. Sie ist schon fast ein Boulevard, auf dessen baumbestandenem Mittelstreifen die Einheimischen im Sommer flanieren. Ungefähr in der Mitte befinden sich ein Platz und das Rathaus. Ebenfalls am Boulevard stehen Schule, Polizei, Feuerwehr, Gericht und Kulturhaus. Seit 2017 gibt es für die 1000 Einwohner endlich auch ein modernes Krankenhaus.

Der interessierte Besucher wird sicher der größten Sehenswürdigkeit Lentekhis einen Besuch abstatten: dem restaurierten Wehrturm mit

Der Stoff fürs Goldene Vlies

Swanetien war einst ein goldreiches Land, die Flüsse Enguri und Tskhenistskali führten Goldstaub mit sich, und seit Urzeiten betrieben die Swanen an deren Oberläufen Goldwäsche. Dafür wurde ein Schaffell an einem durchlöcherten Blech angebracht oder mit Steinen beschwert und in den Fluss gelegt. Das Fell wurde bisweilen für mehrere Wochen im Wasser versenkt. Kleine Goldkörnchen blieben in ihm hängen und färbten die Wolle golden. Von dieser Technik zur Goldgewinnung berichtete schon der griechische Geograf Strabon. Man wird sich nicht nur zufällig an die Argonautensage erinnern, derzufolge Iason das Goldene Vlies in einer Gegend im Süden Swanetiens suchte (s. Kasten S. 438/439).

angrenzendem Wohnhaus, in dem das **Ethnografische Museum**, Chavchavadze St. 14, untergebracht ist. Die ältesten Ausstellungsstücke sind Gefäße und Waffen aus der Bronzezeit, die spannendsten ein Prozessionskreuz aus dem 11. Jh., ein Gebetbuch aus dem 17. Jh. und die mit Stroh gefütterten Winterschuhe. Nähert man sich der Stadt von Süden, ist das Museum schon von Weitem zu sehen und befindet sich direkt hinter dem Kreisverkehr auf der rechten Seite. ⌚ Di–So 10–17 Uhr, 1 GEL, Führung 15 GEL.

Am Kreisverkehr an der südlichen Ortseinfahrt stößt man nicht nur auf ein überdimensionales **schwertförmiges Denkmal**, sondern auch auf die einzige Tankstelle. Nach rechts führt die Hauptstraße über eine Brücke in den Ort.

ÜBERNACHTUNG UND ESSEN

Hotel Svaneti, Tamar Mepe St. 24, ☎ 599 942 269, bei Facebook. Komfortables Hotel mit Wehrturm in zentraler Lage und Zentralheizung. Gemütlicher Lounge-Bereich mit schöner Aussicht. ❸–❹

Leksura Guesthouse, Tamar Mepe St. 34, ☎ 551 535 067. Helle, geräumige Zimmer, Gemeinschaftsraum und Terrasse. Die freundlichen Besitzer sprechen Deutsch und können bei der Organisation von Angel- oder Wanderausflügen helfen. ❷

Lentekhi Mountain Inn, New Settlement District, ☎ 551 942 626, 💻 bei Facebook. Tolle Lage etwas außerhalb, am Schwert-Denkmal die Straße Richtung Lesema/Bavari nach Nordwesten nehmen. Hilfe bei Ausflügen. 4 DZ teilen sich 2 Gemeinschaftsbäder. ❷

SONSTIGES

Kleine Läden befinden sich an der Hauptstraße, eine **Bank** mit Geldautomat ist ebenfalls vorhanden. Es gibt eine **Polizeistation** und ein **Krankenhaus**.

TRANSPORT

Autos

Eine **Tankstelle** befindet sich an der Ortseinfahrt von Süden.

Marschrutki

KUTAISSI, über TSAGERI und TSKALTUBO, um 9 und 14 Uhr, in 2 1/2 Std. für 10 GEL.
TBILISSI, um 8 Uhr in 5 1/2 Std. für 30 GEL.

Racha-Lechkhumi

Mach langsam – du bist in Racha! Das ist die Botschaft der Rachavelis an ihre Besucher, und genau so genießt man diese abseits gelegene Bergregion am besten. Denn die Gemütlichkeit und Entspanntheit der Einheimischen ist legendär. Außer den rauschenden Bergflüssen hat es hier niemand eilig. In dieser Gegend, die auch als „Georgische Schweiz" bezeichnet wird, ticken die Uhren anders. Vielleicht auch, weil Racha-Lechkhumi (ausgesprochen: „Ratscha Letsch-chumi", mit dem „ch" wie bei Dach) eine wirtschaftlich sehr schwache Region ist, in der es außer in der Landwirtschaft kaum Arbeit gibt. Die Jungen müssen ihre Heimat verlassen, was zur Folge hat, dass man in den Dörfern fast nur noch alte Menschen sieht. Dagegen muss etwas getan werden – deshalb fördert das Agrarministerium gemeinsam mit der Food and Agriculture Organisation of the United Nations Einheimische mit Unternehmergeist. Neugründungen von Unternehmen sollen unterstützt werden, dabei setzt man auf regionale Produkte wie den Räucherschinken Lori, das Keltern von Nischenweinen, den Anbau von Speisepilzen und die Honigherstellung. Viele der regionalen Start-ups haben sich bereits mit Hilfe der Förderprogramme eine neue Existenz aufgebaut.

Landschaftlich hat Racha-Lechkhumi dagegen einiges zu bieten: Das Rioni-Tal wird im Norden und Nordwesten von den alpinen Landschaften der Hochgebirgszüge des Großen Kaukasus bestimmt. Im Süden dagegen erstreckt sich eine bewaldete Mittelgebirgslandschaft. Dabei ist das Klima sehr vielfältig: In den niederen Lagen des Rioni-Tals im Herzen Rachas kann es während der heißen Sommer bisweilen subtropisch warm werden. Die ewigen Gletscher dagegen erinnern daran, dass in den kalten Wintern auch die Täler in tiefem Schnee versinken.

Eines ist jedenfalls klar: Racha-Lechkhumi ist ein riesiger, noch kaum erschlossener „Outdoor-Spielplatz". Ob Angeln in klaren Bergbächen, Rafting- oder Wildwassertouren, Vogelbeobachtungen, Ausritte oder Wandertouren – es gibt hier viel zu erleben. Da die touristische Infrastruktur noch in den Kinderschuhen steckt, sollte man allerdings ein wenig Zeit einplanen und vor allem flexibel bleiben.

Kulinarisch sind eine Kostprobe des Räucherschinkens **Lori** und ein Gläschen des berühmten **Khvanchkara**-Weins (S. 53) zu empfehlen. An der Flasche des lieblichen Rotweins kommt sowieso keiner – bzw. jeder – vorbei: In Übergröße ziert sie den zentralen Platz der Bezirkshauptstadt Ambrolauri.

Anfahrt nach Ambrolauri

Von Süden kommend gibt es mittlerweile drei gut ausgebaute Straßen nach Ambrolauri: eine östliche über den Nakerala-Pass, Nikortsminda und Tkibuli sowie eine westliche von Tsqaltubo entlang dem Tskhenistskali-Fluss über Tsageri und Orbeli. 2021 wurde außerdem die atemberaubend kurvige Straße zwischen Sachkhere und Oni fertiggestellt. Die Zufahrtsstraße im Rioni-Tal ist noch nicht befestigt.

Spektakulär ist die Anfahrt nach Ambrolauri **von Nordwesten** über Tsageri und Orbeli. Von Lentekhi kommend folgt sie dem Tskhenistskali durch eine reizvolle Schlucht. Wenige Kilometer nördlich von Tsageri bildet ein spektakulärer Felsendurchbruch die Grenze zwischen den Regionen Lechkhumi und Nieder-Swanetien. Die 1800 Einwohner zählende Kleinstadt **Tsageri** liegt idyllisch von Bergen umgeben im Tal des Tskhenistskali.

Über der Stadt erhebt sich die Ruine der mittelalterliche **Festung Muri**, die nur noch aus drei Türmen besteht und ein schönes Ziel für eine kleine Wanderung ist.

Aussichtsreich ist auch die Weiterfahrt von Tsageri nach Ambrolauri: Die Straße führt über die Hügel östlich von Tsageri und vorbei an Orbeli. Sie passiert den **Tourist Complex Shareula** 25 km vor Ambrolauri. Dort können Ausritte, Rafting-Touren und Wanderungen in die umliegenden Karsthöhlen organisiert werden.

ÜBERNACHTUNG UND ESSEN

Villa Shareula, 25 km westlich von Ambrolauri an der Straße nach Tsageri gelegen, ✆ 599 703 939, 💻 bei Facebook. Mehrere DZ im Haupthaus und Cottages, es gibt Tischtennis, Billard, einen Spielplatz sowie ein Restaurant. Ausflüge mit dem Jeep, Weintouren, Rafting, Ausritte und Wanderungen zu Wasserfällen und Tropfsteinhöhlen in der Umgebung können organisiert werden. Familienfreundlich. ❸–❹, Zelten ❶

Wine Hotel Korenishuli Veranda, Korenishi, Tsageri, ✆ 597 107 027, 💻 bei Facebook. Fantastisch gelegenes Familienweingut mit schöner Terrasse und herrlichem Blick auf die Weinberge, 10 DZ mit Privatbad. Weinproben, Jeep-Touren, Rafting und Reiten können organisiert werden. Anfahrt über Schotterstraße. ❸–❹

Miranda's Wine, Tvishi, ✆ 598 264 378, 🖂 bei Facebook. Miranda Chkhetiani folgt der Familientradition und produziert Wein mit Tsolikouri-Trauben aus ihren eigenen Weinbergen, den man in ihrem Weinkeller verkosten und dabei die Schönheit von Tvishi genießen kann. Anfahrt über Schotterstraße. 🕒 Mo–Sa 9–18 Uhr.

Tchrebalo Wine Cellar, Chrebalo, Kvemo Zhoshkha, ✆ 599 580 540, 💻 bei Facebook. Weingut mit hervorragendem Restaurant. Man sitzt sehr schön im stilvollen Speisesaal, auf der Veranda oder im Garten am Fluss. Auf der Karte stehen traditionelle regionale Gerichte und außergewöhnliche Weine aus lokaler Produktion. Dazu der zuvorkommende Service – vermutlich das beste Restaurant der Region. 🕒 14–23 Uhr.

Ambrolauri

Die **überdimensionale Khvanchkara-Weinflasche** begrüßt Reisende, die von Süden kommen. Sie zeigt, welchen Stellenwert der liebliche Wein für das verschlafene Städtchen am Rioni hat. Da liegt es nahe, im **Weingut Royal Khvanchkara** (S. 376) eine Kostprobe zu nehmen, auch die Fabrik kann besichtigt werden.

Im Ort lohnt ein Blick in die **neue Kirche der Ikone der Gottesmutter von Iveria**. Neben ihr steht der **Machabli-Turm**, ein Wehrturm, wie er für Swanetien typisch, doch für die Region Racha sehr ungewöhnlich ist. Doch ist die 2500 Einwohner zählende Regionalhauptstadt von Racha-Lechkhumi mit ihrem Flughafen vor allem ein Sprungbrett für Ausflüge in die Umgebung und zu den teils wunderschönen Weingütern in Racha. Wer in Ambrolauri übernachtet, kann sich von seinem Gästehaus einen einheimischen Guide vermitteln lassen und die kaum bekannten **Skhava-Tropfsteinhöhlen** südlich der Stadt besuchen. Lohnenswert ist auch ein Ausflug zum **Wasserfall der Liebe** – insbesondere für Selfie-Fans.

ÜBERNACHTUNG UND ESSEN

Es gibt einige einfache Gästehäuser und Restaurants im Ort. Sehr viele wunderschöne und authentische Unterkünfte und Weingüter findet man in der näheren Umgebung.

In Ortszentrum

AMBROsador, Khvanchkara St., ✆ 599 261 52, 💻 bei Facebook. Schönes, gepflegtes Familiengästehaus mit Garten in ruhiger Lage im Stadtzentrum. 3 Zwei- und 2 Drei-Bett-Zimmer mit Privatbad. Freundliche Hofhunde. 🕒 Mai–Okt, ❷

Tsibena B&B, Rustaveli St. 46, ✆ 571 022 802, 🖂 tinatinchelidze90@gmail.com. Modernes Familienhotel sowie 4 Cottages, umgeben von einem blumenreichen Garten mit überdachten Sitzplätzen und Hängematten. Familienfreundlich. ❸–❹

Café Metekhara, Gamsakhurdia St. 2, ✆ 599 181 464, 💻 bei Facebook. Sehr einladendes Restaurant mit entspannter Atmosphäre am Flussufer. Mit Garten, Hängematten und Pool. Regelmäßig Livemusik. Zum Café gehört ein gutes Hotel. 🕒 11–24 Uhr.

Außerhalb von Ambrolauri

Chateau Dio, Dzirageuli, ✆ 595 545 328. Romantisch gelegenes kleines Weingut mit Gästehaus und wunderschönem Garten mit herrlichem Tal-Blick. Ausgezeichnete Küche. ❸

O Tannenbaum: von Weihnachtsbaum und Samenraub

Hoch oben, auf den obersten Wipfeln der oft bis zu 30 m hohen Bäume, wachsen sie: die heiß begehrten Zapfen der Nordmann-Tanne. „Entdeckt" wurde die auch „Kaukasus-Tanne" genannte Kiefernart 1838 nahe Borjomi von einem finnischen Botaniker namens Alexander von Nordmann, der ihr seinen Namen verlieh.

Mittlerweile steht die Nordmann-Tanne unangefochten auf Platz 1 der Weltrangliste der beliebtesten Christbäume und darf bei keinem harmonischen Weihnachtsfest fehlen. Weniger harmonisch geht es bei der Ernte der Tannensamen zu: In den Wäldern um Ambrolauri kommt es mitunter zu Prügeleien. Um für Ordnung zu sorgen, sind die Tannenwälder in Planquadrate eingeteilt, deren Nutzungsrechte ausländische Firmen ersteigern können. Doch da manch ein Pflücker vor Nachbars Zapfen nicht Halt macht, kam es nicht nur einmal zu handgreiflichen Auseinandersetzungen wegen Samenraubs. Denn der Verkauf der Baumsamen ist ein lohnendes Geschäft: 1 kg Samen wird den Arbeitern mit 25 € vergütet und in Europa für 100 € weiterverkauft. Von den in mitteleuropäischen Baumschulen angepflanzten Nordmann-Tannen (es sind allein in Dänemark gut 10 Mio. Stück) kommen 50 % des Saatguts aus Racha.

Dabei müssen die Pflücker 10 kg Zapfen pflücken, um 1 kg Samen zu erhalten. Und das oft ohne Sicherung in schwindelerregenden Höhen. Trotzdem ist die Samenernte auch für die Pflücker ein gutes Geschäft, und viele Saisonarbeiter pilgern im September nach Racha, wo es sonst nur wenig Arbeit gibt.

Elsesi Racha Glamping, 2 km nordöstl. von Ambrolauri, ✆ 599 545 031. Zwei gepflegte Glamping-Kuppelzelte (je 2 Pers.) mit Terrassen und guter Ausstattung in aussichtsreiche Lage am Berg. Weitere Zelte und ein Pool waren 2022 in Planung. Keine Verpflegung. ❹

Garemo, Sadmeli, ✆ 598 890 833, 💻 bei Facebook. Zwischen Wald und Weinbergen liegen am Fluss ebenso zauberhafte wie komfortable Hexenhäuschen für 2–4 Pers. mit Holzofen, Küche, Bad und Badewannen mit Ausblick. Schöner Garten mit freundlichen Hauskatzen und Hunden, im Sommer mit Pool. ❸–❹

Sadmeli Winery, Sadmeli, ✆ 555 424 280. Großartige Lage mit Terrasse und Blick auf das Rioni-Tal. 2 Zwei-, 1 Drei-Bett- und ein DZ teilen sich 2 Bäder, alle mit Heizung und sehr sauber. Im rustikalen Esszimmer kommen köstliche georgische Speisen auf den Tisch. Es gibt einen Weinkeller mit Kvevirs und freundliche Hofhunde. ❷

Wine Space, Sadmeli, ✆ 595 258 456, 💻 bei Facebook. Geschmackvoll renoviertes historisches Holzhaus mit 3 DZ mit Privatbad, Zentralheizung und Balkon sowie drei 2er-Glamping-Zelte mit Terrasse und Küche inmitten der Natur. Alle teilen sich die Wahnsinns-Aussichten ins Tal und den Garten mit Sitzgelegenheiten und Feuerstelle. ❸–❹

SONSTIGES

Aktivitäten

In der Umgebung von Ambrolauri gibt es insgesamt **6 markierte Wanderwege**. Mehr Infos im TIC.

Der **Equestrian Club Khoveti**, Tsesi, ✆ 551 658 280, organisiert und führt Ausritte durch.

Weinproben sind im **Weingut Royal Khvanchkara**, Kostava St. 13, ✆ 514 70 00 55, 🖂 winetour@gwh.ge, möglich.

Einkaufen und Versorgung

Eine **Bank** und ein **Geldautomat** befinden sich in der Kostava St. im Zentrum. Nahe dem Busbahnhof gibt es Obst- und Gemüsestände sowie einige Supermärkte. Samstags findet der **Wochenmarkt** statt.

Informationen

Tourist Information Center (TIC), V. Psavela St. 17, ✆ 595 003 656. Am nördlichen Ufer des Rioni an der Kreuzung der Straße von Tsageri nach Oni.

Die freundliche Maia Dvaladze spricht hervorragend Deutsch und kann Infos zu Weingütern, Unterkünften, Pferdeverleih und Wanderungen in der Umgebung geben sowie Guides vermitteln. 🕒 Mai–Okt 9–18, Nov–April 10–17.30 Uhr.

NAHVERKEHR UND TRANSPORT

Taxis und Marschrutki

Marschrutki fahren am **Busbahnhof südlich der Rioni-Bücke** ab. Im Herbst und Winter verkehren weniger Marschrutki. Weitere Verbindungen nach KUTAISSI und ONI von durchfahrenden Marschrutki auf dieser Route.
BATUMI, tgl. um 10 Uhr in 4 Std. für 30 GEL.
KUTAISSI, 2x tgl. um 8 und 11.30 Uhr in 2 Std. für 12 GEL.
ONI, Mo–Fr um 9 und 18 Uhr in 30 Min. für 3,50 GEL.
TBILISSI, mehrere von 8.30–9.30 Uhr in 4. Std. für 30 GEL.
TKIBULI, um 11.30 Uhr in 1 Std. für 10 GEL.

Ein Taxi nach ONI kostet ca. 40 GEL.
Taxi-Service Taxuna, 📞 591 456 468, für Fahrten in Racha.

Flüge

Der kleine **Flughafen** liegt nördlich der Stadt an der Straße nach Tsageri.
TBILISSI, 2–3x wöchtl., 💻 https://ticket.vanillasky.ge.

Oni

Auf 830 m Höhe liegt 30 km östlich von Ambrolauri die 2650 Seelen zählende Kreisstadt in einer idyllischen Mittelgebirgslandschaft im Rioni-Tal. Im Ort zeigen einige über 100 Jahre **alte Holzhäuser**, warum Racha einst für seine Schreinerkunst und filigranen Holzarbeiten berühmt war.

Im **Ethnografischen Museum**, Rustaveli St. 26 (der Umzug in ein neues Gebäude ist für 2023 geplant), werden weitere Beispiele teils vergessener Handwerkskunst gezeigt, außerdem Artefakte aus Jungsteinzeit und Bronzezeit. 🕒 Di–So 10–17 Uhr, 2 GEL.

Die größte Sehenswürdigkeit ist die 1895 aus hellem Kalkstein erbaute **Synagoge** in der Baazovi Street im Norden des Ortes (geöffnet auf Anfrage im TIC oder 📞 598 252 833), die nach dem Vorbild der Synagoge in Warschau von ei-

Die Synagoge von Oni erinnert daran, dass die Stadt einst eine lebhafte jüdische Gemeinde besaß.

nem polnischen Architekten im eklektischen Stil geplant wurde. Sie ist die älteste Synagoge Georgiens, in der noch Gottesdienste abgehalten werden, allerdings nicht regelmäßig, denn es leben nur noch zwölf von einst über 3000 Juden in Oni. Schon vor über 2000 Jahren entstanden die ersten jüdischen Diasporen im Kaukasus. Die meisten der georgischen Juden sind mittlerweile ausgewandert, in der kleinen Stadt gibt es kaum Arbeit. Die Hälfte der Bevölkerung lebt von der kargen Rente und Gelegenheitsjobs.

Dazu kam, dass 1991 das schwerste jemals im Kaukasus registrierte Erdbeben (Stärke 7 auf der Richterskala) den Ort erschütterte und Teile zerstörte. Zu allem Übel blieb Oni auch im Südossetien-Konflikt nicht verschont: Einige Bomben schlugen 2008 in einem Wohngebiet ein. Wegen des anhaltenden Konflikts in der östlichen Nachbarregion Südossetien befindet sich die Kleinstadt nun in einer regelrechten Sackgasse: Die Straße nach Osten bis Tskhinvali ist seit Langem gesperrt, genauso wie die Straße hinter Shovi, die Ossetische Heerstraße über den Mamisoni-Pass.

ÜBERNACHTUNG UND ESSEN

Folk House, Oneli St. 12, ✆ 555 210 781, 💻 bei Facebook. Schöne, saubere Familienpension mit Blumengarten und Balkon. Sohn Tornike ist Musiker und Sänger, auf Anfrage können Folkloreabende im Haus veranstaltet werden. 4 Zwei- und 1 Vier-Bett-Zimmer teilen sich ein Bad, 1 Zwei-Bett-Zimmer mit Privatbad. Die Familie organisiert Reittouren. ❶

Gallery Guesthouse, Kafianidze St. 18, ✆ 593 660 884, 💻 bei Facebook. Gemütliches Gästehaus mit rustikal-georgischer Atmosphäre. Liebevoll eingerichtete Zimmer mit handgemachten Möbeln und selbst gemalten Kunstwerken. Hier ist es zu jeder Jahreszeit schön, im Winter im Gemeinschaftsraum mit Kamin und im Sommer im schönen Garten. Leckeres Essen und Wein aus eigener Herstellung. Kostenloser Fahrradverleih und Hilfe bei Ausflügen in die Umgebung. Mit Vollpension ❹

M&B Guesthouse, Baratashvili 7, ✆ 591 010 330. Angenehmes Gästehaus mit kleinem Garten und Sitzecke. Ekaterina spricht Deutsch und ist sehr hilfsbereit, ihre Mutter eine vorzügliche Köchin. 2 Drei-Bett-Zimmer und 2 EZ, alle mit Gemeinschaftsbad. ❶

Madana Guesthouse, Chavchavadze St. 6, ✆ 599 565 978. Gepflegtes Familiengästehaus mit schönem Garten und süßen Katzen. 1 Drei-Bett- und 1 DZ mit Privatbad, 2 DZ mit Gemeinschaftsbad. Keine Zentralheizung. Gemeinschaftsküche vorhanden, es gibt keine Verpflegung. ❶

Von Schafställen und Dudelsäcken

Während der Großen Türkenzeit (im 11. Jh.) flohen die Menschen in die Berge und brachten sich und ihre Tiere in Racha in Sicherheit. Zwischen Ambrolauri und Oni liegt der kleine Ort **Parakheti**, der damals wohl vor Schafen fast überquoll und nur noch aus Ställen zu bestehen schien. Daher behielt er seinen Namen, der nichts anderes als „Schafstall" bedeutet. Auch nachts wurden die Tiere bewacht, und um dabei nicht einzuschlafen, setzten sich die Männer zusammen und dichteten und musizierten gemeinsam. Noch heute soll jeder Bauer aus Racha ein Dichter und Wettsänger sein, und es heißt, dass aus Parakheti die besten Dudelsackspieler des ganzen Landes kommen.

SONSTIGES

Einkaufen und Versorgung

Kleine **Lebensmittelläden**, **Geldautomaten**, **Apotheken** sowie eine **Tankstelle** befinden sich an der Hauptstraße, mittwochs ist **Markttag**.

Informationen

Tourist Information Center (TIC), Rustaveli St. 27, ✆ 591 960 888, ✉ turistulitsentri@gmail.com. 🕒 10–18 Uhr.

TRANSPORT

Marschrutki nach:

AMBROLAURI, tgl. um 9 Uhr für 3,50 GEL.

GHEBI, über UTSERA, Mi um 8 Uhr in 1 Std. für ca. 6 GEL.

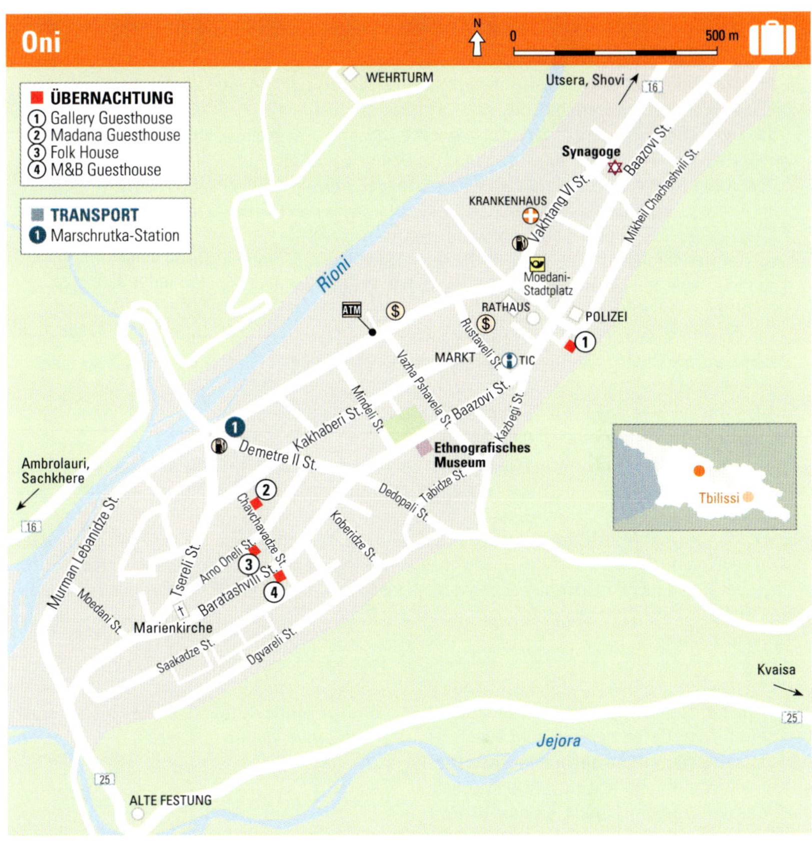

KUTAISSI, Sa–Do um 13.10 Uhr in 3 1/2 Std. für 15 GEL.
TBILISSI, um 9 Uhr in 3 1/2 Std. für 35 GEL.

Taxis

Nach AMBROLAURI ca. 40 GEL.
Taxi-Service **Taxuna**, ✆ 591 456 468, für Fahrten in Racha.

Nordöstlich von Oni

Verlässt man die Stadt über die Schotterpiste nach Nordosten, erreicht man nach 12 km die kleine Siedlung **Utsera**, die bekannt ist für ihre **Mineralquellen**. Der Name des Ortes bedeutete ursprünglich „unbeschreibliche Schönheit" – das soll die von der reizvollen Landschaft begeisterte Königin Tamar bei einem Besuch gesagt haben. Mit der Zeit veränderte sich der Ortsname zu „unaussprechbar", was „Utsera" übersetzt bedeutet. Früher kurierten sich hier Sowjetbürger in den 28 Quellen von ihren Magenproblemen, Asthmatiker fanden durch die klare Berg- und Waldluft Linderung. Das Sanatorium war lange geschlossen, doch hat vor Kurzem ein luxuriöses Radisson-Hotel eröffnet. Authentischer kommt man allerdings in den Familiengästehäusern des Ortes und der Umgebung unter.

Wanderungen nördlich von Oni

In der Umgebung gibt es gute Wandermöglichkeiten. Noch sind die Wege um Utsera nicht ausgeschildert: Wer dort wandern möchte, sollte sich mit der Geoland-Karte 7 oder dem Flyer vom TIC „Utsera Touristic Trails" und GPS-Karten ausstatten oder mit einem einheimischen Führer gehen. Hier eine kleine Auswahl von Ausflügen rund um Utsera und Ghebi:

- Von Utsera führt eine kleine Wanderung zur **Erzengelkirche in Gomi** im Süden des Ortes (Start an der Autobrücke südlich von Utsera, ca. 3–4 Std.) oder zu den **Gverita-Quellen** östlich des Ortes (Start an der Fußgängerbrücke im Norden von Utsera, ca. 1 Std.).
- Ein Bergsteigerpfad führt nördlich von Utsera zum **Mt. Shovi**, erfahrene und entsprechend ausgestattete Alpinisten können über die Shoda Kedela Range bis Ghebi wandern (2 Übernachtungen im Zelt).
- Von Chiora führt ein 19 km langer Fahrweg mit Blick auf die höchsten Berge Georgiens **bis nach Notsara** am Fuße des Mt. Burjula, dort befindet sich ein schöner Platz zum Zelten (keine Quellen auf dem Weg).
- Auch das winzige, abgelegene Dorf **Gona** bietet herrliche Bergpanoramen und ist mit Ghebi durch eine 7 km lange, schlechte Autopiste verbunden.
- Ab **Shovi** führt ein Wanderweg **zum Fuße des Buba-Gletschers**, der insgesamt 14 km lang ist.
- Shovi ist Startpunkt für eine 2-tägige, äußerst anspruchsvolle Zelt-Trekkingtour **zum Udziro-See bis Glola**.

Für die Wanderungen nach Notsara und Gona ist eine Grenzgenehmigung (Border Permit) erforderlich, die bei der Polizeistation in Oni (südlich des Aghmashenebeli Sq.) besorgt werden muss.

Einige der Routen sind markiert, jedoch wurden die Markierungen lange nicht erneuert. Weitere Infos auf 💻 https://georgiantravelguide.com unter What to do > Location „Racha" > Category „Adventure Tour".

20 km nordöstlich gabelt sich die Schotterstraße. Nach Osten gelangt man 6 km weiter zum auf 1600 m Höhe liegenden **Shovi**. Umgeben von Nadel- und Mischwald entwickelte sich das winzige Dorf dank seiner 16 **Heilquellen** in der Sowjetzeit zu einem Kurort. Die Heilkraft der Quellen ist seit Langem bekannt, schon in der Antike erholten sich Reisende dort auf ihrem Weg über den Mamisoni-Pass (der jetzt wegen des Südossetien-Konflikts geschlossen ist). Mitte der 2010er-Jahre wurde eines der alten Sanatorien wiedereröffnet, weitere luxuriöse Hotels waren 2022 in Planung. Besucher können in der Gegend wandern, bergsteigen oder raften.

Hält man sich an der Gabelung 20 km nordöstlich von Utsera links, erreicht man nach 7 km die kleine Siedlung **Chiora** und nach weiteren 3 km das alte Dorf **Ghebi**. Der Ort im Rioni-Tal blickt auf eine 3500 Jahre alte Geschichte zurück und ist umgeben von hohen Gipfeln wie dem Mt. Shoda und dem Mt. Mohames.

Die gesamte Gegend eignet sich hervorragend zum Wandern (s. Kasten).

ÜBERNACHTUNG UND ESSEN

In Utsera, Chiora, Ghebi und Shovi gibt es einfache Gästehäuser, in Utsera und Shori zudem ebenfalls Hotels mit gehobenem Standard.

Chiora Inn, Chiora, ✆ 511 126 369, 💻 https://chiorainn.com. Neues Holzhaus in toller Lage mit Bergblick. 8 sehr geschmackvoll eingerichtete Drei- und Zwei-Bett-Zimmer. Im zugehörigen Café kann für angemessene Preise gespeist werden. Familienfreundlich. Mai–Okt. 4er-Cottage ❸–❹

Guesthouse in Utsera, Utsera, ✆ 599 353 464. Familiengästehaus mit Bergblick, 3 DZ mit Gemeinschaftsbad. Die Familie organisiert Wanderungen und Ausritte und bietet Verpflegung an. Juni–Sep. ❶

AKTIVITÄTEN

Aktivitäten werden am besten über Unterkünfte (z. B. Villa Shareula, s. S. 375) vor Ort organisiert. Die meisten Gästehäuser können bei Ausflügen mit Geländewagen oder **Ausritten** in der Umgebung helfen und Guides vermitteln. Für **Wanderungen** s. S. 380.

TRANSPORT

Marschrutki von **Ghebi** nach:
ONI, Mi um 9 und 18 Uhr in 1 Std. für 5 GEL
TBILISSI (Didube), Fr und Sa um 8.30 Uhr in 6 Std. für 45 GEL.
Von **Shovi** nach:
ONI, Do um 9 und 18 Uhr in 1 Std. für 5 GEL.

Nikortsminda

Eine der größten Sehenswürdigkeiten von Racha ist die **Kathedrale von Nikortsminda** im gleichnamigen Dorf 16 km südlich von Ambrolauri. Sie wurde von König Bagrat III von 1010–14 in Auftrag gegeben und ist insbesondere für den überaus reichen Bauschmuck an ihrer Außenfassade bekannt. Sie ist ein Beispiel der in Georgien weitverbreiteten Kuppelarchitektur, die in dieser Gestalt jedoch keine weiteren baulichen Nachahmer fand.

Der Grundriss der Kathedrale beruht auf einem Sechseck, um das kreisförmig fünf Apsiden angeordnet sind. Über dem zentralen Raum thront eine gewaltige Kuppel. Gegenüber der geosteten Hauptapsis mit ihren zwei Nebenapsis-Räumen befindet sich wie gespiegelt ein quadratischer Raum, flankiert von zwei Nebenräumen. An den Fassaden des Gotteshauses schufen die Steinmetze einen **Höhepunkt der georgischen Steinmetzkunst**. Die Figuren besitzen eine bisher in Georgien nie dagewesene Leichtigkeit und Filigranität. Tür- und Fensterbogen sind mit breiten Schmuckbändern aus ornamentalen Verschlingungen und Tiermotiven verziert. Reliefs greifen verschiedene Christusdarstellungen auf. An der Südfassade beispielsweise ist der thronende Christus mit erhobener Hand im Segensgestus zu sehen, flankiert von vier Posaune spielenden Erzengeln. Neben ihm befinden sich Pinienzapfen, ein Lebenssymbol. Die berühmte Malerschule des Klosters Gelati malte im 17. Jh. das Innere reich mit **Fresken** aus. Im Vorraum lassen sich Motive des Alten Testaments finden. In der Kathedrale erzählen die Bilder Geschichten aus dem Neuen Testament und auch aus den Apokryphen (religiöse Schriften, entstanden zwischen 200 v. Chr. und 400 n. Chr., die nicht in den biblischen Kanon aufgenommen wurden). Die Fresken beeindrucken durch ihre Farbigkeit, aber auch durch Motive von fantasievollen Fabelwesen, wie dem Drachen, der sich über die linke Seite des Eingangsbereiches erstreckt. Der nebenstehende Glockenturm mit Kamin und Wendeltreppe wurde im 19. Jh. ergänzt. Die Kathedrale ist 1992 bei einem Erdbeben beschädigt worden und steht auf der Anwärterliste des Unesco-Weltkulturerbes.

Anfahrt: Von Ambrolauri kommend, liegt die Nikortsminda-Kathedrale nur 17 km südwestlich an der Straße Richtung Tkibuli und Kutaissi, für die Strecke sollte man mit dem Auto trotzdem ca. 40 Minuten einplanen.

Fährt man aus Süden von Kutaissi an, muss für die 70 kurvenreichen Kilometer über den Nakerala-Pass (1500 m) ausreichend Zeit eingeplant werden. Die Straße führt durch die alte Kohlebergbaustadt **Tkibuli**, einst eines der bedeutendsten Steinkohlereviere der Sowjetunion, und hinter dem Pass vorbei an dem bei Anglern beliebten **Shaori-Stausee** (viele Karpfen).

SONSTIGES

Die **Nikortsmindoba** ist ein fröhliches Fest mit Musik, Tanz, Dichtkunst und Kunsthandwerk, das jedes Jahr am 1. August stattfindet.

TRANSPORT

Marschrutki von AMBROLAURI/ONI nach KUTAISSI, oder auch anders herum, halten auf der Strecke. Dem Fahrer Bescheid geben, dass man an der Kirche abgesetzt werden möchte.
Von Ambrolauri mit dem **Taxi** für ca. 25–30 GEL (inkl. Wartezeit).

KATSKHI-SÄULENKLOSTER; © ISTOCK.COM / BORTNIKAU

Der Westen: Imeretien und Megrelien

Weithin bekannt waren in der Antike die Reichtümer des Kolchischen Reichs. Und noch immer locken im subtropischen Westen kulturelle und landschaftliche Schätze: Karstschluchten durchziehen das Bergland, eine Seilbahnfahrt in Chiatura sorgt für Adrenalinschübe, und das Kloster von Gelati bildet den kulturellen Höhepunkt jeder Reise.

Stefan Loose Traveltipps

Kutaissi Nach jahrzehntelangem Wiederaufbau thront die riesige Bagrati-Kathedrale wieder in voller Größe über der Stadt. S. 385

11 **Gelati** Das Kloster war im Mittelalter eine wegweisende Lehranstalt. S. 394

12 **Chiatura** Eine Fahrt mit der Seilbahn in der einzigartigen Bergbaustadt. S. 398

Katskhi-Kloster Mit Sicherheit das Kloster mit dem originellsten Standort in ganz Georgien. S. 399

Prometheus-Höhle Die beeindruckende Tropfsteinhöhle ist mit farbenfrohen Lichtspielen als unvergessliches Spektakel inszeniert. S. 403

Martvili-Canyon Türkis schimmerndes Wasser rauscht durch die tiefe Karstschlucht, in der man eine Bootsfahrt unternehmen kann. S. 404

Die Tea Route Auf einer Teeplantage ein feines georgisches Tröpfchen kosten – mal ganz ohne Alkohol. S. 414

KLOSTER GELATI; © NINA KRAMM

ZESTAPHONI, TONWAREN; © NINA KRAMM

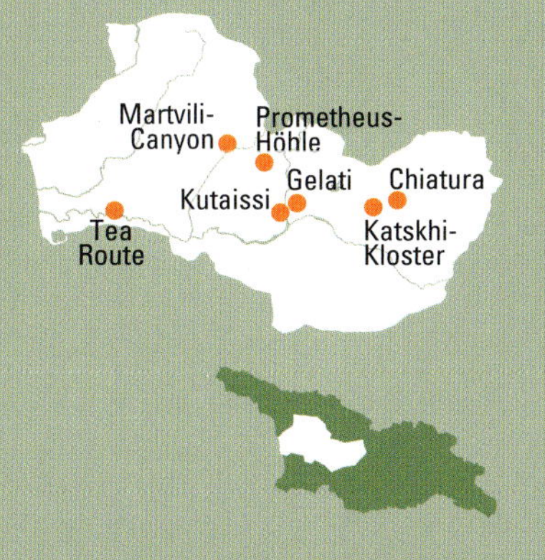

Wann fahren? Von März bis Oktober; im Sommer wird es recht heiß, im Frühjahr locken angenehme Temperaturen und blühende Gärten.

Wie lange? 3–5 Tage

Bekannt für ein goldenes Schaffell

Schöner Tagesausflug zum Okatse-Canyon, den Karstschluchten nördlich von Kutaissi

Outdoor-Tipp Mehrtageswanderung zum Tobavarchkhili-See, dem Silver Lake

Unbedingt probieren Kuchmachi und Ghomi

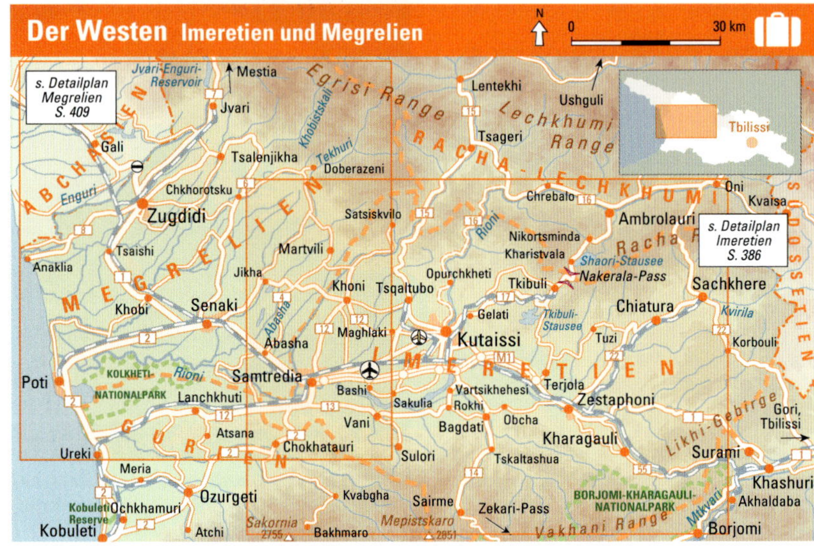

Der Westen Georgiens ist untrennbar verbunden mit dem Mythos des Goldenen Vlieses (s. Kasten S. 438/439) und dem **sagenhaften Reichtum des Kolchischen Reichs**. Dieses Königreich blühte im 7. Jh. auf und erstreckte sich von der Schwarzmeerküste über die heutigen Regionen Megrelien und Imeretien. Wenig später entstand auch das konkurrierende Iberische Reich in Ostgeorgien – in der Geschichte des Landes gingen Ost- und Westgeorgien oft getrennte Wege, sodass die nicht zu übersehenden Unterschiede nicht nur auf die geografische Grenze zurückgeführt werden können. Und diese Grenze zieht sich ganz klar durch das Land: Das **Likhi-Gebirge** verbindet den Großen Kaukasus im Norden mit dem Kleinen Kaukasus im Süden und teilt dabei Georgien klimatisch in zwei Hälften. Während im Osten trockeneres Kontinentalklima vorherrscht, ist der Westen von feuchtem, subtropischem Klima bestimmt. Der Likhi-Gebirgszug bildet außerdem die Wasserscheide zwischen Ost und West. Alle Flüsse, die östlich des Gebirgskammes entspringen, münden ins Kaspische Meer, das Wasser der Quellen westlich des Likhi-Gebirges fließt ins Schwarze Meer.

Auf den fruchtbaren, rötlichen Tonböden im Westen gedeiht fast alles, was gepflanzt wird, denn in der **Kolchischen Tiefebene** herrscht ein bevorzugtes Mikroklima: Sie wird von den Ausläufern des Großen Kaukasus im Norden, der Likhi-Kette im Osten und dem Meskhetischen Gebirge im Süden geschützt, während das Schwarze Meer von Westen milde Luft und viel Niederschlag bringt. Auch die Flüsse Enguri und Rioni führen viel Wasser – ihre Sedimente lagerten sich in dem einstigen Meerbusen an der Küste ab, so entstand ein unwegsames Sumpfgebiet. Die Erlenwälder der Kolchis standen knietief im Wasser, in den nebelverhangenen Feuchtwäldern bahnte sich ein Labyrinth aus zahllosen Flüssen in grünen Laubtunneln seinen Weg durch das dschungelartige Dickicht. Doch in den 1920er-Jahren setzte sich die Sowjetregierung das Ziel, den lebensfeindlichen und malariaverseuchten Sumpf trockenzulegen. Die einstige Schwemmebene verwandelte sich in einen **gigantischen Obstgarten**: Zitronen, Mandarinen, Feigen, Granatäpfel, Aprikosen, Wildpflaumen und Walnüsse gediehen hervorragend, und Tee wurde im großen Stil angebaut. Bis in die 1990er-Jahre belieferten die kolchischen Bauern die gesamte Sowjetunion mit Zitrusfrüchten. Der Zusammenbruch des gemeinschaftlichen Wirtschaftsraums stürzte die Region in eine tiefe Krise. Die Großplantagen wurden unter den Bauern aufgeteilt, die nun nicht nur untereinander konkurrierten, sondern auch gegen die Konkurrenz aus dem Ausland bestehen mussten. Auch die Industrie ging in dieser Zeit in die Knie, was die Maschinenbaufabriken bei Kutaissi und die Eisenhütten im Kvirila-Tal hart traf.

Bei einer Reise von Ost- nach Westgeorgien wird dem aufmerksamen Beobachter ein weiterer Unterschied zwischen den beiden Landesteilen auffallen: Die Dorfstrukturen sind grundverschieden. Während die Dörfer in Ostgeorgien kompakt gebaut sind, ist die Landschaft in Westgeorgien zersiedelt, die Häuser liegen weit verstreut zwischen Gärten und Feldern. In diesem Zusammenhang entwickelte sich der „Imeretische Appell". Um Nachrichten auszutauschen, mussten die Landbewohner über weitere Distanzen einander zurufen. In Megrelien ist zudem das kleine Wirtschaftshaus „Oda" neben dem zweistöckigen, meist vor einer Veranda umgebenen Haus charakteristisch. Im arbeitsreichen Alltag kam die Familie im Oda zusammen, während zu besonderen Anlässen im Wohnhaus Gäste gebührend empfangen wurden.

Imeretien

Die reizvolle Region ist gespickt mit Sehenswürdigkeiten, die sich von der Hauptstadt Kutaissi aus bestens erkunden lassen. Imeretien teilt sich in Ober- und Unter-Imeretien auf, wobei **Ober-Imeretien** den Norden der Region ausmacht und von den Ausläufern des Großen Kaukasus dominiert wird, während **Unter-Imeretien** sich auf der flachen Kolchisebene nach Süden bis zum Kleinen Kaukasus erstreckt.

Während im nahen Umland von Kutaissi das **Gelati-Kloster** die größte Sehenswürdigkeit darstellt, wartet das bergige Ober-Imeretien u. a. mit tiefen Schluchten, grandios inszenierten Karsthöhlen, dem überaus originell platzierten **Katskhi-Kloster** und der skurrilen Bergbaustadt **Chiatura** auf. In Unter-Imeretien können Geschichtsinteressierte in **Vani** dem Kolchischen Reich ganz nahe kommen oder im heruntergekommenen Kurort **Tsqaltubo** einen Ausflug zu den Überresten des sowjetischen Kurtourismus unternehmen.

Am Fuße des Kleinen Kaukasus beginnt bei **Bagdati**, das in Georgien für seinen hervorragenden Wein bekannt ist, eine landschaftlich einmalige, aber anspruchsvolle Offroad-Route über den **Zekari-Pass** nach Abastumani.

Achtung „Feierabend-Verkehr"

Nicht nur auf den Schotterpisten wird den Autofahren höchste Konzentration abverlangt – auf den idyllischen imeretischen Landstraßen heißt es zu jeder Zeit: Aufgepasst! Denn **freilaufende Kühe**, Pferde, Schafe, Ziegen, Gänse und Hühner stellen die mit Abstand größte Zahl der Verkehrsteilnehmer – vor allem abends sind die Tiere auf den Straßen unterwegs, wenn sie zu ihren Besitzern nach Hause laufen.

Kutaissi

Dort wo die Ausläufer des Großen Kaukasus von Norden in die Kolchische Tiefebene übergehen, liegt am Ufer des Rioni Kutaissi. Dem steinigen Flussbett verdankt die Stadt ihren Namen, der sich von dem georgischen Wort „kuata" (dt. steinig) ableitet. Die **Hauptstadt Imeretiens** ist neben Batumi das industrielle, wirtschaftliche und kulturelle Zentrum Westgeorgiens und blickt auf eine lange Geschichte zurück.

Bereits in vorchristlicher Zeit war die Kolchische Tiefebene besiedelt, und der Reichtum des Kolchischen Königreichs wurde zur Inspirationsquelle griechischer Mythen. Kutaissi, damals „Kutaia" genannt, soll im 8. Jh. v. Chr. Hauptstadt dieses sagenhaften Reichs gewesen sein – so schreibt es Apollonios von Rhodos in seiner epischen Version der Argonautensage, der *Argonautika*. Auch im Mittelalter blieb Kutaissi ein bedeutender Ort: Im 8. Jh. wurde die Stadt Residenz des abchasischen Königs Leon und vom 10.–12. Jh. sogar **Hauptstadt der geeinten georgischen Fürstentümer**, denn von Tbilissi aus wurde damals das arabische Emirat im Osten des Landes regiert. Doch Kutaissi blieb ei-

ne Behelfshauptstadt. Kaum hatte Davit der Erbauer das Land geeint, zog er im Jahr 1122 mit seinem Hof samt Gefolge nach Tbilissi um. Trotzdem erlebte Kutaissi als Hauptstadt des westgeorgischen Königreichs Imeretien vom 15.–17. Jh. eine weitere Blütezeit, die mit der osmanischen Besatzung 1666 endete. Die Osmanen sprengten die Bagrati-Kathedrale und den nahe gelegenen Königspalast, die Bevölkerungszahl sank von 5000 auf unter 500. Als 1769 russische Truppen die Stadt einnahmen, zerstörten diese alles, was ihre Vorgänger verschont hatten – sämtliche noch erhaltenen Befestigungsanlagen wurden gesprengt.

Doch nachdem Kutaissi 1877 einen Anschluss an die Bahnstrecke von Tiflis nach Poti erhalten hatte, erlebte die Wirtschaft einen Aufschwung. Unter sowjetischer Regierung wurde Kutaissi zu einem Zentrum nicht nur der Landwirtschaft, sondern insbesondere der Industrie: Chemiewerke, Fabriken für Autoteile und vor allem das Automobilwerk der Marke KAS sorgten ab Mitte des 20. Jhs. für zahlreiche Arbeitsplätze. Die Lkw aus Kutaissi kamen in fast jeder Kolchose zum Einsatz, doch das Werk war ohne den zusammenhängenden wirtschaftlichen Raum der Sowjetunion nicht überlebensfähig – nach deren Zusammenbruch schlitterte Kutaissi in eine tiefe Krise, die bis heute nur z. T. überwunden ist.

Heutzutage sind neben Auto-, Traktor-, Flugzeug- und Chemiefabriken die Akaki Tsereteli Universität, die Nikolos Muskhelishvili Technische Universität und die neue Internationale Universität Kutaissi die wichtigsten Arbeitgeber. Kultur, Musik und allem voran das Schauspiel haben in der westgeorgischen Stadt seit jeher eine große Rolle gespielt. In Kutaissi gibt es gleich mehrere Theater, darunter ein dramatisches, ein komödiantisches und ein Maskentheater, sowie ein Opernhaus und eine Musikhochschule.

Die Konkurrenz zwischen Kutaissi und Tbilissi, lange Zeit die beiden größten Städte des Landes, hat eine lange Geschichte und verschärfte sich nochmals Anfang des 20. Jhs.: Damals besaß Kutaissi noch keine eigene Universität, und als die intellektuelle Elite an die Universität von Tbilissi berufen wurde und ihrer Heimatstadt den Rücken kehrte, waren die dort Verbliebenen wenig begeistert. Zwar besitzt Kutaissi, wie erwähnt, mittlerweile eigene Universitäten, doch ist es im Wettkampf um die bedeutendste Stadt nun noch weiter abgeschlagen: Die aufstrebende Hafenstadt Batumi hat dem 135 000 Einwohner zählenden Kutaissi mittlerweile den Rang als zweitgrößte georgische Stadt abgelaufen, tatsächlich macht Kutaissi einen ruhigen, fast verschlafenen Eindruck.

Obwohl sich das Stadtgebiet über 60 km² erstreckt, ist die historische Innenstadt sehr kompakt, und fast alle Sehenswürdigkeiten liegen in Laufweite voneinander entfernt , sodass ein Tag für die Besichtigung ausreicht. Trotzdem bietet es sich an, ein wenig länger zu verweilen, denn die grüne Stadt ist ein perfekter Ausgangsort für Ausflüge in die Umgebung. Alte Klöster, tiefe Schluchten, Tropfsteinhöhlen, Dinosaurierspuren und vieles mehr sind von Kutaissi aus sogar mit öffentlichen Verkehrsmitteln bestens zu erreichen.

Bagrati-Kathedrale

Auf der Nordostflanke des Berges Ukimerioni (zu dt.: „Hinter dem Rioni") thront erhaben die Bagrati-Kathedrale, die bei ihrer Fertigstellung im Jahre **1003 die größte des Landes** war. Fast über 700 Jahre stand der monumentale Kuppelbau dort unbeschadet und diente den westgeorgischen Königen als **Hofkirche** – der Königspalast befand sich in unmittelbarer Nachbarschaft. Doch nachdem die Osmanen die Stadt bereits 1666 eingenommen hatten, ließ der türkische Sultan Kathedrale und Palast im Jahre 1692 in die Luft sprengen. Erst Mitte des 20. Jhs. begann der Wiederaufbau des Gotteshauses, der 2012 abgeschlossen wurde. Doch beim Wiederaufbau entsprach so einiges ganz und gar nicht den Kriterien des Denkmalschutzes und der Unesco, auf deren Liste sich die Kathedrale seit 1994 befand. Das Gebäude verlor seinen Status als Unesco-Weltkulturerbe. Von der einstigen Pracht aus Fresken und Mosaiken ist im Inneren nichts geblieben, doch allein die Größe ist beeindruckend und lässt den Betrachter unbedeutend und klein erscheinen.

Die Kathedrale ist von weither sichtbar, dementsprechend genießt man von dort eine traumhafte Aussicht über die Stadt. Über einen 500 m langen Fußweg, der an der Nordseite der Kettenbrücke beginnt, gelangt man hinauf, weniger anstrengend ist die Anfahrt mit dem Auto oder Taxi.

Rund um den Stadtpark

Die Altstadt, in der sich einige stattliche Gebäude aus dem 18./19. Jh. befinden, wurde anhand alten Archiv-Materials restauriert. Das Herz der Innenstadt bilden der **Zentralpark „Boulevard"** und der **Kolchis-Brunnen** östlich dieses Parks. Bei den Skulpturen des Brunnens handelt es sich um vergrößerte Kopien von Miniaturen und Schmuckstücken aus der Bronzezeit und den frühen georgischen Königreichen. Die im Original kaum 5 cm großen Pferde z. B. baumelten wahrscheinlich vor über 2500 Jahren am Ohr einer georgischen Edeldame, die Figur des sitzenden Tamars an der Südseite des Brunnens könnte einem aus Tbilissi (S. 142) bekannt vorkommen, der Löwe dagegen aus dem Museum in Signagi (S. 221).

An der Nordseite des Platzes mit dem Brunnen erblickt man das 1955 im monumental-klassizistischen Stil erbaute fünfgeschossige **Meskhishvili Theater**, 💻 bei Facebook, eines der wichtigsten Schauspielhäuser des Landes. Der Innensaal ist beeindruckend und die originelle **Theaterbar** nach Vorstellungen am Wochenende geöffnet.

Imereti garçon: der arme Bursche aus dem Westen

Seit jeher suchten viele Gurier, Megrelen, Adscharen und Imeretier aus dem wirtschaftlich schwächeren Westen ihr Glück in Tbilissi und in Ostgeorgien. Für sie alle bürgerte sich dort der abfällige Ausdruck „Imereti garçon" für einen jungen Burschen aus dem Westen ein.

Unweit befindet sich südlich des Zentralparks das neue **Kino** in einem gesichtslosen Freizeit- und Einkaufskomplex. An dieser Stelle stand 1910 auch das erste Kino der Stadt, das „Radium". War das Theater schon lange in der Kulturstadt Kutaissi beliebt, so gab es im Kino noch größeren Andrang. Der talentierte Filmvorführer Vasil Amashukeli brachte das Filmhaus nicht nur auf den technisch neusten Stand, er drehte außerdem selbst Kurz- und Dokumentarfilme. Seinen größten Erfolg feierte er mit dem Dokumentarfilm *Die Reise Akaki Tseretelis nach Racha-Lechkhumi*, für den er den damals schon berühmten, aus Kutaissi stammenden Dichter bei dessen Reise in die abgelegene Bergwelt begleitete. Als der Film 1912 ins Kino kam, waren die Vorstellungen über zwei Wochen lang ausverkauft.

Geschichtsmuseum

Einen Block weiter im Süden befindet sich in der Pushkin St. 18 das Kutaisi State Historical Museum. Die interessante Sammlung reicht von Gesteinen und Fossilien über archäologische Funde aus der Bronzezeit und kunstvollen Ikonen bis hin zu Kleidung und Möbelstücken aus dem 19./20. Jh. Das Museum ist besonders stolz auf einige Exemplare besonders wertvoller Bücher: Unter anderem sind eine Bibel ausgestellt, die im 12. Jh. im Kloster Gelati gefertigt wurde, eine Abschrift des berühmten Nationalepos *Der Recke im Tigerfell* von Shota Rustaveli, das erste georgische Wörterbuch von Sulkhan-Saba Orbeliani aus dem 17. Jh. sowie das erste georgische Gesetzbuch von Vakhtang IV aus dem 19. Jh. – allesamt Meilensteine der georgischen Kulturgeschichte. Interessant sind auch die kleinen Miniaturbibeln: Unterhaltung für unterwegs, lange vor der Zeit der Smartphones. ⌚ 10–18 Uhr, Eintritt 5 GEL.

Opernhaus

Westlich des Zentralparks liegt das bekannte, im Jahr 1969 eröffnete **Opernhaus**, 💻 bei Facebook. Auf dem Dach des recht auffälligen Gebäudes wachen nicht nur mehrere steinerne Löwen, auf dem hinteren Gebäudeteil stehen außerdem auf mehreren Säulen mit Speeren bewaffnete Krieger.

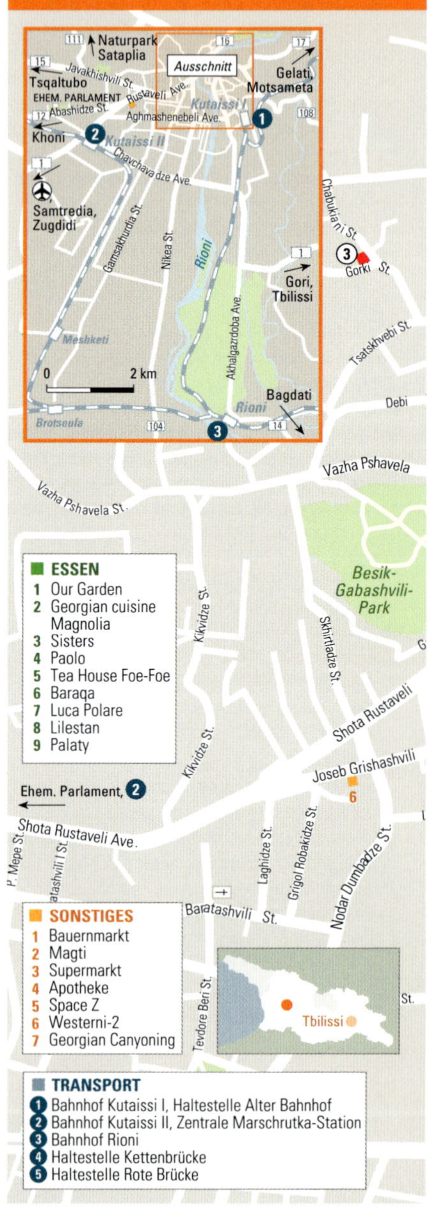

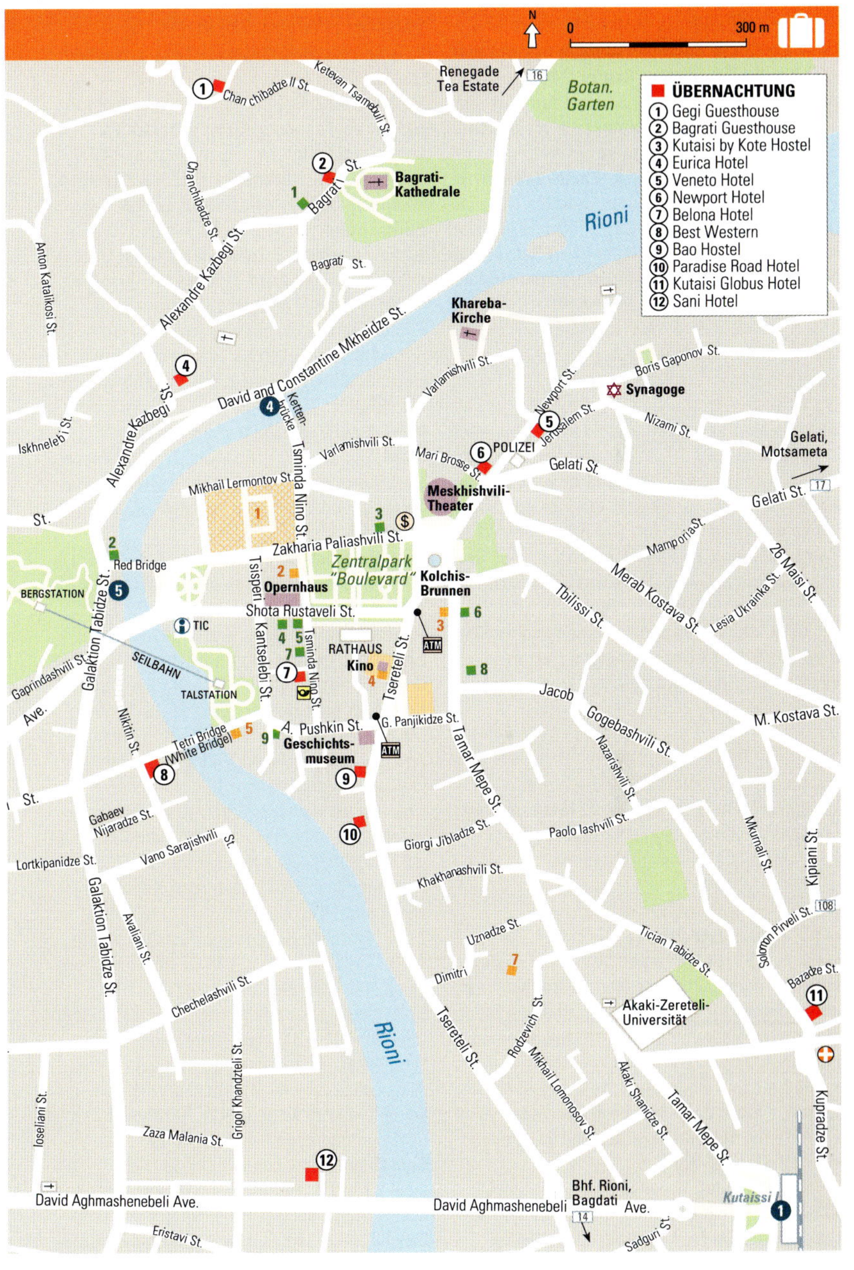

DER WESTEN: IMERETIEN UND MEGRELIEN

Historische Seilbahn

Über die Shota Rustaveli Avenue gelangt man zum **Tourist Information Center** (TIC), Rustaveli Ave. 3, direkt am Fluss. In dem kleinen Park südlich des TIC liegt die Talstation der historischen Seilbahn, die ihre Fahrgäste in wenigen Minuten zum **Freizeitpark im Besik-Gabashvili-Park** im gegenüberliegenden Stadtteil Gora befördert (🕒 Sommer 12–22, Winter 12–18 Uhr, 1 GEL). Seit 1961 ist die Seilbahn in Betrieb, die beiden heute noch gondelnden Kabinen bringen seit 1975 die Gäste rauf und runter – Qualitätsarbeit, sie wurden in der Flugzeugfabrik in Tbilissi gefertigt.

Synagoge

Wie in vielen georgischen Städten gab es auch in Kutaissi bis zum 20. Jh. eine lebhafte jüdische Gemeinde, 1885 wurde die große **Synagoge**, Gaponov St. 12, ✆ 599 355 801, im damaligen jüdischen Viertel gebaut. Der mit farbenfrohen Wandmalereien versehene Innenraum des Sakralbaus lohnt auf jeden Fall einen Blick. Sollte die Tür während der Öffnungszeiten trotzdem verschlossen sein, kann man im nahen Kosher Shop fragen. 🕒 11–13 Uhr, Anmeldung erforderlich, Eintritt 2 GEL, samstags Fotografieren verboten.

ÜBERNACHTUNG

Die Auswahl an guten preiswerten Unterkünften ist in Kutaissi sehr groß. Insbesondere auf dem Ukimerioni-Hügel nördlich des Zentrums gibt es günstige Optionen.

Untere und mittlere Preisklasse

Bagrati Guesthouse, Bagrati St. 25, ✆ 551 164 162, 💻 bei Facebook. In dem von Efeu zugewachsenen Haus bietet nicht nur jedes Zimmer herrliche Aussicht über die Stadt, sondern es gibt auch eine Terrasse und einen hübschen Garten. Dazu die Lage direkt an der Kathedrale und die freundliche Gastgeberin Tamari, die fast bei jedem Problem weiterhelfen kann. 1 Vier-Bett-, 1 Drei-Bett- und 2 DZ teilen sich 2 Bäder. ❶–❷

Bao Hostel, Tsereteli St. 18, ✆ 551 444 774, 💻 bei Facebook. Sauberes, gemütliches Hostel im Stadtzentrum mit schönem Gemeinschaftsraum, Balkon und Küche. 3 DZ und ein 8er-Schlafsaal, alle mit eigenem Bad. ❶–❷

Belona Hotel, Tsminda Nino St. 9, ✆ 599 750 008, 💻 bei Facebook. Geschmackvolles, komfortables Hotel in einem historischen Gebäude im Stadtzentrum. 6 DZ mit Privatbad, einige mit Balkon. Kein Frühstück. ❸

Eurica Hotel, Kazbegi St. 12, ✆ 591 119 469, 💻 bei Facebook. Terrasse und großer Garten mit überdachten Sitzmöglichkeiten. Insgesamt 10 Zimmer mit Privatbad in 2 Häusern, die Räume im Neubau bieten herrliche Stadtblicke. Küche und Gemeinschaftsraum vorhanden, die Besitzer bieten Touren in die Umgebung an. ❷–❸

€ **Gegi Guesthouse**, Chanchibadze St. 2nd Lane 5, ✆ 568 658 172. Heimeliges Gästehaus in ruhiger Lage mit Garten, kleiner Terrasse und 2 Zimmern, die sich ein Bad teilen. ❶

Kutaisi Globus Hotel, Solomon St. 14, ✆ 551 471 100, 💻 bei Facebook. Kleines Hotel mit sehr zuvorkommenden Besitzern, die günstige Flughafentransfers und Ausflüge in die Umgebung organisieren. 6 Doppel-, 1 Drei-Bett- und 1 Vier-Bett-Zimmer, alle mit Privatbad. ❷

Kutaisi by Kote Hostel, Gorki St. 18, ✆ 593 548 507, 💻 www.hostelkutaisi.com. Besitzer Kote spricht gut Deutsch, kennt die Gegend wie seine Westentasche und hilft beim Organisieren von Ausflügen. In 2 Häusern vermietet er mehrere Drei-Bett- und DZ, einige mit Privatbad, sowie familienfreundliche Apartments und ein Ferienhaus. Küche vorhanden. ❶

Paradise Road Hotel, Tsereteli St. 4th Lane 1, ✆ 593 911 900, 💻 bei Facebook. Familienbetriebenes Hotel mit hübschen Holzbalkonen, wunderschön am Fluss gelegen. Mit duftendem Blumengarten, hauseigenem Weinkeller, einladender Terrasse und Patio. Alles ist bis ins kleinste Detail durchdacht und geschmackvoll eingerichtet. 10 saubere Zimmer mit Privatbad und Klimaanlage. ❸

Sani Hotel, Aghmashenebeli Ave. 22B, ✆ 571 777 534, 💻 bei Facebook. Ordentliches, etwas steriles Hotel mit gutem Preis-Leistungs-Verhältnis. Etwas außerhalb des

Die imeretische und die megrelische Küche

Die imeretische und die megrelische Küche haben einiges gemeinsam: Hier im Westen wird das Essen etwas **würziger** serviert als in den anderen Landesteilen – man glaubte früher, damit gegen Malaria vorbeugen zu können. In beiden Regionen werden außerdem viele Gerichte im „Ketsi", einem **Tontopf**, zubereitet. Denn dank der tonhaltigen Böden ist das Töpferhandwerk verbreitet. Und da auf den westgeorgischen Böden Mais besonders gut gedeiht, wird Mehl traditionell nicht aus Weizen, sondern aus Mais hergestellt. Daher ist **Maismehl** der Hauptbestandteil vieler westgeorgischer Gerichte, wie z. B. des Maisbrots **Mchadi** oder des Maisbreis **Elarji**.
Natürlich hat jede Region ihre Besonderheiten: Das weitverbreitete imeretische **Khachapuri** wird in einer Tonpfanne zubereitet, das megrelische Khatschapuri mit Käse überbacken. Das megrelische **Kharcho**, ein würziger Fleischeintopf mit einer Soße aus Kirschpflaumen und Walnüssen, wird in ganz Georgien gegessen – dagegen ist das wortwörtlich herzhafte imeretische Gericht **Kuchmachi** nur etwas für Freunde von Innereien: Es wird aus Leber, Lunge, Walnüssen, besonderen Gewürzen und eben Herz zubereitet.

Zentrums in ruhiger Lage am Hinterhof mit Garten gelegen. 1 Vier-Bett-, 4 Drei-Bett-, 2 Zwei-Bett- und 6 DZ. ❸

Veneto Hotel, Newport St. 8, ✆ 557 055 015. Schönes Gästehaus nahe der Innenstadt, besonders das Delux-Doppelzimmer mit Balkon ist zu empfehlen. ❸

Obere Preisklasse

Best Western, Joseb Grishashvili St. 11, ✆ 032 219 71 00, 💻 www.bwkutaisi.com. Standardisierter Komfort in modernem Design, Highlight ist die Dachterrasse mit Restaurant. ❺

Newport Hotel Kutaisi, Newport St. 1, ✆ 0322 192 701, 💻 www.nhkutaisi.com/en. Modernes Hotel im Herzen von Kutaissi mit großen, sauberen Zimmern verschiedener Kategorien. ❺

ESSEN

€ **Baraqa**, Tamar Mepe St. 7, ✆ 599 192 626, 💻 bei Facebook. Große Karte mit guten, günstigen Gerichten und schneller Service – was will man mehr? 🕒 9–24 Uhr.

Georgian cuisine Magnolia, Mkeidze St. 2, ✆ 514 778 877. Grandiose Lage direkt am Fluss, vom Balkon hat man eine prima Aussicht. Im urigen Innenraum mit rustikalem Interieur und Bruchsteinwänden servieren die aufmerksamen Kellner köstliche georgische Speisen. 🕒 11–23.30 Uhr.

Lilestan, Tamar Mepe St. 11, ✆ 595 110 544. Kleines Restaurant mit stilvollem Ambiente, gutem Service und leckerer europäischer und georgischer Küche. 🕒 11–23 Uhr.

Luca Polare, Tsminda Nino St. 11, 💻 www.lucapolare.com. Zuverlässig leckeres Eis der beliebten Kette, große Auswahl an Sorten. 🕒 8–24 Uhr.

Our Garden, Bagrati St. 23, ✆ 579 555 445, 💻 bei Facebook. Café-Restaurant an der Kathedrale, von der Terrasse hat man einen schönen Blick auf Kathedrale und Stadt. 🕒 So–Do 11–1, Fr, Sa 11–2 Uhr.

Palaty, Pushkini St. 2, ✆ 543 124 33 80, 💻 bei Facebook. Uriges Bar-Restaurant mit Vintage-Einrichtung. Leckeres Essen und abends regelmäßig Livemusik. 🕒 9–23.45 Uhr.

Paolo, Rustaveli Ave. 5, ✆ 574 029 502, 💻 bei Facebook. Wenn's mal kein georgisches Essen sein soll: gehobener Italiener mit schickem Speiseraum, bei dem es regelmäßig Livemusik gibt. Das Preisniveau ist etwas höher, das Tempo des Service leider oft eher niedriger. 🕒 So–Do 10–2, Fr, Sa 10–3 Uhr.

Sisters, Paliashvili St. 35, ✆ 597 030 717. Die Innenräume sind in einem interessanten Mix aus Vintage, Retro und Industrial gestaltet. Auf den Tisch kommen traditionelle und moderne georgische sowie europäische Speisen. Bei Einheimischen beliebt. Man muss wissen, wo man hin will, denn es gibt kein Namensschild. Links neben dem Hausnummern-

schild 35 durch den Bogen gehen, hinter der Holztür die Treppe hoch in den 1. Stock. Regelmäßig Livemusik. ⌚ 14–2 Uhr.
Tea House Foe Foe, Rustaveli St. 5, ☏ 592 132 121, 💻 bei Facebook. Eine schöne Adresse fürs Frühstück mit gutem Teesortiment, Süßspeisen wie Waffeln und Crêpes. ⌚ 9–23 Uhr.

AKTIVITÄTEN

Bergsteigen

Club Tetnuldi, ☏ 598 292 980, 💻 bei Facebook. Bergaktivitäten für Wanderer und Kletterer, für Anfänger bis Extremsportler.

Canyoning

Georgian Canyoning, Rodzevichi St. 2, ☏ 598 292 980, 💻 bei Facebook. Canyoning und Höhlentouren in den Bergen Georgiens.

Teeverkostung

Wer mehr über den Teeanbau in Georgien erfahren möchte, kann einen Ausflug zur **Teeplantage Renegade Tea Estate** 11 km nördlich von Kutaissi unternehmen, s. Teeroute S. 414.

FESTE

Das Stadtfest **Kutaisoba** wird am 2. Mai im Zentralpark mit Veranstaltungen, Tanz und Musik gefeiert.

EINKAUFEN

Der **Bauernmarkt** nördlich des Zentralparks und der Zakharia Paliashvili St. ist einen Besuch wert, die Händler verkaufen dort täglich frisches Obst, Gemüse und allerlei andere Produkte. In der Innenstadt gibt es einige **kleine Supermärkte** und **Lebensmittelläden**, z. B. in Tamar Mepe St.
Spar, Shota Rustaveli St. 143. Großer Supermarkt ca. 2,5 km westlich des Zentrums. ⌚ Tgl. 8–22 Uhr.
Campinggas-Kartuschen sind am Flughafen am **Stand von Georgian Bus**, ⌚ 24 Std., sowie im **Westerni-2**, Grishahsvili St. 42, 💻 www.western.ge, ⌚ Mo–Fr 10–18, Sa 10–15 Uhr, erhältlich.

SONSTIGES

Autovermietungen

Sixt, Flughafen Kopitnari, Ankunftsbereich, 💻 www.sixt.global. ⌚ Entsprechend der Ankunftszeiten der Flüge geöffnet.
Tours by Kote, 💻 www.toursbykote.com, vermieten Offroad-Kleinbusse, einen schwarzen Wolga sowie einen Kavzuka-Retro-Bus mit Fahrer.

Co-Working-Spaces

Spaze Z, Grishashvili St. 7, 💻 bei Facebook. Günstiger Co-Working-Space mit großem Büroraum und zwei Konferenzräumen. Bei schönem Wetter kann man auf dem Balkon direkt am Fluss arbeiten. Tee und Kaffee gratis. ⌚ 24 Std.

Informationen

Tourist Information Center (TIC), Rustaveli Ave. 9a, ☏ 0322 370 000 oder 591 270 627, ✉ info@kutaisi.travel oder info@dmoimereti.ge. ⌚ 9–18 Uhr.
Im Internet: 💻 www.kutaisi.travel/en.

Medizinische Hilfe

Kutaissi Central Hospital, Pirveli St. 10, ☏ 0431 246 322 oder 577 095 417. In der von GH Hospitals betriebenen Klinik gibt es Englisch sprechende Ärzte. ⌚ Tgl. 24 Std.

NAHVERKEHR

Taxis

Fahrten innerhalb der Stadt sollten nicht mehr als 6 GEL kosten, Taxis können bei **Maxim Taxi**, ☏ 0431 222 222 oder ☏ 0431 258 888, telefonisch oder **per App**, 💻 https://taxi3.ge, bestellt werden. Die Taxi-Apps **Bolt, Maxim** und **Yandex** funktionieren im ganzen Land.

Marschrutki und Busse

Mit der Marschrutka-Linie Nr. 1 kann man gut die Stadt erkunden, sie verbindet in einer großen Runde die Innenstadt mit der zentralen Marschrutka-Haltestelle südwestlich des Zentrums am Bahnhof II und den Bahnhof Kutaissi I im Süden. Fahrten innerhalb des Zentrums kosten mit der Marschrutka 50 Tetri und können in bar gezahlt werden. Fahrten mit den Stadtbussen werden mit der Stadttransportkarte (erhältlich in Filialen der TBC Bank oder dem Spar Supermarkt, 2 GEL) bezahlt und kosten 40 Tetri.

TRANSPORT

Kutaissi ist der wichtigste Verkehrsknotenpunkt der Region, allerdings gibt es **mehrere Bahnhöfe und Haltestellen**, die nicht alle dicht beieinander liegen.

Marschrutki

Die **zentrale Marschrutka-Haltestelle** befindet sich 3,5 km südwestlich des Zentrums, vor dem Bahnhof Kutaissi II in der Chavchavadze St. 67, neben dem McDonalds Schnellrestaurant.

ABASTUMANI, um 11.30 Uhr in 2 3/4 Std. für 30 GEL.

AKHALTSIKHE, um 8.20, 8.50, 9.30 und 11.30 Uhr in 3 Std. für 17 GEL.

BAGDATI, von 7–19 Uhr stdl. in 30 Min. für 3 GEL.

BATUMI, von 6.30–19.30 Uhr alle 50 Min. in ca. 3 Std. für 15 GEL.

LENTEKHI, um 9, 15 und 16 Uhr in ca. 2 Std. für 13 GEL.

MARTVILI, von 7–18 Uhr stdl. und um 18.20 Uhr in ca. 1 Std. für 6 GEL.

MESTIA (nur im Sommer), um 10 Uhr in ca. 5 Std. für 35 GEL, bei Rolebi, ✆ 599 703 433 oder 599 746 360, oder Zaza, ✆ 592 277 766, anmelden.

POTI, von 7.15–19 Uhr alle 50 Min. in ca. 2 Std. für 10 GEL.

SACHKHERE, über CHIATURA, um 11.45, 15 und 17 Uhr in 2 3/4 Std. für 10 GEL.

SAIRME, um 18 Uhr in 1 1/4 Std. für 10 GEL.

TBILISSI, um 6, von 7–21 Uhr alle 30 Min. in 3 1/2 Std. für 20 GEL.

TSALENJIKA, um 9 und 17 Uhr in ca. 2 Std. für ca. 15 GEL.

TSQALTUBO, von 7.50–19.30 Uhr alle 20 Min. für 2 GEL mit Bus Nr. 44.

VANI, von 7–19 Uhr stdl. in 1 Std. für 4 GEL.

ZESTAPHONI, von 7–19 Uhr stdl. in 40 Min. für 3 GEL.

ZUGDIDI (von dort Anbindung nach MESTIA), von 6.30–18.20 Uhr alle 30 Min. in ca. 2 Std. für 10 GEL.

Gut bestückt und gut besucht: der Bauernmarkt in Kutaissi

Weitere Ziele werden von der **Haltestelle nördlich der Kettenbrücke** angefahren:
AMBROLAURI, um 10 und 14 Uhr in ca. 2 Std. für 12 GEL.
ONI, um 10 und 14 Uhr in ca. 2 1/2 Std. für 15 GEL.

Marschrutki nach Tkibuli fahren von der **Haltestelle am alten Bahnhof** (Kutassi I) ab:
TKIBULI, um 8, 11, 13, 14, 15, 16 und 16.40 Uhr in ca. 1 Std. für 5 GEL.

Busse nach Tsqaltubo fahren auch ab der **Haltestelle an der roten Brücke**:
TSQALTUBO, mit Bus Nr. 30 von 7.15–19 Uhr alle 20 Min. in 50 Min. für 2 GEL.
Mehrmals tgl. fahren außerdem in 30 Min. für ca. 2 GEL Marschrutki zum Naturpark SATAPLIA.

Busse

Georgian Bus, 💻 https://georgianbus.com, bietet Verbindungen vom Flughafen in Kopitnari ins Zentrum von KUTAISSI, nach TBILISSI und BATUMI an. Die Abfahrtszeiten richten sich nach den Ankunftszeiten der Flüge und können der Website entnommen werden, Tickets müssen reserviert werden.
Omnibusexpress, 💻 https://omnibusexpress.ge, Verbindungen vom Flughafen Kopitnari nach GORI und TBILISSI (Mikheil Javakhishvili St. 7). Abfahrtszeiten richten sich nach den Flugzeiten. Tickets online kaufen.

Eisenbahn

In Kutaissi gibt es zwei **Bahnhöfe**: Züge von Tbilissi nach Zugdidi, Poti oder Batumi halten nicht direkt in Kutaissi, sondern am **Bahnhof Rioni**, ca. 7 km südlich der Stadt. Nur die Züge mit Endziel Kutaissi halten am neuen **Bahnhof Kutaissi I**.

Neuer Bahnhof (ehemals Kutaissi I), ca. 2 km südlich des Zentrums auf der östlichen Uferseite des Rioni:
BATUMI, um 5.40 und 16.30 Uhr in 3 3/4 Std.
SACHKHERE, über CHIATURA, um 9.37 und 15.40 Uhr in 3 Std. 20 Min. für ca. 2 GEL.
TBILISSI, um 12.25 Uhr in 4 1/2 Std.

Zum Flughafen Kopitnari

Marschrutki verbinden zwischen 8 und 18 Uhr alle 30 Min. die Innenstadt und den Flughafen. Es ist empfehlenswert, Taxis über die gängigen Apps (S. 77) zu bestellen, denn vor Ort berechnen die Fahrer höhere Preise. Von der Innenstadt zum Flughafen ist ein Taxi für ca. 30–40 GEL zu bekommen, bei Nachtfahrten verlangen einige Fahrer bis zu 50 GEL. Viele Hostels bieten bei der Ankunft kostenlose Abholung an.

Flüge

Der **David the Builder Flughafen** in Kopitnari, 💻 www.kutaisi.aero, 15 km westlich von Kutaissi, wird von internationalen Billig-Airlines angeflogen, u. a. aus Deutschland von der ungarischen Airline WIZZ Air.

Nationale Verbindungen
MESTIA, 1–2x wöchtl. in ca. 1 1/2 Std. mit Vanilla Sky, 💻 www.vanillasky.ge.

Internationale Verbindungen
Wizz Air, 💻 www.wizzair.com, bietet etliche internationale Verbindungen an, darunter Flüge nach Deutschland und Österreich:
BERLIN-BRANDENBURG, 2x wöchtl.
DORTMUND, 2x wöchtl.
FRANKFURT-HAHN, 2x wöchtl.
HAMBURG, 2x wöchtl.
MEMMINGEN, 2x wöchtl.
WIEN, 3x wöchtl.

11 HIGHLIGHT

Kloster Gelati

In dem hügeligen, waldreichen Umland nördlich von Kutaissi liegt in idyllischer Lage die Klosteranlage von Gelati. Das **königliche Hofkloster**, das nicht nur geistliches, sondern auch wissenschaftliches und künstlerisches Zentrum des Landes war, beherbergt eines der wichtigsten Bauwerke Georgiens: den **Kreuzkuppelbau**

Davit der Erbauer – ein Freund der Wissenschaften

Der äußerst eifrige georgische König Davit der Erbauer (1073–1125) gründete 1106 das Kloster und die Akademie von Gelati. Zuvor hatte er eine Berufsarmee ins Leben gerufen, mit der die georgische Einheit erkämpft wurde. Davit leitete nicht nur fortschrittliche Reformen ein, sondern legte außerdem den Grundstein für die kulturelle Blüte des anbrechenden Goldenen Zeitalters in Georgien (11.–13. Jh.). Er gründete innovative Akademien, an die er namhafte Gelehrte berief. Wie **Ioane Petritsi**, der als Erster die überaus einflussreiche Akademie von Gelati leitete – dieser hatte an der berühmten Akademie von Mangana in Konstantinopel gelernt. Ganz nach dem Vorbild der Mangana-Akademie standen Geometrie, Arithmetik, Grammatik, Musik, Rhetorik und Dialektik auf dem Lehrplan. Gleichzeitig wurden in den Werkstätten Gold- und Silberschmiedewerke von höchster Qualität hergestellt. Gelati wurde im 12. Jh. als ein **„zweites Jerusalem"** und **„neues Athen"** gerühmt.
Das Engagement des Königs für Gelati war überwältigend, vielleicht bekam er seinen Beinamen „der Erbauer" auch deshalb, weil er höchstpersönlich bei dem Bau der Muttergottes-Kirche in Gelati geholfen haben soll. Bei dem gefährlichen Einsatz an der Kirchenkuppel soll er sich lebensgefährlich verletzt haben – es heißt, ein Bad aus Hirschkuhmilch und Kräutern habe ihn geheilt. Es wird auch erzählt, an manchen Tagen hätte sich der König selbst um die Kranken im angeschlossenen Spital gekümmert. „Jeden einzelnen begrüßte er mit einem Friedenskuss, er verwöhnte sie wie ein Vater …" weiß die Geschichtschronik *Leben Kartlis* zu berichten (eine Sammlung von Texten aus dem 4.–14. Jh.).

der Gottesmutter-Kirche (12. Jh.). Das von einer Mauer eingeschlossene Klostergelände besteht neben der eindrucksvollen Gottesmutter-Kirche aus zwei weiteren kleineren Kuppelbauten (beide 13. Jh.), einem Glockenturm (13. Jh.) und dem Akademiegebäude (12. Jh.). Die Geschichte Gelatis ist eng mit der des georgischen Königs Davit (s. Kasten) verbunden.

Wie eng, das zeigt sein letzter Wunsch, dort begraben zu werden – obwohl er zuvor mit dem königlichen Hof in die neu gewählte Hauptstadt Tbilissi umgezogen war. Er wählte wohl die südliche Toranlage zum Kloster **als letzte Ruhestätte** – das Portal soll er selbst als Beutegut aus der Stadt Ganja (heute Aserbaidschan) mitgebracht haben. Jeder, der das Klostergelände betreten wollte, musste nun durch dieses Portal über sein Grab schreiten. Auf der Grabplatte, die allerdings nicht zweifelsfrei Davit zugeordnet werden kann, werden noch immer regelmäßig Blumen niedergelegt. Heute betreten Besucher die Anlage von Gelati über den Osteingang, das Grab ist abgesperrt. Davit der Erbauer war der erste König, der sich in Gelati begraben ließ, womit er eine neue Tradition begründete: Seine Nachfolger fanden ihre letzte Ruhestätte aber in der Muttergottes-Kirche. Das Gerücht, das Grab der Königin Tamar befinde sich ebenfalls dort, hält sich schon lange – und obwohl wissenschaftliche Untersuchungen keine Hinweise auf ihr Grab gaben, wird hier weiterhin jedes Jahr ihr zu Ehren eine Messe abgehalten. Auch deshalb ist Gelati ein bedeutender Pilgerort.

1994 wurde die Klosteranlage zum **Unesco-Weltkulturerbe** erklärt. Erhaltenes Kunsthandwerk aus Gelati ist das wertvolle *Evangeliar von Gelati* mit seinen beeindruckenden Miniaturmalereien (11./12. Jh., Georgisches Nationales Handschriftenzentrum, Tbilissi) und der reich mit Edelsteinen und Emaillebildern besetzte Rahmen des *Triptychon aus Chachuli* (12. Jh., Staatliches Kunstmuseum, Tbilissi).

Muttergottes-Kirche

Die Kathedrale, ein Kreuzkuppelbau, ist Maria, der Mutter Jesu, geweiht. Sie ist die **wichtigste Kirche der Klosteranlage**. Ihr Bau wurde unter König Davit dem Erbauer 1106 begonnen und während der Herrschaft seines Sohnes Demetrius um 1125 vollendet. Über den Narthex (Vorhalle) im Westen wird die Kathedrale betreten. Der Kirchenraum ist in drei Schiffe gegliedert, an die sich im Süden und im Norden Anbauten und Kapellen anschließen und die mit jeweils einer Apside abschließen. Im Osten ist die Hauptapsis zu finden, flankiert von zwei Nebenapsiden. Die **gewaltige Kuppel** erhebt sich vor dem Chorbereich vor der Hauptapsis. Von außen fallen die gestaffelten Baumassen ins Auge, die stufenartig aufgebaut sind. Im Osten ist die Außenfassade durch das Rund der fünf polygonalen Apsiden gegliedert. Während die **Außenfassade** schlicht gehalten ist, wurde das Innere mit **prächtigen Fresken**, hauptsächlich aus dem 16./17. Jh., ausgeschmückt (da sich die Fresken teils in sehr schlechtem Zustand befinden, ist der Innenraum wegen Restaurationsarbeiten zurzeit eingerüstet). Das **Mosaik** in der Apsis gehört zum ältesten Wandschmuck im Gebäude (1125–30), es zeigt die Gottesmutter mit Jesuskind, flankiert von Erzengeln vor goldenem Hintergrund. Mosaike waren im byzantinischen Raum weitverbreitet, sind in Georgien dagegen selten zu finden. In der westlichen Vorhalle sind Wandmalereien des 12. Jhs. erhalten geblieben. Die **Fresken der Kuppel** (16./17. Jh.) zeigen Christus als Weltenherrscher, Szenen aus seinem Leben sind in den oberen Zonen dargestellt. In den unteren Bereichen werden neben kirchlichen Würdenträgern weltliche Förderer abgebildet. An der Nordwand weist ein Fresko König Davit den Erbauer mit einem Kirchenmodell als Stifter aus. Sie ist das einzige gut erhaltene Abbild des Königs – das den Vorstellungen des Künstlers entsprungen sein dürfte, denn es wurde erst nach dem Tod des Königs gemalt. In Gelati ist, wie in Nikortsminda (S. 381) auch, hauptsächlich der sogenannte malerisch-barocke Stil zu erkennen. Leider dauern die Bauarbeiten am Dach weiter an, sodass noch immer Teile der Kirche eingerüstet sind.

Weitere Gebäude

Östlich der Gottesmutter-Kirche steht die **St.-Georgs-Kirche** aus dem 13. Jh. Sie ist ein verkleinerter Nachbau der Gottesmutter-Kirche und mit wunderschönen Fresken aus dem 16. Jh. ausgemalt. Zu dieser Zeit erlebte Georgien eine Zwischenblüte, und die Fresken der Kirche gelten als die schönsten Beispiele spätmittelalterlicher georgischer Kirchenmalerei.

Westlich der Hauptkirche befindet sich die **St.-Nikolai-Kirche** (13. Jh.). Das Untergeschoss des ungewöhnlichen Sakralbaus erinnert an einen Torbogen, auf dem das eigentliche Kirchengebäude aufsitzt, das über eine Treppe erreicht werden kann. Wahrscheinlich durchschritten die Schüler der Akademie das Tor, wenn sie zum Gottesdienst in der Gottesmutter-Kirche gingen.

Das **Akademiegebäude** steht an der Westseite des Areals hinter der St.-Nikolai-Kirche, dort wurden die Wissenschaften gelehrt, und einst befand sich dort eine überaus bedeutende Sammlung von Handschriften aus dem 12.–17. Jh. Einige der Schätze sind erhalten und in den Museen von Kutaissi und Tbilissi zu bewundern.

Nördlich der St.-Nikolai-Kirche erhebt sich ein **Glockenturm** aus dem 13. Jh., unter dem sich der Brunnen des Kloster befindet, dessen Wasser eine heilende Wirkung zugesprochen wird.

Etwas abseits befindet sich im Süden das **alte Eingangsportal**, unter dem Davit der Erbauer begraben liegt.

Das Kloster liegt ca. 9 km nordöstlich von Kutaissi. Marschrutki fahren um 7.30, 11, 14, 16 und 18 Uhr hinter dem Meskhishvili Theater in Kutaissi ab, Fahrzeit 20 Min., Preis 2 GEL. Ein Taxi sollte mit Wartezeit ca. 30 GEL kosten. Ein Besuch von Gelati lässt sich sehr gut mit dem des **Klosters von Motsameta** kombinieren, das sich zwischen Kutaissi und Gelati befindet. Die Fahrt zu beiden Klöstern kostet mit Wartezeit ca. 40 GEL.

Wallfahrtskloster Motsameta

An einem steilen Abhang erhebt sich über dem tiefen Tal des rauschenden Tskaltsitela-Flusses das Wallfahrtskloster Motsameta, das den Fürstensöhnen Konstantin und Davit Mkheidze geweiht ist, um die sich eine landesweit bekannte **Legende** rankt.

Während der arabischen Herrschaft in Westgeorgien lehnten sich die Brüder Mkheidze im 8. Jh. gegen den grausamen Emir Murwan Ibn Mohammed auf, der wegen seiner Gnadenlosigkeit „Murwan der Taube" genannt wurde. Sie führten die Widerstandskämpfe an, unterlagen jedoch den übermächtigen Besatzern und wurden gefangen genommen. Doch Murwan soll von den stattlichen Brüdern so beeindruckt gewesen sein, dass er vorschlug, sie zu verschonen, wenn sie zum Islam überträten und ihm dienten. Die rebellischen Männer lehnten das natürlich ab und wurden daraufhin zu Tode gefoltert, ihre Leichname zerstückelt und in den Tskaltsitela-Fluss geworfen. Doch gute Christen aus den umliegenden Dörfern bargen die Körperteile der Märtyrer und bestatteten sie auf dem nahe gelegenen Berg. Seitdem wird dieser Ort „Motsameta", zu dt. **„Märtyrerstätte"**, genannt. König Bagrat III ließ dort im 10. Jh. eine Kirche bauen, die die Gebeine der beiden Fürstensöhne beherbergen sollte. Das heute existierende Gebäude wurde Ende des 19. Jhs. erbaut, dort haben die Reliquien einen ehrwürdigen Platz.

Die Kirche ist eine wichtige Wallfahrts- und beliebte Hochzeitskirche, denn die Ruhestätte der tapferen Brüder hat eine außergewöhnlich schöne Lage. Anfahrt am besten mit dem Taxi, s. o., „Kloster Gelati".

Zestaphoni

An der Schnellstraße (S1), die den Osten und den Westen des Landes miteinander verbindet, liegt 35 km südöstlich von Kutaissi Zestaphoni. Auch diese Stadt hat ihre besten Tage gesehen – früher wurden in den **Eisenhütten** Legierungen aus Eisen und dem in den Minen von Chiatura abgebauten Mangan hergestellt. Jahrelang stand die Anlage still und ist heute z. T. wieder in Betrieb. Dank der tonhaltigen Böden ist Zestaphoni außerdem für sein **traditionelles Töpferhandwerk** berühmt, in der Umgebung werden an den Landstraßen Gefäße und Schalen aus Ton angeboten.

Im **Tabakini-Kloster**, ca. 8 km südlich von Zestaphoni, 💻 bei Facebook und Insta, züchten seit 1992 die Mönche nach alter Kloster-Tradition wieder **Kaukasische Hirtenhunde** und haben seitdem einige Preise gewonnen. Im Kloster gibt es noch Welpen, doch die Zucht wurde erweitert und findet nun größtenteils in einem nahe gelegenen Gebäude statt. Bei Interesse Bruder Jakob, 📞 599 504 861 (Georgisch/Russisch) oder 📞 558 218 801 (Englisch), kontaktieren.

ÜBERNACHTUNG UND ESSEN

Die Auswahl der Unterkünfte in der Gegend ist sehr überschaubar, und die Einkehrmöglichkeiten beschränken sich auf **einfache Restaurants** und Kneipen. In der Umgebung gibt es allerdings einige Geheimtipps:

Sazano Wine Cellar & Hotel, Zeda Sazano, 📞 588 888 858, 💻 bei Facebook. Äußerst stil- und liebevoll eingerichtetes Familienweingut zwischen Zestaphoni und Tkibuli. Köstliche georgische Küche und imeretische Weine. 1 Familien- und 4 DZ, ein

Das Bergbautal Kvirila

Das Obere Imeretien ist eine wichtige Bergbauregion Georgiens und wurde zur Sowjetzeit zu einer der **industrialisiertesten Gegenden** des Landes. Kohle und Mangan wurden in großen Mengen in den **Minen** von Tkibuli und Chiatura gewonnen und in den gigantischen **Eisenhütten** von Zestaphoni verarbeitet. Schon 1904 wurden die Städte mit einer Bahnlinie ans Eisenbahnnetz angeschlossen, sie verläuft durch das kurvenreiche Tal des Flusses Kvirila (allerdings verkehrten zum Zeitpunkt der letzten Recherche keine Züge).

Nach dem Zusammenbruch der Sowjetunion und der folgenden Energie- und Wirtschaftskrise brach auch hier die industrielle Produktion ein, hinzu kommt, dass die Manganvorkommen von Chiatura fast erschöpft sind, sodass die einstigen Industrie- und Bergbauzentren heute nur noch Schatten ihrer selbst sind. Die einstige Arbeitermetropole Chiatura lohnt aber noch immer einen Besuch, auf dem Weg durch das **reizvolle Tal** liegt außerdem das einzigartige Katskhi-Kloster. Übrigens gilt der Honig aus den imeretischen Höhenlagen als Delikatesse, wer die Gelegenheit hat, sollte ihn unbedingt probieren.

Die Landstraße (SH22) ins Kvirila-Tal zweigt bei Zestaphoni nach Nordosten ab.

Traum ist das separate imeretische Oda-Holzhaus. ❹–❺

Zedafoni Guesthouse, Pushkin St. 43, ✆ 557 650 645, 💻 www.zedafoni.com. Familienpension zwischen Weingärten am Stadtrand. 3 DZ und 2 Zwei-Bett-Zimmer mit Gemeinschaftsbad, einige mit Balkon. Die Gastgeber stellen eigenen Wein her, servieren reichhaltiges Frühstück und organisieren Ausflüge in die Umgebung. ❶

Lia Deida (Tante Lia), Argveta, ✆ 599 051 604, 💻 bei Facebook. Wie bei Großmuttern: Tante Lia bereitet typische Gerichte aus der Region mit Zutaten frisch aus dem eigenen Garten zu, auch der Hauswein ist sehr zu empfehlen. Kleine Auswahl, große Gaumenfreude. 7 km nordöstlich von Zestaphoni. 🕒 Mi–Mo 11–20 Uhr.

SONSTIGES

Banken, **Geldautomaten**, **Apotheken** sowie **Einkaufsmöglichkeiten** für Lebensmittel sind vorhanden.

TRANSPORT

Marschrutki fahren an der Marschrutka-Haltestelle im Nordwesten der Stadt, ca. 2 km von Bahnhof und Zentrum entfernt, ab.
CHIATURA, um 9.50, 10.30, 11 und 12 Uhr in 50 Min. für 6 GEL.
KUTAISSI, von 7–18 Uhr alle 15 Min. in 40 Min. für 3,50 GEL.
TBILISSI, von 8–16 Uhr alle 30 Min. in 3 Std. für 15 GEL.
Es verkehren außerdem 1–2x tgl. Marschrutki nach Bagdati, Batumi, Poti und Zugdidi.

12 HIGHLIGHT

Chiatura und Umgebung

Als **„Stadt der schwebenden Metallsärge“** oder „Venedig der Lüfte“ hat die Bergbaustadt Chiatura zunehmend Aufmerksamkeit gewonnen. Denn dank der außergewöhnlichen geografischen Lage wurde während der Stalin-Zeit ein einzigartiges öffentliches Verkehrsnetz ausgebaut: **26 Personenseilbahnen** transportierten während der Boom-Zeiten die Arbeiter vom Tal zu den Minen und die Einwohner der modernen Plattenbau-Bergsiedlungen ins Stadtzentrum. Insgesamt spannten sich die Metallkabel von über 70 Material- und Personenbahnen über den Himmel der Stadt.

Chiatura war früher **einer der wichtigsten Manganproduzenten weltweit**, Ende des 19. Jhs. hatten selbst deutsche Industrielle wie Krupp ihre Fühler nach den Bodenschätzen ausgestreckt – Mangan war heiß begehrt, denn es ist als Legierungsbestandteil von Stahl nötig. Den imperialistischen Plänen des Deutschen Kaiserreichs machte die Machtergreifung der Bolschewiken einen Strich durch die Rechnung. Tatsächlich war Chiatura eine der wenigen **bolschewistischen Hochburgen** im sonst eher menschewistisch dominierten Georgien gewesen. Armut und Elend der Bergarbeiter, die unter unwürdigen Bedingungen lebten und teilweise sogar in den Minen gehaust haben sollen, sorgten für den passenden Nährboden. Zeitweise soll Chiatura gar eine Art Ausbildungslager für Revolutionäre gewesen sein.

Stalin machte die Stadt zu einem **sowjetischen Arbeiterparadies**, in dem die Ingenieurskunst des kommunistischen Imperiums zur Schau gestellt wurde. Die Stalinbahn z. B. war 1953 eine der ersten Seilbahnen der gesamten UdSSR, die Friedensbahn beförderte ihre Passagiere mit einer beeindruckenden Neigung von 48 Grad in luftige Höhen. Diese zwei Gondelbahnen waren die letzten, die in der Innenstadt seit über 60 Jahren fast unverändert in Betrieb waren. Sie wurden 2019 stillgelegt und werden nun restauriert (s. u.).

Denn mit der Unabhängigkeit wurde das Geld knapp und reichte nur für die wichtigsten Instandhaltungen aus. Mit der Energie- und Wirtschaftskrise in den 1990ern verwandelte sich Chiatura in eine graue Tristesse: Die Strom- und Wasserversorgung brach zusammen, Hochhausblocks mussten mit Holz befeuert und Wasser aus Brunnen geschöpft werden. Arbeit gab es kaum, und die Bevölkerung schrumpfte um die Hälfte. Mittlerweile hat sich die Stadt ein wenig erholt, doch die Zukunft bleibt ungewiss, denn es heißt, dass die restlichen Manganvorkommen vermutlich bis 2030 aufgebraucht sein werden.

Seilbahnen und Stadtmuseum

Seit Sommer 2019 fahren auch die letzten beiden alten Gondelbahnen, die **Friedens- und Stalinbahn** im Stadtzentrum, nicht mehr. Ende 2021 begannen die Restaurationsarbeiten, die zum Zeitpunkt der Recherche andauerten.

Etwa zeitgleich gingen die neuen modernen Gondelbahnen in Betrieb – ein Segen für die Anwohner, für die der Ausfall der wichtigen Verkehrsverbindungen eine Katastrophe war – brauchten sie doch z. T. über eine Stunde, um auf den gewundenen Straßen von der Bergstation ins Tal zu kommen. Diesen sich in Kurven den Berg hochschlängelnden Straßen verdankt Chiatura übrigens seinen Namen, der zu Deutsch „ein Wurm oder keiner" bedeutet – ein Zitat des georgischen Autors und Dichters Akaki Tsereteli. Die Fahrt mit einer der neuen Seilbahnen bietet zwar weniger Nervenkitzel als die in einer der rostigen alten Bahnen, ist aber trotzdem lohnenswert und aussichtsreich. Von der **Talstation im Stadtzentrum** kann man in vier Richtungen fahren (◷ 8–20 Uhr, pro Fahrt 50 Tetri). Fotos der alten Seilbahnen sind auf 💻 www.reiselieber.de/8092-seilbahnen-von-chiatura zu sehen.

Westlich des Marschrutka-Platzes befinden sich das strahlend gelbe Rathaus und das **Stadtmuseum**, Tkhelidze St. 5, mit schönen Mosaiken in der Eingangshalle. ◷ Di–Sa 10–17 Uhr, Eintritt 1,50 GEL.

Mgvimevi-Kloster

Verlässt man die Stadt über die Hauptstraße SH22 Richtung Sachkhere, kann man nach 2 km auf der linken Seite oberhalb im Felshang das Kloster von Mgvimevi entdecken. Teile der interessanten Anlage sind in den Fels geschlagen. Das Innere der Klosterkirche aus dem 8. Jh. ist mit **Fresken** aus dem 8. und 16. Jh. geschmückt, die jedoch nur teilweise erhalten sind. Die größten Schätze des Konvents, ein kunstvoll geschnitztes Holztor und eine wertvolle Ikone, wurden ins Nationalmuseum von Tbilissi gebracht.

Katskhi-Kloster

10 km westlich von Chiatura befindet sich das vielleicht kleinste Kloster des Landes – in der sicherlich außergewöhnlichsten Lage. Unweit des Dörfchens Katskhi ragt eine **markante Felsnadel** 40 m in den Himmel, ein Erosionsrest des Kalksteinplateaus, in das sich der Fluss Kashura hineingefressen hat.

Lange Zeit wurde der Ort mit dem **Säulenheiligen Simeon**, der im 4. Jh. lebte, in Verbindung gebracht, doch neuste Forschungen datierten den Bau der ersten Kirche auf eine spätere Zeit, auf das 10. Jh. Die Klostergründung ging wahrscheinlich auf Anhänger eines asketischen Christentums zurück, doch auf dem 10 x 15 m messenden Gipfelplateau gab es neben der kleinen Kirche und drei Einsiedlerzellen auch einen Weinkeller – so weit ging es mit der Askese in Georgien dann doch nicht. Nach arabischen und mongolischen Überfällen blieb das winzige Kloster mehrere Jahrhunderte lang verlassen und verfiel. Erst 1993 entschied sich ein Bewohner aus Chiatura, damals in seinen 40ern, sein lasterhaftes Leben zu beenden und auf der Felsnadel als Mönch zu leben. Zu dieser Zeit lag das alte Kloster noch in Ruinen – er soll in einem alten Kühlschrank geschlafen haben, um sich vor Wind und Wetter zu schützen. Bis 2009 wurde nun das Kloster mit staatlicher Finanzierung restauriert, über einen Seilzug bekommt der **Einsiedlermönch** Wasser und Essen von seinen Anhängern gebracht. Zweimal pro Woche steigt er von der Steinsäule hinab, um Gottesdienste zu halten, denn um den ungewöhnlichen Ort hat sich eine kleine Gemeinde gebildet. Eine Kapelle wurde am Fuße der Felsnadel errichtet, die man dem Säulenheiligen Simeon weihte. Eine Zeit lang war es Männern erlaubt, nach 20-minütiger Kraxelei über die Metallleiter das Kloster auf der Felsnadel zu besuchen, doch mittlerweile empfängt der Mönch oben nur noch andere Geistliche oder Besucher mit Sondereinladung. Doch selbst wenn es nicht möglich ist, die Felsnadel zu besteigen, lohnt sich ein Abstecher zu diesem ungewöhnlichen Ort.

Ein Taxi von Chiatura mit ca. 1 Std. Wartezeit kostet ca. 25–30 GEL, der Besuch des Klosters kann gut mit einem Tagesausflug von Kutaissi nach Chiatura kombiniert werden. Marschrutki von Kutaissi nach Chiatura verkehren auf der Landstraße SH22, 1,2 km südlich des Klosters.

ÜBERNACHTEN UND AKTIVITÄTEN

Sveri Adventure Camp, Sveri, www.campingeorgia.ge. Der perfekte Ort für Freunde des Outdoor-Sports: Die Gegend lädt zum Wandern, Klettern und Radfahren ein, die erfahrenen Inhaber und Kletterer Guga und Levan organisieren Kletter-, Klettersteig-, Boots- und Höhlentouren. Im idyllischen Camp mit Holzhütten und Zeltplatz wird es ebenso wenig langweilig: Es gibt ein Trampolin, Pool, Kletterwand, Slackline, Tischtennis etc. Dazu abends Lagerfeuerromantik. 11 km südlich von Chiatura gelegen. 1

SONSTIGES

Banken, **Geldautomaten**, **Apotheken** sowie **Einkaufsmöglichkeiten** für Lebensmittel sind in Chiatura sowie Sachkhere vorhanden.
TIC Chiatura, Katskhi, https://chiatura-tourist-information-center.business.site. 9–17 Uhr.

TRANSPORT

Marschrutki

Sie fahren an der **Haltestelle an der Ortseinfahrt im Westen** ab.
TBILISSI, von 6–17 Uhr alle 40–60 Min. in ca. 3 Std. für 15 GEL.
KUTAISSI, von 8–15 Uhr alle 1–2 Std. in ca. 1 1/2 Std. für 10 GEL.
ZESTAPHONI, 3x tgl. in 50 Min. für 6 GEL.

Taxis

Taxi-Service Chiatura, 551 248 248 (Georgisch und Russisch).

Tsqaltubo

Die ca. 11 000 Einwohner zählende Stadt 15 km nordwestlich von Kutaissi war vor dem Zusammenbruch der UdSSR **einer der florierenden Kurorte** des sozialistischen Staats, der einen jähen Niedergang erlebte. Bereits seit dem 17. Jh. war die Heilwirkung der leicht **radioaktiven Thermalquellen** bekannt, zur Zarenzeit entstand ein mondäner Kurort, in dem die adelige Oberschicht in grüner Idylle und gehobener Gesellschaft Rheumatismus und andere Gelenkleiden kurierte.

In der Sowjetunion wurde Tsqaltubo **Teil der sozialistischen Utopie**: Was zuvor nur einigen wenigen Privilegierten möglich war, sollte nun auch einfachen Arbeitern offenstehen – doch am Ende kurte stattdessen vor allem die privilegierte Nomenklatura. Zahlreiche Sanatorien wurden gebaut, Kinos und Theater sorgten für Zerstreuung. Stalin verbrachte hier mehrmals seinen Kururlaub, und auch der ehemalige ägyptische Präsident Nasser erholte sich hier. Seit dem Ende der Sowjetunion blieben, genau wie auch in Borjomi, die Kurgäste aus. Heimatvertriebene Flüchtlinge aus Abchasien und Südossetien mussten in den Hotels untergebracht werden – in denen sie teilweise noch immer leben.

1935 wurde Tsqaltubo an das Eisenbahnnetz angebunden, doch in dem **repräsentativen Bahnhofsbau** südlich des Kurparks kommen seit Langem keine Züge mit Kurgästen von weither mehr an, seit Kurzem verkehrt nicht einmal mehr der Bummelzug von Kutaissi.

Das Ortszentrum befindet sich an der nördlichen Seite der weitläufigen **Kurparkanlage**, um sie herum liegen in der hügeligen Umgebung über 30 ehemalige Sanatorien verstreut, von denen nur das Sanatorium Tsqaltubo Spa Resort weiterhin Gäste empfängt. Die meisten der einst schicken Hotelanlagen sind halb verfallen, einige teils noch immer von abchasischen Flüchtlingen bewohnt. Jedenfalls ist eine skurrile Zeitreise in die Sowjetunion garantiert. 2022 wurden die beiden Sanatorien Medea und Tbilisi für 8,9 Mio. GEL verkauft, die Renovierungsarbeiten sollen bald beginnen.

ÜBERNACHTUNG UND ESSEN

Es gibt einige Gästehäuser und Hotels in Tsqaltubo, doch das Angebot der Restaurants ist sehr überschaubar. Die Hotels haben keine eigenen Spa-Anlagen, auch wenn der Name es teils verspricht – sie beziehen sich auf die öffentlichen Bäder.

Green Garden Guesthouse, Lasdili 6, ✆ 571 035 542. Gepflegtes Familiengästehaus. 6 DZ teilen sich 5 Bäder, schöner Frühstücksraum mit Küche. Garten mit Zitrusbäumen, überdachtem Sitzplatz und Feuerstelle zum Grillen. Gäste dürfen Waschmaschine und Trockner nutzen, Parkplätze auf dem Grundstück vorhanden. ❶

Legends Tsqaltubo Spa Resort, Rustaveli Ave. 23, ✆ 599 091 610, www.sanatoriumi.ge. Hier geht es auf Zeitreise – es ist das einzige Kurhotel, das durchgängig in Betrieb war, auch Stalin soll dort genächtigt haben. Der große Speisesaal und der pompöse Vorstellungsraum erinnern an Tsqaltubos Glanzzeiten. Zum Hotel gehören eine Parkanlage und ein Pool. ❹

Stone House, Kazbegi St. 23, ✆ 591 059 017. Das Steinhaus ist mit antiken Möbeln aus dem 19. Jh. eingerichtet. Es gibt 2 saubere DZ, die sich ein Bad und Balkon teilen. Freundlicher Haushund. ❶

SONSTIGES

Bäder und Massagen

Einige der Badehäuser sind mittlerweile wieder in Betrieb, das **Bad Nr. 6** ist am größten und am besten ausgestattet, Anwendungen wie **Massagen**, **Radon-Bäder** und **Schlammpackungen** sind günstig, entspannend und auch ohne Voranmeldung möglich – einfach reingehen und nachfragen. Preise und weitere Infos auf 💻 https://tskaltuboresort.ge/eng.

Auch im ehemaligen Bad Nr. 2, dem **Park Resort Tskaltubo – Be Healthy**, gibt es Anwendungen, 💻 www.parkresort.ge.

Einkaufen und Versorgung

Der **Bauernmarkt** befindet sich in der Markthalle am Imereti Sq. hinter dem Abfahrtsplatz der Marschutki.

Dort gibt es auch einige kleine **Lebensmittelläden**.

Mehrere **Banken** und **Geldautomaten** findet man nahe dem Imereti Sq.

TRANSPORT

Marschrutki von Kutaissi fahren entlang dem Kurpark bis zum **Imereti Sq.** an der Markthalle im Ortszentrum.

BATUMI, um 6 und 10 Uhr in ca. 3 Std. für 15 GEL.

KUTAISSI, mit Bus 30, 34 oder 44 von 7–19 Uhr alle 15 Min. in 50 Min. für 2 GEL.

TBILISSI, um 6, 7, 9 und 10 Uhr in 3 3/4 Std. für 20 GEL.

ZUGDIDI, um 6 Uhr in 1 3/4 Std. für 15 GEL.

Eine Marschrukta fährt um 11, 14 und 15.30 Uhr für ca. 3 GEL zur Prometheus-Höhle.

Westlich von Kutaissi

Die Umgebung von Kutaissi ist von wunderschönen und **abwechslungsreichen Landschaften** geprägt. In den Kalkstein des Gebirgszuges nordwestlich der westgeorgischen Großstadt haben Flüsse in den letzten 30 Mio. Jahren nicht nur **tiefe Schluchten** in den Stein geschliffen, sondern auch zahlreiche **Höhlen** geformt. Viele warten noch darauf, entdeckt zu werden, einige der Höhlen und Schluchten sind mittlerweile für Touristen erschlossen.

Naturpark Sataplia

Rund 10 km nördlich von Kutaissi liegt das 350 ha große Naturschutzgebiet von Sataplia, 💻 https://apa.gov.ge, das für **Fußabdrücke von Dinosauriern** und seine **Tropfsteinhöhle** bekannt ist. Es erstreckt sich auf dem Hang eines erloschenen Vulkans und ist größtenteils von **Kolchischem Wald** bedeckt, in dem zahlreiche seltene und z. T. bedrohte Pflanzenarten vorkommen: Allein über 80 verschiedene Baumarten wachsen hier. Der Name „Sataplia" bedeutet soviel wie „Land des Honigs", denn seit Menschengedenken lieferten die zahlreichen Bienenvölker, die in den Wäldern am Sataplia-Berg leben, den Einwohnern der nahe gelegenen Dörfer reiche Honigernten.

Sataplia kann **nur im Rahmen einer Führung** besucht werden, die erst zu den Dinosaurierspuren, durch den „Jurassic Park" und die Tropfsteinhöhle führt. Hinter der Höhle endet die Führung, und die Besucher dürfen den Kolchischen Wald des Naturparks auf **Spazierwegen** erkunden und sich das **Dinosauriermuseum** ansehen.

Gleich hinter **dem Besucherzentrum** sind die Stapfen der Urzeitechsen zu bewundern. Vor ca. 100 Mio. Jahren lag die Rioni-Niederung am Grund eines Meeres, an dessen Ufern Dinosaurier ihre Fußspuren im lehmhaltigen Boden hinterließen. Eine Besonderheit ist, dass hier sowohl pflanzen- als auch fleischfressende Saurier gelebt haben sollen – Erstere vor 120 Mio. Jahren, Letztere 60 Mio. Jahre später. Peter Chabukiani, ein Mitarbeiter des Historischen Museums in Kutaissi, entdeckte die Abdrücke 1933. Schon 1925 war der begeisterte Hobby-Forscher auf der Suche nach einstigen Wohnstätten von

Farbenfroh inszeniert: die Prometheus-Tropfsteinhöhle

Steinzeitmenschen fündig geworden – er war auf ein System aus Karsthöhlen gestoßen. Hinter den überdachten Fußspuren führt ein Weg durch den „Jurassic Park" mit einigen Dinosaurier-Modellen zu jener Tropfsteinhöhle. Von der ca. 900 m langen Höhle sind 300 m begehbar, ihre Stalagmiten und Stalaktiten sind mit farbigen Lichtern beleuchtet. Es herrscht eine konstante Temperatur von 14 °C, zu den Bewohnern gehören u. a. Spinnen und Fledermäuse.

Von einer **Aussichtsplattform** reichen die Blicke über Kutaissi und bis weit über die Kolchische Tiefebene – an klaren Tagen sogar bis zum Schwarzen Meer.

🕒 10–17 Uhr, Eintritt und Führung 17,25 GEL. Ein Taxi mit Wartezeit kostet ca. 40–50 GEL.

Prometheus-Höhle

Eine der meistbesuchten Sehenswürdigkeiten des Landes ist die eindrucksvolle Tropfsteinhöhle nahe dem Dorf **Kumistavi**. 1984 entdeckten georgische Forscher das **Karsthöhlensystem**, 💻 https://apa.gov.ge, durch das ein unterirdischer Fluss fließt und zu dem mehrere Nebenhöhlen gehören. Im Rahmen einer Führung können 1,2 km der Tropfsteinhöhle begangen werden. Dabei handelt es sich nicht um einen gemütlichen Spaziergang, es müssen über 600 Stufen erklommen werden. Die vielfältigen Formen der Stalagmiten und Stalaktiten sorgen dabei für Ablenkung und regen die Fantasie an: Überaus farbenfroh werden sie als buntes Spektakel in Szene gesetzt, und es gilt, steinerne Wasserfälle oder Vorhänge zu entdecken.
🕒 10–18 Uhr, Eintritt 23 GEL, Bootsfahrt zusätzliche 17,25 GEL.

Okatse-Schlucht

Der Fluss Satsiskvilo hat ca. 20 km nördlich von Tsqaltubo eine 16 km lange Schlucht in den Kalkstein gegraben. Vom Besucherzentrum nahe **Gordi**, 💻 https://apa.gov.ge, führt ein 2,2 km langer Fußweg durch den alten **Dadiani-Park** und Mischwald bis zur Schlucht. Dort beginnt der atemberaubende 780 m lange **Panoramaweg** auf einem quasi freischwebenden Steg – nichts für Leute mit Höhenangst! Das i-Tüpfelchen ist eine **Aussichtsplattform** am Ende des luftigen Weges. Besucher müssen mind. 1,20 m groß sein. 🕒 10–17 Uhr, Eintritt 17,25 GEL.

Kinchkha-Wasserfall (Okatse-Wasserfall)

7 km nördlich des Besucherzentrums in Gordi rauscht in drei Kaskaden der **Kinchkha-Wasserfall** hinab. Er misst insgesamt über 120 m und ist der höchste Wasserfall Georgiens. Das Naturschauspiel kann von einer Aussichtsplattform, 💻 https://apa.gov.ge, bewundert werden. Es gibt dort auch eine Zip-Line, pro Fahrt 50 GEL. 🕒 10–17 Uhr, Eintritt 17,25 GEL.

Martvili

Die kleine Stadt mit 4400 Einwohnern liegt zwar bereits in Megrelien, doch sie ist vom ca. 45 km südöstlich gelegenen Kutaissi aus um einiges schneller zu erreichen. Martvili ist die größte Stadt im Umkreis und ein guter Ausgangspunkt für Ausflüge zum Martvili-Kloster, dem Martvili- und dem Balde-Canyon. In dem ruhigen Örtchen gibt es einige Restaurants und Läden. Zudem bietet sich das **Museum** (Givi Eliava Martvili Local Museum), Freedom St. 7, für einen Besuch an. Zu bewundern sind dort neben Artefakten aus Stein- und Bronzezeit alte Münzen, Werkzeuge und eine Sattel-Sammlung, allesamt mit englischen Beschriftungen. 🕒 Di–So 10–18 Uhr, Eintritt 3 GEL.

Martvili-Kloster

Die größte Sehenswürdigkeit nahe Martvili ist das Kloster, das 2 km südlich der Stadt auf dem höchsten Berg der Gegend von weither zu sehen ist und von dem aus man eine herrliche Aussicht genießt. An diesem prominenten Ort soll in vorchristlicher Zeit eine **gigantische Eiche** gestanden haben, die von der heidnischen Bevölkerung als Fruchtbarkeitssymbol angebetet wurde. Es wird erzählt, dass auch **Kinderopfer** zu den Ritualen gehörten, daher der Name Martvili. Denn eine Mutter, die ihr Kind am Schrein der Eiche der Göttin Kupta opfern ließ, soll „mar rvili" („Ich habe getötet") ausgerufen haben. Nachdem die Menschen zum Christentum bekehrt worden waren, wurde das Ritual der Menschenopfer abgeschafft, auch die Eiche wurde gefällt und über ihren Wurzeln, vermutlich im 7. Jh., die erste Kirche gebaut.

Die **Hauptkirche des Klosters** wurde im 10. Jh. errichtet. Wie die Kirchen von Jvari bei Mtskheta und die Sioni-Kirche von Ateni, gehört dieser Kuppelbau zum Typ der Tetrakonchos-Bauten. Doch wurde das Gebäude während arabischer und persischer Invasionen mehrfach beschädigt, teilweise zerstört und beim Wiederaufbau stark verändert. Das Innere ist mit Fresken geschmückt, ihre Entstehungszeit wird auf das 16./17. Jh. geschätzt, einige aber sogar auf das 11./12. Jh. Die Malereien zeigen u. a. den Hl. Georg beim Töten des Drachens und Samson, der mit dem Löwen kämpft.

Das Kloster hatte nicht nur als **Bestattungsort der megrelischen Herrscher** große Bedeutung, es entstanden außerdem bedeutende Schriftstücke in der klösterlichen Schreibstube, die heute im National Center of Manuscript in Tbilissi aufbewahrt werden. 🕒 10–18 Uhr.

Martvili-Canyon (Gochkadiri-Canyon)

Die Schlucht 8 km nördlich von Martvili trägt eigentlich den Namen „Gochkadiri-Canyon", was soviel heißt wie „zwischen etwas festhängen oder -stecken", ist aber besser als Martvili-Canyon bekannt. Durch **enge Schluchten und Klammen** fließt das eiskalte und glasklare Wasser des Abashistskali, das in der Mittagssonne in einem Türkis schimmert, das an die Karibik erinnert. 2010 wurden in der Schlucht **fossile Knochenfunde** entdeckt, die schätzungsweise über 75 Mio. Jahre alt sind. Nicht ganz so lange ist es her, dass die letzte megrelische Fürstin, Ekaterine Chavchavadze – nämlich Mitte des 19. Jhs. –, an diesem Ort von außergewöhnlicher Naturschönheit zu baden pflegte. Der Sommerpalast der Dadianis befand sich unweit in Salkhino, man erzählt, die Fürstin habe sich mit einem improvisierten Lift in die Schlucht abseilen lassen, um ungestört zu schwimmen.

Seit die Schlucht Anfang 2016 touristisch erschlossen wurde, ist Baden leider nicht mehr erlaubt. Doch man kann in Booten für sechs Personen durch die Schlucht rudern, Kinder müssen für die **Bootsfahrt** über 1 m groß sein. Am Besucherzentrum, 💻 https://apa.gov.ge, beginnt ein 700 m langer **Rundweg**, der an drei Aussichtspunkten vorbeiführt und über zwei Brücken und einige Stufen führt. 🕒 10–17 Uhr, Eintritt 17,25 GEL, Bootsfahrt 15 GEL.

Folgt man dem Flusslauf des Abashistskali weiter nach Norden, gelangt man bei Meore Balde zum **Balde-Canyon**, der noch keine touristische Infrastruktur hat. Einheimische treffen sich am moosbewachsenen **Khagu-Wasserfall** zum Picknicken und Grillen. Die Fahrt auf der dorthin führenden holperigen Straße sollte man nur mit dem Geländewagen wagen.

Nokalakevi

Wie Martvili ebenfalls bereits in Megrelien gelegen, aber von Kutaissi aus besser erreichbar, liegt am Fluss Thekuri auf halber Strecke zwischen Senaki und Martvili die **antike Stätte** Nokalakevi. Die Ruinen breiten sich am nördlichen Rand der Kolchischen Tiefebene auf einem Areal von ca. 20 ha aus, die Siedlung war schon im 8. Jh. v. Chr. in geschützter Lage an einer wichtigen Handelsroute gegründet worden. Die frühe Geschichte des Ortes weckte reges Interesse, nachdem ein schweizerischer Philologe im 19. Jh. dort die alte Hauptstadt „Aia" des Kolchischen Reichs vermutet hatte. Auch der megrelische **Fürst Davit Dadiani** war von den Ruinen fasziniert, die Fundstücke von Nokalakevi gehörten zu den ersten seiner später umfassenden archäologischen und historischen Sammlung, die im Palast von Zugdidi zu sehen ist. Eindeutig konnte die Rolle Nokalakevis als einstige Hauptstadt jedoch nicht belegt werden, die vorherrschende Meinung der Forscher ist noch immer, dass dies Kutaissi war.

Unbestritten ist, dass Nokalakevi während des 3. Jhs. v. Chr. unter dem lokalen Fürsten Kuji als befestigte Handelsstadt eine Blüte erlebte und in dem Nachfolgekönigreich des Kolchischen Reichs „Lasika" große Bedeutung hatte. Denn während der Kämpfe zwischen Byzantinern und Sassaniden im 6. Jh. gelang es den Persern nicht, die Festung zu erobern, sie verloren die Kontrolle über Lasika.

Innerhalb der mächtigen Befestigungsmauern ist von den alten Palast- und Wirtschaftsgebäuden nur wenig zu erkennen, einst gab es sogar ein römisches Badehaus, das das Wasser von heißen Quellen nutzte. Von ursprünglich mehreren Kirchen ist nur die Kirche der 40 Märtyrer erhalten, deren Inneres Fresken aus dem 16.–18. Jh. zieren. Zur Archäologischen Ausgrabungsstätte gehört ein **Archäologisches Museum**, 🕒 Di–So 10–17 Uhr, Eintritt 3 GEL, Studenten 1 GEL, Schüler 0,50 GEL, Führung 15 GEL, mit englischen Beschriftungen.

Ca. 2 km nördlich von Nokalakevi gibt es am Fluss eine **heiße Schwefelquelle**, in der man baden kann.

Nokalakevi liegt 50 km westlich von Kutaissi, von dort erreicht man es über die SH5 am besten mit dem eigenen Auto oder Taxi, Marschrutki verkehren nur unregelmäßig.

ÜBERNACHTUNG UND ESSEN

Mart Villa Guesthouse, Mshvidoba St. 7, 📞 577 058 090, 💻 https://martvilla.business.site. An der Quelle des Wissens ist man in Lados zentral gelegenem Gästehaus mit großem Garten, denn er leitet die lokale Touristeninformation und spricht fließend Englisch. 3 Zwei-Bett- und 1 DZ mit Gemeinschaftsbad, Aufenthaltsraum mit Kamin, Gäste dürfen die Küche nutzen. ❶

Martvili Palace, Mshvidoba St. 8, 📞 593 800 700, 💻 bei Facebook. Kürzlich renoviertes 3-Sterne-Hotel mit gutem Standard. ❸

Tinyhouse Genacvale, Bandza St. 29, Bandza, 📞 597 094 246, 📧 sv.mam@mail.ru. 2 hübsche Holzhäuschen für jeweils 4 Pers. im blumenreichen Garten. Freundliche Gastgeber, Essen auf Anfrage. Gute Option für Selbstfahrer und Familien. ❶–❷

Restaurant Sanapiro, Chakhua St. 1, 2,5 km südlich von Martvili. Ausflugsrestaurant in idyllischer Lage direkt am Fluss mit schönem Außenbereich, auf der Speisekarte stehen einige Spezialitäten. 🕒 Tgl. 10–23.45 Uhr.

SONSTIGES

In Martvili gibt es mehre **Lebensmittelläden** und einen größeren **Supermarkt**, eine **Bank** und **Geldautomaten**.

Tourist Information Center (TIC), Tavisufleba St. 7, 📞 577 787 773. 🕒 War zum Zeitpunkt der Recherche nicht besetzt. Die Tel.-Nr. gehört dem ehemaligen Mitarbeiter (und Inhaber des Mart Villa Guesthouse) Lado, der gerne weiterhilft.

TRANSPORT

Marschrutki fahren am Tavisuplebis St. 18 (Freedom St.) ab.
BATUMI, um 8 Uhr in ca. 2 1/2 Std. für 15 GEL.
KUTAISSI, von 8–20 Uhr alle 2 Std. in 1 Std. für 8 GEL.
TBILISSI, um 7.20, 10.30 und 16.30 Uhr in 4 1/2 Std. für 25 GEL.
ZUGDIDI, um 8 Uhr in 1 1/2 Std. für 8 GEL.

Vani

Über Landstraßen, die durch eine idyllische Landschaft führen, erreicht man das 40 km südwestlich von Kutaissi gelegene Vani, eine bedeutende archäologische Ausgrabungsstätte, die im malerischen Tal des Flusses Sulori liegt. Auf dem Weg dorthin lohnt ein Abstecher zum **Dikhashkho-Sulfur-Geysir**, der bei den Einheimischen und als Instagram-Motiv beliebt ist. Mitten im Nirgendwo kann man sich dort in einem natürlichen Wasserbecken entspannen, leider ist der Ort ziemlich vermüllt. Rund 3 km hinter dem Dorf Amaghleba und 8 km vor Vani führt eine Schotterstraße von der SH13 nach Norden zu der warmen Quelle.

Das antike Vani

Die **archäologische Ausgrabungsstätte** liegt ca. 1 km südwestlich der heutigen Stadt auf einem niedrigen Hügel, von dem das weite, fruchtbare Tal des Rioni überblickt werden kann. Vani war eine florierende Stadt im Kolchischen Reich, das in der gesamten antiken Welt für seinen Reichtum berühmt war. Die Wirtschaft der Kolchis gründete auf Ackerbau, Fischfang, Eisenproduktion und Metallverarbeitung. Insbesondere die Goldschmiedekunst war von herausragender Bedeutung und beflügelte wahrscheinlich die Argonautensage (S. 99) – einige der kunstfertigsten Arbeiten überhaupt wurden in Vani entdeckt.

Das antike Vani lag an einem strategisch günstigen Ort **auf einem Hügel**, von dem es die Handelswege kontrollierte, u. a. verlief hier die Fernstraße von Indien bis zum Schwarzen Meer. Im 7. Jh. v. Chr. erlangte es außerdem politische Bedeutung als Verwaltungszentrum: Aus jener Zeit wurden u. a. beeindruckende **Gräber** der regierenden Adeligen gefunden, deren Residenz sich auf dem Hügel befand. Diese Gräber wurden mit üppigen Beigaben von Gold-, Silber-, Bronze- und Tongegenständen bestückt. Außergewöhnlicher Goldschmuck wie Diademe, Armringe, Anhänger und Importstücke wurden gefunden, besonders vielfältig und formenreich waren die Ohr- und Schläfenringe aus Gold. Selbst Pferde, Sklaven und mit Fleisch gefüllte Bronzekessel wurden den Adeligen ins Grab mitgegeben. Ebenso entdeckt wurden Gräber mit nur wenigen einfachen Beilagen aus Keramik. Sie machen die Unterschiede zwischen Ober- und Unterschicht deutlich.

Anfang des 4. Jhs. begann die hellenistisch dominierte Periode, in der mächtige Mauern, monumentale Steinbauten und palastartige Gebäude entstanden – Vani wurde zu einer **Tempelstadt**. Auf allen drei Terrassen, die den Hügel untergliedern, wurden zahlreiche Tempel, Altäre und andere öffentliche Gebäude errichtet, die teils überaus prunkvoll ausgestattet gewesen sein müssen. Wahrscheinlich war die Stadt mit Bronzeskulpturen versehen, die Überreste einer Werkstatt lassen vermuten, dass in Vani selbst das Kunsthandwerk des Bronzegießens ausgeübt wurde.

Der Niedergang Vanis wurde in der Wende vom 2. zum 1. Jh. v. Chr. eingeleitet, als der pontische **König Mithridates** die Kolchische Küste eroberte. Zwischen 66 und 65 v. Chr. unterwarf der römische Feldherr **Pompeius** die gesamte Kolchis, die wenig später römische Provinz wurde. Nachdem Vani Mitte des 1. Jhs. zweimal geplündert, zerstört und in Brand gesteckt worden war, verlor es seine Bedeutung.

Die meisten Funde stammen aus der Zeit zwischen dem 8. und 1. Jh. v. Chr. Der spektakuläre **Goldschatz von Vani** war bereits auf Welttournee und u. a. in Berlin zu sehen und kann im Kunstmuseum in Tbilissi (S. 166) bewundert werden.

Die antike Siedlung ist als **Freilichtmuseum** hergerichtet, im angeschlossenen **Museum** werden Funde aus Vani gezeigt. Ein Besuch des interessanten Museums ist sehr zu empfehlen: Es wurde 2020 in einem modernen Neubau wiedereröffnet, die faszinierenden Ausgrabungsfunde sind sehr ästhetisch inszeniert und in Georgisch und Englisch beschriftet. Neben der Dauerausstellung gibt es wechselnde Sonderausstellungen. ⌚ Di–So 10–18 Uhr, Eintritt 20 GEL, Führung auf Englisch 45 GEL.

Von Sairme über den Zekari-Pass

Am Fuße des Kleinen Kaukasus liegt ca. 30 km südlich von Kutaissi die Provinz **Bagdati** mit dem gleichnamigen Hauptort. Der Name erinnert nicht zufällig an den der irakischen Hauptstadt – er stammt aus dem Altpersischen und bedeutet „Geschenk Gottes". Bagdati war eine alte Handelsstadt an der Seidenstraße, zu den dort umgeschlagenen Waren gehörten u. a. kunstvoll bestickte Tücher aus Bagdad, die „Bagdadi" genannt wurden und bei den einheimischen georgischen Damen einen neuen Modetrend auslösten, der Teil der traditionellen Kleidung wurde. Bagdati wird bei Einheimischen nicht nur für seine außergewöhnliche Gastfreundschaft, sondern auch für seinen hervorragenden Wein gerühmt – hier gedeihen die Rebsorten Tsolikouri, Tsitska und Otskhanauri Sapere. Eine Legende besagt, dass selbst bei der Hochzeit der großen Königin Tamar Wein aus der Region serviert wurde. Bei internationalen Touristen ist davon (noch) nichts bekannt, doch der Besuch einer Familienkelterei verspricht ein authentisches Erlebnis. Die Gegend bietet Potenzial abseits der touristischen Routen, im Tal des Khanistskali können z. B. bei einer Wanderung ab dem Ort **Khani** eine 3,5 x 4 m große steinerne Weinpresse aus dem Mittelalter und ein Wasserfall entdeckt werden. Informationen zu Aktivitäten gibt das **Tourist Information Center in Bagdati** (Baghdati Tourism and Resorts Development Center), 💻 bei Facebook. Mehr Infos über die Gegend und Adressen von Unterkünften gibt es auch auf 💻 https://visit-baghdati.wixsite.com/trip.

Inmitten der grünen Wälder und unberührten Natur des Kleinen Kaukasus liegt 30 km südlich von Bagdadi der **Kurort Sairme** 800 m über dem Meeresspiegel. Der Name bedeutet „Ort der Hirsche", denn laut der Legende hatten zwei Brüder einen Hirsch angeschossen und verfolgt, der zu den Quellen flüchtete, wo seine Wunden heilten. Seit den 1920ern ist Sairme der klaren Luft und zahlreicher Heilquellen wegen ein etablierter Kurort mit Sanatorien und Kliniken und heute eines der Vorzeigeprojekte für Gesundheitstourismus in Georgien.

Ab Sairme beginnt die **Schotterpiste über den Zekari-Pass**: eine atemberaubend schöne Route durch den **Borjomi-Kharagauli-Nationalpark**, die hinaus aus den dichten Wäldern über die blumenübersäten Almen am Pass führt. Die ca. 35 km lange Strecke von Sairme bis Abastumani (S. 480) kann mit dem passenden, geländegängigen Gefährt in ca. zwei Stunden bewältigt werden. Für gut Trainierte ist die Tour auch mit dem Mountainbike gut machbar.

ÜBERNACHTUNG

Baia's Wine, Meore Obcha, Bagdati, ✆ 599 682 822, 💻 bei Facebook. Gastfreundliches Familienweingut, auf dem köstliche Weine im Qvevri hergestellt werden. Nach Voranmeldung sind Weinproben möglich, und Besucher werden mit schmackhaften imeretischen Gerichten bekocht. Gästezimmer vorhanden. Mit Weinverkostung und Halbpension ❺

Sairme Hotels & Resort, Sairme, ✆ 032 240 45 45, 💻 www.sairme.com.ge. Modernes Spa-Hotel mit Außenpool, Sonnenterrasse, Garten und Fitnessraum. ❻

Megrelien (Samegrelo)

Die Megrelier sind besonders stolz auf ihre Vorfahren aus dem sagenumwobenen Kolchischen Reich, zu dem das heutige Megrelien gehörte. Von ihnen soll auch die eigene Sprache, das „Megrelisch", stammen. Es handelt sich dabei um eine kartvelische Sprache, die oft als georgischer Dialekt bezeichnet wird, aber tatsächlich mit dem Georgischen nicht enger verwandt ist als das Französische mit dem Italienischen.

Als Nachfolgereiche des Kolchischen Reichs setzten sich im frühen Mittelalter die Königreiche von Egrisi und Lasika durch. Nach dem Zerfall des vereinten Georgien im Goldenen Zeitalter (11.–13. Jh.) wurde Megrelien unter der Führung der **Fürsten Dadiani** erneut ein **unabhängiges Königreich**. Die Fürsten Dadiani bestimmten das Schicksal der Region von 1557–1857, besonders im 17. Jh. erweiterte der geschickte Fürst Levan II Dadiani sein Reich emsig, machte Gurien und Abchasien zu seinen Vasallen, bis es 1804 – wie wenig später auch alle anderen georgischen Provinzen – selbst ein Vasall des Russischen Zarenreichs wurde und die Herrschaft des mächtigen Fürstentums endete.

Die Landschaft Megreliens ist sehr vielfältig: Man kann sich am Schwarzen Meer in Anaklia erholen, im Bergland des Großen Kaukasus wandern oder auch die Feuchtgebiete des Kolkheti-Nationalparks (im Kapitel „Schwarzmeerküste und Adscharien“, ab S. 416) besuchen.

Zugdidi

Die Hauptstadt des Verwaltungsbezirks Megrelien und Ober-Swanetien ist das 41 500 Einwohner zählende Zugdidi. Für die meisten Besucher ist die Stadt nur ein Umsteigeplatz auf dem Weg von Tbilissi nach Swanetien, wer etwas Aufenthalt hat, wird sich aber sicher nicht langweilen.

Der Name der Stadt stammt aus dem Megrelischen, bedeutet „großer Berg“ und bezieht sich auf die Anhöhe östlich der Stadt, auf der Reste eines antiken Forts gefunden wurden. Während des Bürgerkriegs war Zugdidi eine Hochburg der Anhänger des ersten Präsidenten **Zviad Gamsakhurdia**, dessen Familie aus Megrelien stammt. Nachdem Gamsakhurdia, der rechtmäßig gewählte Präsident, aus dem Parlament hatte fliehen müssen, führte er von Zugdidi aus den Widerstand an und versuchte – erfolglos – das Land zurückzuerobern. Auch den Abchasien-Krieg bekam Zugdidi mehr als andere Orte zu spüren: Zeitweise standen den damals knapp 70 000 Einwohnern ebenso viele vertriebene Georgier aus Abchasien gegenüber.

Heute erinnert in der eher verschlafenen Stadt wenig an diese überaus turbulenten Zeiten. Der Bahnhof liegt ca. 1,3 km westlich des Zentrums auf der anderen Seite des Chkhoushi-Flusses. Auf dem Weg vom Bahnhof ins Zentrum erstreckt sich rechter Hand hinter der Brücke das ausgedehnte und lebhafte **Basarviertel**. Das Zentrum selbst bildet ein breiter **Boulevard**, auf dem unter den großen Platanen die Einheimischen zu entspannter Musik flanieren, die aus den Lautsprechern ertönt. Um den Boulevard gibt es viele Geschäfte und Restaurants, an seinem nördlichen Ende befinden sich der Palast und der Botanische Garten.

Für Geschichtsinteressierte ist ein Ausflug zur 7 km südlich der Stadt liegenden **Rukhi-Festung** lohnenswert, ein Taxi mit Wartezeit dorthin kostet ca. 25–30 GEL.

Dadiani-Palast

Die Geschichte von Zugdidi ist eng mit dem Fürstengeschlecht der Dadianis verbunden, die über 300 Jahre lang in Megrelien herrschten. Anfang des 19. Jhs. gab Prinz Achille Murat den Fürstenpalast in Auftrag. Er war der Ehemann der megrelischen Prinzessin Salome Dadiani, Tochter des letzten megrelischen Herrschers. Die **neugotische Architektur** des Palastes verrät, dass die megrelischen Fürsten sich stark nach Europa orientierten – die Fürstin Ekaterine Dadiani z. B. kurte mit Vorliebe in Deutschland. Unter anderem machte sie dort Bekanntschaft mit der Österreicherin Bertha von Suttner, die die megrelische Fürstin zu sich in ihren Palast in Zugdidi einlud. Die spätere Friedensnobelpreisträgerin von Suttner schrieb begeistert über ihren Besuch am Hof der Dadianis und blieb mit ihrem Mann fast neun Jahre in Georgien.

Der Palast brannte zweimal ab, 1894 und 2000, wurde jedoch jedes Mal wieder aufgebaut. Das 1839 von Davit Dadiani gegründete **Familienmuseum der Dadianis** mit über 40 000 Exponaten ist dort untergebracht. Der begeisterte Sammler und Hobby-Archäologe legte mit seinen Fundstücken aus Nokalakevi (S. 405) den Grundstock der Ausstellung. Dazu gehören außerdem eine umfassende Buchsammlung, verschiedene Manuskripte über die Dadiani-Dynastie, Gemälde, Drucke und antike Möbel. Das kurioseste Ausstellungsstück ist eine Kopie der Totenmaske von Napoleon Bonaparte, die man hier sicher nicht erwarten würde – doch der zuvor erwähnte Achille Murat war der Enkel von

Napoleons Schwester und brachte private Briefe, Möbel sowie Teile der Silber- und Porzellansammlung des berühmten Franzosen nach Georgien, die er von seiner Großmutter geschenkt bekommen hatte.

⌚ Di–So 10–18 Uhr, Eintritt 5 GEL, Führungen 5 GEL.

Botanischer Garten

Östlich des Fürstenpalastes ließen die Dadianis Anfang des 19. Jhs. einen Botanischen Garten anlegen, den Ekaterine Dadiani in einen wahren Paradiesgarten verwandelt haben muss – jedenfalls schwärmten die Besucher über die wunderschönen Rosen und die traumhafte Parkanlage. Ekaterine hegte und pflegte den Park, ließ einheimische und exotische Gewächse anpflanzen. Als die Türken 1855 während des Krimkriegs die Stadt überfielen, zerstörten sie den Garten, was die Fürstin nie überwunden haben soll. Der Park sollte nie wieder seine einstige Pracht erlangen. Spaziert man heute durch den Botanischen Garten, erinnert er mehr an einen verwilderten Park, ist aber noch immer ein guter Platz zum Durchatmen. 🕒 6 Uhr bis zum Einbruch der Dunkelheit, Eintritt 5 GEL.

ÜBERNACHTUNG

Casa de Khasia, Orbeliani St. 25, ☎ 599 568 184, 💻 https://casa-de-khasia.business.site. Gästehaus mit viel Flair, geräumigen Zimmern und großem Garten. ❸

Cozy House Hostel, Ferdinandi St. 13, ☎ 599 774 831. Die freundlichen Gastgeber vermieten 1 EZ, 3 DZ sowie Betten im 4er-Schlafsaal. Waschmaschine und Küche können genutzt werden. Gutes Preis-Leistungs-Verhältnis. ❶

Green Garden Zugdidi Guesthouse, Ninoshvili St. 8, ☎ 571 223 868. Familienpension mit einem hübschen Innenhof, das Frühstück wird hochgelobt. 1 Zwei-Bett- und 1 DZ teilen sich ein Bad. ❷

LETO Boutique Hotel Zugdidi, Gamsakhurdia Ave. 31, ☎ 0415 255 555. Der Pool auf der Dachterrasse mit Kaukasus-Blick ist der Hit. Zum Hotel gehören ein Restaurant und ein Café, der Service ist ausgezeichnet. ❻

€ **Shorena Guesthouse**, Stalin St. 119, ☎ 577 720 082, ✉ iraklizarandia97@gmail.com. Typisch georgisches Gästehaus mit herzlichen Gastgebern, die sehr gut kochen. 2 Zwei-Bett-Zimmer teilen sich ein Bad, ein Drei-Bett- und ein DZ mit Privatbad. ❶

ESSEN

Diaroni, Konstantine Gamsakhurdia St. 9, ☎ 0415 221 122, 💻 www.diaroni.ge. Gemütliches Restaurant mit sehr großer Wein- und Speisekarte, auf der einige regionale Spezialitäten, z. B. im Tontopf Gegartes, zu finden sind. Gute Preise. 🕒 10–23 Uhr.

Folk House, Tamar Mepe St. 28, ☎ 577 743 414. Gastgeber Beso ist Gärtner, Dekorateur, Folklore-Lehrer und Chorsänger in Personalunion: Ein Besuch in seinem gemüt-

Der neugotische Palast der Fürsten Dadiani beherbergt heute ein Museum.

© NINA KRAMM

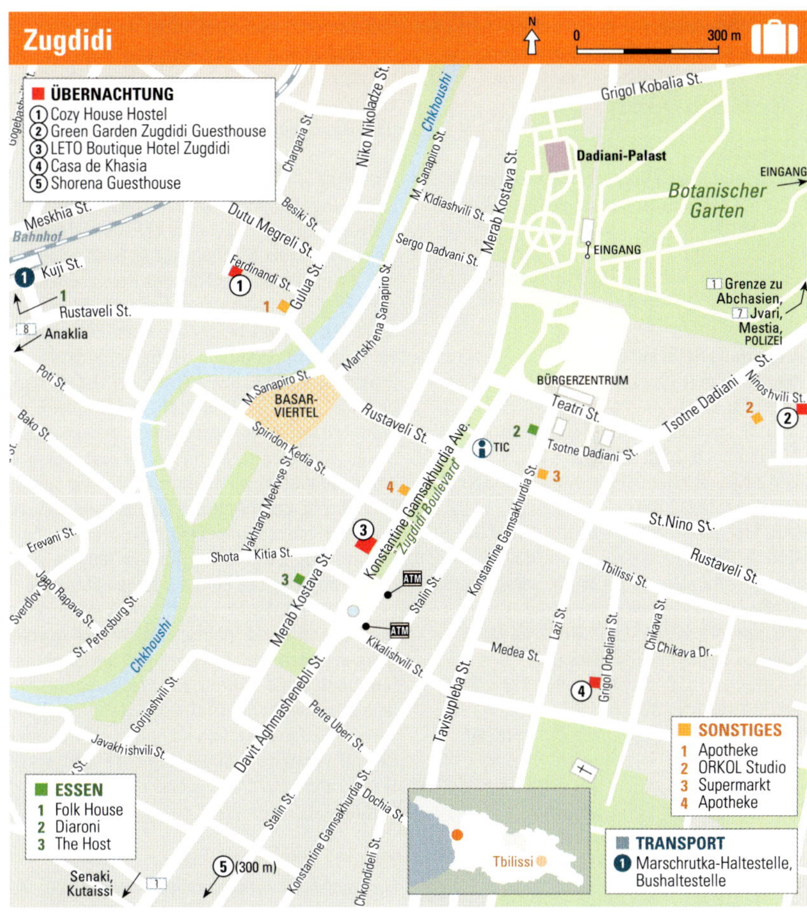

lichen Haus ist ein besonderes Erlebnis. Hier kommen köstliche megrelische Gerichte auf den Tisch, nach Voranmeldung kann man an einem Kochkurs teilnehmen. ⏲ 10–23 Uhr.

The Host, Kostava St. 34, ✆ 0415 252 202. Gutes Restaurant mit großer Auswahl an schmackhaften Gerichten. ⏲ 9–23 Uhr.

SONSTIGES

Einkaufen

Rund um den Boulevard im Zentrum gibt es einige **kleine Supermärkte**, zahlreiche **Banken**, **Geldautomaten** und **Apotheken**. Südlich der Brücke liegt an der Rustaveli St. das große **Bazarviertel**, in dem es von frischen Lebensmitteln über Kleidung bis hin zu Werkzeug fast alles zu kaufen gibt.

Im Sommer findet am Wochenende ein **Handwerksmarkt** am Eingang des Botanischen Gartens beim Dadiani-Palast statt.

ORKOL Studio, Ninoshvili turn 1a, ✆ 591 168 800, 💻 bei Facebook. Bildhauer und Keramiker Robert führt Gäste gerne durch die Werkstatt, die er mit seiner Frau und Tochter betreibt. Es gibt eine kleine Kunstgalerie und

einen Verkaufsladen, in dem handgefertigte und -bemalte Keramik verkauft wird, darunter Tassen, Teller, Karaffen, Servierplatten.
🕒 Mo–Fr 10–7, Sa 11–16, So 11–18 Uhr.

Informationen

Tourist Information Center (TIC), Rustaveli St. 87, ✆ 591 445 345, ✉ ticzugdidi@gmail.com.
🕒 10–18 Uhr.

TRANSPORT

Marschrutki

Ab der **Haltestelle am Bahnhof**:
ANAKLIA, um 7, 10, 12, 14.30 und 18 Uhr in 40 Min. für 3 GEL.
BATUMI, um 6.50, 9, 10, 12, 14, 16, 16.30 und 17.30 Uhr in ca. 3 Std. für 25 GEL.
KUTAISSI, zwischen 7.15 und 19 Uhr alle 30 Min. in 1 3/4 Std. für 12 GEL.
MARTVILI, um 14 Uhr in 1 1/2 Std. für 10 GEL.
MESTIA, um 9 Uhr in ca. 3 Std. für 35 GEL, weitere Verbindungen bis 15 Uhr unregelmäßig ca. alle 2 Std.
POTI, um 8.45, 9, 9.45, 11, 11.40, 12.45, 14, 15, 16.10 und 17 Uhr in 1 Std. für 8 GEL.
TBILISSI, von 8.20–21.40 Uhr alle 80 Min. in ca. 5–6 Std. für 25 GEL.
ZESTAPHONI, um 16.30 Uhr in ca. 2 Std. für 15 GEL.

Busse

Ab der **Haltestelle am Bahnhof**:
TBILISSI, um 12, 23 und 24 Uhr in 5–6 Std. für 20 GEL.

Eisenbahn

Der **Bahnhof** befindet sich ca. 1,5 km nordwestlich des Zentrums.
TBILISSI, um 17.25 Uhr über KUTAISSI (Rioni) in ca. 5 1/2 Std.

Die Umgebung von Zugdidi

Ob man sich am Strand erholen, noch mehr interessante Kirchen besichtigen oder wandern möchte – von Zugdidi aus gibt es schöne Ausflugsmöglichkeiten. Ist man im September unterwegs, wird man nicht selten die Marschrutka mit Säcken von frisch geernteten Haselnüssen teilen, denn in der Region gibt es etliche Plantagen, und jeder Megrelier hat wenigstens ein paar Büsche in seinem Garten.

Anaklia

Das kleine Dorf am Schwarzen Meer liegt 30 km südwestlich von Zugdidi. Als kleine Hafenstadt existierte Anaklia schon in der Bronzezeit, es war eine typische Siedlung des Kolchischen Königreichs und später eine bedeutende Hafenstadt, die ab dem 17. Jh. von einer Festung geschützt wurde. Während der Regierungszeit von Präsident Saakaschwili wurde der Ort als neuer Bade- und Urlaubsort gehypt: Mit über 8 km langen Sand- und Kiesstränden und subtropischem Klima hatte es beste Voraussetzungen dafür. Saakaschwili eröffnete 2011 die „Freie Touristische Zone Anaklia-Zugdidi" und ließ die Promenade ausbauen. Eine rekordverdächtige, 550 m lange Brücke – ja gar die längste Fußgängerbrücke ganz Europas soll es sein – führt nun über den Fluss Enguri von Anaklia nach Ganmukhuri – ins Nichts. Luxushotels wurden gebaut, ein Aussichtsturm und ein Jachthafen. Doch zwölf Jahre nach Eröffnung des Urlaubsparadieses sind Turm und Hafen in einem verwahrlosten Zustand und geben ein trauriges Bild ab. Wer sich aber davon nicht abschrecken lässt, kann am Strand einen entspannten Tag verbringen.

Nordöstlich von Zugdidi

Für technisch Interessierte ist ein Besuch des imposanten Enguri-Staudamms (S. 347) spannend.

Ein Highlight für erfahrene Wanderer sind die **Tobavarchkhili-Seen (Silver-Lakes)**, zu denen zwischen Mitte Juli und Ende August eine anspruchsvolle drei- bis viertägige Trekking-Tour mit Übernachtungen im Zelt unternommen werden kann, mehr Infos dazu auf 💻 www.caucasus-trekking.com/treks/toba. Zum Einlaufen eignet sich hervorragend die kurze Wanderung zum **Instra-Wasserfall**.

Mittlerweile eine touristische Attraktion ist der traumhafte **Martvili-Canyon** mit seinem türkisfarbenen Wasser, der wegen der besseren Erreichbarkeit (genau wie die antike Stätte

Nokalakevi) unter Imeretien beschrieben ist (S. 404).

Für Geschichts- und Kulturfreunde ist außerdem der Besuch der **Tsalenjikha-Kathedrale** (s. u.) interessant.

Kathedrale von Tsalenjikha

An den Ausläufern der Egrisi-Berge steht 30 km nordöstlich von Zugdidi die Christi-Verklärungs-Kathedrale von Tsalenjikha. Der Kreuzkuppelbau ist für seine einzigartigen, von byzantinischen Meistern gemalten Fresken berühmt. Erbaut wurde die Kathedrale vom 12.–14. Jh. Sie ist von einer Mauer umgeben, an deren nordwestlicher Ecke sich ein zweigeschossiger Glockenturm befindet. Außerhalb dieser Wehrmauer lag der Palast der Fürsten, von dem außer ein paar Steinen nicht mehr viel zu sehen ist.

Der Zentralbau wird im Westen über einen Exonarthex (offene Vorhalle) betreten. Eine Vorhalle ist auch im Süden und im Norden vorhanden, im Norden allerdings wurde sie im Laufe der Zeit nachträglich zugemauert. Im Inneren sind die **Familienkapellen der Fürsten Dadiani** zu finden. Die gesamten Wände der Kathedrale sind mit Malereien geschmückt. In der Kirchenkuppel ist als Brustbild Christus Pantokrator (Weltenherrscher) zu sehen, in der Apsis die thronende Gottesmutter. Die **kunstvollen Fresken** wurden im 14. Jh. geschaffen, Inschriften nennen Cyrus Emmanuel Eugenicus aus Konstantinopel sowie Makharobeli Kvabalia und Andronike Gabisulavaals aus Griechenland als Künstler. Die Malereien von Eugenicus zählen zu den bedeutendsten Beispielen des **Palaiologischen Stils** in Georgien, für den aufwendige und detaillierte Bildprogramme charakteristisch sind.

Auf Geheiß von Prinz Levan II wurden die Fresken im 17. Jh. restauriert und die Familienkapellen mit Wandmalereien ausgeschmückt. An der Südwand ist er mit seiner Familie dargestellt. Leider befinden sich die Fresken in schlechtem Zustand.

Zur Kirche gelangt man am besten mit dem eigenen Auto oder dem Taxi, Hin- und Rückfahrt kosten ca. 60 GEL.

Tsotne Dadiani und die Verschwörung gegen die Mongolen

Der westgeorgische Fürst Tsotne Dadiani wurde im 13. Jh. während der mongolischen Herrschaft berühmt. Zu jener Zeit war das georgische Königreich in viele Fürstentümer zersplittert, die den mongolischen Herrschern tributpflichtig waren.

Einige der Fürsten planten bei einem geheimen Treffen, eine Befreiungsarmee ins Leben zu rufen und die mongolische Herrschaft endlich zu beenden. Doch die Verschwörer wurden verraten, allesamt gefangen genommen und nach Tbilissi gebracht, um verhört zu werden. Doch keiner der Edelmänner gestand den Verrat – alle behaupteten steif und fest, keine Verschwörung geplant, sondern lediglich ein Festmahl gehalten und beraten zu haben, wie sie die Steuer besser eintreiben könnten. Zwar glaubte ihnen der mongolische Statthalter kein Wort, doch brauchte er ein Geständnis. Daher befahl er, alle der mutmaßlich Aufständischen entkleidet an in der prallen Sonne stehende Holzpfähle zu fesseln. Laut einer Version sollen sie gar mit Honig angestrichen worden sein, um piesackende Insekten anzulocken. Hier kam Tsotne Dadiani ins Spiel. Denn er hatte das geheime Treffen frühzeitig verlassen, um sein Gefolge zusammenzutrommeln, und näherte sich mit seinen Männern bereits Tbilissi. Als er hörte, was geschehen war, schickte er seine Kämpfer fort, bevor sie von den Mongolen entdeckt werden konnten. Unbewaffnet gesellte er sich zu seinen gefesselten Freunden, zog sich ebenfalls aus und stellte sich an einen Holzpfahl. Die Wachen waren verwundert und brachten ihn zum Statthalter, der ihn nach seinem sonderbaren Verhalten befragte. Tsotne Dadiani soll geantwortet haben, dass auch er an dem besagten Treffen hätte teilnehmen sollen, sich aber verspätet hatte. Nun, da er sähe, wie seine unschuldigen Freunde gefoltert würden, wolle er ihr Los teilen. Tief beeindruckt und wahrscheinlich auch ziemlich verblüfft von Dadianis Tat, ließ der mongolische Statthalter Gnade walten und die Fürsten frei.

Teeanbau in Westgeorgien – die Tea Route

Während der Sowjetzeiten gehörte Georgien zu einem der größten Teeproduzenten der Welt, allerdings brach die Produktion nach dem Ende der Sowjetunion auf 10 % ein. Denn der massenproduzierte Tee von niedriger Qualität, der ausschließlich für den Konsum in der UdSSR produziert wurde, konnte mit günstigeren und hochwertigeren Tees aus dem Ausland nicht konkurrieren.
Nur wenige Fabriken und Plantagen überlebten diese Krise, einige wurden in den letzten Jahren wieder in Betrieb genommen und produzieren nun oft hochwertigen Bio-Tee. Denn Georgiens Klima ist perfekt für nachhaltigen und ökologischen Teeanbau: Kühle Winter verhindern Schädlingsbefall, die kurze Wachstumsphase sorgt zudem für besonders aromatische Blätter.
Tee wurde vor allem in Gurien, aber ebenfalls in Adscharien, Imeretien sowie Megrelien angebaut. Wer mehr über den Teeanbau in Westgeorgien erfahren möchte, sollte eine der Plantagen der Tea Route, 💻 www.guriatourism.ge, besuchen, die Anfang der 2020er-Jahre ausgewiesen wurde:
Anaseuli Experimental Tea Factory, Imedashvili St., Ozurgeti, ✆ 599 015 040, 💻 bei Facebook. Größte Teefabrik aus der Sowjetzeit, die noch in Betrieb ist. Es wird auch Schnaps aus verschiedenen Früchten gebrannt. Besichtigung der Fabrik und Plantage sowie Tee- und Schnapsverkostung möglich. 🕒 Nach Voranmeldung.
Dato Tenieshvili Bakhvi Teahouse, Kveda Bakhvi, ✆ 595 559 576. In idyllischer Lage zwischen Teeplantagen befindet sich das Haus von Davits gastfreundlicher Familie. Er ist Maschinenbauer und hat einen wasserbetriebenen Generator gebaut, damit die Maschinen auch bei Stromausfall laufen können und die Teeproduktion gesichert ist. Die Familie stellt schwarzen, grünen und weißen Bio-Tee her, den man im Teehaus verkosten kann. Gäste können sich an der Tee-Ernte von Mai bis Ende beteiligen. 🕒 Nach Voranmeldung.
Georgian Flavour Tea, Zhordania St. 101, Lanchkhuti, ✆ 593 206 565, 💻 bei Facebook. Der freundliche und in der Teeproduktion sehr erfahrene Besitzer bietet Führungen durch Fabrik und Plantagen an, Teeverkostungen finden im liebevoll gepflegten Fabrikgarten statt. 🕒 Nach Voranmeldung.
Komli Family Guesthouse, Chkuaseli St. 25, Tsitelmta, ✆ 593 264 064, 💻 www.komligeorgia.tilda.ws. Ein Kleinod mit paradiesischem Garten zwischen Teeplantagen, in dem man alles über den Teeanbau in Georgien erfährt. Gastgeberin Lika spricht gut Englisch, ihre Mutter ist Wissenschaftlerin und hat lange im Teeforschungslabor in Anaseuli gearbeitet, Lika selbst hat an der Verwirklichung der Tea Route mitgewirkt. Der handwerklich hergestellte Bio-Tee kann verkostet werden, Mittag- oder Abendessen wird gerne ab 2 Pers. zubereitet. Wer länger bleiben möchte, kann im Gästehaus oder umgebauten Weinfass übernachten. 🕒 Nach Voranmeldung.

Von Zugdidi nach Poti

An der 75 km langen Route von Zugdidi nach Poti befindet sich ca. 30 km südlich von Zugdidi an der S1 (E97) auf der linken Seite das **Khobi-Kloster**, an dem es sich lohnt, einen Zwischenstopp einzulegen. Das Kloster wurde im 13./14. Jh. gebaut, im Mittelalter hatte dort der Patriarch von Georgien seinen Sitz. An die Palastgebäude aus dem 18./19. Jh. erinnern nur Ruinen, aus dem 13. Jh. sind ein Glockenturm und eine Kathedrale mit sehr schönen mittelalterlichen Fresken erhalten, sowie die Familienkirche des Nationalhelden und -heiligen Tsotne Dadiani (s. Kasten S. 413), dessen Geschichte jedes Kind in Georgien kennt.

Weiter südlich von Khobi trifft die S1 nach 10 km auf die S2 (E60), rechts erreicht man nach 30 km **Poti** (S. 420). Marschrutki machen normalerweise einen Umweg nach Osten bis **Senaki**. In der Kleinstadt mit 30 000 Einwohnern wird deutlich, wie sehr die Georgier das Theater schätzen: Unweit des Bahnhofs steht am Zentralpark das **Senaki State Theater**, ein verkleinerter Nachbau des Mariinski-Theaters für Oper und Ballett in St. Petersburg.

Wer mit dem eigenen Auto unterwegs ist, kann, bevor Poti (S. 420) angesteuert wird, einen

© GIORGI GULEDANI

Renegade Tea Estate, Gumati, ✆ 593 670 138, 💻 www.renegadetea.com. Das enthusiastische estnisch-lettische Gründerteam hat bisher 3 Teeplantagen nahe Kutaissi wiederbelebt und exportiert hochwertigen Bio-Tee in 25 Länder. Plantage und Fabrik können besichtigt werden, zum Abschluss gibt es eine Teeverkostung. Führungen Mi 14, Fr 10 Uhr, für Gruppen weitere Termine auf Anfrage, 50 GEL p. P., ca. 1,5–2 Std. Dreimal jährlich gibt es 3-tägige Tee-Workshops, bei denen Besucher den gesamten Prozess der Teeproduktion erleben können. 🕒 April–Sep.

Sisters Zhgenti Plantation, Melekeduri, Ozurgeti, ✆ 577 618 696, 💻 https://www.fb.com/plantaciatea. Im einladend gestalteten Verkostungsraum auf dem Hof können Gäste verschiedene Teesorten probieren, auch Speisen werden nach Vorbestellung gereicht. Zum Familienunternehmen gehören Plantagen in der Umgebung, die besichtigt werden können. Tochter Inga spricht sehr gut Deutsch. 🕒 Nach Voranmeldung.

Abstecher in das **Konstantine Gamsakhurdia Haus Museum**, 🕒 Di–So 10–19 Uhr, Eintritt frei, in **Abasha** machen. Es steht ca. 20 km südöstlich von Senaki und ist über die S1 erreichbar, der Abzweig ist ausgeschildert. In Abasha wuchs der berühmte Schriftsteller Konstantine Gamsakhurdia auf, der einige der wichtigsten Stücke der georgischen Literatur verfasste und der Vater des späteren Präsidenten Zviad Gamsakhurdia war. In seinem ehemaligen Heim – einem typisch westgeorgischen Wohnhaus, das aus Holz gebaut ist und aus Schutz vor Hochwasser auf Stelzen steht, ist ein kleines Museum zu seinem Gedenken eingerichtet.

ARGO-SEILBAHN IN BATUMI; © ISTOCK.COM / TRAVEL PHOTOGRAPHY

Schwarzmeerküste und Adscharien

Die subtropischen Strände des Schwarzen Meeres sind Georgiens Urlaubsziel Nr. 1 für Sonnenhungrige. Und auch für Aktivurlauber hält die Region einiges bereit: Ob Bootsausflüge durchs Kolchische Sumpfland, Rafting auf einem der brausenden adscharischen Flüsse oder Wandern in der grünen Bergwelt – für Abwechslung ist hier gesorgt.

Stefan Loose Traveltipps

Kolkheti-Nationalpark Eine Bootsfahrt durch das Sumpfgebiet, das sich einst undurchdringlich bis tief ins Hinterland ausbreitete. S. 422

Mtirala-Nationalpark Bei Wanderungen die Vielfalt der Grüntöne entdecken: unterwegs in Europas feuchtestem Nationalpark. S. 427

Batumi Im September kann man Zugvögel beobachten, Hunderttausende von Raubvögeln ziehen dann über die Küstenregion von Batumi hinweg. S. 431

13 Botanischer Garten von Batumi Entspannen im Grünen mit spektakulären Aussichten auf die Küste. S. 448

Adscharisches Hinterland Bei einem Roadtrip auf dem holprigen Weg bis Akhaltsikhe entdeckt man malerische Landschaften und Bergdörfer, ursprüngliches Landleben und hat Platz für eigene Entdeckungen. S. 451

HINTERLAND VON ADSCHARIEN, BOGENBRÜCKE; © SHUTTERSTOCK.COM / VESNA KRIZNAR
SCHWARZMEERKÜSTE, KOBULETI; © NINA KRAMM

Wann fahren? März bis Ende Oktober

Wie lange? 2–10 Tage

Bekannt für heitere Urlaubsstimmung und subtropische Kieselsteinstrände

Schöner Tagesausflug Auf der Weinroute durch das adscharische Hinterland

Unbedingt probieren Adscharisches Khatschapuri und die Nachspeise Pelamushi

Megrelien, Gurien und Adscharien teilen sich im Westen des Landes den georgischen Küstenstreifen am Schwarzen Meer. Die zwei größten Städte, Poti und Batumi, haben mit ihren Tiefseehäfen große wirtschaftliche Bedeutung, doch der wichtigste Wirtschaftszweig der Region ist der Tourismus an den Stränden des Schwarzen Meeres.

Einst reichte die **„Russische Riviera“** von Sotschi bis Batumi, und Millionen von Sowjetbürgern träumten von ihrem nächsten Urlaub an der **subtropischen Schwarzmeerküste**. Doch heutzutage liegt Sotschi im Ausland, und einst berühmte Kurorte wie Gagra, Pizunda und Sukhumi sind seit des Abchasien-Konflikts nicht mehr zugänglich – ein schwerer Verlust. Seit der Unabhängigkeit müssen die Georgier mit dem ca. 120 km langen Küstenabschnitt zwischen Anaklia und Sarpi vorliebnehmen; an der adscharischen Küste erlebt der Tourismus seit Anfang der 2000er-Jahre einen enormen Aufschwung. Nicht nur Georgier, sondern auch Armenier, Aseris und Russen verbringen nun hier mit Vorliebe ihren Sommerurlaub.

Boomtown ist dabei wieder – etwas mehr als hundert Jahre nach dem ersten Boom als Ölhafen und Industriestadt – die **Hafenstadt Batumi**. Milliarden-Investitionen lassen Hochhäuser und Hotels in der „europäischsten Stadt Georgiens“ aus dem Boden sprießen, die trotz der neuen Karriere im Tourismus ihr industrielles Gesicht nicht verbirgt.

Der sommerliche Trubel ist sicher nichts für Ruheliebende und Naturfreunde – doch auch für die bietet die Region einiges. Nahe Poti etwa lädt in der Kolchischen Tiefebene der einzigartige **Kolkheti-Nationalpark** zu Bootstouren auf dem Paliastomi-See ein. Das Feuchtgebiet ist ein kleines Überbleibsel des einst riesigen Kolchischen Sumpfgebietes, das Anfang des 20. Jhs. trockengelegt wurde. Hinter Batumi dagegen erheben sich im adscharischen Hinterland die grünen Ausläufer des Kleinen Kaukasus mit malerischen Bergtälern. Wer Regen nicht scheut, kann bei Wanderungen im **Kintrishi-Schutzgebiet** oder **Mtirala-Nationalpark** nordöstlich von Batumi die üppige subtropische Flora erkunden. Entlang der Passstraße durch das adscharische Bergland bis Akhaltsikhe in Samtskhe-Javakhetien laden einige **kaum bekannte, idyllische Seitentäler** zu Entdeckungstouren ein, die von der ein oder anderen **mittelalterlichen Bogenbrücke** überspannt werden.

Geschichte

Die Geschichte der Region reicht bis in die Antike zurück: Nahe Poti ging laut der griechischen Sage Iason mit seinen Gefährten an Land. Seit dem 6. Jh. v. Chr. gab es an der Küste griechische Kolonien, z. B. Phasis, das heutige Poti. Griechische Geschichtsschreiber wussten damals zu berichten, dass sich die Einwohner der Kolchischen Tiefebene, damals eine weitläufige, undurchdringliche Sumpflandschaft, die sich um Poti ausbreitete, in Pfahlbauten lebten und ausschließlich auf dem Einbaum fortbewegen konnten. Den Griechen folgten erst die Römer, dann kamen Byzantiner, Kaufleute aus Venedig und Genua, bis Großteile der Schwarzmeerküste im 17. Jh. von den Osmanen beherrscht wurden, die Ende des 20. Jhs. wiederum von den Russen abgelöst wurden.

Schon immer waren die Häfen am Schwarzen Meer das **Tor zur Welt**. Es wurde reger Handel mit Waren aus Asien, Nahost und dem Mittelmeer getrieben. Im 20. Jh. kam eine neue Handelsware auf: Erdöl aus Baku wurde über Poti und später auch über Batumi verschifft. Die Transkaukasische Eisenbahn war anfangs die Lebensader des Ölbooms: Sie brachte Menschen mit Fachwissen und die nötige Technik in den Kaukasus und das gewonnene Öl nach Europa. Bereits 1906 wurde die erste Pipeline, damals mit 835 km die längste der Welt, quer durch den Kaukasus eröffnet.

Ebenfalls Anfang des 20. Jhs. begann sich ein weiterer neuer Wirtschaftszweig zu entwickeln: Entlang der adscharischen Küste und vor allem in den trockengelegten Sumpfgebieten der Kolchischen Niederung in Gurien wurde ab 1913 Tee angebaut. Obwohl die Idee, chinesische Teepflanzen in der Gegend zu kultivieren, erst als verrückt abgetan worden war, entwickelte sich Tee während der Sowjetzeit zum wichtigsten Exportgut Georgiens. Doch brach mit dem Ende der Sowjetunion der Markt zusammen, und die meisten der Plantagen verwahrlosten. Seit den 2000er-Jahren wurde der Teeanbau durch Finanzierungsprogramme gefördert und wiederbelebt. 2019 wurden bereits über 2000 t Tee exportiert – und der Export stieg in den letzten Jahren weiter deutlich an. Eine „Teeroute" (S. 414/415) für Touristen, ähnlich der „Weinroute" in Kachetien, ist zurzeit in Adscharien und Gurien im Aufbau.

Die Schwarzmeerküste

Für die Georgier ist die Schwarzmeerküste das **beliebteste Ferienziel** überhaupt, in den Sommermonaten ist der Nachtzug von Tbilissi nach Batumi proppenvoll. Zehntausende aalen sich dann tagsüber an den Stränden und feiern in den Clubs von Batumi. Bis auf wenige Ausnahmen, wie z. B. Ureki mit seinem leicht magnetischen Sand, bestehen die Strände an der georgischen Schwarzmeerküste aus kleinen Kieselsteinchen. An den meisten Orten werden die Strände durch lichte Zedernhaine von der Durchgangsstraße abgeschirmt, die zwischen Poti und Batumi entlang der Küste verläuft.

Genauso wenig wie palmengesäumte Sandstrände sollte man glasklares, türkisfarbenes Wasser erwarten, wie man es vielleicht aus dem Mittelmeer kennt. Wegen der im Schwarzen Meer vorkommenden Braunalgen ist das Wasser dunkler und an den meisten Stränden leicht getrübt. Dafür gibt's aber auch weder giftige Fische noch brennende Quallen oder nervige Gezeiten: Das Wasser bleibt, wo es ist, wenn es

nicht gerade von Sturmböen an die Küste geschlagen wird – denn das Schwarze Meer ist für sein wechselhaftes Wetter und starke, überraschend auftretende Stürme bekannt. Fester Bestandteil des unberechenbaren Wetters sind allerdings die hohen Niederschläge. Selbst im Sommer schüttet es gelegentlich wie aus Eimern. Insbesondere in Adscharien, wo die Wolken in den Bergen des Hinterlands festhängen, liegen die durchschnittlichen jährlichen Niederschläge bei fast 2400 mm pro Jahr.

Der nördlichste und neuste Ferienort an der Schwarzmeerküste ist **Anaklia** (S. 412, Kapitel „Der Westen") in Megrelien, an der Mündung des Enguri, des Grenzflusses nach Abchasien. Doch hat sich der Badeort bisher nicht etabliert, und die meisten Urlauber verbringen ihre Ferien weiterhin an den Stränden am Küstenabschnitt zwischen Kobuleti und Batumi.

Während an der Küste der **Badetourismus** dominiert und die Strände von **gesichtslosen Hotels** bestimmt werden, bietet das **grüne Hinterland** viel Potenzial für Entdeckungen: von den Sumpf- und Seenlandschaften des Kolkheti-Nationalparks bis zum subtropischen, bergigen Hinterland weiter südlich auf gurischem und adscharischem Terrain.

Hauptsaison an den Stränden ist von Mitte Juni bis Mitte September – dann schnellen die Preise in die Höhe. Irgendeine Unterkunft wird man selbst in den Sommermonaten spontan noch finden – allerdings insbesondere in Batumi vielleicht nicht in der günstigen Preisklasse und höchstwahrscheinlich nicht mit dem besten Preis-Leistungs-Verhältnis.

Poti

Die 41 500 Einwohner zählende Stadt Poti liegt in Megrelien südlich der Mündung des Flusses Rioni und besitzt nach Batumi den zweitgrößten Hafen Georgiens. Seit jeher war Poti ein bedeutender Handelsposten, sein Ursprung geht auf die Gründung der griechischen Kolonie Phasis im späten 7. Jh. v. Chr. zurück. Der Name leitet sich von dem dort einst weitverbreiteten Fasan *Phasianus colchicus* ab, dessen ursprüngliche Heimat das Kolchische Tiefland war. Der griechische Geograf Strabon berichtete von Phasis als Umschlagplatz an der Seidenstraße für Güter aus Indien, dem Nahen Osten, Zentralasien und dem Mittelmeer, zahlreiche Münzfunde belegen das. Griechische und Kolchische Kultur verschmolzen in der antiken Siedlung, der Apollon-Tempel war überregional bekannt, und die Kolchische Akademie von Phasis, die bis ins 6. Jh. n. Chr. bestand, wurde von byzantinischen Historikern in den höchsten Tönen gelobt. Selbst in der griechischen Mythologie wurde Phasis erwähnt, es soll der Ort sein, an dem Iason mit seinen Argonauten auf der Suche nach dem Goldenen Vlies (s. Kasten S. 438/439) an Land ging.

Die erste Siedlung bestand bis in byzantinische Zeit, konnte sich allerdings nicht weiter ausdehnen, da sie von den Sümpfen der Kolchischen Tiefebene umgeben war. Erst jüngst wurden Teile der damaligen Siedlung im nahe gelegenen Paliastomi-See bei Poti gefunden.

Während des Osmanischen Reichs wurde Poti zu einem stark befestigten Außenposten mit einem großen Sklavenmarkt, nach dem Russisch-Türkischen Krieg (1828–29) fiel der Ort an das Russische Zarenreich. Alexandre Dumas war zugegen, als das im Schlamm versinkende Poti die Stadtrechte erhielt: Ein ärmlich gekleideter Ausrufer mit einer alten Trommel verlas einen kaiserlichen Erlass, der Poti am 1. Januar 1859 zur Stadt erklärte. Alexandre Dumas war überaus stolz, diesen historischen Augenblick miterleben zu dürfen – wahrscheinlich war dies auch das einzige Ereignis in Poti, das ihn von der eintönigen Warterei auf das nächste Dampfschiff ablenkte. Denn er steckte auf dem Heimweg von seiner Reise „Durch den Wilden Kaukasus" auf unbestimmte Zeit in Poti fest.

In der Zwischenzeit wurde Poti mittels einer Schienenstrecke an Tbilissi angebunden, und die Stadt erlebte dank des Tiefseehafens, der für den Manganexport bedeutend war, einen Aufschwung. Zwischen 1894 und 1912 modernisierte der damalige Bürgermeister Niko Nikoladze die Stadt, der fortschrittliche Politiker gilt als Vater des modernen Poti. Unter anderem wurden in seiner Amtszeit ein Theater, zwei höhere Schulen und eine Ölraffinerie gebaut. Während der Sowjetzeit wurden die angrenzenden Sümpfe trockengelegt und ermöglichten weiteres Wachstum, trotzdem macht die Hafenstadt noch immer einen mehr als verschlafenen Eindruck. Nur die wichtigsten Straßen der im Schachbrettmuster angelegten Stadt sind asphaltiert, und noch immer ist der einzige Grund für einen längeren Aufenthalt in Poti das Warten auf die nächste Schiffsverbindung. Der Hafen ist in jeder Hinsicht das Herz der Stadt, er ist seit 2008 nicht nur Freihandelszone, sondern auch Stützpunkt der georgischen Marine.

Sehenswürdigkeiten

Für Reisende ist Poti wegen der **Fährverbindungen** nach Bulgarien interessant, sowie als Tor zum südlich gelegenen **Kolkheti-Nationalpark**.

Leuchtturm

Wer in der Stadt verweilen muss, kann dem fotogenen Leuchtturm im Südwesten Potis einen Besuch abstatten und einen Spaziergang an der nicht unbedingt charmanten Küstenpromenade machen. Von dem klassisch rot-weiß gestreiften, 1892 von englischen Ingenieuren gebauten Leuchtturm hat man eine schöne Aussicht über Poti und die Mündung des Rioni. 🕒 10–18 Uhr.

Kathedrale

Im Stadtzentrum steht im Zentralpark die der Hl. Jungfrau geweihte Kathedrale von Poti, die 1906–07 im neo-byzantinischen Stil der Hagia Sofia in Istanbul nachempfunden wurde. Der damalige Bürgermeister Niko Nikoladze wählte den zentralen Standort des Gotteshauses aus, an dem die Blickachsen der Stadt zusammenlaufen. Während der Sowjetzeit fanden in der Kathedrale Theatervorstellungen statt, heute werden hier wieder Gottesdienste abgehalten.

Nikoladze-Turm

Eng verknüpft mit Potis berühmtestem Bürgermeister ist die Geschichte des ebenfalls im Zentralpark stehenden Nikoladze-Turms. Der fünfgeschossige Steinturm war einst Teil der Festung von Poti, die größtenteils von den türkischen Besatzern zerstört wurde. Nikoladze ließ den Turm wieder aufbauen und fügte zwei weitere Geschosse hinzu. Er selbst lebte einige Zeit in dem Gebäude und installierte im 5. Geschoss eine mechanische Uhr, die er in Paris gekauft hatte. 🕒 Di–So 10–17 Uhr, Eintritt 15 GEL.

Ethnografisches Museum

Etwa 500 m östlich des Zentralparks befindet sich das Ethnografische Museum (Poti Museum of Colchian Culture), 26. May St. 9. Es zeigt Funde aus griechischer Zeit und erzählt (leider nur auf Georgisch und Russisch) mit vielen Schwarz-Weiß-Fotografien und einigen Modellen die Stadtgeschichte. 🕒 Di–So 10–17.30 Uhr, Eintritt 15 GEL.

ÜBERNACHTUNG UND ESSEN

Express Inn, Dumbadze St. 119, ✆ 568 813 535. Modernes, sauberes Hotel. Sehr gutes Preis-Leistungs-Verhältnis. 3 DZ mit Privatbad, Gemeinschaftsküche vorhanden. ❷–❸

Aragvi, Gegidze St. 18. Nettes georgisches Restaurant mit günstigen Preisen, von der Terrasse kann man das Treiben am Hafen beobachten. ⌚ 10–24 Uhr.

EINKAUFEN UND VERSORGUNG

Um die Parnavas Mepe St., die zwischen dem Zentralpark und dem Marschrutka-Platz parallel zum Rioni-Kanal verläuft, befindet sich das **Marktviertel** mit Bauernständen, mehreren **Apotheken**, Banken und **Geldautomaten**. Verkaufsstellen von **Beeline** und **Magti** findet man südlich des Marktviertels an der Lagranzhe St. hinter dem Theater.

TRANSPORT

Marschrutki

Marschrutki nach Batumi fahren an dem Platz mit dem Kreisverkehr südlich der Brücke zum Bahnhof ab, das Marktviertel breitet sich südwestlich des Abfahrtsplatzes aus.

BATUMI, 8–18 Uhr stdl. in 1 1/2 Std. für 10 GEL.

Am neuen Busbahnhof, der sich ca. 100 m südwestlich des Bahnhofs neben dem Fazis Hotel befindet, fahren mehrmals tgl. Marschrutki nach KUTAISSI für 10 GEL, TBILISSI für 25 GEL und ZUGDIDI für 8 GEL ab.

Eisenbahn

Der **Bahnhof** befindet sich im Nordosten des Stadtzentrums, ca. 1,5 km nordöstlich des Zentralparks.

TBILISSI, tgl. um 7.20 Uhr in 5 1/2 Std. für ab ca. 22 GEL.

Fähren

VARNA, etwa alle 10 Tage, in ca. 4 Tagen ab 200 € mit **Navibulgar**, ✆ +359 52 683 242, 💻 www.navbul.com.

Fähren von und nach Odessa verkehrten zum Zeitpunkt der Recherche nicht.

Kolkheti-Nationalpark

Nahe Poti liegt an der Schwarzmeerküste das **geschützte Feuchtgebiet** des Kolkheti-Nationalparks, das sich über 28 940 ha in den Provinzen Megrelien und Gurien ausbreitet.

Noch zu Anfang des 20. Jhs. war ein Großteil der Kolchischen Tiefebene von undurchdringlichen Sümpfen bedeckt, die sich auf einer riesigen, ungefähr dreieckigen Fläche zwischen Poti und Kobuleti bis tief ins Inland erstreckten. Die Wälder der Kolchis standen knietief im Wasser, und der Wald war von Dickicht aus Weidendorn, Waldrebe, Farnkraut und Brombeersträuchern bewachsen – Letztere sollen so schnell in die Höhe geschossen sein, dass man ihnen angeblich mit bloßem Auge beim Wachsen zusehen konnte. In diesen undurchdringlichen, feuchten Wäldern, die vor allem aus Erlen und Rhododendren bestanden, wuchs kein Gras – Flüsse bahnten sich ihren Weg durch grüne Laubtunnel bis zum nächsten, mit Seerosen bedeckten See. In den 1920er-Jahren sagte die Sowjetregierung der Wildnis den Kampf an, um Anbauflächen für die Landwirtschaft zu gewinnen. Doch nur schwer konnte der Natur Land abgerungen werden, frische Rodungen verwandelten sich innerhalb weniger Jahre erneut in unpassierbaren Wald, und die Rodungsarbeiten wurden wiederholt von Malaria-Epidemien und Überschwemmungen aufgehalten. Immer wieder versanken die Maschinen im Sumpf. Doch letztendlich wichen die Feuchtgebiete endlosen Feldern für Tee- und Zitrusplantagen, nur ein winziger Bruchteil der einst weiten Sumpflandschaft blieb erhalten.

Ein erstes, 500 ha großes Schutzgebiet wurde bereits 1947 errichtet, es bildet den Kern des heutigen, fast 30 000 ha großen Nationalparks, der 1998–99 mit finanzieller Unterstützung der Weltbank und der Global Environmental Facility (GEF) eingerichtet wurde. Doch wer denkt, dass das das Happy End für die artenreiche Sümpfe war, täuscht sich: Erst 2002 konnten Pläne abgewendet werden, die ein Ölterminal mit 16 Tanks innerhalb des Parks vorsahen. Noch immer kommt es zu Konflikten zwischen Gas- und Ölfirmen und den Interessen des Nationalparks, doch ist das Areal mittlerweile streng geschützt und nur naturbezogener Tourismus erlaubt.

Denn die Seen und Sümpfe des subtropischen Feuchtgebiets sind nicht nur **Lebensraum für viele gefährdete Tierarten**, sondern auch **wichtige Station für 21 Zugvogelarten**. Die Flora wird von Sumpf- und Wasserpflanzen dominiert; Rhododendren, Sonnentaugewächse und eine Vielzahl von Torfmoosen sind hier heimisch. Zahlreiche Insekten-, Schlangen-, Frosch-, Eidechsen- und Delphinarten, die seltenen Otter, das Nutria, Wildschwein und Reh leben dort. Insgesamt wurden 194 Vogelarten gezählt, darunter der bedrohte Schwarzstorch sowie Kranich, Pelikan, Silber- und Löffelreiher.

Der kälteste Monat ist der Januar mit Tiefsttemperaturen von 4,5 °C, im Sommer liegen die Durchschnittstemperaturen bei 22 °C, wobei das Quecksilber im August auf bis zu 34 °C steigen kann.

Für Naturfreunde sind die vom Besucherzentrum organisierten **Bootstouren auf dem Paliastomi-See und dem Pichori-Fluss** spannend, auch **ornithologische Touren** und **Angelausflüge** werden angeboten. Allerdings kann der gelegentlich starke Wind geplanten Bootstouren einen Strich durch die Rechnung machen.

ÜBERNACHTUNG

Geo Palace Kolkheti National Park, Guria St. 222, ✆ 552 223 222, ✉ geopalace11@gmail.com. Näher dran am Nationalpark geht eigentlich nicht: Im Hauptgebäude der Nationalpark-Administration gibt es mehrere Zimmer. 4 Cottages mit jeweils 2 DZ und ein Spielplatz befinden sich im Garten. Gemeinschaftsküche vorhanden, Verpflegung kann auf Anfrage hinzugebucht werden. ❷

Im Nationalpark gibt es ein **Cottage im Pichori-Tal** nahe Poti ❷, das nur mit dem Boot erreichbar ist. Das Cottage und die Bootsfahrt können in der Nationalpark-Administration reserviert werden.

SONSTIGES

Aktivitäten

Auf dem Okros Tba, dem „goldenen See", direkt hinter dem Besucherzentrum, können **Kajaks** (20 GEL/Std.), **Ruderboote** (30 GEL/Std.) oder **Wasserräder** (35 GEL/Std.) ohne Guide gemietet werden.

Das Sumpfgebiet des Kolkheti-Nationalparks kann man per Boot erkunden.

Informationen

Kolkheti-Nationalpark Administration, Guria St. 222, ca. 5 km südlich von Poti, ✆ 591 968 785, 💻 https://apa.gov.ge und www.nationalparks.ge. Im Besucherzentrum informiert eine Ausstellung über Fauna und Flora des Parks, die freundliche und kompetente Khatuna Katsarava gibt zudem Informationen zu Ausflügen. Verleih von Ferngläsern und Zelten für je 10 GEL pro Tag. ⌚ 9–18 Uhr.

Touren

Alle geführten Touren sollten rechtzeitig angemeldet werden und können nur bei gutem Wetter durchgeführt werden.

Bootsausflüge: Im Besucherzentrum kann man sich über die verschiedenen Touren in den Nationalpark informieren. Es gibt unterschiedlich lange Motorboot- und Pantoonbootsfahrten, auch kombinierte Ausflüge mit Motorboot und Kajak sind möglich.

Kletterpark: 2021 wurde ein Kletterpark mit zwei verschiedenen Parcours errichtet. Eine Route ist etwas anspruchsvoller, die Familienroute etwas einfacher. Eine kurze Bootsfahrt bringt die Besucher zum Kletterpark am Ufer des Flusses Churia.

Vogelbeobachtung: Zur Vogelbeobachtung eignen sich besonders gut der Beginn des Frühjahrs und der späte Herbst, wenn Zugvögel im Feuchtgebiet rasten.

TRANSPORT

Von Poti kann jede **Marschrutka** Richtung Süden genommen werden. Dem Fahrer Bescheid geben, dass man am Besucherzentrum aussteigen möchte. Fahrzeit ca. 10 Min., 1 GEL. Zustieg in an der Hauptstraße vorbeifahrende Marschrutki nach Poti und Batumi möglich.

Die Schwarzmeerküste südlich von Poti

Südlich des Kolkheti-Nationalparks reihen sich entlang der gurischen Schwarzmeerküste die Badeorte aneinander, die während der Saison von Mai bis September gut besucht, aber in der Nebensaison wie ausgestorben sind.

Maltakva und Grigoleti

Die ersten Orte südlich von Poti sind **Maltakva** und **Grigoleti**, die aus verstreuten Ferienhäusern bestehen und Besucher mit dunklen Sandstränden locken. Während in Maltakva einige der Häuser direkt am Strand stehen, sind die Unterkünfte in Grigoleti meist hinter einem dünnen Streifen von lichtem Zedernwald gebaut.

Ureki

Südlich der Flussmündung der Supsa liegt das kleine Heilbad Ureki, das für seinen dunklen, leicht magnetischen Sand berühmt ist. Zwischen bunten, aufblasbaren Hüpfburgen und brummenden Motor Quads glaubt man sich am Strand zwar nicht in einem Kurort, doch viele Besucher kommen hierher, um u. a. Rheumaerkrankungen behandeln zu lassen. Buddelspaß ist inklusive – die Kur besteht darin, sich jeden Tag für 20 Minuten im Sand eingraben zu lassen, sodass man in Ureki auch ältere Menschen begeistert im Sand „spielen" sieht.

Shekvetili

Ein ähnliches Bild wie Grigoleti bietet der von Zedernhainen gesäumte Sandstrand von Shekvetili. Doch befindet sich dort in der Nähe nicht nur die **Black Sea Arena**, in der im Sommer viele Konzerte teils international bekannter Größen stattfinden, sondern auch der **Tsitsinatela-Freizeitpark** (S. 426), den Bidzina Ivanishvili für 15 Mio. US$ errichten ließ. Und nicht zuletzt der **Shekvetili Dendrological Park**, ein Ort für Baumliebhaber! Die 60 ha große Parkanlage ist in zwei Teile aufgeteilt: Auf 18 ha wachsen georgische Baumarten, davon gehören 29 zu endemischen Arten, die nur in Georgien vorkommen. Auf den weiteren 42 ha befinden sich Bäume verschiedener exotischer Arten, die im Laufe der Zeit aus allen fünf Kontinenten eingeführt wurden, wie auch der Tulpenbaum (s. Kasten S. 425). Zu dem gepflegten Park gehört auch ein kleiner Zoo. ⌚ Di, Mi, Fr–So 10–19, im Winter 11–17 Uhr, Eintritt frei.

Ein Tulpenbaum sticht in See

Im März 2016 konnten die Badegäste ein ungewöhnliches Spektakel miterleben und werden sich bei dem surrealen Anblick bestimmt zweimal die Augen gerieben haben: Ein 135 Jahre alter Tulpenbaum schipperte entlang der Küste bis nach Ureki. Denn der reichste Mann des Landes und ehemalige Präsident, Bidzina Ivanishvili, wünschte sich genau diesen Riesenbaum in seiner ausgedehnten, damals noch privaten Parkanlage südlich von Ureki. Zwar war der gigantische Tulpenbaum *(Liriodendron tulipifera)* für den Multimilliardär mit nur 6200 GEL (ca. 2100 €) ein Schnäppchen, doch der Transport entlang dem flachen Küstenstreifen gestaltete sich schwierig. Auf der über eine Woche andauernden Reise blieb das merkwürdige Gefährt mehrmals stecken. Diese Aktion brachte nicht nur viel Protest von Bürgern und Naturschützern, sondern zeigt auch, dass der reichste Mann des Landes sich einfach alles leisten kann.
2020 wurde der ehemalige Privatpark als Shekvetili Dendrological Park (S. 424) für die Allgemeinheit geöffnet – angeblich war es so von Anfang an geplant.

Kobuleti-Schutzgebiet

Südlich von Shekvetili führt die alte Landstraße direkt an der Küste entlang, die mehrspurige Schnellstraße dagegen in einem Bogen um das Kobuleti Nature Reserve herum. Das Schutzgebiet beherbergt einige einzigartige Torfmoos- und Sonnentauarten. Von dem Aussichtsturm können vor allem in Frühjahr und Herbst viele Vögel beobachtet werden, u. a. der farbenfrohe Eisvogel. In der **Kobuleti Protected Areas Administration** (S. 426) gibt es Informationen zum Schutzgebiet und Tipps für Ausflüge. Neben Vogelbeobachtung sind hier Sumpfwanderungen möglich, bei denen man spezielle Schuhe trägt, die Schneeschuhen ähneln.

Kobuleti

Kobuleti ist einer der größten und beliebtesten georgischen Badeorte, das Straßendorf erstreckt sich von seinem Zentrum an der Mündung des Kintrishi-Flusses über 8 km entlang der Küstenstraße nach Norden. In dem gesichtslosen Örtchen gesellen sich moderne Hotelbunker neben die kaum noch beachteten Ruinen sowjetischer Prunkhotels, die eine trostlose Atmosphäre verströmen. Die Auswahl an Unterkünften ist riesig, es gibt zahlreiche Hotels, und jede Familie vermietet auch Fremdenzimmer. Im Sommer reihen sich Strandrestaurants entlang der Promenade, doch schon Ende September ist die Auswahl an Restaurants überschaubar klein bis nicht mehr vorhanden.

Ein kleines **Ethnografisches Museum**, Agmashenebeli Ave. 100, berichtet auf Georgisch, Russisch und Englisch über die Geschichte von Kobuleti seit der Steinzeit. 🕒 Di–So 10–18 Uhr, Eintritt 3 GEL.

Kobuleti eignet sich außerdem sehr gut als Ausgangspunkt für Ausflüge in die Naturschutzgebiete von Kobuleti und Kintrishi.

Zwischen Kobuleti und Batumi

Südlich von Kobuleti liegen die Strände von **Tsikhisdziri**, **Chakvi** und **Makhinjauri**, Letzteres ist bereits ein Vorort von Batumi und von dort sehr gut mit Zug und Marschrutka erreichbar. Die Berge des **adscharischen Hinterlands** bilden ab Tsikhisdziri eine grüne Kulisse für die Kiesstrände. Südlich des Ortes lohnt ein kurzer Stopp an der direkt an der Straße gelegenen **Festungsruine Petra** aus dem 6. Jh. Viel ist nicht mehr übrig von der Festung, aber sie bietet schöne Ausblicke über die Küste und ist daher bei Brautpaaren für Trauungen beliebt. 🕒 Di–So 10–18 Uhr, Eintritt 5 GEL.

Ein wenig weiter südlich liegt **Chakvi**, das zu Sowjetzeiten ein wichtiges Teeanbaugebiet war, vier der insgesamt 80 Teestaatsgüter befanden sich dort. Der Teeanbau geht auf das Jahr 1848 zurück, anfangs muss die Qualität wohl mehr schlecht als recht gewesen sein, scheint sich aber verbessert zu haben – jedenfalls wurde der Tee im 20. Jh. nicht nur in der gesamten Sowjetunion, sondern auch in den Ostblockstaaten verkauft. An die einstigen Teeplantagen erinnern heute nur noch einige verwilderte Teesträucher. In Chakvi befindet sich das **Besucherzentrum für den Mtirala-Nationalpark** (S. 430).

ÜBERNACHTUNG UND ESSEN

Die Auswahl der **Unterkünfte** zwischen Poti und Batumi ist riesig, neben Hotels verschiedener Klassen und Gästehäusern werden viele Ferienwohnungen angeboten. Über verschiedene Buchungsportale (S. 80) können Unterkünfte reserviert werden. Das ist im Juli/Aug empfehlenswert, dann kann es schwierig werden, vor Ort spontan ein Zimmer zu bekommen. Es gibt ebenfalls viele Zelt- und Wohnwagenplätze.
In allen Urlaubsorten ist das Angebot an **Bars** und **Restaurants** in der Sommersaison groß.

UNTERHALTUNG UND KULTUR

Black Sea Arena, Natanebi/Shekvetili, 💻 bei Facebook. Aerosmith, die Scorpions, Elton John, Katie Melua und viele weitere internationale und georgische Künstler traten hier bereits vor einem Publikum von bis zu 10 000 Zuschauern auf.
Tsitsinatela-Freizeitpark, an der E70, südlich des Abzweigs der Kobuleti-Umgehungsstraße, 💻 www.tsitsinatela.com. Im „Glühwürmchen-Park" gibt es mehr als 30 Fahrgeschäfte, die einzeln abgerechnet werden. 🕒 In der Saison tgl. 18–24 Uhr, Eintritt in den Park 1 GEL.

SONSTIGES

Einkaufen und Versorgung

In allen erwähnten Orten gibt es **Banken**, Geldautomaten, **Apotheken** sowie **Lebensmittelläden**.

Informationen

Kobuleti Tourist Information Center & Kobuleti Protected Areas Administration, Kobuleti, Aghmashenebeli St. 139/141, 📞 0422 294 413, 💻 https://apa.gov.ge und bei Facebook, 🕒 Mo–Fr 9–19 Uhr.

TRANSPORT

Marschrutki

Zwischen Poti und Batumi pendeln in beide Richtungen regelmäßig Marschrutki, in die an den Hauptstraßen zugestiegen werden kann. Von Kobuleti gibt es ebenfalls regelmäßige Verbindungen nach BATUMI, POTI und zu den Nachbarorten.

Eisenbahn

Zwischen BATUMI und KUTAISSI verkehren 2x tgl. Züge, zwischen BATUMI und OZURGETI 1x tgl., mit Halt in KOBULETI, TSIKHISDZIRI, CHAKVI, MAKHINJAURI. Abfahrtszeiten auf 💻 https://railway.ge/en/regional-trains.

Kintrishi-Nationalpark

Das malerische Tal des Flusses Kintrishi liegt 25 km im Landesinneren und ist komplett von dschungelartigem Wald bedeckt. Teile des heute 14 000 ha großen Naturschutzgebietes im Kintrishi-Tal stehen bereits seit 1959 unter Schutz, 2021 wurde der Nationalpark in die Liste des Unesco-Weltnaturerbes aufgenommen. Denn hier wachsen viele endemische Arten, die z. T. Relikte eines vergangenen, wärmeren Erdzeitalters sind. Das Schutzgebiet erstreckt sich über Höhen von 300–2500 m, bei einer Wanderung kann man nicht nur mehr als „50 Shades of Green" (wie es ein Wanderblogger ausdrückte) begegnen, sondern auch einer blauen Perle: dem **Tbikeli-See** am Fuße des 2353 m hohen Berges Narusala. Das kleinere Kintrishi-Schutzgebiet ist genauso feucht wie der südlich angrenzende Mtirala-Nationalpark, aber weniger erschlossen. Oft kann man hier alleine durch die Wälder streifen.

ÜBERNACHTUNG UND ESSEN

In Tskhemvani gibt es nahe dem Besucherzentrum und der Bogenbrücke ein „Tourist Shelter", eine unbewirtschaftete Holzhütte mit Platz für 6 Pers., Anmeldung und Bezahlung im Besucherzentrum in Kobuleti oder Tskhemvani. ❶
Einfache Gästezimmer finden sich in Khino, **Zelten** ist an ausgewiesenen Stellen und nach vorheriger Anmeldung im Besucherzentrum erlaubt. ❶
Es gibt **keine Restaurants oder Einkaufsmöglichkeiten** im Schutzgebiet. Wer nicht in

Wanderungen durch den Kintrishi-Nationalpark

- Durch den subtropischen Kolchischen Wald führen **zwei sehr unterschiedliche Wanderwege**: In Tskhemvani beginnt an der steinernen Bogenbrücke eine anderthalbstündige Wanderung (Hin- und Rückweg) zu einem **kleinen Wasserfall**. Diese leichte Wanderung ist ausgeschildert und kann ganzjährig unternommen werden.
- Eine anspruchsvolle, insgesamt 37 km lange **zweitägige Tour zum Tbikeli-See** beginnt an der Bogenbrücke in Tskhemvani und führt über das Dorf Khino. Dabei passiert man auf dem Weg nach Khino riesige Eiben, deren Alter auf 300–400 Jahre geschätzt werden. Hinter Khino führt der Pfad durch unberührten Kastanien- und Birkenwald, der bis auf Höhen von 1900–2000 m wächst. Höhepunkt der Wanderung ist der kleine Bergsee Tbikeli. Es ist möglich, mit dem Geländewagen bis Khino zu fahren, von dort bis zum See sind es nur 12 km. Diese Wanderung kann zwischen April und November unternommen werden. Da sie nicht durchgängig markiert ist, empfiehlt es sich, mit Guide zu gehen. Für diese Route können auch Pferde gemietet werden.
Weitere Wanderwege waren 2022 in Planung.

einem der einfachen Gästehäuser in den Dörfern übernachtet, muss seine Verpflegung selbst mitbringen.

INFORMATIONEN

Informationen zum Kintrishi-Schutzgebiet gibt es in der **Kobuleti Protected Areas Administration** (S. 426).
Besucherzentrum in Tskhemvani, die Ranger informieren über Touren im Park. Im Besucherzentrum gibt es keinen Telefonkontakt, aber Besucherspezialistin Nana Noghaideli ist telefonisch unter ✆ 577 592 112 und per Mail, ✉ n.noghaideli@gmail.com, erreichbar, 💻 www.nationalparks.ge.

TRANSPORT

Marschrutki

Zwischen Kobuleti und Chakhati gibt es 3x tgl. eine Verbindung. Bis Chakhati ist die Straße asphaltiert, von dort sind es weitere 7 km auf einer Schotterstraße bis zum Besucherzentrum in Tskhemvani. Bei Fahrer Avto, ✆ 577 027 306, können Fahrzeiten (evtl. über die Unterkunft) erfragt und Plätze reserviert werden. Er spricht Russisch und Georgisch.

Taxis

Ein Taxi von Kobuleti kostet je nach Verhandlungsgeschick ca. 100–150 GEL.

Mtirala-Nationalpark

Die Ausläufer des Meskhetischen Gebirges, auch Adscharische Bergkette genannt, sind von dichtem, satt-grünem **Kolchischem Wald** bedeckt. Es ist nicht überraschend, dass die Vegetation hier sprießt und gedeiht, es wird auch stetig gegossen: Ganze 4520 mm Niederschlag gehen hier jährlich nieder – mehr als viermal so viel wie in Hamburg. Der Name des Parks liegt daher mehr als nah: „Mtirala" bedeutet übersetzt „Heulsuse".

Wer den Mtirala-Park besucht, sollte nicht aus Zucker sein, denn in der feuchtesten Gegend der ehemaligen Sowjetunion ist die Wahrscheinlichkeit ziemlich hoch, nass zu werden. Doch kalt wird es in dem **subtropischen Klima** zum Glück nicht so schnell. Die Pflanzen lieben dieses Klima – viele Arten, die im Kolchischen Feuchtgebiet ausgestorben sind, kommen im Mtirala-Nationalpark noch vor. Botaniker sind begeistert, der Laie wird sich über die farbenfroh blühenden Rhododendren oder die Zip-Line freuen.

Mit Hilfe des WWF (World Wide Fund For Nature) wurden **zwei Wanderrouten** angelegt und markiert: Der einfache, 7 km lange **Tsablnari-Trail** (Kastanien-Route) beginnt am Besucherzentrum in Chakvistavi auf 260 m und führt zu einem Wasserfall auf ca. 450 m Höhe.

Den besten Eindruck von der Natur gewinnt man beim zweitägigen **Tsivtskaro-Trail** (Kalte-Quelle-Route), S. 428.

Tsivtskaro-Trail (Kalte-Quelle-Route)

- **Route**: von Chakvistavi zum Tourist Shelter und zurück
- **Länge**: 16 km
- **Dauer**: 2 Tage
- **Wegbeschaffenheit**: markierte Wanderpfade
- **Schwierigkeitsgrad**: mittel
- **Ausrüstung**: Proviant für 2 Tage, Isomatte, Schlafsack und eventuell Zelt
- **Beste Wanderzeit**: Juni–September

Der 16 km lange Tsivtskaro-Trail führt durch subtropische Wälder, die Heimat von Braunbär, Reh, Gams, Marder und Dachs sind. Ziel ist die nicht bewirtschaftete Holzhütte (Tourist Shelter) auf 1235 m Höhe, in der nach Anmeldung im Besucherzentrum übernachtet werden kann.

Route

Die Wanderung beginnt am Besucherzentrum in Chakvistavi auf 260 m, am **ersten Tag sind 8 km und knapp 1000 Höhenmeter** zu bewältigen. Der Wanderweg verläuft anfangs entlang einem idyllischen Bach, nach ca. 1 km führt ein Abzweig nach links zu einer schönen Picknickstelle an dessen

Schon der Anblick des Tsablnari-Wasserfalls erfrischt.

Ufer, an der man Kraft für den Aufstieg sammeln kann. Geht man an jener Gabelung rechts, beginnt der Weg erst sanft anzusteigen, doch spätestens nach ca. 800 m wird es schweißtreibend: Der Pfad windet sich nun bergauf durch den Kolchischen Mischwald, der in höheren Lagen von Buchenwald abgelöst wird. Nach insgesamt 5 km gabeln sich auf einem Bergrücken die Wege erneut, der Pfad rechts führt bergab und ist unser Heimweg am nächsten Tag, der linke Pfad dagegen führt den Bergrücken weiter hinauf bis zum Tourist Shelter. Um die Holzhütte zu erreichen, hält man sich an einer weiteren Gabelung ca. 300 m weiter rechts.

Am **zweiten Tag** geht's dann nur noch bergab, sodass Muße bleibt, die unberührte Natur zu genießen, die Pflanzen zu bewundern und nach Tieren zu spähen. Aber Vorsicht, es kann rutschig werden auf den meist feuchten Erdwegen.

Praktische Tipps

Eine Wanderung am feuchtesten Ort Georgiens ist schweißtreibend: Leichte Wanderkleidung ist am angenehmsten, auch an Wechselkleidung sollte man denken. Wer in der Hütte übernachten möchte, sollte in der Hauptsaison rechtzeitig reservieren.

ÜBERNACHTUNG UND ESSEN

In **Chakvistavi** gibt es einige Hotels, Familienpensionen und Restaurants, die meist ausschließlich in der Hauptsaison im Sommer in Betrieb sind. Im Nationalpark existieren ein **Hotel** ❸ sowie sechs **Tourist Shelters** ❶, buchbar über die Nationalpark-Administration.

Jiji Guesthouse, Chakvistavi, ✆ 558 674 512. Das gemütliche Familiengästehaus befindet sich in ruhiger Lage etwas oberhalb des Ortszentrums, was in der trubeligen Hauptsaison sehr angenehm sein kann. Die 4 DZ teilen sich ein Bad. Kurz vor dem Ortseingang die Abzweigung links nehmen. ❶

Park Resort Mtirala, Chakvistavi, ✆ 555 009 492 💻 bei Facebook. Neues Hotel mit Restaurant und Pool. Einen höheren Komfort als hier bekommt man im Tal nicht, die Preise sind allerdings etwas überhöht. ❺

Willa, Chakvistavi, ✆ 599 670 774. Am Ende des Tals führt Chasan ein Restaurant und 3 Cottages mit je 2 DZ und Bad, einige der DZ haben Klimaanlage und Holzofen. ❷

Restaurant Chakvistavi, Chakvistavi, ✆ 557 745 380. Zwischen Geo Palace Hotel und dem Park Resort Mtirala auf der linken Seite hinter der Brücke gelegen. Man sitzt schön auf der großen Terrasse oder in den kleinen Pavillons am Fluss. Georgische Küche, besonders zu empfehlen ist die Flussforelle.

SONSTIGES

Aktivitäten

Wandern und **Vogelbeobachtung** sind im Nationalpark möglich.

Am Tsablnari-Trail gibt es die Möglichkeit (wenn es nicht regnet), die 200 m lange **Zip-Line** (15 GEL) zu fahren.

Informationen

Mtirala Nationalpark Administration, Chakvi, Megeneishvili St. 13, ✆ 577 101 889, ✉ mtiralapa@gmail.com, 💻 www.nationalparks.ge. Anders als in den meisten Nationalparks ist eine Registrierung im Besucherzentrum bei Tagesbesuchen nicht zwingend nötig. Die Mitarbeiter können Informationen zu Wandermöglichkeiten geben und die Tourist Shelters ❶ reservieren. 🕒 9–18 Uhr.

Ein **Besucherzentrum**, ✆ 577 101 889, ✉ mtiralapa@gmail.com, befindet sich am Eingang des Parks in Chakvistavi, 12 km von Chakvi entfernt. 🕒 9–18 Uhr.

TRANSPORT

Marschrutki

Montags und freitags direkte Verbindung zwischen Batumi und dem Besucherzentrum in Chakvistavi, Abfahrtszeiten 9.40 und 15.40, Rückfahrt nach Batumi um 10.30 und 17 Uhr, ab Batumi 5 GEL, ab Chakvi 2,50 GEL.

An den anderen Tagen kann man mit dem Minibus ab Batumi Richtung Kobuleti bis nach Chakvi fahren und von dort ein Taxi bis Chakvistavi nehmen. Abfahrt in Batumi neben der katholischen Kirche in der Gogebashvili St. 54 (S. 447).

Taxis

Ein Taxi von Chakvi nach Chakvistavi kostet ca. 50–60 GEL, von Batumi muss man für Hin- und Rückfahrt 120–150 GEL einkalkulieren.

Touren

Da die Anfahrt mit öffentlichen Verkehrsmitteln nicht ganz unkompliziert ist, bietet sich vor allem für Alleinreisende an, an einer organisierten Tour zum Nationalpark teilzunehmen. Touranbieter findet man hier: 💻 www.gobatumi.com.

Adscharien

Adscharien grenzt im Süden an die Türkei und erstreckt sich über ein 3000 km² großes Territorium, einer Fläche etwas kleiner als das Saarland. Bewaldete Berge türmen sich direkt hinter dem 57 km langen, subtropischen Küstenstreifen Adschariens und der Hafenstadt Batumi auf. Das **Mesketische Gebirge** beschert der autonomen Republik im Südwesten Georgiens so nicht nur eine abwechslungsreiche Landschaft, sondern auch viel Niederschlag: Die feuchte Luft des Schwarzen Meeres bleibt förmlich in den

Bergen hängen, was an der adscharischen Küste für Niederschläge von durchschnittlich 2000 mm pro Jahr sorgt.

Die **Küste Adschariens** und **Batumi** sind bei Urlaubern sehr beliebt, diese Regionen erlebten in den letzten beiden Jahrzehnten einen beispiellosen **touristischen Aufschwung** – manch einer sagt der georgischen Schwarzmeerküste eine Zukunft voraus, die der spanischen Costa Brava ähneln könnte. Während das glitzernde Batumi vor allem von Partyurlaubern, Kasinobesuchern oder „Medizin-Touristen" mit dem Wunsch nach einer Verjüngungskur besucht wird, bieten die Stadt und ihr Umland auch für Kultur- und Naturinteressierte abwechslungsreiches Programm für zwei bis drei Tage. Insbesondere der wunderschöne **Botanische Garten** nördlich von Batumi gibt einen Vorgeschmack auf die üppige Natur der kühleren adscharischen Bergwelt, in die sich die Küstenbewohner flüchten, wenn es dort zu warm wird und die Strände von Sonnenhungrigen überflutet werden.

Ein Blick in die Geschichte

In vorchristlicher Zeit war die Region **Teil des antiken Kolchischen Königreichs**. Nach römischen, byzantinischen und mongolischen Intermezzi hatte besonders die 300 Jahre andauernde **osmanische Herrschaft** vom 16.–19. Jh. starken Einfluss auf Menschen und Kultur Adschariens, denn viele Einwohner konvertierten zum **sunnitischen Islam**. Vor allem in den ländlicheren Gegenden gehören die Minarette der Moscheen noch immer fest zum Landschaftsbild, obwohl Muslime unter der kommunistischen Regierung diskriminiert und verfolgt wurden und heutzutage das Christentum wieder einen Aufschwung erlebt.

Nach der Niederlage der Türkei im letzten Türkisch-Russischen Krieg und dem Berliner Kongress 1878 wanderte das Territorium Adschariens an das russische Zarenreich, um 1918 nach dem Friedensvertrag von Brest-Litowsk wieder an die Türkei zu gehen. 1921 einigten sich die Türkei und die Sowjetunion darauf, dass die **„Adscharische Autonome Sozialistische Sowjetrepublik"** Teil der „Georgischen Sozialistischen Sowjetrepublik" wurde. Diese Sonderrolle setzte sich nach dem Ende der Sowjetunion fort: Es gab Demonstrationen für eine Abspaltung vom restlichen Georgien und Forderungen nach einem eigenen, kommunistischen Staat. Daher wurde der frühere sowjetische Vizeminister der Versorgungsbetriebe, **Aslan Abashidze**, 1991 als Parlamentspräsident Adschariens eingesetzt. Doch der löste das Parlament flugs auf, errichtete ein **autokratisches Regime** und regierte sein neues Reich mit seiner Familie wie ein feudales Fürstentum. Selbstverständlich führte er keine Steuern an die georgische Regierung ab und ließ zudem die Grenzen von seiner eigenen Armee bewachen. Auch die innergeorgischen Grenzen wurden kontrolliert und während der turbulenten Zeit nach dem Zusammenbruch der UdSSR sogar geschlossen – Abashidze riegelte das Land für alle in die Konflikte verwickelten Parteien ab, sodass Adscharien von den kriegerischen Auseinandersetzungen während des Bürgerkriegs verschont blieb. Allerdings war die Meinungsfreiheit der Adscharier stark eingeschränkt, und nicht selten verschwanden politische Gegner Abashidzes auf Nimmerwiedersehen.

Der Staatspräsident Eduard Schewardnadse versuchte in seiner Amtszeit 1992–2003 mehrfach erfolglos, diplomatisch zu vermitteln. Doch die adscharische Führung isolierte die Region weiter von Georgien, sodass Konflikte mit dem neuen Präsidenten Michail Saakaschwili vorprogrammiert waren. Nach langen Demonstrationen – denn Saakaschwili genoss auch bei der adscharischen Bevölkerung große Unterstützung – eskalierte der Machtkampf. Als Abashidze dem georgischen Präsidenten die Einreise nach Adscharien am Grenzübergang von Kobuleti verwehrte, wäre es beinahe zu einem Eklat gekommen. Doch Abashidze hatte die Unterstützung Russlands verloren und floh mit seiner Familie nach Moskau. Seitdem ist Adscharien **als autonome Region Teil der Georgischen Republik**.

Batumi

Die 172 000 Einwohner zählende **Hauptstadt der autonomen Republik Adscharien** ist zugleich wichtige Industrie- und Hafenstadt, Ver-

kehrsknotenpunkt der Region, Wissenschaftsstandort mit Hochschulen sowie aufstrebende Tourismushochburg.

Batumi ist die jüngste und modernste Stadt Georgiens und erlebt seit knapp 15 Jahren einen Bauboom, der im Kaukasus seinesgleichen sucht.

Während die Altstadt mit ihren stattlichen Gebäuden im Jugendstil und Klassizismus von der ersten Erfolgsgeschichte und dem ersten Aufstieg der Stadt als Ölboomtown Mitte des 19. Jhs. erzählt, zeugen moderne Luxushotels und ehrgeizige Hochhäuser entlang der Promenade von dem neuen wirtschaftlichen Aufschwung.

Geschichte

Bereits die Anfänge Batumis gehen auf den Hafen zurück, denn schon **Griechen**, **Römer** und **Phönizier** wussten den „bathis limin", den tiefen Hafen, zu schätzen. An der sonst meist flachen Schwarzmeerküste waren gute Anlegestellen rar, sodass am Delta des Chorokhi-Flusses eine **griechische Kolonie namens „Batis"** gegründet wurde, in der sich die griechische mit der kolchischen Kultur vermischte.

Ende des 19. Jhs. war Batumi allerdings nicht mehr als ein **verkommenes Piratennest**, dessen unglaubliche Erfolgsgeschichte begann, nachdem der russische Zar den Hafenort 1878 dem osmanischen Pascha abgeluchst hatte. Die Russen verwandelten den Hafen von Batumi in einen **Freihandelshafen** und machten ihn zu einem der wichtigsten Häfen am Schwarzen Meer, er war einer von nur drei Tiefseehäfen im Russischen Reich. Batumi wurde zu einem **Tor nach Europa** – schnell überholte der Hafen den von Poti als wichtigsten Exporthafen. Manganerz, Holz, Lakritz, Tee, Seidenkokons, Wolle, Baumwolle und vieles mehr wurden von dort verschifft. Dank dem Hafen wuchs die Stadt rasend schnell, 1883 wurde sie durch eine Zuglinie mit Baku verbunden, wenig später eine Ölpipeline eingeweiht. Batumi wurde zu einer **Vergnügungsstadt der Ölmilliardäre** mit weißen Villen und Kasinos, bald wurde es von den großen Finanz- und Öldynastien der Zeit beherrscht. Der russische Dichter Ossip Mandelstam nannte Batumi 1920 eine „kalifornische Goldrauschstadt im russischen Stil". Die Arbeiter in den Raffinerien dagegen führten eine klägliche Existenz, die Straßen stanken, die Sickergruben quollen über, und viele Menschen

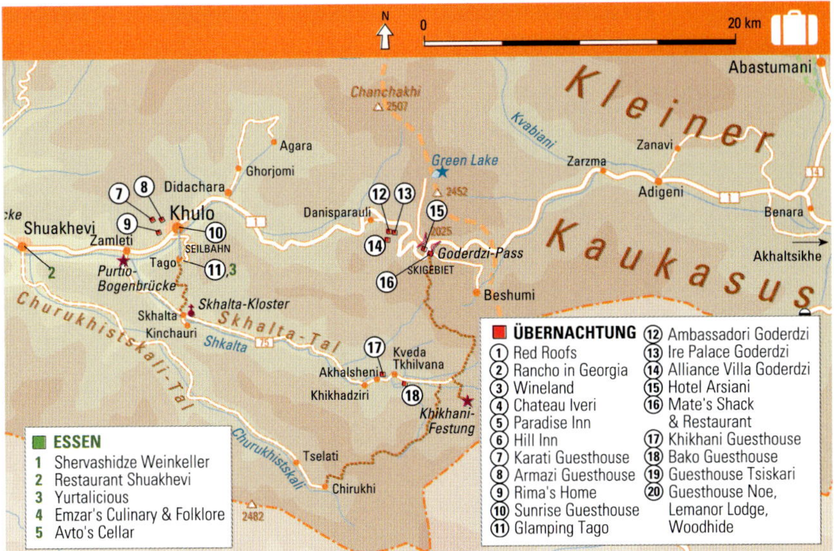

starben wegen der unhygienischen Zustände an Fleckfieber. Diese **Stadt von Reichtum und Ausbeutung** zog Georgiens berühmtesten Revolutionär magisch an; Stalin stiftete während seines Aufenthalts in Batumi 1902 große Unruhe: Erst überflutete er die Stadt mit kommunistischen Flugblättern, stachelte dann die Ölarbeiter zu Demonstrationen an und organisierte Attentate auf Fabrikdirektoren. Stalin soll sich außerdem erfolgreich um eine Arbeit in einem Lagerhaus einer Raffinerie der Rothschilds beworben haben – dass dort wenig später ein Feuer ausbrach, war sicher kein Zufall.

Kurz bevor Georgien unter bolschewistische Herrschaft fiel, wurde Batumi ein letztes Mal Tor nach Europa: Hunderttausende Menschen versuchten während der Zeit der ersten Georgischen Republik (1918–21) über Batumi und das Schwarze Meer nach Europa zu fliehen. **Flüchtlinge** aus dem bereits bolschewistischen Russland und Aserbaidschan wollten dem roten Terror entkommen, Emigranten aus allen gesellschaftlichen Schichten schifften sich nach Konstantinopel ein. Viele saßen ohne gültige Papiere fest, denn die Pässe von nicht mehr existierenden Staaten waren wertlos. Nach der Eingliederung in die Sowjetunion war die Erfolgsgeschichte Georgiens als Transitland und von Batumi als Handelshafen vorerst vorbei.

Mit dem Ende der UdSSR begann eine neue Runde des Pipeline-Pokers – doch sowohl die 2016 fertiggestellte Baku-Tbilissi-Ceyhan-Pipeline als auch die Baku-Supsa-Pipeline umgehen Batumi, trotzdem bleiben Industrie und Ölbusiness in Batumi präsent.

Mindestens genauso wichtig ist heutzutage die Bedeutung der Stadt als **Touristenzentrum**. Badeurlauber und Feierlustige zieht Batumi gleichermaßen an, aber auch das **Glücksspiel** ist bedeutend. Lizenzen für Kasinos sind günstig zu haben, und die Nachbarn aus der Türkei – in der das Glücksspiel illegal ist – lassen kleine Vermögen in den Kasinos. Und obwohl wie in ganz Georgien auch in Batumi **Prostitution** verboten ist, floriert auch dieses Geschäft. Weitaus mehr Besucher kommen aber zum Shoppen, das Angebot ist groß, und insbesondere Russen, Araber und Inder finden Gefallen an der modernen Stadt mit dem europäischen Flair. Badetourismus wäre übrigens noch vor wenigen Jahren undenkbar gewesen: Das Abwasser von ganz Westgeorgien wurde ungeklärt ins Schwarze

Batumi

■ ÜBERNACHTUNG

1. Batumi Home
2. Back2Me
3. N16 Hotel
4. O. Galogre Boutiquehotel
5. Hotel Bloom
6. Hotel London
7. Batumi Globus Hostel
8. Gurami Guesthouse
9. Kartuli Hotel
10. Guesthouse Melikishvili 57
11. Marani Hotel

■ ESSEN

1. Luca Polare (3x)
2. Coffeetopia
3. Radio Kirchen & Bar
4. Blue Elephant
5. Chocolatte
6. Ukraine
7. Heart of Batumi
8. Uncle Feng's
9. Adjara Café
10. Greejeen Coffee
11. Literaturuli
12. Privet iz Batuma
13. Fanfan
14. Fischmarkt
15. Retro
16. Deliria

■ SONSTIGES

1. Terminal Batumi
2. Contemporary Art Space
3. Wine Notes
4. Apollo-Kino
5. Chacha Time
6. Popeye Craft Bar
7. Fanjara
8. Meow Bar
9. Adgili
10. Circus Batumi
11. Sinori
12. Batumi Works
13. Apotheke
14. Batumi Art & Musical Center
15. Sky Bar Nephele
16. Metro City Forum
17. Batumi Mall
18. American Medical Centers
19. Supermarkt
20. Bauernmarkt

Schwarzes Meer

SCHWARZMEERKÜSTE UND ADSCHARIEN

Meer eingeleitet. Die Situation hat sich verbessert, seitdem das Bundesministerium für wirtschaftliche Zusammenarbeit und Entwicklung (BMZ) die Stadt mit 110 Mio. € bei der Sanierung der Wasserleitungen und des Abwassersystems unterstützte. Wenigstens ein Teil der Abwässer wird nun geklärt.

Der zweite Boom der Stadt begann mit der Regierungszeit von Michail Saakaschwili, der **Großprojekte** an Land zog, und in der Milliarden investiert wurden. Geplant war u. a. ein „Trump Tower", den Donald Trump bei einem Besuch 2012 mit viel Brimborium versprach. Das Projekt platzte, aber an Großprojekten mangelt es dennoch nicht, auch wenn die Nutzung der Gebäude am Ende nicht immer geklärt ist. Der **Bauboom** kam auch Georgiern zugute, die ihre von Erdrutschen und Lawinen bedrohten Heimatorte verlassen mussten. Seit 2013 siedelten über 440 Familien nach Batumi über, sie bekamen dort von der Regierung Apartments geschenkt.

Seit dem Beginn des russischen Angriffskriegs gegen die Ukraine halten sich erneut zahlreiche Russen in Batumi auf, die teils zu Kriegsbeginn im März 2022, teils als Flüchtlinge nach der Teilmobilisierung im September 2022 ins Land kamen.

Entlang dem Batumi Boulevard

Bereits 1884 wurde die **Strandpromenade** angelegt, die mittlerweile auf eine Länge von 8 km angewachsen ist und bei Herbststürmen regelmäßig überflutet wird. Im Sommer indes überfluten Touristen die breite Promenade und amüsieren sich auf Fahrgeschäften, in Restaurants, Cafés und Clubs. Entlang der Hafenpromenade, die parallel zur Gogebashvili Street verläuft, sorgen Container, Ladekräne und große Tanker für Industrieflair. Von dort kann man wunderbar bis zur Strandpromenade flanieren.

Talstation der Gondelbahn Argo Cable Car

Ein guter Ausgangspunkt für einen Spaziergang ist die Gabelung der Gogebashvili Street und der Chavchavadze Street, dort befindet sich die Talstation der Gondelbahn Argo Cable Car, die Besucher in zehn Minuten zum Hausberg der Stadt, dem „Argo", befördert – ein herrliches Fleckchen für den Sonnenuntergang, allerdings ist der Andrang dann meist groß und die Warteschlangen sind lang. ⌚ 10–22 Uhr, Hin- und Rückfahrt 30 GEL, Kinder bis 12 Jahre 7 GEL.

Richtung Jachthafen

An der **Hafenpromenade** flaniert man nach Norden, vorbei an Kuttern und Anglern und dem **Chacha-Turm**. Gegenüber liegt der **Jachthafen**, in dem es fast jedes erdenkliche Angebot an Wassersport gibt: vom Jetski über Parasailing bis hin zu ganz gewöhnlichen Bootsausflügen. Auch das **Riesenrad** lädt bei einem Fahrpreis von 3 GEL fast zu einer Fahrt ein (⌚ 9–1 Uhr), der nahe gelegene weiße **Leuchtturm** wirkt hier allerdings eher verloren.

„Ali und Nino"

Am östlichsten Ende der Strandpromenade erinnert ein Denkmal an eine Liebesgeschichte, die es schaffte, religiöse und kulturelle Unterschiede zu überbrücken: die zwei beweglichen **Metallstatuen Ali und Nino** der Künstlerin Tamara Kvesitadze. Nino, eine georgisch-christliche Adelige, und Ali, ein aserbaidschanisch-muslimischer Prinz, verlieben sich in ihrer Heimatstadt Baku am Vorabend der Revolution. Nach einigen Irrungen und Wirrungen können sie heiraten, doch nimmt die Liebesgeschichte kein glückliches Ende, denn Ali fällt im Kampf gegen die Bolschewiken. Das Liebespaar schaffte es daher niemals gemeinsam nach Batumi. Doch Lev Nussimbaum, einer der beiden Autoren des berühmten Liebesromans, floh in den 1920er-Jahren über die Hafenstadt nach Europa. Der Sohn eines jüdischen Ölmagnaten machte sich wenig später im Berlin der Weimarer Republik einen Namen als Schriftsteller und Kenner des Orients (S. 502), fortan unter den Namen „Essad Bey" und „Kurban Said".

Alphabet Tower

Schon von Weitem fällt der **Alphabet Tower** ins Auge, ein 130 m hoher Turm, an dem sich die 33 Buchstaben des georgischen Alphabets wie in einer DNA in die Höhe winden. Entlang der Strandpromenade reihen sich extravagante, moderne Bauten: Unter anderem bilden die Hochhäuser der Hotels Radisson Blue und Le Méri-

Die Altstadt von Batumi

dien, der **Batumi Tower** und das **Sheraton** die Skyline der Stadt. Wobei das Sheraton Hotel mit seiner kantigen Formsprache zwar an stalinistische Architektur erinnert, aber aus Rekonstruktionsversuchen des Leuchtturms von Alexandria aus hellenistischer Zeit inspiriert sein soll. Sperenzchen wie ein Hochhaus mit integriertem Riesenrad dürfen natürlich nicht fehlen.

Parkanlagen und Universität

Genau so wenig fehlen dürfen bei diesem Spektakel die mehrfarbig **beleuchteten Wasserspiele**, die „Dancing Fountains", die jeden Abend mit passender Musik vortanzen. Sie befinden sich in der Parkanlage zwischen Strandpromenade und Stadt, in der ebenfalls das in einem interessanten massiven Holzbau untergebrachte **Sommertheater**, ein Tennisclub sowie die klassizistisch angehauchten **Kolonnaden** angesiedelt sind.

Auf der Höhe der **Universität** liegt südlich der ausgedehnte **6.-Mai-Park** mit dem Nurigeli-See und einem Delphinarium. Niedliche Delphine ziehen dort ihre eintrainierte Show ab – doch man sollte sich überlegen, ob man diese so ganz und gar nicht artgerechte Haltung mit einem Besuch der Vorstellungen unterstützen möchte. Sehr sehenswert sind dagegen die kunstvollen Mosaike aus der Sowjetzeit, die das Delphinarium von außen zieren. Freunde sowjetischer Mosaikkunst sollten sich auf jeden Fall den **Batumi Octopus** ansehen, der sich nördlich des 6.-Mai-Parks an der Strandpromenade vor dem Hilton Hotel befindet. Die Oberfläche dieses an eine Krake erinnernden, fantasievollen Baus ist vollständig von Mosaiken bedeckt. Der Architekt George Chakhava und der Künstler Zurab Kapanadze hatten es 1975 als Gebäude für das Café Fantasia geplant. Nachdem es in einem desolaten Zustand war, wurde es Anfang der 2020er renoviert.

Unweit entführt der **Japanische Garten** Besucher nach Fernost.

Altstadt

Die ältesten Gebäude in der Altstadt Batumis stammen vom Ende des 19. Jhs. aus der russischen Zarenzeit, als Ölmilliardäre die Stadt prägten: Breite, gerade Straßen und weite, repräsentative Plätze mit Statuen wurden angelegt, prachtvolle Häuser in einer Mischung aus Jugendstil und Klassizismus gebaut, oft von ar-

Die Sage von Medea und dem Goldenen Vlies

Liebe, List, Verrat, Magie, Mord und Totschlag: Bereits in der Antike waren das die Zutaten, die eine fesselnde Geschichte ausmachen. Bestes Beispiel dafür ist die Sage von Medea und den Argonauten, die die Fantasie gleich mehrerer Dramatiker wie Euripides, Seneca oder Ovid beflügelte und bis heute zu den bekanntesten Stoffen der Weltliteratur zählt. Wie stolz die Georgier darauf sind, dass Medea aus dem antiken Kolchis zwischen Kaukasus und der Ostküste des Schwarzen Meeres stammte, davon zeugt das Medea-Denkmal des georgischen Architekten Davit Khmaladze auf dem Europaplatz der Hafenstadt Batumi. Dabei hatte die Tochter des Königs Aietes von Kolchis eigentlich so einiges auf dem Kerbholz und war wahrlich kein Kind von Traurigkeit – aber der Reihe nach:

Machtkampf um den Thron von Iolkos

Im Streit um die Herrschaft in der Stadt Iolkos im griechischen Thessalien war ein Machtkampf entbrannt. Pelias, der den Thron nach dem Tod seines Stiefvaters Kretheus übernommen hatte, sah seine Herrschaft durch seinen jüngeren Halbbruder Aison und dessen Sohn Iason bedroht. Um auf alles vorbereitet zu sein, zog Pelias ein Orakel zurate, das ihn eindringlich warnte, sich vor einem Mann mit nur einem Schuh in Acht zu nehmen. Und der war kein Geringerer als sein Neffe Iason, der eines Tages der Göttin Hera half, einen Fluss zu überqueren und dabei einen Schuh verlor. Um sich selbst nicht die Finger schmutzig zu machen und Iason dennoch ein für allemal loszuwerden, ersann Pelias einen hinterlistigen und perfiden Plan – ein Abenteuer ohne Wiederkehr, so seine Hoffnung. Er versprach seinem Neffen den Thron – im Gegenzug für das Goldene Vlies, dessen Besitz Reichtum und Macht versprach. Das Vlies war das goldene Fell des fliegenden Widders Chrysomeles, der die Königskinder Phrixos und Helle im Auftrag des Götterboten Hermes vor ihrer bösen Stiefmutter Ino zu retten versuchte. Während allerdings Helle von seinem Rücken abrutschte und starb (an dem nach ihr benannten Hellespont), kam Phrixos sicher in Kolchis an, opferte den Göttern den Widder als Dank für seine Rettung und machte das Fell dem König Aietes zum Geschenk. Aietes bewahrte es sicher geschützt im Heiligen Hain des Gottes Ares auf und ließ es dort von einem gewaltigen Drachen bewachen, der niemals schlief.

Der Raub des Goldenen Vlieses

Da Iason vom Goldenen Vlies gehört hatte und nicht davon ausging, dass man ihm ein derart wertvolles Gut kampflos überlassen würde, heuerte er eine Gruppe von wahren Helden (die Argonauten) an und machte sich an Bord des Schiffes *Argo* auf den Weg nach Kolchis. König Aietes willigte zum Schein ein, Iason das Goldene Vlies zu überlassen, falls dieser es schaffte, den Drachen im heiligen Hain des Ares zu töten, einen Acker mit zwei wilden, feuerspuckenden Stieren zu pflügen, dort die Zähne des erlegten Drachen zu säen und die daraus erwachsende Schar an wilden Kriegern zu töten. Aietes ging davon aus, dass Iason beim Versuch, diese übermenschlichen Herausforderun-

chitektonischem Orientalismus wie z. B. maurischen Bogen beeinflusst.

Moschee

Nahe dem Hafen befindet sich die Moschee, denn während der Osmanischen Herrschaft vom 16.–19. Jh. konvertierten viele Adscharier zum Islam. Wie hoch der Anteil der Muslime in der Bevölkerung heute ist, weiß niemand – es gibt keine offiziellen Zahlen, und Religion ist Privatsache. Geschätzt wird, dass 30–70 % der adscharischen Bevölkerung dem sunnitischen Islam angehören. Doch dass der Muezzin nur sehr leise zum Gebet rufen darf, ist ein klares Zeichen.

Rund um die Piazza

Das Herz der Altstadt bildet die **Piazza**, auf der im Sommer jeden Abend Touristen unter freiem Himmel in den Restaurants speisen können und den Live-Konzerten lauschen. Italienische Argen zu meistern, sicherlich sein Leben lassen würde. Aber er hatte die Rechnung ohne seine Tochter Medea gemacht. Die verfügte über Zauberkräfte, verliebte sich untersterblich in Iason, half ihm und fiel ihrem Vater so in den Rücken. Als sich Aietes trotz der bravourösen Erfüllung aller Aufgaben weigerte, sich an seinen Teil der Abmachung zu halten, raubte Iason das Fell kurzerhand und setzte mit der wertvollen Fracht und Medea an Bord die Segel der *Argo* Richtung Heimat. Dass sie der Kolchischen Flotte entkamen, die den Raub nicht auf sich sitzen lassen wollte, hatten Iason und die Argonauten wiederum Medea zu verdanken, die ihren eigenen Bruder Apsyrtos tötete, zerstückelte und ins Meer warf. Beim Versuch, alle Leichenteile einzusammeln, verloren die Verfolger wertvolle Zeit und die *Argo* schließlich aus den Augen.

Rückkehr nach Iolkos

Bei ihrer Ankunft in Iolkos staunte König Pelias nicht schlecht: Auch er war davon ausgegangen, dass Iason von dem Abenteuer nie zurückkehren würde – und weigerte sich nach der Übergabe des Goldenen Vlieses, seinen Part des Deals zu erfüllen und abzudanken. Gemeinsam mit Medea, die Iason inzwischen geheiratet hatte, rächte er sich an seinem Onkel: Medea versprach den Töchtern von Pelias, ihren greisen Vater einem Verjüngungszauber zu unterziehen und demonstrierte ihre Zauberkraft an einem Widder, den sie zerlegte und mit Zauberkräutern in einen Kochtopf gab – und aus dem kurz darauf ein quicklebendiges Lamm sprang. Beeindruckt von dieser Vorstellung, machten sich die Königstöchter über ihren Vater her, zerstückelten und kochten ihn – allein der gewünschte Erfolg blieb aus. Die Macht übernahm nun Pelias' Sohn Akastos, der Medea und Iason aus der Stadt verbannte. Beide ließen sich in Korinth nieder, wo Iason sich schließlich in die Tochter des dort herrschenden Königs Kreon verliebte und Medea verließ. Medea und die gemeinsamen Kinder sollten in die Verbannung geschickt werden, doch das ließ Medea nicht auf sich sitzen. Sie ließ Glauke, der neuen Braut von Iason, ein angebliches Versöhnungsgeschenk überbringen: ein prächtiges Brautkleid sowie ein kostbares Geschmeide – doch die gingen in Flammen auf, kaum dass die schöne Glauke es am Leibe trug. Sie verbrannte qualvoll, genau wie ihr Vater, der ihr zur Hilfe geeilt war. Von Rache zerfressen, tötete Medea auch ihre eigenen zwei Söhne, die sie Iason geboren hatte, bevor sie ins Exil floh.

Medas Exil in Athen

Medea landete schließlich in Athen, wurde die Frau von König Aigeus und gebar ihm einen Sohn, der auf den Namen Medos hörte. Nachdem sie erfolglos versucht hatte, Theseus, der als erstgeborener Sohn von Aigeus als Thronfolger auserkoren war, aus dem Weg zu räumen, musste sie gemeinsam mit ihrem Sohn das Land verlassen. Dort verliert sich ihre Spur.

Philipp Schmatloch

chitekten wirkten bei der Planung mit und schufen aus einer Mischung verschiedener Stile die Kopie einer italienischen Piazza, die sicherlich die Besucher begeistert, die noch nie im echten Italien waren.

Nordöstlich des Piazza erhebt sich die **St.-Nikolas-Kirche**, die an eine katholische Kirche erinnert. Ursprünglich war der Bau 1902 als katholisches Gotteshaus von den Unternehmerbrüdern Zubashvili auf Wunsch ihrer Mutter errichtet worden. Die Sowjetregierung schloss die Kirche und wandelte sie in ein Archiv und Labor um, seit dem Ende des Sowjetregimes wird sie als orthodoxe Kirche genutzt. Eine neue katholische Kirche steht mittlerweile nahe dem Bahnhof östlich des Zentrums.

Etwas versteckt liegt der **alte Zirkus**, Nikoloz Baratashvili St. 39, in dem zurzeit nur sehr selten Vorstellungen stattfinden. Ein eigenes Ensemble konnte sich der Zirkus von Batumi, genauso wie

Kein Abfall und kein Alkohol

Aufgepasst: Batumi soll sauber bleiben, daher kann es bis zu 120 GEL kosten, Zigarettenkippen oder Müll auf den Boden zu werfen. Rauchen in der Öffentlichkeit ist erlaubt, doch wer auf öffentlichen Plätzen oder Verkehrsmitteln Alkohol trinkt, kann mit einer Strafe von bis zu 300 GEL bedacht werden.

die anderer Städte, noch nie leisten. Die Kosten dafür waren viel zu hoch, allein das Futter für die Elefanten hätte jedes Budget gesprengt. Doch da die Zirkusvorstellungen zu Sowjetzeiten eine beliebte Zerstreuung waren, wurde in jeder größeren Stadt ein Zirkusgebäude errichtet, zwischen denen einige wenige Ensembles pendelten. Ein Blick in den Zirkus von Batumi entführt in eine andere Zeit.

Europaplatz

Nördlich des Zirkus nahe der Promenade liegt der repräsentative **Europaplatz** mit einer **astronomischen Uhr** und einer vergoldeten **Statue der Medea**. Die kolchische Prinzessin kam zwar in der griechischen Sage (s. Kasten S. 438, „Die Sage von Medea und dem Goldenen Vlies") schlecht weg, wird bei den Georgiern als Landsfrau aber trotzdem verehrt.

Adjara Art Museum

Nur zwei Häuserblocks weiter im Südwesten der Altstadt befindet sich das Kunstmuseum, Gorgiladze St. 8, 💻 www.ajaramuseums.ge/en. Ausgestellt sind Gemälde verschiedener georgischer Maler, Skulpturen sowie Arbeiten aus Keramik und Glas, Gobeline und Holzschnitzarbeiten. 🕒 10–18 Uhr, Eintritt 6 GEL.

Synagoge

Die weiß strahlende 1904 errichtete Synagoge, Vazha Pshavela St. 33, steht fast gegenüber des Art Museums – noch immer sind im kulturell bunt gemischten Batumi viele Religionen zuhause. Und man ist stolz darauf, dass in Batumi die verschiedenen Religionen und Kulturen immer friedlich miteinander lebten. Während der Sowjetzeit wurde das jüdische Gotteshaus als Sporthalle genutzt, seit 1998 finden hier wieder Gottesdienste statt. Tagsüber ist die Synagoge meist geöffnet, dann ist es möglich, einen Blick in den feierlichen Innenraum zu werfen.

Adscharisches Museum

Einen Besuch wert ist auch das Adscharische Museum (Khariton Akhvlediani Museum of Ajara), Akhvlediani St. 4. Die nicht ganz moderne, aber sehr interessante Ausstellung informiert auf Georgisch und Englisch über Geografie, Natur und Geschichte Adschariens und zeigt u. a. kunstvoll geschnitzte Türen, alte Werkzeuge, Waffen und Kleidungsstücke. 🕒 10–18 Uhr, Eintritt 6 GEL.

Archäologisches Museum

Freunde der Antike sollten das Archäologische Museum, I. Chavchavadze St. 77, nicht verpassen. Dort sind interessante Funde aus Stein- und Bronzezeit sowie von Antike bis Mittelalter ausgestellt, darunter kunstvoll bemalte Tonarbeiten, antike Münzen und fein gearbeitete Schmuckstücke aus Gold. 🕒 10–18 Uhr, Eintritt 6 GEL.

Außerhalb des Zentrums

Nobel-Museum

Das Nobel-Museum, Leselidze St. 3, ist in einer herrschaftlichen Villa untergebracht, 3 km östlich der Altstadt nahe dem Bahnhof. Von ihrem ehemaligen Büro in Batumi dirigierten die Nobel-Brüder Ludwig und Robert ihre Geschäfte, neben den Rothschilds und Alexander Mantashev waren sie die größten Ölmagnate im Kaukasus.

Angefangen hatte alles damit, dass Ludwig seinen Bruder Robert nach Baku geschickt hatte, um Walnussholz für die Gewehrproduktion zu kaufen. Doch Robert erkannte das Potenzial des sich anbahnenden Öl-Booms. Die geschäftigen Brüder erfanden den Öltanker, um das Schwarze Gold zu transportieren – doch da es keinen Schiffsweg von Baku nach Europa gibt, folgte 1877 die Erfindung der ersten Öl-Pipeline. Bereits Ende des 19. Jhs. floss ein Fünftel der Weltproduktion von Rohöl durch die Pipeline von Baku nach Batumi.

Die interessante Ausstellung informiert mit zahlreichen historischen Fotografien und Ausstellungsstücken über Batumi und das Ölgeschäft um die Jahrhundertwende zum 20. Jh., doch auch die Geschichte des Teeanbaus in Chakvi wird dokumentiert.

🕒 10–18 Uhr, Eintritt 6 GEL.

Die **Anfahrt** ist mit den Marschrutki Nr. 10 und 15 Richtung Bahnhof/Botanischer Garten möglich. Dem Fahrer Bescheid geben, dass man am Nobel-Museum aussteigen möchte.

Kemal Turmanidze Ethnografisches Museum „Borjgalo"

Das weitläufige Freiluftmuseum, Sharashidze St., 14 im Vorort Khakhaberi, 💻 bei Facebook, zeigt Modelle von traditionellen adscharischen Holzhäusern und veranschaulicht anhand zahlreicher Exponate die alten Handwerke Weben, Töpfern, Schnitzerei, Stein- und Metallbearbeitung, die in Adscharien verbreitet waren und teils noch immer sind. Ein schöner Ausflug besonders für Familien mit Kindern. Bemerkenswert ist, dass das Museum auf eine private Initiative von Kemal Turmanidze zurückgeht.

🕒 10–18 Uhr, Eintritt 10 GEL. Anfahrt mit Marschrutki Nr. 39 oder Bus Nr. 12, ca. 20 Min. für ca. 1 GEL.

ÜBERNACHTUNG

Das Angebot an Hotels und Pensionen ist vor allem in den mittel- und hochpreisigen Kategorien groß. Trotzdem sollte man mind. 3–4 Monate im Voraus ein Zimmer reservieren, wenn man die Stadt zwischen Mitte Juni und Mitte September besuchen möchte. Die Preise sind etwas höher als in den anderen Teilen des Landes, in der Nebensaison kann man dafür günstig unterkommen: Übernachtungen kosten dann oft nur einen Bruchteil im Vergleich zur Hauptsaison.

Untere Preisklasse

Back2ME, Chiladze St. 4, 📞 0422 223 302, 💻 bei Facebook. Modernes Hostel in der Altstadt, 2 Vier-Bett-Zimmer mit Privatbad und 5 Acht-Bett-Schlafsäle, davon einer nur für Frauen, alle Stockbetten mit Vorhang. Mit Gemeinschaftsküche, Aufenthaltsraum, Schließfächern und Waschmaschine, eine gute Option für Alleinreisende. ❶

€ **Batumi Globus Hostel**, Mazniashvili St. 56, 📞 593 289 949, 💻 bei Facebook. Freundliches, aber etwas chaotisches Hostel in zentraler Lage mit gemütlichem Innenhof. Sehr unterschiedliche Zimmer, günstige Betten im Schlafsaal sowie DZ, Drei-, Vier- und Fünf-Bett-Zimmer mit Privatbad. ❶

€ **Gurami Guesthouse**, Chavchavadze 2nd Dead End, House #1, 📞 555 363 086. Der freundliche Guram vermietet 4 Zimmer, 3 davon mit Badezimmer en suite. Es gibt eine Gemeinschaftsküche und Waschmaschine, das Schmankerl ist die große Terrasse. Das Gästehaus befindet sich in einem ruhigen Innenhof, Zugang von der Zviad Gamsakhurdia St. ❶

Marani Hotel, Brtskinvale St. 24, 📞 599 182 338, ✉ maranitour@gmail.com. Familiengeführtes Hotel in ruhiger Lage etwas außerhalb der Altstadt. Von den 40 sauberen Zimmern haben einige einen Balkon, es gibt einen Innenhof und eine Dachterrasse. Im namensgebenden Weinkeller kann man unterschiedliche georgische Weine kosten, im hoteleigenen Restaurant im 6. Stock wird lecker gekocht. Top Preis-Leistungs-Verhältnis und gute Parkmöglichkeiten. Einzig der etwas dunkle Frühstücksraum im Erdgeschoss ist weniger einladend. ❷

Mittlere Preisklasse

In dieser Preisklasse findet man bei booking.com viele Apartments in den Hochhäusern, z. B. dem Orbi Sea Tower, die privat vermietet werden.

Batumi Home, Kostava St. 22, 📞 555 911 905, ✉ batumihome@hotmail.com. Freundliches, familiengeführtes Hotel in der Altstadt mit mehreren DZ und 3-Bett-Zimmern sowie einem 4-Bett-Zimmer und schönem Innenhof. Aufzug vorhanden. ❹

Guesthouse Melikishvili 57, Melikishvili St. 57, 📞 593 678 973. Gästehaus mit 7 Apartmentzimmern, alle mit eigenem Bad. Gemeinschaftsküche und Waschmaschine vorhanden. Eingang hinter dem schwarzen Tor. ❸

Hotel London, Mazniashvili St. 52, 📞 557 344 343, ✉ info.hotellondon@gmail.com. Gepflegtes Hotel mit freundlichem Personal in bester Lage. Die meisten der

Eine prima Adresse für alle diejenigen, die gern frischen Fisch essen möchten: der Fischmarkt von Batumi

24 Zimmer haben einen Balkon, von der Suite mit Stadtblick genießt man herrliche Blicke über die Skyline von Batumi. Passend zum Namen begrüßt die Gäste ein rotes Telefonhäuschen, beim Frühstücksbuffet gibt es neben dem kontinentalen auch irische und englische Speisen zur Auswahl. ❹

N16 Hotel, Parnavaz Mepe St. 16, ✆ 571 489 090, ✉ hoteln16@gmail.com oder ✉ tinajinji khadze@gmail.com. Kleines, charmantes Hotel in Top-Lage mit hilfsbereitem Personal. Einfache, aber geschmackvoll eingerichtete Zimmer, einige mit Balkon. Einzige Mankos sind der fehlende Aufzug und der kleine Frühstücksraum. ❸–❹

Obere Preisklasse

Die gehobenen Hotels der Ketten **Best Western, Hilton, Sheraton**, **Radisson Blue** und **Wyndham** bieten reichlich Luxus und meist ebenfalls Meerblick.

Hotel Bloom, Mazniashvili St. 43, ✆ 558 312 020, ✉ info@hotelbloom.ge. Stilvolles Hotel in der Nähe der Piazza, die sauberen Zimmer haben bequeme Betten, die meisten ebenfalls einen Balkon. Netter Innenhof, freundliches Personal und leckeres, abwechslungsreiches Frühstück. Den überteuerten Wäscheservice sollte man besser nicht in Anspruch nehmen. ❹–❺

Kartuli Hotel, Khimshiashvili St. 57, Orbi Beach Tower, ✆ 595 100 669, 💻 bei Insta, ✉ sergei@ kartulihotel.com. Im 37. und 38. Stockwerk befindet sich dieses stylische Hotel, das von bekannten georgischen Künstlern mitgestaltet wurde. Hier kann man mit gigantischer Aussicht abhängen: Jedes Zimmer hat Meerblick und eine Hängematte, einige zusätzlich Küchenzeile und Kühlschrank. ❺–❻

O. Galogre Boutiquehotel, Gorgasali St. 8, ✆ 0422 274 845, 💻 www.hotelgalogre.com. Sehr beliebtes, gehobenes Hotel mit pompöser Eingangshalle, hübschem Innenhof und einladender Terrasse. ❹–❻

ESSEN

Adjara Café, Kutaissi St. 11, ✆ 579 345 454, 💻 www.att.ge. Leckere georgische und adscharische Gerichte, auch wenn die Speisekarte manchmal mehr verspricht, als sie hergibt und der Service nicht der schnellste ist. In dem Speisesaal mit rustikal-unverputzten

Steinwänden und luftig-hohen Decken sitzt man sehr schön. 🕒 11–24 Uhr.

Deliria, Kazbegi St. 8, ✆ 577 008 875, 💻 bei Facebook. In dem versteckten, paradiesischen Gartenrestaurant gibt's eine gute georgische Speisekarte. Große Auswahl an Cocktails. 🕒 11–24 Uhr.

Fanfan, Ninoshvili St. 27, ✆ 557 753 90 11, 💻 bei Facebook. Gemütliches Vintage-Style-Restaurant. Die Auswahl ist übersichtlich, doch wird auch an die Vierbeiner gedacht: Es gibt extra Gerichte für Hunde. Leckere hausgemachte Limonaden und Cocktails. 🕒 11–2 Uhr.

Fischmarkt, an der Hauptstraße (S2) nahe dem Bahnhof. Frischer geht's nicht: Der Fischmarkt der Hafenstadt ist zwar überraschend klein, aber wo sonst kann man frischen Fisch kaufen (und dabei handeln!) und direkt nebenan im Restaurant zubereiten lassen? Anfahrt mit Marschrutka Nr. 31 Richtung Botanischer Garten. Auf der Terrasse des **Fishlandia** sitzt man schön und wird tiptop bekocht. 🕒 10–22 Uhr.

Heart of Batumi, Mazniashvili St. 11, ✆ 568 940 515, 💻 bei Facebook. Leckeres georgisches Essen zu vernünftigen Preisen und freundliche Kellner – hier gehen auch Einheimische gerne hin. An den Tischen draußen kann man das städtische Treiben beobachten. 🕒 11–23 Uhr.

Privet iz Batuma, Abashidze Ave. 39, ✆ 0422 277 766, 💻 bei Facebook. „Hallo aus Batumi", bei Einheimischen und Touristen beliebt, stilvolles Nostalgie-Interieur, das an ein Pariser Kaffeehaus erinnert. 🕒 10–1 Uhr.

Radio Kitchen & Bar, Rustaveli St. 11, ✆ 555 974 977, 💻 bei Facebook. Europäische und georgische Gerichte, darunter Burger, Pasta, verschiedene Fischgerichte sowie vegetarische Speisen. 🕒 9–24 Uhr.

€ **Retro**, Takaishvili St. 10, ✆ 579 511 722, 💻 bei Facebook. Die beste Adresse für Khachapuri und Pizza: Der Renner ist das schiffchenförmige, adscharische Käsebrot. Mit Terrasse, in einer etwas versteckten Seitenstraße. 🕒 9–23 Uhr.

Ukraine, Melashvili St. 1, ✆ 555 560 848, 💻 bei Facebook. Ukrainisch-folkloristisch gestaltetes Restaurant in der Nähe des Hafens von Batumi mit typischen Landesgerichten. 🕒 9–24 Uhr.

Uncle Feng's, Zhordania St. 3, ✆ 557 779 112, 💻 bei Facebook. Das chinesisch-ukrainische Inhaber-Pärchen hat das kleine Restaurant liebevoll eingerichtet und bereitet alle Speisen ganz frisch zu. Etwas höhere Preise, dafür große Portionen. 🕒 So–Fr 14–24 Uhr.

Cafés und Süßes

Blue Elephant, N. Dumbadze St. 8, 💻 www.blueelephant.ge. Perfektes Café zum Frühstücken – zu jeder Tageszeit. Guter Kaffee und moderne europäische Gerichte. Zahlreiche Optionen für Vegetarier. 🕒 8–21 Uhr.

Chocolatte, Abashidze Ave. 13, 💻 bei Facebook. Klein, aber fein: ein Ort zum Wohlfühlen, täglich wechselndes – und immer köstliches – Frühstück. Auch herzhafte Gerichte. 🕒 8–20 Uhr, im Nov geschl.

Coffeetopia, Gamsakhurdia St. 6, 💻 bei Facebook. Kaffee, Kuchen und Herzhaftes

Typisch adscharische Leckereien

Achma: Eine adscharische Art Käse-Lasagne.

Adscharisches Khachapuri: Die in ganz Georgien beliebte, adscharische Variante des Käsebrotes in Schiffchen-Form. Wird mit Ei und Butter serviert, die man vor dem Essen vermengt und den Rand des Brotes darin eintunkt.

Baklava: Süßer geht nicht! In Zucker eingelegtes Blätterteiggebäck mit Nüssen. Auch bei den türkischen Nachbarn ein beliebter Nachtisch.

Borano: Maximaler Energie-Lieferant aus Käse in geschmolzener Butter.

Chirbuli: Das typisch adscharische Frühstück sind Eier mit Walnüssen in Tomatensoße.

Gozinaki: Ausgesprochen süße Nachspeise aus Honig und Nüssen.

Kuruti: Küchlein aus Hüttenkäse, Sahne und Maismehl, in der Sonne getrocknet.

Pelamushi: Süßer Nachtisch aus Traubensaft und Maismehl.

Sinori: Vorgebackene Teigblättchen mit Frischkäse und geschmolzener Butter, die traditionell in einer Tonpfanne zubereitet werden.

von der australischen Kette bei orientalischem Interieur – die Decke ist ein Hingucker. ⌚ 9–24 Uhr.

Greejeen Coffee, Parnavaz Mepe St. 1, 💻 bei Facebook. Kleines gemütliches Kaffeehaus nahe der Promenade. Freundlicher Service, leckere Süßspeisen und gute Getränkeauswahl – extravagant ist z. B. der Matcha-Tonic. ⌚ Mo–Fr 10–21, Sa, So 9–22 Uhr.

Literaturuli, Gamsakhurdia St. 18, 💻 bei Facebook. Stilvolles Café mit entspannendem Ambiente, eine gute Adresse für leckere Kuchen und Torten. ⌚ 10–24 Uhr.

Luca Polare, Abashidze St. 3 und mehrmals an der Strandpromenade, 💻 https://lucapolare.com. Das beste Eis der Stadt mit vielen köstlichen, teils ausgefallenen Sorten – auch leckere Frappés, Kuchen, Tee- und Kaffeespezialitäten. ⌚ 8–24 Uhr.

UNTERHALTUNG UND KULTUR

Bars und Clubs

Auch die meisten Restaurants und Cafés bieten eine große Auswahl an Getränken und haben oft bis spät in den Abend geöffnet. Genauso findet man in den Bars auch immer einige Speisen auf der Karte.

Wer die Nacht durchfeiern und -tanzen möchte, wird im Sommer an der **Strandpromenade** fündig, dort gibt es zahlreiche **Clubs**, in denen DJs meist elektronische Klänge auflegen. So richtig los geht's erst nach Mitternacht. Weitere Optionen sind:

Adgili, Abashidze Ave. 43, 💻 bei Facebook. Kellerbar, in der die junge Generation gerne abtanzt. Die Musik reicht von Blues und Rock über Rap bis Techno. LGBTQ-freundlich. ⌚ So–Do 20–4, Fr, Sa 20–6 Uhr.

Chacha Time, Mazniashvili St. 5/ Melashvili St.16, 💻 bei Facebook. Der Name ist Programm – und wer glaubt, den georgischen Tresterschnaps bereits zu kennen, wird überrascht sein: Unglaublich, welch feine Chacha-Tröpfchen es gibt und was für ausgefallene Getränkevariationen man daraus zaubern kann. ⌚ 14–2 Uhr.

Circus Batumi, Dance & Night Club, Baratashvili St. 23, 💻 bei Facebook u. Insta. Samstag- auf Sonntagnacht legen Techno-DJs auf, und die Manege wird für Tanzwütige eröffnet, die bis in die späten Morgenstunden feiern können. ⌚ So 24–8 Uhr.

Fanjara, Melashvili St. 21, 💻 bei Facebook. Kleine Kneipe mit freundlicher Atmosphäre, regelmäßigen Livemusik-Events und veganen Gerichten. Vor der Tür gibt es einen „Hundeparkplatz". ⌚ 16–2 Uhr.

Meow Bar, A. Melashvili St. 25, 💻 bei Insta. Die gemütliche Bar ist eine gute Adresse für Cocktail-Liebhaber, Brettspiel-Fans und Katzenfreunde. ⌚ 18–2 Uhr.

Popeye Craft Bar, Zhordania St. 5, 💻 www.popeye.ge. Solch ausgefallene Cocktails und so eine große Auswahl an Craft-Bieren findet man in Batumi sonst nirgends. Unbedingt probieren sollte man die Spezialität der kleinen maritim gestalteten Bar: Nastoyka, ein mit Früchten und Gewürzen aromatisiertes Getränk auf Wodkabasis. Die Auswahl der Speisen ist kleiner, dafür sind sie nicht weniger lecker. ⌚ 14–1 Uhr.

Sky Bar Nephele, Rustaveli Ave. 40, 💻 bei Facebook. Die Rooftop-Bar des Hilton-Hotels steht nicht nur Gästen offen. Vom 20. Stockwerk kann man bei herrlicher Aussicht wunderbar bei Sonnenuntergang Cocktails zu mitteleuropäischen Preisen schlürfen. ⌚ 12–2 Uhr.

Sinori, Marjanishvili St. 14, 💻 bei Facebook. In diesem Lokal gibt es nicht nur leckeres Essen und eine große Getränkeauswahl, sondern auch mittwochs, freitags und samstags regelmäßige Veranstaltungen wie Livemusik- oder Spieleabende. Gemütlich wird es am Sonntag beim Filmabend. ⌚ 16–24 Uhr.

Wine Notes, Baratashvili St. 1, 💻 bei Facebook. Große Auswahl an Weinen und Spirituosen aus ganz Georgien, auch von kleinen, wenig bekannten Weingütern. Ein guter Ort zum Weinkaufen oder -verkosten. ⌚ 10–1 Uhr.

Kinos

Apollo-Kino, Abashidze St. 17, 💻 https://www.biletebi.ge/kinos-biletebi/apolo-batumi. Vorstellungen auch auf Englisch und Russisch.

Musik, Theater, Kunst

Batumi Art & Musical Center, Odyssey Dimitriadi St. 1, 💻 bei Facebook. Opern, Musicals und klassische Konzerte werden hier aufgeführt.
Contemporary Art Space, Gamsakhurdia St. 1/5, 💻 www.casbatumi.ge. Ausstellungen, Events, Workshops. Abends oft Livemusik und samstags Filmabend, unterstützt vom Goethe-Institut. 🕒 11–18 Uhr.
Ilia Chavchavadze Batumi State Drama Theatre, Rustaveli Ave. 1, 💻 www.batumitheatre.ge. Vorstellungen nur auf Georgisch.
Summertheatre, Old Boulevard, 📞 0422 294 524. Im Sommer Vorstellungen unter freiem Himmel.

FESTE

Batumi International Art-House Film Festival, 💻 www.biaff.org. Findet Ende September statt.
Batumi Music Fest, 💻 https://batumifest.ge. Klassisches Musikfestival Ende Juli.
International Black Sea Jazz Festival, 💻 www.tbilisijazz.com. Jedes Jahr im Juli.

EINKAUFEN

In Batumi lässt es sich hervorragend shoppen, insbesondere im Stadtteil östlich der Altstadt um die Abashidze und Rustaveli Ave. befinden sich viele Läden und Modegeschäfte, die – dem Publikum angepasst – meist etwas höhere Preise haben.

Einkaufszentren

Batumi Mall, Gorgiladze St. 88, 💻 https://batumimall.business.site. 🕒 9–22 Uhr.
Metro City Forum, Lech and Maria Kachinsky St. 1, 💻 bei Facebook. 🕒 10–22 Uhr.

Lebensmittel

Auf einem großen **Bauernmarkt**, Mayakovski St. 12, an der Südseite des Güterbahnhofs werden frisches Obst und Gemüse, Kräuter, Gewürze und vieles mehr verkauft. 🕒 9–19 Uhr.
Kleine Lebensmittelläden findet man überall in der Stadt, einen großen **Supermarkt** der Kette Carrefour in der Pushkin St. 37 südlich der Altstadt. 🕒 9–22 Uhr.

AKTIVITÄTEN

Ob Bootsausflüge, Tauchen, Tennis, Rafting, Reiten, Canyoning, Golf, Paintball oder Bowling – in Batumi bleibt kein Wunsch offen. Das Tourist Information Center gibt zu allen Aktivitäten gerne Auskunft.
In der Stadt wurde ein **Netz aus Radwegen** angelegt, einer verläuft direkt an der Strandpromenade. Im TIC ist die **BatumVelo** Karte nach Vorlage eines Ausweises erhältlich, mit der Räder an allen Stationen in der Stadt ausgeliehen und zurückgegeben werden können. Auch Buchungen per App sind möglich, 💻 www.batumvelo.ge/main. Karte 20 GEL, davon 10 GEL Guthaben. Mietpreis 4,80 GEL/Std. bzw. 8 Tetri/Min. Das Guthaben kann im TIC oder an den orangefarbenen Service-Terminals aufgeladen werden. Hotline 📞 577 377 676.

SONSTIGES

Co-Working-Spaces

Batumi Works, Gorgasali St. 9, 📞 593 710 196, 💻 https://batumi.works. Freundlich und modern, mit Ruhezone, gemütlichem Open Space und Lounge, in der man bei Kaffee und Obst die Pause verbringen kann. Meeting-Raum, Call Rooms und kleine Küche vorhanden. 🕒 Mo–Fr 10–22 Uhr.
Terminal Batumi, Akhmeteli St. 7a, 📞 0322 121 015, 💻 https://terminal.center. Hier kann man rund um die Uhr arbeiten und networken: In einem der großen Räume kann man einen wechselnden „Flex Desk" buchen. Kleinbüros, Konferenzräume und Lobby vorhanden. 🕒 24 Std.

Geld

Insbesondere im Stadtteil östlich der Altstadt gibt es viele **Banken** und **Geldautomaten**, die leuchtenden Schilder der **Geldwechselstuben** säumen dort den Abschnitt der Chavchavadze St.

Informationen

Tourist Information Center (TIC) am Boulevard, Ninoshvili St. 2, an der Strandpromenade, 📞 0422 294 412. 🕒 Sommer tgl. 9–24, Winter tgl. 9–19 Uhr.

Vogelbeobachtung bei Batumi

Bei Batumi liegt **eines der außergewöhnlichsten Beobachtungsgebiete für Vogelzüge in Europa**. Denn viele Zugvögel, die von Russland nach Afrika ziehen, vermeiden die Route über das Schwarze Meer und die hohen Gipfel des Großen Kaukasus, sie migrieren über den Flugkorridor entlang der Küste bei Batumi. Besonders viele Sing-, Wasser- und Greifvögel können dort beobachtet werden.
Im Frühjahr rasten um Batumi Kleinvögel, ab dem Spätsommer finden teils spektakuläre Vogelzüge von Raubvögeln statt: Anfang September ziehen an manchen Tagen bis zu 50 000 Wespenbussarde vorbei, Ende September können Mäusebussarde und Schwarzmilane gesichtet werden sowie größere Adlerarten wie Schrei-, Schell-, Steppen- und Kaiseradler. Im Herbst werden hier teils über 800 000 Greifvögel von 32 verschiedenen Arten beobachtet.
Die besten Orte zur Vogelbeobachtung sind der **Mtirala-Nationalpark**, der **Botanische Garten** und das **Choroki-Delta** südlich von Batumi. Raubvögel können besonders gut ab dem **Sakhalvasho Watchpoint** beobachtet werden. Hinter diesem Beobachtungspunkt beginnt der 3 km lange **„Batumi Raptor Trail"**.
Der Verein **Batumi Raptor Counts** dokumentiert seit 2004 die Vogelmigration in Batumi. Freiwilligenarbeit bei BRC ist möglich, der Verein vermittelt Gästehäuser in Sakhalvasho, 💻 https://batumiraptorcount.org.
Mehr Infos zu den Beobachtungsorten und zu Touren: 💻 www.batumibirding.com.

Tourist Information Center (TIC) an der Argo-Seilbahn, Gogebashvili St., ✆ 0422 294 410. 🕒 Sommer tgl. 24 Std. geöffnet, Winter 9–1 Uhr.
Tourist Information Center (TIC) am Bahnhof, Tamar Mepe Hwy., ✆ 0422 294 415. 🕒 Hauptsaison tgl. 24 Std. geöffnet, Nebensaison nach Zugfahrplan.
Tourist Information Center (TIC) am Flughafen, Airport Highway, ✆ 0422 294 414. 🕒 Hauptsaison tgl. 24 Std. geöffnet, Nebensaison nach Flugplan.
Hotline ✆ 577 909 093 und 577 909 091, ✉ ticbatumi@gmail.com.
Im **Internet**: 💻 www.gobatumi.com, www.batumi.ge, www.visitadjara.com, www.batauto.ge, www.batumievents.com.

Medizinische Hilfe

American Medical Centers, Gorgiladze St. 114, ✆ 032 250 00 77, 💻 https://batumi.amcenters.com. 🕒 24 Std.

Mietwagen

Avis, Airport Highway 220, ✆ 032 923 594, 💻 www.avis.ge. 🕒 24 Std.
Naniko, Asatiani St. 2, ✆ 032 214 11 33, 💻 www.naniko.com. 🕒 Mo–Sa 9–19, So 10–15 Uhr. Es gibt eine weiter Dependance am Flughafen, ✆ 032 214 11 33, 🕒 24 Std.

NAHVERKEHR

Taxis

Es gibt viele Taxis in der Stadt, allerdings kennen sich die meisten Fahrer schlecht aus. 1 km kostet ca. 0,70 GEL.
Vom TIC empfohlen werden die Anbieter **Maxim**, ✆ 0422 240 000, 💻 www.taximaxim.ge/app, und **Euro Taxi Batumi** ✆ 593 805 050.

Marschrutki und Busse

Innerhalb des Stadtgebiets fahren Marschrutki und Busse, die Linien sind in die Karten eingezeichnet, die im TIC erhältlich sind. Dort bekommt man auch die „Batumi Card", mit der die Fahrten bezahlt werden können, und die 10 Busfahrten beinhaltet. Auch mit der Metrokarte aus Tbilissi kann gezahlt werden, Tickets innerhalb des Stadtgebietes kosten 0,30 GEL.
Die **Buslinie 1** verkehrt entlang der Rustaveli St. parallel zur Strandpromenade, **Marschrutka Nr. 31** fährt entlang der Küstenstraße zum Botanischen Garten. Marschrutki verkehren zwischen 8 und 23 Uhr.

TRANSPORT

Autos

Im Stadtgebiet müssen überall **Parkgebühren** gezahlt werden. Tickets für 1/7/30 Tage kosten 10/20/30 GEL und können in allen Banken und an den orangefarbenen Service-Terminals gezahlt werden. Sonst wird schnell abgeschleppt. Mehr Infos bei 💻 www.batumitransport.ge.

Marschrutki

Ab der alten Haltestelle, **Old Bus Station**, Mayakovski St. 2, westlich des Bahnhofs. Überlandbusse fahren von der nördlichen Seite an der Mayakovski St. ab, die Marschrutki an der südlichen Seite bei der Shavsheti St. Zu beachten ist, dass die Fahrzeiten und -preise stetigen Änderungen unterworfen sind.
ABASTUMANI, tgl. 9 Uhr in 3 1/2 Std. für 20 GEL.
AKHALTSIKHE, im Sommer über den Goderdzi-Pass, im Winter über Borjomi, tgl. um 8.30 Uhr in 6 Std. für 30 GEL.
BAKHMARO, tgl. um 13 Uhr in 3 1/2 Std. für 15 GEL.
BESHUMI, in der Saison um 8.50 und 12 Uhr in 4 Std. für 15 GEL.
CHAKVISTAVI, Mo und Fr um 9.40 und 15.40 Uhr in 1 1/2 Std. für 5 GEL.
CHIATURA, tgl. um 11 Uhr in 4 1/2 Std. für 15 GEL.
GORI (Richtung Tbilissi), stdl. von 8–17 Uhr in 4 Std. für 20 GEL.
KEDA, tgl. alle 30–60 Min. von 7.45–20 Uhr in ca. 1 Std. für 3 GEL.

Batumi Card

Mit der Batumi Card, die **Ermäßigungen** in Museen, Restaurants, Hotels, bei Tourenanbietern und dem städtischen Radverleih ermöglicht, lässt sich ggf. einiges an Geld sparen. Mit ihr kann der öffentliche Nahverkehr gezahlt werden, sie beinhaltet bereits 10 Bustickets und zudem eine Sim-Card von Beeline. Detaillierte Infos unter 💻 www.gobatumi.com/en/batumi-card. Die Batumi Card ist in den Touristeninformationen für 10 GEL erhältlich und 10 Tage lang gültig.

KHULO, tgl. alle 30–60 Min. von 8–18 Uhr in ca. 3 Std. für 10 GEL.
KUTAISSI, alle 45–60 Min. von 7–17 Uhr in 3 1/2 Std. für 15 GEL.
KUTAISSI AIRPORT, alle 45–60 Min. von 7–17 Uhr in 3 1/2 Std. für 15 GEL.
OZURGETI, tgl. von 8.20–18.50 Uhr alle 40 Min. in 1 Std. für 6 GEL.
POTI, stdl. von 10–19 Uhr in 1 1/2 Std. für 7 GEL.
TBILISSI, stdl. von 8–10 Uhr in 6 Std. für 30 GEL.
UREKI, von 8.30–23 Uhr alle 30 Min. in 1 1/4 Std. für 7 GEL.
ZUGDIDI, tgl. um 7, 9, 11, 12, 14, 16 und 18.30 Uhr in ca. 3 Std. für 18 GEL.

Ab der neueren Haltestelle, **New Bus Station**, Gogol St. 1, südöstlich des Bahnhofs. Bus Nr. 8 und Marschrutka Nr. 20 fahren von der Innenstadt zum neuen Busbahnhof.
AKHALTSIKHE, über BORJOMI, tgl. um 11 Uhr in ca. 7 Std. für 35 GEL.
KUTAISSI, tgl. von 6–2 Uhr stdl. in 3 Std. für 20 GEL.
MESTIA, über Zugdidi, tgl. um 11 Uhr in 5–6 Std. für ca. 50 GEL. Im Sommer zusätzliche Verbindungen.
TBILISSI, tgl. von 6–2 Uhr in 6 Std. für 25 GEL.
TBILISSI AIRPORT, tgl. von 6–2 Uhr in 6 1/2 Std. für 50 GEL.
ZUGDIDI, tgl. um 11 und 16.30 Uhr in ca. 3 Std. für 15 GEL.

Gegenüber der **Argo-Seilbahn** befindet sich eine weitere Marschrutka-Station, von der nach Bedarf verschiedene Ziele, z. B. KOBULETI und im Sommer MESTIA, angefahren werden.

An der **katholischen Kirche** fährt in der Gogebashvili St. 54 ein Minibus in 35 Min. über CHAKVI nach KOBULETI, tgl. 8.20–22 Uhr für 1 GEL.

Am **Tbilisi Square** fahren von 8–23 Uhr regelmäßig Busse nach GONIO und Marschrutki nach SARPI ab.

(Internationale) Busverbindungen

TBILISSI, mit **Metro Georgia**, 💻 https://metrogeorgia.ge, um 2, 12, und 23.59 Uhr in 6 1/2 Std. für ca. 40 GEL. Zusätzliche Fahrten

im Sommer und an Wochenenden. Moderne, klimatisierte Busse. Abfahrt an der neuen Busstation, Gogol St. 1.
Georgian Bus, 💻 https://georgianbus.com, bietet Busverbindungen zum KUTAISSI AIRPORT an. Fahrzeiten entsprechend der Abflugzeiten, Abfahrt in der Ninoshvili St. 1, neben dem Radisson Blu Hotel.

Armenien
Abfahrt ab der **New Bus Station**, Gogol St. 1.
YEREVAN, tgl. um 2 und 9 Uhr in 15 Std. für 80 GEL mit **Lika Tour**, ✆ 591 650 808 oder 568 109 008.

Türkei
Zum Grenzübergang SARPI fährt Bus Nr. 101, ein Taxi kostet ca. 35 GEL.
ANKARA, tgl. 14.30 und 23.30 Uhr in ca. 12–14 Std. für ca. 115 GEL mit **Lüks Karadeniz**, 💻 https://lukskaradeniz.com.
ANTALYA, tgl. um 14.30 Uhr in ca. 18–20 Std. mit **Lüks Karadeniz** für ca. 120 GEL.
ISTANBUL, tgl. um 17.30 Uhr in 20 Std. mit **Metro Georgia**, 💻 https://metrogeorgia.ge, für 120 GEL.

Eisenbahn
Der **Bahnhof** befindet sich 4 km östlich des Stadtzentrums, Bus Nr. 10 sowie Marschrutka Nr. 20 und 31 fahren dorthin. Ein Taxi kostet ca. 10–15 GEL. Fahrkarten direkt am Bahnhof oder online unter 💻 https://tkt.ge/railway erhältlich, im Sommer rechtzeitig (5–7 Tage im Voraus) reservieren.
KUTAISSI, 2x tgl. um 8.25 und 18.55 Uhr in 4 1/2 Std.
TBILISSI, 3x tgl. um 8.10, 17.15 und 18.20 Uhr in 5 Std.
OZURGETI, 1x tgl. um 20.55 Uhr in 2 Std.

Fähren
BURGAS (Bulgarien), 1x wöchtl. in 48 Std. für 200 € p. P., mit **Black Sea Ferry Line**, ✆ 493 270 370, 💻 www.pbm.bg. Cargoschiff, das auch private Kfz und Passagiere mitnimmt.

Flüge
Der **Flughafen**, 💻 www.batumiairport.com, liegt 7 km westlich der Stadt und ist mit den Bussen Nr. 9 und 10 zu erreichen, Ticket für 0,80 GEL. Ein Taxi in die Innenstadt kostet ca. 20–25 GEL. Im Flughafen befinden sich Filialen verschiedener Autovermieter sowie eine Touristeninformation (S. 446).
TBILISSI, im Sommer mehrmals wöchtl. mit Vanilla Sky, 💻 https://ticket.vanillasky.ge/en, oder Georgian Airways, 💻 www.georgian-airways.com.

Internationale Verbindungen
ISTANBUL, mit **Turkish Airlines**, 💻 www.turkishairlines.com, und **Pegasus Airlines**, 💻 www.flypgs.com.

13 HIGHLIGHT

Botanischer Garten

Am malerischen **Mtsvane Kontskhi**, dem Grünen Kap, liegt 9 km nördlich von Batumi der Botanische Garten (Batumi Botanical Garden), 💻 www.bbg.ge/en. Die 108 ha große Parkanlage wurde 1912 von dem Botaniker und Geografen **Andrei Krasnov** gegründet und erstreckt sich über einen Kilometer entlang des Küstenstreifens. Die Gestaltung der Parkanlage soll von den Hängenden Gärten von Babylon inspiriert sein.

Ursprünglich war das Grüne Kap von Kolchischem Wald aus Buchen, Kastanien, Linden und dichtem Unterholz bedeckt, seit den 1980er-Jahren wurden hier erste exotische Arten gepflanzt. Mittlerweile wachsen in den **neun Sektionen** über 5000 Arten aus verschiedenen Klimazonen. In dem **subtropischen Klima** gedeiht nicht nur Kolchischer Wald hervorragend, sondern auch andere kaukasische Arten, Pflanzen aus Ostasien, Südamerika, dem Mittelmeerraum, Mittelamerika, dem Himalaya sowie Neuseeland und Australien. Auch umfangreiche Baum-, Bambus- und Zitruspflanzen-Sammlungen können bewundert und unzählige Rosenarten im Rosarium beschnuppert werden.

Da der Botanische Garten auf Höhenlagen zwischen Meeresniveau und bis zu 220 m liegt, bieten im Park **mehrere Aussichtspunkte** wun-

© SHUTTERSTOCK: MOTORTION FILMS

Grünes Paradies mit Meerblick: Der Botanische Garten von Batumi

derschöne Ausblicke auf das Meer und die adscharische Küste. Ohne Probleme kann man in dem grünen Paradies mit Traumblicken einen ganzen entspannenden Tag verbringen und an einem der schönen Picknickplätze rasten.

Es gibt **zwei Eingänge** in den Park. Der Haupteingang befindet sich im Süden nahe dem Bahnhof Mtsvane Kontskhi. Badesachen nicht vergessen – denn dort gibt es einen schönen Strand mit einigen netten Strandkneipen und Touristenlokalen. Ein Nebeneingang liegt im Norden bei Chakvi. Allerdings fahren dort keine Marschrutki ab, und Taxifahrer verlangen unverschämt hohe Preise. Wer nach dem langen Spaziergang müde ist, kann in den innerhalb des Park pendelnden Elektrobus einsteigen (10 GEL pro Fahrt, Ticketverkauf jeweils hinter dem Haupt- und Nebeneingang).

🕒 9–19.30 Uhr, Eintritt 20 GEL, geführte Tour (ca. 1 1/2 Std.) zu Fuß 80 GEL pro Gruppe, mit dem Elektrobus (ca. 40 Min.) 50 GEL p. P.

ÜBERNACHTUNG UND ESSEN

Es existieren ausgewiesene **Zeltplätze** ❶ innerhalb des Botanischen Gartens, nach Anmeldung ist es möglich, dort zu übernachten und die vorgesehenen Feuerstellen zu benutzen.
An beiden Eingängen gibt es Lokale, das Restaurant am Nordeingang befindet sich innerhalb des Parks.

TRANSPORT

Anfahrt von Batumi mit der Marschrutka Nr. 31 in ca. 30 Min. für etwa 2 GEL, Abfahrt am Batumi Trade Center, Zustieg in der Innenstadt an der Gorgiladze St. möglich. Ein Taxi kostet ca. 20–30 GEL.

Südlich von Batumi

Südlich von Batumi mündet der Chorokhi-Fluss ins Meer, dessen Delta einer der beliebten Orte von Ornithologen ist: Unter anderem können hier Singvögel wie Pazifischer Wasserpieper, Grasmücke und der farbenfrohe Bienenfresser gesichtet werden. Weiter südlich liegen an der Küste u. a. die Badeorte Gonio und Sarpi, deren Kiesstrände bei Urlaubern beliebt sind.

Gonio

Die **Festung** von Gonio war wahrscheinlich die erste römische Befestigungslage auf georgischem Boden. Gebaut wurde sie im 1. Jh. und bot einiges an Unterhaltung für die römischen Truppen, die dort stationiert waren: Es gab Badehäuser und sogar eine Pferderennbahn. Davon ist heute nicht mehr viel zu sehen, doch von den einst 22 Türmen der Anlage sind noch immer 18 erhalten, sowie 900 m der Festungsmauern. Doch selbst diese über 5 m hohen Mauern konnten die Feinde nicht abwehren, und die Festung wurde später von Byzantinern und Osmanen eingenommen. Selbstverständlich ranken sich um ein solch altes Bauwerk zahlreiche Legenden: Es wird erzählt, dass dort der Sohn des kolchischen Königs Aietes, den seine Schwester Medea auf der Flucht vor ihrem Vater tötete (s. Kasten S. 438/439), begraben wurde. Von dessen Namen „Apsaros" soll sich der ursprüngliche Name „Apsarunt" der römischen Festungsanlage abgeleitet haben. Außerdem heißt es, dass sich dort das Grab des Hl. Matthäus befinden soll. Noch wurde es nicht gefunden – doch bei archäologischen Grabungen kam 1974 ein Goldschatz zu Tage. Teile des Schatzes sind im zugehörigen **Gonio-Apsarus-Museum** zu besichtigen, das die Geschichte der Festung dokumentiert. ⌚ 10–18 Uhr, Eintritt zur Festung und zum Museum 5 GEL. Man erreicht die Festung von Gonio mit Bus Nr. 16 von Batumi (Abfahrt am Tbilisi Sq.) für 1 GEL oder mit dem Taxi für ca. 20–25 GEL.

Sarpi

Der Badeort ist zugleich **Grenzort** (S. 42) zur Türkei, hier fällt vor allem die futuristische Grenzstation auf, die von dem deutschen Architekturbüro J. Mayer H. entworfen wurde. Reisende, die in die Türkei weiterfahren möchten, können mit der Marschrutka von Batumi hierher fahren und auf der türkischen Seite mit öffentlichen Transportmitteln weiterreisen.

Machakhela Gun Road

Einen schönen Tagesausflug von Batumi kann man entlang der „Gun Road" – der „Pistolen-Straße" – unternehmen. Er führt nach **Zeda Chkhutuneti** im **Machakhela-Tal** an der türkischen Grenze. Das malerische Tal war berühmt für seine Tradition der Pistolenherstellung. Heutzutage ist dieses Handwerk allerdings ausgestorben.

An der Straße von Batumi nach Akhaltsikhe (S1) zweigt bei Acharistskali eine Straße (SH45) nach Süden ab, entlang der Route gibt es mehrere **mittelalterliche Bogenbrücken**, **alte Warntürme** und **Wasserfälle** zu entdecken, z. B. die Bogenbrücke von Tskhemlara. In Zeda Chkhutuneti ist in einer ehemaligen Moschee das **Ethnografische Museum von Machakhela**, ✆ 595 958 662, untergebracht, das Modelle traditioneller adscharischer Häuser zeigt, sowie zahlreiche Werkzeuge aus dem vorletzten Jahrhundert, die teilweise noch heute bei der Feldarbeit benutzt werden. ⌚ Di–So 10–18 Uhr, Eintritt 3 GEL, Führung 15 GEL. Im Dorf erinnert ein **Pistolenmuseum**, ✆ 593 943 051, an das Handwerk, das dem Tal seinen Namen gab. Eintritt 5 GEL, für Gruppen ab 5 Personen (je 35 p. P.) führt der Besitzer Schmiedearbeiten vor und zeigt, wie man Kugeln formt. In beiden Museen sollte man vorher anrufen, um sicherzugehen, dass man dort empfangen wird.

In **Acharisagmarti** befindet sich das **Besucherzentrum des Machakhela-Nationalparks**, ✆ 595 086 075, 💻 www.nationalparks.ge. ⌚ In der Saison zwischen Mai und Oktober unregelmäßig geöffnet. Im Park laden zwei markierte Routen zum Wandern ein: der 15 km lange **Kokoleti-Trail** und der 9 km lange **Mtavarangelozi-Mountain-Trail**. Für beide Wanderungen sollte man sich im Besucherzentrum anmelden, für den Kokoleti-Trail ist ein Permit erforderlich.

ÜBERNACHTUNG UND ESSEN

Im Tal gibt es einige Dörfer, in denen Familien **einfache Privatzimmer mit Verpflegung** zu günstigen Preisen anbieten, auch einige luxuriöse Unterkünfte sind in den letzten Jahren dazugekommen. In Chkhutuneti vermietet das **Gh. Tsiskari**, ✆ 555 600 908, in Zeda Chkhutuneti das **Gh. Noe**, ✆ 593 113 851, einfache und günstige Zimmer. ❶ **Lemanor Lodge**, Zeda Chkhutuneti, ✆ 555 439 239, ✉ lemanor.lodge@gmail.com.

2 geschmackvoll eingerichtete Cottages mit Panoramablick und Balkon, Doppelbett und Privatbad. Leider ist der Weg zu den Cottages nicht befestigt. ❺

Woodhide (Gh. Saba), Zeda Chkhutuneti, ✆ 593 791 555, 💻 bei Facebook. Die Aussicht ins Tal ist traumhaft, die Holzhäuschen sind gemütlich und mit Terrasse, Bad und Küchenzeile ausgestattet. Seit Winter 22/23 gibt es auch einen Jacuzzi – dazu die Gastfreundschaft der Besitzer, und es bleibt kein Wunsch offen. ❹

Ein schönes **Ausflugsrestaurant** lädt im Sommer neben einer historischen Bogenbrücke direkt am Fluss Chorokhi in Tskhemlara zu einer Rast ein. Schön einkehren kann man in Kveda Chkhutuneti im Familienweingut **Avto's Cellar**, ✆ 595 958 527, oder im Familienrestaurant **Emzar's Culinary & Folklore**, ✆ 595 958 657, wobei es bei Emzar regelmäßig Folklorevorstellungen gibt. Beide haben keine festen Öffnungszeiten, vorher anrufen und reservieren.

FESTE

Jedes Jahr im September wird im Machakhela-Tal die **Machakhloba** mit Tanz, Gesang und reichlich Speis und natürlich Wein gefeiert. Genauen Termin vor Ort erfragen!

TRANSPORT

Marschrutki

Von Kveda Chkhutuneti und Zeda Chkhutuneti verkehren 1x tgl. am Morgen Marschrukti für ca. 3–4 GEL nach BATUMI, Abfahrtszeiten vor Ort erfragen.

Taxis

Ein Taxi für einen Tagesausflug ins Machakhela-Tal kostet ca. 100–120 GEL pro Fahrzeug.

Adscharisches Hinterland

Eine spannende Route verbindet Batumi durch das bergige adscharische Hinterland über den 2025 m hohen **Goderdzi-Pass** mit Akhaltsikhe in Samtskhe-Javakhetien. Allerdings verwandelt sich die asphaltierte Straße kurz hinter Khulo in eine **Schotterpiste**, die nur mit dem Geländewagen zu bewältigen ist. Die knapp über 160 km lange Strecke ist nur im Sommer komplett befahrbar, man sollte selbst mit einem geländegängigen Auto die Fahrzeit großzügig planen. Entspannt kann man die schöne Landschaft genießen, wenn man sich ein bis zwei volle Tage Zeit nimmt.

Die Bauarbeiten zur Asphaltierung zwischen Akhaltsikhe und dem Goderdzi-Pass dauern an, man sollte sich vor der Fahrt aktuelle Informationen einholen, denn bislang war dieser Abschnitt nach starkem Regen unpassierbar.

Von Batumi aus windet sich die Straße durch die überraschend steile, dicht bewaldete Berglandschaft entlang dem Fluss **Acharistskali**. Die ersten 85 km des **Acharistskal-Tals** zwischen Schwarzmeerküste und Khulo sind im Sommer ein beliebtes **Ziel für Tagesausflüge** von Batumi. Die sattgrünen Berge lassen das Herz höherschlagen, kleine Wasserfälle, historische Bogenbrücken und Ruinen alter Warntürme würzen das Ausflugserlebnis. Über das leibliche Wohl braucht man sich (wenigstens im Sommer) keine Sorgen zu machen: Das Tourismusbüro hat diesen Abschnitt des Tals zur **„Adscharischen Weinroute"** erklärt, denn der Weinbau hat hier lange Tradition, Ausflugsrestaurants und Weinhäuser laden allerorts zu Rast und Einkehr ein. Neben Wein ist Honig eine lokale Spezialität, auf den die Einheimischen sehr stolz sind – eine Kostprobe des Berghonigs sollte man sich nicht entgehen lassen.

Sobald man tiefer in das Bergland eindringt oder einen Abstecher in eines der Seitentäler macht, scheint die Zeit stehen geblieben zu sein. Dort begegnet man einem traditionellen Landleben, das sich seit hundert Jahren nicht geändert zu haben scheint. Während die Frauen vorwiegend auf den Feldern arbeiten, auf denen Kartoffeln, Mais, Gemüse, Weinreben und auch Tabak angepflanzt werden, hüten die jungen Burschen das Vieh, vor allem Rinder und Ziege werden gezüchtet. Die älteren Männer dagegen treffen sich mit Vorliebe unter Schatten spendenden Bäumen, um ein Schwätzchen zu halten. Leider gibt es wenige berufliche Alternativen für junge Menschen, sodass viele ihrer Heimat den Rücken kehren müssen und einige der abgelegeneren Dörfer fast verlassen sind. Trotzdem ist das Bergland Adschariens noch immer die am dichtesten besiedelte Bergregion Georgiens, im Sommer zieht es zudem die meisten Adscharier aus der Küstenregion in ihre Ferienhäuser in den kühleren Bergen, wo die Luftfeuchtigkeit geringer ist. Der bekannteste Ferien- und Luftkurort **Beshumi** liegt auf 1900 m und damit nur ein wenig niedriger als der Goderdzi-Pass.

Von Batumi bis Khulo

Südlich von Batumi breitet sich an der Küste das vogelreiche Delta des Chorokhi-Flusses aus, aber schon wenige Kilometer weiter im Landesinneren erheben sich die Berge steil an den Flussufern. Kurz vor der Ortschaft **Acharistskali** mündet der gleichnamige Fluss – dem der Verlauf unserer Route gegenläufig folgt – in den Chorokhi-Fluss, dessen Quelle in der Türkei liegt. Hinter Acharistskali lädt bereits das erste Ausflugslokal zur Pause ein, 12 km weiter bietet sich **Makhuntseti** für einen ersten Fotostopp an, dort spannt sich eine historische Bogenbrücke über den Fluss, etwas abseits der Straße kann man an heißen Tagen eine erfrischende Dusche am **Makhuntseti-Wasserfall** nehmen. Natürlich gibt es auch in Makhuntseti ein hübsch gelegenes Ausflugsrestaurant am Wasser.

Keda

Die kleine Kreisstadt liegt 10 km talaufwärts. Zu den dortigen Sehenswürdigkeiten zählen die **Ruinen einer mittelalterlichen Burg**, eine alte **Kirche** und das **Ethnografische Museum**, wo u. a. zahlreiche archäologische Funde gezeigt werden, 🕒 9–18 Uhr, Eintritt frei. Im Sommer ist ein **Tourist Information Center** geöffnet. Im Ort gibt es einige Restaurants und Läden.

Bogenbrücke von Dandalo

Die Bogenbrücke von Dandalo befindet sich 20 km östlich. Sie ist eines der beliebtesten Fotomotive auf der gesamten Strecke, noch vor einigen Jahrzehnten wurde die Brücke von den Anwohnern im täglichen Leben benutzt. Im Volksmund werden viele dieser historischen Bogenbrücken „Tamar-Brücke" genannt und ihre Bauzeit auf die Herrschaftszeit (1184–1213) der legendären Königin Tamar zurückgeführt. Wahrscheinlicher ist aber, dass die Brücken etwas

Traditionelles Landleben und Weinanbau charakterisieren das Adscharische Hinterland.

© GIORGI GULEDANI

später, zwischen dem 13. und 15. Jh., von genuesischen oder venezianischen Händlern errichtet wurden, die damals den Handel in der Region bestimmten.

Shuakhevi

Die nächste Kreisstadt, Shuakhevi, liegt knapp 10 km weiter talaufwärts. In diesem Talabschnitt dominieren wie in den tieferen Höhenlagen noch immer satte Mischwälder aus Eiben, Pappeln und Eichen. In Shuakhevi gibt es einfache Unterkünfte, einige Restaurants und Läden, eine Tankstelle sowie eine im Sommer geöffnete **Touristeninformation**.

Bei Suakhevi zweigt eine Straße in das südöstlich gelegene **Bergtal des Churukhistskali-Flusses** ab, das sich für eine Jeep-Exkursion anbietet. Vom kleinen Ort **Chirukhi** am Ende des Tals ist es möglich, auf einer markierten Wanderroute über das Dorf Khikhadziri in zwei bis drei Tagen bis zum Goderdzi-Pass zu wandern, s. S. 456 (Goderdzi-Pass).

ÜBERNACHTUNG UND ESSEN

Chateau Iveri, Varjanisi, ✆ 599 716 263, 💻 bei Facebook. Charmantes Familienhotel in ruhiger Lage im Weinberg, knapp 10 km nordöstlich von Keda. Es gibt mehrere schöne DZ, doch die Krönung sind die beiden Suiten mit Badewanne und Panoramafenster. Im Erdgeschoss befindet sich das Restaurant, in dem man bei Panoramablicken köstlich speisen, hauseigenen Wein und Chacha kosten kann. ❹–❻

Hill Inn, Dandalo, ✆ 574 199 111, 💻 www.hillinn.ge. Stylishe Glamping-Unterkunft südlich der Dandalo-Bogenbrücke. 2 Glamping-Kuppelzelte für je 2 Pers. und 2 Baumhäuser für je 4 Pers. Alle mit Privatbad, Küchenzeile und aussichtsreicher Terrasse mit Badewanne/Jacuzzi. ❺

Paradise Inn, Gegelidzeebi, ✆ 591 055 548, 💻 bei Facebook. Nahe der Dandalo-Bogenbrücke liegen diese beiden Glamping-Zelte für je 3 Pers., beide mit Küchenzeile und Privatbad. Die Preise sind etwas moderater als bei anderen Glamping-Unterkünften, die Innenausstattung dafür weniger glamourös, aber gemütlich. Zustellbetten für Kinder möglich. Mahlzeiten müssen extra gebucht werden. ❹–❺

Rancho in Georgia, Kuchula, ✆ 598 772 774. Aussichtsreich gelegenes Familiengästehaus auf einem Berg knapp 4 km südöstlich von Keda. Die herzlichen Gastgeber keltern selber Wein und zeigen gern ihren Hausmarani. Es gibt 1 Zwei- und 1 Drei-Bett-Zimmer sowie eine Gemeinschaftsküche. Mit Frühstück ❷

€ **Red Roofs**, Keda, ✆ 577 503 755. Familiengästehaus im Dorfzentrum, 2 Zwei-Bett-Zimmer mit Gemeinschaftsbad sowie ein Cottage für 3 Pers. mit Privatbad. ❶–❷

Wineland, Vaio, ✆ 557 852 121, 💻 www.winelandvaio.ge. Komfortables Familienhotel mit 5 Holz-Cottages mit eigenem Bad und schöner Aussicht. Es gibt einen Pool, zum Hotel gehören ein Restaurant und ein Weinkeller, in dem Weinverkostungen angeboten werden. ❺

Shervashidze Weinkeller, Pirveli Maisi, ✆ 593 070 088. Knapp 3 km hinter der Machuntseti-Bogenbrücke führt eine Straße nach links auf den Berg zu diesem Familienweingut, das herrliche Ausblicke auf die Umgebung, köstliche georgische Küche, hausgemachte Weine und Chacha bietet. ⌚ Keine festen Öffnungszeiten, am besten im Voraus anrufen.

Restaurant Shuakhevi, Shuakhevi, ✆ 577 466 767. Preiswertes Restaurant mit toller Aussicht von der Terrasse auf das Flusstal. Auf der Speisekarte stehen viele traditionelle adscharische Gerichte. ⌚ 9–22 Uhr.

Khulo und Umgebung

Das Verwaltungszentrum der gleichnamigen Munizipalität ist die größte Ortschaft auf der Strecke zwischen Batumi und Akhaltsikhe. Im **Heimatkundemuseum**, Abuseridze St. 9, geben historische Fotografien, alte Werkzeuge und Geräte Einblicke in die Vergangenheit. ⌚ Mo–Fr 10–13 und 14–18 Uhr, Eintritt frei.

Mit der roten **Seilbahn** dagegen bekommt man den perfekten Überblick über die Landschaft. An einem 1700 m langen Drahtseil geht's in zehn Minuten hoch über dem grünen Bergtal zum kleinen Nachbardorf **Tago**. Die Seilbahn stammt noch aus Sowjetzeiten und ist auch heute noch das wichtigste Transportmittel für die Bewohner Tagos, denn zu Fuß braucht man mehrere Stunden – daher sollte man die letzte Rückfahrt abklären, bevor man auf Dorferkundung in Tago geht. 🕒 9–13, 14–18 Uhr, Hin- und Rückfahrt 5 GEL p. P.

In Tago beginnt ein leichter, gut markierter Wanderweg, den man vom späten Frühjahr bis in den Spätherbst wunderbar laufen kann. Man sollte dafür ca. drei Stunden einplanen. Mehr Infos zur Wanderung auf 💻 www.visitajara.com unter *What to see and do > Routes > Tago-Shkalta-Route*.

In der Umgebung von Khulo gibt es einige **Mineralquellen**, die von den Einheimischen sehr geschätzt werden. Khulo liegt auf halber Strecke zwischen Batumi und Akhaltsikhe und ist nicht nur ein perfekter Ort für einen Zwischenstopp, sondern auch ein guter Ausgangsort für Ausflüge in die Seitentäler. Das kleine Dorf **Ghorjomi** ca. 15 km nordöstlich von Khulo ist ein beliebter Ort für Ausritte. Von dort ist es möglich, weiter bis in den gurischen Luftkurort Bakhmaro zu wandern oder mit dem Jeep dorthin zu fahren.

ÜBERNACHTUNG UND ESSEN

Armazi Guesthouse, Dekanashvilebi, 📞 598 092 020. Authentische Familienunterkunft, die wunderschön oberhalb von Khulo gelegen ist. 2 Drei-Bett-Zimmer teilen sich ein Bad. Auch hier wird gut gekocht, meist aus frischen, selbst angebauten Zutaten. Inkl. Frühstück ❷

Glamping Tago, Tago, 📞 555 562 483, 💻 www.glampingtago.ge. Der Slogan lautet „social glamping", denn neben den 8 Zwei-Personen-Zelten (mit Heizung), die sich Duschen und WCs teilen, gibt es auch einen Schlafsaal ❶, und es herrscht freundschaftliche Atmosphäre. Die Ausblicke sind fantastisch, selbst vom offenen Waschraum und der Dusche – in den Zelten sind die Fenster leider nicht so groß. Familienfreundlich. ❸

Karati Guesthouse, Kedlebi, 📞 598 093 131. Familienpension, in der man die georgische Gastfreundschaft und Küche erleben kann. 3 Zwei-Bett-Zimmer teilen sich ein Bad. Oberhalb von Khulo gelegen, von der Veranda kann man das Bergpanorama bewundern oder im Garten in einer der Hängematten abhängen. Inkl. Frühstück ❷

Rima's Home, Zemo Vashlovani, kurz vor dem Ortseingang von Khulo am Berg links der Straße gelegen, 📞 557 333 613. Gepflegte Familienpension mit je 1 DZ und EZ mit Privatbad, sowie 1 Drei- und 1 Vier-Bett-Zimmer mit Gemeinschaftsbad, alle mit Bergblick. Schöne Terrasse mit Schaukelstühlen und Gemeinschaftsküche vorhanden, wobei es die bessere Option ist, sich von der Gastgeberin mit adscharischen Spezialitäten verwöhnen zu lassen. ❸

Sunrise Guesthouse, Abuseridze St. 15, Khulo, 📞 598 095 045. Gemütliche Familienpension am Ortsrand nahe der Hauptstraße. 2 DZ mit Privatbad und 2 Drei-Bett-Zimmer mit Gemeinschaftsbad, alle mit Balkon. Es gibt ein Kaminzimmer mit Sofas sowie eine Küche. Mahlzeiten können aber auch gebucht werden – die herzliche Gastgeberin wird als hervorragende Köchin gelobt. Inkl. Frühstück ❷

Yurtalicious, Tago, 📞 595 300 735. Vegetarisches Restaurant in einer Jurte, das zu Glamping Tago gehört, lokale und europäische Küche. Ein idyllischer Ort inmitten der malerischen Bergwelt. 🕒 9–22 Uhr.

Ausflug in das Skhalta-Tal zur Khikhani-Festung

Eine beliebte Exkursion auch bei Tagesbesuchern aus Batumi führt zur Khikhani-Festung. 9 km südwestlich von Khulo zweigt kurz hinter Zamleti die Straße dorthin nach Südosten ab. Unmittelbar hinter dem Abzweig befindet sich die historische **Purtio-Bogenbrücke**, dort gibt es auch ein Ausflugslokal.

Im Tal wartet nach ca. 10 km nahe Kinchauri das **Skhalta-Kloster**. Die kleine Kirche aus dem 13. Jh. ist eines der wenigen mittelalterlichen christlichen Heiligtümer in der Gegend. Neu gebaute Kirchen dagegen sieht man viel öfter, denn die orthodoxe Kirche versucht, im muslimisch geprägten Adscharien neue Schäfchen anzuwerben.

Nach weiteren 15 km durch das idyllische Tal erreicht man **Khikhadziri** auf 1240 m Höhe. Früher führten wichtige Handelsrouten durch den Ort, der von der nahe gelegenen Festung ge-

Zu Sowjetzeiten erbaut, ist die Seilbahn von Tago bis heute ein unverzichtbares Transportmittel.

schützt wurde. Heute ist von der traumhaft gelegenen **Khikhani-Festung** nur wenig erhalten, doch die Aussicht über das adscharische Bergland ist fantastisch. Der Weg dorthin beginnt am Ende des Tals in **Kveda Tkhilvana**, die ersten 2 km können mit dem Geländewagen bewältigt werden, auf dem letzten Kilometer zu der auf 2200 m gelegenen Ruine muss man auf dem steilen Pfad Schweiß vergießen. Da die Ruine unmittelbar an der Grenze zur Türkei liegt, sollte man sich einen einheimischen Führer suchen, falls man ausgedehntere Wanderungen in der Gegend unternehmen möchte. In den Dörfern des Tals ist es möglich, einfache Privatzimmer zu mieten – einfach nachfragen, die Einheimischen werden gerne Unterkünfte vermitteln. Wer zelten möchte, sollte Proviant einpacken, es gibt keine Läden im Skhalta-Tal.

Khikhadziri liegt auf dem markierten Wanderweg von Chirukhi am Ende des Churukhistskali-Tals zum Goderdzi-Pass, s. S. 456 (Goderdzi-Pass).

ÜBERNACHTUNG

Im Shkalta-Tal gibt es einige Familienpensionen, z. B. das **Khikhani Gh.**, Akhalsheni, ✆ 591 714 015, 💻 bei Facebook, ❷, oder das **Bako Gh.**, Bakibako, ✆ 593 470 540, alle ❶.

Von Khulo bis zum Goderdzi-Pass

Hinter Khulo windet sich die Schotterstraße in Kurven die Berge hinauf, die Bauarbeiten halten an, auch diese Strecke bis zum Pass soll bis Ende 2023 komplett asphaltiert sein. Die Laubwälder weichen nun Kiefern, die Gegend ist für ihre ausgedehnten Kiefernwälder und die gute Luft bekannt.

Kurz vor dem Goderdzi-Pass wurde 2012 in **Danisparauli** von dem damaligen Präsidenten Saakaschwili feierlich das neue Skigebiet eröffnet. Mit zwei Gondel- und einem Schlepplift, drei Abfahrten mit insgesamt 8 km Länge bleibt das visionär gepriesene **Goderdzi-Skigebiet**, 💻 www.goderdzi.ski, eher übersichtlich, ist jedoch wegen seiner Freeride-Strecken vor allem bei Georgiern beliebt.

Vom Goderdzi-Pass nach Akhaltsikhe

Im Winter ist der auf 2025 m Höhe gelegene **Goderdzi-Pass** nicht selten von einer über 5 m dicken Schneedecke bedeckt, und selbst im Frühsommer können Reisende von Schneestürmen überrascht werden, doch wenn das Wetter mitspielt, gibt es beste Aussichten. In einem urigen Laden, der in einer Holzhütte untergebracht ist, kann man sein Proviant nicht nur mit Knabberzeug, sondern sogar mit frischem Obst und Gemüse auffüllen.

Am Pass zweigt nach Norden eine asphaltierte Straße zu einem türkis schimmernden Bergsee ab, der nicht ganz passend als **Green Lake** (grüner See) bekannt ist – ein schöner Abstecher.

Der Goderdzi-Pass ist außerdem Start- oder Endpunkt einer gut markierten, ca. 40 km langen **Mehrtageswanderung** nach Chirukhi im Churukhistskali-Tal. Für die Wanderung sollten zwei bis drei Tage eingeplant werden, die Route ist auch mit dem Rad befahrbar. Mehr Infos auf 💻 www.visitajara.com unter *What to see and do > Routes > Chirukhi-Khikhadziri-Goderdi.*

Nach Süden zweigt eine asphaltierte Straße zum Luftkurort **Beshumi** ab. Dort gibt es in einfachen Holzhütten zahlreiche Unterkünfte mit Selbstverpflegung. Wer keinen Kurort im europäischen Sinne erwartet, sondern Lust auf einfaches Landleben hat, kann in Beshumi mit einheimischen Urlaubern die frische Luft genießen und sicherlich abends auch das ein oder andere Schaschlik. Wer mit dem Zelt unterwegs ist, wird immer ein schönes Plätzchen finden.

Vom Goderdzi-Pass führt die Straße über **Adigeni** in 55 km bis nach **Akhaltsikhe** – die letzten 10 km Schotterpiste vom Pass Richtung Adigeni sollen bis Ende 2023 vollständig asphaltiert sein.

ÜBERNACHTUNG UND ESSEN

Am Skilift kurz vor dem Goderdzi-Pass gibt es einige hochpreisige Unterkünfte, z. B. das ganzjährig geöffnete Hotel **Ire Palace Goderdzi**, ✆ 574 870 707, ❹–❺, oder das nur in der Skisaison geöffnete **Alliance Villa Goderdzi**, ✆ 595 553 366, ❺. Jeden erdenklichen Komfort bietet das **Ambassadori Goderdzi**, ✆ 032 243 94 94, 💻 www.ambassadori.com. ❻
In Beshumi existieren keine Restaurants und kaum Unterkünfte, die Verpflegung anbieten. Die naheliegendste Alternative zum Übernachten mit Halbpension befindet sich auf dem Goderdzi-Pass:
Hotel Arsiani, ✆ 598 090 268, 💻 bei Facebook. Neues familiengeführtes Hotel mit 10 DZ, 9 Zwei- und 5 Drei-Bett-Zimmern, alle mit Privatbad und Balkon. Zum Hotel gehört ein

Einkaufen im Nirgendwo: Der Kiosk am Goderdzi-Pass hat eine große Auswahl.

© NINA KRAMM

Restaurant mit großen Panoramafenstern, in dem köstliche adscharische Gerichte serviert werden. ❷–❸

Mate's Shack, Goderdzi-Pass, ✆ 577 278 716, 💻 bei Facebook. Rustikale Blockhütte mit 1 DZ, 1 Vier- und 1 Fünf-Bett-Zimmer, alle mit Privatbad, ❷. Zur Unterkunft gehört ein Restaurant, das adscharische Spezialitäten und herrliche Panoramablicke bietet, ✆ 598 095 649. 🕒 9–20 Uhr.

SONSTIGES

Einkaufen und Versorgung

In Keda, Suakhevi und Khulo gibt es **Banken**, **Geldautomaten**, **Apotheken**, **Lebensmittelläden** und die Möglichkeit zu tanken.

Informationen

Keda Tourist Information Center (TIC), Keda, Agmashenebeli St. 1a, ✆ 577 909 086, ✉ tic@gobatumi.com. 🕒 Juni–Sep 9–19 Uhr.

Im **Internet**: 💻 www.keda.ge.

Suakhevi Tourist Information Center (TIC), Suakhevi, Rustaveli St. 22, ✆ 577 909 088, ✉ tic@gobatumi.com. 🕒 Juni–Sep 9–18 Uhr.

Khulo Tourist Information Center (TIC), Khulo, M. Abashidze St. 29, ✆ 577 909 015, ✉ tic@gobatumi.com. 🕒 Juni–Sep 9–19, Okt–Mai 9.30–18.30 Uhr.

TRANSPORT

Im Adscharischen Hinterland gibt es nur wenige **Marschrutki**, die von Dorf zu Dorf fahren. Man steigt in die Marschrutki ein, die – wenn die Straße befahrbar ist – Batumi mit Beshumi, Borjomi und Akhaltsikhe verbinden, s. S. 447.
Fahrzeiten vor Ort erfragen.
Von Khulo gibt es regelmäßige Verbindung nach BATUMI, in ca. 3 Std. für 10 GEL.

BORJOMI-NATIONALPARK, LOMISMTA; © NINA KRAMM

Der Süden: Kleiner Kaukasus

Für Abwechslung ist gesorgt: Wanderlustige kommen im üppig-grünen Nationalpark bei Borjomi auf ihre Kosten, Vogelfreunde werden die karge Weite des Javakheti-Nationalparks lieben. Dazu locken kulturelle Highlights wie die Höhlenstadt von Vardzia, die mittelalterliche Festung von Rabati, zahlreiche Klöster und Spuren aus der Steinzeit, die verstreut auf den kühlen Hochplateaus liegen.

Stefan Loose Traveltipps

Borjomi Entspannen und Flanieren im Kurpark des seit der Zarenzeit beliebten Erholungsortes, dazu ein Gläschen aromatisches Borjomi-Mineralwasser. S.461

14 **Borjomi-Kharagauli-Nationalpark** Dichte Wälder, blumenübersäte Almwiesen – ein traumhaftes Wandergebiet. S. 470

Rabati-Festung Zeitreise ins Mittelalter in der auf Hochglanz polierten alten Festung von Akhaltsikhe. S. 476

15 **Vardzia** Beeindruckende Höhlenstadt in biblisch anmutender Landschaft. S. 483

Javakheti-Schutzgebiet Die traumhafte Kulisse aus Seen und Vulkankegeln ist perfekt zur Vogelbeobachtung. S. 489

Abuli-Festung Die Ruinen der über 3000 Jahre alten Festung liegen auf einem erloschenen Vulkankegel. S. 492

Tsalka und Javakhetien Mystische Orte, Menhire und Steinkreise erinnern auf den Plateaus von Tsalka und Javakhetien an ihre ersten Bewohner. S. 494

BORJOMI-KURPARK, EKATERINENQUELLE; © NINA KRAMM

STRASSENVERKAUF VON HAUSGEMACHTEM; © NINA KRAMM

Borjomi-Kharagauli-Nationalpark
Borjomi
Rabati-Festung Akhaltsikhe
Tsalka
Vardzia
Abuli-Festung
Javakheti-Plateau
Javakheti-Schutzgebiet

Wann fahren? Von Frühjahr bis Herbst zum Wandern, im Winter zum Skilaufen und für Schneewanderungen

Wie lange? 3–5 Tage, Wanderer bis zu 14 Tage

Bekannt für außergewöhnliches Mineralwasser, grüne Wälder und frische Luft

Outdoor-Tipp Mehrtagestrek im Borjomi-Kharagauli-Nationalpark oder Wanderungen im Javakheti-Schutzgebiet

Der Kleine Kaukasus hat für Naturfreunde viel zu bieten – jenseits der großen Attraktionen gibt es in den touristisch kaum erschlossenen Hochplateaus viel Raum für Abenteuer und Entdeckungen.

Der Gebirgszug des Kleinen Kaukasus erstreckt sich über 1000 km zwischen Kaspischem und Schwarzem Meer und breitet sich im Süden Georgiens aus. Die tief eingeschnittene Schlucht der Mtkvari gliedert das Gebirge auf georgischem Territorium dabei in das östlich gelegene **Trialetische Gebirge**, das in den Regionen Javakhetien und Nieder-Kartlien liegt, und das **Meskheti-Gebirge**, das sich von Samtskhe und Adscharien bis zum Schwarzen Meer erstreckt (für den adscharischen Teil S. 430, Kapitel „Schwarzmeerküste und Adscharien").

Während die Nordausläufer des Kleinen Kaukasus von **üppigen, dichten Wäldern** bestanden sind, sodass Besucher sich z. B. im Borjomi-Tal durchaus an den Schwarzwald erinnert fühlen können, sind die von Schluchten durchzogenen, **vulkanischen Hochplateaus** weiter südlich vegetationsarm. Beinahe mystisch mutet es an, wenn sich die markanten Vulkankegel aus dem Javakheti-Plateau zwischen den Wolken erheben und sich in einem der Seen spiegeln – eine einsame, wenig beachtete Traumlandschaft.

Für Naturliebhaber und Aktivurlauber bietet die Gegend viel Abwechslung: Während es Wanderer in den **Borjomi-Kharagauli-Nationalpark** zieht, lockt der **Wintersportort Bakuriani** Skifahrer an, und die zahlreichen Seen auf dem **Javakheti-Plateau** sind ein Mekka für Ornithologen. Natürlich kommt auch im Kleinen Kaukasus die Kultur nicht zu kurz: Neben der aufgepeppten **Rabati-Festung** in Akhaltsikhe ist die **Höh-**

lenstadt Vardzia das absolute Highlight. Da sich die Grenzen im Süden des Landes immer wieder verschoben haben und die Machthaber oft wechselten, ist die Region mit Festungen übersät. Und dass das Javakheti-Hochplateau schon seit der Bronzezeit besiedelt war, zeigen zahlreiche **verfallene Festungen**, Steinkreise, alte Inschriften und **Menhire** – Letztere nicht selten versteckt in einer Kirche.

Samtskhe und Tori

Über den nördlichen Kleinen Kaukasus erstreckt sich die Verwaltungsregion Samtskhe-Javakhetien, die sich aus den historischen Provinzen Tori im Norden, Samtskhe (auch Meskheti genannt) im Westen sowie Javakhetien im Südosten zusammensetzt.

Dabei umfasst **Tori** die **Gegend um Borjomi und Bakuriani** sowie das **Tor zum Süden** von Georgien: Das Flusstal der Mtkvari hatte im Mittelalter eine strategisch große Bedeutung und war massiv befestigt. Burgen und Wachtürme bildeten eine Verteidigungskette und übermittelten mit Leuchtfeuern Warnung vor Feinden. Das half nicht – die gesamte Gegend fiel im 16. Jh. unter türkische Herrschaft, und bald wurde es zu gefährlich, in Tori zu leben. Entlang dem Tal der Mtkvari entwickelte sich eine Route für den aufblühenden Sklavenhandel, an dem sich auch der ein oder andere georgische Prinz eine goldene Nase verdient haben soll. Bis auf die fernen Sklavenmärkte in Istanbul wurden die Menschen gebracht, georgische Frauen waren in den osmanischen Harems heiß begehrt, georgische Männer als Kämpfer geschätzt. Manch Bauer aus Tori wurde entführt, verschleppt und verkauft – viele andere verließen aus Angst die gefährliche Gegend, die bald entvölkert war. Erst während der russischen Herrschaft ab dem Ende des 19. Jhs. wurde Tori wieder besiedelt, und Borjomi mit seiner frischen Luft und den **dichten Wäldern** der grünen Bergwelt avancierte schnell zu einem der beliebtesten Kurorte des ganzen Zarenreichs.

Weiter südwestlich im Flusstal der Mtkvari weitet sich bei **Atskuri** das Tal, und eine andere Welt beginnt: Die **leicht hügelige Hochebene** erinnert mit ihrem spärlichen Bewuchs an eine **Mittelmeerlandschaft**. Abgesehen von den dicht bewaldeten Hängen des Borjomi-Kharagauli-Nationalparks bei Abastumani gibt es keine Wälder im kahlen Samtskhe. Südlich von Akhaltsikhe, der Hauptstadt von Samtskhe-Javakhetien, hat sich die Mtkvari eine eindrucksvolle Schlucht gefressen, in der die **Höhlenstadt Vardzia** liegt.

Während des **Goldenen Zeitalters** (11.–13. Jh.) war Samtskhe als „Zemo Kartli" (Ober-Kartlien) bekannt und Teil des riesigen georgischen Reichs. Doch die **Überfälle der Mongolen** zersplitterten das Land, aus Zemo Kartli wurde, gemeinsam mit weiteren Regionen, Samtskhe-Saatabao. Unter der Herrschaft der Osmanen ab dem 16. Jh. wurden die Regionen Samtskhe und Javakhetien unter „Akhaltsikhe Vilaye" verwaltet. Das lokale Herrschergeschlecht der Jaqelis, die sich in den turbulenten Zeiten immer geschickt an der Macht hatten halten können, durfte ihre alten Fürstentümer nun als Paschas regieren, nachdem sie zum Islam konvertiert waren. Ihnen taten es viele Menschen nach, sodass in den **300 Jahren der türkischen Herrschaft** der Großteil der Bevölkerung muslimisch wurde.

Im 17. Jh. gab es ein französisches Intermezzo: Katholische Missionare tauchten auf. Offenbar war ihre Religion weniger überzeugend als ihre Küche – jedenfalls erinnert an die Missionare einzig, dass gekochte Schnecken in Samtskhe als Delikatesse gelten.

Schwere Zeiten begannen für die ethnisch und religiös durchmischte Bevölkerung während der ersten Republik: 1918 kam es zu **Pogromen gegen christliche Armenier und Georgier**. Denen folgte während des Zweiten Weltkriegs im Jahr 1944 die grausame **Deportation von 90 000 Muslimen**, unter ihnen Turk-Mescheten (S. 96), Kurden und der aserische Stamm der Terekeme.

Borjomi

Nur 160 km von Tbilissi entfernt liegt der kleine **Kurort** Borjomi, der mit seinem **Heilwasser** zu Weltruhm gelangte und das **Tor zu einem der schönsten Nationalparks Georgiens** ist.

Der etwa 10 000 Einwohner zählende Ort liegt an beiden Seiten des Flusses Mtkvari in einem grünen Tal zwischen den dicht bewaldeten Nordausläufern des Kleinen Kaukasus, der hier mit seinen sanften Formen fast an ein Mittelgebirge erinnert. Kaum zu glauben, dass sich in dem bei einheimischen wie ausländischen Wanderern beliebten angrenzenden Borjomi-Kharagauli-Nationalpark die Gipfel über 2600 m erheben.

Internationale Besucher sind in Borjomi nichts Neues. Dank seinem Heilwasser entwickelte sich der Ort im 19. Jh. zu einem der beliebtesten Kurorte des Russischen Reichs und später der gesamten Sowjetunion. Unter anderem aus Moskau, Kiew und fernen Orten wie Almaty in Kasachstan nahmen Erholungssuchende teilweise über 4000 km lange Zugfahrten auf sich.

Erst 1829 hatte ein russischer Soldat die Heilwirkung des Wassers wiederentdeckt: Der an Magenbeschwerden leidende, in Borjomi stationierte Soldat hatte über längere Zeit jeden Tag von dem Wasser getrunken und war bald darauf von all seinen Beschwerden genesen. Chemische Untersuchungen bestätigen die Heilwirkung, die den Einwohnern des Borjomi-Tals vor langer Zeit bereits bekannt war: Nahe der Ekaterinen-Quelle fand man sieben steinerne Badewannen aus dem ersten vorchristlichen Jahrhundert. Ob das Wissen über die heilsamen Quellen bei den Verwüstungen durch die Mongolen im 13. Jh. oder bei der Entvölkerung der Region während der osmanischen Herrschaft im 16. Jh. verloren ging, ist schwer zu sagen.

Durch die Wiederentdeckung des Heilwassers wurde jedenfalls im 19. Jh. der Großfürst **Nikolas Mikhailovich Romanov**, Gouverneur Transkaukasiens, aufmerksam auf die Landidylle. Die wildreichen Wälder um Borjomi ließ er zu seinem privaten Jagdrevier erklären (womit er, ohne es zu wissen, die Grundlage für den heutigen Nationalpark legte) und sich südlich von Borjomi einen **Palast in Likani** bauen. Ab 1864 weilte er jedes Jahr in seiner Sommerresidenz. Bald war auch bei der russischen Oberschicht, reichen Persern und Aseris eine Ferienresidenz in Borjomi angesagt. Es ist kein Zufall, dass sich das **erste Wasserkraftwerk** Georgiens nahe Borjomi befindet: Die pompösen Feiern der High Society mussten in das richtige Licht gesetzt werden – Borjomi avancierte zum **Saint-Tropez des Russischen Reichs**. Auch in Sowjetzeiten kam die Nomenklatura hier – wahrscheinlich nicht nur auf ein Gläschen Heilwasser – zusammen. Unter anderem erholten sich Stalin und Beria im Likani-Palast.

Nach dem Zusammenbruch der Sowjetunion brach jedoch auch der Kurtourismus zusammen. Die leerstehenden Hotels und Sanatorien waren bald mit **Flüchtlingen aus Abchasien** gefüllt. In der wirtschaftlichen Krise fehlte das Geld für das Nötigste – Sanatorien, Kurhotels und die prachtvollen Villen verfielen. Doch langsam erholt sich Borjomi wieder und erwacht aus seinem Dornröschenschlaf. Zum Besuch des damaligen ukrainischen Staatschefs Viktor Juschtschenko 2005 wurde die Stadt erstmals wieder aufgehübscht: Der Bahnhof wurde renoviert, der Kurpark hergerichtet und ein Riesenrad auf dem Plateau von Borjomi errichtet. Seit 2012, seit russische Touristen sogar ohne Visum nach Georgien reisen dürfen, gibt es einen **Aufschwung**: Die zieht es noch immer in die grüne Idylle, die sie sich von den – leider zahlreichen – Sowjet-Bausünden nicht verderben lassen. Wie für alle vom Tourismus geprägten Orte in Georgien war die Corona-Krise für die Einwohner von Borjomi sehr schwierig, die Lage hat sich mittlerweile wieder stabilisiert.

Durch den Ort fließt in einem Bogen der Fluss Mtkvari, an dessen Ufern die Hauptstraße verläuft. Nördlich des Flusses befinden sich das Zentrum des Ortes mit einigen Läden sowie das Ethnografische Museum (s. u.). Südlich des Flusses liegen die beiden Hauptsehenswürdigkeiten der Stadt: der Kurpark und das Zarenbad (s. u.).

Vom Merab Kostava Garden zum Plateau von Borjomi

Südlich der weißen „Beauty Bridge" liegt der kleine **Merab Kostava Garden**, in dem die **St.-Nicholas-Kirche** steht und an dessen Nordseite sich der **Borjomi-Park-Bahnhof** befindet. Die großen Zeiten sind allerdings lange vorbei, hier kommt täglich nur ein Bummelzug aus Tbilissi an. Die alte Tafel in der Bahnhofshalle in kyrillischen Lettern zeigt die Abfahrtszeiten zu weit

entfernten Städten und erinnert daran, dass hier einst Gäste aus dem ganzen Russischen Reich eintrafen.

Vom Merab Kostava Garden führt die **9. April Street** am Ufer des im Frühjahr rauschenden Borjomula-Flusses bergauf, gesäumt von Ständen, an denen einheimische Spezialitäten und Souvenirs verkauft werden. Die geschäftstüchtigen Händler bieten Honig, Fruchtmarmelade und Zapfensirup feil und laden gern zu Kostproben ein. Man sollte bei der süßen Versuchung das Handeln nicht vergessen. An der Straße reihen sich **prächtige Villen** aneinander, besonders schön ist die mit orientalischen Schnitzereien und Spiegelelementen verzierte **Firouzeh-Villa** am Eingang zum Kurpark, die sich ein persischer Teppichhändler erbauen ließ. Nach langer Renovierung beherbergt das nun hellblau strahlende Gebäude seit 2017 das Golden Tulip Hotel. Die gegenüberliegende Uferseite dominiert und irritiert mit ihrem willkürlichen architektonischen Stilmix das Borjomi Crown Plaza, das von innen einigen Luxus bietet und den hochpreisigen Kurtourismus wieder aufleben lässt.

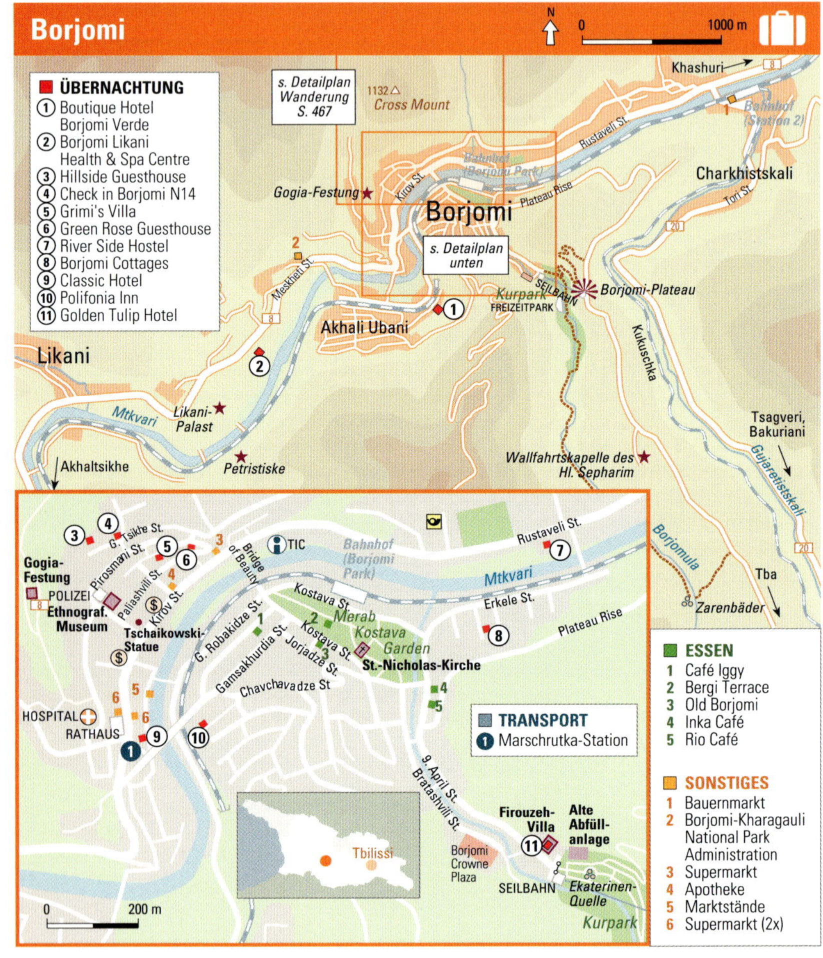

Rechts des Parkeingangs lädt die **historische Seilbahn**, 🕒 10–22 Uhr, zu einer Fahrt ein (na gut, 10 Lari pro Fahrt muss man berappen), die Aussicht von der Bergstation auf dem **Plateau von Borjomi** ins Tal ist schön, doch die Warteschlangen sind meist lang. Es führt auch ein ausgeschilderter Fußweg aus dem Kurpark hinauf, der leider sehr ungepflegt ist. Oben erwarten die Besucher im Sommer Halli-Galli, ein Ausflugslokal und ein Riesenrad.

Vom Plateau führt ein Wanderweg über die Wallfahrtskapelle des Hl. Seraphim bis zu den Zarenbädern. An der Bergstation der Seilbahn werden während der Hochsaison Pferde und Quads vermietet.

Kurpark (Borjomi Park)

Nach alter Tradition lässt es sich herrlich durch den Kurpark von Borjomi (Mineral Water Park) schlendern. Von Spätherbst bis Frühjahr geht es ruhig zu, im Sommer verwandelt er sich in einen riesigen Freizeitpark. Gleich links hinter dem Eingang fällt ein repräsentatives Steingebäude auf: die **erste Abfüllanlage**, in der 1894 das beliebte Borjomi-Wasser verkaufsfertig gemacht wurde. Denn das gesunde Tröpfchen wurde schnell zum Verkaufsschlager in der gesamten Sowjetunion und über die Grenzen der UdSSR hinaus weltweit bekannt. Nicht nur im belgischen Spa wurde es 1911 ausgezeichnet, auch in Dresden, Budapest und St. Petersburg räumte das Mineralwasser aus Borjomi Preise ab. In den 1980er-Jahren wurden über 400 Mio. Flaschen verkauft. Dem wirtschaftlichen Einbruch in den 1990ern folgte 2007 ein weiterer schwerer Schlag: Russland verhängte wegen angeblicher Gesundheitsrisiken ein Importverbot. Dass das Borjomi-Wasser erst kurz vorher, 2006, mit einem Preis in Moskau ausgezeichnet worden war, legt die Vermutung nahe, dass die Gründe dafür wohl eher in den damaligen politischen Spannungen zwischen Russland und Georgien lagen. Seit 2013 werden auch die Russen wieder mit ihrem Lieblingswasser versorgt. Seitdem geht es weiter steil bergauf: In über 40 Länder wird das Mineralwasser exportiert. Ein wenig weiter darf man das mehrfach preisgekrönte Heilwasser an der von einer türkisfarbenen Metallkuppel überdachten **Ekaterinen-Quelle** ganz umsonst kosten. Der Laie wird nach dem ersten Schluck des ca. 30 °C warmen, leicht mit natürlicher Kohlensäure versetzten und nach Eisen schmeckenden Tropfens vielleicht nicht sofort vom Geschmack überzeugt sein. Dann sollte man einfach an das wohltuende Kalzium, Sodium, Eisen, Chlorin und Kalium, die Hauptbestandteile des Wunderwassers, denken. Der Kurpark zieht sich entlang dem Tal des Borjomulas, hinter einem Wasserfall und einer Statue beginnt der **Freizeitpark** mit Spielbuden, Fahrgeschäften und Kinderspielplätzen.

🕒 24 Std., im Sommer von 9–21 Uhr, Eintritt 1 GEL

Zarenbäder

Ein Spaziergang entlang dem Fluss führt in ca. 45 Minuten zu den Zarenbädern, in denen auch Normalsterbliche heute königlich baden können. Die Zarenfamilie ließ sich die Schwefelquellen im 19. Jh. ausbauen, Mitte der 2010er wurden sie renoviert, Umkleidekabinen und Toiletten sind vorhanden. Das Wasser hat angenehme 32 °C, im Winter reicht das leider nicht aus, um sich in der Kälte durchkochen zu lassen. Von den Bädern führt eine blau-weiß markierte Wanderstrecke in ca. einer Stunde bis zur Bergstation der Seilbahn auf dem Borjomi-Plateau. Es geht durch märchenhaften Wald, in dem einst der Botaniker Nordmann den beliebtesten Weihnachtsbaum der Deutschen „entdeckte" (s. Kasten S. 376). 🕒 7–19 Uhr, Eintritt 5 GEL.

Ethnografisches Museum

Sollte das Wetter nicht zu einem Spaziergang im Kurpark einladen, ist das **Stadtmuseum** (Museum of Local Lore), Tsminda Nino St., nördlich der Hauptstraße, eine gute Schlechtwetter-Option. Über 36 000 Exponate erläutern Geografie, Botanik und Geschichte der Region. Unter anderem werden Alltagsgegenstände der Zarenfamilie und eine Sammlung verschiedener historischer Borjomi-Wasserflaschen seit 1938 in den schummrig beleuchteten Räumen ausgestellt. Besonders ein Baumstamm aus dem versteinerten Wald nahe dem Goderdzi-Pass ist beeindruckend. Im insgesamt etwas in die Jahre gekommenen Museum fällt auf, dass die archäologische Ausstellung äußerst modern gestaltet ist, nicht zufällig mit Unterstützung von BP, die bei den Bauarbeiten an der Baku-Tbilissi-Ceyhan-Pipeline auf zahlreiche Funde stießen.

Pjotr Tschaikowski weist den Weg zum Museum: Die **Statue** vor der Musikschule erinnert an den berühmten russischen Komponisten und prominenten Kurgast, der sich ganze zwei Monate in Borjomi erholte. Die Statue steht an der Hauptstraße am Abzweig zur Tsminda Nino Street, in der sich das Museum befindet.

🕒 April–Okt Di–So 10–18, Nov–März Di–So 10–17 Uhr, Eintritt 5 GEL, Führung in Fremdsprache 30 GEL.

ÜBERNACHTUNG

Untere Preisklasse

Check in Borjomi N14, Gogias Tsikhe St. 14, 📞 599 224 250, 💻 bei Facebook. Die netten

Gastgeber vermieten 4 saubere Zimmer, davon 2 mit Privatbad, einige mit Balkon. Küche, schöner Aufenthaltsbereich und Garten. ❶

Green Rose Guesthouse, Pirosmani St. 13, 599 901 117. Wunderschöner Garten mit Aussicht auf die Stadt und viele (nicht grüne) Rosen, der perfekte Ort zum Frühstücken. Große, saubere Zimmer mit mehreren Gemeinschaftsbädern und Küche. ❶

€ **Grimi's Villa**, Pirosmani St. 9, 555 995 885, bei Facebook. Herzlicher Homestay, zur Begrüßung gibt's oft Wein oder Chacha. Geräumige Zimmer, einige mit Privatbad, auch Apartments mit eigener Küche. Außerdem: Terrasse und ein hübscher Garten, in dem man bestens frühstücken kann. ❶

€ **Hillside Guesthouse**, Gogias Tsikhe St. 4, 568 737 361, bei Facebook. Sauberes Gästehaus mit georgischer Gastfreundschaft. Günstige Option für Zimmer mit Privatbad. ❶

River Side Hostel, Rustaveli St. 20, 574 102 710, bei Facebook. Einfaches Hostel, Bett im (auch Frauen-)Schlafsaal ist die günstigste Option für Alleinreisende. Gemeinschaftsraum und Küche vorhanden, auch im Winter schön warm. ❶

Mittlere und obere Preisklasse

Borjomi Likani Health & Spa Centre, Meskheti St. 16, 032 229 22 92, www.borjomilikani.com. Modernes Luxushotel direkt neben dem Likani-Palast, ein Teil des Likani-Kurparks darf von Hotelgästen genutzt werden. Große Terrasse, Wellnessbereich mit Innenpool und Sauna. ❺–❻

Borjomi Cottages, Erekle St. 17, 599 496 096, bei Facebook. Die Gastgeberin Ia spricht ein wenig Deutsch und vermietet 3 gepflegte Apartments mit Privatbad und Küchenzeile für 2–4 Pers. im Bungalow hinter ihrem Haus. Gute Parkmöglichkeiten. ❸

Boutique Hotel Borjomi Verde, Robakidze St. 32, 598 699 991, bei Facebook. Stilvolles Holzhaus mit mehreren Terrassen mit Traumaussicht, Hollywoodschaukel, Hängematten. Sehr gepflegt und komfortabel, gutes Preis-Leistungs-Verhältnis. Außerhalb im Vorort südwestlich gelegen. ❸

Classic Hotel, Meskheti St. 6, 599 571 061, bei Facebook. Zentrale Lage am Fluss nahe dem Busbahnhof und Markt, dem Namen entsprechend klassisch-romantisch eingerichtet, große Terrasse. ❸

Golden Tulip Hotel, 9. April St. 48, 032 288 02 02, www.goldentulipborjomipalace.com. Der Mythos der Seidenstraße wird lebendig. In einem Ambiente aus Tausendundeiner Nacht kann man sich verwöhnen lassen. Luxus von Fitness bis Spa-Bereich, nur den Harem sucht man vergeblich. ❺–❻

Polifonia Inn, Chavchavadze St. 4, 579 999 996, bei Facebook. Klasse Aussicht vom Gemeinschaftsraum mit großen Fenstern und Küche. Im Innenhof war 2022 ein Pool in Planung. 2 Fünf-Bett-Zimmer und ein DZ, alle sauber, geräumig und mit Privatbad. ❸

ESSEN

In Borjomi gibt es einige einfache Lokale, vor allem die 9. April St. zum Kurpark ist gesäumt von Touristenrestaurants. Die sind nicht unbedingt schlecht, aber auf jeden Fall etwas teurer.

Bergi Terrace, Kostava Sq. 2, 599 223 816. Gute georgische Küche, flotter Service und prima Preis-Leistungs-Verhältnis. 10–23 Uhr.

Café Iggy, Kostava St. 1, 551 915 767, bei Facebook. Moderne georgische Küche, aufmerksames Personal und angenehmes Ambiente. 12–23 Uhr.

Inka Café, 9. April St. 2, 595 302 077. Das gemütliche Café ist auf internationale Touristen ausgerichtet, im Speiseraum werden leckerer Kuchen und Kaffee serviert. Natürlich gibt's auch herzhafte Gerichte. 10–21 Uhr.

Old Borjomi, Kostava St. 19, 0367 223 320. Im gemütlichen Gastraum wird immer ausgezeichnetes Essen serviert – meistens auch von außergewöhnlich freundlichen Kellnern. Auch Einheimische speisen hier gern, die sitzen jedoch meist im Souterrain, dort gibt es Separees für größere Gruppen. Die Preise liegen leicht oberhalb des Durchschnitts. 11–23 Uhr.

Wanderung zu den Kreuzen von Borjomi

- **Länge**: 5,3 km
- **Dauer**: 2 Std. reine Gehzeit
- **Höhenmeter**: 460 m
- **Start- und Zielpunkt**: Tourist Information Center Borjomi
- **Wegbeschaffenheit**: größtenteils schmale Erdpfade, die über kurze Strecken steiler sind
- **Anforderungen**: Wer zum Aussichtspunkt des Kreuzes von Borjomi gehen möchte, sollte schwindelfrei sein.
- **Ausschilderung**: gut beschildert, grün-weiß markiert
- **Ausrüstung**: festes Schuhwerk, Trinkwasser

Die kurze Rundwanderung führt nördlich von Borjomi durch dichten Wald, der bereits zum Nationalpark gehört, und bietet herrliche Panoramablicke auf Stadt und Tal.

Route

Am **Tourist Information Center** zeigen Wegweiser die Richtung: Nach Westen geht's entlang der Hauptstraße bis zum **Denkmal von Tschaikowski**, dort über die Tsminda Nino Street vorbei am **Ethnografischen Museum**. Am Ende der Straße weisen die Markierungen den Weg nach rechts zur Pirosmani Street, nach ca. 120 m geht es steil bergauf nach links, kurz darauf erneut links vorbei am **Hotel Victoria-Panorama**, hinter dem rechts eine Straße weiter steil bergauf führt. Am Ende dieser Straße führt eine Treppe zu einem schmalen Pfad, der links nach Westen zu den **Ruinen der Gogia-Festung** führt. Sie war einst Teil eines Warnsystems aus Leuchtfeuern. Schon hier genießt man eine schöne Aussicht – aber es wird noch besser. Hinter dem **verfallenen Haus** kurz vor der Festung setzt sich der Wanderweg Richtung Norden entlang einer rostigen Wasserleitung fort. Entlang dem steil abfallenden Hang spaziert man knapp 850 m durch Laubwald leicht bergab, bis nach einer scharfen Rechtskurve die Steigung stärker wird. Nach 10 Min. zeigt an einer Gabelung ein Schild den Weg mit der Aufschrift „Cross" zum herrlichen **Aussichtspunkt**. Zurück an der Gabelung, führt ein steiler Pfad in 5 Min. zur Lichtung auf dem **„Cross Mount"**, die zwar weniger aussichtsreich, dafür aber ein schöner Platz für ein Picknick ist. Dort zeigt ein Wegweiser „Borjomi Tourist Information via woods" den Weg durch den dichten Nadelwald nach Nordwesten. Nach ca. 10 Min. biegt der Pfad scharf rechts ab, nach weiteren 10 Min. biegt er erneut rechts ab und folgt nun einem Bachlauf, der 15 Min. später auf die **Gogia Tsikhe Street** trifft, die nach rechts zurück ins Stadtzentrum führt.

Praktische Tipps

Festes Schuhwerk mit griffiger Sohle anziehen, denn entlang der rostigen, z. T. schon durchlöcherten Wasserleitung ist der Weg oft matschig und rutschig.

Und: Kamera natürlich nicht vergessen!

Rio Café, 9. April St. 6, 💻 https://rio-cocktail-bar.business.site. Donuts, Milchshakes und guter Kaffee in verschiedensten Varianten. 🕒 10–23 Uhr.

AKTIVITÄTEN

Baden

Im **Schwefelbad der Zaren** kann man mitten im Grünen für wenige Lari planschen (S. 465).

Reiten

Die Brüder Wano, ✆ 598 503 631, und Giorgi, ✆ 591 883 310, sind gute Guides, sie sprechen Englisch und organisieren Ausritte.

Wandern

Um Borjomi lassen sich wunderbare kürzere Wanderungen unternehmen, z. B. über die Ruinen der Gogia-Festung zu den **Kreuzen von Borjomi** (S. 467) oder zu den **Zarenbädern**. Alle markierten Wanderungen sind neben dem **Tourist Information Center** auf einer Karte eingezeichnet – aber Vorsicht, die Markierungen werden nicht alle gleich gut gepflegt, und der „Adventure-Trail" ist mittlerweile mehr als ein kleines Abenteuer. Die schönsten Wanderungen kann man im nahen **Borjomi-Kharagauli-Nationalpark** unternehmen (S. 470).

SONSTIGES

Einkaufen und Versorgung

Entlang der Hauptstraße gibt es neben zahlreichen **Apotheken**, einigen Banken und **Geldautomaten** mehrere **kleine Läden**. Frisches Obst und Gemüse verkaufen Marktfrauen an ihren **Marktständen** an der Brücke nördlich der Marschrutka-Haltestelle. Dort gibt es auch zwei **Supermärkte** sowie einen weiteren an der Beauty Bridge. Ein großer **Bauernmarkt** wird in der Markthalle an der Station Borjomi 2, 3 km östlich des Stadtzentrums, abgehalten.

In Borjomi gibt nicht immer die passenden **Gaskartuschen** zu kaufen, mit etwas Glück wird man in dem Laden an der Rusaveli St. nördlich der Marschrutka-Haltestelle fündig. Wer sichergehen will, bringt Kartuschen besser aus Tbilissi mit.

Informationen

Tourist Information Center (TIC), Rustaveli St. 16, ca. 50 m östlich der weißen Beauty Bridge, ✆ 0367 221 397, ✉ ticborjomi@gmail.com, 🕒 10–18 Uhr. Hier gibt es Stadtpläne und Tipps zu Ausflügen in die Umgebung.

TRANSPORT

Busse

Zustieg in die Busse an der Hauptstraße an den Haltestellen, an der Nordseite für Likani, an der Südseite für Timotesubani.
LIKANI, zwischen 8 und 20 Uhr stdl. in 10 Min. für 20 Tetri.
KVABISKHEVI, um 8.30, 11, 15, 17, 18.15 Uhr in 20 Min. für 0,80 GEL.
TIMOTESUBANI, um 11, 14.15 und 17 Uhr in 30 Min. für 0,50 GEL.

Marschrutki

Die **Marschrutka-Haltestelle** ✆ 367 222 534, befindet sich in der Meskheti St. 8, schräg gegenüber dem Rathaus an der großen Brücke.
AKHALTSIKHE, um 8.45 Uhr in 50 Min. für 5 GEL, ca. alle 30 Min. kann man in eine Marschrutka Richtung Akhaltsikhe zusteigen.
BAKURIANI, um 8.30, 9, 10.30, 11, 14, 15, 16, 16.30 Uhr in 40 Min. für 3 GEL.
BATUMI, um 9 Uhr in 4 1/2 Std. für 25 GEL.
GORI, um 7.30 und 10.40 Uhr in 1 1/4 Std. für 7 GEL.
KHASHURI, um 10.20, 11.20, 12.20, 14, 14.40, 15.20, 16.30, 17 Uhr in 30 Min. für 3 GEL.
KUTAISSI, unregelmäßige Fahrzeiten, in ca. 2 1/2 Std. für 15 GEL.
TBILISSI, zwischen 7 bis 18 Uhr stdl. in 2 Std. für 12 GEL.
ZUGDIDI, um 16.30 in ca. 4 Std. für 30 GEL.

Eisenbahn

In Borjomi gibt es **zwei Bahnhöfe**, Züge aus Tbilissi fahren die zentral gelegene Station „Borjomi Park" (Station Borjomi 1, Kostava St. 2) an, die Schmalspurbahn „Kukuschka" nach Bakuriani fuhr an der Station Borjomi 2, ca. 3 km nordöstlich des Ortszentrums, ab – sie verkehrte zum Zeitpunkt der Recherche allerdings nicht.
TBILISSI, um 6 Uhr, mit Halt in GORI, KHASHURI und MTSKHETA, in 4 1/2 Std. für 2 GEL.

◂ Hoch zum Plateau von Borjomi geht es mit der nostalgischen Seilbahn.

14 HIGHLIGHT

Borjomi-Kharagauli-Nationalpark

Die üppige Natur des **größten zusammenhängenden, unberührten Waldstücks Europas** ist bei einheimischen wie internationalen Naturfreunden gleichermaßen beliebt. Schon im Mittelalter wurde diese dicht bewaldete Region an den Nordausläufern des Kleinen Kaukasus von Adligen als Jagdgebiet genutzt, später schätzte und schützte auch Großfürst Nikolas Mikhailovich Romanov die wildreichen Wälder, die sich nahe seiner Ferienresidenz in Likani befanden. Da der Großfürst selbstverständlich keine Konkurrenz beim Jagen duldete, legte er mit seinem privaten Jagdrevier den Grundstein für den späteren Nationalpark. Auch während der Sowjetzeit stand das Gebiet unter strengem Schutz und war ein sogenannter *Zapovednik*, der zum Kern des heutigen Parks wurde. Während der wirtschaftlichen Krise und politischen Instabilität in den 1990er-Jahren wurden allerdings durch illegalen Holzeinschlag Teile des Waldes zerstört und dem Wildbestand durch illegale Jagd stark zugesetzt.

Der heute existierende Nationalpark erstreckt sich über **85 000 ha** und erhebt sich zwischen 800 und 2642 m über dem Meeresspiegel. Er wurde mit Unterstützung des Bundesministeriums für wirtschaftliche Zusammenarbeit und Entwicklung (BMZ), der Kreditanstalt für Wiederaufbau (KfW) und dem WWF Deutschland (World Wide Fund For Nature) 1995 gegründet und 2001 eingeweiht. Damit ist er der größte Nationalpark in Georgien, bis auf naturbezogenen Tourismus bleibt die Natur sich selbst überlassen. In den Randgebieten des Parks ist eine eingeschränkte wirtschaftliche Nutzung durch die Einheimischen erlaubt, innerhalb des Parks liegen außerdem einige traditionelle Weidegebiete, auf denen die Schäfer weiterhin ihre Tiere grasen lassen dürfen. Seit 2007 gehört der Borjomi-Kharagauli-Nationalpark dem europäischen Netzwerk der PAN-Parks an, die das Konzept des sanften Öko-Tourismus und der Einbindung der lokalen Bevölkerung verfolgen.

Unter dem dichten Blattwerk der Buchen- und Laubmischwälder bilden die im Frühjahr **farbenfroh blühenden Rhododendren** und Kirschlorbeer den immergrünen Unterbau des Waldes. Buchen- und Laubmischwälder sind vor allem im Norden des Nationalparks verbreitet, während im Süden Eichen und Kiefern die Hänge bedecken. Im Herzen des Parks breiten sich subalpine Wiesen aus, die im Sommer von Bergblumen übersät sind. In den vielfältigen Lebensräumen sind nicht nur außergewöhnlich viele **endemische Pflanzenarten** zu Hause, sondern auch **zahlreiche Wildtiere**: Wildschweine und Rotwild sind verbreitet, die bedrohte Bezoar-Wildziege wird in einem Gehege bei Atskuri gezüchtet und wieder im Park ausgewildert. Auch Wolf und Luchs streunen durch die bewaldeten Schluchten, und der Braunbär hat hier eines seiner wenigen Rückzugsgebiete. Man wird höchstwahrscheinlich keines dieser Raubtiere zu Gesicht bekommen, doch vielleicht ihre Fußabdrücke im feuchten Boden entdecken oder das weit entfernte Brüllen eines Bären hören. Auch über 200 Vogelarten lieben die Wälder und Wiesen des Naturparks, u. a. der sonst selten gesehene Bartgeier, Steinadler und das Schneehuhn.

Mehrere **markierte Wanderrouten** führen über **gut gewartete Wege** durch den Nationalpark. Bei allen Routen sollte man sich jedoch darauf gefasst machen, dass man erst nach längerem, anstrengenden Anstieg durch den dichten Wald mit den ersten Aussichten und Weitblicken belohnt wird – dafür dann manchmal bis zu den schneebedeckten Gipfeln des 200 km entfernten Großen Kaukasus. Wanderenthusiasten sollten genug Zeit für eine Mehrtagestour mitbringen, dabei lässt sich die vielfältige Natur der unterschiedlichen Höhenlagen am besten erleben – und eine Übernachtung in einer der nicht bewirtschafteten Hütten mit Lagerfeuer unter sternenklarem Himmel ist unvergesslich.

Praktisches

Es gibt **mehrere Zugänge** zum Park: im Norden über **Marelisi** nahe Kharagauli (in Kharagauli befindet sich ein weiteres Besucherzentrum), im

Süden bei **Likani, Kvabiskhevi, Atskuri, Abastumani** – und den neuesten Zugang **Nedzvi**. An jedem der Eingänge befindet sich eine Ranger-Hütte, an der jeweils das Permit (Genehmigung) kontrolliert wird. Jeder Besucher muss sich **registrieren** und ein **Permit** ausstellen lassen. Permits werden in den Besucherzentren in Borjomi und Kharagauli ausgestellt sowie am Parkeingang in Abastumani. Ab Mai 2023 soll das über eine App möglich sein (s. u.).

Es müssen zudem Proviant und Schlafsachen mitgebracht werden, denn die einfachen **Holzhütten sind nicht bewirtschaftet**. In den Schutzhütten gibt es zwölf Stockbetten, einen Tisch und Ofen (der oft zu stark qualmt, um benutzt werden zu können) und meist eine überdachte Picknickstelle vor der Hütte. Man sollte in der Hauptsaison rechtzeitig **reservieren**, denn die wenigen Schlafplätze sind schnell ausgebucht – dann bleibt aber noch immer die Übernachtung im Zelt.

Die sanitären Einrichtungen beschränken sich auf **Plumpsklos**. Nahe aller Schutzhütten befinden sich normalerweise **Quellen**. Allerdings sollte die Situation der Wasserstellen vorab im Visitor Center abgeklärt werden, denn einige Quellen versiegen im Sommer.

Zu den Parkeinstiegen gelangt man jeweils am einfachsten mit dem Taxi. An den südlichen Einstiegen ist es möglich, sich an der Hauptstraße von der Marschrukta von Borjomi nach Akhaltsikhe absetzen zu lassen, dann ist zusätzliche Zeit für die Strecke von der Hauptstraße bis zur Ranger-Hütte einzuplanen.

INFORMATIONEN

Borjomi Kharagauli National Park Administration, Meskheti St. 23, Borjomi, ✆ 577 640 444, 💻 https://apa.gov.ge. Im Visitor Center werden die Permits für Besucher ausgestellt, Tagesausflüge sind kostenlos, Übernachtung in der Touristenhütte 20–25 GEL. Die kompetenten Mitarbeiter(innen) sprechen gut Englisch, können Tipps zur Tourenplanung geben, wissen über die aktuellen Wegbeschaffenheiten Bescheid und vermitteln Reitpferde und Wanderführer. Es ist möglich, dort Gepäck in Schließfächern zu deponieren (5 GEL/Tag), sowie Ausrüstung zu leihen: Isomatte, Schneeschuhe, Fahrrad (3/15/35 GEL/pro Tag). Eine Ausstellung informiert über Park und Wildleben. Hinter dem Visitor Center beginnt der kleine Nature Interpretive Trail, gut für diejenigen, die wenig Zeit haben. Ab Mai 2023 soll es möglich sein, sich per App über alle Nationalparks zu informieren, Permits zu buchen und zu bezahlen. 💻 https://nationalparks.ge.
🕒 Mo–Fr 9–18, Sa–So 9–16 Uhr.

AKTIVITÄTEN

Der Nationalpark ist ein herrliches **Wanderrevier** (s. u.), auch mit **Pferd** oder **Mountainbike** lassen sich Teile des Parks erkunden, Infos dazu gibt das Visitor Center. Im Winter kann eine 2-tägige **Schneeschuh-Wanderung** unternommen werden, Schneeschuhverleih im Visitor Center.

Von Borjomi nach Bakuriani

Die gemütlichste Art, von Borjomi in das 900 m höher gelegene Bakuriani zu gelangen, bietet die **Schmalspurbahn „Kukuschka"** (russ. Kleiner Kuckuck), die auf 900 mm Spurbreite mit durchschnittlich 15 km/h gemächlich unterwegs ist. Rund 2 1/4 Stunden dauert die Fahrt durch enge Schluchten und dichten Nadelwald, vorbei an verfallenen Bahnhäuschen. Vor allem bei einheimischen Familien ist es beliebt, am Wochenende mit der Kukuschka einen Ausflug zu machen. Dann kann es schon einmal eng werden, dafür ist man mitten drin im Leben. 1897, während der Zarenzeit, begann der Bau der Bahnlinie, die erste Bahn ächzte 1902 nach Bakuriani hinauf, damals noch von einer amerikanischen Dampflok gezogen (die ausrangiert, 200 m südlich des Bahnhofs 2 vor sich hin rostet). Seit 1966 zieht eine tschechische Elektrolok die Passagiere zum Ziel und überquert dabei bei Tsagveri noch immer ein von **Gustave Eiffel entworfenes Viadukt** über den Fluss Gujaretistskali. Leider verkehrte die Kukuschka zum Zeitpunkt der letzten Recherche nicht. Es ist zu hoffen, dass der Betrieb der Bahnlinie, die seit 2017 zum georgischen Kulturerbe gehört, bald wieder aufgenommen wird.

Wanderungen im Borjomi-Kharagauli-Nationalpark

© NINA KRAMM

Tagestouren von Likani

Likani-Schlucht (Likani Gorge Trail), 7 km, ca. 600 Höhenmeter

Wanderung ab Likani durch dichten Nadelwald mit steilem Aufstieg, bei der man nicht die Baumgrenze übertritt – trotzdem einige schöne Aussichten ins Borjomi-Tal. Schwarz-weiß markiert.

Schneeschuh-Wanderung (Snowshoe Trail), 19,5 km, ca. 1200 Höhenmeter

Im Sommer eine lange Tageswanderung, im Winter mit Schneeschuhen und Übernachtung in der Chitakhevi-Hütte in 2 Tagen machbar. Reichlich Natur und einige schöne Ausblicke. Rot-weiß markiert.

Spuren-Wanderung (Following Wildlife Traces Trail), 15 km, ca. 1000 Höhenmeter

Abwechslungsreiche, aber anstrengende Tageswanderung durch Nadelwald, über aussichtsreiche Lichtungen und verträumte Wiesen. Gelb-weiß markiert.

Mehrtägige Wanderungen

Lomismta-Hütte (Wildlife Traces Trail bis Lomismta Shelter), 28 km, 2 Tage, ca. 2000 Höhenmeter

Traumhafte 2-tägige Tour mit grandiosen Kaukasus-Blicken vom Gipfel des Lomismta. Der Weg verläuft anfangs entlang der Spuren-Wanderung, ab der Lichtung nach 13 km entlang dem Nikolai-Romanov-Weg. Mit Übernachtung in der Lomismta-Hütte. Start ab Likani, Ende in Kvabiskhevi. Keine eigene Farbmarkierungen (gelb-weiß, aber bis zur Hütte blau-weiß).

Timotesubani-Kloster

Die größte Sehenswürdigkeit in der Gegend ist das Kloster von Timotesubani aus dem 12./13. Jh. Zum Klosterkomplex gehören mehrere Gebäude, die ältesten aus dem 11. und die jüngsten aus dem 18. Jh. Die Hauptkirche, eine 28 m hohe Kuppelkirche, entstand im „Goldenen Zeitalter", während der Regierungszeit von Königin Tamar (1184–1213). Der Innenraum dieser Kirche ist mit **eindrucksvollen Fresken** des 12./13. Jhs. ausgestattet, die für ihr umfangreiches und ungewöhnliches ikonografisches Programm wie auch für eine gewisse Lebhaftigkeit bekannt sind. Die Kuppel der Kirche ziert eine Crux Gemmata, ein mit Edelsteinen verziertes goldenes Triumphkreuz, das die Herrlichkeit des christlichen

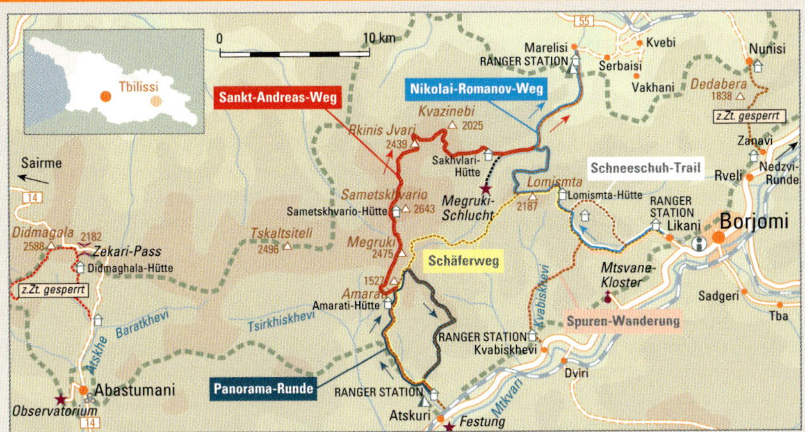

Nikolai-Romanov-Weg (Nikolaz Romanov Trail), 45 km, ca. 3 Tage, ca. 2000 Höhenmeter
Abwechslungsreiche Mehrtagestour von Likani bis Marelisi mit Übernachtungen in der Lomismta-Hütte und der Sakhvlari-Hütte. Abstecher zum Gipfel des Lomismta möglich. Blau-weiß markiert.

Sankt-Andreas-Weg (St.-Andrews-Trail), 55 km, ca. 4 Tage, ca. 2500 Höhenmeter
Die große Tour bietet von dichtem Wald bis kolossalen Weitblicken einfach alles. Sie führt von Atskuri über die höchsten Gipfel des Parks bis Marelisi. Übernachtung in der Amrati-, Sametskhvario- und Sakhvlari-Hütte. Rot-weiß markiert.

Panorama-Runde (Panorama Trail), 30 km, 2 Tage, ca. 2000 Höhenmeter
Wunderschöne Zweitagestour für konditionsstarke Wanderer, die den Vorteil hat, am selben Ort (Atskuri) zu starten und zu enden. Übernachtung in der Amrati-Hütte. Ist der Aufstieg über die Baumgrenze erstmal geschafft, wird man mit herrlichen Aussichten belohnt. Blau-weiß markiert.

Schäferweg (Shepherds Trail), 14 km
Verbindungsweg zwischen Lomismta- und Amarati-Hütte, der mit den Routen des St.-Andrews-Wegs und dem Nikolai-Romanov-Weg kombiniert werden kann. Bei Start in Likani kann man z. B. mit Übernachtungen in Lomismta- und Amarati-Hütte eine 3-tägige Wanderung unternehmen, die in Atskuri endet.

Nedzvi-Runde (Nedzvi Reserve), 32 km, 2 Tage, ca. 1250 Höhenmeter
Mittelschwerer Trail, der an der Nedzvi Ranger Station nahe Akhaldaba, ca. 18 km nordöstlich von Borjomi, beginnt. Am zweiten Tag werden Wanderer mit Panoramablicken belohnt.

Glaubens symbolisiert und als Siegeskreuz Christi verstanden wird. Als Stifter der Kirche wird der georgische Adlige **Shalva von Akhaltsikhe** in einer Inschrift genannt. Trotz wirtschaftlicher und kultureller Blütezeit wurde diese Kirche aus Ziegelstein errichtet. Diese kostengünstige Bauweise war in Georgien für gewöhnlich bei Profanbauten verbreitet, bei Sakralbauten wurden üblicherweise behauener Stein oder Feldstein als Materialien verwendet – mit Ausnahme des 12./13. Jhs., als in Georgien auch mehrere Sakralbauten aus Ziegelstein errichtet wurden.

Anfahrt: Von Tsagveri weist ein Schild den Weg zum 4 km entfernten Kloster, ab Borjomi sollte ein Taxi ca. 15–20 GEL, von Tsagveri ca. 5 GEL kosten.

Bakuriani

Am Nordhang des Trialetischen Gebirges liegt auf ca. 1700 m Höhe in einem uralten Vulkankrater der Ferienort Bakuriani.

Von Nadelwäldern umgeben, war Bakuriani seit Langem ein beliebter Luftkurort, u. a. zur Behandlung von Asthma. Schon zu Beginn des 20. Jhs. wurden hier die ersten Hotels gebaut, nachdem der Ort 1903 durch die Schmalspurbahn mit Borjomi verbunden worden war. In der Sowjetzeit folgten Sanatorien und Erholungsheime, 1930 wurde Bakuriani zum **Skiresort** ausgebaut. Nach einigen Modernisierungen konkurrierte das kleine Skigebiet erfolglos mit Sotchi um die Olympischen Winterspiele 2014.

Zwischen Mitte Dezember und Mitte April verwandelt sich das 1800 Einwohner zählende Dorf in einen **verschneiten Wintersportort**. Nicht nur bei georgischen, auch bei Besuchern aus dem arabischen Raum, Russland und Israel ist Bakuriani zum beliebten Skiort avanciert. Es gibt insgesamt 29 km **leichte bis mittelschwere Pisten**, die etwas leichter zu befahren sind als die von Gudauri. Drei Sessel- und drei Schlepplifte am Mt. Kokhta sowie eine Standseilbahn, ein Gondel-, ein Sessel- und ein Schlepplift bei Didveli bringen die Skifahrer nach oben – die Abfahrten von Koktha und Didveli sind allerdings nicht miteinander verbunden. Es gibt eine „Toboggan"-Schlittenbahn, die im Sommer und im Winter in Betrieb ist.

Im **Dorfzentrum**, wo sich auch der Bahnhof und die Marschrutka-Haltestelle befinden, sorgen die beiden Kinderschneeparks „Joyland" und „Didveli" sowie die **Schlittschuhbahn** und mehrere **Schlepplifte** für Unterhaltung. Die Ringstraße (Koba Tsaqadze St.) verläuft in einem weitläufigen Bogen um das Dorf, auf ihr kann man sich von einem Pferdeschlitten durch die Winterlandschaft ziehen lassen. Die zahlreichen Hotels liegen weit verstreut rund um Bakuriani, auch die Liftanlagen befinden sich etwas außerhalb.

Am Ortsausgang Richtung Borjomi lockt der 1910 gegründete **Botanische Garten**. In dem subalpinen Klima von Bakuriani wachsen dort über 1200 alpine Arten, darunter einige im Kaukasus endemische und zahlreiche asiatische Pflanzenarten. Der Park ist zwar durchgängig geöffnet, allerdings ist ein Besuch nur zwischen Juli und September wirklich interessant. Eintritt frei.

Den kalten Wintern mit Durchschnittstemperaturen von -7 °C stehen verhältnismäßig warme Sommer mit 15 °C Durchschnittstemperatur gegenüber, sodass Bakuriani zwischen Juni und Oktober für **Wanderer und Mountainbiker** eine interessante Region ist, vor allem im Herbst, wenn sich das Laub der Bäume wunderschön verfärbt.

ÜBERNACHTUNG UND ESSEN

Im Ort gibt es eine große Auswahl an Hotels, viele von ihnen befinden sich an der Ringstraße, einige direkt bei den Liften. Insgesamt sind die Preise gehoben, in der Nebensaison kann man große Rabatte aushandeln, allerdings haben dann auch viele Unterkünfte geschlossen.

Edelweiss, Mtis 19, ✆ 599 506 349. Gemütliches Familienhotel im Ortszentrum. ❹

Green Wood Hotel, Tsereteli St., ✆ 557 999 494, 💻 bei Facebook. Blockhaus mit 8 gemütlichen, holzverkleideten Zimmern für je 2–5 Pers. Besonders schön ist die Familiensuite für 5 Pers. mit Panoramafenster und Balkon im obersten Stockwerk. ❺–❻

Iceberg Hotel, Davit Agmashenebeli St. 3, ✆ 599 105 429, 💻 bei Facebook. Zentral gelegen, einige der Doppel-, Drei- und Vier-Bett-Zimmer haben einen Balkon, alle mit Privatbad. ❸

Rooms Kokhta, östlich der Ringstraße, ✆ 032 290 00 99, 💻 https://roomshotels.com. Ableger des renommierten Rooms-Hotels in Tbilissi mit gewohnt hohem Komfort und stilvollem Design. ❻

Zu den meisten der Hotels gehört ein Restaurant. Wer auswärts essen möchte, sitzt schön im **Mimino**, Tsaqadze St. 2a, ✆ 574 116 686, 💻 http://mimino.com.ge, südlich des Ortszentrums an der Ringstraße, nahe der Kreuzung zur Agmashenebeli St. Im holzvertäfelten Innenraum kommt Skihüttenstimmung auf, die Terrasse lädt zum Sonnen ein. 🕒 In der Saison 11–23 Uhr.

AKTIVITÄTEN

Mountainbike

In der Sommersaison sind die Didveli-Lifte in Betrieb, dann ist auch eine Mountainbike-Strecke geöffnet.

Schlittschuhlaufen

In der Wintersaison wird im **Ortszentrum eine Eisbahn** aufgebaut, Schuhe können geliehen werden. Preise und Öffnungszeiten variieren.

Ski- und Snowboardfahren

Ein Ticket für die Lifte kostet in der Hauptsaison für Erwachsene für 1/2/3 Tage 55/110/157 GEL, alle Preise auf 💻 www.bakuriani.ski. 🕒 Die Lifte sind von 10–17 Uhr in Betrieb, die Didveli-Lifte außerdem von 17–21.30 Uhr für das Nachtskifahren geöffnet.

Wandern

In der Umgebung lassen sich schöne Tages- und Mehrtageswanderungen unternehmen. Da die Wanderwege nicht markiert sind, empfiehlt es sich, mit einem Führer zu gehen. Eine schöne Wanderung wird im *Rother Wanderführer Georgien* beschrieben.

EINKAUFEN UND VERSORGUNG

Im Dorfzentrum gibt es einige **Lebensmittelläden**, Supermärkte und **Geldautomaten**.

TRANSPORT

Die **Marschrutka-Haltestelle** befindet sich im Ortszentrum an der Kreuzung der Mtis St. und Tamar Mepe St. Die historische Eisenbahn „Kukuschka" verkehrte zum Zeitpunkt der Recherche nicht.

BATUMI, um 10 Uhr in ca. 6 Std. für 30 GEL.

BORJOMI, um 9, 10, 11, 12, 15, 17 und 18 Uhr in 50 Min. für 3 GEL.

TBILISSI, über BORJOMI, im Winter zwischen 8, 9, 11, 12, 13.30, 15, 16 und 17 Uhr in 3 Std. für 15 GEL.

KUTAISSI, um 15 Uhr in 2 3/4 Std. für 20 GEL.

Von Borjomi nach Akhaltsikhe

Die Straße von Borjomi nach Akhaltsikhe verläuft entlang dem Durchbruch der Mtkvari, der das Trialetische Gebirge im Osten von dem Meskheti-Gebirge im Westen trennt, die beide zum Kleinen Kaukasus gehören. Das schmale Tal weitet sich, je mehr man sich Akhaltsikhe nähert. Die dichten, grünen Wälder weichen der spärlichen Vegetation der Hochebene, auf der sich Akhaltsikhe befindet. Dieser Durchgang war militärisch von strategischer Bedeutung, das lassen die zahlreichen Festungen entlang dem Flusstal erkennen.

Likani

Verlässt man Borjomi nach Südwesten auf der S8, erreicht man nach nur 4 km das Luftkurörtchen Likani, quasi ein Vorort von Borjomi. Von dort stammt das stille und relativ geschmacksneutrale Likani-Mineralwasser, außerdem befinden sich 2 km nördlich des Dorfes ein **Zugang zum Nationalpark** und eine Ranger-Hütte.

Südlich des Ortes liegt an den Ufern der Mtkvari der 1895 im damals modischen neo-maurischen Stil errichtete **Likani-Palast**, der auch als Romanov-Palast bekannt ist. Großfürst Nikolas Mikhailovich Romanov verbrachte dort jeden Sommer, während der Sowjetzeit erholten sich die „hohen Tiere" der Nomenklatura in Likani in feudaler Atmosphäre, darunter auch Stalin und Beria. Nach der Unabhängigkeit wurde der Palast zur offiziellen Präsidentenresidenz umfunktioniert, in dem dazugehörigen Sanatoriumskomplex befindet sich heute ein Luxushotel. Die weitläufige, etwas verwilderte Parkanlage ist momentan nur den Gästen des Spa-Hotels zugänglich, der Palast wird seit Jahren renoviert und kann nicht besichtigt werden.

Mtsvane-Kloster (Green Monastery)

Die nächste Abzweigung nach rechts führt über eine 1,5 km lange Schotterstraße zum sogenannten Green Monastery. Zu dem Klosterkomplex inmitten des üppig-grünen Waldes gehören eine **Saalkirche aus dem 9. Jh.** und der **Glockenturm** aus dem 15./16. Jh. Am Kloster entspringen **zwei Quellen**, die in den Fluss Chitakhevi fließen, in dessen Flussbett rötlich gefärbte „blutige Steine“ liegen. An ihnen soll noch immer das Blut der Mönche kleben, die im 16. Jh. bei dem grausamen Feldzug des persischen Schahs gefoltert und getötet wurden. Religiöse Pilger glauben, dass diese Steine heilende Wunderkräfte besitzen. Man sagt, das Wunder vollbringende „Blut“ würde verschwinden, wenn die Gläubigen nicht genug beten. In dem schummrigen Glockenturm ruhen die Schädel der Opfer des 500 Jahre zurückliegenden Überfalls, ihre Gebeine in einer Truhe.

Atskuri

27 km westlich von Borjomi liegt das Dorf Atskuri mit der gleichnamigen **Festung aus dem 10. Jh.** Kurz vor dem Ort zweigt nach rechts der Weg zur Ranger-Hütte an einem weiteren **Zugang zum Nationalpark** ab (kleines braunes Hinweisschild). Die letzten 20 km von Atskuri bis Akhaltsikhe werden nun durch vegetationslose, ab dem Sommer bräunlich-ockerfarbene Hügel des weiten Hochtals bestimmt, die nur im Frühjahr für kurze Zeit von einem grünen Teppich überzogen werden.

ÜBERNACHTUNG

In Likani gibt es zahlreiche einfache, authentische Gästehäuser sowie das Borjomi Likani Health & Spa Centre. In Kvabishkhevi und Atskuri ist die Auswahl selbst an einfachen Unterkünften kleiner.

Akhaltsikhe und Umgebung

Mit knapp 17 000 Einwohnern ist die Stadt am Fluss Potskhovistskali die größte der Region und das **Verwaltungszentrum von Samtskhe-Javakhetien**. Die größte Sehenswürdigkeit von Akhaltsikhe, was übersetzt „neue Burg“ bedeutet, ist die namensgebende und 2012 komplett renovierte **Festungsanlage**. Zwar wurde die „neue“ Burg bereits im 12. Jh. gebaut, doch ersetzte sie eine ältere Festung, die den damaligen Ort „Lomisa“ schützte, der im 11. Jh. bei Kämpfen zerstört wurde. Denn der Ort war ein **wichtiger Handelsknotenpunkt an der Seidenstraße** und wegen seiner strategisch bedeutenden Lage über Jahrhunderte hinweg hart umkämpft, sodass er immer wieder den Besitzer wechselte. Zwischen dem 13. und 16. Jh. herrschte die lokale georgische Adelsfamilie Jaqeli, 1578 eroberten die Osmanen die Grenzregion und machten Akhaltsikhe zum Sitz des Paschas und zur **Hauptstadt der türkischen Provinz**. Doch auch das **russische Zarenreich** hatte Interesse: Nach etlichen Kriegen schluckte es nach dem erfolgreichen Siegeszug von General Ivan Paskevitch die gesamte Provinz, die so erstmals wieder mit den anderen georgischen Regionen unter dem Dach des Zarenreichs vereint war.

Es überrascht nicht, dass die Stadt dank ihrer wechselvollen Geschichte im Grenzgebiet eine **multiethnische Stadt** ist. Georgier, Russen und Türken leben dort, doch die Mehrzahl der Einheimischen hat armenische Wurzeln, denn 1829 wurden ca. 95 000 christliche Armenier aus türkischen Gebieten hierher umgesiedelt.

Allerdings verlassen viele Menschen, vor allem Russen und Armenier, die Gegend, denn um die Wirtschaft ist es schlecht bestellt: Lange war Akhaltsikhe ein Außenposten erst des Russischen Reichs und später des sowjetischen Imperiums und spielte als Militärposten eine wichtige Rolle. Doch 2007 verließen die russischen Garnisonen die Stadt, viele Arbeitsplätze verschwanden damit auch für die lokale Bevölkerung.

Akhaltsikhe liegt seit dem Ende der UdSSR wieder – wie in lange vergangenen Zeiten – an einem **Kreuzungspunkt der Handelswege**: Die gut ausgebauten Fernstraßen S11 über Ninotsminda nach Armenien und die S8 vom Kernland Georgiens über Akhaltsikhe und Vale in die Türkei treffen sich hier. Auch ist die Stadt mittlerweile eine Drehscheibe des Energiehandels: Die Baku-Tbilissi-Ceyhan-Pipeline und wichtige Stromleitungen, über die Elektrizität aus georgischen Wasserkraftwerken an die Türkei verkauft wird, verlaufen in unmittelbarer Nähe der Stadt. Doch davon profitieren die Einheimischen wenig, sie sind vor allem in der Landwirtschaft und im Kleinhandel beschäftigt, für die junge Generation bietet die dahindümpelnde Wirtschaft wenig Chancen. Teile der **verwinkelten Altstadt** und die **Rabati-Festung** nördlich des Flusses wurden daher von der Regierung aufwendig

saniert, um die Stadt touristisch interessanter zu machen, was durchaus gelungen ist. In den Stadtteilen südlich des Flusses und der Durchfahrtsstraße dagegen ist klar zu erkennen, wie es um die Wirtschaft bestellt ist.

Festung Rabati (Rabatistsikhe)

Von mächtigen Mauern umgeben und von Wehrtürmen geschützt, entführen orientalische Türmchen, verspielte Springbrunnen und die große Goldkuppel der Moschee den Besucher in ein Märchen aus Tausendundeiner Nacht – oder auch ins Disneyland, wie mancher Kritiker anmerkt. Denn wie so oft wurde die Restaurierung der Burgruine mit wenig Feingefühl vorgenommen und wirkt daher leider kulissenhaft. Tatsächlich war aber vorher von der historischen Burg nur wenig erhalten. Wie ein Phoenix aus der Asche stieg, passend zum Namen der Stadt, nach nur einem Jahr Sanierungsarbeiten eine neue Burg aus den alten Ruinen auf.

So oder so zeigt Georgien hier sein orientalisches Gesicht und die Stadt ihre vielseitige Geschichte. Auf dem 7 ha großen Festungsareal befindet sich nicht nur das Geschichtsmuseum von Samtskhe-Javakhetien, sondern auch eine orthodoxe Kirche, eine Moschee und eine Medrese.

Der „ummauerte Ort", was Rabati übersetzt bedeutet, gliedert sich in zwei großzügige Innenhöfe. In den **unteren Innenhof** gelangt man durch das trutzige Eingangstor an der Ostseite; dieser Bereich kann kostenlos besichtigt werden. Dort befinden sich das **Tourist Information Center (TIC)**, die **Ticketkasse**, mehrere **Restaurants** und **Souvenirläden**. Der südöstliche Zipfel des Platzes ist in Terrassen gestaltet, eine Treppe führt vorbei an Wasserspielen und Weinreben zum Hochzeitshaus – das wegen des Ambientes sehr beliebt ist.

Von der Westseite des öffentlich zugänglichen Innenhofs wird der **obere Innenhof** betreten, der als hübsche Parkanlage gestaltet ist. Im Zentrum befindet sich ein quadratisches Wasserbecken, dahinter steht die **Ahmediyye-Moschee** mit ihrer goldenen Kuppel. Sie war das einzige Gebäude, das vor der Restaurierung noch intakt war – jedoch keine Goldkuppel besaß. Hinter der Moschee schließen sich der ehemalige Palast des Paschas und die alte Koranschule an. An der Südseite des Wasserbeckens steht ein orientalisch anmutendes Gebäude mit Arkadengang in L-förmigem Grundriss.

Es entstand erst während der 1980er-Jahre, genauso wie das benachbarte offene Holzgebäude mit dem kreuzförmigen Grundriss und dem markanten Spitzdach vor dem runden Springbrunnen. Die Sowjetregierung ließ die beiden Gebäude zu Ehren der sowjetischen Garnison erbauen.

Neben dem Ausgangstor im Norden befindet sich die **orthodoxe Kirche**. An der Südseite des Platzes steht das **Historische Museum von Samtskhe-Javakhetien**, 💻 www.museum.ge. Sein größter Schatz ist eine Abschrift von *Der Recke im Tigerfell* (S. 136) – es heißt, der berühmte Verfasser Shota Rustaveli sei in der Nähe von Akhaltsikhe zur Welt gekommen.

In der südwestlichen Ecke der Burganlage erheben sich die Festungstürme der **Zitadelle**. Früher befand sich dort das Gefängnis, heute hat man von den Türmen eine herrliche Aussicht auf das Umland und bekommt den besten Überblick über die Festung.

🕒 Der untere Innenhof ist immer zugänglich, der obere Innenhof und das Museum im Sommer 9–20, im Winter 9–18 Uhr, Eintritt Festung 18 GEL, Museum 15 GEL, Guide für Festung und Museum 40 GEL.

Altstadt

Den Besuch der Festung rundet ein Spaziergang durch die angrenzende Altstadt ab, die sich nordwestlich der Burg bis zum Fluss hin ausbreitet. Dort gibt es eine **Synagoge**, eine **ehemalige Moschee**, zwei **orthodoxe** und eine **katholische Kirche** sowie die Ruinen **alter Badehäuser** zu entdecken.

Sapara-Kloster

Versteckt in den Bergen befindet sich in wunderschöner Lage 15 km südöstlich von Akhaltsikhe das Kloster von Sapara. Es wird auf das 9./10. Jh. datiert und ist dafür berühmt, viele bedeutende Persönlichkeiten der georgischen Kirchengeschichte hervorgebracht zu haben. Ende des 13. Jhs. fiel es in den Besitz der **Fürsten Jaqeli**, die auf der nahen Rabati-Festung herrschten. Sargis Jaqeli muss ein außergewöhnlicher Herrscher gewesen sein – er schaffte es, sich mit den grausamen Mongolen zu arrangieren und so in seinem Reich den Frieden zu sichern. Als alter Mann zog er sich in das Sapara-Kloster zurück und nannte sich nach dem Heiligen Saba. Nach Sargis Jaqelis Tod ließ sein Sohn Beka im 13. Jh. die **St.-Saba-Kirche** errichten, eine Kreuzkuppelkirche aus behauenem Stein. Der Innenraum der Kirche wurde im 14. Jh. mit **kunstvollen Fresken** versehen, die leider nur fragmentarisch erhalten sind. Ebenso überdauerte nur ein Bruchteil der **einst zwölf Kirchen und Kapellen**, die im 13./14. Jh. zum Komplex gehörten: die St.-Saba-Kirche sowie zwei kleinere Bauten aus dem 10. Jh. Die **Himmelfahrtskirche**, eine Saalkirche, wurde dabei direkt an die größere St.-Saba-Kirche angebaut. Oberhalb der Kirchen befindet sich die **Ruine eines alten Wachturms**, früher fanden im Konvent die Dorfbewohner vor Feinden Zuflucht. Anfang des 17. Jhs. mussten die Mönche das Kloster verlassen, denn Samtskhe-Javakhetien fiel an die Osmanen. Die kostbaren Ikonen und Klosterschätze wurden im Landesinneren in Sicherheit gebracht. Zu Sowjetzeiten beherbergte der Klosterkomplex ein Jugendcamp.

Sapara lässt sich gut bei einem Abstecher auf dem Weg nach Vardzia besuchen, Privatunterkünfte in Akhaltsikhe und Borjomi organisieren entsprechende Tagesausflüge. Ein Taxi von Akhaltsikhe kostet ca. 25–30 GEL. Mit dem eigenen Auto erreicht man das Kloster, wenn man Akhaltsikhe über die Rustaveli Street verlässt, um dann rechts auf die Sapara Street (SH125) einzubiegen. Sie führt erst durch das Dorf Ghreli, dann hinauf zum Kloster. Bei Regen ist der Weg allerdings sehr matschig.

Weiterfahrt nach Adscharien

Die Landstraße SH1 führt über den Goderdzi-Pass in 160 km bis nach Batumi in Adscharien. Der Weg ist hier das Ziel – denn die Straße durch die reizvolle Landschaft ist in schlechtem Zustand und nur mit dem Geländewagen befahrbar. Sie ist im Kapitel „Schwarzmeerküste und Adscharien" (S. 451) beschrieben.

Die Festung Rabati in Akhaltsikhe ist eine Kulisse wie aus Tausendundeiner Nacht.

ÜBERNACHTUNG

Almi Hotel, Sulkhan Saba St. 11, ✆ 574 034 810. Gepflegtes Gästehaus in der Neustadt mit schönem Garten und ordentlichen Zimmern, einige mit Balkon, alle mit Privatbad. Gutes Preis-Leistungs-Verhältnis und zuvorkommende Gastgeber. ❸

Gino Wellness Rabati, Kharischirashvili St. 1, ✆ 599 880 924, 💻 www.gino.ge. Hat man seine Koffer erstmal von dem öffentlichen Parkplatz in die Burg geschleppt, ist man mittendrin und kann das Ambiente genießen, im Innenpool oder der Sauna entspannen. Schlichte, moderne DZ, teilweise mit Balkon. Etwas überteuerte Apartments mit Küche und Familienzimmer für bis zu 4 Pers. ❹–❺

Hotel Tourist, Farnavazmefe St. 29, ✆ 574 750 106, 💻 bei Facebook. Zentrumsnah in ruhiger Lage mit schönem Innenhof und Garten, Terrassen mit Sofas zum Entspannen und Gemeinschaftsraum mit Kamin. Mehrere Zimmer mit eigenem Bad. Gute Parkmöglichkeiten. ❷

€ **Light House Old City Guesthouse**, Atoneli St. 62, ✆ 571 118 113, 💻 bei Facebook. Gute Lage an der Straße zur Festung am Rand der Altstadt, kleiner Vorgarten mit Sitzecke. Die 2 Vier-Bett- und 2 DZ haben alle Privatbad, die im Obergeschoss auch einen Balkon. Die herzlichen Gastgeber begrüßen meist ihre Gäste mit Kuchen, Obst oder Wein. ❶

Lomisa Hotel, Kostava St. 10, ✆ 577 327 825, 💻 bei Facebook. Gehobenen Standard und ein Restaurant mit Terrasse bietet dieses Hotel in der Neustadt. ❹–❺

Old Town Guesthouse, Atoneli St. 106, ✆ 599 946 789. Zentral gelegenes, kürzlich renoviertes altes Haus mit schönem Innenhof und Holzbalkonen. Ideal für große Gruppen: Von den beiden Drei-Bett-Zimmern (beide mit Privatbad) ist eines mit einem Schlafsaal für bis zu 7 Pers. im Obergeschoss verbunden. Parkplatz vorhanden. ❶

ESSEN UND WEINVERKOSTUNG

Gino Wellness Restaurant, in der Rabatistsikhe, s. Übernachtung. Im zum Hotel gehörigen Restaurant wird hervorragendes Schaschlik serviert. Überraschend moderate Preise, dafür dass man abends in dem schönen Ambiente der angestrahlten Festung speist. 🕒 11–23 Uhr.

Dzveli Duqani, Orbeliani St. 2, ✆ 0365 222 929. Günstiges, rustikal-georgisches Restaurant.

Die Speisekarte ist zwar übersichtlich, doch finden sich darauf einige ungewöhnliche Gerichte (wie z. B. „Kuchmachi", Hühnerleber). ⌚ Di–So 11–22.30 Uhr.

Natenadze's Wine Cellar, Kharischirashvili St. 13, 💻 www.natenadze.company. Besitzer Giorgi hat die Weintradition in der Meskheti-Region mit alten endemischen Rebsorten wiederbelebt und kann viele Informationen über diese besonderen Weine geben. Weinverkostungen und regionale Snacks. Verkostungen auch im **Tabla Rabati** im Hof der Rabati-Festung. ⌚ Nach Voranmeldung, April–Nov 11–19 Uhr.

SONSTIGES

Einkaufen und Versorgung

Entlang der Durchgangsstraße Tamarashvili St. und der Kostava St. in der Neustadt gibt es einige Banken, **Geldautomaten**, **Apotheken**, **Läden** und **Supermärkte**. Am TIC in der Festung im unteren Innenhof befindet sich ebenfalls ein **Geldautomat**.

Informationen

Tourist Information Center (TIC), Kharischirashvili St. 1, unterer Hof der Rabatistsikhe, ✆ 0365 200 500, ✉ ticakhaltsikhe@gmail.com. ⌚ 9–18 Uhr.

TRANSPORT

Marschrutki

ABASTUMANI, um 10.30, 12.30 und 17 Uhr in 40 Min. für 3,50 GEL.

ATSKURI, von 11–18 Uhr stdl. in 20 Min. für 2,50 GEL.

BATUMI, um 11 Uhr in 6 Std. für 30 GEL.

GORI, um 12.45 Uhr in 2 Std. für 10 GEL.

KUTAISSI, um 10.40, 11.40, 12.20 und 15 Uhr in 3 Std. für 20 GEL.

NINOTSMINDA, um 8.15 und 15 Uhr in 1 1/2 Std. für 12 GEL.

TBILISSI, über BORJOMI, um 6.20, 7.30, 8.40, 10.10, 11, 11.40, 12.20, 13, 13.50, 15.30, 16.30 und 17.30 Uhr in 3 Std. für 15 GEL.

VARDZIA, um 10.30, 12.20, 16 und 17.30 Uhr in 1 1/2 Std. für 8 GEL.

Busse

VALE (nahe der türkischen Grenze), von 8–18 Uhr alle 60 Min. in 20 Min. für 1,50 GEL. Ab Vale kann man mit dem Taxi in 10 Min. zum Grenzübergang fahren, hinter der Grenze Weiterfahrt mit türkischen Taxis.

Internationale Busverbindungen

GYUMRI (Armenien), samstags um 7 Uhr in ca. 4 Std. für 30 GEL.

Seit der Corona-Krise verbleibt nur je eine reguläre Marschrutka-Verbindung nach Armenien und in die Türkei; wenn es genügend Kunden gibt, fahren private Taxis oder Kleinbusse.

Abastumani

Am Fluss Otskhe liegt in einer dicht bewaldeten Schlucht auf 1300 m der alte **Kurort** Abastumani, in dem knapp 900 Menschen leben. Der Kurort wurde nach dem 6 km südlich gelegenen Dorf im Tal benannt und besteht aus einigen Häusern entlang der Durchfahrtsstraße. Dank der klaren Bergluft und seiner warmen **natron- und schwefelhaltigen Quellen** wurde Abastumani in den Bergen während des Russischen Reichs zu einem beliebten Kurort. Die Romanovs, die Königsfamilie höchstpersönlich, erholten sich hier und besaßen eine eigene Residenz. Während der Sowjetzeit wurde der Kurbetrieb erweitert, in den Sanatorien wurden Tuberkulose, Blutarmut, Herz- und Kreislaufkrankheiten in der malerischen Natur des Kleinen Kaukasus behandelt. Nachdem mit dem Zerfall der UdSSR die Gäste ausblieben und die mit wunderschönen Schnitzereien verzierten Holzhäuser verfielen, ist Abastumani nun wieder bereit, Gäste mit allen Annehmlichkeiten zu empfangen: Seit 2016 wurden mehr als 13 Mio. GEL investiert und etliche historische Gebäude renoviert, mehrere Luxushotels waren 2023 in Planung bzw. im Bau.

Nachts eröffnet sich über dem Ort in der klaren Bergluft ein gigantischer Sternenhimmel, deshalb wurde in der Nähe des Ortes auf dem Berg Kanobili 1932 das erste astrophysikalische **Bergobservatorium** der Sowjetunion, ✆ 599 177 707, gegründet. Unter seiner Kuppel befindet sich

u. a. ein von Carl Zeiss in Jena gebautes Fernrohr mit 40 cm Öffnungsweite. Eine historische Seilbahn führt vom Ort hinauf zum Observatorium, doch durfte sie 2022 nur von Angestellten des Observatoriums genutzt werden. Es gibt einen ausgeschilderten Wanderweg vom Ort zum Observatorium, der an der Talstation der Bergbahn beginnt. ⌚ Geführte Touren nach Anmeldung tagsüber von 11–21 Uhr für 10 GEL, nachts von 21–24 Uhr und nach Mitternacht von 24–3 Uhr für 20 GEL für Gruppen mit mind. 5 Pers.

ÜBERNACHTUNG UND ESSEN

Bis 2024 sollen die **Luxushotels** der Marke Marriott und Rooms fertiggestellt sein.
Green Hotel, Asatiani St. 16, ✆ 568 333 636, 💻 bei Facebook. Ordentliche Zimmer für 2–4 Pers., ein großer Garten mit Spielplatz – gute Wahl für Familien. ❷

AKTIVITÄTEN

Baden

Ein einfaches, renovierungsbedürftiges **Badehaus** ist von 8–23 Uhr geöffnet, dort kann man im heißen schwefelhaltigen Wasser entspannen, Eintritt 10 GEL, Kinder 7 GEL. Das **Royal Bath** wurde zur Zeit der Recherche im Rahmen eines 15-Mio.-Dollar-Projekts renoviert und soll bis 2024 als Teil eines Luxushotels wieder eröffnet werden.

Wandern

In Abastumani beginnt eine 2-tägige Wanderung durch den Borjomi-Kharagauli-Nationalpark mit Übernachtung in der Didmagala-Hütte (S. 472/473).

Weiterfahrt nach Imeretien

Die Schotterpiste über den 2182 m hohen **Zekari-Pass** zum Kurort **Sairme** am Nordhang des Kleinen Kaukasus war lange die kürzeste Verbindung zwischen den Regionen Samtskhe-Javakhetien und Imeretien. Bis Ende 2023 soll eine befestigte Umgehungsstraße zwischen Abastumani und Bagdati fertiggestellt werden. Die alte Straße war zum Zeitpunkt der Recherche geschlossen.

EINKAUFEN UND VERSORGUNG

Es gibt einige **kleine Läden** und **Geldautomaten** im Ort.

TRANSPORT

AKHALTSIKHE, um 9.30, 10.30, 12.30, 13.30 und 16.30 Uhr in ca. 1 Std. für 3,50 GEL.

Von Akhaltsikhe nach Vardzia

Die Fahrt nach Vardzia, einer der größten Sehenswürdigkeiten Georgiens, ist ein Highlight für sich. Reibungslos geht es auf der S11 entlang der Mtkvari durch das landschaftlich reizvolle Tal bis **Aspindza**. Der Name des kleinen Städtchens stammt aus dem Persischen und bedeutet soviel wie „Platz zum Ausruhen“. Und auch wenn es im Ort außer einem hübschen orientalisch anmutenden Pavillon keine Sehenswürdigkeiten gibt, bietet sich doch das nette Ausflugslokal **Chiko** (S. 483) für eine Rast und das **Brewery House** (S. 483) für eine Übernachtung mit Bier-Spa an.

Saro und Khizabavra

3 km bevor sich die Straße an der Khertvisi-Festung gabelt, führt an dem Wegweiser gegenüber der mittelalterlichen Turmruine und Bushaltestelle eine asphaltierte, steile Straße nach Osten zum Dörfchen **Saro**. Hier befinden sich nahe dem Nonnenkloster die Ruinen einer **megalithischen Siedlung**. Sie muss im 2. Jahrtausend v. Chr. ein wichtiges kulturelles Zentrum gewesen sein, darauf lassen Überreste von bis zu 3 m starken Mauern, die Ruinen von Wohnhäusern, Lagerräumen und Kirchen sowie zahlreiche Megalithen schließen. Der dahinter liegende Ort **Khizabavra** ist bekannt für die Überreste alter, halb unterirdischer **meskhetischer Wohnhäuser** im Darbazi-Stil sowie der **Lehmhäuser** des Baniani-Typs, die oft durch Tunnel miteinander verbunden waren. Die gut getarnten Erdwohnungen verbargen sich früher vor den Augen der Feinde und sind noch immer schwer zu entde-

cken. Interessierte sollten deshalb am besten an einer organisierten Tour teilnehmen (S. 69) oder können sich mithilfe von GPS-Daten (s. Kasten) bei der Suche als Entdecker fühlen.

Von der Hauptstraße aus führt eine markierte Wanderung nach Saro bis zum dortigen Nonnenkloster.

Khertvisi-Festung

13 km südlich von Aspindza teilt sich die Straße: Die Fernstraße S11 knickt nach Osten ab und führt hinauf auf das Javakheti-Plateau (S. 486) bis nach Armenien, die SH59 führt zum im Süden gelegenen Vardzia. Seit dem 2. vorchristlichen Jahrhundert wacht an diesem einst strategisch wichtigen Ort eine Festung: Die Khertvisi-Festung ist **eine der ältesten und am besten erhaltenen Befestigungsanlagen Georgiens**. Im 10. und 11. Jh. war die Burganlage das Zentrum der gesamten Region. Während des 12. Jhs. bildete sich sogar eine Stadt um die Burg, die aber bereits im 13. Jh. wieder von den Mongolen zerstört wurde. Über 300 Jahre lang war Khertvisi in der Hand der Türken, die die Festung stark ausbauten und von dort weitere Teile Georgiens eroberten. Die heute noch existierenden Mauern stammen zum größten Teil aus dem 14. Jh., die von den Mauern geschützte kleine **Kirche** wiederum aus dem 10. Jh. Sie wurde im Jahr 2000 restauriert. Natürlich gab es auch einen Fluchttunnel, der zum Fluss führte (nicht zugänglich). Von der alten Burg hat man eine schöne Aussicht auf die Umgebung. 🕒 10–17, im Sommer bis 18 Uhr, Eintritt 10 GEL.

Tal der Mtkvari

Nun führt die Straße nach Süden weiter durch das Tal der Mtkvari. Die Hänge sind nur an einigen Stellen mit Büschen bedeckt, zwischen dem 15. und 18. Jh. wurde der einst dichte Wald gerodet – nicht nur weil Feuerholz benötigt wurde, sondern auch, weil das ständig umkämpfte Land so besser überblickt werden konnte und es weniger Unterschlupfmöglichkeiten für Feinde bot. Bald verengt sich das Tal weiter, der Fluss hat sich eine tiefe Schlucht in den Fels gegraben und rauscht dunkel in der Tiefe. Hier ist die Mtkvari noch jung: Ihre Quellregion liegt nur 100 km südwestlich, in der Türkei.

Die faszinierende Landschaft mit ihren schroffen Hängen strahlt noch im Mai in kräftigem Sattgrün und verwandelt sich im Sommer in eine ausgedörrte, fast biblisch anmutende Landschaft von unglaublicher Schönheit. An den steilen Felswänden sind immer wieder Höhlen zu entdecken, in die sich früher die Bevölkerung bei Gefahr zurückzog. Zwischen schroffen Felsklippen und Geröll sind die Ruinen der **Tmogvi-Festung** schnell zu übersehen. Die Festung wurde hoch über dem Fluss auf drei Felsklippen errichtet und war zusätzlich von einer 3 m dicken Mauer umgeben. Ein Geheimtunnel sicherte auch während Belagerungen die Wasserversorgung, auch die unterschiedlichen Teile der Festung waren mit Tunneln miteinander verbunden. Das Fort wurde bereits im 9. Jh. erstmals erwähnt und war ein wichtiges Bollwerk an der Handelsstraße zwischen dem Tal der Mtkvari und dem Javakheti-Plateau. Allerdings stürzte es größtenteils bei einem Erdbeben im 11. Jh. zusammen. Auf der Westseite außerhalb der Mauern liegt die **St.-Ephrem-Kirche**, eine in den Fels geschlagene Kapelle. Ein Weg führt zu den Ruinen, der Einstieg befindet sich an der Brücke 2 km nördlich des Dorfes Tmogvi, das an der Straße liegt.

Wegweiser zu Hotspots

Viele archäologische Stätten in Samtskhe-Javakhetien sind schwer zu finden; in der kostenlosen Broschüre JAVEKHETI TRAVEL GUIDE 2014 sind die GPS-Koordinaten vieler historisch bedeutender Orte eingetragen. Sie ist z. B. auf der Plattform für digitale Veröffentlichungen 💻 https://issuu.com zu finden.

UNTERKUNFT UND ESSEN

In **Aspindza** existieren einige einfache Übernachtungsmöglichkeiten, in den **Dörfern im Tal der Mtkvari** südlich der Khertvisi-Festung zahlreiche gute und günstige Familienpensionen. Wer heiße Bäder schätzt, sollte in Tmogvi übernachten. Dort gibt es direkt neben dem Geno Guesthouse ein einfaches Badehaus. Auf der Strecke finden sich einige kleine Straßenrestaurants und Kioske, besonders

Oberhalb der Mtkvari befand sich einst die Festung Tmogvi – heute erinnern nur noch Ruinen daran.

schön sitzt man im **Restaurant Chiko** (ჩიკო), Vardzia St. 9, nördlich von Aspindza, ✆ 555 030 088. Dort isst man schmackhafte georgische Gerichte (super Khinkali) bei traumhaftem Blick über das Tal der Mtkvari. 🕒 8–23 Uhr.

Brewery House & Beer Spa Hotel, Shoreti St., Aspindza, ✆ 599 938 300. In zwei großen Holzwannen kann man hier im „Bier-Spa" entspannen. Das Bier wird mit deutscher Technologie gebraut und in georgischen Qevris fermentiert – 5 Sorten werden bereits erfolgreich auf dem lokalen Markt verkauft. Neben Bierverkostung und Spa kann man eine Kostprobe der hervorragenden meskhetischen Küche bekommen. Das Gästehaus hat 4 DZ mit Privatbad und einen schönen Innenhof, ein Pool ist in Planung. ❸

Guesthouse Mtkvari, Pia Village, ✆ 577 517 650, 3 km südlich von Gelsunda an der westlichen Uferseite der Mtkvari, von der Hauptstraße ausgeschildert. Große Zimmer, gutes Frühstück, freundliche Gastgeber – alles in schöner, ruhiger Lage. ❶

Guesthouse Aleksandre, Tmogvi, ✆ 591 901 214. Gepflegtes Gästehaus mit Terrasse, sehr schönem Garten und herzlichen Gastgebern. Alle Zimmer mit Gemeinschaftsbad. ❷

Guesthouse Imedi, Tmogvi, ✆ 595 285 750, 💻 bei Facebook. Direkt neben dem Guesthouse Aleksandre und ebenso einladend. ❷

Hobbiton, Tmogvi, ✆ 592 032 162. Nicht Hobbits, sondern Reisende wohnen in dem einzigartigen Haus mit Grasdach. 3 große saubere DZ mit schöner Terrasse, auf der abends Bio-Weine und Obstler aus den eigenen Weinbergen verkostet werden können. Zuvorkommende Gastgeber. Mit Halbpension ❸

15 HIGHLIGHT

Vardzia

Es ist ein surrealer Anblick, wenn man die durchlöcherte Steilwand des Erusheti-Berges bei der Anfahrt zum ersten Mal erblickt: Hunderte Höhlen sind in die ca. 500 m steil abfallende Felswand oberhalb des Flusstals der Mtkvari geschlagen. Die **Höhlenstadt** Vardzia ist **eine**

der spektakulärsten Sehenswürdigkeiten Georgiens, die schon der persisch-safawidische Chronist Hasan Bey Rumlu im 16. Jh. ehrfürchtig als „ein Wunder" bezeichnete. Über eine Länge von 900 m erstrecken sich auf 40 m Höhe und 13 Ebenen mehrere hundert Räume, die durch ein komplexes Tunnelsystem miteinander verbunden sind.

Obwohl schon vorher ein Kloster an dieser Stelle existierte und der Ort wahrscheinlich sogar seit der Bronzezeit bewohnt war, wird die Geschichte Vardzias eng mit **König Giorgi II** und seiner Tochter **Königin Tamar** in Verbindung gebracht. Denn Vater und Tochter ließen in weiser Voraussicht im 12. Jh. das Höhlenkloster zu einer Trutzburg ausbauen, um die – damals noch über 300 km entfernt verlaufende – Landesgrenze nach Süden zu sichern. Insbesondere Tamar ließ den Höhlenkomplex erweitern und machte Vardzia so zu einer der wehrhaftesten Orte Georgiens. Die Königin höchstpersönlich soll während eines militärischen Konflikts mit den Seldschuk-Türken von 1193–95 mit ihrem Gefolge dort gelebt haben.

Während der Blütezeit von Vardzia zu Tamars Zeit sollen **über 2000 Räume** zur Höhlenstadt gehört haben. Die Wohnungen bestanden meist aus drei Räumen, es gab Scheunen, Weinkeller, Ställe, Apotheken, Speisesäle, sogar eine Bibliothek und natürlich Kirchen. Eine der Hauptattraktionen ist die Mariä-Himmelfahrt-Klosterkirche mit prächtigen Fresken (s. u.). Für frische Luft selbst in den Räumen im tiefsten Inneren sorgten ausgeklügelte Windkanäle. Die Wasserversorgung wurde über unterirdische Aquädukte und wie in Uplistsikhe mit Keramikleitungen geregelt. Ein großes, in den Stein geschlagenes Reservoir, das von unterirdischen Quellen gespeist wurde, diente als Wasserspeicher.

Über **800 Mönche** lebten dauerhaft in Vardzia und hielten die Höhlenanlage in Schuss. Bei Gefahr fanden bis zu 50 000 Menschen Schutz in der Höhlenfestung und konnten sich vor den feindlichen, oft brandschatzenden Heeren in Sicherheit bringen.

Die Lage bot perfekten Schutz, **Zugang gab es nur über Leitern**, die bei Gefahr eingezogen wurden, und **geheime Fluchttunnel**. Es heißt, nur weil ein Verräter die Lage der Geheimtunnel ausplauderte, soll es den Türken im 16. Jh. gelungen sein, die Höhlenfestung zu erobern. Die machten bei ihrem **Überfall 1552** keine „halben Sachen", plünderten und zerstörten den Komplex so gründlich, dass er nie wieder belebt wurde.

Blickt man auf die Felswand, fallen hellere Flächen auf: Dort brachen große Teile des Felsens bei einem **schweren Erdbeben** im 19. Jh. ab. Bereits im 13. Jh. hatte ein Erdbeben Vardzia schwer zugesetzt, doch damals war der Komplex wieder aufgebaut und erweitert worden.

Seit dem 20. Jh. werden die Höhlen von Vardzia erforscht und instand gesetzt, **mehr als 500 Höhlen** wurden bereits gereinigt und gesichert, die Restauration der kunstvollen Fresken der Mariä-Himmelfahrt-Kirche dauert an. Bis Anfang der 1990er-Jahre konnten jedoch weder einheimische und erst recht keine ausländischen Touristen Vardzia bewundern: Das lag an der streng bewachten Außengrenze des Sowjetimperiums. Seit 1999 steht Vardzia gemeinsam mit der Festung von Khertvisi auf der Anwärterliste für das Unesco-Weltkulturerbe.

Kein Spaziergang!

Die Wegführung ist so angelegt, dass man über teils steile Treppen und schmale Tunnel durch die Anlage geführt wird, was eine Herausforderung für Menschen mit Platzangst ist – z. B. führt der Rückweg z. T. durch den alten Fluchttunnel. Eine Taschenlampe ist hilfreich, festes Schuhwerk (nicht unbedingt Wanderschuhe, aber auch definitiv keine Flip-Flops) obligatorisch. Vardzia ist oft nicht nur im übertragenen Sinne atemberaubend: Es kann ziemlich windig werden, insbesondere in den Tunneln. In der kühleren Jahreszeit Pulli einpacken, im Sommer Trinkwasser nicht vergessen.

Mariä-Himmelfahrt-Kirche

Die Klosterkirche Mariä-Himmelfahrt ist ein eigenwilliger Bau, der an einem außergewöhnlichen Ort errichtet wurde. Spektakulär ist der galerieartige Eingangsbereich, der sich direkt am Hang befindet und mit seinen zwei großen Rundbogen den Blick in die beeindruckende Landschaft freigibt. Bereits dieser **Bereich**

mit seinen beiden Bögen ist mit kunstvollen **Fresken** geschmückt. Hier ist unter vielen anderen Bildthemen an der Decke die *Verherrlichung des Kreuzes* zu sehen: ein Triumphkreuz, das von vier Engeln umgeben ist. Weitere eindrucksvolle Wandmalereien sind im Kircheninneren zu finden. Der Sakralbau wird über den Narthex (Vorraum) betreten. Das Innere besteht aus einem in den Fels geschlagenen, tonnengewölbten Raum, der mit einer Apsis abschließt. Die Wände und das Gewölbe sind mit Festtagszyklen geschmückt; die Apsis zeigt eine Mariendarstellung. Zu den bedeutendsten aber gehören die Darstellungen König Giorgis II und seiner Tochter Tamar an der Westwand. Das *Bildnis der mächtigen Königin Tamar* ist eines von nur zweien in ganz Georgien (das andere befindet sich in Kintsvisi). Die Königin hält als Stifterin eine Miniatur der Kirche in der Hand. Die Malereien werden auf die Zeit zwischen 1184 und 1186 datiert. Vor dem Kloster sitzen oft Mönche, die (leider nur auf Georgisch oder Russisch) gerne mehr zu den Fresken erzählen. Die Fresken waren allerdings zuletzt wegen anhaltender Restaurierungsarbeiten und der Metallgerüste nur schlecht zu sehen.

🕒 10–17, im Sommer bis 18 Uhr, Eintritt 15 GEL. Es ist möglich, am Kassenhäuschen ein Ticket für 2 GEL zu kaufen und sich mit dem Minibus nach oben fahren zu lassen.

ÜBERNACHTUNG UND ESSEN

Valodia's Cottages, 📞 595 642 346, 💻 www.accommodationvardzia.ge. Am Eingang zur Höhlenstadt hinter der Brücke der Straße 2,5 km nach Südwesten folgen. Im Holzhaus sind 8 EZ untergebracht, in den beiden Steinhäusern 27 Doppel-, 4 Zwei-Bett- sowie einige Drei- und Vier-Bett-Zimmer, alle mit Privatbad, einige mit Balkon. Zum Hotel gehören ein Weinkeller und ein Karpfenbecken, auf den Tisch kommen nur regionale Produkte – ein guter Ort, um den Käse „Chechili" zu probieren. ❷

Vardzia Resort, 📞 591 321 515, 💻 www.vardziaresort.com. Kurz vor Vardzia liegt links der Straße die luxuriöse Hotelanlage mit großem Garten, Pool und Höhlenstadt-Blick. Auch barrierefreie Zimmer. ❺

Es gibt ein Restaurant gegenüber dem Kassenhäuschen und eines vor der Brücke.

Sie bot Schutz vor persischen und türkischen Angreifern: die riesige Höhlenstadt Vardzia.

Das neu eröffnete **Restaurant Vardzia Maspindzeli** befindet sich am Straßenrand nahe dem Aussichtsplatz mit großer Terrasse und toller Aussicht auf die Höhlenstadt.

AKTIVITÄTEN

Baden

In einer mit Wellblech bedachten Baracke kann man ein Bad im schwefelhaltigen Wasser nehmen – wenn man sich nicht von den wirklich sehr einfachen Umständen abschrecken lässt. 🕒 Unregelmäßig geöffnet, falls abgeschlossen und niemand dort ist, kann man hier anrufen: ✆ 598 440 981 oder 599 770 317, Eintritt 10 GEL.

Wandern

Im Frühjahr, wenn es noch nicht zu heiß ist, kann man in der Gegend schöne Wanderungen unternehmen. Einige Vorschläge gibt es auf: 💻 www.psity.ge unter „Travel Ideas".

TRANSPORT

Auto

Die Anfahrt mit dem Auto dauert über die gut ausgebaute Straße vom 60 km entfernten Akhaltsikhe ca. 1 1/4 Std. Es ist möglich, über eine abenteuerliche Piste mit dem Geländewagen von Akhalkalaki über Apnia anzufahren – der Weg ist allerdings teilweise schlecht erkennbar und GPS empfehlenswert.

Von Akhaltsikhe und Borjomi ist ein Besuch von Vardzia während eines Tagesausflugs machbar, man sollte Zeit für die vielen lohnenden Zwischenstopps auf dem Weg einplanen.

Marschrutki

AKHALTSIKHE, um 8.30, 9.30, 13 und 15 Uhr in 1 1/2 Std. für 8 GEL.

TBILISSI, um 9 Uhr in 4 Std. für 25 GEL, unregelmäßige Abfahrt.

Taxis

Ein Taxi von Akhaltsikhe kostet 80–100 GEL, wer gut verhandelt, kann weniger zahlen.

Javakhetien

Das **vulkanische Hochplateau** ist die **seenreichste Gegend** Georgiens, der deutsche Geograf Karl Ritter (1779–1859) bezeichnete Javakhetien nach einem Besuch als „kalte, wasserreiche Insel". Auf dem zwischen 1500 und 3300 m hoch gelegenen Plateau sind im Winter Temperaturen von -35 °C keine Ausnahme, und selbst in den frischen Sommern wird es selten wärmer als 20 °C. Zwischen Dezember und März verschwinden die zahlreichen Seen – darunter sechs der größten des Landes – im Durchschnitt für 100 Tage pro Jahr unter einer weißen Schneedecke. Tatsächlich ist die wasserreiche Region kaum niederschlagsreicher als z. B. Frankfurt/M.

Das Javakheti-Plateau liegt am südlichsten Zipfel Georgiens im **Dreiländereck**: Im Süden grenzt es an Armenien, im Westen an die Türkei, die Grenze verläuft durch den Kartsakhi-See. Geografisch wird das Plateau im Westen von dem Fluss Mtkvari, im Süden durch die Niali-Kette begrenzt. Die beiden markanten Gebirgszüge von Ramsari und Javakheti durchziehen mit ihren malerischen Vulkankegeln die Hochebene, wobei die Javakheti-Kette nicht nur Wasserscheide, sondern auch östliche Grenze zum tiefer gelegenen Plateau von Tsalka ist, welches als Teil des Javakheti-Plateaus angesehen wird.

Durch die baumlose Gegend windet sich der Hauptfluss Paravani vom Paravani-See bis nach Khertvisi, wo er mit der Mtkvari zusammenfließt. Die wenigen Wälder, die hier wachsen, wurden allesamt zu Sowjetzeiten angepflanzt – die natürlichen Wälder vor langer Zeit gerodet.

Durch die Hochebene führt zwar die neue Seidenstraße aus Eisen, die Baku-Tbilissi-Kars-Bahnlinie, doch wirtschaftlich sind noch immer fast ausschließlich Viehzucht, Kartoffel-, Getreide-, Obst- und Gemüseanbau von Bedeutung. Berühmt ist die Gegend außerdem für ihre zahlreichen Käsesorten und Brotvariationen sowie ihren köstlichen Honig.

Diese malerische Gegend der Extreme liegt noch abseits der ausgetretenen Touristenpfade – doch mit der rasanten Entwicklung des

Tourismus in Georgien ist es nur eine Frage der Zeit, bis diese spannende Region bei Reisenden bekannt wird. Die Förderungsprogramme „Embrace Tsalka" der NGO „Cenn" sowie das aus EU-Mitteln finanzierte „Seed" (Social Entrepreneurship Ecosystem Development) sollen helfen, die wirtschaftlich schwachen einheimischen Gemeinden am Tourismus zu beteiligen und die Gründung von Unternehmen ermutigen.

Aktuell ist bei einem Besuch von Javakhetien ein eigenes Auto sehr empfehlenswert, da viele Orte sonst nur schwer und mit viel Zeitaufwand erreichbar sind und Marschrutki nur selten verkehren.

Geschichte

Benannt sein soll Javakhetien nach seinem mythischen Besitzer „Javakhos". Als Mtskhetos, der Sohn des sagenhaften Stammesvaters Kartlos, den Süden Georgiens unter seinen beiden Söhnen aufteilte, erhielt Odzarokhos den westlichen Teil zwischen Mtkvari und Schwarzem Meer, sein zweiter Sohn Javakhos den Teil östlich der Mtkvari.

Schon 785 v. Chr. wurde Javakhetien zum ersten Mal erwähnt, Funde von **alten Grabanlagen** und **Megalithen** weisen aber auf eine Besiedlung im 3.–1. Jahrtausend v. Chr. hin. Nachdem die Araber das Land im 8. Jh. überrannt hatten, wurde Javakhetien im 9. Jh. Teil der Provinz Tao-Klardschetien, die von der Bagratiden-Dynastie regiert wurde und weite Teile der heutigen Türkei umfasste. In diesem sicheren Königreich florierten Landwirtschaft und Handwerk, davon zeugen u. a. die alten Städte von Kumurdo und Vardzia. Doch die Zeiten änderten sich mit den Mongoleneinfällen im 13. Jh., eine Art Verteidigungskette von Festungsanlagen sollte das Land schützen. Die Dörfer selbst waren nicht befestigt, aber gut getarnt: Die **teilweise unterirdi-**

Abendstimmung am Paravani-See

schen Erdhäuser besaßen Lüftungsanlagen und Wassersysteme und waren durch Tunnel miteinander verbunden, meist gab es auch einen Fluchttunnel, um den Feinden zu entkommen. Die Felder und Weingärten wurden in einiger Entfernung zu den Dörfern angelegt, um die Lage des jeweiligen Dorfes nicht preiszugeben. Denn bis zum 18. Jh. mussten die Einwohner ständig auf Überfälle vorbereitet sein. Die semi-unterirdische Bauweise und das Bedecken der Häuser mit Torf hatte zusätzlich die Funktion, die Häuser vor den winterlichen Extremtemperaturen zu isolieren. Mit Gras bewachsen, erinnern die typischen Wohnhäuser ein wenig an die Wohnstätten der Hobbits aus *Herr der Ringe*.

Wie in ganz Samtskhe-Javakhetien konvertierten unter der osmanischen Herrschaft ab dem 17. Jh. viele Georgier zum Islam sowie einige zum Katholizismus: Denn durch den Schutz des Papstes wurden die Katholiken im Osmanischen Reich weniger diskriminiert als orthodoxe Christen. Als die Region 1829 an das Russische Reich fiel, emigrierten viele der islamisierten Georgier ins Osmanische Reich. An ihrer Stelle siedelte das Russische Reich 1830 Armenier und Griechen an, die in türkischen Gebieten gelebt hatten.

Akhalkalaki

Dort wo der Paravani-Fluss beginnt, sich seinen Weg vom Plateau hinab zum Flusstal der Mtvkari zu graben, wurde im 11. Jh. das strategisch günstig gelegene Akhalkalaki mit einer **Burganlage** befestigt. Nähert man sich der 8300 Einwohner zählenden Stadt von Norden, windet sich die Straße in drei Haarnadelkurven an den Resten der mächtigen Stadtmauer und der alten Festung vom Flusstal hinauf auf das Plateau.

Die Geschichte der Festung von Akhalkalaki führt vor Augen, wie umkämpft die Region Javakhetien war, deren politisches und wirtschaftliches Zentrum Akhalkalaki seit dem 11. Jh. war. Mehrmals wurde die Festung von Feinden zerstört, noch öfter wechselte sie die Besitzer. Zuletzt annektierte das Russische Zarenreich die Stadt, ein Jahr später wurde der folgenreiche Vertrag von Adrianopel zwischen Russen und Osmanen geschlossen: Muslimische Georgier wurden in das Osmanische Reich deportiert, an ihrer Stelle Armenier aus Arzrum-Vilayet im jetzt zum Russischen Reich gehörenden Javakheti angesiedelt. Hotelnamen wie „Ararat" verraten, dass heute 90 % der Einwohner Armenier sind, doch leben auch Georgier, Russen, Griechen und Osseten dort.

Die Ruinen der Festung sind noch immer beeindruckend, doch lassen Bauern ihr Vieh dort weiden, und die alte Moschee wurde viele Jahre als Kuhstall genutzt.

Die meisten Menschen in Akhalkalaki leben noch immer von der Landwirtschaft, nur einige kleinere Industriebetriebe, darunter eine Eiscremefabrik, haben sich in der Stadt angesiedelt.

Einen Aufschwung erhofft sich die Stadt, die einst an dem Handelsweg der alten Seidenstraße lag, von einer neuen, modernen „Karawanserei": Im Jahr 2018 wurde der von dem deutschen Architekten J. Meyer H. entworfene, futuristische **Bahnhof an der Strecke Baku-Tbilissi-Kars** eingeweiht. In dem modernen Terminal werden die Waren umgeladen, denn hier wechselt die Spurbreite zwischen der in Georgien und Aserbaidschan üblichen alten russischen Breitspur auf die Normalspur des türkischen Bahnnetzes.

Ziele in der Umgebung

Wer mit dem eigenen Geländewagen unterwegs ist, kann den **Tabatskuri-See** 35 km nördlich von Akhalkalaki besuchen oder über den **Tskhratskaro-Pass** weiter nach **Bakuriani** fahren.

Ein insgesamt 25 km langer Ausflug führt vorbei am kleinen Paskia-See zur **Kathedrale von Kumurdo** aus dem 10. Jh. Sie steht inmitten des gleichnamigen kleinen Dörfchens, für das sie viel zu groß geraten scheint.

Eine sportliche Herausforderung ist die Besteigung des höchsten Berges des Javakheti-Plateaus: des 3300 m hohe **Didi Abuli**. Der Berg ist an einem Tag zu bewältigen. Wer es wagen möchte, startet früh morgens am 15 km östlich von Akhalkalaki gelegenen Dorf Abuli.

ÜBERNACHTUNG UND ESSEN

Fish Hotel (Restaurant Forel), ✆ 599 675 007. Ordentliches Hotel in eigenwilligem Bau, im zugehörigen Restaurant werden leckere (Fisch-)Gerichte serviert. ❷

Flora Guesthouse, Sulda, ✆ 579 070 170. Einfaches Gästehaus mit 3 Zimmern mit Gemeinschaftsbad. Guter Ausgangspunkt für Ausflüge zum Kartsakhi-See und Sulda-Feuchtgebiet, ca. 20 km südwestlich von Akhalkalaki. ❶

Hotel Riverside Inn, Martuni, ✆ 577 575 757, 💻 bei Facebook. Sicherlich eines der schönsten Hotels der Gegend: Klasse Lage und schöner Garten am Ufer des Paravani-Flusses und saubere, komfortable Zimmer mit Privatbad, einige mit Küche. Im Restaurant kann Essen vorbestellt werden. ❷

IDEAL Hotel, Tamar Mepe St. 46, ✆ 592 821 979, 💻 bei Facebook. Zentrale Lage, saubere, einfache Zimmer, Parkmöglichkeiten im Hof. ❷

TRANSPORT

Die **Marschrutka-Haltestelle** befindet sich am nördlichen Stadtrand, nahe der Festungsruinen.

AKHALTSIKHE, um 9.30 und 13 Uhr in 1 1/4 Std. für 8 GEL.
BATUMI, um 10 Uhr in 7 Std. für ca. 40 GEL.
TBILISSI, über TSALKA, um 7 Uhr in 3 3/4 Std. für 25 GEL.
Seit der Corona-Krise gibt es keine regulären Marschrukti nach Yerevan oder Gyumri (Armenien). Bei genügend Kunden fahren private Taxis u. Minibusse. Nach Yerevan ca. 400 GEL, nach GYUMRI ca. 200 GEL pro Fahrzeug.

Javakheti-Schutzgebiet (Javakheti Protected Areas)

Auf dem 1900–3300 m hoch gelegenen **Vulkanplateau** breiten sich zwischen **Seen** und Flüssen baumfreie Steppen, subalpines Grasland und **Feuchtgebiete** aus. Diese besondere Naturlandschaft ist ein wichtiger **Rastplatz für Zugvögel** und ebenso bedeutend als **Überwinterungs- und Brutgebiet für viele Wasservogelarten**.

Überweidung durch große Viehherden und die Belastung der Gewässer durch Überdüngung brachten das Ökosystem in Gefahr, deshalb wurde 2011 mithilfe des WWF (World Wide Fund For Nature) und der deutschen

Tipps für Wanderungen im Javakheti-Schutzgebiet

KHANCHALI-SEE © NINA KRAMM

- **Tigerschlucht** (Tiger Canyon): 15 km lange Rundwanderung für erfahrene Wanderer durch anspruchsvolles Terrain, insgesamt sind 700 Höhenmeter Auf- und Abstieg zu bewältigen. Start am Khanchali-See bei Ninotsminda.
- **Mount Madatapa**: 4–5 Std. lange Wanderung mit einem anstrengenden Aufstieg über 600 Höhenmeter zum 2714 m hohen Vulkan nördlich des Madatapa-Sees, Start in Sameba.
- Kleinere Wanderungen lassen sich am **Kartsakhi-See**, dem **Sulda-Feuchtgebiet**, am **Khanchali-See** und dem **Bughdasheni-See** unternehmen.
- Eine neue Wanderroute wurde im **Tetrobi Managed Reserve** markiert, Hütten waren 2022 in Bau. Weitere Informationen und Karten sind im Visitor Center in Akhalkalaki erhältlich, in dem sich jeder Besucher registrieren lassen muss.

KfW-Bankengruppe ein grenzübergreifendes Schutzgebiet gegründet, um dieses einzigartige Ökosystem zu erhalten. Auf georgischem Grund gehören zum Javakheti-Nationalpark die Feuchtbiotope der Kartsakhi-, Sulda-, Khanchali-, Bughdasheni-, Saghamo-, Paravani-, Abuli- und Madatapa-Seen, ein 16 209 ha umfassendes Areal, das mit dem über 20 000 ha großen Lake-Arpi-Nationalpark in Armenien und geschützten Gebieten in der Türkei ein grenzübergreifendes Naturschutzgebiet bildet. In den geschützten Gebieten wachsen viele medizinisch nutzbare und endemische Pflanzenarten, darunter 55 im Kaukasus endemische Arten wie Zwerg-Mannsschild (*Androsace raddeana)* und Ruprecht-Primel *(Primula ruprechtii)*.

Über 200 Vogelarten wurden im Park gezählt, darunter 76 Arten, die dort dauerhaft leben. Die armenische Möwe und verschiedene Schnepfenarten fühlen sich in der Seenlandschaft besonders wohl, Pelikane und Kraniche können an Madatapa- und Kartsakhi-See besonders gut beobachtet werden. Störche dagegen sind selbst mitten in Ninotsminda zahlreich zu sehen, wo sie ihre Nester auf den Strommasten bauen. Vielleicht wird man sogar einen Berghasen, Fuchs oder Wolf zu Gesicht bekommen, Braunbär, Biber und Luchs sind eher scheu und Otter und Iltis selten geworden – sie gelten als gefährdete Arten.

Jeder Besucher muss sich im Visitor Center bei Akhalkalaki registrieren lassen. Der Eintritt ins Schutzgebiet ist kostenlos.

INFORMATIONEN

Javakheti-Schutzgebiet Visitor Center, Akhalkakaki, Ninotsminda-Kartsakhi-Kreuzung, ✆ 591 091 472, 💻 https://apa.gov.ge. Hier muss sich jeder registrieren lassen und erhält Infos über die Natur und Aktivitäten im Park. Übernachtung im Park: Zeltplatz/Hütte für 5/20 GEL. Verleih von Zelt/Rucksack/Schlafsack/Schneeschuhen 10/5/5/15 GEL, Fahrrad/E-Bike 25/50 GEL, Fischen 10 GEL/Tag. ⌚ Mo–Fr 9–18, Sa, So 9–14 Uhr.

AKTIVITÄTEN

Vogelbeobachtung

Frühling und Herbst sind die optimalen Jahreszeiten, um Zugvögel zu beobachten. Für Wasservögel eignen sich Frühjahr bis Sommer sehr gut.

Wandern

Mehrere Wanderwege sind markiert und ausgeschildert (s. Kasten), Karten im Visitor Center erhältlich. Zum Wandern eignen sich die Monate vom Frühsommer bis Herbst am besten.

Ninotsminda und Umgebung

Mitte des 19. Jhs. wurden in der Gegend des heutigen Ninotsminda die **Duchoborzen** (s. Kasten) angesiedelt, die dort 18 Dörfer gründeten. Dem bedeutendsten Dorf gaben sie den Namen „von Gott gegeben", russ. Bogdanowka. 1991 wurde es nach der „Erleuchterin Georgiens", der Hl. Nino (georg. Tsminda Nino), umbenannt. Heute leben vor allem Armenier in dem knapp über 5000 Einwohner zählenden Ort, der von Weideland umgeben ist. Viele von ihnen kamen, als sie vor dem armenischen Völkermord Anfang des 20. Jhs. aus der Türkei fliehen mussten, und fanden in Ninotsminda Zuflucht, ein Denkmal im kleinen Stadtpark am Agrichai-Fluss erinnert daran.

Das Leben ist hart im rauen Klima auf 1930 m Höhe über dem Meeresniveau, wo es außer ein wenig Landwirtschaft nur kleinere Lebensmittel- und Leichtindustriebetriebe gibt. Im Herbst ist die Stadt in dichten Nebel gehüllt, im Winter herrscht eisige Kälte. Ninotsminda selbst bietet außer auf Strommasten nistenden Störchen und authentischem Kleinstadtleben nicht viel, doch in der näheren Umgebung gibt es, insbesondere für Naturfreunde, einige interessante Orte, die bei Tagesausflügen erkundet werden können.

Waisenhaus in Gorelovka

In dem kleinen Dorf 10 km südlich von Ninotsminda leben noch ca. 40 duchoborzische Familien, die ihre Sprache, ihre Traditionen und ihren Glauben noch immer pflegen. Von den duchoborzischen Häusern sind wenige erhalten, sehenswert ist das pittoreske Waisenhaus (Orphan's House). Es erhielt seinen Namen, da bei der Umsiedlung durch Zar Nikolaus I so viele Menschen umkamen, dass bei der Ankunft in der neuen Heimat als Erstes ein Waisenhaus gebaut werden musste. Später wurde es als Gemeindehaus der duchoborzischen Gemeinschaft genutzt, in dem u. a. Geld und Lebensmittel gesammelt und an bedürftige Gemeindemitglieder verteilt wurden. Das türkisefarbene, zweistöcki-

Die Duchoborzen

Die Duchoborzen gehören einer von der russisch-orthodoxen Kirche abweichenden Religionsgemeinschaft an, die weder an die göttliche Inspiration der Bibel noch an die Göttlichkeit Jesu glaubt und jegliche weltliche Regierung ablehnt. Des Weiteren lehnen sie Privatbesitz und damit im weiteren Sinne auch die Monogamie ab. Der Name Duchoborzen bedeutet „Ringer mit dem Geist" – andere Kämpfe lehnen die strengen Pazifisten ab, die den Kriegsdienst in ihrer Heimat Russland verweigerten. Im Jahr 1841 wurden sie von Zar Nikolaus I umgesiedelt und gründeten eine geschlossene Gemeinschaft aus 18 Dörfern, in denen insgesamt 11 000 Menschen lebten. Anfang des 20. Jhs. wurden die Duchoborzen, wie viele ethnische Minderheiten, immer stärker diskriminiert, sodass die meisten nach Kanada oder in die USA auswanderten. Wer blieb, wurde als Maßnahme von Stalins Nationalitätenpolitik nach Sibirien deportiert. Dem Schriftsteller Leo Tolstoi lag das Schicksal der Duchoborzen so am Herzen, dass er Geld sammelte und eine Schule bauen ließ. Als die Lage hoffnungslos schien, zahlte er 2000 Duchoborzen die Überfahrt nach Amerika. Von den wenigen Duchoborzen, die blieben, gingen viele nach dem Zerfall der Sowjetunion nach Russland. Eine interessante Dokumentation auf Russisch mit englischem Untertitel beschreibt die Duchoborzen und ihre Lebensweise: https://vimeo.com/89833570.

ge Holzhaus mit den kunstvoll geschnitzten, weißen Verzierungen scheint aus einer anderen Zeit und Welt entsprungen zu sein. ⌚ Di–So 11–17 Uhr, Eintritt frei.

Ruinen der Abuli-Festung

Ninotsminda ist ein guter Ausgangsort für einen Ausflug (mit dem Geländewagen) zu den **Ruinen der Abuli-Festung** aus dem 2. Jahrtausend v. Chr., die am Südhang des 3300 m hohen Didi Abuli liegen. Fast der gesamte Hang ist bedeckt mit Ruinen, teilweise aus vorchristlicher Zeit. Von der Abuli-Festung selbst sind nur die Überreste des polygonen Trockenmauerbaus vorhanden, die aber überraschend gut erhalten und z. T. noch bis zu 5 m hoch sind. Ein Schild weist in **Khojabegi**, einem nördlichen Vorort von Ninotsminda, die Richtung. Die Schotterpiste verläuft erst nach Norden über **Kaurma** und **Eshtia**. In dem winzigen Dorf Kaurma sollte man einen Stopp einlegen und die mächtige Steinbrücke bewundern: Die Bogenbrücke aus dem 13./14. Jh. ist über 70 m lang und erinnert daran, dass hier einst eine der zentralen Handelsrouten von Byzanz nach Ostgeorgien führte. Knapp 2 km hinter Eshtia zweigt an der Straße nach Ujmana eine Piste nach rechts ab und führt zum Fuß des Patara Abuli. Die letzten Meter muss man zu Fuß bewältigen, in ca. 30 Minuten erreicht man die Ruinen. Es gibt ebenfalls einen Weg von Gandzani, einem Dorf 22 km nordöstlich von Ninotsminda an der Straße nach Tsalka. Dort steht seit Jahrtausenden der **Menhir von Gandza**, der unlängst in eine armenische Kapelle eingebaut wurde.

Parvani-See und St.-Nino-Kloster

Der **größte See Georgiens** liegt direkt an der Hauptstraße zwischen Ninotsminda und Tsalka und bietet einen wunderschönen Anblick. Rund um den See gibt es viele Funde aus der Altsteinzeit und Kupferzeit, zu denen auch die Festungsruinen von Shaori und Abuli gehören. 8 km nördlich des Dorfes Paravani (Rodionovka) steht der 3 m hohe **Chikani-Menhir**, eigentlich nicht weit der Hauptstraße, doch verläuft die Bahnlinie mittlerweile zwischen Straße und Menhir.

An der Südseite des Sees befindet sich in Poka das **orthodoxe St.-Nino-Kloster**, 💻 http://phokanunnery.ge. Dort soll die Hl. Nino gerastet haben, als sie auf ihrem Weg nach Mtskheta durch Javakhetien wanderte. Das Kloster wurde erst 1992 gegründet, doch die Nonnen sind bereits berühmt für ihre Käsevariationen – 18 verschiedene Sorten werden hergestellt. Ein Schild weist den Weg zum Klosterlädchen, in dem es die verschiedenen Käsesorten, Schokolade, Speiseöle, Marmeladen, Honig und vieles mehr zu kaufen gibt. Alles sehr hübsch verpackt.

Shaori-Festung

Vom Dörfchen Poka am Paravani-See führt ein markierter Weg über eine Schotterpiste in 15 km zum Fuße des Vulkankegels, auf dessen 2740 m hoher Spitze die Ruine der **Shaori-Festung** liegt. Von Weitem scheint die Festung aus dem 2. vorchristlichen Jahrtausend kaum mehr als ein großer Steinhaufen zu sein, von Nahem lassen sich die hohen Trockenmauern, Gebäude und Wege noch sehr gut erkennen. Auch wenn die Festung von Abuli besser erhalten ist als die von Shaori, ist hier der mystischere Ort – und der Rundumblick unschlagbar.

Wer die ganze Strecke zu Fuß gehen möchte, sollte eine Übernachtung im Zelt einplanen, ist man mit dem Geländewagen unterwegs, müssen lediglich die letzten 1,5 km (steilen) Aufstiegs gemeistert werden. Es ist möglich, die Wanderung auf eine insgesamt 30 km lange **Mehrtagestour** auszudehnen und dabei weitere Seen, die zwischen den Vulkankegeln liegen, zu besuchen. Darunter auch den auf 2570 m Höhe gelegenen **Levani-See**, einer der höchstgelegenen Georgiens. Auch eine Kombination mit der Wanderung zur Abuli-Festung ist möglich. Ein GPS-Gerät sollte man auf jeden Fall dabeihaben.

Vorsicht Hirtenhunde

Von Mai bis Oktober weiden die Hirten ihre Schafe in Javakhetien. Wer in dieser Jahreszeit dort wandert, sollte Abstand von den provisorischen Hütten und den Schafherden halten, da sie von kaukasischen Hirtenhunden bewacht werden, die ihre Aufgabe sehr ernst nehmen.

Landleben auf dem vulkanischen Hochplateau von Javakhetien – mit dem Didi Abuli als Kulisse.

ÜBERNACHTUNG UND ESSEN

Ninotsminda ist nicht auf Touristen ausgelegt. Daher hält sich das Angebot an Übernachtungsmöglichkeiten und Restaurants in Grenzen, es gibt jedoch einige einfache Hotels und Privatunterkünfte.
Hotel Sonya, Ninotsminda, Spandaryan 4, ✆ 574 809 383. Gästehaus mit 4 Zimmern, alle mit eigenem Bad und Kühlschrank. Zuvorkommende Gastgeber. ❶
Hask Food Court, Erzurum St. 1, ✆ 592 103 229. Frische und leckere Backwaren. ⏲ 9–22 Uhr.
Restaurant Kavkaz, Tavisuflebis 22 b, ✆ 597 997 906. Einfaches Zimmer-Restaurant mit guter georgischer Küche. ⏲ 10–24 Uhr.

FESTE

Ninooba in Poka am 1. Juni: Gefeiert wird der Tag von Ninos **Ankunft** in Georgien. Nach einem Gottesdienst am See kann man sich bei Bedarf im See taufen lassen, Gläubige pilgern dann bis zum 13. Juli auf den Spuren der Hl. Nino nach Mtskheta.

EINKAUFEN UND VERSORGUNG

In Ninotsminda gibt es entlang der Hauptstraße eine **Apotheke**, einige **kleine Lebensmittelläden** und **Geldautomaten**, dort befinden sich auch die örtliche **Polizeistation** sowie mehrere **Tankstellen.**

TRANSPORT

Marschrutki fahren nach:
AKHALTSIKHE, tgl. 9 Uhr in 1 3/4 Std. für ca. 12 GEL.
TBILISSI, über AKALTSIKHE (ca. 1 3/4 Std. für 10 GEL), um 9 Uhr in 6 1/2 Std. für ca. 20 GEL.
TBILISSI, über TSALKA (wenn der Chikiani-Pass befahrbar ist), tgl. 8.30 Uhr in 3 1/4 Std. für ca. 20 GEL.
Wenn es genügend Kunden gibt, fahren private Taxis nach YEREVAN für ca. 300 GEL und GYUMRI für ca. 150 GEL in Armenien, Preis pro Fahrzeug.

Tsalka

Das Plateau von Tsalka bildet den östlichen Teil des Javakheti-Plateaus und wird im Westen von Vulkanen der Javakheti-Kette begrenzt – es gehört bereits zu Nieder-Kartlien. Wie der Name vermuten lässt, ist das kleine Nest Tsalka mit ca. 3100 Einwohnern der **Hauptort der Hochebene**. Eine **Statue** des griechischen Philosophen **Aristoteles** im Ortszentrum erinnert an die Geschichte der kleinen Stadt: Im ursprünglich Edzani genannten Ort siedelten bereits im 6. Jh. Menschen, nach ständigen feindlichen Überfällen wurde die Gegend allerdings weitgehend entvölkert. Nach dem Russisch-Türkischen Krieg 1828–1829 und dem Vertrag von Adrianopel wurden die Pontusgriechen aus ihrem angestammten Siedlungsgebiet in der Türkei bei Kars auf das Plateau von Tsalka umgesiedelt. Das Dorf blühte auf und wurde zum logistischen Zentrum beim Bau des angrenzenden Stausees, mehrerer Wasserwerke und der Eisenbahnstrecke und erhielt 1984 die Stadtrechte. In den 1980ern lebten in Tsalka 30 000 Menschen, 21 000 von ihnen waren Griechen. Während der wirtschaftlichen Krise verließen jedoch die meisten der Griechen ihre neue Heimat, die Einwohnerzahl schrumpfte immer weiter. Heute leben hier neben den ca. 1500 verbliebenen Griechen vor allem Armenier, Georgier und Aseris, außerdem aus Adscharien Vertriebene und „Umweltflüchtlinge“ aus Swanetien. Für die meisten sicher ein harter Ortswechsel, denn auch wenn die Ausblicke auf den Stausee vor den erloschenen Vulkankegeln malerisch sind: Die strukturschwache Region ist eine der unwirtlichsten, mit dem rauesten Klima im Land. Der Kontrast zum subtropischen Adscharien z. B. könnte kaum größer sein.

Rund um den Tsalka-Stausee

Petroglyphen von Trialeti

Südöstlich des Tsalka-Stausees verstecken sich u. a. Bergziegen, Hirsche, Pferde und allerlei fantastische Kreaturen: eingeritzt in eine ca. 50 m lange Basaltfläche in einer felsigen Schlucht des Patara Kramis. Die Petroglyphen von Trialeti sind mehrere Tausend Jahre alt und als georgisches Kulturerbe anerkannt. Vor der Brücke ca. 10 km westlich von Tsalka muss man ca. 400 m nach Süden in die Schlucht laufen, die Petroglyphen befinden sich links eines weißen Rohres. Allerdings sind sie nicht markiert und am besten mit einer geführten Tour zu besichtigen.

Berta

Das unscheinbare Dorf Berta liegt östlich des Tsalka-Stausees und ist einer der ältesten Orte Georgiens. Hier befindet sich mit der **Kirche und dem Quelltopf von Berta** eine interessante Sehenswürdigkeit: eine Kirche, die über einem Quelltopf (Vaucluse Quelle) errichtet wurde. Das Wasser sammelt sich in einem Becken, das von zahlreichen heiligen Forellen bevölkert wird. Die Forellen scheinen sich dort äußerst wohlzufühlen, denn obwohl sie frei sind, bleiben sie freiwillig in dem Steinbecken. Und sie sollen heilende Kräfte besitzen: Eine Forelle anzufassen oder auch nur das Wasser aus ihrem Becken zu trinken, soll allerlei Krankheiten kurieren. Die Kirche ist die Hauptkirche eines Klosters, das zwischen dem 6. und 7. Jh. erbaut und im 19. Jh. von der Gemeinde der pontischen Griechen zu einer griechisch-orthodoxen Kirche geweiht wurde.

Festungsruinen von Avranlo

Knapp 20 km nördlich von Berta führt eine unbefestigte Straße zu den Festungsruinen von Avranlo, den schlecht erhaltenen Überresten einer megalithischen Festung, die sich in drei Terrassen über dem Flusstal befinden. Auf dem Areal, auf dem überall große Steine verstreut liegen, gibt es auch eine kleine Kapelle und mehrere Höhlen.

Tejisi-Menhir

Eine Kuriosität nordöstlich des Tsalka-Stausees ist der Tejisi-Menhir, ein Megalith von beeindruckender Größe. Im Mittelalter baute man eine Kirche um ihn herum und meißelte ein großes Kreuz in den Stein, das Dach der Kirche ist nicht erhalten. 50 m südlich des Megaliths befindet sich ein **Steinkreis**, der vermutlich ein vorchristlicher Kult- und Versammlungsort war. Fährt man von Tbilissi kommend 10 km vor Tsalka bei Imera nach Nordwesten ab, gelangt man über die Dörfer Bareti und Sabechisi bis zum Dorf Tejisi. Vom südwestlichen Dorfrand (von Süden kommend nach der St.-Georgs-Kirche die erste Straße links abbiegen und über den Fluss) zeigen Markierungen den Weg durch das kleine Waldstück zum 200 m westlich gelegenen Menhir.

Alle oben genannten Orte sind bisher wenig oder überhaupt nicht ausgeschildert, es braucht also Entdeckergeist und etwas Zeit oder eine geführte Tour (S. 69). Da die Wege abseits der Hauptstraße nicht asphaltiert sind, ist auch ein Geländewagen empfehlenswert.

Tsalka-Schlucht

Der Fluss Khrami hat südwestlich von Tsalka eine **Schlucht** in das Plateau gegraben. Von Tbilissi kommend, führt der erste Abzweig an der Tankstelle in Tsalka nach links über eine Schotterstraße zum Dorf **Dashbashi** – schon auf halben Weg zum Dorf hat man eine herrliche Aussicht in die Schlucht. Seit Juni 2022 kann nun auch von hier oben die „weinende Wand", aus der **Hunderte von kleinen Wasserfällen** aus der Felswand entspringen, begutachtet werden: von einer 240 m langen Brücke mit Glasboden und einer diamantenförmigen Konstruktion in der Mitte, in der sich ein Restaurant befindet. Die israelischen Investoren sorgten mit ihren 39 Mio. € auch für einen Hotelkomplex, eine Fahrrad-Seilrutsche, eine Riesenschaukel und ein Besucherzentrum, 💻 https://kassland.com. Die versprochene ökotouristische Erschließung des Gebiets verwandelte sich in einen Haufen Beton, Stahl und Glas, den vielleicht Influencer für ein Selfie schätzen, der aber wie ein Fremdkörper in der Natur wirkt und von dem die Einheimischen wenig haben. Der alte Wanderweg zu den Wasserfällen ist nur über Metalltreppen und Brücken zu erreichen. 🕒 10–18 Uhr, Erwachsene 49 GEL, Kinder von 3–12 Jahren 34 GEL, Bikeline 120 GEL, Schaukel 80/150 GEL für 1/3 Pers.

Trialeti

Rund 3 km südlich von Dashbashi liegt das Dorf Trialeti, nach dem eine ganze bronzezeitliche Kultur (S. 133) benannt wurde. Das gegenwärtige Dorf wurde im 19. Jh. von deutschen Kolonisten als „Alexandershilf" gegründet.

Nahe Trialeti verstecken sich im dichten Wald die **Ruinen von Mamulo und Pantiani**. Die Überreste der einst wohl sehr bedeutenden megalithischen Siedlung lassen aus riesigen Basaltsteinen errichtete Wohnhäuser erkennen. Sie breiten sich auf einem Areal über 5 ha aus – trotzdem sind sie auf eigene Faust schwer zu finden und eine geführte Tour bietet sich an (S. 69).

ÜBERNACHTUNG UND ESSEN

CouCou Hostel, Tbeti, Tslaka, ✆ 599 98 52 33, 💻 bei Facebook. Im westlichen Vorort Tbeti direkt am See liegt das gemütliche Gästehaus einer ukrainisch-französischen Familie. Sie stellen Käse, Wein und Cider her und verleihen Kajaks und Segelboote. Volunteers werden beschäftigt. ❶

Hotel Home+, Tsalka Ln., ✆ 596 692 692, 💻 bei Facebook. Saubere, komfortable Unterkunft, große Zimmer mit Küchenzeile, zentrale Lage. ❹

Pontia, Kostava St. 71, Tsalka, ✆ 599 457 400, 💻 bei Facebook. Das familienbetriebene Restaurant ist seit eh und je Treffpunkt der griechischen Einwohner. Besitzerin Elena hat es vor Kurzem von ihrem Vater übernommen und mithilfe des EU-geförderten Projekts „Embrace Tsalka" modernisiert. Natürlich stehen griechische Spezialitäten, aber auch georgische und lokale Gerichte auf der Karte – und selbstverständlich auch frischer Fisch aus dem Tsalka-See. 🕒 8–22 Uhr.

TRANSPORT

TBILISSI, von 9–18 Uhr in 2 Std. für 15 GEL. Es ist möglich, in die 1x tgl. nach NINOTSMINDA fahrende Marschrutka von Tbilissi zuzusteigen (Abfahrt in Tbilissi um 13 Uhr).

Anhang

Sprachführer

Georgisch ist die Muttersprache von über 4 Mio. Sprechern und die offizielle Landessprache Georgiens. Es verfügt über ein eigenes Alphabet, dessen 33 Buchstaben auf den ersten Blick wie eine ornamentale Geheimschrift anmuten.

Doch keine Sorge: Schon in der Sowjetunion waren sämtliche Orte zweisprachig – in Russisch und Georgisch – ausgeschildert. Die kyrillischen Schilder sind seit Anfang der 2000er-Jahre Straßen- und Ortsschildern in lateinischen Lettern gewichen. Reisende, die abgelegene Regionen und untouristische Orte besuchen, sollten sich allerdings die Mühe machen, das georgische Alphabet zu lernen. Denn Orte, die von Ausländern kaum besucht werden, sind an den Marschrutki nur auf Georgisch angeschrieben.

Wer Russisch oder Englisch beherrscht, wird sich aber meist problemlos verständigen können: Russisch ist als ehemalige Lingua franca der Sowjetunion noch immer weitverbreitet, und trotz der spannungsreichen Geschichte hegen die Georgier keine Aversionen, was die russische Sprache betrifft. Ältere Georgier sprechen meist sehr gut Russisch. Bei der jüngeren Generation ist Englisch mittlerweile geläufiger. Auch Deutsch ist eine beliebte Fremdsprache, im 19. und 20. Jh. war es in Adelskreisen durchaus üblich, seine Kinder zum Deutschunterricht zu schicken. Deutsch wurde außerdem nicht nur in den zahlreichen deutschen Schulen, sondern auch in öffentlichen Schulen unterrichtet, wurde aber seit der Regierung Saakaschwili durch Englisch ersetzt.

In der Bevölkerung werden neben Georgisch im Nordwesten und Westen des Landes Swanisch und Megrelisch gesprochen. Die beiden Sprachen gehören wie das Georgische zu den südkaukasischen Sprachen und verwenden das georgische Alphabet. Im Süden des Landes sprechen die dort lebenden Armenier und Aseris oft kaum Georgisch, beherrschen aber neben Armenisch bzw. Aserbaidschanisch meist auch Russisch.

Georgische Sprache

Alphabet und Aussprache des Georgischen sind vergleichsweise leicht zu erlernen, die Grammatik hat es allerdings in sich und unterscheidet sich stark von der deutschen: So kennt das Substantiv im Georgischen kein grammatikalisches Geschlecht, es gibt keine „Prä"-Positionen, sondern „Post"-Positionen, die hinter dem Bezugswort stehen. Und es gibt ganze sieben Fälle, also drei mehr als im Deutschen. Am verwirrendsten ist allerdings das georgische Verb: Es ist äußerst formenreich, und verschiedene Satzteile werden in einem Wort aneinandergehängt. So kann man auf Georgisch z. B. „Ich bin fotografiert worden" in einem Wort sagen.

Georgische Schrift

Die Entstehung des georgischen Alphabets liegt im Dunkeln, doch es kursieren verschiedene

Theorien: So könnte es auf dem griechischen Alphabet basieren, da die beiden Schriften einige Ähnlichkeiten besitzen. Möglich ist aber auch, dass sowohl das Georgische als auch das griechische Alphabet auf die phönizische Schrift zurückgehen. Ebenso wenig auszuschließen ist, dass das georgische auf dem aramäischen Alphabet basiert.

Genauso unklar ist das Alter des Alphabets. Die georgische Chronologie bringt es mit dem georgischen König Parnawas in Verbindung, der am Übergang des 4. zum 3. Jh. v. Chr. regierte. Über die Zeit entwickelten sich drei unterschiedliche Alphabete, von denen heute nur noch das „Mchedruli" (Ritterschrift) verwendet wird, das im 11. Jh. aufkam und anfangs ausschließlich für weltliche Literatur verwendet wurde.

Im georgischen Alphabet gibt es keine Großbuchstaben. Um Überschriften hervorzuheben, setzt man alle Buchstaben auf die gleiche Höhe und verzichtet auf die üblichen Unter- und Überlängen. Da sich Georgisch im Laufe der Geschichte wenig verändert hat, können Georgier auch alte Texte noch gut verstehen. Einige Lehnwörter fanden Einzug, wie z. B. das „Halstuchi" (Krawatte) oder der „Schlagbaumi".

Aussprache

Georgier sind begeistert, wenn man ein paar Sätze in ihrer Sprache zum Besten geben kann – denn das können nicht viele Besucher. Dabei ist das gar nicht so schwierig, denn die Aussprache des Georgischen ist recht einfach. Jeder Buchstabe entspricht genau einem Laut, Umlaute wie im Deutschen existieren nicht. Hat man einmal das Alphabet gelernt, kann man jedes beliebige Wort lesen.

Die Aussprache der Vokale ähnelt sehr der im Deutschen, wobei die Vokale im Georgischen immer halblang ausgesprochen werden, also wie bei „Satt" und nicht wie bei „Saat".

Georgisch ist allerdings um einige Laute reicher als die deutsche Sprache. Der größte Unterschied in der Aussprache ist, dass es neben den behauchten auch unbehauchte Konsonanten gibt. Für deren korrekte Aussprache braucht es etwas Übung. Sie werden mit einem abrupten Stimmabsatz gesprochen. Wie im Deutschen zur Abgrenzung zwischen den Silben folgt z. B. nach einem unbehauchten „t" eine Pause, ähnlich wie hinter dem „t" am Silbenende bei „Post-auto".

Diese Unterscheidung ist sehr bedeutend. Denn je nachdem, ob der behauchte oder unbehauchte Konsonant eingesetzt wird, kann das den Wortsinn komplett verändern.

Problemkind für die deutsche Zunge ist die Aussprache des georgischen Buchstaben „ყ", einem k-Laut mit ch-Nachschlag, den es im Deutschen nicht gibt.

Umschriftsysteme

In diesem Buch werden die Orts- und Personennamen nach den Regeln der englischen Transkription verwendet, die auch im Land gebräuchlich sind. So fällt es leichter, Namen auf Straßen- und Ortsschildern wiederzuerkennen.

Ausnahmen bilden lediglich Namen von Personen, die in Deutschland sehr bekannt sind und deren Namen in der deutschen Transkription geläufig sind. So wird beispielsweise „Eduard Schewardnadse" weiterhin in der bekannten deutschen Schreibweise geschrieben und nicht in der englischen Transkription „Eduard Shevardnadze".

Laute, die es im Deutschen nicht gibt, werden in den Transkriptionen durch die ihnen am nächsten kommenden Laute ersetzt.

Im Folgenden die wichtigsten Unterschiede zwischen der englischen und der deutschen Transkription, eine Übersicht über die Aussprache aller Buchstaben bietet das Alphabet.

Engl. Transkription	Dt. Aussprache
zh	**sch** (wie bei „Gara**g**e")
sh	**sch** (wie bei „**Sch**ule")
ch	**tsch**
ts	**z**
dz	**ds**
kh	**ch** (wie bei „Da**ch**")
j	**dsch**

Georgischer Buchstabe	Englische Transkription	Deutsche Transkription	Hinweis zur Aussprache
ა	A a	A a	**a**
ბ	B b	B b	**b**
გ	G g	G g	**g**
დ	D d	D d	**d**
ე	E e	E e	**e** wie bei „B**e**tt"
ვ	V v	W w	**w** wie bei „**W**ahl"
ზ	Z z	S s	**s** wie bei „**S**egel"
თ	T t	T t	behauchtes **t** wie bei „**T**ür"
ი	I i	I i	**i** wie in „m**i**t"
კ	K k	K k	ejektives **k** (Abruptivlaut)
ლ	L l	L l	**l**
მ	M m	M m	**m**
ნ	N n	N n	**n**
ო	O o	O o	**o** wie bei „v**o**n"
პ	P p	P p	ejektives **p** (Abruptivlaut)
ჟ	Zh zh	Sch sch	**sch** wie bei „Gara**g**e"
რ	R r	R r	**r** gerolltes Zungenspitzen-r
ს	S s	Ss, ss	**ß** wie bei „Fu**ß**"
ტ	T t	T t	ejektives **t** (Abruptivlaut)
უ	U u	U u	**u** wie bei „B**u**tter"
ფ	P p	P p	behauchtes **p** wie bei „**P**ech"
ქ	K k	K k	behauchtes **k** wie bei „**K**anu"
ღ	Gh gh	Gh gh	**gh**, ähnlich wie R bei „**R**ose"
ყ	Q q oder K k	Q q	**q'**, ejektiver Kehlkopflaut zwischen ღ und b
შ	Sh sh	Sch sch	**sch** wie **Sch**ule
ჩ	Ch ch	Tsch tsch	behauchtes **tsch** wie bei „**Tsch**eche"
ც	Ts ts	Z z	behauchtes **ts** wie z bei „**Z**one"
ძ	Dz dz	Ds ds	stimmhaftes **ds**, in Opposition zu den „ts"-Lauten ც und წ
წ	Ts' ts'	Z z	ejektives **ts** (kurz, Abruptivlaut)
ჭ	Ch' ch'	Tsch tsch	ejektives **tsch** (kurz, Abruptivlaut)
ხ	Kh kh	Ch ch	ähnlich wie **ch** bei „A**ch**tung"
ჯ	J j	Dsch dsch	**dsch** wie bei „**Dsch**ungel"
ჰ	H h	H h	**h**

Wörter und Wendungen

Für den Sprachführer wird ebenfalls die englische Transkription verwendet.

Allgemeines

ja	*diakh (gehoben) ki (neutral) oder kho (umgangssprachlich)*
nein	*ara*
bitte (Bitte um etwas)	*tu sheidzleba*
danke	*madloba*
vielen Dank	*didi madloba*
Entschuldigung!	*Bodishi!*
Prost!	*Gaumardshos!*

Begrüßung und Small Talk

Grüß dich!	*Gamardshoba!*
Grüße euch!	*Gamardshobat!*
Wie geht es dir?	*Rogora khar?*
Wie geht es Ihnen?	*Rogor brdsandebit?*
Danke, gut	*Gmadlobt, kargat*
Es geht so.	*Ara mishavs.*
Wie heißt du?	*Ra gkvia?*
Ich heiße …	*Me mkvia …*
Woher kommst du?	*Sadauri khar?*
Ich bin aus …	*Me var …*
… Deutschland	*… germaniidan*
… Österreich	*… avstria*
… der Schweiz	*… shveitsariashi*
… Georgien	*… sakartvelo*
Darf ich euch/ Sie fotografieren?	*Scheidzleba, erti surati gadagigot?*
Ich verstehe nicht.	*Ver gavige.*
Auf Wiedersehen!	*Nakhvamdis!*

Nettigkeiten

Gefällt es dir?	*Mogtsons?*
Es gefällt mir sehr	*Dzalian momtsons*
Das Essen ist lecker	*Sachmeli gemrielia*
sehr interessant	*dzalian saintereso*
großartig	*didebulia*
sehr gut	*dzalian kargia*
schön	*lamasi*

Einkaufen

Wie viel kostet das?	*Ra girs es?*
Das ist teuer.	*Es dzviria.*
Rabatt	*Pasdakleba*

Essen

Bringen Sie uns (bitte) …	*Mogvitanet (tu sheidzleba) …*
Die Rechnung bitte	*Angarishi, tu sheidzleba*
Ich esse kein …	*Me …. ar vtsham*
Ich habe bereits gegessen.	*Ukve geakhelit.*
Ich trinke keinen Alkohol.	*Me alkohols ar vsvam.*
Ich bin Vegetarier	*Me vegetarianeli var.*
Speisekarte	*meniu*
Mineralwasser	*mineraluri tskali*
Limonade	*limonati*
Kaffee	*qava*
Bier	*ludi*
Wein	*ghvino*
Brot	*puri*
Fisch	*tevsi*
Geflügel	*prinveli*
Schweinefleisch	*goris khortsi*
Schinken	*lori*
Rindfleisch	*sakonlis khortsi*
Gemüse	*bostneuli*
Salat	*salati*
Joghurt	*matsoni*
Käse	*qveli*

Unterwegs

Wo ist …?	*Sad aris …?*
Flughafen	*aeroporti*
Bahnhof	*sadguri*
Seilschwebebahn	*sabagiro*
U-Bahn	*metro*
Zentrum	*zentri*

Markt	*basari*
links	*martskhniv*
rechts	*mardshvniv*
geradeaus	*pirdapir*
hier	*ak*
weit	*shors*
nah	*akhlos*
Fahrer	*mdsgoli*
Fahrrad	*velosipedi*
Auto	*avtomobili*
Pferd	*tskheni*
Wann fährt der Bus?	*Romel saatze gadis avtobusi?*
Bitte langsamer fahren!	*Nela ataret tu sheidzleba!*
Bitte halten Sie hier!	*Aq gaacheret tu sheidzleba!*

Übernachten

Haben Sie ein Zimmer frei?	*Gakvt tavisupali otakhi?*
Darf man hier zelten?	*Scheidzleba ak karvis gashla?*
Zimmer …	*otakhi …*
… mit Bad	*… abasanit*
… mit Dusche	*… dushit*
Warmwasser	*tskheli tsqali*
Bett	*logini*
Decke	*sabani*
Kopfkissen	*balishi*
Heizung	*gatboboa*
Handtuch	*pirsakhotsi*
Schlüssel	*gasaghebi*
Toilette	*tualeti*
Klopapier	*tualetis kaghaldi*

Zeit

wann?	*rodis?*
heute	*dges*
gestern	*gushin*
morgen	*khval*
am Morgen	*dilit*
am Abend	*sagamoti*
Jahr	*tseli*
Monat	*tvis*

Zahlen

Das Georgische verwendet arabische Zahlen, zählt allerdings nicht in dem in Deutschland gebräuchlichen Dezimalsystem. Es wird das auf 20 basierende Vigesimalsystem verwendet, das zum Teil auch im Französischen gebraucht wird.
Die Zahl 40 ist demnach 2 x 20 und 50 wird 2 x 20 und 10 genannt.
Ab der Zahl 100 mischt sich allerdings das Zwanziger- mit dem Zehnersystem.

1	*erti*
2	*ori*
3	*sami*
4	*otkhi*
5	*khuti*
6	*ekvsi*
7	*shvidi*
8	*rva*
9	*tskhra*
10	*ati*
11	*tertmeti*
12	*tortmeti*
13	*tsameti*
14	*totkhemeti*
15	*tkhutmeti*
16	*tedvsmeti*
17	*shvidmeti*
18	*tvrameti*
19	*tkhrameti*
20	*otsi*
21	*otsdaerti*
30	*otsdaati (20 + 10)*
40	*ormotsi (2 x 20)*
50	*ormozdaati (40 + 10)*
60	*samotsi (3 x 20)*
70	*samotsdaati (3 x 20 + 10)*
80	*otkhmotsi (4 x 20)*
90	*otkhmotsidaati (4 x 20 + 10)*
100	*asi*
200	*orasi*
300	*samasi*
1000	*atasi*

ANHANG

Woche	*msgepsi*
Tag	*dghes*
Stunde	*saati*
Minute	*tsuti*
jetzt	*akhla*
später	*mogvianebit*
danach	*shemdeg*
Wie spät ist es?	*Romeli saatia?*
Montag	*orshabati*
Dienstag	*samshabati*
Mittwoch	*otkhshabati*
Donnerstag	*khutshabati*
Freitag	*paraskevi*
Samstag	*shabati*
Sonntag	*kvira*
Wochenende	*shabat-kvira*

Begriffe zu Geografie und Sehenswürdigkeiten

Berg	*mta*
Bergtal	*kheoba*
Schlucht	*khevi*
Fluss	*mdinare*
Brücke	*khidi*
See	*tba*
Quelle	*tskaro*
Löwe	*lomis*
Festung	*tsikhe*
Stadt	*kalaki*
Dorf	*sopel*
Kirche	*eklesia*
Kloster	*monasteri*
Dreifaltigkeit	*sambesi*
heilig	*tsminda*
ober	*zemo*
nieder	*kvemo*
klein	*patara*
groß	*didi*
neu	*akhali*
alt	*dzveli*
schwarz	*shavi*

Georgische Namen

Insbesondere im Osten des Landes enden auffällig viele georgische Familiennamen mit „shvili" bzw. „schwili", wie z. B. der Nachname des ehemaligen Präsidenten Michail Saakaschwili oder der bekannten Autorin Nino Haratischwili. Der Anhang „shvili" bedeutet „Kind". Die Endung „dse" bzw. „dze" verweist auf die Herkunft aus Westgeorgien und bedeutet „Sohn". Familiennamen aus den Bergregionen in Nordostgeorgien enden dagegen häufig auf „uli" oder „uri", in Swanetien ist die Endung „iani" sehr verbreitet, die Endungen „ia", „ua" oder „awa" verraten megrelische Wurzeln.
Endet ein Name mit „eli", bezeichnet er meist die Herkunft seines Trägers, wie z. B. die des Dichters „Rustaveli", der aus Rustavi stammte. Spitzenplätze bei den Vornamen nimmt bei den Georgierinnen „Nino" zu Ehren der heiligen Glaubensüberbringerin ein. Männliche Georgier jeden Alters werden mit Vorliebe zu Ehren des Hl. Georg „Giorgi" gerufen. Das brachte übrigens dem ganzen Volk seinen Namen in den meisten Fremdsprachen ein – dort, wo die Südkaukasier nach ihrer glühenden Verehrung für den Hl. Georg bekannt wurden.
Georgier sprechen sich normalerweise immer mit dem Vornamen an, bei förmlicher Anrede wird „Frau" (Kalbatono) oder „Herr" (Batono) vorangestellt.

weiß	*tetri*
gold	*okros*

Notfall

Hilfe!	*Mishvelet!*
Helfen Sie mir bitte!	*Damekhmaret, tu scheidzleba!*
Lassen Sie mich in Ruhe!	*Tavi damanebet!*
Fieber	*temperatura*
Krankenhaus	*saavadmqopso*
Ich wurde vom Hund gebissen.	*Dzaglma mikbina.*
Ich brauche sofort einen Arzt!	*Sascrafod mchirdeba eqimi!*

ANHANG

Bücher

Belletristik

12 Geheimnisse im Kaukasus, von Essad Bey (Verlag Hans-Jürgen Maurer). Das kränkliche Kind eines Ölbarons aus Baku verbringt den Sommer mit seinem Kinderfreund im wilden Kaukasus. Unterhaltsam schreibt Bey über die z. T. merkwürdigen Sitten und Bräuche dieser archaischen Welt voller Legenden – sodass Fakten und Fantasie nicht immer zu trennen sind.

Ali und Nino, von Kurban Said (Ullstein). Die Liebesgeschichte zwischen dem aserischen Prinzen Ali und der georgischen Adligen Nino spielt am Vorabend der Russischen Revolution. Aus der Perspektive von Ali schildert der Roman nicht nur die kulturellen Unterschiede zwischen dem Orient und dem Westen jener Zeit, sondern gibt auch einen Einblick in das Leben in Georgien und Aserbaidschan zu Beginn des 20. Jhs.

Das achte Leben (Für Brilka), von Nino Haratischwili (Ullstein). Eng verwoben mit der turbulenten Geschichte Georgiens beleuchtet diese Familiensaga das Leben der Frauen aus fünf Generationen. Dabei werden der oft deprimierende Alltag und die teils schwere Vergangenheit des Landes anschaulich dargestellt.

Das Birnenfeld, Nana Ekvtimishvili (Suhrkamp). In einem grauen Plattenbau-Vorort im Tbilissi der 1990er-Jahre spielt in einem Internat für geistig behinderte Kinder die von Brutalität, aber auch von Mitgefühl geprägte Geschichte der 18-jährigen Lela. Der Debütroman von Ekvitimishvili bekam auf der Frankfurter Buchmesse 2018 große Anerkennung.

Der Gefangene im Kaukasus, von Lew Tolstoi (Europäischer Literaturverlag). Die Erzählung geht auf Erlebnisse von Tolstoi im Kaukasuskrieg 1875 zurück und handelt von zwei russischen Offizieren, die in tatarische Gefangenschaft geraten und mit dieser unangenehmen Situation sehr unterschiedlich umgehen.

Der Recke im Tigerfell, Neudichtung des Georgischen Volksepos nach Shota Rustaveli, von Georg Martens (united p.c. Verlag). Die deutsche Übersetzung des Buches, das bei jedem Georgier zu Hause im Bücherregal steht.

Gestohlene Geschichten. Aus Georgien, von Wendell Steavenson (Europäische Verlagsanstalt). Eine junge Journalistin zieht es in das Chaos des georgischen Bürgerkriegs, wo sie auf Widerstandskämpfer, Blutrache, Flüchtlingsdramen sowie die legendäre georgische Gastfreundschaft trifft. Dabei zeichnet sie ein klares Bild vom Zerfall der gesamten Kaukasus-Region in den 1990ern.

Im Himmel gibt es Coca-Cola, von Christina Nichol (Mare Verlag). Unglaublich unterhaltsam erzählt dieser Roman von einem Leben zwischen Niedergang und Korruption im Georgien zu Beginn der 2000er-Jahre und nimmt dabei nicht nur georgische, sondern auch amerikanische Eigenarten auf die Schippe. Denn der Protagonist Slims Achmed Makaschwili schafft es tatsächlich, im Rahmen eines Förderprogramms für ehemalige Sowjetländer in die USA eingeladen zu werden – wo ihm seine keifende Familie und sein gebeuteltes Land gar nicht mehr so blöd vorkommen.

Touristenfrühstück, von Zaza Burchuladze (Blumenbar). Im Berliner Exil wird der georgische Schriftsteller immer wieder an seine Heimat Tbilissi erinnert und entdeckt, dass er viel georgischer ist, als er eigentlich dachte. Unterhaltsam und oft sarkastisch reflektiert er sowohl über seine alte als auch seine neue Heimat.

Georgien (Europa erlesen), herausgegeben von Fried Nielsen (Wieser Verlag). Über 50 Textauszüge aus den unterschiedlichsten Perspektiven und Zeiten geben ein lebendiges Bild von Land und Geschichte. Nielsen lässt dabei u. a. Alexandre Dumas, Galaktikon Tabidze, Grigol Robakidse, Boris Pasternak, Michail Lermontov, Heinz Fähnrich und Bertha von Suttner zu Wort kommen – und berichtet von seinen eigenen Erlebnissen, den kalten Winterabenden nach der Unabhängigkeit Georgiens.

Geschichte, Kunst und Kultur

Architekturführer Tiflis, von Heike Maria Johenning und Peter Knoch (DOM). Die Autoren stellen 120 Bauten in Tiflis vor, mit Exkursen zur landschaftlichen Gestaltung, zu den Ruinen der sowjetischen Postmoderne und zur zukünftigen

Mehr Lesetipps ...

... gibt es von der Autorin auf ihrem Blog unter 💻 https://www.reiselieber.org/10451-lesetipps-georgien.

Stadtentwicklung, sowie einen Ausflug an die Schwarzmeerküste nach Batumi.

Baubezogene Kunst. Georgien, Nini Palavandishvili und Lena Prents (DOM). Ein Kunstführer zu den bisher wenig beachteten Mosaiken der Sowjetmoderne, die einen genaueren Blick durchaus wert sind.

Das Ende des Imperiums, von Thomas Kunze und Thomas Vogel (Christoph Links Verlag). Was mit den 15 Teilrepubliken nach dem Zerfall des sowjetischen Imperiums geschah.

Der Georgische Knoten: Abenteuerliches aus dem Kaukasus, von Wolfgang Babeck (Diplomat Press). Ein abwechslungsreicher, persönlicher Erlebnisbericht aus dem Georgien kurz nach der Unabhängigkeit.

Georgien: Ein Länderporträt, Dieter Boden (Ch. Links Verlag). Der Band aus der preisgekrönten Serie beleuchtet insbesondere die jüngere Geschichte, die aktuelle Situation Georgiens sowie die Sezessionskonflikte. Wie kaum ein anders Buch, hilft der Band, das Land besser zu verstehen.

Hybrid Tbilisi, von Irina Kurtishvili und Peter Cachola Schmal (DOM). Wirft einen erfrischend anderen Blick auf die vielfältige Architektur von Tbilissi, ergänzt mit interessanten Interviews und Exkursen.

Pulverfass Kaukasus, von Manfred Quiring (Christoph Links Verlag). Übersicht über Geschichte und Politik der völker- und konfliktreichen Kaukasus-Region. Unter anderem werden Ursachen und Folgen des Abchasien-Kriegs und des Südossetien-Konflikts genauer unter die Lupe genommen.

Tiflis: Architektur am Schnittpunkt der Kontinente, von David Abuladze (Muery Salzman). Von russischem Klassizismus über Jugendstil bis hin zu den modernsten Bauten des 21. Jhs.: ein Abriss der bewegten Architekturgeschichte der Stadt, aufgezeigt anhand konkreter Beispiele.

Biografien

Abenteurerin Bertha von Suttner: Die unbekannten Georgien-Jahre 1876–1885, von Maria Enichlmair (Edition Roesner). Die Österreicherin Bertha von Suttner wurde mit ihrem Roman *Die Waffen nieder* weltweit berühmt und bekam für ihr Werk als erste Frau den Friedensnobelpreis verliehen. Die gesellschaftskritische Schriftstellerin verbrachte ein Jahrzehnt in Georgien, das sie nachhaltig prägte. Davon erzählt dieses Buch.

Berija: Henker in Stalins Diensten. Ende einer Karriere, von Wladimir F. Nekrassow (edition berolina). Biografie über den Georgier, der an Stalins Seite eine steile Karriere hinlegte und als Leiter der Geheimpolizei und der Gulags für seine Skrupellosigkeit bekannt war.

Der junge Stalin, von Simon Sebag Montefiore (Fischer Taschenbuch). Die Jugend und das abenteuerliche Leben des Revolutionärs, Bankräubers, Dichters und Priesterschülers – und späteren Diktators eines riesigen Imperiums.

Stalin, von Oleg Chlewnjuk (Siedler Verlag). Umfassende Biografie über Leben und Herrschaft des Diktators, von seiner Kindheit in Gori bis zu seinem Tod 1953.

Reiseliteratur

40 Tage Georgien, von Constanze John (DuMont Reiseverlag). Auf ihrer Reise trifft die Autorin viele Menschen, die ihr tiefe Einblicke in Land und Kultur geben, die sie mit ihren Lesern teilt.

Durch den wilden Kaukasus, von Fritz Pleitgen (KiWi). Auf den Spuren Alexandre Dumas' reist der ehemalige WDR-Intendant durch den Süden Russlands, Georgien, Abchasien und Armenien.

Lesereise Georgien, von George Hausemer (Picus). Unterhaltsam und informativ lenkt Hausemer bei seiner Reise durch Georgien den Blick auf Schönheit und Eigenarten des Landes.

Kulinarik

Die Georgische Küche, von Schota Dwalischwili (Stocker). Klassisches, sehr übersichtlich gestaltetes Kochbuch mit 90 traditionellen Rezepten mit sehr appetitanregender Bebilderung.

Die Georgische Tafel, von Nana Ansari (Mandelbaum). Über 150 Rezepte und viele Geschichten über die Bräuche und Traditionen, die mit zahlreichen traditionellen Speisen verbunden sind, hat Ansari in diesem liebevoll und persönlich gestalteten Kochbuch gesammelt.

Georgischer Wein, von Anna Saldadze (Stocker). Alles was man über georgischen Wein wissen muss, wird hier erklärt: Von Anbaugebieten über Rebsorten bis zur Herstellung des traditionellen Qvevri-Weins bleibt keine Frage offen.

Supra: A feast of Georgian cooking, von Tiko Tuskadze (Pavilion Books Group Ltd.). Wunderschön gestaltetes Buch mit vielen ansprechenden Fotografien von köstlichen Gerichten aus allen Teilen Georgiens (auf Englisch).

Bildbände

Auf dem Balkon Europas: Fotografien aus Georgien, von Gerald Hänel und Archil Kikodze (Mitteldeutscher Verlag). Der Bildband vermittelt einen lebendigen Eindruck von der Vielfalt des Landes.

Bushäuschen in Georgien, von Georges Hausemer (Capybarabooks). Eine überraschende Formenvielfalt in Farben von Babyrosa über Hellblau bis Knallgelb offenbart dieser Bildband über die Bushäuschen, die sich im ganzen Land verstreut finden. Interessanterweise sind insbesondere die Häuschen aus der Sowjetzeit die spannendsten Beispiele teils verrückter Baukunst und weit entfernt von den erwarteten Einheitsbauten.

CCCP Cosmic Communist Constructions Photographed, von Frédéric Chaubin (Taschen). In der Sowjetunion gab es nur gleichgemachten Einheitsbrei? Ganz und gar nicht, wie der Franzose Chaubin in diesem Bildband zeigt. Insbesondere in den letzten Jahren der UdSSR wurden viele äußert kreative Gebäude entworfen. Chaubin zeigt die spannendsten Bauwerke der ganzen Union und erklärt, unter welchen Einflüssen die Architektur dieser Zeit stand.

Reise durch Georgien, von Walter M. Weiss (Stürtz Verlag). Eine schöne Übersicht über die Sehenswürdigkeiten des Landes, die für Reiselust sorgt.

Sprache

Georgisch Wort für Wort, von Lascha Bakradse (Reise Know-How Verlag). Praktischer Sprachführer in kleinem Format – für alle, die sich nicht auf Google Translate verlassen möchten.

Oh, dieses Georgisch, von Jens Jäger (Conrad Stein Verlag). Gar nicht so leicht – dieses Georgisch! Das kleine Büchlein gibt einen Einblick in Eigenheiten und Grammatik der südkaukasischen Sprache.

Wandern und Karten

Georgien, Kleiner und Großer Kaukasus, von Nina Kramm (Rother Bergverlag). Die schönsten Wanderungen im Großraum von Tbilissi, dem Borjomi-Kharagauli-Nationalpark, Swanetien und Tuschetien. Mit detaillierten Tourenbeschreibungen, zahlreichen Farbfotografien und übersichtlichen Wanderkarten zu jeder Tour.

Georgien Trekking Maps (Geoland). Alle für Wanderer interessanten Regionen im Großen Kaukasus werden von den Geoland-Karten im Maßstab von 1 : 20 000 abgedeckt. Sie basieren auf sowjetischen Militärkarten und sind leider an vielen Stellen nicht mehr aktuell und wenig detailliert, aber trotzdem die besten Papierkarten, die zurzeit auf dem Markt sind. Erhältlich im Internet und bei Geoland in Tbilissi.

Georgischer Kaukasus (Expressmap). Die Karte im Maßstab von 1 : 75 000 eignet sich sehr gut zur groben Übersicht über die wichtigsten Wandergebiete, einige Wanderrouten sind eingezeichnet. Loslaufen sollte man aber nicht ohne Weiteres, detaillierteres (evtl. digitales) Kartenmaterial.

Landkarte Georgien (Reise Know-How). Eine akzeptable Übersichtskarte für Autoreisen – leider geht die Qualität der Straße nicht immer eindeutig aus der Karte hervor.

Index

C

D

E

F

G

ANHANG

ANHANG

Abenteuer und Kultur-Erlebnisse in Georgien
NEW ADVENTURE
www.newadventure.eu

ANHANG

ANHANG

✓ Forum

✓ Updates

✓ Länderinfos

www.stefan-loose.de/updates/europa/georgien/

Danksagung

Zu allererst *Didi Madloba* für die gute Zusammenarbeit an **Giorgi Guledani**, der mich bei dieser komplett überarbeiteten Nachauflage bei den Recherchen vor Ort kompetent und zuverlässig unterstützt hat.

Mein besonderer Dank geht an **Philipp Schmatloch**, mit dem Rechercheresien gleich viel mehr Spaß machen und der mir immer zur Seite steht. Er hat nicht nur mit seinem appetitanregenden Text über die georgische Küche zu diesem Buch beigetragen, sondern auch Licht in die verworrene Medea-Sage, die Prometheus-Sage, den komplexen Abchasien-Konflikt und den historischen Raubüberfall in Tbilissi gebracht. Nicht zu vergessen, dass er einige schöne Bilder zu diesem Buch beigesteuert hat.

Ein riesiges Dankeschön geht an **Taymas Matboo**, die als Kunsthistorikerin mit ihrem Fachwissen bei der Beschreibung der (unglaublich vielen) frühchristlichen Kirchen mitwirkte und eine einzigartige Hilfe war. Bei jeglichen Fragen zu Kunst, Architektur und Religion war sie mir eine unverzichtbare Ansprechpartnerin, zudem hat sie die Texte über frühchristliche Architektur, die Deesis und die Apsis verfasst.

Daniela Fehr hat etliche der Kapitel mit kritischem Blick gegengelesen und mich mit ihren Fragen und (oft lustigen) Kommentaren aufgemuntert und mir sehr dabei geholfen, meine Texte stetig zu verbessern. Merci auch an **Judith Lauer** für ihre Jagd nach Fehlern. Meine Schwester **Johanna Kramm** hat mir beim Thema Umwelt mit ihrem Wissen zur Seite gestanden.

Vielen Dank an **Margarete Hartmannsberger**, die dank ihres längeren Aufenthalts in Tuschetien mit ihrem Beitrag zu den alten Bräuchen der Region spannende Einblicke gibt. **Annette Hahn** verdanke ich den informativen Text über die Frühmenschen von Dmanisi. **Manuel Benteler** half mir bei vielen praktischen Fragen. **Samson Gonashvili** hat mir als ehemaliger Konzertmeister im Georgischen Kammerorchester in Ingolstadt viele Informationen über das GKO und die georgische Musik im Allgemeinen gegeben.

Jan Düker und dem **Team von Bintang** sowie meiner Lektorin **Gudrun Raether-Klünker** danke ich für die gute Zusammenarbeit.

Ich danke meiner Familie und meinen Freunden für die Unterstützung während der intensiven Arbeit an diesem Reiseführer.

Natürlich haben mir noch viele weitere Menschen, die hier nicht alle namentlich aufgeführt werden können, geholfen und damit zum Gelingen dieses Buches beigetragen.

Mitarbeiter dieser Auflage

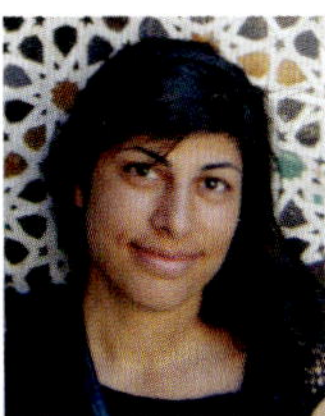

Frühchristliche Archäologie und byzantinische Kunstgeschichte gehören zu den Fachgebieten der Kunsthistorikerin **Taymas Matboo**. Ihre große Leidenschaft ist neben der Kunst, Kultur und Architektur das Reisen. Da scheint Georgien mit seinen zahlreichen Kirchen, Klöstern und seiner frühchristlichen Kunst genau das richtige Pflaster zu sein. Taymas erklärte für diesen Band die spannende Sakralarchitektur Georgiens, arbeitete an Beschreibungen der frühchristlichen Kirchen mit und steuerte weitere Fachtexte bei.

Gott schenkte den Georgiern einst jenes Stück Land, das so paradiesisch war, dass er es eigentlich für sich selbst reserviert hatte – ein Satz, den **Philipp Schmatloch** genauso unterschreiben würde. Beeindruckende Kulturschätze, Wiege des Weinbaus, einzigartige Natur, unglaubliche Gastfreundschaft und Gerichte, die die Seele berühren. Für den Diplom-Journalisten war Georgien 2016 Liebe auf den ersten Blick – und in der Folge Ziel mehrerer Reisen, die ihn in alle Winkel des Landes führten.

Bildnachweis

Umschlag

Titelfoto Shutterstock.com, Amsterdam (NL)/ Aleksandar Todorovic; Ushguli, Swanetien
Umschlagklappe hinten Getty Images/Luis Dafos; Bauernmarkt in Kutaissi, Imeretien

Highlights

S. 8 Getty Images, München/Pixelchrome Inc
S. 9 laif, Köln/Le Figaro Magazine/Martin (oben)
Getty Images, München/Emad Aljumah (unten)
S. 10 Lookphotos, München/age fotostock (oben)
Philipp Schmatloch (unten)
S. 11 laif, Köln/Le Figaro Magazine/Martin
S. 12 iStock.com, Calgary (CA)/photoaliona (unten)
S. 12/13 Shutterstock.com, Amsterdam (NL)/Teimuraz Popiashvili (oben)
S. 13 Philipp Schmatloch (unten)
S. 14/15 iStock.com, Calgary (CA)/irisphoto2
S. 16 Shutterstock.com, Amsterdam (NL)/Vladimir Sevrinovsky (oben)
Shutterstock.com, Amsterdam (NL)/Fotokon (unten)
S. 17 Philipp Schmatloch (oben)
Shutterstock.com, Amsterdam (NL)/Eva Mencnerova (unten)
S. 18 iStock.com, Calgary (CA)/kaetana (oben)
Nina Kramm (unten)
S. 19 Getty Images, München/Pixelchrome Inc (oben)
Nina Kramm (unten)
S. 20 Shutterstock.com, Amsterdam (NL)/Anastassiya (oben)
S. 20/21 Nina Kramm (unten)
S. 21 Shutterstock.com, Amsterdam (NL)/Simol1407 (oben)
S. 22 Lookphotos, München/Thomas Stankiewicz

Regionalteil

iStock.com, Calgary (CA) gregory Lee S. 142; Elena Odareeva S. 222; prescott09 S. 308; helovi S. 358; bortnikau S. 382; Travel Photography S. 416
Getty Images, München Roland Shainidze Photogaphy S. 2
Giorgi Guledani S. 264, 305, 377, 415, 452
Nina Kramm S. 27, 30, 45, 47, 49, 53, 55, 73, 79, 80, 82, 87, 89, 93, 123, 126 , 134, 140, 143 (2), 153, 156, 163, 169, 170, 188, 197, 201, 203, 206, 209, 212, 213 (oben), 234, 239, 253, 257, 259, 269, 270, 273, 275 (2), 281, 293, 296, 309 (unten), 316, 324, 331, 334, 336, 341, 348, 343 (oben), 351, 355, 358, 363, 368, 383 (2), 393, 403, 410, 416, 417 (oben), 423, 437, 442, 455, 456, 459 (2), 468, 472, , 479, 483 , 485, 488, 490, 493
Philipp Schmatloch S. 28, 38, 70, 129, 213 (unten), 224, 274, 287, 294, 309 (oben), 342, 343 (unten)
Shutterstock.com, Amsterdam (NL) Aquatarkus S. 131; Gen Shtab S. 159; Firebird007 S. 306, Vesna Kriznar S. 417 (unten); Dinozzzaver S. 429, Motortion Films S. 449

Impressum

Georgien
Stefan Loose Travel Handbücher
2. Auflage **2023**

Die in diesem Buch enthaltenen Angaben wurden von den Autoren nach bestem Wissen erstellt und vom Lektorat im Verlag mit großer Sorgfalt auf ihre Richtigkeit überprüft. Trotzdem sind, wie der Verlag nach dem Produkthaftungsrecht betonen muss, inhaltliche und sachliche Fehler nicht vollständig auszuschließen.
Deshalb erfolgen alle Angaben ohne Garantie des Verlags oder der Autoren. Der Verlag und die Autoren übernehmen keinerlei Verantwortung und Haftung für inhaltliche und sachliche Fehler.
Alle Landkarten und Stadtpläne in diesem Buch sind von den Autoren erstellt worden und werden ständig überarbeitet.

Gesamtredaktion und -herstellung
Bintang Buchservice GmbH
Tempelhofer Ufer 1A, 10961 Berlin
www.bintang-berlin.de
Redaktion: Jan Düker
Lektorat: Gudrun Raether-Klünker
Satz und Bildredaktion: Gritta Deutschmann, Britta Dieterle, Thomas Rach
Karten: Klaus Schindler
Reiseatlas: © DuMont Reiseverlag, Ostfildern

Printed in Poland

Kartenverzeichnis

Legende

Autobahn mit Straßennummer	Internationaler Flughafen
Fernstraße mit Nummer	Regionaler Flughafen, Flugplatz
Hauptstraße mit Nummer	Sehenswürdigkeit
Nebenstraße	Archäologische Stätte
Straße, unbefestigt	Burg, Kastell
Straße in Bau; Straße in Planung	Kloster
Straße für Kfz gesperrt	Kirche
Tunnel	Leuchtturm
Eisenbahn	Badestrand
Fähre, Schiffsverbindung	Berggipfel
Staatsgrenze	Pass, Joch
Provinzgrenze	Aussichtspunkt
Nationalpark-, Naturparkgrenze	Grenzübergang, geöffnet
Hafen, Ankerplatz	Grenzübergang, geschlossen

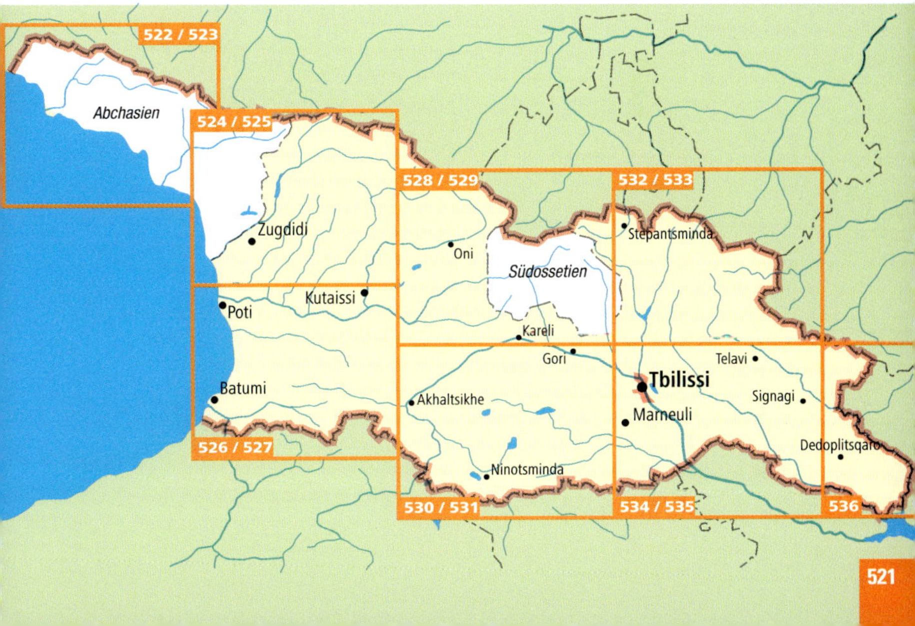

Black Sea

Schwarzes Meer

HAYEVO
Bolshaya Laba
Arkhyz
Arkhyz
Gora Morg-Syrty
3141 m
ROSSIJA
Mysta-Bas
Kizgych
Aksaut
Gora Pshish
3790 m
Marukhstski
2746 m
Karakala
3892 m
CHERKESSIYA
Teberda
Bzipi
Mukhursha
2207 m
Chedimi
2841 m
ABKHAZIA
M
Ertsakho
3910 m
Dombay
Musat Seri
3012 m
Khimsa
3034 m
Ashamgvara Range
East Gumista
Shkhapizga
3026 m
a
Chkhalta Range
Chkhalta
Dzikhva
2711 m
Adzibzhara
Didi Skhanachi
2237 m
Malikhuti
3282 m
Lakhta
2406 m
Chumkuzba
2080 m
Martskhena Atsgara
Guarapi
2742 m
Martskheni Ptishi
Guma
Tbeti
Amtkeli
Kuanchara Range
Akhalsheni
Kelasuri
Ablukhvara
Nakhshira
Amtkelis
Amtyeli
2336 m
Verkhnaia-Eshera
Shroma
Odishi
Azanta
Dziguta
Pavlovskoe
Goriani
Jampali
Chkhalta
Budzguri
Shabatkvara
Kamani
Adzigezhi
Kvemo Linda
Georgievskoe
Achadara
Aleksandrovka
Achandara
Kvabchara
Gumista
Arghunia
Tavisupleba
Amtkeli
Zenobani
Dauchi
2632 m
Gumista
Kelasuri
Marani
Tsebelda
Lata
Abzhakva
Kodori
Baghmarani
Mziseuli
Amzara
Zemo Lata
Muskajikvara
1584 m
Sokhumi
Akhalsopeli
Kada Range
Ashdu Range
S. 524
Merkheuli
Ghurzuli
Achimezmakhi
1750 m
Kelasuri
Otoronjia
Kvemo Merkheuli
Parnauti
Naa
Akhutsa
Ghvada-Akhutsa
Mulkhra
Tkhubuni
Zemo Gulriphsi
Machara
Ganakhleba
Gulriphshi
Meore Baghazhiashta
Atara-Armianskaia
Aimara
Otaphi
Kumushkuri
Jgerda
Akidra
Meore Arasadzikhi
Pshapi
Kodori
Dghamshi
Glivada
Akhlva
Alapankvara
Chlou
Tkhina
Gupagu
Dranda
Vladimirovka
Atara
Akhivaa
Babushera
Ajamphazra
Dopoukiti
Toumishi
Kutoli
Kochara
Tkvarchrl
Varcha
Akhaldaba
Arakichi
Guphi
Bzana
Apajpara
Atisha
Narjkheu
Kindghi
Baghlani
Labra
Balani
Mokvi
Phatrakhutsa
Ajazhvi
Mokvi
Akhali Kindghi
Lephona
Jamishi
Akvaskia
Meore Kopiti
Sachino
Ghalidzga
Akvarashi
Tsagera
Aradu
Merkula
Reka
Jgerani
Agubedia
Beslakhuba
Okhurei
Jukmuri
Ochamchire
Pirveli Okhurei
Bedia
1
10
10
27
27

S. 524

S. 523
Malikhuti
3282 m
Khutia
3513 m
Samkhret Tvavshesaphari
Gvandra
3985 m
Martskhena Atsgara
Guarapi
2742 m
Martskhena Ptishi
Khetskvara
Kuanchara Range
Kvemo Azhara
Zemo Azhara
Gvandra
Klichi
Tskhvandiri
3140 m
Amtyeli
2336 m
Chkhalta
Budzguri
Shabatkvara
Omarishara
Martskhena Gentsvishi
Sakeni
Nenskra
Tita
Mramba Range
Kvabchara
Arghunia
Lata
Zemo Lata
Kodori
Dauchi
2632 m
Akharba
2523 m
Sgurishi
Kari
Zemo Ma
Muskajikvara
1584 m
Devra
Letsperi
Kvemo Marg
Ashdu Range
Achimezmakhi
1750 m
Phanavi
2374 m
Lekalmakhi
Khojali
2214 m
Lakhami
Lakhani
Aduada
2775 m
Tsastou
2867 m
Bashkabsara
2730 m
Lukhi
Tobari
Dakari
Mulkhra
Aimara
Otaphi
Bokhunjara
2179 m
Skormeti
Khaishi
Akidra
Jajashta
2544 m
Idliani
Namkmuli
Chlou
Akhiva
Meore Arasadzikhi
Jvari Enguri Reservoir
Kvakva
Kvemo Vedi
Tkhina
Gupagu
Zemo Vedi
Kochara
Ajamphazra
Aniba
2811 m
Totani
Tkvarchrli
Akarmara
Barjashi
Otepura-dudi
3042 m
Guphi
Atisha
Didghalidud
3169 m
Apajpara
Berishkudshi
2381 m
Narjkheu
Lashkenderi
1371 m
Jepishkha
2083 m
Uralapi
2120 m
Ajazhvi
Phatrakhutsa
Lakumurash Dud
3111 m
Akvaskia
Sachino
Meore Kopiti
Aradu
Akvarashi
Ghalidzga
Reka
Okhachkie
2167 m
S. 523
Jgeriani
Agubedia
Chkhortoli
Hydroelectric Dam
Untsi
1477 m
Kvira
2038 m
Tobavi Lake
Beslakhuba
Gvallaia
1807 m
Okhurei
Mishveli
Potskhoetseri
Pirveli Okhurei
Bedia
Agvavera
Muzhava
Leshamuge
Okumi
Bulishkhinjl
Etserperdi
Chkvaleri
Samelaio
Zemo Ghumurishi
Jvari
Ilori
Anaria
Putskuri
Tsarche
Kvemo Ghumurishi
Zhirghalishka
Chale
Naguru
Didi Behesiri Lake
Achigvara
Mukhuri
Lemumkhara
Partoghali
Okhurei
Gudava
Rechkhi
Zemo Gali
Lekukhona
Tchvele
Kukheshi
Lara
Meore Gudava
Pirveli Gudava
Togoni
Rechki
Partonokhori
Pakhulani
Lia
Zeda Lia
Etseri
Medani
Meore Shesheleti
Samkvari
Saberio
Lesale
Letkanti
Khumeni Natopuri
Repo-Etseri
Gali
Rechkhi
Samarkvalo
Sachino
Jgali
Koko
Mukhuri
Khobisi
Makhunjia
Tkaia
Mazandara
Taia
Khumushkuri
Mziuri
Pirveli Akvagha
Enguri
Chkoria
Mikava
Chuburkhinji
Tchkaduashi
Tsalenjikha
Legakhare
Napichkho
Kvemo Barghebi
Sashamugio
Zemo Barghebi
Sida
Salkhino
Zeni
Rike
Zeda Etseri
Lejolikhe
Jumiti
Tsalenjikhis Meurneoba
Bashi
Natsatu
Uluria
Nakipu
Khabume
Pirveli Tchoghi
Pitsarghali
Sabchota Chai
Tagiloni
Rukhi
Kortskheli
Obuji
Natsuluku
Meore Tch
Ganakhleba
Grigolishi
Moidanakhe
Chkhoushi
Jaghira
Akhali Abastumani
Shamgona
Zeni
Odishi
Chkhorotsku
Lekarche
Nabakevi
Kulishkari
Letsurtsume
Garakha
Kvishona
Zartsupha
Khurcha
Ingiri
Jikhaskari
Nakiani
Dikhagudzba
Pirveli Otobaia
Kakhati
Zugdidi
Kveda Chkhorotsku
Merore Kitsia
Koki
Chitatskari
Akhalsopeli
Phalazoni
Oireme
Chakvinji
Kirtskhi
Mongiri
Phichori
Meore Otobaia
Orsantia
Akhalkakhati
Kolkhida
Akhuti
Bagmarani
Opachkhapu
Ochkhomuri
Nogha
Nakarghali
Jumi
Davitiani
Alerti
Nachkadu
Darcheli
Dzveli Khibula
Ganarjiis Mukhuri
Oktomberi
Khetsera
Urta
Lesitchine
Potskho
Isaishi
Khetseris Meurneoba
Akhalkhibula
Legogie
Enguri
Didi Nedzi
Saesabuo
Anaklia
Kirovi
Tsatskhvi
Mokhashi
Narazeni
Satkebuchavo
Ushaphati
Japshakari
Orulu
Khamiskuri
Zana
Ergeta
Mogiri
Abastumani
Chaniskali
Khobistsqali
Meore Mokhashi
Sakirio
Tsvane
Okhvamekari
Nokalakevi Fortress
Zeni
Tikori
Natchkadu
Torsa
Sashurghaio
Betlemi
Dghvaba
Larchva
Khera
Bia-Sashonio
Jikha
Sajijao
Patara Zana
Shromiskari
Tsizeti
Sabukio
Tsinar
Eki
Gakhomela
S. 526
Chikhu
Shua Khorshi
Bia
Zemo Bia
Satskhvitao
Kotianeti
Dziguderi
Kolkheti National Park

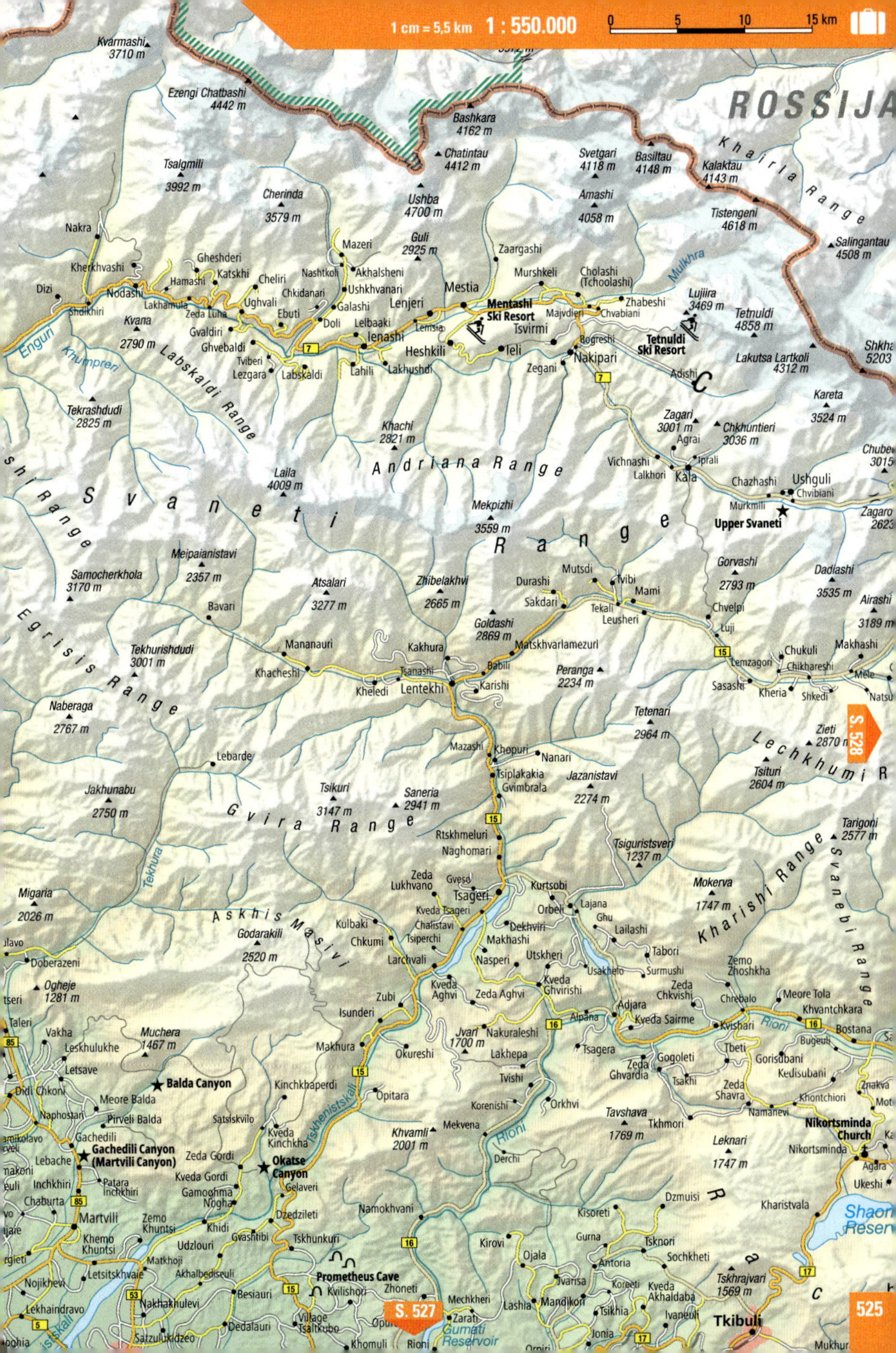
Kvarmashi 3710 m
Ezengi Chatbashi 4442 m
ROSSIJA
Bashkara 4162 m
Chatintau 4412 m
Svetgari 4118 m
Basiltau 4148 m
Kalaktau 4143 m
Khairla Range
Tsalgmili 3992 m
Cherinda 3579 m
Ushba 4700 m
Amashi 4058 m
Tistengeni 4618 m
Salingantau 4508 m
Nakra
Mazeri
Guli 2925 m
Zaargashi
Gheshderi
Kherkhvashi
Katskhi
Nashtkoli
Akhalsheni
Murshkeli
Cholashi (Tchoolashi)
Mulkhra
Hamashi
Cheliri
Ushkhvanari
Mestia
Lujiira 3469 m
Dizi
Nodashi
Chkidanari
Lenjeri
Mentashi Ski Resort
Zhabeshi
Tetnuldi 4858 m
Shdikhiri
Lakhamula
Ughvali
Galashi
Majvdieri
Chvabiani
Kvana
Zeda Luha
Ebuti
Lelbaaki
Tsvirmi
Shkha 5203
Enguri
2790 m
Gvaldiri
Doli
Ienashi
Lemsia
Bogreshi
Tetnuldi Ski Resort
Khumpreri
Ghvebaldi
7
Heshkili
Teli
Nakipari
Lakutsa Lartkoli 4312 m
Labskaldi Range
Tviberi
Lezgara
Labskaldi
Lahili
Lakhushdi
Zegani
Adishi
C
7
Kareta 3524 m
Tekrashdudi 2825 m
Khachi 2821 m
Zagari 3001 m
Agrai
Chkhuntieri 3036 m
Chubei 3015
Andriana Range
Vichnashi
Iprali
Laila 4009 m
Lalkhori
Kala
Chazhashi
Ushguli
Chvibiani
Svaneti
Murkmili
Upper Svaneti
Zagaro 2623
Mekpizhi 3559 m
Range
Meipaianistavi 2357 m
Gorvashi 2793 m
Dadiashi 3535 m
Samocherkhola 3170 m
Atsalari 3277 m
Zhibelakhvi 2665 m
Mutsdi
Durashi
Tvibi
Mami
Airashi 3189 m
Bavari
Sakdari
Tekali
Leusheri
Chvelpi
Egrisis Range
Goldashi 2869 m
Luji
Tekhurishdudi 3001 m
Mananauri
Kakhura
Matskhvarlamezuri
15
Chukuli
Makhashi
Khacheshi
Tsanashi
Babili
Peranga 2234 m
Lemzagori
Chikhareshi
Kheledi
Lentekhi
Karishi
Sasashi
Kheria
Mele
Shkedi
Natsu
Naberaga 2767 m
Tetenari 2964 m
Zieti 2870 m
S. 528
Lebarde
Mazashi
Khopuri
Nanari
Lechkhumi R
Tsiplakakia
Gvimbrala
Jazanistavi 2274 m
Tsituri 2604 m
Jakhunabu 2750 m
Tsikuri 3147 m
Saneria 2941 m
Gvira Range
15
Tarigoni 2577 m
Rtskhmeluri
Naghomari
Tsiguristsveri 1237 m
Svanebi Range
Tekhura
Zeda Lukhvano
Gveso
Kurtsobi
Mokerva 1747 m
Kharishi Range
Migaria 2026 m
Tsageri
Orbeli
Lajana
Kveda Tsageri
Ghu
Askhis Masivi
Kulbaki
Chalistavi
Dekhviri
Lailashi
Godarakili 2520 m
Chkumi
Tsiperchi
Makhashi
Tabori
Larchvali
Nasperi
Utskheri
Usakhelo
Surmushi
Zemo Zhoshkha
Doberazeni
Kveda Aghvi
Kveda Ghvirishi
Zeda Chkvishi
Ogheje 1281 m
Zubi
Zeda Aghvi
Chrebalo
Meore Tola
Khvantchkara
Isunderi
Alpana
Adjara
Kveda Sairme
Kvishari
Rioni
16
Bostana
Taleri
Jvari 1700 m
Nakuraleshi
Vakha
Muchera 1467 m
Makhura
Okureshi
Lakhepa
Tsagera
Bugeuli
Leskhulukhe
Zeda Ghvardia
Gogoleti
Tbeti
Gorisubani
15
Kedisubani
Letsave
Balda Canyon
Kinchkhaperdi
Tvishi
Tsakhi
Zeda Shavra
Znakva
Didi Chkoni
Opitara
Khontchiori
Meore Balda
Korenishi
Orkhvi
Naphostari
Pirveli Balda
Satsiskvilo
Tavshava 1769 m
Namanevi
Nikortsminda Church
Tskhenistskali
Mekvena
Tkhmori
Gachedili
Kveda Kinchkha
Khvamli 2001 m
Rioni
Leknari 1747 m
Gachedili Canyon (Martvili Canyon)
Zeda Gordi
Nikortsminda
Lebache
Okatse Canyon
Derchi
Agara
Inchkhiri
Kveda Gordi
Patara Inchkhiri
Gelaveri
Ukeshi
Gamoghma Nogha
Dzmuisi
R
Chaburta
85
Kharistvala
Shaori Reser
Martvili
Zemo Khuntsi
Dzedzileti
Namokhvani
Kisoreti
Khemo Khuntsi
Khidi
Gvashtibi
Gurna
Udzlouri
Tskhunkuri
Kirovi
Tsknori
Ojala
Matkhoji
Antoria
Sochkheti
Letsitskhvaie
Akhalbediseuli
Prometheus Cave
Koreeti
Tskhrajvari 1569 m
Nojikhevi
53
Kvilishori
Zhoneti
Ivarisa
Kveda Akhaldaba
c
17
Besiauri
15
Nakhakhulevi
S. 527
Mechkheri
Lashia
Mandikori
Lekhaindravo
Village Tsaltkubo
Opu
Zarati
Tsikhia
Ivaneuli
Tkibuli
5
Dedalauri
Gumati Reservoir
Satzulukidzeo
Khomuli
Rioni
Orpiri
Jonia
17
Mukhur
85

S. 524

Kolkheti National Park
Bulitsku
Chikhu
Bia
Zemo Bia
Shua Khorshi
Satskhvitao
Gakhomela
Kotianeti
Dzigideri
Khobi
Zemo Kvaloni
Skuria
Satsuleiskirio
Saadamio
Gejeti
Pirveli Guriphuli
Zeni
Sachikobavo
Gamoghma Kariata
Kulevi
Khobistsqali
Khorga
Meore Guriphuli
Pertuli
Bataria
Sakharbedio
Dzveli Senaki
Sepieti
Gvimaroni
Menji
Senaki
Pirveli Nosiri
Gaghma Kariata
Gamoghma
Shua Khorga
Gimozgonjili
Nosiri
Tskemi
Abasha
Kolkheti National Park
Korati
Akhalsopeli
Durghena
Bulishi
Teklati
Sabeselio
Dzveli Abasha
Golaskuri
Akhalsopeli
Tkiri
Dziguri
Patara Poti
Sachachuo
Sabazho
Isula
Tekhuri
Gaghma Zanati
Meore Ontopo
Sakorkio
Sagvichio
Mukhuri
Gezati
Rioni
Siriachkoni
Sujuna
Norio
Abasha
Tsalikari
Naesakao
Kolkheti
Pirveli Etseri
Tkviri
Gamoghma Kodori
Tsilori
Poti
National Park
Gaghma Kodori
Tkhmelari
Ketilari
Paliastomi Lake
Guleikari
Kvishanta
Korei
Nigvziani
Lanchkhuti
Vazisubani
Japana
Khajalia
Lesa
Chala
Machkhvareti
Kvemo Shukhuti
Chkonagora
Zemo Tolebi
Maltakva
Tabanati
Archeuli
Junmere
Zemo Nogha
Khidmagala
Jikhanjiri
Baghleti
Atsana
Grigoleti
Chkuni
Oragve
Vani
Zomleti
Ganakhleba
Ninoshvili
Shatiri
Gaguri
Ghrmaghele
Guliani
Mamati
Kvemo Aketi
Tskaltsminda
Khrialeti
Moedani
Jumati
Zeda Dzimiti
Buknari
Chokhatauri
Shroma
Supsa
Silauri
Nagomari
Kvenobani
Guturi
Ureki
Motsvnari
Zedubani
Bogili
Baileti
Akhalsopeli
Zhanauri
Maghali Etseri
Akhalskeri
Zemo Natanebi
Kontchkati
Kveda Nasakirali
Khidistavi
Tkhinvali
Zeda Bakhvi
Khvarbeti
Melekduri
Askana
Chatchieti
Bzholi
Kvemo Natanebi
Gurianta
Dvabzu
Tskhemliskhidi
Vaniskedi
Shekvetili
Ozurgeti Airport
Meria
Ozurgeti
Bokhvauri
Ukanava
Laituri
Vakijvari
Shemokmedi
Kvemo Makvaneti
Gonebiskari
Naruja
Didraki 1830 m
Gomi
Jikhanjuri
Gogieti
Chvinistavi 1383 m
Ochkhamuri
Leghva
Likhauri
Kakuti
Niabauri
Mukhaestate
Skura
Atchi
Kobuleti
Gvara
Atchkvistavi
Natskhavatevi
Zeniti
Khutsubani
Chakhati
Samebistavi 1426 m
Nakaidzeebi
Kobuleti
Kokhi
Kveda Kvirike
Narusala 2354 m
Taginuri 2668 m
Kintrishi
Bobokvati
Kvirike
Kobalauri
Tsikhisdziri
Tskhemvani
Khino 2599 m
Naghvarevi
Buknari
Dagva
Kveda Ulianovka
Zeda Atchkva
Tirati 1379 m
Zedaboseli
Sagebauri
Didvake
Naghomvari
Sachino
Chakvi
Khino
Daba Chakvi
Khala
Zhaniviri
Intskirveti
Sakhalvasho
Botanical Garden
Chaisubani
Peranga 2235 m
Chvanistskali
Mtsvane Kontskhi
Adjara
Brili
Makhinjauri
Chakvistavi
Morvili 1726 m
Tsoniarisi
Chvana
Vani
Chala
Gantiadi
Tsivadzeebi
Baratauli
Karati 2082 m
Batumi
Agara
Mtirala National Park
Varjanisi
Gobroneti
Akho
Tsalkalauri
Korolistavi
Chakvistavi 1550 m
Kokotauri
Khitchauri
Minda
Tsinsvla
Dandalo
Shuakhevi
Adlia
Sameba
Zvare
Kantauri
Kharaula
Zamleti
Todogauri
Makhuntseti 1386 m
Zeda Agara
Tsinareti
Batumi Airport
Akhalsheni
Zesopeli
Vaio
Gundauri
Potluri
Khegru
Chinkadze 1306 m
Namtsvavi 1848 m
Akhalsopeli
Pirveli Maisi
Laklaketi
Khelvachauri
Zundagi
Keda
Kutchula
Merisi
Chirukhistskali
Gonio
Charnali
Nikitauri
Silibauri
Gonio
Muryaneti
Erge
Chinkadzeebi
Makhuntseti
Ortsva
Tsablana
Kidzinidzeebi
Dghvani
Kvariati
Agara
Adjaristskali
Oktomberi
Namonastrevi
Zeda Tkhilnari
Chorokhi
Kveda Bzubzu
Chalati
Tbeti
Kviakhidzeebi
Sarpi
Simoneti
Kolotauri
Machakhela National Park
Koslatavi 2202 m
Gogadzeebi
Khertvisi
Uchkhiti
Ludzhe 2060 m
Makhalakidze
Matchakhlispiri
Kirnati
Acharisaghmarti
Sarp
Kedkedi
Chikuneti
Shavsheti
Kokoleti
Dzabvaleti
Skurdidi
Kheva 2810 m
Baloko 1581 m
Ughuri
Kobaleti
Zeda Chkhutuneti
Merete

Black Sea
Schwarzes Meer

1 cm = 5,5 km
1 : 550.000
0
5
10
15 km
S. 525
S. 528
S. 530
527
Tkibuli
Khoni
Tsqaltubo (Tskaltubo)
Kutaissi
Samtredia
Zestaphoni
Akhaltsikhe
Tkibuli Reservoir
Gumati Reservoir
Sataplia Nat. Res.
Gelati Monastery
Motsameta Monastery
Bagrati Cathedral
Kutaisi Int'l. Airport
Vani Archeolog. Museum
Vani
Sulori
Bagdati
Sairme
Abastumani
Adigeni
Zarzma Monastery
Goderdzi Ski Resort
Sapara Monastery
Rioni
Kvirila
Tskhenistskali
Sakhelmtsipo Range
Sakhdva Range
Nakalvari Range
Agara Range
Kakhu Jvari Range
Meskheti
TÜRKIYE
Posof
Tskheniszurgi 1678 m
Bughnari 2208 m
Sakaria 1821 m
Zotistsveri 1705 m
Didi Laboroti 2730 m
Nabostnebi 1713 m
Tsamkheil 2241 m
Sapreti 1606 m
Margaliti 1361 m
Makhnechila 1720 m
Ugheltekhili 1503 m
Bolokuri 2312 m
Zekari Pass 2182 m
Mepistskaro 2851 m
Jvartsveri 2075 m
Zoti 2676 m
Gomis Tsikhe 2380 m
Tbis Seri 2601 m
Khalkhama 2635 m
Tskaltsiteli 2496 m
Okuzdaghi 2409 m
Amaghleba 2277 m
Sakulaperdi 2451 m
Chanchakhi 2507 m
Pirsagati 2372 m
Samkhira 2175 m
Tlili 2474 m
Kalembashi 2289 m
Akranuserti 1680 m
Shabanibeli 2647 m
Airilianbashi 2582 m
Adzegvila 454 m
Acharistskali
Kvabiani
Skhalta
Mtkvari
Potskhovistskali
Uraveli

Alpine Camp
Tsana
Mutsdi
Tvibi
Mami
Gorvashi
2793 m
Dadiashi
3535 m
S. 525
Airashi
3189 m
Zeskho
2910 m
Lapari Range
Cchenisckali
Phasismta
3779 m
Laboda
4313 m
Tekali
Leusheri
Chvelpi
Luji
arlamezuri
15
Lemzagori
Chukuli
Chikhareshi
Makhashi
Mele
Ghobi
Natsuli
Sasashi
Kheria
Shkedi
Peranga
2234 m
Lukhunitsveri
3216 m
Mkheremetistsveri
2822 m
Dombistsveri
2798 m
Gona
Lunitskoro
3388 m
Sakao Range
Tetenari
2964 m
Zieti
2870 m
Lechkhumi Range
Tsituri
2604 m
Salomgruanostsveri
3020 m
Shoda-Kedel Range
Ghebi
Patara Ghebi
Chiora
Chiora
2386 m
Rioni
Jazanistavi
2274 m
Kareta
3354 m
Tarigoni
2577 m
S. 525
Tsiguristsveri
1237 m
Lukhunistskali
Kvatsikhe
2356 m
Lora
2384 m
Shoda
3609 m
Glo
Dol
Mokerva
1747 m
Kharishi Range
Svanebi Range
Porla Range
Kupra
2338 m
Khideshlebi
Mazhieti
Utzera
Lajana
Ghu
Lailashi
Tabori
Usakhelo
Surmushi
Uravi
Abari
Likheti
Gadamshi
Chvebari
Sakao
Lagvanta
Sheubani
Chala
Gomi
Ghari
Kadigana
1656 m
Zemo Zhoshkha
Zeda Chkvishi
Chrebalo
Meore Tola
Khvantchkara
Kldisubani
Khuruti
Oni
Tzola
Ontchevi
Kvedi
Adjara
Alpana
Kveda Sairme
Kvishari
Rioni
16
Bostana
Sadmeli
Sori
Shardometi
16
Rioni
Kristesi
Pipileti
25
Skhanari
Tsagera
Bugeuli
Tbeti
Gorisubani
Kedisubani
Kvatskhuti
Tzesi
Mukhli
Samtisi
Kvemo Bari
Putieti
Seva
Bokva
Korta
Zhashkva
Tskhmori
Psori
Tzedisi
Iri
Zeda Ghvardia
Gogoleti
Tsakhi
Zeda Shavra
Znakva
Itsa
Ambrolauri
Motkiari
Mravaldzali
Usholta
Jejora
Bajikhevi
Tavshava
1769 m
Tkhmori
Namanevi
Khontchiori
Nikortsminda Church
Kachaeti
17
Zemo Krikhi
Kharistvali
Pkhoni
2250 m
Leknari
1747 m
Nikortsminda
Agara
Kviriketsminda
Velevi
Khotevi
Betlevi
Shkhivana
Shkhartali
Khikhata
2239 m
Ukeshi
Dzmuisi
Kharistvala
Shaori Reservoir
Satsalike
1996 m
209
Uzunta
Sabughrao
2160 m
Kisoreti
Gurna
Tsknori
Sochkheti
Antoria
Mokhva
Tskhomareti
Sinagur
Racha Range
Tskhrajvari
1569 m
17
Vani
Khvashiti
Vakevisa
Zeda Chalovani
Zedubani
Kvemo Khevi
Kvereti
Perevi
Kveda Akhaldaba
Ivaneuli
Tkibuli
Tsikhia
Jonia
17
Mukhura
Dunta
Zeda Orghuli
Tsirkvali
Bunikauri
Bajiti
Zodi
Darkveti
Sachkhere
Chala
Darka
Jria
Kvirila
Koka
Dzuknuri
Satsire
Samtredia
Rtskhilati
Khreiti
Melusheeti
Rgani
Mghvimevi
Sairkhe
Ivantsminda
Ghona
Savane
Speti
Akhalsopeli
Tkibuli Reservoir
Katskhis Sveti Monastery
Vatchevi
Chiatura
Koreti
Bzhinevi
Argveti
Kveda Itskhisi
Tsutskhvati
Mantchiori
Monastery
Kakabauri
Tavasa
Ghvitori
Navardzeti
22
Itkhvisi
22
Chorvila
Tskhami
Machitauri
19
Gogni
Tuzi
Bigha
15
Perevisa
Kalauri
Gorisa
Shalauri
Durevi
Separeti
Chkhari
Skande
102
Mskhlovani
Salieti
Begiauri
Modzvi
Bakhioti
Navenakhevi
Dzevri
Chikhori
Vardigora
Jvari Etseri
Skindori
Gundaeti
Jalaurta
Nakhshirghele
Bosela
Oktomberi
Marjvena Rkvia
Mordzgveti
Korbouli
Gaghma Nigvzara
Akhalubani
Zeda Sazano
Tvalueti
Usakhelo
Kaprebis Boseli
1183 m
Bardubani
Etseri
Rupoti
Didtsiphela
Sveri
Nigozeti
Shomakheti
Nigvzara
Kvirila
19
Gamoghma Boslevi
Tskalshavi
15
Siktarva
Shimshilakedi
Kveda Sazano
Gaghma Boslevi
Zeda beretisa
Khvani
1
Terjola
Zovreti
Kveletubani
Mandaeti
Kveda Beretisa
S. 527
Gvankiti
22
Shua Gezruli
Patara Chkhirauli
Kbilari
Chalovani
ali Sviri
Dilikauri
Kvirila
Kodinauli
Kveda Sakara
Chalatke
Kveda Gezruli
Mechkheturi
Dzirula
Lichi
Svetmaghali
Zeda Sakara
Satsable
Nabaduri
Ghodora
Pirveli Obcha
Amsaisi
Makatubani
Vashlevi
Didi Golisi
Vakisi
Zestaphoni
Martotubani
Boriti
Vertkvitchala
Tsitsikiuri
Pirveli Sviri
Shrosha
Sakasria
Khevi
Patara Golisi
Mtskhe
Saghvineti
Ubisa
Khunevi
Meore Obcha
54
Kveda Kvaliti
1
Adjara
Dzirula
Kvesrevi
Grigalati
Tsakva
Edis-jvari
1320 m
Brili
Shorapani
Bagdati
Shua Kvaliti
Zeda Kvaliti
Dzirula
Khoriti
Ghoresha
Tsedani
Tsablovana
Zeda Dimi
Kveda Zegani
Puti
Tabakini
55
Sargveshi
Tsotskhnar
Kinoti
101
Bori
Lashe
Igoreti
Kroli
Sabe
Bijnisi
Zipa
Tsakva
1219 m
Zekota
Kempe
Dapenili
Khoni
Sakraula
Gharikhevi
1
Surami
Zeda Zegani
Bezhatubani
1267 m
Budianeti
Vardzia
Sakarikedi
Ugheltekhili
1503 m
Chalkeeti
Kharagauli
S. 530
Pona
Gverdisubani
Alismereti
55
Khidari
Partskhnali
Chkherimela
Bezhatubani
Rusaantubani
Kakaskhidi
Saghandzile
Moliti
Nebodziri
Tsipa
Monastery
Kh

1 cm = 5,5 km
1 : 550.000
0 5 10 15 km
Sadon
Mizur
A 297
Fiagdon
Fazikau
Nuzal
Kholst
Khidikus
Tseiakhokhi
4139 m
Verkhniy Tsey
Buron
NORTH
Kazbegi
National Park
Karaugomi
4364 m
Gora Uilpata
4649 m
OSSETIA
Chanchaki
4461 m
Adaikhokhi
4404 m
Tepli
4431 m
Verkhniy Zaramag
Mamisoni Pass
2892 m
Nar
Kurtatiki
3287 m
Severauti
3767 m
Ghurshevi
Zgil
Khudisani
2209 m
Resi
Jimara
3761 m
Buba
3245 m
Tib
Tekhta
3132 m
Psiti Range
Jimara
Suatisi
Vatsikparsi
3573 m
Kasara
3350 m
Abano
Desi
Ketrisi
Tergi
Saukhoki
3710 m
Khalatsa
3938 m
Rakhi Range
Zemo Roka
Zemo Sba
Kozikom
297
Shua Roka
Kvemo Jomagha
Kvemo Roka
Tcheliata
Lazgtsiti
3877 m
Kazbegi National Park
Almasi
Edisa
Khodzi
Masiguati
Kevselta
Tamaziani
Bursamdzeli
3662 m
Demeti
Britata
Chugalti
3120 m
Shua Ermani
Machkharakhoki
3007 m
Nakreba
Keli Lake
25
Nogkau
Duodonasto
Jamura
2948 m
Bagiata
Ermani
3094 m
Kasagini
Kvemo Machkara
Saritata
Keshelta
Vaneli
Kvemo Koshka
Britauli
3157 m
Tsona
Ertso
Elkanta
Tsamadi
Zemo Koshka
Suarta
Kumlistsikhe
Pharazi
Ribisa
2470 m
Kemulta
Didi Liakhvi
Mabgevceki
3339 m
Gorga
Ksani
S. 532
Lesevi
Abano
Nazigina
Kvemo Khvtse
Borgnisi
Elbakita
Dzotsoita
Siukata
SOUTH
Chabarukhi
3150 m
Laphauri
Tsitelikhati
3026 m
Obolisi
2055 m
Bilurta
2165 m
Khumsarta
Java
Uchvarsi
Chimasi
Gudisi
Mshrili
2429 m
Lotian
Mskhlebi
Morgo
Phachuri
Eltesi
2562 m
Kulukhta
Didi Guphta
Barsi
Tsiara
Klarsi
Bestauta
2597 m
Inauri
Sabarkleti
Balaani
Rustavi
1936 m
Sveri
Zalda
Mepareti
Samtsikhro
Itrapisi
Kemerti
Ghvria
Saboloke
OSSETIA
Dzirisi
2594 m
Zemo Tsorbisi
Didkhevi
Khoshuri
Beloti
Kekhvi
Zemo Aonkari
Guchmasta
Khaduriantkari
Atsriskhevi
Chorcho
Chachinagi
Doretkari
Dzari
Kurta
Vanati
Vakhtana
Brili
Kokhati
Dmenisi
Dvaliantkari
Kornisi
Dampaleti
Olobta
Sabatsminda
Charebi
Benderi
Tsaratskaro
2345 m
Sameba
Nagutni
Bekmari
Kvemo Dzaghina
Berula
Ksuisi
Kvemo Naqalaqevi
Koloti
Malda
Galaunta
Disevi
Nakhidi
Arbo
Chalisubani
Shua Makhisi
Kvemo Makhisi
Nedlati
Tskhinvali
Kordi
Zemo Korkula
Tighva
Chimasi
Nuli
Ditsi
Ergneti
Zemakuri
2119 m
Khetagurovo
Zemo Goreti
Kvemo Goreti
Korinti
Kornisi
72
3
Karbi
Bieti
Kvemo Okona
Valita
Andoreti
Kvemo Tsolda
Balta
Skhliti
Zemo Khviti
Tirdznisi
Armazi
Gvirgvina
Muguti
Tkviavi
Artsevi
Didi Ghromi
Nadaburi
Kanchaveti
Knolevi
Kvemo Khviti
Pkhvenisi
Sakireti
Zemo Tsiri
Bazuani
Koda
Dvani
Kvemo Zakorio
Avlevi
Dzvileti
Takhtisdziri
Marana
Zemo Boli
Kitsnisi
Mejudispiri
Kvemo Tsubeni
Kvemo Zakorio
Morbedaani
Bredza
Tseronisi
Kelktseuli
Shindisi
Satemo
Akhrisi
Mejvriskhevi
Tseghveri
Dirbi
East Prone
Dzlevisjvari
Liakhvi
Dzevera
Tsitsagiant Kari
60
Zerti
Kirbali
Velura
Garubani
Lashe
Sakasheti
Bershueti
Tskhioni
haluban
Abisi
Phtsa
Variani
Kvarkhiti
Bezhaantkari
Didi Plevi
Berdzenauri
Breti
Sasireti
Garejvari
Sobisi
Tsinagari
Monasteri
Sagholasheni
Karaleti
Akhmaji
Mokhisi
Ruisi Cathedral
Arashenda
Tortiza
Orchosani
Patara Khurvaleti
Vaka
Agara
Akhaldaba
Kheltubani
Zeghduleti
Akhalsheni
15
Khidiskuri
A1
Bebnisi
Ruisi
Rekha
Khurvaleti
Vake
Tvaurebi
Gomi
Samtsevrisi
Kareli
Mtkvari
Tedotsminda
Sveneti
Kodistskaro
Kvemo Chala
Khvi
134
Urbnisi
A1
Akhalsheni
S. 531
3
Samta
Akhalsheni
Kekhijvari
Kvemo Khvedureti
Kvemo Shavshvebi
Nigoza
130
Kudatke
Leteti
Skra
60
Berbuki
Rene
Gamdlistskaro
Vedreba
GORI
Uplistsikhe

S. 528
S. 527

Alismereti
Kakaskhidi
Sapreti
1606 m
Khani
Zekari
Makhnechila
1720 m
Margaliti
1361 m
Kershaveti
Bolokuri
2312 m
Zekari Pass
2182 m
Partskhnali
Saghandzile
Skhliti
Didvake
Leghvani
Marelisi
Serbaisi
Vakhani
Bezhatubani
Moliti
Babi
Kvebi
Nebodziri
Kveda Moliti
Zvare
Nunisi
Tsipa
Monasteri
Rusaantubani
Kvishkheti
Tashiskari
Rbona
Tagveti
Iskhramuli
Akhaldaba
Kvazvinevo
2025 m
Borjomi-
Kharagauli
National Park
Sametskhvario
2643 m
Vakhani Range
Lomis Mta
2198 m
Virigverda
1644 m
Zanavi
Rveli
Kortaneti
Vardigenti
Kvibisi
Didi Karta
2316 m
Borjomi
Likani
Libani
Sadgeri
Tba
Daba
Tortiza
1996 m
Gvirgvina
2203 m
Timotesubani
Tsagveri
Tskaltsiteli
2496 m
Meghruki
2475 m
Chitakhevi
Mtkvari
Ochora
2107 m
Kvabiskhevi
Tchobiskhevi
Libani
1885 m
Patara Mitarbi
Didi Mitarbi
Vardevani
Borjomula
Abastumani
Amaghleba
2277 m
Okuzdaghi
2409 m
Agara Range
Dviri
Tori
Bakuriani
Bakurianis Andeziti
Atskuri
Tadzrisi
Sakire
Dgvari
Tiseli
Tsikhisjvari
Kodiani
2689 m
Kokhta
2155 m
Saghrdze
Ani
Dzuri
Chvinta
Sviri
Boga
Persa
Gurkeli
Zikilia
Giogitsminda
Kikineti
Tkemlana
Agara
Sakuneti
Varkhani
Tskruti
Tzira
Klde
Patara Tsira
Tsnisi
Oshara
2608 m
Benara
Akhaltsikhe
Minadze
Trialeti
Kharistavi
1611 m
Karakala
2851 m
Tskhratskaro
2454 m
Moliti
Arali
Vale
Ivlita
Sadzeli
Ghreli
Didi Pamaji
Khaki
Sapara Monastery
Rustavi
Inskora
1403 m
Oshora
Ota
Modega
Chikhorula
Balanta
Bejano
Abatkhevi
Julda
Tskaltbila
Andriatsminda
Mushki
Zveli
Orgora
Idumala
Tsipario
2085 m
Damala
Chobaretistavi
2278 m
Azavreti
Ghado
Burnasheti
Alatumani
Kotchio
Agana
Sirkva
Anda
Tsghordza
Uraveli
Chobareti
Aspindza
Gokio
Lomaturtskhi
Turtskhi
Patara Samkhari
Ikhtila
Merenia
Akranuserti
1680 m
Shabanibeli
2647 m
Kheoti
Ivenia
Tavshavi
2030 m
Alastani
Baraleti
Didi Samsari
Atskvita
Khizabavra
Vargavi
Varevani
Kotelia
Bughasheni
Zakvi
Balkho
Airilianbashi
2582 m
Uraveli
Saro
Toki
Gomani
Keletepe
2588 m
Vandaghi
2737 m
Toloshi
Khertvisi
Khertvisi Fortress
Paravani
Khando
Orja
Aragva
Chunchkha
Ptena
Korkhi
Olaverdi
Derindereko
Vashirkoi
Dokhunz puari
2752 m
Tokhliurta
2587 m
Gulsunda
Shaloshetí
2331 m
Pia
Matchatia
Buzaveti
Diliska
Akhalkalaki
Khulgamo
Kartsikami
Nakalakevi
Tmogvi
Kirovakani
Bavra
Abuli
Bashiurti
2773 m
Gumbeti
2964 m
Buikiataghi
2249 m
Vardzia Cave City
Vardzia
Kumurdo
Gogasheni
Chamdzvrala
Martuni
Takhcha
Toria
Ujmana
Chikora
Damal
Apnia
Vachiani
Didseri
1820 m
Murjakheti
Khospio
Khorenia
Kialda
2895 m
Karaultepe
2086 m
Mirashkhani
Karcebi
Azmana
Okami
Kulalisi
Kaurma
Ziareti
3032 m
Jigrasheni
Orojolari
Jariskhev
Perkhatagha
Kodas
Akhilko
Erinja
Khaveti
Patara guinei
2033 m
Sulda
Mamzvara
Didi Konduri
Balikl
Miasnikiani
Dadeshi
Dilipi
Kanchali Lake
Ninotsminda
Kurtkale
Kerogli
2213 m
Bozali
Iniaki
2138 m
Kertenekoi
Oncul
Kartsakhi
Tavshani
1999 m
Javakheti National Park
Didi Khanchali
Patara Khanchali
Katnatu
Hanak
Oguzi
2322 m
Kaiabei
Kenarbel
TÜRKIYE
Khozapini (Kartsakhi) Lake
Gekdagi
2780 m
Ziareti
2803 m
Eldagi
2496 m
Karakale
Altash
Ashikshenlik

1 cm = 5,5 km
1 : 550.000
0
5
10
15 km
GORI
S. 529
S. 534
Kareli
Mtkvari
Ruisi
Bebnisi
Agara
Khidiskuri
Gomi
Samtsevrisi
Urbnisi
Akhalsheni
Kudatke
Kekhijvari
Leteti
Kvemo Khvedureti
Skra
Ortasheni
Tiniskhidi
Berbuki
Kvemo Shavshvebi
Nigoza
Samtavisi
Rene
Gamdlistskaro
Igoeti
Okami
Vedreba
Zguderi
Kintsvisi
Kintsvisi Monastery
Zemo Khvedureti
Ghvlevi
Rieti
Koshkebi
Chandrebi
Didi Keleti
Elbakiani
Ortubani
Trekhvi
Bnavisi
Olozi
Tzedisi
Khidistavi
Jebiri
Ateni
Uplistsikhe Cave City
Kvakhvreli
Grakali
Barnabiantkari
Kaspi
Mikeltskaro
Imerkhevi
Batiuri
Tkemala
Ghvarebi
Patara Ateni
Didi Ateni
Ateni Sioni
Doesi
Teliani
Tsiphlovana
Kodmani
Bani
Tsiteli kva
1751 m
Sacxenisi
2030 m
Kvemo Boshuri
Bobnevi
Zemo Khandaki
Niabi
Gomi
Khovle
Pashiani
Akhalkalaki
Garikula
Akhaltsikhe
Kvemo Chocheti
Ezati
Kavtiskhevi
Kazaxsari
1228 m
Chkopiani
Chachubeti
Ertatsminda
Bisi
Kvelaantubani
Gagluantubani
Tkemlovana
Tusrebi
Natusevi
1874 m
Razmeti Range
Sabughro
2148 m
Levitana
Rkoni Monastery
Rkoni
Gostibe
Gudaleti
Tsinarekhi
Oboli klde
2022 m
Elikari
2025 m
Murknevi
2342 m
Kirkisjvari Range
Mghebriani
Trialeti Range
Odeti
Gujareti
Tsitelsopeli
Arjevani
2758 m
Iuris Kedi
2203 m
Godaklari
Algeti National Park
Namtvrian
Napilnari
Arkhoti
Shekhvetila
Kodistskaro
Mokhisi
Manglisi
Poliani
Algeti
Didi Toneti
Patara Toneti
Cholmani
Livadi
Ortadaghi
2118 m
Khando
Taza Kharaba
Chivtkilisa
Tejisi
Arjevan-Sarvani
Tarsoni
Khachkoi
Rekha
Karakomi
Kariaki
Bareti
Tavkvetili
2583 m
Avralo
Gumbati
Ashkala
Santa
Saparkharaba
Beshtasheni
Imera
Gokhnari
Zirbiti
Akhalsopeli
Kizilkilisa
Ozni
Jinisi
Tsalka (Khrami) Reservoir
Tzintzkaro
Bedeni Range
Bedena
1875 m
Sapudzrebi
Shavnabada
2929 m
Burnasheti
Berta
Kushchi
Darakoi
Chrdilisubani
Vake
Kokhta
Dashbashi
Nardevani
Edikilisa
Gunia-Kala
Tsalka
Ivanovka
Orozmani
Orochi
1757 m
Kvemo Kharaba
Didi Kldeisi
Vizirovka
Aiazmi
Khrami
Karadaghi
3046 m
Bulaghdaghi
1996 m
Kavta
Patara Iraga
Jigrasheni
Tsoba
Didi Iraga
Grechishnaia
2515 m
Trialeti
Bediani
Kakliani
Menkalisi
Ipnari
Tchivtchavi
Navtiani
Lipi
Samghereti
Slabodskaia
2877 m
Tambovka
Akhali Khulgomo
Mamulo
Sarkineti
Gomareti
Iaila
Zemo Akhalapa
Kvemo Akhalapa
Pitareti
Shikhilo
Tukmashat
2168 m
Ganakhleba
Velispiri
Chataki
Bertakari
Senebi
Dzveli Kveshi
Aspara
Paravani Lake
Rodionovka (Paravani)
Salamaleiki
Akha
Pantiani
Tandzia
Itsria
Useinkendi
Saja
Chreshi
Tsipori
Kveshi
Kianeti
Geta
Vladimirovka
Kuliabaka
2820 m
Mamishlari
Zemo Karabulakhi
Kvemo Karabulakhi
Bakhchalari
Darbazi
Asiaghleba
1088 m
Iphnari
Poka
Gulabai
2806 m
Akhali Godakhtaghi
Ormasheni
Kazreti
Abuli
Shambiani
2881 m
Soghgutlo
Dagarakhlo
Shindilari
1897 m
Kizilkilisa
Az. Kakliani
Balichi
Gandzani
Kariani
Shindlari
Boslebi
Vardisubani
Agrikari
2973 m
Kamarlo
Gantiadi
Archaeological Site Dmanisi
Degurdaghi
1502 m
Iurmitapa
2247 m
Shakhmarlo
Iagulo
Dmanisi
Saghamo Lake
Saghamo
Dalari
Tnusi
Angrevani
Patara Dmanisi
Ukangori
Gilxidaghi
2768 m
Chatakhi
2628 m
Pantiani
Kvemo Orozmani
Vake
Mamishlo
Saparlo
Didi Gverdi
1531 m
Mtisdziri
Amamlo
Karatepe
2351 m
Bezaklo
Sakire
Nikaidagh
1581 m
Karakhachi
2689 m
Emikli
3055 m
Gora
Lokjandari
Kamishlo
Karadaghi
1943 m
Tkispiri
Gorelovka
Madatapa
2714 m
Irganchai
Avakisari
1866 m
Dzoramut
Sarchapet
Loki
2140 m
Metzavan
Epremovka
Madatapa Lake
Norashen
Dzyunashogh
Sameba
Petrovka
Lemahovit
Khurdajalari
1840 m
Iudaghi
Jdanovakani
Saraqyugh
Legli
Akchala
A1
15
130
134
137
139
29
60
63
61
31
36
33
68
6
M3

Malchechkort
3670 m
Terkhkorti
3209 m
Martini
3898 m
Dariali
Arzi
3963 m
Mkinvartsveri
(Mt. Kazbek)
5047 m
Kaljanit
3228 m
Gveleti
Arjelomi Range
Zetuka
2668 m
Tsdo
Kuro
4071 m
Vashariki
4451 m
Amgha
Resi
Jimara
3761 m
Tsminda Sameba Church
Gergeti
Stepantsminda
Akhieli
Amghisma
Jimara
Suatisi
Sherkhota
3625 m
Phansheti
Chimgha
Kideganі Range
Sadikorniskde
2933 m
Kasara
3350 m
Abano
Desi
Mna
Tkarsheti
Arsha
Achkhoti
Ketrisi
Goristsikhe
Garbani
Sno
Kazbegi National Park
Chimghiskde Range
Tergi
Kanobi
Vardisubani
Koseli
Arkhotistavi Pass
3287 m
Shevardeni
Sioni
Akhaltsikhe
Juta
Khei
Ukhankhadu
Lazgtsiti
3877 m
Kazbegi National Park
Kobi
Ukhati
Karkucha
Zeistecho
Narvani Range
Kazbegi National Park
Roshka
3562 m
Atabe
Almasiani
Chkhuba
Gudani
Zenubani
Tseri
3198 m
Chaukhi
3688 m
Abudelauri Lakes
Roshka
Kmosti
Khakhmati
Ghelisvake
Ghuli
Keli Lake
Narvani
3319 m
Ache
Jvari
2379 m
Korsha
Chalisopeli
Tskere
Sasadilo
2768 m
Bursachiri
Ubani
Bokchvilo
Gudauri
Ukenakho
Chirdili
Tskarosm
3036 m
Soncho
Boseli
Begoni
Mtatsmida
2759 m
Choki
Totiaurni
Barisakho
Akusho
Kumlistsikhe
Sachalischala
Gveleti
Zakatkari
Usharni
Didebani
Phakviji
Osavi
2256 m
Datvisi
Udzilaurta
Gorga
Ksani
Zemo Mleta
Gvidake
Motsmao
Muko
Dzotsoita
Kvemo Mleta
Kvesheti
Chiriki
Kitokhi
Zandukі
Torelani
Laphauri
Tsitelikhati
3026 m
Nagvarevi
Makarta
Shuapkho
Gogolaurta
Manaseuri
Chikani
Tsiphori
Tianamkhari
Zemo Amirni
Khomi
Okhiri
Kavtarani
Lotiani
Mujukhi
Chadistsikhe
Lutkhubi
Phachuri
Eltesi
2562 m
Pshavi Aragvi
Chich
3076
Ukanubani
Bakhani
Khomi
2516 m
Sabarkleti
Balaani
Daviturni
Maghatsalni
2608 m
Katsalkhevi
Samtsikhro
Ukanamkhari
Pasanauri
Chargali
Dzirisi
2594 m
Kenkaani
Ukanamkhari
Veshagurni
Bantsuri
Martiani
Dabakneti
Mejilaurni
Sakere
Gometsari
Didvake
1650 m
Chorchoki
Kalilo
Makhiareti
Sapersheti
2525 m
Vashlobi
Dvaliantkari
Doretkari
Zodekhi
Laghimta
2602 m
Magharoskari
Olobta
Largvisi
Chalisopeli
Buchaani
Kudo
Zenubani
Chartali
Kutchetcha
Khatk
Tsaratskaro
2345 m
Garueti
Sonda
Zermo Khorkhi
Buchkinta
Sameba
Tskhavati
Meneso
Kanatia
Emiskhisi
2263 m
Chalisubani
Koloti
Nakhidi
Kodjvari
Meneso
Tsiprani
Kushkhevi
Kvemo Makhisi
Pirveli Sadzeguri
Zemo Ghru
Dgnali
Tetri Aragvi
Khirausha
Sharakhevi
Zemo Artani
Areule
Zemakuri
2119 m
Stsropavi
Zemotvalvi
Bodakheva
Korinta
Tsikhisdziri
Bzikurtkari
Nedzikhi
Skhlovani
Kvemo Tsolda
Armazi
Gudatsveri
Kadoeti
Avenisi
Khartisho
Verkhveli
Lisho
Khaisho
Duluzaurebi
Nadaburi
Kanchaveti
Ikoti
Ananuri
Ananuri Castle
Zhinvali Reservoir
Jijeti
Tsikvliantkari
Kvemo Zakorio
Zemo Tsiri
Bazuani
Bantsurtkari
Pudznari
Iori
Akhalgori
Dudaurebi
Zaridzeebi
Kvemo Tsubeni
Kvemo Zakorio
Zemo Boli
Morbedaani
Arghuni
Mgliani
Aranisi
Bodavi
Dolosha
Akhalsopheli
Velura
Salbieri
Tsigriantkari
Kerana
Kvemo Aranisi
Tushurebi
Garubani
Chontili
Kvavili
Bichnigauri
Tianeti
Zebota
Tskhioni
Mosabruni
Kenchakhe
Tettrakheva
Dzebniaurebi
Bezhaantkari
Varsimaani
Dusheti
Aragvispiri
Kheoba
Tsinagari
Tsikhisubani
Lelovani
Monasteri
Mikeliani
Bazaleti
Satskhavatlo
Orchosani
Akhmaji
Enbisi
Undilaantkari
Phichviani
Patara Khurvaleti
Odzisi
Chubiniantkari
Bodorna
Nojikeli
Bokoni
Bertkheva
1436 m
Akhalsheni
Vake
Chasha
Kvemo Gharistskala
Sashaburo
Noja
Sioni Reservoir
Kodistskaro
Kvemo Chala
Tvaurebi
Khviti
Lazviani
Baga
Evzheni
Samtavisi
Iltoza
Mlashe
Ananoskhevi
Nokorna
Chekuraantgori
Nigoza
Lamiskana
Mchadijvari
Simoniantkhevi
Tolenji
Rene
Igoeti
Lamovani
Dzveli Sakramulo
Maghrani
Gamdlistskaro
Tezi
Ksovrisi
Upureti
Tsitelsopeli
Davati
Gorana
Khevsurtsopheli
Okami
Vaziani
Naozi
Nadokra
Devenaantkhevi
Perma
Akhaldaba
Prezeti
Aghdgomelaantkari
Siontgori
Sakdrioni
Vadisubani
Dzalisi
Akhalubani
Akhatani
Grakali
Ksani
Tsilkani
Tskarotubani
Barnabiantkari
Kaspi
Mukhrani
Misaktsieli
Aragvi
Bitsmendi
Zemonak
Trani
Tsinamdzgvriantkari
Magraneti
Gomi
Mikeltskaro
Dzveli Kanda
Natakhtari
Galavani
Zakaro
Stabismta
1604 m
Niabi
Aghaiani
Tserovani
Akhalsopeli
Akhalkalaki

S. 529

S. 534

CHECHENYA
ROSSIJA
DAGESTAN
Gezlami
2124 m
Bastilami
3179 m
Baskhoy
Itum Kale
Argun
Tsuznukort
3438 m
Karati
912 m
Anatori
Shatili
26
Mutsoschala
Mutsostavi
3512 m
Mutso
Khonischala
est Chaukhi
3496 m
Ardoti
Bakhao
Andaki
Chamgoi
3648 m
Lazarchu
3816 m
Tebulos
4493 m
Narkhiekuarta
3889 m
Narkhiakhi
3777 m
Shaikhkorti
3942 m
Komito
4261 m
Gora Daykhokh
2855 m
Shara
Sharoargun
Serchikhi
3155 m
Danos
4174 m
Diklos
4285 m
Omar-Vakh
Tusheti Range
Pirikita Range
Archilo Range
Tusheti
National
Park
Hegho
Parsma
Chesho
Amugostavi
3839 m
Archilosmta
3264 m
tsveri
Sagirta
Etelta
Nadirta
Didikurta
Dano
Tebostskali
3022 m
Kvavlo
Dartlo
Verkhovani
Vedziskhevi
Gudanta
Beghela
Botchorma
Samvronismta
3467 m
Ilurta
Vakisdziri
Dochu
Mirgvela
Omalo
Shavikvisha
3209 m
Diklo
Iotsokhi
Butsibatsi Range
Ghakku
3175 m
Andiyskoye
Didi Borbalo
3294 m
Eliagza
Gvelismta
3089 m
Samkuristsveri
3256 m
Goglurta
Shenako
Khakhabo
Zhvelurta
Shtrolta
Khiso
Kumelaurta
Gora Kirioti
3682 m
Range
Kekhisgora
phari
Lalaismta
2597 m
Iori
Kochara
3110 m
Pitritsveri
3097 m
Abano Pass
2850 m
44
Encho
3304 m
Khelta
3188 m
Range
Tiutl
3007 m
Akhati
Mokok
Range
Dolati
2020 m
Tsinagoras Range
Didgverdi
3335 m
Khorojostavi
2940 m
Bulanchostveri
3256 m
Shavikide
3578 m
Velketili
2900 m
Tsutrakh
Sakanapo
1856 m
Nadsidristsveri
3102 m
Urunsukhi
2918 m
Alazani
Birkiani
Omalo
183
Jokolo
Dumasturi
Mtatsminda
1508 m
Dedisperuli
Duisi
Kvemo Khalatsani
Stori
Stori
1726 m
Sakorne
2429 m
Sasamtis Tsveri
3101 m
Jaburi
1475 m
Khevistchala
Sakobiano
Lechuri
Kvashavistsveri
1595 m
Sokoristsveri
3030 m
Asakidistavistsveri
3046 m
Tsinubani
Bakilovani
Ilto
Maghraani
Argokhi
44
Koreti
Pichkhovani
Babaneuri
Pshaveli
Girgali
2253 m
Shakhvetila
Matani
Artana
Lopota
Lapankuri
Kherkhmeismaghali
1406 m
Intsoba
Naduknari
Khorbalo
Laliskuri
Lopota Lake
183
Sabue
Kvemo Alvani
Jughaani
Saniore
Grdzeli Tchala
Almati
Martokhe
2117 m
achkhriala
Akhmeta
43
Zemo Alvani
Alazani
Alaverdi
Alaverdi Cathedral
Naphareuli
Ipnisgora
42
43
Shakriani
Gremi
Sabue
haani
Sachale
184
Eniseli
Shilda
Nekresi Monastery
Ingeti
Akhalsheni
Kistauri
Khorkheli
Koghoto
S. 536
Kojori
Akhshani
Osiauri
Arashenda
Dzhio
Akhateli
Gulgula
Ilia Lake
43
Kvareli
Akhaldaba
Atskuri
70
Ekalamta
1602 m
Ikalto
Karajala
Ruispiri
182
Ikalto Monastery
Vardisubani
42
Kurdghelauri
Kondoli
Tsitskanaantseri
Omaraani
Akhali Shuamta
Telavi
S. 535
Sanavar
Bochorma
Shavkoldi
42
Shalauri
Alazani Can
Alazani
Tsinandali
142
Vashliani
Dzveli Shuamta
Kisiskhevi
Ruispiri
69
Ku
Gombori
1641 m

S. 532

S. 531

Samtavisi
Lamiskana
Mchadijvari
Dzveli Sakramulo
Simoniantkhevi
Tolenji
Bughaani
Igoeti
Okami
Tezi
Ksovrisi
Lamovani
Maghrani
Tsitelsopeli
Davati
Gorana
Khevsurtsopeli
Sioni
Vaziani
Akhaldaba
Prezeti
Naozi
Aghdgomelaantkari
Akhatani
Siontgori
Nadokra
Devenaantkhevi
Satibe 1705 m
Ekalamta 1602 m
Perma
Vadisubani
Dzalisi
Tsilkani
Akhalubani
Sakdrioni
Tskarotubani
Orkheviskhevi
Kaspi
Ksani
Mukhrani
Misaktsieli
Aragvi
Bitsmendi
Tsinamdzgvriantkari
Trani
Zemonakalakari
Magraneti
Kudro
Omaraani
Bochorma
Gomi
Mikeltskaro
Aghaiani
Dzveli Kanda
Natakhtari
Galavani
Zakaro
Stabismta 1604 m
Botko
Tserovani
Akhalsopeli
Kvemo Chocheti
Kvemo Khandaki
Sakadagiano
Tsikhisdziri
Saguramo
Shankevani
Buriani
Tezami
Kevlani
Kotchbaani
Sasadi
Miriani
Gorovani
Ksani
Tskhvarichamia
Gorana
Ezati
Kavtiskhevi
Shio Mghvime Monastery
Saguramosmta 1386 m
Tbilissi National Park
Ikvlivgorana
Otaraani
Telatgori
Dzegvi
Mtskheta
Mashralkhevi
Lelubani
Gudaleti
Tsinarekhi
Mtkvari
Historical Monuments of Mtskheta
Gldani
Mamkoda
Paldo
Lavriskhevi
Kvemo Nichbisi
Zemo Nichbisi
Zahesi
Anton Martkopeli Monastery
Uja
Oboli kide 2022 m
Kiakhani 1261 m
Telovani
Didgori
Didi Dighomi
Norio
Satskhenisi
Dzveli Vedzisi
Martkophi
Dzalantkhevi
Tsodoreti
Dighomi
Georgia Memorial
Tzitelubani
Kvishiani
Akhalsopeli
Bevreti
Lisi
Vashlijvari
TBILISSI
Patara Lilo
Didi Lilo
Saakadze
Mughanlo
Mskhaldidi
Tkhinvala
Tbilissi Reservoir
Naosari
Shamta
Agaraki
Mokhisi
Manglisi
Vaneti
Dre
National Museum
Varketili
Nasaguri
Brotseula
Vaziani
Ghvevi
Mtatsminda 720 m
St. Trinity
Tetrikhevhesi
Algeti
Didi Toneti
Didgori
Akhali Zirbiti
Kveseti
Akhaldaba
Betania
Tskneti
Okrokana
Tsavkisi
Sololaki
Mukhrovani
Gholovani
Orbeti
Shindisi
Tbilissi Int'l Airport
Vaziani
Patara Toneti
Akhali Pantiani
Kiketi
Kojori
Zemo Teleti
Kvemo Teleti
Gamarjveba
Sapudzrebi
Tabakhmela
Amlevi
Birtvisi Canyon
Mukhran Teleti
Krtzanisi
Midagi 789 m
Vake
Enageti
Ertisi
Vashlovani
Tzalaskuri
Krtsanisi
Karajalari
Karatakla
darekhi
Algeti Reservoir
Tbisi
Ardisubani
Borbalo
Kumisi
Kumisi Reservoir
Gamarjveba I
Asureti
Aghtakla
Ksovreti
Khopisi
Saghrasheni
Akhali Kumisi
Akhali Samgori
Abeliani
Chkhikvta
Bogvi
Jorjiashvili
Koda
Shavsakdari
Mtsadziri
Matsevani
Golteti
Rustavi
Tetritskaro
Tsintskaro
Didi Durnuki
Geliujtepe 765 m
Iraga
Kotishi
Akhali Marabda
Ipnari
Tchivtchavi
Dagheti
Patara Durnuki
Uchtepe 763 m
Lipi
Samghereti
Samshvilde
Nagebi
Kvemo Akhalsheni
Tazakendi
Kalinino
Birliki
Shikhilo
Kosalari
Khrami
Khaishi
Jandari
Ambartapa
Kizil-Ajlo
Senebi
Nakhiduri
Tsurtavi
Marneuli
Algetis Meurneoba
Ambarovka
Mzia
Itsria
Dzveli Kveshi
Ratevani
Parizi
Algeti
Gardabani
Mtskneti
Khidiskuri
Tazakendi
Keshalo
Kveshi
Bolnisi
Tamarisi
Tsereteli
Norgiughi
Kesalo
Kianeti
Mashavera
Chapala
Azizkendi
Geta
Zvareti
Alavari
Kapanakhchi
Asiaghleba 1088 m
Mushevani
Vanati
Savaneti
Zemo Arkevani
Kvemo Arkevani
Patara Beglari
Nazarlo
Baidari
Kurtlari
Pirveli Kesalo
Vakhtangisi
Kvemo Bolnisi
Khatissopeli
Didi Mughanlo
Kazreti
Bolnisi
Talaveri
Khikhani
Imiri
Maradisi
Meore Kesalo
Tsughraghasheni
Budionovka
Lezhbadini
Balichi
Mamkhuti
Shulaveri
Shua Bolnisi
Segneri 1127 m
Shaumiani
Araplo
Kirikhlo
Tekali
disubani
Samtsevrisi
Khanji-Gazlo
Degurdaghi 1502 m
Kushchi
Poladauri
Kachaghani
Kirach Mughanlo
Patara Darbazi
Kudro
Zemo Sarali
Kvemo Sarali
Kura
Ukangori
Baitalo
Aghmamedio
Didi Gverdi 1531 m
Akhkula
Akhlo Lalalo
Debeda
Kasumlo
Babikiari 700 m
Ikinchi Shikhli
Karaiali 1416 m
Tserakvi
Sioni
Beitarapchi
Mamai
Damia
Tarsi 883 m
Kakili 730 m
Nikaidaghi 1581 m
Debedavan
Jankhoshi
Lokjandari
Khasron talasi 1488 m
Ulianovka
Tsopi
Sadakhlo
Bagaratashen
Deghdzavan
Juliali 510 m
Qaymaqli
Chanakhchi
Khojorni
Molaoghli
Burma
Akhkerpi
Jiliza
Zorakan
Berdavan
Loki 2140 m
Burdadzori
Dezakari 1636 m
Chochkan
Ayrum
Koghb
Pertakhi 981 m
Noyemberian
ARMENIA
Shamlugh
Karakatari 1269 m
Mets Ayrum
Mglis Chishkari 1787 m
Privalnoye
Akhtala
Shi
Archis
Ijevan